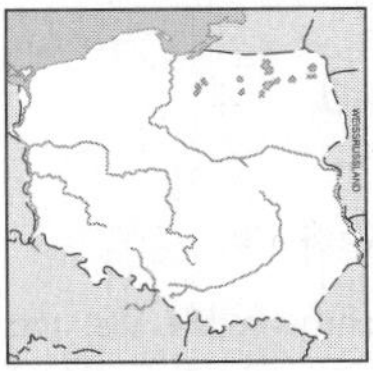

Reisepraktisches
Geschichte

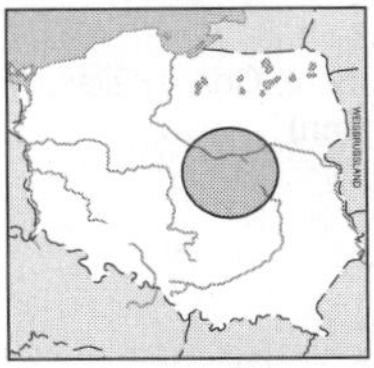

Warschau und Masowien

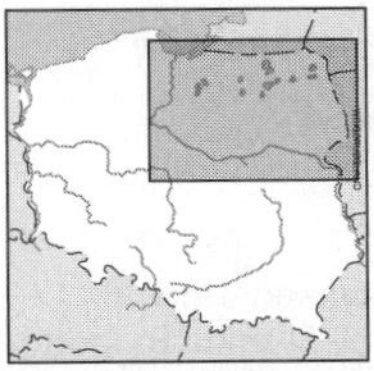

Der Nordosten

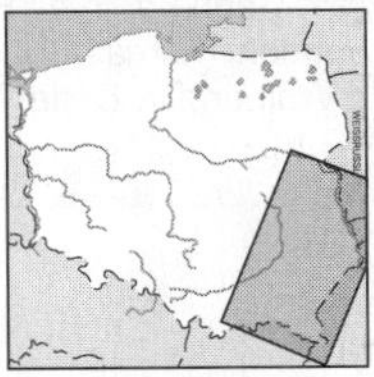

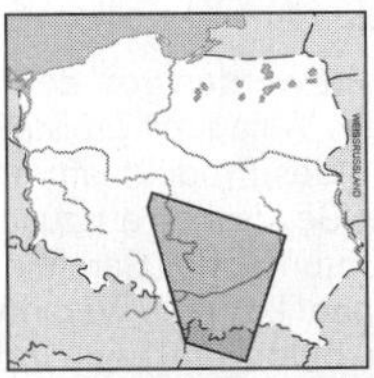

Krakau, Kleinpolen
und die Tatra

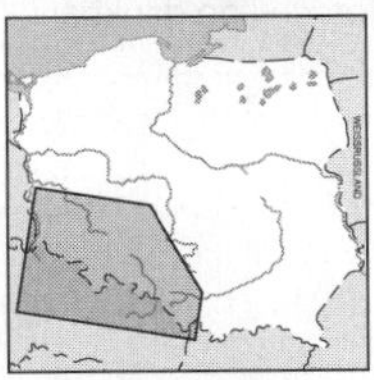

Schlesien

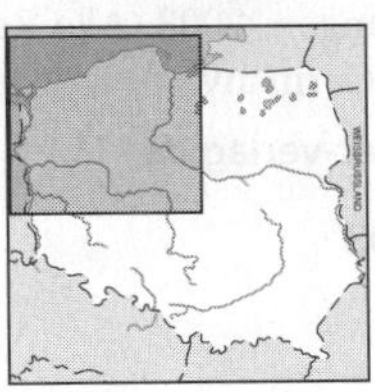

Großpolen und Pommern

Text und Recherche: Mark Salter und Jonathan Bousfield
Übersetzung: Gisela Fischer, Lilly G. Nielitz
Lektorat: Silke Möller
Redaktion und Layout: Dirk Thomsen
Fotos: Polnisches Fremdenverkehrsamt, Dieter Motschmann (574, 588) und Petra Rost (88, 307, 731, 735)
Covergestaltung: Karl Serwotka
Covermotive: Pomorze/Pommern – Kulturlandschaft (oben), Gdańsk/Danzig – Holzkran am Krantor (unten) (foto-presse timmermann)
Karten: The Rough Guides

Titel der englischsprachigen Originalausgabe
The Rough Guide to Poland

Für Tipps und Hinweise zur deutschen Ausgabe danken wir:
Barbara Augspurger, Angelika Beyer, Diethard Brohl, Martina Brunotte, Konrad, Dormann, Ludwig Enderle, Jürgen Peter Esders, Marc Gebhard, Sybil Henning-Wagener, Christine Holzkamp, Susanne Kustermann/Thomas Hug, Dirk Schworm, Philipp Seehofer, Karin Vetter, Wolfgang Walper, Dr. Detlef Weinich und Helmut Wilde.

ISBN 3-89953-130-2

Aktuelle Infos online unter www.michael-mueller-verlag.de

5. aktualisierte und erweiterte Auflage 2003

POLEN

Mark Salter
Jonathan Bousfield

INHALT

Podhale und Tatra ... 574

Śląsk/Schlesien ... 600

Wielkopolska/Großpolen und Pomorze/Pommern ... 678

Wielkopolska/Großpolen ... 679

Reiseinformationen zu den einzelnen Gebieten

Kartenverzeichnis

Autobahn
Hauptstraße
Nebenstraße
Treppenwege
Wege
Eisenbahnlinie
Fährlinie
Staatsgrenze
Fluss
Flughafen
Campingplatz
Übernachtung
Restaurant
Grenzstation
Sehenswürdigkeit
Konzentrationslager
Gebirgszug
Berggipfel
Information
Post
Bushaltestelle
Wall oder Befestigungsanlage
Gebäude
Kirche (Stadtplan)
Kirche (Übersichtskarten)
Synagoge
Friedhof
Jüdischer Friedhof
Wald
Park
Nationalpark

Vielfältiges Polen: Von traditionsreichen Kulturmetropolen ...

Polen im Wandel

Polen hat in vierlerlei Hinsicht die Erfolgsgeschichte des neuen Europa geschrieben: Innerhalb von bemerkenswert kurzer Zeit hat sich das Land vom Einpartei-Staat zu einer parlamentarischen Demokratie entwickelt, und nur ein gutes Jahrzehnt nicht kommunistischer Regierung hat tief greifende Veränderungen bewirkt. Unternehmertum ist entstanden, und die kulturellen Horizonte wurden derart erweitert, wie es Generationen vor 1989 kaum für möglich gehalten hätten. In Warschau sind moderne, glänzende Firmenhochhäuser aus dem Boden geschossen, private Läden und Cafés haben sich selbst in den entlegensten Städten der Provinz etabliert. Polen hat sein Aussehen komplett verändert: Es hat den gräulichen Anstrich einer staatlich kontrollierten Gesellschaft gegen eine "Alles-ist-möglich"-Haltung von Privatunternehmern ausgetauscht – einschließlich der damit einhergehenden Reklametafeln und Schaufensterauslagen.

In diesem modernen Polen gibt es allerdings ein allzu bekanntes Paradoxon: Gerade die Menschen, die die demokratische Revolution des Landes ermöglichten – nämlich militante Industriearbeiter und antikommunistische Intellektuelle – sind nun an den Rand einer Gesellschaft gedrängt, in der clevere Geschäftsleute und computererfahrerene Jugendliche wesentlich bessere Chancen haben, die Möglichkeiten dieses mutigen neuen Polen zu nutzen.

Wer sich an die 1980er Jahre erinnert, für den mag dies ein Schock sein. Damals wurden Bilder von Arbeiterunruhen und antikommunistischen Protesten in die ganze Welt ausgestrahlt. Streiks an der Lenin-Werft in Gdańsk und in anderen Industriezentren waren die Vorboten der Auflösung des Kommunismus in ganz

... durch unberührte Seelandschaften...

Osteuropa. In den Jahren des Kriegsrechts und danach behielt Polen bei ausländischen Beobachtern einen beinahe mythischen Status als das Land, das sich am meisten bemüht hatte, seine Würde angesichts der kommunistischen Unterdrückung zu wahren.

Daten und Fakten

– **Polen** nimmt einen großen Landstreifen im nördlichen Mitteleuropa ein. Es grenzt im Westen an Deutschland, im Süden an Tschechien und die Slowakei sowie im Osten an die Ukraine, an Weißrussland, Litauen und Russland.

– Nord- und Zentralpolen bestehen größtenteils aus **landwirtschaftlich** genutzten **Ebenen** und einer sanften Hügellandschaft, während der Süden durch die **Berge** der Tatra und der Sudeten gekennzeichnet ist.

– Von 38,6 Mill. Einwohner sind die meisten nicht nur polnische Staatsbürger, sondern auch überzeugte Katholiken. Allerdings gibt es – kaum überraschend für ein Land, dessen Grenzen sich so oft verschoben haben – im Osten Gebiete mit hohen Anteilen an Ukrainern, Weißrussen, Bojken und Lemken.

– Traditionell ist Polen bekannt für seine Werften, seine Kohle- und seine **Stahlindustrie**. Heute allerdings sind Kosmetika, Medikamente und Textilien – oft unter Lizenz westlicher Konzerne hergestellt – die expandierenden Wirtschaftszweige.

– Die meisten ausländischen Besucher steuern die schönen alten **Städte** wie Krakau an oder die Wintersportorte in der Tatra. Doch auch die **Ostseestrände** und die **Binnenseen** – beides beliebte Urlaubsziele der Polen – bieten Touristen vielerlei Abwechslung.

Für viele Polen zählen die Besuche von **Papst Johannes Paul II.**, früherer Erzbischof von Krakau, in den Jahren 1979 und 1983 zu den wichtigsten Ereignissen in der Entwicklung zu einer nach-kommunistischen Gesellschaft. Für Außenstehende mag dies überraschend sein, doch ist Polen nie ein typischer kommunistischer Staat gewesen: Stalin sagte, diesem Land den Kommunismus aufzuoktroyieren sei das Gleiche, als versuche man, eine Kuh zu satteln. Die polnische Gesellschaft war in den Jahrzehnten nach dem Krieg zutiefst traditionell geblieben: Sie hatte ihre Religiosität beibehalten ebenso wie die ländliche Lebensform und ein Nationalbewusstsein, in dem die **katholische Kirche** ihren festen Platz hatte. In Zeiten fremder Unterdrückung – die Polen als politische Einheit sogar zeitweise gänzlich von der Europakarte verschwinden ließ – hat sich die Kirche stets als wichtigste Verteidigerin der nationalen Identität erwiesen. Daher sind der katholische Glaube und der Kampf für die Unabhängigkeit im polnischen Bewusstsein miteinander verschmolzen. Die physische Präsenz der Kirche ist nirgends zu übersehen – barocke Gebäude, Schreine entlang der Straßen und Abbildungen der nationalen Ikone, der "Schwarzen Madonna von Czestochowa".

Der Zweite Weltkrieg und seine Folgen wirkten sich besonders massiv auf Polen aus: Das Land litt unter den Nazis wie kein anderes europäisches Land. Es verlor beinahe 20 Prozent seiner Bevölkerung und so gut wie seine gesamte jüdische Gemeinde. 1945 bekam die von den Sowjets beherrschte Nation wieder neue Grenzen: Es musste seine östlichen Gebiete an die UdSSR abtreten und erhielt im Westen Teile des ehemals deutschen Territoriums. Heute ist das Erscheinungsbild der Bevölkerung wesentlich "polnischer", als es jemals in der Vergangenheit war, und zwar sowohl hinsichtlich der Sprache als auch der Religion. Allerdings gibt es im Land noch immer zahlreiche ethnische Minderheiten wie Weißrussen, Deutsche, Litauer, Slowaken, Ukrainer und auch muslimische Tataren.

Volksmusik in Polen

Volksmusik nimmt im Bewusstsein der Bevölkerung einen hohen Stellenwert ein, besonders lebendig aber ist sie bei den ethnischen Minderheiten sowie in den südlichen und östlichen Landesteilen. Dank Chopin, der seine musikalische Inspiration großenteils aus seiner Heimat Masowien zog, ist die Musik aus diesem Landesteil weltbekannt. Doch es gibt ähnlich wichtige Traditionen in Schlesien, im Tatra-Gebirge und in Beskid Niski. Die Musikfestivals von Rzeszwów und Kazimierz Dolny bieten phantastische Möglichkeiten, sich mit vielen dieser landschaftlich verwurzelten Musikarten auseinander zu setzen. An der Ostseeküste hingegen zeigt sich die Tradition der Seemannslieder in vielen jährlich stattfindenden Veranstaltungen. Für weitere Einzelheiten siehe "Feiertage und Festivals".

Gerade das Gefühl von fließenden sozialen Grenzen in einem sich ständig im Umbruch befindlichen Land ist es wohl, was an Polen so fasziniert. Der mutige Versuch, mit der kommunistischen Vergangenheit zu brechen, und das zähe Festhalten an marktwirtschaftlichen Reformen, die in den 1980er Jahren begonnen wurden, blieben bis heute die Leitlinien von Polens neuen politischen Führern – unabhängig von der jeweiligen parteipolitischen Ausrichtung der verschiedenen Regierungen. Kaum jemand aus der Bevölkerung stellt den Versuch,

... bis hin zu traumhaften Sandstränden

das El Dorado des kapitalistischen Wohlstandes zu erreichen, trotz des hohen wirtschaftlichen und menschlichen Tributs prinzipiell in Frage – nicht einmal die am härtesten betroffenen Gesellschaftszweige, wie die Angestellten im öffentlichen Dienst, die Landwirte, Rentner, Teilzeitangestellten und Arbeitslosen. Das polnische Volk demonstriert weiterhin – wie schon so oft in der Vergangenheit – Beharrlichkeit und Ausdauer. Hoffnung keimt offensichtlich unermüdlich, und das ungeachtet aller Opfer, die der Aufbau einer neuen Wirtschaftsordnung erfordert – einer Ordnung der sich die Mehrheit der Polen in bemerkenswerter Weise (wenn auch murrend) verpflichtet fühlt.

Es ist bezeichnend für die heutige geopolitisch neu geordnete Welt, dass Polen am Anfang des neuen Jahrtausends Mitglied der NATO geworden ist, jener von den USA geführten militärischen Allianz, mit der es sich – zumindest auf dem Papier – noch zehn Jahre zuvor im Krieg befand. Deutlicher zeigt sich der Wandel noch daran, dass Polen ebenso wie die Nachbarn Tschechien und Ungarn in Verhandlungen um den Beitritt zur EU steht. Diese Mitgliedschaft wird das Land tief greifender verändern als alles andere seit der Einführung des Kommunismus.

Polens Maxime lautet: "Alles im Wandel", und da macht auch der Tourismus keine Ausnahme. Die touristische Infrastruktur ändert sich ständig. Heute ist es viel leichter, das Land zu entdecken, als man es sich noch vor einigen Jahren hätte vorstellen können. Die permanent steigenden Besucherzahlen beweisen das.

Begegnungen mit der einheimischen Bevölkerung gehören zu den wichtigsten Erfahrungen während eines Polenbesuches. Im Zug, in Bussen, auf der Straße oder in einer Dorfkneipe wird es nie an Kontaktmöglichkeiten fehlen: Die polnische Gastfreundschaft ist legendär. Oft sorgt eine zufällige Begegnung dafür, dass man in eine Familie eingeführt und dann zu einer reichhaltigen Mahlzeit eingeladen wird. Dazu wird dann großzügig Wodka aus dem Gefrierschrank serviert.

Polens Flüsse und Seen laden zu Kanutouren ein

Reiseziele

Fragt man Polen nach den Naturschönheiten ihres Landes, dann antworten sie "die Berge, das Meer und die Seen". Und dabei liegt die Betonung eindeutig auf dem traditionell ländlichen Kernland. Wer Polen wirklich kennen lernen will, sollte sich diese Vorliebe zu Herzen nehmen. Die **Berge** – vor allem die Kette der Karpaten im Tatra-Gebirge – sind phantastisch und verfügen über ein Netz von gut ausgebauten Wanderwegen. Die **Seen** bieten die Gelegenheit zu Kanutouren und vielen anderen Beschäftigungen in der freien Natur. Etwa ein Dutzend Nationalparks beherbergen Europas letzte Urwälder, in denen Wisente, Elche, Wölfe, Bären und Adler noch immer heimisch sind. Doch bestimmt werden Sie sich auch die schönsten **Städte** Polens nicht entgehen lassen wollen – allen voran Krakau. Lohnenswert ist außerdem ein Streifzug entlang der Flüsse wie z. B. der Weichsel, um alte **Burgen** des Deutschen Ordens zu besuchen, alte Städte und große, polnische Herrschaftshäuser, die Zeugen einer verschwundenen Aristokratie sind. Die Gebiete **ethnischer Minderheiten** bieten Einblick in Kulturen, die vom Katholizismus der Bevölkerungsmehrheit abweichen, während die früheren **Zentren jüdischen Lebens** und die Konzentrationslager der Nazis die bewegendsten Zeugen der Tragik der nationalen Vergangenheit sind.

Wer nicht mit dem Auto nach Polen fährt, beginnt seine Reise normalerweise in einer der drei wichtigsten Städte: Warschau, Krakau oder Gdańsk. Sie alle haben sich in den letzten zehn und mehr Jahren stark verändert und sind dennoch Kulisse für Denkmäler, die an die wechselhafte Geschichte des Landes erinnern. Die Hauptstadt **Warschau** musste nach dem Zweiten Weltkrieg komplett neu aufgebaut werden. Vieles entspricht im Aussehen noch dem stereotypen Grau des alten Osteuropa, doch die wieder aufgebauten barocken Paläste, Kirchen und öffentlichen Gebäude in den historischen Zentren, die sich entwickelnden Straßenmärkte sowie die glänzenden Schaufensterfronten von Polens neuer Unternehmenskultur bieten genug Abwechslung. **Krakau**, die alte Königsstadt, ist der eigentliche Besuchermagnet für polnische und ausländische Besucher und steht an Eleganz den europäischen Metropolen Prag und Wien in nichts nach. In dieser Stadt ist die Geschichte besonders präsent, sei es nun im königlichen Wawel-Komplex, auf dem weiten, offenen Rynek, im ehemals jüdischen Viertel Kazimierz oder im Schauder erregenden Auschwitz-Birkenau, das grauenhafteste Vernichtungslager des Dritten Reichs. **Gdańsk**, das frühere Danzig, ist der größte Ostseehafen und gleichzeitig Heimat der legendären Werft. Es wartet mit einer dynamischen Mischung aus Politik und Kommerz auf sowie mit einem Stadtbild, das an die Handelsstädte in Holland erinnert.

Im **Norden** des Landes zeigen sich die deutschen und preußischen Einflüsse vor allem in den nüchternen Burgen und Festungsanlagen, die vom Deutschen Orden in **Malbork**, **Chełmno** und an anderen strategischen Stellen entlang der **Wisła** (wie die Weichsel in Polen heißt) gebaut wurden. **Torún** ist eine der schönsten Hansestädte und besitzt ein ganz besonderes Ambiente.

Im **Osten** veranschaulichen zahlreiche Minderheitengemeinden die Komplexität der Staatsgrenzen in Mitteleuropa. Das frühere jüdische Zentrum von **Białystok** mit seiner weißrussischen Minderheit bildet ein Sprungbrett zu den östlichen Grenzgebieten, wo orthodoxe Zwiebelturmkirchen dicht neben Tatarischen Moscheen stehen. Weiter südlich, jenseits von **Lublin**, das als Zentrum des chassidischen Judentums bekannt ist, und Zamosc mit seinem herrlichen Rennaissancekern liegt die Heimat der Ukrainer, Lemken und Bojken. Hier hat man die Gelegenheit, einige der außergewöhnlichen Holzkirchen Polens zu besichtigen.

Polens jüdisches Erbe

Polens Geschichte ist unauslöschlich mit der Geschichte seiner **jüdischen Bevölkerung** verbunden. Vor dem Zweiten Weltkrieg zählte diese 3 Mill. Menschen, d. h. etwa 10 % der Gesamtbevölkerung. Sie stellte damit Europas größte jüdische Gemeinde und die zweitgrößte der Welt dar. Von den derzeit lebenden 15 Mill. Juden sind vermutlich mehr als die Hälfte mit polnischen Juden verwandt. Doch bis in die späten 1980er Jahre wagten es nur wenige, in das Land ihrer Vorfahren zu reisen, zum einen aus Angst vor Antisemitismus, zum andern aus Furcht vor dem kommunistischen Osteuropa. Heute sind organisierte Reisen – besonders aus Israel und den USA – an der Tagesordnung. Hierbei werden vor allem die traditionellen ehemalig jüdisch-polnischen Zentren aufgesucht.

Im **Westen** bevölkern Deutschstämmige die Gebiete der geteilten Provinz Schlesien. **Wrocław** hält an der Kultur der früheren deutschen Stadt Breslau und an derjenigen der ukrainischen Stadt L'viv fest, deren Vertriebene hier nach dem Zweiten Weltkrieg angesiedelt wurden. **Poznán**, die andere große Stadt im Westen Polens, ist rein polnisch. Sie ist eine lebhafte, aufstrebende Universitätsstadt.

Im Gebirge lässt es sich gut wandern

Trotz der öffentlich häufig angeprangerten Luftverschmutzung – gegen die nun tatsächlich ernsthaft vorgegangen wird – besitzt Polen viele Gebiete von unverfälschter natürlicher Schönheit, das ursprünglichste ist die **Białowieżer Heide** nahe der weißrussischen Grenze. Hier gibt es den letzten Urwald des europäischen Kontinents, in dem die größte noch lebende Herde europäischer Wisente zu Hause ist.

Polnischer Wodka

Das Getränk, das man sofort mit Polen assoziiert, ist Wodka. In jüngerer Zeit allerdings entstand die Gefahr, dass – zumindest bei jungen Polen – Bier in puncto Beliebtheit Wodka den Rang streitig macht. Probieren Sie darum unbedingt die Varianten, die Sie nicht im Ausland, sondern nur in den Geschäften oder Bars in Polen finden können, bevor sie ganz von der Bildfläche verschwinden. Normalerweise wird Wodka stark gekühlt und pur serviert – in letzter Zeit aber auch in zunehmendem Maße mit Fruchtsaft gemischt. Wodka kann naturbelassen oder aromatisiert sein, z. B. mit Wisentgras, Bergkräutern, Wacholderbeeren oder Honig. Neuerdings gibt es sogar wieder koscheren Wodka – wobei allerdings nicht ganz sicher ist, ob der Qualitätsstempel der Rabbiner selbst wirklich koscher oder nur ein Marketing-Gag ist.

Entlang der südlichen Grenzen erheben sich die **Bieszczady**-Berge und die alpine **Tatra**, weiter im Westen dann das **Karkonsze**-Gebirge, allesamt ideale Wandergebiete, die auch weniger anspruchsvolle Touren bieten. Nördlich der zentralen polnischen Ebene befinden sich die ausgesprochen ruhigen bewaldeten Seengebiete Masurens und Pommerns, während die Ostseeküste nicht nur mit den üblichen

Freuden eines Seeurlaubs aufwarten kann, sondern auch mit den phantastischen wüstengleichen Dünen des Slownski-Nationalparks – um nur einen von einem Dutzend solcher Parks zu nennen.

Reisezeit

Der **Frühling** ist zweifellos die ideale Jahreszeit, um in Polens bergigen Grenzgebieten Wanderungen zu unternehmen. Dann nämlich sind die Tage klar – auch wenn einige Regenschauer fallen –, und die verschiedenen Blumen entfalten ihre größte Blütenpracht. Im **Sommer**, der touristischen Hochsaison, scheint häufig die Sonne – vor allem an der Ostseeküste, wo die Ferienorte von Juni bis August ausgebucht sind und die Temperaturen ziemlich konstant um 24 Grad Celsius betragen. In größeren Städten kann es dann unerträglich werden, nicht nur wegen der Hitze, sondern auch wegen der vielen Besucher. In besonders touristischen Orten kommt es gelegentlich zu Engpässen bei der Unterkunft, doch ein gut funktionierendes System an Sommerherbergen garantiert preiswerte Ausweichmöglichkeiten.

Wenn Sie Polen insgesamt erkunden wollen, empfiehlt sich der **Herbst**. In den Städten beginnen die kulturellen Veranstaltungen, die Hotels sind weniger ausgelastet, und auf dem Land kann man den goldenen polnischen Oktober genießen, ein unvergessliches Erlebnis, wenn die reichhaltigen Farben der Wälder durch die klare Herbstsonne verstärkt werden, die oft noch so wärmt, dass man ein T-Shirt tragen kann.

Im **Winter** fallen die Temperaturen rasch. Eisige Winde aus Sibirien decken das Land ein bis drei Monate lang mit einer Schneedecke zu. Mittelpolen ist zum Jahresende normalerweise schneelos und unattraktiv, doch im Süden fühlen sich Langläufer und andere Wintersportfans in ihrem Element. Ab Mitte Dezember geht es in der Tatra und den anderen Grenzgebirgen hoch her.

Mittlere Temperaturen und Niederschläge

		Krakau	Gdingen	Posen	Przelmyśl	Warschau
Jan.	°C max/min	0/-5,5	1,6/-2,7	0,5/-4,4	0/-6,6	0/-5,5
	Regen in mm	28	33	24	27	27
März	°C max/min	7,2/-1,1	4,4/-1,1	7,2/-1,1	6,1/-1,6	5/-2,2
	Regen in mm	35	27	26	25	27
Mai	°C max/min	19,4/8,8	15/6,6	19,4/7,7	19,4/7,7	19,4/8,8
	Regen in mm	46	42	47	57	46
Juli	°C max/min	24,4/14,4	21,2/14,4	24,4/13,8	24,4/13,8	24,4/14,4
	Regen in mm	111	84	82	105	96
Sept.	°C max/min	19,4/9,4	17,7/10,5	19,4/9,4	19,4/9,4	19,4/9,4
	Regen in mm	62	59	45	58	43
Dez.	°C max/min	3,3/-2,2	3,3/-0,5	3,3/-2,2	3,3/-2,2	2,2/-2,2
	Regen in mm	36	46	39	43	44

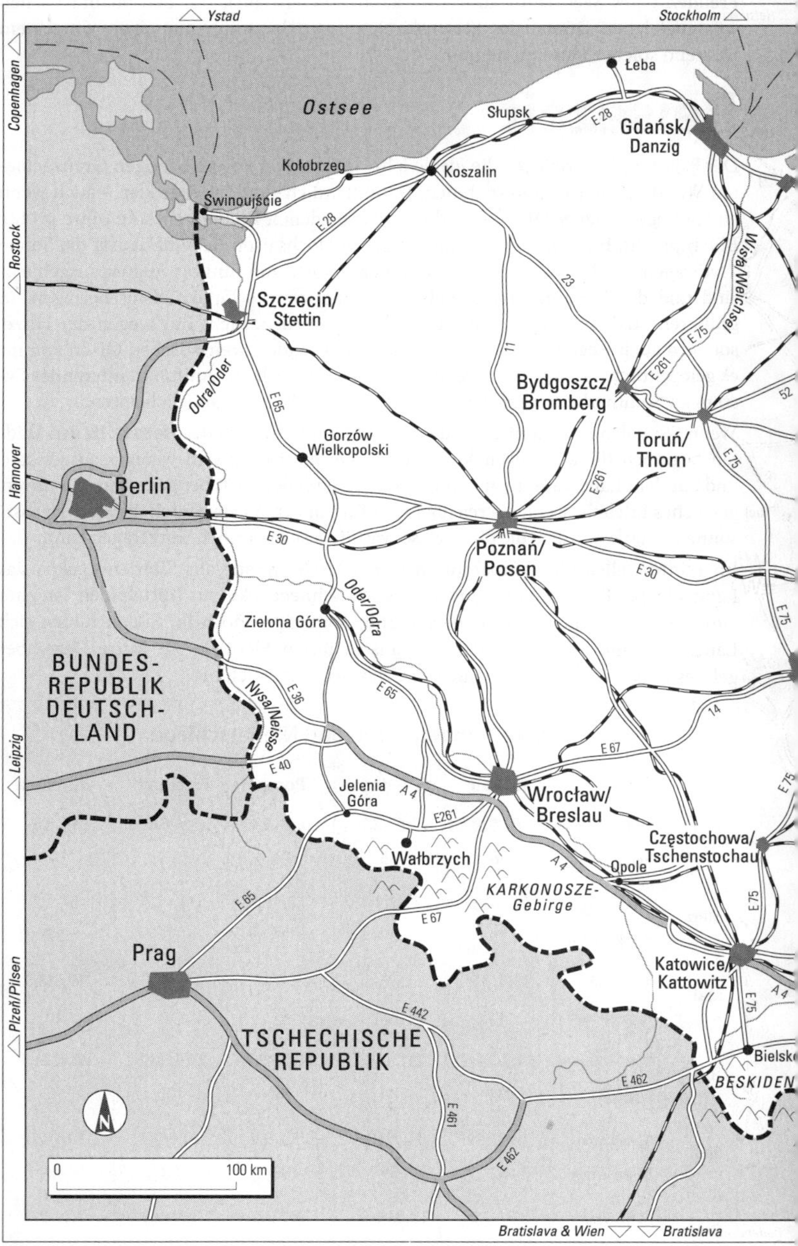
Ystad
Stockholm
Copenhagen
Rostock
Hannover
Leipzig
Plzeň/Pilsen
Bratislava & Wien
Bratislava
Ostsee
Łeba
Słupsk
Gdańsk/
Danzig
Kołobrzeg
Koszalin
Świnoujście
Szczecin/
Stettin
Wisła/Weichsel
Odra/Oder
Bydgoszcz/
Bromberg
Toruń/
Thorn
Gorzów
Wielkopolski
Berlin
Poznań/
Posen
Oder/Odra
Zielona Góra
BUNDES-
REPUBLIK
DEUTSCH-
LAND
Nysa/Neisse
Jelenia
Góra
Wrocław/
Breslau
Częstochowa/
Tschenstochau
Wałbrzych
Opole
KARKONOSZE-
Gebirge
Katowice/
Kattowitz
Prag
Bielsk
BESKIDEN
TSCHECHISCHE
REPUBLIK
0
100 km

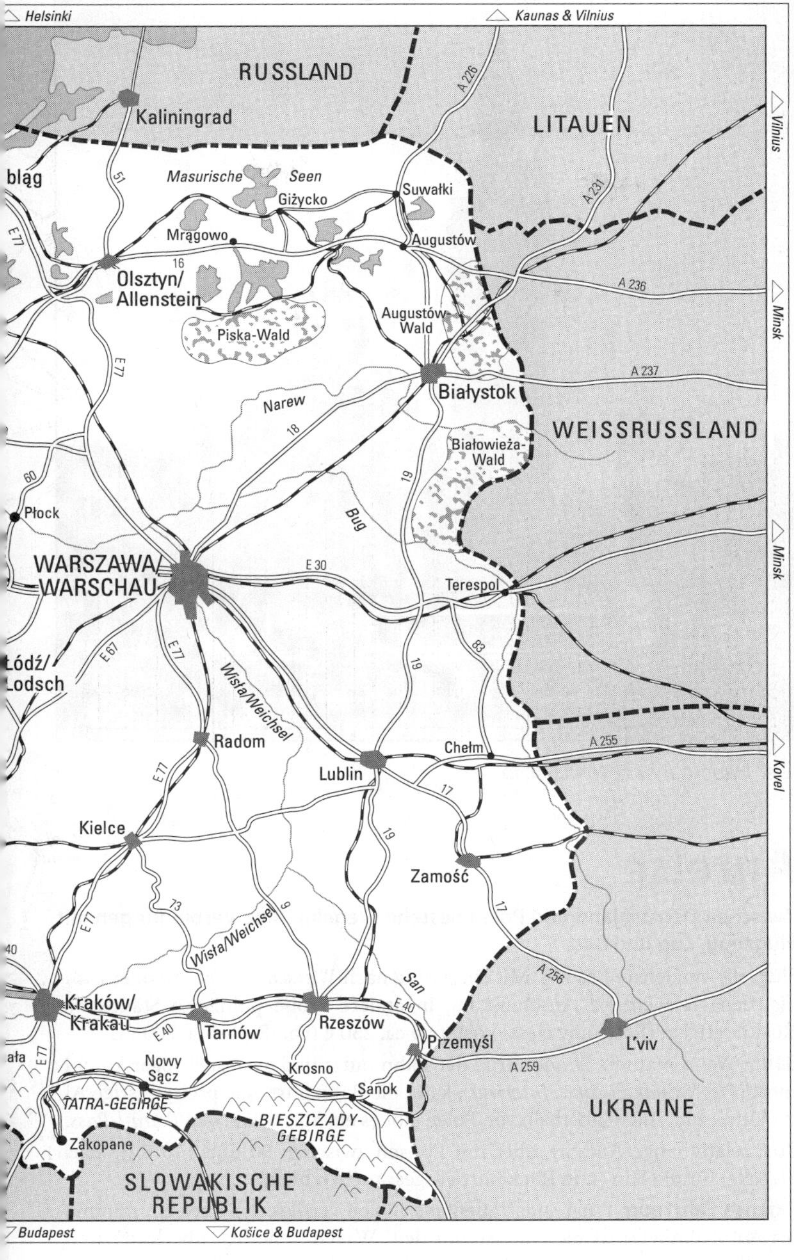
Helsinki
Kaunas & Vilnius
RUSSLAND
Kaliningrad
LITAUEN
Vilnius
Elbląg
Masurische Seen
Giżycko
Suwałki
Mrągowo
Augustów
Olsztyn/
Allenstein
Piska-Wald
Augustów-Wald
A 236
Minsk
A 237
Białystok
Narew
WEISSRUSSLAND
Białowieża-Wald
Płock
Bug
WARSZAWA/
WARSCHAU
E 30
Terespol
Minsk
Łódź/
Lodsch
Wisła/Weichsel
Radom
Chełm
A 255
Kovel
Lublin
Kielce
Zamość
Wisła/Weichsel
San
A 256
Kraków/
Krakau
Tarnów
Rzeszów
Przemyśl
L'viv
A 259
Nowy Sącz
Krosno
Sanok
TATRA-GEGIRGE
BIESZCZADY-GEBIRGE
UKRAINE
Zakopane
SLOWAKISCHE
REPUBLIK
Budapest
Košice & Budapest

Der Hauptbahnhof von Danzig

Anreise

Zwischen Deutschland und Polen bestehen regelmäßige Verbindungen mit Flugzeug, Zug und Bus.

- **Flug**: die einfachste Lösung. Mit Direktflug nach *Warschau*, *Krakau* oder *Danzig*, danach eventuell Anschlussflug in andere große polnische Städte; ein Rückflugticket (Economy class) kostet ab ca. 250 € (von Berlin ca. 200 €).
- **Bahn**: Wenn man die Sondertarife der Bahn nutzt und eventuell sogar kombiniert (*Plan&Spar Europa, Interrail*), kann die Bahnfahrt eine preisgünstige Alternative sein. Auch innerhalb von Polen gibt es ein Sparticket, den *Polrail-Pass*.
- **Bus**: relativ lange Anfahrt, aber mit Preisen zwischen 90 und 110 € (je nach Strecke) für die Hin- und Rückfahrt ausgesprochen billig.
- **Eigenes Fahrzeug**: Für Landstraßenfans (Polen verfügt nur über ein minimales Autobahnnetz) ist die Anreise mit dem Wagen sicherlich überlegenswert. Wer die Umwelt entlasten und sich gleichzeitig fit halten will, kann über eine

Fahrradtour durch Polen nachdenken; Reiseveranstalter (ORBIS) bieten kombinierte Bus-/Fahrradtouren an.

Mit dem Flugzeug

Mittlerweile gibt es von vielen deutschen Flughäfen aus Direktverbindungen nach Polen. Die meisten Flüge werden von Lufthansa und LOT, der polnischen Luftfahrtgesellschaft, angeboten. Die Flugdauer beträgt je nach Abflugs- und Ankunftsort 1,5 bis 2 Stunden. Von Warschau aus gibt es Anschlussflüge zu anderen polnischen Flüghäfen.

Meistens trifft man rechtzeitig in Warschau ein, um den Anschlussflug zu erreichen. Das sollte aber genau überprüft werden – bei einigen Zielorten muss man unter Umständen doch in der Hauptstadt übernachten. Folgende Direktflüge gibt es: von Frankfurt täglich nach Warschau mit Lufthansa und LOT, Kattowice täglich mit Lufthansa, Breslau täglich außer Samstag mit LOT, Danzig, Posen und Krakau täglich mit LOT; von Düsseldorf täglich nach Warschau mit Lufthansa und LOT, täglich außer Samstag und Sonntag nach Kattowice; von München nach Warschau täglich mit Lufthansa und LOT, nach Breslau täglich mit LOT und Eurowings; von Hamburg täglich nach Warschau mit LOT und täglich nach Danzig mit Eurolot und LOT; von Berlin täglich nach Warschau mit LOT.

▸ **Linienflüge**: Prinzipiell gibt es bei *Lufthansa* und *LOT* drei Preisgruppen, wobei First Class und Business Class für Urlauber aufgrund ihres hohen Preisniveaus wohl nicht in Frage kommen. In der Economy Class gibt es unterschiedliche Tarife ja nach Alter, Buchungstermin und Reisedauer. Allerdings ändern sich diese Bedingungen immer wieder, so dass man sich auf jeden Fall immer genau erkundigen sollte. Möglicherweise kann man auch einen günstigen Last-Minute-Flug oder sonstige aktuelle Sonderangebote ergattern. Lohnend könnte es sein, im Internet nach preiswerten Online-Angeboten zu stöbern. Gute Adressen sind beispielsweise opodo.de oder www.expedia.de.

• Spartarife **Lufthansa** bietet Tickets von Frankfurt nach Warschau oder Katowice für je 332 € (Buchung 7 Tage im Voraus, Reisedauer höchtsens 1 Monat) bzw. für 239 € (Buchung 42 Tage im Voraus, Reisedauer höchstens 2 Wochen). Für Jugendliche bis 23 Jahre kostet das Ticket 177 €, für Studenten bis 29 Jahre 276 €: Es kommen jeweils noch ca. 52 € Steuern hinzu. Hamburg – Warschau kostet ca. 360 €, München – Warschau ca. 367 €, Wien – Warschau ca. 286 € (mit Austrian Airlines oder LOT), Zürich – Warschau ca. 330 € (mit Swiss oder LOT); alle Preise incl. Steuern und Buchung 7 Tage im Voraus. Bucht man erst kurz vorher, erhöhen sich die Preise je nach Auslastung der Maschinen erheblich. Stand Juni 2003)

• Information und Reservierung in jedem **IATA-Reisebüro** oder direkt bei **Lufthansa**, Am Hauptbahnhof 2, D-60329 Frankfurt, ✆ 069/255255, und bei **LOT**, Frankfurter Flughafen (Terminal 2), Hausbriefkasten 30, D-60547 Frankfurt, ✆ 069/24001010, 📠 24001029.

▸ **Jugendtarif**: Ein spezieller Spartipp für Jugendliche unter 23 Jahren bzw. für Studenten bis 29 Jahre sind die Jugendtarife der *Lufthansa* und der *LOT*. Diese preiswerten Flugscheine sind ein Jahr lang gültig, der Rückflugtermin muss innerhalb von zwei Monaten liegen. Die Preise sind bei Lufthansa und LOT etwa gleich, allerdings sind die Steuern bei LOT etwas günsiger, so dass der Komplettpreis niedriger liegt. Preisbeispiel: Frankfurt – Warschau für Jugendliche 177 €, für Studenten 276 €. Die Tarife sind von allen deutschen Städten etwa gleich.

▸ **Charter**: In der Sommersaison bietet die DNV-Touristik Diretkflüge von verschiedenen deutschen Städten nach Masuren (Szczytno). Auskünfte: DNV-Touristik GmbH, Heubergstr. 21, 70806 Kornwestheim, ✆ 07154/131830, 📠 07154/182924, www.dnv-tours.de.

Mit der Bahn

Eine Bahnreise nach Polen ist langwierig, jedoch kann man unterwegs die Fahrt unterbrechen.

Außerdem spart man im Vergleich zu den Flugpreisen erheblich. Die Fahrtdauer nach Warschau beträgt zwischen ca. 14 Std. (ab München) und 6 Std. (ab Berlin).

• *Normaltarife* (Hin- u. Rückfahrt 2. Klasse) nach **Warschau**: Ab **Berlin** (Zoo) gibt es einen reservierungspflichtigen Direktzug (*Berlin-Warschau-Express*), der mehrmals täglich verkehrt; Kostenpunkt: 70 €. Ab Hamburg über Berlin ca. 166 € incl. Zuschläge; ab Frankfurt ebenfalls über Berlin ca. 243, €; ab München über Wien oder Berlin ca. 215 €.

Bahnsparen

Das neue Preissystem der Bahn wirkt auf so manchen Kunden etwas unübersichtlich. Grundsätzlich gilt: längere Strecken sind günstiger, wer seine Fahrkarte im Voraus kauft, spart (bei einem Tag 10 %, bei drei Tagen 25 %, bei sieben Tagen sogar 40 %), Mitfahrer fahren um die Hälfte, ab 6 Personen fährt man als Gruppe, Kinder bis 14 Jahre reisen in Begleitung der Eltern oder Großeltern umsonst. In Kombination mit Bahn-Card oder Railplus werden die Preise noch attraktiver. Wer alle Möglichkeiten kombiniert, fährt am günstigsten. Man sollte sich genau erkundigen, um den jeweils individuell günstigsten Preis herauszufinden entweder unter der Fahrplanauskunft der deutschen Bahn, 📠 0800/1 50 70 90, oder im Internet unter www.bahn.de.

• *Sondertarife* **Plan&Spar Europa** – Mit diesem Sparangebot ermäßigen sich die Preise in viele europäische Länder, darunter Polen, um 25 %. Zusätzlich werden Nachlässe für Mitfahrer von bis zu 50 % gewährt. Bedingungen sind Fahrkartenkauf mindestens 7 Tage vor Reiseantritt, zwischen Hin- und Rückfahrt muss eine Nacht von Samstag auf Sonntag liegen, die gewünschten Züge müssen beim Kauf verbindlich festgelegt werden. In Verbindung mit Railplus gibt es einen weiteren Rabatt von 25 %.

Das **Twenticket** entfällt im neuen Preissystem.

• *Polnische Bahnpässe* Das Bahnfahren in Polen ist ausgesprochen billig. Wer sehr viel Bahn fahren will, für den lohnt sich der Kauf des **Polrail Passes**: Er ermöglicht freie Fahrt in allen Personen-, Schnell- und Expresszügen der Polnischen Staatsbahn (PKP). Preise: für 8 Tage 108 € (Jugendliche unter 26 J. 76 €), 15 Tage 128 € (90 €), 21 Tage 144 € (101 €) oder einen Monat 182 € (127 €); Kinder von 4 bis 10 jahren zahlen den halben Erwachsenenfahrpreis. Zu beziehen bei allen **Polorbis**-Büros. Im Preis nicht enthalten sind Schlaf- oder Liegewagenkarten und Fahrten in Sonderzügen.

Der Polrail Pass ist auch in den städtischen Bahnen z. B. in Warschau, Danzig oder Kattowitz gültig. Er wird auf den Namen des Reisenden ausgestellt, ist also nicht übertragbar und nur in Verbindung mit dem Reisepass gültig.

• *Internationale Bahnpässe* **InterRail** – unbeschränktes Bahnfahren auf den staatlichen eruropäischen Bahnnetzen auch für Leute über 25 Jahre, jetzt auch bereits für 12 Tage erhältlich; Einteilung in Zonen: Polen fällt unter Zone D.

Preise: Jugendliche bis 26 Jahre, 1 Zone, 12 Tage: 182 € (über 26: 266 €), 1 Zone 22 Tage: 219 € (318 €); Kinder von vier bis elf Jahren zahlen die Hälfte des Erwachsenenpreises. Wer ausschließlich in Polen reist, ist mit den nationalen Pässen/Tickets besser bedient, wer die Bahn nur für An- und Abreise braucht, fährt mit den Sparpreisen der DB günstiger.

Euro Domino – Mit diesem Ticket hat man an 3 bis max. 8 beliebig wählbaren Tagen innerhalb eines Monats freie Fahrt in einem europäischen Land. Für die Fahrt vom Wohnort bis zur deutschen Grenze (und zurück) gibt es 25 % Ermäßigung. Preise: Polen Grundkarte für 3 Tage 56 €, plus 12 € für jeden weiteren Tag. Leute unter 26 Jahren zahlen 48 €, plus 10 € für jeden weiteren Tag. (Stand: Juni 2003)

Achtung Diebstahlgefahr! Es häufen sich Berichte von Raubüberfällen in internationalen Nachtzügen nach Polen, vor allem in Zügen aus Richtung Berlin und Prag. Es sind einige seltsame "Dinger" gedreht worden, bei denen ganze Zugabteile ausgeräumt wurden, nachdem man die Insassen mittels Schlafgas, das über die Ventilationsanlage verbreitet wurde, außer Gefecht setzte. Darum beim Schlafen Wertsachen immer nah am Körper behalten!

Mit dem Bus

Für eine Busreise nach Polen ist gutes Sitzfleisch notwendig. Dafür wird man allerdings durch den billigen Fahrpreis entschädigt.

Die Deutsche Touring GmbH in Frankfurt/M. bedient mehrmals wöchentlich auf 28 verschiedenen Strecken die Linie Deutschland–Polen. Die Fahrzeit beträgt je nach Abfahrtsort und Ziel zwischen 13,5 und 28 Std.

Zu buchen sind Busreisen bei fast allen Reisebüros, *Polorbis*-Niederlassungen sowie bei *Touring* selbst.

- Kontaktadresse Deutsche Touring GmbH, Am Römerhof 17, 60486 Frankfurt/M., ✆ 069/790350, 📠 069/7903219. www.deutsche-touring.com, service@deutsche-touring.com.

DTG-Ticket-Center gibt es in folgenden Städten: Leipzig, Hamburg, Hannover, Düsseldorf, Dortmund, Köln, Frankfurt/Main, Stuttgart, München.

- Preise & Verbindungen (Hin- u. Rückfahrt): nach **Warschau** (über Posen) ab Hamburg 75 €, ab Aachen (über Köln Hannover, Posen Lódz) 95 €, ab Frankfurt (über Posen–Breslau–Łódź) 90 €; nach **Krakau** (über Breslau) ab Hamburg 98 €, ab Frankfurt 90 €, ab Köln (über Hannover) 90 €, ab München 92 €; nach **Kattowitz** (über Breslau–Oppeln) ab München 87 €, ab Köln 85 €, ab Frankfurt 87 €.

Weitere Informationen sind dem Touringprospekt zu entnehmen, der in den meisten Reisebüros erhältlich ist.

Von **Berlin** gibt es regelmäßige Linienverbindungen nach Warschau, Danzig, Opole, Masuren sowie nach Jelenia Gora und Karpacz im Riesengebirge. Auskünfte bei Bayern Express & P. Kühn Berlin GmbH, ✆ 030/8 60 96-0, 📠 030/8 60 96-299. Neu ab Frühjahr 2003: direkte Busverbindung von **Berlin** ZOB zum Ostseekurort **Kolberg.** Ebenfalls neu ist die Linienbusverbindung Berlin – Stettin.

Mit dem Auto

Seit der Öffnung der Grenzen und dem Wegfall der Visumspflicht für deutsche Staatsangehörige ist eine Autoreise nach Polen eine relativ problemlose Angelegenheit.

Die wichtigsten Grenzübergänge sind auf deutscher Seite via Autobahn erreichbar. Das polnische Straßennetz besteht beinahe ausschließlich aus Landstraßen; Autobahnen gibt es nur als kurze "Teilstücke" auf den Hauptstrecken. Die Straßen sind – zumindest auf den Hauptstrecken – in einem guten Zustand. Polens relativ geringe Verkehrsdichte kommt einer beschaulichen, stressfreien Autofahrt sehr entgegen. Allerdings hat mit der Öffnung der Grenzen eine starke Zunahme des LKW-Verkehrs stattgefunden.

Obwohl die Einreiseformalitäten seit Anfang 1991 stark vereinfacht wurden, sollte man sich im Sommer auf langes Warten beim Zoll einstellen, da die polnischen Beamten ihre Landsleute auf Schmuggelware durchsuchen.

▶ **Hauptanreiserouten** Deutschland–Polen *(von Norden nach Süden)*:

Nach **Gdańsk/Danzig**: auf der A 11 nach Szczecin/Stettin, dann auf der E 28 über Koszalin/Köslin, Słupsk/Stolp nach Gdańsk.

Nach **Warszawa/Warschau**: auf der A 12 bis Frankfurt/Oder, dann auf der E 30 über Poznań/Posen nach Warszawa.

Nach **Kraków/Krakau**: auf der A 15 über Cottbus bis Forst, dann auf der E 36 (ab Golnice auf der A 4) über Wrocław/Breslau (auf halber Strecke nach Opole Wechsel von der A 4 auf die E 40) und Kattowice/Kattowitz (wieder auf der A 4) bis Kraków.

Nach **Wrocław/Breslau**: auf der A 4 über Dresden bis Görlitz/Gierłoz, weiter auf der E 40 (ab Krzywa auf der A 4) bis Wrocław.

▶ **Grenzübergänge** Deutschland–Polen *(von Norden nach Süden)*:

Linken–Lubieszyn
Pomellen–Kołbaskowo
Rosow–Rosówek
Schwedt–Krajnik
Hohenwutzen–Osinów Dolny
Kietz–Kostrzyn
Frankfurt/Oder–Slubice
Frankfurt/Oder–Świecko
Guben–Gubin
Forst–Olszyna
Bad Muskau–Łęknica
Podrosche–Przewóz
Ludwigsdorf–Jędrzychowice
Görlitz–Zgorzelec
Zittau-Chopin-Str.–Sieniawka
Zittau-Friedensstr.–Porajów

▶ **Benzin**: an allen Tankstellen mittlerweile gegen Polnische Złoty (PLN) erhältlich.

Preise pro Liter (Stand Juni 2003)		
Bleifrei 95 Oktan	PLN 3,35	0,83 €
Bleifrei 98 Oktan	PLN 3,60	0,89 €
Diesel	PLN 2,95	0,73 €

Verbleites Normalbenzin hat nur 86 Oktan!
Die oben angegebenen Benzinpreise sind Mittelwerte, die regional abhängig um +/- 10 Cent schwanken.

Die Einfuhr von Krafstoff in Reservekanistern ist zollpflichtig, und es können Gebühren erhoben werden. Die Ausfuhr von Kraftstoff in Reservekanistern ist nicht erlaubt.

▶ Weitere Informationen zu Verkehrsvorschriften, Pannenhilfe, Straßenzustand, Tankstellen etc. im Kapitel "Unterwegs in Polen" (ab S. 31).

Mitfahrzentralen

Preisgünstige Lösung für Fahrer und Mitfahrer. Vor allem in Groß- und Universitätsstädten der Bundesrepublik existieren zahlreiche Mitfahrzentralen (MFZ), die auch Mitfahrgelegenheiten ins Ausland anbieten.

Wer also mit einem PKW nach Polen fährt und noch Mitfahrer für die Anreise sucht, sollte ruhig mal bei der nächstgelegenen Zentrale anrufen. Dasselbe gilt für alle, die eine *MFG* (Mitfahrgelegenheit) suchen. Mitfahrgelegenheiten nach Polen werden allerdings noch relativ selten angeboten. Man sollte deshalb am besten gleich mehrere auf dem Anfahrtsweg liegende Mitfahrzentralen anrufen. Falls der Fahrer ein anderes Ziel hat als ein potenzieller Mitfahrer, kann man sich natürlich auch auf ein Teilstück der Strecke einigen.

Die meisten der nationalen City-Netz-Mitfahrzentralen sind unter der jeweiligen Ortsvorwahl und der Rufnummer 19444 (oder 19440) zu erreichen. Sie bieten mit Hilfe moderner Computertechnologie mittlerweile sogar die Möglichkeit zur gleichzeitigen Buchung von Hin- und Rückfahrten. Außerdem werden Sonderwünsche (Frauenfahrten, Kindersitzverleih, Nichtraucher) so weit wie möglich berücksichtigt.

Im Internet kann man bequem Mitfahrer oder eine Mitfahrgelegenheit suchen. Adressen: www.mitfahrzentrale.de oder www.mfz.de.

• *Kosten* Falls es zur Vermittlung durch eine MFZ kommt, muss der Mitfahrer als Fahrpreis einen von der MFZ festgelegten **Benzinkostenanteil** an den Fahrer zahlen. Zusätzlich werden eine **Vermittlungsgebühr** und eine kleine Summe für die **Insassenversicherung** an die MFZ fällig (für den Fahrer fallen keinerlei Kosten an).
Die Preise liegen je nach Zentrale um 3 Cent Betriebskostenbeteiligung pro Kilometer plus die streckenabhängige Vermittlungsgebühr. Preisbeispiel: Nürnberg–Breslau 30 €, Nünberg–Kattowitz 38 €.

▸ **Autostopp**: siehe im Kapitel "Unterwegs in Polen" (s. S. 34).

Pauschalreisen

Noch immer überwiegt die Zahl ausländischer Besucher, die mit Pauschalreisen ins Land kommen.

Orbis, das ehemals staatliche, mittlerweile jedoch privatisierte polnische Reisebüro, hat eine breite Reisepalette, die in Deutschland im **Polorbis**-Büro angeboten wird. Die Angebote umfassen Busrundreisen, außerdem ein- oder zweiwöchige Pauschalreisen, in deren Programm z. B. Warschau, Krakau und eine Kombination anderer Orte wie Posen, Breslau, Tschenstochau, Danzig, Lublin und – bei zweiwöchigen Reisen – ein "Landausflug" in die Tatra, nach Masuren, an die Ostseeküste oder in die Białowieżer Heide enthalten sind. Weiterhin im Programm sind Flug-Städte-Reisen und Schienenkreuzfahrten durch Polen und Russland im Sonderzug mit Reiseleitung. Mittlerweile hat man sich mehr und mehr auch auf Individualreisende eingestellt und bietet eine ganze Palette von Hotels, Pensionen und Ferienhäusern an. Darüber hinaus hat Polorbis Wandern in der Tatra, Reiten, Ausflüge mit der Dampfeisenbahn, Radtouren und Erholungsurlaub in den Bergen oder am Meer im Programm.

Das **Polonia Reisebüro** in Hamburg ist ebenfalls auf Polenreisen spezialisiert und hat ein ähnliches Angebot. Darüberhinaus kann man hier Ferienhäuser und Mietwagen buchen oder eine Segelyacht in den Masuren chartern.

Polnische Reiseveranstalter und Fremdenverkehrsämter

• *Bundesrepublik Deutschland* **Polorbis Reiseuntemehmen**, Hohenzollernring 99–101, 50672 Köln ✆ 0221/95153400, 📠 0221/528277.
Ernst Merckstr. 12/14, 20099 Hamburg ✆ 040/337686, 📠 040/324210
Warschauer Str. 5, 10234 Berlin ✆ 030/2941394, 📠 030/2949648
Rotebühlstr.51, 70178 Stuttgart, ✆ 0711/612420, 📠 0711/612106
Polonia Reisebüro, Lange Reihe 45, 20099 Hamburg, ✆ 040/243634, 📠 040/2801034, www.polenreisen-polonia.com.
Polnisches Fremdenverkehrsamt, Kurfürstendamm 71, 10709 Berlin, ✆ 030/210092-0, 📠 030/21009214, www.polen-info.de, info@poleninfo.de.

• *Österreich* **Polnisches Informationsbuero fuer Touristik "ORBIS"**, Lilienbrunngasse 5, 1020 WIEN, ✆ 01/2147688, 📠 01/2147689.
Polnisches Fremdenverkehrsamt, Lerchenfelder Str. 2, 1080 Wien, ✆ 01/5247191, 📠 01/524719120, www.poleninfo.at, info@poleninfo.at.

Ausflugsboote am Motława-Ufer in Danzig

Unterwegs in Polen

Polen verfügt über ein umfassendes und preisgünstiges Netz öffentlicher Verkehrsmittel, die allerdings oft überfüllt und furchtbar langsam sind.

Im Allgemeinen fährt man mit der **Bahn** am besten, da selbst die entlegensten ländlichen Gebiete per Schiene erreichbar sind. Konkrete Informationen über die wichtigsten Eisenbahnverbindungen finden Sie bei jedem Ort einzeln beschrieben.

Es kommt vor, dass der **Bus** das geeignetere Verkehrsmittel ist. Wann man besser per Bus reist, z. B. bei kurzen Ausflügen oder Exkursionen in die hintersten Winkel (selbst hier fährt zumeist mindestens einmal am Tag ein Bus), ist ebenfalls bei den jeweiligen Orten beschrieben.

Die Preise für **Mietwagen** gleichen denen in Deutschland. **Taxifahrten**, früher für "West-Touristen" eine echte Alternative zur Busfahrt, sind inzwischen allerdings ziemlich teuer geworden. Wenn sich mehrere Mitfahrer die Kosten teilen, dürften sie aber auch heute noch erschwinglich sein.

Ebenfalls angenehm reist es sich mit **Küsten- und Flussfähren**, und natürlich kommt man in der Tatra und anderen Berggegenden bestens auf Schusters Rappen voran.

Mit dem Flugzeug

Die staatliche polnische Fluggesellschaft LOT fliegt von Warszawa nach Gdańsk, Katowice, Kraków, Poznań, Rzeszów, Szczecin, Słupsk und Wrocław. Jeder Flug dauert rund eine Stunde.

Auf einigen Strecken gibt es mehrere Flüge täglich. Die meisten dieser Städte stehen in gegenseitiger Flugverbindung, aber Warschau ist eindeutig das Zentrum des ganzen Netzes. Die Flughäfen liegen grundsätzlich etwas außerhalb der Stadt, zu erreichen mit einem *LOT*-Sonderbus oder einem städtischen Bus.

- **Flugtickets**: erhältlich bei *LOT* und in den Orbis-Büros. Dort gibt es auch kostenlos **Flugpläne**. Die Preise liegen im Augenblick bei rund 150 € einfach, bei gleichzeitiger Buchung des Rückflugs spart man nichts. Bei Frühbuchung und Sonderangeboten können die Kosten jedoch erheblich niedriger sein. Kleinkinder bis zu zwei Jahren zahlen 10 Prozent, können dafür aber auch keinen eigenen Sitzplatz beanspruchen; Kinder bis zu 12 Jahren zahlen den halben Flugpreis.

Mit dem Schiff

Im Sommer verkehren zwischen den Städten an der Ostseeküste Fähren und Tragflächenboote, besonders im Gebiet um Szczecin und in Gdańsk, wo sie die drei Städte Gdańsk, Sopot und Gdynia miteinander und mit der Mierzeja Helska/Halbinsel Hela verbinden.

Nähere Informationen erhalten Sie bei der polnischen Ostsee-Schifffahrtsgesellschaft in Gdańsk, ul. Przemyslowa 1 (✆ 058/3431887; www.polferries.com.pl). Für internationale Überfahrten wenden Sie sich ebenfalls an obige Schifffahrtsgesellschaft oder an Stena Line in Gdynia, ul. Kwiatkowskiego 60 (✆ 058/6651414; www.stenaline.pl).

- **Ausflugsboote**: Sie verkehren auf bestimmten **Kanalabschnitten**. Zu den schönsten Strecken zählt die Route von Augustów bei Białystok. Natürlich fahren diese Boote auch auf **Flüssen**, wie z. B. der Weichsel *(Wisła)*. Zusätzlich bedienen Auto- und Personenfähren die oberen Streckenabschnitte der Weichsel.

Mit der Bahn

Die polnische Staatsbahn (PKP) ist ein verhältnismäßig effizienter Betrieb. Doch seit dem Ende des Kommunismus wurden, vor allem in ländlichen Gebieten, viele Zugverbindungen eingestellt oder stark reduziert. Es gibt drei generelle Zugtypen:

- **Eilzug** *(expresowy)*: Er empfiehlt sich bei größeren Entfernungen, denn er hält nur in großen Städten (gemessen am westeuropäischen Standard war er früher langsam; mittlerweile ist er schneller, z. B. Fahrtzeit Warschau–Krakau 2,5–3 Std.). Platzreservierung gegen einen geringen Zuschlag ist obligatorisch; wer das System nicht verstanden hat, kann sich beim Schaffner eine Platzreservierung kaufen, allerdings mit einem deftigen Aufschlag von ca. 3 €. Auf dem Fahrplan sind Eilzüge mit Rot und einem *R* in einem Kästchen daneben gekennzeichnet.
- **Schnellzug** *(pośpieszny)*: Er ist ebenfalls rot markiert und hält sehr viel öfter. Auch hier kann man einen Platz reservieren.
- Der **normale Zug** *(normalny* oder *osobowy)* hat eine schwarze Markierung und sollte gemieden werden: In ländlichen Gebieten hält er an jeder Milchkanne, und auch auf Strecken zwischen zwei Städten benötigt er für 20 km über eine Stunde.

• *Fahrpreise* Die Preise sind sehr günstig. Sogar Reisen durch ganz Polen, wie von Warschau nach Wrocław, Krakau oder Gdańsk, kostet kaum mehr als15 €. Bei solchen Preisen lohnt es sich, den fünfzigprozentigen Zuschlag für die **erste Klasse** *(pierwsza klasa)* oder den Aufpreis für eine **Platzreservierung** *(miejscówka)* zu zahlen, da man sonst oft wie Sardinen in der Dose mit den anderen Mitreisenden im Abteil sitzt. Reservierungen bis zu 90 Tage im Voraus möglich.

Fahrkarten

In kleinen Orten ist es unproblematisch, eine Fahrkarte zu lösen, aber in den Hauptbahnhöfen der Städte kann es sich wegen der verwirrenden Zahl von Schaltern – jeder mit der fast unvermeidlichen langen Schlange davor – als stressig erweisen. Es wird empfohlen, sich spätestens 45 Minuten vor der Abfahrt des Zuges anzustellen; im schlimmsten Fall (z. B. in Warschau und Poznań) muss man mit einer sehr langen Wartezeit rechnen.
Es gibt Fahrkarten in allen Formen und Größen, jedoch bei den **undatierten Fahrkarten** sollte man aufpassen: Sie müssen vor der Abfahrt entwertet werden. Normalerweise gelten diese Fahrscheine für Strecken unter bzw. bis 100 km. Man kann sich das Schlangestehen oft ersparen, indem man nach einem speziellen Schalter für diese Kurzstrecken bzw. nach einem Fahrscheinautomaten Ausschau hält. Um genau das Ticket zu erhalten, das man möchte, empfiehlt es sich, alle Details dazu aufzuschreiben und sie am Fahrkartenschalter vorzuzeigen, da die meisten Schalterbeamten kein Englisch sprechen. Notieren Sie Zielort, Abfahrtszeit, erster (*pierwsza*) oder zweiter (*druga*) Klasse und ob Sie eine Reservierung wünschen (*miejscówka*). Ein Nichtraucherabteil heißt *wagon dla niepalących*, und falls Sie das Gegenteil wünschen, lassen Sie einfach das *nie* weg.
Wer im Schlaf- oder Liegewagen reisen möchte, sollte in den großen Bahnhöfen auf die Sonderschalter achten. Statt sich auf dem Bahnhof die Beine in den Bauch zu stehen, kann man die Fahrkarte (für Fahrten über 100 km) auch in einem **Orbis-Büro** besorgen. In den Hauptbüros kauft man auch am besten die Karten für **Auslandsreisen**.
Ermäßigungen gibt es für Senioren und Kinder zwischen vier und zehn Jahren; Kinder unter vier Jahren fahren umsonst, dafür steht ihnen auch kein eigener Sitzplatz zu. Studentenermäßigungen sind abgeschafft worden. Es gibt für das komplette Netz **Eisenbahnpässe** für die Dauer von acht, fünfzehn und einundzwanzig Tagen oder auch für einen ganzen Monat, doch man muss schon sehr viel mit dem Zug fahren, damit sich der Kauf eines solchen Passes lohnt. Die Preise beginnen bei 162 € (1. Kl.) bzw. 103 € (2. Kl.) für ein 7-Tage-Ticket und gehen bis zu 273 € (1. Kl.) bzw. 182 € (2. Kl.) für ein Monatsticket. **InterRail**-Pässe sind in Polen gültig, **EuroRail** dagegen nicht.

Im Bahnhof

Im Bahnhof sind die **Abfahrtszeiten** in der Regel auf gelben Plakaten mit der Aufschrift *odjazdy*, die **Ankunft** auf weißen Plakaten mit der Aufschrift *przyjazdy* angegeben.

Wer vorhat, häufig per Bahn zu reisen, sollte sich den sechs Monate gültigen **Fahrplan** für alle Zugverbindungen *(rozkiad jazdy)* leisten, der in den Hauptbahnhöfen (theoretisch) erhältlich ist. Sonst muss man damit rechnen, einen Teil des Urlaubs vor Informationsschaltern zu verbringen. (Leider sind die Fahrpläne in der Regel kurz nach Erscheinen bereits ausverkauft.)

Jeder **Bahnsteig** *(peron)* hat zwei Gleise, deshalb ist darauf zu achten, dass man in den richtigen Zug einsteigt; meist gibt es nur für Fernzüge Schilder, die ihr Fahrtziel preisgeben, deshalb muss man oft nachfragen. Elektronische Abfahrtsschilder sind zwar eindeutig auf dem Vormarsch, allerdings beschränkt sich ihr Einsatz noch auf die großen Städte. In Kleinstädten gibt es dafür oft nur ein oder zwei Bahnsteige, sodass sich die Gefahr, in die falsche Richtung zu fahren, in Grenzen hält.

Der Hauptbahnhof einer Stadt ist mit *Główny* oder *Centralny* beschildert. Diese Bahnhöfe sind rund um die Uhr geöffnet und verfügen im Allgemeinen über Einrichtungen wie Wartesaal, Toiletten, Kioske, Restaurants, Snackbars, Gepäckschalter sowie ein 24 Stunden lang geöffnetes Postamt. Außerhalb der Großstädte ist das oft auch der einzige Ort, an dem man nach 21 Uhr noch etwas zu essen bekommt. Schließfächer gibt es nur in den Bahnhöfen der größeren Städte.

Unterwegs im Zug

Die Einrichtungen im Zug gestalten sich sehr viel bescheidener, obwohl einige Züge mit Imbisswagen ausgestattet sind (auf dem Abfahrtsschild nachprüfen). Kleine Erfrischungen sind in allen Nachtzügen erhältlich. **Fahrkartenkontrollen**, besonders in überfüllten Zügen, werden zwar unregelmäßig, aber ziemlich häufig durchgeführt. Wer ohne oder ohne die richtige Fahrkarte im Zug sitzt, sollte sich sofort an den Kontrolleur wenden, der die Fahrkarte gegen Zahlung eines geringen Aufschlags ausstellt.

▸ **Nachtfahrten**: Es ist empfehlenswert, die langen Reisen zwischen den Städten nachts zurückzulegen; oft sind sie so angesetzt, dass man gegen 22 oder 23 Uhr abfährt und zwischen 6 und 9 Uhr morgens ankommt. Dafür reserviert man am besten einen **Schlaf-** *(wagon sypialny)* oder **Liegewagen** (*kaszet*). Das kommt normalerweise nur wenig teurer als ein Zimmer in einem billigen Hotel. Die Schlafwagen kosten rund 90 Zł = 21 € pro Kopf. In diesen Abteilen ist in bequemen Kojen Platz für drei, einschließlich Waschbecken, Handtüchern, Bettlaken und -decken. Ein Liegewagen (rund 60 Zł =14 €) ist zwar bequemer, als die ganze Nacht im Sitzen zu verbringen, aber oft ist er erdrückend voll, denn es gibt in jedem Abteil sechs Kojen.

> **Achtung**: Schlummernde Nachtreisende sind bevorzugte Zielscheiben für Raubüberfälle. Besonders bei nächtlichen Zwischenstopps an Warschaus Hauptbahnhof ist Vorsicht geboten – Diebe springen regelmäßig auf den Zug auf, stehlen, was ihnen in die Finger kommt, und verlassen den Zug wieder. Am besten halten Sie Ihr Abteil verschlossen und ihre Wertsachen gut versteckt.

Mit dem Bus

Inwieweit man die Dienste von PKS, der polnischen staatlichen Busgesellschaft, in Anspruch nimmt, hängt ganz vom Besucher ab. Wer sich auf die Städte konzentriert, dem sei die Eisenbahn als bessere Alternative empfohlen. Die Züge sind schneller und verkehren häufiger.

Das PKS-Netz ist außerordentlich gut ausgebaut, und in ländlichen Gebieten mit schlechter Bahnverbindung sind sie ein ausgezeichnetes Verkehrsmittel, so vor allem in den Bergen, entlang der Küste und in der Masurischen Seenplatte. Der Nachteil ist, dass Busse langsam sind (manchmal erreichen sie nur 30 km/h) und an Wochentagen oft voller Schulkinder. Außerdem ist der technische Zustand nicht immer empfehlenswert. Ein Tipp: Setzen Sie sich im Bus nie nach hinten: Sie werden sonst nach wenigen Minuten an den Auspuffgasen ersticken.

Private Busgesellschaften wie **Polski Express** (www.polskiexpress.ol) und **Komfort Bus** (www.komfortbus.pl) bieten schnelle, preiswerte Städteverbindungen an. Sie verbinden allerdings nur Warschau mit den umliegenden großen Provinzhauptstädten.

Städtische Verkehrsmittel

Die **Straßenbahn** bildet in fast allen polnischen Städten das Rückgrat des öffentlichen Verkehrs. Sie fährt meistens von ca. 5 bis 23 Uhr. Die Abfahrtszeiten sind an den Haltestellen deutlich angegeben. Die Fahrkarten kauft man an einem *Ruch*-Kiosk (fragen Sie bei einem Zeitungskiosk). Man kann sie nur in der Stadt verwenden, in der man sie gekauft hat. Bei Beginn der Fahrt ist die Karte sofort zu entwerten; Kontrolleure machen zwar selten die Runde, aber von Zeit zu Zeit prüfen sie eben doch. Ebenso sollte man beachten, dass einige Karten an beiden Enden entwertet werden müssen (Pfeile weisen darauf hin); das gilt nicht für Kinder und Senioren, die nur den halben Preis bezahlen und deshalb nur eine Seite je Fahrt entwerten müssen. In einigen Städten (z. B. Gdańsk) wird für die Fahrtdauer bezahlt, sodass auf längeren Strecken immer wieder Tickets entwertet werden müssen, ähnlich wie man bei einer Parkuhr Münzen nachwirft. In anderen Städten (z. B. Warschau) bezahlt man für die Strecke; hier wird beim Umsteigen eine weitere Karte benötigt.
Die Straßenbahnfahrkarten gelten für die **städtischen Busse**. Auch hier werden die Fahrkarten ähnlich entwertet – für eine Busfahrt **nachts** braucht man allerdings zwei oder drei Karten. Die städtischen Busse fahren über die Stadtgrenzen hinaus aufs Land, deshalb werden viele nahe gelegene Dörfer zu den täglichen Spitzenzeiten mehrfach angefahren.

Für Besucher aus westlichen Ländern sind **Taxis** noch immer preisgünstig genug, um sie als Beförderungsmittel einzubeziehen. Eine Errungenschaft der neu eingeführten freien Marktwirtschaft ist zweifellos die große Zahl der Taxifahrer. Vor Hotels, Bahnhöfen und den wichtigeren Sehenswürdigkeiten muss man oft Spießruten laufen. Man sollte darauf achten, stets ein Taxi zu wählen, das ein leuchtendes Schild mit dem Firmennamen und der Telefonnummer auf dem Dach trägt.
Wer sich auf der Straße ein Taxi nimmt, dem werden eher überdurchschnittliche Preise abverlangt. Am sichersten und billigsten ist es, eine Taxinummer anzurufen und sich eines zu bestellen. Im Allgemeinen sollte man je nach Uhrzeit mit 15–25 Zł für eine Fahrt in der Stadt rechnen; nach 23 Uhr steigen die Preise um 50 Prozent. Auch für Fahrten außerhalb der Stadtgrenzen erhöht sich der Preis um 50 Prozent. Bei längeren Fahrten, z. B. von einer Stadt zur anderen, ist der Preis oft eine Sache des Verhandlungsgeschicks.

Fahrkarten

In den Klein- und Großstädten liegt der Busbahnhof meist neben dem Bahnhof *(dwrozec autobusow)*. Hier kauft man auch die Fahrkarten; in größeren Ortschaften gibt es mehrere Schalter, jeder für einen deutlich gekennzeichneten Bestimmungsort. (In manchen Orten werden die Busfahrkarten im Bahnhofsgebäude verkauft – deshalb darauf achten, dass man sich am richtigen Schalter anstellt.) Beim Kauf erwirbt man auch gleich einen nummerierten **Sitzplatz** mit der Fahrkarte. Die dürftige Ausstattung der Busbahnhöfe mit effizienten Computeranlagen macht allerdings eine Sitzplatzbuchung unmöglich, wenn die Abfahrt von einer anderen Stadt aus erfolgen soll. In solch einem Fall besteht immer die Möglichkeit, die Karte beim Fahrer zu kaufen, wenn der Bus nicht bereits brechend voll ist. Dieselbe Prozedur erfolgt, wenn Sie zu spät zum Fahrkartenkauf am Schalter eintreffen. Rückfahrkarten beim Busfahrer gibt es nur in Ausnahmefällen. Einige Strecken werden jetzt von Privatunternehmen befahren, deren Busse meistens außerhalb des Busbahnhofs abfahren. Plätze für **Auslandsstrecken** vermittelt – genau wie Eisenbahnfahrkarten – am besten ein Orbis-Büro. Es gibt keine Studentenermäßigungen.

Fahrpläne

Anschlagtafeln geben **Abfahrt** und **Ankunft** nicht nur im Busbahnhof, sondern an allen Haltestellen auf der Strecke an. Schnellbusse, für die ein kleiner Zuschlag erhoben wird, sind rot gekennzeichnet, die normalen Linien schwarz. Die Orte, die der Bus anfährt, sind in alphabetischer Reihenfolge angeführt, daneben steht die entsprechende Zeit, ebenso sind die wichtigsten Orte erwähnt, durch die der Bus unterwegs fährt. Die Abfahrtszeiten stehen auf gelben Tafeln, die Ankunftszeiten auf weißen. Wer sich nicht sicher ist, fragt besser am Informationsschalter nach, der (mit etwas Glück) mit einem mehrbändigen Fahrplan für alle *PKS*-Strecken ausgerüstet ist. Um Missverständnisse zu vermeiden, schreiben Sie den Zielort einfach auf.

Mit dem Auto

Wer mit dem Wagen fährt, spart bei der Erkundung ländlicher Gegenden viel Zeit. Allerdings muss man auf den wichtigen Verbindungsstraßen mit starkem Verkehr rechnen. Es fehlt an mehrspurigen Schnellstraßen, und so zockelt man oft ewig hinter einer Schlange langsam fahrender Autos und Lastwagen her.

Die Straßen in Polens ländlichen Gebieten sind ruhig und vergleichsweise angenehm zu fahren, vorausgesetzt man hat eine gute Landkarte. Sie sind ideal, um das Land in Ruhe zu erkunden. Polen verfügt über ein verzweigtes Straßennetz mit überwiegend guter Fahrbahndecke. Auch abgelegene Touristenzentren sind in der Regel gut zu erreichen. Nicht alle Nebenstraßen sind jedoch in einwandfreiem Zustand.

- **Fahrzeugpapiere**: Wer mit dem eigenen Wagen fährt, muss Kfz-Schein, Führerschein und grüne Versicherungskarte (für Wohnwagenanhänger wird eine zusätzliche Versicherungskarte benötigt) mit sich führen. Andernfalls

drohen hohe Geldbußen. Wer keine gültige Versicherungskarte vorweisen kann, muss am Grenzübergang in den PZM-Wechselkassen für die Dauer des Aufenthalts eine Haftpflichtversicherung abschließen. (Der internationale Führerschein ist offiziell nicht nötig, kann sich jedoch in kniffligen Situationen als hilfreich erweisen.)
Wenn das Fahrzeug nicht auf Ihren Namen zugelassen ist, benötigen Sie zur Einreise eine vom Eigentümer unterzeichnete und vom deutschen Automobilklub beglaubigte Benutzervollmacht. Vordrucke hierfür sind in den ADAC-Geschäftsstellen erhältlich und werden für Mitglieder auch dort beglaubigt.

- **Tankstellen**: In Polen sind die Tankstellen mit der Abkürzung **CPN** (Centrala Produktów Naftowych) bezeichnet. In den Städten und an den internationalen Hauptstrecken sind viele Tankstellen 24 Stunden am Tag geöffnet, andere von Mo bis Fr von 6 bis 22 Uhr, Sa, So von 7 bis 17 Uhr. Meist bekommt man auf den Hauptstrecken Diesel (ON) und bleifreies Benzin, erkennbar an den durchgestrichenen Buchstaben Pb *(benzyna bezołowiowa)*. Die Oktanwerte entsprechen mittlerweile an den meisten Tankstellen denen in Deutschland. Wo dies noch nicht der Fall ist, wird allerdings dringend empfohlen, stets Benzin mit den höchsten Oktanwerten zu tanken – im Allgemeinen 94 Oktan; 86 Oktan reichen für die meisten westlichen Wagen nicht aus. Da die Tankstellen auf dem Lande manchmal ziemlich weit auseinander liegen (20–50 km), sollten Sie immer einen vollen Reservekanister bei sich haben.

- **Automobilklub**: Der polnische Automobilklub PZM betreibt einen 24-stündigen **Bereitschaftsdienst für Autofahrer**, der landesweit unter der Rufnummer 9637 und Warschau (022)8259734 erreichbar ist. Bei Privat- oder Hotelanschlüssen innerhalb Polens (außerhalb Warschaus) ist es notwendig, davor die Kurzwahl eines Serviceproviders (1033) zu wählen. Die Hilfe ist kostenpflichtig, ADAC-Plus-Mitglieder bekommen jedoch die Kosten für Pannenhilfe bis zu 103 € und für das Abschleppen bis zu 154 € erstattet.
Der *ADAC*-Partnerclub in Polen – Polski Związek Motorowy (*PZM*) – befindet sich in der ul. Kazimierzowska 66 in Warschau (✆ 022/8259734).

Polizeinotruf: 997 **Feuerwehr: 998** **Unfallrettung: 999**

- **Abweichende Verkehrsvorschriften**: Es gibt zwei wichtige Verkehrsvorschriften, die von den unsrigen abweichen: das prinzipielle Vorfahrtsrecht öffentlicher Verkehrsmittel und das absolute Fahrverbot nach Alkoholgenuss (Promillegrenze 0,2). Die **Höchstgeschwindigkeit** beträgt 60 km/h in geschlossenen Ortschaften (weißes Schild mit dem Ortsnamen markiert den Beginn einer geschlossenen Ortschaft, das gleiche Schild mit einem roten Schrägstrich ihr Ende), 90 km/h auf Landstraßen, 110 km/h auf Schnellstraßen, 130 km/h auf Autobahnen und 80 km/h für Wohnwagen oder Anhänger. In Städten gilt es, vor dem etwas sorglosen Umgang der Polen mit Ampeln und Verkehrszeichen auf der Hut zu sein. Von Oktober bis März muss auch tagsüber mit **Abblendlicht** gefahren werden; für Motorräder gilt dies ganzjährig.

Hauptsache mobil

- **Mietwagen**: Die Preise für Mietwagen sind ähnlich wie in Deutschland. Für einen Fiat Punto oder Opel Corsa muss man mit rund 50 € pro Tag und ca. 330 € pro Woche rechnen mit unbegrenzter Kilometerzahl. Ein Opel Astra ist für 78 €/387 €, ein Ford Mondeo für 187 €/1020 € zu haben. Fahrzeuge können bei den bekannten Agenturen im Westen oder auch in Polen selbst gebucht werden, die inzwischen ihre Niederlassungen in den meisten größeren Städten Polens haben. Ansonsten kann man in größeren Städten über Orbis-Büros buchen.
- Die Zahlung ist in bar oder mit jeder bekannten Kreditkarte zu leisten. Die Rückgabe des Wagens kann bei irgendeiner Filiale erfolgen. Unbedingt beachten: Wagen werden nur an Personen **über 21 Jahren**, manche Modelle sogar nur an Personen über 25 Jahren, die seit mindestens einem Jahr im Besitz eines Führerscheins sind, vermietet.
- **Diebstahl**: Das Diebstahlrisiko in Polen ist im Augenblick sehr groß, vor allem für Autos im oberen Mittelklassebereich. Keine Autovermietung in Deutschland gestattet es daher, mit einem ihrer Mietwagen nach Polen zu fahren.
  Beim **Parken** sollte man unbedingt darauf achten, sein Fahrzeug nur auf bewachten Parkplätzen abzustellen und möglichst mit einem Lenkradschloss zu sichern. Bewachte Parkplätze (*parking strzeżony*) sind nicht besonders teuer (ca. 7 € pro Tag, höhere Gebühr in Großstadtzentren) und meistens zentral gelegen; größere Hotels verfügen fast immer über einen eigenen Platz ganz in der Nähe. Auch hier keine wichtigen Dinge wie Fahrzeugpapiere im Auto liegen lassen. Bei einem Autoeinbruch sollte man sich umgehend an die Polizei wenden, nicht dass große Hoffnung auf Wiedererlangung der gestohlenen

Gegenstände bestünde, aber man benötigt den unterzeichneten Polizeibericht, um zu Hause Versicherungsansprüche geltend zu machen.

Per Autostopp

Weil Privatwagen früher in Polen so selten waren, wurde **Trampen** regelrecht gefördert. Der *PTTK* vergab Gutscheine und Belohnungen für Autofahrer, die Anhalter mitnahmen; dies ist heute kaum noch üblich. Übrigens, beim Trampen in Polen, den ganzen Arm ausstrecken – nicht nur den Daumen.

Mountainbiken in der herrlichen Landschaft der Tatra

Fahrradfahren

Das Fahrrad (*rower*) ist für viele das ideale Verkehrsmittel, um das überwiegend ländliche Polen zu entdecken. Es gibt noch nicht viel Verkehr – für Radler, die westeuropäische Verhältnisse gewöhnt sind, eine wahre Freude. Da die meisten Gegenden relativ flach sind, kann man selbst größere Entfernungen ohne allzu große Anstrengung zurücklegen. Den fahrbaren Untersatz und alle wichtigen Ersatzteile muss man selbst mitbringen, da Fahrradverleihe und Reparaturwerkstätten außer in einigen Großstädten wie Warschau und Krakau und in den südlichen Bergregionen wie Bieszczady noch selten sind. In ländlichen Gegenden fährt man jedoch viel Fahrrad, sodass man mit etwas Geschick einfache Ersatzteile wie Schläuche oder Reifenflickzeug unter Umständen auftreiben kann.

Fahrradtransporte mit der Bahn sind unproblematisch – man zahlt eine kleine Gebühr, und das Fahrrad reist meist im Gepäckwagen mit. In Hotels werden Fahrräder entweder in einem abgeschlossenen Gepäckraum oder auf einem bewachten Parkplatz untergebracht. Gegen den Fahrradklau muss man sich in Polen genauso wie in westeuropäischen Städten schützen: Starke Schlösser und Anketten sind angesagt, außerdem sollte man immer versuchen, sein Fahrrad nachts mit ins Haus zu nehmen.

Wandern

Einige der schönsten **Wandergebiete** Europas liegen in Polen. Besonders erwähnenswert sind die 16 Nationalparks und die Bergregionen an der polnischen Süd- und Westgrenze. Es existiert ein voll erschlossenes Netz markierter Pfade, von denen die besten im Reiseteil jeweils beschrieben sind. Viele Routen dauern mehrere Tage. Sie führen durch entlegene Gegenden, in denen man unterwegs in einer Hütte einkehren kann (siehe "Übernachten"). Man hat jedoch mehr von der wunderschönen Landschaft, wenn man diese Strecken in eintägigen Wanderungen durchquert.

Die polnischen Nationalparks

Babia Góra, S. 543; Białowieża, S. 336; Biebrza, S. 332; Bieszczady, S. 417; Gorce, S. 576; Kampinoski, S. 169; Karkonosze, S. 635; Ojcówski, S. 546; Pieniny, S. 594; Roztoczański, S. 396; Słowiński, S. 734; Świętokryskie, S. 568; Tatra, S. 590; Wielkopolski, S. 703; Wigry, S. 309; Woliński, S. 749.

Übernachten

Der Löwenanteil aller notwendigen Auslagen geht in Polen zweifellos auf das Konto Übernachten. Der Hotel-Markt hat sich in den letzten Jahren drastisch verändert: Es sind Häuser internationaler Hotelketten gebaut und staatliche Objekte privatisiert und renoviert worden.

Die Folge dieser Entwicklung waren steigende Preise, doch noch immer kann man in Polen leicht preiswerte Unterkünfte finden – vor allem in den ländlichen Gebieten, die auch von den Polen selbst bevorzugt werden. Im Reiseteil finden Sie bei den einzelnen Orten entsprechend der Vielfalt des Angebotes äußerst umfassende Angaben zu den verschiedenen Übernachtungsmöglichkeiten: privat betriebene Hotels, Pensionen, Herbergen, Arbeiter- und Jugendherbergen, Privatzimmer und viele Campingplätze.

Hotels

Es gibt eine wachsende Anzahl und Vielfalt an Hotels in Polen, wobei Standard und Geldwert von Platz zu Platz unterschiedlich sind. Das internationale Einstufungssystem nach fünf Sternen existiert zwar in Polen, doch es wird nicht immer angewandt bzw. wenn es angewandt wird, stimmt das Preis-Leistungs-Verhältnis nicht unbedingt. Man kann jedoch davon ausgehen, dass ein Zimmer in einem Ein-Stern-Hotel ein Bett und kaum mehr bietet. Zwei-Sterne-Hotels haben Zimmer mit eigenem Bad, bei Drei-Sterne-Hotels können Sie mit Telefon und TV rechnen. Vier- und Fünf-Sterne-Hotels zählen zu den internationalen Unterkünften für Geschäftsleute.

Hotelpreise nach Kategorien

Alle Unterbringungsmöglichkeiten in diesem Buch wurden einer der unten genannten Preiskategorien zugeordnet. Wenn nicht anders angegeben, beziehen sich die Preise auf das billigste Doppelzimmer.

Unter die billigsten Kategorien (I, H) fallen Zimmer ohne eigenes Bad, oftmals ohne Frühstück und in einigen Fällen auch nur Betten in einem Schlafsaal. Bei den Kategorien G, F, E kann man normalerweise mit einem Frühstück und einem an das Zimmer angeschlossenen Bad rechnen. Die Zimmerqualität in diesen Kategorien ist abhängig vom Alter des Gebäudes (je neuer, vor allem nach 1990 erbaut, desto besser) und der Lage – in beliebten Touristenzentren verbessert sich die Zimmerqualität schneller als im übrigen Land; so hinkt der Standard im Osten des Landes den westlichen Regionen erheblich hinterher. In den obersten Kategorien (B, A) dagegen entspricht den hohen Preisen ein durchgängig hoher Standard.

Die Preise unten sind in Złotys angegeben, obwohl in Luxushotels normalerweise auch Angaben in Dollar/Euro üblich sind und die Bezahlung in der entsprechenden Währung akzeptiert wird.

Alle Unterbringungsmöglichkeiten in diesem Buch wurden einer der folgenden Preiskategorien zugeordnet:

I	unter 60 Zł	F	120–160 Zł	C	300–400 Zł
H	60–90 Zł	E	160–220 Zł	B	400–600 Zł
G	90–120 Zł	D	220–300 Zł	A	über 600 Zł

Preiswerte Übernachtungsmöglichkeiten

In den meisten polnischen Städten und Großstädten gibt es noch immer **Billigunterkünfte** ohne Kategorie. Sie bieten spärlich möblierte Zimmer in alten, nicht renovierten Gebäuden, in der Regel mit gemeinschaftlichen sanitären Einrichtungen. Ursprünglich dienten sie Arbeitern, die fern von zu Hause arbeiteten, als billige Wohnung. Auch wenn sie von außen schäbig wirken, so sind sie doch gut geführt und normalerweise sauber. Wenn man wirklich nur eine Übernachtungsmöglichkeit braucht, sollte man sie nicht außer Acht lassen. Man zahlt selten mehr als 14 € pro Nacht pro Person. Die Zahl dieser Quartiere nimmt allerdings ab, denn sobald Geld vorhanden ist, werden sie renoviert, um sie aufzuwerten.

Weitere preisgünstige Zimmer findet man in **Sporthotels** *(Dom Sportowy*; manchmal auch unter dem Akronym *OSiR* oder *MOSiR*). Sie befinden sich in der Regel neben dem Stadion der Stadt, liegen also oft weitab vom Zentrum, und stehen vorwiegend Sportteams zur Verfügung. Sie sind daher am Wochenende häufig ausgebucht. Sporthotels verfügen meist über Zimmer mit Bad und Zimmer mit gemeinschaftlichen Sanitäreinrichtungen. Sie bieten 3-Bett-, 4-Bett- und Doppelzimmer an. Einzelreisende müssen möglicherweise das Zimmer mit einem Fremden teilen.

Vom Preisniveau her ähnlich sind die von **PTTK** betriebenen und als **Dom Turysty** oder **Hotel PTTK** bezeichneten Herbergen. Es gibt sie in vielen Stadtzentren. Sie bieten normalerweise Schlafsäle, Zimmer mit gemeinschaftlichen Sanitäreinrichtungen und einfache Zimmer mit Bad. Die Preise reichen von ca. 10 € bis zu 20 € pro Person. Die meisten dieser Herbergen sind preiswerte

Unterkünfte für internationale und polnische Jugendliche, doch einige sind modernisiert und in Mittelklassehotels umgewandelt worden.

Mittelklassehotels

Lange fehlte diese Hotelkategorie völlig in Polen, doch nun konkurrieren eine ganze Reihe miteinander. Nach internationalem Standard entsprechen sie Zwei- bis Drei-Sterne-Hotels. Preis und Qualität variieren stark. Man sollte im Sommer bei einem Standardzimmer mit 30–50 € pro Nacht rechnen, in Warschau und Krakau mit mehr, wobei das Frühstück in der Regel eingeschlossen ist. Ältere Mittelklassehotels verfügen oft über ein paar preiswerte Zimmer mit gemeinschaftlichen sanitären Einrichtungen, doch werden Neuankömmlingen immer zuerst die teureren Zimmer angeboten. Fragen Sie also nach!

Hotels der oberen Kategorien

Fünf-Sterne-Hotels sind außerhalb Warschaus noch immer sehr selten, doch **Vier-Sterne-Hotels** schießen überall wie Pilze aus dem Boden, was vor allem an der stark gestiegenen Anzahl von Geschäftsleuten liegt, die im nach-kommunistischen Polen herumreisen. Doppelzimmerpreise können zwischen 80 € und 150 € variieren, an Wochenenden gibt es allerdings oft starke Preisermäßigungen. Viele ältere Hotels dieser Kategorie werden von Orbis betrieben, dem früheren staatlichen Tourismusgiganten, der die Branche in den Jahren vor 1990 beherrschte. Viele von Polens Herbergen der Vorkriegszeit wurden von Orbis geschluckt, doch die Mehrzahl wurde in den letzten dreißig Jahren erbaut, und zwar in dem anonymen Plattenbaustil der kommunistischen Ära. Traditionelle Orbis-Hotels haben ihre Sterne wegen der schäbigen Zimmereinrichtung und einem nachlässigen Service meist nicht verdient, doch der Standard steigt, denn Orbis muss als Konzern heute Profit machen. Die Vorherrschaft des Unternehmens wurde in den letzten Jahren dadurch bedroht, dass viele Hotels für Geschäftsreisende in größeren Städten im Verein mit bekannten westlichen Hotelketten gebaut wurden. Die wachsende Zahl von Touristen aus dem Westen nach Warschau und Krakau hat den Bedarf an protzigen modernen Hotels mit internationalem Standard steigen lassen.
Orbis betreibt auch mehrere **Motels** am Rand der Großstädte; sie sind im Allgemeinen etwas preisgünstiger als die zentral gelegenen Hotels, aber meist nur dann empfehlenswert, wenn ein eigenes Verkehrsmittel zur Hand ist.

Pensionen und Ferienheime

Pensionen *(pensjonaty)* gehören mit zu den besten Übernachtungsmöglichkeiten in Polen, die in den Erholungsorten aller größeren Urlaubsgegenden zur Verfügung stehen – vor allem in den Bergen, in der Masurischen Seenplatte und entlang der Küste. Es gibt keine festen Regeln für die Bezeichnung Pension in Polen. Manche sind kleine Hotels, die einstmals Arbeiter bei ländlichen Erholungskuren aufnahmen und nun für jedermann offen sind. Andere sind Privathäuser, die in familiäre Frühstückspensionen umgewandelt wurden. Alle sind in der Regel gemütlich und zwanglos und bieten einfache Zimmer mit Bad, deren Komfort manchmal durch einen Kühlschrank und einen elektrischen

Wasserkocher erhöht ist. Die Preise schwanken zwischen 23 € und 30 € pro Doppelzimmer. Frühstück gibt es gelegentlich gegen Aufpreis.
Neu im Übernachtungsangebot sind seit Beginn der 1990er Jahre **Arbeiterferienheime** *(Dom Wypoczynkowy)*, früher von Gewerkschaften und Fabriken für die eigenen Arbeitnehmer unterhalten, mittlerweile aber zunehmend privatisiert und auf dem freien Markt angeboten. Sie befinden sich normalerweise in Kurorten, manchmal allerdings auch in ländlichen Feriengebieten. Die Unterkunft ist einfach – meist gibt es spärlich möblierte Zimmer mit Gemeinschaftsbädern –, doch immer preiswert. Rechnen Sie mit 14–21 € pro Nacht pro Person.

Privatzimmer

Man kann praktisch überall in Polen **Privatzimmer** finden. In Städten befinden sich diese oft in ziemlich schäbigen Wohnungen, womöglich noch weit entfernt vom Zentrum. Das Bad wird gemeinsam mit dem Vermieter benutzt, Frühstück ist nicht eingeschlossen. In der Regel sind Vermieter in den Seen-, Berg- oder Küstenferienorten besser auf die Bedürfnisse der Touristen eingestellt. Man findet Zimmer mit Bad, elektrischem Wasserkocher und sogar TV. Ein Privatzimmer bedeutet nicht zwangsläufig, dass man Kontakt mit Einheimischen hat. Manche Gastgeber werden Ihnen eine Tasse Tee zur Begrüßung kochen und sich gesprächsbereit zeigen. Doch meist werden sie lediglich die Schlüssel in die Hand gedrückt bekommen und müssen allein zurecht kommen.

In großen Städten wie Warschau, Krakau, Gdańsk oder Poznań hilft das **Biuro Zakwaterowania** oder eine der lokalen Reiseagenturen bei der Zimmervermittlung. Einzelheiten finden Sie jeweils im Reiseteil dieses Buches. In den Seengebieten, in den Bergen und am Meer sind die Fremdenverkehrsbüros bei der Quartiersuche behilflich. Rechnen Sie mit etwa 8,50–14 € pro Person und Nacht, mit etwas mehr in Warschau. Möglicherweise gefällt Ihnen die Unterkunft nicht, deshalb ist es ratsam, sich nicht für zu viele Nächte im Voraus anzumelden, da man den Aufenthalt mühelos verlängern kann, indem man ins *Biuro* zurückgeht oder an den Wohnungsinhaber direkt bezahlt.

In den wichtigsten Feriengegenden hängt übrigens ganz unbürokratisch an vielen Häusern ein Schild mit der Aufschrift *Noclegi* (Übernachtung) oder *Pokoje* (Zimmer) aus. Hier verständigen sich Vermieter und Gast privat über den Preis, aber mit 6 € sollte mindestens gerechnet werden. In den Städten ist diese Art von Werbung per Schild zwar nicht üblich, aber möglicherweise wird man vor dem Bahnhof und an ähnlichen Orten daraufhin angesprochen. Bevor man zusagt, sollte Klarheit über Preis und Lage der Unterkunft herrschen.

Ferien auf dem Bauernhof

Das traditionelle Bild Polens als Umweltverschmutzer wandelt sich. Ein Grund dafür ist die wachsende Beliebtheit der relativ unverdorbenen **ländlichen Gebiete**. Als einziges Land der früheren kommunistischen Staaten Osteuropas blieb die Landwirtschaft in Polen von der stalinistischen Kollektivierung weitgehend verschont. Ein Großteil des Landes ist privater Kleinbesitz. Eine wachsende Zahl dieser Landbesitzer betreibt heute ökologische Landwirtschaft und stockt die Einkünfte mit Tourismus in kleinem Umfang auf (Übernachtungen mit Frühstück).

Die **Unterkünfte** sind meist einfach, aber keinesfalls spartanisch. Sie bieten Zugang zu den schönsten ländlichen Gebieten Polens sowie eine Menge Freizeitmöglichkeiten (es werden z. B. Pferde gehalten, die den Gästen zum Reiten zur Verfügung stehen). Gleichzeitig hat man die Gewissheit, auf diese Weise die Landwirtschaft zu fördern. Das Angebot nimmt ständig zu und schließt Einrichtungen in Verbindung mit Nationalparks, Umweltorganisationen und Dorfgemeinschaftsprojekten ein. Vermittelt werden die Unterkünfte in der Regel von den örtlichen Informationsbüros.

Jugendherbergen

Über ganz Polen verteilt gibt es rund 600 **offizielle Jugendherbergen** *(Schroniska Młodzieżowe)*, zu erkennen an einem grünen Dreieck auf weißem Hintergrund. Allerdings sind sie größtenteils nur wenige Wochen im Hochsommer während der Ferien geöffnet, meist in zweckentfremdeten Schulgebäuden. Oft sind sie völlig ausgebucht. Dagegen hängen die Jugendherbergen, die das ganze Jahr über betrieben werden, in der Regel noch sehr an den Idealen aus der Zeit der Gründerväter. Man bevorzugt Jugendliche unter 26 Jahren, obwohl es eigentlich keine Altersgrenze nach oben gibt. Meist kann man ein Bettlaken oder einen Schlafsack gegen eine Gebühr ausleihen. Eine Kochgelegenheit ist ebenfalls meist vorhanden.

Pluspunkte sind die Preise (selten mehr als 7 € pro Person) und die Lage, denn viele Jugendherbergen befinden sich nicht weit vom Stadtzentrum. Dagegen spricht, dass die Schlafsäle zwischen 10 und 17 Uhr geschlossen sind, dass man bis 21 Uhr eingetroffen sein muss und dass um 22 Uhr im Allgemeinen die Lichter ausgehen (darüber lässt sich in Großstädten in der Regel verhandeln).

Die wichtigsten Anschriften von Jugendherbergen sind im Reiseteil angegeben. Wer eine vollständige Liste braucht, sollte entweder das offizielle Internationale Handbuch kaufen oder sich an das Hauptbüro des polnischen Jugendherbergsverbands (PTSM) in der ul. Chocimska 28 in Warschau (Mo–Fr 8–15.30 Uhr; ✆ 022/8498129) wenden, um das von ihm herausgegebene umfassende Handbuch *(Informator)* zu erhalten. Obwohl Sie sich vor der Abreise eine Mitgliedskarte des **IYHF** (International Youth Hostel Federation) besorgen können – es gibt sie in jedem Büro des Jugendherbergsverbands sowie in Rathäusern/Gemeindeverwaltungen (Fremdenverkehrsbüro) –, ist es besser, eine nationale Karte in Polen zu erwerben (70 Zł).

Studentenheime und Berghütten

Im Juli, August und Anfang September bietet **Almatur** in den großen Universitätsstädten Übernachtungen in **Studentenheimen** an. Die Zimmer haben zwei, drei oder vier Betten; der Preis einschließlich Frühstück liegt bei 6 € für Studenten (Nachweis erforderlich) und rund 10 € für Personen unter 35 Jahren (das Höchstalter). In der Mensa auf dem Gelände kann man günstig essen, und abends gibt es oft Diskobetrieb. Die Adressen dieser Herbergen ändern sich fast jedes Jahr, deshalb sollte man vor der Abreise entweder im Almatur-Büro (Anschriften in den jeweiligen Kapiteln) nachfragen.

In den Berggegenden kann man, dank einer ziemlich großen Zahl von **Berghütten**, die deutlich auf den Wanderkarten markiert sind, lange Wanderungen machen, ohne wegen der Übernachtung ins Tal hinab zu müssen. Die Unterkunft besteht aus sehr einfachen Schlafsälen, dafür sind die Preise niedrig. Oft bekommt man auch günstig warme Mahlzeiten; im Sommer wird es in den beliebteren Berghütten durchaus schon einmal etwas eng, weil alle Ankömmlinge aufgenommen werden müssen. Grundsätzlich sind diese Hütten das ganze Jahr über geöffnet, trotzdem sollte man, bevor man aufbricht, nachprüfen, ob sie nicht doch geschlossen sind oder gerade renoviert werden.

Gemütliches Biwaklager im Wald

Camping

In ganz Polen gibt es rund 500 Plätze, die sich in drei Kategorien einordnen lassen: Plätze der **Kategorie 1** verfügen in der Regel über Einrichtungen wie Restaurant und Duschen, während es sich bei Plätzen der **Kategorie 3** um kaum mehr als eine schwach beleuchtete, ungepflegte Rasenfläche handelt. Die wichtigsten Campingplätze sind in den jeweiligen Kapiteln aufgeführt; eine vollständige Liste erhält man mit der **Campingi w Polsce-Karte**, die in Buchhandlungen (vor allem in Empik-Geschäften), einigen Reisebüros oder beim Automobilklub *PZM* erhältlich ist. Außer einer erwartungsgemäß hohen Dichte in den bekannten Urlaubsgegenden findet man Campingplätze auch in den meisten Städten: Wenn sie außerhalb liegen, ist praktisch immer eine Busverbindung ins Zentrum vorhanden. Meist haben sie den Vorteil, dass sie ruhig gelegen sind und einen Swimmingpool besitzen. Die Plätze sind jedoch nur von **Mai bis September** geöffnet; Ausnahmen sind selten. Die Gebühren belaufen sich meist auf weniger als 3 € pro Person, 3 € pro Zelt/Wohnwagen und 3 € pro Auto.

Typisch für Polen ist, dass man auf den meisten Campingplätzen nicht unbedingt ein Zelt mitbringen muss, da oft **Bungalows** oder **Hütten** vermietet werden, im Allgemeinen mit Toilette und Dusche. Zwar nehmen sie sich ziemlich spartanisch aus, aber sie liegen mit rund 6 € pro Person im Preis günstig. Allerdings sind sie im Sommer oft brechend voll.

▸ **Wildcampen** wird außerhalb von Nationalparks akzeptiert, besonnenes Verhalten der Camper vorausgesetzt.

> Wer vorhat, viel zu campen, für den lohnt sich der Erwerb eines **Internationalen Camping Carnet**. Es berechtigt beim Camping auf Mitgliederplätzen zu Ermäßigungen, dient als Ausweis und enthält eine Haftpflichtversicherung. Erhältlich ist es beim ADAC.

Essen

Bei den Polen ist Essen eine äußerst wichtige Angelegenheit. Auch einem ganz unverhofften Gast wird oft ein Imbiss im Ausmaß eines Festmahls aufgetischt. Die Versorgung funktioniert im Allgemeinen bestens durch ein weit gespanntes Netz von Beziehungen zu Verwandten auf dem Land oder Geschäften am Ort, die den Genuss besonders geschätzter Zutaten – Räucherfleisch und -würstchen, verschiedene Käsesorten, Obst und Gemüse – garantieren.

Die polnische Küche ist eine komplizierte Mischung aus diversen Einflüssen. Russische, litauische, ukrainische, deutsche und jüdische Traditionen, alle haben sie ihre Spuren hinterlassen. Zu den Mahlzeiten trinkt man ausgezeichnetes Bier oder wählt aus einem Dutzend Wodkasorten – eine köstlicher als die andere.

Wie überall in der Welt schmecken die Mahlzeiten bei Privateinladungen auch in Polen am besten. Aber beim gegenwärtigen Streben nach Marktwirtschaft unternehmen die **Restaurants** in Polen jetzt größere Anstrengungen. Die besten Lokale lassen durchaus einen Vergleich mit renommierten westlichen Häusern zu: Als Vorspeise wird beispielsweise Kaviar serviert, gefolgt von den traditionellen Suppen und Rindfleisch-, Schweinefleisch- oder Entengerichten. Und wie so vieles andere in Polen sind sie für den Besucher aus dem Westen sehr günstig.

Die Polen sind begeisterte **Fleischesser**. Auch in den entbehrungsreichen 1980er Jahren gehörte Polen in punkto Fleischverbrauch zu den führenden Nationen Europas. Rind und Schwein in verschiedenen Variationen bilden die Grundlage der meisten Mahlzeiten, Schinken und Würstchen werden zusätzlich zu allen Tageszeiten als Imbiss bzw. als Brotbelag verzehrt. Wild gibt es ebenfalls häufig, Lamm ist vor allem eine Spezialität in den Bergen. In den

Küsten- und Bergregionen ist damit zu rechnen, dass vermehrt **Fisch** auf der Speisekarte steht, besonders gut sind Karpfen und Forelle. An der Küste kommen noch **Meeresfrüchte** zum Speisenangebot hinzu.

Eine fleischlose Mahlzeit stellt für einen Polen einen Widerspruch in sich dar. Vegetarier sehen sich daher oft gezwungen, auf Omelettes, Käsegerichte und Salate o. Ä. auszuweichen. In den größeren Städten gibt es mittlerweile zum Glück einige **vegetarische Restaurants**. Als Alternative bieten auch die teureren Restaurants oft eine Auswahl an **vegetarischen Gerichten** *(potrawy jarskie)* an; ansonsten sollte man zu den Schlüsselwörtern *bez mięsne* (ohne Fleisch) oder *bez ryby* (ohne Fisch) greifen. Unter www.wegetarian.com.pl finden Sie Einzelheiten über vegetarische Restaurants im ganzen Land, allerdings nur auf Polnisch.

Frühstück, Imbiss und Fastfood

Ein Großteil der Polen nimmt die erste Mahlzeit des Tages zu Hause ein, selten mehr als ein Stück Brot mit einem Glas Tee oder einer Tasse Kaffee. Zu einem aufwendigeren **Frühstück** gehören Spiegeleier mit Schinken, milde Frankfurter Würstchen, kaltes Fleisch und Käse, Brötchen und Marmelade: Die meisten essen das alles jedoch als zweites Frühstück *(drugie śniadanie)* um die Mittagszeit, meist am Arbeitsplatz. Die jüngere Generation in Polens Großstädten kehrt dazu inzwischen in einer Milchbar oder einem Selbstbedienungsimbiss *(samoobsługa)* ein.

Eine **Imbissstube**, von morgens früh bis 17 oder 18 Uhr (im Stadtzentrum noch länger) geöffnet, ist eine Spielart der Suppenküche, in der sehr preiswertes, im Allgemeinen aber phantasieloses Essen serviert wird: kleine Gerichte mit Salzheringen in Öl *(śledź w oleju)*, belegte Brote, müde aussehendes Fleisch oder Käse, manchmal belebt durch Russischen Salat *(sałatka jarzynowa)*. In einer **Milchbar** *(bar mleczny,* in Kraków oft *jadłodajnia)* ist es noch billiger. Hier werden ordentliche, fleischlose Mahlzeiten, meist sehr große Portionen, angeboten. Sowohl in Milchbars als auch in Imbissstuben herrscht Selbstbedienung: Das Menü ist auf dem Buffet ausgestellt. Der Vorteil: Kennt man die Gerichte nicht mit Namen, reicht ein Fingerzeig darauf. (Vielleicht hilft ja auch das aufgeführte Vokabular am Ende des Buches!).

Leider sind die Milchbars langsam vom Aussterben bedroht. Viele schließen wegen der Fastfood-Konkurrenz, doch bleiben die Gerichte, die sie bieten, weiterhin sehr beliebt und werden sicher auch weiterhin als Zwischenmahlzeiten bestehen bleiben. Polnische Spezialitäten, die Sie überall erhalten, sind *bigos* (ein Kohleintopf mit Fleisch und Gewürzen) und *pierogi* (Klöße gefüllt mit Fleisch und Pilzen oder mit Hüttenkäse, Zwiebeln und Gewürzen in der fleischlosen Variante, *pierogi ruskie)*. Kartoffelpuffer (*placki ziemnaczane)* – entweder mit Sauerrahm oder mit Gulasch darauf – sind andere beliebte füllende Milchbar-Gerichte.

Essen zum Mitnehmen und Fastfood

An den traditionellen **Ständen mit Essen zum Mitnehmen** wird meist *zapiekanki,* baguetteähnliches Brot mit geschmolzenem Käse, verkauft; eine schmackhaftere Version mit gebratenen Pilzen wird leider seltener angeboten.

Fastfood für Selbstversorger

Daneben gibt es **Würstchenstände**, die nicht besonders gute Frankfurter in weißen Brötchen verkaufen, sowie Stände und Geschäfte, in denen man **Pommes frites** *(frytki)* erstehen kann – meist eine fetttriefende Angelegenheit. Sie werden nach Gewicht verkauft und in den städtischen Fremdenverkehrsorten in Begleitung eines Würstchens *(kiełbasa)* oder Hähnchens *(kurczak)*, in den Erholungsorten am Wasser dagegen mit Fisch verspeist.

Mittlerweile ist **Fastfood** überall auf dem Vormarsch. In jeder größeren Stadt gibt es inzwischen Pizza- und Hamburger-Lokale. Verkaufsstände mit gegrillten Hähnchen (*kurczak z rożna)* sind sehr beliebt und auf (fast) jeder Hauptstraße zu finden. Eine appetitlichere Variante bieten möglicherweise die orientalischen Fastfoodstände, die in den größeren Städten, vornehmlich Warschau, zu finden sind und, oft mit einigen Plastikstühlen ausgestattet, den Verzehr vor Ort ermöglichen.

Selbstversorgung

Brot wird in Polen vorwiegend im Supermarkt *(sklepsamoobstugowy)* oder beim Händler auf dem Markt gekauft; privat betriebene Bäckereien *(piekarnia)* sind rar, und wenn man überhaupt eine findet, ist sie zwar meist sehr gut, aber Schlangestehen ist angesagt. Das Standardbrot *(chleb zakopiański)* ist ein langes Stück festes Roggenbrot, oft mit Kümmel. Bei den anderen üblichen Sorten handelt es sich um *razowy*, ein festes braunes Brot (manchmal mit Honig), und *mazowiecki*, ein Roggenbrot aus Sauerteig. Normalerweise stehen zwei Arten von Brötchen zur Auswahl. Die häufigere Variante ist das einfache, helle Brötchen mit dem Namen *butkamteczna*, das andere heißt *grahamka*, ein rundes Brötchen aus festem dunklem Teig.

Im **Supermarkt**, der im Allgemeinen als **Delikatesy** bezeichnet wird, kann man dazu gekochtes Fleisch und Würstchen sowie diverse Hart- und Weichkäse aus dem Kühlregal als Belag erstehen. Eine größere Auswahl an **Obst und Gemüse** bieten die Marktstände. Allerdings sind hier Plastiktüten Mangelware, daher sollte man eigene mitbringen.

Kaffee und Tee

Die Polen sind leidenschaftliche Tee- und Kaffeetrinker; während des ganzen Tages nehmen sie unzählige Gläser oder Tassen davon zu sich, meist mit sehr viel Zucker.

Tee (als *Herbata* bekannt) ist billiger und beliebter; er wird in russischen Gläsern ohne Milch, aber oft mit Zitrone getrunken. Meistens erhält man heißes Wasser und einen Teebeutel (meist chinesischer Tee), aber manchmal wird er auch im *naturalna*-Stil serviert – ein Löffel Teeblätter, über die Wasser gegossen wird.

Eis essen in der Altstadt von Warschau

Kaffee ist in Polen sehr viel besser geworden dank *Pożeganie z Afryką* ("Jenseits von Afrika"), der Café-Bar-Kette, die sich in den meisten Städten verbreitet hat und einen wahren Genuss für Kaffeekenner bietet. Kaffee wird in Polen schwarz serviert, es sei denn, man bittet ausdrücklich um Milch *(zmlekiem)* oder Sahne *(ze śmietaną)*. In den meisten **Cafés** *(kawiarnia)* erhält man lediglich *kawa naturalna*, ein starkes Gebräu: Kaffeepulver wird in eine Tasse oder ein Glas gegeben und dann mit Wasser aufgegossen. *Espresso* und *Cappuccino*, im Allgemeinen passable Imitationen des italienischen Vorbilds, gibt es begrenzt in besseren Cafés oder Restaurants. Sowohl in Cafés als auch in Bars sind ein oder zwei Schuss Wodka oder *winiak* (Branntwein) im Morgenkaffee noch immer üblich.

Kuchen und Eis

Kuchen, **Gebäck** und andere **Süßigkeiten** sind ein fester Bestandteil des täglichen Speiseplans der meisten Polen. Die Konditoreien *(cukiernia)* – selbst im kleinsten Dorf – sind so gut wie überall in Mitteleuropa. *Sernik* (Käsekuchen) ist der Favorit, gefolgt von *makowiec* (Mohnkuchen), *drożdówka* (Hefekuchen, oft mit Pflaumenbelag) und *babka piaskowa* (Marmorkuchen). In größeren Konditoreien dürfte man auch *torcik wiedeński* finden, eine Sahnetorte mit

Kaffee- und Schokoladenfüllung, ebenso wie *keks* (Obstkuchen) und ein breites Angebot an Eclairs, Mohrenköpfen und Napfkuchen. Es ist aber empfehlenswert, überall früh einkaufen zu gehen, denn das begrenzte Angebot der meisten Konditoreien und Cafés ist schnell verkauft.

Eisessen *(lody)* scheint auch eine Vorliebe der Polen zu sein, für die sie sich zu jeder Jahreszeit am Kiosk an der Straßenecke oder auch in der *cukiernia* anstellen. Das Standardeis am Kiosk ist wässrig und ziemlich geschmacklos, aber in guten Cafés und besonders in den Cocktailbars, die entgegen ihrem Namen alkoholfreie Getränke anbieten, wird oft eine appetitliche Auswahl von Eis angeboten.

Essen im Restaurant

Restaurants *(resturacja,* manchmal *jadłodajnia)* sind häufig vom späten Vormittag bis abends geöffnet. Bis vor kurzem war, von wenigen Ausnahmen – meist besseren Lokalen – abgesehen, in den Städten gegen 21 Uhr Zapfenstreich, auf dem Land sogar noch früher. Mittlerweile gibt es größere Unterschiede, und in den meisten Großstädten rühmen sich die Lokale später Öffnungszeiten, vor allem am Wochenende. Nicht vergessen sollte man, dass oft auch Restaurants an Feiertagen und religiösen Festen geschlossen haben. In kleineren Städten können große Hotels an diesen Tagen die einzige Alternative zum Essengehen sein.

Die **Speisekarte** ist, außer in großen Hotels und Luxusrestaurants, im Allgemeinen nur in polnischer Sprache verfügbar. Sie ist in folgende Abschnitte unterteilt: *zupy* (Suppen), *Przekąski* (Vorspeisen), *dania drugie* (Hauptgerichte), *dodatki* (Beilagen), *desery* (Nachspeisen) und *napoje* (Getränke). Im Folgenden sind die wichtigsten Begriffe angeführt, die man braucht. Häufig ist die Liste der angebotenen Gerichte zwar auf den ersten Blick lang, tatsächlich kann man jedoch nur die Gerichte mit einer Preisangabe bekommen, wodurch sich die Auswahl meist um die Hälfte oder mehr verringert. Gegen Ende der Mittagszeit oder kurz vor Lokalschluss besteht die Gefahr, nur noch ein Gericht "wählen" zu können.

Es gibt keine feste Regel fürs **Trinkgeldgeben**, allerdings werden die üblichen 10 bis 15 Prozent des Betrages immer mehr zum Standard. Sie können auch bis zum nächsten angemessenen Złotybetrag aufrunden.

▸ **Suppen und Vorspeisen**: In den meisten Lokalen stehen an erster Stelle die **Suppen**, eine der großen Stärken der polnischen Küche. Sie reichen von leicht und delikat bis zu Varianten, die schon für sich allein eine komplette Mahlzeit darstellen. Am bekanntesten ist *barszcz,* eine würzige Suppe aus Roten Beten, die meistens mit kleinem Gebäck *(z pasztecikami)* serviert wird. Weitere Suppen, die man probieren sollte, sind *żurek,* eine sahnige weiße Suppe mit Würstchen und Kartoffeln, *botwinka,* eine nur in einer bestimmten Jahreszeit erhältliche Suppe aus den Blättern der jungen Roten Bete, *krupnik,* eine dicke Suppe aus Gerste und Kartoffeln mit Fleisch, Mohrrüben und Sellerie, und *chłodnik,* eine kalte litauische Suppe aus Roten Beten mit Sauermilch und Suppengrün, die nur im Sommer gegessen wird.

In Zamośc

In den billigeren Lokalen hat man Glück, wenn das Angebot an Vorspeisen mehr als ein oder zwei Suppen und eine kalte Fleischplatte oder Hering mit Sahne oder Öl *(śledź w śmietanie/oleju)* umfasst. In den besseren Restaurants ist die Auswahl an **Vorspeisen** variantenreicher: jüdische *gefilte fisch,* Schinkenaspik *(szynka w galarecie),* rohes Rinderhackfleisch *(stek tatarski),* Wildhasenpastete *(pasztet z zająca)* oder hart gekochte Eier in Mayonnaise, manchmal auch mit Gemüse gefüllt *(jajka faszerowane).*

Hauptgänge: Imbisse wie *bigos, pierogi* und *placki* sind auch auf der durchschnittlichen Restaurant-Speisekarte vertreten. Allerdings gibt es hier größere Portionen und etwas vornehmere Varianten. Ansonsten ist die Grundlage der meisten Hauptgänge ein gebratenes oder gegrilltes Stück **Fleisch** in einer dicken Soße. Das häufigste ist das *Kotlet schabowy,* ein gebratenes Schweinekotelett. Eine weitere Spezialität sind *flaczki,* Kutteln in würziger Bouillon mit Gemüse gekocht; ebenso sollte man einmal die *gołąbki* (mit Fleisch, Reis und manchmal auch Pilzen farcierte Kohlblätter) und *golonka* (Schweinshaxe mit Meerrettich und Erbsbrei) probieren. Ente *(kaczka)* ist oft das schmackhafteste Geflügel, besonders mit Apfelfüllung. Fällt die Wahl auf ein Fischgericht, sind Karpfen *(karp),* Aal *(węgorz)* und Forelle (*pstrąg*) empfehlenswert; sie werden meist gegrillt oder sautiert, gelegentlich auch "blau" serviert. **Pfannkuchen** *(naleśniki),* auch mit Hüttenkäse *(z serem)* gefüllt, werden oft als Hauptgang angeboten.

Als Beilage zum Hauptgang gibt es häufig gekochtes **Gemüse** oder Kartoffelbrei und/oder Kohl, ebenfalls gekocht oder als Sauerkraut. Kartoffelpuffer *(placki ziemniaczane)* sind besonders gut, entweder mit saurer Sahne oder einer würzigen Paprikasoße. Waldpilze *(grzyby),* bei Polen sehr beliebt, werden auf verschiedene Arten serviert, meist gebraten oder sautiert. An **Salaten** gibt es dagegen den üblichen Teller mit Kopfsalat, Gurke und Tomate in einer wässrigen Soße. Besser ist es, wenn möglich, einen einzelnen Salat zu bestellen, z. B. *mizeria* (Gurke in Sahne), *buraczki (geriebene Rote Bete)* oder die seltenere *ćwikła* (Rote Bete mit Meerrettich).

▸ **Nachtisch**: Um den Nachtisch ist es, außer in den großen Hotels und Luxusrestaurants, wo meistens reichlich Kuchen und Eis angeboten werden, schlecht bestellt. Probieren Sie *kompot*, ein Obstkompott. Je nach Jahreszeit werden manchmal frische Erdbeeren oder Himbeeren angeboten. Auch Pfannkuchen *(naleśniki)* gibt es als **Nachtisch**, dann mit Marmelade und Zucker oder mit *powidła*, einem köstlichen Pflaumenmus, serviert.

Trinken

Auch polnische Trinkgewohnheiten erleben eine Änderung! Jahrelang war es nicht üblich, sich mit Freunden auf ein Bier und eine nette Unterhaltung in einer Kneipe zu treffen. Das tat man zu Hause, und die Touristen blieben in ihren Hotels. Bars, soweit es sie überhaupt gab, waren meist Spelunken. Seit einigen Jahren entwickelt sich in den Städten jedoch allmählich so etwas wie eine Barkultur als Ergänzung zu den Cafés, in denen größtenteils kein Alkohol serviert wird.

Über die Trinkfestigkeit der Polen herrscht kein Zweifel, es ist eine Art Nationalsport. In den Restaurants, in Kleinstädten oder Dörfern oft der einzige Ort, an dem Alkohol verkauft wird, wird viel konsumiert.

In Städten und größeren Ortschaften gibt es eine weit größere Auswahl an Trinklokalen mit netter Atmosphäre als noch vor einigen Jahren. Dazu gehören **privat betriebene Bars** *(bary)* nach westlichem Vorbild, Cafés und die seltsamen Imitationen von irischen, schottischen und englischen Pubs. Als Konsequenz haben **Hotelbars**, einst die Domäne westeuropäischer Gäste und wohlhabender Polen, ihre Attraktivität für Touristen verloren; das Publikum sind hier in erster Linie Geschäftsleute und Prostituierte. Immer wieder trifft man auch noch auf die traditionellen **Trinkbars**. Stets einfach und funktionell eingerichtet, sind sie fast ausschließlich männliches Terrain. Häufig spiegeln sie das ernste Problem wider, das Polen mit dem Alkohol hat. Es werden vorwiegend Spirituosen getrunken, nicht nur Bier oder Wein. Ein Wandel vollzieht sich in der jüngeren Generation, die – nicht zuletzt beeinflusst durch die Werbekampagnen der Bierproduzenten – zunehmend ihre Präferenz für Bier statt Wodka entdeckt.

Bier

Die Polen können zwar in Bierherstellung und -verbrauch nicht mit ihren tschechischen Nachbarn konkurrieren, trotzdem gibt es immer mehr ausgezeichnete polnische Biersorten *(piwo)*.

Am häufigsten verkauft wird Bier vom Fass. Verlangen Sie *jedno duże* (ein Großes), wenn Sie einen halben Liter wünschen, und *jedno male* (ein Kleines), wenn Sie ein Glas mit 0,33 cl wollen. Die großen polnischen Brauereien gehören inzwischen alle zu multinationalen Gesellschaften und stellen ein trinkbares Bier (Lager) her. Die am weitesten verbreitete Marke ist Żywiec, doch auch Okocin, Tyskie und EB (das lange als Trabbi der polnischen Biere angesehen war, jetzt aber verbessert ist) sind Biere, die sie so gut wie überall finden. Außerdem gibt es noch eine Reihe von Bieren in den einzelnen Regionen, das angesehenste ist Dojlidy (Białystok).

Wodka und andere Spirituosen

Der Stellenwert des Wodkas (*wódka*) in der Kultur Polens ist so hoch, dass der Schwarzmarktwert des Dollars jahrelang angeblich direkt an den Preis einer Flasche gekoppelt war. Wer meint, Wodka sei nichts mehr als eine Zutat für Cocktails, wird eine Überraschung erleben: Pur, mit Pfeffer oder Honig – ganze Bände könnte man über die Vielfalt des Angebots füllen. Jüngere Polen nehmen immer häufiger die westeuropäische Gewohnheit an, Wodka mit Fruchtsaft (Apfelsaft gehört zu den Favoriten) zu mischen. Dennoch ist die beste Art, Wodka zu trinken, ein Maß von 25 oder 50 Gramm (*na czysto* – 100 Gramm – ist ebenfalls üblich), pur und gut gekühlt. Es wird in einem Zug gekippt, anschließend mit Mineralwasser nachgespült.

Die besten **klaren Wodkas** sind der *Żytnia, Krakus* und der *Wyborowa*. Ein durchaus annehmbarer Ersatz ist *Zwykla* oder auch der *Polonez*, eine der beliebtesten Marken.

Viele der **würzigen Arten** sind heute nur noch sehr schwer zu bekommen. Sie wurden sowohl in Bars als auch in Supermärkten von importiertem Alkohol vertrieben. Einen Wodka aber werden Sie noch immer ohne Schwierigkeiten finden: den legendären *Żubrówka* mit dem Geschmack von Büffelgras aus der östlichen Białowieżer Heide – in jeder Flasche steckt ein Halm. *Tatrazańska*, die entsprechende Variante des Tatra Gebirges, mit Bergkräutern gewürzt, ist schwerer zu finden, aber ausgezeichnet. Dagegen hat der *Pieprzówka* einen scharfen, pfeffrigen Geschmack; ihm wird eine vorbeugende Wirkung bei Erkältungen nachgesagt. Der *Myśliwska* mit Wacholdergeschmack schmeckt etwas nach Gin, der whiskyfarbene *Jarzębiak* erhält seinen Geschmack von Vogelbeeren. Weitere Sorten sind der *Wiśniówka*, eine leicht süßliche, starke Mischung aus Wildkirschen, *Krupnik*, der an Whisky erinnert, der *Cytrynówka*, ein Zitronenwodka, und der *Miodówka*, ein seltener Honigwodka. Schließlich gibt es noch den *Pajsachówka*, der mit seinen 75 Prozent Alkoholgehalt der stärkste Wodka auf dem Markt ist. Was die Prozentzahl anbelangt, kann mit ihm nur noch der selbst hergestellte *bimber* konkurrieren, die polnische Version eines selbst gebrannten Schnapses.

Andere beliebte Spirituosen sind der *śliwowica*, ein starker Pflaumenbranntwein, vor allem in Südpolen hergestellt, und der *miód pitny*, ein starker, metähnlicher Wein. Am beliebtesten in dieser Kategorie ist jedoch der *winiak*, ein feuriger polnischer Branntwein, dem man in vielen Cafés und Restaurants begegnet.

Alkoholfreie Getränke

Die Auswahl an alkoholfreien Getränken entspricht weitgehend der in anderen europäischen Ländern. Internationale Markenprodukte sind neben einheimischen ähnlichen Getränken überall erhältlich.

Sprudelndes **Mineralwasser** *(woda mineralna)* aus den Kurorten im Süden ist sehr schmackhaft und kann in ganz Polen erworben werden; der bekannteste Markenname ist *Kryniczanka*. Einige westeuropäische Marken wie Perrier gibt es in den Läden ebenso zu kaufen. Wenn man Mineralwasser im Lokal bestellt, wird es stets mit Eis und einer Scheibe Zitrone serviert.

Bilderverkauf auf dem Altstädter Marktplatz in Warschau

Reisepraktisches

Einreiseformalitäten

Seit dem 1. Januar 1991 brauchen Bundesbürger für die Einreise nach Polen kein Visum mehr. Für eine Polenreise bis zu 90 Tagen ist lediglich ein Reisepass erforderlich, der am Anreisetag noch für mindestens sechs Monate gültig ist. Kinder und Jugendliche unter 16 Jahren benötigen einen Kinderausweis bzw. Eintrag im Elternpass (jeweils mit Lichtbild).

Ausländer, die sich zu Besuch in Polen aufhalten, müssen sich vor Ablauf von drei Tagen ab der Einreise bei der örtlichen Meldebehörde (Urzad Meldunkowy) anmelden. Bei Aufenthalt in einem Hotel erledigt dieses die Formalitäten; bei Aufenthalt bei Privatpersonen müssen sich Gast und Gastgeber zur Meldebehörde begeben und die Anmeldung dort erledigen.

Polnische Botschaften und Konsulate im Ausland

- *Bundesrepublik Deutschland*

Botschaften: Lassenstr. 19-21, **14193 Berlin**, ✆ 030/223130, 📠 030/22313155, E-Mail: info@botschaft-polen.de, www.botschaft-polen.de.

Konsularabteilung der Botschaft: Richard-Strauss-Str. 11, **14193 Berlin**, ✆ 030/2202451, 📠 030/2291577, E-Mail: Konsulat.Berlin@botschaft-polen.de.

Konsulate: Lindenallee 7, **50968 Köln**, ✆ 0221/937300, 📠 0221/343089, E-Mail: Konsulat.Koeln@botschaft-polen.de.

Trufanowstr. 25, **04105 Leipzig**, ✆ 0341/5623300, 📠 0341/5623333, E-Mail: Konsulat.Leipzig@botschaft-polen.de.

Gründgensstr. 20, **22309 Hamburg**, ✆ 040/6312091, 📠 040/6325030, E-Mail: Konsulat.Hamburg@botschaft-polen.de.

Ismaningerstr. 62a, **81675 München**, ✆ 089/4186080, 📠 089/471318, E-Mail: Konsulat.Muenchen@botschaft-polen.de.

Honorarkonsulat Stuttgart, Am Wallgraben 115, **70565 Stuttgart**, ✆ 0711/7821140, ✆ 0711/7821144, E-mail: poln.konsulat.stgt@dsv-gruppe.de.

Honorakonsulat Nürnberg, Institut für Moderne Kunst, Luipoldstr. 5, **90402 Nürnberg**, ✆ 0911/2402141, 📠 0911/2402144.

Prozession in Łowicz

• *Österreich* **Botschaft**: Hietzinger Hauptstraße 42c, 1130 Wien, ✆ 01/87015-0, ℻ 01/87015-222, E-Mail: info@botschaftrp.at, www.botschaftrp.at. **Konsularabteilung der Botschaft**: ✆ 01/87015-0, ℻ 01/87015-136, E-Mail: konsul@botschaftrp.at.
• *Schweiz* **Botschaft**: Elfenstr. 20a, 3000 Bern 16, ✆ 031/35204-52 bis 54, ℻ 031/3523416, E-Mail: polischemb@dial-eunet.ch, www.pol-amb.ch.

Öffnungszeiten und Feiertage

An Wochentagen haben die meisten Geschäfte von 10 bis 18 Uhr geöffnet. Eine Ausnahme bilden Lebensmittelgeschäfte, die oft schon um 6 Uhr morgens öffnen und bereits während des Nachmittags schließen – darauf sollte man besonders in den ländlichen Gebieten achten. Samstags schließen die meisten Geschäfte um 14 oder 15 Uhr, einige wenige sind auch am Sonntagnachmittag geöffnet.

Eine andere Ausnahme stellen die **Ruch-Kiosks** dar, in denen man Zeitungen und Fahrkarten für die städtischen Verkehrsmittel kauft. Sie öffnen meist schon um 6 Uhr; dafür schließen einige bereits gegen 17 Uhr. Ebenso bietet eine wachsende Zahl von **Straßenverkäufern** Waren bis spät abends an. In den meisten Städten ist während der Woche abwechselnd der eine oder andere Laden bis spät abends geöffnet.

In allen Großstädten gibt es jetzt auch mehrere Läden, die rund um die Uhr geöffnet haben (in Warschau zur Zeit 14 Stück); die nützlichsten Adressen sind im Reiseteil zu finden.

Reisebüros sind wochentags in der Regel von 9 oder 10 Uhr bis 17 Uhr (in den Großstädten länger) geöffnet; am Samstag und Sonntag haben sie kürzere Geschäftszeiten.

▸ **Sehenswürdigkeiten**: Die Öffnungszeiten von Kirchen dürften kein Problem für einen Besuch darstellen. Die sehenswertesten Kirchen sind ohnehin von frühmorgens bis zum frühen Abend geöffnet. Allerdings sind viele der weniger berühmten

Kirchen für den größten Teil des Tages kurz hinter dem Eingang durch ein Gitter oder eine Glastür verschlossen. Der Besuch einer Messe verschafft Zutritt; sie findet früh am Morgen zwischen 6 und 8 Uhr statt.

Die im Augenblick gültigen Besuchszeiten für **Museen** und **historische Sehenswürdigkeiten** sind bei den jeweiligen Beschreibungen angegeben. Fast alle sind an einem Tag der Woche (meistens montags) geschlossen, viele auch an einem weiteren Tag; an den restlichen Tagen beträgt die Öffnungszeit vielerorts nur knapp fünf Stunden, geschlossen wird oft schon um 15 Uhr. Einige Museen in den Großstädten haben ihre Besuchszeiten zwar verlängert, dann steht dem Besucher allerdings nur ein Teil des Museums zur Besichtigung offen.

▶ **Offizielle Feiertage**: Die folgende Liste enthält alle gesetzlichen Feiertage Polens, an denen die meisten Geschäfte und Sehenswürdigkeiten geschlossen sind:

1. Januar	15. August (Mariä Himmelfahrt)
Ostermontag	1. November (Allerheiligen)
1. Mai (Tag der Arbeit)	11. November (Unabhängigkeitstag)
3. Mai (Tag der Verfassung)	25./26. Dezember (Weihnachten)
Fronleichnam	

Feiertage und Festivals

Als Beweis für Polens starke Bindung an den Katholizismus mag gelten, dass alle wichtigen Kirchenfeiertage aus voller Überzeugung begangen werden. Viele Teilnehmer ziehen die traditionellen farbenfrohen Trachten an, für die Polen so berühmt ist.

Das fällt besonders in den Gebirgsgegenden in Südpolen auf, in denen die jährlichen Feiertage für die Familien und die Gemeinden eine große Rolle spielen. Als Ergänzung dazu haben sich in Polen in letzter Zeit zahlreiche Kulturfestivals, besonders im Bereich Musik und Theater, etabliert.

Religiöse und traditionelle Feiertage

Den Höhepunkt des katholischen Jahres bildet **Ostern**, das eine Flut von Frühlingsmärkten einläutet, in denen Jungvieh und landwirtschaftliche Erzeugnisse angeboten werden. Die **Karwoche** beginnt am **Palmsonntag**, an dem Zweige in die Kirche gebracht werden und zahlreiche Prozessionen stattfinden. Häufig werden diese bemalten und geschmückten "Palmen" von Hand hergestellt, manchmal wird die größte oder schönste mit einem Preis ausgezeichnet. Die berühmteste Prozession findet in Kalwaria Zebrzydowska bei Krakau statt. Sie leitet eine Woche mit Mysterienspielen ein, in denen das Leiden Christi dargestellt wird.

Am **Gründonnerstag** bestrafen viele Gemeinden symbolisch Judas Ischariot: Sein Bild wird aufgehängt, aus dem Dorf gezerrt, ausgepeitscht und dann verbrannt oder in einen Fluss geworfen. Am **Karfreitag** sind überall Modelle des Heiligen Grabes in natürlicher Größe zu sehen – entweder als dauerhafte Symbole, wie in Kalwaria Zebrzydowska und Wambierzyce in Schlesien, oder als provisorische Schöpfungen, wie in Warschau üblich. In einigen Orten, besonders in der Region Rzeszów, fällt der Karfreitag mit der Feier von König Jan Sobieskis

Sieg bei der Belagerung von Wien zusammen, bei der "Türken" am Grab aufgestellt werden. Am **Karsamstag** werden Körbe mit bemalten Eiern, Würstchen, Brot und Salz in die Kirche gebracht, wo sie gesegnet und mit Weihwasser benetzt werden. Diese geweihten Speisen werden am **Ostertag**, an dem die feierlichste Messe des Jahres stattfindet, zum Frühstück verzehrt. Am **Ostermontag** werden Mädchen mit Wasser überschüttet, um sie "fruchtbar zu machen" (immer noch etwas besser als mit Stöcken geschlagen zu werden, wie in der benachbarten Tschechischen Republik üblich). Selbst in den kosmopolitischen Großstädten lauern Jungenbanden Mädchen auf der Straße oder aus den Fenstern des ersten Stocks gelehnt auf, um sie mit Wasserbomben zu bewerfen.

Zum **Pfingstfest** wird der Boden im Haus oft mit Schwertlilien ausgelegt. In der Region von Krakau zündet man dagegen auf den Berggipfeln große Feuer an. Elf Tage später wird ein hoher katholischer Feiertag begangen: **Fronleichnam**, mit farbenfrohen Prozessionen und üppigem Blumenschmuck überall. Genau eine Woche später findet eine Darstellung der Belagerung durch die Tataren als Auftakt zu einer der wenigen weltlichen Feste in Polen statt: die **Tage von Krakau**.

Der **Geburtstag des Johannes** am 24. Juni wird in Warschau, Krakau und Poznań mit besonderem Schwung gefeiert. In der Nacht vom 23. auf den 24. Juni werfen die Menschen Kränze mit brennenden Kerzen in den Fluss. Außerdem gibt es Schiffsparaden, Tänze und Feuerwerk. Am 26. Juni, dem **Annatag**, findet die jährliche Pilgerfahrt nach Góra Świętej Anny in Schlesien statt.

Das erste der beiden bedeutenden Marienfeste in zwei aufeinander folgenden Wochen ist das **Fest des Säens der Heiligen Jungfrau** am 8. August auf dem Land, besonders im Südosten Polens. Unterdessen sind viele schon zur großen Pilgerfahrt zum Jasna Góra-Schrein in Częstochowa aufgebrochen, wo sie zu **Mariä Himmelfahrt** am 15. August eintreffen. Zu diesem Anlass wird in Kalwaria Pacławska bei Przemyśl ein Mysterienspiel aufgeführt.

Allerheiligen am 1. November ist ein Tag des nationalen Gedenkens, an dem Blumen, Kränze und Kerzen auf die Friedhöfe gebracht werden. Am **Andreastag**, dem 30. November, wird getanzt; es ist auch der Tag abergläubischer Bräuche: Man gießt geschmolzenes Wachs oder Blei auf Papier und sagt die Zukunft voraus. Der **Barbaratag** am 4. Dezember ist der traditionelle Feiertag der Bergarbeiter, an dem als Kontrast zu ihrem lustigen weltlichen Galafest Messen für ihren Schutz abgehalten werden.

Zur **Adventszeit** hat die polnische Handarbeitstradition bei der Fertigung von Krippen, die jede Kirche zieren, Hochkonjunktur. In Krakau findet am Sonntag, der auf den 3. bzw. den 10. Dezember folgt, ein Wettbewerb statt; die preisgekrönten Werke werden im Historischen Museum der Stadt ausgestellt. Am **Heiligabend** trifft sich die ganze Familie zu einem abendlichen Festessen, das traditionell aus zwölf Gängen besteht; danach erhalten auch die Kinder ihre Geschenke. Der **Weihnachtstag** beginnt mit der Mitternachtsmesse; später werden kleine runde Brote gegessen, die mit Tierbildern verziert sind. Am **Silvesterabend** finden besonders in Warschau prachtvolle offizielle Bälle statt. In den ländlichen Gebieten in Südpolen begnügt man sich mit dem Spielen lustiger Streiche. Mit dem **Dreikönigsfest** am 6. Januar endet die Weihnachtszeit. An diesem Tag gehen Sänger von Haus zu Haus und schreiben die Buchstaben K, M und B (für Kaspar, Melchior und Balthasar) mit Kreide an die Haustür. Die Buchstaben bleiben normalerweise das Jahr über stehen und sollen dem Haushalt Glück bringen.

Festivalkalender

Mit dieser Liste wird kein Anspruch auf Vollständigkeit erhoben. Genauer können Sie sich vor Ort in der jeweiligen Wochen- oder Monatsausgabe der *Gazeta Wyborcza* oder dem *Warsaw Insider* informieren.

Januar

Warszawa: traditioneller Jazz
Wrocław: Soloaufführungen

Februar

Poznań: Knabenchöre
Wrocław: zeitgenöss. polnische Musik

März

Częstochowa: Geigenmusik
Łódź: Oper, Studententheater

April

Kraków: Orgelmusik
Kraków: Studenten singen

Mai

Bielsko-Biała: Internat. Puppentheater (alle geraden Jahre)
Gdańsk: "Neptunalia" (Studentenfestival)
Hajónwka: Orthodoxe Chöre
Kraków: "Juvenalia" (Studentenfestival)
Łącko: (bei Nowy Sącz) regionales Folk-Festival
Łancut: Kammermusik
Warszawa: Kirchenliederfestival
Wrocław: zeitgenössisches polnisches Theater (Mai/Juni)
Wrocław: Jazz an der Oder

Juni

Brzeg: Klassische Musik
Kamień Pomorski: Orgel- und Kammermusik
Kazimierz Dolny: "Folk"-Gruppen und -Sänger (Juni/Juli)
Krynica: Arien und Lieder
Kudowa-Zdrój: Musik von Stanislaw Moniuszko
Opole: polnische Lieder
Płock: "Folk"-Ensembles
Toruń: Kontaktfestival des modernen Dramas
Warszawa: Sommer Jazz-Tage

Juli

Gdańsk-Oliwa: Orgelmusik (Juli/Aug.)
Gdyna: Sommer-Jazztage
Jelenia Góra: Straßentheater (Juli/Aug.)
Koszalin: Internationales Polonia Festival polnischer Lieder (alle 5 Jahre – das nächste findet 2006 statt)
Kraków: Jüdische Kultur
Międzyzdroje: Chormusik
Międzydroje: Filmfestival "Stars on Holiday"
Mrągowo: Country- und Westernfestival mit Picknick auf dem Land
Nowy Sącz: Festival für ethno/elektronische crossover Musik
Rzeszów: Festival von Polonia Musik- und Tanz-Ensembles (alle drei Jahre – das nächste findet 2005 statt)
Sanok: Alternativ- und Kunstfilm-Festival
Świnoujście: Fama Studenten-Kunstfestival

August

Duszniki-Zdrój: Musik von Chopin
Gdańsk: dominikanische Messe
Jarocin: Rockfestival
Kazimierz Dolny: Filmfestival
Kraków: klassische Musik
Sopot: internationale Songs und Festival der Seemannslieder
Zakopane: Folklore aus dem Gebirge
Zielona Góra: internationale Gesangs- und Tanzensembles
Żywiec: Beskidenkultur

September

Bydgoszcz: klassische Musik
Gdańsk: polnische Spielfilme
Słupsk: polnischer Klavierwettbewerb
Toruń: internationales Festival alter Musik
Warszawa: zeitgenössische Musik
Wrocław: "Wratislavia Cantans" (Chormusik)
Zamośz: Jazzfestival

Oktober

Kraków: Jazzmusik
Warszawa: Barock Opernfestival
Warszawa: Chopin-Klavierwettbewerb (alle 5 Jahre – der nächste 2005)
Warszawa: internationales Filmfestival
Warszawa: Jazz-Jamboree

November

Gdynia: Filmfestival
Poznań: internationaler Geigenwettbewerb (alle 5 Jahre – der nächste 2006)
Warszawa: Festival antiker Musik

Dezember

Toruń: internationales Filmfestival (Schwerpunkt Kameraarbeit)
Warszawa: Theaterfestival
Wrocław: alte Musik

Gesundheit und Versicherung

Die Inanspruchnahme ärztlicher Hilfe und Dienstleistungen muss in Polen bar bezahlt werden. Eine Erstattung der Kosten durch die jeweilige deutsche Krankenkasse kann nicht als gesichert vorausgesetzt werden, da diese erst prüfen wird, ob und wie viel erstattet werden kann. Der Abschluss einer Auslandskrankenversicherung ist daher sehr empfehlenswert.

Die westlichen Botschaften unterhalten in allen größeren Städten einen ärztlichen Bereitschaftsdienst, an den sich Angehörige des jeweiligen Landes wenden können. Deutsche Bundesbürger wenden sich an die entsprechenden Anschriften in Warszawa (Botschaft), Wrocław (Konsulat), Gdańsk (Konsulat) und Szczecin (Konsulat) – Adressen im jeweiligen Kapitel).

Für die Einreise nach Polen sind keine **Schutzimpfungen** vorgeschrieben. In bestimmten Landesteilen empfiehlt sich aber eine FSME-Schutzimpfung. Gefährdete Gebiete befinden sich insbesondere in Waldgebieten im Norden, Nordosten und im Süden des Landes westlich von Krakau. Ferner sollte man über eine Hepatitis A und Hepatitis B-Impfung nachdenken..

- **Apotheken und Krankenhäuser**: Bei einfachen Beschwerden kann man sich an eine reguläre **Apotheke** *(apteka)* wenden, in der qualifizierte Apotheker, die in Polen für die meisten täglichen Gesundheitsprobleme konsultiert werden, bestimmte Medikamente abgeben. In den Städten spricht das Personal oft zumindest etwas Englisch oder Deutsch. Selbst dort, wo man nur Polnisch spricht, reicht es meistens, den leeren Behälter oder die letzte Tablette/ Kapsel mitzubringen, um das gleiche Medikament zu erhalten. In jedem Ort ist mindestens eine *apteka* 24 Stunden am Tag geöffnet. Die Anschrift steht im Lokalteil der Zeitungen.

  Bei ernsthafteren Problemen oder in Fällen, bei denen der Apotheker nicht helfen kann, wird man an ein **Krankenhaus** *(szpital)* verwiesen, in dem die Bedingungen oft haarsträubend sind, weil es zu wenig Betten für zu viele Patienten gibt, es überall an Medikamenten fehlt und manchmal unhygienische Bedingungen herrschen. Die Ärzte sind nicht nur völlig überarbeitet, sondern auch empörend unterbezahlt. Muss man für eine Behandlung oder für Medikamente etwas zahlen, sollte man die Quittungen für die Versicherung zu Hause aufbewahren.
  Allgemein herrscht in Polen ein Mangel an Medikamenten, sodass es ratsam ist, sich mit einer umfangreichen Reiseapotheke auszustatten.

- **Private medizinische Versorgung**: In den größeren Städten, z. B. in Krakau und Warschau, existieren Gesundheitszentren, die nach westlichen Richtlinien betrieben werden und in denen Englisch gesprochen wird. Im Notfall sollte man sich eher an den 24-Stunden-Notfalldienst dieser Kliniken wenden, als einen Krankenwagen zu rufen.

- **Versicherung**: Da mit Polen kein Sozialversicherungsabkommen besteht, und um möglichen Diebstählen vorzubeugen, ist eine **Privatversicherung** auf jeden Fall empfehlenswert. Oft sind *Reiseschutzpakete* inklusive Reiseunfall-, Kranken-, Haftpflicht- und Gepäckversicherung sehr interessant. Die meisten Reisebüros bieten diese Versicherungspakete von den Firmen *Elvia* (z. B. FlugVollschutzpaket oder GuteFahrt-Vollschutz) oder *Europäische* an (z. B. RundumSorglos-Schutz). Die Kosten richten sich nach dem Reisepreis. Die Versicherungen können auch online beucht werden unter www.elvia.de oder www.reiseversicherung.de.

  Wird dem Besucher in Polen etwas gestohlen, sollte der **Diebstahl** sofort der Polizei **gemeldet** und um einen Durchschlag des schriftlichen Protokolls gebeten werden. Ohne einen solchen kann man zu Hause keinen Schadensersatz fordern. Die Aufnahme des Protokolls kann mehrere Stunden in Anspruch nimmt.

Information

Öffentliche Fremdenverkehrsbüros, wie sie in den meisten europäischen Ländern üblich sind, gibt es für Polen zwar schon seit einiger Zeit im Ausland, im Land selbst sind sie jedoch noch relativ neu. Die Qualität der Auskünfte variiert deshalb stark. Oft werden Sie sich an Reiseagenturen, eine Hotelrezeption oder andere Informationsquellen wenden müssen.

Die meisten Städte und Großstädte haben nun ein **Touristeninformationsbüro** (*Informator turystyczny* oder IT). Manche werden von der Stadtverwaltung betrieben und sind sehr nützlich: Sie bieten komplette Hotelverzeichnisse, vermitteln Unterkünfte und haben vielerlei Broschüren und Karten – für die man in der Regel allerdings bezahlen muss. Sehr viele IT-Büros sind jedoch private Reiseagenturen, die mit dem IT-Logo Kunden anziehen wollen, um ihnen organisierte Touren oder Fahrscheine zu verkaufen. Manche private IT-Büros können Ihnen sehr wohl ein Zimmer vermitteln und ausführliche Auskünfte erteilen. In Provinzstädten mit wenig Tourismus sollten Sie allerdings nicht damit rechnen.

Wir geben hier eine Übersicht über die verschiedenen Touristen-Organisationen und deren Dienstleistungen.

Orbis

Das weitaus größte Touristikunternehmen in Polen ist **Orbis**, hierzulande meist als **Polorbis** bekannt. Das um 1920 gegründete Unternehmen wurde in der kommunistischen Vergangenheit zu einem Riesenbetrieb mit einem ungewöhnlich breiten Aufgabenspektrum ausgebaut. In den 1990er Jahren wurde Orbis privatisiert und ist inzwischen eine wichtige Reiseagentur, die vor allem Pauschalreisen an Polen verkauft, Besuchern jedoch wenig Auskunft geben kann. Allerdings sind Orbis-Büros häufig sehr nützlich: Sie verkaufen Flugzeug-, Bahn-, Bus- und Fährtickets, tauschen Geld um, veranstalten Rundreisen mit Reiseleitern, vermieten Autos und bieten Spezialveranstaltungen an; sie buchen außerdem Hotelzimmer, insbesondere bei den zur Orbis-Kette gehörenden Hotels.

Im Ausland tritt das Unternehmen als offizieller Ansprechpartner in Sachen Polenurlaub auf, ähnlich wie ein offizielles Fremdenverkehrsamt (Anschriften siehe "Anreise", S. 25). Selbst wer Polen auf eigene Faust bereisen will, sollte sich persönlich oder schriftlich an das nächste Büro wenden, um in der eigenen Sprache kostenlos **Informationsmaterial** zu erhalten, das in Polen selbst leider nur selten zu haben ist. Neben einer Serie von sechs Hochglanzkatalogen über alle Landesteile gibt es auch einige Broschüren für Spezialgebiete (Musik, Architektur, Folklore, Aktivurlaub) und eine hervorragende Straßenkarte.

Andere Fremdenverkehrsunternehmen

- **PTTK** – frei als "Verband der Polenliebhaber" zu übersetzen – ist eher als Orbis für den Fremdenverkehr in Polen selbst zuständig. Er hält Wanderwege instand und betreibt Berghütten, Herbergen und Hotels. PTTK-Büros trifft man im ganzen Land an. Man kann dort PTTK-Unterkünfte buchen und Wanderkarten kaufen. Allerdings ist der Verband recht altmodisch und – bis auf wenige Ausnahmen – das Personal in den Büros ausländischen Touristen gegenüber recht gleichgültig. Meist spricht es auch nur Polnisch. Das Hauptbüro befindet sich ul. Litewska 11/13 in Warschau (✆ 022/6293947, www.pttk.com.pl).

- **Almatur** ist ein Studenten- und Jugendreisebüro. Es verkauft internationale Studentenausweise, nimmt ermäßigte Reisebuchungen für junge Leute unter 26 Jahren vor und vermittelt Unterkünfte in Studentenwohnheimen während der Monate Juli und August. Im Prinzip stehen diese jedermann offen, doch haben Studenten und Lehrer der Vorrang. Das Hauptbüro von Almatur liegt in der ul. Kopernika 23 in Warschau (✆ 022/8265381, www.almatur.pl); weitere Anschriften finden Sie in den entsprechenden Abschnitten des Reiseteils.

Internetadressen zu Polen

www.gopoland.com (Reiseführer, Zugfahrpläne, Internetcafé-Adressen, Hotelermäßigungen etc.)
www.hotelspoland.com (Viele Ermäßigungen für ausgewählte Hotels im ganzen Land)
www.insidepoland.pl (Viele historische und kulturelle Themen)
www.inyourpocket.com (Englischsprachige Städteführer: Warschau, Wrozław, Kraków, Poznań und Gdańsk)
www.krakow.pl (Homepage der Stadt Krakau mit nützlichen Tipps und Stadtinfos)
www.masterpage.com.pl (Täglich englische Zusammenfassungen von Leitartikeln aus ausgewählten polnischen Tageszeitungen und Links zu diesen)
www.orbis.pl (Homepage von Orbis mit detaillierten, aktuellen Informationen zu allen Orbis-Hotels)
www.pkp.com.pl (Homepage der Polnischen Bahn PKP mit Zugfahrzeiten ab Warschau und allgemeinen Bahninfos)
www.poland.net (Kurz gefasste Informationen über Kultur und Tourismus)
www.polandtour.org (Gute Site des Polnischen Fremdenverkehrsbüros in New York, auch Details zu Fremdenverkehrsämtern in anderen Ländern)
www.polhotels.com (Hotelbuchungen zu ermäßigten Preisen nur über Internet; größere Auswahl an Orten als bei oben genannter Adresse, Preise vergleichbar)
www.polishworld.com (Ermäßigte Hotelbuchungen, Reiseinformationen, Kunst, Unterhaltung, Politik, Nachrichten, Medien, viele Links zu weiteren Websites zu Polen)
www.visit.pl (Allgemeine Reiseinformationen und Hotelbuchungen)
www.warsawtour.pl (Offizielle Site der Warschau-Touristen-Information; viele nützliche praktische Infos, Stadtprogramm, öffentliche Einrichtungen etc.)
www.warsawvoice.com.pl (Warschaus führende englischsprachige Zeitschrift online mit Wirtschafts- und Kulturnachrichten)

Landkarten

Für die meisten Zwecke reichen wohl die in diesem Buch gezeigten Landkarten und Stadtpläne, aber eine gute und detaillierte Straßenkarte von Polen ist eine sinnvolle Anschaffung.

Es gibt mittlerweile hervorragende Karten, die alle Gebiete Polens abdecken – man muss nur in den entsprechenden Regalen der Empik-Buchläden nachsehen. Ausgezeichnete **Straßenkarten**, die man außerhalb Polens kaufen kann, sind die von *Freytag & Berndt* (1:750.000), *RV-Verlag* (1:800.000) und *Höfer Verlag* (1:1.000.000). Der RV-Verlag gibt außerdem gute Gebietskarten heraus, die den Nordosten, Nordwesten, Südosten bzw. Südwesten abdecken. Im Land selbst kann man sich leicht die Karten von PPWK, dem staatlichen Kartenverlag, beschaffen. Er gibt den außerordentlich guten *Atlas Samochodowy* (1:300.000) in Buchform heraus, der zusätzlich zu den Plänen der Regionen schematisierte Stadtpläne enthält. Der Atlas ist auch als Serie von 16 Einzelkarten erhältlich.

Die meisten größeren Buchhandlungen in Deutschland verfügen über ein gutes Angebot an Straßen- und z. T. auch Wanderkarten von Polen bzw. sind in der Lage, diese rasch zu bestellen. Hier eine Auswahl:

Auf der Suche nach dem richtigen Weg

• *Höfer* Straßenkarte Polen (1:1.000.000), poln.-dt. (auch zweisprachiges Ortsverzeichnis), mit Lupe, 7.70 €.

Im Höfer-Verlag sind auch detaillierte Karten zu einzelnen Gebieten in Polen erhältlich, z.B. Hinterpommern (mit Innenstadtplan Danzig), Südliches Pommern, Westpommern (mit Innenstadtplan Stettin), Oberschlesien, Mittelschlesien (mit Innenstadtplan Breslau) u.a.m., alle mit Ortsverzeichnis, Maßstab 1:200.00, je 10,20 €.

• *Michelin Karten* Straßenkarte Polen (1:700.000), mit Ortsverzeichnis, Städtplan von Warschau, Verkehrsinfos u.a., 7,50 €.

• *Freytag & Berndt* Europaserie: Autokarte Polen (1:500.000), mit Entfernungsangaben und Ortsverzeichnis dt.-poln., 9.80 €.

• *Ravenstein* Straßenkarte (1:750.000) mit Ortsregister, 7.50 €.

• *RV-Verlag* Eurokarte (1:800.000), mit Ortsindex, 7.50 €.

• *Shell* Eurokarte: Große Autokarte Polen (1:750.000), mit Ortsverzeichnis, 7.50 €.

• *Hildebrand's Urlaubskarte* Nr. 73 Polen (1:600.000), mit Ortsregister, 8.95 €.

Radwanderkarten

• *Stein* Radtouren in Masuren. Outdoorhandbuch, 12,90 €.

• *Kettler, Neuenhagen* Polen per Rad, Bd. 1 (Norden)und 2 (Süden), 13,80 €.

Wer einen detaillierteren **Stadtplan** benötigt, sollte den preisgünstig in den Fremdenverkehrsbüros vor Ort, in Kiosks, Buchläden, bei Straßenhändlern und Empik-Geschäften angebotenen *plan miasta* suchen. Er führt sämtliche Straßennamen in alphabetischer Reihenfolge auf und informiert umfassend über Bus- und Straßenbahnlinien, Unterhaltungsmöglichkeiten, Restaurants und Cafés. Oft gibt es ihn in verschiedenen Sprachen. Nützliche Wörter, nach denen man Ausschau halten sollte, sind *ulica*, oft abgekürzt mit ul. (Straße), *aleja* oder al. (Allee), *plac* oder pl. (Platz) und *rynek* (Altstadtplatz). Buslinien sind in der Regel in Blau gekennzeichnet, Straßenbahnlinien in Rot.

Sehr viel wichtiger für alle, die wandern möchten, sind die **Wanderkarten** der Nationalparks und anderer von Touristen besuchter Gebiete. Diese *Mapa Turystyczna* (blaues Cover) kosten nur wenig, sind einfach aufgebaut und leicht verständlich, obwohl der Text meist nur in polnischer Sprache abgefasst ist; der Schlüssel für die Symbole ist dagegen zumeist in mehreren Sprachen, auch Deutsch.

Für **Camper** gibt es die Karte *Camping in Polen* (*Camping w Polsce*) für das gesamte Land. Erhältlich ist sie in vielen Fremdenverkehrsbüros und Buchläden. Allerdings liefert auch der *Atlas Samochodowa* (siehe oben) alle nötigen Informationen.

Kommunikation und Medien

Postämter und Post

Die Postämter in Polen sind mit Urząd Pocztowy (kurz Poczta) oder den Initialen PTT (Poczta, Telegraf, Telefon) gekennzeichnet.

Jedes Postamt hat eine Nummer, das Hauptpostamt jeder Stadt immer die Nr. 1. Auf jedem Hauptpostamt ist auch Postlagerung (Poste restante) möglich; deshalb sollte darauf geachtet werden, dass der Absender nach dem Namen der Stadt die Nummer 1 setzt. Dieser Service klappt recht gut, aber hundertprozentige Zuverlässigkeit sollte man nicht erwarten. Ein Brief von und nach Deutschland braucht heute bis zu einer Woche. Die **Briefkästen** sind rot.

- **Geschäftszeiten**: Hauptpostämter sind meist montags bis freitags von 7 oder 8 bis 20 Uhr geöffnet, einige haben auch am Samstag morgen für einige Stunden geöffnet; andere Zweigstellen schließen im Allgemeinen um 18 Uhr, auf dem Land oft noch früher. Ein begrenztes Angebot an Dienstleistungen steht in großen Städten 24 Stunden am Tag, sieben Tage in der Woche, in den Postämtern am Hauptbahnhof zur Verfügung.

Telefon

Das veraltete **Telefonnetz** war lange Zeit ein großes Hindernis für die wirtschaftliche Entwicklung des Landes. Mittlerweile sind zwar erhebliche Verbesserungen vorgenommen worden, doch die Allgegenwärtigkeit von Handys scheint zu demonstrieren, dass viele Polen ihre eigene Lösung für das Kommunikationsproblem gefunden haben.

Momentan gibt es zwei verschiedene Typen von öffentlichen Fernsprechern. Die besten sind zweifellos die blauen Telefone, für die man eine Karte (*karta telefoniczna*) benötigt, die es am Postschalter und in Ruch-Kiosks, letztere etwas teurer, zu kaufen gibt. Erhältlich sind 25er-, 50er- und 100er-Karten, die entsprechend 10, 18 und 37 Zł kosten. Der zweite, zunehmend seltenere Telefontyp sind die grauen, gelben und rechteckigen blauen Apparate, für die man Jetons (*żetony*) braucht. Man kann sie auch an Kiosks kaufen. Es gibt zwei Arten von Jetons: Die kleinen **A-Jetons** (Preis momentan 0,35 Zł) sind für Ortsgespräche und reichen drei Minuten, die größeren **C-Jetons** (Preis momentan 3,55 Zł) sind für Ferngespräche.

Wichtiger Hinweis: Den Jeton erst einwerfen, wenn unter der gewählten Nummer jemand abgehoben hat. Sonst ist der Jeton weg, und die Verbindung wird unterbrochen.

Probleme bei Ortsgesprächen oder bei Telefonaten von einer Stadt zur anderen sollten kaum auftreten. Erleichterung brachte auch die Vereinheitlichung des polnischen Vorwahlsystems, durch das einer Stadt und ihrer Umgebung nun die gleiche Vorwahl zugeordnet ist. Für Ferngespräche gibt es mittlerweile in den Hauptpostämtern der Großstädte auch mit Zählern ausgestattete Telefonapparate.

Handys sollten in Polen ohne Probleme funktionieren, einmal abgesehen von abgelegenen Gebirgstälern.

Notrufe sind gebührenfrei:	Polizei	✆ **997**
	Feuerwehr	✆ **998**
	Krankenwagen	✆ **999**

In der Hauptreisezeit bietet eine **deutschsprachige Hotline** Hilfe für Touristen (bei Unfall, Panne, Diebstahl oder auch Konflikten mit der Polizei). Die kostenlose Hotline ist vom 01. Juli–31.Okt. zwischen 8.00 und 24.00 Uhr besetzt und erreichbar unter:

✆ **0800/200300**

oder per Handy (allerdings je nach Provider Gebühren für Auslandsgespräche):

✆ **0048/22/6015555**

▸ **Internationale Gespräche**, zumindest innerhalb Europas, sind viel einfacher geworden. Telefonkarten mit möglichst hohem Kredit sind den Jetons vorzuziehen. Internationale Gespräche sind im Gegensatz zu Ortsgesprächen ziemlich teuer. R-Gespräche sind von den Postämtern aus möglich. Schreiben Sie die Telefonnummer auf, die sie anrufen möchten und "*Rozmonta R*" dahinter und legen Sie es dem Postbeamten vor – etwas Geduld mitbringen. Vergessen sollte man auch nicht, dass Telefonate von Hotels aus sehr viel teurer sind als von öffentlichen Telefonen. Die internationale Vorwahlnummer für Polen ist 0048. Die Städtevorwahlnummern werden ohne die Null angehängt. Die Vorwahl nach Deutschland von Polen aus ist 0049.

Internetcafés

Die beste Möglichkeit, während einer Reise zu kommunizieren, bietet die **E-Mail**. In Polen schießen Internetcafés wie Pilze aus dem Boden, falls sie vorhanden sind, werden sie im Reiseteil dieses Buches aufgelistet. Außerhalb von Warschau und Krakau sind die Verbindungen oft langsam – man sollte etwas Geduld mitbringen. www.kropka.com ist eine nützliche Site. Sie hilft Ihnen, im Ausland Ihren Laptop anzuschließen, listet Telefon-Ländervorwahlnummern weltweit auf und informiert über die elektrischen Systeme verschiedener Länder.

Medien

Die polnische Medien-Szene war lange eine der lebendigsten in ganz Osteuropa. Dies liegt zum Teil daran, dass halboffizielle und dissidente Veröffentlichungen während des kommunistischen Regimes sehr beliebt waren.

Im Rundfunk- und Fernsehbereich vollzieht sich der Wandel etwas langsamer. Erst am 1. März 1993 wurde das staatliche Radio- und Fernsehmonopol per Gesetz abgeschafft. Die beiden staatlichen Fernsehsender, drei nationale Privatsender

(Polsat, TVN und RTL7), die Kabelkanäle, vier staatliche und drei private Radiosender, zu denen Warschaus Radio Zet gehört, das mittlerweile auf nationaler Ebene senden darf, und die wachsende Anzahl lokaler Radio- und Fernsehsender werden immer noch vom mächtigen *Staatlichen Radio- und Fernsehkomitee (KRRT)* überwacht, dessen Vorsitzender vom Premierminister ernannt wird.

▸ **Zeitungen und Zeitschriften**: Unter den **polnischsprachigen Tageszeitungen** ist die *Gazeta Wyborcza*, die erste unabhängige osteuropäische Tageszeitung, die beliebteste. Die 1989 gegründete *Gazeta* musste vor kurzem nach einem Streit zwischen ihrem Herausgeber, dem ehemaligen Solidarność-Vorkämpfer *Adam Michnik*, und Lech Wałęsa das Solidarność-Emblem aus ihrem Impressum entfernen. Die Zeitung ist weiterhin auf Erfolgskurs: Mit einer Auflage von 500.000 bzw. 750.000 an Wochenenden gehört sie zu den zehn meistgekauften Tageszeitungen Europas. Die *Gazeta* ist auf Enthüllungsjournalismus spezialisiert, vertritt einen politisch liberalen Standpunkt und enthält, um ihre Beliebtheit noch zu steigern, regionale Beilagen und ein farbiges Wochenmagazin. Auf gutem Papier gedruckt und mit qualitativ hochwertigen Fotos versehen, ist sie auf Grund ihres Kulturprogramms den Kauf wert, auch wenn man kein Polnisch versteht – vor allem freitags, wenn in der Beilage *Co jest Grane?* Veranstaltungstipps für die nächste Woche gegeben werden.

Zu den anderen landesweit gelesenen Tageszeitungen zählt die *Rzeczpospolita*, ursprünglich die offizielle Zeitung der kommunistischen Regierung, heute ein anspruchsvolles, unabhängiges Blatt, dessen Leserschaft hauptsächlich aus Geschäftsleuten und Regierungsfunktionären besteht. Die *Trybuna*, früher das offizielle Blatt der kommunistischen Partei, ist auch heute noch im politischen Spektrum links zu finden. Wie in vielen anderen Ländern auch verfügen die Lokalzeitungen in Polen über die größte Leserschaft. Obwohl für Reisende ziemlich uninteressant, können sie auf Grund ihres Kulturprogramms dennoch nützlich sein.

Die **Wochenzeitschriften** sind eine bunte Mischung aus politischen Zeitschriften, Fach – und Sensationsblättern. Zu den Verkaufsschlagern der Sensationsblätter gehören *Skandale*, mit der üblichen Mischung aus Sex, Verbrechen und rein Erfundenem, sowie *Nie*, deren extravaganter und freimütiger Herausgeber *Jerzy Urban* während der 80er Jahre Sprecher der kommunistischen Regierung war. Zum Spektrum politischer Zeitschriften zählen die theoretische *Polityka*, früher Sprachrohr des liberalen Flügels der kommunistischen Partei, und die neu gegründete liberale *Wprost*, die explizit auf die polnischen Yuppies abzielt. Die liberale, katholische Wochenzeitschrift *Tygodnik Powszechny*, früher die einzige offizielle, unabhängige Zeitung des Landes, hat stark an Lesern verloren, seitdem sie während Mazowieckis Regierungszeit des Öfteren politische Themen ungeschickt behandelt hat.

Hochglanz-**Monatszeitschriften** werden in Polen ebenso verschlungen wie sonst wo in der entwickelten Welt. Frauenzeitschriften wie die polnischen Ausgaben von *Cosmopolitan* und *Marie-Claire* oder das polnische Produkt *Twój Styl* sind die Bestseller des Landes. Der weltweite Trend zu Männerzeitschriften zeigt sich hier ebenfalls. *Machina* gibt die beste Übersicht über Polens kulturellen Stand bezüglich Pop-, Rock- und Tanzmusik sowie Videospiele und Kino. Über Letzteres erscheinen Spezialtitel wie *Film*, *Kino* und *Kino*.

In den Großstädten findet man auch **deutschsprachige Zeitungen** und **Zeitschriften** vom gleichen Tag. *FAZ*, *Zeit* und *Berliner Zeitung* sind meist an den **Ruch-Kiosks** erhältlich, ebenso in den Hotels und in Buchhandlungen, die auch fremdsprachige Bücher führen. Weitere deutsche Zeitungen und Zeitschriften findet man in Empik-Läden.

▸ **Fernsehen und Radio**: Polens Fernsehnetz hat sich in den letzten Jahren sprunghaft verbessert. Die früheren staatlichen Sender konkurrieren nun mit einer Reihe von privaten Sendern um die Gunst der Zuschauer. Die Mischung aus Spieleshows, Seifenopern und amerikanischen Filmen unterscheidet sich nicht sehr von der in anderen europäischen Ländern. Doch ein paar Eigenarten hat sich das polnische Fernsehen erhalten – insbesondere die Neigung zu Importen, bei denen dann ein *lektor* alle Rollen mit immer gleicher Stimme vorliest. Für immer mehr Polen bieten Satellitenempfang und in den größeren Städten Kabelfernsehen eine beliebte Alternative zum staatlichen Fernsehprogramm. Viele Hotels verfügen über eine Auswahl an Kabel- und Satellitenkanälen, darunter auch deutsche.

Die beliebtesten staatlichen **Radiosender** sind *Zet* mit Sitz in Warschau und Krakaus RFM FM (beide sind auch in anderen Städten auf unterschiedlichen Frequenzen zu hören). Sie bieten verschiedene, manchmal recht phantasievolle Mischungen aus Pop, Rock und anderer zeitgenössischer Musik. Viele private Lokalradios senden gelegentlich Nachrichten auf Englisch. Um ausführliche englische Nachrichten zu hören, müssen Sie BBC World Service einschalten. Unter www.bbc.co.uk/worldservice finden Sie weltweit die richtigen Frequenzen.

Polizei und Kriminalität

Nichts symbolisiert den jüngsten politischen Wandel in Polen wohl besser als die Veränderungen bei der Polizei. Geheimpolizei und ZOMO, die verhasste Bereitschaftspolizei, die seit der Einführung des Kriegsrechtes für die Unterdrückung von Demonstrationen zuständig gewesen war, wurden aufgelöst.

Übrig blieb lediglich die *milicja* oder *policja*, wie sie inzwischen diplomatisch umbenannt wurde, die für Recht und Ordnung im täglichen Leben verantwortlich ist.

Es ist schwer, die Einstellung einer Polizei zu ändern, die bisher ohne Rücksicht auf die öffentliche Meinung agieren konnte. Kein Wunder also, dass die policja mit großen Schwierigkeiten zu kämpfen hat. Nun ist geplant, alle Mitglieder dieser Institution einer Schulung zu unterziehen. Wie in anderen osteuropäischen Ländern stieg im letzten Jahr auch in Polen die Kriminalität stark an, wobei die Polizei oft tatenlos zusehen musste. Der Verkauf von Alarmanlagen und anderen wirksamen Sicherheitsvorkehrungen ist ebenfalls im Steigen begriffen, und die Bewohner in Warschaus Hochhäusern sind dazu übergegangen, selbst für nächtliche Bewachung zu sorgen, um die Flut von Wageneinbrüchen zu dämmen.

▸ **Kriminalität**: Den potenziell größten Ärger dürfte ein westlicher Besucher mit **Kleinverbrechen** haben: mit Hotelzimmerdiebstahl sowie Taschendiebstahl bei Menschensammlungen wie am Bahnhof (vor allem in Warschau) und auf dem Markt. Ein paar Regeln des gesunden Menschenverstands können diesen Ärger verhindern: Lassen Sie keine Kamera, kein Handy oder andere Wertgegenstände im Zimmer zurück. Bewahren Sie größere Summen Bargeld in einem Geldgürtel auf. Buchen Sie bei Nachtzugfahrten ein Bett im Schlaf- oder Liegewagen, und schließen Sie die Tür ab. Falls Sie in einem normalen Waggon reisen, vermeiden Sie es einzuschlafen.

Diebstahl von **Autos** aus dem Westen oder von deren Inhalt ist in Polen ein Volkssport. Parken Sie Ihren Wagen nie unbewacht in einem Stadtzentrum. Wenn Sie ihn dennoch kurz in einer Straße abstellen müssen, nehmen Sie alle Wertsachen mit bzw. lassen Sie diese nicht sichtbar liegen. Es lohnt sich immer, das Auto auf einem bewachten Parkplatz (*parkingi strzeżone*) abzustellen. Die größeren Hotels besitzen einen oder können Ihnen einen nennen.

Der beste und einzige Schutz ist jedoch eine **Reisegepäckversicherung**. Jeglichen Diebstahl sollten Sie so schnell wie möglich der Polizei melden. Haben Sie Geduld, man spricht dort selten Englisch, und das Protokoll kann Ewigkeiten dauern. Die Chancen, Gestohlenes zurückzuerhalten, sind praktisch gleich null.

In Polen ist es Pflicht, stets **Ausweispapiere** mit sich zu führen, deshalb trägt man seinen Pass am besten immer bei sich, obwohl Besucher nur selten angehalten werden. Aber gerade wegen eines ausländischen Nummernschilds wird ein Wagen unter Umständen für eine plötzliche Stichprobe angehalten – besonders spät nachts, wenn die Polizei nach Fahrzeugdieben fahndet. Es ist nützlich, eine Kopie des Reisepasses dabei zu haben. Im Falle eines Verlusts beschleunigt dies die Beschaffung eines neuen Dokuments beim Konsulat erheblich.

- **Sexuelle Belästigung**: Das Problem gibt es in Polen wesentlich seltener als im Westen. Da man als Besucher aber mit den kulturellen Normen weniger gut vertraut ist, wird eine Situation leicht missverstanden, und noch ist man in Polen auf dem Land ausgesprochen konservativ: Je ländlicher die Gegend, desto erstaunter reagieren die Menschen auf eine alleinreisende Frau!

Wer sich jedoch belästigt fühlt, wird schnell feststellen, dass andere Polen hilfreich zur Seite stehen – Polen sind bekannt für ihre Gastfreundschaft und Hilfsbereitschaft Fremden gegenüber. Auf jeden Fall vermeiden sollte man die Bars der Provinzstädte und der Vororte von Großstädten sowie die Nachtklubs in den Hotels, in denen die meisten Männer jede alleinstehende Frau für eine Prostituierte halten.

Preise und Finanzen

Trotz der allmählich steigenden Preise, die mit der Einführung der Marktwirtschaft einhergehen, ist Polen noch immer ein relativ preiswertes Reiseland.

Viele wesentliche Reisekosten – z. B. Essen und Trinken, öffentliche Verkehrsmittel und Eintrittsgebühren – sind für Besucher aus dem Westen auch heute noch ziemlich niedrig. Für die Unterkunft gelten andere Regeln, aber selbst die ist normalerweise preiswert. Es sollte dabei berücksichtigt werden, dass die Preise in Warschau meistens höher sind als im übrigen Polen. Auch in anderen Städten mit einem höheren Aufkommen an Touristen, wie beispielsweise in Kraków oder Poznań, muss man etwas tiefer in die Tasche greifen.

- **Preisniveau**: Die seit 1989 von den Regierungen durchgeführten Reformen setzen die Polen unter einen starken wirtschaftlichen Druck. Für Besucher aus dem Westen sind die Preise für die meisten Waren noch immer sehr niedrig. In einigen der besten Restaurants in Polen kann man für rund 14 € gut essen und trinken, man kann mittlerweile jedoch auch 21 € für eine Mahlzeit ausgeben. In einem einfacheren Restaurant sollte man nicht mehr als ca. 6 € ausgeben, und für sehr viel weniger kann man in einer Milchbar oder einem Imbiss eine warme Mahlzeit bekommen – knapp 2,50 € kostet dort oft eine Hauptmahlzeit. Auch Kaffee oder Tee mit Kuchen in einem Café sind für einen ähnlichen Betrag zu haben.

Die Fahrpreise für **öffentliche Verkehrsmittel** sind kaum mehr als ein Trinkgeld. Sogar eine Reise mit dem Zug oder Bus durch halb Polen beläuft sich auf nur ungefähr 21 €. Ähnlich niedrig sind die Eintrittspreise für die bekanntesten **Sehenswürdigkeiten**: Nie mehr als 2,80 €, meist zahlt man nur etwa die Hälfte.

Angesichts solcher Preise gibt man täglich nur wenig aus, es sei denn, man steigt in einem teuren Hotel ab. Die internationalen Hotels in den großen Städten nehmen bis 250 € pro Übernachtung. Hält man sich dagegen an Jugendherbergen oder Touristen- und Sporthotels oder Campingplätze, gibt man nur selten mehr als 7 € für eine Nacht aus. Ungefähr das Doppelte kostet ein Privatzimmer oder das billigste Hotel.

Währung

Die polnische Währungseinheit ist der **Złoty**, abgekürzt Zł. Im Zuge einer großen Währungsreform im Januar 1995 wurde ein "neuer" Zł eingeführt und die alte Währung stufenweise eingezogen. Es gibt nun neue **Geldscheine** im Wert von 10 Zł, 20 Zł, 50 Zł, 100 Zł und 200 Zł sowie Münzen im Wert von 1 Zł, 2 Zł und 5 Zł. Ein Złoty entspricht 100 Groszy, davon gibt es Münzen im Wert von 1, 2, 5, 10, 20 und 50 Groszy. Der alte Złoty ist als Zahlungsmittel nicht mehr gültig, deshalb keine Scheine mit dem Wort "proletariat" darauf akzeptieren! Der momentane **Wechselkurs** liegt bei 4 Zł für 1 € und ist recht stabil.

Reiseschecks und Kreditkarten

- **Reiseschecks** sind das sicherste Zahlungsmittel, denn bei Verlust oder Diebstahl werden sie voll ersetzt. Allerdings werden sie in Polen nur in den **Hauptfilialen der Banken**, in **Orbis-Büros** und in den **Hotels** akzeptiert. Eine Alternative bietet American Express, das mittlerweile Büros in Warschau hat und auch andere Schecks als die des eigenen Hauses tauscht. Leider gibt es in Polen – nicht zuletzt wegen der explosionsartigen Zunahme von Geldautomaten – immer weniger Stellen, die Reiseschecks annehmen, und der Umtausch nimmt manchmal ziemlich viel Zeit in Anspruch. In größeren Städten und viel besuchten Gebieten ist es kein besonderes Problem, aber Bankangestellte in Provinzstädten sind mit dem Verfahren oft wenig vertraut, sodass man unter Umständen stundenlang warten muss. Wer in abgelegenere Gegenden reist, sollte sicherheitshalber immer auch Bargeld mitnehmen. Hotels kassieren beim Umtausch eine Provision von 5 %, Banken etwa 1 % und American Express tauscht Schecks gebührenfrei (nur in die lokale Währung).
- **Kreditkarten** haben sich gut etabliert. *Access/Mastercard, American Express, Carte Blanche, Diners Club, Eurocard, JCB* und *Visacard* werden von immer mehr Reiseagenturen, Hotels, Restaurants und Geschäften akzeptiert. In größeren Banken kann man sich mit der Kreditkarte ebenso Geld bar auszahlen lassen.

Nach einem zögerlichen Beginn, haben sich **Geldautomaten** über ganz Polen ausgebreitet. Man findet sie an den Hauptplätzen der Städte, in Hotels, außerhalb von Banken und sogar bei McDonalds. Mit Karte und Geheimnummer (auch ec-Karte wird akzeptiert) kann man so überall im Land schnell an Złotys herankommen.

Geldwechsel

Polens Streben nach Devisen spiegelt sich in der Leichtigkeit wider, mit der Geld getauscht werden kann. In der Regel bieten die **Banken** (meistens Mo–Fr 7.30–17 Uhr, Sa 7.30–14 Uhr geöffnet) die schlechtesten *Wechselkurse* an. Zudem wird meist für jede Transaktion eine Pauschalprovision von rund 3 Zł abgezogen.

In allen Städten wurden inzwischen Privatbanken eröffnet, die sogenannten kleinen ***kantors***. Sie bieten überraschenderweise den günstigsten Umtauschkurs an und berechnen keine Provision. In den großen Städten haben einige rund um die Uhr geöffnet. Man sollte es vermeiden, in Hotels Geld zu wechseln. Hier sind die Wechselkurse ungünstig, und es wird eine kräftige Provision erhoben.

Seitdem der **Schwarzmarktkurs** legalisiert wurde, sind illegale Währungstransaktionen das Risiko nicht mehr wert – die Wahrscheinlichkeit ist groß, dass man Falschgeld bekommt oder auf irgendeine andere Art betrogen wird.

Wissenswertes von A bis Z

▸ **Aids**: Zwar sind keine genauen Zahlen bekannt, aber Polen ist das osteuropäische Land mit der höchsten Zahl an Aids-Kranken. Der Einfluss der katholischen Kirche behindert die Bekämpfung der Krankheit, da sie Kondome verbietet. Aber inzwischen existiert in den Großstädten eine telefonische Aids-Hilfe (022/6225051; 24 Std.-Dienst). HIV-Infizierte können auch unter der 022/6283285 (Mo und Do 13–18 Uhr) anrufen. Informationen zu AIDS und Geschlechtskrankheiten erhält man unter der Nummer 022/6297977 (tägl. 16–21 Uhr). Auch das Bewusstsein für AIDS und "Safer Sex" ist in der polnischen Gesellschaft gewachsen.

▸ **Anschriften**: Das Wort für Straße (*ulica*, abgekürzt *ul.*) oder Allee (*aleja*, abgekürzt *al.*) fehlt oft; ulica Senatorska kennt man einfach als Senatorska. Eine weitere häufig benutzte Abkürzung ist *pl.* für *plac* (Platz). In ganz Polen werden in den Städten und Dörfern die **Straßennamen** von Persönlichkeiten des polnischen und internationalen Kommunismus allmählich durch andere ersetzt. Existierte ein Vorkriegsname, greift man darauf zurück.

▸ **Behinderte Reisende**: In der Vergangenheit wurde den Bedürfnissen behinderter Menschen in Polen wenig Aufmerksamkeit geschenkt. Diese Haltung ändert sich langsam, aber immer noch fehlt es an Geldern, um Verbesserungen durchzuführen. Der staatliche Fonds für die Rehabilitation behinderter Menschen sponsert einige Programme, um öffentliche Gebäude und Einrichtungen für Rollstuhlfahrer zugänglich zu machen. Aufzüge und Rolltreppen werden in öffentlichen Einrichtungen immer üblicher. Auch in vielen **Hotels**, vor allem in Warschau und Krakau, sind einzelne Räume und der Zugang behindertengerecht ausgestattet. Leider sind die meisten dieser Hotels sehr teuer. Orbis bietet behindertengerechte Einrichtungen in Hotels in über fünfzehn Städten, einschließlich Posznań, Częstochowa und Zakopane. Einige **Jugendherbergen** sind ebenfalls auf Rollstuhlfahrer eingerichtet; Details erfährt man beim Polnischen Jugendherbergsverband (PTSM). Im Handbuch *Polska gdzie spać* (*Übernachtungsmöglichkeiten in Polen*), erhältlich in Empik-Geschäften und den meisten Buchhandlungen (29,40 Zł), sind über 100 Übernachtungsmöglichkeiten mit behindertengerechter Ausstattung aufgelistet. Nachteil: Die meisten gehören zur gehobenen Preiskategorie, was beweist, dass die gebotenen Leistungen noch als Luxus gelten. Ein großes Problem stellt der **Transport** behinderter Menschen mit öffentlichen Verkehrsmitteln dar: Weder Busse noch Straßenbahnen sind für Rollstuhlfahrer zugänglich, und in Zügen kann man sich nicht immer darauf verlassen, Sitze für behinderte Fahrgäste vorzufinden. Taxifahrer in Osteuropa sind ebenfalls sehr zurückhaltend, wenn es darum geht, einen Rollstuhlfahrer aus seinem Gefährt in den Wagen zu heben und umgekehrt.

▸ **Diplomatische Vertretungen**: Alle ausländischen Botschaften befinden sich in Warschau. Eine Reihe von Ländern unterhalten auch noch ein Konsulat in Danzig und Krakau. Die Adressen sind in den jeweiligen Kapiteln zu finden.

▸ **Drogen**: Der Missbrauch harter Drogen – vor allem von Amphetaminen, *kompot*, einem lokal hergestelltes Opiumderivat, und Heroin – nimmt ständig zu. Der Konsum von Marihuana und Haschisch ist nichts Außergewöhnliches; der Besitz kleiner Mengen weicher Drogen wird nicht bestraft, der Verkauf und Handel allerdings schon.

▸ **Filme**: Bekannte westliche Marken sind fast überall zu haben. Sie sind den vor Ort hergestellten Filmen vorzuziehen, die nicht unserem Qualitätsstandard entsprechen. Außerhalb großer Städte sind Dia- und Schwarzweißfilme nur schwer zu erhalten, decken Sie sich also bereits zu Hause damit ein. Farbfilme kann man in den Hauptstraßen der größeren Städte und Ferienzentren entwickeln lassen.

▸ **Flaschen**: Alle in Polen hergestellten Getränke werden in Pfandflaschen verkauft. Die Geschäfte nehmen auch anderswo gekaufte Flaschen an, vorausgesetzt, sie führen die gleiche Marke.

▸ **Frauenbewegung**: Seit dem Ende des Kommunismus und dem wachsenden Einfluss des Katholizismus auf das politische und soziale Leben des Landes steht die Diskussion über die Situation der Frau auf der politischen Tagesordnung. Einer der Hauptgründe für die Aktualisierung der Frauenproblematik war die hitzig geführte Abtreibungsdebatte, die ausgelöst wurde, als die Regierung das Abtreibungsgesetz verschärfen wollte. Heute sind Abtreibungen, außer in Fällen von Vergewaltigung, Inzest, abzusehender Behinderung des Kindes oder Gefährdung der Gesundheit der Mutter, in Polen strafbar. Ein Anstieg der Fehlgeburten auf 45.000, vielfach das Produkt illegaler, stümperhaft durchgeführter Abtreibungen, ist die Folge. Eine Liberalisierung des Gesetzes in Zukunft scheint unumgänglich zu sein. Auskunft zu nationalen und regionalen Organisationen erhält man unter www.oska.org.pl, während es unter www.kobiety.pl allgemeine Neuigkeiten zu Frauenthemen auf Englisch gibt.

▸ **Homosexualität:** Schwule und vor allem lesbische BesucherInnen, die die florierenden Szenen westeuropäischer Großstädte kennen, werden von der polnischen Szene wahrscheinlich enttäuscht sein. Aber es kommt immer darauf an, wo man sich befindet. In Warschau gibt es bereits eine Szene, in Krakau und Danzig ist diese im Entstehen begriffen, und andere Städte werden sicherlich folgen. Magazine oder Zeitschriften gibt es kaum. Kontakte kann man knüpfen über Agenturen, in Kneipen, Diskos und Klubs (Lokale, die auch von Homosexuellen frequentiert werden, sind im Informationsteil der jeweiligen Städte aufgeführt). Wie in allen Ländern, in denen wenig Toleranz für Homosexualität herrscht, ist auch in Polen Vorsicht geboten. Das Verprügeln von Homosexuellen besonders an Orten, die als einschlägige Treffs bekannt sind, kommt mitunter vor.

Die Website www.gay.pl enthält Einzelheiten über Kontakte und Klubs in ganz Polen. Eine Organisation, die man vor oder während eines Polenaufenthalts kontaktieren kann, ist **Lambda**, ein nationales Netzwerk für Schwulen- und Lesben-Organisationen mit Abteilungen in verschiedenen größeren Städten. Die Adresse der Warschauer Abteilung ist ul. Czerniakowska 178, lok. 16, ✆ 022/6285222, lambdawa@polbox.com; Öffnungszeiten Di und Mi 18–21 Uhr, Fr 16–22 Uhr.

▸ **Kino**: Die polnischen Kinos (*kino*) sind sehr preiswert (4 €) und in der Regel komfortabel. Es gibt sie in fast jeder Stadt. Gezeigt werden internationale Großproduktionen (mit Vorliebe natürlich amerikanische) und polnische Filme. Nur Kinderfilme sind synchronisiert, alle anderen ausländischen Filme laufen mit Untertitel. Das Monatsprogramm ist auf Plakaten in der Stadt und vor den Kinos angeschlagen (im *Warsaw Insider* findet man eine stets aktuelle Filmliste, in der die Originaltitel den polnischen Übersetzungen vorangestellt sind). Das Herkunftsland der Filme ist immer angegeben: N steht für Deutschland und WB für Großbritannien.

▸ **Kondome**: Kondome *(prezerwatywa)* mit westlichen Markennamen kann man an Kioks oder in größeren Apotheken kaufen. Die katholische Moral beeinflusst vielleicht den Gebrauch, nicht jedoch den Verkauf von Kondomen.

▸ **Leitungswasser**: Leitungswasser wird offiziell als unbedenklich eingestuft, aber in der Stadt trinkt es niemand, ohne es vorher abzukochen; praktisch überall kann man stattdessen Mineralwasser bekommen.

- **Notruf**: Polizei ✆ 997, Feuerwehr ✆ 998, Krankenwagen ✆ 999. In Warschau und anderen größeren Städten gibt es auch private Krankenwagen.
- **Sprachkurse**: Sommerkurse für Polnisch gibt es an den Universitäten Kraków, Poznań, Lublin (KUL) und Łódź. Die Lehrgänge dauern zwischen zwei und sechs Wochen, es gibt Kurse für Anfänger und Fortgeschrittene. Nähere Auskünfte über diese Lehrgänge erteilt die polnische Botschaft (Kulturabteilung).
- **Strom**: Der Strom kommt in den in Europa meistens üblichen 220 Volt und aus runden, zweipoligen Steckdosen.
- **Studentenausweis**: Der internationale Studentenausweis bringt etwa 50 % Ermäßigung auf Eintrittspreise für Museen und Kunstausstellungen. Er berechtigt in Warschau und Krakau zu Preisermäßigungen bei Verkehrsmitteln.
- **Toiletten**: Öffentliche Toiletten *(toalety, ubikacja* oder *WC)* gibt es nur sehr wenige (außer in den großen Städten). Mit ihrer Ausstattung würden sie kaum einen Preis gewinnen; eher empfehlen sich Restaurants oder Hotels. Dort zahlt man dem Personal ein Trinkgeld (die Höhe ist angegeben, meist 0,5 Zł) und kann dafür Toilettenpapier und Handtuch benutzen. Die Zeiten, in denen man das Toilettenpapier blattweise erwarb, sind vorbei, in ländlichen Gegenden kann einem diese Praxis allerdings durchaus noch begegnen.
- **Visum**: Bei Aufenthalten bis zu drei Monaten benötigen Bundesbürger kein Visum. Zur Einreise ist ein noch mindestens sechs Monate gültiger Reisepass erforderlich; bei Bewohnern grenznaher Gebiete reicht auch ein Personalausweis. Personen unter 16 Jahren benötigen einen Kinderausweis mit Lichtbild oder einen Eintrag im Pass der Eltern.
- **Waschsalons**: Waschsalons *(pralnia)* gibt es – wenn überhaupt – nur in den großen Städten. Selbstbedienung ist in den wenigsten Fällen möglich. Das Waschenlassen kann bis zu drei Tage dauern. In den Hotels der gehobeneren Klasse kann man seine Wäsche gegen Bezahlung innerhalb von 24 Stunden waschen lassen. Sehr viel zahlreicher sind dagegen die chemischen Reinigungen, ebenfalls *pralnia* genannt.
- **Zeit**: Polen gehört wie Deutschland zur MEZ-Zone. Sommerzeit ist von Ende März bis Oktober. Deshalb gibt es keine Zeitverschiebung für Polenreisende.
- **Zoll**: Vor dem Kauf von Gegenständen sollte sich jeder Reisende über die Zollausfuhrbestimmungen Polens und über die Einfuhrbestimmungen der Bundesrepublik Deutschland informieren. Für die Einfuhr von Waren aus Polen in die Bundesrepublik gelten die EU-Bestimmungen. **Zollfrei ausgeführt** werden dürfen: 200 Zigaretten oder 50 Zigarren oder 250 g Tabak; 1 l hochprozentiger Alkohol oder 2 l Wein oder 5 l Bier; Andenken bis zu einem Gesamtwert von 100 US-Dollar (Tageskurs). Falls zur Ausfuhr vorgesehene Gegenstände den Gegenwert von 100 US-Dollar übersteigen, kann beim Zollamt eine Sondergenehmigung beantragt werden. Die Ausfuhr von Kunstwerken, Antiquitäten, Büchern und Gegenständen, die vor dem 9. Mai 1945 hergestellt wurden, ist nur mit Genehmigung des Kulturministeriums bzw. der Nationalbibliothek in Warschau möglich. Pilze dürfen nur mit polnischem Auusfuhrzeugnis nach Deutschland eingeführt werden. **Zollfrei eingeführt** werden dürfen: Gegenstände des persönlichen Bedarfs (Fernglas, tragbares Musikinstrument, Videokamera und -recorder, Schreibmaschine, PC, Radio, TV-Gerät, zwei Fotoapparate, je zehn Filme, CD, Kassetten etc.), Sportausstattung (Surfbrett, Boot, Fahrrad, Zelt, Skier, zwei Tennisschläger), Schmuck bis zu 50 g Gesamtgewicht und Geschenkartikel bis zum Gegenwert von 100 US-Dollar; außerdem Genussmittel und Lebensmittel (1 kg Schokolade, 500 g Bohnenkaffee, 2 kg Fleisch, 5 l Bier, etc.).

Der Wawelberg in Krakau – über fünf Jahrhunderte lang Sitz der polnischen Monarchen

Geschichte

Kein anderes Land in Europa kann auf eine so bewegte Geschichte zurückblicken wie Polen. Auf dem Höhepunkt seiner Macht reichte der Staat bis weit ins Baltikum hinein, nach Russland und in die Ukraine. Auf dem Tiefpunkt existierte die Nation nur noch als Ideal, denn zweimal gelang es den Nachbarn, Polen von der Landkarte zu radieren. Trotzdem hat sich über tausend Jahre hinweg eine polnische Kultur herauskristallisiert und behauptet.

Die Anfänge

Die weite Ebene, in der das heutige Polen liegt, reicht von der Oder (oder Odra) im Westen bis zu den Steppen Russlands. Sie ist schon seit der Steinzeit bewohnt. Viele tausend Jahre lang bot sie zahlreichen, z. T. nomadisierenden Stämmen eine Heimat, weswegen Polen ein besonders ergiebiges Land für Archäologen ist. Da das

Gebiet jenseits der Grenze des Römischen Reiches lag, entwickelte sich hier bis in eine verhältnismäßig junge Vergangenheit nur eine Art Stammeskultur.

Wann genau sich in dieser Ebene **Slawenstämme** niederließen, ist ungewiss, aber es dürfte um das 8. Jh. gewesen sein. Obwohl die verschiedenen slawischen Gruppen weit über das Land verteilt waren, besaßen sie eine gemeinsame Kultur. Dieses Band bewirkte eine Einigung, die wesentlich stärker war als die der germanischen Stämme im Westen. Die polnische Sprache dürfte vermutlich noch vor dem polnischen Staat existiert haben.

Die **Polanen** (die "Menschen der freien Felder") am Ufer der Warthe zwischen Poznań und Gniezno waren maßgeblich für die Entstehung einer Nation verantwortlich, die dann auch ihren Namen trug. Seit Anfang des 9. Jh.s herrschte die **Piastendynastie**, deren frühe Geschichte nur aus Legenden bekannt ist. Erst seit der Mitte des 10. Jh.s geben schriftliche Aufzeichnungen greifbarere Hinweise über die Geschehnisse.

Im Jahr 965 heiratete der Piastenspross *Mieszko I.* die Tochter des Herzogs von Böhmen und ließ sich öffentlich taufen; damit stellte er sich unter den Schutz des Papstes. Vermutlich hatte Mieszko dafür politische Motive: Otto der Große, der Kaiser des Heiligen Römischen Reiches, hatte Deutschlands Grenze bereits bis an die Oder verlagert. Es wäre ihm nicht schwer gefallen, einen Vorstoß gegen die Heiden im Osten zu rechtfertigen. Um 990 beendete Mieszko einen Einigungsprozess, der sein Stammesgebiet, das künftig Wielkopolska (Großpolen) hieß, mit dem des Weichselstammes, das man Małopolska (Kleinpolen) nannte, verband. Schlesien, das von einem weiteren slawischen Stamm besiedelt war, bildete die dritte Komponente in diesem entstehenden polnischen Staat.

Mieszkos Politik fand durch seinen kämpferischen Sohn *Bolesław I. Chrobry* (der Tapfere) eine logische Vollendung. Im Jahr 1000 veranlasste der Papst Kaiser Otto III., den Reliquien des tschechischen Heiligen Adalbert zu huldigen, die sich im Besitz von Bolesław befanden. Bei seinem Aufenthalt setzte Otto Bolesław die eigene Krone auf. Damit symbolisierte er Deutschlands Verzicht auf polnisches Staatsgebiet. Selbstbewusst dehnte Bolesław daraufhin seine Herrschaft auf Pommern, Kujawy und Masowien aus. Außerdem eroberte er Böhmen – musste es kurze Zeit später allerdings wieder aufgeben – und leitete mit seinem Vordringen bis nach Kiew Polens Vorstoß nach Osten in die Wege. Der Name "Polen" setzte sich nunmehr allgemein durch, und seinen Status als eigenständiges Königreich unterstrich Bolesław, als er sich im Jahr 1022 noch einmal offiziell krönen ließ.

Polen unter den Piasten

Um die Mitte des 11. Jh.s war Małopolska zum Mittelpunkt der Nation geworden, und da Wielkopolska den landhungrigen Tschechen und Deutschen zu sehr ausgesetzt war, löste Krakau Gniezno als Hauptstadt ab. In jedem Fall stand die Politik im Schatten der **Kirche**: Als *Bolesław II. Szczodry* (der Freigiebige) Bischof Stanisław von Krakau 1079 ermorden ließ, wurde der Geistlichkeit nicht nur ein nationaler Heiliger beschert, dessen Verehrung schnell Verbreitung fand, vielmehr führte dieser Mord auch zur Absetzung des Königs.

Zu Beginn des 12. Jh.s erlebte die zentralisierte Monarchie unter *Bolesław III. Krzywousty* (Schiefmund) noch einmal einen Höhepunkt. Er verleibte sich Pommern wieder ein, das ein unabhängiges Herzogtum geworden war, und vereitelte alle deutschen Übergriffe auf Schlesien. Aber er machte sein Lebenswerk durch den Beschluss zunichte, sein Königreich unter seinen Söhnen aufzuteilen: In der folgenden Zeit fehlte in Polen eine Zentralmacht. Stattdessen wurde es durch Fehden zwischen den verschiedenen Mitgliedern der Piastendynastie zerrieben, die um die Herrschaft über die Schlüsselprovinzen stritten. Pommern fiel Dänemark zu und in Schlesien setzte der lange währende Prozess der Zersplitterung ein. Gleichzeitig erfolgte eine stärkere Germanisierung.

Ruine der mittelalterlichen Ordensburg in Toruń

Zur Sicherung seiner Ostgrenzen gegen die heidnischen Pruzzen, Jacwinger und Litauer rief Herzog Konrad von Masowien 1225 den **Deutschen Orden**, einen paramilitärischen Mönchsorden, ins Land. Der Deutsche Orden kam, ließ sich in Chełmno nieder, und um 1283 hatte er die Pruzzen teils ausgelöscht, teils assimiliert. Der Orden, der zur bedeutendsten Militärmacht in Nordeuropa aufstieg, errichtete einen theokratischen Staat im Schutze zahlreicher Festungsanlagen. Die Ordensleute eroberten 1308 den großen Hafen Gdańsk, benannten ihn in Danzig um und machten ihn zu einer der reichsten Handelsstädte ganz Europas. Gleichzeitig ermutigten sie deutsche Bauern, sich auf dem fruchtbaren Boden an der Ostseeküste niederzulassen. Polen wurde vom Meer abgeschnitten und litt unter der Unterbrechung seiner Handelswege.

Hatte der Deutsche Orden der polnischen Nation stark zugesetzt, so waren die Folgen der **Tatareninvasion** in den Jahren 1241–42 nicht nur negativ zu beurteilen. Da die Tataren gleichzeitig das russische Reich mit seiner Hauptstadt Kiew zerstörten, bahnten sie der späteren polnischen Expansion in den Osten nach Weiß- und Rotreußen (den Vorläufern von Weißrussland und der Ukraine) den Weg. Die dortigen Fürstentümer waren in der Vergangenheit schon oft durch Zweckehen mit Polen verbunden gewesen. Die Kehrseite der Medaille war, dass die entscheidende Niederlage in der Schlacht von Legnica (Liegnitz) den Anfang vom Ende Schlesiens als

Bestandteil Polens bedeutete. Im Laufe der Zeit wurde es erst unter böhmischer Oberherrschaft aufgeteilt, dann zersplitterte es als Teil des Heiligen Römischen Reiches in schließlich 18 winzige Herzogtümer.

Erst der letzte Piastenkönig, *Kazimierz III. Wielki* (der Große; 1333-70), etablierte die politische Zentralmacht in Polen wieder. Unter seiner Herrschaft entstanden in Krakau zahlreiche prachtvolle Bauten, um den Anspruch der Stadt als eines der großen Zentren in Europa zu untermauern. Ebenso wurde hier die erste polnische Universität gegründet, noch lange bevor die berühmten Universitäten im Westen entstanden. Kazimierz' Leistungen in der **Innenpolitik** gingen weit über symbolische Gesten hinaus. Er kodifizierte Polens Gesetze, schuf eine einheitliche Verwaltungsstruktur, in der ein Gouverneur für jede Provinz verantwortlich war, und führte eine neue Silberwährung ein.

In Bezug auf **Polens Grenzen** erwies sich Kazimierz als geschickter Pragmatiker. Er sicherte sie durch eine Serie von Festungen und erkannte formell Böhmens Herrschaft über Schlesien an. Im Gegenzug verpflichtete er Böhmen zum Verzicht auf die polnische Krone. Widerwilliger nahm er die Existenz des unabhängigen Staates des Deutschen Ordens hin, obwohl das bedeutete, dass Polen keinen Zugang zum Meer hatte. Zum Ausgleich dehnte er seine Herrschaft in östlicher Richtung bis nach Rotreußen und Podolien aus. Das hatte zur Folge, dass die katholische Kirche zwar weiterhin ihre vorherrschende Stellung beibehielt, dass es im Land jetzt aber auch eine beträchtliche Minderheit von Orthodoxen und Armeniern gab.

Einschneidend war sein Beschluss, **Juden** im Staat aufzunehmen. Sie hielt man in ganz Europa für die Verursacher des Schwarzen Todes, d. h. der Pest. Unter diesen Vorurteilen mussten die Juden unsäglich leiden. Ein Gesetz Kazimierz' aus dem Jahr 1346 schützte sie ausdrücklich vor Verfolgungen in Polen und bot ihnen mehrere Jahrhunderte lang hier eine Heimat. Im Schutz dieses Gesetzes konnte sich in Polen die größte jüdische Gemeinde der Welt entwickeln.

Polen unter den Jagiellonen

Nach Kazimierz' Tod fiel die Krone an seinen Neffen Ludwig von Anjou, König von Ungarn. Diese königliche Union von Polen und Ungarn war allerdings nur von kurzer Dauer, denn die Polen wählten 1384 Ludwigs jüngere Tochter *Jadwiga* zu seiner Nachfolgerin; gleichzeitig bestieg ihre Schwester den Thron von Ungarn. Dieses Ereignis war in zweierlei Hinsicht wichtig: Einerseits war damit der Beweis erbracht, dass die Macht des Adels ungebrochen war, gleichzeitig war der Grundstein für eine Wahlmonarchie gelegt. Andererseits führte die Thronbesteigung Jadwigas kurz darauf zu einer äußerst wichtigen Verbindung, die für die polnische Geschichte von größter Tragweite war, nämlich zu der Verbindung mit **Litauen**, dessen Großherzog *Jogaila*, in der Geschichte bekannt unter seinem polnischen Namen *Jagiełło*, 1386 Jadwiga ehelichte. Litauen, die letzte heidnische Nation in Europa, hatte den Deutschen Orden erfolgreich abgewehrt. Der litauische Staat erstreckte sich zu dieser Zeit von seinem Kernland an der Ostsee bis zur Krim.

Nach Jadwigas Tod 1399 herrschte *Jagiełło* 45 Jahre lang über beide Nationen. Er war der Begründer der Jagiellonen-Dynastie, die bis 1572 regierte. Eine der ersten positiven Auswirkungen der Vereinigung beider Staaten war, dass sie mit ihrer militärischen Macht jetzt gemeinsam gegen den Deutschen Orden in die Offensive gehen konnten. Die vernichtende Niederlage des Ordens in der **Schlacht von Grunwald** (in der deutschen Geschichte unter Schlacht von Tannenberg, dem deutschen

Namen des Ortes, bekannt) war der Anfang vom Ende. Ein zweiter entscheidender Durchbruch erfolgte auf Grund des **Dreizehnjährigen Krieges** von 1454 bis 1466. Der Vertrag von Toruń sah die Aufteilung des Ordensgebietes vor: Danzig wurde ein unabhängiger Stadtstaat, in dem Kaufleute das Sagen hatten, die vorwiegend deutscher, holländischer und flämischer Abstammung waren. Sie erkannten den polnischen König jedoch als ihren offiziellen Herrscher an. Das übrige Kernland des Ordens unterstellte sich als "Preußen königlichen Anteils" Polen. Dem Orden verblieb nur noch das östliche Gebiet, das später als Herzogtum Preußen oder Ostpreußen bekannt wurde. Königsberg wurde neuer Hauptsitz des Ordens.

Nikolaus-Kopernikus-Denkmal in Toruń

Gegen Ende des 15. Jh.s drohten Polen und Litauen neue Gefahren aus dem Osten. Zunächst ging die Bedrohung von den **Krimtataren** aus, die zur Gründung des ersten stehenden polnischen Heeres führte. Sehr viel ernsthafter war die – schon mehrere Jahrhunderte latent vorhandene – Gefahr, die von den **Moskowiter Zaren** ausging. Diese selbst ernannten Beschützer des orthodoxen Glaubens hatten das Ziel, die ruthenischen Fürstentümer "zu befreien" und das russische Reich neu erstehen zu lassen, das die Mongolen zerschlagen hatten. Die Jagiellonen reagierten darauf mit dem Ausbau ihrer Macht im Westen. Die böhmische Krone errangen sie durch kluge politische Schachzüge im Jahr 1479 nach den Religionskriegen mit den Hussiten; die Herrschaft über Ungarn folgte 1491. Allerdings hatte keine dieser Staatenverbindungen lange Bestand.

Renaissance und Reformation

Dank der engen kirchlichen Kontakte zu Italien setzte sich die Renaissance in Polen rasch durch. Überall im Land entstanden Bauwerke, den italienischen Vorbildern nachempfunden, als sichtbarer Ausdruck dieser Verbundenheit. Auch Wissenschaft und Lehre standen in voller Blüte, getragen von Persönlichkeiten wie Nikolaus Kopernikus.

In dieser Zeit tat sich auch der polnische Adel (szlachta) hervor. 1493 wurde das Parlament, der **Sejm**, gegründet, das für sich allein das Recht beanspruchte, Gesetze zu verabschieden. Es erhielt dieses Mandat 1505 und entwickelte sich allmählich zu einem wichtigen Kontrollorgan der Monarchie.

Die **Reformation** übte auf Polen einen weitaus größeren Einfluss aus, als es katholische Patrioten wahrhaben wollten. Der schlagendste Beweis dafür wurde 1525 erbracht: Der Deutsche Orden war am Ende, als sein Großmeister *Albrecht von Hohenzollern* beschloss, die neue lutherische Lehre anzunehmen. Sein Staat wurde in ein weltliches Herzogtum umgewandelt, das zwar der polnischen Krone unterstand, im Inneren jedoch völlig autonom war. Diese Regelung erwies sich für Polen langfristig zwar als katastrophal, doch wurde damit die noch immer latent vorhandene militärische Stärke des Ordens endgültig vernichtet. Luthers Lehre fand sowohl in Danzig als auch in den von Deutschen beherrschten Städten Königspreußens viele Anhänger; die radikaleren Calvinisten bekehrten dagegen viele Angehörige des litauischen Adels. Außerdem bot Polen mehreren verfolgten religiösen Gruppierungen (neben den Juden und Orthodoxen) eine Heimat. Hier herrschte eine religiöse Toleranz, die im damaligen Europa beispiellos war.

Die Adelsrepublik

Zygmunt August, der letzte Jagiellone, der seinerseits keinen Erben hinterließ, bemühte sich in seinen letzten Lebensjahren um ein wirkungsvolles Bündnis gegen die stetig wachsende Macht Moskaus. Das Ergebnis seiner Verhandlungen war die **Union von Lublin** im Jahr 1569, in der Polen, Königspreußen, Livland (ein Teil des späteren Lettland) und Litauen zu einem Staat vereinigt wurden. Obwohl jedes Mitglied dieses Bündnisses autonome Rechte behielt, handelte es sich in jeder Hinsicht von nun an um einen vereinigten polnischen Staat, der von einem Polnisch sprechenden Adel regiert wurde. Im gleichen Jahr wurde das Parlament nach Warschau verlegt. Damit lag die Hauptstadt dieses neuen Bundes zentraler. 1596 wurde Warschau offiziell zur Hauptstadt ernannt.

Als Zygmunt August 1572 starb, führte der königliche Kanzler, *Jan Zamoyski,* den Vorsitz über die Verhandlungen, die zur Schaffung der sogenannten **Adelsrepublik** führten. Fortan wurde der König vom gesamten Adel gewählt – von den reichen, mächtigen Fürsten ebenso wie von den Besitzern winziger, verarmter Güter. Einerseits stellte das einen enormen Fortschritt in Richtung Demokratie dar, denn damit erhielten rund 10 Prozent der Bevölkerung das Stimmrecht, der bei weitem größte Anteil in den Ländern Europas. Andererseits bedeutete das die Stärkung eines **Feudalsystems** in der polnischen Gesellschaft. Ein Kapitalismus, der sich in den anderen europäischen Ländern zu entwickeln begann, wuchs nur in Städten mit einer starken deutschen oder jüdischen Bürgerklasse (v. a. in Königspreußen). Die allerdings war von den Machtpositionen ausgeschlossen.

1573 wurde der Franzose *Henri Valois* als erster Monarch gewählt. Er musste, genau wie seine Nachfolger, ein Dokument unterzeichnen, das ihn zu kaum mehr als zu einem Handlanger des Adels machte. Der Adel bestand auch auf seinem Recht auf Widerstand. Dieses Recht beinhaltete, einen König zu stürzen, der beim Adel in Ungnade gefallen war. Das Parlament musste alle zwei Jahre zusammentreten, und die Adligen ratifizierten dabei alle vom König beschlossenen Steuern, Kriegserklärungen und Verträge mit dem Ausland.

Die Anwärter auf den Königsthron mussten sich zwar zur katholischen Kirche bekennen, aber die **Vereinbarung von Warschau** aus dem Jahr 1573 sicherte die Gleichheit aller Religionen verfassungsmäßig zu. Allerdings hatte die Gegenreformation nur wenige protestantische Enklaven in Polen übrig gelassen: Der Adel ließ sich größtenteils wieder umtaufen. Andere, die vom orthodoxen Glauben zum Calvinismus übergetreten waren, wurden überredet, noch einmal zu konvertieren. Die orthodoxe Kirche wurde durch die Spaltung 1596 weiter geschwächt, was zur Entstehung der Unierten Kirche führte, die die Autorität Roms anerkannte. So wurde Polen erneut eine durch und durch katholische Nation.

Die Adelsrepublik errang schon früh einige ihrer berühmtesten Erfolge, besonders unter dem zweiten Wahlkönig, dem transsilvanischen Fürsten *Stefan Batory*. Nach einer gründlichen Heeresreform führte er zwischen 1579 und 1582 einen glänzenden Feldzug gegen die Russen, bei dem er diese Bedrohung an der Ostgrenze Polens eine Zeitlang wirksam ausschaltete.

Die Wasa-Dynastie und ihre Nachwirkungen

Die Außenpolitik der nächsten drei Wahlkönige, alle Angehörige der schwedischen **Wasa-Dynastie**, war weniger glücklich. *Zygmunt August Wasa*, der erste der drei, war katholisch und stieß deshalb früh mit der fast ausschließlich protestantischen Bevölkerung seiner Heimat zusammen. Dank seiner diplomatischen Ungeschicklichkeit hatte er den Polen mit den protestantischen Schweden einen neuen (und erstarkenden) Feind geschenkt. Trotzdem war er 45 Jahre lang König von Polen, nachdem er einen drei Jahre dauernden Aufstand im Land niedergeschlagen hatte.

1618 wurde das Herzogtum Preußen von dem Kurfürsten von Brandenburg, *Johannes Sigismund von Hohenzollern*, geerbt, der Polens Macht an der Ostseeküste schwächen wollte. Rund zwanzig Jahre später erbten die Hohenzollern den östlichen Teil von Pommern, Vorpommern behielten die Schweden. Es gelang Polen, sich aus der verhängnisvollen Kette religiöser und dynastischer Konflikte, die unter dem Namen **Dreißigjähriger Krieg** in die Geschichte eingegangen sind, herauszuhalten. Schweden ging daraus als führende Militärmacht in Europa hervor.

Unter der Herrschaft des dritten Wasa, *Jan II. Kazimierz*, ging es mit Polen bergab. Nach seiner Wahl im Jahr 1648 erhoben sich die Kosaken in der Ukraine, die sich mit dem russischen Heer verbündet hatten; gemeinsam eroberten sie Ostpolen bis Lwów. Diesen Einmarsch nutzten die Schweden, um ihrerseits in Polen einzufallen. Was als "**schwedische Sintflut**" begann, endete damit, dass die Schweden bald auch das übrige Land an sich rissen. Ein heldenhafter Kampf der Polen fing an, der 1660 mit dem **Vertrag von Oliva** unentschieden endete, in dem Polen seine früheren Gebiete – außer Livland – zurückerhielt. Drei Jahre zuvor hatten die Hohenzollern im Herzogtum Preußen bereits die letzten Reste polnischer Oberherrschaft abgestreift. Das Herzogtum sollte später mit den anderen Gebieten zum Staat Brandenburg-Preußen (später zu Preußen verkürzt) werden.

Polen hatte in diesen Kriegen nicht nur Gebiete verloren, auch seine Bevölkerung war um mehr als die Hälfte auf vier Millionen Einwohner reduziert. Wesentlich für die weitere Entwicklung in dieser Zeit war, dass 1652 zum ersten Mal vom **Liberum veto** (Vetorecht) Gebrauch gemacht wurde: Eine einzige Stimme gegen eine Maßnahme reichte schon, um sie aufzuheben. Dahinter stand die Vorstellung, dass der Adel die Republik wie ein "kollektives Gewissen" völlig uneigennützig regieren solle, und dass deshalb zu erwarten sei, dass er einstimmig handele. Schon bald diente dieses Recht der Durchsetzung persönlicher Interessen. Sehr schnell war Polen an dem Punkt angelangt, an dem es nicht mehr regierbar war. Dieser Prozess wurde beschleunigt, als sich herausstellte, dass die Verfassung einen "Abweichler" nicht nur dazu ermächtigte, jeden Beschluss zu torpedieren, sondern auch das Parlament aufzulösen und gleichzeitig die gesamte, vorher verabschiedete Gesetzgebung außer Kraft zu setzen. Unterdessen sah sich der niedere Adel allmählich bar aller Macht, während langsam eine Gruppe von rund einhundert großen **Magnaten** alles im Würgegriff hatte.

Jan Sobieski

Bevor die wiederholte Anwendung des *Liberum veto* zum endgültigen Kollaps der Politik führte, erlebte Polen seinen unbestreitbar größten Augenblick des Ruhms auf internationaler Ebene – eine Folge des Übergriffs der osmanischen Türken, die vom Balkan nach Mitteleuropa vordringen wollten. Sie wurden von den Polen unter dem Befehl von *Jan Sobieski* 1673 in der **Schlacht von Chocim** (Südwest-Ukraine) zurückgeworfen. Zur Belohnung wurde Sobieski im folgenden Jahr zum König gewählt. 1683 war er für die erfolgreiche **Verteidigung Wiens** verantwortlich, durch die die Türken endgültig aus Westeuropa vertrieben wurden.

Aber Polen musste einen hohen Preis für Sobieskis Heldentat bezahlen, denn er hatte sich ausschließlich um den Feldzug gegen die Türken gekümmert und alle anderen Fragen der Innen- und Außenpolitik vernachlässigt. Der Einsatz in Wien erschöpfte Polens Militär, gleichzeitig konnte sich Österreich dadurch erholen. Sobieski trug sogar indirekt zum Aufstieg des preußischen Staates bei, den er eigentlich streng unter Kontrolle halten wollte. Weil er nicht darauf achtete, was innenpolitisch vor sich ging, wurde der Umgang mit dem *Liberum veto* äußerst freizügig gehandhabt; schließlich entfernten sich noch Polen und Litauen voneinander, denn Litauens Adel war in einen Bürgerkrieg verwickelt.

Polens Niedergang

Sobieskis Nachfolger, der sächsische Kurfürst *August Wettin*, besser als "August der Starke" bekannt, war im Grunde ein schwacher Herrscher. Er konnte seine Schuld den Russen gegenüber, die ihm die Wahl gesichert hatten, nicht abtragen. 1701 forderte ihn *Friedrich III.* von Brandenburg-Preußen offen heraus, als er das Herzogtum Preußen zum Königreich erklärte und sich in Königsberg krönen ließ. Von jenem Zeitpunkt an setzten die Hohenzollern alles daran, ihre Gebiete miteinander zu verbinden und die Polen von der Ostsee zu vertreiben. Dabei half ihnen der Erwerb eines Großteils von Pommern im Jahr 1720. Wie wenig Talent August der Starke zur Politik hatte, erwies sich im Umgang mit den Schweden, gegen die er in den Krieg zog, um Livland unter seine Herrschaft zu bringen. Die Auseinandersetzung bewies, wie tief Polen als Militärmacht gesunken war, und die siegreichen Schweden setzten August den Starken 1704 ab. Dann sorgten sie dafür, dass ihr eigener Kandidat, *Stanisław Leszczyński*, gewählt wurde.

August der Starke erhielt 1710 mit Hilfe der Russen den Thron zurück, und Polen wurde ein Klientelstaat Russlands. Der "**schweigende Sejm**" von 1717, der die bestehende Verfassung garantierte, kennzeichnete das Ende jeglichen parlamentarischen Lebens. Die Russen zögerten keinen Augenblick, ihre Autorität durchzusetzen. Offiziell beließen sie Polen im Status einer Adelsrepublik, um sicherzustellen, dass die liberalen Ideale jener Zeit in Polen keinen Zuspruch fänden. Das Land sollte ihnen als Puffer gegen die Großmächte in Westeuropa dienen. Als Leszczyński 1733 die Wahl zum Nachfolger von August dem Starken gewann, griffen sie ein und ließen ihn durch den Sohn des verstorbenen Königs ersetzen. Dieser erwies sich als ein noch unfähigerer Wahrer der polnischen Interessen als sein Vater. Leszczyński musste ins Exil gehen, er verbrachte die letzten dreißig Jahre seines Lebens als Herzog von Lothringen.

1740 begann *Friedrich der Große* den **Schlesischen Krieg**, der 1763 zu Ende ging, als Preußen (bis auf ein kleines Gebiet) die ganze Provinz beherrschte. Demzufolge kontrollierte Preußen nun den gesamten polnischen Außenhandel, der sich noch nicht unter russischer Kontrolle befand. Als nächstes Ziel wollte Friedrich der Große den lange gehegten Wunsch verwirklichen, das "Preußen königlichen Anteils" an sich zu reißen und damit ungestört über die Südküste der Ostsee zu herrschen.

Der Tod des jüngeren August Wettin 1763 rief erneut die Russen auf den Plan. Diesmal, um die Wahl von *Stanisław August Poniatowski*, dem früheren Geliebten ihrer Kaiserin *Katharina II. der Großen* durchzusetzen. Aber Poniatowski erwies sich als unwilliger Handlanger, der sich sogar für eine unliebsame Reform einsetzte. Weil Russland die orthodoxe Minderheit in Polen unterstützte, wuchs der von der katholischen Kirche angeheizte Nationalismus, und weil die russische Politik sogar die maßvollsten liberalen Schritte behinderte, kam es zu Aufständen. Der folgende Einzug des russischen Heeres, das diese Erhebungen niederschlagen sollte, gefährdete das sensible Gleichgewicht der Kräfte in Osteuropa.

Die Teilungen

Die russische Polenpolitik wurde schließlich durch den Aufstand der **Konföderation von Bar** von 1768 bis 1772 beendet. Ein scharfes Durchgreifen gegen diese Reformer hätte zweifellos zum Krieg gegen Preußen, vermutlich zusammen mit Österreich, geführt. Eine stillschweigende Duldung hätte es den Polen erlaubt, wieder ihre nationale Unabhängigkeit geltend zu machen. Als Kompromiss beschlossen die Russen, einen preußischen Plan für die **Teilung Polens** zu unterstützen. Durch einen Vertrag im Jahr 1772 verlor Polen fast 30 Prozent seines Gebietes. Der Ostteil von Weißreußen wurde an Russland abgetreten, Österreich erhielt Rotreußen und Małopolska südlich der Weichsel – diese Provinz wurde anschließend in Galizien umbenannt. Die Preußen gewannen bei dieser Aufteilung die geringste "Beute" in Gestalt des größten Teils des sog. Preußen königlichen Anteils. Aber genau der war aus strategischer und wirtschaftlicher Sicht der wichtigste.

Aufgeschreckt leiteten die Polen ein radikales Reformprogramm in die Wege, darunter die teilweise Emanzipation der Leibeigenen und eine Förderung der Einwanderung aus den drei Staaten, die die Teilung vorgenommen hatten. 1791 gab sich Polen die erste kodifizierte **Verfassung** Europas seit dem klassischen Altertum und die zweite der Moderne nach den Vereinigten Staaten. Sie beinhaltete den Begriff der Volkssouveränität (zum Volk wurden diesmal auch die Bürger gezählt) ebenso wie eine Aufteilung der Gewalten in Exekutive, Legislative und Judikative. Die Regierung erhielt ein Kabinett, das dem Sejm Rechenschaft schuldig war.

In der Folge fielen die Russen in Polen ein, nachdem sie Preußen mit der Aussicht auf Gdańsk für ihre Seite gewinnen konnten. Trotz des hartnäckigen Widerstands der Polen unter der Führung von *Tadeusz Kościuszko*, schon ein Held im amerikanischen Unabhängigkeitskrieg, wurden sie im Jahr darauf geschlagen. Die Verfassung wurde mit der **zweiten Teilung** 1793 aufgehoben. Die Russen annektierten die restlichen Gebiete von Weiß- und Rotreußen, die Preußen gewannen Wielkopolska, Gebiete in Masuren und Toruń (Thorn) und natürlich Gdańsk. Diesmal hielten sich die Österreicher zurück und gingen leer aus.

1794 rief Kościuszko zum nationalen Aufstand auf. Er errang in der **Schlacht von Racławice** überraschend einen Sieg über die Russen, obwohl sein Heer größtenteils aus mit Sensen bewaffneten Bauern bestand. Aber der Aufstand wurde niedergeschlagen, Poniatowski musste zurücktreten, und Polen verschwand 1795 mit der **dritten Teilung** von der Landkarte. Alle Gebiete östlich von Bug und Niemen fielen

Russland zu, der Rest von Małopolska ging an Österreich, und Preußen erhielt das übrige Gebiet, inklusive Warschau. In einem Zusatzvertrag einigten sich die Teilungsmächte 1797, auch den Namen Polen abzuschaffen.

Napoleon und der Wiener Kongress

Das revolutionäre Frankreich war natürlich das Land, an dem sich polnische Patrioten bei ihrem Kampf um nationale Unabhängigkeit orientierten; Paris wurde Hauptsitz mehrerer Exil- und Oppositionsgruppen. Die Hoffnungen konzentrierten sich schließlich auf *Napoleon Bonaparte*, der 1799 die Macht übernahm. Als jedoch drei polnische Legionen als Teil des französischen Heeres aufgestellt worden waren, lehnte Kościuszko deren Befehligung ab, weil er Napoleon für größenwahnsinnig hielt und ihm unterstellte, Polen für seine eigenen Zwecke auszunutzen.

Anfangs schienen diese Befürchtungen unbegründet: Nach dem Sieg der Franzosen über Preußen wurde 1807 das **Herzogtum Warschau** auf dem von Preußen annektierten Gebiet geschaffen. Zwar war es kaum mehr als ein Pufferstaat, aber es schien doch ein wichtiger Schritt in Richtung auf eine Wiederbelebung Polens zu sein. Deshalb beschloss *Józef Poniatowski*, Neffe des letzten Königs und einer der hervorragendsten militärischen Befehlshaber seiner Zeit, der bis dahin neutral geblieben war, sein Schicksal mit dem des französischen Herrschers zu verbinden. Zum Dank für seine Erfolge in Napoleons österreichischem Feldzug im Jahr 1809 wurde ein Teil von Galizien an das Herzogtum Warschau abgetreten.

Poniatowski spielte bei den Ereignissen von 1812, die Napoleon als seinen "polnischen Krieg" bezeichnete und während der er die historische Grenze von Polen-Litauen mit Russland wieder herstellte, erneut eine Schlüsselrolle. Napoleons misslungener Marsch auf Moskau, gefolgt von einem demütigenden Rückzug, war daher für Polen genauso katastrophal wie für Frankreich. Poniatowski, den Preußen wie Russen bei Leipzig in die Enge getrieben hatten, lehnte es ab, sich zu ergeben. Er zog es vor, seine Truppen in eine selbstmörderische Niederlage zu führen. Die Entscheidung, vor der Poniatowski stand, spiegelte auch die ausweglose Lage der Nation wider. Sein Handeln war polnischen Patrioten bis zum Ende des Jahrhunderts ein machtvolles Symbol für das Schicksal Polens.

Man berief den **Wiener Kongress** (1814–15) ein, um Europa nach Napoleon neu zu organisieren. Vor allem wegen des Einspruchs der Russen wurde davon abgesehen, die Wiederherstellung eines unabhängigen Polens zu beschließen. Stattdessen benannte man den Großteil des Herzogtums Warschau in **Königreich Polen/Kongresspolen** um und unterstellte es der Oberherrschaft des russischen Zaren. Das Gebiet von Poznań wurde ein davon unabhängiges **Großherzogtum Posen**, tatsächlich war es nichts anderes als eine Kolonie von Preußen. Österreich durfte den größten Teil von Galizien behalten, das von Lwów aus, nunmehr in Lemberg umbenannt, verwaltet wurde. Nach zahlreichen Diskussionen wurde die Schaffung eines Stadtstaates in Krakau mit dem Status einer Republik beschlossen. Krakau wurde so zur "symbolischen Hauptstadt" eines ausgelöschten Staates.

Der bewaffnete Kampf gegen die Teilungsmächte

Der liberale Teil des Russischen Reiches, Kongresspolen, kam unter der Verwaltung von *Adam Czartoryski* in den Genuss eines mäßigen Wohlstands. Es behielt sein eigenes Parlament, sein Verwaltungs- und Schulsystem und sein Heer. Diese positive Regelung wurde 1825 von *Zar Nikolaus I.* gestört, einem Autokraten, der Polen schon bald seine Politik aufzwang. Ein **Aufstand im November 1830**, in deren Mittelpunkt ein misslungener Anschlag auf den Bruder des Zaren stand, provozierte eine russische Invasion. Anfangs hielt sich das polnische Heer gut, wurde aber zunehmend durch politische Differenzen (vor allem in der Frage der Leibeigenschaft) geschwächt. Ein weiterer Faktor war die fehlende Unterstützung aus dem Ausland, trotz der Garantien, die die Wiener Regelung vorsah. Am Ende des folgenden Jahres waren die Polen geschlagen; ihre Verfassung wurde außer Kraft gesetzt, und es begann eine Herrschaft der Unterdrückung. Diese Ereignisse führten dazu, dass viele Polen die Hoffnung auf nationale Souveränität aufgaben. Kurz darauf setzte die erste große **Auswanderungswelle**, v. a. nach Amerika, ein.

Ebenso misslang ein Aufstand gegen Österreich im Jahr 1846; das bedeutete auch das Ende der Unabhängigkeit von Krakau, das nun wieder Galizien eingegliedert wurde. Dieser Rückschlag war einer der Gründe für Polens Passivität bei den Revolutionen, die 1848–49 fast ganz Europa überzogen. Die aufkommende sozialistische Bewegung erfreute sich in dem gebeutelten Land bereits großer Sympathie. *Karl Marx* und *Friedrich Engels* gingen sogar so weit, die Befreiung Polens zum dringendsten Nahziel der Arbeiterbewegung zu erklären. Der letzte große Aufstand gegen die Russen 1863–64 wurde zwar schon von Litauen und Galizien unterstützt, aber das Fehlen eines stehenden polnischen Heeres verurteilte ihn von vornherein zum Scheitern. Nach seinem Misserfolg wurde Kongresspolen aufgelöst und als Provinz "Weichselland" Russland einverleibt. Daraufhin folgte die **Freilassung der Leibeigenen**, die sich unter günstigeren Bedingungen als in allen anderen Landesteilen des Zarenreiches vollzog, um so den polnischen Adel und die Bauern gegeneinander auszuspielen. Nach der Unterdrückung des Aufstands im Jahr 1863-64 setzte im **russischen Teil Polens** eine Zeit der Stabilität ein, denn nach der Abschaffung der Binnenzölle stand polnischen Waren der riesige russische Markt offen. In den folgenden fünfzig Jahren bemühten sich polnische Patrioten in allen Gebieten weniger um die Wiedererlangung ihrer Unabhängigkeit, sondern vielmehr um die Pflege ihrer eigenen Kultur. Die Polen mussten sich dabei gegen die Litauer, Ukrainer und Tschechen behaupten. In Galizien gelang ihnen das erfolgreich, denn sie waren die zweitgrößte ethnische Gruppe in der Habsburger Monarchie. Außerdem behandelten die Habsburger ihre zahlreichen Untertanen mit einer gewissen Toleranz. Die Provinz durfte sich selbst verwalten, und obwohl sie wirtschaftlich rückständig war und von einer reaktionären Oberschicht beherrscht wurde, gediehen hier wieder Wissenschaft und Künste.

Ganz anders sah dagegen die Lage in **Preußen** aus, der repressivsten Teilungsmacht. Dem Vorbild England dicht auf den Fersen in dem Bemühen, eine moderne Industriegesellschaft zu schaffen, galt sein besonderes Interesse den einstigen polnischen Gebieten. Polen stellten einen hohen Anteil der Arbeitskräfte in einigen der technisch fortschrittlichsten Regionen, besonders jedoch in den reichen Bergwerken in Oberschlesien. Nachdem Preußen Österreich seiner jahrhundertelangen Vormachtstellung in allen deutschen Angelegenheiten beraubt hatte, schickte es sich an, seine Rivalen ganz aus dem geeinten Deutschland auszuschließen, das um 1871 entstand, und dem es seine eigene protestantische und militärische Prägung mitgeben wollte.

Die Polen, die unter dem preußischen Joch lebten, bezahlten für ihren relativen Wohlstand mit der konsequenten Unterdrückung ihrer Kultur, deren extremster Ausdruck der **Kulturkampf** war. Er zielte hauptsächlich darauf ab, die Macht der katholischen Kirche zu brechen und der deutschen Sprache im Bildungssystem der neuen Nation eindeutig den Vorrang einzuräumen. Das misslang in Polen gründlich. Der Klerus hatte Gelegenheit, die Begeisterung für seine eigene nationalistische Form des Katholizismus anzufachen.

Unterdessen besserte sich das politische Leben, als auf Grund des internen Drucks Vertreterversammlungen in Berlin, Wien und St. Petersburg gebildet wurden. Gegen Ende des Jahrhunderts entstanden auch in Polen verschiedene neue **politische Parteien** und Bewegungen. Die wichtigsten Gruppierungen waren die PPS oder Polnische Sozialistische Partei, die vor allem in Städten im russischen Teil Polens tätig war, die Nationalistische Liga, deren Machtbasis in den Randprovinzen lag, die Bauernbewegung von Galizien und die Christdemokraten, die unter den schlesischen Katholiken dominierten.

Der Erste Weltkrieg

Im Ersten Weltkrieg wurde das Machtgefüge zwischen Russland einerseits und Deutschland-Österreich andererseits zerschlagen, sodass Polen wiederaufleben konnte. Beide Parteien umwarben Polen mit verlockenden Angeboten: Schon im August 1914 bot Russland Polen die volle Selbstverwaltung einschließlich eigener Sprache, Religion und Regierung an. Allerdings sollte es auch weiterhin dem Zaren unterstellt sein.

Als das deutsch-österreichische Heer 1916 das von Russland besetzte Polen überrannte, wollte man dieses Angebot noch übertreffen. Die Gründung eines **polnischen Königreiches** wurde für die Nachkriegszeit in Aussicht gestellt. Die Grundlagen dazu wurden sofort mit der Einberufung einer Übergangsverwaltung – dem sogenannten "Regentschaftsrat" – und der offiziellen Wiedereinsetzung der polnischen Sprache geschaffen. Obwohl diese ersten Schritte nur als Taktik dienten, waren sie doch von entscheidender Bedeutung für die Wiedererstehung eines völlig "unabhängigen" Polens – eine Idee, die sich bald der Unterstützung des amerikanischen Präsidenten Wilson und des neuen bolschewistischen Regimes in Moskau erfreute.

Unterdessen entbrannte ein heftiger Wettstreit um die Führung der polnischen Nation. *Józef Piłsudski*, ein verarmter Adliger aus Litauen und Gründungsmitglied der PPS, hatte schon seit langem eine militärische Lösung für Polens Probleme befürwortet. Im Krieg kämpften seine Truppen auf deutscher Seite. Er hielt die Niederlage der Russen für eine günstige Voraussetzung zur Schaffung eines neuen polnischen Staates nach seinen eigenen Vorstellungen. Er setzte sich für eine Rückkehr zur großartigen Tradition der ethnischen und religiösen Vielfalt der vergangenen Jahrhunderte ein. Sein Gegner *Roman Dmowski*, der Leiter der "Nationalistischen Liga", vertrat die Interessen der neuen Mittelklasse und stellte sich eine rein polnische, streng katholische Zukunft vor, aus der die Juden so weit wie möglich ausgeschlossen sein sollten. Er bediente sich rein politischer Mittel für die Unabhängigkeit in der Hoffnung, dass ein Sieg über Deutschland die westlichen Verbündeten dazu veranlassen würde, einen polnischen Staat unter seiner Führung zu gründen.

Schließlich trug Piłsudski den Sieg davon: Nachdem die Deutschen ihn mehr als ein Jahr interniert hatten, entließen sie ihn einen Tag vor dem **Waffenstillstand am 11. November 1918** in die Freiheit, damit er den Vorsitz im Regentschaftsrat übernehmen konnte. Drei Tage später wurde er als Staatsoberhaupt vereidigt. Dmowski musste sich mit einem Trostpreis als Delegationsleiter auf der Pariser Friedenskonferenz begnügen; dagegen wurde sein Mitstreiter, der Konzertpianist *Ignacy Jan Paderewski*, der erste Ministerpräsident des Landes.

Das neue Polen

Das neue Polen besaß kein exakt umrissenes Gebiet. Anfangs bestand es aus der deutschen und der österreichischen Besatzungszone, deren Mittelpunkte Warschau bzw. Lublin sowie Westgalizien waren. Wielkopolska kam einen Monat später nach einer Erhebung gegen die deutsche Garnison in Poznań hinzu, aber die endgültigen Grenzen wurden erst im Laufe der folgenden drei Jahre festgelegt. Zwar spielte die Pariser Konferenz nur eine untergeordnete Rolle bei den Ereignissen, aber eine sehr wichtige Entscheidung wurde damals doch getroffen: Polen erhielt einen Zugang zur Ostsee, den **polnischen Korridor**, einen Streifen Land mitten durch Königspreußen. Mit diesem Beschluss war Ostpreußen vom restlichen Deutschland abgeschnitten. Trotz heftigen Widerspruchs wurde beschlossen, Danzig davon auszunehmen, weil seine Bevölkerung überwiegend deutsch war. Es erhielt seinen früheren Status als Stadtstaat zurück – ein wenig befriedigender Kompromiss, der später tragische Folgen haben sollte.

Der **polnisch-sowjetische Krieg** im Jahr 1919–20 beeinflusste am nachdrücklichsten den Verlauf der Landesgrenzen. Da Piłsudski erkannte, dass die Bolschewiken ihre Revolution nach Polen und von dort weiter in den Westen tragen wollten, bemühte er sich um die Einheit unabhängiger Nationen und Staaten von Finnland bis Georgien, um diesem neuen, expandierenden russischen Reich Einhalt zu gebieten. Er nutzte die Tatsache, dass zwischen den sowjetischen "Roten" und den kontrarevolutionären "Weißen" Bürgerkrieg herrschte, und marschierte mit seinem Heer bis weit nach Weißrussland und in die Ukraine. Anschließend wurde er bis Warschau zurückgeschlagen. Aber er formierte seine Kräfte erneut so geschickt, dass er einen überwältigenden Sieg errang und die Russen sogar nach Osten verfolgte. Dabei eroberte er einen beträchtlichen Teil der östlichen Gebiete des alten polnisch-litauischen Unionsgebietes. Dieser Erwerb wurde im **Vertrag von Riga** im Jahr 1921 bestätigt.

Kurz vor Kriegsende bemächtigte sich Piłsudski seiner Heimatstadt **Wilna** (Vilnius), deren Bevölkerung sich aus Polen und Juden zusammensetzte. Aber auch Litauen hatte auf seine ehemalige mittelalterliche Hauptstadt ein Auge geworfen. Doch diese Ambitionen bezahlte es teuer, denn erst wurde es von der Sowjetunion abhängig, später ganz annektiert. Andere Grenzstreitigkeiten wurden mit Hilfe von Volksentscheiden geregelt, die der neu gegründete Völkerbund durchführte. Im wichtigsten Volksentscheid bewarben sich Deutschland und Polen um Oberschlesien. Die Deutschen gewannen 60 Prozent der Stimmen, sodass das Stimmenverhältnis nach Ansicht des Bundes eine Aufteilung der Provinz rechtfertigte. Polen erhielt den größten Teil des Ballungsraumes von Katowice, um dem Land eine solide industrielle Grundlage zu verschaffen.

Die Jahre zwischen den Weltkriegen

Zwar konnte der neue polnische Staat ein System von politischen, wirtschaftlichen und Bildungseinrichtungen sowie ein Verkehrs- und Kommunikationsnetz aufbauen, doch waren diese Errungenschaften alles andere als stabil. 1922 lehnte es Piłsudski ab, an den Präsidentschaftswahlen teilzunehmen, weil das Amt seiner Ansicht nach nicht mit genügend Macht ausgestattet war. Es kam noch schlimmer: Der Gewinner *Gabriel Narutowicz* wurde von den Nationalisten verfolgt und später ermordet, weil er mit den Stimmen von "Nichtpolen" gewonnen hatte. In den Jahren danach herrschten in Polen mehrere instabile Regierungen, die einer galoppierenden Inflation, einer anstehenden Bodenreform und einer machtgierigen Klasse von Militärs Herr zu werden versuchten.

Im Mai 1926 initiierte Piłsudski einen Militärputsch, woraufhin das sogenannte **Sanacja-Regime** seine Arbeit aufnahm. Der Name stammte von einer Parole, die damals die Rückkehr zu einer "gesunden" Politik propagierte. Piłsudski war bis zu seinem Tod 1935 *de facto* Oberbefehlshaber im Staat, obwohl er nach einer anfänglichen zweijährigen Amtszeit als Ministerpräsident offiziell kein Amt mehr bekleidete. Das Parlament existierte zwar noch, aber die Opposition war durch die Schaffung des sog. **parteilosen Blocks für die Zusammenarbeit mit der Regierung** geschwächt, und Abweichlern wurde auch mit Gewalt begegnet.

Es war schon schlimm genug, auf der einen Seite ein Land mit *Stalin* an der Spitze als Nachbarn zu haben. Als dann *Hitler* 1933 in Deutschland die Macht an sich riss, bot sich Polen zwei gewissenlosen Diktatoren als einladendes Ziel, obwohl es mit beiden einen zehn Jahre gültigen Nichtangriffspakt unterzeichnet hatte. Hitler hatte stets offen von seinem Ehrgeiz gesprochen, Polen erneut von der Landkarte zu löschen. Er verwirklichte seine außenpolitischen Ziele schnell mit der Annexion Österreichs im Jahr 1937 und von Teilen der Tschechoslowakei – mit dem stillschweigenden Einverständnis von Engländern und Franzosen (1938). Dann wandte er Polen seine Aufmerksamkeit zu: Sein Außenminister Joachim von Ribbentrop und dessen sowjetischer Kollege Wjatscheslaw Molotow unterzeichneten im August 1939 den berüchtigten **Grenz- und Freundschaftsvertrag** zwischen der Sowjetunion und dem nationalsozialistischen Deutschland. Per Vertrag war es jeder Partei erlaubt, ihre Aggressionspläne zu verfolgen, ohne von der anderen dabei gestört zu werden. Eine Geheimklausel sah eine vollständige Teilung Polens entlang der Flüsse Narew, Weichsel und San vor.

Der Zweite Weltkrieg

Am 1. September 1939 fiel Hitler in Polen ein und annektierte die freie Stadt Danzig, womit der Zweite Weltkrieg seinen Anfang nahm. Die Polen kämpften sehr tapfer und brachten Hitler schwere Verluste bei, aber sie befanden sich zahlenmäßig und technisch in einer ausweglosen Lage. Am 17. September zogen die Sowjets in den Ostteil des Landes ein, dabei beriefen sie sich auf die im Hitler-Stalin-Pakt vereinbarte Teilung. Die Alliierten, die sich verpflichtet hatten, Polen zu verteidigen, reagierten nicht sofort. In der ersten Oktoberwoche erfolgte die polnische Kapitulation. In London bildete sich unter *Władysław Sikorski* eine Exilregierung.

Millionen von Zivilisten – darunter fast alle polnischen Juden – wurden in den **Konzentrationslagern** der Nationalsozialisten ermordet, mit deren Bau schon kurz nach der Besetzung Polens begonnen wurde. Zur gleichen Zeit wurden Gefangene der Sowjets nach Osten in den **Gulag** verschleppt und potenzielle Unruhestifter der polnischen Gesellschaft ermordet, z. B. beim Blutbad von **Katyn**, bei dem 4.500 Offiziere erschossen wurden.

Die Beherrschung Westpolens durch die Nazis hatte eine weitere Gebietszerstückelung zur Folge. Einige Landesteile wurden einfach vom Reich geschluckt: Nordwestliche Gebiete gehörten nun zu dem neuen Reichgau von Danzig-Westpreußen, und die Gebiete um Poznań wurden dem Warthegau einverleibt. Alle anderen Landesteile – einschließlich Warschau und Krakau – wurden der deutschen Verwaltung unterstellt, die unter dem Namen **Generalgouvernement** fungierte. Es war eine Ad-hoc-Erfindung, mit der das Wirtschafts- und Arbeitspotenzial Polens

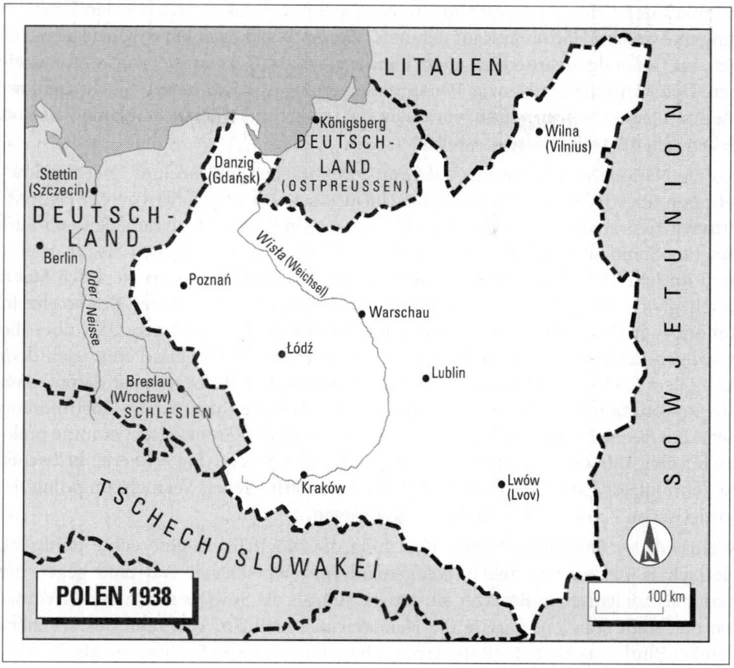
LITAUEN
Königsberg
DEUTSCH-
LAND
(OSTPREUSSEN)
Wilna
(Vilnius)
Danzig
(Gdańsk)
Stettin
(Szczecin)
DEUTSCH-
LAND
Berlin
Oder
Neisse
Wisła (Weichsel)
Poznań
Warschau
Łódź
Lublin
Breslau
(Wrocław)
SCHLESIEN
SOWJETUNION
Kraków
Lwów
(Lvov)
TSCHECHOSLOWAKEI
POLEN 1938
0
100 km

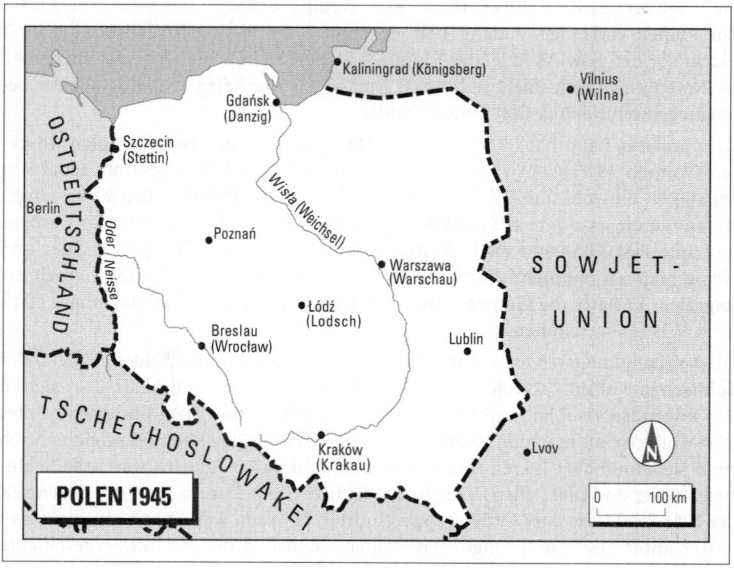
Kaliningrad (Königsberg)
Vilnius
(Wilna)
Gdańsk
(Danzig)
OSTDEUTSCHLAND
Szczecin
(Stettin)
Berlin
Oder
Neisse
Wisła (Weichsel)
Poznań
Warszawa
(Warschau)
SOWJET-
UNION
Łódź
(Lodsch)
Breslau
(Wrocław)
Lublin
TSCHECHOSLOWAKEI
Kraków
(Krakau)
Lvov
POLEN 1945
0
100 km

während des Krieges ausgeschöpft werden sollte. Überall mussten Polen Umsiedlung und andere Härten in Kauf nehmen. Wer im Warthegau lebte, wurde gezwungen, ins Generalgouvernement auszuwandern, um die Germanisierung voranzutreiben. Den Menschen in Danzig-Westpreußen erging es etwas besser: Sie durften immerhin bleiben, wo sie waren, vorausgesetzt, sie nahmen deutsche Namen an und ließen sich deutsche Pässe ausstellen.

Als die Nationalsozialisten den Pakt von 1939 brachen und im Juni 1941 die Sowjetunion überfielen, musste der polnische Widerstand, angeführt von der **Heimatarmee** (*AK = Armia Krajowa*), nicht länger an zwei Fronten kämpfen, denn daraufhin ging Stalin ein Bündnis mit *Sikorski* ein. Nach dem sowjetischen Sieg in Stalingrad im Jahr 1943 kündigte sich das Ende der Nationalsozialisten an. Doch Stalin brach gleichfalls sein Abkommen mit der Exilregierung. Auf der **Konferenz in Teheran** im November einigte er sich mit Großbritannien und den USA über die künftigen Einflusssphären in Europa. Dabei setzte er durch, dass Polen nach dem Krieg dem sowjetischen Lager zugeschlagen wurde. Ebenso bestand er darauf, dass die Sowjetunion die 1939 annektierten Gebiete behalten durfte. Die Zustimmung der Alliierten sicherte er sich durch seinen Hinweis, der Grenzverlauf stimme praktisch völlig mit der sogenannten "Curzon-Linie" überein. Ein früherer britischer Außenminister hatte diese Linie 1920 bei einem erfolglosen Versuch, im polnisch-sowjetischen Krieg zu vermitteln, vorgeschlagen.

Während der **Befreiung Polens** 1944 hing die Möglichkeit, eine echte polnische Herrschaft wiederherzustellen, weitgehend vom Warschauer Aufstand gegen die nationalsozialistischen Besatzer ab. Am 31. Juli, als die Sowjets schon in den Vororten der Stadt standen, musste die Heimatarmee handeln. Während des anschließenden Blutbades blieb die Rote Armee abwartend in ihren Stellungen. Als die Aufständischen Anfang Oktober schließlich geschlagen waren, gab Hitler den Befehl, die Stadt dem Erdboden gleichzumachen. Wenn überhaupt, sollte die Rote Armee nur Ruinen vorfinden. Anfang 1945 errichteten die Nationalsozialisten bei ihrer Flucht vor den Sowjets in letzter Minute Stützpunkte in Schlesien. Aber sie hielten die Rote Armee nicht mehr auf. Am 8. Mai endete der Krieg endgültig mit der bedingungslosen Kapitulation Deutschlands.

Kein anderes Land hat im Zweiten Weltkrieg so sehr gelitten wie Polen. Insgesamt kamen 25 Prozent seiner Bevölkerung ums Leben. Das gesamte Land war verwüstet. Obwohl die Alliierten ursprünglich wegen Polen in den Krieg eingetreten waren, war sein Staatsgebiet verkleinert und auf der Landkarte Europas um rund 200 Kilometer nach Westen verschoben worden. Die Flüsse Oder und Neiße bildeten nunmehr die Westgrenze. Stalins Plan war in der Tat doppelt erfolgreich: Er hatte die Grenze seines Landes wie auch seine Einflusssphäre stark nach Westen verschoben.

Die Verluste im Osten – darunter Lwów und Wilna (Vilnius), beides Zentren der polnischen Kultur – waren schmerzlich. Sie waren der Grund dafür, dass sich in den folgenden zwei Jahren Millionen von Menschen von einem Ende des Landes zum anderen aufmachten. Aber es gab auch einen gewissen Ausgleich: Nach rund siebenhundert Jahren fielen Pommern und das industriell wertvolle Schlesien wieder an Polen, ebenso die heiß begehrte Stadt Danzig, von der Polen seit der Zeit des Deutschen Ordens abgeschnitten gewesen war. Die Stadt übernahm später unter ihrem ursprünglichen Namen Gdańsk in der Nachkriegsgeschichte Polens eine Hauptrolle.

Der Aufstieg des polnischen Kommunismus

Die polnischen Kommunisten ergriffen die Macht nicht mit einer Revolution wie in der Sowjetunion und auch nicht mit großer öffentlicher Unterstützung wie in der Tschechoslowakei, sondern auf Grund des militärischen und politischen Diktats ihrer Besatzungsmacht. Die **ZPP**, die Union der polnischen Patrioten, eine 1943 mit Stalins Hilfe gegründete Organisation aus Exilpolen und Russen mit polonisierten Namen, bemächtigte sich der Herrschaft. Noch als die Rote Armee die Deutschen in westlicher Richtung verfolgte, gründete die ZPP einen **Landesnationalrat in Lublin** unter der Führung von *Bolesław Bierut*. Dieser Rat stellte in den folgenden Jahren den Kern der polnischen Regierung.

Die politische Opposition war zersplittert und schwach. Von der Exilregierung kehrte nur eine einzige prominente Gestalt nach 1945 nach Polen zurück – *Stanisław Mikołajczyk*, der vor dem Krieg die Bauernpartei angeführt hatte. 1947 verließ er das Land wieder, nachdem er knapp seiner Verhaftung entgangen war.

Jetzt formierten sich die polnischen Kommunisten und Sozialisten neu, die während des Kriegs in Polen geblieben waren. Die Kommunisten, die Moskau zwar misstrauisch beäugten, schlossen sich dennoch der ZPP an, um unter Generalsekretär *Władysław Gomułka* die **Polnische Arbeiterpartei** zu gründen. Gleichzeitig bemühten sich die Sozialisten um die Gründung einer eigenen Partei. Unterdessen behandelten die Sowjets das Land wie eine entlegene Provinz, räumten Ausrüstung und Material aus den Fabriken und schüchterten politische Gegner ein. Damit nicht genug, im sog. **Bürgerkrieg** (1945–47) sorgten sie für die brutale Unterdrückung eines nationalen Aufstands in der westlichen Ukraine durch die polnische Armee.

In den Wahlen von 1947 wurde der wirtschaftliche und politische Kurs für Polen festgelegt. Die Kommunisten und Sozialisten, im **Demokratischen Block** vereint, errangen mit Hilfe eines längeren Wahlkampfes mit politischer Nötigung und Manipulationen einen entscheidenden Sieg über ihre noch verbliebenen Gegner. Nach der Zwangsverschmelzung von Sozialisten mit Kommunisten zur **PZPR** (Vereinigte Polnische Arbeiterpartei) im Jahr 1948 fehlte nur noch der äußere Druck des Kalten Krieges, um Polen vollständig und fest in die sowjetische Einflusssphäre einzuschweißen.

1947–1955: Die Umwandlung Polens

Die polnische Geschichte der Jahre zwischen 1947 und 1955 muss vor dem Hintergrund des beginnenden **Kalten Krieges** betrachtet werden. Nach der Berlin-Blockade (1948), der Gründung der NATO (1949) und der Wiederbewaffnung der Bundesrepublik Deutschland betrachtete die Sowjetunion ein stabiles kommunistisches Polen als wesentliche Komponente der eigenen Verteidigung. Die Absichten der sowjetischen Außenpolitik wurden von den polnischen Kommunisten schnell durchschaut, die in vielen Bereichen zwar Untergebene waren, sich aber trotzdem ein gewisses Maß an Unabhängigkeit von Moskau bewahrt hatten. Die Außenpolitik wurde von Moskau bestimmt. Polen trat auch dem Warschauer Pakt bei, als dieser 1955 gegründet wurde, aber in der Innenpolitik blieb ihm noch ein gewisser Handlungsspielraum. So wurde der Erste Sekretär *Gomułka* 1951 zwar abgesetzt und verhaftet, aber nicht – wie andere in Ungnade gefallene führende Politiker in Osteuropa – hingerichtet. Auch ging man bei den Säuberungen der Partei und der Unterdrückung der zivilen Opposition nicht ganz so brutal vor wie anderenorts.

Trotzdem bekräftigte die neue Verfassung aus dem Jahr 1952 die führende Rolle der **PZPR** in jedem Bereich der polnischen Gesellschaft; sie legte auch den Landesnamen als **Polnische Volksrepublik** fest. Zwar wurde der Anschein von Wahlen und eines Parlamentes mit zwei Kammern gewahrt, aber die anderen Parteien – die Demokratische Partei (SK) und die neu gebildete Volks-Bauernpartei (PSL) – unterstanden tatsächlich der Kontrolle der PZPR. Die wirkliche Macht lag beim Politbüro, im Zentralkomitee und in der neu gebildeten Wirtschafts- und Verwaltungsbürokratie. Nur die **katholische Kirche**, die zwar immer wieder bedrängt und von den Behörden intensiv überwacht wurde, blieb in gewissem Umfang politisch und kulturell unabhängig. Ihre Wehrhaftigkeit verkörperte der Primas *Kardinal Wyszyński*, der 1953 wegen "antistaatlicher" Umtriebe verhaftet und drei Jahre lang eingesperrt wurde.

Die Verstaatlichungen fanden während der gesamten Periode statt, beschleunigt wurden sie mit einem ersten **Dreijahresplan** (1947–50) und einem **Sechsjahresplan** (1950–56). Im ersten Prozess wurde der Rolle des Privatbesitzes noch einige Bedeutung beigemessen. Dennoch zielten beide Pläne auf eine Kollektivierung der Landwirtschaft und die Schaffung einer Schwerindustrie als Grundlage ab. Da nicht die gleiche Gewalt eingesetzt wurde, mit der Stalin gegen die Kulaken vorging, erwies sich die Zwangskollektivierung als praktisch undurchführbar: Mitte der 1950er Jahre wurde das Programm gebremst und danach stillschweigend aufgegeben. In der Industrie hatten die Pläne mehr Erfolg. Es folgten der Aufbau einer bedeutenden Stahl- und Eisenindustrie, ein intensiver Abbau in den schlesischen Bergwerken und die Schaffung einer ungeheuren Schiffbauindustrie an der Ostseeküste mit Schwerpunkt in Gdańsk. Das kostete verständlicherweise einiges. Der Lebensstandard blieb dabei praktisch auf der Strecke. Lebensmittel waren knapp und die Arbeitszeiten lang. Die ungebremste Industrialisierung führte zu schrecklicher Umweltverschmutzung und Ausbeutung des Bodens. Die vielleicht bedeutsamste Errungenschaft in diesem Zeitraum war die Schaffung einer **Industriearbeiterklasse in den Städten** – zum ersten Mal in der polnischen Geschichte. Paradoxerweise erwiesen sich gerade diese Menschen in den folgenden Jahrzehnten als das Rückgrat nahezu jeden politischen Kampfes gegen "ihre" Partei.

1956: Der polnische Oktober

Genau wie in Ungarn gab es auch in Polen im Jahr **1956** die erste große politische Krise der kommunistischen Ära. Streitigkeiten und Differenzen traten zutage, die Intellektuellen forderten grundsätzliche Änderungen, es gab Aufsplitterungen innerhalb der Parteiführung, und die Bevölkerung stand den Exzessen des Stalinismus immer ablehnender gegenüber. Im Februar 1956 hielt *Chruschtschow* seine berühmte "geheime" Rede auf dem Zwanzigsten Kongress der Sowjetischen Kommunistischen Partei, in der er Stalin und seine Verbrechen anprangerte. Bei *Bolesław Bierut*, dem Präsidenten und Ersten Sekretär der PZPR, schlug die Rede genau wie bei anderen führenden Osteuropäern wie eine Bombe ein, entlarvte sie doch die Lüge von der absoluten Richtigkeit jeder Handlung Stalins. Reformwillige Parteimitglieder in Polen schickten die ersten Kopien in den Westen. Für Bierut und die Führung, die die harte Linie vertrat, war das das Ende. Bierut starb unmittelbar nach dem Kongress; viele vermuteten, er habe Selbstmord begangen.

Im Juni gingen Arbeiter in Poznań für bessere Arbeitsbedingungen und höhere Löhne auf die Straße. Der Protest eskalierte und zog den Einsatz des gesamten Machtapparates nach sich. Bei den folgenden Straßenschlachten mit Armee und Sicherheitspolizei verloren rund achtzig Menschen das Leben, Hunderte wurden verletzt. Anfangs bestand die Regierung zwar darauf, "imperialistische Agenten" hätten die Unruhen angezettelt, aber schon bald gestand sie ein, dass einige Beschwerden der Arbeiter durchaus gerechtfertigt seien und die Partei Abhilfe schaffen werde.

Die Aufstände von Poznań spalteten eine schon irritierte und geschwächte Partei. Die Vertreter der harten Linie drängten Verteidigungsminister General Rokossowski, die Führung zu übernehmen. Schließlich trug jedoch *Gomułka* mit seinen überzeugenden Reformversprechen den Sieg davon. Im Oktober wählte die Parteivollversammlung Gomułka zum neuen Ersten Sekretär der Partei, ohne sich mit Moskau zu beraten. Ein erzürnter Chruschtschow eilte nach Warschau, um eine Erklärung dafür zu fordern, wie man sich einfach über den Kreml hinwegsetzen konnte. An der polnischen Grenze marschierten ostdeutsche, tschechische und sowjetische Truppen auf, woraufhin sich die polnischen Sicherheitskräfte auf die Verteidigung der Hauptstadt einstellten. Ganz Polen hielt den Atem an, als Gomułka und Chruschtschow erregt die Krise besprachen. Gomułka versicherte Chruschtschow, Polen werde ein treuer Verbündeter bleiben und die kommunistische Herrschaft im wesentlichen beibehalten.

Chruschtschow kehrte nach Moskau zurück, die sowjetischen Truppen wurden abgezogen, und vier Tage später sprach Gomułka vor einer riesigen Menschenmenge in Warschau als Nationalheld. Die **sowjetische Invasion in Ungarn** zur Unterdrükkung des Volksaufstands Anfang November 1956 führte den Polen deutlich vor Augen, wie nahe sie am Abgrund gestanden hatten.

Der **polnische Oktober**, wie er später genannt wurde, gab Anlass zu Hoffnungen auf eine neue Ordnung, und anfangs schienen diese Hoffnungen auch berechtigt zu sein. Die Zensur wurde gelockert, Kardinal Wyszyński erhielt seine Freiheit zurück, und der Staat hörte auf, die Kirche unter Druck zu setzen. Ebenso lockerten sich die Zügel für die Wirtschaft. Auch ein kulturelles Tauwetter setzte ein: Es bewirkte eine explosionsartige Kreativität in Kunst und Theater – vieles davon hochgradig experimentell – und öffnete das Tor zu so "dekadenten" westlichen Strömungen wie Jazz und Rock and Roll. Aber der Reformschwung erlahmte schnell. In den 1960er Jahren gab es eine allmähliche Rückkehr zur zentralen Planung, einer stagnierenden Wirtschaft und ständig schärferer politischer Überwachung.

1970–1979: Von Gomułka bis Gierek

Die letzten Jahre des Gomułka-Regimes waren durch den Gegensatz von außenpolitischen Erfolgen und schweren Wirtschaftskrisen gekennzeichnet. Bundeskanzler *Willy Brandt* verfolgte eine ganz neue, eigene Ostpolitik. Er stattete Polen im Dezember 1970 einen Besuch ab und schaffte dabei einige der ständigen Sorgen der polnischen Nachkriegs-Außenpolitik aus der Welt. Mit seiner Unterschrift unter den "Vertrag über die Grundlage der Normalisierung der gegenseitigen Beziehungen zwischen Polen und der Bundesrepublik Deutschland" in Warschau erkannte Westdeutschland die bestehenden Grenzen Polens an. Darauf folgte die Aufnahme voller diplomatischer Beziehungen der beiden Länder zueinander. Wer kennt nicht die eindrucksvolle Geste: Demütig kniete Brandt vor dem Denkmal für die Opfer des Warschauer Ghetto-Aufstands.

Einige Tage später, am 12. Dezember, wurden die Preise für Lebensmittel enorm angehoben. An der gesamten Ostseeküste mit dem Zentrum Gdańsk entlud sich

Denkmal der gefallenen Werftarbeiter

die latente Unzufriedenheit in Streiks und Demonstrationen. Als Truppen auf die Demonstranten schossen und viele töteten, breiteten sich die Proteste wie ein Steppenbrand aus, sodass man fast von einem nationalen Aufstand sprechen konnte (Gomułkas Verteidigungsminister, *Wojciech Jaruzelski,* musste sich ca. zwanzig Jahre später vor Gericht wegen Tötung verantworten). Ein traumatisiertes Zentralkomitee trat fünf Tage vor Weihnachten zusammen, schickte den todgeweihten Gomułka in Pension und ernannte an seiner Stelle *Edward Gierek,* Mitglied der Reformfraktion der Partei seit den 1960er Jahren, zum Ersten Sekretär. Die Preiserhöhungen wurden auf Eis gelegt und Lohnerhöhungen versprochen, aber trotz der Ruhe über Weihnachten brachen schon im Januar 1971 überall wieder Streiks aus. Diesmal waren die üblichen wirtschaftlichen Forderungen begleitet vom Ruf nach freien Gewerkschaften und einer freien Presse. Der Friede wurde erst wieder hergestellt, als Gierek und Verteidigungsminister General *Wojciech Jaruzelski* mit einem Taxi in die Gdańsker Werft fuhren, um mit den Streikenden zu diskutieren und ihre Fehler einzugestehen.

Unter *Edward Gierek* wurde versucht, einen anderen Weg zu sozialer Stabilität zu finden. Seit der Aussöhnung mit Deutschland unter Willy Brandt hatte Giereks Regierung Zugang zu den westlichen Finanzmärkten und nahm **Anfang der 1970er Jahre** hohe Kredite auf. Das Lebensmittelangebot wurde reichhaltiger und billiger, denn die Subventionen wurden durch Käufe des Westens und der Sowjetunion aufgewogen. Der Lebensstandard stieg, und ein breiteres Angebot an Konsumgütern stand zur Verfügung. Aber die internationale Wirtschaftsrezession und die Ölkrise Mitte der 1970er Jahre setzten dem relativen polnischen Wohlstand ein jähes Ende. Es wurde unmöglich, die Schulden zu begleichen, und auch schwieriger, neue Anleihen zu erhalten. Ebenso wurde offensichtlich, dass die früheren Anleihen teils einfach verschwendet oder in groß angelegten Projekten von geringem wirtschaftlichem Wert verschleudert worden waren.

1976 hatte sich der Kreis erstaunlich schnell geschlossen. Die Regierung kündigte Preiserhöhungen für Lebensmittel an, die fast dreimal so hoch wie die Anfang der 70er Jahre waren. Diesmal wurden die anschließenden Streiks entschlossen unterdrückt und viele Aktivisten verhaftet. Ab diesem Zeitpunkt lässt sich der Beginn eines äußerst komplizierten Bündnisses zwischen polnischen Arbeitern, Intellektuellen und der katholischen Kirche verfolgen. Als Antwort auf die Inhaftierung von Streikenden wurde das KOR (Komitee zur Verteidigung der Arbeiter) gegründet. In ihm waren auch **intellektuelle "Abweichler"** vertreten. Sie sollten der Opposition nicht nur wertvolle Werbung und Unterstützung durch Kontakte mit dem Westen liefern, sondern auch neue Kanäle der politischen Kommunikation durch die *Samizdat-Publikationen* im Untergrund öffnen. Darüber hinaus wollte man ein größeres Maß an strategischer Überlegenheit erreichen, die bei den spontanen Aufständen bis zu diesem Zeitpunkt gefehlt hatte.

Aber vielleicht noch entscheidender war die Wahl von *Karol Wojtyła*, dem Erzbischof von Krakau, zum *Papst Johannes Paul II.* im Jahr 1978. Er war ein überzeugter Gegner des kommunistischen Regimes, und als er 1979 Polen einen Besuch abstattete, wurde er von der größten Menschenmenge begrüßt, die sich je zu einem derartigen Anlass in Polen versammelt hatte. Für die Bevölkerung wurde er zum Symbol der nationalen Identität Polens und des internationalen Einflusses. Sein Besuch stellte einen öffentlichen Beweis ihrer potenziellen Macht dar.

1980–1989: Solidarność

Als Gierek im Juli 1980 erneut die Lebensmittelpreise um 100 Prozent anhob, brachen wiederum Streiks aus, in deren Mittelpunkt die **Danziger Werft** stand. Versuche der Behörden, die Kranführerin *Anna Walentynowicz* wegen politischer Agitation zu entlassen, verstärkten die Unruhen. Unter der Leitung eines Elektrikers des Betriebs, *Lech Wałęsa*, besetzten die Streikenden die Werft. Ihnen schloss sich eine eilig einberufene Gruppe von Intellektuellen und Aktivisten der Opposition an, darunter der zukünftige Ministerpräsident *Tadeusz Mazowiecki*. Gemeinsam formulierten sie eine Liste von Forderungen – die sogenannten **einundzwanzig Punkte** –, die nicht nur die wichtigsten politischen Vorstellungen der polnischen Oppsition enthielten, sondern auch Vorbild für alle anderen Oppositionsbewegungen in Osteuropa wurden.

Die Punkte umfassten neben höheren Löhnen und der Abschaffung der Parteiprivilegien die Forderungen nach öffentlichen Beratungen über die Wirtschaftskrise, Freilassung politischer Gefangener, Pressefreiheit, Streikrecht und freien Gewerkschaften. Aber aus den Lektionen von Ungarn 1956 und der Tschechoslowakei 1968 hatte man gelernt. Die Opposition betonte immer wieder ausdrücklich, dass sie "weder beabsichtigt, die Grundlagen der Sozialistischen Republik in unserem Land, noch seine Stellung in internationalen Beziehungen zu bedrohen".

Die Partei gab nach: Nach langwierigen Verhandlungen unterzeichnete sie das historische **Danziger Abkommen** vom August 1980. Im Anschluss daran wurden in ganz Polen unter dem Namen *Solidarność* (Solidarität) Gewerkschaften gebildet, denen über 75 Prozent der 12,5 Millionen Arbeitnehmer Polens beitraten. Gierek und seine Anhänger wurden von der Partei im September 1980 ihres Amtes enthoben. Doch die Grenzen der Macht von Solidarność offenbarten sich, als die Mitglieder des Warschauer Pakts noch im gleichen Jahr überraschend zusammentraten. Die anderen kommunistischen Führer Osteuropas argumentierten ganz korrekt, der Erfolg von Solidarność bedrohe nicht nur die politische Zukunft ihrer polnischen Kollegen, sondern auch die eigene. Deshalb marschierten Truppeneinheiten der Sowjets und des Warschauer Paktes an der polnischen Grenze auf. Die Polen rückten enger zusammen, die Partei bekräftigte ihre Treue zu Lenins Lehre, gleichzeitig stellten Solidarność und die Kirche öffentlich ihre Mäßigung in den Vordergrund.

1981 war das Jahr der großen Sackgasse, als sich die Wirtschaftskrise verschärfte. Solidarność besaß keinerlei aktiven Einfluss auf die Wirtschaft, sondern konnte sie nur

Solidarność-Plakat am Eingang der Danziger Werft

zum Stehen bringen, und diese Fähigkeit bewies die Gewerkschaft auch wiederholt. Im Juli 1981 übernahm General *Jaruzelski* die Parteiführung. Angesichts eines drohenden Generalstreiks verhandelte er zwar mit der Solidarność-Führung, lehnte es jedoch ab, die Macht mit ihr zu teilen. Auf eine Streikwelle Ende Oktober 1981 reagierte er mit der Einführung des **Kriegsrechts** im Dezember: Besetzungen und Streiks wurden von den Truppen niedergeschlagen, Solidarność wurde verboten, die Bürgerrechte wurden aufgehoben und die führenden Gewerkschafter verhaftet. Aber alle diese Schritte führten zu keiner grundsätzlichen Veränderung. Nach einem zweiten Besuch von Papst Johannes Paul II. im Jahr 1983 wurde das Kriegsrecht aufgehoben.

Die Zeit zwischen 1984 und 1988 war durch einen letzten Versuch der Jaruzelski-Regierung gekennzeichnet, Polen aus seiner Wirtschaftskrise herauszuführen. Die Verschuldung des Landes hatte die astronomische Summe von 39 Milliarden US-Dollar erreicht, die Löhne sanken, und die Produktion wurde durch ständig auftretende Unruhen behindert. 1987 stellte Jaruzelski ein Regierungsprogramm samt Preiserhöhungen in Aussicht und versprach demokratische Beteiligung durch einen Volksentscheid. Die Regierung verlor auf der ganzen Linie, denn die wahre Botschaft der Abstimmung war nicht nur eine Ablehnung des Programms, sondern auch der Vorstellung, die Partei könne Polen aus der Krise führen. Nachdem die Partei durch das Volk in die Schranken verwiesen war, öffnete sich der Weg für die Opposition, die im Mai 1988 zu großen Streiks aufrief.

Jaruzelski erkannte seine Niederlage schließlich nach einer verheerenden zweiten Streikwelle im August jenes Jahres und beschwor eine "mutige Wende" der Partei, womit er die Notwendigkeit von Gesprächen mit Solidarność und die Aussicht auf eine tatsächliche Machtteilung akzeptierte. Dieser politische Machtverzicht war nur deshalb möglich, weil unterdessen im Kreml ein Politiker wie *Gorbatschow* die Macht übernommen hatte.

1989–1990: Das neue Polen

Die **Gespräche am runden Tisch** dauerten von Februar bis April 1989, wobei die Hauptforderungen auf die völlige Anerkennung des rechtlichen Status von Solidarność, einer unabhängigen Presse und das Versprechen sogenannter halbfreier Wahlen gerichtet waren. Der Legalisierung von Solidarność wurde auch zugestimmt, Oppositionszeitungen durften fortan unzensiert erscheinen, und Kandidaten jeglicher Couleur konnten sich um die 100 Sitze der neu gebildeten Oberen Kammer, des Senats, bewerben. Im Parlament (*Sejm*) waren 65 Prozent der Sitze der PZPR und ihren verbündeten Parteien vorbehalten; um den Rest durfte sich jeder frei bewerben.

In den darauf folgenden **Wahlen im Juli 1989** erlitten die Kommunisten eine entscheidende Niederlage. Dagegen gewann Solidarność praktisch jeden Sitz, um den die Gewerkschaft sich beworben hatte. Zwar blieb die Mehrzahl der Sitze im Parlament bei der PZPR, aber das Undenkbare wurde nun möglich – eine von Solidarność gebildete Regierung. Schließlich brachen die mit der PZPR verbündeten Parteien mit ihren kommunistischen Führern und stimmten dafür, den Journalisten *Tadeusz Mazowiecki* im August 1989 zum Ministerpräsidenten einzusetzen. Damit hatte Polen in Osteuropa die erste nichtkommunistische Regierung seit dem Krieg. Der anschließende Zerfall der PZPR erfolgte rasch. Im Januar 1990 stimmte sie über die eigene Auflösung ab und spaltete sich in zwei landesweite sozialdemokratische Strömungen.

Die Aufgaben, denen sich die neue Regierung Polens gegenübersah, waren gewaltig: wirtschaftliche Orientierungslosigkeit, politische Instabilität und der rapide politische Wandel im restlichen Osteuropa. Die Regierung erfreute sich selbst dann noch einer ziemlich breiten Unterstützung, als sie ein **Sparprogramm** verkündete, das weitaus strenger war als alles, was das kommunistische Regime vorher je verordnet hatte.

Präsident Wałęsa und die ersten freien Wahlen

Lech Wałęsa, der längere Zeit der politischen Arena ferngeblieben war, forcierte das Tempo bei der **Präsidentschaftswahl 1990**, als er Jaruzelskis Rücktritt und schnellere Durchführung der Reformen forderte. Er rief auch dazu auf, sich gemeinsam um die Abschaffung sämtlicher Privilegien der obersten Parteimitglieder zu bemühen. Gegen ihn traten Ministerpräsident *Mazowiecki* und der vorher unbekannte *Jan Tymiński* an, ein kanadisch-polnischer Geschäftsmann, der sich der Rhetorik des freien Marktes und einer Wahlkampagne im westlichen Stil bediente. Zwar führte Wałęsa in der ersten Wahlrunde im Dezember 1990, musste aber doch zu einer zweiten Runde gegen Tymiński antreten. Da Mazowiecki nur einen enttäuschenden dritten Platz errungen hatte, trat er als Ministerpräsident zusammen mit der gesamten Regierung zurück. Wałęsa kam bequem über die zweite Runde.

Im Januar 1991 ernannte er *Jan Krzysztof Bielecki*, einen führenden Intellektuellen der Solidarność, zum Ministerpräsidenten. Diese Ernennung war symptomatisch für das veränderte politische und soziale Klima des Landes: Der wirtschaftsfreundliche, liberale Bielecki aus Gdańsk repräsentierte die neue Technokratenelite. Er beließ den bisherigen Finanzminister *Leszek Balcerowicz* in seinem Amt – ein Indiz dafür, dass die neue Regierung entschlossen war, die Wirtschaftsreformen weiterhin zu verfolgen.

Das große Thema des Jahres 1991 war nach wie vor das drastische Sparprogramm der Regierung. Stetig steigende Preise, eine alarmierende Arbeitslosenquote und weitere Kürzungen der Regierungsausgaben wirkten sich spürbar auf das tägliche Leben aus. Auf internationaler Ebene jedoch wurden Balcerowicz' harte Sparmaßnahmen von den westlichen Finanzinstitutionen unterstützt: Ein Abkommen mit dem Internationalen Währungsfond (IWF) reduzierte die geschätzte polnische Auslandsschuld von 33 Milliarden Dollar um 50 Prozent.

Die ersten absolut freien Wahlen seit dem Zweiten Weltkrieg fanden im Oktober 1991 statt. Der Wahlkampf selbst war eine ziemlich zahme Angelegenheit, das Bemerkenswerteste daran war das immense Aufgebot an zur Wahl stehenden politischen Parteien (fast 70). Vertreten war alles: von nationalen Minderheiten wie den Schlesiendeutschen bis zur Juxpartei der Bierliebhaber, jede Menge alte, oppositionelle Splittergruppen, religiöse Parteien, Nationalisten und unabhängige Einzelgänger. Das Hyperproporzsystem ohne Prozenthürde war jedoch das Patentrezept für Zersplitterung nach altbekanntem polnischem Stil: 29 Parteien zogen in den neuen Sejm ein, die meistgewählte Partei, die Demokratische Union (UD) erhielt nur magere 14 Prozent der Stimmen. Die Wahlbeteiligung war mit 43 Prozent alarmierend niedrig. Bielecki trat zurück, und nach zwei Monaten Chaos beauftragte Wałęsa *Jan Olszewski*, Anwalt und bekannter Dissident, mit der Bildung einer neuen Koalitionsregierung.

Die neue, von Olszewski gebildete Koalitionsregierung konzentrierte sich besonders auf das Thema "Entkommunisierung" und drängte darauf, die Namen der im öffentlichen Leben stehenden Persönlichkeiten bekannt zu geben, die verdächtigt wurden, während des kommunistischen Regimes mit dem Geheimdienst zusammengearbeitet zu haben. Die Frage der Lustration (Säuberung) – des Ausschlusses von Personen aus dem öffentlichen Leben, die sich unter der vorigen Regierung kompromittiert hatten – ist seitdem ein strittiges Thema in Polen, großenteils, weil davon vermutlich ziemlich viele betroffen wären. Fest steht, dass dieses Thema Oleszweski seinen Posten kostete. Seine Amtszeit endete im Juni 1992 durch einen Misstrauensantrag. Nachfolgerin wurde *Hanna Suchocka* von der Demokratischen Union, Polens erste Ministerpräsidentin. Ihrem neuen Kabinett gehörten sowohl Mitglieder ihrer eigenen linksliberalen UD als auch rechte Katholiken des Christlichen Nationalverbandes (ZChN) an. Dieses Resultat geschickter Verhandlungen und Kompromissbereitschaft erstaunte viele Beobachter, die die oftmals schwierigen Verhältnisse der polnischen Politik kennen.

Die Regierung Suchocka

Die Suchocka-Regierung war eine Zeit lang überraschend erfolgreich und geschlossen. Ihre wichtigste innenpolitische Leistung bildete ein Sozialpakt über Lohnerhöhungen, den sie im Herbst 1992 nach einer großen Streikwelle mit den Gewerkschaften (zu denen auch die Überreste der Solidarność zählen) abschloss. Dies war zumindest die provisorische Lösung eines Problems, das das nachkommunistische Polen immer wieder bedrohte. Eine andere Entwicklung stellte die immer mächtiger werdende katholische Kirche im politischen und sozialen Leben des Landes dar. Dies wurde besonders deutlich in der hitzigen Debatte über die von der Regierung eingeleiteten Maßnahmen zur Kriminalisierung der Abtreibung, die von der Kirche unterstützt, von vielen Polen und von westlichen Institutionen wie dem Europarat jedoch abgelehnt wurden.

Die größten Schwierigkeiten bereitete der Regierung Suchocka jedoch ein groß angelegtes Privatisierungsprogramm. Der Sejm lehnte im März 1993 eine Gesetzesvorlage ab, die vorsah, über 600 staatliche Betriebe zu privatisieren. Obwohl einen Monat später ein Kompromiss zustande kam, wurde das ganze Projekt durch Parlamentarier von Solidarność zum Scheitern gebracht. Sie reichten ein Misstrauensvotum gegen die Regierung wegen deren Wirtschaftspolitik ein.

Präsident Wałęsa beantragte Mitte September 1993 Neuwahlen. Sie endeten mit einem Sieg für die Koalition zwischen dem Linksbündnis Demokratische Allianz (SLD) und der Bauernpartei (PSL), die fast 36 % der Stimmen erhielt. Durch ein neues Wahlsystem, bei dem die Parteien mindestens 5 % benötigten, um im Sejm vertreten zu sein, schafften viele Gruppierungen den Weg ins Parlament nicht, obwohl sie zusammen etwa 35 % aller Stimmen erhielten. Während das Ausmaß des Wahlsiegs der SLD-PSL viele Beobachter im In- und Ausland überraschte, zweifelten nur wenige daran, dass, wie in anderen ehemalig kommunistischen Ländern, die Unzufriedenheit mit der Verschlechterung der Lebensverhältnisse durch die Wirtschaftsreform der Auslöser für die Wahl einer von ehemaligen Kommunisten geführten Regierung war.

Der Konflikt mit Wałęsa

Die neue Regierung unter dem Vorsitzenden der PSL, Waldmar Pawłak, bestätigte ihr Ziel, die Marktreformen fortzusetzen. Gleichzeitig aber versprach sie, gegen deren negative soziale Auswirkungen anzugehen. Schwere interne Auseinandersetzungen zwischen SLD und PSL schwächten Pawłaks Ansehen, und eine neue Streikwelle im öffentlichen Dienst, die von der neu belebten Solidarność initiiert wurde, fegte im Frühjahr über das Land und schadete der Regierung zusätzlich.

Der Konflikt, der die Regierung Pawłak jedoch am stärksten unterhöhlte, war der in die Länge gezogene Streit mit Präsident Wałęsa. Frustriert vom Wahlerfolg der Linken – was er (zu Recht) als seine Abdrängung auf das politische Abstellgleis betrachtete – verwickelte Lech Wałęsa die Regierung in eine Diskussion über vorgeschlagene Grundgesetzänderungen. Diese hatten zum Ziel, die Veranwortung für die Ernennung von Regierungsabgeordneten vom Präsidenten auf den Sejm zu übertragen. Ende 1994 forderte Wałęsa den Rücktritt des Verteidigungsministers Admiral Piotr Kołodziejcyk, der angeblich mit der Militärreform nicht nachgekommen sei. Pawłak gab nach und entließ Kołodziejcyk. In den zwei darauf folgenden Monaten konnten sich die beiden jedoch nicht einigen, wer den Platz des Admirals einnehmen sollte.

Wałęsa ließ es nun ganz offensichtlich auf eine Konfrontation ankommen. Im Januar 1995 attackierte er ein von der Regierung eingeführtes neues Gesetz zur Anhebung der privaten Einkommenssteuer. Er betrieb sogar eine Kampagne zur Verweigerung der Steuerzahlung. Letztendlich entschied das Verfassungsgericht, dass der Präsident sich verfassungswidrig verhalten hatte, und Wałęsa war gezwungen, das neue Steuergesetz anzuerkennen. Die entscheidende Kraftprobe kam im Februar, als Wałęsa Pawłaks Rücktritt forderte und damit drohte, das Parlament aufzulösen, wenn Pawłak nicht sofort abgewählt würde. Erzürnt über diese unverfrorene Demonstration von Arroganz von Seiten des Präsidenten, stimmte der Sejm für ein Misstrauensvotum gegen Wałęsa, falls er seine Drohungen wahr machen sollte. Eine Eskalation der Krise wurde dadurch vermieden, dass Pawłak schließlich seinen Rücktritt ankündigte. Ihn ersetzte im März Józef Oleksy aus der SLD, der Sprecher des Sejm. Oleksy begann sofort mit der Bildung einer neuen Regierung, die sich auf dieselbe Koalition zwischen SLD, PSL und den unabhängigen Mitgliedern gründete.

Die Präsidentschaftswahlen im Jahr 1995

Die Aufmerksamkeit der Nation richtete sich immer mehr auf die für den November angesetzten Präsidentschaftswahlen, die ersten, seitdem im Jahr 1990 Wałęsa ins Amt eingesetzt worden war. Frühe Meinungsumfragen ergaben, dass die Wähler Wałęsas politisches Intrigieren leid waren. Diesmal war Aleksander Kwaśniewski aus der SLD Wałęsas Hauptgegner. Glatt und redegewandt, verstand er es, auch die Wählergruppen für sich zu gewinnen, die seine ehemalige kommunistische Vergangenheit abschreckte. Er sprach von Polen als von einem schnell aufstrebenden Land und gewann damit sowohl die jüngeren Wähler als auch die gerade entstehende Mittelschicht für sich, die ganz deutlich Einvernehmen und Stabilität dem Uneinigkeit stiftenden Führungsstil Lech Wałęsas vorzog.

Nach einer abschließenden Kampagne, die von ziemlich unschönen Schlammschlachten gekennzeichnet war, gewann Kwaśniewski die zweite Runde mit 52 Prozent der Stimmen, im Vergleich zu den 48 Prozent, die Wałęsa erzielte. Die Wahlbeteiligung lag bei 68 Prozent. Wałęsa zeigte sich als schlechter Verlierer, und die letzten Wochen seiner Amtszeit waren weiterhin durch seine typischen, ungezügelten Ausbrüche gekennzeichnet. Unter anderem verweigerte er die Teilnahme an der Zeremonie zur Amtseinsetzung von Kwaśniewski kurz vor Weihnachten.

Ihm blieb nun noch ein letzter Akt der Rache. Wenige Tage, bevor er das Amt verließ, veröffentlichte der von Wałęsa ernannte Minister für Innere Angelegenheiten, Andrzej Milczanowski, Papiere, aus denen angeblich hervorging, dass Premierminister Józef Oleksy mit dem KGB zusammengearbeitet habe. Obwohl Oleksy darauf bestand, dass diese Anschuldigungen grundlos seien, wurde er Ende Januar zum Rücktritt gezwungen. *Włodzimierz Cimoszewicz* aus der SLD, ein Anwalt und früherer Justizminister, übernahm seinen Posten.

Die Zeit nach Wałęsa

Die Regieriung Cimoszewicz entsprach im Wesentlichen Oleksys Regierung, und die großen Stürme schienen sich beruhigt zu haben. Doch der Großteil der Opposition war weiterhin unzufrieden mit der Monopolisierung der Staatsmacht, die nun in den Händen von ehemaligen Kommunisten lag. 1996 vereinten deshalb die Mitte-Rechts-Parteien ihre Kräfte gegen die von Wałęsa oft beschworene "rote Gefahr". Das Ergebnis war die Bildung der AWS-Koalition, der sogenannten Wahlaktion Solidarność, im Juni 1996. Neben vielen unbedeutenden rechten Splittergruppierungen waren unter anderem Schwergewichte wie die Solidarność, die Partei der Mitte (PC) und die Christlich Nationale Union (ZChN) Teil dieses Zusammenschlusses von 25 Parteien. Obwohl dies natürlich eine potenzielle Gefahr für eine Zersplitterung der Organisation mit sich brachte, machte die AWS große Fortschritte. Zum Teil war dies auch das Verdienst der Leitung des Solidarność-Vorsitzenden Marian Krzaklewski, der bald zur Leitfigur der Koalition wurde.

In der Zwischenzeit hatte Cimoszewiczs Regierung durchwachsenen Erfolg. Im Februar 1996 erbrachte eine Volksabstimmung über das Thema der Privatisierung kein eindeutiges Ergebnis – die Wahlbeteiligung lag unter 50 %. Dennoch verabschiedete die Regierung Gesetze zur Vereinfachung des Verkaufs von staatlichen Unternehmen.

Dann beschäftigte ein ganz anderes Ereignis die Nation: Die **Flutkatastrophe** in Südpolen im Juli 1997. Mindestens 55 Menschen starben, und 140.000 mussten aus ihren Häusern evakuiert werden. Städte wie Wrocław waren besonders stark betroffen. Der Notstand wurde ausgerufen und internationale Unterstützung in die Katastrophengebiete gesandt. Die Regierung geriet zunehmend unter Beschuss, da sie in der Frage der Flut nicht entschlossen genug gehandelt hatte, und überstand im August gerade so eben den von der PSL unterstützten Antrag auf ein Misstrauensvotum.

Die späten 1990er Jahre

In den Wahlen vom September 1997 errang die von der Solidarność angeführte AWS 34 % der Stimmen. Zur Regierungsbildung benötigte sie jedoch einen Koalitionspartner. Nach lang gezogenen Verhandlungen wurde ein Abkommen mit der von Leszek Balcerowicz geführten mitte-rechts stehenden Freiheitsunion (UW) getroffen sowie mit der kleineren, rechts orientierten Bewegung für die Rekonstruktion Polens (ROP). Die neue Regierung wurde angeführt von Jerzy Buzek, einem alten Solidarność-Aktivisten aus Schlesien, der seinen Aufstieg Krzaklewskis Entscheidung verdankte, auf das Amt des Premierministers zu verzichten und sich stattdessen auf die Präsidentschaftswahlen des Jahres 2000 zu konzentrieren.

Das neue Regierungsprogramm vereinte alte und neue Aspekte in sich. Einige Parteipunkte, wie z. B. die schnelle Integration in die NATO und die EU, das Vorantreiben der Privatisierung und die Reform der Regierungsstrukturen, ähnelten dem Parteiprogramm der Vorgänger. Es kamen aber auch neue Aspekte dazu, wie z. B. Buzeks Versprechen, sich für christliche Werte und die "Familie" einzusetzen, ein übliches Leitmotiv konservativ-katholischer Gruppen. Hier zeigten sich Unterschiede im ideologischen Hintergrund und im Vorgehen. Auch ethische Unstimmigkeiten traten bald zutage. Im Dezember erkannte der Sejm eine Entscheidung des Verfassungsgerichts an, welche die Umkehrung des liberalisierten Abtreibungsgesetzes vorsah, das gerade im Jahr zuvor unter erbittertem Protest der Kirche und der rechten Gruppierungen verabschiedet worden war. Einen Monat darauf wurde das Konkordat in Kraft gesetzt, das dem Vatikan erlaubt, regulativ in die Beziehungen zwischen Kirche und Staat einzugreifen. Der formellen Ratifizierung dieses Gesetzes hatten sich zuvor die SLD und ihre Partner widersetzt.

Trotz Buzeks versöhnlichem und Vertrauen erweckendem Stil wurde seine Regierung schließlich handlungsunfähig gemacht durch die Spaltung zwischen der Faktion Balcerowicz, die sich der Fortsetzung des Programms in Richtung auf eine freie Marktwirtschaft und auf die Verringerung der öffentlichen Ausgaben verpflichtet fühlte, und jenen, die Solicarność näher standen und ein weniger radikales Vorgehen bevorzugten. Außerdem verlangsamte sich das wirtschaftliche Wachstum gegen Ende des Jahrzehnts, die Arbeitslosigkeit nahm zu, und die arbeitende Bevölkerung war frustriert, weil sie sich von Jahr zu Jahr mit geringeren Lohnerhöhungen abfinden musste. Unter diesen Bedingungen eroberte sich die SLD – unter dem Vorsitz des leutseligen früheren Politbüro-Mitglieds *Leszek Miller* – die Zuneigung der Bevölkerung zurück.

Das neue Jahrtausend

Der erste Test für die wieder erstarkte Popularität der SLD kam mit den **Präsidentschaftswahlen** im Oktober 2000. Der amtierende, von der SLD unterstützte *Aleksander Kwaśniewski* hatte die Interessen seines Landes mit weit mehr Würde repräsentiert als sein launischer Vorgänger Lech Wałęsa und besaß eine leicht zugängliche Kumpelhaftigkeit, die dem durchschnittlichen Mann von der Straße in Polen gefiel. Wichtiger aber war wohl, dass man in ihm ein auf Konsens ausgerichtetes nationales "Aushängeschild" sah und einen Mann, der dem Versuch widerstand, sich allzu sehr in die politischen Alltagsgeschäfte einzumischen. Selbst Kwaśniewskis taktlose Bemerkung, er sei vermutlich am schlechtesten geeignet, um bei einer Feier zum Gedenken an die Opfer des Massakers von Katyn mitzutrinken, konnten seiner Popularität nicht schaden.

Gegenüber solch einem Gegner hatte Kwaśniewskis Hauptrivale, *Aleksander Krzaklewski* von der AWS, kaum eine Chance. Einziger Höhepunkt in einer glanzlosen Wahlkampagne war der Beschluss der AWS, eine zwei Jahre alte Video-Aufzeichnung zur Veröffentlichung freizugeben. Sie zeigte den Präsidenten – der gerade mit einem Hubschrauber bei einer offiziellen Veranstaltung eingetroffen war –, wie er einen Berater ermunterte, den Boden in Papstmanier zu küssen, um damit den versammelten Würdenträgern ein leichtes Lächeln zu entlocken. Die Mehrzahl der Polen kritisierte Kwaśniewskis unfeines Benehmen öffentlich, privat aber fanden sie es recht amüsant. Es erübrigt sich zu betonen, dass die versuchte Verunglimpfung wie ein Bumerang auf die AWS zurückfiel.

Kwaśniewskis erdrutschartiger Sieg brachte die AWS-geführte Regierung in Schwierigkeiten. Die Unbeliebtheit, die sie sich mit der radikalen Wirtschaftsreform einhandelte, veranlasste viele prominente Anhänger des rechten Flügels zu einer neuen, gemäßigteren Partei der rechten Mitte überzulaufen, die sich Bürgerkomitee nannte. Buzeks Regierung schleppte sich noch bis Ende 2001, dem Ende der Amtszeit, dahin. Dabei lief alles nur Erdenkliche schief: Eine viel gelobte Reform der **staatlichen Pensionen** wurde zur Farce, als das Computersystem, mit dem sie ausgeführt werden sollte, nicht funktionierte. Der Verbleib der Milliarden von Złotys konnte nicht aufgedeckt werden. Der Verlust in der Rentenkasse sorgte für echte Not und Empörung bei den Angestellten.

Das Todesurteil für die AWS-Regierung wurde ausgerechnet von der Partei ausgesprochen, deren Interessen sie am Anfang vertreten hatte. Im Mai 2001 fand sich **Solidarność** endlich mit dem Dilemma ab, das ihren Anführern während der letzten Jahrzehnte treu geblieben war: Wie sollte eine Bewegung, die gegründet worden war, um die Rechte der Arbeiter zu verteidigen, mit rechten Regierungen kooperieren, deren Politik ständig mit den Interessen der Arbeiter kollidierte? In der verzweifelten Anstrengung, das Vertrauen ihrer Stammmitglieder zu behalten, entschloss sich Solidarność zum Rückzug von der AWS und konzentrierte sich auf ihre gewerkschaftlichen Aufgaben.

Der AWS kam es vor, als verließen die Ratten das sinkende Schiff. Sie führte einen wenig überzeugenden Wahlkampf für die **Parlamentswahlen** im September 2001. Mehr von den Fehlern der Regierung profitierend als auf Grund eines eigenen Wahlprogramms segelte die SLD mühelos dem Sieg entgegen. Sie erzielte 45 % der Stimmen – was allerdings nicht zur absoluten Mehrheit im Sejm ausreichte. Sowohl die AWS als auch die Freiheitsunion verschwanden völlig von der Bildfläche: Sie schafften die Fünf-Prozent-Hürde nicht, die den Einzug ins Parlament erlaubt. An ihre Stelle trat das Bürgerkomitee, das das rechts gerichtete Polen vertrat. Die neue Regierung unter *Leszek Miller* und Außenminister Włodzimierz Simosziewícz brauchte weitere Koalitionspartner, um im Sejm eine funktionsfähige Mehrheit zu erreichen, und entschied sich für eine Koalition mit **Samoobrana** (Selbstverteidigung) und der rechts stehenden Bauernpartei unter *Andrzej Lepper*, einem politischen Einzelgänger, der bekannt war für seine polemischen und oft antidemokratischen Entgleisungen.

Durch innerparteiliche Streitereien zersplittert, braucht die politische Rechte in Polen vermutlich viele Jahre, um sich wieder als glaubwürdige Kraft zu organisieren. Die Leitlinien allerdings, die sie in den 1990er Jahren aufstellte, stehen auch heute noch im Mittelpunkt der polnischen Politik. Trotz ihrer kommunistischen Vergangenheit bleibt der SLD keine andere Wahl, als an dreierlei Verpflichtungen festzuhalten: der Loyalität gegenüber der NATO, dem Beitritt zur EU und der wirtschaftlichen Enthaltsamkeit im eigenen Land. Als disziplinierte Partei voller Pragmatiker und verbindlicher Karrieretypen ist die SLD tatsächlich in der Lage, diese Ziele eher zu erreichen als jede vorangegangene Regierung.

Polens Außenpolitik

Zwei Ziele, nämlich die Mitgliedschaft in der NATO und der EU, bildeten in den Jahren nach 1989 die wichtigsten Themen in der Außenpolitik. Zunächst sah es so aus, als würde sich die **Mitgliedschaft in der NATO** am schwierigsten verwirklichen lassen. Doch in den 1990er Jahren gewährte die schwache Position Russlands auf internationaler Ebene – es war das Land, das sich durch die NATO-Erweiterung am stärksten bedroht fühlte – unerwartete Handlungsfreiheit. Im Januar 1994 unterzeichnete Polen das neu gegründete "Bündnis für den Frieden". Zusammen mit der Tschechischen Republik und Ungarn wurde dem Land dann drei Jahre später trotz russischer Proteste der NATO-Beitritt angeboten. Im März 1999 wurden alle drei Länder in die Allianz aufgenommen, genau einen Monat vor dem fünfzigsten Jahrestag der Organisation.

Die Mitgliedschaft in der NATO genießt in der polnischen Öffentlichkeit große Popularität, scheint sie doch sicheren Schutz gegen jegliches Wiederauferstehen russischer Macht zu garantieren. Da Polen die weitaus größte Armee innerhalb Osteuropas besitzt, sieht es sich selbst schon in einer Schlüsselrolle innerhalb der westlichen Allianz – eine Rolle, die es in Zukunft auszuarbeiten beabsichtigt. Es bleibt jedoch abzuwarten, ob die Verbesserung der Beziehungen zwischen der NATO und Russland nach dem **Anschlag vom 11. September** Polen zusätzliche Sicherheit bringen wird oder ob dies lediglich die Befürchtungen steigern wird, von größeren Mächten ins Abseits gedrängt zu werden.

Polens Anstrengungen zum **EU-Beitritt** waren alles andere als unkompliziert – nicht zuletzt auch deshalb, weil die bisherigen Mitgliedsstaaten sich nur langsam darauf einigen konnten, wann und wie die künftige Erweiterung stattfinden sollte. Im November 2000 kamen führende EU-Mitglieder in Nizza zusammen, um grundsätzliche Regeln zur Aufnahme von Polen und anderen osteuropäischen Kandidaten festzulegen. Am 16. April 2003 war es dann so weit: In Athen unterzeichneten neben Polen noch Ungarn, Tschechien, Estland, Lettland, Litauen, die Slowakei, Slowenien, Malta und Zypern Beitrittsverträge mit der EU. Das ist die bisher größte Erweiterungsrunde in der Geschichte der EU. Formell werden diese Länder am 1. Mai 2004 Mitglieder der Europäischen Union, die dann 25 Mitglieder haben wird. Schon heute gibt es oft Meinungsverschiedenheiten zwischen den kleinen und den großen Mitgliedsstaaten. Erst die Zukunft wird zeigen, wie sich Polen innerhalb der EU positionieren kann.

In den letzten Jahren ist jedoch in Polen auch eine **anti-europäische Lobby** entstanden, die quer durch die Bevölkerung Zuspruch findet: von Bauern, die die europäische landwirtschaftliche Konkurrenz fürchten, bis zu nationalistisch-religiösen Verbindungen, die die Auswirkungen der weltlichen Werte des Westens auf die Moral der Nation befürchten. Feindseligkeit ist vor allem dadurch entstanden, dass die Mitgliedschaft in der EU es Ausländern möglich machen wird, polnischen Grundbesitz zu erwerben. Diese Möglichkeit erzeugt Ängste vor allem im Westen und Norden des Landes, wo man befürchtet, dass deutsche Firmen und Einzelpersonen kurzerhand Eigentum in Gebieten erwerben würden, die sie einst beherrschten. Die Deutschen selbst sind ebenfalls alles andere als optimistisch über eine Mitgliedschaft Polens: Sie befürchten, dass dies zu einer Masseneinwanderung arbeitsloser Polen in den Westen führen wird. Da weniger als 50 Prozent der Polen sich positiv zu einer EU-Mitgliedschaft aussprechen, wird die SLD-Regierung bei ihrer EU-Politik größte Vorsicht walten lassen müssen, wenn der Integrationsprozess nicht aus dem Gleis geraten soll.

"Wir sind Bürger Europas!"

Am Sonntag, dem 8. Juni 2003, war es so weit: Die polnischen Wähler hatten über das Referendum zum EU-Beitritt abgestimmt. 77,5 % der Polen stimmten für eine EU-Mitgliedschaft Polens, 22,5 % lehnten diese ab. In der Regierungskanzlei, aber auch auf den Plätzen und Straßen Warschaus wurde das Ergebnis mit Jubel begrüßt.

Den Jubelszenen war ein spannendes Wahlwochenende vorausgegangen. 50 % der Wahlberechtigten mussten sich am Referendum beteiligen, damit dieses Gültigkeit erlangen konnte. Viele polnische Spitzenpolitiker, aber auch die katholische Kirche hatten sich für ein positives Votum stark gemacht. Die polnische Regierung schuf sogar ein Ministerium, das sich nur mit der Durchführung des Referendums befasste. Zwar war nach vorherigen Umfragen die Mehrheit der Polen für einen EU-Beitritt, doch fürchtete die Regierung die Unlust der Wähler, auch abzustimmen. So richteten sich die Bemühungen der Regierung vor allen Dingen auf die Mobilisierung der Befürworter des Referendums.

Die Hauptgegner des Beitritts, die radikalen Bauern der "Partei der Selbstverteidigung" und die ultrakonservativen Katholiken der "Liga polnischer Familien", hingegen versuchten in ihren Kampagnen, die Abstimmung über den EU-Beitritt in ein Votum über die unpopuläre Minderheitsregierung unter Premierminister Miller umzumünzen.

Am ersten Wahlabend, am Samstag, dem 7. Juni, schienen die Bemühungen der Regierung gescheitert zu sein und die Gegner des Referendums zu triumphieren. Nur 17,6 % der Wähler waren zur Abstimmung erschienen. Auch im Laufe des Sonntags gingen nur wenig Polen zur Wahl, gegen Mittag waren es gerade mal 30 %. Erst am Nachmittag kurz vor der Schließung der Wahllokale ereignete sich das "Wunder". In Scharen strömten die Polen zu den Wahlurnen, am Ende hatten 58,9 % der Wahlberechtigten abgestimmt, 77,5 % von ihnen votierten für eine Aufnahme in die EU. Das Ziel der Regierung war erreicht: Polen ist Mitglied der Europäischen Union.

Warszawa/Warschau und Mazowsze/Masowien

Warschau und Masowien
Karte S. 98/99

In Warschau treffen sich zwei große polnische Achsen: die Weichsel, die von Süden nach Norden durch die masowische Ebene fließt, und die Straße von Moskau nach Berlin, die dieses Gebiet und die Stadt selbst von Osten nach Westen durchquert. Dieser Lage und der Tatsache, dass Warschau seit fast 400 Jahren Hauptstadt ist, verdankt die Stadt ihre wechselhafte Geschichte.

Warschaus leidvolle Vergangenheit, seine fast völlige Auslöschung im Zweiten Weltkrieg und Wiederauferstehung aus den Trümmern hat der Stadt einen besonderen Platz im polnischen Nationalbewusstsein gesichert. So erklärt sich, warum die teilweise wenig ansehnliche Stadt so beliebt ist. Bei den jüngsten politischen Ereignissen, der Entstehung von Solidarność, dem Sturz des Kommunismus und der Wiedereinführung einer Wählerdemokratie, schien Warschau im Schatten von Gdańsk und den Industriezentren im Süden zu stehen. Jedoch spielte und spielt Warschau als Zentrum des Widerstands von Volk und Intellektuellen gegen den Kommunismus, als Sitz vergangener und zukünftiger Macht und in wachsendem Maße auch als Zentrum der raschen wirtschaftlichen Veränderungen des Landes eine Schlüsselrolle.

Warschau gibt sich auf den ersten Blick eher spröde. Die kommunistische Herrschaft hat keine großen ästhetischen Ruhmeswerke hinterlassen, und die originalgetreue Rekonstruktion früherer Zeiten wirkt hin und wieder hohl. Aber das Tempo des sozialen Wandels ist greifbar und faszinierend, und die Möglichkeiten, die die nachkommunistische Ordnung bietet, werden genutzt, um die Straßen in einen großen Markt zu verwandeln. Die einst grauen und faden staatlichen Geschäfte im Stadtzentrum weichen bunten, privaten Unternehmen. Gleichzeitig dürften Klagen über einen Mangel an Nachtleben und Unterhaltung, wie sie seit Kriegsende immer wieder zu hören waren, bald der Vergangenheit angehören, denn gegenwärtig öffnen viele neue Bars, Restaurants und Clubs.

In den Dörfern von **Masowien/Mazowsze**, der Ebene, die die Hauptstadt umgibt, werden Sie vergeblich nach äußeren Zeichen von Modernität suchen. Masowien ist schon immer eine der ärmeren Regionen Polens gewesen, in der die Landbevölkerung mit unfruchtbarem Sandboden mühsam ihren Lebensunterhalt bestritt. Auch ist die Landschaft nicht gerade spektakulär, aber sie lädt doch zu einem halben Dutzend Tagesausflügen ein, und der Besucher wird hier mit dem ländlichen Polen vertraut.

Der **Kampinoski-Nationalpark** (Park Narodowy Puszcza Kampinoska) im Nordwesten von Warschau ist der Überrest eines ausgedehnten Waldes, der einst das ganze Gebiet bedeckte. Seinen südlichen Rand säumen stille Dörfer. Etwas weiter westlich davon liegt **Żelazowa Wola**, der viel besuchte Geburtsort Chopins. **Łowicz** ist bekannt als Zentrum masowischer Volkskunst. Der Radziwiłł-Palast in **Nieborów** ist einer der schönsten und am besten erhaltenen Adelssitze im Land.
Südwestlich der Hauptstadt liegt **Łódź**, ein kulturelles und industrielles Zentrum und die zweitgrößte Stadt Polens. Im Norden befinden sich die alten, historischen Zentren Masowiens, z. B. das Marktstädtchen Pułtusk. Liebhabern sezessionistischer Kunst sei ein Ausflug nach Płock, das im Westen an der Weichsel liegt, dringend empfohlen.

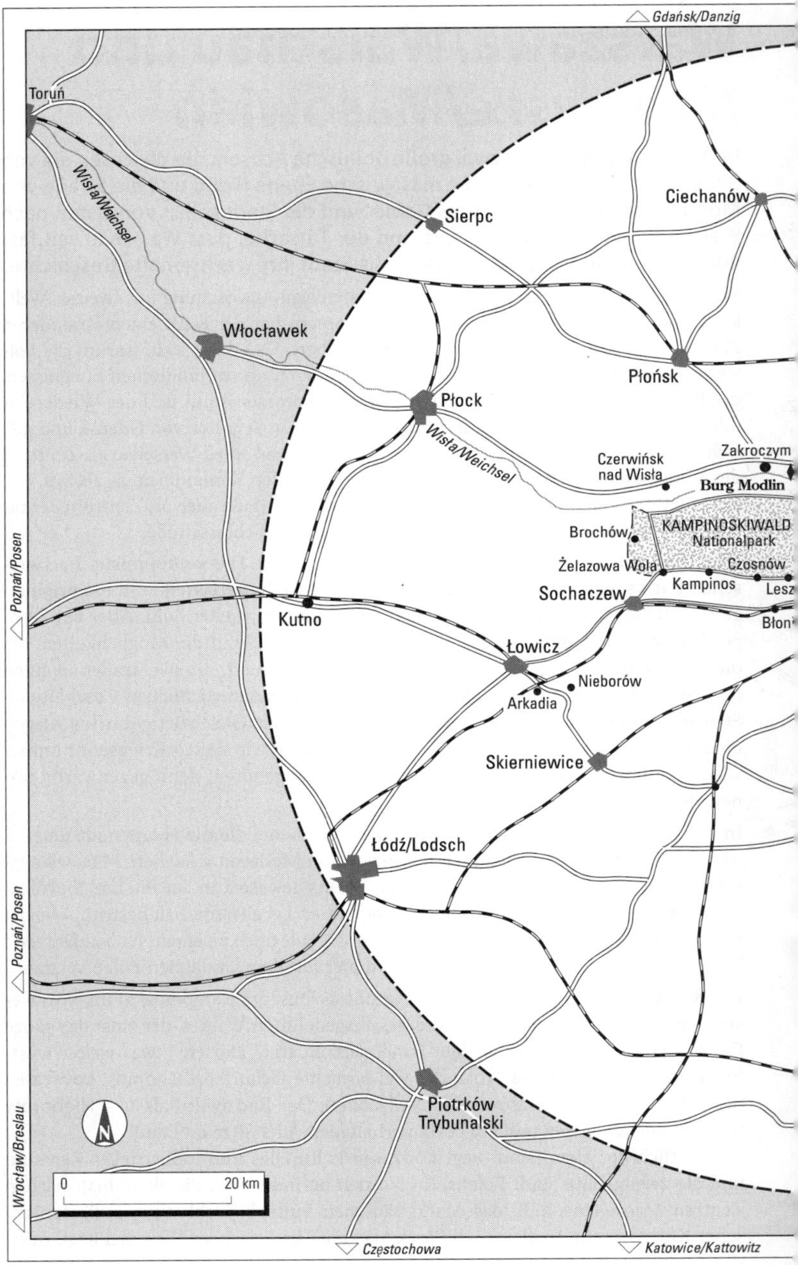

Gdańsk/Danzig
Toruń
Wisła/Weichsel
Sierpc
Ciechanów
Włocławek
Płońsk
Płock
Wisła/Weichsel
Czerwińsk
nad Wisła
Zakroczym
Burg Modlin
Brochów
KAMPINOSKIWALD
Nationalpark
Żelazowa Wola
Czosnów
Kampinos
Sochaczew
Lesz
Błon
Poznań/Posen
Kutno
Łowicz
Nieborów
Arkadia
Skierniewice
Łódź/Lodsch
Poznań/Posen
Piotrków
Trybunalski
Wrocław/Breslau
N
0
20 km
Częstochowa
Katowice/Kattowitz

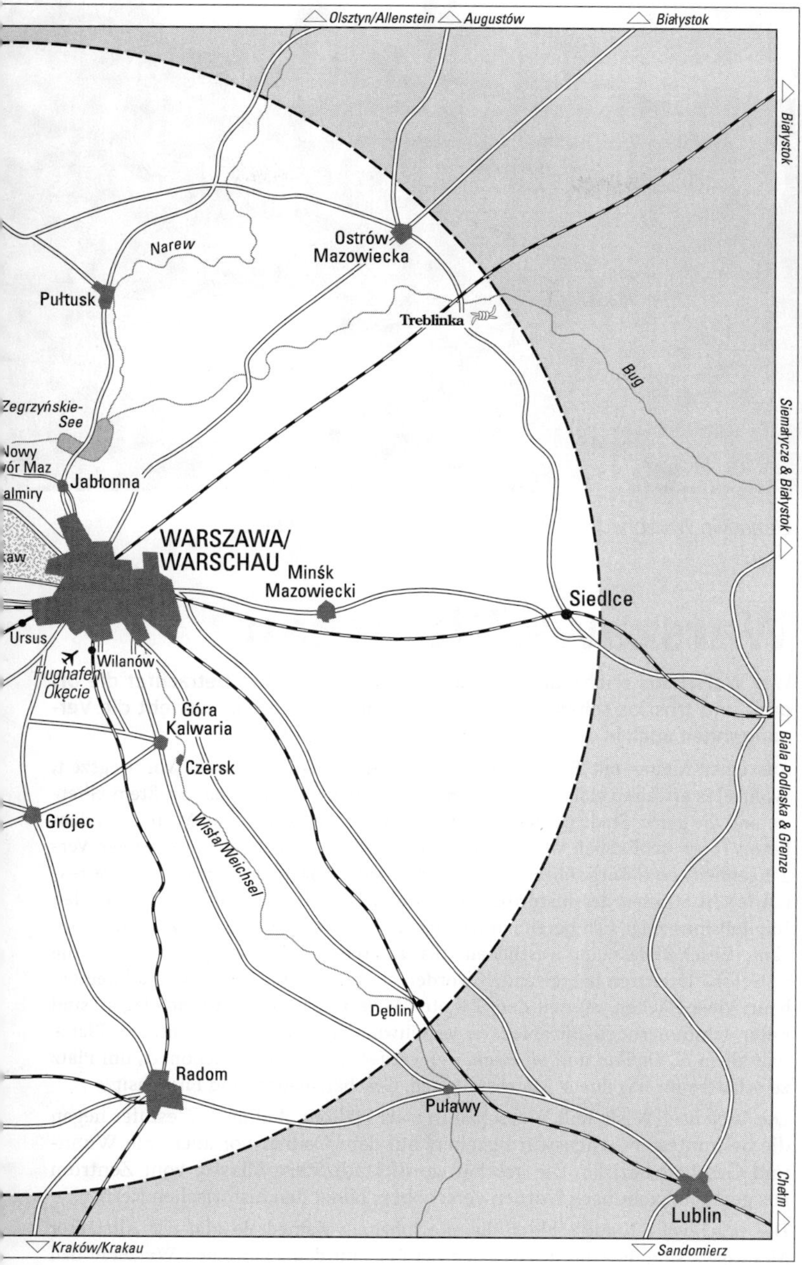
Olsztyn/Allenstein
Augustów
Białystok
Białystok
Siemiatycze & Białystok
Biała Podlaska & Grenze
Chełm
Sandomierz
Kraków/Krakau
Ostrów
Mazowiecka
Narew
Pułtusk
Treblinka
Bug
Zegrzyńskie-
See
Jabłonna
WARSZAWA/
WARSCHAU
Mińsk
Mazowiecki
Siedlce
Ursus
Wilanów
Flughafen
Okęcie
Góra
Kalwaria
Czersk
Grójec
Wisła/Weichsel
Dęblin
Radom
Puławy
Lublin

Überall in Warschau trifft man auf ein Stück Geschichte ...

Warszawa/Warschau

Wer Warschaus reiche und tragische Geschichte kennt, betrachtet die oft grau und trostlos scheinende Stadt mit anderen Augen, er erlebt die Vergangenheit auch in den unansehnlichsten Stadtvierteln.

Aus einer Mauer mit Schusslöchern wird eine Reliquie aus der Vorkriegszeit, Wohnsilos erweisen sich als das ehemalige Zentrum von Europas größtem Ghetto, und die ganze Stadt wird ein Buch über moderne Geschichte. Mitten aus dem Beton ragen schließlich wieder aufgebaute Zeugen von Polens großartiger Vergangenheit: eine Burg, über die Stadt verstreute Paläste und Parks und die restaurierten Straßen der historischen Altstadt. Der überstürzte Aufbruch in den Kapitalismus zeigt sich bereits in der Architektur: riesige Wolkenkratzer und elegante Geschäftsfassaden westlichen Stils, zahlreiche Palais aus der Stalinzeit, die in Geschäftszentren umgewandelt worden sind. Tatsächlich wird überall neu gebaut: Viele Flächen, die seit dem Zweiten Weltkrieg unberührt brach lagen, sind unter schimmernden Büroblöcken verschwunden, und viele öffentliche Plätze (vor allem *pl. Defilad* und *pl. Bankowy*) werden aufwendig verschönert, um Platz zu schaffen für nagelneue Metrostationen, Geschäftshäuser und Firmensitze.

Die Weichsel/Wisła teilt Warschau in zwei Hälften: Auf dem Westufer liegen die bekanntesten Sehenswürdigkeiten, auf dem Ostufer vor allem die Wohn- und Geschäftsbezirke. Die geschäftige **Altstadt/Stare Miasto**, vom Zentrum aus gesehen leicht nach Norden verschoben, bildet den historischen Kern.

Das prachtvolle Königsschloss, die alte Johannes-Kathedrale und der Altstädter Marktplatz sind die eindrucksvollsten Beispiele für den gelungenen Wiederaufbau großer Teile der polnischen Hauptstadt nach dem Zweiten Weltkrieg. Barockkirchen und ehemalige Adelspaläste säumen die Straßen westlich der Verteidigungsmauern und sind auch weiter nördlich in der ruhigen, stimmungsvollen **Neustadt/ Nowe Miasto** zu finden.

Westlich der Altstadt, in den Bezirken **Muranów** und **Mirów**, befand sich das ehemalige Ghetto, in dem die Nożyck-Synagoge und der Friedhof in der ulica Okopowa noch heute von der ausgelöschten jüdischen Bevölkerung zeugen. Südlich der Altstadt liegt **Śródmieście**, das Geschäftszentrum der Stadt, es wird vom Kulturpalast, Stalins dauerhaftem Geschenk an die Bürger von Warschau, beherrscht. **Krakowskie Przedmieście** verbindet die Altstadt mit Śródmieście. Sie ist gesäumt von Palästen und Barocktürmen und bildet den ersten Teil der **Trakt Królewski** (Königsstraße), die vom Plac Zamkowy bis zur stattlichen Königsresidenz in **Wilanów** am Südrand der Stadt reicht.

Unterwegs kommt man am **Park Łazienkowski** vorbei, einer der vielen entzückenden Grünanlagen von Warschau. Dort befindet sich auch der hübsche Łazienki-Palast, der sogenannte "Palast auf der Insel".

Weiter draußen verliert sich die Stadt in einem Wirrwarr von Hochhäusern; hier liegen aber auch historische Vororte wie **Żoliborz** und **Praga** (auf dem Ostufer des Flusses). Dort bekommt man eine Vorstellung vom wirklichen Leben im heutigen Warschau.

Warschau ist eine wesentlich lebhaftere und kosmopolitischere Stadt, als ihr vom Westen zugestanden wird. Es ist z. B. nur wenigen bekannt, dass hier etwa 30.000 Amerikaner leben – etwa ebenso viele wie in Prag. Der Beitrag der ausländischen Einwohner zum kulturellen Leben der polnischen Hauptstadt besteht vor allem in der Einführung westlicher Küche und praktischer Einrichtungen, und viele Besucher sind positiv überrascht, wenn sie in das geschäftige und pulsierende Straßenleben eintauchen. Leider hat der "neue Reichtum" auch traurige Begleiterscheinungen: Bettler sind im Straßenbild alltäglich. Kriegsversehrte und anderweitig Behinderte, Blinde oder alte Menschen fallen immer mehr durch die Ritzen des Systems und müssen sich mit doppelter Kraft gegen die neuen Elemente zur Wehr setzen.

Wer ohne persönliche Beziehungen oder Kontakte nach Warschau kommt, empfindet die Stadt, in der kurz nach Einbruch der Dunkelheit sozusagen die Bürgersteige hochgeklappt werden, vielleicht als abweisend. Tatsächlich sind die Warschauer aber großzügig und sehr gastfreundlich.Einen Besucher nicht mit einem Glas *herbata* und einem Teller Gebäck zu empfangen, wäre nicht einmal in einem Büro denkbar. Die Tradition der Gastfreundschaft hat sich in den Notzeiten nach dem Krieg entwickelt, und wem es gelingt, Freundschaften zu schließen, der erlebt, wie seine Begegnung mit der Stadt sofort um vieles bereichert wird.

Alle Unterbringungsmöglichkeiten in diesem Buch wurden einer der folgenden Preiskategorien zugeordnet. Für nähere Informationen siehe S. 36.

I	unter 60 Zł	F	120–160 Zł	C	300–400 Zł
H	60–90 Zł	E	160–220 Zł	B	400–600 Zł
G	90–120 Zł	D	220–300 Zł	A	über 600 Zł

Geschichte

Verglichen mit anderen europäischen Zentren ist Warschaus Geschichte kurz. Zwar gibt es Zeugnisse für eine Besiedlung im 10. Jahrhundert, aber die ersten Hinweise auf etwas Stadtähnliches an dieser Stelle der Weichsel reichen nur bis Mitte des 14. Jahrhunderts zurück.

Warschau verdankt seinen Aufstieg zur Macht dem masowischen Herzog *Janusz dem Älteren*, der die Stadt 1413 zu seiner Residenz machte und zur Hauptstadt des Herzogtums Masowien ausbaute. Nach dem Tod des letzten Masowierherzogs im Jahr 1526 fielen Masowien und seine nunmehr stark gewachsene Hauptstadt an die polnische Krone. Von da an wandten sich die Geschicke der Stadt schnell zum Besseren. Nach dem Unionsvertrag mit Litauen beschloss der polnische Reichstag (Sejm) 1569, seinen Sitz nach Warschau zu verlegen. Hier fand vier Jahre später die erste Wahl eines polnischen Königs statt. 1596, als *König Sigismund (Zygmunt) III.* seine Hauptstadt aus dem rund 300 km entfernten Krakau nach Warschau verlegte (nach der Vereinigung mit Litauen bildete Warschau eher den geografischen Mittelpunkt als Krakau), stand Warschau auf dem Höhepunkt seines Ruhms.

Mit dem Status als Hauptstadt kam die Blüte, aber den neuen Wohlstand begleiteten auch neue Gefahren. Beim Einfall der **Schweden** 1655, einem von mehreren Angriffen, erlitt die Stadt starke Beschädigungen. Im späten 17. Jh. wurde sie von den **sächsischen Königen** wieder großzügig aufgebaut. Der liebliche Sächsische Garten/Ogród Saski im Stadtzentrum stammt zum Beispiel aus dieser Zeit. Im Allgemeinen denken die Polen an das 18. Jh. als das Goldene Zeitalter Warschaus zurück, in dem seine Konzertsäle, Theater und Salons eine herausragende Stellung im europäischen Kulturleben einnahmen.

Die **Teilungen** und die Einverleibung Warschaus durch Preußen 1795 machten diesem Zeitalter jäh ein Ende. Napoleons Ankunft im Jahre 1806 weckte bei den Warschauern kurz die Hoffnung auf eine Befreiung, als aber sein Moskau-Feldzug fehlschlug, mussten sie diese Hoffnung wieder aufgeben. Nach dem Wiener Kongress im Jahr 1815 wurde Warschau zusammen mit **Kongresspolen** Russland zugeschlagen. Auf den misslungenen **Novemberaufstand von 1830** folgten scharfe Repressalien: Warschau wurde auf den Status einer "Provinzstadt" herabgestuft, und alle polnischen Bildungseinrichtungen wurden geschlossen. Erst beim Ausbruch des **Ersten Weltkriegs** zerbröckelte die russische Vorherrschaft allmählich. Ende 1914 besetzten die **Deutschen** die Stadt und blieben bis Kriegsende.

Nachdem Polen wieder unabhängig geworden war, erhielt Warschau seine Stellung als Hauptstadt zurück. Mit dem Ausbruch des **Zweiten Weltkriegs** begann jedoch die Vernichtung der Stadt. Dem Angriff der Nationalsozialisten im September 1939 folgten Zusammentreibungen, Deportationen und Hinrichtungen. Der Terror war vor allem gegen die jüdische Gemeinde gerichtet, die in ein winziges Ghetto eingepfercht und mit knappen Lebensmitteln am Rande des Hungertodes gehalten wurde. Die Juden erhoben sich auch als Erste. Ihr **Ghettoaufstand** im April 1943 endete mit der völligen Auslöschung der sechs Jahrhunderte alten jüdischen Gemeinde von Warschau.

Im weiteren Verlauf des Krieges, als die Deutschen an der Ostfront eine Niederlage nach der anderen einsteckten, verstärkten die Nationalsozialisten den Druck auf Warschau, gleichzeitig wuchs aber auch der **Widerstand** in der Stadt. Im August

1944 beteiligte sich praktisch die gesamte Zivilbevölkerung am **Warschauer Aufstand**, einem Versuch, die Stadt zu befreien und die Unabhängigkeit Polens zu erreichen. Der Aufstand misslang. Hitler ordnete die völlige Vernichtung Warschaus an, die überlebende Bevölkerung wurde aus der Stadt vertrieben. Anschließend zerstörte die SS systematisch, was noch an Gebäuden stehen geblieben war. Hitler konnte in einer seiner letzten Reden vor dem Reichstag verkünden, Warschau sei nichts weiter als ein Name auf der Landkarte von Europa. Bei Kriegsende waren 850.000 Warschauer, zwei Drittel der Bevölkerung von 1939, entweder tot oder galten als vermisst. Kurz nach der **Befreiung** im Januar 1945 gemachte Aufnahmen zeigen ein an Hiroshima erinnerndes Bild: General Eisenhower sagte, er habe noch nie einen so tragischen Anblick wie den von Warschau erlebt.

Die gewaltige Aufgabe des **Wiederaufbaus** der Stadt nahm zehn Jahre in Anspruch. Aus ästhetischer Sicht sind die Ergebnisse nicht immer befriedigend: Quadratkilometerweit erstreckt sich der sozialistische Funktionalismus, hier und da eingesprenkelt finden sich einige Barockpaläste. Aber dennoch war die Leistung des nationalen Wiederaufbaus gewaltig. Inzwischen ist die Bevölkerungszahl auf 1,7 Millionen angestiegen und liegt damit über dem Vorkriegsniveau. Trotzdem ist eine Lücke geblieben: die Lücke, die die ausgelöschte jüdische Gemeinde hinterlassen hat.

Praktische Informationen

Orientierung

Der Lauf der Weichsel/Wisła ist der beste Anhaltspunkt, um sich in Warschau zurechtzufinden. Beinahe alle Sehenswürdigkeiten liegen auf dem Westufer, so auch die **Altstadt/Stare Miasto**, die sich auf einer Anhöhe im Norden befindet, und das moderne Geschäftszentrum Warschaus, der Bezirk **Śródmieście**, der sich nach Süden erstreckt. Eine Verbindung zwischen beiden Stadtteilen ist die zwei Kilometer lange Straße Krakowskie Przedmeście, die in ihrem unteren Teil zur Nowy Świat wird, die Haupttouristenstraße, die das Zentrum von Norden nach Süden durchquert.

Information/Stadtplan

• *Information* Warschaus städtisches Fremdenverkehrsbüro (✆ 022/9431, www.warsawtour.pl) unterhält eine Reihe von Informationsbüros (**Informacja Turystycznya** oder IT) in der Stadt. Das nützlichste und zentralste befindet sich am Eingang zum Stare Miasto,Plac Zamkowy 1 (Mo–Fr 9–18 Uhr, Sa 10–18 Uhr, So 11–18 Uhr). Das Englisch sprechende Personal gibt Auskunft über Unterkünfte in ganz Warschau, nimmt Hotelbuchungen vor, besitzt viele Broschüren zum Mitnehmen und verkauft Landkarten. Weniger gut ausgerüstete Büros befinden sich im Hauptbahnhof Warszawa Centralna (im großen Fahrkartenschalterraum; tägl. 8–20 Uhr), am Bus- und Zugbahnhof Warszawa Zachodnia (tägl. 8–20 Uhr) sowie in der Ankunftshalle des Flughafens Okęcie (tägl. 8–20 Uhr).

Der wachsende Zustrom von Touristen aus dem Westen und die große Zahl an fremdsprachigen Einwohnern haben in der Stadt eine Anzahl von englischsprachigen Publikationen ins Leben gerufen. Besonders nützlich ist *Warsaw in Your Pocket* (6 Zł; www.inyourpocket.com), eine alle zwei Monate erscheinende Zeitschrift im DIN A-5-Format, die Hotels, Restaurants und Bars kritisch erfasst und die Anschriften aller möglichen hilfreichen Institutionen nennt. Sie ist in Buchläden und an einigen Zeitungskiosken erhältlich. Weniger Informationen, dafür mehr charakteristische Ereignisse enthält der *Warsaw Insider*, eine monatlich erscheinende Broschüre (9 Zł), die in IT-Büros und größeren Buchläden in der Stadt erhältlich ist. Die Wochenzeitung *Warsaw Voice* (www.warsawvoice.com) informiert

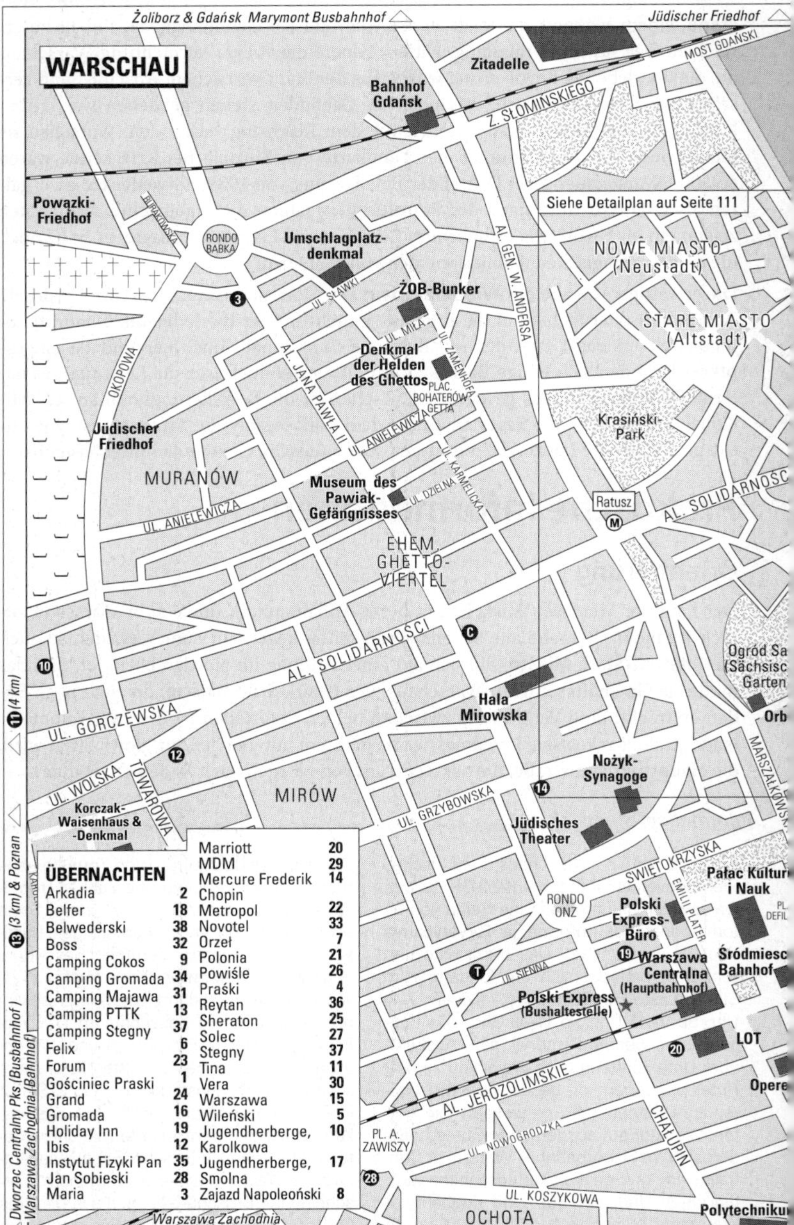

Żoliborz & Gdańsk Marymont Busbahnhof
Jüdischer Friedhof
WARSCHAU
Zitadelle
MOST GDAŃSKI
Bahnhof Gdańsk
Z. SŁOMIŃSKIEGO
Powązki-Friedhof
BURAKOWSKA
RONDO BABKA
Umschlagplatz-denkmal
Siehe Detailplan auf Seite 111
AL. GEN. W. ANDERSA
NOWE MIASTO (Neustadt)
UL. SŁAWKI
ŻOB-Bunker
STARE MIASTO (Altstadt)
UL. MIŁA
UL. ZAMENHOFA
Denkmal der Helden des Ghettos
PLAC. BOHATERÓW GETTA
OKOPOWA
AL. JANA PAWŁA II
UL. ANIELEWICZA
Krasiński-Park
Jüdischer Friedhof
UL. KARMELICKA
MURANÓW
Museum des Pawiak-Gefängnisses
UL. DZIELNA
Ratusz
AL. SOLIDARNOŚCI
UL. ANIELEWICZA
EHEM. GHETTO-VIERTEL
AL. SOLIDARNOŚCI
Ogród Sa (Sächsisc Garten
Hala Mirowska
Orb
UL. GORCZEWSKA
(4 km)
MARSZAŁKOWSKA
UL. WOLSKA
TOWAROWA
Nożyk-Synagoge
MIRÓW
UL. GRZYBOWSKA
Korczak-Waisenhaus & -Denkmal
Jüdisches Theater
ŚWIĘTOKRZYSKA
Pałac Kultur i Nauk
(3 km) & Poznan
EMILII PLATER
RONDO ONZ
Polski Express-Büro
PL. DEFIL
Warszawa Centralna (Hauptbahnhof)
Śródmiesc Bahnhof
UL. SIENNA
Polski Express (Bushaltestelle)
LOT
Opere
AL. JEROZOLIMSKIE
CHAŁUPIN
UL. NOWOGRODZKA
PL. A. ZAWISZY
Dworzec Centralny Pks (Busbahnhof)
Warszawa Zachodnia (Bahnhof)
UL. KOSZYKOWA
OCHOTA
Polytechniku
Warszawa Zachodnia (Busbahnhof und Bahnhof)
(500 m) & (800 m)
Karakau
Flughafen, (2 km), (3 km) & (4 km)
(4 km)
ÜBERNACHTEN
Arkadia 2
Belfer 18
Belwederski 38
Boss 32
Camping Cokos 9
Camping Gromada 34
Camping Majawa 31
Camping PTTK 13
Camping Stegny 37
Felix 6
Forum 23
Gościniec Praski 1
Grand 24
Gromada 16
Holiday Inn 19
Ibis 12
Instytut Fizyki Pan 35
Jan Sobieski 28
Maria 3
Marriott 20
MDM 29
Mercure Frederik 14
Chopin 22
Metropol 33
Novotel 7
Orzeł 21
Polonia 26
Powiśle 4
Praśki 36
Reytan 25
Sheraton 27
Solec 37
Stegny 11
Tina 30
Vera 15
Warszawa 5
Wileński 10
Jugendherberge, Karolkowa 17
Jugendherberge, Smolna 8
Zajazd Napoleoński

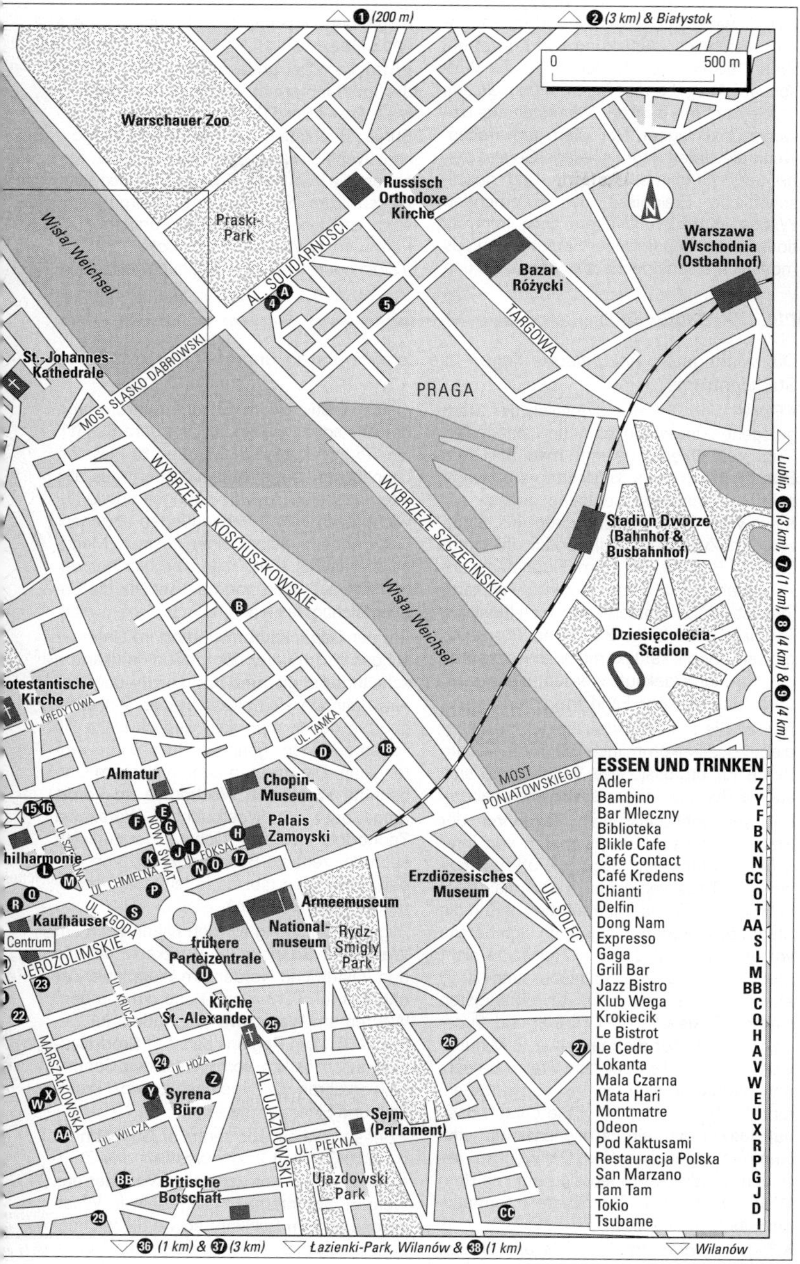
1 (200 m)
2 (3 km) & Białystok
0 500 m
Warschauer Zoo
Russisch Orthodoxe Kirche
Praski-Park
Wisła/Weichsel
AL. SOLIDARNOSCI
Bazar Różycki
Warszawa Wschodnia (Ostbahnhof)
TARGOWA
St.-Johannes-Kathedrale
MOST SLASKO DABROWSKI
PRAGA
WYBRZEŻE KOSCIUSZKOWSKIE
WYBRZEŻE SZCZECINSKIE
Stadion Dworze (Bahnhof & Busbahnhof)
Dziesięcolecia-Stadion
Lublin, 6 (3 km), 7 (1 km), 8 (4 km) & 9 (4 km)
Protestantische Kirche
UL. KREDYTOWA
UL. TAMKA
Almatur
Chopin-Museum
Palais Zamoyski
MOST PONIATOWSKIEGO
NOWY ŚWIAT
UL. FOKSAL
Philharmonie
UL. CHMIELNA
UL. ZGODA
Kaufhäuser
Centrum
AL. JEROZOLIMSKIE
Erzdiözesisches Museum
Armeemuseum
Nationalmuseum
frühere Parteizentrale
Rydz-Smigly Park
UL. SOLEC
UL. KRUCZA
Kirche St.-Alexander
MARSZAŁKOWSKA
UL. HOŻA
Syrena Büro
AL. UJAZDOWSKIE
UL. WILCZA
Sejm (Parlament)
UL. PIĘKNA
Britische Botschaft
Ujazdowski Park
36 (1 km) & 37 (3 km)
Łazienki-Park, Wilanów & 38 (1 km)
Wilanów
ESSEN UND TRINKEN
Adler Z
Bambino Y
Bar Mleczny F
Biblioteka B
Blikle Cafe K
Café Contact N
Café Kredens CC
Chianti O
Delfin T
Dong Nam AA
Expresso S
Gaga L
Grill Bar M
Jazz Bistro BB
Klub Wega C
Krokiecik Q
Le Bistrot H
Le Cedre A
Lokanta V
Mala Czarna W
Mata Hari E
Montmatre U
Odeon X
Pod Kaktusami R
Restauracja Polska P
San Marzano G
Tam Tam J
Tokio D
Tsubame I

gut über Lokalpolitik und Wirtschaft, enthält Hinweise für Touristen und eine ziemlich ausführliche Auflistung von Konzerten. Wenn Sie Polnisch sprechen, ist die Warschauer Ausgabe der Tageszeitung *Gazeta Wyborcza* in punkto Veranstaltungshinweise unschlagbar. Vor allem am Freitag, wenn die Unterhaltungsbeilage *Co jest grane* über Kinofilme, Konzerte und gesellschaftliche Ereignisse der kommenden Woche informiert. Weitere gute Informationsquellen in polnischer Sprache sind das monatlich erscheinende *City Magazine* und der zweiwöchige *Aktivist* (www.aktivist.pl). Beide sind kostenlos in bekannten Bars und Clubs erhältlich.

• *Stadtplan* Der umfassendste Stadtplan ist der im Buchformat erscheinende *Warszawa – Plan Miasta* (12 Zł), erhältlich in den IT-Büros, Buchläden und an den *Ruch*-Kiosken. Wenn Sie jedoch nicht ausdrücklich vorhaben, die Vorstadtbezirke zu erkunden oder weitab vom Stadtzentrum untergebracht sind, reichen die durchaus brauchbaren Karten im *Warsaw in Your Pocket*, *Warsaw Insider* oder in diesem Reisebuch völlig aus.

Anfahrt/Verbindungen

Die wichtigsten *Ankunftsorte* liegen alle sehr zentral in unmittelbarer Nähe des Stadtzentrums.

• *Flüge* Vom 8 km südwestlich der Stadt gelegenen internationalen und nationalen Flughafen **Okęcie** gelangt man mit dem **Bus** Nr. 175 in etwa 35 Minuten am Hauptbahnhof Warszawa Centralna und an der Krakowskie Przedmeście vorbei ins Stadtzentrum. Zwischen 23 Uhr und 5 Uhr bringt Sie der Bus Nr. 611 vom Flughafen zum Hauptbahnhof. Kaufen Sie Ihre Fahrkarte (derzeit 2,40 Zł einfach) am Ruch-Kiosk im Terminal oder beim Busfahrer. Für jedes größere Gepäckstück muss eine zusätzliche Fahrkarte gekauft werden, siehe auch unter "Stadtverkehr, Fahrkarten".

Achten Sie in allen Buslinien auf Taschendiebe! Neuankömmlinge sind oft leichte Beute für professionelle Banden, die sich auf die Flughafenbusse spezialisiert haben.

Die berühmt-berüchtigten **Taxifahrer** der Stadt zeigen sich am Flughafen von ihrer schlechtesten Seite. Sogar die offiziell registrierten Taxis versuchen manchmal, dem Fahrgast 100 Zł und mehr für die Fahrt in die Stadt abzuknöpfen. Einigen Sie sich bereits vor der Fahrt auf den Preis (er sollte nicht mehr als etwa 20 Zł tagsüber und 30 Zł abends/nachts betragen). Am günstigsten sind die Taxis von MPT (✆ 919) und *Super Taxi* (✆ 9622), auf die man etwa 10 Minuten warten muss, die aber faire Preise berechnen. Wenn Sie sich ein Taxi vom Straßenrand heranwinken, achten Sie darauf, dass auf dem Wagen ein Firmenname und eine Nummer angegeben sind. Die weniger vertrauenswürdigen Wagen sind nur mit dem Wort *Taxi* betitelt. Für nähere Informationen siehe unter "Taxis".

• *Zugverbindungen* Der **Hauptbahnhof Warszawa Centralna** (✆ 022/9436) liegt gleich westlich vom Einkaufszentrum, von der Altstadt zehn Minuten mit dem Bus (Linie 175) oder etwa 30 Minuten zu Fuß. Ein chaotischer, lauter Platz, von dem aus alle internationalen Zugverbindungen sowie die wichtigsten Inlandsverbindungen abgehen. Der Bahnhof gleicht einer riesigen Markthalle – nachts sollte man sich hier auf keinen Fall aufhalten und das Gepäck nie unbeaufsichtigt lassen.

Bei der **Gepäckaufbewahrung** im Untergeschoss gleich unter der großen Fahrkartenschalterhalle, die rund um die Uhr geöffnet hat, befinden sich elektronische Schließfächer, in denen man sein Gepäck bis zu 10 Tagen zu einem geringen Preis aufbewahren kann. Die meisten Züge halten am Ostbahnhof **Warszawa Wschodnia** im Vorort Praga oder am **Westbahnhof Warszawa Zachodnia** im Bezirk Ochota, der zugleich auch der zentrale Busbahnhof ist. Von beiden Bahnhöfen gibt es regelmäßig Verbindungen zum Centralna.

Züge aus Richtung Norden halten auch am **Warszawa Gdańska** (ul. Buczka 4), die aus dem Osten und Norden am **Warszawa Zachodnia** (ul. Towarowa 1) und die aus dem Westen am **Warszawa Wschodnia** (ul. Lubelska 1). Vom Regionalbahnhof **Śródmiescie**, gleich östlich vom Warszawa Centralna, verkehren die Züge nach Łowicz, Pruszkow und Skierniewice.

• *Busse* Warschaus zentraler **Busbahnhof** (✆ 022/9433) liegt 3 km westlich des Zentrums in der al. Jerozolimskie. Von hier aus werden alle internationalen Ziele in Westeuropa und im Baltikum sowie die wichtigsten polnischen Ziele im Süden und Westen des Landes angefahren. Obwohl er offiziell Dworzec Centralny PKS heißt, bezeichnet man den Busbahnhof meist als **Warszawa Zachodnia** (Warschau West), da er sich im selben Gebäude wie der Bahnhof Warszawa Zachodnia (s. oben) befindet. Von hier gelangt man in kürzester Zeit zum Hauptbahnhof – beinahe jeder in Richtung Osten fahrende Stadtbus hält dort. Bus Nr. 127 fährt weiter zum plac Bankowy am Rande der Altstadt. Einige aus Ostpolen kommende Busse fahren bis zum **Dworzec Stadion** am Ostufer der Weichsel nahe dem riesigen Stadionmarkt. Von hier fährt die Straßenbahn Nr. 12 sowie ein Vorstadtzug zum Hauptbahnhof. Die Busse der privaten Unternehmen wie *Polski Express* und *Komfort Bus* starten in der **aleja Jana Pawła II**.

Adressen

- *Ärztliche Versorgung* Im **American Medical Centre** wird Englisch gesprochen, ul. Wilca 23/29 (Mo–Fr 8–18 Uhr, Sa 9–15 Uhr; ✆ 022/545 6161). Es ist zwar teuer, aber gut und ist 24 Stunden geöffnet; das **C.M. Medical Centre**, 3. Stock, *Marriott Hotel* (Mo–Fr 7–21 Uhr, Sa 8–20 Uhr, -So 9–13 Uhr; ✆ 022/630 3030), bietet einen ähnlichen Service. Am zentralsten gelegen ist die Staatliche Klinik, ul Marszałkowska 24 (✆ 022/621 3241). Die Rufnummer für den Ärztlichen Notdienst lautet ✆ 999, aber beim privaten **Falck-Notrufdienst** (✆ 9675) können Sie sich am ehesten in Englisch verständlich machen.
- *American Express* Krakowskie Przedmieście 11 (Mo–Fr 9–18 Uhr; ✆ 022/551 5152). Es gibt auch eine Zweigstelle im *Marriott Hotel*. Auf American Express Traveller Cheques wird keine Gebühr erhoben.
- *Apotheken* Rund um die Uhr geöffnet sind die *apteka* im obersten Stock des Hauptbahnhofs; die im Bahnhof Warszawa Wschodnia sowie die in al. Sodidarnosci 149; ul. Puławska 39 und ul. Dilcza 31.
- *Behinderten-Information* ✆ 022/826 0802.
- *Autovermietung* **Avis** (www.avis.pl): Okęcie-Flughafen (✆ 022/650 4872) und im *Marriott Hotel* (✆ 022/630 7316); **Budget**: Flughafen (✆ 022/650 4062) und im *Marriott* (✆ 022/630 7280); **Hertz** (www.hertz.com): am Flughafen (✆ 022/650 2896) und ul. Nowogrodzka 27 (✆ 022/621 0239).
- *Banken und Geldautomaten* Wechselstuben und Geldautomaten gibt es eigentlich überall in der Stadt. Leicht erreichbar sind beispielsweise die **Pekao**, Ecke al. Jerozolimski und ul. Marszałkowska sowie pl. Bakowy 2.
- *Botschaften* **Deutschland**, ul. Dabrowiecka 30, ✆ 022/617 3011, www.ambasadaniemiec.pl; **Österreich**, ul. Gagarina 34 (✆ 022/641 0081). **Schweiz**; al. Ujazdowskie 27 (✆ 022/628 0481).
- *Busse* Von Warszawa Zachodnia (s. Anfahrt/Verbindungen) gibt es internationale Verbindungen nach Westeuropa und ins Baltikum sowie wichtige Verbindungen in den Süden und Westen Polens. Dworzec Stadion ist Ausgangspunkt für Weißrussland und die Ukraine sowie nach Ostpolen. Internationale Fahrkarten können in Orbis-Reisebüros gekauft werden (s. Reisebüros) sowie an den Auslandsschaltern der Busbahnhöfe. Die Busse des privaten Unternehmens **Polski Express,** (✆ 022/620 0326, www.polskiexpress.pl sind zwar wesentlich schneller und komfortabler als die staatlichen Busse, aber dafür auch um einiges teurer. Sie fahren von der al. Jana Pawła II ab, direkt hinter dem Hauptbahnhof. Beachten Sie, dass es nur ein Fahrkartenhäuschen und kaum Möglichkeiten gibt, etwas zu essen oder zu trinken zu kaufen. Auskünfte über die staatlichen **PKS**-Busse erhalten Sie unter ✆ 9433, über Stadtbusse unter 9484.
- *Fluggesellschaften* **Aeroflot**, al. Jerozolimskie 29 (✆ 022/621 1611); **Air France**, ul. Krucza 21 (✆ 022/628 1281); **American Airlines**, al. Ujazdowskie 20 (✆ 022/625 3002, www.aa.com); **British Airways**, ul. Krucza 49 (✆ 022/529 9000, www.britishairways.com); **LOT**, al. Jerozolimski 65/79 (✆ 022/630 5007, www.lot.pl); **Lufthansa**, ul. Sienna 39 (✆ 022/338 1300, www.lufthansa.pl); SAS, siehe Lufthansa, www.scandinavian.net.
- *Flughafen-Information* ✆ 022/650 3943.
- *Fundbüro* Für den öffentlichen Nahverkehr, ul. Słowackiego 45a (7–15 Uhr; ✆ 022/663 3297).
- *Gepäckaufbewahrung* Im Hauptbahnhof (24 Std. geöffnet, Aufbewahrung bis zu 10 Tage).
- *Goethe-Institut* pl. Defilad 1 (Kulturpalast, 10. Stock), ✆ 022/656 6050.
- *Internet* Internet-Cafés sind überall in Warschau wie Pilze aus dem Boden geschossen. Zuverlässig und in zentraler Lage befinden sich: **Casablanca**, ul. Krakowski Przedmieście 4/6 (tägl. 9–24 Uhr); **Empik**, ul. Marszałkowska 116/122 (Mo–Fr 9–22 Uhr, So

11–19 Uhr); **Relax Cinema**, ul. Złota 8 (tägl. 10–22 Uhr); **Silverzone**, ul. Oławska 19/21 (tägl. 9–23 Uhr) ; **W Sieci**, ul. Freta 49/51 (tägl. 9–23.30 Uhr). Rechnen Sie jeweils mit ca. 10 Zł pro Stunde.

• *Kamera-Reparaturen* **Foto und Video Service**, ul. Marszałkowska 84/92.

• *Polizei* Anzeigen erstatten kann man auf der Polzeiwache, ul. Wilcza 21. Bei Diebstählen bitte eine genaue Liste mit Wertangabe der gestohlenen Gegenstände vorlegen.

• *Post* Die Hauptpost ist 24 Stunden geöffnet und befindet sich in der ul. Świętokrzyska 31/33. Am Schalter 12 kann man postlagernde Sendungen abholen (Postleitzahl 00–001), außerdem gibt es dort einen Faxdienst. Das Postamt am Hauptbahnhof ist für Telefonate 24 Stunden, für Postdienste Mo–Fr von 8–20 Uhr, Sa 8–14 Uhr geöffnet. Man findet es im 1. Stock der Haupthalle, versteckt hinter dem Zuginformationsschild, von der Rolltreppe aus am anderen Ende der Halle.

• *Reisebüros* **Almatur**, ul. Kopernika 23 (Mo–Fr 9–19 Uhr, Sa 10–14 Uhr, ✆ 022/826 2639 oder 826 3512, www.almatur.com.pl) organisiert preiswerte Studentenreisen. **Mazurkas**, im Hotel *Forum*, ul. Nowogrodzka 24/26, (✆ 022/629 1878, www.polhotels.com/tours/mazurkas) bietet Stadtrundfahrten und Busausflüge an, vor allem zu Konzerten im Chopin-Haus in Żelazowa Wola (s. S. 172). **Orbis-Reisebüros**, ul. Bracka 16 (✆ 022/827 7265), ul. Marszałkowska 142 (✆ 022/827 0875) und Świetokryska 20 (✆ 022/826 2016) verkaufen internationale Flugtikkets, Bahn- und Busfahrkarten; geöffnet Mo–Fr 8–19 Uhr, Sa 9–18 Uhr, So 9–15 Uhr.

• *Telefon und Fax* In allen größeren Postämtern. Öffentliche Telefonzellen gibt es in den Straßen. Einige Internet-Cafés bieten auch Fax an.

• *Waschsalon* ul. Karmelicka 17, Mo–Fr 9–17 Uhr, Sa 9–13 Uhr.

Stadtverkehr

• *Busse, Straßenbahnen und Metro* Warschau besitzt ein zuverlässiges, leicht zugängliches Bus-, Straßenbahn- und U-Bahnnetz (www.ztm.waw.pl für Fahrplanauskünfte). Busse und Straßenbahnen sind so gut wie flächendeckend vorhanden, während die relativ neue U-Bahn aus einer einzigen Linie mit 14 Haltestellen besteht. Sie reicht von Ratusz (plac Bankowy, westlich der Altstadt) im Norden bis in die 14 km entfernte Vorstadt Kabaty. Knotenpunkte für die oberirdischen und unterirdischen Verbindungen sind **plac Bankowy** und **Centrum** im modernen Geschäftsviertel, das sich locker um den Pałac Kultury i Nauk gruppiert, etwa 400 m östlich des Hauptbahnhofs.

Zu Stoßzeiten wird es eng, aber die Busse fahren bemerkenswert pünktlich. Der reguläre Bus- und Straßenbahnverkehr endet etwa 23–23.30 Uhr. Von 23.15–4.45 Uhr fahren Nachtbusse von der Haltestelle hinter dem Kulturpalast in der ul. Emilii Plater, und zwar jeweils eine Viertelstunde vor und nach der vollen Stunde.

• *Fahrkarten* **Fahrkarten** (*bilety*) für Straßenbahnen, Busse und die U-Bahn-Linie kauft man bei Zeitungs- und Tabakkiosken, die mit der Aufschrift *MZK* gekennzeichnet sind, oder von Fahrscheinautomaten an einigen größeren Haltestellen. Man kann sie auch beim Busfahrer kaufen, allerdings zu einem leicht höheren Preis. Die Preise haben sich in den letzten zehn Jahren ständig geändert, und die Tendenz ist steigend. Momentan beträgt der Preis für eine Karte 2,40 Zł (bzw. 1,20 Zł für Inhaber des ISCI-Ausweises). Wechselt man den Bus oder die Straßenbahn, braucht man einen neuen Fahrschein. Für eine Nachtfahrt benötigt man 3 Fahrscheine. Besser fährt man mit einer Tages- (*bilet jednodniowy;* 7,20 Zł, mit ISCI 3,60 Zł) oder Wochenkarte (bilet tygodniowy; 26 Zł, mit ISCI 13 Zł). Der **Tagespass** ist an jedem Kiosk erhältlich, doch an den **Wochenpass** kommt man schwieriger. Versuchen Sie es bei der MZK-Niederlassungen am Plac Bankowy 4 oder in der ul. Senatorska 37 (beide sind von 7.30–15 Uhr geöffnet).

Die **Karten** muss man an den Automaten in den Bussen und Straßenbahnen sowie am Eingang zur U-Bahn **entwerten**. Unwissenheit gilt bei den Kontrolleuren nicht als Entschuldigung, und sie kassieren sofort eine Strafe von 120 Zł, wenn sie jemanden mit einer ungültigen Karte erwischen.

Auch das Besuchergepäck wird inzwischen immer häufiger kontrolliert. Denken Sie deshalb daran, dass Sie für jedes **größere Gepäckstück** (auch Rucksäcke) jeweils eine **zusätzliche Karte entwerten** müssen, sonst kostet Sie das eine Strafgebühr von 48 Zł.

• *Taxis* Wegen der jüngsten Preiserhöhungen ist das **Taxi** für die meisten Polen ein

Luxus geworden, für Besucher aus dem Westen sind Taxen weiterhin erschwinglich und außerdem leicht aufzutreiben. Allerdings muss man einkalkulieren, dass es eine kleine, aber beachtliche Anzahl von Warschauer Taxifahrern gibt, die wenig mehr sind als "lizensierte Gangster", die jede Gelegenheit nutzen, Touristen übers Ohr zu hauen – vor allem nachts oder von Hotels, vom Flughafen oder den Bahnhöfen. Erkundigen Sie sich am besten vorher bei der Hotelrezeption, bei IT-Büros oder Einheimischen über die gängigen Preise. Trotzdem werden Sie einen erhöhten Preis zahlen müssen. Es nützt nicht, darauf zu bestehen, dass der Zähler eingestellt ist – auch der kann manipuliert sein.

Die verlässlichen Wagen geben im Gegensatz zu den weniger vertrauenswürdigen außer der Bezeichnung "Taxi" auch einen Firmennamen und eine Nummer an.Viele dieser Wagen findet man in der ul. Emilii Plater, einer ruhigen Seitenstraße in der Nähe des Hauptbahnhofs. Telefonisch vorbestellen kann man z. B. über *MTP* (✆ 919), *Bialź* (✆ 9668) oder *Super Taxi* (✆ 9622). Die Fahrer sprechen meistens ein paar Worte Englisch, aber es hilft, wenn man den Namen seines Reiseziels (und natürlich die eigene Adresse) auf Polnisch aussprechen kann.

Übernachten

Es gibt ein immer größeres Angebot an Unterkünften in Warschau, doch die Preise steigen unerbittlich - mit dem Ergebnis, dass viele Unterkünfte im Verhältnis zu dem Standard, den sie bieten, überteuert sind.

Hotels der obersten Preiskategorie sind vom Standard her ziemlich zuverlässig: Die wachsende Bedeutung der Stadt als mitteleuropäisches Handelszentrum hat dazu geführt, dass zahlreiche **Luxushotels** entstanden sind, die den Vergleich mit jedem westeuropäischen Hotel aufnehmen können. Für Reisende, die **Billigunterkünfte** und **Mittelklassehotels** suchen, ist der Standard nahezu unvorhersehbar, und oft zahlen sie unverhältnismäßig viel für eine Unterkunft, die ihren Erwartungen nicht entspricht. Es gibt gute Angebote, doch die sollte man im Voraus buchen, um sich böse Überraschungen zu ersparen.

Wer ohne Reservierung ankommt, kann sich an die IT-Büros am Flughafen oder in den Bahn- oder Busbahnhöfen wenden (siehe "Information", S. 103), die Hotel- und Herbergsreservierungen vornehmen. Allerdings muss man im Sommer mit langen Warteschlangen rechnen. Außerdem ist das Personal über den Standard der empfohlenen Unterkünfte nicht unbedingt gut informiert.

Warschaus **Jugendherbergen** und **Privatzimmer** kann man zwar nicht gerade gemütlich und einladend nennen, doch immerhin bieten sie für ein oder zwei Nächte eine preiswerte Unterkunft. **Camping** in Warschaus Vororten ist eine gute Alternative für den, der die lange Fahrt ins Zentrum mit öffentlichen Verkehrsmitteln nicht scheut.

Hotels (siehe Karten S. 104/105 und S. 111)

Warschaus Hotelszene bietet sowohl das Beste als auch des Schlechteste der nachkommunistischen Ära. Während es keinen Mangel an neuen, vom Westen finanzierten Hotels gibt, die hohen Standard zu hohen Preisen bieten, existieren noch immer viele Hotels aus der kommunistischen Zeit, die stark überteuert sind und wo unrenovierte Zimmer mit einer veralteten Auffassung von Service Hand in Hand gehen.

Es ist schwierig – allerdings nicht unmöglich –, im Zentrum von Warschau ein Doppelzimmer unter 200 Zł zu finden. Die meisten Hotels verlangen wesentlich mehr – ob die Zimmer dies nun wert sind oder nicht. Oft zahlt man über 400 Zł, wenn man den Komfort internationaler Hotels wünscht. Natürlich gibt es auch Schnäppchen: So gewähren viele der auf Geschäftskunden ausgerichteten Hotels speziele Wochenendtarife mit Ermäßigungen bis zu 30 % (fragen Sie danach, wenn Sie dort anrufen).

In den wenigen preiswerten Unterkünften im **Zentrum** müssen Sie im Voraus buchen – was dadurch erschwert wird, dass man an der Rezeption dort selten Englisch oder Deutsch spricht. Ansonsten bedeutet eine preiswerte Unterkunft zu finden, dass man sich ein Stück vom Zentrum entfernen muss. Eine gute Alternative ist der Bezirk **Praga**, direkt östlich des Zentrums auf der anderen Seite der Weichsel. Doch auch in den Vorstädten im Süden und Westen gibt es einige Hotels. Der größte Nachteil, weit vom Zentrum zu wohnen, ist, dass es dort so gut wie keine Restaurants, Bars und Läden gibt. Außerdem gelten einige Vorstadtgebiete (vor allem Praga) nachts als unsicher, sodass man möglicherweise mehr Geld als geplant für Taxis ausgeben muss.

• *Stadtzentrum* **Belfer (18)**, ul. Wybrzeże Kościuszkowskie 31/33 (✆ 022/625 5185), unterhalb des Zentrums, nahe der Weichsel. Recht einfach, trostlose Atmosphäre und kommunistische Farbgebung. Allerdings eine der wenigen preiswerten Unterkünfte in diesem Stadtteil. Zimmer mit eigenem und Gemeinschaftsbad. (E-D)

Europejski (41), Krakowskie Przedmieście 13 (✆ 022/826 5051, europej@orbis.pl). Belle-Epoque-Äußeres und zweckmäßige Inneneinrichtung, das beste der zahlreichen Orbis-Hotels. Außerdem sehr zentral gelegen. (B)

Forum (23), ul. Nowogrodzka 24/26 (✆ 022/621 0271, waforum@orbis.pl). Nicht zu übersehender Hochhauskasten aus gelben Ziegelsteinen. Beherbergt viele Geschäftsleute auf Konferenzen. Gleich an der Ecke der belebten Marszałkowska und der al. Jerozolimskie. Komfortabel und mit exzellentem Service. Gute Aussicht auf die Stadt. (B)

Grand (24), ul. Krucza 28 (✆ 022/583 2100, wagrand@orbis.pl). Klotziges, graues Orbis-Hotel, innen komplett renoviert. Ein solides Drei-Sterne-Hotel, das auf Grund seiner Lage Vier-Sterne-Preise verlangt. Hauptbahnhof und Stadtzentrum sind zu Fuß erreichbar. (8B)

Gromada (16), pl. Powstańców Warszawy 2 (✆ 022/625 1545, www.gromada.pl). Zentral gelegenes, zuverlässiges Mittelklassehotel in einem großen, modernen Gebäude. Wird gern für Konferenzen genutzt. (B)

Harenda (43), Krakowskie Przedmieście 4/6 (✆ 022/826 0071, hh@hotelharenda.com.pl). Im Zentrum nahe dem Universitätskampus gelegen, mit einer guten, ländlich anmutenden Kneipe direkt nebenan. In dieser Preisklasse sehr zu empfehlen. Möglichst im Voraus buchen. (C)

Holiday Inn (19), zl. Złota 48/54 (✆ 022/697 3999, holiday@orbis.pl). Hoch aufragendes Gebäude, richtet sich an internationale Geschäftsreisende, direkt beim Hauptbahnhof. (A)

Ibis (12), al. Solicarnośći 165 (✆ 022/520 3000, h2894@accor-hotels.com). Schimmerndes, modernes Hotel, eines der wenigen in Warschau, das internationalen Komfort zu einem vernünftigen Preis anbietet. Bei Touristen und Geschäftsleuten sehr beliebt, darum im Voraus buchen. 2 km westlich der Altstadt, doch viele Straßenbahnlinien entlang der al. Solidarnośći bringen Sie im Nu ins Zentrum. Nach Wochenendermäßigungen fragen. Straßenbahnen Nr. 22 und 24 vom Hauptbahnhof. (C)

Jan Sobieski (28), pl. Artura Zawiszy (✆ 022/579 1000, www.sobieski.com.pl). Teures Hotel einer öster. Kette in Ochota, 800 m westlich des Hauptbahnhofs. Die schreiende Außenfarbe war anfangs für die Anwohner ein Stein des Anstoßes, doch inzwischen sind das Gelb und Pink so verblasst, dass sich das Gebäude in die Umgebung einfügt. Schicke Zimmer mit allem Komfort. (A)

Le Meridien Bristol (40), Krakowskie Przedmieście 42/44 (✆ 022/625 2525, www.bristol.polhotels.com). Wenn Sie unbedingt ein Hotel mit Portiers in Livree brauchen, dann ist das protzige *Bristol* der ideale Ort für Sie. Legendäres Hotel aus der Vorkriegszeit, das nach vollständiger Restaurierung neu eröffnet wurde. Bietet dem Preis angemessenen Komfort und Service. Herrlich zentral gelegen. Wochenendermäßigungen. (A)

Maria (3), al. Jana Pawła II 71 (✆ 022/838 4062, hotmaria@optimus.waw.pl). Kleines, privates, gut geführtes Hotel am Nordwestrand der Stadt. Straßenbahnen 16, 17, 19 ab Hauptbahnhof. (C)

Marriott (20), al. Jerozolimskie 65/79 (✆ 022/630 6306). Düster aufragendes Monstrum aus Glas, jedoch eines der besten Hotels der Stadt, genau gegenüber vom Hauptbahnhof und mitten im modernen Geschäftsviertel. Mit eigenem Swimmingpool. (A)

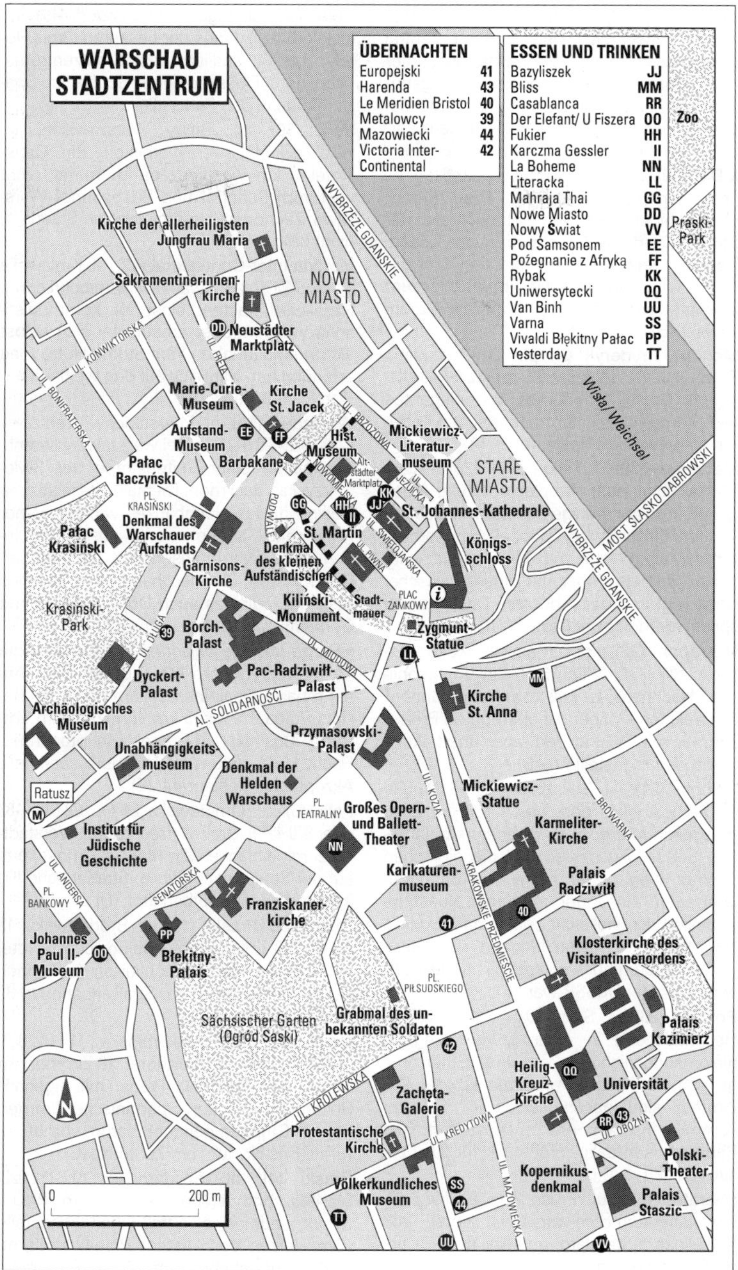

Warschau und Masowien
Karte S. 98/99

Mazowiecki (44), ul. Mazowiecka 10 (✆ 022/687 9117, www.mazowiecki.com.pl). Zentral gelegenes früheres Übernachtungsquartier für Soldaten, heute für jedermann zugänglich. Die Zimmer sind muffig und trostlos, aber bewohnbar. Zimmer mit eigenem Bad bzw. Gemeinschaftsbad auf dem Flur. (E)

MDM (29), pl. Konstytucji 1 (✆ 022/621 6211, hotel.mdm@syrena.com.pl). Die Zimmer sind ruhiger und angenehmer, als der Standort und das Äußere vermuten lassen. Dennoch recht teuer für das, was hier geboten wird. Angenehme Entfernung zum Einkaufs-/Geschäftsviertel und Park Łazienkowski. (B)

Mercure Fryderyk Chopin (14), ul. Jana Pawła II 22 (✆ 022/620 0201, mercure@perytnet.pl). Grelles, modernes und elegantes Vier-Sterne-Hotel einer französischen Kette, mit einigen guten Restaurants. (A)

Metalowcy (39), ul. Długa 29 (✆ 022/831 4021). Spartanische, aber akzeptable frühere Arbeiterherberge nur wenige Schritte westlich der Altstadt. Einzelzimmer, Doppel- und Vierbettzimmer, die meisten mit Gemeinschaftsbad. Einige Vierbettzimmer mit eigener Dusche. Unbedingt im Voraus buchen. Das Personal spricht allerdings nur Polnisch. (G)

Metropol (22), ul. Marszałkowska 99a (✆ 022/621 4354, 📠 625 3014). Ein unpersönliches Hochhaus, zu Fuß vom Hauptbahnhof zu erreichen – daher die überhöhten Preise. Zimmer mit TV und Bad, aber unattraktive Farbzusammenstellung. (B)

Polonia (21), al. Jerozolimskie 45 (✆ 022/628 7241). Ähnlich dem gleich um die Ecke gelegenen *Metropol*, an einer stark befahrenen Straße. Auch hier sind die einfachen Zimmer wegen der Nähe des Bahnhofs überteuert. Anhänger moderner Kunst interessiert es vielleicht, dass das *Polonia* 1927 der erste Ausstellungsort des russischen Suprematisten Kasimir Malevitsch außerhalb der UdSSR war. (C)

Powiśle (26), ul. Szara 10a (✆ 022/628 0014). Hochhaushotel in einer grünen Gegend gleich südöstlich des Zentrums. Guter Ausgangspunkt für den Park Łazienkowski. Die Zimmer sind geschmacklos im Stil der kommunistischen Ära ausgestatttet, die Bäder passen dazu. Frühstück für 20 Zł zusätzlich. (D)

Sheraton (25), ul. Prusa 2 (✆ 022/657 6100, www.sheraton.com.warsaw). Hotel mit makellosem Standard, im attraktiven Bezirk pl. Trzech Kryży gelegen. (A)

Solec (37), ul. Zagórna 1 (✆ 022/625 4400, solec@orbis.pl). Eines der besseren Orbis Hotels, gleich südlich des Stadtzentrums, nahe dem Fluss gelegen. Schön für Spaziergänge in den Parks. (B)

Vera (30), ul. Bitwy Warszawskiej 16, (✆ 022/822 7421, vera@orbis.pl). Ein Orbis-Hotel, 3 km westlich des Zentrums, nicht weit vom Bahnhof und Busbahnhof Warszawa Zachodnia. Internationaler Standard, nicht billig. (A)

Victoria Inter-Continental (42), ul. Królewska 11 (✆ 022/657 8011, warsaw@interconti.com). Hässlicher Kasten, einst für kommunistische Würdenträger erbaut, der sich selbst als internationales Fünf-Sterne-Hotel neu erfunden hat. Mit Blick auf den weitläufigen Plac Piłsudskiego. (A)

Warszawa (15), pl. Powstańców Warszawy 9 (✆ 022/826 9421, hotel.warszawa@syrena.com.pl). In einer Seitenstraße der Świętokrzyska; das monumentale stalinistische Design dieses Hochhauses wirkt in seiner Hässlichkeit schon wieder anziehend. Innen ist es zwar unansehnlich, aber sauber. Die meisten Zimmer haben ein eigenes Bad, doch gibt es auch Doppelzimmer mit Gemeinschaftsbad. (D–C)

• *Praga und die östlichen Vororte* **Arkadia (2)**, ul. Radzymińska 182 (✆ 022/678 5055). Annehmbares Qualitätshotel am Rand des Bezirks Praga Północ, 5 km vom Zentrum entfernt. Bus Nr. 512 vom Hauptbahnhof. Recht klein, darum im Voraus reservieren. Akzeptables Restaurant. (E)

Felix (6), ul. Omulewska 24 (✆ 022/610 2182 oder 870 4519). Großes, freundliches Vorstadthotel mit einfachen Zimmern, 6 km ostwärts auf der Straße nach Lublin. Straßenbahn Nr. 9 oder 24 vom Hauptbahnhof. (D)

Gościniec Praski (1), ul. Bródnowska 13 (✆ 022/618 7230, phthot@polbox,com). Hotel in Praga mit spärlich möblierten, funktionellen sauberen Zimmern. Straßenbahn Nr. 32 vom pl. Bankowy. (G)

Orzeł (7), ul. Podskarbińska 11 (✆ 022/810 5060). Kleines Sporthotel (18 Zimmer) im Süden des Stadtteils Praga, mit eigenem Restaurant und Bar. Spartanische Zimmer, oft von Gruppen gebucht, darum vorher anrufen. Bus Nr. 102 vom Zentrum. (G)

Praski (4), al. Solidarnośći 61 (✆ 022/818 4989, phthot@polbox.com). Im Praga-Bezirk, nur eine Straßenbahnhaltestelle vom Herzen der Altstadt Pragas entfernt. Hübsch gegenüber dem Praski Park gelegen, mit einem guten libanesischen Restaurant direkt nebenan. Straßenbahn 4 vom Zentrum. Zimmer mit Gemeinschaftsbad oder mit eigenem Bad. (E–D)

Wileński (5), Kłopotowskiego 36 (✆ 022/818 5780). Freundliches Hotel in einer ruhigen Seitenstraße im heruntergekommenen Praga. Mit Straßenbahn Nr. 4 vom Hauptbahnhof zur orthodoxen Kirche in Praga, dann zu Fuß ein kurzes Stück Richtung Südosten. Eine verrückte Mischung aus sauberen, gut eingerichteten Zimmern mit Bad und schmutzigen, verkommenen Zimmern mit Gemeinschaftsbad. (G)

Zajazd Napoleoński (8), ul. Płowiecka 83 (✆ 022/815 3068). Kleine, luxuriöse Herberge im Bezirk Praga, in der angeblich bereits Napoleon übernachtetet hat, 8 km südöstlich in Richtung Lublin. Bus Nr. 25 vom Hauptbahnhof. (C)

• *Die westlichen und südlichen Vororte*

Belwederski (38), ul. Sulkiewicza 11 (✆ 022/840 4011). Komfortables Mittelklassehotel direkt am südlichen Ende des Łazienkowski Parks. Bus Nr. 131 vom Zentrum und 180 von Nowy Świat halten in der Nähe. (C)

Boss (32), ul. Żwanowiecka 20 (✆ 022/872 9953, hotboss@polbox.com). Gemütliches, ruhig gelegenes Hotel am ländlichen Stadtrand im Südosten. Der Bus Nr. 521 hält ganz in der Nähe. Angenehmes Restaurant. (D)

Instytut Fizyki Pan (35), al. Lotników 32/46 (✆ 022/843 2424). Hotel mit gemäßigten Preisen, 5 km südlich des Zentrums in Mokotów. Spärlich möblierte, doch vernünftige Zimmer mit Bad. Bus Nr. 524 vom Zentrum. (E)

Novotel (33), ul. Sierpnia 1 (✆ 022/575 6000, nwarszaw@orbis.pl). Nettes, modernes, auf Geschäftsleute ausgerichtetes Hotel mit eigenem Swimmingpool, 6 km südlich des Zentrums, 1 km vom Flughafen entfernt. Bus Nr. 175 hält genau davor. (B)

Reytan (36), ul. T. Rejtana 6 (✆ 022/646 3166, www.polhotels.com/warsz/reytan). Modernes, hübsches, komfortables Hotel 2 km südlich des großen Geschäfts- und Einkaufsviertels. Straßenbahn Nr. 4 fährt am Ende der Straße vorbei. (C)

Stegny (37), ul. Inspektowa 1 (✆ 022/842 2768). Ein Hotel am Sportstadion, das normalerweise von Sport-Besucherteams benutzt wird, 5 km südlich des Zentrums in Moktów. 3-Bett-Zimmer (110 Zł) und 4-Bett-Zimmer (150 Zł) mit jeweils einem Bad für zwei Zimmer. Bus Nr. 503 von Nowy Świat.

Tina (11), ul. Górczewska 212 (✆ 022/664 9720, www.zrew.com.pl). Freundliches Hotel, 6 km westlich des Zentrums im Distrikt Wola gelegen. Qualitativ recht gute Zimmer, ein angenehmes Restaurant. Straßenbahn Nr. 10 vom Hauptbahnhof. (D)

Herbergen und Studentenhotels (siehe Karten S. 104/105 und S. 111)

In Warschau gibt es nur zwei Herbergen des **Internationalen Jugendherbergsverbandes**, viel zu wenig für eine so große Stadt. In beiden ist kein Aufenthalt in der Zeit zwischen 10 und 17 Uhr möglich sowie abends ab 23 Uhr kein Einlass mehr. Diese Bedingungen machen einen Aufenthalt nur unter zwei Gesichtspunkten erstrebenswert: die niedrigen Preise und die Aussicht auf soziale Kontakte mit Mitbewohnern, die das gleiche Leid teilen.

• *Jugendherbergen* **Ul. Karolkowa 53a (10)** (✆ 022/632 8829, 📠 632 9746). Im Westen des Bezirks Wola liegt diese Herberge. Mit den Straßenbahnen Nr. 12 oder 24 gelangen Sie vom Hauptbahnhof bis zum Kaufhaus *Centrum Wola.* Die Leihgebühr für einen Schlafsack beträgt 3 Zł. Es gibt einige Doppelzimmer mit Bad (G) und Schlafsaalbetten zu 25–35 Zł.

Ul. Smolna 30 (17) (✆/📠 022/827 8952). Im vierten Stock eines grauen Betonbaus, aber sehr zentral gelegen. Vom Hauptbahnhof sind es nur fünf Minuten mit dem Bus entlang der al. Jerozolimskie. Alle Busse in Richtung Nowy Świat halten an der Straßenecke. Es gibt einige Doppelzimmer (G) und Schlafsäle (30 Zł pro Person, Schlafsackgebühr 3 Zł). Man kann bis zu zwei Tage im Voraus reservieren.

• *Studentenhotels* Vom späten Juni bis Mitte September bietet *Almatur* weitere preisgünstige Übernachtungsmöglichkeiten: Die Internationalen Studentenhotels sind im Wesentlichen Studentenheime, die den Sommer über zur Vermietung leer stehen. Das Almaturbüro, ul. Kopernika 23 (✆ 022/826 3512 oder 826 4592; www.almatur.com.pl), hat die nötigen Informationen verfügbar. Sie können auch direkt in den Studentenheimen anrufen, allerdings können Sie von Glück sagen, wenn dort jemand Englisch versteht. Am besten versuchen Sie es in *Dom Studenta*, ul. Spiska 16 (✆ 022/849 6722), oder in den beiden Studentenheimen ul. Żwirki I Wigury 95 und 99 (✆ 022/822 2407).

Warschau und Masowien Karte S. 98/99

Privatzimmer

Auskunft über **Privatzimmer** erteilt hauptsächlich das *Syrena-Reisebüro*, ul. Krucza 17 (Mo–Fr 9–19 Uhr, Sa 11–19 Uhr, So 14–19 Uhr). An Wochenenden können Sie jemanden vom *Lokomotywa Pub* nebenan (✆ 022/628 7540 oder 629 0537, office@syrena-pl.com), bitten, das Büro für Sie zu öffnen. Es liegt östlich vom Hauptbahnhof und ist von dort in 15 Minuten zu Fuß – zwei Straßenbahnhaltestellen – zu erreichen. Man wird Sie in einem Einzelzimmer (70 Złoty) oder einem Doppelzimmer (100 Zł) in irgendeiner Wohnung unterbringen. Manche liegen phantastisch im Zentrum, andere vielleicht ziemlich außerhalb. Unbedingt vorher prüfen. Seien Sie außerdem vor den sicherheitsbewussten Warschauer Hausbesitzerinnen gewarnt. Manche weigern sich möglicherweise, Ihnen die Wohnungsschlüssel zu geben und wollen Sie lieber selbst ein- und auslassen. Sie müssen also die Zeiten aushandeln.

Campingplätze (siehe Karten S. 104/105 und S. 111)

Sogar in einer Stadt wie Warschau ist Camping bemerkenswert preiswert und bei Einheimischen wie Besuchern aus dem Ausland sehr beliebt. Im Allgemeinen sind die Plätze gut ausgerüstet, und einige vermieten sogar Bungalows (um 20 Zł pro Person und Übernachtung).

Camping Gromada (34), ul. Źwirki i Wigury 32 (✆ 022/825 4391). Warschaus bester und beliebtester Campingplatz liegt stadtauswärts in Richtung Flughafen – zu erreichen mit Bus Nr. 188 oder 175. Außer Stellplätzen für Zelte gibt es auch mehrere preisgünstige Bungalows. Für eine Extragebühr kann man Zelte und Bettwäsche mieten. Mai–Sept.

Cokos SC (9), ul. Grochowska 1 (✆ 022/610 6366). 7 km außerhalb der Stadt im Bezirk Praga Południe auf der Straße nach Lublin, Terespol und zur ukrainischen Grenze. Mit zahlreichen Hütten. Die Straßenbahnen 9 und 24 fahren vom Hauptbahnhof dorthin. Mai–Sept.

Majawa (31), ul. Bitwy Warszawskiej 15/17 (✆ 022/823 3748). Etwa 600 m südlich des Bahn- und Busbahnhofs Warszawa Zachodnia. Hier ist es nicht so überfüllt wie auf dem *Gromada* Platz. Es gibt einige Bungalows, und ansonsten gelten die üblichen niedrigen Aufpreise für Bettwäsche, Zelte, Stromanschluss, Auto- oder Motorradparkplätze etc. Ganzjährig geöffnet.

PTTK Camping (13), ul. Połczyńska 6a (✆ 022/664 6736). 6 km westlich des Zentrums im Bezirk Wola auf der Straße nach Poznań. Es gibt einige Hütten. Straßenbahnen Nr. 8 oder 10 ab Hauptbahnhof.

Stegny (37), ul. Inspektowa 1, ✆ 022/842 2768. In der Nähe des *Hotel Stegny*. Mai–Sept.

Essen und Trinken

Warschaus Gastronomie hat sich zu einer der besten in Mitteleuropa entwickelt. Neben einer soliden Basis aus traditionellen polnischen Restaurants gibt es eine wachsende Auswahl an kulinarischen Angeboten. Moderne europäische und mediterrane Gerichte haben Einzug in die meisten Restaurants gehalten, **ethnische Küchen** bieten alles, von jüdisch bis japanisch.

Auch bei den **Cafés** hat sich einiges verändert: Zahlreiche Cafés wurden neu eröffnet oder renoviert. Das Angebot erstreckt sich von Stammcafés mit kalorienreichen Süßwaren bis hin zu einfachen Studententreffs. Kuchen und Gebäck von hervorragender Qualität werden fast überall serviert. Wer es den Einheimischen gleichtun will, verbringt hier viele geruhsame Stunden. Und seit neuestem kann man, während man an seiner Tasse Kaffee oder seinem Glas Tee nippt, sogar im Internet surfen.

Bars gibt es zuhauf in allen Varianten. Neben den allgegenwärtigen traditionellen "Trinkkneipen", in denen trinkfeste Einheimische scharfe Alkoholika konsumieren, gibt es nun eine Auswahl an Bars in westlichem Stil, die deutsche, europäische und regionale Biersorten an Touristen und aufstrebende junge Warschauer ausschen-

Zahlreiche Cafés laden in der Altstadt zum Verweilen ein

ken. Der Besucher kann außerdem aus zahlreichen Kneipen mit unterschiedlichstem Ambiente auswählen: ethnisch beeinflusst, ländlich wirkende Holzhäuschen in den Stadtparks, themenorientierte Bars und einfache, freundliche Allerweltskneipen. Kurz und gut, alles was der Mensch so braucht.

Die Übergänge zwischen Bars, Cafés und Restaurants sind naturgemäß fließend, bietet doch beispielsweise manches Café sowohl Snacks als auch volle Mahlzeiten sowie alkoholische Getränke an. Beachten Sie also, dass sich viele unter "Cafés und Bars" genannte Örtlichkeiten durchaus zum Essen eignen.

Restaurants und Snackbars

Warschaus Altstadt und das zentrale Geschäftsviertel sind voll gepackt mit Möglichkeiten, wo man essen kann, viele davon bieten in den Sommermonaten Stühle und Tische im Freien an. Snackbars und preiswerte Restaurants öffnen manchmal bereits ab 8–9 Uhr, um diejenigen anzulocken, die nach einem Frühstück oder Brunch Ausschau halten. Die meisten Restaurants öffnen allerdings um etwa 11 Uhr. Einige, insbesondere die der unteren Preisklasse, folgen immer noch der alten Tradition und schließen relativ früh um 21–22 Uhr, die Mehrzahl allerdings erst um 23 Uhr bis Mitternacht. Diejenigen, die man unter Snackbars einordnen kann, schließen oft sogar noch früher, darum haben wir in der folgenden Aufzählung diese Zeiten angegeben. Fremdsprachige Speisekarten gibt es in den meisten Restaurants, aber verlassen Sie sich nicht darauf. Ein Blick in das Wörterbuch im Anhang hilft hier weiter.

Warschau ist die teuerste Stadt in Polen, und die Restaurantpreise gleichen sich langsam denen im Westen an. Einige der berühmten **preiswerten** Milchbars – Kantinen ähnliche Lokale, die reichhaltige polnische Mahlzeiten für unter 10 Zł pro Person anbieten – gibt es immer noch in Warschau. Außerdem können Sie gutes preiswertes Essen (meist traditionelle polnische Küche) an den unzähligen Essensständen und in Selbstbedienungsrestaurants erhalten. Ansonsten wurden die nachstehend genannten Restaurants als **mittlere** Preiskategorie (etwa 28–55 Zł pro Person für ein Hauptgericht und Getränk) eingestuft oder als **teuer** (55–110 Zł oder mehr). Wo auch immer Sie essen, traditionelle polnische Gerichte wie *barszcz* (Rote-Beete-Suppe), *placki* (Kartoffelpuffer) und *kotlet schabowy* (Schweinekotelett) sind immer preiswerter als die ausgefalleneren Speisen. Bei Restaurants, bei denen man besser im Voraus **reserviert** – vor allem an Wochenenden –, haben wir die Telefonnummern genannt.

Die großen westlichen **Fastfood-Ketten** sowie ihre polnischen Nachahmer sind inzwischen zu einem festen Bestandteil der gastronomischen Landschaft geworden. Neben Hot Dogs und Burgern findet man Pizza, und zwar sowohl die italienische als auch die polnische Variante. Diese heißt *zapiekanki* und besteht aus einer Scheibe Baguette, die großzügig mit Käse bestreut und überbacken wird. Viele Kiosks verkaufen Sandwiches (*kanapki*) und leckere Salate zum Mitnehmen. Und die Zahl der Snackbars, die vietnamesische oder orientalische Gerichte anbieten, nimmt stetig zu.

Snacks (siehe Karten S. 104/105 und S. 111)

Bambino (Y), ul. Krucza 21. Preiswerte traditionelle Milchbar aus der kommunistischen Ära in der Nähe des *Grand Hotel*. Ein nicht zu übersehendes Schild weist darauf hin. Unmengen von fetten Magenfüllern zu äußerst niedrigen Preisen. Mo–Fr bis 19 Uhr, Sa bis 17 Uhr.

Bar Mlecczny (F), ul. Nowy Świat 39. Noch eine überlebende Milchbar. Einfaches Café mit Plastikblumen auf den Tischen. Serviert kräftige Gerichte. Mo–Fr bis 20 Uhr, Sa u. So bis 17 Uhr.

Café Contact (N), ul. Foksal 21. Eine Art Delikatessen-Lokal mit sehr wenig Sitzmöglichkeiten. Sandwiches, Salate und andere Snacks zum Mitnehmen. Mo–Fr bis 19 Uhr.

Expresso (S), ul. Bracka 18. Preiswertes Café-Restaurant ohne Mätzchen. Bietet Pizza und polnische Standardgerichte. Bis 22 Uhr.

Gaga (L), ul. Zgoda 6. Unkomplizierte Selbstbedienungs-Pizzeria mit Sommerterrasse. Bis 22 Uhr.

Grill Bar (M), ul. Zgoda 4. Erstklassig, gemütlich und preiswert. Gute, sättigende Mahlzeiten, Spezialität ist gegrilltes Fleisch. Bis 22 Uhr.

Klub Wega (C), al. Jana pawła II 36°. Café, das deftige, sättigende und preiswerte vegetarische Gerichte serviert. Bis 18 Uhr.

Krokiecik (Q), ul. Zgoda 1. Hier wird man schnell bedient, wenn man sich kurz vom Einkaufsstress in den umliegenden Geschäften erholen will. Im Angebot sind Salate, Grillgerichte sowie die Spezialität des Hauses, gefüllte Kartoffelkroketten. Schließt um 20 Uhr.

Mata Hari (E), Nowy Świat 52. Kleines, intimes Café, das vegetarische Küche mit starkem indischem Einschlag bietet. Mo–Fr bis 19 Uhr, Sa bis 17 Uhr, So geschlossen.

Uniwersytecki (QQ), Krakowskie Przedmeście 20. Bei Studenten sehr beliebte Milchbar, gleich oberhalb der Tore zum Universitätsgelände. Mo–Fr bis 20 Uhr, Sa u. So bis 17 Uhr.

Van Binh (UU), ul. Mazowiecka 11. Preiswerte, sättigende chinesisch-vietnamesische Gerichte. Einfache Fastfood-Atmosphäre. Bis 22 Uhr.

Restaurants der mittleren Preisklasse (siehe Karten S. 104/105 und S. 111)

Argo, ul. Lwowska 17. Preiswertes und Sättigendes aus der Küche Georgiens, z. B. *lobia* (scharfes Bohnengericht) und *hatchapuri* (Fladenbrot mit Käsefüllung). Freundliche, entspannte Atmosphäre, auch bei Hochbetrieb. Am südlichen Ende der Innenstadt, direkt östlich des Polytechnikums.

Bliss (MM), ul. Boczna 3. Das Restaurant in der Nähe des Plac Zamkowy hat viel Atmosphäre. Die Preise für die asiatischen Spezialitäten sind angemessen.

Blue Cactus, ul. Zajączkowska 11. Große, unruhige Örtlichkeit mit füllender Tex-Mex-Küche – Brötchen mit Eiern, Enchiladas

u. Ä. In einer Seitenstraße südwestlich des Łazienkowski Parks (nicht mehr auf der Karte).

Cafe Kredens (CC), ul. Przemysłowa 36 (✆ 625 1578). Griechische und italienische Spezialitäten, Reservierung ratsam. Die Einrichtung sieht aus, als wäre sie aus Fundstücken von einem alten Dachboden zusammengestellt.

Der Elefant/U Fiszera (OO), pl. Bankowy 1. Auf Grund der langen Öffnungszeiten (Mo–Fr u. So 1.30 Uhr, Sa 2 Uhr) kehrt man hier mit Vorliebe zu später Stunde ein. Die Portionen vom Grill sind nicht ganz so groß, wie der Name des Restaurants dies vermuten lässt, das Essen ist aber okay.

Dong Nam (AA), ul. Marszałkowska 45/49. Zuverlässiges Lokal für gute asiatische Gerichte, im Erdgeschoss thailändisch, im Obergeschoss vietnamesisch und chinesisch.

Jazz Bistro (BB), ul. Piękna 20. Café-Restaurant, Kunden sind Büroangestellte der Innenstadt. Bietet leckere Grill- und Nudelgerichte in raffiniert schlichtem Ambiente. Abends heiße Musik (live oder vom Band).

Lokanta (V), ul. Nowogrodzka 47a. Türkisches Café-Restaurant mit schickem modernem Dekor. Ausgezeichnete Gerichte vom Holzkohlengrill.

Maharaja-Thai (GG), ul. Szeroki Dunaj 13. Thailändische Gerichte werden hier, in der Nähe der Altstadt, bis Mitternacht serviert.

Nowe Miasto (DD), Neustädter Marktplatz 13/15. Schicki-Micki Restaurant mit ökologischem Anstrich (die Regenwald-Einrichtung ignoriert man am besten). Die Speisekarte bietet gute, meist vegetarische Gerichte. Ein bisschen übertrieben wirkt das sogenannte "Salat-Theater", bei dem man sich Gerichte aussuchen kann, die nach Shakespeare-Stücken benannt sind.

Odeon (X), ul. Marszałkowska. Kitschiges Themen-Restaurant, mit allerlei Antiquitäten dekoriert. Internationale Speisekarte: viele Nudelgerichte und eine große Auswahl an Cocktails.

Pod Samsonem (EE), ul. Freta 3/5. Beliebtes Restaurant in der Neustadt, bis 22 Uhr geöffnet. Es werden preiswerte polnische Gerichte von guter Qualität serviert sowie einige jüdische Spezialitäten.

Qchnia Artystyczna, al. Ujazdowski 6. Wunderschön im Ujazdowski Schloss, in der Nähe des Łazienkowski-Parks gelegenes Restaurant mit schrulligem Dekor (teilt die Räume mit dem Zentrum Szłuki Współczesne) und großer Außenterrasse. Moderne europäische Küche mit einigen vegetarischen Gerichten.

San Marzano (G), Nowy Świat 42. Protzige Pizzeria, die zu der internationen Kette Pizza Express gehört. Das Restaurant bietet zuverlässige, preiswerte Spezialitäten – sowohl Grillgerichte wie auch Pizzas und Nudelgerichte (auch vegetarisch). Weitere Zweigstellen: ul. Świętokryska 18 und Puławska 19/21. Bis 23 Uhr geöffnet.

Tam Tam (J), ul. Foksal 18. Café, Restaurant, Bar und Club, je nach Stockwerk und Wochentag. Alles mit tollem afrikanischem Flair. Das Essen ist großartig und hat einen mediterranen/nordafrikanischen Einschlag.

Tandoor Palace, ul. Marszałkowska. Eines der besten Curry-Restaurants in ganz Polen. Es bietet jedoch auch ein paar mediterrane Gerichte. Gut für Vegetarier geeignet. Am südlichen Ende der lebhaften Straße gelegen.

Varna (SS), ul. Mazowiecka 12. Ein bulgarisches Restaurant, das eine Reihe leckerer Balkangerichte offeriert – von *kebapcheta* (Hackfleischpasteten) und *kavarma* (geschmortes Fleisch in einem Topf) bis Lammbraten. Gefüllte Paprika sind eine Spezialität. Abends oft folkloristisch beeinflusste Musik.

Lesertipp von Marc Gebhard: **Ejlat**, Café/Restaurant, al Ujazdowskie 47. "Es bietet neben gediegenem Ambiente leckere Speisen aus der jüdischen, israelischen und polnischen Küche an. Tägl. offen von 11–23 Uhr."

Restaurants der gehobenen Preisklasse (s: Karten S. 104/105 und S. 111)

Adler (Z), ul. Mokotowska 69 (✆ 022/628 7384). Bayrische Küche mit polnischem Einschlag. Intimes, volkstümliches Restaurant mit netter Atmosphäre. Sehr beliebt. Reservierung wird empfohlen.

Bazyliszek (JJ), Rynek Starego Miasta 3/9 (✆ 022/831 1841). Restaurant im klassischen Stil mit edler Atmosphäre. Es ist spezialisiert auf traditionelle polnische Küche, vor allem Fisch- (Aal und Karpfen) bzw. Wildgerichte (Wildschwein). Reservierung wird empfohlen.

Belvedere, Park Łazienkowski's Pomarańczarnia, s. S. 162 (✆ 022/ 841 4806). In diesem wunderschönen Gebäude wird ebenso feines wie teures Essen serviert. Am billigsten sind die polnischen Gerichte, aber selbst die kosten stolze 160 Zł.

Biblioteka (B), Universitätsbibliothek Warschau, ul. Dobra 56/66 (✆ 022/ 552 7195). Bietet einfallsreiche, neue europäische Küche in einem schicken, modernen Restaurant. Derzeit in Kunst- und Medienkreisen sehr beliebt.

Chianti (O), ul. Foksal 17 (✆ 022/828 0222). Kellerrestaurant mit Kerzenlicht, sehr intime Atmosphäre und großartige italienische Küche.

Delfin (T), ul. Twarda 42 (✆ 022/620 5080). Schlicht und klein mit dem Ruf, das beste Fisch-Restaurant der Stadt zu sein. Preise berechnen sich nach Gewicht, "mala ryba" bedeutet z. B. "kleiner Fisch".

Flik, ul. Puławska 43 (✆ 022/849 4434). Sehr beliebt bei Warschauern und nach Polen zurückgekehrten Emigranten. Traditionelle polnische und viele internationale Gerichte. Ein preiswertes, Mittagsbuffet. Etwa 2 km südlich des Bezirks Pałac Kultury i Nauk. (ul Marszałkowsky bis zum Ende und rechts halten oder Straßenbahn Nr. 4).

Fukier (HH), Rynek Starego Miasto 27 (✆ 022/831 1013). Erstklassiges Restaurant in der Altstadt mit einer Reihe von kreativ abgewandelten polnischen Gerichten. Nach Einbruch der Dunkelheit gibt es Abendessen bei Kerzenschein. Geöffnet von 12–24 Uhr. Reservierung wird empfohlen.

Garret, ul. Marszałkowska 55/73 (✆ 022/ 621 9675). Eines der teureren Mittelklasse-Restaurants, aber das polnische Essen ist sehr gut. Zu empfehlen sind die Pilzsuppe und das Beefsteak. Am südlichen Ende der Straße.

Karczma Gessler (II), Rynek Starego Miasta 21/21A (✆ 022/831 4427). Endlose labyrinthartige Keller. Auswahl an polnischen Gerichten, auch einige jüdische Spezialitäten. Am Eingang sollte man einen Blick auf die Fotografien der berühmten Gäste werfen. Reservierung wird empfohlen.

La Boheme (NN), pl. Teatralny 1 (✆ 022/ 692 0681). Ausgezeichnetes Essen mit französischer Note gibt es in diesem Restaurant nahe dem Nationaltheater. Tagsüber kann man sich in dem Café entspannen.

Las, ul. Niepodległosci 43 (✆ 022/843 6008). Bis Mitternacht geöffnet. Koreanische Spezialitäten mit einer Reihe vegetarischer Gerichte. Etwa 3 km südlich der Gegend Pałac Kultury i Nauk, nahe der Metrostation Wierzbno.

Le Bistrot (H), ul Foksal 2 (✆ 022/827 8707). Französische und andere Gerichte in einer angenehmen Umgebung, im Sommer auch Terrasse. Nach dem Abendessen können Sie den Nachtklub *Cul de Sac* im selben Gebäude besuchen. Geöffnet bis Mitternacht (So geschlossen).

Le Cedre (A), al. Solidarności 61 (✆ 022/ 670 166). Bis 23 Uhr geöffnetes, ausgezeichnetes libanesisches Restaurant im Bezirk Praga, nahe dem *Hotel Praski*. Auch Gerichte zum Mitnehmen.

Maharaja Indian, ul. Marszałkowska 34/50 (✆ 022/621 1392). Currygerichte orginal scharf. Am südlichen Ende von Warschaus Hauptverkehrsstraße.

Montmartre (U), ul. Nowy Świat 7 (✆ 022/ 628 6315). Schickes, zentral gelegenes französisches Restaurant mit köstlichem Essen. Geöffnet bis Mitternacht.

Restauracja Polska (P), ul. Nowy Świat 21 (✆ 022/826 3877). Eindeutig das beste polnische Restaurant der Stadt. Luxuriöse Ausstattung, phantastischer Service.

Rybak (KK), Rynek Starego Miasta 3/9 (✆ 022/635 3769). Im selben Gebäude wie *Bazyliszek*, dekoriert mit Seefahrer-Erinnerungsstücken. Das ideale Restaurant in der Altstadt, um Meeresfrüchte zu essen.

Santorini, ul. Egipska 7 (✆ 022/672 0525). Gutes griechisches Essen im südlichen Teil des Bezirks Praga, gleich bei der Łazienkowski Brücke.

Tokio (D), ul. Dobra 17 (✆ 827 4632). Japanisches Restaurant mit Sushi-Bar für gehobene Ansprüche. Reservierung empfohlen. Täglich leider nur bis 22 Uhr geöffnet.

Tsubame (I), ul. Foksal 16 (✆ 022/826 5127). Ausgezeichnetes japanisches Restaurant mit Sushi-Bar in einer Seitenstraße der Nowy Świat. Etwas teurer als das *Tokio*, aber mit preiswertem Mittagstisch. Täglich bis Mitternacht geöffnet.

Vivaldi Błękitny Pałac (PP), nahe den Sächsischen Gärten (Ogród Saski), in der ul. Senatorska 37 (✆ 022/826 3038). Italienisches Restaurant mit außergewöhnlicher Einrichtung, die aus einem Theaterfundus stammt. Gute Nudelgerichte, ausgezeichnete Meeresfrüchte.

Yesterday (TT), ul. Szkolna 2/4 (✆ 022/ 826 1060). Freundliche Bedienung, traditionelle polnische Gerichte und am Wochenende gibt es Tanz. Dieses altmodische Lokal macht seinem Namen – wahrscheinlich ohne Absicht – alle Ehre.

Cafés und Bars

Die **Café**-Szene in Warschau ist sehr lebendig, obwohl das Interesse dabei ebenso dem sozialen Leben gilt wie den kulinarischen Genüssen. In den gemütlichen Stammcafés, wo *ciastka* (Kuchen) und *lody* (Eis) serviert werden – liest man am Morgen seine Zeitung oder entspannt sich nach dem Einkaufsbummel. Die schickeren, modernen Cafés bieten eine Reihe ausgefallener Kaffeesorten sowie eine internationale Auswahl an Snacks an. Viele von ihnen bleiben abends lange geöffnet und konkurrieren mit den **Bars**, die wie Pilze aus dem Boden schießen und die von Designer-Schuppen bis zu wilden Bierhallen mit Livemusik und Tanz reichen. **Pubs** sind – mit wenigen Ausnahmen – fade Lokale, die wenig mit den englischen oder irischen Namensgebern gemeinsam haben.

Die Preise für Getränke liegen in Warschau wesentlich höher als im übrigen Polen, doch im Vergleich zu Westeuropa immer noch relativ niedrig – vorausgesetzt, man hält sich an einheimisches Bier und einheimische alkoholische Getränke.

Die meisten Cafés und Bars befinden sich in der Altstadt (Stare Miasto) und im modernen Zentrum Richtung Süden. In einigen wenigen Bezirken, die sich gut zum Bummeln eignen, entdeckt man allerdings eine Kneipe neben der anderen. Planen Sie daher Ihre Trinktour, bevor Sie sich auf den Weg machen. Im Sommer steuern Sie am besten die Schönwetter-Freiluft-Bars entlang Wybrzeże Gdańskie direkt unterhalb der Altstadt am linken Weichselufer an; oder die in Pole Mokotowskie, einer Parklandschaft südwestlich des Zentrums (leicht von der gleichnamigen Metrostation aus zu erreichen), wo es an milden Abenden von Warschauern nur so wimmelt.

Cafés (siehe Karten S. 104/105 und S. 111)

Blikle Cafe (K), Nowy Świat 33. Die älteste Konditorei der Stadt auf der Lebensader Nowy Świat besteht bereits seit 1869. Hier werden guter Kaffee und Desserts serviert. Außerdem gibt es ausgezeichnetes, allerdings teures Frühstück. Bis 23 Uhr.

Brama, ul. Marszałkowska 10. Modernes, jedoch dreckiges Stammlokal mit guten Snacks. Mediterran angehauchte Hauptgerichte, Nichtraucher-Grundsatz. Am südlichen Ende der Hauptstraße des modernen Viertels gelegen. Täglich bis 23 Uhr.

Casablanca (RR), Krakowskie Przedmeście 4/6. Eines der wenigen Internet-Cafés (s. S. 107), in das man nicht nur wegen der E-Mail-Möglichkeiten geht. Ein stilvoller und entspannender Ort, um einen Drink einzunehmen und eine Kleinigkeit zu essen.

Galeria Nowa, ul. Puławska 37/39. Künstlerisch angehauchtes Café mit Theater-Thema im Gebäudes des Teatr Nowy. Fungiert auch als Nachtbar, geöffnet bis 2 Uhr. Etwa 2 km südlich der Gegend Pałac Kultury i Nauk, auch mit Straßenbahn Nr. 4 erreichbar.

Literacka (LL), ul. Krakowskie Przedmieście 87/9. Romantische Café-Bar mit gedämpfter Jazzmusik am Wochenende. Bietet köstliche Snacks, schließt kurz nach Mitternacht.

Mała Czarna (W), ul Hoża 54, modernes Café, große Auswahl an Getränken, Sandwiches. Bis 21 Uhr.

Nowy Świat (VV), ul. Nowy Świat 63. Luxuriöses, geräumiges Café. Hier trifft sich die Creme von Warschaus Gesellschaft. Bedienung steif und förmlich, Garderobenpersonal dienstbeflissen. Man fühlt sich in ein anderes Zeitalter zurückversetzt. Bis 23 Uhr.

Pod Kaktusami (R), ul. Chmielna 32. Einfaches, aber gemütliches Café mit einer großen Auswahl an Getränken, Kuchen und Süßigkeiten – und Kakteen (zum Anschauen, nicht zum Essen). Ein angenehmer Schlupfwinkel, wenn Sie in der Gegend von Pałac Kultury i Nauk sind. Bis 22 Uhr.

Pożegnanie z Afryką (FF), ul. Freta 4/6. Dieses Café mit dem blumigen Namen "Jenseits von Afrika" gehört zu einer landesweiten Kette. Im angegliederten Geschäft wird guter Kaffee verkauft. Nur für Nichtraucher und daher als wirkliches Café nicht unbedingt geeignet. Bis 21 Uhr.

Rozdroże, al. Ujazdowskie 6. Ein Glas- und

Betonbau genau gegenüber vom Botanischen Garten, der "letzte Schrei", als es in den 1960er Jahren gebaut wurde. Es gibt immer noch gute Kuchen und Eis, daneben auch deftige warme Mahlzeiten. Nicht weit von den Parks Łazienkowski und Ujazdowski.

TriBeCa, ul. Bracka 22. Pastellfarbener Kaffee-Palast, der außerdem eine gute Auswahl an Sandwiches und Salaten bietet. Eines des wenigen Cafés, wo man guten Kaffee zum Mitnehmen kaufen kann. Bis 21.30 Uhr.

Bars

Baumgart/Libera, al. Ujazdowskie 6. Cliquen-Café-Bar im Zentrum Sztuki Współczesnej. Stammkunden sind intellektuelle Bohemiens. Ab und zu finden hier DJ-Themen-Abende und -Happenings statt. Bis Mitternacht oder später, je nach Veranstaltung.

Browar Soma, ul. Foksal 19. Hypermoderne Café-Bar und Restaurant, das eigenes Bier braut, gleich außerhalb von Nowy Świat.

Café Rytm, ul. Piękna 28/34. Einfach, aber stilvoll. Im Obergeschoss eine Bar, im Untergeschoss ein stimmungsvoller Keller. Großes Angebot an Gerichten, Reggae-Disco ein- oder zweimal pro Woche, gelegentlich Livemusik. Bis 1 Uhr.

Champions Sport Bar, al. Jerozolimskie 65/70. Große, protzige Bar im internationalen Stil im Erdgeschoss des Hotels *Marriott* (s. S. 110). Der beste Ort, um Fußball- oder andere Sportereignisse im Fernsehen zu verfolgen, doch die Bierpreise sind ziemlich hoch. Bis Mitternacht geöffnet.

Czternastka, ul. Waski Dunaj 20. Drei-Stockwerke-Lokal am Rande der Altstadt, für Drinks zu später Stunde. Die Theke war mal Teil eines Konzertflügels. Bis 5 Uhr früh geöffnet.

Empik Pub, Nowy Świat 15/17 (Eingang um die Ecke in der Jerozolimskie). Ziemlich kleine Bar im Erdgeschoss des Empik-Kaufhauses. Bietet ein regelmäßiges Programm mit Livemusik, meist Pop-, Rock-Titel und Blues. Es lohnt sich, mal reinzuschauen. Bis Mitternacht.

Giovanni, Krakowskie Przedmieście 24. Bei Studenten beliebter Pub in Uninähe. Im Sommer ist im Hof nach hinten ein großer Biergarten geöffnet. Häufig Livemusik. Geöffnet bis 1 Uhr (Fr–Sa 3 Uhr).

Harenda, Krakowskie Przedmieście 4/5. Sehr geräumige Bar im Stil einer Ranch mit großem Biergarten im Sommer. Gelegentlich Livemusik – Rock, Jazz oder DJs, dann wird evtl. Eintritt erhoben. Geöffnet bis 3 Uhr.

Lolek, Rokitnica 20. Eine von vielen "Tränken" mitten in Pole Mokotowskie. Barbecue-artige Gerichte, Bier und Livemusik in einer überwachsenen Holzhütte und drum herum. Metrostation Pole Mokotowskie. Bis zum Morgengrauen.

Metal Bar, Rynek Starego Miasto 8. Eine der wenigen Kneipen, die ein bisschen Nachtleben in die Altstadt bringt. Einrichtung aus Metall und Glas, Snacks wie z. B. "Chleb z smalcem" (Schmalzbrot). Bis Mitternacht, am Wochenende bis 2 Uhr geöffnet.

Między Namy, u. Bracka 20. "In"-Bar, entspannte Atmosphäre, Sitzgelegenheiten auf zwei Ebenen. Lockeres schwules und heterosexuelles Publikum. Die reichhaltige Speisekarte bietet u. a. ausgezeichnete Salate. Ab und zu legen Haus-DJs am Abend auf. Außen kein Schild, darum nach den hellgrauen Markisen Ausschau halten. Bis Mitternacht.

Modulor, pl. Trzech Krzyżzy 8. Elegante Café-Bar mit Glasfront. Bietet eine gute Auswahl an Vollwertkost. Bis Mitternacht.

Morgan's Pub, Okólnik 1. Irisches Lokal. Besitzt seinen guten Ruf wegen der freundlichen Atmosphäre und des guten Service, nicht wegen der Einrichtung. Sehr beliebt bei jungen zurückgekehrten Emigranten. Ab und zu Livemusik. Bis Mitternacht.

Muza, ul. Chmielna 9. Geräumige Bar im Erdgeschoss, modebewusstes Publikum, klasse Musik, oft Livemusik. Bis 4 Uhr.

Nora, ul. Krakowskie Przedmieście 20/22. Studenten-Pinte. Man sitzt eng zusammengepfercht auf Bänken, wodurch man wesentlich leichter Leute kennen lernt. Bis Mitternacht.

Patrick's Irish Pub, Nowogrodzka 31. Imitation eines ländlichen Biersaals in guter Innenstadtlage, mit einer Tanzfläche, auf der man zu Livemusik – reicht von angenehm bis entsetzlich – tanzen kann. 24 Stunden durchgehend geöffnet.

Piwnica pri Hożzej, ul. Hożza 50. Bierkeller in der Innenstadt südlich des Pałac Kultury i Nauk. Viele gemütliche Nischen und Ecken. Gut, um etwas zu trinken und sich zu unterhalten. Bis Mitternacht, Fr–Sa bis 2 Uhr.

Pod Baryłką, ul. Gabarska 5/7, unterhalb vom Plac Zamkowy. Für diejenigen, die auf eine Bierprobe aus sind: Es gibt 14 verschiedene Sorten vom Fass. Bis Mitternacht.

Szpilka, pl. Trzech Krzyży 18. Designer Café-Bar, beliebt bei Warschaus Yuppies und nach Polen zurückgekehrten Ex-Emigranten. Sitzmöglichkeiten auf zwei Ebenen, eine einfallsreiche Speisekarte mit Hauptgerichten und Nachspeisen. Bis 5 Uhr.

Tonic, Marszałkowska 77/79. Nüchterne Café-Bar mit minimalistischer Einrichtung und einem jungen, flippigen Publikum. Rund um die Uhr geöffnet.

Unterhaltung

Nachtleben

Nach Jahrzehnten der kulturellen Eintönigkeit gibt es inzwischen eine erstaunliche Auswahl an **Clubs** in Warschau, die für fast jeden Geschmack etwas bieten. Wenn Chopin**konzerte** und anspruchvolles Avantgarde**theater** (teilweise in Englisch) Ihr Fall sind, dann werden Sie nicht enttäuscht sein: Besonders im Sommer gibt es ein großes Angebot an erstklassigen Theatervorstellungen (manchmal sogar in englischer Sprache), Opern und Konzertabenden, die bei Touristen und Warschauern gleichermaßen beliebt sind. Die Eintrittskarten sind erschwinglich, aber noch preiswerter wird es, wenn Sie auf die Restkarten warten, die unmittelbar vor Beginn der Vorstellung noch übrig sind (Das hört sich riskant an, aber es gibt meist noch genügend Plätze).

Die Nachtclubs der Hotels sollte man jedoch meiden – meist sind dies überteuerte Bars mit Go-Go-Tanz und einer eher bedrückenden Atmosphäre.

Aktuelle Veranstaltungshinweise finden Sie unter anderem in den Veranstaltungskalendern der Zeitungen *Warsaw Insider* oder *Warsaw Voice*. Zu den regelmäßig stattfindenden Warschauer Festivals gehören z. B. der ausgezeichnete *Warschauer Sommer-Jazz* im Juni, das *Jazz Jamboree* im Oktober (ein großes Ereignis, bei dem schon Stars von Duke Ellington bis Miles Davis aufgetreten sind), das alle zwei Jahre stattfindende *Warschauer Film Festival*, das *Festival Zeitgenössischer Musik* jedes Jahr im September und alle fünf Jahre der *Chopin Klavierwettbewerb*, der schon immer als Sprungbrett für eine internationale Karriere junger Künstler angesehen wurde (der nächste findet 2005 statt). Das Fremdenverkehrsbüro kann über diese und andere Veranstaltungen Auskunft geben.

Clubs und Livemusik

Neben den zahlreichen Nachtbars mit eigenen DJs gibt es in Warschau eine ganze Reihe Clubs – zu denen sich ständig neue hinzugesellen. Infos finden Sie in *Warsaw in Your Pocket* und *Warsaw Insider*. Schwerpunkt ist Techno, doch eigentlich ist immer und an jedem Wochentag etwas los, sei es Reggae, Hip-Hop, Latin oder Oldies – sehen Sie ganz einfach in den Veranstaltungskalendern nach.

Schwieriger zu finden ist da in Warschau schon dezente **Livemusik**. Sie werden in vielen der unter "Essen und Trinken" genannten Lokalitäten angenehmem Jazz begegnen oder zähen Popmusik-Titeln, doch kaum in Form von regelmäßigen Veranstaltungen für die Jugend. Es gibt eine Reihe von alternativ ausgerichteten Clubs, die gelegentlich Konzerte veranstalten, während bekannte Bands (aus Polen oder dem Ausland) in größeren Diskotheken spielen und an Veranstaltungsorten wie Sala Kongresowa im Pałac Kultury i Nauk. Im Sommer treten große westliche Popmusiker in den Sportstadien auf – die Plakate dürften kaum zu übersehen sein.

Während der **Beginn** von Live-Veranstaltungen zwischen 19 und 20 Uhr liegt, macht es wenig Sinn, in Clubs vor 22 Uhr aufzukreuzen. Oft geht es erst um

Mitternacht richtig los. Der **Eintritt** zu Live-Veranstaltungen oder Clubs kann zwischen 5 und 20 Zł betragen je nach Ansehen des Clubs oder je nach Wochentag. Eintrittskarten zu Veranstaltungen mit westlichen DJs oder Bands sind oft erheblich teurer. Polnischen Flyern zu entnehmen, was gerade läuft, ist recht einfach. Ansonsten sind die besten Informationsquellen das alle zwei Wochen erscheinende Magazin *Aktiwist* und die Freitagsausgabe der *Gazeta Wyborcza*.

Apetyt Architektów, ul. Koszykowa 55. Geräumiger Keller neben dem gleichnamigen Restaurant. Spezialisiert auf Reggae, internationale Musik und Off-Beat-Abende, die DJs herausbringen, sowie – gelegentlich – Liveauftritte.

B65, ul. Bema 65. Behelfsmäßiger Club, abseits der Hauptstraße gelegen. Eher für etwas untergründige Musikrichtungen – meist Punk, Ska oder Metal. Etwa 2 km entfernt vom Viertel um Pałac Kultury i Nauk. Nicht täglich geöffnet, darum besser vorher informieren. Straßenbahnen Nr. 8 oder 10 vom Hauptbahnhof bis zur Haltestelle Sokolowska.

Barbados, ul. Wierzbowa 9. Warschaus Yuppie-Szene. Lauter schöne Menschen mit einem Trupp von aus dem westlichen Ausland zurückgekehrten Emigranten. Im Obergeschoss ein Delikatessen-Restaurant – beispielsweise Muscheln oder Lamm mit Stachelbeersauce. Angestellte Rausschmeißer sollen den Pöbel fern halten. Doch auch wenn Sie nicht wie ein Filmstar aussehen – eine Mahlzeit im Restaurant verschafft Ihnen Eintritt. Mi–Sa.

Centralny Dom Qultury, Burakowska 12. Beliebter Treffpunkt für unkonventionelle, nonkonformistische Leutchen, die lieber zu Undergroundmusik tanzen als zu den Top-Hits. Oft Themen-Partys. 1,6 km nordwestlich der Altstadt gleich hinter dem Kreisel Rondo Babka. Nur Fr u. Sa geöffnet.

Hybrydy, ul. Złota 7/9. Beliebter, auf Jugendliche eingestellter Club im Bezirk Pałac Kultury i Nauk. Bietet an Wochenenden den bekannten Techno-Mix, unter der Woche jedoch eher ausgefallene Musik.

Park, al. Niepodległości 196. Im Piłsudski Park, südwestlich des Stadtzentrums. Hier kann man bis spät in die Nacht hinein tanzen, manchmal treten auch Bands auf. Der Club hat Studenten-Atmosphäre und ist preiswert. Mo–Sa.

Piekarnia, ul. Młocińska 11, Żoliborz. Einer der besten Clubs für Techno und House. Vor allem junge schöne Leute verkehren hier. Nordwestlich des Zentrums, nahe beim Verkehrskreisel Rondo Babka. Mo–Sa.

Proxima, ul. Źwirki i Wigury 99a (✆ 022/822 8702). Sehr billig, sehr groß, sehr studentisch und sehr nahe am Studentenwohnheim. Südwestlich vom Zentrum gelegen, Bus Nr. 175 vom Zentrum. Mo–Sa.

Stodoła, ul. Batorego 10 (✆ 022/25 8625). Studenten-Disco und Live-Auftritte. Hier wird polnischer Rock gespielt, auch westliche Gast-Bands treten auf. Dann werden Flyer und Poster in der ganzen Stadt verteilt. Metro-Station Pole Mokotowskie.

Tygmont, ul. Mazowiecka 6/8. Derzeit der beste Jazzclub der Stadt. Mit regelmäßigen Auftritten und einem modernen, zahlungskräftigen Publikum.

Underground Music Café, Marszałkowska 126/134. Viel Platz zum Trinken und Tanzen, nahe Pałac Kultury I Nauk. Bietet gängigen House, Soul und Funk, manchmal sind bekannte DJs anwesend. Es ist eigentlich an jedem Abend der Woche etwas los.

Oper und Konzerte

Die Oper ist bei den Warschauern sehr beliebt, und klassische Konzerte, besonders Klavierkonzerte (vorzugsweise Chopin) sind ebenfalls ein Publikumsrenner. Dennoch sind diese Konzerte selten ausverkauft, und der Eintritt ist bemerkenswert preiswert. **Eintrittskarten** für viele Konzerte gibt es an der Theaterkasse (*Kasa Theatralny*) in der al. Jerozolimskie 25, nur ein kleines Stück vom *Forum* Hotel entfernt (Mo–Fr 11–18 Uhr, Sa 11–14 Uhr; ✆ 022/621 9454 oder 621 9383). Weitere Vorverkaufsstellen befinden sich in den Estrada-Büros in der ul. Szpitalna 8 (Mo–Fr 9–19 Uhr; ✆ 022/827 1747) sowie im *Mazurka Reisebüro* in der Lobby des *Forum* Hotels (Mo–Sa 8–18 Uhr; ✆ 022/829 1249). Letzteres verkauft hauptsächlich Karten für das Nationaltheater (*Teatr Wielki*) und die

Kammeroper (*Opera Kameralna*) und ist deshalb besonders während des jährlichen Mozart-Festivals interessant.

Akademia Muzyczna, ul. Okólnik 2 (✆ 022/827 7241). Regelmäßig Konzerte talentierter Studenten. Der Eintritt ist frei.

Filharmonia, ul. Jasna 5 (✆ 022/827 7479, www.Filharmonia.pl). Wichtigster Aufführungsort für Konzerte. Regelmäßige Auftritte des Nationalen Philharmonie-Orchesters und gastierender Ensembles. Hier findet alle fünf Jahre der Chopin Klavierwettbewerb statt. Karten erhält man bei der Vorverkaufsstelle in der ul. Sienkiewicza 10 (10–15 Uhr). Kurz vor der Vorstellung gibt es jedoch auch noch preiswerte Restkarten.

Kośiól Ewangelicko-Augsburgski (Evangelische Kirche), pl. Małachowskiego. Hauptsächlich Orgelkonzerte und Chormusik, oft mit gastierenden Chören. Ausgezeichnete Akustik.

Muzeum Fryderyka Chopin, ul. Okólnik 1, ✆ 022/827 5441, www.chopin.pl. Klavierkonzerte im Sommer sowie gelegentlich andere Aufführungen, die von der Chopin-Gesellschaft (Towarzystwo im. Frideryka Chopina) organisiert werden.

Opera Kameralna, al. Solidarności 76b, ✆ 022/821 2240. Die Aufführungen der Kammeroper finden in einem mit weißem und goldenem Stuck verzierten Saal statt. Während des Mozart-Festivals herrscht hier Hochbetrieb. Theaterkasse 10–14 Uhr und 16-19 Uhr.

Park Łazienkowski, al. Ujazdowskie. Abwechslungsreiches Sommerprogramm, das sich aus Orchester-, Chor- und Kammerkonzerten zusammensetzt. Die Veranstaltungen finden oft in der Orangerie oder im Palast statt.

Teatr Roma, ul. Nowogrodzka 4, ✆ 022/628 0360, www.roma.warszawa.pl. Oper, Operette und Popmusik. Kasse 9–13 Uhr, 14–18 Uhr.

Teatr Wielki (Nationaltheater), pl. Teatralny 1 (✆ 022/826 3288). Der Platz für große Oper-, Ballett- und Konzertaufführungen. Vor dem Hintergrund einer grandiosen Kulisse wird hier von Mozart bis zu zeitgenössischen polnischen Komponisten alles geboten. Mo–Sa 9–19 Uhr, So 10–19 Uhr.

Towarzystwo Muzyczne Warszawskie (Warschauer Musikverein), ul. Morskie Oko 2, ✆ 022/849 5651. Häufige Klavier- und Gitarrenkonzerte.

Theater und Kino

Das **Theater** ist eines der beliebtesten und geistig anspruchvollsten Unterhaltungsangebote in Warschau und erhält immer noch großzügige Subventionen vom Staat. Auch wenn Sie kein Polnisch verstehen, sollten Sie sich eine Vorstellung in einem der großen Theater anschauen – schon allein die Qualität der Aufführung und die Inszenierung sind es wert. Theaterkarten kosten etwa 15 Zł.

Warschaus **Kinos** bieten eine Mischung aus aktuellen westlichen Filmen, weltweiten Kinoschlagern und heimischen Erfolgsfilmen. Die Filme werden in der Originalversion mit polnischen Untertiteln gezeigt. Kinoprogramme und Hinweise auf die Neuerscheinungen sind überall in der Stadt erhältlich. In der *Gazeta Wyborcza* gibt es außerdem eine "Kinosparte". Kinokarten kosten etwa 20–25 Zł, in einigen Kinos gibt es montags Ermäßigungen.

• *Theater* **Centrum Sztuki Współczesnej**, Pałac Ujazdowskie Schloss, ✆628 1271, www.csw.art.pl. Es finden viele internationale Theater- und Tanzaufführungen statt.

Syrena, ul. Waryńskiego 12, ✆ 022/660 9875, www.teatrsyrena.art.pl. Modernes Drama in polnischer Sprache.

Teatr Buffo, ul. Marii Konopnickiej 6 (✆ 022/625 4709). Konzerte, Musicals, Avantgarde-Stücke. Manchmal Aufführungen in englischer Sprache.

Teatr Dramatyczny, Pałac Kultury i Nauki, ✆ 022/620 2102 oder 656 6844, www.studio-buffo.com.pl. In diesem riesigen Kulturzentrum gibt es gleich zwei Bühnen, die Stücke in polnischer Sprache aufführen, wobei das Studiotheater etwas avantgardistischer ist.

Teatr Powszechny, ul. Zamoyskiego 20, ✆ 022/818 2516, www.powszechny.art.pl. Hier werden oft Musicals gezeigt.

Teatr Żydowski, pl. Grybowski 12/16, ✆ 620 7025. Warschaus jüdisches Theater.

Karte S. 98/99

Die Aufführungen sind normalerweise in Jiddisch.

• *Kino* **Atlantik**, ul. Chmielna 33, ✆ 022/827 0894. Modernes Multiplex, das Premieren und Filme mit künstlerischen Ambitionen zeigt.

Iluzjon, ul. Narbutta 50, ✆ 022/646 1260. Dieses Kino gehört zum Nationalen Filmarchiv und zeigt Filme aus aller Welt.

Kino Lab, al. Ujazdowskie 6, ✆ 022/628 1271, www.kinolab.independent.pl. Kunstfilme und Ähnliches im Zentrum von Szłuki Wspólczesnej.

Kinoteka, Pałac Kultury i Nauk, pl. Defilad 1, ✆ 022/826 1961. Sowohl künstlerische als auch kommerzielle Filme werden in diesem außergewöhnlichen stalinistischen Gebäude gezeigt.

Kultura, ul. Krakowskie Przedmieście 21/3., ✆ 022/826 3335 Mit gutem Dolby-Sound-System ausgestattet. Zeigt an den Wochenenden Spätvorstellungen. Im selben Gebäude befindet sich das Rejs Programmkino (dieselbe Telefonnummer), das ausgewählte Filme zeigt.

Relax, ul. Złota 8, ✆ 022/828 3888, www.relax.echocinema.pl. Gemütliches Innenstadtkino, das die neuesten Filme zeigt.

Wars, Rynek Nowego Miasto 5/7, ✆ 022/831 4488, www.wars.gutekfilm.com.pl. Zeigt Filme, die voll im Trend liegen.

Homosexuelle in Warschau

Gruselgeschichten über die "eiserne Hand" des Katholizismus können heute keinen mehr schrecken. Schon gar nicht die Warschauer **Schwulenszene**, unter der es sogar eine religiöse Fraktion gibt. Obwohl viele Polen sehr religiös sind, würden sie sich heute ihren Lebensstil genauso wenig von der Kirche diktieren lassen wie von der kommunistischen Partei. Informationen erhält man am besten über www.warsaw.subnet.dk oder www.gay.net.pl. Literatur für Schwule und Lesben gibt es im *Odeon* Buchladen in der ul. Hoża 19.

Wie überall wechseln die Szenetreffpunkte in Warschau sehr häufig. Obwohl es einige ausdrückliche **Schwulenkneipen** gibt (die bekannteste ist *Koźla Pub* in der ul Koźla 10/12), trifft man sich meistens in Bars, in denen außer Schwulen auch heterosexuelles Publikum verkehrt. Der beliebteste Treff ist momentan *Między Nami* (was "unter uns" bedeutet) in der ul. Bracka 20 (unter dem "*Gauloise*" Schild). Ignorieren Sie den Hinweis am Eingang, der Sie dazu auffordert, "Ihre Clubkarte zu zeigen". Das ist nur ein Trick, um dem Ansturm an Wochenenden gerecht zu werden.

• *Clubs* **Paradise**, Skra stadiun, ul. Wawelska 5. Sehr freundlicher Nachtclub. Die Disco ist die ganze Nacht geöffnet (Do–Sa), zwischendurch eine gut zusammengestellte Auswahl an Showauftritten, die von lesbischen George-Michael-Imitatoren bis zu Drag Queens reicht. Auch einige heterosexuelle Paare schmusen selbstvergessen in den Ecken.

Club M, ul. Wałbrzyska 11, www.mykonos2.com.pl, besitzt eine Tagesbar und eine Abend-Disco. Etwa 5 km südlich des Stadtzentrums gelegen, Nähe Metrostation Sulżew.

Planeta, ul. Fort Wola 22. Dieser futuristisch anmutende Club befindet sich weit außerhalb der Stadt und Sie brauchen auf jeden Fall ein Taxi für den Rückweg (siehe "Clubs und Livemusik").

Sport

Schlittschuhlaufen ist auf der Winter-Eisbahn in Torwar, ul. Łazienskowska 6, möglich, vorausgesetzt Sie erwischen die Öffnungszeiten: Mo–Fr 20–21 Uhr, Sa–So 11–12.30 Uhr und 18–19.30 Uhr, ✆ 022/621 6207. Außerdem noch auf der Freiluft-Eisbahn ul. Inspektowa 1 in Stegny, geöffnet Mo–Fr 17–18.30 Uhr, Sa–So 12–14 Uhr 15–17 Uhr und 18–20 Uhr; ✆ 022/842 2768. Schlittschuhe kann man jeweils zu einem angemessenen Preis ausleihen.

Wer gern **schwimmen** geht, findet optimale Bedingungen im Wodny Park Waszawianka, 4 km südlich des Zentrums, Merlingo 4. Dort gibt es ein Schwimmbecken

Edel Shoppen

mit olympischen Maßen, Wasserrutschen und Kinderbecken. Mo–Fr 6.30–22 Uhr, Sa–So 8–22 Uhr; www.wodnypark.com.pl. Erreichbar mit den Bussen Nr. 505, 514, 516, 524 vom Zentrum. Im Sommer ist ein Freibad bei WOW Wisła geöffnet im Vorort Praga, Namysłowska 8. Juli–August täglich 9–19 Uhr. Straßenbahn Nr. 32 von pl. Bankowy.

Wenn Sie sich für "Zuschauersport" interessieren, ist **Fußball** eine gute Wahl. Legia Warszawa, der Militärverein mit einer riesengroßen Fan-Gemeinde spielt im Stadion Wojska Polskiego, gleich südwestlich des Zentrums in der ul. Ławzienkowska (Busse Nr. 155, 159 und 166). Der größte Rivale, Polonia, spielt in der ul. Konwiktorska 6, 10 Minuten zu Fuß von der Altstadt (oder Straßenbahn Nr. 2 vom Zentrum).

Einkaufen

Die **Einkaufssituation** hat sich in Warschau seit 1989 wesentlich verändert. Die alten staatlichen Läden waren die Ersten, denen gegen Ende der kommunistischen Ära der Garaus gemacht wurde. Heute säumen nur noch Privatgeschäfte, die entweder in polnischer oder westlicher Hand sind, die Straßen der Hauptstadt. Ein Einkaufsbummel ist hier ähnlich wie in jeder anderen größeren europäischen Stadt. In den Läden und Kaufhäusern gibt es keine Warenknappheit mehr, und außerdem bemühen sich Spezialgeschäfte, jede Konsumentenlaune zu erfüllen. Da es hier genauso viele englischsprachige Einwohner gibt wie z. B. in Prag, ist es nicht schwer, englischsprachige Zeitungen oder Bücher aufzutreiben. Kleidung und spezielle Nahrungsmittel stellen ebenfalls kein Problem dar. Wer auf polnisches Flair aus ist, findet dies auf den zahlreichen Märkten und Basaren überall in der Hauptstadt sowie bei den Straßenhändlern.

Das größte Kaufhaus ist **Galeria Centrum** in der Marszałkowska gegenüber vom Pałac Kultury i Nauk. In der Fußgängerzone der ul. **Chmielna**, die von hier in östlicher Richtung führt, befinden sich zahlreiche Kleiderläden und Boutiquen.

Bücher, Postkarten, Zeitungen, Zeitschriften, CDs, Schallplatten

Akademische Buchhandlung, ul. Grzybowska 37A, www.abe.com.pl. Riesiger Buchladen mit allein 23.000 Titeln in englischer Sprache.

Akademia, ul. Krakowskie Przedmeście 5. Einige englischsprachige Titel sowie englische Übersetzungen polnischer Literatur.

American Bookstore, Nowy Świat 61, www.americanbookstore.pl. Große Auswahl an Belletristik und Reisebüchern. Hier ist der *Warsaw Insider* erhältlich.

Księgarna Językowa Akademica, Traugutta 3. Fremdsprachige Bücher, auch viele englischsprachige Titel über Polen.

Empik, an der Kreuzung von Nowy Świat und al. Jerozolimskie sowie in der ul. Marszałkowska 116/122. Eine Ladenkette mit der größten Auswahl an Büchern und CDs in der Stadt. Auch fremdsprachige Zeitungen und Zeitschriften.

Odeon, ul. Hoża 19. Breites Angebot an Titeln sowie eine Auswahl an Literatur für Lesben und Schwule.

Pelta, Świętokryska 16. Ein Paradies für Jungs aller Altersklassen: Bücher über Autos, Zweiräder, Züge, Flugzeuge etc. Modellbau im oberen Stockwerk.

Zachęta, pl. Małachowskiego 3. Geschäft in der gleichnamige Galerie. Verkauft werden Bücher über die gesamte polnische Kunst und Architektur, außerdem Postkarten und Geschenkartikel.

Galerien, Kunsthandwerk, Antiquitäten

Ambra, ul. Piwna 15. Einer der besseren Bernsteinschmuckläden in einer Straße, die davon überquillt.

Cepelia, Ladenkette mit Zweigstellen in der Nowy Świat 35, Krucza 23/31 und Marszałkowska 99/101. Polnische Kunsthandwerksartikel wie Keramik, Textilien und Holzschnitzereien, außerdem einige Kitschartikel.

Desa Galeria, Rynek Starego Miasta 4/6 und Nowy Świat 51. Hochpreisige Antiquitäten und Gemälde.

Galeria Zapiecek, ul. Zapiecek 1. Zeitgenössische Kunst für Kenner.

Märkte, Basare

An Wochenenden sind die traditionellen **Markt**-Bezirke wie Hala Mirowskia, pl. Mirowski, westlich des Sächsischen Gartens voller Verkaufsstände und schon allein der Atmosphäre wegen einen Besuch wert. Doch da die Geschäfte heute mehr im Angebot haben als früher, findet man dort vor allem ein paar schäbige Stände mit Porno-Videos und Gewehren.

Dziesięciolecia stadium, Praga Bezirk, nahe der Poniatowski-Brücke. Der größte der Märkte außerhalb der Stadt, wahrscheinlich sogar der größte Europas, in einem Sportstadion. Der Markt findet hier statt, seit die Straßenhändler von der Stadtverwaltung aus dem Stadtzentrum vertrieben wurden. Hier wird alles verkauft, was man sich nur vorstellen kann: russischer Nippes, Autos, Gewehre, Pelzmäntel und alle möglichen anderen Dinge. Auf den oberen Ebenen findet man die besten Schnäppchen, während die untere Ebene besser organsiert und etwas kommerzieller ist.

Hala Mirowska, pl. Mirowski, westlich der Sächsischen Gärten.

Koło Bazaar, ul. Obozowa, im Wola Bezirk (nahe der Endhaltestelle der Straßenbahnlinien 1, 13, 20, 24 und der Busse 159, 167 und 359). Sonntags findet hier der beste Markt für Antiquitäten und Nippes statt, man findet z. B. Sofas, alte russische Samoware und sogar original Eiserne Kreuze. Montagmorgens wird ein Heimtiermarkt abgehalten. Da kann man von Hamstern bis zu Fleisch fressenden Schildkröten alles erwerben, was so kreucht und fleucht.

Sehenswertes im Überblick

Altstadt/Stare Miasto

Der Begriff "Altstadt" – Stare Miasto – ist eigentlich falsch für den historischen Kern von Warschau. Vor fünfzig Jahren lag dieser Stadtteil mit seinem engmaschigen Straßen- und Gassennetz in Schutt und Asche. Sogar das Kopfsteinpflaster ist eine sorgfältig zusammengesetzte Nachbildung.

Betrachtet man jedoch die Häuserreihen um den Marktplatz herum, kann man sich kaum vorstellen, dass sie erst seit einigen Jahrzehnten wieder dort stehen. Alte Einwohner meinen übrigens, die restaurierte Version sei in mancherlei Hinsicht schöner als das Original.

Der **Plac Zamkowy/Schlossplatz** im Süden der Altstadt bietet sich als Ausgangspunkt für einen Rundgang geradezu an. Zunächst fällt die Bronzestatue von *Sigismund III. Wasa/Zygmunt III. Waza* ins Auge, dem König, der Warschau zur Hauptstadt machte. Sigismund, der seit 1640 auf seiner Säule steht, bekam im September 1944 einen Volltreffer ab. Die heutige Statue ist eine Nachbildung, ihr Sokkel ist ein ebenso beliebter wie praktischer Treffpunkt.

Das Königsschloss

An der Ostseite des Platzes erhebt sich das frühere **Königsschloss/Zamek Królewski**, einst Residenz der Königsfamilie und Sitz des polnischen Reichstags, heute

Schlossmuseum. Das alte Schloss stammte aus dem 17. Jahrhundert. Nach dem Warschauer Aufstand wurde es von den Deutschen gesprengt und erst im Laufe der 1970er Jahre wieder aufgebaut. Im Juli 1974 versammelte sich auf dem Platz eine riesige Menschenmenge, um mitzuerleben, wie die Uhr auf dem Zygmunt-Turm neu in Betrieb genommen wurde – ihre Zeiger standen noch immer genau so, wie sie beim ersten Luftangriff stehen geblieben waren. Das Schloss gilt als Symbol der nationalen Unabhängigkeit Polens. Die Rekonstruktion des alten Königsschlosses wurde durch Spenden von Polen aus aller Welt unterstützt, und Hunderte von Freiwilligen halfen bei der Arbeit. Zwar ist der Bau selbst eine Nachbildung, aber die Inneneinrichtung ist größtenteils die ursprüngliche; umsichtiges Personal hatte sie bei den ersten Bombenangriffen an einem sicheren Ort verborgen. Neben seiner Funktion als Touristenattraktion dient das Schloss auch als Kulisse für prunkvolle Staatsempfänge, die für die zahlreichen wichtigen Besucher des Landes gegeben werden.

Man betritt das Schloss durch das Senatstor und eine Eingangshalle mit Gewölben. Wie in den meisten Schlössern gibt es auch hier eine Ansammlung von Abbildungen berühmter Persönlichkeiten, z. B. Büsten von Molière und Voltaire sowie ein Porträt Georgs III. von dem englischen Maler Gainsborough. Die Dekoration ist ziemlich überladen (beachten Sie das Deckengemälde mit dem Titel "Apotheose des Polnischen Genius" im Nordflügel). Es gibt jedoch auch eine Reihe sehr sehenswerter Artefakte, und alle Gegenstände werden ausführlich in englischer Sprache erklärt.

Der blaue Rundgang

Der blaue Rundgang führt durch die **Jagiellonischen Räume** im Nordostflügel mit Blick auf den Fluss. Ursprünglich gehörten sie zur Residenz des Monarchen August III. im 18. Jh. Sie sind geschmückt mit Porträts der Jagiellonischen Königsfamilie und einigen bemerkenswerten flämischen Wandteppichen, darunter einer mit dem Titel *Tragödie des jüdischen Volkes.*

In den sich anschließenden Räumen trat früher der polnische Reichstag/Sejm zusammen. Hinter der Kanzlei, die geschmückt ist mit weiteren Wandteppichen und Porträts der letzten masowischen Herzöge, liegt die **Alte Abgeordnetenkammer**, früher Ort von Debatten. Bei einer Sitzung des Reichstages saßen die Abgeordneten auf Bänken auf der linken Seite der Kammer, der Sprecher saß in der Mitte des Raumes, und das Publikum konnte auf der rechten Seite im Stehen die Debatten verfolgen. Die Demokratie, so wie sie hier ausgeübt wurde, war allerdings eine zwiespältige Angelegenheit. Einerseits zeugte der Gründungserlass der polnischen Nation (*Articuli Henriciani*), der 1573 hier ausgearbeitet worden war, von einer außerordentlich toleranten Einstellung gegenüber den verschiedenen Religionen. Andererseits wurde hier 1652 aber auch das Prinzip des *liberum veto* – Einstimmigkeit als Voraussetzung für die Verabschiedung neuer Gesetze – festgelegt. Dieses Prinzip machte eine effiziente Regierung in Polen häufig unmöglich.

Es kann argumentiert werden, dass die eigentliche Sternstunde des Sejm die Verabschiedung der berühmten **Verfassung vom dritten Mai** im Jahr 1791 war. Zu einer Zeit, als das ganze Land und mit ihm Institutionen wie der Sejm durch politische Entwicklungen in ihrer Existenz bedroht wurden, war dies einer der radikalen Höhepunkte europäischer Verfassungsgeschichte (siehe S. 66). Die bemalten Säulen und heraldischen Wappenbilder, die die Kammer schmücken, wurden erst kürzlich in ihrer urspünglichen Form restauriert. Wie viele Beispiele polnischer Architektur aus dieser Zeit orientieren sie sich am italienischen Stil und wurden von Baptista Quadro (der durch das Rathaus in Poznań zu Ruhm gelangte) entworfen.

Höhepunkt des blauen Rundgangs sind die **Matejko**-Räume im Nordflügel. Hier gibt es jede Menge Gemälde dieses rangältesten polnischen Malers des 19. Jahrhunderts. Jan Matejko, ein romantischer Phantast, fühlte eine patriotische Berufung und hielt in seinen Gemälden wichtige Augenblicke der polnischen Geschichte fest (viele sind hier zu sehen). Das Gemälde *Rejtan* zeigt, wie ein Abgeordneter sich einer Gruppe von Kollegen in den Weg stellt, die bereit sind, die Erste Teilung zu akzeptieren; er fleht sie an, lieber ihn zu töten als Polen. Das Bild *Die Verfassung vom dritten Mai* hält die Ausrufung einer der ersten demokratischen Verfassungen Europas auf ähnlich beeindruckende Art fest.

Das Königsschloss von Warschau

Der gelbe Rundgang

Während des gelben Rundgangs wird der verschwenderischste Bereich des Schlosses besichtigt, die **königlichen Gemächer** von *Stanisław August* Poniatowski. Inmitten von all dem Pomp und Gepränge fällt es schwer, sich vorzustellen, dass dies nur Nachbildungen der Originale aus dem 18. Jahrhundert sind. In dem vorliegenden Fall orientierten sich die Architekten nach dem Krieg an Archivmateralien aus Dresden, um die Räume aus dem Nichts wiederherzustellen. Nach zwei kleineren Zimmern betritt man den prachtvollen **Canaletto-Saal** mit Ansichten von Warschau, allesamt Werke von Bernardo Bellotto, einem Neffen des berühmten Canaletto, dessen Namen er annahm, um seine Bilder besser verkaufen zu können. Diese Stadtansichten mit ihrer Detailgenauigkeit dienten den Architekten beim Wiederaufbau der Stadt nach dem Krieg als Grundlage. Daneben liegt die reich verzierte **Königskapelle**, entworfen und ausgestattet von Domenico Merlini in den 70er Jahren des 18. Jahrhunderts. Dort ist in einer Urne das Herz von Tadeusz Kościuszko aufbewahrt, dem säbelrasselnden Anführer des Aufstands von 1794 und Helden im Amerikanischen Unabhängigkeitskrieg. Genau wie viele andere Räume in diesem Geschoss hat der **Audienzsaal** einen wunderschönen Parkettboden und ist weitgehend mit der Originalausstattung eingerichtet. Die vier Gemälde von Bacciarelli, Hofmaler bei Stanisław August, stellen die Tugenden Tapferkeit, Weisheit, Gottesfurcht und Gerechtigkeit dar, während der Raum selbst wiederum von Merlini entworfen wurde und ein gutes Beispiel für den polnischen Neoklassizismus ist.

Auf das **Schlafzimmer des Königs**, ebenfalls mit üppig dekoriertem Interieur, folgt das **Studierzimmer** mit Gemälden von Künstlern, die am Hof des letzten polnischen Königs lebten. Hier soll Napoleon bei seinem kurzen Aufenthalt geschlafen haben – anscheinend hatte er Stanisławs Bett hierher bringen lassen, weil er nicht im gleichen Zimmer schlafen wollte wie der erst kurz zuvor abgesetzte Herrscher.

Von hier aus führt der Rundgang weiter durch die Empfangsräume, darunter der luxuriöse **Marmorraum** mit Porträts von 22 polnischen Monarchen. Eines davon ist das oft reproduzierte Porträt von Stanisław August in seinen Krönungsgewändern. Höhepunkt des Rundgangs ist der Besuch des **Ballsaals**, des größten Raums des Schlosses, dessen Decke eine Allegorie von Bacciarelli mit dem passenden Titel *Die Auflösung des Chaos* schmückt. Hier traf Napoleon 1806 die hohe Warschauer Gesellschaft, ein Treffen, auf dem er seine (in Polen legendären) Bemerkungen über die Schönheit der polnischen Frau machte, vermutlich bezogen auf seine zukünftige Geliebte, die Gräfin Maria Walewska.

• *Öffnungszeiten* Di–Sa 10–16 Uhr, So 11–16 Uhr, letzter Einlass 15 Uhr. Was es im Schloss zu besichtigen gibt, ist in zwei Rundgänge aufgeteilt: Der blaue Rundgang führt Sie durch den Großteil des Schlosses, der gelbe schließt die Königlichen Gemächer ein und kann nur im Rahmen einer Führung besichtigt werden. Möglicherweise müssen Sie warten, bis die erforderliche Anzahl von Besuchern (meist 25) beisammen ist. Sonntags kann man dem *Sonntags-Rundgang* folgen. Dabei entdeckt man die Höhepunkte des blauen und gelben Rundgangs, nicht jedoch die gesamten Besichtigungspunkte.

Nördlich des Schlosses

Viele Geschäfte, Bars, Restaurants und teure Souvenirläden säumen **Piwna** und **Świętojańska**, zwei enge Straßen mit Kopfsteinpflaster, die vom Plac Zamkowy nach Norden führen. Fast in jeder Straße steht eine Kirche, deren Besuch sich lohnt. In der Piwna liegt die **Kirche St. Martin** (Św. Martina), ein Bau aus dem 14. Jahrhundert, dessen barockes Inneres nach dem Krieg sorgfältig restauriert wurde; hier liegt unter anderem *Adam Jarzęrbski*, königlicher Musiker und Verfasser des ersten Reiseführers von Warschau (in Versform!) begraben. Sie sollten die Gelegenheit nutzen und auf einen Sprung zum Kanonie-Platz hinuntergehen (hinter ul. Jezuitska nördlich des Schlosses), wo das **schmalste Haus** Warschaus sogar seine Gegenstücke in Amsterdam vor Neid erblassen lässt.

An der Świętojańska liegt der Eingang zur **St.-Johannes-Kathedrale** (Archikatedra Św. Jana), der Hauptkirche der Innenstadt. Sie wurde Anfang des 14. Jh.s an Stelle einer Holzkapelle errichtet und später im masowisch-gotischen Stil umgebaut. In der Kathedrale wüteten 1944 einige der erbittertsten Kämpfe des Warschauer Aufstands. Deutsche Panzer drangen, nachdem sie das Südschiff zerstört hatten, in das Gebäude ein. Noch heute sieht man Teile der Panzerspuren in der Wand entlang der ul. Dzekania – sie wurden bei der Wiederaufrichtung dort eingebaut. Nach dem Krieg wurde viel Geld investiert, um die Kirche in ihrem original gotischen Backstein-Stil wieder aufzubauen.

Trotz all der Mühe wirkt die Kathedrale eher kalt und abweisend. Von Interesse ist hauptsächlich die Krypta: Hier befinden sich z. B. die Grabmäler der Herzoge von Masowien sowie ein Nürnberger Kruzifix aus dem 16. Jahrhundert, mit angefügtem Naturhaar. Unter den berühmten Polen, die hier begraben liegen, sind z. B. der Literaturnobelpreisträger *Henryk Sienkiewicz*, der frühere Primas von Polen *Kardi-*

Gelungene Rekonstruktion – der Altstädter Marktplatz

nal Wyszyński und, aus jüngerer Zeit, der Pianist und ehemalige Premierminister *Ignacy Paderewski*. Seine sterblichen Überreste wurden im Jahr 1992 unter Anwesenheit der Präsidenten Lech Wałęsa und George Bush mit großer Zeremonie hierher überführt. Es war der letzte Wunsch des im Exil lebenden Paderewski gewesen, dass sein Körper nur in ein freies Polen zurückkehren solle. Die katholisch geprägten Regierungen der nachkommunistischen Zeit haben Sorge getragen, dass die Kirche ihre offiziellen Funktionen wieder ausübt. Deshalb kann es passieren, dass Sie Ihren Besuch am Wochenende kurzfristig abbrechen müssen, wenn z. B. ein Würdenträger aus dem Ausland hier empfangen werden soll (zwischen 11 und 14 Uhr ist das Gebäude jedoch sowieso geschlossen).

Neben der Kathedrale befindet sich das **Heiligtum unserer barmherzigen Jungfrau** (Kościół św. Jezuitski/Jesuitenkirche), eine von den Jesuiten unterhaltene Kapelle zu Ehren der Schutzpatronin Warschaus. Der Glockenturm, der höchste der Altstadt, ist schon von weitem sichtbar.

Der Altstädter Marktplatz und Umgebung

Der **Altstädter Marktplatz/Rynek Starego Miasta** gilt als eine der bemerkenswertesten Nachkriegsrekonstruktionen in ganz Europa. Die dreistöckigen Kaufmannshäuser um den Platz herum, die im Warschauer Aufstand dem Erdboden gleichgemacht worden waren, wurden nach dem Krieg anhand von Darstellungen aus dem 17. und 18. Jahrhundert mit ihren polychromen Fassaden sorgfältig wieder aufgebaut.

Tagsüber wimmelt es auf dem Rynek von Besuchern, Straßensängern, Künstlern, Geldwechslern und *dorożki*, traditionellen, von Pferden gezogenen Wagen, die Touristen gegen ein hohes Entgelt durch die Altstadt kutschieren. Genau in der Mitte des Platzes befinden sich zwei Wasserpumpen aus dem 19. Jahrhundert. Jahrelang konnten sich nur die Droschkenpferde an dem kühlen Nass gütlich tun. Inzwischen wurde jedoch ein effizientes Filtersystem installiert, und ein Schluck aus der Pumpe ist eine gute Alternative zu den überteuerten Getränken in den Cafés am Platz.

Das **Historische Museum der Stadt Warschau** (Muzeum Historyczne Starej Warszawy) nimmt einen großen Teil der Strona Dekerta, der Nordseite des Platzes, ein. Man betritt es durch ein Haus mit dem Namen Pod Murzynkiem/"Zum kleinen Mohren". Der Name erinnert an das Wirtshausschild, das einst über dem Eingang hing. Die Exponate des Museums dokumentieren die verschiedenen Aspekte des Lebens in Warschau von den Anfängen bis zur Gegenwart und sind auf drei Stockwerke verteilt. Von oben hat man einen herrlichen Ausblick auf den Rynek mit seinen Sonnenschirmen. Die Frühgeschichte der Stadt ist nur mit Bildern und Texttafeln dargestellt, doch je weiter man ins Museum vordringt, umso besser wird das Ganze. Die Vorkriegszeit wird durch alte Fotos, Theaterplakate und Modezeitschriften dokumentiert. Besonders bewegend ist die Chronik des Widerstands gegen die Nazis, die ein Film zu den Schrecken des Krieges ergänzt, der in Polnisch jeweils zur vollen Stunde gezeigt wird, in Englisch nur um 15 Uhr.

Öffnungszeiten Di und Do 11–18 Uhr, Mi und Fr 10–15.30 Uhr, Sa und So 10.30–16 Uhr. Eintritt: 5 Zł, sonntags frei.

An der Ostseite des Platzes, der Strona Barssa, liegt das **Mickiewicz-Literatur-Museum**, eine Gedenkstätte für den romantischen Volksdichter. Inmitten von Erstausgaben, zeitgenössischen Zeitungen und Familienandenken sind in einem Raum sein Porträt und ein Kruzifix in sakrales Dunkel gehüllt.

Öffnungszeiten Mo, Di, Fr 10–15 Uhr, Mi und Do 11–18 Uhr, So 11–17 Uhr, Eintritt 5 Zł, Do frei.

Adam Mickiewicz (1798–1855)

Der Dichter Adam Mickiewicz ist der wohl bedeutendste Vertreter der polnischen Romantik. Auf die patriotischen Schriften des zum Mystizismus neigenden Mickiewicz wird seit Generationen von polnischen Literaten und Politikern zurückgegriffen. Sogar der erklärtermaßen unakademische Lech Wałęsa soll öfter aus dem beliebten Epos *Pan Tadeusz* zitieren – und Aufführungen seiner Bühnenstücke gehören zu den beliebtesten des Landes. Kontrovers (obwohl eher zurückhaltend) diskutiert wird momentan die "ethnische" Herkunft von Mickiewicz. Mehrere Wissenschaftler versuchen zu belegen, dass mindestens ein Elternteil jüdischer Herkunft war und dass dies erkläre, warum jüdische Charaktere, insbesondere der musikalische Wirt, Jankiel, in einem Stück wie *Pan Tadeusz,* das sich eindeutig an polnische Zuschauer wendet, so sympathisch dargestellt werden. Natürlich provozieren solche Spekulationen über den populären Volkshelden wachsende Auseinandersetzungen. Obwohl einige von Mickiewicz' Werken zu den besten zählen, die die Romantik hervorgebracht hat, ist er im Westen noch relativ unbekannt, was auch daran liegt, dass es nur wenige gute und greifbare Übersetzungen gibt.

Der in Litauen geborene Mickiewicz stammte aus einer verarmten, dem niedrigen polnischen Adel (*szlachta*) angehörigen Familie. Er studierte an der Universität Vilnius, wo er sich, wie viele seiner Kommilitonen, bald konspirativen, anti-russischen Kreisen anschloss. Seine erste Veröffentlichung *Poezy*, eine Sammlung von Balladen und Romanzen, die auf der litauischen Volkskunde basieren, erschien 1822. 1823 wurde er zusammen mit anderen Mitgliedern einer geheimen Studentenorganisation verhaftet und unter dem Verdacht der "Verbreitung von polnischem Nationalismus" nach Russland deportiert, wo er sich bis Ende der 20er Jahre vorwiegend in Moskau aufhielt. Dort freundete er sich mit etlichen russischen Schriftstellern, u. a. auch Puschkin, an. Aus dieser Zeit stammen z. B. Werke wie *Dziady* (Vorabend des Ahnen), ein innovatives patriotisches Theaterstück, das nach seiner Warschauer Aufführung im Frühling von 1968 eine Welle von Studentenprotesten auslöste, sowie *Konrad Wallenrod* (1828), ein beliebtes, episches Gedicht, das den mittelalterlichen Kampf zwischen den Rittern des Deutschordens und den Litauern beschreibt, jedoch indirekt eine Allegorie auf den jahrhundertealten polnisch-deutschen Konflikt darstellt. Nach dem Scheitern des Aufstands im November 1830 zog Mickiewicz wie viele polnische Intellektuelle nach Paris, wo er sich schnell wieder politischen Emigrantenkreisen zuwandte. Hier entstand sein herausragendstes Werk *Pan Tadeusz* (Herr Tadäus, 1834). Es orientiert sich an den Romanen Walter Scotts und beschreibt meisterhaft und gefühlvoll das traditionelle Adelsleben in seiner polnisch-litauischen Heimat, einer Region, die vielen polnischen Schriftstellern, so auch Miłosz und Konwicki am Herzen lag, und zwar zum einen wegen der Schönheit ihrer Natur und zum anderen wegen ihres starken historischen Bezugs zu Polen.

Die letzten Lebensjahre Mickiewiczs lesen sich wie eine Litanei von persönlichen und politischen Enttäuschungen. 1839 erhielt Mickiewicz eine Professur in Lausanne, die er im folgenden Jahr niederlegte, um am Collège de France slawische Literatur zu lehren. Wegen seiner mystischen und theosophischen Lehren wurde er 1844 suspendiert. Während des Ausbruchs der **1848er Revolutionen** in Mitteleuropa, dem "Frühling der Nationen", der kurzfristig eine neue Zeit für die unterdrückten Nationen der Region versprach, reiste Mickiewicz nach Rom, um den neuen Papst Pius IX. dafür zu gewinnen, die Polen in ihrem Streben nach Unabhängigkeit zu unterstützen. Der leidenschaftliche Patriot organisierte eine kleine polnische Militäreinheit, die gegen die Streitkräfte Garibaldis kämpfte, und hoffte, diese würde den Kern einer neuen polnischen Befreiungsarmee bilden. Er übernahm die Redaktion der radikalen agitatorischen Zeitung *Tribune des Peuples* ("Volkstribüne"), was schließlich dazu führte, dass er von Napoleon III. aus seiner sicheren Anstellung im Collège de France entlassen wurde.

1855 wurde Mickiewicz von Prinz Adam Czartoryski, einem Führer der Pariser Emigrantengruppe, in die Türkei geschickt, um Streitereien zwischen polnischen Truppen zu schlichten, die im Krimkrieg als Freiwillige gegen Russland kämpften. Kurz nach seiner Ankunft erkrankte Mickiewicz an Typhus und starb im November 1855 in Istanbul, wo noch heute ein Gedenkmuseum an ihn erinnert. Mickiewicz war bereits zur Zeit seines Todes ein Nationalheld von fast mythischen Ausmaßen; seine sterblichen Überreste wurden schließlich nach Polen überführt und in der Krypta der Krakauer Wawel-Kathedrale beigesetzt.

Karte S. 98/99

Die Westseite des Rynek, nach einem der Autoren der berühmten, 1791 geschriebenen Verfassung *Strona Hugona Kołłątaja* benannt, schmückt eine Reihe schön renovierter Gebäude. Im **Fukier-Haus** (Nr. 27) ist seit langer Zeit eine der berühmtesten und immer noch beliebten Weinstuben (*winiarnia*) bzw. Weinkeller der Stadt untergebracht; das **Klucznikowska-Palais** (Nr. 21) ziert eine sorgfältig rekonstruierte gotische Eingangstür.

Westlich des Rynek führen enge Pflastersteingassen zu einem langen Abschnitt der alten **Stadtmauer** mit ihren rekonstruierten Wachtürmen. Die Befestigungen und Wehrgänge sind auf zwei Ebenen angelegt, und Apfelbäume säumen die grasüberwucherten Zugänge (hier wird jedoch gerade renoviert). Entlang des Podwale, dem öffentlichen Weg, der um die Befestigungen führt und der besonders bei abendlichen Spaziergängern sehr beliebt ist, erinnern zahlreiche Gedenktafeln an Ausländer, die sich für die polnische Sache eingesetzt haben, wie beispielsweise der französische Dichter *Alfred de Vigny*. Hier, wie an vielen Stellen in der Stadt, kennzeichnen Blumen am Boden die Hinrichtungsstätten der Nazis aus dem Zweiten Weltkrieg.

Die ergreifendste Gedenkstätte ist das **Denkmal des kleinen Aufständischen (Mały Powstaniec)**: die Bronzeskulptur eines kleinen Jungen, der einen viel zu großen Helm trägt und ein Maschinengewehr in der Hand hält. Diese Gestalt erinnert an die Kinder und Jugendlichen, die während des Warschauer Aufstands ums Leben kamen, und personifiziert das heldenhafte und außergewöhnlich tragische Element des Widerstands gegen die Nazis. Während der Schulzeit scharen sich Schulklassen auf Ausflügen um das Denkmal.

Die ul. Nowomiejska führt vom Rynek nach Norden bis zur **Barbakane** (etwa 200 m) aus dem 16. Jahrhundert, die früher das Nowomiejska-Tor, den Nordeingang zur Stadt, bewachte. Die Festung gehört zum Verteidigungsring der Altstadt, der einst vom Plac Zamkowy bis zum Nordostrand des Bezirks reichte. Im Sommer geben sich hier Straßenkünstler, Musikanten und Händler, die Schmuck als Andenken verhökern (Kreditkarten werden angenommen!), ein Stelldichein.

Geht man in östlicher Richtung an den Mauern entlang, kommt man zum Marschallturm. Von dort aus hat man einen schönen Blick über den Fluss und den Bezirk Praga. Umgekehrt hat man vom **Praga-Ufer** einen der schönsten Blicke auf die Altstadt. Um dorthin zu kommen, nimmt man eine der Straßenbahnen über die Śląsko-Dąbrowski, die Brücke direkt südlich der Altstadt; bei der ersten Haltestelle steigt man aus und geht durch den **Praski Park** zum Flussufer hinunter.

Neustadt/Nowe Miasto

Überquert man den Festungswall von der Barbakane, kommt man in die Neustadt, die trotz ihres Namens schon aus dem frühen 15. Jahrhundert stammt, aber erst Ende des 18. Jahrhunderts eingemeindet wurde. Damals ersetzte man auch die Holzhäuser der Handwerker durch Ziegelsteinhäuser. In diesem Stil ist das ganze Gebiet wieder aufgebaut worden.

Die ul. Freta entlang bis zum Rynek Nowego Miasta/ Neustädter Marktplatz

Von der Barbakane führt die ul. Freta – die Verlängerung der Nowomiejska – nach Norden durch das Herz der Neustadt. Doch vorher sollte man einen Abstecher nach links machen, wo einen die ul. Długa zum **Pałac Raczyńskich** aus dem 18. Jahrhundert bringt, der während des Warschauer Aufstands neben anderen Gebäuden im Stadtzentrum als Lazarett diente: Eine Tafel an der Ecke zur ul. Kilińskiego gedenkt der über 400 verwundeten Aufständischen, die in ihren Betten ermordet wurden, als die Nationalsozialisten in die Altstadt einmarschierten. Heute beherbergt das Gebäude ein Archiv.

Zurück zur ul. Freta und weiter in nördliche Richtung liegt die Dominikanerkirche **St. Jacek** (Św. Jacka), in der sich Gotik und früher Barock harmonisch verbinden. Das angrenzende Kloster, das größte von Warschau, diente ebenfalls im Aufstand von 1944 als Lazarett und wurde deshalb heftig bombardiert. Hunderte starben hier, als die Nationalsozialisten im Oktober 1944 wieder die Oberhand gewannen. In der ul. Freta Nr. 3 gibt es ein nettes Café, wo man auch draußen sitzen kann. Gleich nebenan, in der **Asiatischen Galerie** (Galeria Aziatycka), Hausnummer 5, werden neben einer kleinen ständigen Sammlung gelegentlich Ausstellungen asiatischer und pazifischer Kunst veranstaltet. Eine Zeit lang wohnte der deutsche Romantiker *E. T. A. Hoffmann* in der ul. Freta Nr. 5. Nummer 16 ist das Geburtshaus einer der berühmtesten Frauen Polens: **Maria Skłodowska-Curie**, zweimalige Nobelpreisträgerin für ihre Entdeckung und Erforschung des Radiums (siehe unten). Ein kleines, aber faszinierendes **Museum** ist ihrem Leben und Werk gewidmet. Fotografien, die sie zusammen mit ihren Kollegen aus der Wissenschaft abbilden, machen deutlich, dass sie sich in einer männlich dominierten Welt durchsetzen musste.

Öffnungszeiten **Galeria Aziatycka** – Di–Sa 11–17 Uhr. **Marie-Curie-Museum** – Di–Sa 10–16 Uhr, So 10–14 Uhr. Eintritt 5 Zł.

Die ul. Freta führt weiter zum **Neustädter Marktplatz/Rynek Nowego Miasta**, dem ehemaligen Geschäftszentrum des Bezirks. Dieser freundliche Platz, den elegant restaurierte Fassaden aus dem 18. Jahrhundert säumen, bietet eine wohltuende Abwechslung nach der geschäftigen Altstadt. In seiner Ostecke steht die **Sakramentinerinnenkirche**, von Königin Maria Sobieska zum Andenken an den Sieg ihres Gemahls Jan über die Türken bei Wien (1683) gestiftet. Mittelpunkt des bemerkenswert nüchternen Inneren ist die Grabkapelle der Sobieskis. Der Architekt der Kirche, Tylman van Gameren, spielte eine führende Rolle beim Wiederaufbau von Warschau nach den Zerstörungen der Schwedischen Kriege. Graf Jerzy Lubomirski hatte ihn aus Utrecht nach Polen gerufen, wo er weite Teile der Stadt in seinem charakteristischen, eher strengen palladianisch-klassizistischen Stil gestaltete.

Karte S. 98/99

Marie Curie (1867–1934)

Die mit dem Nobelpreis ausgezeichnete Wissenschaftlerin Marie Curie ist ebenso wie der Schriftsteller Joseph Conrad ein gutes Beispiel für berühmte Polen, deren Nationalität aber den wenigsten bewusst ist. Viele Leute sind überrascht, wenn sie erfahren, dass Marie Curie, geborene Manya Skłodowska, trotz ihres französischen Ehemanns Pierre und ihrer Wahlheimat Frankreich eine sehr patriotische Polin war. Curie, deren Vater Physiklehrer war, wurde in Warschau geboren, und ihre außerordentliche Begabung wurde von ihrer wissenschaftlich orientierten Familie schon früh erkannt. Während sie die russische Oberschule der Stadt besuchte, engagierte sie sich für die im Untergrund agierende "freie Universität", die von polnischen Patrioten organisiert wurde. Anfang 1890 ging Manya Skłodowska nach Paris, um an der Sorbonne bei den herausragenden französischen Physikern der Zeit zu studieren.

Wissensdurstig und überdurchschnittlich intelligent, suchte Curie den Kontakt zu den wissenschaftlichen Pariser Kreisen. Sie bekam eine Stelle im Labor des bekannten Physikers Gabriel Lipmann und traf den Forscherkollegen Pierre Curie, den sie 1895 heiratete. Damit begann eine Partnerschaft, aus der eine Anzahl spektakulärer wissenschaftlicher Entdeckungen hervorgehen sollte, vor allem die des **Poloniums** (nach ihrer Heimat Polen benannt) im Sommer 1898 und kurz danach die des **Radiums**. Nachdem ihr Kollege Henri Becquerel das Phänomen entdeckte, dem Curie den Namen "Radioaktivität" gab, begann sie systematisch die neue, revolutionäre Entdeckung zu erforschen. Diese Arbeit wurde 1903 durch den Nobelpreis für Physik weltweit anerkannt, der ihr, Pierre Curie und Becquerel gemeinsam verliehen wurde. Der Tod ihres Mannes 1906 war ein schwerer Schlag, doch er führte dazu, dass sie zu seiner Nachfolgerin ernannt wurde und so als erste Professorin an der Sorbonne unterrichtete. 1911 erhielt sie einen zweiten Nobelpreis, diesmal für Chemie, für die Isolation reinen Radiums.

Während des Ersten Weltkriegs arbeitete Marie Curie zusammen mit einer ihrer Töchter an der Entwicklung der Röntgenstrahlen und gehörte zu den treibenden Kräften hinter dem 1918 gegründeten Institut de Radium, das sich schnell zu einem internationalen Zentrum für Chemie und Nuklearphysik entwickelte. Selbst bereits weltberühmt und unermüdlich an der Entwicklung der medizinischen Anwendung dieser neuen Röntentechnologie arbeitend, besuchte sie mit ihren Töchtern 1921 die USA, wo ihr von Präsident Warren G. Harding symbolisch ein Gramm des wertvollen Radiums überreicht wurde. Während der 20er Jahre unternahm sie viele Vortragsreisen und gründete die Curie-Stiftung in Paris. 1932 konnte sie einen schon lange bestehenden Wunsch verwirklichen und in ihrer Heimatstadt Warschau ein Radiuminstitut eröffnen, die Leitung übernahm ihre Schwester Bronia. Anfang 1934 wurde bei Marie Curie Leukämie diagnostiziert – eine Folge ihres ständigen Kontakts mit Radioaktivität. Sie starb nur wenige Monate später im Juli 1934.

Marie Curies wissenschaftliche Arbeit über die Auswirkungen von Radioaktivität war wegweisend für die medizinische und wissenschaftliche Anwendung dieses Phänomens und gleichzeitig von großer Bedeutung für die späteren Erkenntnisse der Nuklearphysik.

Unmittelbar am Nordrand des Platzes steht die **Kirche der allerheiligsten Jungfrau Maria** (Kościół Mariacki oder N.M.P.), die ehemalige Pfarrkirche der Neustadt und eine der ältesten Kirchen Warschaus, die trotz späterer Umbauten etwas von ihrem gotischen Charakter behalten hat. Der angrenzende Kirchturm ist ein Wahrzeichen der Neustadt – er ist vom anderen Flussufer aus, wo man von den zahlreichen Bänken den wundervollen Blick über das Wasser genießen kann, leicht zu erkennen.

Plac Krasińskich

Die Straßen westlich des Platzes führen über die ul. Bonifraterska zur ul. Gen. W. Andersa, einer Hauptverkehrsstraße, die die Grenze zum Stadtteil Muranów darstellt. Südlich trifft die ul. Bonifraterska auf den großen Plac Krasińskich, auf dem erst kürzlich das **Denkmal des Warschauer Aufstands** aufgestellt wurde – ein sehr umstrittenes Monument, das noch von den kommunistischen Behörden in Auftrag gegeben wurde und bei vielen Warschauern gemischte Gefühle auslöst. Das Denkmal steht auf dem Platz, von dem aus die *Armia Krajowa* ("Heimatarmee", bestehend aus Partisanen) am 1. August 1944 ihren Angriff auf die Nazis begann. Die dramatische Metallskulptur (die angesichts des benachbarten monströsen Baus aus Glas und Beton, der als Sitz des Nationalen Gerichtshofs errichtet wurde, jedoch nicht mehr ganz so monumental wirkt) zeigt auf eindrucksvolle Weise die AK-Aufständischen, wie sie aus Abwasserschächten im Boden hervorkommen, angreifen und wie sie nach dem verlorenen Kampf wieder in den Kanälen verschwinden. Hinter dem Denkmal, an der Ecke der ul. Miodowa, befindet sich das **Museum des Warschauer Aufstands** (Muzeum Warszwaskego Powstania), das zur Zeit in den Büros der "Vereinigung der Warschauer Aufständischen", die aus Überlebenden des Aufstands besteht, untergebracht ist. Die kleine Ausstellung (Eintritt ist kostenlos, Spenden werden aber gerne entgegegenommen), informiert über den Verlauf des 63 Tage dauernden Aufstandes, bei dem in verschiedenen Teilen der Stadt gekämpft wurde. Unter anderem wird gezeigt, wie die AK alte Luftaufnahmen und Karten der Stadt benutzte, um ihren Angriff auf die Stellungen der Deutschen zu planen. Es gibt ausstellungsbegleitendes Informationsmaterial in englischer und polnischer Sprache. Zudem dokumentiert im Erdgeschoss mehrmals täglich ein kurzer, aber eindruckvoller Film den Ablauf der Ereignisse während des Aufstandes. Nach dem 50. Jahrestag des Aufstandes im August 1994 kündigte man den Bau eines dauerhaften, voll ausgestatteten Museums über den Aufstand an. Standort soll ein Neubau in der nahen ul. Bielańska sein, wo sich vor dem Krieg die alte Polski Bank – eine der Hochburgen der Aufständischen – befand. Die Bauarbeiten auf dem Gelände mussten jedoch kurzfristig wegen Geldmangel gestoppt werden, und das Gebäude ist nicht einmal annähernd fertig gestellt.

Direkt gegenüber vom Denkmal des Aufstandes befindet sich die **Garnisonskirche** (Kościół Garnizonowy), in die sich viele Soldaten zum Gebet zurückzogen. An ihrer Fassade ist ein Anker abgebildet, eines der Schlüsselsymbole des Aufstandes. An der der Straße zugewandten Seite befindet sich eine Tafel mit den Namen aller polnischen Einheiten, die in den Schlachten des Zweiten Weltkrieges kämpften. Die Westseite des Platzes beherrscht das majestätische Pałac Krasińskich, das der unermüdliche Tylman van Gameren für den Regionalgouverneur Jan Krasiński errichtete – heute Sitz der Nationalbibliothek. Die Fassade zieren Skulpturen von Andreas Schlüter. Die Dokumentensammlung des Palastes – insgesamt umfasst sie rund 40.000 Stücke – wurde im Krieg weitgehend vernichtet. Die heutige Sammlung ist neu zusammengetragen. Theoretisch ist der Palast nur offiziellen Besuchern zugänglich, aber der Bitte, einen Blick hineinwerfen zu dürfen, entsprechen die Wächter am Tor vielleicht doch. Das Palastinnere ist prachtvoll, die klassizistischen Verzierungen wurden nach Entwürfen von Merlini (um 1780) restauriert. Hinter dem Palast liegt der **Krasiński-Park**, er ist heute der Öffentlichkeit zugänglich. Dahinter befindet sich das ehemalige Ghetto (siehe unten). Besucher mit starken Nerven erfahren im **Muzeum Pawiaka** (Museum des Pawiak-Gefängnisses), 10 Minuten zu Fuß westlich von hier in der ul. Dzielna 24/26, einiges über die finstere Geschichte des von der Zarenzeit bis zur Besetzung durch die Nationalsozialisten berüchtigsten Gefängnisses von Warschau.

Öffnungszeiten **Museum** – Mi 9–17 Uhr, Fr 10–17 Uhr, Do und Sa 9–16 Uhr, So 10–16 Uhr. Eintritt 4 Zł.

Der Warschauer Aufstand von 1944

Von den vielen Aktivitäten der polnischen Widerstandsbewegung gegen die brutale Besatzungsmacht der Nazis ist der Warschauer Aufstand wohl die bedeutendste. Auch beinahe 60 Jahre danach sind die Heldenhaftigkeit wie auch die unfassbare Tragik der Ereignisse vom Herbst 1944 noch fest im Gedächtnis der Nation verankert. Ein Stück Geschichte, das zwiespältige Gefühle wachruft, aber auch ein kraftvolles Symbol ist, an dem sich die nationale Identität orientiert.

Bereits die Vorgeschichte, die zu den Ereignissen des Aufstands führte, ist dramatisch: Der Vorstoß der Roten Armee in den Westen 1944 hatte die deutschen Truppen unter Druck gesetzt und machte einen Abzug der Nazis aus Warschau wahrscheinlich. Die **Heimatarmee** (Armia Krajowa) oder **AK**, wie sie allgemein genannt wurde, die größte polnische Partisanenarmee (und mit 400.000 Kämpfern die größte Widerstandsgruppe in ganz Europa), befand sich in einem qualvollen Dilemma. Auf der einen Seite drängten die Allierten die AK auf eine Zusammenarbeit mit der Sowjetarmee, die dabei war, die deutsche Frontlinie immer weiter zurückzudrängen. Zum anderen wurden Berichte aus den bereits durch die Rote Armee befreiten polnischen Ostgebieten laut, denen zufolge AK Einheiten von den Sowjetkräften im ehemaligen KZ Majdanek festgehalten wurden. Dies bestätigte die lang gehegte Vermutung, dass die AK oder ihre Organe (Mitglieder der polnischen Regierung, die sich zu dieser Zeit im Exil in London aufhielten) in den sowjetischen Zukunftsplänen keinen Platz hatten.

Während der letzten Juliwoche zögerte der Oberbefehlshaber der AK **Tadeusz Komorowski**, auch **Bór** genannt, welchen Kurs man einschlagen sollte. Mit der Ankunft der ersten sowjetischen Panzer in den östlichen Vororten der Stadt (in Praga), wurde die Entscheidung getroffen, auf eigene Initiative hin einen Angriff auf die Deutschen zu starten. Das Hauptkorps der Warschauer AK, bestehend aus 50.000, nur spärlich bewaffneten Männern, griff am 1. August 1944 das Stadtzentrum an. Während der ersten Tage waren die Kämpfer wegen des Überraschungseffekts ihres Angriffs im Vorteil, und sie besetzten große Teile des Stadtzentrums. Aber schon am 5. August wendete sich das Blatt. Unterstützt von Kampfbombern und eilig zusammengetrommelten Verstärkungseinheiten begannen Nazi-Truppen unter General von dem Bach-Zelewski, die Stadt von Aufständischen zu säubern.

Einheiten der SS und der Wehrmacht – einschließlich dreier Bataillone, bestehend aus halb verhungerten sowjetischen Häftlingen, einer "Anti-Partisanen-Brigade" aus amnestierten Gefangenen und Deserteuren der Roten Armee – holten zum Vergeltungsschlag gegen Partisanen und Zivilisten aus. Der Rückeroberung des Bezirks **Wola** durch die Nazis am 11. August folgte die Hinrichtung von 8000 Zivilisten. Noch schlimmer waren die Verluste in **Ochota**, wo 40.000 Menschen ermordet wurden. Krankenhäuser wurden mitsamt dem Personal und den Patienten abgebrannt. Während der ersten Angriffe wurden Frauen und Kinder vor die Panzer gebunden, um Angriffen aus dem Rückhalt vorzubeugen. Reihen von Zivilisten mussten vor den Kampfeinheiten hermarschieren, um AK Heckenschützen abzuwehren.

Die deutschen Truppen und Panzer trieben die Partisanen in immer größere Enge, bis sie schließlich nur noch einen kleinen Teil des Stadtzentrums halten konnten und man beschloss, sich aus der völlig zerstörten Altstadt zurückzuziehen. Am 2. September stiegen etwa 1.500 Überlebende der AK zusammen mit 500 Verwundeten in den Kanalschacht am **pl. Krasiński** hinab, um von dort aus durch das Abwassersystem zu fliehen. Dieses Ereignis symbolisiert wie kein anderes den Warschauer Aufstand in den Köpfen der polnischen Bevölkerung und wurde unter anderem in Wajdas legendärem Film *Kanał* aus dem Jahr 1950 festgehalten, der in aufwühlenden Bildern die Warschauer Widerstandsbewegung dokumentiert. Das Denkmal des Warschauer Aufstandes versucht ebenfalls diesen Moment der Geschichte in Erinnerung zu rufen. In den Vororten und einzelnen Ecken des Stadtzentrums dauerten die Kämpfe weiter an, bis sich General **Bór** und seine Truppen schließlich am 2. Oktober, 63 Tage nach Kampfbeginn, ergeben mussten. Die AK hatte ungefähr 20.000 Mann verloren, aber das war vergleichsweise gering im Gegensatz zu den Verlusten unter der Zivilbevölkerung: Insgesamt 225.000 Menschen waren während der Kämpfe umgekommen.

Mit dem Verschwinden der AK und der Vernichtung fast der gesamten Bevölkerung Warschaus machten sich die Nazis daran, die Stadt in einer wütenden Zerstörungsaktion dem Erdboden gleichzumachen. Gebäude über Gebäude wurden bombardiert und gesprengt, bis von der Altstadt nichts mehr zu erkennen war. Die Verwüstung zeigt sich in vollem Ausmaß auf Aufnahmen vom Januar 1945, als die sowjetischen Truppen die Stadt befreiten.

Von den vielen widersprüchlichen Aspekten des Warschauer Aufstands löst die **Rolle der Sowjets**, zumindest in polnischen Kreisen, die explosivste Diskussion aus. Hätte die Rote Armee nicht entschlossen eingreifen können, um den Aufständischen beizustehen oder sie vor der Niederlage zu bewahren? Während der Nachkriegsjahre argumentierte man von offizieller Seite in der Sowjetunion, der Aufstand sei strategisch nicht im Einklang mit dem 1944 erklärten Ziel gewesen, die Deutschen nach Westen zurückzutreiben, und er sei zu einem schlechten Zeitpunkt durchgeführt worden (so weit kann man der Argumentation noch folgen). Absurd waren jedoch die Bestrebungen, die AK ideologisch zu verunglimpfen, indem man sie als reaktionär, anti-sowjetisch und nationalistisch bezeichnete und behauptete, sie seien Verräter an der Widerstandsbewegung gegen die Nazis gewesen. Sicherlich war die russische Taktik oder vielmehr das Nichteingreifen russischer

Truppen im August 1944 ein Grund dafür, dass die Polen danach an Stalins wahren Absichten zweifelten. Die sowjetischen Panzer in Praga saßen bis September 1944 untätig in ihren Stellungen, während die Stadt unter Beschuss von den Deutschen auf der anderen Flussseite lag. Bedeutsam erscheint auch, dass die sowjetischen Autoritäten den Allierten mehrmals die Landung auf ihren Luftwaffenstützpunkten verwehrten, von denen aus alliierte Truppen die belagerten Aufständischen mit Vorräten beliefern wollten. Außerdem existiert eine geheime telegrafische Korrespondenz zwischen Stalin, Roosevelt und Churchill, in der Stalin sich verächtlich über die ganze Operation äußert und an einer Stelle bemerkt, dass früher oder später die "Wahrheit über die Handvoll Krimineller, die die Warschauer Unruhen angefangen haben, um die Macht zu übernehmen, allen bekannt werden" würde.

Grob gesagt, schätzte die polnische Allgemeinheit die Lage so ein, dass Stalin die Deutschen hatte gewähren lassen, weil dies den Weg für seine zukünftigen Pläne für Polen ebnete; denn diese beinhalteten ihrer Meinung nach die komplette Auflösung aller Teile der polnischen Gesellschaft, die den Kern der AK bildeten und die kompromisslos für ein freies und unabhängiges Nachkriegspolen kämpften. Bei Ressentiments wie diesen ist es kein Wunder, dass der Warschauer Aufstand in den polnisch-russischen Beziehungen ein strittiges Thema geblieben ist.

Diese Spannungen wurden erneut beim 50sten Gedenktag des Warschauer Aufstandes im August 1994 sichtbar. In einer Geste, die besonders von der älteren Bevölkerung Warschaus stark kritisiert wurde, lud Präsident Wałesa die russischen und deutschen Staatoberhäupter ein, an der Eröffnungszeremonie des Gedenktags am 1. August in Warschau teilzunehmen. Der damalige deutsche Präsident Roman Herzog nahm die Einladung an (wie hinterher bekannt wurde, unter der fälschlichen Annahme, dass des Ghetto-Aufstands von 1943 gedacht werde) und bat die Polen in seiner Rede um Vergebung für die Ereignisse unter der Besetzung durch die Nazis. Der russische Präsident Boris Jeltzin hingegen nahm nicht persönlich teil, sondern sandte einen Abgeordneten, was die Polen seitdem mit der ironischen Redeweise, "die Russen haben die Einladung angenommen, aber beschlossen, in Praga zu bleiben", kommentieren.

Die ulica Długa und Umgebung

Zurück auf dem pl. Krasińkich, an der Ecke zur ul. Długa und ul. Miodowa, ist eine kleine unauffällige, aber denkwürdige Tafel zu sehen. Sie erinnert an den Warschauer Aufstand und insbesondere an Tausende halb verhungerter Warschauer, die durch die Abwasserkanäle aus der belagerten Altstadt zu fliehen versuchten. Viele ertranken in den schmutzigen Kloaken oder kamen um, als Granaten in die Tunnel geworfen wurden, andere wurden erschossen, als sie ins Freie kletterten. Aber etwa hundert Menschen gelang die Flucht in die Freiheit. Diese entsetzliche Geschichte ist Gegenstand des Films *Kanał* von *Andrzej Wajda*, des zweiten Teils seiner herausragenden Kriegstrilogie. Auch sein erster Film behandelte den Aufstand, während der dritte die kommunistische Machtübernahme von 1945 und die Sinnlosigkeit des Widerstands als Thema hat. Derartige Filme werden in bestimmten Kinos rund um die Welt aufgeführt und sind meist als Video oder DVD (nur in Polnisch) in Polen erhältlich.

Eine Reihe alter Patrizierhäuser säumt die Westseite der ul. Długa, die zum **Archäologischen Museum von Warschau** führt, welches in einem Arsenal aus dem 17. Jh. untergebracht ist. Fundstücke aus der Alt- und Jungsteinzeit sowie der Bronzezeit stehen am Anfang eines Rundgangs durch das Museum, dann geht es weiter mit polnischen Siedlungen aus dem frühen Mittelalter. Höhepunkte sind eine Rekonstruktion frühslawischer Siedlungen aus Wielkopolska/ Großpolen sowie Zeugnisse aus 40 weiteren Ausgrabungen in ganz Polen, insbesondere Fundstücke aus der Jaćwingischen Grabstätte in Jegleniec nahe Suwałki.

Öffnungszeiten Mo–Fr 9–16 Uhr, So 10–16 Uhr. Eintrtt 6 Zł.

Etwas weiter östlich des Museums, in der al. Solidarności Nr. 62, auf der Verkehrsinsel, befindet sich das **Unabhängigkeitsmuseum** (Muzeum Niepodległości, Di–Fr 10–17 Uhr, Sa/So 10–16 Uhr; 5 Zł). Es ist in einem hübschen, verschnörkelten alten Gebäude beheimatet und zeigt Wechselausstellungen über die Unabhängigkeitsbestrebungen der Nation. Dieses Museum nimmt nicht gerade Rücksicht auf die Bedürfnisse ausländischer, nicht Polnisch sprechender Besucher. Es ist deshalb nur etwas für Interessierte und wird besonders von älteren Polen frequentiert.

Die ulica Miodowa und Umgebung

Der Rundgang führt zurück zum Plac Krasińskich und weiter nach Süden auf der ul. Miodowa. Hier befindet man sich direkt im Herzen des alten adligen Warschau. Die Paläste an der Miodowa stammen vorwiegend aus der Blütezeit vor den Teilungen, als sich in diesem Stadtteil die oberen Zehntausend Europas trafen. Neben dem Borch Pałac – heute die Residenz des katholischen Primas Kardinal Glemp – steht der **Pałac Radziwiłłow**, ebenfalls ein Werk von *Tylman van Gameren*. Zu ihm gesellte sich später der **Pałac Paca** (auch bekannt als Pac-Radziwiłłow Palast) mit seinem unverwechselbaren, von einem Fries gekrönten Eingang. Gegenüber stehen die Kirche und das Kloster Basilan. Die Kirche ist die einzige griechisch-katholische (unierte) Kirche der Stadt. Sie besitzt einen achteckigen Innenraum und wurde um 1780 von Merlini erbaut.

Nur wenige Schritte weiter Richtung Südwesten steht in der Miodowa die **Kapuzinerkirche** (Kościół Kapuczynski) aus dem 17. Jahrhundert, in der das Herz ihres Stifters, König *Jan III. Sobieski*, ruht. Zur Linken, an der Kreuzung von ul. Kapitulna und ul. Podwale, erinnert das **Jan-Kiliński-Denkmal** an eine weitere eindrucksvolle Persönlichkeit aus der Geschichte des Landes. Im Aufstand von 1794 führte der Schuster *Kiliński* den Angriff der Bürger von Warschau auf die Residenz des Zarenbotschafters auf dieser Straße an. Dass er im Bewusstsein der Bewohner der Stadt einen ganz besonderen Platz einnimmt, erwies sich überzeugend im Zweiten Weltkrieg, als der nationalsozialistische Gouverneur das herausfordernd blickende Denkmal entfernen und im Nationalmuseum verschließen ließ. Am Tag darauf stand an der Museumswand: "Einwohner von Warschau, ich bin hier! Jan Kiliński."

Wenn man zur Miodowa zurückkehrt und etwa 200 m weiter in südwestlicher Richtung zu ihrer Verlängerung, der ul. Kozla, läuft, trifft man auf den Pałac Przymasowski, ein weiteres eindrucksvolles Denkmal des klassizistischen Geschmacks von Polens Aristokratie im 18. Jahrhundert.

Muranów und Mirów – das jüdische Warschau

Zusammen mit Łódź, Białystok und Kraków zählte Warschau jahrhundertelang zu den großen jüdischen Zentren in Polen. 1939 lebten nach Schätzungen rund 380.000 Juden in Stadt und Umgebung, das entsprach etwa einem Drittel der Gesamtbevölkerung. Im Mai 1945 waren davon noch etwa 300 am Leben.

Das jüdische Warschau wurde nach dem Ghetto-Aufstand (siehe S. 146) größtenteils zerstört. An seiner Stelle entstanden später westlich vom Stadtzentrum, in den Bezirken **Muranów** und **Mirów**, verstreute Wohnsiedlungen und von Bäumen gesäumte Durchfahrtsstraßen. Dennoch haben sich in Warschau einige Spuren der jüdischen Kultur erhalten, und eine Reihe neu errichteter Denkmäler erinnern an angesehene Persönlichkeiten der historischen jüdischen Gemeinde. Es gibt auch wieder eine kleine, aber zunehmend bedeutende jüdische Gemeinde in der Stadt, die sich der Unterstützung durch Juden aus dem Ausland erfreut.

Fast alle jüdischen Denkmäler und Gedenkstätten befinden sich innerhalb des ehemaligen Ghettobezirks, in dem die Nazis die Juden ab November 1940 von der "arischen" Bevölkerung absonderten. Vor dem Zweiten Weltkrieg bevölkerten die Warschauer Juden einen wesentlich größeren Teil der Stadt. Die völlige Zerstörung des Ghettos während des Aufstands von 1943 und danach führte dazu, dass einige Straßen nach dem Krieg anders benannt wurden, ihren Verlauf änderten oder völlig verschwanden. Deshalb fällt es dem Besucher oft schwer, einen Eindruck davon zu gewinnen, wie das Ghetto einmal aussah.

Unsere Wurzeln

Um einen besseren Service für die von überall in der Welt nach Polen anreisenden jüdischen Besucher zu bieten, wurde 1987 die Agentur und Stiftung "Unsere Wurzeln" gegründet. Ihr Büro befindet sich gegenüber der Nożyk Synagoge in der ul. Twarda 6 (9–17 Uhr; ✆/📠 022/620 0556). Dort kann man Reiseführer kaufen, die detailliert auf jüdische Gedenkstätten in ganz Polen eingehen, besonders hilfreich ist der "*Führer in das Jüdische Warschau*" von Jan Jagielski und Robert Pascieczny. Es werden auch Führungen inner- und außerhalb Warschaus angeboten. Außerdem wird Hilfestellung geleistet, wenn jemand seine jüdischen Vorfahren in Polen ausfindig machen will. Das Personal, junge, polnische Juden, spricht im Allgemeinen Englisch.

Nożyk Synagoge

Bei einem Gang durch das ehemalige jüdische Viertel ist die **Nożyk Synagoge** an der ul. Twarda, die einzige erhaltene der drei Synagogen im Ghetto, der erste Halt. Es ist ein ockerfarbenes Gebäude, das hinter einem weißen Bürogebäude verborgen ist. Die majestätische Große Synagoge in der ul. Tłomacka, die bis zu 3.000 Menschen fasste, wurde von den Nationalsozialisten in die Luft gesprengt. Nicht besonders feinfühlig beschlossen die polnischen Behörden später den Bau eines protzigen Hochhauses an dieser Stelle, welches heute die Büros der Firma Sony beherbergt.

Die Nożyk Synagoge, ein bescheidenerer Bau, entstand Anfang dieses Jahrhunderts und wurde unter anderem als Stall und Lagerraum für Lebensmittel genutzt. Im Krieg brannte sie aus und wurde nach ihrer völligen Restaurierung 1983 wieder eröffnet. Sie steht für Besucher eigentlich nur donnerstags zwischen 10 und 15 Uhr offen, mit etwas Diplomatie kann man jedoch auch zu anderen Zeiten die gepflegten Innenräume besichtigen. Das **Jüdische Theater**, das direkt östlich der Synagoge auf dem Plac Grzybowski ein neues Zuhause gefunden hat, setzt die Theater- und Musiktradition des ehemaligen Ghettos fort.

Bevor Sie das Gebiet verlassen, überqueren Sie den Platz Grzybowski in Richtung **Próżna**. Diese Straße scheint die Wirren des Krieges (und z. T. die Restaurationswut) unbeschadet überstanden zu haben. Gestützt von Gerüsten stellen diese Gebäude aus rotem Ziegelstein seltene Zeitzeugen des Warschauer Baustils der Vorkriegszeit dar.

Plac Bohaterów Getta und Gedenkpfad

Fünfzehn Minuten zu Fuß Richtung Norden von der Synagoge aus steht das **Denkmal der Helden des Ghettos (Pomnik Bohaterów Getta)**. Es ist aus Granitblöcken gefertigt, die Hitler sich 1942 aus Schweden anliefern ließ, weil er plante, daraus ein Denkmal anlässlich des erwarteten Sieges des Dritten Reiches zu errichten. Das heutige Monument wurde 1948 zum fünften Jahrestag des Ghetto-Aufstands enthüllt und bringt in bewegender Weise den großen Mut des jüdischen Widerstands, aber auch die Hilflosigkeit der Deportierten zum Ausdruck. Weiter im Kern des Ghettos erinnern oft nur die mit Bauschutt aufgefüllten Lücken im Asphalt an die Gebäude, die einst hier standen. Der Plac Bohaterów Getta selbst ist heute nicht mehr als eine offene Grünfläche, die von tristen Wohnblöcken gesäumt wird. Im Frühjahr 1995 wurden Pläne für ein neues Museum, das sich ausschließlich mit der Geschichte der polnischen Juden beschäftigen soll, bekannt gegeben. 2001 war die Planung jedoch gerade mal bis zu einer Informationstafel gediehen.

Der Niedergang des Kommunismus macht es jüdischen Gruppen nun möglich, ihrer Geschichte auf eine neue, aktive Art und Weise zu gedenken, wie dies vorher nicht möglich war. Zu Beginn der 1980er Jahre wurde damit begonnen, anhand von Plaketten einen **Gedenkpfad** durch die Stadt anzulegen. Ausgehend vom plac Bohaterów Getta, erstreckt sich die Route nach Norden, entlang der ul. Zamenhofa, und endet am Umschlagplatz (siehe weiter unten) auf der ul. Stawki. Die Plaketten, neunzehn einfache Granitblöcke, auf denen Inschriften in Polnisch und Hebräisch eingraviert sind, ehren wichtige Persönlichkeiten und Ereignisse im Ghetto. Unter den vielen, aufgeführten Namen sind z. B. der Ghetto-Historiker Emmanuel Ringenblum (Stein 5); Szmul Zygielbojm (Stein 8), Repräsentant des Jüdischen Bundes der polnischen Exilregierung in London, der im Mai 1943 Selbstmord beging, um gegen die Untätigkeit der Allierten gegenüber der Vernichtung der Warschauer Juden während des Ghettoaufstand zu protestieren; Mordechai Anielewicz (Stein 10), der legendäre Kommandeur der Jüdischen Kampforganisation (ŻOB) und Führer des Ghettoaufstandes (siehe Kasten S. 146); sowie Janusz Goldszmidt, besser bekannt als Janusz Korczak (Stein 15), der Arzt und Schriftsteller, der aus freien Stükken zusammen mit den Kindern aus dem von ihm geleiteten Waisenhaus 1942 in die Gaskammern nach Treblinka ging.

Unterwegs kommt man bei der ul. Mila 18 zu einem grasüberwachsenen Hügel, der den ŻOB-Bunker verdeckt (siehe Kasten "Das Warschauer Ghetto und der

Ghettoaufstand"). Der Hügel hat die gleiche Höhe wie die Schuttberge, die nach der Zerstörung des Ghettos übrig blieben. In einigen Straßen der Umgebung sieht man Häuser, die auf ähnlich hohem Niveau gebaut worden sind, denn die Kommunisten ließen nach dem Krieg neue Wohnblocks auf den Schuttbergen des Ghettos errichten.

Gehen Sie weiter auf der ul. Zamenhofa, bis diese die ul. Stawki kreuzt. Etwas weiter westlich der Kreuzung, am Rand eines Wohnblocks lag früher der *Umschlagplatz*, an dem Zigtausende von Juden in Viehwaggons nach Treblinka und in andere Vernichtungslager verladen wurden. Ein einfaches weißes Marmordenkmal, das den für die Transporte benutzten Viehwaggons nachempfunden ist, wurde Ende der 80er Jahre errichtet. Eine Liste von 400 jüdischen Vornamen im Inneren des Denkmals erinnert an die 300.000 Juden, die von hier aus in die Lager transportiert wurden. Ein Stein markiert die Stelle, an der die Züge abfuhren. Auf der anderen Straßenseite, im Haus Nr. 5/7, eines der wenigen, die den Krieg überlebt haben, war das Hauptquartier des SS-Kommandanten, der für die Transporte auf dem Umschlagplatz zuständig war. Heute befindet sich hier eine Zweigstelle der Psychologischen Fakultät der Warschauer Universität.

Verwitterte Grabsteine auf dem Jüdischen Friedhof

Der Jüdische Friedhof und Korczaks Waisenhaus

Folgt man der ul. Stawki in westlicher Richtung und biegt dann in die ul. Okopowa ein (etwa zehn Minuten Fußweg), kommt man zum großen Jüdischen Friedhof, der 1806 angelegt wurde und auf dem heute die Gräber von mehr als 250.000 Menschen zu finden sind. Er ist einer der wenigen jüdischen Friedhöfe in Polen, die noch in Benutzung sind – obwohl bedenkliche Übergriffe von Grabschändung zu seiner zeitweiligen Schließung führten. Hier stehen exzentrische Grabdenkmäler neben einfachen Grabsteinen, in die nur die Namenszüge eingemeißelt sind. Im

Gegensatz zu den meisten jüdischen Friedhöfen in Polen überstand dieser den Krieg fast unversehrt, weil die Nationalsozialisten hier nicht, wie in kleineren polnischen Städten, Material für den Bau neuer Straßen benötigten. Inmitten der großen Anlage findet man auch Gräber von herausragenden jüdischen Persönlichkeiten, wie das von Ludwig Zamenhof, dem Erfinder des Esperanto, Stanisław Mendelson, einem frühen sozialistischen Aktivisten, und dem Schriftsteller D. H. Nomberg. Sehenswert ist auch eine eindrucksvolle Plastik, die zu Ehren von Janusz Korczak in den 1980er Jahren hier aufgestellt wurde.

Wer mehr über die Grabsteine erfahren will, erhält beim Verwalter am Eingang einen ausführlichen Führer (weitere Informationen gibt es über das Jüdische Historische Institut und die Stiftung "Unsere Wurzeln").

Öffnungszeiten Mo–Do und So 9–15 Uhr, Fr 9–13 Uhr, Sa geschlossen.

Ein zwanzigminütiger Spaziergang vom Eingang des Friedhofs in südlicher Richtung auf der ul. Towarowa und dann westlich auf der ul. Jaktorowska bringt Sie zum Standort des von **Janusz Korczak** gegründeten Waisenhauses. Andrzej Wajdas Film *Korczak* beschäftigt sich mit diesem Thema. Etwas zurückgesetzt von der Straße dient das Gebäude, das den Krieg überstand, auch heute wieder als Waisenhaus. Eine Gedenktafel an der Hauswand und ein Denkmal in der Empfangshalle erinnern an Janusz Korczak. Der Pförtner lässt Besucher gerne einen Blick in das Gebäude werfen, wo man an der Rezeption auch eine Reihe von Souvenirs erstehen kann. Am beeindruckendsten ist jedoch die einfache Statue Korczaks vor dem Gebäude. Hier zumindest wurde der jüdischen Vergangenheit Warschaus entsprechend Genüge getan.

Das Jüdische Historische Institut/Muzeum Żydowskiego Instytutu Historycznego und die Ghettomauer

Das **Jüdische Historische Institut** beim Platz der ehemaligen Großen Synagoge an der ul. Tłomackia 3/5 steht an der Stelle, an der sich vor dem Krieg die jüdische Bibliothek befand, und ist halb Museum, halb Bibliothek und Archiv. Das Museum dokumentiert das Leben im Ghetto während des Krieges und zeigt in bewegender Weise, dass die Einwohner sich nicht, wie oft angenommen, als passive Opfer in ihr Schicksal fügten.

Im internationalen Teil verfügen die Bibliothek und das Archiv auch über englischsprachige Bücher und Zeitschriften mit Beiträgen über die Juden in Polen und mit verwandten Themen sowie über eine große Sammlung von Büchern, die zu Beginn des Krieges aus Lublin gerettet wurde. Im Archiv finden sich Dokumentationen über jüdisches Leben in Polen, die bis zum 17. Jahrhundert zurückreichen. Außerdem verfügt es über die umfangreiche Sammlung von über dreißigtausend Fotografien.

Um der wachsenden Nachfrage gerecht zu werden, vertreibt das Institut einen sehr aufschlussreichen *Führer zum jüdischen Warschau.*

Öffnungszeiten **Museum** – Mo–Fr 8.30–15 Uhr, Spenden sind willkommen; **Bibliothek** und **Archiv** – Mo–Fr 8–16 Uhr.

Schließlich sollte sich jeder, der sich für geschichtliche Symbolik interessiert, durch die Innenstadt auf den Weg zur ul. Złota machen, wo sich das südliche Ende des ehemaligen Ghettos befand. Eingeklemmt zwischen der ul. Sienna 55/59 und der ul. Złota 62 steht hier eines der wenigen Überbleibsel der einstigen drei Meter hohen **Ghettomauer** (um dorthin zu gelangen, müssen Sie bei der Hausnummer 59 klingeln oder durch den Torbogen bei der Nr. 55 gehen – keine Angst der Durchgang ist erlaubt). Versteckt in einem Hinterhof, inmitten moderner Mietskasernen steht

Karte S. 98/99

Das Warschauer Ghetto und der Ghettoaufstand

1940 wurden auf Anordnung von Ludwig Fischer, dem Verwalter des Bezirks Warschau, 450.000 Juden aus Warschau und Umgebung hinter den Mauern des von den Nazis als Ghetto festgelegten Bezirks abgeriegelt. Es war das größte Ghetto im von den Nazis besetzten Europa. Bis 1941 wurden fast eine halbe Million Menschen aus ganz Polen unter unmöglichen hygienischen Bedingungen hier eingepfercht. Hungertode und Epidemien waren die voraussehbaren und wahrscheinlich erwünschten Folgen. Bis Mitte des Jahres 1942 war ein Viertel der Ghettobevölkerung verhungert oder an Krankheiten zugrunde gegangen. In Berichten aus der keimenden polnischen Untergrundbewegung drang die wachsende Verzweiflung der Lage immer wieder zu den allierten Truppen durch.

Die **Deportationen** in die Vernichtungslager begannen im Sommer 1942, als allein 300.000 Menschen vom Umschlagplatz nach Treblinka verfrachtet wurden. Nach weiteren Massentransporten lebten schließlich nur noch 60.000 Menschen im Ghetto, und im Januar 1943 begannen die Nazis mit der sogenannten "Säuberung". Einsetzender Widerstand zwang sie zunächst zum Rückzug. Im April löste ein massiver Angriff der nationalsozialistischen Truppen den **Ghettoaufstand** unter der Führung der Jüdischen Kampforganisation (**ŻOB**) aus. Fast einen Monat lang wehrten jüdische Partisanen die übermächtigen Kampfeinheiten der Nazis ab. Am 9. Mai, nachdem der legendäre Mordechai Anieliewicz und seine gesamte Kampfeinheit den Freitod gewählt hatten, wurde der **ŻOB-Bunker** an der Kreuzung von ul. Zamenhofa und ul. Miła schließlich von den Nazis umstellt, und sie drangen in das Gebäude ein. Einige wenige Kämpfer überlebten und konnten in die "arischen" Bezirke Warschaus fliehen, wo sie sich der Widerstandsbewegung anschlossen. Von denjenigen, die noch im Lager verblieben waren, wurden 7000 auf der Stelle erschossen, die restlichen wurden in Konzentrationslager deportiert. Am 15. Mai meldete der Oberbefehlshaber der deutschen Streitkräfte Jürgen Stroop an Himmler: "Das jüdische Warschau existiert nicht mehr".

Der Ghettoaufstand ist bis heute ein Symbol für die Leiden der Juden unter der Nazityrannei. Er symbolisiert auch den – oft totgeschwiegenen – unbeugsamen Willen einer kleinen, aber bedeutsamen Gruppe der jüdischen Gemeinschaft zum Widerstand gegen ihre systematische Verfolgung. Am 50. Gedenktag des Aufstands im Mai 1993 in Warschau nahmen viele jüdische und andere wichtige Persönlichkeiten aus aller Welt teil, außerdem die wenigen Überlebenden des Aufstands, darunter auch Marek Edelmann, einer der ehemaligen ŻOB-Führer. Die Teilnehmenden betonten, dass insbesondere diese beiden Aspekte des Leidens und des Widerstand das historische Vermächtnis des Ghettoaufstandes ausmachen.

hier das kurze Stück Ghettomauer, das davon zeugt, wie abrupt die Grenze zum Ghetto verlief: so nah, und doch so weit entfernt von dem Leben (und Sterben) auf der anderen Seite. Die Abschottung war nie ganz vollständig – Post und Telefondienste gab es fast über die ganze Zeitspanne der Besetzung durch die Nazis. Es wurden ständig Lebensmittel in das vom Hunger geplagte Ghetto geschmuggelt, obwohl dies für alle Beteiligten, Polen wie Juden, die Todesstrafe nach sich ziehen konnte. Eine kleine Gedenktafel erinnert an zwei Backsteine der Mauer, die heute im Holocaust Museum in New York ausgestellt sind, und eine weitere Tafel an den israelischen Präsidenten, der das Denkmal 1992 offiziell eröffnete. Die Mauer wird von den Anrainern heute mit Vorliebe zum Anbringen ihrer Satellitenschüsseln genutzt.

Śródmieście

Das große Gebiet zwischen Altstadt und Łazienki Park, Śródmieście, wird zunehmend zum schnelllebigen Herzen von Warschau. Im Einklang mit dem polnischen Hang zur Vergangenheit umfasst der Abschnitt unmittelbar unterhalb der Altstadt auch eine eindrucksvolle Zahl restaurierter Paläste, Parks, Kirchen und Museen, die der ganzen Gegend deutlich einen Hauch vergangener Großartigkeit verleihen.

Der große Boulevard, bekannt als Krakowskie Przedmieście (der weiter südlich zur Nowy Świat wird), ist die Hauptverkehrsader dieses Gebietes, eine beliebte Bummelstraße, gesäumt von Cafés, Boutiquen und privaten Galerien. Nach Westen hin werden die knalligen Geschäftsauslagen, Büroblocks und Fastfood-Stände um die ul. Marszałkowa vom Pałac Kultury i Nauk überragt, einem architektonischen Sinnbild des stalinistischen Größenwahns. Noch weiter westlich spiegeln eine Reihe von nachkommunistischen Hochhäusern das sich verändernde Leben der Stadt wider. Direkt hinter dem Pałac Kultury i Nauk durchschneidet die al. Jerozolimskie den Bezirk Śródmieście von West nach Ost – ein Chaos von Straßenbahnen und anderen Verkehrsmitteln, das trotzdem den Zugang zum eindrucksvollen Muzeum Narodowe ermöglicht.

Plac Teatralny und Umgebung

Vom Plac Zamkowy aus geht in westlicher Richtung die ul. Senatorska ab. Sie war früher einmal eine der schicken Einkaufsstraßen von Warschau. Heute ist sie übersät mit Wandtafeln, die an die zivilen Opfer der nationalsozialistischen Straßenexekutionen erinnern. Das **Teatr Wielki** (Große Theater), in dem bedeutende Drama-, Oper- und Ballettaufführungen stattfinden, ist ein klassizistischer Monumentalbau, der den Plac Teatralny ganz beherrscht. Das Theater wurde um 1820 von Corazzi gebaut; seine schöne klassizistische Fassade ist mit griechischen Skulpturen geschmückt. Nach dem Krieg wurde es umgebaut und vergrößert und bietet heute fast .2000 Zuschauern Platz, ist aber im Sommer trotzdem oft ausverkauft. Die elegante Eingangshalle schmückt eine überschwängliche Rotunde an der Decke sowie ein aufwendig gelegter Parkettboden. Es lohnt sich, einen Blick ins Innere zu werfen, auch wenn man keine der verschwenderischen Opern-, Theater- oder Ballettaufführungen besuchten will, die hier das ganze Jahr über gezeigt werden.

Die Nordseite des Platzes ist einer der Stadtteile, die gerade einer umfassenden Verschönerungsaktion unterzogen werden. Die Filiale der Citybank tätigt ihre Geschäfte hinter einer Fassade, die eine geschmackvolle Nachbildung des alten Rathauses darstellt. Der Hochhausblock aus der Nachkriegszeit direkt daneben hebt den ästhetischen Effekt jedoch wieder auf.

Die Ehrfurcht einflössende, schwertschwingende Göttin Nike, die sich einst auf der anderen Seite des Platzes auf einem Steinsockel erhob, wurde wegen der Umbauten von hier entfernt. Mit der auch als **Pomnik Bohaterów Warszawy** (Denkmal der Helden Warschaus) bekannten Statue gedenkt die Stadt ihrer Kriegsgefallenen. (Sie steht nun auf der Autobahn, die den Verkehr unter der Altstadt regelt – wenn man von der Neustadt die Miodowa entlanggeht, sieht man sie auf der rechten Seite). In westliche Richtung führt die Senatorska erst an der barocken **Kościół Franciszkański** (Franziskanerkirche) vorbei – einem stillen Ort mit ruhigen Kreuzgängen –, dann am **Pałac Mniszech** und am **Pałac Błękitny** (Blauer Palast), wo Chopin im Alter von sechs Jahren eines seiner ersten Konzerte gab. Leider ging bei der Zerstörung des Palastes 1944 auch die berühmte Zamoyski-Bibliothek mit über 250.000 Büchern und Handschriften in Flammen auf.

▸ **Plac Bankowy**: Die Senatorska endet am Plac Bankowy, dem früheren plac Dzierżyńskiego. Das Riesenstandbild des gleichnamigen ungeliebten polnischen Bolschewisten und Gründers der NKWD (dem Vorläufer vom KGB), wurde 1990 unter dem Beifall der Öffentlichkeit entfernt. Eine eher bescheidene lebensgroße Statue des romantischen Dichters Juliuz Słowacki soll dort aufgestellt werden. An der Nordostecke des Platzes steht ein silberfarbener Turm, der blaues Hochhaus genannt wird und an der Stelle der Großen Synagoge errichtet wurde (weswegen, laut abergläubischen Warschauern, ein Fluch auf ihm lastet). Seit Baubeginn Anfang der 1970er Jahre dauerte es über zwanzig Jahre, um dieses mit Geldern aus Jugoslawien finanzierte Mammutprojekt, das heute der Sitz der Firma Sony ist, fertig zu stellen. Die Westseite des sich ständig verschönernden Platzes wird von einem palastartigen Gebäudekomplex eingenommen, der Anfang des 19. Jahrhunderts von Antoni Corazzi entworfen wurde und in dem zu Zeiten Napoleons und des Wiener Kongresses Verwaltungsbüros untergebracht waren. Die Warschauer Stadtverwaltung befindet sich hier, seit das Rathaus 1944 zerstört wurde. An der Südwestecke des Platzes steht die alte Nationalbank; bis vor kurzem beherbergte das Gebäude das offizielle Museum der Arbeiterbewegung, heute ist hier das Kolekcja I. Jana Pawła II. untergebracht.

▸ **Muzeum Kolekcji im. Jana Pawła II** (Johannes-Paul-II.-Museum): Dieses Museum zeigt eine große Sammlung von etwa 400 Gemälden, die von der wohlhabenden Emigrantenfamilie Carroll-Porczńyski in den frühen 80er Jahren zusammengetragen und einige Jahre später der katholischen Kirche gestiftet wurde. Die Werke stammen aus dem Zeitraum vom 14. bis zum 20. Jahrhundert, und der Schwerpunkt der Darstellung liegt auf religiösen Themen. Das Museum ist umstritten: Teile der akademischen Kunstwelt haben Bedenken, was den Wert der Sammlung angeht. Die Porczyńskis unternahmen (vergeblich) große Anstrengungen, die Veröffentlichung eines Artikels zu verhindern, in dem ein polnischer Kunstsachverständiger behauptet, dass einige der berühmteren Gemälde, insbesondere die frühen italienischen Werke, Fälschungen seien. Obwohl das Museum unzweifelhaft ein hohes künstlerisches Niveau anstrebt, scheut man sich nicht, den religiösen Aspekt deutlich herauszustreichen. Und so erinnern die Porträts des Papstes sowie des Katholischen Primas Kardinal Glemp am Eingang daran, wem die Sammlung Ehre erweisen soll. Die Zusammenstellung der meisten Gemälde orientiert sich demnach auch am Kanon der katholischen Theologie und ist geordnet nach Themen wie – die Bibel und die Heiligen, das Leben Marias, Mythos und Allegorien, Mutterschaft usw. Die restlichen Werke sind nach verschiedenen "Schulen" und künstlerischer Thematik unterteilt, wie z. B "Stillleben und Landschaften". Der Eingang des Museums befindet sich bei der Statue des Papstes auf der Seite des Gebäudes.
Öffnungszeiten Di–So 10–17 Uhr, letzter Einlass um 16 Uhr. Eintritt 7 Zł.

Grab des unbekannten Soldaten

Italienische und deutsche Werke: Führungen wenden sich zuerst dem Hauptsaal im Erdgeschoss zu, unter dessen großer Kuppel früher die Warschauer Börse untergebracht war. Heute finden hier Konzerte statt, daher auch die vielen Stühle. Die Porträts an den Wänden sind, wie die meisten im Erdgeschoss, nach nationalen Schulen aufgeteilt. Die italienische Schule ist u. a. mit dem schönen Gemälde *Tod der Lukrezia* aus der Tizian-Schule und dem *Opfer des toten Abraham* aus der Caravaggio-Werkstatt vertreten (dies ist eventuell die Replik eines kleineren Gemäldes desselben Titels aus den Uffizien in Florenz). Höhepunkte der deutschen Sammlung sind Porträts von Luther und seiner Frau Katharina von *Cranach dem Älteren* und eine der ältesten bekannten Versionen des verloren gegangenen Gemäldes *Die Heilige Anna* von *Albrecht Dürer* aus dem Jahre 1523.

Flämische und niederländische Werke: Unter den flämischen und niederländischen Gemälden des Barocks befinden sich einige der besten Stücke des Museums. Zu sehen sind u. a. Selbstporträts von *Rubens* und *Rembrandt*, das Letztere direkt neben dem *Porträt eines Adeligen* von *van Dyck*, beide unterhalb einer leidenschaftslosen Büste des Museumspatrons Johannes Paul II., der von hier aus den Saal überblickt. Außerdem gibt es zwei Werke von *Jordaens*, und unter den "Stillleben und Landschaften" im Raum nebenan das frühe *Van Gogh* Gemälde *Bauernhaus in Hoogeven* sowie ein Stillleben von *Constable* und zwei aufrüttelnde Landschaften von *Alfred Sisley*. Die Freude der Betrachtung wird im gesamten Museum davon getrübt, dass die Bilder sehr hoch gehängt sind und man den Nacken verdrehen muss, um sie zu richtig zu sehen.

Französische, englische und spanische Werke: In der französischen Sammlung sind Porträts höfischer Adliger aus dem 18. Jahrhundert besonders stark vertreten. Unter anderem gibt es ein Porträt von Henry IV., sowie einen *Renoir* von dessen Sohn und eine Büste von Johannes dem Täufer von *Rodin*. Zu den besten Gemälden der englischen Schule gehört das *Porträt von Miss Nelly O'Brian* und ein Selbstporträt des Malers Sir *Joshua Reynolds*. Zu den spanischen Malern gehören einige der stärksten Werke des Raumes, darunter die Selbstporträts von *Murillo* und *Velázquez*, dann von *Ribera Porträt eines Philosophen* sowie *Wassertragende Frauen*, ein spätes Werk von *Goya*.

Die oberen Stockwerke: Hier befinden sich die religiös ausgerichteten "Themenräume", die Sektion "Mutter und Kind" reichlich überfüllt mit Abbildungen von prallen Barockengeln. Hier hängen auch die frühen, umstrittenen italienischen Gemälde, wie

z. B. *Die Kollekte von Jesus im Tempel* von *Jacopo Bellini*, eine Abbildung von der *Jungfrau und dem Kind* (das älteste Werk) aus der *Marches Schule*, die *Madonna und das Kind* von *Caruzzi*, Tizians *Kind der Medici Familie* und das *Letzte Abendmahl* von *Tintoretto*. Zu den ebenfalls vertretenen Künstlern zählen u. a. *Breughel der Jüngere* mit einer weiteren Version des *Letzten Abendmahls* und *David Tenier* mit *Verzükkung des Heiligen Franziskus*. Der "Kreuzigungsraum" wird bestimmt von der dramatischen Darstellung des *Kalvarienbergs* von dem Künstler *Wojciech Gerson* aus dem 19. Jahrhundert und der herausragenden *Kreuzigung* von dem manieristischen *Cornelis van Haarlem*.

▸ **Plac Piłsudskiego**: Vom Plac Teatralny in südlicher Richtung gelangt man zu einem noch größeren Platz, dem **Plac Piłsudskiego** (früher Zwycięstwa). Einst stand hier eine schöne orthodoxe Kirche, die jedoch 1920 in einer Aufwallung anti-russischer Gefühle abgerissen wurde. Nach Ausrufung des Kriegsrechts in den 1980er Jahren wurde hier von Warschauern aus Protest ein gewaltiges Kreuz aus Blumen gelegt. Nachdem die Behörden das Kreuz entfernen ließen, wurde das ganze Gebiet jahrelang wegen angeblicher Straßenbauarbeiten abgeriegelt, vermutlich um zu vermeiden, dass es dort zu Demonstrationen kam, von denen die Touristen, die in den Hotels Victoria und Europejski wohnten, etwas mitbekommen hätten. Heute erinnert nur noch die Wache am **Grab des unbekannten Soldaten** an das Militär, und Betonpoller sorgen dafür, dass der großräumige Platz vom Straßenverkehr frei bleibt.

▸ **Ogród Saski**: Sächsischer Garten : Hinter dem Grabmal erstrecken sich die schönen, viel besuchten Promenaden des Sächsischen Gartens (Ogród Saski). Sie wurden Anfang des 17. Jahrhunderts von Tylman von Gameren im Auftrag von August II. angelegt und im folgenden Jahrhundert zu einer öffentlichen Parkanlage umgewandelt. Der Königspalast, den August II. im Garten errichten ließ, wurde 1944 von den Nazis gesprengt und danach auch nicht wieder aufgebaut. Das Grab des unbekannten Soldaten ist der einzige überlebende Teil des Gebäudes. Ebenfalls erhalten geblieben sind verschiedene Barockskulpturen, die die Tugenden, die Wissenschaften und die Elemente symbolisieren, ein eleganter Springbrunnen aus dem 19. Jahrhundert oberhalb der Hauptpromenade, der alte, von Marconi um 1850 erbaute Wasserturm (der erste der Stadt) und der wunderbare Baumbestand des Parks mit über 100 verschiedenen Baumarten. Der Garten ist seit langem eine der beliebtesten Grünflächen der Stadt und wird heute mit besonderer Sorgfalt gepflegt.

▸ **Zachęta Galerie**: Gleich südlich des Sächsischen Gartens am Plac Małochowskiego, westlich des luxuriösen Victoria Hotels, befindet sich die Zachęta Galerie. Sie wurde um die Jahrhundertwende als Hauptsitz der Warschauer Gesellschaft der Bildenden Künste gebaut und war eines der wenigen Gebäude, die nach dem Zweiten Weltkrieg noch im Warschauer Stadtzentrum standen. Die Stuckdekorationen im Eingangsbereich lassen ahnen, wie prachtvoll das Gebäude früher gewesen sein muss. Anfang des Zweiten Weltkriegs wurde die ansehnliche Kunstsammlung der Galerie (u. a. Die *Schlacht bei Grunwald* von *Matejko*) im Muzeum Narodowe (Nationalmuseum) versteckt. Sie gehört derzeit zur ständigen Ausstellung des Museums. Heute beherbergt das Gebäude die beste polnische zeitgenössische Kunstgalerie und bietet viele qualitativ hochwertige Ausstellungen internationaler Künstler. Da sich die Galerie zum Ziel gesetzt hat, aktuelle Trends in der Kunst herauszustellen, steht sie im Kreuzfeuer der Kritik. Viele konservative Kritiker argumentieren, dass die oft umstrittenen Ausstellungen unwürdig einer so bedeutenden, staatlich unterstützten Institution seien.

Öffnungszeiten Di–So 10–18 Uhr. Die Eintrittspreise variieren je nach Ausstellung. www-zachetagallery.waw.pl.

Die Krakowskie Przedmieście

Von allen langen Verkehrsstraßen, die das Stadtzentrum von Warschau in Norden und Süden unterteilen, ist die wichtigste der Trakt Królewski (Königsweg). Sie verläuft fast ohne Unterbrechung vom Plac Zamkowy bis zum Palais Wilanów. Die **Krakowskie Przedmieście**, wie der erste Teil des Königswegs heißt, säumen zahlreiche historische Gebäude. In der **Kościol św. Anny** (Kirche St. Anna), direkt unterhalb vom Plac Zamkowy, schworen die polnischen Fürsten einst dem König den Treueeid. Die 1454 erbaute Kirche wurde 1656 während einer schwedischen Belagerung zerstört. Im folgenden Jahrhundert wurde sie im Barockstil wieder aufgebaut. Von der eigentlichen Kirche blieben nur der gotische Chorraum, der an das Kirchenschiff angrenzt, sowie die barocke Kuppel der Kapelle. Vom Hof neben der Kirche hat man einen schönen Blick auf die Weichsel/Wisła, allerdings schmälert der Verkehr, der durch den Tunnel rauscht, das Vergnügen. Im zweiten Jahr des Kriegsrechts, 1983, verlegten einfallsreiche Regimegegner ihr Blumenkreuz in diesen Hof und schlugen damit den Behörden, die es vom Plac Piłsudskiego entfernt hatten, ein Schnippchen. Das geschäftige Straßencafé und die Pizzeria, die sich heute hier befinden, sind bei den polnischen Touristen mindestens genauso beliebt wie das Blumenkreuz. Einen noch schöneren Blick hat man von dem Glockenturm an der Nordseite des Hofs, den man von Mai bis Sept. von 10–17 Uhr für 2 Zł besteigen kann.

Südlich der Kirche St. Anna verbreitert sich die von Bussen überfüllte Straße zu einer kleinen Grünanlage. Die **Pomnik Mickiewicza** (Mickiewicz-Statue) in ihrer Mitte ist die erste von vielen, der man auf einer Reise durch das Land immer wieder begegnet – ein Held der offensichtlich von allen geschätzt wird, sogar von den Kommunisten. Das Denkmal wurde am 100. Geburtstag des Dichters in Gegenwart von 12.000 Menschen eingeweiht, obwohl die Russen gerade öffentliche Versammlungen und Reden verboten hatten. Gleich südlich der Statue erhebt sich die **Kościoł Karmelitów** (Karmeliterkirche) aus dem 17. Jahrhundert. Ihre kunstvoll gearbeitete Fassade, die durch eine Weltkugel ergänzt wird, gilt als eines der besten Beispiele für unverfälschten Klassizismus in Polen. Daneben steht der **Pałac Radziwiłłów** (Palais Radziwiłł), ein weiteres Gebäude der polnisch-litauischen Aristokraten, die den gleichnamigen Palast in der ul. Miodowa bauten. Hier wurde 1955 auf dem Höhepunkt des kalten Krieges der Warschauer Pakt ins Leben gerufen. 34 Jahre später, im Frühjahr 1989, fanden hier die Gespräche "am runden Tisch" zwischen Vertretern der kommunistischen Regierung und der von Solidarność geführten Opposition statt. Vor dem Hof des Palastes befindet sich die Statue eines weiteren Volkshelden, *Józef Poniatowski*, Neffe des letzten Königs von Polen und ein berühmter Patriot; er war am Aufstand von 1794 beteiligt.

Westlich der Hauptstraße in der ul. Kozia, einem romantischen Gässchen, befindet sich das **Muzeum Karykatury** (Karikaturenmuseum) (Nr. 11), wo in einer etwas schrulligen, aber sehenswerten Ausstellung, die Werke polnischer Karikaturisten zu sehen sind. Der Großteil der Ausstellung ist dem Altmeister *Eryk Lipiński* gewidmet, der auch durch eine Tafel an der Wand geehrt wird. Von seinen erfrischend respektlosen satirischen Porträts wird keiner verschont – selbst der Papst und diverse Nationalhelden der Vergangenheit und Gegenwart müssen dran glauben.

Öffnungszeiten Di–So 11–17 Uhr. Eintritt 4 Zł, Do frei.

Etwas weiter unten an der Krakowskie Przedmieśie stehen sich zwei großartige alte Hotels gegenüber, das Europejski, das älteste Hotel von Warschau, und das Bristol.

Das **Europejski**, mit dessen Bau um 1850 begonnen wurde, wurde im Zweiten Weltkrieg schwer getroffen, und obwohl die Fassade weitgehend so restauriert wurde, dass sich zumindest noch ein Hauch von Fin-de-siècle erahnen lässt, hat es im Inneren wenig Charakter. Nach jahrelangen Restaurierungsarbeiten ist das **Bristol**, ein 1899 fertig gestellter klassizistischer Bau, nun wieder als Teil der Meridien-Kette in Benutzung. Es gehörte einst dem Musiker und Präsidenten *Ignacy Paderewski* und war vor dem Krieg ein sehr beliebter Journalistentreff. Das Gebäude wurde in ein phantastisches Luxushotel umgewandelt, wobei einiges von dem ursprünglichen Charme der Innenräume erhalten blieb. Es ist wahrscheinlich das einzige Hotel seiner Klasse in Warschau, das die Bezeichnung "Luxus" wirklich verdient.

Selbst in einer Stadt, die nicht arm an Barockkirchen ist, sticht die dreischiffige **Kośiół Sióstr Wizytek** (Klosterkirche des Visitantinnenordens) mit der Säulengliederung ihrer Fassade und den Statuen darüber hervor. Sie hat übrigens als eines der wenigen Gebäude im Stadtkern von Warschau unversehrt den Zweiten Weltkrieg überstanden. Für die Polen begründet sich ihr Ruhm vor allem darin, dass *Chopin* hier Orgel spielte, vorwiegend bei Gottesdiensten für Schulkinder.

Die Universität

Den restlichen Teil der Krakowskie Przedmieście beherrscht im Wesentlichen die **Universität von Warschau**. Sie wurde 1818 gegründet, dann 1832 als Strafe für den Aufstand von 1831 vom Zaren geschlossen; erst 1915 wurde der Universitätsbetrieb wieder aufgenommen. Während der Besetzung durch die Nationalsozialisten stand auf jede Art von erzieherischer Betätigung die Todesstrafe. Tausende von Akademikern und Studenten wurden ermordet, trotzdem fand während des ganzen Krieges wissenschaftlicher Unterricht im Untergrund statt. Diese Tradition wurde in den 70er Jahren mit der "Fliegenden Universität" fortgesetzt, wobei Angehörige der Opposition von einem Ende der Stadt zum anderen fuhren, um öffentliche Vorträge über politisch kontroverse Themen zu halten. Heutzutage werden hier keine öffentlichen Debatten mehr geführt. Das Straßenbild wird dominiert von Bettlern, die ihre Runden drehen – alte Frauen mit gebeugtem Rücken, die sich bei den Kirchen aufstellen, Mütter mit Kindern, die auf dem Gehsteig sitzen, und Banden von Kindern, die sich um die Bushaltestellen versammeln. Die Cafés, Restaurants und Milchbars weiter die Straße hinunter und an der Ecke der ul. Oboźna sind beliebte Studententreffpunkte.

An den Haupthof des Universitätsgeländes angrenzend steht die Universitätsbibiliothek direkt vor dem **Pałac Kazimierzowski** (Palais Kazimierz) aus dem 17. Jahrhundert, früher eine Sommerresidenz der Könige und heute das Verwaltungsgebäude für den Rektor und seine Angestellten. An der Straße gegenüber vom Tor erhebt sich das frühere **Pałac Czapskich** (Palais Czapski), heute Sitz der Akademie der Bildenden Künste. Etwas weiter südlich davon steht die doppeltürmige, barocke **Kościól Świętego Krzyża** (Heilig-Kreuz-Kirche). Sie wurde im Warschauer Aufstand in einer zweiwöchigen Schlacht, die im Gebäudeinneren wütete, zerstört. Fotografien der deutlich erkennbaren Christusfigur, die aus den Ruinen herausragte, wurden zum beredten Symbol für das Leiden der Stadt und sind nun im Inneren der Kirche ausgestellt. Draußen mahnt eine Statue des leidenden Christi mit der Dornenkrone die Vorbeigehenden, "ihre Herzen zu erheben" (*Sursum corda*). Noch eine weitere Tatsache trägt zur Beliebtheit dieser Kirche bei der Bevölkerung bei: Auf einer Säule im linken Kirchschiff steht die Urne mit dem Herzen von *Chopin*.

Der größte unter den Warschauer Palästen ist das **Pałac Staszica** (Palais Staszic) aus dem frühen 19. Jahrhundert Es versperrt praktisch das Ende der Krakowskie Przedmieście. Diese frühere russische Knabenoberschule beherbergt heute die polnische Akademie der Wissenschaften. Vor dem Palais steht das **Pomnik Mikołaja Kopernika** (August-Kopernikus-Denkmal), das um 1830 vom dänischen Bildhauer *Bertel Thorvaldsen* geschaffen wurde und das den großen Astronomen zeigt, wie er eines seiner revolutionären heliozentrischen Modelle in der Hand hält. Hinter dem Denkmal, in der engen ul. Obożna, befindet sich das Haus des **Teatr Polski** (Polnischen Theaters).

Das Warschauer Geschäftszentrum

Ulica Marszałkowska und Umgebung

Im Viertel südlich des Ogród Saski/Sächsischen Gartens und westlich der Krakowskie Przedmieście liegen die geschäftigsten Einkaufsstraßen Warschaus. An der **Marszałkowska**, der Hauptstraße, die von der westlichen Spitze des Gartens aus nach Süden verläuft, steht ein Kaufhaus neben dem anderen und eine Boutique neben der anderen. Südlich der ul. Świętokrzyska in den langen, engen Straßen um Chmielna und Zgoda lohnt es sich, nach Qualitätswaren, wie Wintermänteln oder handgearbeiteten Lederwaren Ausschau zu halten. Chmielna, seit kurzem eine Fußgängerzone, ist besonders zu empfehlen.

Nördlich der ul. Świętokrzyska an der ul. Kredytowa steht die **Ewangelicko-Augsburgski** (Protestantische Kirche). Sie stammt aus dem 18. Jahrhundert und wird von der größten Kuppel der Stadt geschmückt. Wegen der hervorragenden Akustik finden in der Kirche regelmäßig Kammer- und Chorkonzerte statt (siehe "Unterhaltung und Nachtleben") – schon Chopin gab hier mit 14 Jahren ein Konzert.

Gegenüber befindet sich das **Muzeum Etnograficzne** (Völkerkundliche Museum), dessen Sammlung mit über 30.000 Exponaten im Krieg praktisch völlig zerstört wurde. Seither ist es mit viel Mühe gelungen, eine neue Sammlung zusammenzustellen;

sie enthält Gegenstände zur Volkskunst Afrikas, Lateinamerikas und Polens. Die polnischen Exponate nehmen den größten Teil der zweiten Etage in Anspruch, besonders bemerkenswert ist hier die Sammlung polnischer Trachten. An Volkskunst Interessierte werden von der Abteilung der Strohpuppen sowie den Nachbildungen von Winterprozessionen und einer ganzen Reihe anderer ländlicher Bräuche begeistert sein.

Öffnungszeiten Di, Do und Fr 10–16 Uhr; Mi 11–18 Uhr; Sa/So 10–17 Uhr. Eintritt 4 Zł, Mi frei.

Warschaus Geschäftszentrum wird vom **Pałac Kultury i Nauk** (Kultur- und Wissenschaftspalast), abgekürzt PKiN, beherrscht. Er war ein Geschenk Stalins an die polnische Nation, welches nicht abgelehnt werden konnte. In der offiziellen Sprache kommunistischer Zeiten war der Palast ein "unerschütterliches Monument der polnisch-sowjetischen Freundschaft", in der Umgangssprache war er jedoch besser bekannt als "der russische Kuchen". Dieses neo-barocke Bauungeheuer provoziert in seiner Dreistigkeit wechselhafte Gefühle, die von purer Abscheu bis zu Bewunderung reichen. Warschauer Bürger behaupten, dass man vom obersten Stock des Gebäudes den besten Blick auf Warschau hat – es ist der einzige Aussichtspunkt, von dem aus man den Pałac Kultury i Nauk nicht sieht. Ein Aufzug bringt Besucher im Nu zur Aussichtsterrasse im dreißigsten Stock. Von dort kann man an klaren Tagen bis in die Tiefebene Masowiens sehen. Lange von den Warschauern verachtet, weil er einen stalinistischen Schatten über ihre Stadt warf, betrachtet man den Palast heute als die alte Dame der Innenstadt-Skyline. Ganz besonders im Vergleich zu den funktionalen Hochhäusern, die in den Nachbarstraßen entstehen. Das Gebäude hat jedenfalls viel von seinem ideologischen Symbolcharakter verloren: Einst wehten auf den Bannern über dem Monumentaleingang erbauliche Sprüche von Marx und Lenin, heute werden sie von flotten Werbeslogans ersetzt. Kürzlich lief eine internationale Ausschreibung für Pläne zur Neugestaltung des Plac Defilad, zu dem die Stufen vom Eingang hinunterführen. Den ersten Preis gewann ein Entwurf, der vorsieht, auf dem Platz mittelgroße Gebäude und eine Fußgängerzone zu errichten, den Kulturpalast selbst aber fast nicht zu verändern. Dies hat viele Warschauer erbost, von denen etliche für den Abriss des Gebäudes plädieren. Der Streit dauert noch an, und Teile des Platzes ähneln einer großen Baustelle. Der neu gestaltete Eingang zur U-Bahnstation Centrum hat jedoch viele Kritiker versöhnt. Im höhlenartigen Innern des Palastes befinden sich außer einem riesigen Konferenzsaal Bürofluchten, Kinos, Schwimmbäder, einige gute Buchläden mit fremdsprachigen Büchern und – als ultimative Rache des Kapitalismus – ein Kasino. Die wichtigsten Konferenzen und Konzerte Warschaus finden in der Zala Kongresowa statt, ob es nun Pop-Star-Auftritte oder die großen Jazz-Festivals sind (siehe "Unterhaltung"). Ein epochales Ereignis war der Auftritt der Rolling Stones 1967 (als noch kaum westliche Gruppen nach Osteuropa kamen), ein Ereignis, das auch in Polen den Beat-Boom der auslöste.

Südlich und westlich des Palastes befinden sich die Gegenden Warschaus, die nach der Einführung der freien Marktwirtschaft die stärkste Entwicklung erfahren haben. Firmenhochhäuser scheinen überall entlang der nach Westen führenden Hauptverkehrsstraße Aleja Jerozolimskie und in den Straßen in Nähe des Hauptbahnhofs aus dem Boden zu schießen. Das aus glänzendem Chrom und Marmor bestehende LOT-Gebäude in der al. Jerozolimskie war lange ein Wahrzeichen. Seine Vorherrschaft wurde jedoch vor kurzem durch den **Warschauer Turm** (als Daewoo-Turm bekannt, weil ihn das koreanische Unternehmen 1997 erbaute) etwas weiter westlich entlang der ul. Sienna beendet. Nach dem Pałac Kultury i Nauk ist er das zweithöchste Gebäude und besticht durch seine Eleganz: Durch die Kombination von geschwungenen und geraden Linien sieht er aus jedem Blickwinkel anders aus.

Südlich des Pałac Kultury i Nauk führt die von einer Straßenbahnlinie befahrene ul. Marszalkowska zum **plac Konstitucji**. Er wird auf allen Seiten von Kaufhäusern, schicken Läden und kulturellen Einrichtungen der ehemaligen Bruderländer gesäumt. Die Nebenstraßen wie Hoża und Wilcza sind Wohngebiet, dessen betuchte Bewohner von einer wachsenden Zahl schicker kleiner Läden und piekfeiner Cafés bedient werden.

Nowy Świat und Umgebung

Südlich vom Pałac Staszica (Palais Stasżic) heißt die Hauptstraße **Nowy Świat/ Neue Welt**. Die Bebauung dieses Viertels geht auf die Mitte des 17. Jahrhunderts zurück. Dieser breite Boulevard wird momentan mit Geschäften, Büros und Cafés ausgestattet: Das *Nowy Świat*-Café an der Ecke der Świętokrzyska ist seit langem Treffpunkt der kulturellen Elite Warschaus, das *Blikle* kurz dahinter ist seit 1869 für seine Kuchen berühmt. In dieser Straße haben zu verschiedenen Zeiten zahlreiche bekannte Persönlichkeiten aus dem Kulturleben gewohnt, der berühmteste, *Joseph Conrad*, lebte im Haus Nr. 45. Biegt man bei der ul. Ordynacka links ein, kommt man zum **Muzeum Fryderyka Chopina** (Chopin-Museum). Es ist im *Pałac Ostrogski* in der ul. Okólnik untergebracht, das auch Sitz der Chopin-Gesellschaft ist. Unter den ausgestellten Sehenswürdigkeiten befindet sich das letzte von ihm genutzte Klavier, auf dem heute noch gelegentlich Konzerte gegeben werden. Von Mai bis September finden hier jeden Montagabend Konzerte statt. Regelmäßige Chopin-Aufführungen gibt es auch im Park Łazienkowski und in Żelazowa Wola. Die Gesellschaft ist außerdem für die Organisation des Internationalen Chopin-Klavierwettbewerbs zuständig, der alle fünf Jahre stattfindet.

Chopin-Museum im Ostrogski-Palais

Öffnungszeiten Tägl. außer Di 10–14 Uhr. Eintritt 5 Zł.

Das **Palais Zamoyski** im klassizistischen Stil, linker Hand von Nowy Świat am Ende der ul. Foksal, gehört zu den wenigen Warschauer Palästen, die man auch von innen besichtigen kann. 1863 missglückte hier ein Anschlag auf den Gouverneur des Zaren. Daraufhin wurde der Palast beschlagnahmt und von Kosaken geplündert, die einen Flügel Chopins aus dem Fenster der von seiner Schwester bewohnten Gemächer des Palastes warfen. Heute dient der Palast als eleganter Rahmen für ein Architektur-Institut, dessen Restaurant und freundliches, ruhiges Café mit Sommerterrasse dem Publikum offen stehen. Hinter einer Ecke des Palastes befindet sich in einem äußerlich anspruchslosen Gebäude die **Galeria Foksal**, geöffnet Mo–Fr 12–17 Uhr. Sie ist eine der besseren zeitgenössischen Galerien der Stadt, die regelmäßig Wechselausstellungen polnischer und ausländischer Künstler organisiert. In den frühen 1960er Jahren war sie die erste Galerie Warschaus, in der Happenings des bekannten Krakauer Aktionskünstlers und Theaterdirektors Tadeusz Kantor stattfanden. Seitdem ist sie eine Art Kult-Platz für Avantgardisten mit künstlerischen Ambitionen.

Der Betonklotz auf der Südseite der Kreuzung der Nowy Świat mit der al. Jerozolimskie war jahrzehntelang Sitz der ehemaligen Kommunistischen Partei Polens. Nach einem kurzen Zwischenspiel, in dem das Gebäude ironischerweise als Sitz der neuen Warschauer Börse diente (sie ist inzwischen in die Nachbarschaft umgezogen), wird es nun an verschiedene Privatfirmen vermietet, deren Logos vom Dach herunterschauen.

Das Muzeum Narodowe/Nationalmuseum

In östlicher Richtung vom ehemaligen kommunistischen Hauptquartier entlang der al. Jerozolimskie befindet sich das Muzeum Narodowe/Nationalmuseum, ein unschönes graubraunes Gebäude, das man als Meisterwerk des modernen Funktionalismus betrachtete, als es in den 1930er Jahren gebaut wurde, und das wie wenige andere den Krieg unbeschadet überstanden hat.

Die Ausstellung beginnt rechts neben dem Eingang mit der Abteilung **antiker Kunst**, in der ägyptische, griechische, römische und etruskische Funde zu sehen sind. Diese werden jedoch von der beeindruckenden Sammlung von **Kunst aus Faras**, einer Stadt in Nubien (dem heutigen Sudan), in den Schatten gestellt, die Anfang der 60er Jahre von polnischen Archäologen ausgegraben wurde. Zu den Ausstellungsstücken gehören Kapitelle, Säulen, Friese und über 69 Wandgemälde, die zwischen dem 8. und dem 13. Jahrhundert entstanden sind. Die ältesten Gemälde – darunter *Sankt Anna, Die Erzengel Michael und Gabriel* und *Die Heiligen Peter und Johannes auf dem Thron* – sind sehr direkte und kraftvolle Bilder, die durchaus an die Qualität der späteren europäischen Romanik heranreichen. Sie zeugen von der lebhaften Kultur Afrikas zu dieser Zeit. Auch die späteren Porträts, wie z. B. das des *Bischofs Petros mit Sankt Peter* aus dem 10. Jahrhundert, oder das des *Bischofs Marianos* aus dem 11. Jahrhundert, sind beeindruckend.

In der Haupthalle stehen sehenswerte Skulpturen von *Adrian de Vries, Bernini* und *Canova*. In den umliegenden Räumen ist die bekannte Sammlung **mittelalterlicher Kunst** untergebracht, vor allem die illustre Zusammenstellung an geschnitzten und gemalten Altarbildern. Obwohl alle Exponate aus dem Gebiet des heutigen Polen, die meisten aber aus Schlesien und der Gegend um Gdańsk stammen, ist anzunehmen, dass sie von deutschen und böhmischen Künstlern gefertigt wurden, deren Stil überall kopiert wurde. Zu den Höhepunkten der Ausstellung gehören ein schöner Polyptychon aus dem späten 14. Jahrhundert aus der Schlosskapelle in Grudziadz sowie der überdachte Altar aus der Sankt Maria Kirche in Gdańsk aus dem 15. Jahrhundert. Der Altar aus Pławno, auf dem das Leben des heiligen Stanisław dargestellt ist, stammt von dem Maler Hans Süss von Kulmbach. Er war ein Schüler Dürers und arbeitete einige Jahre in Polen.

Der erste Stock wurde der **polnischen Kunst** gewidmet, und der Rundgang beginnt denn auch mit einigen Werken einer typisch polnischen Kunstform, dem Sargporträt. Es gibt eine umfassende Sammlung von Gemälden von Künstlern aus dem 19. und 20. Jahrhundert, von denen viele eher unbekannt sind. Einen wichtigen Teil nimmt die Gruppe von Werken der Schule *Młoda Polska/Junges Polen* aus der Zeit um die Jahrhundertwende ein. Dabei stechen besonders *Stanisław Wyspiańskis* empfindsame Selbstporträts hervor und die eindringliche Darstellung des als Engel verkleideten Todes von *Jacek Makczewski*. Der Künstler *Matejko* ist mit einigen seiner bedeutensten Werke vertreten, darunter die monumentale *Schlacht bei Grunwald,* die eine der folgenschwersten Schlachten des Mittelalters darstellt, nämlich die Besiegung der Ritter des Deutschordens durch die polnisch-litauischen Kräfte.

Der linke Flügel des ersten Stocks sowie der gesamte zweite Stock sind der umfangreichen, aber lückenhaften Ausstellung europäischer Malerei gewidmet. In der italienischen Abteilung sind die Tryptichen aus der Renaissance besonders sehenswert, wie z. B. das Rundbild *Die Madonna mit dem Kind und Sankt Johannes* aus der Werkstatt Botticellis, *Porträt eines venetianischen Admirals* von Tintoretto und *Christus unter den Ärzten* von Cima da Conegliano. Unter den französischen Gemälden in den nachfolgenden Räumen befindet sich z. B. die kleine, stark zerstörte Leinwand *Eine polnische Frau,* die auf die sinnliche *Akademische Studie* von Watteau und Ingres zurückgeht. Im zweiten Stock finden sich einige ausgezeichnete Werke der deutschen Klassizistik, unter anderem *Adam und Eva, Das Massaker der Unschuldigen* und *Portrait einer Prinzessin* von Cranach, sowie *Herkules und Anteus* von Baldung. Aus den flämischen Werken derselben Periode stammt ein beeindruckendes Tryptichon von van Heemskerk *Ecce Homo* sowie die satirischen *Geldwechsler* von van Reymenswaele. Einige der späteren niederländischen Werke sind z. B. *Königin Sylvia* und eine ausgezeichnete manieristische Komposition von Goltizius. Weiterhin bemerkenswert sind *König David, Harfe spielend* von Terbrugghen und *Ein Knabe facht die Glut an* von Jan Lievens, der mit Rembrandt zusammenarbeitete.

Vorübergehende Ausstellungen, wie z. B. eine aufwändige Retrospektive der französischen Impressionisten – die 2001 in allen größeren Städten Polens gezeigt wurde –, peppen das Angebot noch auf. Außerdem gibt es ein gutes Museumscafé.

Öffnungszeiten **Muzeum Narodowe/Nationalmuseum** – Di, Mi, Fr 10–16 Uhr, Do 12–17 Uhr, Sa–So 10–17 Uhr. Letzter Einlass 45 Minuten vor Schließung. Eintritt 13 Zł, Sa frei.

Muzeum Wojska Polskiego/Armeemuseum

Das Muzeum Wojska Polskiego/Armeemuseum direkt nebenan wurde in den 20er Jahren ins Leben gerufen und ist der Institution gewidmet, die wie keine Zweite im Gedächtnis der Nation verankert ist. Die Armee verteidigte in den Zeiten der Besetzung durch Fremdmächte die nationale Identität. Nicht so gerne erinnern sich manche Polen jedoch an die militaristische Glorifizierung der Armee. Am Eingang wird man von einer einschüchternden Ansammlung schwerer Kampfausrüstung begrüßt, die von Kanonen aus dem 16. Jahrhundert bis zu modernen Panzern und Fugzeugen reicht. Ein einmaliges Ausstellungsstück ist ein zusammengestückelter, zum Panzerwagen umgebauter Lastwagen, der während des Warschauer Aufstands von der Heimatarmee zum Einsatz kam und der liebevoll *Kubur* genannt wird. Das Museum bietet eine große Ansammlung von Gewehren, Schwertern und Rüstungen aus verschiedenen Jahrhunderten. Das älteste Ausstellungsstück ist ein Piasten-Helm aus dem 11. Jahrhundert, weiterhin gibt es frühe Modelle von Kanonen, die von den Rittern des Deutschordens hergestellt wurden, Furcht einflössende Kopfbedeckungen der Husaren, und Sensen, mit denen die polnischen Bauern in den Auseinandersetzungen während der Teilungsperiode kämpften. Dieses Museum ist ein Muss für begeisterte Liebhaber der Miltärgeschichte (und davon gibt es viele in Polen), für den Durchschittsbesucher wirkt die miltaristische Atmosphäre auf Dauer etwas penetrant.

Öffnungszeiten Mi–So 10–16 Uhr. Eintritt 4 Zł, Fr frei.

Plac Trzech Krzyży, der Sejm, der Senat und Umgebung

Südlich des Museums gelangt man über den **plac Trzech Krzyży** (Platz der drei Kreuze), in dessen Mitte die **Kościol św. Aleksandra** (St. Alexander Kirche) steht, entlang der von Bäumen gesäumten Promenade zu den Botschaftsgebäuden in der al. Ujazdowskie. Wenn man an dem wenig attraktiven Gebäude der US-Botschaft vorbeigeht und links in die ul. Jana Matejki abbiegt, sieht man bereits das untersetzte Gebäude des **Sejm**/Parlaments und des **Senats** aus den 1920er Jahren. Die Institution aus Ja-Sagern, die von der Regierung unterstützt wurde, fristete bis zu den Epoche machenden Wahlen im Juli 1989, ein bedeutungsloses Dasein. Heute streiten hier die Veteranen aus der Solidarność-Zeit mit ihren Kollegen sowie mit ihren politischen Gegnern, den ehemaligen Kommunisten, um die Macht.

In den angrenzenden Straßen und Gebieten wird das Stadtbild von reizlosen Häuserfassaden aus der Nachkriegszeit bestimmt, die die Baulücken schließen, welche der Zweite Weltkrieg hinterließ. Hinter einigen dieser unansehnlichen Gebäude verstecken sich jedoch Bauten, teilweise aus rotem Backstein und manche mit schön ausgearbeiteten Marienschreinen, die mehr als ein Jahrhundert alt sind. Wenn man durch die Torbögen der Hausnummern 65 oder 73 der ul. Mokotowska gleich südlich des plac Trzech Krzyży geht, kann man einige Beispiele dieser wenig touristischen Ecken Warschaus entdecken.

Weiter südlich entlang der al. Ujazdowskie und über die Kreuzung mit der al. Armii Ludowej hinweg gelangt man zum **Muzeum Walki i Męczeństwa** (Museum des Widerstandskampfes und Martyriums), al. Szucha 25. In dem früheren Hauptquartier der Gestapo befinden sich heute verschiedene Ministerien. Das Museum im Keller des Gebäudes erinnert an Tausende von Menschen, die hier während des Zweiten Weltkrieges gefoltert und umgebracht wurden.

Öffnungszeiten Mi–So 9–16 Uhr. Spenden sind willkommen.

Wem nach all dem charakterlosen Beton der Sinn nach Grünem steht, kann wahlweise vom Nationalmuseum durch den südlich davon gelegenen, kleineren Park Ujazdówski bis zum Park Łazienkiowski durch Grünflächen wandern.

Ujazdowski und Łazienki-Park

Charakteristisch für Warschau sind die schönen Parks. Südlich der al. Jerozolimskie liegt eine der attraktivsten Grünanlagen der Stadt, ein wunderbares Gebiet zum Spazierengehen, das unmittelbar hinter dem Muzeum Narodowe mit dem Park Rydza-Śmigłego beginnt, etwa 2,5 km später durch den Park Ujazdowski führt und schließlich im Park **Łazienkowski** endet. Wenn Sie nicht genug Zeit haben, die gesamte Strecke zu laufen, nutzen Sie die zahlreichen Busse, die entlang der al. Ujazdowski an der Westseite des Parks verkehren.

Park Ujazdowski

Al. Ujazdowskie ist eine der eleganteren Durchgangsstraßen mit prächtigen Villen aus dem 19. Jahrhundert auf der westlichen Seite (die meisten sind heute von Botschaften bewohnt) und geordneten Blumenanlagen des Ujazdowski-Parks auf der anderen. Am östlichen Rand des Parks befindet sich der **Pałac Ujazdowski**, ein Renaissance-Gebäude, das früher von Bona-Sforza, der Mutter von König Zigismund August bewohnt wurde, die italienischer Abstammung war. Heute beherbergt der Palast das **Centrum Sztuki Współczesnej** (Museum für Zeitgenössische Kunst), den

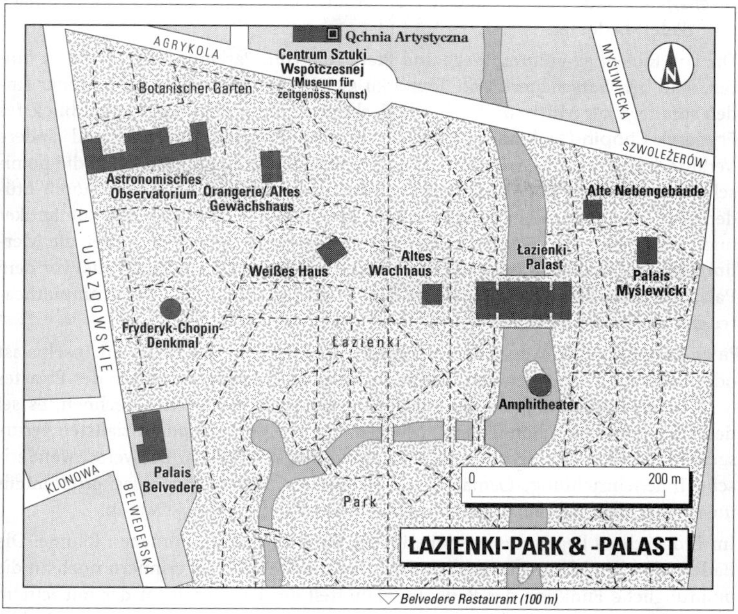

wichtigsten Platz für Ausstellungen Moderner Kunst nach der Galeria Zachęta. Das Museum organisiert nicht nur Themen-Ausstellungen, sondern auch moderne Theater-, Film- und Videoaufführungen. Auf der Ostseite des Palastes befindet sich das Café-**Restaurant** *Qchnia Artystyczna* mit seiner großen Terrasse, von der aus man einen ausgezeichneten Blick auf die Weichsel genießt.

Öffnungszeiten **Centrum Sztuki Współczesnej** – Di–Do u. Sa–So 11–17 Uhr, Fr 11–21 Uhr. Eintritt 10 Zł, Do frei. www.csw.art.pl.

Südlich des Pałac Ujazdowski am anderen Ende der ul. Agrykola befindet sich der **Ogród Botaniczny**/Botanische Garten. Er beherbergt eine beeindruckende Sammlung sorgfältig gestalteter Büsche und Bäume, einen ansehnlichen Rosengarten und einen kleinen Lustgarten mit wohlriechenden Heilkräutern.

Öffnungszeiten Mo–Sa 9–19 Uhr, So 10–19 Uhr. Eintritt 4 Zł.

Park Łazienkowski

Südlich und östlich liegen mehrere Eingänge zum Hauptteil des **Parks Łazienkowski/Łazienki-Parks** (geöffnet täglich von 8 bis Sonnenuntergang). König Stanisław August kaufte um 1760 dieses Gelände, das früher einmal ein Jagdgebiet am Stadtrand gewesen war, und gestaltete es zu einem englischen Landschaftspark um. Wenige Jahre später wurde der schlanke klassizistische **Pałac Łazienkowski** auf einer im See liegenden Insel gebaut. Dieser Palast, der vom italienischen Architekten *Domenico Merlini* in Zusammenarbeit mit ganzen Teams von Bildhauern und anderen Architekten für den König geschaffen wurde, ist eine würdige Gedenkstätte für den letzten polnischen Monarchen. Bevor diese Sommerresidenz errichtet wurde, hatte hier ein von *Tylman van Gameren* für Fürst *Stanisław Lubomirski* geschaffenes **Badehaus** gestanden – daher auch der Name "Łazienki", was einfach nur "Bäder" bedeutet.

Die von Eichen gesäumten Wege und Pfade, die vom Parkeingang zum Palast führen, sind bei Warschauern und Touristen gleichermaßen beliebt. Im Sommer finden sonntags zur Mittagszeit und am Nachmittag unter dem wachsamen Blick des **Fryderyk-Chopin-Denkmals** gleich hinter dem Eingang Konzerte und andere Veranstaltungen statt. Sie geben auf angenehme Weise einen Einblick in die polnische Kultur in ihrer populären Form: schwungvolle Aufführungen von Chopin-Etüden oder Mazurken, lebhafte Vorlesungen über *Mickiewicz* und andere Romantiker und vieles mehr. Der Weg zum See führt an mehreren Gebäuden vorbei, die Merlini für König Stanisław entwarf: Das Nowa Kordegarda (Neue Wachhaus) vor dem Palast ist heute ein **Terrassencafé**, in dem es sehr gutes Eis gibt. Beim Amphitheater gibt es ein weiteres Café.

▸ **Pałac Łazienkowski**: Wegen seiner Lage im Wasser wird der Palast oft Inselpalast oder Pałac na Wyspie genannt. Wenn Sie an einer Führung im Innern des Palastes teilnehmen wollen, müssen Sie meistens mit langen Wartezeiten rechnen, es sei denn, Sie kommen schon früh am Morgen. Die von den Nationalsozialisten verursachten Schäden am Gebäude selbst wurden längst behoben. Die verschwenderische Inneneinrichtung, Gemälde und Skulpturen haben den Krieg größtenteils unversehrt überstanden, da sie während der Besatzung versteckt waren.

Im Erdgeschoss liegen die aus dem älteren Badehaus übernommenen Räume. Die Bäder selbst sind längst verschwunden, aber die Wandreliefs erinnern noch an die ursprüngliche Funktion des Baus. Im Hauptteil des Palastes zeugt der mit feinem Stuckwerk verzierte **Ballsaal**, der größte Raum im Erdgeschoss, vom klassizistischen Geschmack des Königs *Stanisław*. Daneben gibt es eine geschmackvolle Sammlung von Büsten und klassischen Skulpturen. Die angrenzende **Gemäldegalerie** weist Stanisław als Kunstkenner aus. Die Nazis entwendeten einige der berühmtesten Gemälde, darunter drei Rembrandts. Der Großteil der Sammlung, in der holländische und flämische Künstler besonders stark vertreten sind, blieb jedoch erhalten.

Im Obergeschoss befinden sich die **Privaträume des Königs**, die meisten wurden nach dem Krieg von Grund auf restauriert. Auch in diesen wunderschönen Räumen beherrschen Kunst und stilechte Einrichtung die Atmosphäre. Ein imposantes, aber unbequem wirkendes Himmelbett füllt das königliche Schlafzimmer aus. Im Arbeitszimmer zeigt ein Gemälde von *Bellotto* das Badehaus so, wie es ursprünglich aussah. Eine Ausstellung zur Geschichte der Łazienki rundet die Besichtigung ab.

Öffnungszeiten Di–So 9–16 Uhr. Eintritt 4 Zł, Do frei.

▸ **Der Park**: Im ganzen Park verstreut gibt es Gebäude, die in direkter Beziehung zu König Stanisław stehen. Am Nordufer des Sees befindet sich die **Stara Kordegarda** (Alte Wachstube). Sie wurde in den 80er Jahren des 18. Jahrhunderts gebaut und passt architektonisch zur Nordfassade des Hauptpalastes; hier finden regelmäßig Ausstellungen zeitgenössischer Kunst statt. Direkt daneben steht das von Merlini gebaute, sogenannte **Wielka Oficyna** (Alte Nebengebäude), die ehemalige Offiziersschule, in der junge Kadetten das anti-zaristische Komplott ausheckten, das im November 1830 zum Aufstand führte.

Öffnungszeiten der Alten Wachstube Di–So 9–16 Uhr. Eintritt frei.

Heute ist hier das **Muzeum J. Paderewskiego i Wychodźstwa Polskiego** (Museum für Ignacy Jan Paderewski und Polnische Auswanderer in Amerika) untergebracht,

Chopin-Konzert im Łazienki-Park

das im Sommer 1992, im Rahmen der Feierlichkeiten anlässlich der Rückführung der sterblichen Überreste des Komponisten aus den USA, eingeweiht wurde. Die meisten der Ausstellungsstücke sind vom Exilanten Paderewski dem polnischen Staat testamentarisch vermacht worden. Den Ehrenplatz nimmt der Flügel ein, der in Paderewskis Haus am Genfer See stand. Wie zu seinen Lebzeiten stehen auf dem Flügel zwei signierte Fotos von Königin Victoria und dem Komponisten Saint-Saëns, während die Wände mit Paderewskis persönlicher Gemäldesammlung dekoriert wurden. In den anderen Räumen sind Preise, Orden und andere Auszeichnungen ausgestellt, die Paderewski im Laufe seiner musikalischen und politischen Karriere verliehen worden sind. Seine hervorragenden Privatsammlungen von chinesischem Porzellan und Emaillewaren sowie Erinnerungsstücke an die polnische *emigracja,* die die Erfahrungen polnischer Auswanderer in Amerika dokumentieren, zählen ebenfalls zu den Exponaten.

Öffnungszeiten Di–So 10–15 Uhr. Eintritt 6 Zł, Do frei.

Neben dem Museum befindet sich der **Pałac Myślewicki** (Palais Myślewicki), ein Geschenk des Königs an seinen Neffen, Fürst *Józef Poniatowski*. In diesem Palais wiederholt sich das durchdachte Ambiente des Hauptpalastes. Im Sommer finden im griechisch inspirierten **Amphitheater**, das für den König auf der Insel gleich neben dem Palast errichtet wurde, immer noch hin und wieder Freilichtvorstellungen statt (erkundigen Sie sich beim Fremdenverkehrsamt). Die rauschenden Bäume und der Entenchor im Hintergrund übertönen allerdings oft die Darbietungen.

Öffnungszeiten tägl. außer Di 9.30–16 Uhr. Eintritt 4 Zł.

Wieder zurück Richtung Haupteingang zum Park, liegt hinter der Alten Wachstube das **Biały Dom** (Weiße Haus), das um 1770 von Merlini für König Stanisław August gebaut wurde; hier wohnte der König, bis der Hauptpalast einzugsbereit war. Die Innenausstattung aus dem 18. Jahrhundert ist größtenteils noch erhalten, z. B. im

mit grotesken Tierfresken geschmückten Speisesaal und im achteckigen Studierzimmer, in dem Blumendekorationen im Trompe-l'oeil-Stil das Auge erfreuen.
Öffnungszeiten Di–So 9–15.30 Uhr. Eintritt 5 Zł.

Hinter dem Weißen Haus liegt die **Pomarańczarnia** (Orangerie), auch bekannt als Stara oder Altes Gewächshaus, da es im südlichen Teil des Parks ein neueres kleineres gibt. Die Orangerie ist mit einem gut erhaltenen Holztheater ausgestattet, das neben den Königslogen mehr als 200 Zuschauern Platz bietet. Es ist das einzige Theater seiner Art in Europa, das seine ursprüngliche Gestaltung aus dem 18. Jahrhundert behalten hat. In den langen Galerien hinter dem Zuschauersaal sind Stücke aus der umfangreichen Skulpturensammlung von König Stanisław ausgestellt. Sie runden die klassizistische Atmosphäre ab. Schließlich kann man noch das **Obserwatorium Astronomiczne** (Astronomische Observatorium), eine sehr ansprechende Konstruktion aus dem frühen 19. Jahrhundert, besichtigen.
Öffnungszeiten **Orangerie** – Di–So 9–15 Uhr, 6 Zł; **Observatorium** – Di–So 9.30–15.30 Uhr.

In der al. Ujazdowskie südlich vom Chopin-Denkmal erhebt sich der **Belweder** (Belvedere), eine weitere Königsresidenz aus dem 18. Jahrhundert, die gegen 1820 für den Gouverneur von Warschau, den Zarenbruder *Konstantin*, umgebaut wurde. Seit dem Ende des Ersten Weltkriegs diente sie Polens Staatsoberhäuptern als Residenz (mit einer kurzen Unterbrechung, als hier der nationalsozialistische Gouverneur *Hans Frank* wohnte). *General Jaruzelski* verweilte hier zehn Jahre, bis er von Lech Wałęsa, dem ersten frei gewählten Präsidenten des Landes in fünfzig Jahren, abgelöst wurde. 1995 gab Wałęsa bekannt, dass er den Sitz des Präsidenten in den Namiestnikowski Palast auf der Krakowskie Przedmieście verlegen lassen wolle. Von dort aus regiert sein Nachfolger noch heute. Im Belvedere werden dafür wichtige Staatsgäste untergebracht. Es ist jedoch geplant, hier ein neues Museum für **Józef Piłsudski**, den in Ehren gehaltenen Präsidenten der Zeit zwischen den Kriegen, der zeitweilig in dem Palais wohnte, zu errichten.

Von hier aus fällt der **Trakt Królewski** (Königsweg) leicht zum Bezirk Mokotów hin ab. Er führt vorbei an der bombastischen **russischen Botschaft**, die heute nicht mehr so stark abgesichert ist wie früher, und endet einige Kilometer weiter südlich in Wilanów.

Wilanów

Der großartigste der Warschauer Paläste, **Palais Wilanów**, verbirgt sich in fast ländlicher Umgebung an der Peripherie der Stadt, ist aber mühelos zu erreichen. Dieses manchmal als "polnisches Versailles" bezeichnete Schloss geht auf König *Jan Sobieski* zurück, der 1677 das schon bestehende Herrenhaus und das dazugehörige Land erwarb. In nahezu zwanzig Jahren verwandelte er es in einen Landsitz nach seinen Vorstellungen, den später andere Monarchen und Adelsfamilien weiter ausbauten. Im Zweiten Weltkrieg litt der Palast sehr, als die Nazis die schönsten Stücke der Kunstsammlung von Wilanów stahlen und den Park und die angrenzenden Gebäude verwüsteten. 1945 ging der Palast in Staatseigentum über. In den elf Jahren danach wurde er umfassend renoviert und seine Kunstsammlung erneuert. Der bei Besuchern äußerst beliebte Palast kann nur im Rahmen einer **Führung** besucht werden (auf Polnisch etwa alle 20 Min.), was im Sommer möglicherweise zu Wartezeiten von bis zu einer halben Stunde führt.

Auf dem Weg zum Palast kommt man an den ehemaligen Wirtschaftsgebäuden wie der Schmiede, der Metzgerei und dem Gasthaus vorbei. Das Gasthaus ist heute ein

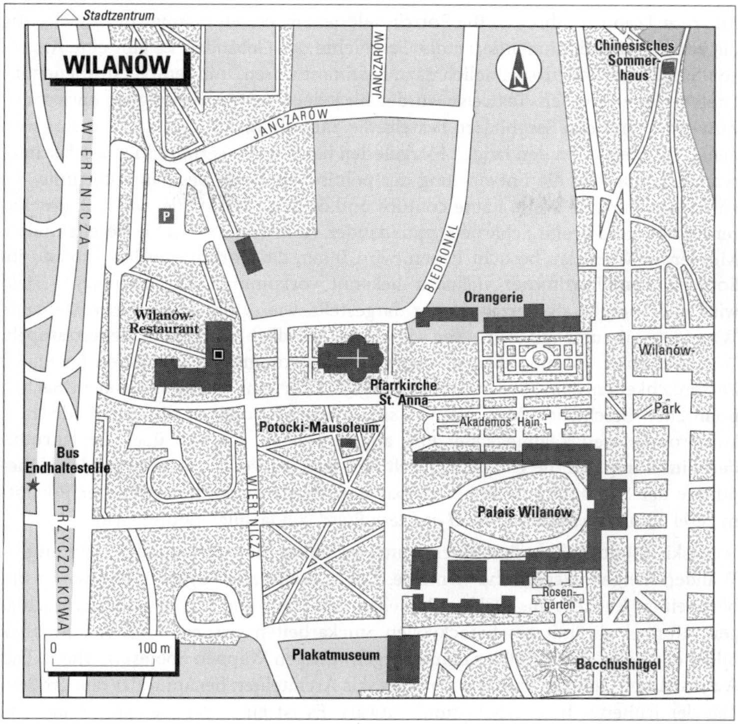

exklusives Restaurant (siehe "Essen und Trinken"). Ebenfalls in unmittelbarer Nähe gibt es einige empfehlenswerte Cafés, die nach einem Rundgang durch den Palast besonders willkommen sind. Die von einer Kuppel gekrönte **Kościól św. Anny** (Pfarrkirche St. Anna) aus dem 18. Jahrhundert und das reich verzierte, neugotische Potocki-Mausoleum auf der anderen Straßenseite führen zum **Eingang**, wo es die Eintrittskarten gibt.

▶ **Der Palast** ist hufeisenförmig angelegt und hat ein Zentralgebäude, das von zwei Flügeln flankiert wird. Die großartige, klassische **Fassade** mit ihren korinthischen Säulen, römischen Statuen über den Pavillions und eingefügten lateinischen Inschriften, entspricht Sobieskis ursprünglichem Entwurf. Das Kernstück der Hauptfassade bildet eine goldene Sonne deren Strahlen von Schildern reflektiert werden, die mit Sobieskis Wappen geschmückt sind. Dies symbolisiert die dem Palast zugrunde liegende Idee – die Glorifizierung des Herrschers Sobieski selbst.

Trotz starker Zerstörung im Zweiten Weltkrieg sind die wesentlichen Merkmale der Innendekoration fast unverändert geblieben. In den etwa sechzig Räumen in **Wilanów** finden sich Stile aus unterschiedlichsten Epochen, die z. B. von der üppigen barocken Einrichtung der Gemächer Jan Sobieskis und Johann III. bis hin zu der klassischen Eleganz der Räume des Potocki Museums aus dem 19. Jahrhundert reichen. Diese Anhäufung von Pracht und Herrlichkeit wirkt fast erdrückend. Dies scheinen sogar die Führer zu bemerken, deren ausschweifende Erklärungen über Fakten und Jahreszahlen gegen Ende der Führung immer geraffter werden.

Mehrere Treppen führen in die **Porträtgalerie**. Die ersten Räume sind gleichzeitig die ältesten und dokumentieren die Geschichte des Gebäudes. Es gibt eine Anzahl von Sargbildern, die ursprünglich dazu bestimmt waren, mit dem Verstorbenen ins Grab gelegt zu werden. Teilweise wurden sie jedoch vor der Beerdigung entwendet. Zusammen mit den Sargbildern besteht die Sammlung aus über 250 Porträts, von denen die meisten in den langen Flurgalerien hängen. Sie vermitteln einen faszinierenden Einblick in die Entwicklung der polnischen Mode des Samaritertums, die auf ungewöhnliche Weise haute couture und östliche Merkmale, wie z. B. geschorene Köpfe und breite Schärpen, miteinander vermischt. Wenn Sie bereits andere Museen in Warschau besucht haben, wird Ihnen das Porträt von Jan Sobieski im **Sobieski Familienzimmer** vielleicht bekannt vorkommen. Der korpulente Held wird mit Vorliebe als Einzelkämpfer dargestellt, wie er das in Flammen stehende Wien angreift und auf dem Weg einige der feindlichen Türken niedertrampelt. Während einer Führung dienen solche Porträts von großen und guten (adeligen) Persönlichkeiten den Führern als Hintergrund für eine kleine Lektion in Sachen polnischer Geschichte. Man bemüht sich hierbei besonders, die Aufständischen, kompromisslosen Regimegegner und andere Helden, die sich über die Jahrhunderte im Kampf für die Unabhängigkeit schlugen, hervorzuheben. Einer der Höhepunkte der Sammlung ist unbestreitbar das Meisterwerk klassizistischer Porträtmalerei *Stanisław Kostka Potocki auf dem Pferd* von Jacques-Louis David.

Sobieskis **Bibliothek**, besitzt einen wunderschönen Marmorfußboden, und an den Wänden hängen allegorische Gemälde. Das angrenzende **Fayence Zimmer** ist mit blauweißen Kacheln aus Delfter Porzellan gekachelt und hat eine kupferbeschlagene Kuppel, die mit geschmackvollen Stuckarbeiten verziert ist. Das Kernstück bildet ein Adler, der sich über dem allgegenwärtigen Wappen Sobieskis erhebt. Das **August-Locci-Zimmer** wurde nach Sobieskis Architekten benannt, der den größten Teil der früheren Innenausstattung entwarf. Es ist einer der wenigen Räume, in dem die originalen hölzernen Deckenbalken aus dem 17. Jahrhundert freigelegt wurden. Von vielen der Räume auf diesem Stockwerk hat man einen wunderbaren Blick auf den Schlossgarten. Im **Bemalten Kabinettzimmer** nebenan werden erst kürzlich freigelegte Fresken aus dem 18. Jahrhundert gezeigt, so z. B. ein farbiger Mann mit Turban, der einen Papageienkäfig trägt. Bei Restaurationsarbeiten im **Stillen Zimmer** entdeckte man hingegen Fresken von herausgeputzten griechischen Göttinnen aus dem 17. Jahrhundert.

Der Rundgang führt durch eine weitere **Porträtgalerie**, hauptsächlich mit Werken aus der Zeit der Aufklärung. Die Darstellungen zeigen unter anderem Kościuszko, den Urheber der Verfassung vom dritten Mai (siehe S. 123) und einen gütig dreinblickenden Stanisław Poniatowski, Polens letzten König, sowie seine Familie. Über weitere Treppen gelangt man in die Porträtgalerie aus dem 19. Jahrhundert, in der mit Vorliebe belehrende Reiseführer mit ihren Gruppen Halt machen. Unter anderem findet sich hier das Bild der Maitresse Napoleons, der betont zurückhaltend dargestellten Maria Walewska, und zwar direkt neben einer Büste des Generals selbst.

Wenn man die Treppen wieder hinuntergeht, gelangt man in den zweiten Teil der Palastgemächer. Das **Große Purpurrote Zimmer** ist genauso farbenfroh, wie der Name verspricht. Die Decke ist überschwänglich prunkvoll mit Putten und Medaillons dekoriert. Der Raum ist angefüllt mit Kunstgegenständen und Antiquitäten aus verschiedenen Epochen, so gibt es z. B. einen riesigen Esstisch, an dem mindestens 50 Personen Platz haben. Weiter geht es durch das **Etruskische Studierzim-**

mer, wo neapolitanische Urnen aus dem 3. und 4. Jahrhundert v. Chr. zu sehen sind, die der einstige Schlossherr Stanisław Potocki im 19. Jahrhundert von seinen Reisen mitbrachte. Die **Galerie im unteren Nordflügel** verbindet die beiden Flügel mit dem Hauptgebäude. Sie wurde von Potocki um 1820 in ein Miniaturmuseum umgewandelt, in dem er seine archäologischen Funde ausstellte. Inzwischen wurde sie in ihren ursprünglichen Zustand aus dem frühen 18. Jahrhundert, mit den originalen Wandmalerein zurückversetzt – nur die klassischen Skulpturen sind von Potockis Museum geblieben.

Vom Ausgang der Galerie gelangt man in die **Gemächer der Königin**, die einst von Sobieskis Ehefrau Maria Kazimierza bewohnt wurden. Zu den beeindruckendsten Räumen dieser Zimmerflucht gehört das **Vorzimmer**, im dem sich zwei fein gearbeitete Porzellanschränkchen aus dem 17. Jahrhundert befinden, das luxuriöse Schlafzimmer und der **Große Vorraum**, ein dreistöckig aufgeteiler Raum mit Marmorsäulen und klassizistischen Verzierungen. Letzterer verbindet die königlichen Gemächer miteinander. Im Schlafzimmer des Königs befindet sich ein großes Himmelbett, das von militärischen Insignien aus verschiedenen Jahrhunderten umstellt ist. Wahrscheinlich hätte der unermüdliche Kriegsheld Sobieski sich hier in seinem Element gefühlt. Die **Kapelle** besteht lediglich aus einem simplen Schrein, mit dem Potocki seinen königlichen Vorgänger verewigen ließ. Von dort aus geht es durch weitere Ausstellungsräume, in denen Potockis Sammlung klassischer Skulpturen zu bewundern ist. Sie beherbergt unter anderem einige römische Sarkophage und eine Gipsabbildung des korpulenten Königs, das **Sobieskidenkmal**, in seiner bevorzugten Pose: zu Pferde über die Türken hinwegreitend, um Wien von der Belagerung zu befreien.

Der Rundgang endet im **Großen Saal August II.**, auch **Weißer Saal** genannt. Er wurde um 1730 für König August II entworfen und wurde nach 1945 von Grund auf renoviert. Die verspiegelten Wände lassen den Raum sehr groß erscheinen. Über den Kaminen an beiden Seiten befinden sich kleine Galerien mit Balkonen, die für die königlichen Musiker gedacht waren. Heute wird die Halle für Klavierkonzerte genutzt.

• *Anfahrt/Verbindungen* Die Buslinien 116, 130, 165, 180 und 522 bringen Besucher bis zur Haltestelle auf der Straßenseite gegenüber vom Palasteingang, neben dem unvermeidlichen McDonald's.

• *Öffnungszeiten* Mo u. Mi–Sa 9.30–14.30 Uhr, So 9.30–16.30 Uhr. Eintritt 15 Zł; www.wilanow-palac.art.pl. Die **Parkanlage** ist von 9.30 Uhr bis Sonnenuntergang geöffnet.

Der Schlossgarten

Wer nach dem Rundgang durch den Palast noch nicht müde ist, findet auf dem Gelände weitere Sehenswürdigkeiten. Das Tor links hinter dem Haupteingang führt in den stattlichen **Schlossgarten**. Die elegante, ausgewogen proportionierte Rückfassade des Palastes überblickt die Gartenterrasse. Eine goldene Sonnenuhr befindet sich auf der Südseite des Dachs. Die Uhr wurde von dem Astronomen Jan Hevelius aus Gdańsk entworfen und sein Porträt befindet sich auf der gegenüberliegenden Seite des Dachs. Auf der Sonnenuhr hält Saturn, der Gott der Zeit, den Himmelsmantel ausgestreckt, auf dem die astrologischen Symbole für die Zeit und die Jahreszeiten dargestellt sind. Die Sequenz von Fresken, die an der Fassade angebracht ist, zeigt Szenen aus der klassischen griechischen Mythologie, z. B. aus der *Äneis* und der *Odyssee*. Wenn man durch den hinteren Garten spaziert, wird deutlich, wie subtil hier der Charakter der Königsresidenz mit der Atmosphäre eines Landsitzes vereint wurde.

Öffnungszeiten tägl. 9.30 Uhr bis Sonnenuntergang.

Der Park reicht bis ans Wasser und setzt sich von dort aus nach Norden und Süden fort, allerdings ist er hier nicht mehr so gepflegt. Im Herbst ist er der richtige Ort für einen Sonntagnachmittagsspaziergang durch raschelndes Laub. Hinter der Orangerie liegt der **Englische Park** – so genannt, weil er nach den bei englischen Aristokraten im 18. Jahrhundert so beliebten Landschaftsgärten gestaltet wurde –, dessen Hauptattraktion ein chinesischer Sommerpavillon ist, in dem Töpferwaren und andere dekorative Kunst ausgestellt werden. Unterhalb des Haupttores befindet sich das **Muzeum Plakatu/Plakatmuseum**, eine interessante Sammlung von genialen und kuriosen Aspekten einer Kunstform, die in Polen schon lange von großer Bedeutung ist.

Öffnungszeiten **Plakatmuseum** – Di–Do 10–16 Uhr. 5 Zł.

Die Vororte

Die meisten Besucher erhalten wenig Einblick in das, was außerhalb von Stadtzentrum und Trakt Królewski/Königsweg liegt. Obwohl die Warschauer Vororte nicht besonders schön anzusehen sind, lohnt sich eine Besichtigung – vor allem von **Żoliborz** und **Praga** – zum einen ihrer Atmosphäre wegen und zum anderen, weil hier historisch interessante Orte liegen. Außerdem verschmilzt die Stadt an ihren äußersten Grenzen mit den Dörfern der masowischen Tiefebene, wo noch Bäuerinnen mit Kopftüchern und Pferdekarren das Bild beherrschen.

Żoliborz

Bis zum letzten Jahrhundert gehörte der Bezirk **Żoliborz** nördlich des Zentrums zum *Kampinoski-Wald* (das Naturschutzgebiet Bielany ist ein Überbleibsel davon), dann entwickelte der Bezirk sich zu einer Hochburg der Arbeiterklasse. Der Name ist übrigens eine Abwandlung des französischen "joli bord", was so viel wie "schönes Randgebiet" bedeutet. Mittelpunkt des Bezirks ist der große Platz am Ende der **ul. Mickiewicza**, die nördliche Verlängerung von Marszałkowska und Gen. Andersa. Der **Plac Wilsona** (vom Zentrum aus mit den Straßenbahnen 15, 36 und 45 zu erreichen), der nun auch offiziell seinen Vorkriegsnamen zurückerhalten hat, macht einen entschlossenen, sachlichen Eindruck, ein starker Gegensatz zu dem vornehmen Gebaren im Stadtzentrum. Auch die Politik ist hier entschlossen: Der Wahlkampf, den der ortsansässige Regimegegner und spätere Kabinettsminister *Jacek Kurón* bei den Wahlen von 1989 führte, hatte hier in einer hitzigen Konfrontation mit seinem Widersacher im vollbesetzten *Wisła*-Kinosaal seinen Höhepunkt. Der Bezirk ist seither ein Barometer für die vorherrschende politische Stimmung in der Stadt. Die **St. Stanisław Kostka-Kirche** an der Westseite des Plac Wilsona war die Pfarrkirche des Solidarność-Priesters *Jerzy Popiełuszko* bis zu seiner Ermordung durch die Sicherheitspolizei im Jahr 1984. Sein Tod hatte Auswirkungen auf das politische Leben in Polen in den 80er Jahren und führte zu seiner Heiligsprechung. Nach *Popiełuszkos* Beerdigung, der über eine halbe Millionen Menschen beiwohnten, wurde seine Kirche für Solidarność Symbol und Zentrum der Opposition des Volkes. Zwar gehört Pater Jerzys Schrein inzwischen nicht mehr zum offiziellen Besuchsprogramm westlicher Politiker, aber noch immer kommen Neuvermählte hierher, um ihm ihre Ehrerbietung zu erweisen. Im Keller befindet sich ein treffendes Denkmal für **Jerzy Popiełuszko** (unregelmäßige Öffnungszeiten; fragen Sie in der Kirche nach aktuellen Daten). Auf dem Gelände gibt es einen "Kreuzweg" mit den wichtigsten Stationen der neueren polnischen Geschichte.

Im Süden vom Plac Wilsona an der Grenze zur Neustadt/Nowe Miasto liegt die finstere **Zitadelle/Cytadela**. Die verfallenden Befestigungen sind die Überreste jener wuchtigen Festung, die Zar *Nikolaus I.* am Vorabend des Novemberaufstands von 1831 hier errichten ließ. Um Platz zu schaffen, wurden Häuser abgerissen, und die Warschauer mussten auch noch die Kosten für das Instrument ihrer geplanten Bestrafung tragen, denn die Zitadelle wurde nicht dafür genutzt, um die Bevölkerung zu bewachen, sondern um Kontrolle und Terror auszuüben. In den rund achtzig Jahren danach wurden verdächtige Aktivisten hier ausgefragt und gefangen gehalten, unter anderem auch der spätere Präsident *Józef Pitsudski*. Manche von ihnen wurden ermordet, andere wanderten ins Exil.

Den Berg hinauf führen Stufen zum grimmigen **Hinrichtungstor**, bei dem nach dem Aufstand von 1863 regelmäßig Partisanen erschossen oder gehenkt wurden. Nach dem Krieg versuchte die kommunistische Partei, die über ein so offensichtliches Symbol russischer Unterdrückung und nationalen Widerstandes nicht sehr glücklich war, die Zitadelle als "Mausoleum der polnischen revolutionären, sozialistischen Arbeiterbewegung" darzustellen: Deshalb sind neben der Tafel zum Andenken an die Anführer von 1863 auch Gedenksteine für Opfer der sozialistischen Partei, der kommunistischen Partei Polens und des "Proletariats" in der Zarenzeit angebracht.

Ein Teil des Gefängnisses ist heute zu einem **historischen Museum** umfunktioniert, mit einigen erhaltenen Zellen und mehreren eindringlichen Bildern ehemaliger Insassen und ihrer Leiden in der sibirischen Verbannung. Der Karren im Hof ist eine Rekonstruktion der Fahrzeuge, mit denen Verurteilte in jenes öde Exil geschickt wurden.

• *Anfahrt/Verbindungen* Die Straßenbahnen 15, 16 und 45 fahren vom Zentrum Warschaus zum plac Wilson.

• *Öffnungszeiten Historisches Museum* Di–So 9–15.30 Uhr. Eintritt 4 Zł.

Praga

Im 19. Jahrhundert wohnten ganze Legionen zaristischer Bürokraten vor allem im großen Vorort **Praga** auf der anderen Flussseite gegenüber der Altstadt, und hier wiederum besonders im Bezirk Saska Kępa südlich der al. Waszyngtona. Außerhalb der Reichweite der großen Schlachten und der Zerstörung des Zweiten Weltkriegs hat sich in dem Bezirk einiges von der Vorkriegsarchitektur und Atmosphäre erhalten. Es wird immer mehr zu einem Künstlerviertel.

Gleich gegenüber der Altstadt ist der **Warschauer Zoo/Ogród Zoologiczny**. Das parkähnliche Gelände ist etwas heruntergekommen, aber dennoch sehenswert und beherbergt eine Vielzahl von Tieren wie Elefanten, Nilpferde und Bären.

Öffnungszeiten täglich 9 Uhr bis Sonnenuntergang. Eintritt 8 Zł.

Die **Cerkiew św. Cyryla i Metodego** (Orthodoxe Kirche des Heiligen Cyril und Methodius) gleich unterhalb in der al. Solidarnośći ist eines der wenigen russischen Überbleibsel in der Stadt. Die Innendekorationen der neu-byzantinischen Zwiebelkirche aus der Mitte des 19. Jahrhunderts sind noch intakt. Der einzige Weg, einen Blick hineinzuwerfen, ist an einem der Gottesdienste teilzunehmen. Dann kann man auch den hervorragenden Chor singen hören.

Gottesdienste täglich 17 Uhr.

Warschau und Masowien
Karte S. 98/99

Pragas berüchtigste Erfahrung mit Russland datiert aus der Zeit des Warschauer Aufstandes. Anfang September 1944 hatten sowjetische Streitkräfte den Randbezirk von Praga erreicht. Aus dem belagerten Zentrum Warschaus wurden Aufständische zu ihnen geschickt, die die russische Armee um Hilfe gegen die Nazis anflehten – vergeblich. Während des ganzen Warschauer Aufstandes standen die sowjetischen Panzer am Stadtrand und warteten. Erst als die Stadt praktisch völlig dem Erdboden gleichgemacht worden war, drangen sie vor, um die Nationalsozialisten zu vertreiben. In den vierzig Jahren danach hieß es offiziell, das Nichteingreifen sei auf "unzureichende sowjetische Streitkräfte" zurückzuführen gewesen, aber nach dem Blutbad von Katyń wusste jeder Pole, dass es daran nicht gelegen haben konnte. Entlang der Hauptstraße hinter der Kirche erinnert ein Denkmal an das Eintreffen der sowjetischen Truppen. Die vier dargestellten, verschlafen wirkenden Soldaten der Roten Armee, sind allgemein als die "vier Schlafmützen" bekannt.

Der **Bazar Różyckiego**, der berühmte älteste Flohmarkt von Warschau, hat seine besten Tage gesehen. Das Warenangebot beschränkt sich inzwischen auf den Verkauf illegaler Waren wie Waffen. Er findet in der ul. Ząbkowska statt, fünf Minuten zu Fuß in südliche Richtung von der orthodoxen Kirche entfernt. Der Besucher sollte alle Wertsachen fest unter Verschluss halten: Es gibt zahlreiche sehr geschickte Taschendiebe. Am Fluss entlang etwas weiter im Süden, in der Nähe der Poniatowski Brücke, liegt das **Dziesęciolecia Stadion**, einst das größte Sportstadion der Stadt. Dort hat sich ein weiterer Markt etabliert (siehe "Märkte und Basare").

Praga war einst die Heimat eines Großteils der jüdischen Bevölkerung Warschaus. Direkt über der Staśko-Dabrowski Brücke, südlich des Praski Parks, gibt es eine Reihe von Straßen, insbesondere die **ulica Kłopotowskiego** und die **ulica Sierakowskiego**, wo man noch einige alte, typisch jüdische Häuser findet. Wie überall in der Stadt gibt es zahlreiche Torbögen, die zu außergewöhnlichen roten Backsteinbauten aus früheren Zeiten führen. An den Wänden kann man oft die Einschlaglöcher von Bombensplittern erkennen, besonders in den Straßen hinter Targowa, wie z. B. die Hausnummern 18 und 130 in der Środkowa.

Etwas weiter draußen im Bezirk Brodno befindet sich der **Cmentarz Żydowski** (Jüdische Friedhof) Pragas, der um 1780 angelegt wurde. Der Eingang ist an der Kreuzung der ul. Odrozona und der ul. Wincentego (Straßenbahn Nr. 3 von Targowa in Praga). Er wurde von den Nazis schwer beschädigt, die viele der Grabsteine zum Pflastern von Straßen benutzten. Restaurierungsarbeiten für die etwa 1.000 verbliebenen Gräber sind momentan im Gange.

Garten des Geburtshauses von Chopin in Żelazowa Wola

Mazowze/Masowien

Masowien, die Ebene um Warschau, ist zwar nicht besonders attraktiv, hat jedoch einige lohnenswerte Ziele für Tagesausflüge. Auch wenn man wenig Zeit hat, sollte man wenigstens den wunderschönen Wald des Kampinoski-Nationalparks/Puszcza Kampinoska oder Żelazowa Wola, den Geburtsort Chopins, besuchen.

Südwestlich der Hauptstadt hat die große Textilstadt **Łódź** kulturell allerlei zu bieten. Die Industriezentren **Skierniewice** und **Radom** im Süden Warschaus sind weniger sehenswert. Das westlich von Warschau gelegen **Płock**, mit dem Zug in knapp zwei Stunden zu erreichen, besitzt eine historische Altstadt und einige sehenswerte Museen. Im nördlichen Masowien bietet sich das Marktstädtchen **Pułtusk** für einen Tagesausflug an.

Praktisch alle nachfolgend beschriebenen Orte kann man von Warschau aus mit Nahverkehrsbussen und -zügen erreichen. Nach Łódź fahren einige Eilzüge, sodass ein Tagesausflug von Warschau aus mühelos zu schaffen ist.

Der Park Narodowy Puszcza Kampinoska/Kampinoski-Nationalpark

Der Kampinoski-Nationalpark/Park Narodowy Puszcza Kampinoska, der an den Warschauer Vorort Żolibórz angrenzt, liegt etwa 30 km westlich von der polnischen Hauptstadt und ist ein Beispiel für das perfekte Zusammenspiel von Waldgebiet und Großstadt.

Dieser lichte Wald – nun als Nationalpark geschützt – ist eine ideale Erholungsstätte. Er beherbergt die Sommerhäuser vieler Warschauer, und im Herbst suchen hier an Wochenenden Legionen von Ausflüglern nach Pilzen. Wie in allen Nationalparks

wird sorgfältig über den natürlichen Reichtum des Waldes gewacht, um die vielfältige Flora und Fauna zu erhalten. Von Zeit zu Zeit sichtet man Luchse, die hier Anfang der 1990er Jahre wieder angesiedelt wurden, ebenso Elche, Wildschweine und Biber, die aus dem Nordosten des Landes stammen. Außerdem kann man zahlreiche Vogelarten wie Störche, Kraniche und Bussarde beobachten. Für Fußgänger (und Ski-Langläufer) gibt es keine nennenswerten Einschränkungen der Bewegungsfreiheit. Man kann sich in diesem Wald jedoch ziemlich leicht verlaufen, deshalb sollten Besucher auf den gekennzeichneten Wegen bleiben: Markierungen am Waldrand geben klar die Hauptwege an.
Das heutige Gebiet war einst der Urstromlauf der Wisła/Weichsel, die nun nördlich von hier verläuft. Die malerische Parklandschaft ist sehr vielseitig, und dichte Wälder aus Kiefern, Hainbuchen, Birken und Eichen wechseln sich ab mit einer Heidelandschaft aus sumpfähnlichem Marschland und lang gestreckten hohen Sanddünen. Obwohl der Großteil des Waldes von der regionalen Forstbehörde verwaltet wird, erinnern einige Teile noch an vergangene Zeiten, als polnische Adlige das Gebiet mit Vorliebe zur Jagd nutzten.

▸ **Truskaw und Palmiry**: Vom pl. Wilson in der Warschauer Vorstadt Żoliborz (zum pl. Wilson fahren die Straßenbahnen 15, 16 und 45 vom Zentrum aus) kommt man mit Bussen nach **Truskaw**, einem kleinen Dorf rund 10 km vom Ostrand des Waldes entfernt. Hier befindet sich der Hauptsitz der Parkverwaltung mit einem kleinen **Museum** über die wechselvolle Geschichte des Parks und einer Abteilung über seine Flora und Fauna.

Vom Dorf aus führt ein schöner, fünf Kilometer langer Weg zum Weiler **Palmiry**. Nach der geschäftigen Großstadt Warschau fühlt man sich auf den sandigen Pfaden wie in eine andere Welt versetzt. Die Bewohner der verstreut liegenden alten Häuser geben dem Besucher, der sie darum bittet, bereitwillig Brunnenwasser, und sie verkaufen auch schon einmal ein Glas von dem ausgezeichneten Honig der Gegend. Weil der Wald hier so nahe bei der Stadt liegt, wurde er immer wieder zu einem Zentrum des Widerstandes, vor allem im Aufstand von 1863 und im Zweiten Weltkrieg. Später konnten die Nationalsozialisten hier unentdeckt morden. Auf dem **Kriegsgräberfriedhof**, an dem man auf dieser Strecke vorbeikommt, liegen die Gebeine von rund 2.000 Kriegsgefangenen und Zivilisten, die in den Wald gezerrt, erschossen und in Gruben verscharrt wurden.

Um nach Warschau zurückzukommen, geht man im Norden von Palmiry einen Kilometer bis zur Bushaltestelle auf der Hauptstraße, von dort aus kann man dann jeden Bus nach Żoliborz nehmen.

Wer Zeit hat, kann die Hauptstraße an der Bushaltestelle überqueren und ein paar Kilometer in östliche Richtung nach **Dziekanów Polski** laufen. Das Dorf liegt an der Weichsel und ist ein Paradies für Vogelliebhaber, nicht zuletzt, weil viele Vogelschwärme auf ihren Zugflügen hier Halt machen. Am häufigsten sieht man Weißstörche, die überall in der Stadt nisten. An einigen Telegrafenmasten wurden Plattformen angebracht, auf die die Störche jedes Jahr zurückkehren, um hier ihre Jungen großzuziehen. In den Feldern, im Unterholz in der Nähe des Flusses und auf dem Wasser kann man Kiebitze, farbenfrohe Eisvögel und Blaukehlchen erspähen und verschiedene Möwen-, Schv alben- und Entenarten beobachten.

▸ **Zaborów, Leszno und Kampinos**: Unternehmungslustigere können sich von den Dörfern Zaborów (das einen Palast und eine Kirche aus dem 19. Jahrhundert besitzt), Leszno oder Kampinos, alle an der Hauptstraße, die am Südrand des Waldes nach Żelazowa Wola (siehe unten) entlang führt, tiefer in den Wald hineinwagen. Man erreicht diese Dörfer vom Busbahnhof Warszawa Zachodnia aus. Die meisten Busse in Richtung Wyszogród, Kamion und Gostynin halten in den Dörfern, doch ist dies aus dem Busfahrplan nicht immer ersichtlich – erkundigen Sie sich am besten beim Fahrer. Sie sollten schon früh am Morgen von Warschau aufbrechen, weil nur bis 18 Uhr Busse zurückfahren. Später muss man ein Taxi nehmen, das für Fahrten außerhalb der Stadt genau das Doppelte verlangt.

Mehrere Spaziergänge bieten sich an. Man kann z. B. in Leszno aussteigen und dann den markierten Waldweg nach Kampinos einschlagen, eine Strecke von zwölf Kilometern. Nach einem Spaziergang in nördlicher Richtung durch das Dorf auf dem markierten Weg steht man schon bald am sumpfigen Waldrand. Im Sommer sollte man vor den hier besonders blutrünstigen Mücken auf der Hut sein. Der Wald selbst ist jedoch eine wahre Pracht mit kilometerweit unberührter Landschaft und nur gelegentlichen Fußgängern.

Fünf Kilometer nordwestlich von Kampinos (zu Fuß erreichbar) bietet das Parkmuseum im Dorf **Granica** einen guten Überblick über die Flora und Fauna der Region.

Chopins Musikzimmer

Żelazowa Wola

Fünfzig Kilometer westlich von Warschau, am westlichen Rand des Kampinoski-Nationalparks/Park Narodowy Puszcza Kampinoska, liegt das kleine Dorf **Żelazowa Wola**, der Geburtsort des Komponisten und Nationalhelden *Frédéric Chopin*. Die Fahrt durch die hügelige masowische Landschaft ist eine willkommene Abwechslung nach der Stadt: Ohne eigenes Auto sollte man entweder bei Orbis oder anderen Agenturen einen Ausflug buchen. Ansonsten nimmt man einen Bus vom Busbahnhof Warszawa Zachodnia (Richtung Sochaczew oder Kamino) aus oder den Zug von Warszawa Śródmieście oder Waszawa Zachodnia nach Sochaczew, von wo Bus Nr. 6 nach Żelazowa Wola verkehrt.

Das Haus, in dem Chopin zur Welt kam, ist heute ein **Museum**, es liegt in einem großen, ruhigen Garten. Die Familie Chopin lebte nach der Geburt ihres Sohnes 1810 nur noch ein Jahr in diesem Haus, aber der junge Frédéric kehrte oft zu seinem Lieblingsort zurück. Hier genoss er das polnische Landleben und lernte die masowische Volksmusik kennen. Das Haus wurde 1929 mit öffentlichen Geldern gekauft, renoviert und in ein Museum umgewandelt, das von der Warschauer Chopin-Gesellschaft unterhalten wird. Diese organisiert auch den Sommer über **Klavierkonzerte.** Von Ende Mai bis Ende September finden sie jeweils am Sonntag um 11 und 15 Uhr statt. Zusätzliche Konzerte gibt es im Juli und August samstags um 11 Uhr. In den Warschauer Veranstaltungshinweisen findet man hierzu aktuelle Daten, oder informieren Sie sich bei der Chopin-Gesellschaft (im Muzeum Fryderyka Chopina) über das aktuelle Programm. Konzertkarten kann man über die Chopin-Gesellschaft kaufen. Oft gehören diese zum Programm verschiedener Warschauer Reiseorganisationen (z. B. *Mazurkas*).

Frédéric Chopin (1810–1849)

Von allen polnischen Künstlern ist Frédéric Chopin (polnisch: Fryderyk Szopen) der international bekannteste. Er ist der polnische Nationalkomponist schlechthin, was auch die vielen Festivals, Konzerte und vor allem der berühmte internationale Klavierwettbewerb bezeugen, die in seinem Namen stattfinden. Sein Lebenslauf spiegelt, so wie der anderer Künstler seiner Zeit, die Ereignisse der politisch unruhigen Zeit der Teilungen wider. Chopin, Sohn einer polnischen Mutter und eines französischen Vaters, wurde im masowischen Dorf Żelazowa Wola geboren, wo sein Vater als Hauslehrer bei einer Adelsfamilie angestellt war. Seine Kindheit verbrachte er in und um Warschau, und während der Ferien auf dem Land lernte er die masowischen Volkslieder kennen, die seine späteren Kompositionen so stark beeinflussen sollten. Schon früh machte sich seine musikalische Begabung bemerkbar: Mit sechs Jahren erfand er eigene Melodien, ein Jahr später lernte er Klavierspielen, und mit acht Jahren gab er sein erstes Klavierkonzert. Nach einigen Jahren an der Warschauer Oberschule wurde der angehende Komponist am neu eröffneten Warschauer Konservatorium immatrikuliert. Zu diesem Zeitpunkt hatte er bereits einige Polonaisen und Mazurken geschrieben und aufgeführt.

Seine erste Auslandsreise im August 1829 führte nach Wien, wo er einige Konzerte von Mozartvariationen gab, um die Veröffentlichung seiner Kompositionen zu finanzieren. Kurz danach trug er in Warschau, anlässlich seines ersten offiziellen Auftritts, sein Zweites Klavierkonzert (f-Moll) vor. Zu dem langsamen, melancholischen Stück wurde er nach eigener Aussage durch die (unerwiderte) Liebe zu einer Kommilitonin und aufstrebenden Opernsängerin inspiriert. Im Herbst 1830 reiste er nach Wien, wo ihn die Nachricht vom Novemberaufstand gegen die Russen in seiner Heimat erreichte. Der am Boden zerstörte Künstler hatte bereits beschlossen, nach Paris überzusiedeln, und gab seinen Gefühlen unter anderem in seiner berühmten *Revolutionsetüde* Ausdruck. Wie sich später herausstellte, sollte er aus seinem Exil in Paris, in dem er ab 1831 lebte, nicht wieder in seine Heimat zurückkehren. In Paris freundete er sich rasch mit anderen polnischen Exilanten und den jungen Komponisten, Berlioz, Bellini, Liszt und Mendelssohn an. Der künstlerisch feinfühlige Chopin, der seinen Unterhalt mit Klavierunterricht und Konzerten verdiente, war eine elegante Erscheinung und wurde bald zum Liebling der Pariser Highsociety. Die nächsten Jahre waren für Chopin weitgehend sorgenfrei. Es entstand eine Fülle neuer Kompositionen, u. a. die rhapsodische *Fantaisie-Impromptu*, ein Etüdenbuch und zahlreiche heimatverbundene Polonaisen und Mazurken.

Die Begegnung mit der radikalen Schriftstellerin *George Sand* im Jahr 1836 sollte Chopins Leben nachhaltig verändern. George Sand verliebte sich sofort in Chopin und schlug ihm vor, seine Geliebte zu werden. Der Musiker verbrachte ein ganzes Jahr damit, über diesen Antrag nachzudenken, bis er, bereits an Tuberkulose leidend, mit George Sand und ihren zwei Kindern nach Mallorca reiste. Dort entstand zwar seine *Sonate in b-Moll* mit dem berühmten Trauermarsch, doch seine stark fortschreitende Krankheit zwang ihn bald, nach Frankreich zurückkehren, um sich bei einem Marseiller Arzt in Behandlung zu begeben. Für einige Zeit war er nicht in der Lage zu komponieren und verdiente seinen Lebensunterhalt mit Klavierunterricht in reichen Pariser Familien. Die Sommermonate verbrachte er mit der ihn mütterlich umsorgenden George Sand auf ihrem Landsitz in Nohant südlich von Paris. In der ländlichen Atmosphäre verbesserte sich Chopins Gesundheitszustand vorübergehend. In Nohant entstanden einige seiner besten Kompositionen, z. B. die *Polonaise Fantaisie*, die dritte Sonate und etliche Balladen. Nachdem sich ihre Beziehung ständig verschlechtert hatte, trennte sich George Sand schließlich 1847 von dem Komponisten. Elend und fast mittellos nahm der Komponist eine Einladung seiner schottischen Schülerin Jane Stirling an, und begab sich auf eine Englandreise. Trotz seines sich ständig verschlechternden Gesundheitszustandes, gab er in London zahlreiche Konzerte und lernte die Größen der englischen Kunstwelt kennen. Von Schwäche gezeichnet und unfähig zu komponieren, kehrte Chopin im November 1848 deprimiert nach Paris zurück.

Nur wenige Monate später erlag er der Krankheit, an der er so viele Jahre gelitten hatte, und verstarb in seiner Wohnung auf dem Platz Vendôme mitten in Paris. Seiner letzten Bitte, bei seinem Begräbnis möge Mozarts Requiem gesungen werden, wurde entsprochen, und er wurde auf dem Friedhof **Père-Lachaise** bestattet. Ein Jahr später wurde ein Grabstein aufgestellt, der eine weinende Muse zeigt, die mit Erde aus seiner Heimat Masowien bestreut wurde. Von seinen Freunden verehrt und von vielen Kollegen kritisiert, erreichte Chopin in den musikalischen Werken, die er in seinem kurzen Leben schuf, was nur wenigen polnischen Künstlern gelang: Er arbeitete in gefühlvoller und ästhetisch universal ansprechender Weise das Erbe polnischer Traditionen auf. Für seine Landsleute wie auch für viele Außenstehende ist besonders dieser Aspekt seiner Musik entscheidend: Sie fühlen, dass es Chopin gelungen ist, einen Charakterzug der Nation einzufangen, in dem sich melancholische und romantische Gefühle mit einer zugleich aufrührerischen Seele vereinen. Der Komponist Schumann hat dies einmal mit den passenden Worten "in Blumenbeeten versteckte Gewehre" beschrieben.

Karte S. 98/99

Das Haus selbst ist ein typischer *dwór*, ein traditioneller Landsitz der *szlachta*, des Kleinadels, von dem es im gesamten ländlichen Polen, vor allem aber in Masowien und Małopolska, viele gibt. Alle Räume wurden völlig stilgetreu restauriert. Sie enthalten eine Sammlung von Familienporträts und andere Erinnerungsstücke an Chopin. Das erste Zimmer rechts neben dem Haupteingang ist die alte Küche, die mit traditionellen masowischen Deckenmalereien geschmückt ist.
Daneben liegt das **Musikzimmer**, in dem Musikhandschriften und ein Abdruck der linken Hand des Künstlers ausgestellt sind. Hier finden auch am Wochenende die Klavierkonzerte statt – die Künstler sind oft weltbekannt und betrachten es als eine Ehre, hier aufzutreten. Der luxuriöse Steinway-Flügel wurde von wohlhabenden Amerikanern polnischer Abstammung gestiftet. Bei schönem Wetter sitzt das Publikum draußen im Garten, und die Musik dringt durch die offenen Fenster – ein wunderschönes und erhabenes Erlebnis.
Im **Esszimmer** hängen Warschauer Stadtansichten von Canaletto; das **Schlafzimmer** im ersten Stock, in dem Frédéric geboren wurde, ist in eine Art Chopin-Schrein verwandelt worden. Es lohnt sich, einen kleinen Spaziergang durch den prachtvollen Garten zu machen, der nach dem Umbau des Hauses in ein Museum in eine Art botanischen **Garten** umgewandelt wurde. Insbesondere im Frühling und im Herbst duften hier die Blüten der Bäume und Sträucher, die von botanischen Gärten in der ganzen Welt gestiftet wurden. An der Ecke zur Hauptstraße im Restaurant *Pod Wierzbami* mit mittlerem Preisniveau finden Sie alles – von einer einfachen Suppe bis zur gebratenen Ente.
Öffnungszeiten **Museum** – Di–So 10–16 Uhr. Eintritt 10 Zł.

Wer mit dem Auto unterwegs ist, (auf den meisten Busausflügen wird hier ebenfalls Station gemacht), kann einen kleinen Umweg ins 11 Kilometer nördlich gelegene Dorf **Brochów** machen. In der **Dorfkirche** aus dem 16. Jahrhundert, in der die Chopins um 1800 getraut wurden, besuchte die Familie regelmäßig den Sonntagsgottesdienst. In der Sakristei sind voller Stolz das Original der Geburtsurkunde Chopins und verschiedene Familiendokumente ausgestellt. Nicht weit von der Kirche entsteht momentan ein "Chopin Komplex". Wenn der Umbau dieses Herrenhauses aus dem 19. Jahrhundert fertig gestellt ist, wird es hier einen Konzertsaal, ein Hotel, ein Ausbildungszentrum und Übungsräume geben.

Die Eisenbahnlinie Sochaczew – Wilcz Tulowskich

Zehn Kilometer südwestlich von Żelazowa Wola ist die unscheinbare Stadt **Sochaczew** (erreichbar mit dem Zug vom Bahnhof Warschau Śródmieście) der Ausgangspunkt für einen Ausflug mit einer Schmalspur-Dampflok-Eisenbahn zum Dorf **Wilcz Tulowskich**, eine landschaftlich schöne Fahrt durch die Wälder an den westlichen Rändern des Kampinoski-Nationalparks. Zwischen Mai und Oktober gibt es jeden Samstag Verbindungen, Abfahrt 9.40 Uhr, Rückkehr 15 Uhr. Der Bahnhof in Sochaczew beherbergt ein Museum (Mai–Okt. Di–So 10–15 Uhr. Eintritt 5 Zł). Es widmet sich der Geschichte dieser Bahn, die früher zum Holztransport aus dem Wald genutzt wurde, und enthält außerdem eine Übersicht über das rollende Material von Schmalspurbahnen. Für weitere Informationen wenden Sie sich an das Muzeum Kolej Wąskotorowy (Sochaczew Schmalspurbahnmuseum, ✆ 046/862 5975), ul. Towarowa 7, 95-500 Sochaczew.

Łowicz

Auf den ersten Blick nimmt sich Łowicz, rund dreißig Kilometer südwestlich von Żelazowa Wola, wie eine von vielen tristen, mit Beton zugepflasterten Kleinstädten aus. Doch dieser unscheinbare Ort ist ein sehr bekanntes Zentrum für volkstümliche Kunst und Handwerk.

Neben kunsthandwerklichen Erzeugnissen, handgewebten Stoffen, Holzschnitzereien und *wycinanki* – farbigen Scherenschnitten – sind die farbenfrohen masowischen Trachten (*pasiaki*) die berühmtesten Produkte der Stadt. Auch historisch gesehen ist die Stadt von einiger Bedeutung: Sie war jahrhundertelang Hauptsitz der Erzbischöfe von Gniezno, aus deren Reihen traditionell der katholische Primas von Polen stammte. Ihre Hinterlassenschaft besteht aus einer Reihe historischer Bauten, vor allem Kirchen.

Warschau und Masowien
Karte S. 98/99

Die beste Zeit für einen Besuch ist der Fronleichnamstag (Ende Mai/Anfang Juni) oder eines der anderen großen Kirchenfeste. Dann nehmen nämlich viele Frauen in wunderschönen handgearbeiteten Trachten an der zweistündigen Prozession zur *Stiftskirche/Kościół Kolegiacki* teil. Sie tragen lange Röcke, bestickte Baumwollblusen und bunte Kopftücher. Ihnen folgen wohlgeordnet kleine Mädchen in ihren Erstkommunionkleidern. Unter der Menschenmenge auf dem Hauptplatz befindet sich oft eine beachtliche Anzahl eifrig fotografierender Touristen, was jedoch nicht auf den Charakter und die traditionelle Stimmung des Festes abfärbt.

Mädchen in der traditionellen Tracht der Łowicz-Region

Der alte **Rynek**, zehn Minuten vom Bahnhof entfernt, ist zusammen mit der weitläufigen **Stiftskirche**, einem Ziegelbau aus dem 15. Jahrhundert, der in der Mitte des 17. Jahrhunderts seine heutige Form erhalten hat, der Hauptanziehungspunkt der Stadt. Außer ihrer Größe sind die reich verzierten Grabsteine der Erzbischöfe von Gniezno und die üppigen Barockkapellen bemerkenswert.

Eine weitere Sehenswürdigkeit ist das **Stadtmuseum** auf der anderen Seite des Platzes. Es befindet sich in einer von *Tylman van Gameren* entworfenen barocken ehemaligen Missionsschule, die nach ihrer Zerstörung im Zweiten Weltkrieg rekonstruiert wurde. Im ersten Stockwerk beherbergt das Museum eine breite, sorgfältig zusammengestellte Sammlung regionaler Volkskunst, darunter Möbel, Töpferware, Werkzeuge und Trachten, welche denen ähneln, die heute noch an Feiertagen getragen werden. Im Erdgeschoss gibt es eine Abteilung über die Geschichte der Region, in der Ausgrabungen ausgestellt werden, und im ehemaligen

Priesterseminar befindet sich eine bemerkenswerte Sammlung barocker Kunst, die aus ganz Polen zusammengetragen wurde. Das Gewölbe der Kapelle ist mit Fresken von Michelangelo Palloni, dem Hofmaler von König Jan Sobieski, verziert.

Öffnungszeiten Di–So 10–16 Uhr. Eintritt 4 Zł, Sa frei.

An vielen Häusern sind noch die auffälligen, bunten Verzierungen zu sehen, die auch im Museum ausgestellt sind. Hinter dem Museum befindet sich eine Art Miniaturdorf, das aus zwei alten Bauernhäusern besteht (komplett mit Originalausstattung). Kunsthandwerkfans können in dem Laden *Cepelia* auf dem Dorfplatz eine gute Auswahl an Artikeln aus der Region erstehen. Von den vielen historischen Gebäuden in der Stadt ist die barocke **Piaristen-Kirche** sicher das Bemerkenswerteste; sie hat sehr schöne Deckengemälde. Weiterhin sehenswert sind die Überreste des einstigen **Schlosses**, in der ul. Zamkowa. Bis zu dem Überfall durch die Schweden in der Mitte des 17. Jahrhunderts, die das Gebäude dem Erdboden gleichmachten, residierte hier der Bischof.

• *Anfahrt* Mit dem Zug erreicht man Łowicz in 90 Minuten von Warschau. Es gibt eine regelmäßige Verbindung vom Bahnhof Śródmieście.

• *Übernachten/Essen* Außer der **Jugendherberge** in der Grunwaldzka 9 (✆ 046/837 3703; 20 Zł), die nur im Sommer geöffnet ist, gibt es zwei Hotels, die als Übernachtungsmöglichkeit in Frage kommen: das **Zacisze**, ul. Kaliska 5 (✆ 046/837 3326; F), mit hauseigenem, bewachtem Parkplatz, Restaurant und Café, oder das stimmungsvolle **Zajazd Łowicki**, ul. Blich 36 (✆ 046/837 4164; G), im Westen der Stadt auf der Straße nach Poznań, das ebenfalls ein nettes Restaurant hat. Gut essen kann man außerdem im **Polonia**, auf dem Dorfplatz, jedoch nur bis 21 Uhr.

Arkadia und Nieborów

In kurzer Entfernung östlich von Łowicz gelegen, erinnern zwei Sehenswürdigkeiten an die vergangenen Tage des polnischen Adels, der Landschaftspark **Arkadia** und ein Palast aus dem 17. Jahrhundert in **Nieborów.** Sie bieten sich als schöner, erholsamer Tagesausflug von Warschau aus an.

• *Anreise* Man nimmt den Zug von Warschau nach Łowicz, steigt in **Mysłaków** aus und läuft in etwa 10 Minuten zu Fuß nach Arkadia. Nieborów erreicht man sowohl von Mysłaków als auch von Łowicz mit dem Bus.

▸ **Der Park von Arkadia**: Nichts eignet sich für einen Nachmittagsspaziergang besser als der wehmütige und romantische Park von Arkadia aus dem 18. Jahrhundert, der 10 Kilometer südöstlich von Łowicz liegt. Von *Fürstin Helena Radziwiłł* als "antikes Monument des schönen Griechenland" konzipiert, beherbergt der klassizistische Park eine Vielzahl klassischer Tempel und Pavillons, eine Sphinx und die Nachbildung eines gotischen Hauses vor einer Kulisse von zahlreichen Spazierwegen und Seen. Viele der Gegenstände brachte die Prinzessin von ihren ausgedehnten Reisen ins Ausland mit; sie war, wie viele ihrer adeligen Zeitgenossen in der zweiten Hälfte des 18. Jahrhunderts, vom Kult um die Klassik besessen. Seit dem Zweiten Weltkrieg ist in dem Park nichts mehr verändert worden, und über allem liegt ein Hauch von Zerfall. Dies unterstreicht jedoch nur noch das ursprüngliche Anliegen der Prinzessin, vergangene Zeiten heraufzubeschwören.

Öffnungszeiten Mai–Sept. Di–So 10–18 Uhr, Okt.–April Di–So 10–16 Uhr.

▸ **Nieborów**: Fünf Kilometer entfernt befindet sich das Dorf Nieborów, dessen **Palais** vom überall gegenwärtigen *Tylman van Gameren* geschaffen wurde. Genau wie der Park befand sich das Schloss über mehrere Generationen im Besitz der mächtigen Familie *Radziwiłł*, und dies ist nur eines von Dutzenden, die diese bis zum Zweiten Weltkrieg ihr eigen nannten. Heute ist das Palais Nieborów Teil des Muzeum

Narodowe/Nationalmuseums von Warschau, und es gehört samt seinen Nebengebäuden und dem sehr gepflegten Park mit Gartenanlagen zu den schönsten und am besten erhaltenen Herrensitzen in Polen.

Die wichtigsten Räume des Palastinneren wurden nach dem Krieg von den polnischen Kommunisten aufwendig restauriert und stilgerecht mit dem ursprünglichen Mobiliar aus dem 18. und 19. Jahrhundert eingerichtet. Wie sich das mit der kommunistischen Ideologie vereinbaren ließ, ist mehr als fraglich. Römische Grabsteine und Skulpturenfragmente nehmen im Erdgeschoss viel Raum ein, sie sind um das Prachtstück des Palastes, die klassische Skulptur der *Niobe von Nieborów*, gruppiert. Die prunkvollsten Gemächer, darunter die Bibliothek mit einer schönen Globensammlung, liegen im ersten Stock, in den man durch ein Treppenhaus gelangt, das mit schön verzierten Delfter Kacheln ausgekleidet ist. Über allem schwebt heute ein Hauch studierter, adliger Ehrbarkeit, etwas, was nicht ganz im Einklang mit der Geschichte der *Radziwiłł* steht. *Karol Radziwiłł*, Oberhaupt der Familie im späten 18. Jahrhundert, soll gerne große Festbankette gegeben haben, auf denen er sich bis zur Besinnungslosigkeit betrank. Dann kamen Streitereien zustande, die oft tödlich endeten. Anschließend sei er in "seine Privatkapelle gewankt, wo er sich, Hymnen singend, wieder nüchtern geschrien habe", so beschreibt es zumindest der Historiker *Adam Zamoyski* in seinem Buch *Die Art und Weise der Polen*. Diese Überlieferungen haben wenig Ähnlichkeit mit der heutigen vornehmen Umgebung, in der im Frühjahr immer eine Reihe **klassischer Konzerte** mit internationalen Künstlern stattfindet. Informieren Sie sich beim Warschauer Fremdenverkehrsbüro.

• *Öffnungszeiten* Mai–Sept. Di–So 10–18 Uhr, Okt.–April Di–So 10–16 Uhr. Eintritt 5 Zł.

• *Übernachten/Essen* Im Palast selbst gibt es ein **Café-Restaurant**, und das Städtchen Niewborów hat mehrere Restaurants mit traditioneller Küche zu bieten. Außer der **Jugendherberge**, die nur zu Hauptreisezeiten (Juli–Aug., ✆ 046/838 5694, 24 Zł pro Person) geöffnet ist, gibt es noch einen **Campingplatz** 1 km westlich des Palais (✆ 046/838 5692).

Der Norden Masowiens

Nördlich von Warschau führen die Hauptstraßen durch die Vororte in die masowische Ebene, durch die im Westen die Weichsel und im Osten der kleinere und weniger verschmutzte Fluss Narew fließen. In den Städten und Dörfern in der Nähe von Warschau, in denen sich mehr und mehr Pendler ansiedeln, zeigen sich anhand von Veränderungen im Stadtbild – neu entstehende kleine Fabriken, nagelneue Landhäuser und zahlreiche Werbeplakate – die positiven Auswirkungen der Wirtschaftsreformen. Etwas weiter von der Hauptstadt entfernt liegen etliche alte Zentren, wie **Pułtusk** und **Ciechanów**, in denen noch die bäuerliche Atmosphäre der traditionellen masowischen Marktstädte herrscht. Alle Städte sind von Warschau recht einfach mit Nahverkehrsbussen zu erreichen.

Pułtusk

Der lebendige Marktflecken Pułtusk liegt 60 Kilometer nördlich von Warschau am Westufer des Flusses Narew und ist ein beliebtes Tagesausflugsziel der Warschauer. Pułtusk, eine der ältesten Städte der Region, entstand aus einer alten Handelsniederlassung und war jahrelang ein wichtiges Zentrum des Getreidehandels am Wasserweg nach Gdańsk.

Ihre politische Bedeutung hatte die Stadt den mächtigen Bischöfen von Płock zu verdanken, die hier mehrere Jahrhunderte lang ihren Hauptsitz hatten. Im 19. Jh.

machte Pułtusk zweimal von sich reden: Das erste Mal 1806, als napoleonische und russische Truppen sich hier eine wichtige Schlacht lieferten (der französische Sieg ist neben anderen berühmten Erfolgen Napoleons an der Wand des *Arc de Triomphe* in Paris verzeichnet), und dann 1868, als ein riesiger Meteorit, der sogenannte *Pułtusk-Meteorit*, in der Nähe der Stadt niederging.

Die Stadt wurde, wie weite Teile Nordmasowiens, während des sowjetischen Vormarschs im Winter 1944/45, verwüstet. Etwa achtzig Prozent der Gebäude wurden zerstört. Trotzdem ist in Pułtusk die alte Marktstadtatmosphäre erhalten geblieben, was teilweise einem umfangreichen Wiederaufbauprogramm nach dem Krieg zu verdanken ist.

Sehenswertes

Der fast 400 Meter lange, mit Kopfsteinpflaster bedeckte **Rynek/Marktplatz** bildet das Zentrum der Stadt – man behauptet, er sei einer der größten Marktplätze Europas. Außer einigen wenigen Originalen von Bürgerhäusern aus dem 18. und 19. Jahrhundert besteht der Platz fast ausschließlich aus geschmackvollen Rekonstruktionen.

Im hohen gotischen Ziegelturm des Rathauses, das mitten auf dem Platz steht, ist das **Regionalmuseum** untergebracht. Der Turm stammt aus dem 15. Jahrhundert und war einst Teil der Stadtbefestigung. Später wurde er als Lagerhaus, Jesuiteninternatsschule und dann als Stadtgefängnis genutzt. Die Ausstellung im ersten Stock widmet sich den archäologischen Funden, die während der systematischen Ausgrabungsarbeiten in den 1970er Jahren am Marktplatz und in der Umgebung zu Tage kamen.

Zu den Exponaten, die vorwiegend aus dem Mittelalter stammen, gehören Rekonstruktionen alter Segelschiffe, diverse Waffen, Silber- und Metallarbeiten und einige schöne Kacheln, die beim Schloss gefunden wurden. Die anderen Stockwerke sind dem Kunsthandwerk gewidmet; die Ausstellungsstücke stammen hauptsächlich aus dem für die Tradition der Volkskunst bekannte **Kurpie-Gebiet** östlich der Stadt. Es lohnt sich, die sechs Etagen des Turmes zu erklimmen, denn von oben hat man einen wunderbaren Blick über die Stadt und die Umgebung. Ferngläser kann man am Eingang ausleihen.

Öffnungszeiten Di–Sa 10–16 Uhr, So 10–14 Uhr. Eintritt 4 Zł.

Die monumentale gotische **Kollegiatkirche** aus Backstein am Nordende des Platzes wurde im 16. Jahrhundert vom venezianischen Architekten *Giovanni Battista* umgebaut. Besonders beeindruckend ist das Bogengewölbe vom Dach des Kirchenschiffs, denn die miteinander verbundenen Ringmotive waren zur Zeit der Renaissance ein charakteristisches Element der Kirchen in Masowien und Podlasie. Die überaus schöne **Noskowski-Kapelle** stammt ebenfalls aus der Zeit der Renaissance und ist der Wawel-Sigismund-Kapelle nachgebildet. In der Kapelle befinden sich eine in der Renaissance entstandene Kopie von Michelangelos berühmter *Pietà* sowie einige Originale gotischer Polychromien. Die mit blauen Dordrecht-Kacheln ausgelegte Hauptkapelle ist überladen mit katholischen Standarten, die bei Prozessionen mitgeführt werden.

Die Burg/Dom Polonii, die ehemalige Residenz der Bischöfe von Płock, liegt südlich des Marktplatzes. Das mehrmals wieder aufgebaute Gebäude steht auf einem künstlichen Hügel über den Ufern des Narew. Bereits Anfang des 14. Jahrhunderts befand sich hier eine Befestigungsanlage aus Holz, die jedoch wie die Stadt selbst

Dom Polonii steht auf einem künstlichen Hügel über den Ufern des Narew

bald von den Litauern zerstört wurde. Um 1520 wurde die Burg neu erbaut (die Arkadenbrücke zur Burg stammt aus dem folgenden Jahrhundert), um während des Dreißigjährigen Kriegs um 1650 wiederum von den Schweden angegriffen zu werden. Ihre historische Bedeutung verdankt die Burg der Tatsache, dass die Jesuiten hier 1565 das erste öffentliche Theater des Landes eröffneten.

Wie in so vielen Städten Masowiens, gab Napoleon Bonaparte auch in Pułtusk ein Gastspiel: Der Kaiser der Franzosen und sein Bruder Jérôme machten hier im Jahr 1806 vor einer Schlacht gegen die Russen Station und suchten 1812 auf dem verheerenden Rückzug aus Moskau wiederum hier Zuflucht. Die Burg ist auch einer der vielen Orte, an denen er angeblich seine Geliebte Maria Walewska kennen gelernt hat.

In den 1970er Jahren wurde die Burg an die staatlich subventionierte Organisation *Polonia* übergeben, die zum Ziel hatte, die Verbindungen zwischen Exilpolen und ihrer Heimat aufrechtzuerhalten. Das **Dom Polonii,** der offizielle Sitz aller polnischen Exilanten, wurde in ein Luxushotel und Kongresszentrum für die riesige polnische Diaspora umgewandelt: Junge und alte Exilpolen aus der ganzen Welt – vor allem aus den USA und Deutschland – profitieren von diesem Angebot.

Der **Park**, der sich bis zum Fluss erstreckt, wurde im 16. Jahrhundert angelegt, als der Burggraben entleert und aufgefüllt wurde. Im Sommer lädt er zu einem angenehmen Spaziergang ein, dann hat auch das Café am Flussufer geöffnet, von dem aus man Seglern und anderen Wassersportlern zuschauen kann. Zurück in Richtung Marktplatz steht die alte Burgkapelle aus der Renaissance, die während des Krieges weitgehend zerstört und später wieder aufgebaut wurde.

• *Anfahrt/Verbindung* Vom Rynek/Marktplatz sind es genau 10 Minuten zu Fuß bis zum **Busbahnhof** auf dem Nowy Rynek (Neuer Marktplatz).

• *Übernachten* Bei einem längeren Aufenthalt auf dem Land ist das **Hotel** des Dom Polonii, das **Zamek**, in der Burg eine empfehlenswerte, aber etwas teure Unterkunft (✆ 023/692 90000; D).

• *Essen* Das Burgrestaurant ist in einem wahrhaft königlichen Speisesaal untergebracht. Es ist zwar teuer, aber insbesondere die traditionell zubereiteten Entengerichte sind den Besuch wert. Um den Marktplatz herum gibt es weitere, preiswertere Lokale und Cafés.

Ciechanów

Ungefähr 40 Kilometer nordwestlich von Pułtusk liegt **Ciechanów**, eines der größeren masowischen Städtchen an der wichtigsten Bahnlinie nach Gdańsk. Die Stadt selbst ist nicht besonders sehenswert, aber wer auf der Durchreise Zeit hat, kann die **Burg der Herzöge von Masowien** besichtigen. Sie ist eine von vielen mittelalterlichen Befestigungen der Region, in denen sich die damaligen teutonischen Herrscher Masowiens verschanzten. Der imposante Ziegelbau (die Mauern sind über 55 Meter hoch) aus dem 14. Jahrhundert liegt am Ostrand der Stadt. Im Gegensatz zu den anderen Burgen der Region um Gdańsk sind hier nur noch zwei der ursprünglichen Burgtürme erhalten geblieben. Hauptgrund, das **Burgmuseum** zu besuchen, ist, dass man gleichzeitig das Innere der Burg sieht. Der Weg zurück in die Stadt führt über einen Fluss und am neugotischen Rathaus vorbei zum **Stadtmuseum** an der zentralen ul. Sienkiewicza. Hier sind kunsthandwerkliche Exponate aus der Region zu sehen.

Öffnungszeiten Beide Museen haben Di–So 10–16 Uhr geöffnet. Eintritt Burgmuseum 3 Zł, Stadtmuseum 4 Zł.

Die **Kościół św. Jozefa** (Kirche St. Josef) in der Nähe des großen Platzes ist im masowisch-gotischen Stil gebaut: eine hohe Backsteinkonstruktion, deren Elemente einer mehrteiligen Fassade sich nach oben spitz verjüngen. Hier besuchte der Schriftsteller *Ignacy Krasiński* regelmäßig die Sonntagsmesse. Nebenan befindet sich eine polnische Kuriosität: ein katholischer Abstinenzlerverein. Direkt nördlich der Stadt liegen viele Soldatenfriedhöfe. Sie erinnern an die große Schlacht, die im September 1939 hier stattfand, als deutsche Truppen auf dem Weg nach Warschau auf heftigen Widerstand der sich zurückziehenden polnischen Armee stießen.

• *Übernachten* Das **Fremdenverkehrsbüro** in der ul. 17 Stycznia 7 (Mo 9–17 Uhr, Di–Fr 8–16 Uhr. ✆ 023/672 2613) kann Auskunft über Unterkünfte geben. Das Hotel **Zacisze** in der Stadtmitte, ul. Mikołaczyka 8A (✆ 023/672 2046; H), ist das beste.

• *Essen* Das Restaurant im Hotel **Zacisze** ist ebenso zu empfehlen wie das **U Bony** in der ul. Sienkiewicza 81. Es gibt preiswerte, einfache polnische Küche.

Der Westen Masowiens

Das Gebiet westlich von Warschau wird von der Weichsel beherrscht, die sich durch die masowische Landschaft zur Ostsee windet. Viele der an der Weichsel gelegenen Städte sind noch vom Flusshandel geprägt, von dem sie einst lebten. Die wichtigste Stadt ist **Płock**, einst Hauptstadt von Masowien und heute ein blühendes Industriezentrum, das einige der größten westlichen Investitionen angezogen hat. Die Stadt mit ihrem schönen historischen Zentrum und interessanten Museen ist für einen Tagesausflug von Warschau aus sehr zu empfehlen. Ebenfalls sehenswert ist der alte Kirchenkomplex in **Czerwińsk nad Wisłą**; das Dorf liegt näher an der Hauptstadt und ist einer der Haltepunkte von Ausflugsbooten.

Burg Modlin

Am Zusammenfluss von Weichsel und Narew, ungefähr 36 Kilometer nordwestlich von Warschau, stehen die schaurig imposanten Ruinen der **Burg Modlin**, die man auf der E81 nach Gdańsk sehen kann. Die riesige Backsteinburg wurde Anfang des 19. Jahrhunderts auf Napoleons Befehl errichtet und zwischen 1830 und 1850 von russischen Truppen restauriert und erweitert. Der Gebäudekomplex war zeitweilig groß genug, um eine Garnison von 26.000 Soldaten zu beherbergen. Zu Beginn des Zweiten Weltkriegs wurde die Burg größtenteils zerstört, aber man kann noch durch die Ruinen spazieren und den Blick auf den Fluss genießen.

Czerwińsk nad Wisłą

Dieses beschauliche, idyllisch an der Weichsel gelegene Dorf, ist ungefähr 70 Kilometer von Warschau entfernt und liegt an der Straße nach Płock, gleich hinter Modlin.

Die Besucher strömen (vor allem im Sommer) hierher, um den romanischen **Kirchen-** und **Klosterkomplex** zu besichtigen, der zu den ältesten und schönsten historischen Gebäudefluchten Masowiens gehört. Die **Kirche** liegt auf einem Hügel über dem Dorf und wurde Anfang des 12. Jahrhunderts von Mönchen gegründet, die von den Herzögen von Masowien in die Region gebracht wurden, um die Konversion ihrer Untertanen voranzutreiben. Die romanische Architektur ist neben den späteren gotischen und barocken Zusätzen noch gut zu erkennen. Der Eingang wird von zwei hohen Türmen flankiert. Das romanische, fein gemeißelte **Portal** wurde im 17. Jahrhundert nachträglich eingebaut. Die Malereien an der Decke bestehen aus geometrischen Fresken, die Abbildungen von Pflanzen und der Jungfrau Maria zeigen. In der Kirche selbst sind u. a. einige schöne romanische Steinsäulen, eine bemerkenswerte Auswahl an frühen Polychromien und in der **Ostkapelle** leuchtende romanische Fresken zu sehen, die in den 1950er Jahren bei Renovierungsarbeiten zum Vorschein kamen. Der spätgotische, frei stehende **Glockenturm**, dessen Glocken zu den ältesten des Landes gehören, war einst das Stadttor. Im Sommer kann man diesen oder einen der anderen Kirchtürme besteigen und den Blick über das flache Weideland der Umgebung genießen.
Hinter der Kirche liegt das **Kloster**, in dem ein Seminar des Salesianerordens untergebracht ist, dessen Mitglieder im Sommer als Fremdenführer (manche englischsprachig) fungieren. Bei einem Rundgang durch die Kreuzgänge passiert man unter anderem ein schönes gotisches Refektorium und ein kleines **Museum**, das der örtlichen Ethnographie und Kirchenkunst gewidmet ist (geöffnet von 10 Uhr bis zur Dämmerung). Außerdem gibt es ein Gemeindemuseum, in dem Skulpturen, Malereien und Kunsthandwerk ausgestellt werden (Öffnungszeiten wie oben).

Wer keinen der Türme erklommen hat, kann auch von der Terrasse vor der Kirche den Blick über den Fluss genießen. Und wer noch Zeit hat, sollte sich das etwas verfallene Dörfchen ansehen, in dem es noch viele der traditionellen Holzhäuser gibt. Ein Spaziergang bis zur Weichsel führt in friedliche, ländliche Gefilde, wie man sie nur selten findet. Im Sommer halten hier einmal pro Woche Ausflugsboote. Trotz der vielen Sommertouristen gibt es im Dorf weder ein Restaurant noch einen Imbiss: Falls Sie nicht im Kloster zum Essen eingeladen werden, müssen Sie sich im Lebensmittelgeschäft des Dorfes mit etwas Essbarem versorgen.

Anfahrt/Verbindung Nahverkehrsbusse fahren vom Warschauer Busbahnhof Warszawa Zachodnia über Nowy Dwór nach Czerwińsk (6 Busse tägl., Fahrtzeit ca. 90 Minuten einfach).

Karte S. 98/99

Płock

Der erste Eindruck der größten, 115 Kilometer westlich von Warschau gelegenen Stadt Westmasowiens ist nicht überragend. Doch erste Eindrücke können täuschen, denn inmitten des industriellen Ballungszentrums an der Weichsel liegt eine bezaubernde Altstadt/Stare Miasto. Im Zentrum befinden sich vorwiegend niedrige Häuser mit schönen Fassaden aus dem 19. Jahrhundert und ruhige, mit Blumenbeeten geschmückte Plätze.

Płock, die älteste Siedlung Masowiens, wurde im 11. Jahrhundert Sitz der polnischen Könige und blieb dies fast ein Jahrhundert lang. Es war außerdem ein wichtiger Bischofssitz und eine der strategisch zentral gelegenen Flusssiedlungen, die im Mittelalter durch den Handel reich wurden. Während des Dreißigjährigen Krieges wurde Płock von den Schweden erobert. Die wertvolle Bibliothek des Bischofssitzes wurde von den Invasoren geplündert und nach Uppsala überführt, wo sie sich heute noch befindet.

Płock ist ein modernes Industriezentrum, dessen riesige Petrochemieanlage und Erdölraffinerie nördlich des Zentrums man leider auch riechen kann. Ihre strategische Lage und große Arbeiterschaft machen die Stadt und ihre Umgebung attraktiv für westliche Investoren. Der Jeansriese Levis gehört zu den Firmen, die hier in letzter Zeit große, neue Fabriken eröffnet haben.

Sehenswertes

Die Altstadt/Stare Miasto, einer der Kernpunkte des modernen Płock wird von den Einheimischen auch "Klein-Krakau" genannt. Dieser interessanteste Teil der Stadt liegt auf einem Felsen über der Weichsel, und wie in Krakau sind alle wichtigen Gebäude auf einem Hügel gruppiert. Bei Ausgrabungen wurden hier kürzlich ein alter Steinaltar und eine Säule (ca. 400 v. Chr.) gefunden, was auf die Anwesenheit heidnischer Kultgemeinden in prähistorischer Zeit schließen lässt. Vom Busbahnhof und vom Bahnhof aus führt die ul. Tumska, Fußgängerzone und wichtigste Geschäftsstraße der Stadt, über die ul. Kollegiana direkt in das Herz der Altstadt.

Der Bau der prächtigen romanischen **Kathedrale** (geöffnet Mo–Sa 10–17 Uhr, So 14–17.30 Uhr; außerhalb dieser Zeit wird von der Besichtigung abgeraten) wurde nach der Gründung des Bischofssitzes in Płock 1075 begonnen und im folgenden Jahrhundert fertig gestellt. Die Basilika mit ihrer eindrucksvollen Kuppel, die sich fast mit der St. Paul's Kathedrale in London vergleichen lässt, dominiert alle umliegenden Gebäude. Dies war sehr wahrscheinlich auch das Anliegen ihrer Bauherren. Auf Grund häufiger Umbauten, von denen wohl die klassizistischen Einflüsse des italienischen Architekten *Merlini* Mitte des 18. Jahrhunderts die Struktur am meisten verändert haben, ist heute nur noch wenig von der ursprünglich romanischen Struktur zu sehen. Die üppigen Dekorationen im Inneren, zu denen verzierte Chorstühle und eine prächtige, geschnitzte Kanzel gehören, zeugen jedoch noch vom Reichtum der Bischöfe von Płock.

Sehenswert sind ebenfalls die **Königskapelle** mit den romanischen Sarkophagen der polnischen Prinzen *Władysław Herman* (1040–1102) und *Bolesław Krzywousty* (Schiefmund, 1086–1138), seines Sohnes, sowie die sezessionistischen Fresken, mit denen Teile des Gebäudes geschmückt sind. Mit den in Bronze gegossenen Türen, die wahrscheinlich das beeindruckendste Element der Kathedrale darstellen, verbindet sich

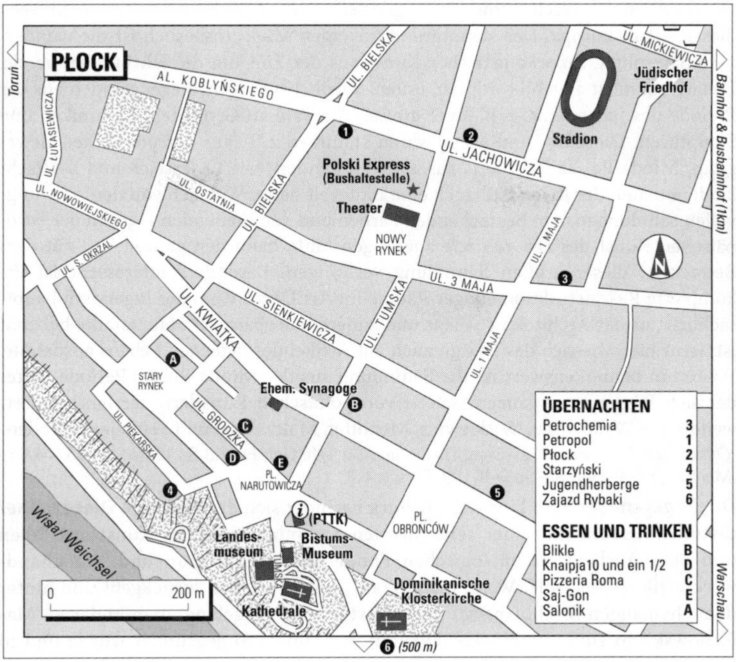

eine abenteuerliche Detektivgeschichte. Die romanischen Originale der Türen, die vom Bischof von Płock bei dem Magdeburger Künstler Riquin Mitte des 12. Jahrhunderts in Auftrag gegeben wurden, verschwanden spurlos. Erst sechs Jahrhunderte später tauchten sie wieder auf als König Władysław Jagiełło sie dem russischen König zum Geschenk machte. Zur selben Zeit wurde sein Bruder Prinz von Nowgorod, und die Türen fanden sich schließlich am Eingang der orthodoxen Kirche St. Sofia in Nowgorod wieder, wo sie nachträglich mit kyrillischen Inschriften verziert wurden. Deshalb wurde lange angenommen, die Türen seien auf einer der russischen Expeditionen nach Schweden im 12. Jahrhundert erbeutet worden. 1970 machte schließlich ein polnischer Wissenschaftler die Türen ausfindig, nachdem er auf einer Gipskopie der Türen aus dem 19. Jahrhundert in einem Moskauer Museum lateinische Inschriften entdeckte, die auf die Stadt Płock hinwiesen. Von den Originalen, die sich immer noch in Nowgorod befinden, wurden Bronzekopien erstellt. Sie befinden sich heute an der hiesigen Kirche. Auf den 24 Tafeln sind in sehr beeindruckender Weise in Reliefform Szenen aus dem Alten Testament und aus den Evangelien sowie Allegorien dargestellt.

Hinter dem Gebäude ragen die gotischen Doppeltürme **Zegarowa** und **Szlachecka** (der ehemalige Glockenturm der Kathedrale) in den Himmel – sie sind die besterhaltenen Reste einer mittelalterlichen Burg, die hier im 14. Jh. stand.

Nicht weit von der Kathedrale befindet sich ein weiteres wichtiges Bauwerk der Stadt, die gotische Burg der masowischen Herzöge, in der heute das **Muzeum Mazoweckie/Landesmuseum** untergebracht ist. Es wurde 1820 von der örtlichen

Historischen Gesellschaft ins Leben gerufen und gehört zu den ältesten Museen dieser Art in Europa. Der Hauptgrund für einen Museumsbesuch ist die wunderbare Sammlung sezessionistischer Kunst aus der Zeit um die Jahrhundertwende. Das Museum ist angefüllt mit den unterschiedlichsten Kunstgegenständen aus der Periode des Jugendstils, z. B. einer großen Auswahl an Gemälden, Keramiken und Skulpturen. Die Glas- und Metallwaren stammen z. T. aus der polnischen Bewegung "Młoda Polska" und z. T. aus anderen Ländern wie Österreich und Deutschland, in denen der Jugendstil auch eine Blütezeit hatte. Wer sich von den schwungvollen Rundungen, den bestechenden Farben und den fließenden Figuren der europäischen Kunst des *Fin-de-siècle* angezogen fühlt, kann den ganzen Tag mit dem Betrachten dieser großen Sammlung verbringen. Besonders interessant ist die komplette Rekonstruktion einiger Räume im Art Deco. Wem der Jugendstil hauptsächlich aus der Architektur Wiens und anderer europäischer Hauptstädte bekannt ist, lernt hier, wie sich das Design auch auf Artikel des täglichen Lebens ausdehnte. Weiterhin bemerkenswert ist die Sammlung aus der Młoda Polska Periode, unter der sich Werke einer ganzen Galerie von polnischen Künstlern der Jahrhundertwende, wie Wyspiański, Witkiewicz, Mehoffer, Malczewski und Tetmajer befinden.

Öffnungszeiten Mitte Mai–Sept. Di–Do und So 9–16 Uhr, Fr und Sa 10–17 Uhr, Okt.–Mitte Mai Mi–Fr 9–15 Uhr, Sa–So 9–16 Uhr. Eintritt 4 Zł.

Direkt gegenüber dem Eingang zur Burg befindet sich das **Muzeum Diecezjalne/ Bistumsmuseum** mit einer sehenswerten Sammlung sakraler Kunst aus Polen und dem Ausland, archäologischen Funden aus der Region und Kunsthandwerksartikeln aus Holz. Wenn man die ul. Tumska wieder zurückgeht und hinter dem ehemaligen Bischofspalast nach Westen abbiegt, gelangt man in der ul. Małachowskiego zum das **Płocker Lyzeum**, das um 1180 gegründet wurde und in dem 800 Jahre später noch immer Pennäler die Schulbank drücken. Es ist die älteste Schule des Landes. Im Westflügel der Schule ist eine Galerie untergebracht, die auf den Überresten zweier erst kürzlich freigelegter romanischer Säulen errichtet wurde.

Öffnungszeiten Di–Sa 10–15 Uhr, So 10–16 Uhr. Eintritt 3 Zł.

Der Bezirk nahe der Weichsel: Links neben der Kathedrale befindet sich eine etwas windige Terrasse, von der aus man jedoch einen schönen Blick auf das ausgedehnte Flussbett der Weichsel hat, das hier in Płock am breitesten ist. Ein Waldpfad führt auf der Höhe nach Süden und Norden, zu Füßen liegt die Weichsel. Wenn man nach Westen spaziert, kann man sich auf der Terrasse des *Hotel Starzyński* erfrischen, schon allein der Blick auf das Panorama ist den Spaziergang wert. Im Sommer sehen Sie von dort Städter, die sich am breiten Sandstrand gleich unterhalb des Hügels ausgestreckt haben. Östlich der Kathedrale führt der Weg durch einen Park zur **dominikanischen Klosterkirche**, die im 13. Jahrhundert für Herzog Konrad von Masowien gebaut wurde (die klassizistischen Verzierungen wurden später hinzugefügt). Bis 1945 war dies eine protestantische Kirche fernab der Stadt, mitten im Wald, der den Großteil des Ufers unterhalb der Altstadt bedeckt.

An die einst hier ansässige jüdische Bevölkerung erinnern nur noch die verbarrikadierte, dem Zerfall überlassene **Synagoge** in der ul. Kwiatka 7, westlich der ul. Tumska, und der ungepflegte, überwucherte jüdische Friedhof an der ul. Mickiewicza, etwa fünfzehn Minuten zu Fuß vom Zentrum in nordöstliche Richtung. Hier steht ein Denkmal, das der Juden der Stadt gedenkt, die in den Konzentrationslagern umgekommen sind.

● *Information* Das **PTTK-Büro** in der Altstadt/Stare Miasto fungiert als Informationsbüro. Mo–Fr 9–17 Uhr, Sa–So 9.30–13.30 Uhr. ✆ 024/262 9497.

● *Anfahrt* Am einfachsten gelangt man mit öffentlichen Verkehrsmitteln nach Płock, indem man die von *Komfort Bus* und *Polski Express* betriebenen Verbindungen Warschau–Bydgoszcz wählt. Beide halten am Nowy Rynek gleich nördlich der Altstadt. Ansonsten gibt es den normalen **Bahnhof** und **Busbahnhof** im Norden der Stadt, etwa 20 Minuten zu Fuß vom Zentrum entfernt (der Bus Nr. 20 fährt dorthin).

● *Übernachten (s. Karte S. 183)* Die meisten Besucher machen von Warschau aus nur eine Tagestour nach Płock. Doch gibt es eine recht gute Auswahl an Übernachtungsmöglichkeiten:

Hotel Starzyński (4), ul. Piekarska 1 (✆ 024/262 4061; www.starzynski.com.pl; D), herrlich gelegen, mit einem wunderschönen Blick über den Fluss, eigenem Restaurant und jeden Abend Disco ab 22 Uhr.

Płock (2), al. S. Jachowicza 38 (✆ 024/262 9393, hotelplock@plocman.pl; G), ist ein wesentlich einfacheres, aber freundliches Hotel.

Petropol (1), in derselben Straße wie das *Płock*, Nr. 49, gehört zur Orbis-Kette, (✆ 024/262 4451; petropol@orbis.pl; D).

Der Name des Hotels **Petrochemia (3)**, ul. 3 Maja 33 (✆ 024/262 4033; E) verspricht nicht viel, die Zimmer sind jedoch großräumig und komfortabel.

Am unteren Ende der Auswahl befindet sich das Gasthaus **Zajazd Rybaki (6)** in der ul. Mostowa 5 (✆ 024/264 5658; E).

Außerdem gibt es eine ganzjährig geöffnete, zentral gelegene **Jugendherberge (5)** in der ul. Kolegialna 19 (✆ 024/262 3817, 22 Zł.)

● *Essen (s. Karte S. 183)* Sowohl das **Zajazd Rybaki** als auch das **Starzyński** haben ein nettes Restaurant. Ansonsten spielt sich das Essen hauptsächlich in der schönen Fußgängerzone der Altstadt/Stare Miasto westlich der Kathedrale ab. Wenn Ihnen nach einer preiswerten, sättigenden Mahlzeit zumute ist, gibt es zwei Alternativen: das **Saj-Gon (E)**, pl. Narutowicza 1, mit leckeren vietnamesischen und chinesischen Gerichten in einer Fast-Food-Umgebung; und die **Pizzeria Roma (C)**, ul. Grodzka 13, mit Bestellung an der Theke. **Knajpka 10 & ½ (D)** an der Ecke Grodzka und Narutowicza serviert ähnlich preiswerten Pizzen und Grillgerichte in einem schönen Hof. Das **Café-Restaurant Salonik (A)**, Stary Rynek 19, bietet deftigere polnische Fleisch-und-Kartoffel-Mahlzeiten. Im **Blikle (B)**, Tumska 14, können Sie Kuchen und Eis genießen.

● *Trinken* Eine nette Bar ist das **Rock 69** im selben Hof wie *Knajpka 10 & 1/2*. Es gibt regelmäßig Livemusik.

Chimera, Tumska 5 (in einem Hof abseits der Straße), mit psychedelischer Einrichtung, gelegentlich Livemusik.

Im Sommer gibt es auf dem Stary Rynek jede Menge Cafés. Bars reihen sich im Freien vom Stare Miasto bis zur Weichsel – ideal für warme Abende, auch wenn man sich gegen Mücken und andere fliegende Lebewesen wehren muss.

Südlich von Warschau

Lässt man die südlichen Vororte der Stadt hinter sich, gelangt man schnell in die flachen Ebenen, in denen nur der Flusslauf der Weichsel abwechselnde Akzente in das von der Landwirtschaft bestimmte Bild bringt. Von den Sehenswürdigkeiten der Gegend eignen sich für einen angenehmen Tagesausflug besonders das legendäre chassidische Zentrum von **Góra Kalwaria** und die nahe gelegene mittelalterliche Burg in **Czersk**.

Góra Kalwaria

Góra Kalwaria befindet sich etwa 34 Kilometer südlich von Warschau (1 Stunde mit dem Bus vom Busbahnhof Mokotów, in der Nähe der Racławicka U-Bahn-Station). Auf den ersten Blick scheint das staubige, masowische Provinzstädtchen nicht viel zu bieten, und man fühlt sich hier etwas verloren, fast wie am Ende der Welt. Wie so oft, erschließt erst die Kenntnis der geschichtlichen Hintergründe den Zugang zu diesem bedeutenden Platz.

Der Bischof von Poznań, Stefan Wierzbowski, erstand die ursprüngliche Ansiedlung um 1660 und machte sich daran, den Ort in ein Pilgerzentrum umzuwandeln. Der Bebauungsplan für die neue Stadt orientierte sich an einem Kruzifix, mit einem langen Kreuzweg in der Mitte, ähnlich dem Kalvarienberg Golgatha in Jerusalem. Zu der damaligen Zeit war dies eine neue, beliebte Bauweise, und man findet in ganz Polen weitere Beispiele für diese Stadtplanung, (so z. B. in Kalwaria Zebrzydowska). Um die zwei zentralen Straßenachsen, heute ul. Kalwarijska und ul. Dominikańska, wurden ganze Legionen von Kapellen und Verehrungsschreinen errichtet. Obwohl die Mehrzahl davon im Zweiten Weltkrieg zerstört worden ist, sind die Grundelemente des Bebauungsplans noch deutlich zu erkennen. Unter den Andachtsgebäuden, die die Nazizeit überstanden haben, ist die **Pilatuskapelle** (Kaplica Pilata) in der ul. Dominikańska. Das zurückhaltende Barockensemble hat die für die damalige Zeit charakteristischen Darstellungen des Passionszyklus. Auch die **Bernhardinerkirche**, die heutige Gemeindekirche, hat den Großteil ihrer ursprünglichen Verzierungen behalten.

Am Hof des Rebbe von Gura Kalwarja

Der deutsche Schriftsteller Alfred Döblin besuchte Góra Kalwaria in den 20er Jahren. Der folgende Auszug aus seinem Buch Reise in Polen vermittelt einen Eindruck vom leidenschaftlichen chassidischen Geist, der die Stadt einst beherrschte:

An einem Sonntag vor sieben Uhr früh breche ich zusammen mit meinem Begleiter von Warschau aus auf, um zum großen Rebbe von Gura Kalwarja zu fahren. Die Kirchentüren sind offen, Bettler kauern davor, man singt drin. Durch den kühlen grauen Morgen fahren wir in der sonntäglich stillen Stadt; der Wagen füllt sich mit den Männern im schwarzen langen Rock und der schwarzen Kappe. Alle tragen und heben Pakete, Beutel, ganze Säcke, Kisten. Wo der Bahnhof ist, wissen wir nicht, aber wir brauchen nur dem schwarzen Zug der Männer, der jungen, alten, schwarzbärtigen, rotbärtigen Juden zu folgen, die nun auch draußen die Straße in ganzen Scharen abtrotten ...

Schon in der Elektrischen hat man die Juden betrachtet, hat sich flüsternd unterhalten, gelächelt: "Gura!" Jetzt sitzen derbe Polen im Wagen, mit Hunden und Jagdgewehren. Sie machen sich an mancher Station einen Spaß, rufen "Gura!" Aber die Juden beachten es nicht ...

... Neugierig betrachtet man mich und meinen Begleiter, die europäisch gekleidet sind; er spricht sie jiddisch an und man wird freundlich. Ob ich, ich den Rebbe aber sehen werde: man wiegt die Köpfe, tuschelt, ist sehr im Zweifel. Diese Leute kommen weit her; einer trägt – ein feines und intelligentes Gesicht – einen runden schwarzen Velourhut. Er ist aus Ostgalizien; der Gerer Rebbe hat dort eine große Gemeinde ...

... Als das Zügle zwei Stunden schwimmt, in Gura hält, entleert es sich völlig. Und wieder brauchen wir nicht nach dem Weg ins Dorf zu fragen. Beim Einbiegen in die breite Hauptstraße enthüllt sich ein phantastisches beunruhigendes Bild. Dies Gewimmel schwarzer Pilger – derer, die mit uns gekommen sind, und noch anderer – mit Sack und Pack die lange Straße hinauf. Dies Auf und Ab von schwarzen Kappen. Die gelben Bäume stehen zu den Seiten, der Himmel oben ist weißgrau, bräunlich der Boden – dazwischen bewegt sich eine fast entsetzlich regsame Schwärze, dicht beieinander hunderte Köpfe, Schultern, schleppt, zieht sich, eine Ameisenschar. Und von der anderen Seite kommen ihnen Menschen entgegen, blicken aus den Fenstern der Häuschen herunter, winken.

Die Männer und Knaben aber, die die Reisenden erwarten und ihnen entgegenkommen, sind von einer ganz besonderen Art. Sie sind langhaarige, lockenschüttelnde Menschen; die Locken, stark wie Korkenzieher gedreht, fallen seitlich unter den Kappen heraus und schaukeln vor ihren Ohren, neben den Backen, an ihrem Hals. Ich bekomme ein Bild, was Schläfenlocken sind, welch stolzer Schmuck. Wie diese Männer, Jünglinge, Knaben im sauberen schwarzen Kaftan schreiten, in hohen, schwarzen glänzenden Mützen, sehen sie schwärmerisch-romantisch, mittelalterlich aus. Ihre Gesichter sind von besonderem Ausdruck, von einer ernsten Stille. Manche blicken außergewöhnlich frei und stolz. Die schmucken Knaben wandern sonderbar festlich in weißen Strümpfen und schönen Pantoffeln.

"Wo ist der Hof des Rebbe?" Wir sind auf Schritt und Tritt von Männern umringt – keine Frau geht hier –, die uns begaffen, untereinander reden. Ihre Blicke sind misstrauisch, abweisend. Es hilft nichts, dass mein Begleiter unaufhörlich jiddisch mit ihnen redet. Es beschnüffeln uns immer neue. Ich bin, kommt mir vor, unter eine exotische Völkerschaft geraten; man will mich nicht, mich und meinen Begleiter, wir sind ihnen Eindringlinge. Links steht ein großes Holztor zwischen den kleinen Häusern offen. Wir gehen hinüber mit den andern, sind auf einem weiten menschenerfüllten viereckigen Hof. Ein lang gestrecktes sauberes einfaches Holzhaus, einstöckig, schließt ihn ab.

Wir sind im Flur des Hauses. Aus der Tür links treten Männer mit hochgehobenen Armen; manche schwingen Handtücher: ein Gebets- und Versammlungsraum ist drüben ...

Es strömen dauernd neue in den Raum. Wir sind der Zielpunkt der allgemeinen Aufmerksamkeit. Man tritt unaufhörlich an mich heran. Sofort greift, da ich vorsichtig schweige, mein Begleiter ein. Das ganze dauert nicht lange. Denn bald sind wir völlig eingekeilt und jeder ist nur noch mit sich beschäftigt. Ein fürchterliches, ganz beispielloses Gedränge an der Tür hat eingesetzt. Lautlos schieben, drücken sie. Lautlos presst alles gegen die schmale Tür, die sich von Zeit zu Zeit öffnet und wieder schließt. Dies ist viel schlimmer, viel schlimmer, als ich es jemals in einem städtischen Gedränge erlebt habe. Ich kann gar nichts sagen. Oft habe ich den Wunsch, man möchte mich herauslassen. Aber wie ich das Anklammern des einen an den andern sehe, diese stumme gewaltige Verbissenheit, gebe ich mich verloren. Ich dränge mich nicht mit, ich hänge zwischen den andern, die mir in den Nacken, in die Ohren keuchen. Ich lasse unten die Füße los, ziehe die Knie hoch und werde getragen.

Langsam – ich bin fast hinüber – sehe ich, wie sich die Türspalte mir nähert. Die Tür ist jetzt dauernd offen, dem Mann drin, dem Türhüter, gelingt es nicht mehr, sie zu schließen. Die schwarzkappigen, bärtigen Männer haben über die Köpfe der anderen hinweg ihre behaarten Hände in die Türangeln, an die Pfosten geschlagen. Sie ziehen sich, roten Gesichtes, stumm, an die Tür heran. Und niemand klagt, niemand schimpft. Man stöhnt ...

... Ich sehe den großen Türhüter, der sich gegen die Masse stemmt. Er stemmt mit der linken Schulterseite die vorderen zurück, sein rechter langer Arm schlägt, hackt auf die Finger, die in die Türangel geschlagen sind, auf die Schultern, die schwarzen Kappen. Die Hände lassen los. Ich ducke mich, jetzt wird er mich erreichen. Aber da stößt er den neben mir mit der Faust gegen die Brust zurück, greift, reißt mich am Arm. Er zieht mich hinein. Ich bin ganz vorn, sehe drin meinen Begleiter stehen, der mich heranwinkt. Noch einen Schritt, ich bin im Zimmer ...

Ein großes, völlig leeres Zimmer, Holzboden, getäfelte Wände. Mein Begleiter steht vor mir mit einem älteren Mann, der zum Fenster rechts herüberweist. Ich blicke hin, gehe hin. Da ist ein Tisch am Fenster. Und an dem Tisch, mit dem Rücken gegen das Licht, sitzt ein untersetzter starkleibiger Mann. Schaukelt sich unaufhörlich, bald wenig, bald heftiger, vor und zurück. Ein rundes schwarzes Käppchen hat er auf dem Scheitel. Sein Kopf ist völlig umgeben von einem mächtigen Haargelock, dunkelbraun, grau durchzogen. Starke Lockenbündel fallen über seine Ohren, über seine Backen, seitlich bis dicht an die Schultern. Ein volles, fleischiges Gesicht quillt zwischen den Locken hervor. Seine Augen kann ich nicht sehen; er blickt mich nicht an, blickt meinen Begleiter nicht an, die wir neben dem einfachen Holztisch stehen. Seine dicken Hände wühlen in einem Haufen kleiner Papiere, die vor ihm liegen; beschriebene Zettelchen. Zwischen ihm und meinem Begleiter ist eine Unterhaltung im Gange. Der Rebbe hört auf zu schaukeln, kramt weiter in den Zetteln. Sein Ausdruck ist ungnädig, er blickt keinen Augenblick auf. Er schüttelt den Kopf. Plötzlich sagt mein Begleiter: "Er lässt Ihnen sagen, Sie möchten etwas fragen." Ich denke: unmöglich, das ist ja gar nicht meine Absicht; ich will mit ihm sprechen, doch nicht fragen. Aber schon spricht der Rebbe wieder, leise; kein Wort dieses ganz besonderen Jiddisch kann ich verstehen. Dann habe ich plötzlich seine Hand, eine kleine schlaffe fleischige Hand, an meiner. Ich bin ganz erstaunt. Kein Druck der Hand; sie schiebt sich an meine heran. Ich höre ein leises "Scholem", und mein Begleiter sagt: "Wir gehen!" Und langsam gehen wir. Schon ist ein anderer hereingekommen, legt einen Zettel hin, spricht ein paar Worte, geht hinaus, rückwärts, das Gesicht gegen die kleine schaukelnde Figur am Fenster ...

Von besonderem Interesse ist jedoch die jüdische Vergangenheit der Stadt, denn vor einigen Jahrhunderten ging von hier eine Bewegung aus, deren Funke auf die gesamte jüdische Welt in Europa übersprang. Nachdem die Juden 1745 die Erlaubnis erhielten, sich in der Stadt niederzulassen, wurde Góra der Sitz der berühmten **Chassidischen Dynastie**, die im frühen 18. Jahrhundert von **Zaddiq (Rabbi) Meir Alter** gegründet wurde. Der Ruhm des Rabbi breitete sich rasch unter der wachsenden Anhängerschaft der chassidischen Bewegung aus. Bereits um 1850 strömten die Anhänger aus den westlichen Regionen des russischen Reiches in den Hof bei Góra, der allgemein als "Neu Jerusalem" oder "Gura" bezeichnet wurde. Bis Anfang des 20. Jahrhunderts wuchs die Dynastie stetig an, und **Zaddiq Abraham Mordechai Alter**, Enkel des Rabbi Meir Alter, übernahm die Führung der Bewegung. Er gründete unter anderem die erzkonservative *Agudas-Israel*-Partei und machte Góra zu einer Versammlungsstätte für orthodoxe Juden aller Schattierungen. Die

Bewegung hatte zum Ziel, das traditionelle orthodoxe Judentum von allen modernisierenden Einflüssen, auch dem Zionismus, freizuhalten. Es gelang Rabbi Alter nach Palästina zu fliehen, bevor 1939 die rassistischen Feindlichkeiten ausbrachen, und die Dynastie wird bis heute von Jerusalem aus geleitet.

Wer um diese Hintergründe weiß, empfindet den Besuch in Góra als faszinierendes, zugleich jedoch in vieler Hinsicht auch deprimierendes Erlebnis. Die **Synagoge** sowie einige Gebäude des chassidischen Hofes sind zwar noch erhalten, sie sind jedoch nirgendwo ausgeschildert. Die einst stattliche Backsteinsynagoge verbirgt sich hinter einem wenig schönen Hofeingang in der ul. Pijarska (Zutritt durch das Tor der Hausnummer 10) und beherbergt heute eine heruntergekommene Möbelwerkstatt. In einem der Fenster kann man noch einen Davidstern erkennen, und es gibt eine kleine Gedenktafel an der Wand. Wenn Sie darauf bestehen, führt sie der Hausmeister des angrenzenden Gebäudes, das früher ebenfalls zum Komplex des chassidischen Hofes gehörte, auf dem Gelände herum. Viel gibt es dabei allerdings nicht zu sehen. Wenn man durch die staubigen Hofeingänge der angrenzenden Straßen spaziert, verfolgen einen die fragenden Blicke der Anwohner, und es gehört schon eine große Vorstellungskraft dazu, sich vor Augen zu führen, wie lebhaft es zu Zeiten der Chassidim hier ausgesehen haben muss.

Wenn Sie mit dem Auto gekommen sind oder Lust auf einen längeren Spaziergang haben, empfiehlt sich noch ein Besuch auf dem **Jüdischen Friedhof** am Ende der al. Kalwarija. Er ist zwar umzäunt und nicht immer geöffnet, von der Straße aus sieht man jedoch ein Denkmal, das an die unter den Nazis umgekommenen Juden der Stadt erinnert.

Czersk

Drei Kilometer östlich von Góra befindet sich das Städtchen Czersk. Vom Osten Góras führt eine malerische Straße sechs Kilometer zunächst bis zum Ufer der Weichsel und dann durch Obstplantagen den Fluss entlang bis nach Czersk. Die Stadt hat in der Vergangenheit bessere Tage gesehen. Im Mittelalter war sie ein wichtiges Zentrum für die Fabrikation von Stoffen und dehnte sich auf beiden Seiten der Weichsel, eine wichtige Handelsroute, aus. Czersk wurde früher von einer mächtigen Burg überragt und war eine der Hauptstädte des damals unabhängigen Fürstentums Masowien. In der Mitte des 15. Jahrhunderts ging es jedoch bereits bergab, als Korrekturen am Flusslauf der Weichsel die Stadt um einige Kilometer vom Flussufer zurücksetzten und sie somit von ihrer wichtigsten Einnahmequelle abschnitten. Die Lage verschlechterte sich weiterhin, als fast die ganze Stadt während der schwedischen Besatzung in der Mitte des 17. Jahrhunderts dem Erdboden gleichgemacht wurde. Zu dieser Zeit zeichnete sich Warschau bereits als neue Hauptstadt des Landes ab, und die Chancen, dass Czersk jemals wieder zu regionaler Bedeutung gelangen könnte, waren geschwunden. Im frühen 19. Jahrhundert war Czersk auf die Größe eines Dorfes zusammengeschmolzen, und um die Erniedrigung zu vervollkommnen, wurde ihm 1869 auch noch der Status einer Gemeinde entzogen. Außer einigen kurzen Zwischenspielen und Zerstörungen im Zweiten Weltkrieg hat sich hier seither nicht mehr viel getan.

Die Burg

Das herausragende Zeugnis von Czersks einst aufstrebendem Status sind die eindrucksvollen Ruinen der mittelalterlichen Burg am Stadtrand, vom Marktplatz aus bergaufwärts. Der gothische Backsteinbau ragt hoch auf und kann über die solide

Karte S. 98/99

Brücke erreicht werden, die um 1760 als Ersatz für die mittelalterliche Zugbrücke gebaut wurde. Ein großer Teil der einstigen Befestigungen ist noch intakt. Besonders auffallend sind die acht Meter dicken Mauern, die die Burg umgeben, und das gewaltige Bollwerk, das erst in der Mitte des 15. Jahrhunderts auf die jetzige Höhe anwuchs, als der **Nordostturm** zu einem Wachturm umgestaltet wurde. Von den drei Türmen ist dieser der am besten erhaltene und dient heute als Raum für Ausstellungen regionaler Malerei, Gobelins und Skulpturen. Vom Innenhof des Burggeländes hat man direkten Zugang zum Westturm. Es lohnt sich aber außerdem, die Treppen zum **Ostturm** zu erklimmen, denn von hier aus hat man einen guten Blick über die Landschaft. In diesem Turm befand sich einst das Burgverlies, in dem Prinz Konrad von Masowien unter anderem seinen Bruder Henryk den Bärtigen, Prinz von Schlesien, und seinen Neffen Bołesław den Keuschen eingesperrt hielt. Im Burghof kann man noch die Grundsteine der Kapelle aus dem 12. Jahrhundert erkennen, die erst kürzlich von Archäologen freigelegt wurden. Im Sommer finden hier Freiluftkonzerte statt, die sich bei Besuchern größter Beliebtheit erfreuen. Außerdem veranstaltet eine Organisation mit dem etwas seltsamen Namen "Warschauer Bruderschaft des Schwertes und der Armbrust" hier von Zeit zu Zeit mittelalterliche Märkte, bei denen auch Turniere und Armbrust-Wettkämpfe stattfinden.

Wenn Sie gerne über Nacht in Czersk bleiben möchten, wenden Sie sich an die einfache Privatpension in der ul. Warszawka 1 (✆ 053/157 3438), hier stehen allerdings nur Campingbetten zu Verfügung.

Öffnungszeiten **Burg** – Di–So 8–20 Uhr. Eintritt 5 Zł.

Łódź/Lodsch

Bei einer Erwähnung von Łódź/Lodsch (ausgesprochen wie "Wudsch") reagieren viele Polen mit einer Grimasse. Polens zweitgrößte Stadt, 110 km südwestlich von Warschau, ist sicher nicht besonders schön, aber sie hat in der Entwicklung des Landes eine wichtige Rolle gespielt. Je länger sich der Besucher dort aufhält, umso mehr lernt er die einzigartige Atmosphäre der Stadt zu schätzen – dazu trägt auch die neue Fußgängerzone in der ulica Piotrkowska in der Stadtmitte bei, auf der sich Tag und Nacht zahlreiche Menschen tummeln.

Łódź, das zur Zeit der industriellen Revolution entstand und deshalb auch den Spitznamen "polnisches Manchester" trägt, ist immer noch eine wichtige Industriestadt. Große Teile von Łódź sind weitgehend unverändert geblieben: die hohen, rauchenden Schornsteine der Fabriken aus rotem Ziegelstein, die prachtvollen Villen der Industriellen aus der Jahrhundertwende, die Theater, Kunstgalerien und philanthropischen Gesellschaften, aber auch die Armenviertel – alle überzogen mit einer Schicht aus dem Schmutz und Ruß der letzten eineinhalb Jahrhunderte. Łódź bot genau die richtige Szenerie für den Film *Das gelobte Land* von *Andrzej Wajda*, eine hervorragende Darstellung des Lebens im industriellen Polen des 19. Jahrhunderts nach dem Roman des Nobelpreisträgers *Władysław Reymont.*

Die meisten Besucher kommen nach Łódź, um die internationalen Handelsmessen zu besuchen bzw. um hier Geschäfte zu machen. Die Kulturszene und das gesellschaftliche Leben sind jedoch ebenfalls sehr rege. Das Łódźer Orchester gilt als eines der besten in Polen, und die Stadt verfügt über ein eindrucksvolles Angebot an Kinos, Theatern, Kunstgalerien, Museen und Opernhäusern. Die Filmhochschule von Łódź erfreut sich eines internationalen Rufes. Man trifft hier viel ehrgeizigen

Nachwuchs, der gerne in die Fußstapfen früherer Studenten wie *Wajda, Polański, Kieślowski* und *Zanussi* treten würde.

Geschichte

Im 12. Jahrhundert kamen Missionare in die Gegend des späteren Łódź, aber erst Jahrhunderte später entstand hier eine richtige Siedlung. Ende des 18. Jahrhunderts hatte der Ort weniger als zweihundert Einwohner. Das alles änderte sich jedoch in der Zeit der Teilungen, als um 1820 von dem unter russischer Oberherrschaft stehenden Königreich Polen (Kongresspolen) ein Edikt erlassen wurde, das Łódź zum neuen Industriezentrum erklärte und ausländische Weber und Handwerker dazu ermunterte, sich hier niederzulassen.

Tausende von Menschen kamen dieser Aufforderung nach, und innerhalb von nur zwanzig Jahren wuchs Łódź zur zweitgrößten Stadt des Landes, die es bis heute geblieben ist. Die Russen waren zwar die offiziellen Machthaber, aber sie spielten weitgehend eine administrative Rolle, einzig nach dem nationalistischen Aufstand von 1863 wurde die Herrschaft etwas strenger. Die wahre politische Elite bestand jedoch aus den vorwiegend deutschen protestantischen Industriellen, die mit ihren großen Textilfabriken in kurzer Zeit riesige Vermögen angehäuft hatten. In den Fabriken arbeiteten hauptsächlich polnische Bauern, die hofften, sich hier ein besseres Leben erarbeiten zu können als auf dem Land, wo sie auf die mageren Einkünfte aus der Landwirtschaft angewiesen waren. Gegen Ende des 19. Jahrhunderts war das Stadtproletariat auf über 300.000 Menschen angewachsen. Mit der Industrialisierung kam auch die Politisierung: Łódź wurde ein Zentrum der Arbeiterklasse und der antizaristischen Agitation.

Die Juden waren ein wichtiger Bestandteil der Łódźer Gesellschaft. Sie siedelten sich in der Stadt als Handwerker und Händler an, und einige von ihnen, wie die Familie Poznański, schafften den Aufstieg zu Wirtschaftsmagnaten. In den prachtvollen Wohnhäusern sind heute viele städtische Einrichtungen untergebracht. Der jüdische Beitrag zum kulturellen Leben von Łódź war gewaltig, und zwei der berühmtesten Söhne der Stadt sind der große Pianist *Artur Rubinstein* und der Dichter *Julian Tuwim*.

Der Ruf der Stadt, ein Schmelztiegel verschiedener Völker und Religionen zu sein, wurde vom Niedergang des Zarenreichs nur wenig beeinträchtigt, doch der Zweite Weltkrieg machte ihm ein Ende. Anfangs wollten die Nazis Łódź zur Hauptstadt des Protektorats machen, zu dem Polen degradiert worden war, dem sogenannten General-Gouvernement. Doch erzürnt über die überwiegend feindliche Haltung der mächtigen deutschen Gemeinde, wurde die Stadt dem Deutschen Reich einverleibt. Sie wurde in "Litzmannstadt" umbenannt, und zwar zu Ehren eines etwas obskuren Generals aus dem Ersten Weltkrieg, der um 1914 hier in der Nähe die russischen Linien durchbrochen hatte. In Łódź richteten die Nazis das erste städtische Judenghetto ein, das sich am längsten von allen Ghettos halten sollte (siehe S. 197).

Trotz der äußerlichen Ähnlichkeiten ist das Nachkriegs-Łódź nur noch ein Schatten seines früheren Selbst: Fast alle Juden wurden vernichtet, und die meisten der deutschen Aussiedler flohen in den Westen, sodass heute nur noch eine Minderheit der ursprünglichen Bevölkerung hier lebt.

In jüngster Zeit hat die Stadt – vielleicht in Zusammenhang mit ihrer industriellen Landschaft – den Ruf, Polens Hauptstadt für **Techno-Musik** zu sein. Jedes Jahr findet hier am letzten Septemberwochenende in der ul. Piotrkowska die Parada Wolnośki (Freiheitsparade) statt in Anlehnung an die Berliner Love Parade.

Information/Anfahrt/Verbindungen

• *Information* Es gibt ein **Informationsbüro** in der ul. Traugutta 18 (Eingang um die Ecke), das vom städtischen Dom Kultury (Kulturzentrum) betrieben wird (Mo–Fr 8.30–16.30 Uhr, Sa 10–14 Uhr. ✆ 042/633 7299; www.ldk.lodz.pl) und seine Daseinsberechtigung in erster Linie durch die Veröffentlichung kultureller Ereignisse dokumentiert. So erscheint z. B. zweimal im Monat *Kalejdoskop* (2,5 Zł, in vielen Hotels allerdings gratis erhältlich), ein Veranstaltungskalender im Taschenformat. Außerdem fungiert das Büro als freundliche Informationsquelle für Touristen.

Internet-Cafés befinden sich auf der Nordseite des Hotel Centrum (Mo–Fr 9–23 Uhr, Sa 10–24 Uhr, So 11–23 Uhr) und in der Piotrkowska 81 (durchgehend geöffnet).

• *Anfahrt/Verbindungen* Der **Hauptbahnhof** Łódź Fabryczna am Ostrand der Stadt ist zuständig für Verbindungen mit Warschau sowie mit anderen Zielen in Nord- und Ostpolen. Züge aus dem Westen, vor allem Poznań und Wroclaw, enden in Łodź Kaliska, 2 km westlich der Innenstadt. Dieser Bahnhof ist mit Straßenbahn Nr. 12 und Bus 99 zu erreichen. Der zentrale **Busbahnhof** befindet sich direkt neben dem Bahnhof Łodź Fabryczna.

Übernachten/Essen

• *Übernachten* Łódź ist für viele Besucher zu weit ab vom Schuss, und daher sind viele der besseren Unterkünfte relativ preiswert (siehe unten).

Es gibt zwei **Jugendherbergen**, ul. Zamenhofa 13 (**7**, ✆ 042/636 6599, im April 2002 geschlossen) und ul. Legionów 27 (**1**, ✆ 042/630 6680, 25 Zł. Pro Person im 4-Bettzimmer, kein Frühstück), beide sind zentral gelegen und ganzjährig geöffnet.

Campingplätze befinden sich in *Stawy Jana*, 5 km südlich des Zentrums in der ul. Rzgowska 247 (Straßenbahn Nr. 4 ab Kilińskiego bis Endstation, ✆ 042/646 1551; Bungalows, H), oder in *Na Rogach*, ähnlich weit nordöstlich in der ul. Łupkowa 10/14 gelegen (Bus Nr. 60 von ul. Narutowicza, ✆ 042/659 7013; Bungalows, H).

Centrum (4), ul. Kilińskiego 59/63 (✆ 042/632 8640, centrum@hotelspt.com.pl). Unromantischer Betonklotz, aber ganz in der Nähe des Bahnhofs. (D)

Deja-Vu (11), ul. Wigury 4/6 (✆ 042/636 2060). Die Einrichtung dieses Hotels orientiert sich an dem Ambiente einer Łódźer Industriellenvilla um 1920. Das Richtige für die, die lieber einen Aufpreis für historisches Flair zahlen als für Satellitenkanäle. (D)

Dosko (9), ul. Piłsudskiego 8 (✆ 042/636 0428). Schlichtes Hotel im obersten Stockwerk eines Innenstadtwohnblocks. Zimmer mit eigenem Bad und Gemeinschaftsbad. (I–F)

Grand (6), ul. Piotrowska 72 (✆ 042/633 9920, logrand@orbis.pl). Ein Haus im *Belle Époque*-Stil, das seinem Namen wirklich gerecht wird. Die Preise schwanken momentan auf Grund von Renovierungsarbeiten. (C)

Ibis (10), al. Piłsudskiego 11 (✆ 042/638 6700, H3096@accor-hotels.com. Blitzsauberes, modernes Hotel für Geschäftsleute mit gutem Service. Nach Wochenendermäßigungen erkundigen. Frühstück 25 Zł extra. (D)

Polonia (3), ul. Gabriela Narutowicza 38 (✆ 042/632 8773, www.hotelspt.com.pl). Vernünftige Preise; sieht von außen ziemlich schmutzig aus, die Innenräume sind jedoch passabel. Sowohl Zimmer mit eigenem Bad als auch mit Gemeinschaftsbad. (G–F)

Reymont (2), ul. Legionów 81 (✆ 042/633 8023). Hotel im Besitz des Militärs. Ziemlich zentral, mit angemessenen Zimmern, TV, doch in einer trostlosen Straße gelegen. (E)

Savoy (5), ul. Traugutta 6 (✆ 042/632 9360, www.hotelspt.com.pl). Sauber, freundlich und nahe beim Bahnhof. (E)

Światowit (8), al. Kościuszki 68 (✆ 042/636 3637, swiatowit@hotelspt.com.pl). Gutes Preis-Leistungs-Verhältnis, das Gebäude ist jedoch recht charakterlos. Fragen Sie nach Wochenendermäßigungen. (E)

• *Essen* Die Restaurant-, Bar- und Café-Szene in Łódź hat sich sehr zum Besseren gewandelt, und man muss heute nicht mehr die Hotels aufsuchen, wenn man gut essen will. Die neue Fußgängerzone in der ul. Piotrkowska in der Stadtmitte ist der Hauptanziehungspunkt – hier findet man auf einer Länge von 2 Kilometern Gastronomie, Bars und Tanzpaläste.

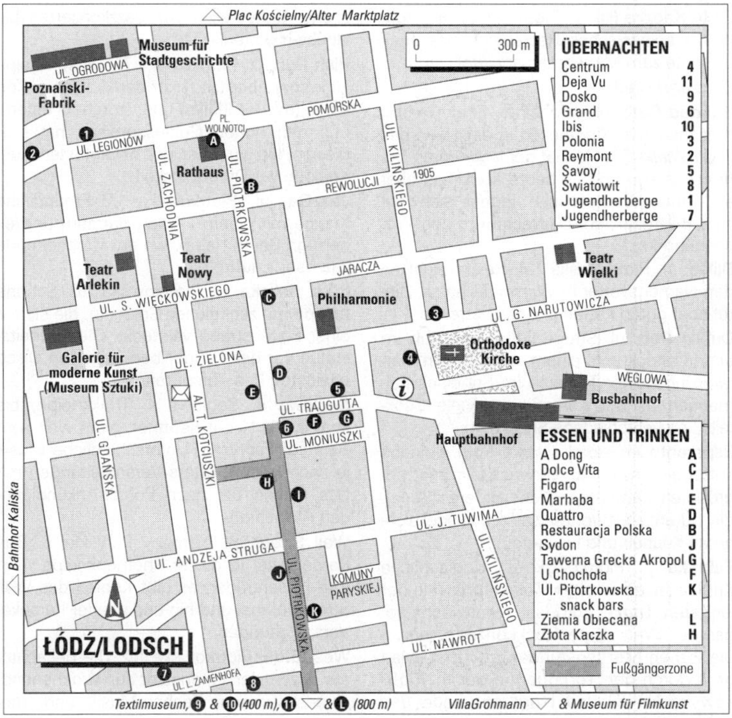

<u>*Restaurants und Imbissbuden*</u>

A Dong (A), ul. Legionów 2. Gute orientalische Küche mit einer Selbstbedienungsabteilung gegenüber pl. Wolności und einem feudalen Restaurant im ersten Stock.

Dolce Vita (C), ul. Piotrkowska 91. Einfache Pizzeria mit sättigenden Mahlzeiten, jedoch ohne besondere Atmosphäre.

Figaro (I), ul. Piotrkowska 92. Schickes Café-Restaurant. Bietet eine Auswahl an europäischen Imbissen und Hauptgerichten in einem hell erleuchteten, übertrieben gestalteten Inneren.

Marhaba (E), ul. Piotrkowska 69. Indische Gerichte und Mahlzeiten à la Steak-und-Pommes. Lange geöffnet.

Quattro (D), Piotrkowska 62, bietet preiswerte Pizzen und Spaghetti.

Restauracja Polska (B), ul. Piotrkowska 12. Lokal mit polnischer Tradition. Serviert alles von *Golonka* bis Kaninchen. Recht preiswert.

Sydon (J), ul. Piotrkowska 103/105. Elegantes Restaurant, das gegrillte Fleischgerichte mit orientalischem Einschlag serviert.

Tawerna Grecka Akropol (G), ul. Traugutta 9. Ziemlich schickes Restaurant mit einer Reihe guter griechischer Gerichte.

U Chochoła (F), ul. Traugutta 3. Volkstümliches Restaurant mit Holzbänken, Kräutern, die von den Balken herabhängen. Polnische Gerichte mit Fisch und Wild zu vernünftigen Preisen.

Ulica Piotrkowska 138/140 (K), mehrere kleine Imbissstuben, in einem Hof abseits der Hauptstraße. Es gibt chinesisches, orientalisches und europäisches Essen, u. a. Kebabs, Falafel u. Ä. Gut für einen Imbiss zur Mittagszeit.

Ziemia Obiecana (L), ul. Wigury 4/6 (✆ 042/636 7081. Das Restaurant gehört zur Pension *Deja Vu* und lohnt unbedingt einen Besuch. Ein romantischer Palast aus den 1920er Jahren mit viel Atmosphäre. Mit Außenterrasse. Allerdings nicht preiswert. Reservierung empfohlen.

Warschau und Masowien
Karte S. 98/99

Złota Kaczka (H), ul. Piotrkowska 79. Recht nettes chinesisches Restaurant, das auch Gerichte zum Mitnehmen anbietet.

Bars und Cafés

Bagdad Cafe, ul. Jaracza 45. Eingeklemmt zwischen zwei Apotheken in der Nähe des *Teatr Wielki*. Die Heimat der legendären Bohemiens von Łodź – heute allerdings eher ein Studententreffpunkt. Eignet sich gut zum Billardspielen. DJ-Nächte an den Wochenenden.

Blikle, ul. Piotrkowska 128. Reicht nicht an den Namensvetter in Warschau heran, bietet aber guten Kaffee und Süßwaren.

Dublin Pub, ul. Struga 6/10. Mega-Pub im ersten Stock mit einem geräumigen Barraum und einer Terrasse im Stil eines Palmengartens mit Korbstühlen. Viele Cocktails und verschiedene Snacks.

Esperanto im Hotel *Grand*. Eine einfache Kaffeebar (nicht zu verwechseln mit der größeren *kawiama* auf der anderen Seite), die guten preiswerten Kaffee, ausgezeichneten Kuchen und Eis bietet.

Fabryka, ul. Piotrkowska 80. Unglaubliche Kneipe in einer alten Textilfabrik mit der längsten Theke Europas, wenn nicht sogar der Welt. Gute Rockkonzerte, bis in die frühen Morgenstunden geöffnet. Man geht durch den Torbogen in der ul. Piotrkowska Nr. 80 und biegt am Ende des Ganges links ab.

Forum Fabrikum, ul. Legionów 2. Bar und Klub in einem. Hier verkehrt die Künstlerszene. Bietet alles von Jazzkonzerten bis House-Nächten.

Irish Pub, ul. Piotrkowska 77. Diese Kneipe ist immer überfüllt. Trotz der kitschigen Terrasse (mit Heuballen und Storchennestern) und den hohen Guinesspreisen hat sich dieser Platz zu einer der beliebtesten Kult-Kneipen vor Ort entwickelt.

JazzGa, ul. Piotrkowska 17. Freundliche Kneipe mit einem kleinen Barraum und einem größeren Raum, wo am Wochenende Jazzbands auftreten.

Łódź Kaliska, ul. Piotrkowska 102. Schöne Kneipe mit zahlreichen Spiegeln, die sich in einer Seitenstraße versteckt. Die Freiheitsstatue vor der Tür der benachbarten Disco erleichtert das Aufspüren.

Sęglowa 4, Sęglowa 4. Trinkkneipe, bis spät in die Nacht geöffnet, nicht weit vom Bahnhof Fabryzna. Unterschiedliche Musik je nach Abend, öfters Veranstaltungen mit DJs (halten Sie nach Poster-Ankündigungen Ausschau).

Wall Street, pl. Komuny Paryskiej 6. Das Barpersonal in dieser Themenkneipe trägt rote Hosenträger, es gibt Kopien des Wall Street Journal und hin und wieder Karaoke-Veranstaltungen.

West Side, Piotrkowska 102. Die bekannteste Disco der Innenstadt für Wochenendveranstaltungen. Techno-Musik und Themen-Abende. Gleich neben der Łodź Kaliska-Bar.

Unterhaltung

Kulturell hat die Stadt Łódź durchaus einiges zu bieten:

Theateraufführungen gibt es im hochangesehenen *Teatr Nowy* in der ul. Więkkowskiego 15 (✆ 042/633 4494) und im *Teatr Wielki* auf dem Platz Dabrowskiego 1 (✆ 042/633 9960), wo auch **Opernaufführungen** gezeigt werden. In beiden Theatern finden regelmäßig internationale Gastspiele statt. Alljährliche Sonderveranstaltungen sind z. B. das **Opernfestival** (März), ein **Ballettfestival** (Łodzkie Spotkania Baletowe; Mai–Juni, alle zwei Jahre) und das **Studentische Theaterfestival** (März).

Auf dem **Konzertprogramm** des Philharmonischen Orchesters in der ul. Piotrkowska 243 (✆ 042/637 2653) stehen Solisten von internationalem Rang, während das *Teatr Muzyczny*, ul. Połnocna 47/51 (✆ 042/678 3511), die wichtigste Adresse für Operetten und Musicals ist.

Für Kinder gibt es **Puppentheater** im *Arlekin*, ul. 1 Maja 2 (✆ 042/633 0894), und im *Pinokio*, ul. Kopernika 16 (✆ 042/636 6924), nur einige Straßen von der Jugendherberge in der ul. Zamenhofa entfernt. Außerdem gibt es zahlreiche Kinos in der Stadt, am zentralsten gelegen sind davon das *Polonia*, ul. Piotrkowska 67, das *Silver Screen Multiplex* neben dem Ibis-Hotel in der al. Piłsudskiego und das *Bałtyk*, ul. Narutowicza 20.

Über aktuelle Veranstaltungen in der Stadt können Sie sich in der ul. Moniuszki 5 informieren, oder Sie besorgen sich im Dom Kultury den zweimal im Monat erscheinenden Veranstaltungskalender *Kalejdoskop*.

Sehenswertes

Wenn ein Besucher in Łódź Fabryczna, dem Hauptbahnhof, eintrifft, fällt ihm als Erstes die **orthodoxe Kirche** auf der anderen Straßenseite auf. Sie diente den russischen Stadtoberen früher als Gotteshaus und ist ein schönes Beispiel für orthodoxe Architektur im ausgehenden 19. Jh., in Zentralpolen eine ziemliche Seltenheit. Leider ist die Kirche meistens geschlossen, nur samstagmorgens kann man einen Blick hineinwerfen. Wenige Häuserblocks westlich davon kommt man zur **ul. Piotrkowska**, die die Stadt von Norden nach Süden durchzieht. Ihre Umwandlung in eine Fußgängerzone und die umfangreichen Restaurierungen haben diese Straße zur Lebensader der Stadt werden lassen, auf der Tag und Nacht immer etwas los ist. Die meisten Sehenswürdigkeiten befinden sich hier in der Nähe, und es gibt eine große Auswahl an Restaurants, Cafés und Bars, in denen man gut essen, trinken und sich erholen kann. In den benachbarten Straßen sieht man zum großen Teil die Villen des früheren Großbürgertums der Stadt. Einige davon bleiben weiterhin dem Verfall überlassen, andere wurden wieder zu ihrem ehemaligen Glanz aufpoliert.

Plac Kościelny und Umgebung

Der *Plac Kościelny*, der alte Marktplatz am Nordende der Piotrkowska, wird von den doppelten Backsteintürmen der neugotischen **Himmelfahrtskirche** beherrscht. Der Marktplatz verlor seine ursprüngliche Funktion, als sich das Zentrum der Stadt in den Süden verlagerte.

Wenn man von hier aus einen Häuserblock in südliche und dann einen in westliche Richtung bis zur Kreuzung ul. Zachodnia/ul. Ogrodowa läuft, kommt man zu einem der besterhaltenen Gebäudekomplexe aus der Zeit der industriellen Revolution. An der Ecke erhebt sich das **Palais Poznański**, ein hochmütig aufragender Bauklotz, in dem die berühmte jüdische Fabrikantenfamilie wohnte. Direkt daneben steht ihre immer noch betriebene "Poltex"-Fabrik, hinter deren riesiger pseudo-gotischer Fassade sich Webereien, Spinnereien und zahlreiche Lagerhäuser befinden; gegenüber liegen die Wohnblocks der Fabrikarbeiter.

Im Palais ist heute das **Muzeum Historii Miasta Łodzi** (Museum für Stadtgeschichte) untergebracht. Das Gebäude ist ein ausgezeichnetes Beispiel dafür, wie die Neureichen damals versuchten, den Stil der alten Aristokratie zu kopieren, indem sie die Grundelemente barocker Landsitze in das städtische Umfeld verpflanzten. Im Erdgeschoss werden Wechselausstellungen moderner Kunst und Fotografie gezeigt. Der wuchtige und grandiose Treppenaufgang führt zu den Vorzeigestücken, dem Speisesaal, dem Ballsaal und einigen kleineren Räumen, in denen heute Dokumente zur Stadtgeschichte ausgestellt sind, u. a. Fotos aus der Vorkriegszeit, auf denen die später zerstörten Synagogen zu sehen sind. Außerdem gibt es eine große Sammlung von Erinnerungsstücken an *Artur Rubinstein*, einen der größten Pianisten unseres Jahrhunderts. Er erwarb sich besonderen Ruhm mit seinen Chopininterpretationen, und Plattenaufnahmen des Künstlers gelten noch heute als vorbildlich für die Spielweise von Chopins Werken. Hedonistisch veranlagt, folgte dem Künstler der Ruf, er habe mehr Musik gespielt, mehr Frauen geliebt und mehr Champagner getrunken als jeder andere Mann. Bis in seine späten neunziger Jahre blieb er dem Lebensstil des reisenden, modernen Konzertvirtuosen treu.

Öffnungszeiten Di und Do–So 10–14 Uhr, Mi 14–16 Uhr. Eintritt 6 Zł, So frei.

Einen Häuserblock weiter in südwestlicher Richtung kommt man zum kreisrunden *Plac Wolności* mit seinem klassizistischen Rathaus, der obligatorischen Kościuszko-

Statue und einer griechischen Kuppelkirche, die gerade auf der einen Seite grün angestrichen wird und nun mit der anderen blauen Seite stark kontrastiert. In der Hausnummer 14 des Platzes befindet sich das **Muzeum Archeoligoczne i Etnograficzne** (Archäologisches und Volkskundliches Museum), das über eine große Sammlung an lokalen Kunstwerken, Trachten und archäologischen Funden verfügt.
Öffnungszeiten Di, Do und Fr 10–17 Uhr, Mi 9–16 Uhr, Sa 9–15 Uhr, So 10–15 Uhr. Eintritt 5 Zł, Di frei.

Einige Blocks weiter und dann zur Rechten ist in der ul. Więckowskiego 36 das **Muzeum Sztuki** (Galerie für moderne Kunst). Auch dieser Neurenaissance-Palast mit Buntglasfenstern gehörte einst der Textilfabrikantenfamilie *Poznański*. Das 1925 gegründete Museum sammelte als eines der Ersten Avantgarde-Kunst, und es besitzt heute die beste Sammlung moderner Kunst in ganz Polen (es finden sich dort allerdings auch ein paar ältere Stücke). Zu den bedeutendsten hier vertretenen Künstlern zählen *Chagall, Mondrian, Max Ernst* und *Fernand Léger*. Daneben gibt die Sammlung auch einen ausgezeichneten Überblick über das Werk moderner polnischer Maler wie *Strzemiński* (fast eine Offenbarung für jemanden, der bis dahin noch nichts von ihm gesehen hat), *Wojciechowski, Witkowski, Witkiewicz* und des jüdischen Künstlers *Jakiel Adler*. Nach einer denkwürdigen Sammlung von Werken des sozialistischen Realismus aus der Stalinzeit geht es im Untergeschoss weiter mit Werken aus der Zeit um 1960 und 1970, bei denen besonders englische Künstler stark vertreten sind. Im Erdgeschoss sind diverse "Installationen" zeitgenössischer Künstler gruppiert, Farbeffekte, Ziegel, rotierende Kästen und Gegenstände des täglichen Lebens, die bei einigen sicher Lachen hervorrufen, bei anderen eher Empörung. Beachten Sie, dass es vorkommen kann, dass die Dauerausstellung einer Wanderausstellung Platz machen muss und während dieser Zeit nicht zu sehen ist.

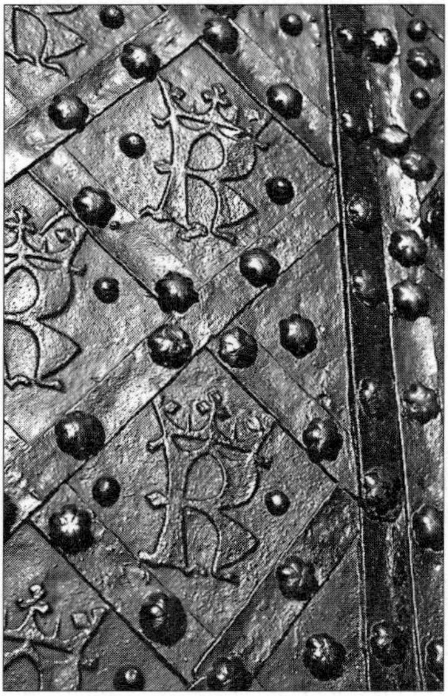

Öffnungszeiten Di 10–17 Uhr, Mi und Fr 11–17 Uhr, Do 12–19 Uhr, Sa und So 10–16 Uhr. Eintritt 5 Zł, Do frei.

Die untere Ulica Piotrkowska

Wieder zurück in der ulica Piotrkowska, sollte man hinter dem Grand Hotel einen kleinen Abstecher zur ulica Moniuszki machen, denn hier steht eine lückenlose Reihe luxuriöser Wohnhäuser im Neurenaissancestil. Drei Häuserblocks südlich, an der Ostseite der ul. Piotrkowska, befinden sich die große **Olympia-Fabrik** und einige weitere Villen früherer Großindustrieller. Sie stehen oft in ausgedehnten Gartenanlagen und stellen eine Vielzahl architektonischer Stile zur Schau.

Das Łódźer Ghetto

Das Schicksal der über 250.000 Juden, die 1939 in Łódź lebten, gehört zu den ergreifendsten und tragischsten Geschichten des Zweiten Weltkriegs, vor allem, da ein Mann aus den eigenen Reihen der Juden, **Chaim Rumkowski,** in den Ereignissen eine Schlüsselrolle einnimmt. Er ist wohl die umstrittenste Persönlichkeit der jüngeren jüdischen Geschichte: Von den einen wird er als Kollaborateur verdammt, andere sehen in ihm einen Mann, der sich heldenhaft dafür einsetzte, wenigstens ein Fünkchen seiner zum Untergang verdammten Gemeinde zu retten.

Bereits ab dem 10. September 1939, zwei Tage, nachdem die Deutschen die Stadt eingenommen hatten, wurden Juden willkürlich von der Straße weg dazu gezwungen, sinnlose körperliche Arbeiten zu verrichten. Im folgenden Monat wurde Rumkowski, ein ehemaliger Samtfabrikant (der in Łódź und in Russland erhebliche Gewinne tätigte und wieder verlor, bevor er sich der Wohltätigkeitsarbeit zuwandte), von den Nazis zum "Ältesten" der jüdischen Gemeinde ernannt. Diese Funktion gab ihm die alleinige Entscheidungsgewalt über interne Angelegenheiten der Gemeinde und machte ihn zum offiziellen Sprecher und zum Verhandlungspartner mit den Deutschen. Die Łódźer Juden sollten als Sklavenarbeiter für die deutsche Kriegsmaschinerie eingesetzt werden; der heruntergekommene Vorort **Baluty** nördlich des Zentrums wurde zum Arbeitsghetto bestimmt, z. T. deshalb, weil hier die meisten Juden wohnten. Die Juden, die in anderen Stadtvierteln lebten, wurden entweder in Baracken untergebracht oder kamen gleich mit den ersten Transporten in die Vernichtungslager. Im folgenden Frühjahr wurde das Ghettogebiet vom Rest der Stadt abgeriegelt, und jeder, der in die Nähe der Umzäunung kam, wurde erschossen.

Rumkowski sorgte dafür, dass das Ghetto bald autark und Gewinn bringend funktionierte. Die Nazis waren hochzufrieden, obwohl diese Tatsache eine der wichtigsten Grundsätze ihrer irrsinnigen Rassenideologie widerlegte, nämlich dass die Juden von Natur aus faul und parasitisch seien. Rumkowski wurde zum rücksichtslosen Despoten des Ghettos, umgeben von einem kriecherischen Hofstaat, beschützt von seinem eigenen Polizeiapparat und einem Netzwerk von Informanten. Seine Eitelkeit ging so weit, dass er Münzen prägen und Briefmarken drucken ließ, die mit seinem Porträt geschmückt waren. Wer sich mit ihm anlegte, ging ein großes Risiko ein, denn Rumkowski war für die Verteilung der kärglichen Essensrationen und die Auswahl der für den regelmäßigen Abtransport in die Konzentrationslager bestimmten Juden zuständig. Seine häufigen Ansprachen an die Ghettobewohner waren dem Stil nach Hitlers Reden ähnlich. Seine schockierendste Rede hielt er 1942: "Gebt mir eure Kinder" war eine emotionsgeladene Aufforderung an seine Untertanen, ihre Kinder in die Konzentrationslager zu schicken, um so das Leben arbeitsfähiger Erwachsener zu schonen.

Ob Rumkowski wusste, dass er Menschen in den Tod schickte, ist unklar. Er sah das Ghetto jedoch ansatzweise als Verwirklichung des zionistischen Ideals und glaubte, dass die Nazis nach dem gewonnenen Krieg in Mitteleuropa ein jüdisches Protektorat mit ihm als Oberhaupt errichten würden.

Karte S. 98/99

Seine Funktion bereitete ihm kaum Gewissensbisse, und er erklärte mehrmals, dass er bereit wäre, sich nach dem Krieg einem jüdischen Gericht zu stellen. Es scheint, dass er tatsächlich, wie er immer behauptet hatte, die Quoten für die einzelnen Transporte in die Konzentrationslager gesenkt hatte und dass das Ghetto trotz aller Widrigkeiten kein Platz war, an dem man alle Hoffnung verloren glaubte. Es gab ein Gemeindeleben mit Schulen, Konzerten und Theateraufführungen, und viele Ghettobewohner haben in ausführlichen Tagebüchern diesen Alltag beschrieben.
Das Łódźer Ghetto wurde nach einer heftigen Kontroverse an der Spitze der Nazi-Hierarchie im Herbst 1944 aufgelöst. Speer wollte das Ghetto als profitables Unternehmen weiterhin erhalten, Himmler hingegen war entschlossen, die Endlösung durchzusetzen – und er setzte sie durch. Etwa 1000 Juden durften in Łódź zurückbleiben, um die wertvollen Fabrikanlagen und Maschinen zu demontieren. Rumkowski ging freiwillig mit den anderen nach Auschwitz – ausgerüstet mit einem offiziellen Brief, der seinen Sonderstatus bestätigte. Darüber, wie er schließlich kurz nach seiner Ankunft im Vernichtungslager zu Tode kam, kursieren drei verschiedene Versionen: Entweder wurde er von seinen wütenden Glaubensgenossen gelyncht; oder er wurde wegen seines Alters sofort für die Gaskammer selektiert; der dritten Version zufolge wurde er als angeblicher Ehrengast auf eine Besichtigungstour des Lagers geführt und dabei direkt in einen Verbrennungsofen geworfen, ohne vorher vergast worden zu sein. Wäre er in Łódź geblieben, wäre er unter den Juden gewesen, die bald darauf von der Roten Armee befreit wurden. Es ist vielleicht verständlich, dass seine getreuesten Verteidiger aus dieser Gruppe der Überlebenden stammen.

Eine umfangreiche und faszinierende Sammlung von Auszügen aus den Tagebüchern der Ghettobewohner zusammen mit Niederschriften von Rumkowskis Reden und vielen Fotografien (einigen in Farbe) finden sich in dem von Alan Adelson und Robert Lapides herausgegebenen Buch "Inside the Łódź Ghetto".

Gegenüber den Villen befinden sich zwei der bedeutendsten Kirchen der Stadt. Die neugotische Kirche **St. Stanisław Kosta** sieht von außen nicht besonders beeindruckend aus, was vor allem an den wenig aufregenden gelben Ziegelsteinen liegt, aus denen sie gebaut wurde. Das geräumige Innere mit den Buntglasfenstern dagegen ist sehenswert. Etwas weiter südlich steht die schwerfällige lutherische **Kościół Św Macieja** (St.-Matthias-Kirche), die im 19. Jahrhundert für die Abkömmlinge der alten deutschen Oligarchie gebaut wurde. Auf der berühmten Kirchenorgel werden oft Konzerte gegeben.

Fast am Ende der ul. Piotrkowska (ca. 30 Minuten zu Fuß vom Zentrum entfernt) kommt man zur riesigen **Biała Fabryka** (Weißen Fabrik), Hausnr. 282, der ältesten mechanisch betriebenen Spinnerei der Stadt. In einem Teil des Gebäudes ist das **Muzeum Włókiennictwa** (Museum für Textilgeschichte) untergebracht. Hier sind zahlreiche alte Webstühle, eine Dokumentation über die Textilindustrie von Łódź sowie eine beeindruckende Ausstellung zeitgenössischer Webkunst zu sehen.
Öffnungszeiten Di–Fr 9–16 Uhr, Sa–So 11–16 Uhr. Eintritt 5 Zł, Fr frei.

Östlich des Zentrums

Das neueste Museum ist das **Księży Młyn** (Palais Herbst). Es liegt im Osten der Stadt in der ul. Prędzalniana 72. Von der Weißen Fabrik aus läuft man noch 15 Minuten die ul. Przbyszewskiego hinunter und biegt dann links in die ul. Prędzalniana ein; vom Zentrum aus geht man entlang der al. Piłsudskiego und biegt dann rechts in die ul. Przędzalniana ab; wahlweise kann man auch die Straßenbahn Nr. 9 bis zum Park am See des Palais nehmen. Das Gebäude, das einst einer der führenden deutschen Familien der Stadt gehörte, erinnert an die von *Palladio* in Norditalien entworfenen Renaissancevillen. Die Innenräume – unten die pompösen Empfangsräume, oben die intimeren Familienzimmer – sind in verschiedenen Stilrichtungen gehalten: Vom alten Rom über den Orient bis zum Jugendstil ist alles vertreten. Der später hinzugefügte Ballsaal kopiert in beeindruckender Weise den englischen Tudorstil.

Öffnungszeiten Di 10–17 Uhr, Mi und Fr 12–17 Uhr, Do 12–19 Uhr, Sa/So 11–16 Uhr.

Nach einem kurzen Spaziergang in westliche Richtung entlang der ul. Tylna befindet sich am Rande eines Parks die **Villa Grohmann**, die inzwischen zu einem Atelier mit **Künstlermuseum** umfunktioniert wurde. Die bunt gemischte Sammlung regionaler Werke und die Wechselausstellungen werden privat organisiert und haben unregelmäßige Öffnungszeiten. Nördlich von hier liegt der riesige pl. Zwycięstwa, der sich zu beiden Seiten der ul. Piłsudskiego erstreckt.. Die Südseite des Platzes ist fast vollständig vom festungsartigen Pałac Scheiblera eingenommen, in dem früher die einflussreichste Familie deutscher Textilfabrikanten wohnte.

In einem Teil des Gebäudes ist heute das **Muzeum Kinematografii** (Museum für Filmkunst) untergebracht, in dem die Rolle der Stadt als einer der wichtigsten europäischen Ausbildungsplätze für Regisseure dokumentiert wird und in dem Wechselausstellungen über die Geschichte des polnischen Films stattfinden..

Öffnungszeiten Di 12–17 Uhr, Mi–So 10–15 Uhr. Eintritt 4 Zł, Di frei.

Die Friedhöfe

Den nachhaltigsten Eindruck der kulturellen Vielseitigkeit, die früher in Łódź herrschte, bekommt man auf den Friedhöfen der Stadt. Die beiden sehenswertesten liegen ein ganzes Stück außerhalb des Zentrums, doch der Weg lohnt sich. Wenn man von der Poznański-Fabrik aus die ul. Ogrodowa in westliche Richtung hinunterläuft, erreicht man in zehn Minuten den **christlichen Friedhof Necropolis**, der tagsüber geöffnet ist. Der Friedhof besteht aus drei Abteilungen, von denen der katholische Friedhof mit seinen meist schlichten Grabmälern die größte bildet. Die orthodoxe Abteilung ist noch einfacher gehalten. Hier finden sich Gräber von Beamten, Soldaten und Polizeibeamten aus der Zarenzeit. In der protestantischen Abteilung dagegen befinden sich jede Menge bombastischer Grabmäler verstorbener Industriemagnaten. Das größte ist das etwas verfallene und mit Brettern vernagelte **Mausoleum der Familie Scheibler**: eine gotische Kathedrale in Miniaturausgabe, komplett mit einem hoch aufragenden Turm.

Der **jüdische Friedhof** ist mit etwa 180.000 z. T. sehr schönen Grabsteinen und doppelt so vielen Gräbern der größte in Europa. Er liegt an der ul. Bracka gleich neben der Endstation der Straßenbahnen Nr. 1, 15 und 19. Leider bleibt er auf Grund von wiederholten Fällen von Vandalismus inzwischen verschlossen. Meist ist jemand vor Ort, um Sie einzulassen. Doch um sicherzugehen, lassen Sie sich besser einen Schlüssel geben. Wenden Sie sich hierzu an die Synagoge und das Gebetshaus im Stadtzentrum (ul. Zachodnia 78).

Reiseinformationen

Züge

• *Innerpolnische Zugverbindungen* **Warschau** nach: Białystok (12 x tägl; 3–4 Std.); Bydgoszcz (6 x tägl.; 3,5–5 Std.); Częstochowa (10- x tägl.; 3–5 Std.); Gdańsk/Gdynia (16 x tägl.; 3,5–5 Std.); Jelenia Góra (4 x tägl.; 10 Std.; Liegewagen); Katowice (14 x tägl.; 3 Std.); Kielce (12 x tägl.; 3–4 Std.); Kraków (18 x tägl.; 3–6 Std.); Krynica (1- x tägl.; 10–13 Std.; Liegewagen); Lublin (10 x tägl.; 2,5–3 Std.); Lodź (Mo–Fr stündlich, Sa u. So alle 2 Stunden; 1,5–2,5 Std.); Olsztyn (8 x tägl.; 3–5 Std.); Poznań (18 x tägl.; 4 Std.); Przemyśl (3 x tägl.; 6–8 Std.); Rzeszów (4 x tägl.; 5–6 Std.); Suwałki (4 x tägl.; 4–6 Std.); Świnoujście (3 x tägl.; 10 Std.; Liegewagen); Szczecin (5 x tägl.; 6–8 Std.); Toruń (6 x tägl.; 3–4 Std.); Wrocław (16 x tägl.; 5–6 Std.; Liegewagen); Zagórz, um Sanok zu erreichen (2 x tägl.; 11 Std.); Zakopane (2 x tägl.; 6 Std.).

Łodź nach: Częstochowa (4 x tägl.; 2,5–3,5 Std.); Katowice (7 x tägl.; 4 Std.); Kraków (1 x tägl.; 5 Std.); Lublin (5 x tägl.; 4–6 Std.); Warschau (Mo–Fr stündlich, Sa u. So alle 2 Stunden; 1,5–2,5 Std.).

• *Internationale Zugverbindungen* **Warschau** nach: Berlin (5 x tägl.; 6,5 Std.); Budapest (3 x tägl.; 10 Std.); Dresden (1 x tägl.; 10,5 Std.); Köln (1 x tägl.; 13,5 Std.); Kiew (2 x tägl.; 24 Std.); Minsk (3 x tägl.; 10 Std.); Moskau (2 x tägl.; 21 Std.); Prag (2 x tägl.; 10 Std.); St. Petersburg (1 x tägl.; 30 Std.); Vilnius (2 x tägl.; 11 Std.). Wien (1 x tägl.; 10 Std.).

Busse

• *Innerpolnische Busverbindungen* **Łodź** nach: Warschau (7 x tägl.; 2 Std.); Bydgoszcz (3 x tägl.; 4 Std.); Ciechocinek (5 x tägl.; 3 Std.); Częstochowa (10 x tägl.; 2,15 Std.); Kraków (4 x tägl.; 4,5 Std.); Płock (10 x tägl.; 2,5 Std.); Toruń (4 x tägl.; 3 Std. 20 Min.).

Płock nach: Bydgoszcz (7 x tägl.; 2,5 Std.); Łodź (10 x tägl.; 2,5 Std.); Toruń (10 x tägl.; 1 Std. 45 Min.).

Warschau (Dworzec Warszawa Zachodnia) nach: Krosno (1 x tägl.; 7 Std.); Mrągowo (1 x tägl.; 5 Std.); Rzeszów (1 x tägl.; 8 Std.); Toruń (1 x tägl.; 3,5 Std.); Zakopane (1 x tägl.; 7 Std.). Żelazowa Wola (5 x tägl.; 1 Std. 40 Min.). Przemyśl (1 x tägl.; 8 Std.); Zamość (3 x tägl.; 7 Std.).

Warschau, Polski Express Haltestelle al. Jana Pawła II nach: Białystok (3 x tägl.; 3,5 Std.); Bydgoszcz (stündlich; 4,5 Std.); Ciechocinek (2 x tägl.; 3,5 Std.); Częstochowa (2 x tägl.; 4 Std.); Gdańsk (2 x tägl.; 5 Std.); Gdynia (2 x tägl.; 5 Std. 40 Min.); Lublin (7 x tägl.; 3 Std.); Łodź (7 x tägl.; 2 Std.); Płock (stündlich; 1 Std. 45 Min.) Szczezin (2 x tägl.; 8 Std.); Toruń (stündlich; 3 Std. 40 Min.).

• *Internationale Busverbindungen* **Warschau** (Warszwa Zachodnia) nach: Amsterdam (2 x wöchentlich; 22 Std.); Berlin (1 x tägl.; 8 Std.); Frankfurt (1 x tägl.; 19 Std.); London (1 x tägl.; 27 Std.); Paris (6 x wöchentl.; 23 Std.); Prag (3 x wöchentl.; 12 Std.); Rom (4 x wöchentl.; 28 Std.); Vilnius (2 x tägl.; 9 Std.).

Flugzeug

• *Innerpolnische Flugverbindungen* **Warschau** nach: Gdańsk (2 bis 4 x tägl.; 1 Std.); Kraków (3–4 x tägl.; 1 Std.); Wrocław (1 x tägl.; 1 Std.).

• *Internationale Flugverbindungen* **Warschau** nach: Amsterdam (4 x tägl.; 2 Std. 15 Min.); Budapest (1 x tägl.; 1 Std. 15 Min.); Frankfurt (3 x tägl.; 2 Std.); London (4 x tägl.; 2 Std. 40 Min.); Moskau (3 x tägl.; 3 Std.); Paris (4 x tägl.; 2,5 Std.); Prag (2 x tägl.; 1 Std. 45 Min.; Riga (4 x wöchentl.; 2 Std.); Stockholm (5 x wöchentl.; 1 Std. 45 Min.); Wien (6 x wöchentl. 1,5 Std.).

Die Altstadt von Danzig – ein Sammelsurium von alten und neuen Gebäuden

Der Nordosten

Selbst in einem Land wie Polen, das gelernt hat, mit dem wechselhaften Verlauf von Grenzen zu leben, stellt die Geschichte des Nordostens des Landes ein besonders verworrenes Puzzle dar. Erst Domäne des Deutschen Ordens, dann von Hansekaufleuten und später von den Preußen verwaltet, ist das Gebiet erst in den letzten vierzig Jahren wirklich polnisch geworden.

Bis zum Ende des Zweiten Weltkriegs gehörten große Teile des nordöstlichen Polens zu Ostpreußen. Obwohl man die alten Namen aus dieser Zeit heute nirgends mehr angeschlagen sieht, muss selbst der patriotischste Pole bekennen, dass Gdańsk, Olsztyn und Toruń geschichtlich besser unter den Namen Danzig, Allenstein und Thorn bekannt sind. Die Deutschen haben in dieser Landschaft tiefe Narben hinterlassen: Hier fielen die ersten Schüsse des Zweiten Weltkriegs, und nach den schweren Kämpfen während des Rückzugs der Nazis 1945 lagen viele der historischen Stätten in Schutt und Asche.

Gdańsk/Danzig, **Sopot/Zoppot** und **Gdynia/Gdingen**, zusammen bekannt als die **Trójmiasto/Dreistadt**, beherrschen die Region auf Grund ihrer vorteilhaften Lage an der Küste. Genau wie Warschau wurde auch das historische Gdańsk im Zweiten

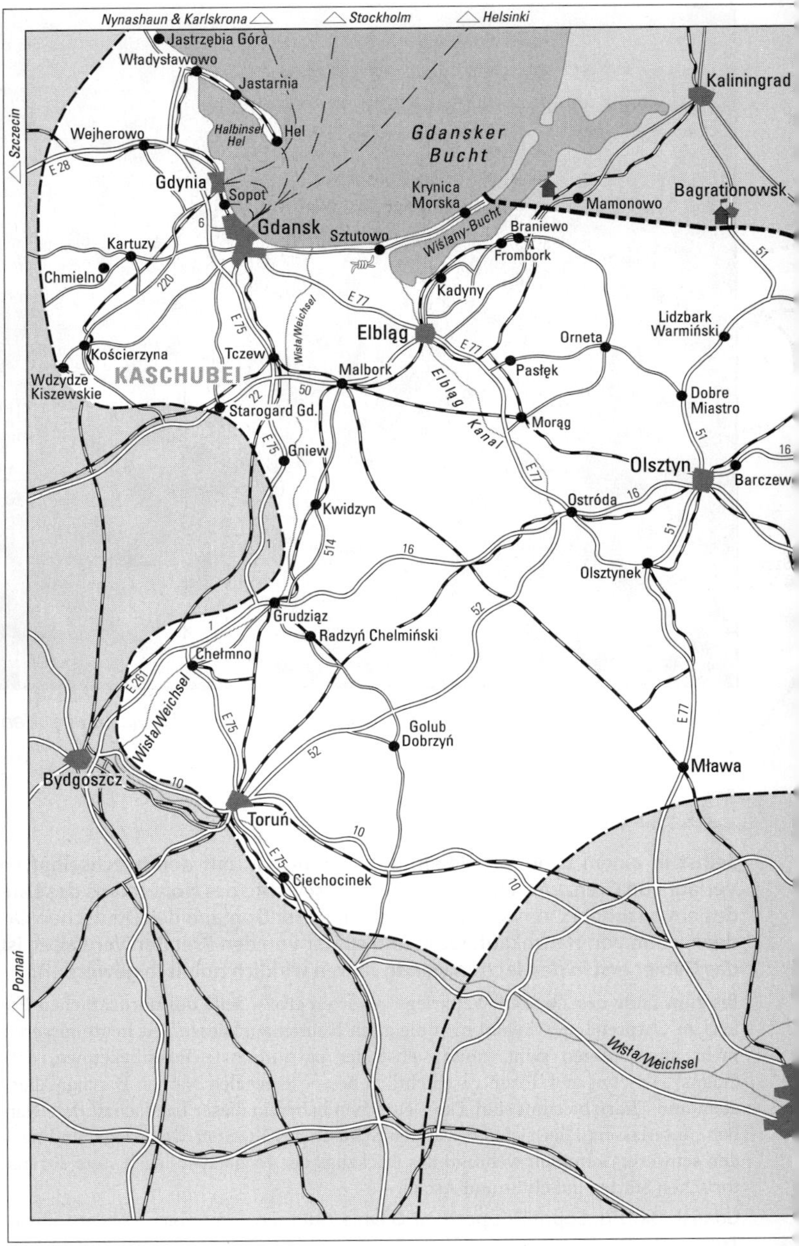
Nynashaun & Karlskrona
Stockholm
Helsinki
Szczecin
Poznań
Jastrzębia Góra
Władysławowo
Jastarnia
Halbinsel Hel
Hel
Gdansker Bucht
Wejherowo
E 28
Gdynia
Sopot
Gdansk
Krynica Morska
Wiślany-Bucht
Mamonowo
Kaliningrad
Bagrationowsk
Sztutowo
Braniewo
Frombork
Kartuzy
Chmielno
220
6
Kadyny
E 77
Wisła/Weichsel
E 75
Elbląg
Lidzbark Warmiński
Orneta
Kościerzyna
Tczew
Wdzydze Kiszewskie
KASCHUBEI
Malbork
Pasłęk
Elbląg Kanal
Dobre Miastro
50
22
Starogard Gd.
Morąg
51
Gniew
Olsztyn
16
Barczew
Kwidzyn
Ostróda
514
1
Olsztynek
52
Grudziąz
Radzyń Chelmiński
Chełmno
E 261
Golub Dobrzyń
Mława
Bydgoszcz
10
Toruń
Ciechocinek
Wisła/Weichsel

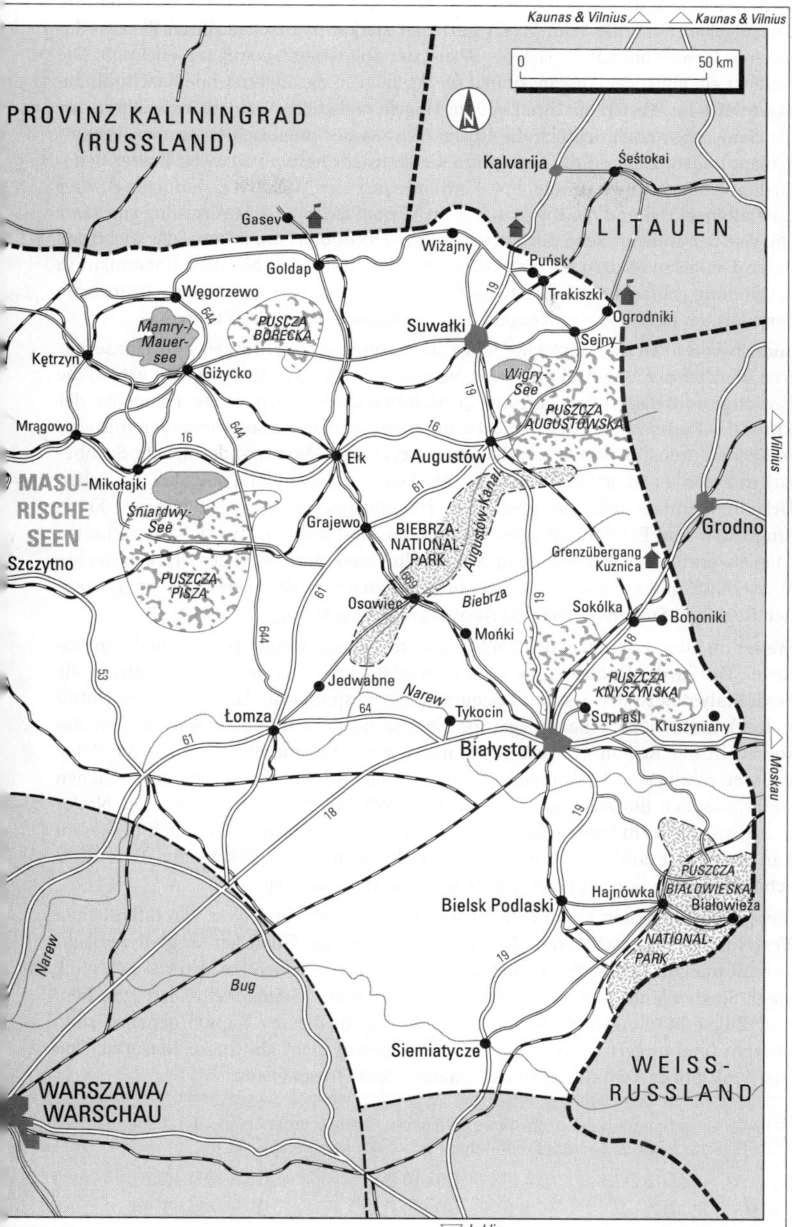

Der Nordosten
Karte S. 202/203

Weltkrieg dem Erdboden gleichgemacht. Heute sind jedoch viele der Stadtviertel wieder aufgebaut, und die Stadt glänzt mit einer starken Wirtschaft. Ihren Platz in der neueren Geschichte hat sie sich als Wiege der Solidarność-Bewegung erkämpft. Die Stadt ist ein günstiger Ausgangspunkt für Ausflüge in die angrenzende **Kaschubische Seenplatte** im Westen mit ihren sanften Hügeln und stillen Wäldern an Seeufern, wo die Gemeinden noch deutlich die Charakteristika der preußisch-slawischen Vergangenheit tragen. Zwar ist die Ostsee um die Dreistadt herum von zweifelhafter Badequalität (man erstrebt gerade eine Verminderung der Wasserverschmutzung), aber die **Halbinsel Hel** und die Küste weiter im Westen laden zu einem Ausflug ans Meer ein. Auf der anderen Seite der Dreistadt liegt **Frombork/Frauenburg**, die wichtigste unter den vielen Städten der Region, die mit dem Gelehrten Nikolaus Kopernikus in Verbindung gebracht wird. Der besonders beliebte und sehr sehenswerte historische Ferienort am Haff liegt gleich gegenüber der Halbinsel Mierzeja Wiślana.

Südlich von Gdańsk säumt eine lange Reihe teutonischer Burgen und Hansezentren die Ufer der Weichsel und ihrer Nebenflüsse. Zu den Höhepunkten zählen die gewaltige mittelalterliche Festung in **Malbork/Marienburg**, lange Hauptsitz der Ritter des Deutschen Ordens, und **Toruń/Thorn** mit seiner faszinierenden mittelalterlichen Atmosphäre. Östlich davon erstreckt sich **Masuren**, der größte Seenbezirk in Polen. Er ist seit langem bei polnischen und zunehmend auch bei deutschen Urlaubern immer beliebter geworden. Hauptattraktionen in den hiesigen Erholungsorten sind Fahrten mit gemieteten Kanus und Jachten. Wer den touristischen Massen entfliehen möchte, dem stehen durchaus auch weniger stark besuchte Wasserläufe und unberührte Gebiete in Masuren und mehr noch in den angrenzenden Regionen **Suwałszczyna** und **Augustów** zur Verfügung.

Weiter im Süden treten an die Stelle der Seen Wälder, offene Ebenen und die orthodoxen Dörfer der **Podlasie**, die an Weißrussland angrenzt und deren Zentrum die Stadt **Białystok** ist. Dies ist der geeignete Ausgangspunkt für Ausflüge in den **Nationalpark Białowieża**, eine einzigartige Gegend mit Urwald und einem Wisent-Reservat. In der Region Podlasie trifft man auf ein faszinierendes, selbst für Polen außergewöhnliches Völkergemisch, denn hier lebt neben einer ansehnlichen weißrussischen Bevölkerung auch eine kleinere Gemeinde von Tataren. Die Nationalsozialisten vernichteten die gesamte jüdische Bevölkerung, aber auch in diesem Landesteil war und ist sie ein wichtiger Bestandteil der Geschichte: Eine ihrer schönsten Synagogen in Polen wurde in **Tykocin** restauriert.

Der ganze Nordosten ist im Prinzip durch ein ausgedehntes Netz von öffentlichen Verkehrsmitteln erschlossen. Doch sobald man die Gdańsker Region verlässt, kommt man oft nur noch ziemlich langsam vorwärts. Planen Sie also viel Zeit ein,k wenn Sie den ländlichen Nordosten erkunden wollen. Gdańsk selbst hat gute Bus- und Zugverbindungen zu fast allen Orten, die in diesem Kapitel genannt sind. Olsztyn (und in geringerem Maße auch Mrągowo) dient als Tor zu Masuren. Von Białystok gibt es Verbindungen zu beinahe jedem Ort im Osten.

Alle Unterbringungsmöglichkeiten in diesem Buch wurden einer der folgenden Preiskategorien zugeordnet. Für nähere Informationen siehe S. 36.

I	unter 60 Zł	F	120–160 Zł	C	300–400 Zł
H	60–90 Zł	E	160–220 Zł	B	400–600 Zł
G	90–120 Zł	D	220–300 Zł	A	über 600 Zł

Gdańsk/Danzig

Für viele ist Gdańsk der vielleicht bekannteste Städtename in Polen. Es ist die Heimat von Lech Wałęsa, von Solidarność und der ehemaligen Lenin-Werft, deren Bilder in den 1980er Jahren um die ganze Welt gingen. Das Bild von Gdańsk, das dem Besucher aus den Nachrichten bekannt ist, findet man tatsächlich: Im Angesicht der industriellen Landschaft werden der Unmut und die Radikalisierung der Arbeiter sowie zukünftige Streiks vorstellbar. Es wäre jedoch falsch anzunehmen, dass die Stadt auf Grund der Probleme im Schiffbau dem industriellen Niedergang geweiht ist: Die rapide wirtschaftliche Entwicklung der letzten zehn Jahre hat auch neue Einnahmequellen und damit neuen Reichtum geschaffen.

Für diejenigen, die in der polnischen Geschichte nicht so bewandert sind, ist die kulturelle Vielfalt der Stadt besonders erstaunlich. Das Erscheinungsbild des Gdańsk oder Danzig der Vorkriegszeit wurde durch eine lange Preußen- und Hanseherrschaft geprägt. Das rekonstruierte Stadtzentrum, eine elegante, bürgerliche Kulisse, ist dem von Amsterdam nicht unähnlich. Völlig geändert hat sich freilich die Bevölkerung der Stadt. Bei Ausbruch des letzten Krieges waren so gut wie alle 400.000 Einwohner deutschsprachig, weniger als 16.000 Polen lebten hier. In den Nachkriegsjahren fand ein radikaler Bruch mit der Vergangenheit statt, denn die deutschstämmige Bevölkerung wurde vertrieben, und zum ersten Mal seit 1308 wurde Gdańsk polnisch. Heute strömen wieder viele Deutsche in die Stadt, hauptsächlich als Touristen und als Geschäftsleute. Ihr Beitrag zu der raschen Entwicklung der Stadt als treibende Kraft in Polens wirtschaftlichem Aufstieg in der Zeit nach dem Kommunismus ist nicht unerheblich.

Fußgängerzone in der ul. Długa, der Hauptstraße Gdańsks

Mit einer Bevölkerung von über 750.000, zählt die **Trójmiasto** (Dreistadt) **Gdańsk** (mit allein mehr als 470.000 Einwohnern), **Gdynia** und **Sopot** zu den größten des Landes. Es bietet sich an, das Gebiet mit den Fähren zu erkunden, die zwischen den drei Zentren und der **Halbinsel Hel** verkehren. Dabei bekommt man den besten Überblick über das, was den polnischen Norden so sehenswert macht: die politische Geschichte und ihre Monumente in Gdańsk, die schicken Badeorte an der Küste in Sopot, das harte Leben in den Docks von Gdynia und die Sandstrände mit dem klaren Wasser entlang der Halbinsel Hel. Die Seen und Wälder der **Kaschubischen Seenplatte** sind nur eine Busstunde von Gdańsk entfernt, ebenso die Burgen von Malbork und **Frombork** sowie die Strände der **Halbinsel Wiślana**. Wie zu erwarten, verfügt Gdańsk außerdem über ein ausgezeichnetes Transportsystem, und man gelangt von hier per Bus, Bahn oder Flugzeug in alle anderen Gegenden Polens.

Geschichte

Seiner Lage an der Mündung der Weichsel in die Ostsee verdankt Gdańsk seinen andauernden strategischen Wert. Nach den Worten Friedrichs des Großen konnte jeder, der diese Stadt beherrschte, "eher als Herr von Polen gelten als jeder dort herrschende König".

Die Stadt, deren Besiedlung im 10. Jahrhundert begann, stieg zu ihrer Bedeutung auf, als 1308 die Ritter des Deutschen Ordens eintrafen, nachdem sie zum Schutz gegen die Brandenburger Markgrafen von der Bevölkerung zu Hilfe gerufen worden waren. Die Ritter ließen sich daraufhin in der Stadt nieder, und die ursprüngliche Bevölkerung wurde nach und nach durch deutsche Siedler verdrängt.

Die Wirtschaft der Stadt florierte, und mit dem Ende der Herrschaft des Deutschen Ordens Mitte des 15. Jahrhunderts, bei der gleichzeitig die Burg Stein um Stein von den Stadtbewohnern abgetragen wurde, wurde Danzig, inzwischen ein etabliertes Mitglied des handeltreibenden Hansebundes, ein in jeder Hinsicht unabhängiger Stadtstaat mit eigener Gesetzgebung, Rechtsprechung und dem Monopol für die Handelswege auf der Weichsel. Die einzige politische Verbindlichkeit bestand darin, dem polnischen Monarchen zu huldigen und ihm eine Jahressteuer zu zahlen. Damit kristallisierten sich bereits die Schlüsselelemente der Stadtgeschichte heraus: Autonomie, Wirtschaftsmacht, kosmopolitisches Kulturleben und die deutsch-polnischen Rivalitäten um die Kontrolle über die Stadt.

Ihre Blütezeit erlebte die Stadt zwischen dem 16. Jahrhundert und den Teilungen im späten 18. Jahrhundert. Einen Eindruck von der Größe des **Handelsimperiums** vermittelt die Statistik, derzufolge die Danziger Ostland-Gesellschaft einen größeren Umsatz als die "East India Company" in London erzielte. (Ein wichtiger Ausfuhrartikel war Holz, besonders Fichte.) Ein großer Teil der Bauwerke entstand zu diesem Zeitpunkt, als die Bürger holländische und flämische Architekten nach Danzig riefen, um Häuser zu bauen, die Ausdruck des Selbstvertrauens der Stadt sein sollten – daher das hanseatische Erscheinungsbild. Schon seit der Renaissance gingen religiöse Toleranz und Pluralismus Hand in Hand mit dem Handel, was u. a. den engen Beziehungen mit Großbritannien zuträglich war: Unter der großen Zahl ausländischer, protestantischer Händler befanden sich auch viele Schotten, von denen viele auf Grund religiöser Verfolgung ihre Heimat verlassen hatten. Sie erhielten Ländereien und bestimmte Rechte und ließen sich in den bis heute als "Stare" und "Nowe Szkoty" – Alt- und Neuschottland – bekannten Bezirken nieder. Das darauf folgende Jahrhundert, in dem die Wirtschaft blühte und sich ständig weiterentwickelte, brachte zwei der berühmtesten Söhne von Gdańsk hervor: den Astronomen Jan Heweliusz (Johannes Hevelius), der fast sein ganzes Leben hier verbrachte, und Daniel Fahrenheit, den Erfinder des Quecksilber-Thermometers.

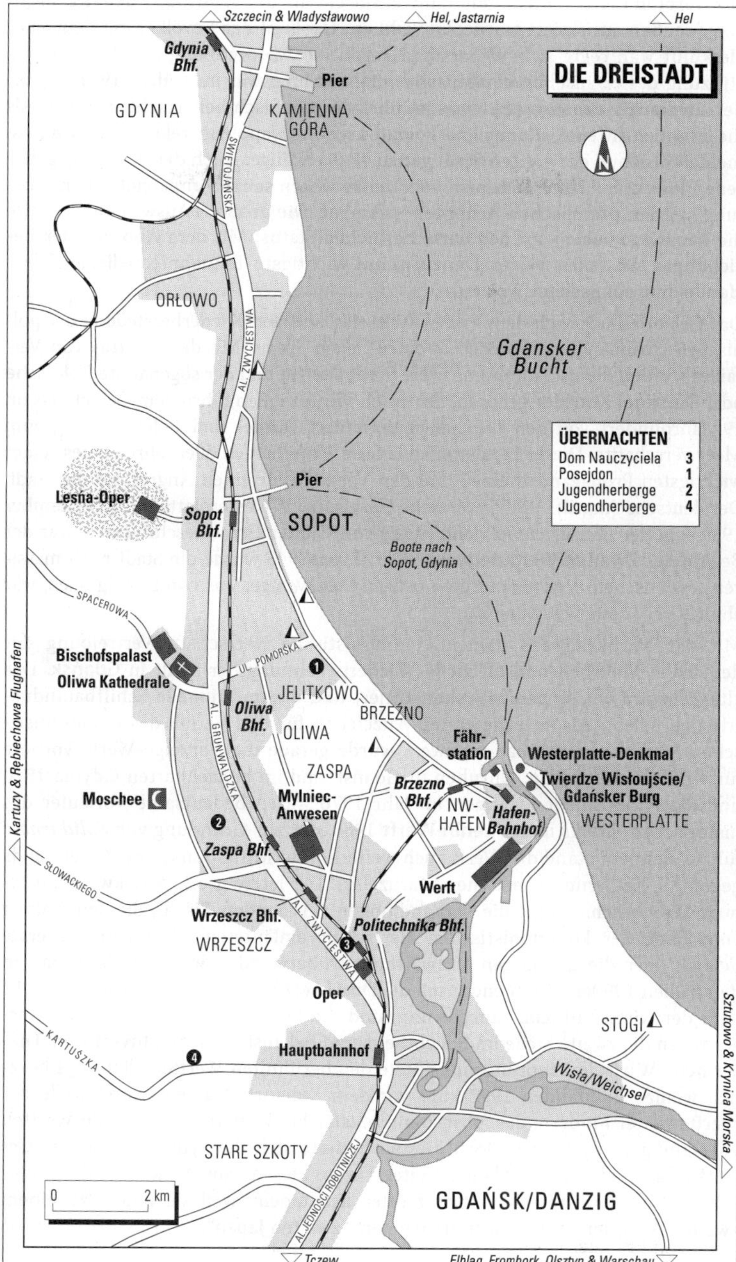

Der Nordosten
Karte S. 202/203

Die Verbindung zu Polen endete unvermittelt, als die Stadt nach den Teilungen von Preußen annektiert wurde. Obwohl ein Großteil der Bevölkerung deutscher Herkunft war, regte sich Widerstand gegen die "Verpreußung", und die Unterstützung der polnischen Unabhängigkeitsbewegung war im frühen 19. Jahrhundert in Danzig genauso stark wie im übrigen preußisch beherrschten Polen. Als die Preußen in einer Kampagne Soldaten gegen Napoleon rekrutieren wollten, meldeten sich in der ganzen Stadt genau 47 Freiwillige. Auch der in Danzig geborene Philosoph Arthur Schopenhauer geriet wegen seiner "unpatriotischen" Haltung bei den preußischen Behörden in Verruf. Die größten Auswirkungen hatte die Annexion jedoch auf den wirtschaftlichen Status: Mit dem Abbruch der Beziehungen zu Polen verlor Danzig seine wichtigste Einnahmequelle aus dem Handel mit polnischem Weizen.

Das Gebiet erhielt nach dem Ersten Weltkrieg und der Wiederherstellung der polnischen Unabhängigkeit wiederum einen neuen Status. Mit dem Vertrag von Versailles wurden die halbautonome **Freie Stadt Danzig** und der sogenannte **Polnische** oder **Danziger Korridor** geboren, der durch Westpreußen führte (ein Gebiet, das im 19. Jahrhundert von den Deutschen dominiert wurde) und Polen Zugang zum Meer verschaffte. Dieser Landstreifen lieferte Hitler in den 30er Jahren eines seiner wichtigsten Propagandathemen und den Vorwand für einen Angriff auf die Stadt. Der deutsche Angriff auf die polnische Garnison auf Westerplatte am 1. September 1939 – in der *Blechtrommel* denkwürdig von Günter Grass beschrieben – war der Beginn des **Zweiten Weltkrieges**. Erst im März 1945 wurde die Stadt nach massiven sowjetischen Bombenangriffen befreit. Das Wenige, was von Danzig blieb, war ähnlich verwüstet wie Warschau.

Mit der Nachkriegszeit kamen kommunistische Herrschaft, Vertreibung der deutschen Mehrheit und offizielle Wiederbenennung der Stadt in **Gdańsk**. Das alte Zentrum wurde penibel rekonstruiert und die traditionelle Schiffbauindustrie neu belebt. Als sich die ersten Anzeichen für den Verfall des kommunistischen Regimes bemerkbar machten, wurde gerade die Vorzeige-Werft Vorbote für eine neue Ordnung. Unruhen in Gdańsk und im benachbarten Gdynia 1970 und die Arbeitsniederlegungen im Jahr 1976 waren bedeutsame Vorläufer des historischen Streiks in der **Lenin-Werft** 1980, der zur Gründung von *Solidarność* führte. Seitdem stand die Werft auch weiterhin im Mittelpunkt des Widerstands gegen die Regierung von General Jaruzelski. Die letzte große Streikwelle im Januar 1989 beschleunigte die Verhandlungen am "runden Tisch", die den Anfang vom Ende der kommunistischen Herrschaft einläuteten. Nachdem der erste Schock über die gewaltigen Umwälzungen überwunden war, verfolgte man in den frühen 1990er Jahren energisch die Durchsetzung der Reformprogramme. Es kam der wirtschaftliche Aufschwung, und die Stadt rückte, gleich hinter Warschau, an die zweite Stelle im Beliebtheitsgrad bei ausländischen Investoren. Dieser neue Wirtschaftsoptimismus nützte den berühmten Werften allerdings herzlich wenig. Sie standen 1997 kurz vor dem Konkurs. Nur eine Streikwelle der Werftarbeiter hinderte die "post-kommunistische" Regierung daran, die Werften vollständig zu schließen. Doch diesmal weitete sich die Sympathie für die Gewerkschaft nicht zu einer landesweiten Unterstützung aus. So konnte der polnische Premierminister die Arbeiter öffentlich tadeln, weil sie Polen "zu einem zweiten Albanien“ machten statt zu einem "zweiten Japan“.

Information

• *Information* Das hilfsbereite **Fremdenverkehrsbüro** in der ul. Heweliusza 27 (Mo–Fr 9–16 Uhr; ✆ 058/301 4355) erreicht man vom Hauptbahnhof zu Fuß in fünf Minuten. Es hat eine große Auswahl an Karten und Informationsmaterial und übernimmt Hotelbuchungen. Das Büro der **PTTK** in der ul. Długa 45, mitten in der Altstadt (Mo–Sa 9–18 Uhr; ✆ 058/301 9327, www.pttk.gdansk.com.pl), kann besonders von Mai bis September von Nutzen sein, wenn zusätzliches englischsprachiges Personal eingestellt wird. **Almatur** befindet sich ebenfalls im Stadtzentrum, an der ul. Długi Targ 11/13 (Mo–Fr 9–17 Uhr, Sa 10–14 Uhr; ✆ 058/301 2931) und bietet einen ähnlichen, freundlichen Service für die Vermittlung von Zimmern in Studentenunterkünften. Allgemeine online-Auskünfte über die Trójmiasto sind erhältlich über www.trojmiasto.pl.

Der kleinformatige, englischsprachige Veranstaltungskalender *Gdańsk In Your Pocket* (6 Zł; www.inyourpocket.com), der an Zeitungskiosken erhältlich ist, bietet die besten Informationen über Hotels, Resaurants und Bars im Trójmiasto-Gebiet. Detailliertere Angaben zu Unterhaltung und gesellschaftlichen Ereignissen findet man in den polnischen Veröffentlichungen wie dem monatlich erscheinenden *City Magazine* (liegt in Bars aus) oder der Freitagsausgabe der Tageszeitung *Gazeta Wyborcza*.

Anfahrt/Verbindungen

• *Anfahrt/Verbindungen* Vom Hauptbahnhof (Gdańsk Główny) gelangt man in ca. 10 Minuten zu Fuß in den Kern der Altstadt. Die stark befahrene Wały Jagiełłońskie Straße direkt vor dem Bahnhof umgeht man am besten mit der Fußgängerunterführung, von der man auch zu den **Straßenbahnhaltestellen** auf der Verkehrsinsel in der Mitte der Straße gelangt. Der **Busbahnhof** (Dworzec PKS) befindet sich gleich hinter dem Bahnhof in der ul. 3 Maja.

Der **Stadtflughafen Gdańsk-Rębiechowo** (Information ✆ 058/348 1163), ul. Slowackiego 200, liegt etwa 15 km westlich der Stadtmitte, mit dem Bus Nr. B etwa 30 Minuten. Eine Taxifahrt zur Stadt kostet 40–45 Zł.

Wer mit dem **Auto** in die Stadt kommt, findet eine gut verständliche Beschilderung vor. Von Warschau kommend, wird man allerdings auf eine endlos lange, stark von Bussen und Lastwagen befahrene Zubringerstraße umgeleitet.

Wer mit dem **Boot** von Skandinavien übersetzt, kommt am Novy Port Fährhafen, etwa 6 km vom Stadtzentrum entfernt, an.

Die unverschämt hohen Taxipreise können Sie sich sparen, wenn Sie eine der **Regionalbahnen** ins Zentrum nehmen, die von der etwa 500 m südlich gelegenen Bahnstation abfahren.

• *Unterwegs in der Stadt* Das öffentliche Verkehrsnetz ist relativ einfach zu durchzuschauen. Die **Regionalbahnen** Szybka Kolej Miejska (SKM, umgangssprachlich Kolejka genannt) verkehren regelmäßig etwa alle 10 Minuten zur Hauptverkehrszeit, in Nebenzeiten seltener, früh morgens ungefähr einmal stündlich, zwischen dem Gdańsker Regionalbahnhof (SKM-Gleise liegen gleich nördlich der Hauptlinien-Gleise), Sopot und Gdynia. Unterwegs gibt es zahlreiche Haltestellen. Fahrkarten bekommt man in der Passage unter dem Hauptbahnhof oder an den Fahrkartenautomaten der Haltestellen. Die Karten müssen vor dem Zustieg entwertet werden. Die Fahrtzeit von Gdańsk bis Gydnia beträgt 35 Minuten.

In Gdańsk verkehren **Straßenbahnen,** in Sopot und Gdynia fahren **elektrische Busse**, deren Netze jedoch jeweils nur bis an die Stadtteilgrenzen reichen. **Busse** hingegen verkehren zwischen allen Bezirken. Die Nummern 117, 122 und 143 fahren nach Sopot, Nr. 171 fährt nach Gdynia, und Nr. 181 verbindet Gdynia mit Sopot.

Einen Plan für das gesamte Stadtgebiet von Gdańsk, in dem alle Bus- und Straßenbahnverbindungen enthalten sind, kann man an Kiosken und in Buchläden kaufen. Fahrkarten für Busse und Straßenbahnen erhält man an Kiosken, bei Straßenverkäufern oder beim Busfahrer. Bei Einstieg muss die Karte entwertet werden. Solange der Fahrschein gültig ist, kann man umsteigen, so oft man möchte, – er gilt auf allen Bussen, Straßenbahnen und elektrischen Bussen. Der Fahrpreis wird allerdings nach

Der Nordosten
Karte S. 202/203

Fahrtdauer berechnet; momentan kostet eine Fahrt von zehn Minuten 1 Zł, für 30 Minuten 2 Zł, bis zu 45 Minuten 2,50 Zł und 3 Zł für eine Stunde. Wenn die Zeit abgelaufen ist, muss man also ein neues Ticket lösen, sonst ist man ohne gültigen Fahrschein. Wahlweise kann man jedoch ein Tagesticket für 5 Zł erstehen. Es besteht ein regelmäßiger **Fährverkehr** zwischen Gdańsk und einer Reihe weiterer Orte, insbesondere Westerplatte, Sopot, Gdynia, der Halbinsel Hel und Jastarnia, der hauptsächlich von Touristen genutzt wird. In Gdańsk legen die Fähren unterhalb der Uferpromenade (Długie Pobrzeże) in der Nähe des Grünen Tores an. In Sopot und Gdynia fahren sie vom Pier ab. Die Abfahrtszeiten sind saisonbedingt und jeweils am Landungssteg angeschlagen. Fahrausweise erhält man am Landungssteg oder auf dem Boot selbst. Eine einfache Fahrt von Gdańsk nach Gdynia kostet z. B. 17 Zł, hin und zurück 25 Zł, Kinder unter vier Jahren fahren umsonst. Weitere Informationen können Sie unter ✆ 058/301 4926 erfragen.

Adressen von A bis Z

- *Ärztliche Versorgung* Unfallstation in der al. Zwycięstwa 49 im **Gdańsker Bezirk Wrzeszcz** (✆ 058/302 3076), hier wird Englisch gesprochen.
- *Apotheken* Nachtapotheken gibt es im 2. Stock des Hauptbahnhofs *Dworcowa*, in der ul. Zwycięstwa 49 im Bezirk Wrzeszcz und in der ul. Pilotów 21 im Bezirk Zaspa.
- *Autovermietung* **Avis**, ul. Długa 76 (✆ 058/301 8818); **Budget**, im Flughafen (ul. Slowackiego 200, etwa 15 km westlich vom Zentrum, ✆ 058/348 1298).
- *Bahnfahrkarten* Fahrkarten zu internationalen Reisezielen erhält man bei Orbis und in den Hauptbahnhöfen in Gdańsk und Gdynia.
- *Banken und Geld* Geldautomaten gibt es überall. In den **Kantor**-Geschäften kann man gebührenfrei Geld wechseln. Die **Bank Gdański** im Bahnhof akzeptiert die gängigen Kreditkarten und American Express. Mit Traveller Schecks wenden Sie sich am besten an eine der Banken, wie z. B. Narodowy Bank Polski in der ul. Okopowa 1.
- *Bücher, Karten und Zeitungen* Nach Karten, Reiseführern und fremdsprachigen Zeitungen und Zeitschriften suchen Sie am besten im EMPIK-Laden in der Podwale Grodzkie (gegenüber vom Hauptbahnhof) und in der Długi Targ 25/27.
- *Einkaufen* Wer gerne über Märkte schlendert, für den ist der **Hala Targowa** Markt in der ul. Pańska das Richtige. An den Ständen in der Markthalle gibt es alles von Gemüse bis Frischfleisch. Podwale Grodzkie gegenüber vom Bahnhof ist die beste moderne Einkaufsstraße. In der ul. Długa kann man nach (zugegebenermaßen teuren) Antiquitäten und Souvenirs suchen, und ul. Maricka ist gut für Bernstein und Schmuck.
- *Fähren* **Internationale Fähren** verkehren vom neuen Hafen *Nowy Port*, gegenüber von Westerplatte, nach Travemünde, nach Ystad und Oxelösund (Schweden) sowie nach Helsinki. Fahrkarten für *PolFerries* kann man über Orbis oder über die Telefonnummer ✆ 058/343 18 87 buchen.
- *Fluggesellschaften* **LOT**, ul. Wały Jagiełłońskie 2/4 (✆ 058/301 1161), **SAS** am Flughafen (✆ 341 3111).
- *Flughafeninformation* ✆ 058/348 1163.
- *Gepäckaufbewahrung* Am Bahnhof, tägl. 8-22 Uhr.
- *Konsulate* Deutschland, al. Zwycięstwa 23, ✆ 058/341 4366, 📠 058/3412245.
- *Krankenhäuser* siehe Ärztl. Versorgung.
- *Parkplätze (bewacht)* Die großen Orbishotels **Hewliusz**, ul. Heweliusza 22; **Marina**, ul. Jelitkowska 20; **Novotel**, ul. Pszenna 1; sowie **Posejdon**, ul. Kapliczna 30 verfügen über bewachte Parkplätze und bieten diese gegen eine Gebühr für Nicht-Gäste an.
- *Polizei* Das Hauptkommissariat der Polizei findet man in der ul. Okopowa 15 (✆ 058/301 6221 oder 301 1940).
- *Post* Das Hauptpostamt **Poczta Główa**, (auch für **postlagernde** Sendungen) befindet sich in der ul. Długa 23/28 und ist Mo–Fr von 8–20 Uhr, Sa 9–15 Uhr geöffnet.
- *Schwule und Lesben* Ein Kontakt vor Ort ist: **Lambda Gdańsk**, Postfach 265, 81–806 Sopot 6. Ansonsten über das Zentrum in Warschau weitere Kontaktnummern erfragen (✆ 022/628 5222).
- *Taxi* Für Vorbestellungen in Gdańsk rufen Sie: **Hallo Taxi** unter ✆ 9197. In Gdynia erreicht man **Hallo Komputer Taxi** unter ✆ 9191, in Sopot **Inter Taxi** unter ✆ 551 0101.

Übernachten (siehe Karten S. 207 und S. 212/213)

Wie alle touristisch gut besuchten Städte hat auch Gdańsk eine große Auswahl an Unterkünften, die von der Luxusherberge bis zum einfachsten Zimmer reichen. In der Stadtmitte steigen die Preise in der Hochsaison um einiges an. Am oberen Ende der Preisskala stehen die von der Orbis-Kette betriebenen Hotels, die sehr stark auf westliche Touristen und Geschäftsleute ausgerichtet sind. Es gibt inzwischen auch mehrere Mittelklassehotels in der Innenstadt, aber wenn Sie bereit sind, etwas weiter draußen zu wohnen, finden Sie dort eine wesentlich größere Auswahl. **Privatzimmer** (H) werden vom Fremdenverkehrsamt Gdańsk in der Straße gegenüber vom Bahnhof in Podwale Grodzkie 8 (Mo–Fr 9–18 Uhr, Sa 10–14 Uhr) vermittelt. Es gibt drei ganzjährig geöffnete **Jugendherbergen**, die in der Hauptsaison jedoch meistens überfüllt sind. Dann bleiben noch die Studentenwohnheime und Schlafsäle, die von **Almatur**, Długi Targ 11/13, vermittelt werden (Mo–Fr 9–17 Uhr, Sa 10–14 Uhr; ✆ 058/301 2931). Es gibt außerdem mehrere **Campingplätze** in der Stadt, die von Mai bis September geöffnet sind.

• *Hotels und Pensionen* **Dom Aktora (16)**, ul. Straganiarska (✆ 058/301 5901). Einfache, aber gute und gemütliche Pension in zentraler Lage. Zimmer mit Bad und TV. (D)

Dom Harcerza (13), ul. Za Murami 2/10 (✆ 058/301 4936; www.domharcerza.prv.pl). Einfache, aber saubere Zimmer über einer schillernden Rezeption, die mit dem Wara-Syrena-Kino geteilt wird. In den großen Schlafräumen haben mehrere Personen Platz (25 Zł). Genügsame Doppelzimmer mit Gemeinschaftsbad und einige Doppelzimmer mit Bad und Küchenzeile. (G–E)

Dom Nauczyciela (3), ul. Upenhaga 28 (✆ 058/341 9116). Nettes Hotel, in einer ruhigen Seitenstraße des Bezirks Wrzeszcz – etwa fünf Minuten zu Fuß vom Bahnhof Gdańsk-Politechnika. Einige einfache Einzelzimmer und Drei- bis Vierbettzimmer, außerdem Doppelzimmer mit eigenem und mit Gemeinschaftsbad. Es gibt ein Restaurant und einen bewachten Parkplatz. Unsere Leserin Angelika Beyer machte allerdings die Erfahrung, dass die Duschen oft überschwemmt waren und das Haus durch Schulklassen ziemlich laut war. (H–F)

Hanza (10), ul. Tokarska 6 (✆ 058/305 3427, www.hanza-hotel.com.pl). Stimmungsvolles Luxushotel direkt beim Motława-Kanal Einige Zimmer mit Blick auf die Docks. Doppelzimmer ab 600 Zł. (A)

Heweliusz (14), ul. Heweliusza 22 (✆ 058/321 0000), hevelius@orbis.pl. Großes, gelblich schimmerndes Vorzeigestück der Orbiskette, 5 Min. vom Hauptbahnhof. Mit geschmackvoll eingerichteten Zimmern, teils mit schönem Ausblick auf die Altstadt/Stare Miasto. (B)

Holiday Inn, Podwale Grodzkie 9 (✆ 058/300 60000, www.holidayinn.pl/gdansk/). Komfortabel und angenehm, wie man es von dieser internationalen Hotelkette erwartet. Unmittelbar dem Bahnhof gegenüber. Doppelzimmer ab 640 Zł. (A)

Jantar (11), Długi Targ 19 (✆ 058/301 2716). Ausgezeichnete und sehr zu empfehlende Unterkunft im Herzen der Altstadt. Die Einrichtung stammt noch aus den Zeiten des Sozialismus, was dem Hotel einen etwas schäbigen Glanz verleiht. Toiletten auf dem Flur. Der Frühstücksraum dient gleichzeitig als Ballsaal, und an manchen Abenden finden hier Veranstaltungen statt. Zimmer mit Dusche oder nur Waschbecken. (F–E)

Marina, ul. Jelitkowska 20 (✆ 058/553 2079, marina@orbis.pl). Neun Stockwerke hoher, weißer Klotz genau an der Verwaltungsgrenze zwischen Gdańsk und Sopot. Die Zimmer sind freundlich und aber komfortabel – der Strand ist nur 200 m entfernt. Swimmingpool, Tennisplätze und Kinderspielplätze vorhanden. Erreichbar mit Straßenbahnen Nr. 2, 6 und 8 vom Bahnhof bis Endhaltestelle Jelitkowo (40 Min.). (B)

Nord (17), al. Hallera 245 (✆ 058/343 5700). Ein Appartmentblock aus den 1970er Jahren im Stadtteil Brzeźno wurde zu diesem preiswerten, sauberen und einfachen Hotel umgewandelt. Nur 300 m vom Strand, aber etwa eine halbe Stunde mit der Straßenbahn Nr. 13 vom Bahnhof entfernt. (E)

Novotel (9), ul. Pszenna 1 (✆ 058/300 2750, ngdansk@orbis.pl). Ein typisches Mittelklassehotel, von der Orbiskette betrieben. Für den angebotenen Komfort recht teuer. Die Altstadt ist zu Fuß erreichbar. Das Hotel selbst liegt zwischen einer lebhaften Hauptverkehrsstraße und schmuddeligen Parkplätzen. (C)

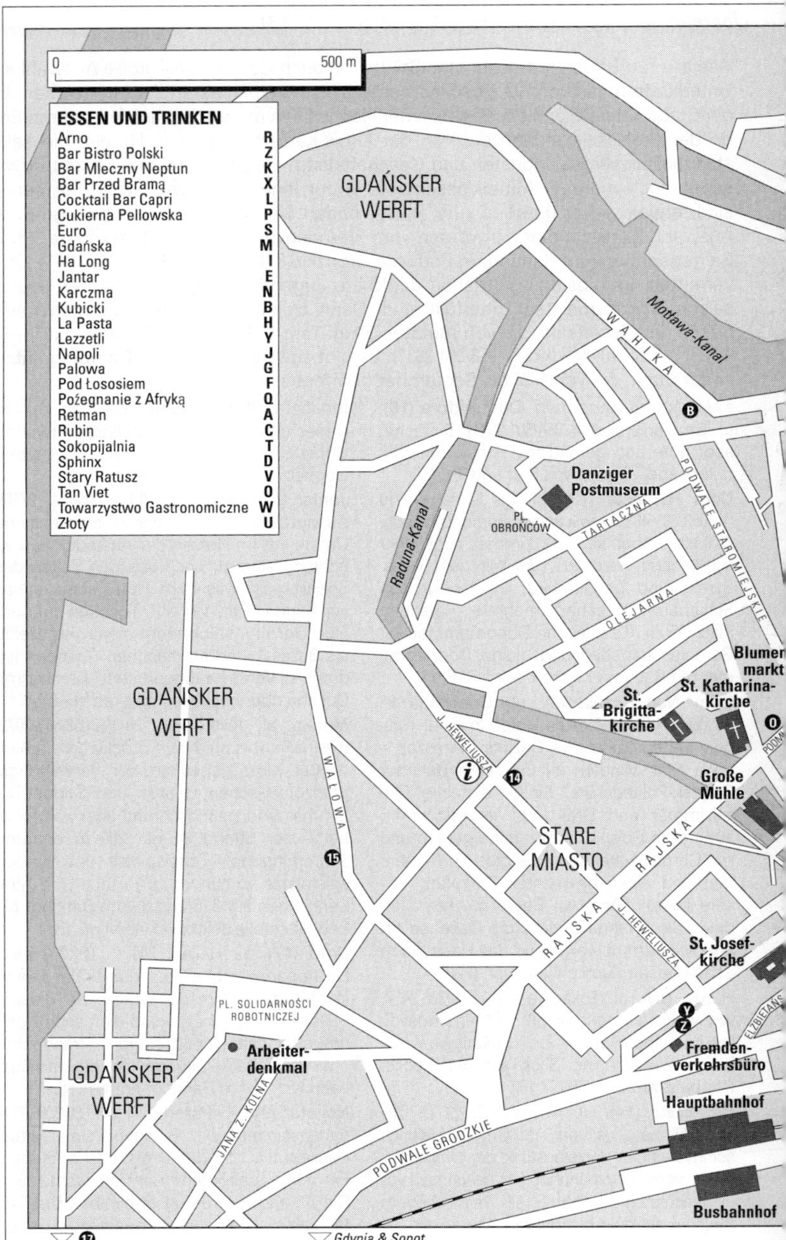
0
500 m
ESSEN UND TRINKEN
Arno R
Bar Bistro Polski Z
Bar Mleczny Neptun K
Bar Przed Bramą X
Cocktail Bar Capri L
Cukierna Pellowska P
Euro S
Gdańska M
Ha Long I
Jantar E
Karczma N
Kubicki B
La Pasta H
Lezzetli Y
Napoli J
Palowa G
Pod Łososiem F
Pożegnanie z Afryką Q
Retman A
Rubin C
Sokopijalnia T
Sphinx D
Stary Ratusz V
Tan Viet O
Towarzystwo Gastronomiczne W
Złoty U
GDAŃSKER WERFT
Motława-Kanal
WAHIKA
Danziger Postmuseum
PL. OBROŃCÓW
TARTACZNA
PODWALE STAROMIEJSKIE
Raduna-Kanal
OLEJARNA
Blumenmarkt
St. Katharinakirche
St. Brigittakirche
J. HEWELIUSZA
WAŁOWA
Große Mühle
STARE MIASTO
RAJSKA
St. Josefkirche
PL. SOLIDARNOŚCI ROBOTNICZEJ
Arbeiterdenkmal
JANA Z. KOLNA
Fremdenverkehrsbüro
Hauptbahnhof
PODWALE GRODZKIE
Busbahnhof
Gdynia & Sopot

Der Nordosten
Karte S. 202/203

Posejdon (1), ul. Kapliczna 30 (✆ 058/511 3100, posejdon@orbis.pl), 8 km nordwestlich des Zentrums im Vorort Jelikowo. Manche halten es für das beste Orbis-Hotel der Stadt. Die Zimmer, einige mit Seeblick und einige mit Blick auf den Wald, haben Balkons. Hallenbad und Fitnesscenter. Von dem nahe gelegenen Strand kann man bis nach Sopot spazieren. Anfahrt wie zum *Marina*. (D)

Sydłowski, al. Grunwaldzka 114 (✆ 058/345 7040, www.hotel-szydlowski.com.pl). Neueres Hotel der gehobenen Preisklasse, vornehme Zimmer, aufmerksames Personal. 5 km westlich der Altstadt in der lebhaften Hauptstraße des Vorortes Wrzeszcz gelegen. Straßenbahnen 6 oder 12 vom Hauptbahnhof oder SKM-Zug nach Gdańsk-Wrzeszcz. (D)

Villa Eva, ul. Batorego 28 (✆ 058/341 6785, www.villa-eva@hotmail.com). Hochpreisiges Frühstückshotel in einer ruhigen Straße des Vorortes Wrzeszcz. (D)

Zaułek (12), ul Ogarna 107/108 (✆ 058/301 4169). Sparsam möblierte, ein wenig muffige, aber saubere Zimmer, Bäder auf dem Flur. Da die Unterkunft mitten in der Altstadt gelegen ist, ist sie sehr beliebt. (H)

• *Studentenwohnheime* Preiswerte Zimmer gibt es in den Studentenwohnheimen ul. Wyspiańskiego Nr. 5 (✆ 058/341 0955), Nr. 7 (✆ 058/341 4985) und Nr. 9 (✆ 058/ 341 1536).

• *Jugendherbergen* **Ul. Grunwaldzka 244 (2)** (✆ 058/341 1660). In der Nähe von Oliwa im nördlichen Vorort Wrzeszcz gelegen. Nehmen Sie vom Hauptbahnhof aus die Straßenbahnen Nr. 6 oder 12. Eine annehmbare Herberge, die sich in einem Sportzentrum befindet. Außer einem Restaurant gibt es auch Tagungsräume, und daher ist es oft von Schulen ausgebucht. Meist Vierbettzimmer (20 Zł/Person) und Doppelzimmer (G). SKM-Zug zur Station Gadańsk-Zaspa.

Ul. Kartuska 245b (4) (✆ 058/302 6044). Eine Herberge 4 km westlich der Altstadt, in der ein Bett im Schlafsaal schon für 9 Zł zu haben ist. Es gibt auch Doppelzimmer (G). Erreichbar mit den Straßenbahnen 10 und 12 vom Bahnhof aus und den Bussen 161, 167 und 174 von der ul. 3 Maja.

Ul. Wałowa 21 (15), (✆ 058/301 2313) Die Herberge, die am nächsten zum Zentrum gelegen ist. Hier bekommt man Betten bereits ab 11 Zł pro Nacht in 10-Betten-Schlafsälen. Auch einige Einzel- und Doppelzimmer (I). Meist mit Gruppen ausgebucht, daher vorher anrufen.

• *Camping* **Ośrodek Turystyczny ul. Wydmy 1** (✆ 058/307 3915). Nennt sich selbst "Touristenzentrum" und liegt im Bezirk Stogi ganz nah am Meer. Man zahlt ungefähr 10 Zł pro Person.

Ul. Hallera 234 (✆ 058/343 5531). Im Vorort Brzeżno nördlich vom Stadtzentrum gelegen. Nehmen Sie vom Hauptbahnhof aus die Straßenbahnen Nr. 13 oder 15. Plätze kosten 10 Zł, aber für ca. 20 Zł kann man auch einen Bungalow mieten. Für einen Auto- oder Motorradstellplatz zahlt man eine kleine Gebühr.

Ul. Jelitkowska 23 (✆ 058/553 2731). In der Nähe des Strandes bei Jetlikowo. Campingmöglichkeiten und Ferienbungalows (für einen Spottpreis von 20 Zł pro Bett, ein echtes Schnäppchen). Von der Endhaltestelle der Straßenbahnen Nr. 2, 4 und 6 (die vom Hauptbahnhof abfahren) ist es nur ein kurzer Fußmarsch.

Ul. Lazurowa 5 (✆ 058/308 3915). Auch bekannt als "Baltisches Jugendzentrum". Weit draußen, östlich der Innenstadt entlang der Martwa Wisła in Orle. Der Bus Nr. 112 hält hier. Der Campingplatz bietet sicher die schönste Lage in der Nähe eines einsamen Strandes, mitten im Wald. Preis ungefähr 10 Zł pro Person.

Essen & Trinken (siehe Karten S. 207 und S. 212/213)

In der an Touristen gewöhnten Stadt findet man recht einfach ein passendes Restaurant: Es gibt eine große Auswahl an Cafés und Imbissbuden, eine wachsende Anzahl von Fastfood-Restaurants und auch eine Reihe wirklich empfehlenswerter Restaurants. Die gastronomische Landschaft hat mit der stetig wachsenden Anzahl an Touristen Schritt gehalten, und deshalb findet man immer problemlos irgendwo einen Tisch. Von Spezialitäten der Region sind natürlich besonders die Fischgerichte zu empfehlen.

Wenn Sie ausgehen möchten, um etwas zu **trinken**, halten Sie sich an die Bars und Cafés im Stadtzentrum in der ul. Długa sowie den Parallelstraßen in Richtung Norden. Im Sommer bieten sich die Terrassencafés in der ul. Chlebnicka und Mariacka an, wo man in der Sonne sitzen kann und oft einen recht guten Espresso bekommt. Die Uferpromenade ist die eigentliche Lebensader der Stadt. Hier gibt es neben vielen eher unansehnlichen auch einige sehr angenehme Cafés.

Das **Nachtleben** in Gdańsk gestaltet sich immer vielfältiger, z. T. dank des hohen Anteils an Studenten in der Trójmiasto. Außerdem gibt es in einigen der genannten Bars Livemusik und/oder Tanz an den Wochenenden. Ausgeprägte Nachtschwärmer seien darauf hingewiesen, dass auch Sopot in dieser Hinsicht einiges zu bieten hat.

• *Fastfood und Snacks* **Bar Mleczny Neptun (K)**, ul. Długa 33. Milchbar mit eine Reihe von preiswerten Gerichten auf der Speisekarte, allerdings sind nicht alle immer erhältlich.

Bar Bistro Polski (Z), Powale Grodzkie 8. Helles, heiteres Café gegenüber vom Hauptbahnhof. Es bietet Frühstück mit Rühreiern, Pfannkuchen und vieles andere.

Bar Mleczny Syrena, ul. Grunwaldzka 73, Wrzeszcz. Diese Bar liegt zwar außerhalb des Zentrums, die nahrhafte polnische Küche ist jedoch sehr zu empfehlen.

Bar Przed Bramą (X), targ Sienny 1. Fastfood-Restaurant mit einer guten Salatbar sowie Pommes frites mit allerlei Saucen.

Cocktail Bar Capri (L), ul. Długa 59/60. Bietet guten Kaffee und das beste Eis in der ganzen Stadt. Im Sommer mit Sitzmöglichkeiten im Freien. Bis 22 Uhr.

Cukierna Pellowska (P), Podwale Staromiejskie 82. Gemütliches Café am Nordwestrand der Altstadt. Es offeriert ausgezeichneten Kaffee, leckere Kuchen und frisches Brot von der angeschlossenen Bäckerei. Bis 19 Uhr.

Lezzeti (Y), Podwale Grodzkie 8. Preiswerte Kebab- und Pizzagerichte in einem Glaspavillion in der Einkaufspassage. Bequeme Stühle und Kübelpflanzen sorgen für eine Hotelhallenatmosphäre.

Pożegnanie z Afryką (Q), ul. Kołodziejska 4. Gehört zur Jenseits-von-Afrika-Kette. Der Kaffee ist gut. Bis 22 Uhr.

Sokopijalnia (T), ul. Długa 11. Hier gibt es frisch gepressten Karottensaft. Bis 20 Uhr.

Stary Ratusz (V), ul. Korzenna 33/5. Gutes Café im Ratusz Staromiejski. Mit Marmortischen. Zum Kaffee gibt es französisches Gebäck.

Wielki Błękit, ul. Jantarowa 8, am Landesteg in Brzeżno, direkt zwischen Gdańsk und Sopot. Geräumiges, schön dekoriertes Selbstbedienungsrestaurant mit Fischspezialitäten. Eignet sich für einen Zwischenstopp auf einem Spaziergang am Strand zwischen Brzeżno nach Sopot.

Złoty Kur (U), ul. Długa 4. Ob es nun ein Restaurant oder eine Milchbar ist, bleibt Ihrer Einschätzung überlassen. Zentral gelegen und mit Delfter Kacheln dekoriert.

• *Restaurants* **Amo (R)**, ul. Tkacka 1. Einfaches Kellerrestaurant mit italienischen Gerichten. Preiswert und von verlässlicher Qualität.

Euro (S), ul. Długa 79/80 (✆ 058/305 2383). Gemütliches und leicht kitschiges, im Rokoko-Stil eingerichtetes Restaurant. Die europäische Küche, die hier serviert wird, ist nicht ganz billig. Auf der Karte stehen z. B. Kalbsschnitzel mit Fettucine in Sahnesauce – sicher ihr Geld wert.

Gdańska (M), ul. Święto Ducha 16 (✆ 058/301 0322). Ein weiteres ziemlich teures, aber sehr gutes Restaurant. Geöffnet bis Mitternacht.

Ha Long (I), ul. Szeroka 37/39. Eines der besten der neuen chinesischen Restaurants im Zentrum.

Jantar (L), *Hotel Jantar*, ul. Długa 19. Die Einrichtung stammt noch aus kommunistischen Zeiten. Das Essen ist gut, und man kann hier auch frühstücken. Am Wochenende Tanz.

Karczma (N), ul. Długa 18. Hochwertige polnische Küche, die in uriger Umgebung serviert wird.

Kubicki (B), ul. Wartka 5. In diesem leicht schummrigen, mediterran inspirierten Lokal sind die Portionen sehr großzügig, und das Essen ist gut. Wird besonders gerne von Seeleuten aus aller Welt frequentiert, daher auch die mehrsprachigen Speisekarten.

La Pasta (H), ul. Szeroka 32. Ein einfaches Restaurant mit preiswerten, leckeren Pizzen und Pastagerichten, die man an der Theke bestellt. Bis 22 Uhr.

Margherita, ul. Cysterstów 11, Oliwa. Für die im Steinofen gebackenen Pizzen lohnt sich der Ausflug in den Norden der Stadt. Praktisch, wenn man gerade die Kathedrale in Oliwa besichtigt hat. Bis 22 Uhr.

Napoli (J), ul. Długa 62/63. Zentral gelegene, geräumige Pizzeria mit sehr flottem Service.

Palowa (G), ul. Długa 47. Dieses hübsche Restaurant befindet sich unter dem Rathaus: Das Essen ist genauso solide wie die Einrichtungsgegenstände.

Pod Łososiem (F), ul. Szeroka 52/3 (✆ 301 7652). Eines der elegantesten

Restaurants der Stadt, aber alles in allem preiswerter, als man erwartet. Reservierung wird empfohlen. Zu den Spezialitäten gehören die Meeresfrüchtegerichte. Außerdem wurde hier das "Goldwasser" erfunden, ein gelber, zähflüssiger Wodkalikör, in dem echte Goldflocken herumschwimmen und dessen Rezept noch auf die Preußen zurückgeht.

Retman (A), ul Stągiewna 1, am Flussufer, spezialisiert auf Fischgerichte. Nicht ganz billig. Bis Mitternacht geöffnet.

Rubin (D), ul. Długie Pobrzeże. Schwimmendes Restaurant, ebenfalls in der Nähe des Grünen Tors gelegen. Die polnischen Gerichte eignen sich jedoch eher zum Sattwerden als zum Genießen.

Sphinx (O), Długi Targ 31/32. Eines von vielen überall entstehenden Restaurants mit ägyptischer Küche. Große Portionen von Gegrilltem, auch einige orientalische Spezialitäten. Kebab-Gerichte zum Mitnehmen. Bis Mitternacht.

Tan Viet (W), ul. Podmłyńska 1/5. Ein Vietnamese/Chinese, der sich sehen lassen kann, ganz in der Nähe des Stadtzentrums und bis 23 Uhr geöffnet. Nicht ganz billig.

Towarzystwo Gastronomiczne, ul. Korzenna 33/35. Phantasievolle, moderne europäische Küche im Erdgeschoss des Ratusz Staromiejski. Vor allem Besucher der Künstlerszene. Nach dem Abendessen verweilt man meist noch zum Trinken. Am Wochenende Tanz.

• *Bars und Pubs* **Blue Café**, ul. Chmielna 103/104. Moderne, geräumige Café-Bar. Sie bietet Livejazz und -blues sowie DJ-Abende an den Wochenenden. Dann wird Eintritt verlangt.

Casablanca, ul. Długa 59. Angenehme, geräumige Café-Bar in den oberen Stockwerken des Altstadtkinos mit gemütlichen Sofas und einem Interieur, das sich an Bogart-Zeiten orientiert. Bis 2 Uhr morgens geöffnet.

Celtic Pub ul. Lektykarska (Seitenstraße der ul. Długa). Großes Pub im Erdgeschoss mit Holzbänken und riesiger Leinwand für Musikvideos. Am Wochenende Livemusik und Tanz. Bis 2 Uhr morgens geöffnet.

Cotton Club, Złotników 25/29. Geräumige Bar bzw. Nachtklub, der bis 2 Uhr früh geöffnet ist. Wahlweise kann man hier Billiard spielen, gemütlich etwas trinken oder tanzen.

Gospoda pod Wielkim Młynem, ul. Na Piaskich 1. Stimmungsvolles Café auf einer Insel zwischen den zwei Kanälen, die die Große Mühle speisen. Besonders schön in warmen Nächten.

Gazeta Rock Café, ul. Tkacka 7/8. Freundliche, elegante Bar im Erdgeschoss, dekoriert mit Pop-Erinnerungsstücken – bezeichnet sich selbst als "Museum des polnischen Rock". DJs und Tanz an den Wochenenden.

Herbaciarnia Cztery Pory Roku, ul. Ogarna 73/75. Dieser esoterisch angehauchte Teeladen ist mega-in (oder eher mega-Hippie?). Außer Tee werden auch "Musik und Öle" angeboten. In einer Seitenstraße der ul. Długi Targ. Di–So bis Mitternacht geöffnet.

Irish Pub, ul. Korzenna 33/5. Kneipe unter dem Alten Rathaus, in der es oft Livemusik gibt und die immer gut von Studenten besucht ist. Die Einrichtung besteht aus alten Kirchenbänken. Täglich bis 1 Uhr, am Wochenende bis 4 Uhr früh geöffnet.

Jazz Club, Długi Targ 39/40. Jazz für alle Altersgruppen. Erstklassiger Livejazz am Wochenende, unter der Woche Cocktailbar-Klaviermusik oder Golden Oldies. Bis 1 Uhr früh geöffnet.

Kamienica, ul. Mariacka 37/39. Gemütliches, intimes Café auf zwei Stockwerken. Tagsüber schön für einen Kaffee zwischendurch, abends gut als Treffpunkt zum Trinken.

Piwnica Pub, ul. Podgarbary 1. Wunderbar entspannte Kneipe in einem Gewölbekeller in einer Seitenstraße der ul. Długa. Eines der wenigen Pubs, in dem man sich wie in einem echten fühlt.

Scruffy Murphy's, ul. Grunwaldzka 76/78. In Wrzeszcz gelegene Filiale einer Pub-Kette von ähnlicher Qualität wie McDonald's. Lohnt sich nur, wenn man ohnehin in Wrzeszcz ist. Geöffnet bis Mitternacht.

Vinifera, ul. Wodopój 7. Eine nette Café-Bar in einem winzigen Häuschen am Kanal. (Günter Grass erwähnt dieses "Puppenhaus" in seinem Roman "Unkenrufe"). Bis Mitternacht geöffnet.

Vins Seńkclauze, ul. Teatralna, hinter dem Theater Wybrzeże. Hier kann man bei einem Buch in aller Ruhe ein Glas guten Wein trinken.

• *Nachtklubs* **Escape**, ul. 3 Maja 9a. Studentendisco hinter dem Bahnhof, auch Livemusik. Mi–Sa.

Iks, ul. Polanki 66. Studentenklub im Erdgeschoss des Studentenwohnheims. Etwas außerhalb im Bezirk Oliwa. Do–Sa. Gdańsk-Przymorze SKM Station.

Kazamaty, ul. Doki 1. Eine riesengroße, die ganz Nacht geöffnete Disco, in der ca. 5.000

Menschen Platz haben. Es gibt acht verschiedene Bars. Der beste, verrückteste und preiswerteste Platz, wenn man die Nacht durchmachen will.

Kwadratowa, ul. Siedlicka 4. Angenehme Studentendisco, die an den Wochenenden die neueste Tanzmusik bietet. Rock und ältere Stilarten unter der Woche. Di–Sa.

Medyk, ul. Dębowa 7. Noch ein auf Studenten ausgerichteter Treffpunkt, 1 km westlich des Hauptbahnhofs. Vor allem die letzten Hits und Techno. Do–Sa.

Olimp, ul. Czyzewskiego 29. Geräumige Studentendisco in Oliwa (nächster Bahnhof ist Gdańsk-Zabianka). Techno und Hits aus den Charts. Do–Sa.

U Boot, ul. Do Studzienki 32. Eine weitere hedonistische Studentendisco, mit Schwerpunkt Techno und House, im Vorort Wrzeszcz.

Unterhaltung

Die **Nationale Oper und Philharmonie** in der al. Zwycięstwa 15 (in der Nähe der Station Gdańsk Politechnika) ist eine der angesehensten Adressen des Landes für klassische Musik aller Art. Gelegentlich werden auch Ballettproduktionen gezeigt. Außerdem finden häufig Kammerkonzerte in der Akademia Muzyczna, ul. Łankowa 1/2, statt (✆ 058/300 9201) sowie im Nadbaltyckie Centrum Kultury, ul. Korzenna 33/35 (✆ 058/301 1051). Hier gibt es auch Aufführungen in kleinem Rahmen. Nähere Informationen und Eintrittskarten an der Theaterkasse, ✆ 058/341 0563. Das eigentliche **Stadttheater** ist das **Wybrzeże Theater**, in der ul. Św. Ducha 2, gleich hinter der Waffenkammer (✆ 058/301 1328). Der größte **Kinokomplex** der Innenstadt befindet sich in der ul. Długa 57. Hier gibt es drei Vorführräume: *Neptun* (✆ 058/ 301 8256), *Kemeralne* (✆ 058/301 5331) und *Helikon* (✆ 058/301 5331). Gezeigt werden die neuesten Hollywood-Produktionen, meist im Original mit Untertiteln. *Watra-Syrena* befindet sich im selben Gebäude wie das Hotel Dom Harcerza in der Za Murami 2/10 (✆ 058/305 4564) und ist mehr künstlerisch orientiert. Etwas nordwestlich des Zentrums, al. Zwycięstwa 14, ist das *Multikino*, ein nagelneues Multiplex auf der Straße nach Wrzeszcz. (✆ 058/340 3099, www.multikino.pl).

Die Dreistadt hat eine Reihe von **Festivals** und andere Kulturereignisse zu bieten:

Der **Dominikanische Jahrmarkt** (Jarmark Dominikański) findet jeweils in den ersten drei Augustwochen statt und ist eine der wichtigsten Veranstaltungen in der Stadt. Er bietet eine Mischung aus Kunsthandwerkständen, Aufführungen verschiedener Künstler, Straßentheater und anderen kulturellen Veranstaltungen. Der **St. Nikolaus Weihnachtsmarkt** (Jarmark Nikołaja) in den ersten drei Dezemberwochen bietet ähnliche Veranstaltungen, jedoch mit weihnachtlichen Themen. Gleichzeitig mit dem Dominikanischen Jahrmarkt findet außerdem jedes Jahr das **Internationale Kammermusikfestival** statt. Weiterhin gibt es das jährliche Chorfestival im Rathaus (Juni–August) und ein **Orgelmusikfestival** in der Kathedrale von Oliwa im Juli und August. Das **Gdańsker Film Festival** findet jedes Jahr im September statt. Außerdem gibt es eine wachsende Anzahl an kurzfristig geplanten, einmalig stattfindenden Veranstaltungen.

Wer sich für **Fußball** interessiert, dem sei ein Besuch des BKS Lechia Stadions, ul. Traugutta 29 (Bahnhof Gdańsk Politechnika), empfohlen, wo das Team des Lechia Gdańsk zu Hause ist.

Für **Kinder** gibt es in der Stadt viel Abwechslung und Unterhaltung. Der **Cricoland Jahrmarkt** befindet sich gleich nördlich vom Hauptbahnhof und verfügt über zahlreiche Buden, eine Achterbahn, eine Geisterbahn und ein Spiegelkabinett. Für die Fahrten zahlt man mit Marken. Im **Lazurkowa** Zentrum in Gdynia gibt es ein großes **Planschbecken** für Kinder mit einer Außenterrasse, von der die Eltern ein Auge auf die Kleinen haben können. Das **Miniatura Puppentheater** in der ul. Grunwaldzka 16 (✆ 058/341 9483) ist hervorragend: Vorstellungen gibt es jeden Samstag und Sonntag und unter der Woche Matinées für Schulklassen. Karten kauft man am besten eine Stunde vor der Vorstellung. Das Innere des Theaters ist sehr hübsch, und Kinder lieben die Vorstellungen. Auch **Kinos** haben oft Matinées. Informieren Sie sich in den Tageszeitungen über die Spielpläne. Schließlich gibt es noch einen **Zoo** in Oliwa, ul. Karwińska 3, der sich in einer schönen Umgebung mit bewaldeten Hügeln befindet. Anfahrt mit Bus Nr. 122 (geöffnet im Sommer 10–19 Uhr, im Winter 10–16 Uhr).

Sehenswertes

Die Orientierung in der Stadt ist verhältnismäßig einfach: Die wichtigsten Sehenswürdigkeiten sind in den drei historischen Bezirken Główne Miasto (Stadtmitte), Stare Miasto (Norden) und Stare Przedmieście (Süden) zu finden.

Die Innenstadt **Główne Miasto** (auch Rechtstadt) liegt wenige Gehminuten vom Hauptbahnhof entfernt. Die Fußgängerzone in der ul. Długa, die in den Długi Targ Platz übergeht, bildet den Kern der Stadtmitte. Die Ostseite des Platzes grenzt an die Uferpromenade des Motława-Kanals und der Insel Spichlerze, wo es besonders im Sommer sehr belebt ist. Die Altstadt **Stare Miasto** befindet sich im Norden, und wird eingegrenzt von den hoch aufragenden Verladekränen der Werft. Dahinter erstrecken sich die Stadtteile Wrzeszcz, Zaspa und Oliwa bis nach Sopot. Südlich des Stadtzentrums liegt die etwas ruhigere Alte Vorstadt **Stare Przedmieście**.

Główne Miasto, das größte historische Stadtviertel in der Mitte der Stadt, bietet sich als Ausgangspunkt für einen Rundgang an. Von hier aus gelangt man über den schmalen Radunia-Kanal in die Altstadt **Stare Miasto**. Hauptanziehungspunkt für Besucher der Alten Vorstadt **Stare Przedmieście** im Süden, deren Grenze die Podwale Przedmiekie bildet, ist vor allem das Nationalmuseum. Weiter nördlich, in Richtung Sopot liegt der Vorort **Oliwa** mit seiner Kathedrale – sie ist eines der herausragendsten Wahrzeichen der Stadt – und dem Botanischen Garten.

Folgt man dem Kanal per Boot vom zentralen Landesteg nach Norden, gelangt man zur **Westerplatte** mit ihrem Denkmal, das an den Ausbruch des Zweiten Weltkriegs erinnert. Auf der Fahrt dorthin hat man einen guten Blick auf die berühmten Werften. Es werden auch Bootsfahrten nach Gdynia, Sopot und zur Halbinsel Hel angeboten.

Główne Miasto

Beim Betreten der Glówne Miasto hat man das Gefühl, geradewegs in eine Hanseniederlassung zu kommen. Die für einen mittelalterlichen Hafen typische Anlage besteht aus einem dichten Straßennetz, dessen vier Seiten von Wasserstraßen und Hauptverkehrsstraßen umgeben ist: die Kanäle Radunia und Motława im Norden und Osten und die Podwale Przedmieskie und Wały Jagiellońskie im Süden und Westen. Die alten Fassaden der Häuser in diesem Stadtviertel täuschen: Im Mai 1945 waren nach den Kämpfen zwischen deutschen und russischen Truppen vom Kern von Gdańsk nicht mehr als rauchende Trümmer übrig. Die Aufnahmen im Rathaus dokumentieren das Ausmaß der Zerstörung und den Wiederaufbau.

Ulica Długa, Rathaus und Długi Targ

Die **ulica Długa** (Königsweg), die Hauptverkehrsstraße, und der **Długi Targ**, der weite, offene Platz an ihrem östlichen Abschnitt, bilden einen natürlichen Orientierungspunkt. Wie alle Hauptstraßen werden auch diese beiden an ihrem Anfang von mächtigen Steintoren bewacht. Vor dem westlichen Eingang zur ulica Długa sollte man sich das **Hohe Tor** (Brama Wysoka) und den vor kurzem renovierten gotischen **Gefängnisturm** ansehen, der ein schauerliches Museum mit Exponaten aus dem Gefängnis und den Folterkammern enthält. Das im ausgehenden 16. Jahrhundert als Teil der äußeren Befestigungen der Stadt erbaute Tor war das Haupttor von Gdańsk. Die drei über dem Bogen angebrachten Wappen – von Polen, Preußen und der Freien Stadt Danzig – fassen anschaulich die Geschichte der Stadt zusammen.

Von hier nimmt auch der "Königsweg" seinen Anfang, den die polnischen Monarchen bei ihrem jährlichen Staatsbesuch benutzten. Nach dem Hohen Tor kamen sie durch das reich verzierte **Goldene Tor** (Brama Złota), das an einen römischen Triumphbogen erinnert, und vorbei am gotischen **St.-Georgshof** (Dwór św. Jerzego), dem ehemaligen Sitz der St. Georgen-Brüderschaft). Das schöne Gebäude beherbergt heute stilgerecht die Architektengesellschaft. Auf seinem Dach befinden sich eine Statuette St. Georgs und eine Drachenfigur – eine Kopie, deren Original sich im Nationalmuseum in der Alten Vorstadt befindet. Von hier führt die ul. Długa hinunter zum Rathaus, dessen gegiebelte Fassade man eingehender betrachten sollte. Weiterhin sehenswert sind das **Ferber-Haus** aus dem 16. Jahrhundert (Nr. 28, für die Öffentlichkeit für gewöhnlich zugänglich) und die eindrucksvolle **Löwenburg** (Nr. 35), in die König Władysław IV. die Danziger Honoratioren dereinst einlud.

Eines der wenigen Häuser auf dieser Strecke, das für die Öffentlichkeit zugänglich ist, ist das **Dom Uphagena**, ul. Długa 12, in dem die führende Danziger Kaufmannsdynastie wohnte und das im Stil des späten 18. Jahrhunderts wieder aufgebaut und eingerichtet ist. Die Empfangsräume im zweiten Stock sind besonders verschwenderisch. Hier ist jede Tapete einem bestimmten Thema zugeordnet: In einem Raum sind es Schmetterlinge, in einem anderen Blumen, während der dritte mit Bildern von exotischen Vögeln geschmückt ist. Gemälde mit arkadischen Szenen aus griechisch-römischen Sagen und eine beeindruckende Sammlung von Delfter Keramik sowie Meißener Porzellan vervollständigen das Bild von häuslichem Luxus.

Öffnungszeiten Dom Uphagena Di–Sa 10–16 Uhr, So 11–16 Uhr. Eintritt 5 Zł.

Der Nordosten
Karte S. 202/203

Der hohe, gut proportionierter **Rathausturm** gekrönt mit einem goldenen Standbild des Königs Zygmunt August beherrscht die Silhouette des Zentrums in beeindruckender Weise. Das gegen Ende des 14. Jahrhunderts errichtete Gebäude, zu dem später der Turm mit der Spitze hinzukam, wurde im letzten Krieg völlig zerstört, später aber originalgetreu wieder aufgebaut. "In ganz Polen gibt es kein Rathaus, das so polnisch ist", bemerkte ein in Gdańsk ansässiger Schriftsteller, aber ein Blick in die Innenräume, in denen der Einfluss ausländischer Stile deutlich wird, dürfte den Betrachter zum Widerspruch reizen. Heute ist hier das **Historische Museum** untergebracht, wobei die verschwenderische Innenausstattung die ausgestellten Gegenstände fast in den Schatten stellt. Von der Eingangshalle führt eine prunkvolle Treppe in das Obergeschoss und den Großen Ratssaal, den **Roten Saal** (Sala Czerwona). Ganz offensichtlich waren die Gdańsker Räte im 17. Jahrhundert zumindest über die Farbgestaltung einer Meinung – die Farbe Rot beherrscht den Raum völlig. Die Dekoration des Saals, vorwiegend aus dem späten 16. Jahrhundert, ist das Werk verschiedener Künstler: Die Möbel entstanden nach dem Entwurf eines holländischen Flüchtlings, der gegen 1590 zum Stadtarchitekten von Gdańsk ernannt wurde. Willem Bart von Gent meißelte unter anderem den reich verzierten Kamin – man beachte die polnisch wirkenden Neptunabbildungen in den Stützsäulen. Die Decken- und Wandgemälde stammen von seinem Landsmann Johan Verberman de Vries. Das ovale Deckengemälde in der Mitte, das Werk eines weiteren holländischen Künstlers, Isaac van den Blocke, trägt den Titel *Die Verherrlichung der Einheit von Gdańsk mit Polen.* Es zeigt die damalige Ansicht der Stadt, die besonders die Bande zu Polen heraushebt. Der Rat trat nur im Sommer in diesem Saal zusammen; im Winter zog er in den angrenzenden kleineren Saal, in den man durch eine Holztür rechts vom Kamin gelangt. Der angrenzende **Gerichtssaal** enthält einen weiteren rekonstruierten Ofen aus dem 17. Jahrhundert. Einen bleibenden Eindruck hinterlassen die hier ausgestellten Fotomontagen, mit den Ruinen von Gdańsk im Jahr 1945. Die "vorher" und "nachher" Bebilderung zeigt, wie dringlich die Rekonstruktion der Gebäude war. Im Stockwerk darüber beherbergt das **Ratsarchiv** heute eine ständige Ausstellung, u. a. Aufnahmen von Gdańsk vor dem Krieg und Wanderausstellungen wie Stiche des bekanntesten Schriftstellers dieser Stadt, Günter Grass. Im alten städtischen Finanzbüro befinden sich zwei Gemälde von van den Blocke, eines davon mit einer bedrohlich aussehenden Darstellung der Sintflut, und ein Standbild von König Jagiełło, das aus dem benachbarten Artushof stammt.

Öffnungszeiten Di–Sa 10–16 Uhr, So 11–16 Uhr. Eintritt 5 Zł.

Gleich östlich hinter dem Rathaus verbreitert sich die Straße zu dem weitläufigen Marktplatz **Długi Targ**, der von repräsentativen Patrizierhäusern gesäumt wird. Besonders hervorstechend ist der **Artushof,** (**Dwór Artusa**), der erst kürzlich, nach umfassender Renovierung, wieder für die Öffentlichkeit zugänglich gemacht wurde. Das Gebäude ist Zeuge einiger wichtiger Ereignisse der Stadtgeschichte. Kaufleute errichteten den Hof in Anlehnung an die britische Legende von König Artus und seinem Schloss Camelot. In solchen Höfen, die zu dieser Zeit auch an anderen Orten in Europa enstanden, wurden Gesellschaften im Geiste der Gleichheitsprinzipien der ritterlichen Vorfahren abgehalten. Das Gebäude war ursprünglich von der St. Georg-Brüderschaft bewohnt worden, und der Artushof, um 1350 gegründet, wurde bald zum bedeutendsten und reichsten in Europa. Die um 1480 entstandene heutige Außenfassade wurde im frühen 17. Jahrhundert von dem Architekten Abraham van den Blocke rekonstruiert. Im 16. Jahrhundert war der Hof ein zentraler Punkt der Stadt und wurde von Zünften wie auch Händlern als Versammlungshalle genutzt. Der Ausbau des Gebäudes wurde von der Stadtverwaltung (auch finanziell) gefördert, und man schuf den ersten, für alle möglichen Gruppen zugänglichen politischen Versammlungsort in Europa. Der Hof war zugleich Sitz der Gilden, Rathaus, Gerichtshof und Empfangshalle für Würdenträger aus dem Ausland.

Während des Rückzugs der Nazis im Jahr 1945 wurde das Gebäude fast völlig zerstört. Große Teile der Inneneinrichtung wurden jedoch vor dem Bombardement der Stadt durch die Sowjets in Sicherheit gebracht, und überlebten. Einige Originale dieser Innendekoration bilden heute die Hauptattraktion der rekonstruierten Haupthalle und der angrenzenden Kammer. Besonders bemerkenswert sind das sternförmige Deckengewölbe in der Haupthalle, das von einer eleganten Säulenkonstruktion gestützt wird, und der Keramikofen aus der Renaissance, an dem sich im Winter die Bürger bei Versammlungen wärmten.

Öffnungszeiten Di–Sa 10–16 Uhr, So 11–16 Uhr, bei Veranstaltungen geschlossen. Eintritt 5 Zł.

Gleich außerhalb des Artushofs befindet sich die wunderschöne **Fontanna Neptuna** (Neptunbrunnen) aus dem 17. Jahrhundert, die den Gott ähnlich der Venus von Botticelli in einer Muschelschale stehend darstellt. Geht man auf dem Długi Targ weiter in westlicher Richtung gelangt man zum **Goldenen Haus** (Złota Kamienieza) in der Hausnummer 41, einem beeindruckenden, vierstöckigen Renaissancebau, dessen Name auf seine elegante, mit Gold verzierte Fassade zurückgeht.

▸ **Uferpromenade und Schifffahrtsmuseum**: Durch den Torbogen des **Grünen Tors** (Zielona Brama), einem ehemaligen Quartier für die Könige, die hier zu Besuch weilten, gelangt man direkt zum Ufer des Motława-Kanals. Von der Brücke zur Insel **Spichlerze** hat man eine schöne Aussicht auf die alten Getreidespeicher der Insel (früher gab es davon über 300). Links von hier verläuft am alten Hafenkai die

Sehenswert – der Neptunbrunnen vor dem Artushof

Uferpromenade, die heute bei Touristen wie Einheimischen gleichermaßen beliebt ist. Auf halbem Weg erhebt sich das wuchtige, im 15. Jahrhundert erbaute **Krantor** (Stary Źuraw), das größte im mittelalterlichen Europa. Jetzt ist hier sowie in einigen anderen Gebäuden das **Zentrale Schifffahrtsmuseum/Muzeum Morskie**, eines der interessantesten und am besten organisierten Museen des Landes, untergebracht.

Im Krantor selbst ist u. a. eine bunte und gut präsentierte Ausstellung über die Meeresfauna und -flora der Weltmeere zu sehen: Verschiedene Meeresvögel, Schwertfische, getrocknete Seesterne, Korallen, Muscheln und riesige Hummer bevölkern die Räume. Seit ewigen Zeiten waren die Polen, wie z. B. auch der Schriftsteller Joseph Conrad, begeisterte Seefahrer und Entdecker. Einige der Erinnerungsstücke, die sie über die Jahre hinweg zusammengetragen haben, kann man hier begutachten. Aus dem Hintergrund ertönen dazu ausgelassene polnische Seemannslieder. Als Zugabe kann man noch einen Blick von oben in das Innenleben des riesigen Krans werfen, denn die Museumsräume befinden sich direkt darüber.

Im Gebäude gegenüber gibt es eine Sammlung der verschiedensten Boote aus aller Welt, ebenfalls gut durchdacht und präsentiert. Hier kann man bemalte Kanus, Katamarane, Barken und andere Fischerboote aus Afrika, Asien und Polynesien bewundern. Die Hauptabteilung ist in drei frisch renovierten Renaissance-Getreidespeichern (*spichlerze*) auf der Ołowianka-Insel untergebracht. Um dorthin zu gelangen, steigt man in das neben dem Krantor angelegte Boot, das losfährt, sobald es voll genug ist. Auf der kurzen Strecke zur Insel kann man einen Blick auf die Häuser am Stadtufer werfen. Die robusten Getreidespeicher, besser bekannt als *Panna* (Jungfrau), *Miedź* (Kupfer) und *Oliwski* (Oliven) erinnern an die Tage, als der geschäftige internationale Hafen von Gdańsk sich bis ins Stadtzentrum erstreckte.
Die umfangreiche Ausstellung in den Speichern hat den Titel *Polska nad Bałtykiem/Polen und die Ostsee* und zeigt Gegenstände, die mit der nautischen Vergangenheit der Stadt in Verbindung stehen. Das Herz des Liebhabers erfreut sich an den Modellschiffen, Gemälden, alten Ferngläsern und Kompassen, diversen nautischen Instrumenten und Gerätschaften. Außerdem gibt es eine ausführliche Erläuterung der Geschichte des traditionellen Schiffbaus. Im größten Saal sind bedrohliche Kanonen auf hölzernen Rollen aufgebaut sowie eine Menge Waffen aus der Zeit des schwedischen Angriffs auf die Stadt von 1650–1660. Farbenfrohe Masten und Gallionsfiguren, unter anderem ein sehr dekorativer polnischer Artuskopf, hängen an den Wänden, und auf verschiedenen Karten ist der jahrhundertelange Kampf um die Kontrolle der Ostsee dokumentiert. Puppen in Seemannskleidung aus den verschiedenen historischen Perioden runden das Bild ab. Über all dem hängt der schwere Geruch, der von den alten Holzböden ausgeht. Die Ausstellung schließt mit einer Dokumentation über die jüngste Geschichte der Gdańkser Werften, wobei die Entstehung der Solidarność-Bewegung eine zentrale Rolle einnimmt.Vor den Getreidespeichern liegt die *Sołdek*, das erste Dampfschiff, das nach dem Zweiten Weltkrieg in Gdańsk gebaut wurde – es gehört ebenfalls zum Museum und ist für die Öffentlichkeit zugänglich. Der Rundgang durch die Laderäume, Kabinen, und die Maschinenräume endet in einer Ausstellung, die ebenfalls den Werften und Solidarność gewidmet ist.

• Öffnungszeiten Di–Fr 9.30–16 Uhr, Sa/So 10–16 Uhr; im Sommer bis 18 Uhr geöffnet. Eintritt 4 Zł pro Abteilung, 10 Zł für alle. Um alle Abteilungen des Museums zu besichtigen, braucht man mindesten drei Stunden und viel Geduld mit dem Eintrittskartensystem: Da es für jeden Bereich ein gesondertes Ticket gibt, muss man ein ganzes Bündel davon mit sich herumtragen.

Alle Straßen vom Ufer zurück in die Stadt sind einen Bummel wert. Vom Grünen Tor (Brama Zielona) zweigt die **ulica Chlebnicka** ab, die zum **Brotbäckertor** (Brama Chlebnicka) führt, das im 15. Jahrhundert von den Rittern des Deutschen Ordens erbaut wurde. Das **Englische Haus** (Dom Angielski), Hausnummer 16, wurde 1569 erbaut und war damals das größte Haus in der Stadt; es erinnert an die starken Handelsbeziehungen zu England seit der Reformationszeit. Nicht weit von hier liegt das **Schlieff Haus,** ein eleganter, gotischer Bau aus dem frühen 16. Jahrhundert. Die Originalfassade des Hauses wurde unter den Preußen von König Friedrich Willhelm III. nach Potsdam verfrachtet, wo sie sich noch heute befindet.

▸ **Marienkirche**: Parallel zur ul. Chlebnicka führt die ulica Mariacka nach Norden, eine sehr stimmungsvolle und originalgetreu rekonstruierte Straße, mit dünnen Eisengeländern, drachenköpfigen Speiern an den Dachrinnen und mit gegiebelten Reihenhäusern, in dennen heute teure Boutiquen und Bernstein-Schmuckgeschäfte sind. Am wetlichen Ende der Straße erhebt sich die gewaltige **Marienkirche** (Koś-

Das wuchtige Krantor an der Motława-Uferpromenade

Der Nordosten
Karte S. 202/203

ciół Mariacki). Sie gilt als die größte Backsteinkirche der Welt und bietet etwa 20.000 Menschen Platz. Dies wurde in den ersten Tagen des Kriegsrechts unter Beweis gestellt, als eine riesige Menschenmenge hinter den kalten, weiß gekalkten Mauern Schutz suchte. Inzwischen hat das Gebäude etwas von seiner Strenge verloren, da man nach und nach einige der Originaldekorationen aus dem Museum in Warschau (sie waren nach dem Krieg dorthin überführt worden) wieder zurückgeholt hat. Das südliche Seitenschiff wird von einer Kopie der *wundertätigen Madonna* aus Wilno (heute Vilnius in Litauen) beherrscht. Die polnischen Bewohner dieser Stadt waren 1945 ermutigt worden auszuwandern, und viele verschlug es nach Gdańsk, wo sie die wegziehenden Deutschen ersetzten. Daneben erinnert ein Denkmal an die Kämpfer der polnischen Heimatarmee, die Wilno 1944 befreiten, dann aber von der Roten Armee zusammengetrieben und deportiert wurden. Der **Hochaltar**, nach dem Krieg völlig rekonstruiert, ist ein beeindruckendes Triptychon aus dem 16. Jahrhundert mit einer *Krönung der Jungfrau*. Zu den faszinierendsten unter den vielen Kapellen der Kirche gehören die **Kapelle der Elftausend Jungfrauen** mit einem gewundenen gotischen Kruzifix, für das dem Künstler angeblich sein eigener Sohn Modell stand, und die **Annakapelle** mit der *Schönen Madonna von Gdańsk* aus der Zeit um etwa 1415. Kurios ist die rekonstruierte **astronomische Uhr** aus dem 15. Jahrhundert, die nicht nur Tag, Monat und Jahr angibt, sondern auch alle Heiligen des Kalenders und die Mondphasen. Zum Zeitpunkt ihrer Entstehung im Jahr 1470 war sie die größte Uhr der Welt.

Wer sich fit genug fühlt, sollte den **Turm** der Marienkirche besteigen. Der polnische Reiseführer zeichnet ein schauerliches Bild von den 402 Treppenstufen des Turms. Er beschreibt sie als "kalten Hauch der Hölle" und warnt davor, den Aufstieg nicht zu wagen, wenn man an Klaustrophobie leidet oder herzkrank ist. "Nach 130 Stufen werden Sie wünschen, Sie hätten das Rauchen aufgegeben. Nach 150 Stufen hätten Sie lieber

Astronomische Uhr in der Marienkirche

die Krypta von innen gesehen." An einem schönen Tag hat man einen wunderbaren Ausblick über Gdańsk und die Ebene. Für 0,5 Złotys pro Minute kann man sich ein Fernglas ausleihen. Gleich gegenüber in der ul. św. Ducha steht die **Königskapelle** (Kaplice Królewska). Nach dem kahlen Inneren der Kirche ist der üppige Barock in der überkuppelten Kapelle aus dem späten 17. Jahrhundert eine angenehme Abwechslung. Sie wurde von Tylman von Gameren für die damalige katholische Minderheit der Bevölkerung entworfen. Leider ist sie oft geschlossen.

Öffnungszeiten **Turm** – Mo–Sa 9–17 Uhr, So 9–13 Uhr. Eintritt 2 Zł.

Das **Archäologische Museum/Muzeum Archeologiczne** am Ostende der ul. Mariacka ist etwas enttäuschend, vor allem wenn man vorher das Schifffahrtsmuseum besucht hat. Am interessantesten sind die Funde aus Peru. Die anderen Exponate sind ziemlich trocken und phantasielos präsentiert.

Öffnungszeiten Di–Fr 9–16 Uhr, Sa–So 10–16 Uhr. Eintritt 3 Zł.

Vom Wielka Zbrojownia/Großen Zeughaus zum Blumenmarkt

Die ul. Piwna, westlich des Kircheneingangs, mit ihren mehrstöckigen Reihenhäusern endet am monumentalen **Großen Zeughaus** (Wielka Zbrojownia), einem Waffenarsenal aus dem frühen 17. Jahrhundert. Gegenüber ist der **Kohlenmarkt** (Targ Węglowy), dessen Erscheinungsbild unverkennbar seine flämische Herkunft bezeugt. Heute ist hier ein belebtes Einkaufszentrum, das im Norden zum **Holzmarkt** (Targ Drzewny) und zur Altstadt auf der anderen Seite des Kanals führt. Die ulica Szeroka, die erste Straße rechts, ist bis heute eine charmante alte Straße geblieben. Von der Kreuzung mit der ul. Furty Groba hat man einen schönen Blick auf die Marienkirche.

Die dominikanische Kirche **St. Nikolaus** (Św. Mikołaja) in der ul. Świętojańska ist ebenfalls eine Backsteinkonstruktion aus dem 14. Jahrhundert. Sie ist die einzige Kirche im Stadtzentrum, die den Krieg relativ unbeschadet überstand. Im Inneren findet sich ein reiches Mobiliar, so z. B: einige getäfelte Chorstühle aus dem frühen Barock, ein massiver Hochaltar und eine fein gearbeitete gotische *Pietà* in einem der Erker des Hauptschiffs. Die gotische Kirche **St. Johannes** (Św. Jana) weiter unten in der gleichen Straße hat den Ruf, eine außergewöhnlich schöne Kirche zu sein (sie wurde im Zweiten Weltkrieg stark zerstört und bisher noch nicht komplett restauriert). Weiter nördlich, Richtung Kanal kommt man zum pl. Obrónnczów, an dem das nach dem Krieg wiederaufgebaute alte **Danziger Postgebäude** steht, das von Günter Grass in der *Blechtrommel* verewigt wurde. Im September 1939 leistete hier eine kleine Gruppe von Angestellten der polnischen Post (Poczta Polska) erbitterten Widerstand gegen die deutschen Truppen. Diese hatten solch eine vehemente Reaktion nicht erwartet; erst nach neun Stunden gaben die Belagerten den Kampf auf, nachdem die Deutschen Flammenwerfer eingesetzt hatten. Berichten zufolge wurden die Überlebenden zum Friedhof in Zaspa gebracht und dort erschossen. Dennoch traten vor einigen Jahren zwei Personen auf den Plan, die angeblich an dem Aufstand beteiligt gewesen sein wollen, und berichteten über ihre Erlebnisse.

Das Denkmal vor dem Gebäude erinnert an das Ereignis, das von den Kommunisten nach dem Krieg dazu benutzt wurde, das Zugehörigkeitsgefühl der Stadt zu Polen immer wieder zu unterstreichen. Im Gebäude selbst ist ein kleines **Museum** untergebracht, in dem die Ereignisse von '39 dokumentiert werden. Zu sehen sind z. B. Fotos von dem Angriff, die aus den Archiven der Nationalsozialisten stammen. Pathetisch wird auch eine Urne mit dem Blut der Aufständischen ausgestellt. Weiterhin gibt es einen Abriss der Postgeschichte der Region, der aufzeigt, wie wichtig der Postdienst schon früh für die Handelsstadt war.

Öffnungszeiten Mo und Mi–Fr 10–16 Uhr, Sa–So 10.30–14 Uhr. Eintritt 2,50 Zł.

Wenn man weiter stadtauswärts geht, werden die Reihen von Stadthäusern und Geschäften immer seltener, und Stadttürme sowie andere Überbleibsel der alten Stadtmauer zeigen die äußeren Grenzen der Innenstadt an. **Der Jacekturm** (Baszta Jacek), der dem Kanal am nächsten steht, bewacht die Pod Myślinksa, die frühere Hauptverkehrsstraße über den Kanal in die Altstadt. In dem Gebiet um den Turm findet im August der Dominikanische Jahrmarkt statt. Der **Blumenmarkt** gegenüber beweist, dass man auch in Polen die schönen Dinge des Lebens zu schätzen weiß: Denn selbst als es in den Lebensmittelgeschäften nichts zu kaufen gab, konnte man noch immer Rosen oder Nelken an den Ständen finden. Anstelle der alten Marktstände wurden kahle neue Backsteinstände errichtet, was dem äußeren Erscheinungsbild des Marktes nicht besonders zugute kam. Den wettergegerbten Händlern kann das jedoch nichts anhaben, sie bieten wie eh und je in der Markthalle ihre landwirtschaftlichen Produkte an.

Stare Miasto/Altstadt und die Gdańsker Werften

Nach dem Überqueren der Kanalbrücke gelangt man in die Altstadt, einen nicht so aufwendig restaurierten Bezirk, was sich in dem Sammelsurium von alten und neuen Gebäuden zeigt. Das Ufer wird von der siebenstöckigen **Großen Mühle** (Wielki Młyn) beherrscht, die der Deutsche Orden Mitte des 14. Jahrhunderts erbaute und die ebenfalls ein Gdańsker Superlativ ist – in diesem Fall die größte Mühle des mittelalterlichen Europas. 600 Jahre lang mahlten ihre achtzehn Mühlräder Getreide. Noch in den 30er Jahren wurden hier täglich 200 Tonnen Mehl erzeugt, und ortsansässige Enthusiasten sehen nicht ein, warum sie ihre Arbeit nicht wieder aufnehmen sollte. Das Gebäude wurde inzwischen zu einem exklusiven Einkaufszentrum umgewandelt, in dem es sogar gläserne Aufzüge gibt. Von der ursprünglichen Mühle stehen nur noch die alten Grundmauern.

Die **Kirche St. Katharina** (Kościół św. Katarzyny), die ehemalige Pfarrkirche der Altstadt, rechts von der Straßenkreuzung, ist eine der hübschesten der Stadt. Sie wurde im 14. Jh., wie fast alle Kirchen der Gegend, aus Backstein erbaut. Ihr Inneres ist gut erhalten und lichtdurchflutet. Der Astronom Jan Hevelius und seine Familie liegen hier unter dem Chorgestühl begraben.

Die benachbarte **St. Brigittakirche** (św. Brigidy) war die Gemeindekirche Lech Wałęsas und wurde in den 1980er Jahren eine der Hochburgen der *Solidarność*-Bewegung.

Das Ölgemälde von der Schwarzen Madonna, gekleidet in ein T-Shirt mit der Aufschrift *Solidarność*, ist Ausdruck des Lebensgefühls einer Zeit, die heute lange vergangen scheint. Die politische Bedeutung der Kirche ist unter den Herrschern nach dem Kommunismus immer weiter geschwunden. Die für Polen charakteristische Mischung aus Religion und Politik wird jedoch bei einem sonntäglichen Kirchenbesuch deutlich. Über die Kirche wacht die Statue von Karol Wojtyła, Johannes Paul II., der diese Mischung wie kein anderer personifiziert.

Spaziert man weiter in die Altstadt, treten an die Stelle der Kaufmannshäuser die nach dem Krieg errichteten Wohnblocks. Der interessanteste Teil des Bezirks liegt etwas westlich der Mühle entlang des Kanals. Den Mittelpunkt bildet das **Altstädtische Rathaus** (Ratusz Staromiejski) an der Kreuzung ul. Bielańska/Korzenna. Dieser zerbrechliche Renaissancebau stammt vom gleichen Architekten wie das Rathaus der Innenstadt. Bis vor kurzem waren hier noch vier Büros der Stadtverwaltung untergebracht. Dann wurde das Gebäude aufgepeppt und beheimatet jetzt das **Nadbałtyckie Centrum Kultury** (Kulturzentrum des Oberen Baltikums). Im Erdgeschoss werden interessante Wechselausstellungen gezeigt, die sich mit Themen der örtlichen und regionalen Geschichte und Kultur auseinandersetzen. Außerdem gibt es ein angenehmes Café mit angegliedertem Buchladen, der sich ebenfalls auf Geschichte spezialisiert hat. Wenn das Gebäude nicht für Empfänge und andere Veranstaltungen genutzt wird, ist es für die Öffentlichkeit zugänglich. Ein wirklich lebendiger Platz, der zu Recht gefördert wird.

Die Bronzestatue in der Eingangshalle stellt *Johannes Hevelius* dar, den polnischen Astronomen, nach dem Orbis sein Wolkenkratzer-Hotel ganz in der Nähe benannt hat. Genau wie der bekanntere *Daniel Gabriel Fahrenheit* stammte auch er aus Gdańsk.

Öffnungszeiten täglich 10–18 Uhr.

In westlicher Richtung vom Rathaus bilden die gotische **Kirche St. Josef** (Św. Józefa) und die **Kirche St. Elisabeth** (Św. Elżbiety), die sich in der ul. Elżbietańska gegenüberstehen, sowie das **Haus der Äbte von Pelplin** (Dom Opatów Pelplińskich) ein schönes historisches Dreieck. Von hier aus ist es zu Fuß durch den Tunnel unter der Hauptstraße (Podwale Grodzkie) nicht weit zum Bahnhof.

Die Stocznia Gdańska/Gdańsker Werften

In der Ferne zeichnen sich deutlich und groß die Kräne der berühmten Gdańsker Werften (Stocznia Gdańska), ehemals Leninwerften, ab – Lenins Name wurde in den späten 1980er Jahren offiziell gestrichen. Zusammen mit dem Stahlwerk Nowa Huta bei Krakau standen sie in den 1980er Jahren im Brennpunkt der politischen Kämpfe.

Zehn Minuten zu Fuß oder mit der Straßenbahn eine Haltestelle in nördlicher Richtung auf der Hauptstraße, und man steht auf dem Plac Solidarnaści Robotniczej vor den Werfttoren. Davor ragt eine unschöne Gruppe von Stahlkreuzen in den Himmel, ein **Denkmal** für die während der Unruhen in der Werft 1970 umgekommenen Arbeiter. Es wurde 1980 vor Vertretern von Partei, Kirche und führenden Mitgliedern der Opposition eingeweiht. Diese Unruhen im Jahr 1970 waren die Vorläufer der organisierten Streiks in den 80er Jahren. Sie begannen mit einer Demonstration der Arbeiter gegen die Preiserhöhungen. Als die Polizei auf sie schoss, steckte die aufgebrachte Menge den Parteisitz in Brand. 1976 brachen erneut Unruhen aus, auch diesmal als Protest gegen die Preiserhöhungen von Grundnahrungsmitteln. Im August 1980 war Gdańsk weltweit in aller Munde, als sich der Protest über die Entlassung von Arbeitern in Windeseile zu einem Generalstreik ausweitete.

Eine direkte Folge des Streiks in Gdańsk war die Bildung von **Solidarność**, der ersten unabhängigen Gewerkschaft im Ostblock, initiiert von den Arbeitern der Lenin-Werft mit *Lech Wałęsa* an ihrer Spitze. Durch die ganzen 80er Jahren hindurch bildeten die Gdańsker Arbeiter die Vorhut des politischen Protestes. Ihre Streiks in den Jahren 1988 und 1989 führten schließlich zu den **Gesprächen am runden Tisch**, die von der Kommunistischen Partei erst Mitbestimmungsrechte und schließlich demokratische Wahlen erzwangen.

Wer heute vor den Toren steht, kann sich nur mit Mühe vorstellen, dass dies der Ort ist, an dem das moderne Polen Gestalt annahm. Die Werft steht immer noch im Brennpunkt politischer Entwicklungen, aber mit einem ironischen Unterton: Im Gegensatz zu Gdynia waren die Gdańsker Werften schon immer unprofitabel. Die post-kommunistische Regierung unternahm den Versuch sie zu modernisieren – unter erbittertem Protest von Wałęsa, der inzwischen Präsident geworden war. Versuche, ausländische Investoren ans Land zu ziehen, schlugen ebenfalls fehl, da man die Bedingung stellte, dass die gesamte Arbeiterschaft vom Käufer übernommen werden musste. Als die Post-Kommunisten die Arbeitskräfte 1997 weiter "abbauten", folgten Proteste und sogar Unruhen. Nachfolgende Regierungen befinden sich in einem Dilemma. Sie können es sich nicht leisten, gegenüber den Anhängern der Solidarność-Bewegung feindlich zu erscheinen, auf der anderen Seite sehen sie sich vor die Frage gestellt, ob sie etwas finanziell unterstützen und weiterführen sollen, was aus kapitalistischer Sicht ein "sinkendes Schiff" ist.

Eine Möglichkeit wäre, den gesamten Komplex in eine Touristenattraktion umzuwandeln. Ein Teil der Werft ist nun von Geschäftsleuten aus Gdynia aufgekauft worden und soll zu einem Einkaufs- und Flanierzentrum umgebaut werden. Bisher gibt es jedoch nur einen Informationskiosk am Haupteingang und einen selten geöffneten Souvenirladen. Am Eingangstor wehen **Solidarność**-Spruchbänder sowie ein vergilbtes Bild von Johannes Paul II. Den besten Blick auf die Werften hat man während einer Überfahrt zur Westerplatte.

Stare Przedmieście/Alte Vorstadt

Stare Przedmieście, der südliche Teil des alten Gdańsk, bildete ursprünglich die Stadtgrenze, was der Ring der Bollwerke aus dem 17. Jahrhundert bezeugt, der vom Plac Wałowy in östlicher Richtung über den Motława Kanal verläuft.

Ihr Hauptanziehungspunkt ist heute das **Nationalmuseum/Muzeum Narodowe** in einem ehemaligen Franziskanerkloster der ul. Toruńska 1. Den Interessierten dürften gotische Kunst und Skulpturen aus Gdańsk und Umgebung einen ganzen Tag beschäftigen ebenso wie eine bunte Sammlung von Stoffen, Truhen sowie Gold- und Silbergeschirr. Alles zeugt sehr vom früheren Wohlstand der Stadt. Die Fülle holländischer und flämischer Kunst in den "ausländischen Galerien" belegt die starken Bande der Stadt zu den Niederlanden. Memling, der jüngere Breughel, Cuyp und van Dyck sind hier die bekanntesten Namen.

Das berühmteste Werk im Museum ist das Kolossalgemälde *Das Jüngste Gericht* (1473) von Hans Memling, das früheste bekannte Werk des Malers, obwohl er damals schon ungefähr dreißig Jahre alt und ein reifer Künstler war. Das Gemälde hat eine außergewöhnlich wechselvolle Vergangenheit: Es wurde von den Medici in Florenz in Auftrag gegeben, dann nach Gdańsk verfrachtet, von Napoleon als

Kriegsbeute konfisziert, nach Berlin gebracht, an Gdańsk zurückgegeben, von den Nationalsozialisten gestohlen und schließlich, nachdem es von der Roten Armee entdeckt worden war, im Thüringer Wald versteckt. 1956 brachten es die Russen schließlich nach Gdańsk zurück.

Öffnungszeiten Di–Fr 9–16 Uhr, Sa–So 10–16 Uhr; www.muzeum.narodowe.gda.pl; Eintritt 5 Zł.

Direkt neben dem Museum befindet sich die **St. Trinitatiskirche** (Kościół Św. Trójcy). Die gotische Backsteinstruktur ist ein überragendes Merkmal mit den für die Zeit typischen vernetzten Bogenwölbungen. Sie ist eine der am besten erhaltenen gotischen Kirchen der Stadt. Im Inneren findet man einen fein gearbeiteten Hochaltar, ein ehemaliges Tryptichon von Isaac van den Blocke, das nach dem Krieg stückhaft wieder zusammengesetzt wurde, eine Kanzel mit aufwendigen Schnitzereien (die einzige noch verbliebene aus der Zeit der Gotik) und Gegenstände verschiedener Stilrichtungen, wie z. B. ein Paar Altarflügel.

Die Kaper von Gdańsk

Ein besonders lehrreiches Stück der Geschichte des weltoffenen und unabhängigen Gdańsk ist die Geschichte seiner Söldnerflotte auf See. Schon früh wurde den bürgerlichen Kaufleuten von Gdańsk klar, dass sie sich gegen potenzielle Angreifer am besten vom Meer aus verteidigen konnten. König *Kazimierz Jagiellończyk* (1444–92) versuchte während des 13-jährigen Krieges gegen den Deutschen Orden, die erste ordentliche Kriegsmarine aufzubauen. Seine Mannschaften bestanden hauptsächlich aus einheimischen Söldnern, der *kaper* (nach dem alten niederländischen Wort *kaap* Schiff). Die Kaper bekam vom König zwar einen Arbeitsvertrag (*Kaperbrief*), fungierten aber nicht als seine offiziellen Vertreter.

Die Mannschaften der *kaper*-Schiffe waren ein bunt zusammengewürfelter Haufen: Neben Einheimischen aus der Gdańsker- und der Elbląger-Region befanden sich auch schwedische, flämische, schottische und kaschubische Seeleute an Bord. Die eigentliche Aufgabe der Kaper (alles ausgezeichnete Seeleute, mit einem Hang zum Abenteuer) war es, die Gdańsker Handelsflotte, die Ende des 15. Jahrhunderts aus fast 100 Schiffen bestand, zu beschützen. 1482 machten sie die neu gebaute Burg in Wisłoujście zu ihrem Stützpunkt. Doch neben dem Schutz des Hafens war die Kaper Abenteuern mit Seeräuberei nicht abgeneigt. So heuerte z. B. König Zygmunt der Ältere für seinen Angriff auf Moskau 1517 eine solche Flotte an. Die Seeleute interessierten sich jedoch weniger für den Auftrag als vielmehr für den Ostseehafen Memling, den sie im Alleingang unter der Führung des englischen Abenteurers Alexander Flint "kaperte".

Um die Mitte des 16. Jahrhunderts hatte sich die Kaper zu einer paramilitärischen Flotte mit ihrem eigenen Stützpunkt, eigenen Schiffen und Uniformen entwickelt. Die immer schlechter kontrollierbaren Seeleute kaperten allein im Jahr 1568 zwanzig Schiffe. König *Zygmunt Waza* wurde klar, dass die Gdańsker Kaper von der Tatsache profitierte, dass keine offizielle Marine existierte. Er machte sich daran, eine feste Einrichtung zu schaffen, und bat die Kaper 1600, für ihn zu arbeiten. Erst König *Jan Sobieski* gelang es jedoch, die Organisation vollständig zu kontollieren und schließlich in die polnische Marine zu integrieren.

Twierdza Wisłoujście – Die Gdańsker Burg

Vom Stadtzentrum aus fährt man mit dem Bus eine halbe Stunde an der Westerplatte-Halbinsel entlang bis zur alten **Gdańsker Burg** (Twierdza Wisłoujście), von der aus die ehemaligen *Kaper*-Truppen den Hafen der Stadt verteidigten. Lange vernachlässigt, wurde die Burg vor kurzem komplett renoviert und ist nun an das **Historische Museum** angegliedert. Allerdings gibt es keinen Hinweis, wann diese Abteilung geöffnet wird.

Die ersten Befestigungsanlagen der zweistöckigen Burg wurden von niederländischen Architekten um 1480 gebaut, wobei man den damals beliebten achteckigen Baustil für die Verteidigungsanlage zugrunde legte. Im folgenden Jahrhundert wurde der Bau erweitert. Die Anlage, die gleichzeitig als Leuchtturm diente, wurde in der Mitte des 18. Jahrhunderts zu ihrer heutigen Größe ausgebaut und Anfang des 19. Jahrhunderts von Napoleons Truppen verstärkt. (Napeolen stattete der Anlage auf seinem Weg nach Moskau einen Besuch ab). Den preußischen Machthabern diente die Burg in der Zeit der Teilungen als Gefängnis, vor allem für polnische politische Gefangene, wie z. B. Josef Piłsudski. Dies erklärt auch, warum sie nicht wie die anderen Hafenbefestigungen in den 70er Jahren des 19. Jahrhunderts abgerissen wurde.

Der Bau wirkt nach wie vor imposant, obwohl man ihn jahrelang dem Verfall überlassen hatte. Durch das schwer befestigte Eingangstor gelangt man in den Hof mit dem ehemaligen hohen Leuchtturm (der auf dem Etikett des hier gebrauten Kaper-Biers abgebildet ist). Die Wände des Leuchtturms sind gepflastert mit Drukken von alten Bauplänen der Befestigung aus der Zeit der Preußen. Von oben hat man einen wunderbaren Blick über die Stadt, mit den Werften im Süden und der Westerplatte sowie der Halbinsel Hel im Norden. Wieder im Hof, kann man durch die Befestigungsanlagen spazieren und einen Blick durch die Schießscharten der Kanonen werfen. Sie überblickten bedrohlich den Hafen und wachten über potentielle Angreifer. Weiterhin besichtigen kann man die etwas muffigen alten Küchen aus dem 16. Jahrhundert und das frühere Kommandantenzimmer, das gerade in ein Café-Restaurant umgewandelt wird. Die höhlenartig angelegten Keller der Anlage reichen teilweise bis hinunter zum Wasser oder liegen sogar noch unterhalb davon. Sie waren groß genug, um die Kaper für ein ganzes Jahr mit Vorräten zu versorgen. Heute belebt man die alte Söldnertradition wieder und lagert hier z. B. Erdbeeren für die hauseigene Marmeladenproduktion.

Zur Burg gelangt man beispielsweise mit dem Bus Nr. 106 vom Hauptbahnhof in Richtung Westerplatte (er passiert die große Schwefelfabrik und hält dann in der Nähe der Burg). Schöner ist es jedoch, mit der Straßenbahn oder dem Bus nach Nowy Port zu fahren und von dort aus mit der Fähre (im Sommer fährt sie alle 30 Minuten) zur Burg überzusetzen.

Westerplatte

An dieser vorgelagerten Halbinsel, die die Hafeneinfahrt bewacht, gab der deutsche Panzerkreuzer *Schleswig-Holstein* im Zweiten Weltkrieg (am 1. September 1939) den ersten Schuss ab. Eine ganze Woche lang hielt eine Garnison von etwa 170 schlecht ausgerüsteten Polen dem Angriff von Flugzeugen, schwerer Artillerie und über 3.000 deutschen Soldaten stand, womit sich der Widerstand der Polen gegen die anschließende Invasion der Nationalsozialisten ankündigte. Das zerstörte Armeewachhaus und die Kasernen stehen immer noch dort. In einem der Gebäude ist

Karte S. 202/203

ein kleines **Museum** untergebracht, in dem die Ereignisse vom September 1939 dokumentiert sind.

Öffnungszeiten Mai–Okt tägl. 9–16 Uhr. Eintritt 3 Zł.

Von hier aus ist man zu Fuß in 15 Minuten beim **Westerplatte Denkmal**, das in den 60er Jahren im heroischen, sozialrealistischen Stil errichtet wurde. Die vorspringende Halbinsel ist dem Wetter ausgesetzt, und ein Fußmarsch hinunter zum Ostseeufer kann stürmisch sein. Dafür erschließt sich von hier ein guter Blick auf die See.

Vom Zentrum aus kommt man mit dem Bus Nr. 106 oder 158 zur Westerplatte. Sehr viel angenehmer aber ist die Fahrt mit einem der Ausflugsboote vom Hauptkai der Stadt gleich nördlich vom Grünen Tor (Zielona Brama). Da die Schiffe von dort verschiedene Bestimmungsorte anlaufen, u. a. auch Gdynia, Sopot und Hel, sollte man darauf achten, dass man das richtige nimmt. Die Fahrt dauert etwa dreißig Minuten für eine Strecke. Dabei hat man einen ausgezeichneten Ausblick auf die *Werft* und auf eine ganze Armada dort ankernder Schiffe aus aller Welt.

Oliwa/Oliva

Im modernen Vorort Oliwa, dem nördlichsten Außenbezirk von Gdańsk, steht eines der bekanntesten Bauwerke, die Kathedrale von Oliwa. Mit dem Nahverkehrszug fährt man bis zum Bahnhof Gdańsk-Oliwa, läuft nach Westen, überquert die Straße nach Sopot und geht dann durch den Park weiter.

Die Kathedrale war ursprünglich die Klosterkirche des Zisterzienserordens, der sich hier auf Einladung eines pommerschen Prinzen in der Mitte des 12. Jahrhunderts niederließ. Sie war im Laufe der Jahrhunderte Zeugin einiger Ereignisse. In den 40ern und 50ern des 13. Jahrhunderts wurde sie wiederholt geplündert, unter anderem von den Rittern des Deutschen Ordens. Um 1350 wurde sie nach einem Großbrand im gotischen Stil umgebaut, dessen Grundmerkmale man heute noch erkennt. Um 1626 verschleppten die Schweden viele der Einrichtungsgegenstände als Kriegsbeute, unter anderem auch das Glockenspiel und den Hauptaltar. Der zweite Angriff der Schweden 1655–60 endete schließlich mit dem Friedensvertrag von Oliwa 1660, der in der Abtei unterzeichnet wurde. In dem Jahrhundert danach wurde das Gebäude aufwendig restauriert und in die heutige Form gebracht. 1755 begann man mit dem Bau der berühmten Orgel. In der Zeit der Teilungen, als die Preußen Gdańsk besetzten, war es mit der Glanzzeit der Abtei zu Ende, und das Kloster wurde 1831 offiziell aufgelöst. Bei ihrem Rückzug Ende des Zweiten Weltkriegs steckten die Nazis die Abtei zwar in Brand, aber die Kathedrale blieb wundersamerweise fast unversehrt. Abtei und Kathedrale sind seit langem restauriert und bieten wieder einen spektakulären Anblick.

Die Kathedrale

Geht man vom Vorplatz auf die Kathedrale zu, sieht man an der Außenfassade die gotischen Zwillingstürme aus Backstein, die von Turmspitzen aus der Renaissance gekrönt werden. Dies passt außergewöhnlich gut zu dem weißen Rokoko-Stuckwerk. Durch das fein gearbeitete Portal aus dem späten 17. Jahrhundert gelangt man in das hohe Kirchenschiff. Die überschwängliche Konstruktion wird von einer sternenbedeckten, gewölbten Decke überspannt, die wiederum von Bögen gehalten und Säulen gestützt wird. Von den zwei Seitenschiffen wandert der Blick automatisch in Richtung des aufwendigen, barocken Hochaltars aus dem Jahr 1680, auf dem sich einige Malereien aus den Gdańsker Kunstwerkstätten der damaligen Zeit befinden. Eine davon wird Andreas Schlüter dem Jüngeren zugeschrieben. Über dem Altar erhebt sich ein prunkvolles, aber ansehnliches Dekorationsstück aus schwebenden, beseelt lächelnden Barockputten, die von einem himmlischen Sog verschlungen werden. Sie sind umgeben von Engeln, und goldene Sonnenstrahlen brechen aus allen Richtungen hervor. Dieses Ensemble geht in eines der bemalten Glasfenster über.

Im nördlichen Querschiff finden sich einige fein gearbeitete Kirchenstühle aus dem Barock und die alten Altarstücke aus der Renaissance. Der berühmteste und schönste Gegenstand in der Kathedrale ist jedoch die Orgel aus dem 18. Jh., die die ganze Rückwand des Hauptschiffs ausfüllt. Ihr schweres, dunkles Eichenholz ist mit aufwendigen Rokoko-Schnitzereien versehen. Das Instrument umrahmt ein bemaltes Glasfenster mit der Jungfrau Maria und dem Kind, die von Engeln und Cherubien umgeben sind. Das schöne Instrument hat einen reichen, volltönenden Klang. Wenn es gespielt wird, bewegen sich zahlreiche Figuren, unter anderem einige trompeteblasende Engelchen. Die Orgel hat 110 Register mit einer außergewöhnlichen Tonlage, und oft finden Konzerte statt, bei denen die volle Bandbreite der Töne zur Geltung kommt.

Die Kathedrale von Oliwa

Konzerte Mo–Sa jeweils um die Mittagszeit; Eintritt frei.

Wenn man das Tor um die Ecke der Kathedrale passiert, gelangt man zum alten Bischofspalast (Pałac Opacki). In dem stattlichen Komplex ist heute das **Wystawa Sztuki Współczesnej/Museum für Moderne Kunst** untergebracht (ul. Cystersów 15a). In den oberen Räumen befindet sich eine gute Dauerausstellung mit polnischer Kunst aus dem 20. Jahrhundert, in deren Mittelpunkt Pop-Art aus den 60er Jahren sowie Skulpturen und Installationen der Kunstrichtung Concept-art stehen. All dies soll dokumentieren, wie die polnische Nachkriegskunst den ideologischen Fesseln der kommunistischen Kulturpolitik entkam. Ein ganzer Raum ist Henryk Staszewski (1894–1988) gewidmet, einem bekannten Konstruktivisten der Zeit zwischen den Weltkriegen, der ab den 1950er Jahren wieder neue Anerkennung genoss. Er produzierte massenweise abstrakte Malerei, die in krassem Gegensatz zu der eher schwachen, figurativen Darstellung stand, wie sie zu dieser Zeit von der Regierung befürwortet wurde. Auch andere bekannte polnische Avantgardisten werden ausgestellt, vor allem der als Theaterdirektor und Darstellungskünstler bekannte Tadeusz Kantor, der hier mit einer Serie von weggeworfenen Regenschirmen vertreten ist. Von Władysław Hasior gibt es eine rätselhafte Serie von Totempfählen zu sehen, inspiriert von Katholizismus, Kommunismus und Konsumkultur.

Öffnungszeiten Di–Sa 9–16 Uhr, So 10–16 Uhr. Eintritt 5 Zł, Sa frei.

Auf der anderen Seite des Palasthofes erhebt sich der alte bischöfliche Getreidespeicher, in dem ein kleines **Volkskundemuseum**, ul. Opacka 12 (Öffnungszeiten wie Kunstmuseum) untergebracht ist. Die kleine Sammlung umfasst lokale Funde, die die verworrene Entstehungsgeschichte des Ortes dokumentieren. Unter anderem gibt es auch eine Abteilung für Kaschubische Volkskunst und einige Ikonen.

Der freundliche und schattige **Park**, der die Gebäude umgibt, gehörte früher zum Klostergelände und lädt zu einem Nachmittagsspaziergang ein. Er grenzt an einen botanischen Garten, der eine ansehnliche Bepflanzung aus exotischen Bäumen, Hängeweiden sowie einen kleinen Bach vorweisen kann. Einen Olivenbaum werden Sie leider nicht finden. Der Olivenzweig war das Wahrzeichen des Zisterzienserordens und gab dem Ort auch seinen Namen "Oliwa". Das Olivenmotiv taucht in den Dekorationen der Kathedrale immer wieder auf, insbesondere auf der Rückseite des hohen Südfensters.

Wer zufällig an Allerheiligen (1. November) hierherkommt, erlebt beim Anblick des großen **Friedhofs** auf der anderen Straßenseite eine Überraschung. Er wird dann von Tausenden von Kerzen auf den Grabsteinen erhellt. Ganze Familien statten den einzelnen Gräbern und den Gedenkstätten für die unbekannten Toten einen Besuch ab, ein eindrucksvoller Akt des Gedenkens, der viel über die enge Verknüpfung von Katholizismus und kollektiver Erinnerung an das Leid der Nation aussagt.

Wie in einigen anderen polnischen Städten auch, gibt es in Gdańsk eine kleine, unauffällige **Tataren**-Gemeinde. Vor kurzem wurde eine neue **Moschee** südlich der Kathedrale fertig gestellt. Sie befindet sich am Südende der ul. Polanki, Ecke ul. Abrahama (nächster Bahnhof ist der von Gdańsk-Zaspa; auch die Straßenbahnen Nr. 6, 12 und 15 fahren ganz in der Nähe vorbei) und wird bereits von den hier ansässigen Muslimen und arabischen Studenten benutzt. Weiter aufwärts in derselben Straße wuchs in der Hausnummer 122, einem Patrizierhaus aus dem späten 18. Jahrhundert, der Philosoph Arthur **Schopenhauer** (1788–1860) auf, der gebürtiger Danziger war.

Nördlich der Kathedrale befindet sich der **Trójmiejskie Park Krajobrazowy**, ein hügeliges Waldgelände hinter der Stadt, von dessen Lichtungen man einen guten Ausblick hat.

Sopot/Zoppot

Die Stadt war in den 1920er und 1930er Jahren wegen ihrer Kasinos und anderer Vergnügungen ein Tummelplatz der Reichen und Berühmten aus aller Welt. Heute ist Sopot immer noch ein beliebter Badeort bei Polen aus dem Inland. Mehr und mehr kommen auch Besucher aus dem Westen, vor allem Deutsche und Schweden, hierher.

Sopot hat schon immer eine besondere Rolle in der polnischen Volkskultur gespielt: Hierher kommen Persönlichkeiten aus der Medienwelt, um zu sehen und gesehen zu werden. In den früher 1960er Jahren entstand in Sopot die polnische Beat-Musik, und die meisten bekannten Musiker begannen ihre Karriere in der Diskothek *Non Stop*, dem Pendant zu Liverpools *Cavern Club*.

Dadurch dass Sopot genau in der Mitte der Trójmiasto liegt, ist es nicht nur ein Sommerbadeort, sondern rund ums Jahr Zentrum des Nachtlebens – auch für die Bevölkerung von Gdańsk und Gdynia. Außerdem ist Sopot ein aufstrebendes Geschäftszentrum und ein zurzeit bevorzugter Wohnort. In puncto regionalem Reichtum und Investitionen von außen ist es wahrscheinlich die am schnellsten wachsende polnische Stadt der letzten zehn Jahre.

In Sopot herrscht eine ganz andere Stimmung als in der Nachbarstadt Gdanńsk. Das Leben spielt sich vor allem in und um die **ul. Bohaterów Monte Cassino** ab, die in weiten Teilen Fußgängerzone ist und zum Meer hinabführt. Sie scheint vom historischen Zentrum in Gdańsk und der harten Industriewelt der Werft Lichtjahre entfernt. Hier gibt es modische Boutiquen und Bars, hier bummelt man tagsüber, und im Sommer ist die Gegend Mittelpunkt des Nachtlebens. Höhepunkt der Straße sind die gepflegten Gärten nahe dem Meer, die sozusagen der Eingang zur berühmten Mole sind.

Die 1928 entstandene und später erneuerte **Mole** ist die längste im gesamten Ostseeraum. Zu beiden Seiten erstrecken sich lange Sandstrände. Im nördlichen Abschnitt findet man Badehütten, die man mieten kann, einige mit prachtvollen Strandkörben aus den 20er Jahren. Jahrelang machte der Zufluss giftiger Abwässer aus der Weichsel in die Gdańsker Bucht diese Strände unzugänglich. In den letzten Jahren hat man jedoch einige Anstrengungen unternommen, um das Problem bei der Wurzel zu packen und die Verschmutzung bereits bei den Abwasserausflüssen zu verringern. Das Ergebnis war, dass 1995 zum ersten Mal einige der Sopoter Strände offiziell als sicher erklärt und für Schwimmer geöffnet wurden. Im Sommer wird das Wasser nun täglich auf Giftstoffe hin überprüft, und sobald es Grund zur Beunruhigung gibt, wird der Strand sofort geschlossen. Weiter nördlich der Mole befinden sich ein Restaurant, eine Sauna und direkt an ihrem Ende einige sehr preisgünstige Tennisplätze.

Obersopot, wie der Westteil der Stadt heißt, ist ein wohlhabender Vorort, wo Unternehmer, Architekten und Künstler wohnen. Wie auch in anderen Wohngebieten Sopots findet man noch viel Jugendstil-Architektur. Halten Sie nach den Türmchen Ausschau, die die Eigentümer bauen ließen, um den Sonnenaufgang besser beobachten zu können. Der **Park** in Obersopot bietet Gelegenheit zu Spaziergängen über die bewaldeten Anhöhen um Łysa Góra herum, auf denen sich im Winter die Skifahrer tummeln.

Anfahrt/Verbindungen/Information

Am einfachsten gelangt man nach Sopot mit dem SKM-Zug von Gdańsk, Fahrtzeit etwa zwanzig Minuten. Außerdem gibt es eine Fährverbindung von Gdańsk aus oder man nimmt den Stadtbus.

Das **Touristenbüro**, schräg gegenüber vom Hauptbahnhof kann u. a. bei der Suche von Privatzimmern (H) behilflich sein und über Pensionen und Hotels Auskunft geben. Es befindet sich in der ul. Dworcowa 4 (im Sommer tägl. 10–18 Uhr, im Winter Mo–Fr 8–16 Uhr; ✆ 058/550 3783, www.sopot.pl).

Es gibt ein **Internet-Café**, das *Net Cave*, in einem Hof der ul. Pulaskiego 7a (Nähe Bohaterów, geöffnet tägl. 12-21 Uhr; www.cave.hq.pl).

Übernachten

Da Sopot ein beliebter Ferienort ist, kann es vorkommen, dass die Zimmer knapp werden. Außerdem erhöhen sich die Preise während der Sommermonate Juli und August oft erheblich.

Die besten **Campingplätze** sind *Kamienny Potok* am nördlichen Ende des Badeortes nahe des SKM-Bahnhofs Kamienny Potok (✆ 058/550 0445) und *Sopot Camping* (✆ 058/551 6523) in der Nähe des Strandes von Bitwy Pod Plowcami 79, etwa einen Kilometer südlich der Mole.

Amber, ul. Grunwaldzka 45 (✆ 058/550 0042), nur 100 m südlich der Hauptstraße. Modernes, kleines Hotel, intim, gemütlich und mit Charakter (D), in den Monaten Juli und Aug. (B)

Chemik, ul. Bitwy pod Płowcami 61 (✆ 058/551 1209). Altmodischer Betonklotz mit blitzsauberen Zimmern. Das Hotel liegt etwa 2 km südlich der Mole, jedoch nicht direkt am Strand. Man hat die Wahl zwischen Zimmern mit Bad und Zimmern mit Gemeinschaftsbad. Zu erreichen mit Bus Nr. 143 (Richtung Gdańsk-Oliwa) von der ul. Kościuszki bis Haltestelle Złoty Kłos. (G–F)

Eden, ul. Kordeckiego 4/6 (✆ 058/551 1503). Gutes und preiswertes Hotel in der Nähe des Parks gleich südlich der Mole; die Einrichtung orientiert sich an Themen der Seefahrt. Ziemlich klein, darum früh ankommen oder vorher anrufen. Alle Zimmer mit Gemeinschaftsbad. (F)

Grand Hotel, ul. Powstańców Warszawy (✆ 058/551 0041; sogrand@orbis.pl). Prachtvoller Bau aus den 1920er Jahren. In diesem Hotel wohnten u. a. Präsident de Gaulle, Giscard d'Estaing und der Schah von Persien. Das Hotel wurde aufgepeppt, um den Ansprüchen der heutigen prominenten Klientel der Neureichen zu genügen. Die alte Eleganz scheint jedoch noch durch, und bei einer Übernachtung in den riesigen, alten Räumen fühlt man sich sehr verwöhnt. (B)

Irena, ul. Chopina 36 (✆ 058/551 2073). Eine kleine, günstige und gut geführte Pension. Vom Bahnhof in Sopot eine kurze Strecke bergab. Alle Zimmer mit eigenem Bad. (E)

Maryła, ul. Sępia 22 (✆ 058/551 0034). Ein umgebautes Landhaus mit schönem Ausblick auf Wald und Meer. Rechtzeitig buchen. Nahe beim SKM-Bahnhof Kamienny Potok. Ansonsten läuft man Richtung Norden auf der ul. Powstanców Waszawy und biegt links ab in die Sępia. Oder man nimmt Bus Nr. 122 vom Grand Hotel Richtung Kamienny Potok. (E)

Wanda, ul. Poniatewskiego 7 (✆ 058/550 5725). Hochpreisige Pension in einer Villa am Meer, 800 m südlich der Mole. In den Monaten Juli und August bekommt man kaum einen Platz, es sei denn, man bucht eine ganze Woche. (E)

WDW (Wojskowy Dom Wypoczynkowy), ul. Kilińskiego 12 (✆ 058/551 0685). Großes Erholungsheim in Militärbesitz, heute ein mittelpreisiges Hotel für jedermann. Unweit des Strandes, etwa 1 km südlich der Mole. Zimmer mit eigenem Bad und Gemeinschaftsbad. (G–F)

Zatoka, ul. Emilii Plater 7/9/11 (✆ 058/551 2367). Vernünftige Preise in dieser ruhigen Frühstücks-Pension. 1200 m südlich der Mole direkt am Strand-Fußweg gelegen. Alle Zimmer mit Bad. (F)

Zhong Hua, al. Wojska Polskiego 1 (✆ 058/550 2020). Gut gelegenes hochpreisiges Hotel direkt am Strand, südlich der Mole. Es befindet sich in einem phantastischen Holzgebäude, das früher das Badehaus für Kurgäste war und in dem nun ein chinesisches Restaurant ist. Die großen Zimmer bieten eine schöne Aussicht und sind die etwas höheren Ausgaben wert. (B)

Złoty Kłos, ul. Bitwy pod Płowcami 62 (✆ 058/551 3201; zlotyklos@dech.com.pl). Betonblock, 2 km südlich der Mole auf der anderen Seite einer viel befahrenen Hauptstraße weg vom Strand. Er erinnert irgendwie an die Costa Brava. Bietet jedoch einige Annehmlichkeiten. Einige Einzelzimmer haben gemeinsame Toiletten. Zu erreichen wie Hotel Chemik. (E)

Essen & Trinken

Sopot bietet eine zufrienden stellende Auswahl an polnischen und internationalen **Restaurants**. Im Sommer ist besonders die **Mole** überlaufen mit Bars, Cafés und den hübschen alten Milchbars. Das Ganze wird ergänzt von Fastfood-Ketten, die sich erst seit kurzem hier etabliert haben. Die Studentenwohnheime in Oliwa sind nicht weit, und die meisten Kneipen und Cafés ballen sich in der Nachbarschaft der ul. Monte Cassino. Das alles macht das Nachtleben in Sopot wesentlich aufregender als das in Gdańsk oder Gdynia.

• *Restaurants* **Balzac** ul. 3 Maja 7 (✆ 551 7700). Französische Küche in eleganter Umgebung, mit entsprechenden Preisen. Konkurriert mit *Villa Hestia* um den Titel "bestes Restaurant der Stadt".

Bar Elita, ul. Podjazd 3. Gleich hinter dem Bahnhof. Serviert preiswerte, schwer verdauliche polnische Gericht im Milchbar-Stil. Einfache Einrichtung.

Bar Przystań, al. Wojska Polskiego 11. Fischrestaurant am Seeufer, angenehm und preiswert. Etwa 1,5 km südlich der Mole am Weg nach Gadńsk. Mindestens bis 20 Uhr geöffnet – je nach Saison und Wetter.

Derby Restaurant, ul. Polna 70. Gutes Essen in einem eher protzigen Landhaus. Ausgezeichnete klassische polnische Gerichte und Fisch.

Greenway, ul. Powstańców Warszawy 2/4/6. Vegetarisches Restaurant, elegant und komfortabel. Befindet sich in der Rotunda der Kunstgalerie von Sopot.

Pizzeria Brawa, ul. Grunwaldzka 18. Preiswerte, zuverlässige Pizzeria. Eher für eine schnelle Mahlzeit als für eine Einladung zum Abendessen.

Rozmaryn, ul. Ogrodowa 8 (✆ 058/551 1104). Hier herrscht Mittelmeeratmosphäre. Das Essen ist gut, wenn auch etwas überteuert, viele Nudelgerichte. Reservierung empfohlen.

Sai-Gon, ul. Grunwaldzka 8. Ein beliebtes, bezahlbares vietnamesisches Restaurant. Zuverlässig gute Küche.

Villa Hestia, ul. Władysława IV 3/5 (✆ 058/551 2100). Hotelrestaurant mit einer phantastischen Mischung von polnischer, französischer und italienischer Küche. Prächtige Umgebung. Der richtige Platz für ein besonderes Essen, wenn Geld keine Rolle spielt.

Zhong Hua al. Wojska Polskiego 1 (✆ 550 2019). Ausgezeichneter Chinese mit Außenterrasse und Seeblick. Nicht gerade billig, aber er ist es wert, sein Geld dafür rauszuschmeißen.

• *Cafés und Bars* **Błękitny Pudel**, ul. Bohaterów Monte Cassino 44. Kitschige, aber gemütliche Café-Kneipe. Abends immer voll.

Dworek Sierakowskich, ul. Czyżewskiego 12. Elegantes Tagescafé in einer Kunstgalerie in einer Seitenstraße der ul. Bohaterów Monte Cassino. Der beste Ort der Stadt für Tee und Kuchen.

Galeria Kińsky, ul. Kościuszki 10. Die Einrichtung der Bar besteht aus antikem Krimskrams, sehr intim, guter Kaffee. Die Bar ist so etwas wie eine Gedenkstätte an den Schauspieler Klaus Kinski, der in diesem Haus geboren wurde.

Kawiaret, ul. Bohaterów Monte Cassino 57/59. Am Tag ist dieses Etablissement ein Café und bei Nacht eine Bar. Am Wochenende spielen Jazz- und Bluesbands.

Language Pub, ul. Pulaskiego 8/1. Gemütliches Pub mit schottischem Ambiente. Man fühlt sich gleich zu Hause. Es befindet sich in einer Seitenstraße südlich der ul. Bohaterów Monte Cassino. Annehmbare internationale Biere.

Lili Marlene, ul. Powstańców Warszawy 6. Ruhige Bar am Ende der Mole, bis 2 Uhr geöffnet. Dahinter kommt nichts mehr als die Mole, darum ideal für einen Schlaftrunk.

Pubkin, Grunwaldzka 55. Exzentrisch eingerichtetes kleines Pub, sehr gemütlich und intim. Läuten Sie, um eingelassen zu werden.

Wieloryb, ul. Pojazd 2. Teure Bar, die auch etwas zu essen anbietet. Im Stil einer Meeresgrotte dekoriert.

• *Nachtklubs* **Enzym**, ul. Mamuszki 21. Im Park Pólnocny, etwa 500 m nördlich des Grand Hotel gelegen. Hier erlebt man, was alternative, studentische Tanzkultur ist. Abends Reggae und Rap, an den Wochenenden wilde Tanzpartys.

Non Stop, ul. Powstaństów Warszawy 2/4. In-Disco, bietet Jugendlichen Top-Hits und Techno. Leider nicht mit dem bekannten früheren Klub *Non Stop* der 1960er Jahre zu vergleichen, der sich im Grand Hotel befand.

Sfinks, ul. Powstanców Warszawy 18. Kunstgalerie und Klub in einem Pavillon im Park gleich hinter dem Grand Hotel. Bar mit phantastischer Atmosphäre, zieht Bohemiens und Künstlertypen an. Regelmäßig Liveaufführungen und top DJ-Abende (eher Richtung Tanzmusik als In-Titel). Manchmal wie ein Privatklub: Läuten Sie an der Tür und bezaubern Sie den Türsteher mit Ihrem perfekten Englisch.

Unterhaltung/Sport

• *Unterhaltung* Die Freiluftoper **Opera Leśna**, befindet sich in dem friedlichen, hügeligen Park im Westen Sopots. In den Sommermonaten werden aufwendige Produktionen gezeigt. Anlässlich des **Internationalen Festivals des Gesangs** im August treten hier neben einheimischen Stars auch westliche Rockgrößen auf; Eintrittskarten und aktuelle Veranstaltungshinweise gibt es über das Orbis-Büro. Der Freundeskreis Sopot veranstaltet jeden Donnerstag **Kammermusikkonzerte** in der ul. Czyzewskiego 12 (zweigt von der al. Bohaterów ab). In dem Konzertraum hat angeblich schon Chopin gespielt.

• *Sport* In der Nähe des Grand Hotels kann man **Segelboote** mieten. Tennisplätze gibt es über den *Klub Tenisowy*, ul. Haffnera 57. Wer an **Windsurfing** interessiert ist, wendet sich an den Segelklub Sopot, auf dem Fahrradweg den Strand entlang, unterhalb des *Hotels Marina*, ul. Bitwy pod Płowcami 67. **Fahrradfahren** entlang der Küste macht besonderen Spaß; Fahrräder mieten kann man direkt an der Radstrecke am Strand in Sopot Jelitkowo. Allerdings muss man eine hohe Kaution hinterlegen.

Gdynia/Gdingen

Gdynia ist die nördlichste der drei Städte der Trójmiasto. Sie ist in einer halben Stunde mit einem der häufigen Züge vom Gdańsker Zentrum aus erreichbar.

Ursprünglich war Gdynia ein kleines Kaschubendorf und vom 14. bis zum 18. Jahrhundert Eigentum der Zisterziensermönche von Oliwa. Die Blütezeit kam nach dem Ersten Weltkrieg, als das Gebiet um Gdynia im Gegensatz zu Gdańsk wieder unter polnische Verwaltung kam. In diesem nur etwa 32 km breiten Küstenstreifen, der sich nördlich von Gdynia erstreckt, dem sogenannten "Polnischen Korridor", den das neue Polen auf diese Weise erhielt, musste ein Zugang zur Küste geschaffen werden. Deshalb leiteten die polnischen Behörden ein massives Hafenausbauprogramm in die Wege, sodass um die Mitte der 30er Jahre aus dem kleinen Dorf Gdynia eine geschäftige Hafenstadt geworden war, die bereits 1937 den Schiffsverkehr im gesamten Baltikum beherrschte. Der Korridor verschaffte Hitler einen Aufhänger für seine Propaganda, und nachdem die Deutschen im Jahr 1939 Gdynia besetzt hatten, deportierten sie einen Großteil der polnischen Bevölkerung und schufen hier einen Flottenstützpunkt. Ein weiterer Affront war die Umbenennung der Stadt in *Gotenhafen*. Bei ihrem Rückzug 1945 zerstörten sie alle Hafeneinrichtungen. Später wurden die Hafenanlagen von den Behörden der Nachkriegszeit wieder aufgebaut. Die leicht heruntergekommene Atmosphäre der heutigen Hafenstadt hat einen gewissen Charme und steht in einem interessanten Kontrast zum gepflegteren Gdańsk.

In den 1990ern hat sich auch das Zentrum von Gdynia verwandelt: Die schnelle Privatisierung der staatlichen Geschäfte hat das Erscheinungsbild der Hauptgeschäftsstraßen wie der ul. Starowiejska nachhaltig verändert und der Stadt einen Platz in der vordersten Front der wirtschaftlichen Entwicklung des Landes gesichert. Der Umwandlungsprozess verläuft in Gdynia, das ja immer zu Polen gehört hat, sogar reibungsloser als in Gdańsk, wo die rückwirkende Einklagung von Eigentumsrechten sich als äußerst schwierig erweist.

Noch heute ist unverkennbar, dass die Stadt Ende der 20er, Anfang der 30er Jahre entstanden ist: Ganze Teile des Stadtzentrums sind im reinen Bauhausstil, mit gerundeten Balkons und großen Fensterfronten gehalten. Viele dieser Gebäude haben zwar eine Renovierung bitter nötig, dennoch könnte ihr Kontrast zu den charakterlosen Nachkriegs-Betonbauten, die fast den ganzen Rest der Stadt bedecken, nicht größer sein. Vom Hauptbahnhof aus sollte man sich dem **Hafengebiet** unmittelbar im Osten, auf der anderen Stadtseite, zuwenden. Entlang der ul. Starowiejska, vorbei an den Brunnen – und in der Hausnummer 30 an einem interessanten Museum über die frühe Stadtgeschichte, dem **Domek Abrahama** – findet man sich am Anfang der großen **Südmole** wieder. An ihrer Nordseite ankert die *Błyskawica*, ein Zerstörer aus dem Zweiten Weltkrieg, der mittlerweile ein kleines **Küstenmuseum** beherbergt. Die polnischen Seeleute an Bord des Schiffes weisen Besucher (insbesondere die aus Großbritannien) stolz auf eine Plakette am Oberdeck hin, die daran erinnert, dass das Schiff im Zweiten Weltkrieg 1942 ein Jahr lang den Hafen von Cowes auf der *Isle of Wight* (vor der Südküste Großbritanniens) gegen deutsche Angreifer verteidigte.

Am Landungssteg der Fähren im Jachthafen befindet sich ein weiteres stolzes polnisches Schiff, der Dreimaster *Dar Pomorża/Geschenk Pommerns*, heute ein

Schulschiff, der 1909 in Hamburg gebaut wurde. Wenn das Schiff im Dock liegt, werden **Schiffsführungen** angeboten. Es gibt auch eine Ausstellung über das "polnische Fernweh", mit dem Titel "Polen am Kap Horn". Am Molenende steht ein eher plumpes Denkmal, das dem polnischen Seefahrer und Schriftsteller Joseph Conrad gewidmet ist. Gleich daneben befindet sich das **Aquarium**, dort kann man Piranhas, Barrakudas und Haie im Rahmen einer lehrreichen Ausstellung bewundern. Wenn man an der Nordseite der Mole weiterwandert, gelangt man zu einem ausgewachsenen Jachthafen, der vom neuen Reichtum einiger Polen zeugt.

Segelschulschiff "Dar Pomorza"

Wer mehr über die Küstenregion Polens erfahren möchte, sollte ins **Museum der Kriegsmarine**, plac Kosciuśki 15, südlich der Mole gehen. Es informiert über die polnische Seefahrt von der frühen slawischen Zeit bis zum Zweiten Weltkrieg. Leider sind die Informationen und Beschilderungen ausschließlich in polnischer Sprache. Schließlich hat man von der Anhöhe Kamienna Góra/Steinberg, nach einem kurzen Spaziergang vom Stadtzentrum nach Süden, einen schönen Ausblick über den Hafen.

Öffnungszeiten **Domek Abrahama** – Di–So 10–16 Uhr, Eintritt 2 Zł; **Küstenmuseum** – Di–So 10–16.30 Uhr, Eintritt 6 Zł; **Aquarium** – tägl. 9–18.30 Uhr, Eintritt 7,50 Zł; **Schiffsführungen** – im Sommer tägl. 10–18 Uhr, im Winter Di–So 10–16 Uhr, Eintritt 5 Zł; **Museum der Kriegsmarine** – Di–So 10–17 Uhr, Eintritt 3 Zł.

Anfahrt/Verbindungen/Information

Vom Stadtzentrum in Gdańsk braucht man mit dem SKM-Zug eine halbe Stunde bis Gdynia (die Züge fahren alle 5–10 Minuten). Von der Anlegestelle am Motława Kanal kann man die Fähre nehmen, die in Sopot einen Zwischenstopp macht (zweimal täglich, Fahrtzeit 90 Minuten, 20 Zł).

Das **Touristbüro** im Hauptbahnhof (Mo–Fr 10–17 Uhr, Sa 10–15 Uhr, ✆ 058/628 5466) kann Unterkünfte und Besichtigungstouren vermitteln. Es gibt ein **Internet-Café**, *websites.pl*, in der ul. Świętojańska 135 (tägl. 8–22 Uhr), in der Hauptstraße gegenüber vom SKM-Bahnhof Gdynia Wgórze.

Übernachten

Es gibt eine große Anzahl an Übernachtungsmöglichkeiten in der Stadt, die meisten sind von guter bis sehr guter Qualität. **Privatzimmer** (H) vermittelt das Büro *Turus* schräg gegenüber vom Bahnhof in der ul. Sarowiejska 47 (Mo–Fr 8–18 Uhr, Sa 10–18 Uhr; ✆ 058/621 8265). Die größte **Jugendherberge** in der ul. Morska 108C (✆ 058/627 0005) ist ganzjährig geöffnet (I); man nimmt den SKM-Zug nach Gdynia-Grabowek.

Antracyt, ul. Korzeniowskiego 19 (✆ 058/620 6571, gdynia@antracyt.home.pl). Ein modernes, mittelpreisiges Hotel auf einem Kliff über dem Strand. In einem ruhigen Wohnviertel 1500 m südlich des Zentrums. Einfache Zimmer mit Bad und TV auf den unteren Etagen. Geräumigere Räume mit Balkon und Meeresblick weiter oben. (E–D)

Der Nordosten
Karte S. 202/203

Dom Marynarza, ul. Piłsudskiego 1 (✆ 058/622 0025). Unterhalb des Antracyt gelegen, früher eine polnische Seemannsherberge. Die Zimmer mit Bad sind für den Preis etwas spärlich möbliert. Nostalgikern der 70er Jahre wird das grün-braune Interieur gefallen. (E)

Gdynia, ul. Armii Krajowej 22 (✆ 058/666 3040, gdynia@orbis.pl). Protzige, moderne Orbis-Herberge für die betuchten Segler, die sich hier im Sommer aufhalten. Die Zimmer sind nicht der Rede wert, die Preise entsprechen den üblichen Orbis-Preisen. (B)

Lark, ul. Sarowiejska 1 (✆ 058/621 8047). Äußerlich wenig ansprechendes, jedoch akzeptables und preiswertes Hotel gleich unterhalb des Bahnhofs. Gemeinschaftsbäder und-toiletten auf dem Flur. (G)

Nadmorski, ul. Ejsmonda 2 (✆ 058/ 622 1542, www.nadmorski.pl). Elegante, ultramoderne Zimmer mit Bad in einem Gebäude im Bauhausstil. Direkt am Meer gelegen, 5 Minuten vom Dom Maynarza entfernt. (C)

Essen & Trinken

Gdynia ist der am wenigsten glanzvolle Teil der Dreistadt mit der niedrigsten Einwohnerzahl. Die Auswahl an Restaurants und Kneipen ist wesentlich kleiner als in Sopot und Gdańsk, und nur wenige Plätze lohnen den Besuch. Für einen Imbiss eignen sich einige Buden an der Mole, wo man Fisch mit Pommes bekommt.

• *Restaurants* **Ameryka**, ul. 10 Lutego 27. Wie der Name schon sagt, sind hier T-Bone Steaks ganz groß (und teuer).

Anker, ul. Piłsudskiego 50. Geschäftiges preiswertes Restaurant, mittags voll. Bietet alles von Pizza über Crêpes bis Hühnergerichte.

Kwadrans, ul. Kościuszki 20. Gutes Frühstück, Pizza, Salate und Spaghetti in einer geräumigen Umgebung.

La Gondola, ul. Portowa 8 (✆ 058/ 620 5923). Gutes italienisches Essen, gleich nördlich des Zentrums. Reservierung empfohlen. Bis Mitternacht geöffnet.

Monte, ul. Świętojańska 50. Nüchterne Pizzeria in der Haupteinkaufsstraße.

Santorini, ul. Świętojańska 61. Recht gutes griechisches Restaurant mit angenehmer Einrichtung, gutem Service und zufriedenstellendem Essen.

Smok, al. Piłsudskiego 36/38. Gepflegtes vietnamesisches Restaurant mit preiswerten Mittagsmenüs. Schließt um 21 Uhr.

Żołty Melon, ul. Abrahama 11. Sehr schönes Café und Pub, das auch Mahlzeiten bietet. Geöffnet bis Mitternacht.

• *Cafés und Bars* **Cyganeria**, ul. 3 Maja 27. Gutes Tagescafé und angenehme Bar am Abend. Antike Einrichtung mit vergoldeten und verspiegelten Wänden. Bis Mitternacht oder später.

Delicje, ul. 10 Lutego 27. Tages-Café gleich beim Bahnhof Gdynia Glówna. Die ausgefallene Einrichtung im Art Deco-Stil wirkt irgendwie außerirdisch. Gute Backwaren.

Donegal, ul. Zgoda 10. Hier glaubt man sich in einem echten irischen Pub. Eine Reihe von gemütlichen, dunklen Räumen mit viel Holz. An Wochenenden sehr voll.

Dziupla, al. Piłsudskiego 56. Lebhaftes Café und Nachtbar mit gelegentlicher Livemusik. Gutes Essen, auch Frühstück.

Zoom, ul. Świętojańska 135. Haupt-Tanztreffpunkt der alternativ angehauchten Jugend. Gut, um schräge Musik zu hören oder (gelegentliche) Live-Auftritte zu erleben. Etwa 1 km südlich vom Zentrum beim SKM-Bahnhof Gdynia-Wzgórze.

• *Nachtklubs* **Bukszpryt**, ul. Morska 81/87. Nachtklub mit großer Tanzfläche. Preiswerte Wochenend-Disco für Teenager u. Studenten.

Orange Club, Skwer Kościuszki. Wochenend-Disco mit House und Techno.

Space Cube, ul. Jana z Kolna 55. Einfache Disco, bietet viel Spaß!

Unterhaltung

Das **Muscial Theater** (*Teatr Muszyczny*), pl. Grunwaldzki 1, in der Nähe des *Gdynia* Hotels ist bei Polen wie Touristen gleichermaßen beliebt. Hier werden anspruchsvolle polnische Musicals gezeigt, häufiger jedoch die allgegenwärtigen Produktionen aus der Werkstatt von Andrew Lloyd Webber und Konsorten. Eintrittskarten, die im Sommer allerdings nur schwer zu ergattern sind, verkauft die Theaterkasse (✆ 058/620 9521) oder das Orbis-Büro im Hotel Gdynia. Passenderweise gibt es in der Seestadt auch jedes Jahr im August ein **Festival der Seemannsmusik**.

Silver Screen, Waszyngtona 21 (✆ 058/628 1800, www.silver-screen.com.pl) ist das Multiplex-**Kino** vor Ort.

Nördlich der Trójmiasto

Badegäste, die weite Sandstrände lieben, können sich vor der Gdańsker Bucht auf der Halbinsel Hel erholen, einem schmalen Landstreifen, der etwa 35 Kilometer Luftlinie oberhalb von Gdańsk in die Ostsee hineinragt.

Über die Jahrhunderte hinweg sind an Polens Ostseeküste durch das Zusammenspiel von Strömung und Wind zahlreiche solcher Halbinseln entstanden. Die Sandstrände an der Nordseite Hels liegen in sicherer Entfernung von der verschmutzten Weichselmündung. Deshalb ist das Wasser hier mit das sauberste an der gesamten Küste. Die Strände sind relativ mühelos zu erreichen und dennoch selten überfüllt, da sie in einiger Entfernung von den Touristenzentren liegen. In letzter Zeit haben besonders ausländische Touristen die Insel für sich entdeckt. Ein besonders lohnendes Ziel ist der Fischereihafen von Hel.

Władysławowo und Jastrzębia Góra

Bei **Władysławowo**, einem kleinen, aber geschäftigen Fischereihafen, 40 Kilometer nördlich von Gdynia geht die Halbinsel ins Festland über. Vom Bahnhof aus (der Busbahnhof liegt 100 m nordwestlich) halten Sie sich links, dann wieder links und überqueren die Eisenbahnschienen – so gelangen Sie zum Urlauberteil des Ortes. Hier führt die ul. Morska hinab zu einem herrlichen Sandstrand mit Dünen dahinter.

• Übernachten/Essen Dieser kleine Familienerholungsort kann es mit Hel in puncto Schönheit nicht aufnehmen. Wenn Sie jedoch bleiben möchten, kann Ihnen das *Biuro Zakwaterowań* gegenüber vom Bahnhof, ul. Hallera 4 (✆ 058/674 0533), **Privatzimmer** (I) vermitteln. Sollte das Büro geschlossen sein, werden Sie sicher in der ul. Morska und den Seitenstraßen fündig. Die Häuser werben für freie Zimmer mit *pokoje*. Den Hunger kann man an einer der **Fischbars** in den Straßen stillen, die zum Strand führen.

Wer alles hinter sich lassen will, der sollte zum Dorf **Chłapowo** reisen. Es liegt etwa 3 km von der Stadt Jastrzębia Góra (Busse halten hier) entfernt und besitzt einige **Campingplätze** hoch oben auf den Klippen, von denen man einen schönen Blick auf die Küste genießt.

Von Władysławowo fahren fast alle Busse weiter nach Osten auf der Halbinsel. Ein paar allerdings folgen der Küste zehn Kilometer westwärts nach **Jastrzębia Góra**, wo sich in der Zeit zwischen den Kriegen die politische Elite Polens tummelte, so auch Jósef Piłsudski. Der Ort liegt nahe am Rand der Klippe, daher gibt es kein wirkliches Touristenzentrum neben dem Strand. Doch hier ist es erholsam und grün, vor allem wenn man erst einmal den seelenlosen Streifen von Erholungsheimen und Hotels hinter sich gelassen hat, der typisch für den östlichen Zugang zu dem Urlaubsort ist. Die Busse halten an der Kreuzung Rozewska (der Ost-West-Achse)/Promenada Światowida, die Fußgängerzone, die zum Meer hinabführt.

• Übernachten **Privatzimmer** (I–H) kann man suchen, indem man nach dem Zeichen *pokje* Ausschau hält. Oder man ruft *Pensjonat Damian* an, Rybacka 53 (✆ 058/674 9142, F), wo man sowohl eine Liste freier Zimmer hat, als auch selbst einfache Zimmer mit Bad anbietet. Ansonsten zeigt sich der Beliebtheitsgrad des Erholungsortes bei der gut betuchten Gesellschaft der Trójmiasto in der Qualität und im Preis der Unterkünfte.

Willa Jasna, Bałtycka 24 (✆ 058/674 9698; E) ist ein wunderschönes Haus dicht am Wald im westlichen Teil der Stadt gelegen. Es hat gemütliche Zimmer mit Bad, TV, einen recht großen Garten und ein Restaurant im Erdgeschoss.

Ara, Rozewska 4a (✆ 058/674 9600; E) ist ein anderes schickes und modernes Hotel. Zimmer mit Bad, TV und Kühlschrank. Am Wochenende Diskothek.

Onyks, ul. Słowackiego 5 (✆ 058/674 9746; B), im Zentrum gelegen. Todschicke Apartments mit Wohnzimmer und Küchenzeile.

• *Essen/Trinken* Zum **Essen und Trinken** bieten die unvermeidlichen Buden entlang der Rozewska und Promenada Światowida Fisch und Pommes an. Wer etwas Stilvolleres möchte, geht ins **Café Kredens**, Promenada Światowida. Hier serviert man T-Bone Steaks, Nudelgerichte und Getränke in einer Umgebung, die mit Treibholz und Fischernetzen dekoriert ist.

Hel

Das Hauptanlaufsziel und bei Tagesausflüglern besonders beliebt ist Hel, ein kleiner Fischereihafen an der Spitze der Halbinsel.

Trotz schwerer Kämpfe im Krieg – 1945 wurde auf der Halbinsel ein Heer von 100.000 deutschen Soldaten zusammengetrommelt – gibt es in der Stadt noch immer ehemalige Fischerhäuser aus dem 19. Jahrhundert, stabile einstöckige Gebäude aus Ziegelsteinen, die das kompakte Zentrum des Ferienortes prägen. Hel entwikkelt sich schnell. Überall schießen jede Menge Souvenir- und Bernsteinläden aus dem Boden, doch der Ort besitzt noch immer genug Altertümliches, um sich von den meisten Ostsee-Ferienorten angenehm zu unterscheiden. Der Zugang zu endlos langen Stränden ist ein zusätzlicher Pluspunkt.

Vom Bahnhof aus (wo auch die Busse aus Gdynia halten) läuft man die ul. Dworska hinunter und erreicht das nordwestliche Ende der Wiejska, der zur Fußgängerzone deklarierten Hauptstraße, wo sich fast alle Attraktivitäten der Stadt befinden. Hier ist auch das **Muzeum Rybołówstwa** (Fischereimuseum) in einer ehemaligen gotischen Kirche aus dem 15. Jahrhundert (Kościół św. Piotra/St. Peters-Kirche). Darin veranschaulichen zahlreiche Schiffsmodelle und Fischereiausrüstungen die Geschichte der Fischfangindustrie der Gegend. Es sind auch einige Ausstellungsstücke zur einheimischen Volkskunst zu besichtigen. Von der Aussichtsplattform hat man einen schönen Blick auf die Bucht.

Genau wie die Menschen auf dem benachbarten Festland sind die Bewohner der Halbinsel vorwiegend Kaschuben. Dies erkennt man vor allem am örtlichen Dialekt und an den im Museum ausgestellten Stickereien, die sich deutlich von den üblichen Handwerksarbeiten unterscheiden. Am östlichen Ende der ul. Wiejska führt die ul. Leśna Richtung Norden erst an einem grazilen Leuchtturm vorbei, dann durch den Wald zur größten Touristenattraktion, dem Strand. Es ist ein verschwenderischer Sandstreifen, der sich ausdehnt, so weit das Auge reicht.

• *Öffnungszeiten* Di–Fr 9–16 Uhr, Sa–So 10–16 Uhr. Eintritt 4 Zł.

• *Anfahrt/Verbindungen* Im Sommer verkehren direkte Züge von Gdańsk nach Hel, doch besser sind die Verbindungen das ganze Jahr über von Gdynia aus. Hier gibt es regelmäßige Zug- und Busverbindungen, außerdem noch schnelle Minibusse (die abfahren, sobald sie voll sind), die von der Nordseite des Busbahnhofs in Gdynia starten. Im Sommer verkehren Fähren bzw. Tragflügelboote mehrmals am Tag nach Hel, und zwar von Gdynia und Gdańsk. Rechnen Sie mit ca. 45 Zł für die einfache Fahrt mit der Fähre. Erkundigen Sie sich beim lokalen Touristbüro nach den Abfahrtszeiten, oder rufen Sie Żegluga Gdańska an (✆ 058/301 6335; www.zeluga.gda.pl).

• *Übernachten/Essen* In Hel gibt es zahlreiche **Privatzimmer** (I–H), und es ist gut möglich, dass Vermieterinnen bereits am Bahnhof auf mögliche Kunden warten. Ansonsten sollte man in der Gegend um Sikorskiego (gleich südlich vom Bahnhof am Nordwestende der Wiejska) nach *wolne pokoje* Ausschau halten.

Bei den **Hotels** sind die spärlich möblierten Zimmer (mit Bad oder Gemeinschaftsbad) im unpersönlichen **Riviera**, ul. Wiejska 130 (✆ 058/675 50528; I–H) zwar ausreichend, besser ist es aber, man gibt ein bisschen mehr aus und mietet sich in einem kleinen Familienhotel ein, z. B. dem **Helios**, ul. Lipowa 2 (✆ 058/675 0103; F) oder **Captain**

Morgan, Wiejska 21 (✆ 058/675 0091; G) oder **Gwiazda Morza**, Leśna 7 (✆ 058/675 0859; G). Alle drei bieten gemütliche Zimmer mit Bad.

• Essen und Trinken Entlang der Wiejska gibt es eine Reihe von Imbissbuden, die gebratenen Fisch zu vernünftigen Preisen verkaufen. Der vor Ort gefangene Heilbutt ist normalerweise gut. Inzwischen öffnen immer mehr Restaurants, die sich im Innern meist gleichen: Urige Holzeinrichtung und Holzdecken, von denen Fischernetze herabhängen, sind an der Tagesordnung. **Maszoperia**, Wiejska 110, bietet eine intime Atmosphäre mit Kerzenschein. **Fiszeria**, Wiejska 100, hingegen ist ein In-Lokal mit vielerlei Fisch- und Fleischgerichten.

Der angenehmste Platz, um bei einem Glas zusammenzusitzen, ist **Captain Morgan**, eine Pub-ähnliche Kneipe, die mit antikem Seemanns-Krimskrams voll gestopft ist.

Die Kaschubei

Die große Seen- und Hügelregion im Westen von Gdańsk, die Kaschubei, ist die Heimat einer der weniger bekannten ethnischen Minderheiten in Polen, der Kaschuben.

"Den Deutschen nicht deutsch genug, und den Polen nicht polnisch genug" – Oma Koljaczeks trockene Bemerkung in *Die Blechtrommel* fasst das historische Dilemma dieser Gruppe zusammen. Diese eigentlich mit den Polen verwandte westslawische Bevölkerungsgruppe blieb auf Grund ihrer geografisch isolierten Lage weitgehend von Invasionen und Kriegsgeschehen verschont. Während der Teilungen, als das Gebiet von Preußen einverleibt wurde, mussten die Kaschuben jedoch einen Ansturm deutscher Kultur über sich ergehen lassen, wogegen sie sich heftig wehrten. In der 1910 in diesem Gebiet durchgeführten Volkszählung gaben nur sechs von insgesamt 455 Einwohnern eines typischen kaschubischen Dorfs ihre Nationalität mit "deutsch" an. Der Widerstand gegen die Deutschen setzte sich im Zweiten Weltkrieg fort.

Unter den Polen erging es den Kaschuben nicht viel besser. Es wird debattiert, die Entfaltung einer kaschubischen Identität sei wegen der Vormachtstellung von Gdańsk in der Gegend gebremst worden. Auch die Heimatmuseen verleugnen die Realität, wenn sie die Kaschuben als eine historische Randerscheinung romantisieren, anstatt sie unter die lebendigen Kulturen einzureihen. In der ganzen Gegend ist vor allem bei den älteren Menschen noch immer die unverwechselbare kaschubische Sprache zu hören, die wahrscheinlich aus dem ursprünglichen pommerschen Dialekt entstanden ist. In einigen Dörfern werden auch weiterhin kaschubische Kunsthandwerkserzeugnisse, wie bestickte Decken und Wandteppiche, hergestellt.

Die Landschaft der Kaschubei

Żukowo/Zuckau und Kartuzy/Karthaus

Kartuzy/Karthaus, die alte Hauptstadt der Region, liegt versteckt inmitten von Seen und Wäldern, 30 km westlich von Gdańsk.

Vom Hauptbahnhof in Gdańsk fährt der Bus auf einer kurvenreichen Straße durch die Hügellandschaft und passiert bald das erste Kaschubendorf **Żukowo/Zuckau**. Die **Prämonstratenserinnenkirche** des Klosters wirkt mit ihrer reichen barocken Innenausstattung wie eine ländliche Version der Kirche St. Nikolaus in Gdańsk. Die Anordnung der Gebäude – Kirche, Kloster, Pfarramt und angrenzende Scheunen – erinnert an die Feudalzeit. Verlässt man Żukowo auf der Straße nach Kartuzy, sollten Gourmets rechts nach dem Hinweisschild auf das exzellente Schweizer Restaurant Ausschau halten, zu dem es nach rechts abgeht.

Obwohl die Fahrt nach **Kartuzy/Karthaus** nur eine Stunde dauert, hat man in dieser staubigen, etwas vernachlässigten Marktstadt das Gefühl, sehr weit von der Großstadt Gdańsk entfernt zu sein. Einen Überblick über die kaschubischen Traditionen im häuslichen, kulturellen und religiösen Leben gibt das **Muzeum Kaszubskie/Kaschubische Heimatmuseum** in der ul. Kościerska.

Öffnungszeiten Mai–Sept. Di–Fr 8–16 Uhr, Sa 8–15 Uhr, So 10–14 Uhr, Okt.–April Di–Sa 8–15 Uhr. Eintritt 5 Zł.

Die gotische **Kirche**, die um 1380 zusammen mit einem Gebäudekomplex am Nordrand des heutigen Ortes von Karthäusermönchen aus Böhmen errichtet wurde, wirkt ziemlich düster. Schuld daran ist möglicherweise die Gestaltung des Bauwerks: Es hat die Form eines Sarges, denn die Mönche pflegten selbst in Särgen zu schlafen. Das Pendel des Glockenspiels, das unterhalb der Orgel hängt, ist mit einem skelettartigen Engel verziert, der eine Sense schwingt. Das Ganze trägt die erbauliche Aufschrift: "Jede Sekunde, die vergeht, bringt Dich dem Tod ein Stückchen näher". Abgesehen von der Kirche ist vom Kloster kaum noch etwas erhalten. Weitaus erfreulicher ist ein Spaziergang durch den Buchenwald rund um den **Klasztorne-See**, ein lieblicher Ort, um sich an einem Sommertag zu erfrischen.

• *Übernachten/Essen* Wenn Sie gerne über Nacht bleiben möchten, wird Ihnen das **Touristbüro**, Rynek 2 (Mo–Fr 9–17 Uhr, Sa 9–13 Uhr; ✆ 058/684 0201), den Weg zu **Privatzimmern** (I) weisen. Diese liegen allerdings meist außerhalb, und man braucht sein eigenes Transportmittel.

Das **Rugan**, ul. 3 Maja 36 (✆ 058/681 1635, I) ist das einzige Hotel der Stadt und besitzt auch ein annehmbares Restaurant.

Be-mol beim Rynek in der Kościuszki 19 bietet preiswerte Nudelgerichte und Pizzen, die nach Musikrichtungen benannt sind – eine Synchron-Reggae-Pizza ist mit Thunfisch und Erbsen belegt, falls Sie das interessiert.

Das Erdbeerfest

In den Nachkriegsjahren gelangte die Kaschubei dank der Förderung des Erdbeeranbaus zu einem gewissen Wohlstand. Wer etwas von der Ernte kosten möchte, hat dazu auf dem *Erdbeerfest*, das auf einem Hügel 2 km vor Kartuzy stattfindet, die beste Gelegenheit. Es ist halb Markt, halb Messe (vergleichbar mit einem historischen deutschen Jahrmarkt), bei dem einheimische Bauern Körbe voller Erdbeeren in die Kirche im nahe gelegenen Ort Wygoda bringen.

Ausflüge in die Kaschubei

Hinter Kartuzy weitet sich das Kernland der Kaschubei zu einer Moränenlandschaft mit Seen, niedrigen Anhöhen und stillen Wäldern, hier und da gibt es einzelne Dörfer und einige Kleinstädte. Der **Ostrzydkie-Kreis**, eine Bergkette, die in der letzten Eiszeit entstand, umringt mehrere malerische **Seen**. Das Feriengebiet von **Chmielno**, westlich von Kartuzy, ist bei Touristen sehr beliebt. Das Freilichtmuseum **in Wdzydze Kiszewskie** wendet sich an diejenigen, die sich für kaschubische Volkskunst interessieren. Da die Bevölkerung der Kaschubei besonders stark religiös geprägt ist, sollte man sich den Besuch an einem der großen **katholischen Feiertage** nicht entgehen lassen, vor allem an Fronleichnam oder an einem der Marienfeste, z. B. Mariä Himmelfahrt am 15. August.

• *Anfahrt/Verbindungen* Wer sein eigenes Auto hat, sollte von Gdańsk aus eine Rundfahrt planen, dabei Chmielno und Wdzydze besuchen und die wunderschöne Hügellandschaft unterwegs genießen. Mit dem Bus besucht man besser nur ein Ziel pro Tag. Im Sommer werden von Gdańsk aus Ausflüge nach Wdzydze Kaliszewskie und in andere Orte angeboten. Man sollte sich bei Orbis oder in einem Fremdenverkehrsbüro in Gdańsk danach erkundigen.

Chmielno/Ludwigsdorf und Sierakowice

Chmielno/Ludwigsdorf, am Westrand des Ostrzydkie-Kreises, ist der idyllischste Ferienort der Gegend und außerdem am leichtesten zu erreichen, auch mit dem Bus, denn er liegt nur 12 Kilometer westlich von Kartuzy. Er ist in malerischer Landschaft gelegen mit Blick auf die Ufer dreier Seen – Białe, Rekowo und Kłodno. Am Ufer gleich beim Dorf gibt es zahlreiche frühere Arbeitererholungsheime, von denen inzwischen viele in Ferienwohnungen und *pensjonaty* umgewandelt wurden. Chmielno ist das Zentrum der kaschubischen Keramik- und Töpferkunst, und das Muzeum Ceramyky Kaszubskiej, ul. Fr. Necla 1 (Kaschubisches Töpfereimuseum; Mo–Sa 9–16 Uhr; 2 Zł) gibt nähere Erläuterungen über die Besonderheiten der hiesigen Keramik.

• *Übernachten/Essen* Trotz der Beliebtheit des Ferienortes findet man meistens problemlos eine Unterkunft. Das Touristbüro an der Bushaltestelle im Kulturzentrum des Dorfes (Mo–Fr 9–17 Uhr; ✆ 058/684 2205) wird Ihnen **Privatzimmer** (I) vermitteln.

In der ul. Gryfa Pomorskiego 68 liegt das **U Czorlińskiego** (✆ 058/684 2278, H), ein freundliches Hotel, dem ein Restaurant angeschlossen ist, das heimische Küche bietet.

In der Pension **Dorota** (✆ 058/684 2237, H), ul. Grźidzickiego 10, gibt es Zimmer mit Bad.

Geht man vom Dorfzentrum in östliche Richtung zwischen den Seen Białe und Rekowo, gelangt man zum anderen Ufer des Kłodno-Sees. Dort befinden sich mehrere **Campingplätze**, wo man auch Boote und Kajaks mieten kann. Im Dorfzentrum gibt es außerdem unterhalb der Bushaltestelle in der ul. Świętopełka das **Restaurant U Świętopełka**, das traditionelle kaschubische Mahlzeiten serviert (Kartoffeln mit allem möglichen).

Das 15 Kilometer weiter im Westen gelegene Dorf **Sierakowice** grenzt an eines der schönsten Waldgebiete der Region, das sich besonders gut zum Wandern eignet. **Mirachowo**, 10 Kilometer nordöstlich gelegen, ist mit dem Bus zu erreichen und ist ein guter Stützpunkt für Wanderer. In Mirachowo, im 15 Kilometer weiter nördlich gelegenen Łebno und in vielen umliegenden Dörfern gibt es noch einige traditionelle kaschubische Fachwerkhäuser, wie man sie auch im Freilichtmuseum in Wdzydze Kiszewskie sehen kann.

Kościerzyna und Wdzydze Kiszewskie

Von Gdańsk aus ist ein Tagesausflug nach **Wdzydze Kiszewskie** (72 km) durchaus machbar; im Sommer gibt es Direktbusse, sonst muss man in Kościerzyna umsteigen. Kościerzyna liegt etwa 40 km südlich von *Kartuzy* und ist die zweitwichtigste Stadt der Region. Allerdings ist sie hauptsächlich wegen ihres Marktes interessant. Wahlweise kann man vor dem Umsteigen einen Zwischenstopp einlegen und sich erfrischen. Wenn Sie mit der Aussprache des Ortsnamens **Wdzydze Kiszewskie** Probleme haben, können Sie auch einfach nach dem Bus ins Freilichtmuseum ("Skansen") fragen. Von Kościerzyna führt der Weg dann etwa 16 Kilometer durch die Moränenlandschaft nach Süden.

Das Freilichtmuseum in Wdzydze gewährt Einblick in die kaschubische Architektur und Volkskunst. Es wurde Anfang des 20. Jahrhunderts eingerichtet und war das erste Museum seiner Art in Polen. Der Platz, an dem sich das Museumsdorf befindet, auf einem Feld, von dem aus man den Gołun See überblickt, könnte nicht besser gewählt sein. Für die Ausstellung wurden traditionelle kaschubische Holzhäuser aus der gesamten Region zusammengetragen, wieder aufgebaut und werden nun sorgsam erhalten. Da die Häuser nicht bewohnt werden, wirkt die Szenerie zwar nicht ganz lebensecht, aber der Besucher spürt, mit wie viel Liebe die Ausstellung zusammengestellt wurde. Es scheint durch, dass man bemüht ist, das kaschubische Kulturerbe zu erhalten und es anderen nahe zu bringen. Da die meisten Gebäude verschlossen sind, sollte man sich einer der stündlichen Führungen anschließen, die im Sommer auch auf Deutsch und Englisch angeboten werden. Die Palette der ausgestellten Gebäude aus der Region umfasst alte Windmühlen und Bauernhäuser, Scheunen, Brunnen, Brennöfen, einen Schweinestall und eine Sägemühle mit einer Säge, die so groß ist, dass sie ursprünglich mit einem Dampfmotor betrieben werden musste.

Die Holzkirche aus dem frühen 18. Jahrhundert ist besonders sehenswert. Sie stammt aus dem Dörfchen Swornegacie im Südwesten der Region und wurde hier in "Skansen" renoviert. Das Dach ist aus Holzziegeln, und die Innenräume sind ausgeschmückt mit für die Region typischen volkstümlich-barocken Verzierungen und biblischen Motiven, wie z. B. der heiligen Patronin Barbara und dem allgegenwärtigen Auge Gottes, das von der Decke herunterschaut. Die Innenräume der riedgedeckten Häuschen wurden bis ins kleinste Detail originalgetreu restauriert. Von Bett bis Mobiliar ist alles so hergerichtet, wie es in einem typischen Haus ärmlicher kaschubischer Bauern vor einem Jahrhundert ausgesehen haben muss. Sogar die Vorgärten der Häuser wurden dem alten Stil nachempfunden. Die Ausstellung soll noch um weitere Modelle in anderen Baustilen der Region erweitert werden, – dafür muss jedoch erst einmal die nötige finanzielle Basis geschaffen werden.

Öffnungszeiten Mitte April–Mitte Okt. Di–So 9–16 Uhr, Mitte Okt.–Mitte April Mo–Fr 9–15 Uhr. Die letzten Karten werden eine halbe Stunde vor Schließung verkauft. Eintritt 7 Zł.

Auch der Ort Wdzydze Kiszewskie ist mit seinem See ein beliebter Ferienort.

Übernachten Im Sommer gibt es Privatzimmer in den Häusern am See. Außerdem hat dann die Jugendherberge geöffnet, und es gibt verschiedene Campingplätze.

Entlang der Wisła/Weichsel

Folgt man der Weichsel vom Mündungsdelta nach Süden, kommt man ins Herz des einst vom Deutschen Orden beherrschten Gebietes.

Der Fluss ist im **Mündungsdelta** breit und schmutzig und wälzt sich langsam unter einem meist verhangenen Himmel dahin. In dieser Ebene mit einsamen Dörfern, schmalen Landstraßen und trocken gelegtem Schwemmland unterbrechen nur ab und zu Städte die Weite.

Von Gdańsk aus flussaufwärts ändert sich die Szenerie: Man gelangt in das Gebiet, in dem der Deutsche Orden im Mittelalter durch eine Kette von Festungen entlang der Weichsel den lukrativen Getreidehandel steuerte. Unter dem Schutz dieses kämpferischen Ritterordens ließen sich Kaufleute aus dem nördlichen Hansebund entlang der Weichsel bis nach Toruń im Süden nieder. Das architektonische Erbe der Ritter sind unverwechselbare rote Backsteinbauten, turmartige Kirchen, wuchtige Getreidespeicher und solide Bürgerhäuser, alles umschlossen von Verteidigungsmauern und geschützt von Burgen. **Malbork/Marienburg**, Hauptsitz des Deutschen Ordens, ist ein typisches Beispiel dafür: eine Stadt innerhalb und unterhalb einer der größten Festungen im mittelalterlichen Europa. Weiter flussabwärts gibt es eine Reihe von weniger befestigten Städte: **Kwidzyn/Marienwerder**, **Gniew**, **Grudziądz/Graudenz**, **Chełmno/Kulm** und die altertümliche Stadt **Toruń/Thorn**.

Zur Zeit der Teilungen – vom späten 18. Jh. bis zum Ersten Weltkrieg – war dieser Teil des Weichseloberlaufs **preußisches Gebiet**. An die Preußen erinnern noch immer die gepflegten Orte und Städte. Nach 1918 fiel ein Teil davon an Polen, der Rest verblieb bei Ostpreußen. Im Zweiten Weltkrieg wurde hier, genau wie in der übrigen Region, besonders beim deutschen Rückzug sehr viel zerstört.

Verbindungen Zwischen den wichtigsten Städten, die alle in annehmbarer Entfernung zu Gdańsk liegen, verkehren Züge und Busse. An verschiedenen Stellen kann man die Weichsel auch mit der Fähre überqueren.

Malbork/Marienburg

Für Polen, die mit den Romanen von Henryk Sienkiewicz aufgewachsen sind, erinnert Malbork, die wuchtige Festung am Fluss, an die Erzählungen über die Kämpfe zwischen Polen und Deutschen im Mittelalter, die er in "Die Kreuzritter" so lebhaft beschrieben hat.

Gleichgültig, aus welcher Richtung man kommt, die monumentale, einschüchternde Festung beherrscht die Stadt. Sie verleiht dem unscheinbaren Ort, der nach der Zerstörung im Krieg eher unauffällig und modern wieder aufgebaut wurde, das bedrohliche Aussehen eines alten Militärstützpunktes.

Die Geschichte von Stadt und Burg ist eng mit der des **Deutschen Ordens** (siehe Kasten) verknüpft. Er hatte sich hier im ausgehenden 13. Jahrhundert niedergelassen und begonnen, die damals eher bescheidene Festung in das labyrinthartige Ungetüm umzuwandeln, das noch heute zu sehen ist. Nach zweihundert Jahren unter der Herrschaft des Deutschen Ordens fiel die Stadt 1457 unter polnische Verwaltung. Die Ritter, die mit finanziellen Schwierigkeiten zu kämpfen hatten, waren gezwungen die Burg an die Tschechen zu verkaufen, die sie wiederum an die polnische Krone weiterveräußerten. In den dreihundert Jahren danach diente die Burg als Königsresidenz, in der die polnischen Monarchen auf ihren Reisen zwischen

Der Nordosten
Karte S. 202/203

Warschau und Gdańsk Halt machten. Nach den Teilungen funktionierten die **Preußen** die Burg zu einer Kaserne um und begannen, große Teile des Backsteinkomplexes abzureißen. Erst ein Aufschrei der Öffentlichkeit in Berlin setzte dem ein Ende. Bis auf den Ostflügel überstand die Burg den Zweiten Weltkrieg, in dem sie als Kriegsgefangenenlager genutzt wurde, relativ unversehrt. 1945 wurden beim sowjetischen Angriff Teile der Burg zusammen mit dem Großteil der Altstadt zerstört. Nach dem Krieg versuchte man, die Überreste so originalgetreu wie möglich zu rekonstruieren. Zeugen der heftigen Kämpfe, die in Malbork stattfanden, sind am Rande der Stadt in Form von **Kriegsgräbern** zu sehen.

• *Information* Es gibt ein **Touristbüro** (mit unvorhersehbaren Öffnungszeiten; ✆ 055/272 5599) an der südöstlichen Seite der Burg, in der Piastowska 15 – wenn Sie vom Zug oder Bus kommen, laufen Sie vermutlich daran vorbei.

• *Anfahrt/Verbindungen* **Bahnhof** und **Busbahnhof** befinden sich direkt nebeneinander, und von beiden sind es etwa zehn Minuten zu Fuß in nördlicher Richtung bis zur Burg. Malbork ist eine Station auf der direkten Linie nach Warschau. Von Gdańsk aus geht etwa alle 30–40 Minuten ein Zug. Auch die Busse fahren regelmäßig. Ein Tagesausflug ist daher leicht machbar.

• *Übernachten* Das Touristbüro wird Ihnen einige **Privatzimmer** (H) in der Stadt zuweisen können.

Zamek, (✆ 055/272 8400; D) dieses Hotel ist mit Abstand das beste (und teuerste) und befindet sich gleich am Ausgang der Burg. Es hat komfortable Zimmer mit Bad, eingerichtet im schwerfälligen Stil der sozialistischen Zeit (doch selbst die braunen abgenutzten Stühle und Vorhänge haben einen gewissen Charme), und es besitzt ein mondänes Restaurant im gotischen klösterlichen Speisesaal. Da das Hotel bei Touristen sehr beliebt ist, bucht man besser im Voraus.

Das Hotel **Zbyszko**, zwischen Burg und Bus-/Zugbahnhof, ul. Kościuszki 43 (✆ 055/272 2640; F), ist etwas moderner mit einfachen, aber ordentlichen Zimmern mit Bad und TV.

Das **Parkowy**, neben einem kleinen Fußballstadion 1500 m nördlich der Burg, in der ul. Portowa 3 (✆ 055/272 2413; G), bietet äußerst saubere und gemütliche Zimmer mit Bad und TV und darüber hinaus einige einfache Dreibett- und Vierbettzimmer.

Hotel Dedal, ul. General de Gaulle'a 5 (✆ 055/272 6850; E), 2 km südlich des Stadtzentrums, befindet sich in einem Betongebäude. Es gehört ebenfalls zu der "Innen-muss-alles-braun-sein"-Generation, doch es hat Zimmer mit Bad und TV, die sehr praktisch sind.

Hotel **Szarotka,** in der Nähe des Bus- und Zugbahnhofs, ul Dworcowa 1 (✆ 055/270 1444; I), bietet abgenutzte, aber saubere Zimmer mit Gemeinschaftsbädern.

Zudem gibt es noch eine spartanische **Jugendherberge** in der ul. Żeromskiego 45 (nur im Sommer geöffnet; ✆ 055/272 2408), etwa 500 m südlich der Burg.

Ein guter **Campingplatz**, ul. Portowa 3 (Juni–Sept; ✆ 055/272 2413), befindet sich in der Nähe des *Parkowy*. Bungalows für 3 Personen kosten 120 Zł

• *Essen* In der Nähe des Burgeingangs gibt es einige **Imbissbuden**, dazu kommen eine Reihe von schwimmenden Restaurants am Ufer. Das **Restaurant** des Hotels Zamek bietet sehr gute traditionelle polnische Küche, ebenso das **Restauracja Piwniczka**, das man von der Flussseite aus betritt.

Das Restaurant **Pizza** (Nomen est omen), ul. Kośiuszki gegenüber dem Hotel Zbyszko, bietet einfache Pizzen, Nudelgerichte und wirklich exzellente *pierogi*.

Die Burg

Nachdem man die alte Vorburg, deren Wirtschaftsgebäude nach dem Krieg nicht wieder aufgebaut wurden, hinter sich gelassen hat, kommt man zur **Hauptfestung**. Die Besichtigung ist nur im Rahmen einer geführten Tour (in polnischer Sprache) möglich und startet, sobald genügend Teilnehmer vorhanden sind.

Nachdem man den Burggraben überquert und das mächtige Haupttor durchschritten hat, steht man vor dem **Mittelschloss**, das gebaut wurde, nachdem die Ritter 1309 beschlossen hatten, ihren Hauptsitz nach Malbork zu verlegen. In diesem Teil

Die imposante Burganlage in Malbork/Marienburg

Der Nordosten
Karte S. 202/203

der Anlage liegt der Hochmeisterpalast, dessen Prunkstücke die vor einem offenen Hof gelegenen beiden **Remter** (Speisesäle) sind. Diese gewaltigen Gewölbesäle, deren Bau 1330 begonnen wurde, gehören zu den wenigen in ihrem ursprünglichen Zustand erhaltenen Räumen. Die eleganten Kreuzrippengewölbe, getragen von schlanken Granitsäulen, zeugen vom wachsenden Einfluss der gotischen Kathedralenarchitektur, die damals gerade in Europa aufkam. An den Wänden sind die verschiedensten Waffen ausgestellt. Noch interessanter ist allerdings das Gemälde an einer der Wände: *Die Schlacht bei Grunwald/Tannenberg*. Dieses Bild ist ein typisches Werk des Romantikers Matejko, die heroisierende Darstellung eines der wichtigsten Ereignisse in der polnischen Geschichte.

Vom **Hof** aus gelangt man in eine Reihe dunkler, höhlenartiger Kammern. In der größeren Kammer sind Sammlungen von Keramik, Glas, Skulpturen und Gemälden untergebracht. Am bemerkenswertesten ist eine große Sammlung von **Bernstein** aus der Ostsee. Mit dem Bernsteinhandel hatte der Deutsche Orden seinen sagenhaften Reichtum erworben. Es sind unzählige Stücke in allen Formen und Größen zu sehen. Hier findet man alles, von wunderschönen Miniaturaltären und exotischen Schmuckstücken bis hin zu einer Sammlung von Millionen Jahre alten versteinerten Pflanzen und Fliegen, die in dem kostbaren Harz gefangen sind. Bei einem Besuch im Sommer kann man im Haupthof eine Multimedia-Show sehen.

Vom Mittelschloss aus führt ein Gang nach oben zum kleineren Hof des **Hochschlosses**, dem ältesten Teil der Festung aus dem späten 13. Jahrhundert. Steigt man vom Hof aus hinauf, gelangt man in ein Labyrinth von Gängen, die zu kleinen Türmen führen, durch deren Fensterschlitze man alle Wege nach Malbork im Auge hat.
Religiöser Mittelpunkt des strengen Mönchslebens der Ritter war die gewaltige **Schlosskirche** mit dem von sieben Säulen gestützten klösterlichen Speisesaal. Elemente des fein aus Stein gehauenen **Goldenen Tores** finden sich in den Toren der **Kapelle St. Anna** wieder, einem späteren Anbau unter der Hauptkirche. Das

spartanische Dormitorium der Ritter liegt ganz in der Nähe. Der Korridor führt zum **Gdańsko-Turm**, der Burgtoilette, hinunter.

Vom Turm in der Mitte des Innenhofes der Burg hat man einen guten Blick auf den Burgkomplex und die flache Landschaft der Umgebung. Während des Aufstiegs kann man auch einen Blick in die Burgkapelle werfen, deren Restaurierungsarbeiten schon jahrelang andauern.

Öffnungszeiten Mai–Sept. Di–So 8.30–17 Uhr; Okt.–April Di–So 9–14.30 Uhr. Eintritt 13 Zł.

Nach einer Besichtigung des Burginneren empfiehlt sich ein Spaziergang über die Brücke auf die andere Seite des Weichselnebenflusses Nogat. Von dort überblickt man die ganze Anlage; sie muss in ihren riesigen Ausmaßen Besuchern und Bewohnern der Umgebung im Mittelalter gewaltig erschienen sein.

Abgesehen von dem Schloss gibt es in Malbork wenig Aufregendes zu sehen. Im Zweiten Weltkrieg wurde hier erbittert gekämpft, wobei die Altstadt fast völlig zerstört wurde. Am Stadtrand befindet sich ein Feld von **Kriegsgräbern**, die daran erinnern.

Der Deutsche Orden

Die Templer, die Johanniter (Malteser) und der Deutsche Orden waren die drei wichtigsten geistlichen Ritterorden. Alle drei formierten sich zur Zeit der Kreuzzüge im 11. und 12. Jahrhundert. Der 1190 als eine Bruderschaft für Krankenpflege gegründete Deutsche Orden vereinte die asketischen Ideale des Mönchslebens mit der militärischen Ausbildung von Rittern. Die Ritter des "Ordens des Hospitals von St. Marien vom Deutschen Hause" (wie der volle Name des Ordens lautete) waren im Heiligen Land jedoch nicht besonders erfolgreich. 1225 gründeten sie auf Bitten des Herzogs Konrad von Masowien ihren ersten Stützpunkt bei Chełmno/Kulm in Polen. Sie sollten den Herzog gegen die heidnischen Litauer, Pruzzen (Prusowie) und andere Volksstämme schützen, wofür sie im Gegenzug auch Land erhielten. Die Ritter dezimierten die pruzzische Bevölkerung und holten dafür deutsche Siedler ins ihnen übereignete Kulmerland. (Die Preußen stammen also nicht, wie der Name vermuten lässt, von jenem slawischen Volksstamm ab, sondern sind vielmehr die Nachfahren dieser deutschen Siedler, die sich teilweise mit den noch in der Region verbliebenen Pruzzen vermischten.)

Nachdem der Deutsche Orden 1271 seinen letzten Stützpunkt im Heiligen Land verloren hatte, sah er sich in Europa nach einem geeigneten Sitz um. Drei Jahre später begann er mit dem Bau der Malborker Burg, *Marienburg*, wie sie nach der Patronin des Ordens genannt wurde. Schon 1309 zog der Hochmeister von Venedig nach Malbork um.

Wirtschaftlich bemühte sich der Deutsche Orden vor allem um die Kontrolle über die *Hansestädte* und den Bernsteinhandel. Politisch hatten sich die Ritter das Ziel gesetzt, neue Gebiete, besonders im Osten, zu erobern. Zwar erkannten die polnischen Könige schnell, welchen Fehler sie begangen hatten, als sie die Ritter in ihr Land gerufen hatten, bis zum Beginn des 15. Jahrhunderts aber glaubten die meisten anderen europäischen Monarchen noch immer fest an die religiöse Legitimation des Ordens. Unterstützung erfuhr die Vorgehensweise des Deutschen Ordens durch die Tatsache, dass die Litauer, die letzten Heiden in Europa, noch bis weit in das 14. Jahrhundert nicht zum Christentum bekehrt worden waren.

Die Machtprobe mit Polen fand 1410 in der *Schlacht bei Grunwald/Tannenberg* statt, einer der denkwürdigsten kriegerischen Auseinandersetzungen im mittelalterlichen Europa. Ein Bündnis zwischen Polen und Litauen, die erkannten, dass sie einen gemeinsamen Feind hatten, bescherte dem Deutschen Orden eine erste und entscheidende Niederlage. Allerdings begingen die Polen und Litauer den Fehler, die Ritter des Deutschen Ordens ungestört nach Malbork zurückkehren zu lassen. Von dort wurden sie dann erst 1457 von König Kazimierz IV. Jagiellończyk vertrieben. Der Hochmeister des Ordens floh nach Königsberg.
Schon sehr bald erhielt die politische Macht des Deutschen Ordens jedoch wieder neuen Auftrieb. 1525 beschloss der zur Lutherischen Konfession übergetretene Hochmeister Albrecht von Hohenzollern, den Orden aufzulösen und sein Land in ein weltliches Herzogtum umzuwandeln, an dessen Spitze er selbst stand. Anfangs blieb er dem polnischen König zum Treueeid verpflichtet. Deshalb huldigte er König Zygmunt/Sigismund 1525 auf dem Marktplatz von Krakau. Nach innen war das Herzogtum allerdings völlig autonom, und so konnte der Protestantismus die Staatsreligion im Herzogtum werden. Dies erwies sich für die Geschichte Europas als ein entscheidender Schritt, denn damit erhielt die ehrgeizige Hohenzollernfamilie einen Machtstützpunkt außerhalb der Einflusssphäre des Heiligen Römischen Reiches.

Kwidzyn/Marienwerder

Kwidzyn/Marienwerder, in der Schleife eines Nebenflusses der Weichsel gelegen, ist eine kleinere, befestigte Stadt mitten in einer wachsenden Industrieregion.

Der Deutsche Orden baute hier gegen 1230 seine erste Festung, also etwa vierzig Jahre bevor er sich in Malbork niederließ. Schon bald kamen zur Festung eine Bischofsresidenz und eine Kathedrale hinzu. Dreihundert Jahre später wurde die alte Burg abgerissen und neu aufgebaut. Die Kathedrale und das Kapitelhaus des Bischofs blieben jedoch unangetastet. Im Gegensatz zur restlichen Altstadt überstand die Festungsanlage die heftigen Kämpfe im Jahr 1945 unversehrt und wurde nach dem Krieg sorgfältig restauriert.

Die **Burg** erhebt sich auf einer Anhöhe über der Liwa. Ihr auffallendstes Merkmal ist der außerhalb, im ehemaligen Flussbett, verankerte Turm. Er ist durch einen wackeligen, überdachten Steg, der eher aussieht wie die spleenige Idee eines Brückenbauers als wie eine stabile Befestigungsanlage, mit dem Hauptgebäude verbunden. Ursprünglich diente der Turm als "Burgtoilette". Von der gegenüberliegenden Seite des Flusses hat man den besten Blick auf das Gebäudeensemble.

Die um einen großen offenen Hof angelegte Burg beherbergt ein etwas heruntergekommenes **Heimatmuseum**, das über die frühe Siedlungsgeschichte des Flussbeckens der Weichsel informiert. Es gibt eine Abteilung zur Naturgeschichte und eine über die Volkskunde der vielen Volksgruppen, die hier siedelten. Im 19. Jahrhundert versuchte man, den ursprünglichen gotischen Zustand der großen dämmrigen **Kathedrale**, die an die Burg angrenzt, wieder herzustellen. Das bemerkenswerteste Kunstwerk ist ein wunderschönes Mosaik aus dem 14. Jahrhundert im südlichen Vestibül.

Öffnungszeiten Heimatmuseum – Di–So 10–16 Uhr, Karten werden bis spätestens um 15 Uhr verkauft. Eintritt 4 Zł.

Der Nordosten
Karte S. 202/203

• *Anfahrt/Verbindungen* Es gibt regelmäßige **Busverbindungen** nach Tczew, Malbork und Grudziądz. Zweimal täglich fährt ein **Zug** nach Gdańsk (1,5 Std.).

• *Übernachten/Essen* Übernachten kann man in dem Hotel **Kaskada**, nahe beim Bahnhof, ul. Chopina 42 (✆ 055/279 3731). Es gibt Zimmer mit Bad und Doppelzimmer mit Gemeinschaftsbad (H); oder in der Pension **Miłosna**, ul. Miłosna 5 (✆ 055/279 4052; E), einer ruhigen und komfortablen Pension, 3 km südlich der Stadt. Zum Essen bietet sich das Restaurant des Hotels **Kaskada** in der ul. Chopina an. Das beste Restaurant ist jedoch das **Pomezania**, ul. Chopina 27. Hier gibt es ausgezeichnete polnische Küche bis 22 Uhr.

Westlich von Kwidzyn

Wenn Sie mit dem Auto unterwegs sind, lohnt es sich, von Kwidzyn aus noch 20 Kilometer in westliche Richtung nach **Janowo** zu fahren und von dort aus mit der Fähre nach **Gniew** überzusetzen. Unter Fähre *(prom)* müssen Sie sich ein uraltes, klapperiges Gefährt vorstellen, das von einem außergewöhnlichen mechanischen Kettensystem angetrieben wird. Es gibt noch zwei weitere Fähren auf diesem Abschnitt der Weichsel, die alle von frühmorgens bis Sonnenuntergang verkehren.

Die Überfahrt ist gratis, denn laut Gesetz muss man kostenlos über einen Fluss kommen können, wenn er eine Straße "unterbricht". Da die Boote klein sind (in Janowo ist das Maximum vier Autos), muss man im Sommer mit Wartezeiten rechnen. Obwohl die eigentliche Fahrtzeit nur 10 Minuten beträgt, sollte man sich dieses Erlebnis nicht entgehen lassen. Die Überfahrt ermöglicht einen genaueren Blick auf den leider stark verschmutzten Fluss.

Gniew

Die Kleinstadt **Gniew** liegt 65 Kilometer südlich von Gdańsk und gehört zu den unbekannten, aber sehenswerten ehemaligen teutonischen Hochburgen am Nordufer der Weichsel. Der etwas abgelegene Ort lohnt den Besuch. Bei der Überfahrt mit der Fähre wird deutlich sichtbar, wie sich der Flusslauf der Weichsel verändert haben muss. Die Stadt liegt heute nämlich etwa einen Kilometer vom Fluss entfernt auf einem Hügel. Von der strategisch guten Lage des Ortes angezogen, übernahm der Deutsche Orden in den 80er Jahren des 13. Jahrhunderts die Niederlassung vom Zisterzienserorden und errichtete die obligatorische Burg. Das ruhige Städtchen blieb von Kriegen verschont und ist noch erstaunlich gut erhalten. Es vermittelt den Eindruck, als sei die Zeit stehen geblieben. In den gängigen Reiseführern taucht der Ort gar nicht auf, daher trifft man hier nur selten auf andere Touristen. Ortsansässige Initiativen haben sich nun daran gemacht, den Ort touristisch zu beleben: Während der Sommermonate werden mittelalterliche Ritterturniere und Schaukämpfe in alten Kostümen vor allem auf dem Gelände der Burg und in der Burg dargeboten. Das Fremdenverkehrsamt in Gdańsk verfügt über aktuelle Informationen.

Der solide Backsteinbau des Rathauses und die historischen Gebäude aus dem 16. und 18. Jahrhundert bieten den passenden Hintergrund. In der dunklen gotischen **Pfarrkirche** westlich des Platzes sitzen die von der Zeit gezeichneten Alten, denen man in Polen so oft begegnet, und beten den Rosenkranz. Östlich des Platzes stehen die Ruinen der ehemaligen **Burg** (Mai–Okt. Di–So 10–16 Uhr; 3 Zł), deren Gewölbe nur noch entfernt an die vergangene Pracht erinnern, heute wäre dies die ideale Kulisse für einen Horrorfilm.

Hinter der Burg, auf einem Pfad, von dem aus man den Fluss überblicken kann, liegt das **Marysieńki Palais/Pałac Marysienkich**, das Ende des 17. Jahrhunderts von

König *Jan Sobieski* für seine Gemahlin als Anbau an die Burg errichtet wurde. Heute ist es ein preiswertes und schön gelegenes **Hotel** (✆ 069/135 2537) mit einem ausgezeichneten Restaurant. Der Blick vom Hotelbalkon über die Weichsel ist einmalig.

• *Anfahrt/Verbindungen* Busse nach und von Gdańsk (Fahrtzeit 1 Std. 20 Min.), Tczew und Grudziądz verkehren ziemlich regelmäßig. Sie halten an einer Station am Westrand der Stadtmitte.

• *Übernachten* Hotel **Pałac Marysieńki** (s. o.). Außerdem gibt es im Sommer eine Jugendherberge, genannt **Dormitorium**, die in einem Flügel der Burg untergebracht ist. (✆ 069/135 2537; F)

Grudziądz/Graudenz

Grudziądz/Graudenz liegt 35 km flussaufwärts von Kwidzyn und geht ebenfalls auf eine frühe Festung des Deutschen Ordens zurück. Auch diesen Ort umsäumt ein Industriegebiet, und ein großes Kraftwerk ragt unschön in der Innenstadt auf. Die Jahre der Preußenherrschaft erklären die "deutsche" Atmosphäre der Stadt, in der einige alte Häuser den Krieg unbeschadet überstanden haben.

Grudziądz ist eine lebhafte Provinzstadt in herrlicher Lage am Fluss und daher ein angenehmer Zwischenstopp auf der Fahrt nach Toruń und Bdydgoszcz – beide Städte können von hier leicht mit dem Bus erreicht werden –, lohnt jedoch keine Übernachtung.

Die geordnete Anlage des hübschen Marktplatzes (**Rynek**) zeugt von preußischer Gründlichkeit und von Sinn für Proportionen Die meisten Sehenswürdigkeiten sind zu Fuß vom Rynek aus zu erreichen. Die gotische **Pfarrkirche** nördlich des Platzes ist ein typisch teutonischer, hoher Backsteinbau mit ebenso typisch barokken Wandverzierungen im Inneren. Am beeindruckendsten ist sicher der fein gemeißelte romanische Taufstein in der Sakristei. Wenn man ein kurzes Stück auf der ul. Ratuszowa in Richtung Süden geht, gelangt man zur ehemaligen, 1622 gegründeten **Jesuitenkirche** und zum **Jesuitenseminar**. Die Kirche, ohne Seitenschiffe, ist ein barocker Bau, dessen Innenräume mit überschwänglicher Chinoiserie verziert sind. Südlich davon beherbergt das ehemalige **Benediktinerinnenkloster** heute ein Museum, das Werke einheimischer Künstler und ferner eine interessante Ausstellung zur Stadtgeschichte ausstellt.

Öffnungszeiten Di, Fr 10–18 Uhr, Mi, Do 10–15 Uhr, Sa 10–16 Uhr, So 10–14 Uhr.

Oberhalb des Flusses erinnern in die Bergbefestigungen eingebaute Speicher an die Bedeutung, die der Getreidehandel früher für die Stadt hatte. Zusammen mit den Herrschaftshäusern, die über die Mauern hinausragen, prägen die Speicher die berühmte Silhouette von Grudziądz vom anderen Flussufer aus. Mit den schönsten Blick auf die Stadt hat man allerdings aus dem Zug nach oder von Bydgoszcz und Gdańsk.

Wie auch in Malbork gibt es in Grudziądz zahlreiche Kriegsgräber. Besonders bewegend ist der Friedhof in **Grupa**, etwa 3 km stadtauswärts, am Westufer des Flusses. Hier wird 10.000 Polen aus der Region gedacht, die meisten davon Zivilisten, die von den Nazis zwischen 1939 und 1945 umgebracht wurden.

• *Anfahrt/Verbindungen* **Bahnhof** und **Busbahnhof** sind in 15 Min. zu Fuß von der Altstadt zu erreichen. Es verkehren häufig Züge nach Toruń und Malbork. Gute Busverbindungen bestehen nach Kwidzyn, Chełmno und Bydgoszcz.

• *Übernachten/Essen* Im Stadtzentrum ist das **U Karola** die beste Unterkunft, ul. Toruńska 28 (✆ 056/643 0333; H–F), wenige Minuten zu Fuß südlich der Altstadt. Es bietet akzeptable Zimmer mit Bad, einige mit TV.

Das Hotel **Adriano**, südl. des Bahnhofs, ul. Gen. Hallera 4 (✆ 056/465 6999; H–F), ist etwas preiswerter.

Die **Jugendherberge** befindet sich in der ul. Gen. Hallera 37. Sie ist eine der wenigen Herbergen in Polen, die Einrichtungen für Behinderte zur Verfügung haben.

Unter den Restaurants gibt es z. B. die Pizzeria **Tomato**, ul. Szewska 5, gleich beim Rynek, und das ziemlich noble **Ratuszowa**, ul. Ratuszowa 1, das polnische und französische Küche bietet und sich bestens für ein Abendessen mit allen Schikanen eignet. Unsere Leserin Sybil Henning-Wagener empfiehlt außerdem ein "nagelneues vegetarisches Restaurant": Bar Wegentarianski Greenway, ul. Sienkiewcza 9.

▸ **Radzyń Chełmiński**: In der Region gibt es genauso viele Burgen des Deutschen Ordens wie Burgruinen. Die Festung in Radzyń Chełmiński (einige, aber nicht alle Busse nach Toruń fahren hier vorbei), 20 Kilometer südlich von Grudziądz, ist eine der bemerkenswerteren Ruinen. Sie liegt am Rand der eher unbedeutenden Stadt, war jedoch nach Malbork die größte Festung des Ordens. Ein langer ausgetrockneter Graben umgibt die ehemalige Burg, und wer Lust hat, kann außerhalb der verfallenen romantischen Mauern, herumspazieren. Angeblich finden hier seit Jahren Restaurierungsarbeiten statt, was aber nur an dem Schild "Kein Zutritt" zu erkennen ist, das am Tor angebracht ist. Die Broschüre des Touristenbüros formuliert es diplomatisch, wenn sie angibt, die Burg werde als "dauerhafte Ruine erhalten".

Chełmno/Kulm

Das auf einer Anhöhe gelegene Chełmno/Kulm, ein ehemals bedeutendes preußisches Zentrum, überstand den Zweiten Weltkrieg unversehrt. Auch von der industriellen Entwicklung der Nachkriegszeit ist es verschont geblieben.

Auffällig ist die Atmosphäre: eine ländlich stille Stadt, wie aus dem Bilderbuch, in der sich Polnisches und Preußisches kraftvoll in der für die Region typischen Weise vermischt haben. Zwar gab es an dieser Stelle schon im 11. Jahrhundert eine polnische Festung, aber erst mit der Ankunft des Deutschen Ordens um 1225 erwachte Chełmno zum Leben. Die Ritter machten die Stadt zu ihrem wichtigsten Zentrum von Politik und Verwaltung. Dies hatte eine schnelle und eindrucksvolle Entwicklung zur Folge. 1386 wurde hier eine Akademie nach dem Vorbild der berühmten Universität von Bologna gegründet. Trotz der Zerstörungen durch die Schweden um 1650 blühte die Stadt bis zu den Teilungen wieder auf. Unter den Preußen sank sie auf den Stand einer unbedeutenden Provinzstadt ab.

Altstadt: Fußgänger gelangen durch das **Brama Grudziądzka/Graudenzer Tor** in die Altstadt; Autos sind nicht zugelassen. Das Tor ist ein schön proportionierter gotischer Bau aus dem 14. Jahrhundert mit feinen Renaissancegiebeln. Die ul. Grudziądzka führt zum von den Preußen angelegten **Rynek**, einem großen offenen Platz im Herzen des gitterartig ausgerichteten Straßennetzes. Die Mitte des Platzes ziert das strahlend weiße **Rathaus**, dessen Fassade überschwängliche Lebensfreude ausstrahlt. Der heutige Bau wurde um 1560 auf den Fundamenten eines älteren gotischen Bauwerks errichtet. Seine elegante Fassade, die verzierte Attika und der zum Himmel strebende Turm sind großartige Beispiele für die polnische Renaissance-Architektur. Innen findet man in dem schönen alten Gerichtssaal ein ansprechendes **Heimatmuseum**. Eine Abteilung der Ausstellung beschäftigt sich mit den Besonderheiten der Ziegelsteinproduktion – dem traditionellen Baustoff in diesem Teil Polens. Unter anderem lernt man, wie die einzelnen Steine in mühevoller

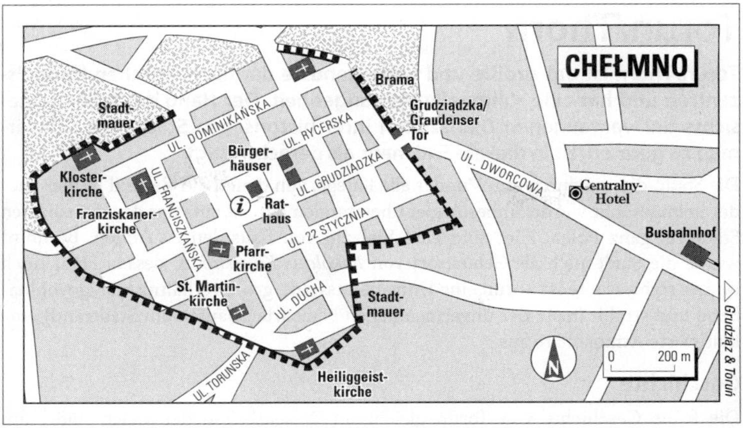

Handarbeit auf die entsprechende Größe getrimmt wurden. Im hinteren Ende des Rathauses befindet sich der alte, der Stadt eigene Chełmnoer Maßstab genannt **pręt**, der bis zum 19. Jahrhundert benutzt wurde. Auch beim ursprünglichen Entwurf der Stadt fand das Maß Anwendung, was erklärt, warum alle Straßen der Stadt dieselbe Breite haben. Offensichtlich war es eine Stadt von Individualisten, denn sie hatte auch ihre stadteigenen Gewichte.

Öffnungszeiten Di–So 10–16 Uhr. Eintritt 3 Zł.

Fast alle sieben Kirchen von Chełmno sind gotisch, sie liegen mit ihren roten Backsteintürmen und -fassaden in fast regelmäßigen Abständen an den Straßen der Altstadt. Die schönste davon ist die **Pfarrkirche**, westlich des Rynek, ein eindrucksvoller Bau aus dem 13. Jahrhundert mit einem schön gemeißelten Eingang. Im Inneren finden sich behauene Säulen, ein romanisches, steinernes Taufbecken und Fragmente von Fresken.

Weiter westlich, an der Kirche des St. Jakobus vorbei, kommt man zu einem **Kloster** aus dem frühen 14. Jahrhundert, das erst dem Zisterzienser-, dann dem Benediktinerinnenorden gehörte. Heute haben katholische Nonnen hier ein Heim für behinderte Kinder eingerichtet. Die Kirche, deren Barockaltar angeblich der höchste des Landes ist, schmücken einige gotische Originalbilder. Das Schiff wirkt mit seinen zwei Ebenen sehr eigenartig. Auf der Westseite berührt die Kirche die **Stadtmauer**, die zwar schon abbröckelt, aber noch immer vollständig und auch begehbar ist. Von hier aus hat man einen ausgezeichneten Blick auf die Weichsel und das ebene Umland.

• *Information* Das **Fremdenverkehrsbüro** befindet sich am Rynek 28 (Mo–Fr 9–17 Uhr; ✆ 056/686 2104, www.chelmno.pl).

• *Anfahrt/Verbindungen* Der **Busbahnhof** befindet sich in der ul. Dworcowa, etwa fünfzehn Minuten zu Fuß von der Altstadt Richtung Westen.

• *Übernachten/Essen* Im Wesentlichen stehen im Zentrum zwei Hotels zur Auswahl: Das ziemlich einfache **Centralny**, ul. Dworcowa 23 (✆ 056/686 0212; I), gleich in der Nähe des Busbahnhofs, bietet einfache Zimmer mit Gemeinschafts-Sanitäreinrichtungen. Das kleine **Hotelik**, ein Familienbetrieb, ul. Podmurna 3 (✆ 056/676 2030; F), besitzt einige gemütliche Zimmer mit Bad. Beide Hotels haben ein Restaurant. Ansonsten finden Sie in den vielen Cafés rund um den Rynek etwas zu essen und zu trinken.

Toruń/Thorn

Toruń/Thorn ist das größte und bedeutendste der hanseatischen Handelszentren und hat eine ruhmvolle Vergangenheit. Der Hang der Polen angesichts der vergangenen Glanzzeiten ihrer historischen Städte ins Schwärmen zu geraten, ist in diesem Fall mehr als gerechtfertigt.

Die Stadt, die wie durch ein Wunder alle Kriege, von denen die Gegend immer wieder heimgesucht wurde, unbeschadet überstanden hat, ist eine der denkwürdigsten Städte in ganz Polen. Hier sind eine Vielzahl von Baustilen zu finden. Berühmt wurde die Stadt auch als Geburtsort von *Nikolaus Kopernikus*, dessen Haus noch immer steht. Heute ist Toruń eine Universitätsstadt, groß, verhältnismäßig wohlhabend und strahlt (trotz der unvermeidlichen Nachkriegsbauten am Stadtrand) eine kultivierte Atmosphäre aus.

Geschichte

Die frühe Geschichte von Toruń gleicht im Wesentlichen der vieler Städte am Unterlauf der Weichsel. Anfangs war es eine polnische Siedlung, die gegen Ende des 12. Jahrhunderts von Pruzzenstämmen aus dem Osten überrannt wurde. Kurz darauf kam der Deutsche Orden. Dieser sorgte für die wirtschaftliche Entwicklung der Region, und bald hatte die Stadt wesentlichen Anteil am aufblühenden Getreidehandel auf dem Fluss. Diese Stellung wurde mit dem Beitritt zur Hanse gefestigt. Genau wie bei ihrer Rivalin Gdańsk drückte sich der wirtschaftliche Wohlstand im 13. Jahrhundert in einem "Bauboom" aus. Die in dieser Zeit entstandenen Gebäude stellen heute den größten Teil der historischen Sehenswürdigkeiten der Stadt dar.

Wachsende Enttäuschung über die Herrschaft des Deutschen Ordens und seiner hohen Steuern – besonders bei den Kaufleuten – führten 1440 zur Bildung des Preußischen Bundes, dessen Sitz sich in Toruń befand. Als 1454 Krieg zwischen dem Deutschen Orden und den Polen ausbrach, zerstörten die Stadtbewohner die Burg in Toruń, den Sitz der Ritter, und vertrieben den Orden aus der Stadt. Der *Vertrag von Toruń* (1466) setzte der Herrschaft des Deutschen Ordens über das Gebiet ein Ende.

Das 16. und 17. Jahrhundert brachten der Stadt noch größeren Wohlstand, denn sie verfügte jetzt über weitreichende königliche Privilegien und hatte verstärkten Zugang zu Gütern aus ganz Polen. Einen ersten spürbaren Rückschlag erlitt sie durch die schwedische Invasion um 1650. Hundert Jahre später wurde sie entscheidend getroffen, als sie an Preußen angegliedert wurde: Die Stadt war nun vom Hinterland abgeschnitten, das fortan zu Russland gehörte. Wie die übrige Region wurde Toruń einer systematischen Germanisierung unterworfen. Dennoch konnte sich ein starkes polnisches Nationalbewusstsein behaupten. Dies drückte sich in der Vielzahl der Kulturverbände aus, die in der zweiten Hälfte des 19. Jahrhunderts entstanden. Auf Grund des Vertrags von Versailles im Jahre 1919 fiel Toruń als Teil des "Polnischen Korridors" wieder an Polen zurück. Später folgte die Zeit der Besetzung durch die Nationalsozialisten, von der die Stadt 1945 wieder befreit wurde. Viele Sehenswürdigkeiten in Toruń erinnern an diese wechselvolle Vergangenheit.

Information/Verbindungen

• *Information* Das gut organisierte städtische **Fremdenverkehrsbüro** befindet sich im Rathaus am Rynek Staromiejski 1 (Mo u. Sa. 9–16 Uhr, Di–Fr 9–18 Uhr, im Sommer auch So 9–13 Uhr; ✆ 056/ 621 0931). Hier gibt es viele kostenfreie Broschüren und Karten mit Informationen über die ganze Region.

• *Verbindungen* Die wichtigsten Haltestellen befinden sich gegenüber der Altstadt. Toruń Główny, der **Hauptbahnhof**, liegt auf der Südseite des Flusses. Wenn Sie den Bahnhof durch die Unterführung auf der linken Seite des Eingangs (nördliche Richtung) verlassen, gelangen Sie zum **Busbahnhof** mit den Bussen ins Stadtzentrum. Von hier fahren die Linien 22 und 27 alle 20 Minuten über die Brücke bis zum pl. Rapakkiego im Westen der Altstadt. Einige Züge (ausgenommen die meisten Schnellzüge) halten in Toruń Miasto, etwa 1 km westlich des Zentrums. Vom Busbahnhof auf der ul. Dabrowskiego ist es nur ein kurzer Spaziergang bis ins Zentrum.

Übernachten (siehe Karte S. 257)

• *Hotels* **Heban (6)**, ul Małe Garbary 7 (✆ 058/652 1555, www.hotel-heban.com.pl). Geschichtsträchtiges Haus im Zentrum mit noblen Zimmern. Die geräumigeren sind besonders prunkvoll im Empire-Stil eingerichtet. (C)

Helios (3), ul. Kraszewskiego 1/3 (✆ 058/56/619 6550, helios@orbis.pl). Hochhausmonster nordwestlich des Zentrums, bietet 3-Sterne-Standard. (C)

Kopernik (7), ul. Wola Zamkowa 16 (✆ 058/56/659 2573). Ein ehemaliges Militärhotel in einem grauen Block, 5 Min. östlich der Altstadt gelegen. Es bietet einfache, enge, jedoch sehr zivilisierte Zimmer mit TV. Einige haben nur ein Waschbecken, manche Waschbecken und WC. Wieder andere Dusche und WC. (H–F)

Kosmos (10), ul. ks. Popiełuszki 2 (✆ 058/56/622 8900; kosmos@orbis.pl). Das zweite Hotel der Orbis-Kette in der Stadt. Etwas weniger nobel als das Helios, doch hübsch in Flussnähe gelegen. (C)

Petite Fleur (9), ul. Piekary 25 (✆ 058/56/663 4400 oder 633 5454, hotel@hotel.torun.com.pl). Kleines, intimes Hotel, nur einen Steinwurf vom Rynek. Einfache, helle Zimmer mit Kiefernholzböden und -möbeln; moderne Badezimmer. (E)

Pod Czarną Różzą (12), ul. Rabianńska 11 (✆ 056/621 9637, www.hotel.jade.pl). Eine gute Wahl innerhalb der Altstadt, klein und gemütlich. Alle Zimmer mit TV und Dusche, die meisten mit nobler Einrichtung und in warmen Farben. (E)

Pod Orłem (8), ul. Mostowa 17 (✆ 056/622 5024, podorlem@hotel.torun.pl). Zimmer mit Bad und TV, die ihren Preis wert sind. Allerdings sehr hellhörig. (F)

Polonia (4), pl. Teatralny 5 (✆ 056/622 3028). Ziemlich abgenutztes Innenstadthotel. Reif für eine Renovierung. Rufen Sie vorher wegen der Preise an. Im Augenblick sind die Zimmer mit Gemeinschaftsbad oder eigenem Bad ausgestattet. (H–G)

PTTK Dom Wycieczkowy (2), ul. Legionów 24 (✆ 058/56/622 3855). Einfaches, doch sauberes und gut geführtes Hotel gleich nördlich des Busbahnhofs. Enge 4- und 5-Bett-Schlafräume für 30 Zł sowie einfache Doppelzimmer. Bäder auf dem Flur. Bei Studenten und Schülergruppen beliebt. (H)

Trzy Korony (5), Rynek Staromiejski 21 (✆ 058/56/622 6031). Ältliches, recht finsteres, doch absolut sauberes Hotel in einer phantastischen Lage direkt am Hauptplatz. Die Zimmer mit Bad haben TV, die mit Gemeinschaftsbädern nicht. (G–E)

Wodnik (13), ul. Bulwar Filadelfijski 12 (✆ 058/56/661 3226, osir@ascomp.torun.pl). Weiß verputztes Betongebäude gleich am Fluss westlich des Zentrums, sieht aus wie ein Mittelmeer-Pauschaltouristenhotel. Die Zimmer sind funktional, haben Dusche und TV. Hotelgäste können den Swimmingpool nebenan mitbenutzen. (E)

Zajazd Staropolski (11), ul. Żeglarska 10/14 (✆ 058/56/622 6060, zstaropolska@gromada.pl). Komfortables Hotel, gut gelegen in der Nähe des Rynek. Einige Zimmer sind noch in den Brauntönen der 1970er Jahre gehalten, doch die meisten sind hell und modern. (D)

Es gibt eine **Jugendherberge (1)** in der ul. Józefa 22/4 (✆ 056/654 4580; I), allerdings etwa 2 km nordwestlich der Altstadt. Bus Nr. 11 bringt Sie von der Haltestelle gegenüber vom Bahnhof dorthin. **PTTK Dom Wycieczkowy (2)** verfügt über eine kleine Anzahl billiger Schlafsaalbetten. Der **Tramp Campingplatz (14)**, ul. Kujawska 14 (✆ 056/654 7187), ist nur einen kurzen Fußmarsch westlich vom Bahnhof entfernt. Hier kann man zelten und auch Bungalows mieten (I). Er liegt nahe beim Fluss und ist teilweise bewaldet.

Essen & Trinken

• *Restaurants* Es gibt mehr und mehr Auswahl in der gastronomischen Landschaft Toruńs.

Die **Bar Bleczny pod Arkadami (B)**, Ecke Różana/Św. Ducha, bietet traditionelle Imbisse wie *barszcz*, Bohnensuppe, Pfannkuchen und Waffeln (*gofry*).

In der Altstadt trifft man etwa alle hundert Meter auf eine Pizzeria. Zum Sitzen eignen sich am besten die **Pizzeria Stara Browara (D)**, Mostowa 17, die vor allem bei Studenten beliebt ist und eine Riesenauswahl hat. Etwas vornehmer ist **Staromiejski (A)**, Szczytna 2/4, wo die Auswahl an Nudelgerichten größer ist.

Salonik (C), auf der Südseite des Rynek Staromiejski, bietet typische Fleisch-und-Kartoffel-Gerichte.

Das Restaurant **U Sołtysa (E)**, ul. Mostowa 17, besitzt viel Atmosphäre: Holzbänke, getrocknete Kräuter, die von den Deckenbalken herabhängen, und traditionelle Gerichte mit volkstümlichen Grundnahrungsmitteln wie z. B. Buchweizen anstelle von Pommes frites.

Wer es gern etwas exklusiver und teurer wünscht, dem sei das **Restaurant des Hotels Petite Fleur (F)** empfohlen. Hier gibt es ausgezeichnete polnische und europäische Gerichte.

• *Cafés und Bars* Davon gibt es genügend, angefangen mit den Tagescafés im Freien in der ul. Szeroka, wo man die Atmosphäre der Altstadt genießen kann. Auch am Flussufer befinden sich Caféterrassen für warme Sommerabende.

Ansonsten empfiehlt sich für abends das **Pod Aniołem,** mit stimmungsvoller Atmosphäre in einem Kellergewölbe unter dem Rathaus. Hier gibt es oft Livemusik, Kabarett oder DJs am Wochenende.

U Szwejka, Rynek 34/38, eine weitere Kellerbar, bietet Vergnügungssüchtigen am Wochenende Abwechslung.

Im Vergleich dazu ist die Bar **Guinness** in Nr. 33 ein gemütlicher Platz, wo man gut einen Abend verbringen kann.

Außerdem gibt es noch **Krzywą Wieża**, Pod Krzywą Wieża 1/3, eine phantastische kleine Bar, in den Zinnen der Altstadt; **Art.café**, Szeroka 35, eine Disco-Bar, die sich auf Techno und House spezialisiert hat; und **Zmija**, Podmurna, eine Kellerkneipe, die häufig Livemusik bietet.

Unterhaltung

Im großen alten **Toruner Theater**, pl. Teatralny 1 (Theaterkasse ✆ 056/622 5021), spielt eines der angesehensten Repertoireensembles des Landes. **Klassische Konzerte** des Städtischen Kammerorchesters finden regelmäßig im Artushof, "Dwór Artusa", am Rynek Staromiejska 6, statt (✆ 056/655 4939, www.artus.torun.pl). Hin und wieder gibt es auch Konzerte in der Stadthalle. Aktuelle Konzertdaten findet man im Veranstaltungskalender der regionalen Tageszeitung.

Zu den regelmäßig stattfindenden Festivals der Stadt gehören das **Internationale Theaterfestival** im Mai, eines der angesehensten in Polen, das **Folkfestival** im Juni und das **Internationale Festival der Kameraleute**, Ende Nov./Anfang Dez. Details erfahren Sie beim Fremdenverkehrsamt.

• *Nachtleben* Am aktivsten ist dies in der Nähe der Universität in und um die ul. Gagarina im Stadtteil Bielany. Das **Imperial**, ul. Gagarina 17, ist ein Kult-Studentenklub, der bereits viele Jahre existiert und zurzeit als Wochenend-Disco dient, wo auch Livebands auftreten. Das **Od nowa**, ul. Gagarina 37a, ist ein Theater und bietet Rock/Jazz (✆ 058/611 4593).

Sehenswertes

Der historische Kern von Toruń ist in Alt- und Neustadt unterteilt. Beide wurden zu Beginn der Herrschaft des Deutschen Ordens angelegt. Diese Unterteilung spiegelt die traditionelle soziale Gliederung wieder – in der Altstadt wohnten Kaufleute, in der Neustadt Handwerker; beide Stadtteile besaßen einen eigenen Marktplatz und ein Rathaus.

Die mittelalterliche Altstadt (Stare Miasto), auf einer kleinen Anhöhe mit Blick auf den Fluss gelegen, stellt nur einen kleinen Teil der heutigen Stadt dar. Sie ist deut-

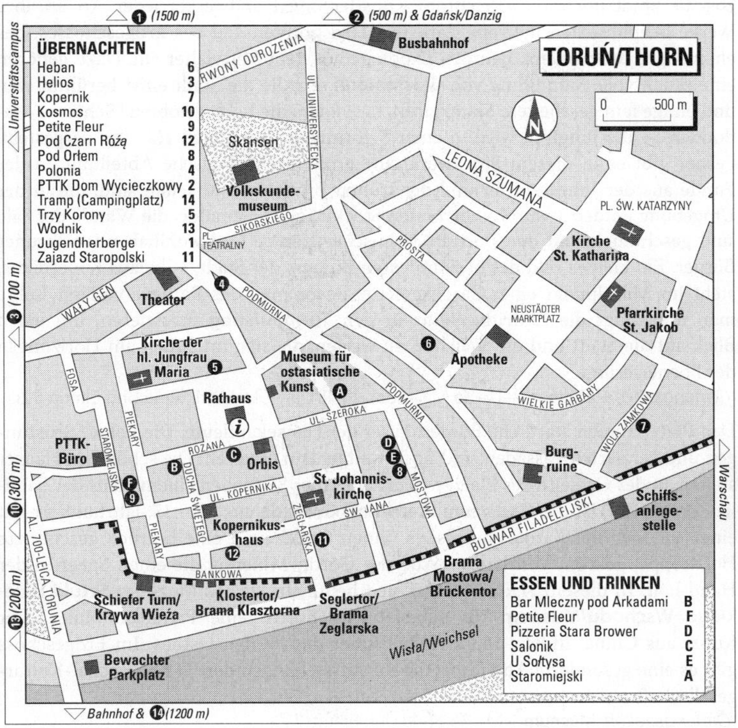

lich durch einen Ring von Hinweisschildern abgegrenzt, die auf das eigentliche Zentrum hinweisen. Vom Fluss aus kann man die Bollwerke, die gotischen Turmspitzen und Türme nicht verfehlen. Sie beherrschen mit ihren schönen Formen die Umgebung. Autofahrern sei geraten, ihr Auto zu parken und sich zu Fuß auf den Weg zu machen, denn das Einbahnstraßensystem der Altstadt ist hoffnungslos verwirrend.

Altstadt/Stare Miasto

Eine Besichtigungstour sollte im westlichen Altstadtgebiet beginnen. Wie immer bildet hier der **Rynek** mit dem **Rathaus** den Mittelpunkt. Kaum ein anderes Rathaus dürfte so groß und auffällig sein wie das von Toruń. Der ungemein elegante Bau, der im späten 14. Jahrhundert an der Stelle älterer Markt- und Tuchhallen errichtet wurde, ist ein großartiges, wenn auch nüchternes Zeugnis von bürgerlichem Stolz. Den dreistöckigen Backsteinbau krönt ein mächtiger Turm. Die Außenmauern werden von gekerbten Fensterfronten durchbrochen, die bis zum Dach hinauf mit Blendbögen eingerahmt sind. Das Ganze runden anmutige Renaissancetürmchen und hohe Giebel ab.

Der Eingang an der Südseite führt in einen Innenhof, den schöne Backsteintorwege säumen. Das Haupttor ist gleichzeitig der Eingang zum städtischen **Heimatmuseum**, das jetzt den Großteil des Gebäudes einnimmt. Im Laufe der Jahrhunderte zog die Stadt mit ihrem Reichtum Künstler und Handwerker jeder Art an, ihre Werke beeindrucken hier am stärksten. Den größten Teil des Erdgeschosses, des ehemaligen Weinkellers, nehmen Exponate aus dem Mittelalter ein. Dazu gehören eine prachtvolle Sammlung von **Glasmalerei**, für die die Stadt einst berühmt war, und einige fein gearbeitete **Skulpturen**, besonders die hoch gelobten "Schönen Madonnen" – die Jungfrau wird in einer S-förmigen, anmutigen Haltung dargestellt. Ferner gibt es in diesem Stockwerk eine große archäologische Abteilung, in der Funde aus der Jungsteinzeit und der frühen Bronzezeit zu sehen sind, die in der Umgebung entdeckt wurden. Im ersten Stock hängen Gemälde; die Wände der Säle sind geschmückt mit den Porträts polnischer Könige und wohlhabender Toruńer Bürger. Ein kleines Bild des berühmtesten Bürgers der Stadt, Nikolaus Kopernikus, steht im Mittelpunkt einer Barockgalerie. Bevor man das Rathaus verlässt, sollte man unbedingt die Eintrittsgebühr in den **Turmaufstieg** investieren, um einen Blick auf die Stadt und die Weichsel zu werfen, die sich im Süden am Horizont in der Ebene verliert.

Öffnungszeiten **Museum** – Di–So Mai–Sept. 10–18 Uhr; Okt.–April 10–16 Uhr. Eintritt 6 Zł.

Den Platz säumen stattliche Bürgerhäuser der Hansekaufleute. Die hohen Brüstungen und verzierten Fassaden sind noch weitgehend erhalten. Die schönsten Häuser stehen an der Ostseite des Platzes. Haus Nummer 35 (neben einem Haus der Familie Kopernikus) ist das **Haus zum Stern/Pod Gwiazdą** aus dem 15. Jahrhundert mit einer schönen spätbarocken Fassade. Innen findet man eine herrlich geschnitzte Holztreppe, gekrönt von einer Statue der Göttin Minerva, die einen Speer in der Hand hält. In diesem Haus befindet sich heute ein kleines **Muzeum Sztuki Dalekiego Wschodu/Museum für ostasiatische Kunst**, eine Privatsammlung über Kunst aus China, Indien und andere Länder des Fernen Ostens. Im Erdgeschoss gibt es eine gesonderte Abteilung, die für Ausstellungen der "U Kalimacha"-Kulturgesellschaft reserviert ist.

Öffnungszeiten **Museum** – Mi–So 10–16 Uhr. Eintritt 3 Zł.

Am westlichen Ende des Platzes erhebt sich die **Kirche der Heiligen Jungfrau Maria.** Es ist ein großer Bau aus dem 14. Jahrhundert, in dessen düsterem Inneren sich noch Elemente der älteren Dekoration erhalten haben. Die Kirche hat keinen Turm, da die Ordensregeln der Franziskaner, der Erbauer dieser Kirche, Türme als Bauelemente untersagten. Vielleicht lässt sich auch die hohe Mauer, die die Kirche von der Straße trennt, mit mönchischer Sittsamkeit erklären. Auf der anderen Seite des Platzes, neben dem Rathaus, verfolgt eine inzwischen schwarz gewordene, aber noch immer edle **Kopernikusstatue** gelassen das Treiben der Menschen vor dem Gebäude.

Südlich des Platzes an der staubigen, schmalen und sehr stimmungsvollen ul. Żeglarska steht die **St. Johanniskirche.** Sie ist ein weiterer großer und prachtvoller gotischer Bau, dessen Uhrturm den Holzfällern, die weiter flussabwärts arbeiteten, als Orientierungspunkt diente. Der Chorraum, der älteste Bereich der Kirche, geht etwa auf das Jahr 1260 zurück. Aber das Hauptschiff, die Seitenschiffe und der Turm wurden erst in der Mitte des 15. Jh.s fertig gestellt. Kommt man aus der heißen Sommersonne in die Kirche, umgibt einen sofort eine Zeit entrückte Stille – ein Gefühl, das durch die feuchte, kühle Luft, die von den Steinfliesen aufsteigt, und durch den Anblick des eindrucksvollen Rosettenfensters noch gesteigert wird. Im Turm hängt eine herrliche Glocke aus dem 15. Jh. (*Tuba Dei* genannt), die in der ganzen Stadt zu hören ist. Sie ist die größte Kirchenglocke in Polen außerhalb Krakaus. Die Öffnungszeiten der Kirche hängen von den Gottesdiensten ab, das Hinweisschild am Eingang gibt darüber Auskunft (mind. 1 Gottesdienst tägl.).

Kirche der Heiligen Jungfrau Maria

Westlich der Johanniskirche auf halber Höhe der ul. Kopernika befindet sich das **Kopernikushaus mit Museum**. Das Gebäude, ein hohes Backsteinhaus, steht an der Stelle des Geburtshauses des großen Mannes. Das gotische Wohnhaus wurde erst in den letzten Jahrzehnten so restauriert, dass sein Inneres heute wieder dem Originalzustand ähnelt. Es enthält eine sorgfältig zusammengetragene Sammlung von Gegenständen von und über Kopernikus, unter anderem unbezahlbare Erstausgaben der berühmten Schrift *De revolutionibus*, Modelle von Kreiseln und anderen astronomischen Instrumenten, Möbel der ursprünglichen Einrichtung des Hauses und frühe Porträts. In den oberen Stockwerken geht es weniger authentisch zu: Hier gibt es Erzeugnisse der modernen "Kopernikus-Vermarktung": Gedenkmünzen, Abzeichen, Briefmarken, sogar Honigtöpfe und Etiketten von Teepackungen tragen hier das Abbild und den Namen des Wissenschaftlers.

Im Rahmen einer Multimediaschau über die Entwicklungsgeschichte Toruńs gibt es auch ein faszinierendes Modell der Stadt zu sehen. Die Veranstaltungszeiten sind an der Theaterkasse angeschlagen. 9 Zł sind zusätzlich zu berappen.

Öffnungszeiten Mai–Sept. Di–So 10–18 Uhr, Okt.–April 10–16 Uhr. Eintritt 5 Zł.

An der ul. Kopernika und ihren stimmungsvollen Nebenstraßen, die von verfallenden gotischen Wohnhäusern und Getreidespeichern gesäumt sind, vermischt sich vergangener Glanz mit der trostloseren Gegenwart. Weiter unten (Richtung Fluss) treffen die hohen, engen Straßen auf die ehemalige **Stadtmauer**. Sie trennt heute die Altstadt von der Hauptstraße. Diese Befestigungen waren bis ins späte 19. Jahrhundert fast völlig unversehrt erhalten geblieben. Dann aber beschlossen unternehmungslustige preußische Stadtplaner, sie abzureißen. Nur ein kleiner Abschnitt am Flussufer blieb verschont. Dieses Relikt mit alten Toren und Türmen steht noch heute.

Weiter im Westen erhebt sich am unteren Ende der ul. Pod Krzywa Wieżą der **Schiefe Turm/Krzywa Wieża** aus der Mitte des 14. Jahrhunderts. Unmittelbar daneben befinden sich das **Klostertor/Brama Klasztorna** und das **Seglertor/Brama Żeglarska,** aus der gleichen Zeit, das Letztere führte früher zum Haupthafen.

In östlicher Richtung kommt man nach dem großen **Brückentor/Brama Mostowa** zu den Ruinen der **Burg des Deutschen Ordens**, die zwischen den beiden Hälften der mittelalterlichen Stadt liegen. Zwar konnte die Burg sich nicht mit der später erbauten Malborker Festung messen, trotzdem beeindruckt der Umfang der Ruinen

Der Nordosten
Karte S. 202/203

noch immer. Sie zeigen, wie sehr sich die Toruńer Bürger anstrengen mussten, um die Burg zu zerstören. Für ein paar Złoty kann man durch die Ruinen wandern, wobei man einen Eindruck von den Ausmaßen der ursprünglichen Befestigung gewinnt. Auf dem Burggelände finden in den Sommermonaten Folk- und Klassik-Konzerte statt, das Fremdenverkehrsamt hat hierüber nähere Informationen. Außerdem öffnet dann auch ein Café mit Außenterrasse.

Noch etwas weiter östlich am Flussufer befindet sich eine **Schiffsanlegestelle**, von der aus man im Sommer einen neunzigminütigen **Bootsausflug** flussabwärts und zurück machen kann.

Neustadt/Nowe Miasto

Geht man auf der ul. Przedzamcze von der Burg aus in nördliche Richtung, so kommt man zur ul. Szeroka, der Hauptstraße, die die Alt- mit der Neustadt verbindet. Zwar ist die Neustadt weniger sehenswert als die von Kaufleuten geprägte Altstadt, aber auch sie hat eine Reihe von ruhmreichen Patrizierhäusern zu bieten, die größtenteils in der Nähe des **Rynek Nowomiejski** liegen.

An der Westseite dieses Platzes fallen besonders das **Wirtshaus zur Blauen Schürze/ Pod Modrym Fartuchem** (Nr. 8) und die gotische **Apotheke** im Haus Nr. 13 auf. Im alten Wirtshaus **Murarska** (Nr. 17) auf der Ostseite ist gegenwärtig eine Kunstgalerie (sonntags geschlossen) mit Werken von Kindern aus ganz Polen untergebracht.

Die **Pfarrkirche St. Jakob** aus dem 14. Jahrhundert, südlich vom Marktbereich des Rynek gelegen, ist eine der vielen gotischen Kirchen der Stadt. Ungewöhnlich an dieser Backsteinbasilika sind die äußeren Mauerstreben. Solche Konstruktionen gibt es in Westeuropa zwar häufig, in Polen sind sie aber ausgesprochen selten. Die vorwiegend barocke Dekoration im Inneren wird von gotischen Fresken, Wandtäfelungen und Skulpturen unterbrochen. Besonders bemerkenswert ist ein großes Kruzifix aus dem 14. Jahrhundert.

Vom Norden des Platzes führt die ul. Prosta zur Wały Sikorskiego, einer Ringstraße, die in etwa dem Verlauf der alten Befestigungen folgt. Gegenüber davon liegt ein kleiner Park, in dessen Mitte das ehemalige Zeughaus steht. Es dient heute als **Volkskundemuseum**, in dem vor allem Sitten und Gebräuche sowie Handwerkstraditionen aus Nordpolen vorgestellt werden. Die Exponate sind gekonnt und ideenreich zusammen mit den Werken zeitgenössischer Künstler, Musiker und Schriftsteller ausgestellt; letztere fördert und sammelt das Museum. Im angeschlossenen Park ist ein interessantes Freiluftmuseum. Die Sammlung, bestehend aus traditionellen Holzhäusern der Region, Schmiede, Windmühle, Wassermühle und zwei vollständigen kaschubischen Bauernhäusern, wird ständig erweitert.

Öffnungszeiten Mo, Mi, Fr 9–16 Uhr, Di, Do, Sa, So 10–18 Uhr. Eintritt 8 Zł, Mo frei.

Wer sich etwas ausruhen möchte, kann dies am Wasser westlich vom Stadtzentrum in einem erholsamen **Park** tun, der mit den Straßenbahnen Nr. 3 oder 4 vom pl. Rapackiego aus bequem zu erreichen ist. Am Wochenende finden sich am Ufer Einheimische zum Picknick ein, und gelegentlich begegnet man auch der ein oder anderen Gruppe von Reitern. Der schönste Abschnitt des Spazierwegs am Flussufer liegt zwischen zwei großen Brücken, die sich dort über die breite Weichsel spannen.

Nördlich des Parks im Stadtteil **Bielany** befindet sich der Großteil der Universitätsgebäude. Er ist hauptsächlich wegen seines Nachtlebens von Interesse (siehe oben). Die Busse Nr. 11 und 15 halten hier.

Toruńer Lebkuchen

Bevor Sie die Stadt verlassen, sollten Sie sich unbedingt mit dem Toruńer Lebkuchen *(piernik)* eindecken. Diese hiesige Spezialität war schon im 14. Jahrhundert beliebt, das belegen die im städtischen Heimatmuseum ausgestellten Backformen. Die Lebkuchen haben viele verschiedene Formen, einige der beliebtesten sind Kutschen, Figuren aus dem 18. Jahrhundert und Kopernikus. Außer in der ul. Żeglarska 25 gibt es in der Altstadt zahlreiche weitere Geschäfte, die diese Lebkuchen verkaufen. Achten Sie auf ihre Zähne – einige dieser traditionellen Formen sind nur als Ausstellungsstücke gedacht und steinhart! Die essbare Variante ist normalerweise kleiner und ähnelt kleinen Kuchen oder Keksen.

Golub-Dobrzyń

Ungefähr 35 Kilometer östlich von Toruń liegt die Stadt Golub-Dobrzyń, deren ansehnliche Burgfassade oft auf Orbis-Plakaten abgebildet ist. Diese Renaissanceburg, die von einem Hügel aus die Stadt überblickt, lohnt durchaus einen Besuch.

Wenn man auf der direkten Zufahrtsstraße aus Richtung Toruń kommt, sieht man kurz vor der Stadt rechter Hand ein Hinweisschild auf die Burg. Kommt man mit dem Bus an, bittet man den Busfahrer, in der Nähe der Burg bei der Haltestelle *zamek* zu halten.

Die Festung, die den Fluss Drwęca überblickt, wurde Anfang des 14. Jahrhunderts vom Deutschen Orden, auf dem Gelände einer ehemaligen slawischen Siedlung errichtet. Die Konstruktion hat einen viereckigen Grundriss, und der Arkaden gesäumte Haupthof ist heute noch erhalten. Nach dem Vertrag von Toruń (1460) fiel die Stadt an Polen. Anfang des 17. Jahrhunderts kam *Anna Waza*, die Schwester König Sigismunds III., in den Besitz der Burg. Anna Waza beherrschte mehrere Sprachen und interessierte sich für Botanik, und man sagt ihr nach, sie habe die ersten Tabakpflanzen nach Polen importiert und sie in der Nähe der Burg auf einem Hügel angepflanzt. Sie ließ die Burg im polnischen Renaissancestil umgestalten, und die elegant gehauenen Fassaden sowie der Innenhof im italienischen Stil stammen aus dieser Zeit. Während der Schwedenkriege wurde die Burg zum Großteil zerstört und nach dem Auszug der Bewohner dem Verfall überlassen. Erst nach dem Zweiten Weltkrieg, nachdem die Stadt endgültig wieder zu Polen gehörte, begann man mit Restaurierungsarbeiten.

Am Eingang des **Burgmuseums** wird man von großen Kanonen begrüßt. Die Besichtigung beginnt im Erdgeschoss mit einer wenig aufregenden Ausstellung über die Geschichte der Region mit Strohschuhen, Trachten und verschiedenen Holzgegenständen, die mit dem Flusshandel in Zusammenhang stehen. Im ersten Stock wird die Führung interessanter. Im noblen großen Bankettsaal hängen die Wappen der wichtigsten polnischen Adelsfamilien, darunter auch das Familienwappen der Jaruzelskis und das der letzten Besitzer des Schlosses, der holländischen Familie Van Doren aus dem 18. Jahrhundert. Seit einigen Jahren wird hier ein mittelalterliches Neujahrsbankett abgehalten, zu dem die geladenen Gäste in den entsprechenden Kostümen erscheinen.

Öffnungszeiten Juni–Sept. Di–So 9–19 Uhr, Okt.–Mai Di–So 9–16 Uhr. 4 Zł.

Der Nordosten
Karte S. 202/203

Die ehemalige **Burgkapelle** nebenan verbreitet keine besonders religiöse Atmosphäre, sondern ist angefüllt mit Nachbildungen polnischer Kampfstandarten aus der Schlacht bei Grunwald/Tannenberg und mit einer Reihe von Kampfgeschossen – von winzigen Kanönchen aus dem 14. Jahrhundert bis zu riesigen Apparaten aus dem 17. Jahrhundert. Die ursprünglich gotische Struktur der Ordensburg ging bei den von Anna Waza durchgeführten Umbauarbeiten verloren. Ihrer protestantischen Lebensweise ist wahrscheinlich der strenge und nüchterne Eindruck der Räume zu verdanken. In den übrigen Räumen dieses Stockwerks wohnten einst die Ritter: Offensichtlich war es damals üblich, mit seinem Pferd die Treppen bis zum Wohnquartier hinauf zu reiten. Daher stammt die aus der Region überlieferte Legende, dass jeder, der diese Stufen zu Fuß hinaufsteigt, sich in Gefahr begibt, in ein plötzliches, unkontrolliertes Wiehern auszubrechen! Außerhalb der Burg lohnt sich ein Spaziergang zum Aussichtspunkt am Rande des Burgkomplexes.

Mitte Juli findet auf dem Feld neben der Burg ein internationales **Ritterturnier** statt, bei dem sich die verschiedenen Länderteams hoch zu Ross bekämpfen – das Spektakel ist sehenswert. Am Ende des Feldes gibt es einen Aussichtspunkt, von dem aus man die Umgebung überblicken kann.

• *Übernachten/Essen* Die oberen Räume der **Burg** beherbergen ein einfaches, von der PTTK geführtes Hotel (✆ 056/683 2455). Es bietet Doppelzimmer (H), meist aber Schlafsaalplätze. Bessere Qualität bietet das **Kaprys**, ul. Kilińskiego 7 (✆ 056/683 2447; H). Es ist sehr klein, rufen Sie daher vorher möglichst an. Hier gibt es auch ein recht gutes Restaurant mit polnischer Küche.

Ciechocinek

Diese Stadt, die sehr viel belebter ist als andere polnische Kurstädte, liegt 20 Kilometer von Toruń entfernt und ist mit vielen Bussen erreichbar. Der **Park Zdrojowy** (Kurpark) ist besonders sehenswert und liegt gleich unterhalb des Busbahnhofs. Er verfügt über alle Elemente eines Kurparks: Blumenbeete, Baum gesäumte Spazierwege und die üblichen Kurgebäude – Brunnenraum, Freiluftkonzerthalle und Veranstaltungsbühne. Sehr viel interessanter ist jedoch der **Park Tężiówy** (geöffnet von Sonnenaufgang bis Sonnenuntergang; 2 Zł) unmittelbar westlich. Hier befinden sich auf drei verschiedenen Abschnitten von insgesamt über 1,5 km Länge **Salinen**. Der Bau dieser aus Holzpfählen und Zweigen bestehenden Anlagen zur Salzgewinnung wurde 1824 begonnen und einige Jahrzehnte später abgeschlossen. Sie bieten ein außergewöhnliches Bild, und es ist umso erstaunlicher, dass sie heute noch wie früher voll funktionsfähig sind. Die Technik der Anlage ist sehr einfach: Das Wasser wird von den Salzquellen hinaufgepumpt und tropft dann durch die Zweige wieder herunter. Dadurch wird nicht nur Salz gewonnen, sondern auch im überdachten unteren Bereich eine sehr gesunde Luft erzeugt, sodass den Kurgästen früher Spaziergänge durch die Salinen verschrieben wurden, wobei sie die Luft tief einatmeten. Aus Gründen der Erhaltung ist dies heute jedoch leider nicht mehr möglich. Für 3 Zł kann man auf die Salinen hinaufklettern, doch dies ist ein schlechter Ersatz.

Vom Kurgarten auf der ul. Wojska Polskiego etwa 1 km Richtung Osten befindet sich eine zierliche, türkis bemalte **Orthodoxe Kirche**. Das Gebäude wurde im 19. Jahrhundert von Tischlern aus dem Ural aus Holz gefertigt. 1990 wurde ein kräftig ockerfarbener Glockenturm hinzugefügt. Leider ist die Kirche nur während der Gottesdienste zugänglich (So 8.45 Uhr, Mi 16 Uhr).

• *Übernachten/Essen* Wenn Sie die Parks besucht und sich an einem der zahlreichen Eis-/Wurst-/Bierstände gestärkt haben, wollen Sie vielleicht nach Toruń zurück. Allerdings bietet der Ort zahlreiche Unterkünfte, falls Sie bleiben möchten. Das Fremdenverkehrsamt, ul. Zdojowa (Biuro promocja Ciechocinka; Mo–Fr 9–17 Uhr), kann **Privatzimmer** (I) oder eine **Pension** (H) vermitteln. Als Hotel bietet sich das moderne und gut ausgestattete **Hotel** Restaurant **Amazonka** am Ende der ul. Traugatta, Nr. 5 (✆ 054/283 1274; D) an. Preiswerter, aber nicht so geräumig ist das **Chemik**, ul. Widok 18 (✆ 054/83 3494; F).

Es gibt einige **Restaurants** in der Stadtmitte: Das **Przy Grzybie**, Ecke Zdrojowa und Kościuszki, bietet einfache Gerichte (Fleisch-und-Kartoffeln) auf der Veranda eines schäbigen Holzgebäudes. Das **Amazonka** serviert die beste (und teuerste) polnische Küche.

Östlich von Gdańsk

Östlich von Gdańsk führt die Ostseeküste bis an die russische Grenze und weiter bis nach Kaliningrad. Schön und teilweise fast unberührt sind die Strände der **Wiślana-Halbinsel.** Sie sind zu Recht ein bei Polen wie Deutschen beliebtes Ferienziel. **Krynica Morska** heißt der Ort, den man für ein paar Tage Strandurlaub aufsuchen sollte. Das grüne, ländliche Landesinnere wird von zahlreichen Nebenflüssen der Weichsel durchzogen, und man kommt an vielen ruhigen, ehemals preußischen Dörfern vorbei. Leider befindet sich hier auch das ehemalige nationalsozialistische Konzentrationslager **Sztutowo/Stutthof**. Diese Gegend ist außerdem durch den Astronomen *Nikolaus Kopernikus* bekannt, außer dem Küstenstädtchen **Frombork** erinnern hier noch eine Reihe weiterer Städte an ihn. Die Stadt **Elbląg**, früher ein bedeutendes preußisches Zentrum, hat sehr viel von ihrem alten Charakter verloren, bleibt jedoch ein wichtiger Verkehrsknotenpunkt.

Die Busverbindungen zwischen den Orten sind gut, es gibt sogar eine malerische Eisenbahnstrecke entlang des Südufers der **Wiślany-Lagune** sowie verschiedene Fähren auf die Halbinsel.

Durch die flachen Landschaften des ehemaligen Weichselbeckens führt die Küstenstraße nach Osten zum beliebten Ferienort **Stogi** mit dem einzigen Strand in der Nähe von Gdańsk, wo das Wasser immer sauber genug zum Schwimmen war; zwei Kilometer östlich von Stogi befindet sich sogar ein FKK-Strand. In **Świbno** setzt man mit der Fähre über einen kleinen Zufluss der Weichsel. Wer mit dem eigenen Auto unterwegs ist, kann von hier aus einen kleinen Umweg ins 6 Kilometer südlich gelegene **Drewnica** machen und eine der schönen hölzernen Windmühlen besichtigen, die früher überall in der Gegend zu finden waren.

Wenn man stattdessen die Hauptstraße von Elbląg nach Warschau in südlicher Richtung fährt, sollte man bei **Przejazdowo**, in dem 8 Kilometer stadtauswärts gelegenen Restaurant *Złota Podkowa* einen Zwischenstopp einlegen. Die Spezialität des Hauses ist ein nach besonderer Art zubereitetes Entengericht.

Wieder auf der Küstenstraße, gelangt man nach 15 Kilometern nach **Stegna**. Der hübsche Ort besitzt eine Fachwerkkirche mit rotem Backstein und spitzem Turm. Die üppigen Barockfresken im Inneren tragen ganz deutlich eine deutsche Handschrift. Überall im Dorf hängen Schilder mit der Aufschrift "Zimmer frei" – Stegna ist bei deutschen Urlaubern sehr beliebt.

Das Konzentrationslager Stutthof/Sztutowo

"Möge Euch unser Schicksal eine Warnung sein – keine Legende. Sollten die Menschen verstummen, so werden die Steine schreien."

Franciszek Fenikowski, Requiemmesse, zitiert im Lagerführer.

Zwei Kilometer hinter Stegna wird die ländliche Idylle abrupt von Schildern unterbrochen, die den Weg zum nationalsozialistischen Konzentrationslager **Stutthof** weisen. Stutthof war das erste Lager, das auf dem Gebiet des heutigen Polen errichtet wurde. Der Bau begann im August 1939 vor dem deutschen Einmarsch in Polen. Es diente zunächst als Gefangenenlager für Polen und wurde später zum Vernichtungszentrum für ganz Nordeuropa ausgebaut. Die ersten polnischen Gefangenen wurden Anfang September 1939 hier interniert, und bald kamen zahlreiche andere, von den Nazis als "unerwünscht" eingestufte Einheimische dazu. 1942 fiel die Entscheidung, Stutthof in ein internationales Lager umzuwandeln, und im Juni 1944 wurde es in die "Endlösung" der Nazis miteinbezogen, d. h. es wurden Gaskammern installiert, und das Gelände wurde um einiges vergrößert. Stutthof war zwar nicht so groß wie andere Vernichtungslager, doch die Zahlen der Opfer sprechen für sich selbst: Als die Rote Armee ein Jahr später, im Mai 1945, das Lager befreite, waren hier zwischen 65.000 und 85.000 Menschen ermordet worden.

Die Szenerie erscheint zunächst sehr unwirklich: Das Lager befindet sich völlig isoliert auf einer großen, friedlichen Waldlichtung, die von einem Drahtzaun und Wachtürmen umgeben ist. Sobald man jedoch den Eingang passiert hat, stellt sich ein anderes Gefühl ein: Es ist wie alle Konzentrationslager der Nazis ein deprimierender und schockierender Ort. Kahle Holzbaracken stehen hier aneinander gereiht, einzig unterbrochen von Baulücken, auf denen nur noch Fundamente von Gebäuden zu sehen sind: Der Großteil des Lagers wurde 1945 abgerissen, und die Baustoffe wurde als Brennholz verwendet. Die Gleise der Schmalspurbahn, die durch den hinteren Teil des Geländes verlaufen, zeugen davon, wie methodisch hier der Massenmord geplant und durchgeführt wurde.

In den Baracken hat man ein Museum eingerichtet, in dem der Alltag vom Leben und Sterben im Lager präsent wird. Die primitiven, hölzernen Etagenbetten und durchgelegenen Matratzen zeigen die unmenschlichen Lebensbedingungen der Insassen. Die Fotogalerie mit Bildern der verhärmten Gefangenen bringt das volle Ausmaß des Entsetzens über das, was hier passierte, zum Ausdruck: Name, Geburtsdatum, Heimatland und "sträfliches Vergehen" sind unter jedem dieser Porträts, die von der Wand herunterstarren, abgedruckt. Insgesamt 25 Nationalitäten sind vertreten, davon ein Großteil politischer Gefangener, Kommunisten und Homosexueller. Im entfernteren Bereich des Lagers stehen die Gasöfen und Krematorien. Am Fuß der Öfen sind Blumen aufgestellt worden, und ein Denkmal erinnert an die hier Ermordeten. Die Worte des Dichters Jan Górec-Rosiński, die er angesichts eines Besuches des Lagers niederschrieb und die im offiziellen Reiseführer abgedruckt sind, scheinen eine angemessene Antwort: "Gib ihnen eine Rose aus der Wärme deines Herzens, und verlasse diesen Ort – hier liegt die Niedertracht" begraben. Im Sommer werden im Museum auch Kurzfilme über die grausamen Ereignisse der Vergangenheit gezeigt.

Öffnungszeiten 1. Mai–15. Sept. 8–18 Uhr, 16. Sept.–30. April 8–15 Uhr. Mo keine Führungen, Kindern unter 13 Jahren ist der Zutritt nicht erlaubt.

Die Wiślana-Halbinsel

Östlich von Stutthof führt die Küstenstraße auf die **Wiślana-Halbinsel/ Mierzeja Wiślana**, eine lange, schmale Nehrung, die die Ostsee von der **Wiślana-Lagune/Zalew Wiślany** trennt. Die Lagune (zur Zeit der Preußen "Frisches Haff" genannt) zieht sich etwa 60 Kilometer bis nach Kaliningrad hinauf. Die Nordseite der Halbinsel ist mit einem dichten Birken- und Buchenwald überzogen, der unvermittelt auf einen herrlichen Sandstrand trifft; vom sumpfigen Ufer der Südseite, jenseits der Straße, blickt man über die stille Lagune, die an ihrer breitesten Stelle 15 Kilometer misst, aufs Festland bis nach Frombork. Das Ganze ist ein Paradies für Naturliebhaber. Der Wald lädt zum Spazierengehen ein, und am Nordufer befinden sich einige der schönsten und saubersten Strände der Ostseeküste. Der wichtigste Ferienort, **Krynica Morska**, bietet Besuchern an Übernachtungsmöglichkeiten viele Hotels und Pensionen. Die Campingplätze der Halbinsel bilden eine Alternative.

Kąty Rybackie, 4 Kilometer von Sztutowo entfernt, ist ein ruhiger kleiner Ferienort und Fischerhafen mit langen Sandstränden, die sich vom Hafen die Küste aufwärts erstrecken, soweit das Auge reicht. Das Dorf ist mit den Bussen Gdańsk–Krynica leicht zu erreichen, die mehrmals entlang der Hauptstraße anhalten. Eine Informationstafel am westlichen Dorfeingang weist den Weg zu Europas größtem Kormoranschutzgebiet. Es liegt herrlich mitten in dichtem Waldgebiet und Buschwerk und kann in 25 Minuten über einen Weg, der gegenüber der Tafel in den Wald führt, erreicht werden. Vogelliebhaber haben die besten Chancen, die großen Kormoranschwärme zu beobachten. Pfade umrunden das Naturschutzgebiet und führen dann nordwärts, wo sie auf das westliche Ende des Strandes von Kąty stoßen.

25 Kilometer weiter, nur wenige Kilometer vor der russischen Grenze, liegt **Krynica Morska**, der größte Ferienort der Halbinsel. Krynica ist ein ziemlich kleines, wenig kommerzialisiertes Dorf, das bei Polen sehr beliebt und Deutschen wenig bekannt ist. Es erstreckt sich entlang der einzigen Hauptverkehrsstraße, der Gdańska, und besitzt eine Reihe von firmeneigenen Erholungsheimen auf dem bewaldeten Hügelzug der Halbinsel. Hinter diesem liegt ein attraktiver weißer Sandstrand.

• *Anfahrt* Die **Busse** aus Gdańsk halten am östlichen Ende der Hauptstraße unterhalb von mehreren Cafés und Boutiquen im sogenannten Dorfzentrum. Der Strand ist von hier aus in 15 Minuten zu Fuß zu erreichen.

• *Übernachten* Zahlreiche Häuser im Ort bieten **Privatzimmer** (I–H). Das **Fremdenverkehrsbüro**, ul. Bosmańska 1 (Mo–Sa 10–22 Uhr, So 14–22 Uhr, ✆ 055/ 247 6444, www.mierzeja.pl) vermittelt Unterkünfte auf der ganzen Halbinsel. Von den vielen *pensjonaty* der Stadt ist das **Polonia**, ul. Świerczewskiego 19 (✆ 055/247 6097; G), hübsch und zentral. Es besitzt ein Restaurant. **Pod Lwem**, ul. Wodna 10 (✆ 055/247 6141; F), ist eleganter, doch ebenfalls intim. Das komfortabelste ist das **Hotel Kahlberg** neben dem Fremdenverkehrsbüro, ul. Bosmańska 1 (✆ 055/247 6017, www.kahlberg.mierzeja.pl; E).

• *Essen:* Wie in den meisten polnischen Ostseebädern bedeutet außerhalb essen in Krynica in der Regel, sich in einer der einfachen Imbissstuben zu versorgen, und nicht, sich in ein Restaurant zu setzen. Rund um die Innenstadtstraßen Portowa und Świerczewskiego gibt es eine Reihe von Fisch-und-Pommes-Buden. Der beste Platz, um heimischen Fisch aus der Wiślany-Bucht zu essen, ist die gemütliche **Tawerna Yachtowa** beim Yachthafen der Stadt. Preiswerte Mahlzeiten findet man auch in der Bar **Koga**, die einem auf den Strand gezogenen Segelschiff nachgebaut ist. Der beste Platz, um etwas zu trinken.

Der Nordosten
Karte S. 202/203

Kaliningrad

Kaliningrad – das ehemalige Königsberg – war lange Zeit die Hauptstadt Ostpreußens und wurde nach dem Zweiten Weltkrieg an die Sowjetunion angegliedert. Nach dem Zusammenbruch der Sowjetunion war es von der Russischen Föderation abgeschnitten. Obwohl Kaliningrad politisch weiterhin zweifelsfrei ein Teil von Russland ist, könnte seine geografische Lage – zwischen Polen und Litauen – in Zukunft für Probleme sorgen.

In der sowjetischen Militärstrategie nahm Kaliningrad als Militärstützpunkt einen wichtigen Platz ein. Es wurde oft als "Flugzeugträger in den Westen" bezeichnet, denn es hatte eine Schlüsselposition in der Luftabwehr und beherbergte außerdem die Basis der früheren sowjetischen, heute russisch-baltischen Flotte in Baltysk sowie zahlreiche Infanterieregimente. Fährt man durch die Randbezirke Kaliningrads – *Kaliningrad oblast* – wird diese Militärpräsenz sichtbar: Zwischen verfallenen preußischen Siedlungen lugen Abwehranlagen der Luftwaffe hervor, einige davon getarnt, andere nicht. Schätzungen über die momentane Stärke der Truppen schwanken, Mitte der 1990er Jahre ging man noch von mindestens 150.000 Einheiten aus, heute sind es wahrscheinlich weniger.

Die frühere Bedrohung einer militärischen Auseinandersetzung ist zwar in den Hintergrund getreten, und man hat sich inzwischen geeinigt, die Truppenstärken auf "vernünftige Zahlen" zu reduzieren. Dennoch haben sich die russischen Behörden bisher standhaft geweigert, dem polnischen und litauischen Wunsch, die Region gänzlich zu entmilitarisieren, nachzukommen. Wie bei früheren Verhandlungen über den Truppenabzug aus Osteuropa ergibt sich auch hier das Problem, was mit den Soldaten geschehen soll, die in ein Land zurückkehren, das sich in einer schweren wirtschaftlichen Krise befindet und an einem chronischen Mangel an Arbeitsplätzen und Wohnraum leidet. Kaliningrads militärische Bedeutung wurde jedenfalls durch die NATO-Erweiterung vergrößert und durch die mögliche Bedrohung, die dies für Russland bedeutet. Polen ist bereits Mitglied, und Litauen (ein Land, das russischem Militär den Durchzug gewähren muss, wenn die Garnison Kaliningrad lebensfähig bleiben soll) ist ein Beitrittskandidat.

Die problematische Stellung Kaliningrads trat auch sehr deutlich bei Verhandlungen zur Erweiterung der EU hervor. Wenn Polen und Litauen in naher Zukunft Mitglieder werden, wird Kaliningrad noch isolierter dastehen. Die 1 Million zählende Bevölkerung ist bereits jetzt wesentlich ärmer als die Nachbarn. Hier schlägt man sich mit einem monatlichen Durchschnittseinkommen von ca. 55 € durch – die Hälfte dessen, was im restlichen Russland üblich ist, und ein Bruchteil von dem, was den Einwohnern im benachbarten Litauen und Polen zur Verfügung steht. 1996 wurde Kaliningrad zu einer "Gesonderten Wirtschaftszone" erklärt. In der Hoffnung auf ausländische Investitionen wurde ausländischen Importeuren Steuerbefreiung zugestanden – doch dies hatte wenig Auswirkungen auf die lokale Wirtschaft.

Man schätzt,, das 50 Prozent von Kaliningrads Einnahmen aus Geschäften auf dem Schwarzen Markt stammen. Viele Russen der Stadt kommen finanziell nur dadurch zurecht, dass sie nach Polen reisen und dort auf den

Märkten Zigaretten oder Wodka verkaufen. Mit ein paar Dollar Gewinn kehren sie nach Hause zurück. Die Mitgliedschaft Polens in der EU und Visagebühren für Nicht-EU-Bürger werden diese Gewinne zunichte machen. Allgemein lässt sich sagen, dass Polen und Litauer gern ein mildes System von Grenzkontrollen gegenüber Kaliningrad beibehalten wollen, da sich der grenzüberschreitende Verkehr in den Jahren nach dem Zusammenbruch der Sowjetunion als vorteilhaft für alle Seiten erwiesen hat. Doch diese Ansicht wird von den EU-Verantwortlichen in Brüssel sicher nicht geteilt. Sie sehen in Kaliningrad vielmehr ein Reservoir potenzieller Gastarbeiter und werden auf strengeren Grenzregelungen bestehen. Hinzu kommt noch, dass Kaliningrad berüchtigt ist als Stadt mit zunehmender Kriminalitätsrate, wachsende Probleme mit Tuberkulose hat und ungewöhnlich hohe Zahlen bei Drogenmissbrauch und Aids aufweist. Damit wächst die Wahrscheinlichkeit, dass die Stadt vom Rest Europas eher mehr isoliert wird, wenn die EU die Grenzen dichter schließt.

Ein Besuch in Kaliningrad

Eigentlich hat Kaliningrad nicht viel zu bieten. Der Großteil der Stadt wurde bei Bombenangriffen der Alliierten zerstört, und weitere Schäden entstanden bei Kämpfen um die Stadt im Jahr 1945. Die Sowjets bauten die Stadt lieblos und unansehnlich wieder auf. In der Altstadt befinden sich noch die Ruinen der mittelalterlichen **Kathedrale**, mit einem Gedenkstein auf dem Grab von **Immanuel Kant**. Der Philosoph ist wohl der bekannteste Bürger der Stadt und der Einzige, den auch die sowjetischen Behörden respektierten. Wenn man stadtauswärts fährt, lösen die für Ostpreußen typischen Gebäude die Betonblöcke der Nachkriegszeit ab.

Anfahrt Um Kaliningrad zu besuchen, braucht man ein **Visum**. Man erhält dies nur bei der russischen Botschaft oder beim russischen Konsulat seines Heimatlandes. Von Warschau, Gdańsk und Olsztyn gibt es einen **Busverkehr** nach Kaliningrad, die Grenze überquert man bei Bezledy–Bagrationovsk, etwa 40 km nördlich von Lidzbark Warmiński. Weitere Grenzübergänge befinden sich in Gronowo–Mamonowo und Goldap–Gasev. Von Warschau aus dauert die Fahrt etwa 10 und von Gdańsk und Olsztyn etwa 5,5 Stunden.

Im Sommer verkehren Touristen-Tragflügelboote der Gesellschaft Zegluga Gdańska (www.zegluga.gda.pl) von Hel zweimal/Woche, von Elbląg täglich nach Kaliningrad.

Elbląg

Nach Gdańsk ist Elbąg die wichtigste Stadt der Region. Das alte Zentrum der ehemaligen Siedlung, das früher angeblich genauso schön wie die Gdańsker Altstadt war, wurde gegen Ende des Zweiten Weltkriegs dem Erdboden gleichgemacht. In den Nachkriegsjahren fristete die Stadt ein Schattendasein.

Erst in den 1990er Jahren wurde die Altstadt mit dem Geld von Investoren phantasievoll im Stil der Vorkriegsjahre wieder aufgebaut. Und obwohl die Restaurierungsarbeiten noch andauern, kann sich die Stadt bereits sehen lassen.

Die Altstadt, ein kleines Gebiet im Herzen von Elbląg, ist umgeben von moderner Nachkriegsarchitektur. Ein paar Überreste der alten Stadtmauer stehen noch,

Karte S. 202/203

hauptsächlich in der Nähe des alten **Markttors/Brama Targowa** am Nordeingang zur Altstadt. Elbląg spielte in Hitlers Kriegsplänen eine wichtige Rolle, vor allem als Zentrum der U-Boot-Produktion. Von der Lagune hatte man relativ unbemerkt Zugang zur offenen See. Auf der unbebauten Fläche zwischen dem Tor und der Kathedrale befanden sich einst die Trockendocks der U-Bootfabrik, von denen aus zahlreiche U-Boote zu Wasser gelassen wurde. Das Gebiet wurde von den Sowjets dem Erdboden gleichgemacht.

Die gotische **Kathedrale**, deren Turm (der größte der Region) wie ein Fremdkörper aus der Silhouette herausragt, wurde nach dem Krieg wieder aufgebaut. Ein paar gotische Statuen und Triptychen sind noch erhalten, aber insgesamt ist der Wiederaufbau nicht sonderlich geglückt, und die Innenräume hinterlassen mit ihrer Nachkriegsdekoration einen schalen Eindruck. In unmittelbarer Nähe der Kathedrale findet sich ein Gemisch aus ehemaligen preußischen Herrenhäusern und neuen Restaurants, Bars und Cafés, die hauptsächlich auf Bustouristen aus Deutschland ausgerichtet sind, die im Sommer in die Stadt drängen.

Die gotische **Marienkirche** in der Nähe der Kathedrale wird heute nicht mehr für den Gottesdienst genutzt. In den Kreuzgängen ist eine kleine **Galerie für moderne Kunst** untergebracht. Interessanter als die ausgestellten Bilder sind jedoch die alten Grabsteine und Tafeln, die an der Wand lehnen. Besonders herausstechend ist die Gedenktafel an Samuel Butler, einen der vielen englischen Kaufleute, die sich hier zur Zeit der Reformation ansiedelten. Die Handelsbeziehungen zwischen Polen und England waren damals so gut, dass die Eastland Company 1579 hier ihren Hauptsitz einrichtete.

Öffnungszeiten Mo–Fr 10–17 Uhr, Sa u. So 10–16 Uhr. Eintritt 2 Zł.

Südlich am Fluss entlang, gelangt man zum Heimatmuseum in der ul. Bulwar Zygmunta Augusta 11. Hier gibt es die üblichen Exponate zur Geschichte und Archäologie der Region zu sehen, außerdem eine Sammlung von Fotografien aus der deutschen Vergangenheit der Stadt der Vor- und Nachkriegsjahre.

- *Öffnungszeiten* Di, Mi, Fr 8–16 Uhr, Do, Sa, So 10–18 Uhr. Eintritt 3 Zł.
- *Anfahrt/Verbindungen* **Bahnhof** und **Busbahnhof** liegen in Elbląg nahe beieinander. Von beiden braucht man etwa 15 Minuten zu Fuß bis in die östliche Altstadt. Kürzer ist es mit den Straßenbahnen Nr. 1 oder 2.
- *Übernachten/Essen* Da die Busverbindungen zur Halbinsel Wiślana und nach Frombork gut sind, werden Sie vermutlich nicht in der Stadt übernachten wollen. Es gibt jedoch ein vernünftiges Angebot an Hotels. Am preiswertesten ist das **Galeona**, ul. Krótka 5 (✆ 055/232 4808), mit wenig ansprechenden Doppelzimmern und Gemeinschaftsbädern (H) sowie einigen ordentlicheren Zimmern mit Bad (G). Das **Dworcowy**, ul. Grunwaldzka 49 (✆ 055/233 8049; E), bietet saubere Zimmer mit Bad und TV, die allerdings wegen ihrer Nähe zu Bahn- und Busbahnhof etwas überteuert sind. Besser ist das schicke Hotel **Elzam Gromada**, al. Słowiański 2 (✆ 055/234 8111; E), ein ehemaliges Parteihotel in der Nähe der Kathedrale. Es ist auf deutsche Touristen ausgerichtet und bietet auch einen Service für Behinderte. **Boss**, ul. Św. Ducha 30 (✆ 055/239 3730, boss@elblag.com.pl; E) ist eine hochpreisige Pension direkt bei der Kathedrale. Schmuckstücke sind die blitzblanken Toiletten.

Preiswertes und sättigendes Essen findet man in der **Pizzeria Monte Christo** bei der Kathedrale auf dem Stary Rynek. Dort befindet sich auch das **Pod Aniolami**, wo man sich Imitationen der mexikanischen Küche gönnen kann. Gute polnische Küche und einen guten Service darf man im Restaurant **Rattanowa** im Hotel Elzam Gromada erwarten

Östlich von Elbląg

Weiter östlich, kurz vor der russischen Grenze, erstrecken sich die ansteigenden Moränen des **Elbląg-Plateaus/Wzniesienie Elbląskie** oberhalb der Steilküste. Die Mehrheit des Verkehrs (einschließlich der meisten Busse Richtung Osten) folgt der Hauptstraße ins Landesinnere, bevor diese die Bucht bei der Kathedrale von Frombork, etwa 30 km von Elbląg wieder erreicht. Die andere Strecke verläuft entlang einer kleineren Küstenstraße, die sich durch eine atemberaubend schöne Landschaft nach Nordosten windet. Nach 20 Kilometern erreicht sie **Kadyny/Cadinen**. Hier befand sich das **Gestüt** des deutschen Kaisers Wilhelm II. Es wurde 1898 als Teil der Sommerresidenz des Kaisers gebaut. In den Stallungen stehen heute 170 ausgezeichnete Pferde, die vor allem von deutschen Touristen geritten werden. Die Ställe und die Fachwerkbauten der **kaiserlichen Residenz** wurden vor kurzem von einer amerikanischen Firma aufgekauft, wieder zurück in ihren preußischen Originalzustand gebracht und in ein Luxushotel umgewandelt. Hinter dem Palast führt ein Weg bergauf bis zur ehemaligen kaiserlichen Kapelle: Sie ist zwar normalerweise verschlossen, aber an der Hotelrezeption organisiert man gerne eine Besichtigung.

Die Stallungen stehen eigentlich nur den Hotelgästen zu Verfügung, doch wer früh genug kommt, kann vielleicht doch ein Pferd für einen Tagesritt (mit oder ohne Führer) bekommen. Die Hauptreitwege führen an der Küste und auf dem Plateau entlang: Kenner behaupten, die Route über das Plateau sei die schönere.

Der Ort ist übrigens auch für die "Jan Bażyński Eiche" bekannt, einen der ältesten Bäume des Landes – 25 Meter hoch und mit einem Umfang von 10 Metern.

- *Verbindung* Um nach Kadyny zu gelangen, nimmt man den **Bus** von Elbląg (ca. 25 Minuten) oder den **Nahverkehrszug** auf der Küstenlinie von Elbląg nach Braniewo über Frombork.
- *Übernachten/Essen* **Hotel in der Kaiserresidenz** (✆ 055/231 6120, 📠 231 6200; C). Die Zimmer sind klein, verfügen aber über jeglichen westlichen Komfort. Außerdem gibt es Tennisplätze, Sonnenbänke und ein Schwimmbad. Das **Hotelrestaurant Stara Gorzelnia** (Alte Destillerie) ist ausgezeichnet, aber auch teuer. Es ist, wie der Name sagt, in der alten Brauerei des Gestüts untergebracht und hat noch seine alte gusseiserne Treppe und die großen alten Fenster. Da das Hotel im Sommer oft von Gruppen gebucht wird, sollte man lange im Voraus reservieren. Wer an einem **Ausritt** interessiert ist und nicht im Gestüt wohnt, erhält nähere Informationen unter ✆ 055/231 6133. Polnisch oder Deutsch werden Ihnen hierbei wahrscheinlich bessere Dienste leisten als Englisch

Frombork/Frauenburg

Die kleine Stadt Frombork an der Ostsee, 90 km östlich von Gdańsk, war der letzte Wohnort von Nikolaus Kopernikus, dem Astronomen der Renaissance, dessen Ideen das von der Kirche propagierte Weltbild aus den Angeln hob.

Er zweifelte die bis dahin vorherrschende Vorstellung von der Erde als Mittelpunkt des Universums an (Ptolemäisches Weltbild). Die Beobachtungen für sein berühmtes *De revolutionibus* führte er größtenteils in dieser Stadt und ihrer Umgebung durch und wurde hier nach seinem Tod im Jahr 1543 auch begraben.

Knapp hundert Jahre später suchten plündernde Schweden Frombork heim und schleppten Kopernikus' Erbe einschließlich seiner Bibliothek einfach weg. Im Zweiten Weltkrieg wurde die Stadt ein weiteres Mal zerstört, in der Altstadt blieb praktisch

Der Nordosten
Karte S. 202/203

kein Stein auf dem anderen. Heute ist Frombork ein abgeschiedener Ort und so friedlich, wie er es wahrscheinlich auch zur Zeit des Kopernikus war. In letzter Zeit erhitzen jedoch Streitereien über Landbesitzrechte die Gemüter der Fromborker. Die Kirche, der vor dem Zweiten Weltkrieg fast das ganze Stadtzentrum gehörte, fordert ihr Eigentum zurück.

Nur die Anhöhe mit der Kathedrale oberhalb des alten Marktplatzes im Stadtzentrum von Frombork hat den letzten Krieg unversehrt überstanden. Das wichtigste Bauwerk dieses von hohen Festungsmauern umgebenen Komplexes ist die wuchtige gotische **Kathedrale** aus dem 14. Jahrhundert mit ihrem riesigen, mit Türmchen besetzten roten Ziegeldach. Innen findet man gen Himmel strebende Backsteinmauern und mehrere opulente Barockaltäre. Der Hochaltar ist eine Kopie des Altarbildes im Wawel in Krakau. Zahlreiche reich verzierte Grabsteine erinnern an das damalige Ermländer Leben. Auch Kopernikus selbst liegt hier begraben. Die barocke **Orgel** aus dem 17. Jahrhundert, die das Kirchenschiff dominiert, gehört zu den besten in ganz Polen, und Konzerte am Sonntagnachmittag und gelegentlich auch an Wochentagen sind im Sommer eine feste Einrichtung. Am besten informiert man sich über das Konzertprogramm im Fremdenverkehrsbüro in Gdańsk.

Wer gerne Orgelmusik hört, jedoch zu keinem dieser Konzerte kommen kann, hat die Möglichkeit, beim Kartenkiosk am Eingang Aufnahmen der Orgelmusik (und andere interessante Souvenirs) zu erstehen.

Öffnungszeiten tägl. Mai–Sept. 9–17 Uhr, Okt.–April 9–15.30 Uhr.

Westlich der Kathedrale steht der **Kopernikus-Turm/Wieża Kopernika**, das älteste Gebäude des Komplexes, in dem der große Gelehrte angeblich sein Observatorium und seinen Arbeitsraum eingerichtet hatte. Viele bezweifeln jedoch, dass es die Ortsbehörden Kopernikus wirklich erlaubt hatten, sich im Festungswall der Stadt einzurichten. Stattdessen geht man davon aus, dass er seine Untersuchungen in seinem Haus weiter nördlich, nur wenige Schritte von der Kathedrale entfernt, durchgeführt hat.

Öffnungszeiten nur Mai–Sept. Mo–Sa 9.30–17 Uhr.

Der **Radziejowski-Turm** in der südwestlichen Ecke der Mauern beherbergt eine Reihe astronomischer Instrumente, die mit Kopernikus in Verbindung gebracht werden. Von hier hat man außerdem einen schönen Blick auf die Wiślana-Lagune, die in nördlicher Richtung 70 km bis nach Kaliningrad reicht.

Öffnungszeiten wie die Kathedrale.

Weitere Erinnerungsstücke an den Astronomen findet man im **Kopernikus-Museum** im Palast der Bischöfe von Ermland auf der anderen Seite des mit Bäumen bestandenen Kathedralenhofs. Unter den Exponaten befinden sich frühe Ausgaben der astronomischen Abhandlungen des Gelehrten sowie eine Reihe seiner weniger bekannten Werke über medizinische, politische und wirtschaftliche Fragen, dazu eine Sammlung von Astrolabien, Sextanten und anderen Instrumenten sowie Bildern und Porträts.

Öffnungszeiten Mai–Sept. Di–So 9–16.30 Uhr, Okt.–April Di–So 9–15.30 Uhr.

Sie können zwar für die Besichtigung aller Gebäude eine kombinierte Eintrittskarte (8 Zł) am Kartenverkauf am Eingang zur Kathedrale erwerben, können aber nicht nach Lust und Laune herumlaufen. Möglicherweise ist die Kathedrale geschlossen, und Sie müssen warten, bis der Führer eine Gruppe zusammen hat. Dann kann man sich so lange dort aufhalten, bis der Führer das Gebäude wieder verschließt.

Nikolaus Kopernikus

Nikolaus Kopernikus – Mikołaj Kopernik, wie er bei den Polen heißt – wurde 1473 in Toruń geboren. Er war der Sohn einer wohlhabenden Kaufmannsfamilie mit guten Verbindungen zur Kirche. 1491 trat er in die Jagiellonische Universität in Krakau ein und ergriff anschließend den Priesterberuf. Wie die meisten gebildeten Europäer seiner Zeit reiste er zur Abrundung seiner Ausbildung ins Ausland. Unter anderem verbrachte er einige Zeit an den in der Renaissance hoch angesehenen Universitäten von Bologna und Padua. Nach seiner Heimkehr, im Jahr 1497, wurde er zum Verwalter des nördlichen Bistums von Ermland ernannt. Als typischer Renaissancegelehrter war er vielseitig interessiert, er arbeitete als Arzt, Rechtsanwalt, Architekt und war zeitweise auch Soldat (er überwachte unter anderem die Verteidigung des nahe gelegenen Olsztyn gegen die Ritter des Deutschen Ordens). Rund fünfzehn Jahre lang war er Domherr (Kanoniker) im Fromborker Domkapitelhaus. Hier baute er sich ein Observatorium, in dem er seine astronomischen Untersuchungen durchführte. Sie waren die wissenschaftliche Basis für sein Werk **De revolutionibus orbium caelestium**, das die umwälzende Behauptung enthielt, die Sonne, nicht die Erde stehe im Mittelpunkt des Sternensystems. Das Werk wurde in Kopernikus' Todesjahr (1543) von den Kirchenbehörden in Nürnberg veröffentlicht, später jedoch vom Papst verboten.

• *Information* Das primitive **Fremdenverkehrsbüro** oberhalb der Bushaltestelle kann Auskunft über öffentliche Transportmittel und **Privatzimmer** (I–H) geben. Ansonsten schauen Sie nach dem Schriftzug *pokoje* in der Hauptstraße und den Seitenstraßen.

• *Anfahrt/Verbindungen* Fromborks **Bahnhof** und **Busbahnhof** – keiner von beiden scheint einen Fahrplan auszuhängen – befinden sich direkt nebeneinander in der Nähe der Uferpromenade. Der Zugverkehr Elbląg–Frombork wurde in den letzten Jahren radikal eingeschränkt, doch viele der Busse Gdańsk–Braniewo und Elbląg–Braniewo kommen hier vorbei. Ein Tagesausflug von Gdańsk nach Frombork ist ohne weiteres machbar, notfalls muss man in Elbląg umsteigen.

• *Übernachten/Essen* Eine gute Unterkunft ist das **Rheticus**, ul. Kopernika 10 (✆ 055/243 7800; E), eine sympathische Pension mit modernen Zimmern mit Bad und einigen Familienräumen mit Küchenzeile. Das **Kopernik** in einem größeren Betongebäude, ul. Kościelna 2 (✆ 055/243 7285; E), hat kleine, aber blitzsaubere Doppelzimmer mit Bad. Preiswerter ist es in der ganz annehmbaren **PTTK-Herberge**, ul. Krasickiego 2 (✆ 055/243 7252; H), im Park, nur wenige Meter vom Kathedralenhügel. Im Sommer gibt es hier auch ein passables Café-Restaurant. Die **Jugendherberge Copernicus**, ul. Elbląska 11 (✆ 055/243 7453), hat im Sommer geöffnet, und der **PTTK-Campingplatz** (15. Mai–15. Sept.), befindet sich in einiger Entfernung von der Stadt auf der Straße nach Braniewo, ul. Braniewska 14.

Außer den Hotel-Restaurants gibt es im Sommer einige Läden, die Fertiggerichte zum Mitnehmen anbieten. **Akcent**, ul. Rybecka 4, ist das beste Restaurant und serviert traditionelle Gerichte, wie z. B. *żurek*.

Der Elbląg-Kanal

Der 81 Kilometer lange **Elbląg-Kanal** ist Teil eines Kanalsystems, das sich in östliche Richtung bis nach Augustów und weiter über die weißrussische Grenze erstreckt.

Er wurde Mitte des 19. Jahrhunderts von den Preußen gebaut, um die ökonomische Infrastruktur der Region zu verbessern. Der Bau war mit enormen technischen Problemen verbunden (das Projekt wurde erst nach 30 Jahren abgeschlossen), vor allem, weil die Differenz des Wasserpegels zwischen Anfang und Ende des Kanals über 100 Meter betrug. Die preußischen Ingenieure konstruierten deshalb ein kompliziertes System von Schleusen und Gleitbahnen. Für diese Gleitbahnen ist der Kanal bekannt: Die Schiffe werden von großen Schienengefährten über Land weitertransportiert und dann wieder ins Wasser gelassen. Fünf dieser Gleitbahnen, (die sehr an den Schlöndorff-Film "Fitzcarraldo", mit Klaus Kinski erinnern) bedienen eine Strecke von etwa 10 Kilometern am nördlichen Ende des Kanals, zwischen Elbląg und Małdyty.

Ausflugsboot auf dem Elbląg-Kanal

Wer Lust hat, kann den ganzen Kanal mit dem **Boot** abfahren – **Tagesausflüge** werden täglich von Mitte Mai bis Ende September organisiert. Allerdings werden Fahrten gelegentlich abgesagt, wenn weniger als 20 Passagiere vorhanden sind. Vogelliebhaber kommen übrigens auf dem ersten Teil der Strecke über den Drużno See auf ihre Kosten – er ist ein Schutzgebiet mit zahlreichen Wasservögeln. Denken Sie daran, genug Verpflegung einzupacken, an Bord werden nur Getränke serviert. Von Elbląg fahren die Ausflugsboote um 8 Uhr morgens los und kommen am frühen Abend in Ostróda, am Südende des Kanals, an. Die Fahrtzeit beträgt 10–11 Stunden. Man kann die ganze Reise auch in umgekehrte Richtung machen. Wem eine Tagesfahrt zu lang ist, kann von Małdyty aus, etwa 40 Kilometer südlich von Elbląg, die halbe Fahrt machen. Wer mit dem Auto unterwegs ist und sich nur die Gleitbahnen ansehen will, muss in Marzewo, ein paar Kilometer nördlich von Małdyty, die Hauptstraße in westlicher Richtung verlassen und kommt nach 5 Kilometern an den Kanal.

Im Juli wird der Kanal wegen des "Kanalpokalrennens" zur Touristenattraktion. Hier werden Weltrekorde im Schlauchrennen aufgestellt, während gleichzeitig das "Blues-Festival" am Kanalufer abgehalten wird.

Jachthafen in Mikolajiki in der Region der Masurischen Seenplatte

Masuren

Das Waldgebiet östlich des Elbląg-Plateaus macht klar, warum Masuren das "Land der tausend Seen" genannt wird. Dieser Landstrich beginnt im nordöstlichen Winkel von Polen und erstreckt sich über rund 300 km bis zur litauischen Grenze.

Die wunderbare Landschaft ist der letzten Eiszeit zu verdanken. Als die großen skandinavischen Gletscher schmolzen, hinterließen sie die zahlreichen Seen. Masuren hat eine sehr geringe Bevölkerungsdichte, ausgedehnte Wälder, unzählige Seen und Flüsse, und es ist zu Recht eines der beliebtesten Urlaubsgebiete von Polen. Es ist einfach wunderschön für Wanderer, Camper, Wassersportler und für alle, die Erholung suchen.

Von Gdańsk aus ist **Olsztyn/Allenstein** die erste größere Stadt, die sich bestens als Ausgangspunkt für die Erforschung der weniger bekannten westlichen Gegenden von Masuren eignet, einer Landschaft mit hügeligen Wäldern und gelegentlichen Bauerndörfern. Zwar ist es hier angenehm erholsam, dennoch fahren die meisten Urlauber weiter nach Osten ins Gebiet um den **Mamry/Mauer-See** und den **Śniardwy/Spirding-See**, die beiden größten der Region, sowie in die touristisch besser erschlossenen Städte **Giżycko/Lötzen**, **Mrągowo/Sensburg** und **Mikołajki/Nikolaiken**. Noch weiter im Osten kommt man hinter **Ełk/Lyck** in die **Suwalszczyzna** – ein sehr einsames Gebiet mit Mischwald und hügeligem Weideland in der Nähe der Grenze, das in vieler Hinsicht das bezauberndste der Region ist. Wie in vielen Grenzgebieten findet sich auch hier eine Minderheitsbevölkerung, hier leben einige Litauer.

Die öffentlichen Verkehrsmittel innerhalb der Region sind verhältnismäßig gut ausgebaut, die Fortbewegung erfolgt aber relativ langsam. Zwischen allen größeren Ortschaften verkehren Nahverkehrszüge und/oder Busse. Weiter im Osten, vor allem um Suwałki, ist der Busverkehr ziemlich unregelmäßig. Deshalb muss man gelegentlich versuchen, per Anhalter voranzukommen, was in der Urlaubszeit unproblematisch sein dürfte. Wer Masuren von Süden her anfährt, wird größere Probleme haben. Dies hängt z. T. damit zusammen, dass das Gebiet noch vor 45 Jahren vom Rest Polens abgetrennt war und das Verkehrsnetz nicht durchgängig funktioniert. Olsztyn und Augustów liegen an der Hauptstrecke der Eisenbahnlinie von und nach Warschau. Für alle Orte, die dazwischen liegen, muss man wiederholt umsteigen. Wenn man zu den Seen im Zentrum dieser Region gelangen möchte, ist deshalb der Bus von Warschau nach Mikołajki (verkehrt nur im Sommer) vermutlich günstiger.

Wanderer oder **Kanufahrer** brauchen ein Zelt, einen Schlafsack, Lebensmittel und die richtige Bekleidung, die man hier mieten kann, wenn man nicht alles von zu Hause mitbringen will. Über Almatur oder PTTK (und in manchen Orbis-Büro) kann man Kanus, und an manchen Orten sogar Kajaks oder Yachten, mieten.

Ostpreußen

Das heutige Warmia/Ermland und Masuren sind die Kerngebiete der Region, die noch bis vor vierzig Jahren *Ostpreußen* hieß. Ursprünglich war das Gebiet von verschiedenen Stämmen der heidnischen Balten und Borussen (den späteren Pruzzen) besiedelt. In Warmia siedelte der pruzzische Stamm der Warmier. In seiner Blütezeit kontrollierte der Deutsche Orden diese Region fast vollständig, und viele der Stämme starben auf Grund seiner Besiedelungspolitik aus. Nach dem Frieden von Toruń im Jahr 1466 fiel Warmia (Königspreußen) unter polnische Verwaltung, und viele polnische Siedler zogen in die Gegend. Nach der ersten Teilung Polens 1772 wurde Warmia von Preußen annektiert.

Masuren, der Ostteil der Region, die schließlich als Herzogtum Preußen bekannt wurde, befand sich in seiner jüngeren Geschichte fast ausschließlich unter deutscher Verwaltung. Nach der Säkularisation der Ländereien des Deutschen Ordens im Jahr 1525 durch Hochmeister Albrecht v. Hohenzollern erwarb das Haus Hohenzollern um 1618 die Region als Erbherzogtum (polnisches Lehen durch Erbfall), blieb jedoch weiterhin dem polnischen König zum Treueeid verpflichtet.

Unter dem Druck der schwedischen Kriege erkannte König *Jan II. Kazimierz Waza* schließlich die Hoheit der Hohenzollern über Ostpreußen an. Die unabhängige Provinz konnte dadurch mit Brandenburg verschmelzen, und Brandenburg-Preußen wurde zum stärksten deutschen Staat. Im Jahr 1701 ließ sich Kurfürst Friedrich III. in Königsberg zum "König in Preußen" krönen und begrenzte die polnischen Siedlerzahlen in dem Gebiet. Dies ebnete (aus polnischer Sicht) bereits den Weg für Friedrich den Großen und die polnischen Teilungen.

Der erste Machtverlust für die Deutschen in Ostpreußen kam nach dem Ende des Ersten Weltkriegs, als unter der Weimarer Republik durch Neuaufteilungen und Volkentscheide verschiedene Provinzen vom deutschen Reich getrennt wurden und wieder unter polnische Verwaltung fielen. Die Provinzen Warmia und Masuren entschieden sich dafür, unter deutscher Verwaltung zu bleiben, während der östliche Teil um Suwałki an Polen fiel. Im Zweiten Weltkriegs war es der Schauplatz vieler territorialer Kämpfe. Nach dem Krieg wurde es geteilt: Die nördliche Hälfte mit der Hauptstadt Königsberg wurde (obwohl durch Litauen vom Mutterland getrennt) zu einer neuen Provinz der Sowjetunion. Die südliche Hälfte kam zu Polen.

Die preußisch-deutsche Kultur hat in Ostpreußen ihre Spuren hinterlassen, wie sie in den zahlreichen protestantischen Kirchen und den an Deutschland erinnernden Städten zum Ausdruck kommt. Olsztyn hieß einst Allenstein, Elbląg war Elbing, und Ełk hatte den deutschen Namen Lyck. Heute kommen im Sommer wieder viele Deutsche, um an den Seen Urlaub zu machen. Viele der älteren Besucher zieht es vor allem wegen alter Familienbande hierher, denn 1945 wurden hier, wie in den anderen befreiten polnischen Gebieten, die Deutschen vertrieben. Die meisten flohen damals nach Westdeutschland, wo sie ihr Schicksal mit Millionen von Flüchtlingen anderer Nationen teilten, die unmittelbar nach Ende des Krieges in Europa nach einer neuen Heimat suchten.

Ein besonders trauriges Kapitel in der strengen Ausweisungspolitik der polnischen Regierung war damals die Behandlung der *Autochthonen*, einer bäuerlichen Minderheit in den Dörfern rund um Olsztyn. Wie andere warmienische Volksgruppen waren die Autochthonen ursprünglich Balten. Anders als die baltischen Pruzzen überlebten sie die Kolonisierungspolitik des Deutschen Ordens, wurden "germanisiert" und später unter der polnischen Herrschaft wieder "polonisiert". Wegen der erblichen Belastungen aus der deutschen Vergangenheit wurden sie jedoch nach dem Krieg aus ihrem jahrhundertelang in der Gegend um Olsztyn betriebenen Gewerbe der Forstwirtschaft vertrieben.

Olsztyn/Allenstein

Olsztyn/Allenstein ist die größte Stadt im Seengebiet und einfach zu erreichen. Daher ist sie der beste Ausgangspunkt für einen Besuch. Da die Stadt einen starken Zuwachs an Sommergästen verzeichnet, ist man auf Touristen eingestellt. Die meisten Besucher legen hier einen Zwischenstopp ein, bevor sie die Reise nach Osten fortsetzen.

Die Stadt liegt in einem schönen Waldgebiet. Wegen der Zerstörungen im Krieg (die Russen brannten die Stadt nach Ende des Krieges nieder) besteht der alte Stadtkern heute vorwiegend aus tristen, grauen Häuserblocks. Aber verstreut zwischen Betonblöcken und staubigen Hauptstraßen findet man noch ruhige Gassen mit gepflegten Backsteinhäusern, die von den ehemaligen deutschen Einwohnern der Stadt errichtet wurden. Außerdem gibt es entlang des Flussufers um das Altstadtgebiet einige von Bäumen gesäumte, schöne Spazierwege. Verschiedene Verschönerungsaktionen sind im Gange und verleihen dem Zentrum allmählich ein gepflegtes Aussehen.

Olsztyn war historisch gesehen ein Spätzügler: Erst 1353, zwanzig Jahre nach dem Baubeginn seiner Burg, wurde dem Ort der Status einer Stadt zugesprochen. Nach dem Toruńer Vertrag von 1466 fiel die Stadt wieder an Polen. Damit entging sie

endgültig dem Zugriff des Deutschen Ordens. Rund fünfzig Jahre später ließ sich Nikolaus Kopernikus hier als Verwalter der Provinz Ermland nieder, und 1521 unterstützte er den Widerstand der Stadt gegen den Deutschen Orden.
Nach der ersten Teilung kam Olsztyn unter preußische Kontrolle und gehörte bis 1945 zu Ostpreußen. Der Widerstand gegen die "Germanisierung" während dieses Zeitraumes spiegelt sich in der Gründung des *Verbands der Polen in Deutschland* im Jahr 1921 wider, einer Organisation, die bemüht war, die polnische Kultur im deutschen Reich am Leben zu erhalten. Nach Hitlers Machtergreifung wurde der Verband Zielscheibe des Nazi-Terrors. Viele Mitglieder wurden in den Konzentrationslagern umgebracht. Die Stadt erlitt in der Kriegszeit starken Schaden, 1945 war sie zu rund 40 Prozent zerstört.
Trotz alledem stieg Olsztyn in der Nachkriegszeit zu einem wichtigen Industriezentrum mit einer Bevölkerung von fast 160.000 Einwohnern auf. Heute lebt hier ein Völkergemisch: Der Großteil der deutschsprachigen Bevölkerung wurde nach dem Zweiten Weltkrieg vertrieben und weitgehend durch Siedler aus ganz Polen ersetzt. Vor allem kamen Zuzügler aus den von der ehemaligen Sowjetunion annektierten Ostprovinzen. Es gibt sogar eine kleine lettische Gemeinde.

Information/Verbindung

Das **Touristenbüro**, pl. Jedności Słowianskiej, neben dem Hohen Tor (Mo–Fr 9–17 Uhr, Sa 20–16 Uhr, ✆ 089/535 3565) kann Auskunft über touristisch Interessantes bieten, bucht aber keine Unterkünfte. Das **PTTK/ Mazury-Büro** nebenan (Mo–Fr 9–17 Uhr, Sa 9–14 Uhr) organisiert Bootsvermietungen und Unterkünfte für Kanufahrten (s. S. 286). Die Altstadt ist in 15 Minuten zu Fuß von **Bahnhof** und **Busbahnhof** zu erreichen. Man kann auch irgendeinen Bus die al. Partyzantów hinunter bis pl. Wolnści nehmen.

Übernachten

Olsztyn hat eine angemessene Auswahl an preiswerten bis Mittelklasse-Hotels. Das **Jantar (3)**, ul. Kętrzyńskiego 5 (✆ 089/553 5452), ein früheres Arbeitererholungsheim nahe beim Bahnhof, bietet Zimmer mit Bad (G) und mit Gemeinschaftsbad (H). Das **Stadion (4)**, 2 km vom Zentrum beim Fußballplatz, ul. Piłsudskiego 69A (✆ 089/533 5968) hat schmutzige Zimmer mit Gemeinschaftsbad (H) und einige schick renovierte Zimmer mit Bad (F). Es ist mit den Bussen Nr. 13, 15 und 20 vom Zentrum oder Nr. 2, 26 und 28 vom Bahnhof erreichbar. Das **Relaks (6)**, ul. Żołnierska 13a (✆ 089/527 7336; F), 1 km südlich von Bahnhof und Busbahnhof, in einem ziemlich schäbigen Gebäude, hat saubere, komfortable Zimmer mit Bad, einige mit TV. **Na Skarpie (1)**, Gietkowska 6A (✆ 089/526 9211; (G–F) je nach Renovierungsfortschritt), ist ähnlich, allerdings zu Fuß 20 Min. entfernt. Gut ausgeschildert. **Hotel Gromada (2)**, genau gegenüber von Bahnhof und Busbahnhof, Plac Konstytucji 3 Maja 4 (✆ 089/534 5894, 📠 534 6330; D), verfügt über hübsche, komfortable Zimmer und einen bewachten Parkplatz. Empfehlenswerter ist jedoch das zentraler gelegene **Warmiński (5)**, Głowackiego 8 (✆ 089/522 1400 oder 522 1500, www.hotel-warminski.com.pl; D), mit komplett renovierten Zimmern mit Bad und TV. **Villa Pallas (7)**, Żołnierska 4 (✆ 089/535 0115, 📠 535 9915; C), ein hübsch erneuertes Haus, zu Fuß vom Zentrum erreichbar. Die **Jugendherberge** befindet sich in ul. Kopernika 45 (✆/📠 089/527 6650; ganzjährig geöffnet, 17,60 Zł.), nahe beim Zentrum sowie bei Bahnhof und Busbahnhof. Auch eine Empfehlung von unserem Leser Ludwig Enderle: "ein richtig goldiges Holzhäuschen, etwas versteckt gelegen inmitten teilweise renovierten Nachkriegsblocks", außerdem perfekter Service und freundliches Personal.

Essen/Trinken

Wie viele polnische Provinzstädte besitzt Olsztyn verschiedene Lokale für eine schnelle Mahlzeit, doch kaum ein wirklich schickes **Restaurant**. Im **Bar Dziupla**, Stare Miasto 9/10, bekommt man großzügige Portionen *pierogi*. **Eridu**, ul. Prosta

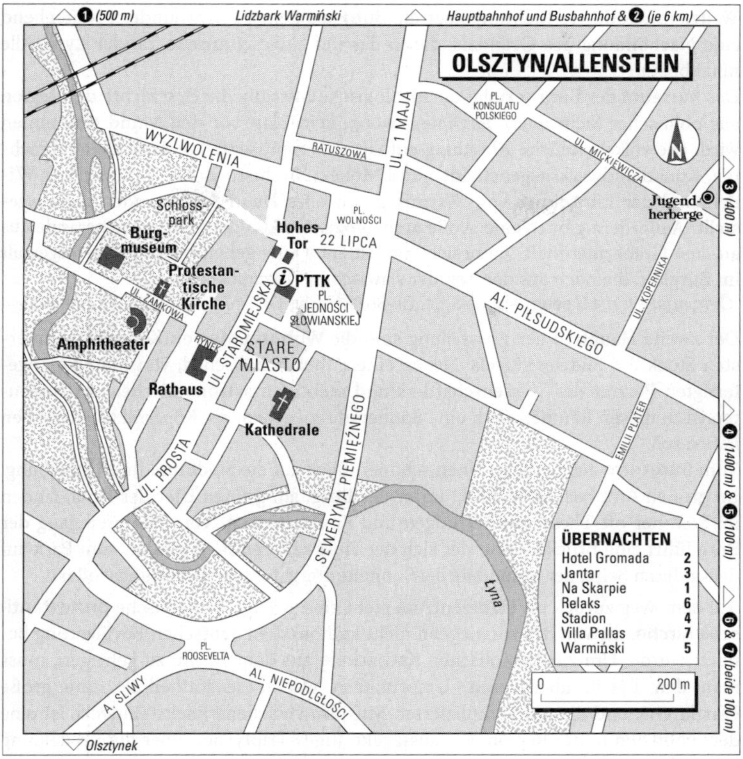

3/4, bietet Shawarma, Schisch Kebabs, Kibbeh und Falafel – auch zum Mitnehmen. **Lipka**, Okopowa 21, ist eine gute Pizzeria ohne Atmosphäre. Wer die traditionelle polnische Küche liebt, wird sich im ausgezeichneten **Retro**, ul. Okopowa 20, wohl fühlen.

Um etwas zu trinken, bieten sich folgende Lokalitäten an: Das Café **Sarp**, ul. Kołłątaja 14, befindet sich in einem umgebauten alten Getreidespeicher und ist das Stammcafé der örtlichen Architektenszene. **Zoom**, eine Pub-ähnliche Bar mit kleinem Biergarten, ul. Piastowska 44, ist ein beliebter Treffpunkt der Olsztyner Jugend. **Irish Pub**, am östlichen Ende der ul. Zamkowa, wendet sich an eine etwas ältere und ruhigere Kundschaft. Im **Journal**, Kołłątaja 25/4 kann man gemütlich etwas zusammen trinken. Im Sommer bietet das **Pod Sową**, ul. Zamkowa bei der Burgmauer, eine Bar im Freien mit DJ-Abenden und Filmvorführungen, die eher legere Gäste anzieht.

Sehenswertes

Für die Besichtigung der Hauptsehenswürdigkeiten, die alle in der Altstadt liegen, braucht man ungefähr zwei Stunden. **Plac Wolności** ist der wichtigste Platz der Stadt. Das gotische **Hohe Tor/Brama Wysoka** – der Eingang zur Altstadt – befindet sich nur wenige Schritte entfernt am Ende der ul. 22 Lipca.

Durch das Tor gelangt man über die ul. Staromiejska zum **Rynek**, wo gerade restauriert wird. Hier stehen noch einige der alten Häuser, darunter das preußisch anmutende Rathaus, das inmitten des Zentrums etwas verloren wirkt.

Weiter in westlicher Richtung liegt die **Burg** aus dem 14. Jahrhundert, weitgehend eine Nachbildung des Originals, die in das tief eingeschnittene Tal der Łyna/Alle hinabblickt.

Das **Museum** der Burg verfolgt die ideologische Mission, die Geschichte der Region aus polnischer Sicht nachzuerzählen, wobei kein Blatt vor den Mund genommen wird. Die volkskundliche Abteilung enthält eine repräsentative Auswahl an Trachten, Kunsthandwerksgegenständen und Möbeln. Im historischen Teil wird der Widerstand der Einwohner von Warmia gegen alles Deutsche besonders herausgestellt. Außerdem gibt es eine große archäologische Abteilung, die Gegenstände aus antiken Gräbern enthält. Zu besichtigen ist auch eine geheimnisvolle Granitgestalt im Burghof, die noch aus der Zeit der slawischen Pruzzen stammt.

Öffnungszeiten **Museum** – Juni–Sept. Di–So 9–17 Uhr, Okt.–Mai 10–16 Uhr. Eintritt 5 Zł.

Der zweite Hauptteil der Ausstellung sind die **Wohnräume** von Kopernikus im ersten Stock des Südwestflügels. Neben einem melancholischen, von Matejko angefertigten Porträt des Wissenschaftlers und mehreren astronomischen Instrumenten ist in diesen Räumen auch eine Sonnenuhr zu sehen, die Kopernikus entworfen haben soll.

Vom **Burgturm** aus hat man einen schönen Blick auf die Stadt und ihre Umgebung. Im großen **Amphitheater** direkt unter der Burg, am grünen Ufer der Łyna, finden im Sommer oft Theateraufführungen und Konzerte statt. Vom Hintereingang der Burg führt eine Brücke, unter der sich der Fluss sanft entlang windet, zum Park auf der anderen Seite, der besonders bei Sonnenuntergang sehr stimmungsvoll ist.

Auf dem Weg zurück ins Stadtzentrum steht eine strenge, neugotische **protestantische Kirche**, die von der vorwiegend nicht katholischen deutschen Bevölkerung benutzt wurde. Um zur katholischen **Kathedrale** aus dem 15. Jh. zu gelangen, muss man den Rynek überqueren. Ursprünglich war diese Kathedrale eine große Pfarrkirche, und die mit komplizierten Mustern versehene Backsteindecke ist eine der schönsten in der Region. Ein aussagekräftiges Triptychon über die Kreuzigung ist über dem Hochaltar angebracht. Es scheint noch einiges der gotischen Atmosphäre der Kirche durch: Trotz umfassender Renovierungsarbeiten ist sie ein schwermütig stimmender Ort.

Nördlich von Olsztyn

Wer es nicht allzu eilig hat, sofort zu den Seen zu kommen, sollte einen Tagesausflug zu den historischen Städten in der sehenswerten Landschaft nördlich von Olsztyn einlegen. Morąg, Heimat eines beeindruckenden Regionalmuseums, ist mit dem Zug leicht erreichbar. Zu den Kirchen und Burgen von Orneta und Lidzbark Warmiński/Heilsberg gelangt man von Olsztyn bequem mit dem Bus.

Auf der rund 40 Kilometer langen Fahrt nach Lidzbark Warmiński kommt man durch typisch westmasurische bäuerliche Gegenden: eine leicht hügelige Landschaft mit lichten Wäldern und Feldern. Wer mit einem frühen Bus aufbricht, hat Zeit für einen Halt in **Dobre Miasto/Guttstadt.** Die gewaltige gotische Kirche, die majestätisch am Rand der Hauptverkehrsstraße aufragt, ist neben der in Frombork die größte der Region. Das Innere ist überladen mit barocker Ornamentik, und es findet sich eine schwülstige, spätgotische Nachbildung des Mariacki-Altars aus Krakau. Im Stiftsgebäude hinter der Kathedrale ist ein kleines Heimatmuseum untergebracht.

Die Burg von Lidzbark – einst Bischofssitz, heute ein Museum

Lidzbark Warmiński/Heilsberg

Lidzbark Warmiński wurde einst als einer von zahlreichen Vorposten des Deutschen Ordens gegründet. Es liegt inmitten von ausgedehntem Weideland, das von der Łyna bewässert wird.

Nachdem der Orden die ganze Region erobert hatte, übergab er die Stadt den Bischöfen von Warmia, die hier von 1350 bis ins ausgehende 18. Jahrhundert ihren Hauptsitz hatten. Mit dem Frieden von Toruń kam Lidzbark unter polnische Herrschaft und entwickelte sich zu einem bedeutenden Zentrum von Kultur und Wissenschaft. Kopernikus war nur einer in der großen Gemeinde an Künstlern und Wissenschaftlern, die hier über die Jahre hinweg lebten. Einer der Köpfe der Intellektuellen-Szene war **Ignacy Krasicki** (1735–1801), ein unerschütterlicher polnischer Patriot. Nachdem er unter den Preußen sein Amt als Erzbischof verloren hatte, wandte er sich der Schriftstellerei zu. Zu seinen Werken zählen eine Reihe von Übersetzungen, Gesellschaftssatiren und einer der ersten polnischen Romane.

Leider wurde der Großteil des Altstadtkerns von Lidzbark 1945 dem Erdboden gleichgemacht. Nur die Pfarrkirche, ein Stadttor und einige Abschnitte der Befestigungen überstanden den Zweiten Weltkrieg. Dagegen ist die eindrucksvolle **Burg** des Deutschen Ordens in Lidzbark völlig unversehrt geblieben. Sie ist eine elegante, gut erhaltene Festung am Fluss, die zu den architektonischen Juwelen der Region zählt. Die Burg diente den Bischöfen von Warmia als befestigter Wohnsitz. Der quadratische Backsteinbau mit seinem Ziegeldach erinnert an die Fromborker Kathedrale, seine Ecktürmchen erinnern eher an Malbork.

Hinter dem Haupttor kommt man in einen Hof, an dessen Seiten verträumte Laubengänge entlanglaufen. Im Erdgeschoss befinden sich gotische Räume mit fein

gearbeitetem Rippengewölbe. Im Hauptbau sind noch an einigen Stellen Fragmente der Fresken aus dem 15. Jahrhundert zu sehen, und in der **Kapelle** hat sich die üppige Rokokoverzierung gehalten.
Am interessantesten ist jedoch das **Regionalmuseum**, das heute den größten Teil des Bauwerkes einnimmt. Hervorzuheben sind erstklassige gotische Skulpturen im **Großen Remter** (Speisesaal), in dem auch die Grabsteine mehrerer Bischöfe von Warmia stehen, deren Embleme noch die Wände zieren. Das zweite Stockwerk enthält eine Ausstellung moderner polnischer Kunst und eine ausgezeichnete **Sammlung** von **Ikonen**. Sie stammen aus dem großen Kloster in Wojnowo, dessen Nonnen der streng traditionalistischen Starowiercy-Sekte (Altgläubige) angehörten. Dieser Orden brach aus Protest gegen die von Peter dem Großen angeregten Kirchenreformen mit der offiziellen orthodoxen Kirche.

Öffnungszeiten **Museum** – Juni–Sept. Di–So 9–17 Uhr, Okt.–Mai Di–So 9–16 Uhr.

In der Mitte des 18. Jahrhunderts wurde der Ostflügel der Burg abgerissen, um Platz für einen Bischofspalast und einen Garten zu schaffen. Der schöne **Wintergarten** gegenüber der Burgzufahrt ist der interessanteste Teil, der davon noch erhalten ist. Seine klassizistische Orangerie wäre auch neben einem Königsschloss nicht fehl am Platze.

Die hohe **Pfarrkirche** im Stadtzentrum ist ein weiterer gotischer Backsteinhallenbau, im Stil der großen Kirche von Dobre Miasto ähnlich. Die seitlichen Bögengänge des Kirchenschiffs beherbergen einige schöne Seitenaltäre aus der Renaissance sowie alte Grabsteine. Die ehemalige alte **protestantische Kirche** in der Stadt dient heute orthodoxen Siedlern, die nach dem Krieg aus dem Osten hierher kamen, als *cerkiew (orthodoxe Kirche)*.

• *Übernachten/Essen* Die Pension **Pizza-Hotel,** ul. Spółdzielców 2B (✆ 089/767 5259; H), nördlich des Zentrums ist preiswert und gemütlich. Unser Leser Diethard Brohl fand die Zimmer allerdings "eine Zumutung und viel zu teuer für das Gebotene". Das elegantere Hotel **Pod Kłobukiem**, ul. Olsztyńska 4 (✆ 089/767 3002; E), befindet sich etwa 2 km stadtauswärts auf der Straße nach Olsztyn. Beide Hotels verfügen über ein Restaurant.

Ein Tipp von Dirk Schworm, die "einfache, aber gute und preiswerte" PTTK-Herberge, ul. WysokiejBramy 2, Einzelzimmer 35 Zł.

Orneta

Knapp 50 Kilometer nordwestlich von Olsztyn liegt **Orneta**, eine kleine Marktstadt mit einer der schönsten gotischen Backsteinkirchen in ganz Warmia. Mit dem Bus kommt man in der Nähe des schönen alten **Marktplatzes** an. Hier steht das gotische **Rathaus**, in dessen mittelalterlichen, spärlich beleuchteten Kellern heute eine schicke *kawiarnia* und Billardhalle eingerichtet ist.

Am anderen Ende des Platzes steht die prächtige, robuste gotische **St.-Johannes-Kirche** (*Kościół św. Jana*). Sie hat nicht die ansonsten in Nordpolen so typische, strenge Fassade, sondern ist mit einfallsreichen und lebhaften Verzierungen geschmückt. Eine Flut von schlanken Brüstungen ergießt sich über alle Seiten des Gebäudes. Bei näherer Betrachtung der gestalteten Außenwände blickt man in ganze Reihen von grotesken Fratzen – die Steinmetze hatten offensichtlich Sinn für Humor. Direkt unter dem Dachvorsprung schauen fünf bedrohliche Drachenköpfe hervor, das Maul weit aufgesperrt, scheinen sie Feuer auf den Betrachter zu spukken. Darüber erhebt sich ein hoher Backsteinturm, der breiter und untersetzter wirkt als die sonst übliche Version. Er verleiht dem Gebäude Schwere.

Auch das Innere der Kirche ist absolut sehenswert. Besonders hervorstechend ist das komplexe geometrische Muster auf dem Backsteingewölbe, welches das Mittelschiff überspannt. Der außergewöhnlich prunkvoll dekorierte Hochaltar mit Kanzel wird von der solide wirkenden Barockorgel ergänzt, die sich direkt oberhalb des Eingangsportals befindet. Ein fein gearbeitetes gotisches Triptychon steht im rechten Seitenschiff, und Wandbilder aus Gotik und Renaissance verzieren die seitlichen Kapellen. Darunter befindet sich auch ein Porträt des Kardinals von Warmia Stanislaus Hosius aus der Renaissance. Der Besuch dieser Kirche ist wie eine Zeitreise in die Gotik, und es lohnt sich, den kleinen Umweg zu machen.

Anfahrt/Verbindungen Von Olsztyn mit dem Bus in 90 Minuten zu erreichen. Wie Dobre-Miasto liegt Orneta auf der Zugstrecke Olsztyn-Braniewo – mehrere Züge täglich in beide Richtungen.

Morąg

25 Kilometer westlich von Olsztyn liegt **Morąg**, ebenfalls eine alte ostpreußische Siedlung, die vor allem als Geburtsort des deutschen Dichters und Philosophen der Aufklärung **Johann Gottfried Herder** (1744–1803) bekannt ist. Das Andenken an diesen Denker und seine Sympathien für das slawische Volk waren sicher einige der Gründe, warum der ehemalige Bundespräsident *Richard von Weizsäcker* bei seinem ersten Staatsbesuch in Polen hier Station machte.

Die nur wenige Minuten von Bahnhof und Busbahnhof entfernte Altstadt ist etwas besser erhalten als in vielen Nachbarstädtchen. Hier befinden sich, wie üblich, alle Sehenswürdigkeiten. Der Eingang zum etwas kahl wirkenden gotischen **Rathaus**, das in der Mitte des Marktplatzes steht, wird von zwei französischen Kanonen flankiert, die 1870 während des Deutsch-Französischen Krieges den Deutschen in die Hände fielen. Die gotische **Pfarrkirche** mit ihren Bogenelementen aus Backstein wurde wie die meisten Gebäude im überladenen Rokoko- und Barockstil umgebaut, wirkt aber dennoch sehr protestantisch – was sie bis 1945 auch war. Später wurden weitere Stilelemente angefügt. Im Chorraum sind noch einige Polychromien aus der Renaissance vorhanden. Im hinteren Kirchenschiff befindet sich eine Herder-Gedenktafel. Draußen, ganz in der Nähe, gegenüber vom Geburtshaus des Philosophen, steht ein relativ neues Herder-Denkmal – es war nicht immer politisch korrekt, an berühmte Deutsche zu erinnern, die innerhalb des Gebietes des heutigen Polens geboren waren. Hinter der Kirche liegen die Ruinen der Burg des Deutschen Ordens, umgeben von den Mauern der Altstadt. Von hier hat man einen schönen Blick auf die Umgebung mit dem nahe gelegenen Skiertag-See.

Weiter auf den Spuren Herders, gelangt man zum eleganten **Palais Dohna** auf der anderen Seite des Platzes. In der Nachkriegsrekonstruktion des Gebäudes aus dem 17. Jahrhundert ist heute eine Abteilung des **Warmienischen und Masurischen Regionalmuseums** untergebracht.

Der erste Raum des Museums enthält eine Ausstellung über das Leben Herders: Erstausgaben seiner Bücher, Manuskripte, Gemälde, Büsten und andere Andenken neueren Datums erinnern an den Philosophen, der ein Kind seiner Zeit war. Besonders hervorgehoben wird sein reger Austausch mit anderen europäischen Denkern der Aufklärung, was ihn als ausnehmend verständigen und besonnenen Menschen mit einer internationalen Gesinnung ausweist. Herder verbrachte viel Zeit damit, Volkslieder der baltischen und slawischen Völker zu sammeln und zu veröffentlichen. Damit versuchte er zu beweisen, dass sie eine tiefe und würdevolle Kultur

Der Nordosten
Karte S. 202/203

besaßen, die durch das Feudalsystem künstlich unterdrückt worden war. Paradoxerweise lieferte Herder damit den extrem-rechten Ideologien des 20. Jahrhunderts ihre geistige Basis – etwas, was ihn selbst entsetzt hätte. Der Großteil der restlichen Ausstellung besteht aus beeindruckenden und gut präsentierten Sammlungen von Gemälden, Möbelstücken und Kunsthandwerksarbeiten (Porzellan, Glas und Metall) aus den vier Stilepochen Barock, Biedermeier, Sezessionismus und Empire. Von Lampen, Teeservicen bis zu diversen anderen Haushaltsgegenständen ist hier alles versammelt. Die Schmuckstücke des Museums sind unzweifelhaft die Sammlungen niederländischer Gemälde aus dem 17. Jahrhundert: Porträts und Landschaften von den Brüdern *Honthorst, Pieter Nason* und *Caspar Netscher* u. a. Der historische Bezug zur Region zeigt sich in den Porträts der Dohna-Dynastie: Ein Familienzweig siedelte im 17. Jahrhundert nach Warmia über und baute hier den Palast. Die Gemälde stammen aus der familieneigenen Sammlung, die nach dem Zweiten Weltkrieg in den 70er und 80er Jahren im Schlossmuseum von Olsztyn liebevoll restauriert wurde.

• *Öffnungszeiten* **Regionalmuseum**, Di–So 9–17 Uhr; Eintritt 3,5 Zł.

• *Anfahrt/Verbindungen* Der Ort liegt an der Hauptverbindung Olsztyn–Elbląg–Malbork–Gdańsk und ist mit dem **Zug** leicht erreichbar. Außerdem gibt es **Busverbindungen** nach Elbląg, Gdańsk und Olsztyn.

• *Übernachten/Essen* Leider bietet der Ort nur wenig Infrastruktur. Das **Hotel Morąg**, ul. Żeromskiego 36 (✆ 089/757 4212; H), nahe beim Narwie-See, ist die einzige, offensichtliche Übernachtungsmöglichkeit. Das **Restaurant Adria**, ul. Dąbrowskiego 52, ist ein zuverlässiger Platz für gute polnische Küche.

Südlich von Olsztyn

Südlich von Olsztyn setzt sich die schöne, hügelige Landschaft fort. Zwei Sehenswürdigkeiten, die man sich bei einem Ausflug in dieses Gebiet auf keinen Fall entgehen lassen sollte: das *Schlachtfeld bei Grunwald* und das *Freilichtmuseum in Olsztynek.*

▶ **Freilichtmuseum Olsztynek**: Am Nordrand der Kleinstadt Olsztynek, 26 Kilometer südlich von Olsztyn, befindet sich ein ausgezeichnetes Freilichtmuseum für ländliche Architektur des 18. und 19. Jahrhunderts, das im Jahr 1941 errichtet wurde. Zu sehen sind Gebäude aus Warmia, Masuren und sogar Litauen. Ein genauer Blick auf die Verstrebungen der Fachwerkhäuser zeigt, wie viel solide Handwerksarbeit in dieser Bauweise steckt. Neben Bauernhäusern, Scheunen, Werkstätten und einer Wassermühle gibt es eine schöne, strohgedeckte protestantische Holzkirche aus dem frühen 18. Jahrhundert. Der Höhepunkt der Ausstellung ist eine Gruppe von Windmühlen, von denen zwei über 200 Jahre alt sind. Die litauische Mühle am Rande des Parks mit ihren bunten Flügeln ist oft auf Postkarten abgebildet.

• *Öffnungszeiten* Juni–Aug. Di–So 9–17 Uhr, Mai, Sept.–Okt. Di–So 9–16 Uhr, Nov.–April Di–So 9–15 Uhr.

• *Übernachten/Essen* Das Städtchen eignet sich für eine Übernachtung, wenn Sie vorhaben, Grunwald zu besichtigen. – Das **Mazurski**, ul. Park 1 (✆ 089/519 2885, 📠 519 2703; G), ist sehr empfehlenswert und hat auch ein gutes Restaurant, dessen Spezialität Fischgerichte sind. Ansonsten bleibt lediglich das kleinere, etwas zweifelhafte **Karczma Świętojańska**, ul. Świętojańska 1 (✆ 089/519 2005; H), dem ebenfalls ein Restaurant angeschlossen ist.

▶ **Hindenburg- Mausoleum/Mauzoleum Hindenburga**: Etwa einen Kilometer westlich des Freilichtmuseums, in der Nähe des Dorfes **Sudwa**, stehen die Ruinen des berühmt-berüchtigten Hindenburg-Mausoleums. Die deutsche Armee ließ nach dem Ersten Weltkrieg hier ein Denkmal zu Ehren ihres Oberbefehlshabers, des Feldmarschalls *Paul von Hindenburg*, errichten, unter dessen Kommando sie im August 1914 bei der Schlacht von Tannenberg gegen die Russen siegte. Nach Hindenburgs Tod im Jahre 1934 ließ Hitler das Denkmal für eine der damals beliebtesten militärischen Persönlichkeiten der Nation in ein riesiges Mausoleum umbauen. Als die Niederlage der deutschen Truppen sich 1945 abzeichnete, überführten sie Hindenburgs sterbliche Überreste in die Kathedrale von Worms. Die sowjetische Armee machte kurz danach das Mausoleum dem Erdboden gleich; die Steine wurden für den Bau eines sowjetischen Kriegerdenkmals in der Nähe von Olsztyn benutzt. Heute ist im Wald hinter dem Dorf nur noch ein eingezäuntes Areal zu sehen, das die riesigen Ausmaße des Monuments erkennen lässt.

Grunwald

Ein Datum der Geschichte ist jedem polnischen Schulkind bekannt: 1410 – die (von den Polen gewonnene) *Schlacht bei Grunwald*, in der deutsche Geschichte ist dieses Ereignis bekannt als Schlacht bei Tannenberg, dem deutschen Namen des Ortes. Sie gehört zu den wichtigsten europäischen Schlachten des Mittelalters. Für die Polen wurde der Sieg von Grunwald zum Mythos ihres Widerstands gegen die Bedrohung durch eine deutsche militärische Präsenz. Die Ereignisse auf dem Schlachtfeld lassen sich jedoch nicht ganz so vereinfacht darstellen. In der Schlacht standen sich König *Władysław Jagiełło* mit dem Oberkommando über die vereinte polnisch-litauische Armee und der Großmeister des Deutschen Ordens, *Ulrich von Jungingen* mit seinen Rittern, zu denen auch Tschechen, Ungarn, Ruthenen (Ukrainer), Russen und Tataren gehörten, gegenüber. Da zu dieser Zeit das Konzept vom modernen Nationalstaat noch völlig unbekannt war, kann man natürlich auch nicht von einer rein polnisch-deutschen Konfrontation sprechen, wie dies spätere

Der Nordosten
Karte S. 202/203

Das Schlachtfeld bei Grunwald

Das Schlachtfeld liegt 20 Kilometer südwestlich von Olsztynek und ist ohne Auto schlecht zu erreichen. Es gibt einige wenige Nahverkehrsbusse von Olsztynek und Olsztyn aus. Man kann sich nur schwer vorstellen, dass in dieser friedlichen warmienischen Landschaft vor fast 600 Jahren eine furchtbare Schlacht stattgefunden hat. Dennoch, abgesehen von ein paar modernen Bauernhöfen, sieht das Schlachtfeld wahrscheinlich noch genauso aus, wie es vor etwa 580 Jahren die zwei gegnerischen Armeen vor sich sahen. Von der Bushaltestelle aus geht man am Souvenirkiosk vorbei bis zum Kernstück des Geländes, dem 30 Meter hohen Stahldenkmal, das von einem Hügel aus das Schlachtfeld überblickt. Es sieht dem Werftdenkmal in Gdańsk erstaunlich ähnlich. Dahinter befindet sich ein großes Steindiagramm, auf dem die Position der beiden Armeen und die Truppenbewegungen während der Schlacht aufgezeichnet sind. Im Grunwald-**Museum** sind Rüstungen, Waffen und Standarten ausgestellt, teilweise sogar noch Originale. Ein Schild mit der Inschrift "Grunwald 1410, Berlin 1945" sagt einiges darüber aus, wie die polnische Nachkriegsregierung die Schlacht für ihre ideologische Propaganda nutzte.

Öffnungszeiten täglich – Mai–Sept. 9–18 Uhr, Okt.–April 10–16 Uhr. Eintritt 2,50 Zł.

nationalistische Interpretationen der Schlacht deuten. Sicher ist, dass auf dem Schlachtfeld bei Grunwald eine der bedeutendsten und blutigsten Schlachten des Mittelalters – über 30.000 Soldaten auf jeder Seite – ausgetragen wurde. Gegen Ende waren der Großmeister und 11.000 seiner Ritter gefallen, 14.000 gefangen genommen. Die Niederlage setzte dem Expansionsdrang des Deutschen Ordens ein Ende und ebnete den Weg für eine Reihe von Friedensverträgen (1411) mit Polen-Litauen, die den Einfluss des Ordens in den nördlichen und östlichen Gebieten erheblich schwächten.

▸ **Barczewo**: An der Bundesstraße (E16), 17 Kilometer östlich von Olsztyn, liegt das verschlafene Provinzstädtchen **Barczewo**. Die meisten Polen kennen den Namen des Ortes, weil hier der berüchtigte nationalsozialistische Gauleiter von Masuren, **Josef Koch**, bis zu seinem Tod Anfang der 80er Jahre, im Alter von 92 Jahren interniert war.

Überraschenderweise hat der recht kleine Ort gleich zwei hübsche gotische Kirchen. Die solide Backsteinkonstruktion der Pfarrkirche St. Anna überblickt den Fluss. Außer einem Altar-Triptychon hat das nüchterne Innere nicht viel zu bieten, was vermuten lässt, dass die Kirche zu preußischen Zeiten im protestantischen Stil umgebaut wurde. Im Gegensatz dazu trägt die St. Andreaskirche in der Nähe des Marktplatzes, die im 14. Jahrhundert von Franziskanermönchen gegründet wurde, noch die gotischen Grundmerkmale und später hinzugefügten Barockelemente. Zu den wichtigsten Stücken gehört ein fein gemeißelter marmorner Gedenkstein an den Bischof von Warmia, Andreas Batory, und seinen Bruder Balthazar, aus der Renaissance. Er wurde von dem bereits aus Gdańsk bekannten niederländischen Architekten van den Blocke gefertigt. Batorys Gebeine befinden sich nicht hier. Sie gingen in einer Schlacht im frühen 17. Jahrhundert in Moldawien verloren, wo er für die Unabhängigkeit seiner transsylvanischen Heimat kämpfte.

Nur wenige denken bei der Region Masuren an jüdische Kultur, obwohl vor der Zeit der Nationalsozialisten eine große jüdische Gemeinde hier lebte. Südlich des Platzes in der ul. Kościuszki steht eine der wenigen Synagogen der Region aus der Mitte des 19. Jahrhunderts, die den Krieg überlebten. Im Krieg als Munitionslager von den Nazis genutzt, wurde die Synagoge 1945 in ein Kulturzentrum *Dom Kultury* umgewandelt.

Im Jahr 1980 richtete die Textilkünstlerin Barbara Hulanicka hier ihr Atelier ein. Sie wohnt gleich nebenan im Haus Nr. 13 und ist gerne bereit, Besuchern die Synagoge zu öffnen. Hulanicka hat sich der Wiederbelebung und Förderung der altwarmienischen und altmasurischen Webkunst verschrieben. Ihre gekonnten Werke wurden bereits auf der ganzen Welt ausgestellt. Sie benutzt für ihre Arbeit wunderschöne alte Webstühle aus dem 19. Jahrhundert, die sie aus den umliegenden Dörfern zusammengetragen hat. Ihre Wandteppiche, von denen einige hier an den Wänden hängen, haben ungewöhnliche Muster, die oft von Geschichten aus den verschiedenen Weltreligionen inspiriert sind. Sie besitzt ein unerschöpfliches Wissen über die Region und führt gerne Besucher durch ihr Atelier – mit Vorliebe andere Künstler.

• *Übernachten* Für eine kurzfristig geplante Übernachtung bieten sich nur zwei Möglichkeiten an: die **Grill Bar Gyros**, ul. Warmińska 56 (✆ 089/514 8381; G), ein Motel mit Restaurant, und das **Hotel Barczewo**, ul. Olsztyńska (✆ 089/541 4545; G).

Die Masurische Seenplatte

Östlich von Olsztyn liegt das Zentrum der Masurischen Seenplatte inmitten immer dichter werdender Wälder, je weiter man nach Osten kommt. Im Sommer ziehen die größten Seen, Mamry/Mauersee und der Śniardwy/Spirdingsee, wahre Besuchermassen an. Das bringt Vor- und Nachteile mit sich.

Der Vorteil ist, dass die touristischen Einrichtungen fast überall gut entwickelt sind und dass man in allen wichtigen Ferienorten Segelboote oder Kanuausrüstungen mieten kann. Bei gutem Wetter kann es an Wochenenden an den Seen sehr voll werden und eine Unterkunft in den Hauptzentren sehr schwierig zu finden sein. Wer es lieber ruhiger mag und sauberes Wasser bevorzugt, sollte sich eine detaillierte Karte besorgen und sich an die kleineren Seen halten. Es gilt die Regel: Je weiter östlich man fährt, umso ruhiger wird es.

Mikołajki, am Hauptzugang zum Śniardi-See in der Mitte des Gebietes, ist eindeutig der angenehmste und am schönsten gelegene Ferienort der oberen Liga, während **Giżycko** und **Węgorzewo**, etwas weiter nördlich am Mamry-See, vor allem Segler und Kanufahrer anziehen und ein guter Ausgangspunkt für die Entdeckung der Seen sind. Von **Rucina-Nida** aus kann man die Seen und Wasserwege des südlichen Masuren erkunden. Das von Wald umgebene Städtchen hat eine angenehm gelassene Atmosphäre. **Mrągowo** ist der westlichste Hauptferienort und ein wichtiger Verkehrsknotenpunkt. Heute ist er vor allem wegen seines Country und Western Festivals bekannt. Doch außer seinen Seen hat Masuren auch historische Sehenswürdigkeiten wie Kirchen und Schlösser zu bieten, z. B. die berühmte Klosteranlage Święta Lipka und die gotischen Bauwerke in **Reszel**. Das orthodoxe Nonnenkloster in **Wojnowo** erzählt etwas über die wechselnden Völkergruppen, die das Gebiet bewohnten. Die Region beherbergt außerdem ein unheimliches Überbleibsel aus dem Zweiten Weltkrieg: Hitlers Hauptquartier während des Krieges in **Gierłoz**. Es ist nur wenige Busminuten von der Kleinstadt **Kętrzyn** entfernt.

• *Anfahrt/Verbindungen* Insgesamt ist die **Verkehrslage** um die Seen gut. Es ist allerdings ein Vorteil, wenn einem ein Auto zur Verfügung steht, besonders wenn man in die etwas entlegeneren Gegenden will. Aber zwischen den Hauptzentren gibt es überdurchschnittlich viele Busverbindungen. Olsztyn ist normalerweise der Ausgangspunkt in dieser Region. Ist man einmal vor Ort, bieten Mrągowo und Giżycko die besten Verbindungen in abgelegene Gebiete. Zusätzlich gibt es insgesamt 3 **Bahnlinien** von Olsztyn nach Ełk in den Osten Masurens. Eine führt über Kętrzyn und Giżycko, die andere über Mrągowo und Mikołajki und die dritte über Ruciane-Nida. Allerdings verkehren die Züge weniger häufig als die Busse.

• *Übernachten* Außer der üblichen Auswahl an Hotels gibt es eine immer größere Anzahl an Privatzimmern und Frühstückspensionen, vor allem in aufstrebenden Ferienorten wie Mikołajki. Denken Sie daran, dass die Preisangaben in diesem Reisebuch für die Hochsaison (Juli–Aug.) gelten. In Frühling und Herbst liegen sie etwa 20 %, im Winter etwa 30–40 % niedriger. Wenn Sie eine Unterkunft im Voraus buchen wollen, sehen Sie im Internet nach unter www.mazury.com.pl.

Mrągowo/Sensburg

Mrągowo, an der Hauptstraße von Olsztyn nach Augustów gelegen, ist eines der wichtigen Zentren der Region. Es ist eine geschäftige Stadt am Ufer des Czos-Sees – einer Pfütze im Vergleich zu den weiter östlich gelegenen Seen, mit denen er weder an Schönheit noch an Freizeitaktivitäten konkurrieren kann. Wenn man eine

Der Nordosten
Karte S. 202/203

oder zwei Stunden Zeit übrig hat, sollte man sich die hübsche Innenstadt in der Nähe des Sees ansehen. Ansonsten aber lohnt es sich nicht zu bleiben. Man fährt besser mit einem der Busse weiter nach Mikołajki, Ruciane-Nida oder Kętrzyn. Das **Stadtmuseum** von Mrągowo ist im alten Rathaus untergebracht. Zu den Exponaten gehören in der Region gefertigte Holztruhen und Schränke sowie elegante preußische Möbelstücke aus dem 18. Jahrhundert. Eine Abteilung ist dem Priester **Krzysztof Mrongowiusz** gewidmet, dem polnischen Patrioten, nach dem die Stadt 1945 umbenannt wurde – früher hieß sie **Sensburg**.

Was jedoch wirklich Leben nach Mrągowo bringt, ist das berühmte **Country-Picknick-Festival** Ende Juli. Es findet in einem Amphitheater am Seeufer gegenüber dem Zentrum statt. Das Festival besteht seit 1983 und bietet den slawischen Nachwuchsstars in den Fußstapfen von Hank Williams und Dolly Parton Gelegenheit, vor einer großen und extrem dankbaren Zuhörerschaft nach Herzenslust ins Mikrofon zu schmachten. Außer den polnischen Gruppen treten hier immer auch einige Stars aus den USA auf. Vorabinformationen sind in der Regel erhältlich unter www.polcountry.medianet.pl.

Jedoch auch ohne Festival lohnt sich ein Besuch in Mrągowo. Es ist ein sehr angenehmer Ferienort mit eindeutig deutschen Architektureinflüssen, die aus den sieben Jahrhunderten preußischer Herrschaft stammen. Das Zentrum bildet der große Platz unweit vom See Czos, einem kleinen, aber im Sommer sehr belebten Gewässer. Östlich des Platzes in der Nähe der katholischen Kirche steht die protestantische Backsteinkirche aus dem 19. Jahrhundert, die heute von der russisch-orthodoxen Gemeinde genutzt wird.

• *Öffnungszeiten* **Museum** – Di–So 10–15 Uhr.

• *Verbindungen* Der **Bahnhof** liegt am Westrand der Stadt. Von hier aus sind es 10 Min. zu Fuß zum **Busbahnhof**. Biegt man dort nach links, erreicht man in 10 Min. das Zentrum.

• *Übernachten* Das Reisebüro MAT, ul. Ratuszowa 5 (Mo–Fr 9–16 Uhr, Sa 10–15 Uhr, ✆ 089/741 8151), vermittelt **Privatzimmer** (I) und **Pensionen** (H–G). Erwähnenswert sind hier das **Edyta**, ul. Laskowa 10 (✆/℻ 089/741 4366; G), und **Ewa**, ul. Jaszczurca Góra 14 (✆ 089/741 3116; G). Beide liegen abseits des Zentrums am See. Das Hotel **Mrongovia**, ul Giżycka 6 (✆ 089/741 3221, mrongov@orbis.pl; C), beim Amphitheater, ist ein vornehmes Orbis-Hotel mit Blick über den See. Der **Campingplatz C-3** gleich unterhalb des Mrongovia in der ul. Jaszczurcza Góra 1 (✆ 089/741 2533) hat schöne Bungalows (I).

• *Essen/Trinken* Das beste **Restaurant** ist das **Stara Chata**, Warszawska 9. Es bietet eine Reihe relativ preiswerter polnischer Spezialitäten in einer Art teuren Kneipe. Das **Lastalla**, ul. Mały Rynek 1, hat eine gute Auswahl an Pizzen sowie einige leckere Nudelgerichte und klassische italienische Fleischgerichte.

Kanufahrten auf den Seen

Der beste und spannendste Weg, die Region zu erkunden, ist auf dem Wasser. Ob Seen, Flüsse oder andere Wasserwege – in dem riesigen Gebiet hat man die Auswahl aus allem, was das Herz begehrt. Wer nicht, wie mehr und mehr Sommerurlauber aus Skandinavien und Deutschland, sein Kanu, seinen Kajak oder sein Boot auf einem Anhänger mitgebracht hat, muss vor Ort für seine Wassersportausrüstung sorgen. Auf Grund der Privatisierung der Touristenindustrie ist es inzwischen recht einfach, auch ohne Voranmeldung ein Kanu zu mieten. An den viel besuchten Plätzen kann jedoch die Auswahl in der Hochsaison knapp werden. Es zahlt sich deshalb auf jeden Fall aus, sich schon vorher telefonisch um die Ausrüstung zu bemühen.

Das **PTTK-Büro** in Olsztyn, ul. Staromiejska 1 (✆ 089/527 5156), ist gern behilflich. Hier organisiert man die Vermietung von Kajaks und die Vorausbuchung von

Unterkünften entlang der bekannteren Kajak-Routen. Inzwischen sind auch viele **Landkarten** auf dem Markt, die speziell auf Kanufahrer ausgerichtet sind. Am besten besorgt man sich die Karte *Wielkie Jezioro Mazurskie*, Maßstab 1:120.000, oder die neue polnisch/englische Karte *Warmia and Masuria*, 1:300.000. Alternativ gibt es spezielle Kanuführer für die masurischen Seen: Kanuführer Masurische Seenplatte von Norbert von Frankenstein, BLV-Verlag, 17,90 €; Kanutouren in Masuren. Outdoorhandbuch, Verlag Stein, 12,90 €.

Sorkwity/Sorquitten und die Krutyniastrecke

Sorkwity, 12 km westlich von Mrągowo, ist der Ausgangspunkt für eine schöne, beliebte Kanustrecke, die 90 Kilometer flussabwärts im Bełdany-See, am Westrand des Śniardwy-Sees, endet. Kanus können sowohl im PTTK-Hotel in Olsztyn als auch im Orbis-Hotel in Mrągowo gemietet werden, aber im Sommer muss man unbedingt im Voraus buchen. Die Unterkünfte entlang der Route werden von PTTK vermittelt (*stanica wodna*, meist von Mitte April–Sept. geöffnet). Im Grunde sind dies Kajak- und Kanudepots, doch kann man dort auch Bungalows mieten und zelten.

Die Fahrt beginnt meist an der *stanica wodna* am Dorfrand von Sorkwity. Die Route, nach dem schmalen Fluss im letzten Abschnitt auch **Krutyniastrecke** benannt, führt durch 18 Seen, die durch schmale Flussabschnitte mit dicht bewaldeten Ufern miteinander verbunden sind. Die Fahrt dauert mindestens neun Tage und endet entweder in **Ruciane-Nida** oder **Mikołajki.** Wer möchte, kann die Fahrtzeit auf fünf Tage begrenzen und die Reise bereits in Krutyń beenden. Da die Krutyniastrecke im Hochsommer meist sehr überlaufen ist, empfehlen sich als Reisezeit der Frühling (April–Mai) oder der Spätsommer (August–September). Normalerweise übernachtet man in folgenden Orten (falls nichts anderes angegeben, in *stanice wodne*):

1. Tag in **Bieńki** (15 km),
2. Tag in **Babięta** (12 km, Jugendherberge, Juli/August geöffnet),
3. Tag in **Spychowo** (12,5 km),
4. Tag in **Zgon** (10,5 km),
5. Tag in **Krutyń** (14 km),
6. Tag in **Utka** (18,5 km), der erste Halt auf dem Fluss Krutynia,
7. Tag in **Nowy Most** (6,5 km),
8. Tag in **Kamień** (10,5 km) am wunderschönen Bełdany-See,
9. Tag Ankunft in **Ruciane-Nida** (13,5 km) – die 113 Kilometer sind geschafft.

Das PTTK-Büro in Olsztyn bietet eine 10-tägige Kajakfahrt entlang dieser Route, inklusive Übernachtung in Strandherbergen (*stanice wodne*), für unter 200 € an. Im Sommer werden nur Gruppen akzeptiert, deshalb kann es sein, dass Sie sich mit anderen Interessenten zusammentun müssen. Die Ausrüstung für den Trip, inklusive Schlafsack, muss man selber mitbringen. Wer von zu Hause eine Fahrt buchen will (für den Sommer sehr zu empfehlen), sollte schreiben oder anrufen – es ist meistens jemand da, der Deutsch oder Englisch spricht. Zu den anderen beliebten Kajakstrecken gehören die **Czarna Hańcza Strecke,** die in Stary Folwark auf dem Wigry-See beginnt und auf dem Augustowski-Kanal (100 km) endet, oder die **Biebrza** Strecke, die in Lipsk beginnt und durch den Biebrzański National Park führt.

Nördlich von Mrągowo

In den Feldern und Wäldern nördlich von Mrągowo liegen einige historisch bedeutsame Orte: das bekannte Pilgerzentrum **Święta Lipka**, Hitlers Befehlszentrale in **Gierłoz/Görlitz** in der Nähe von **Kętrzyn** und das Städtchen **Reszel** mit seiner schönen gotischen Kirche und Burg.

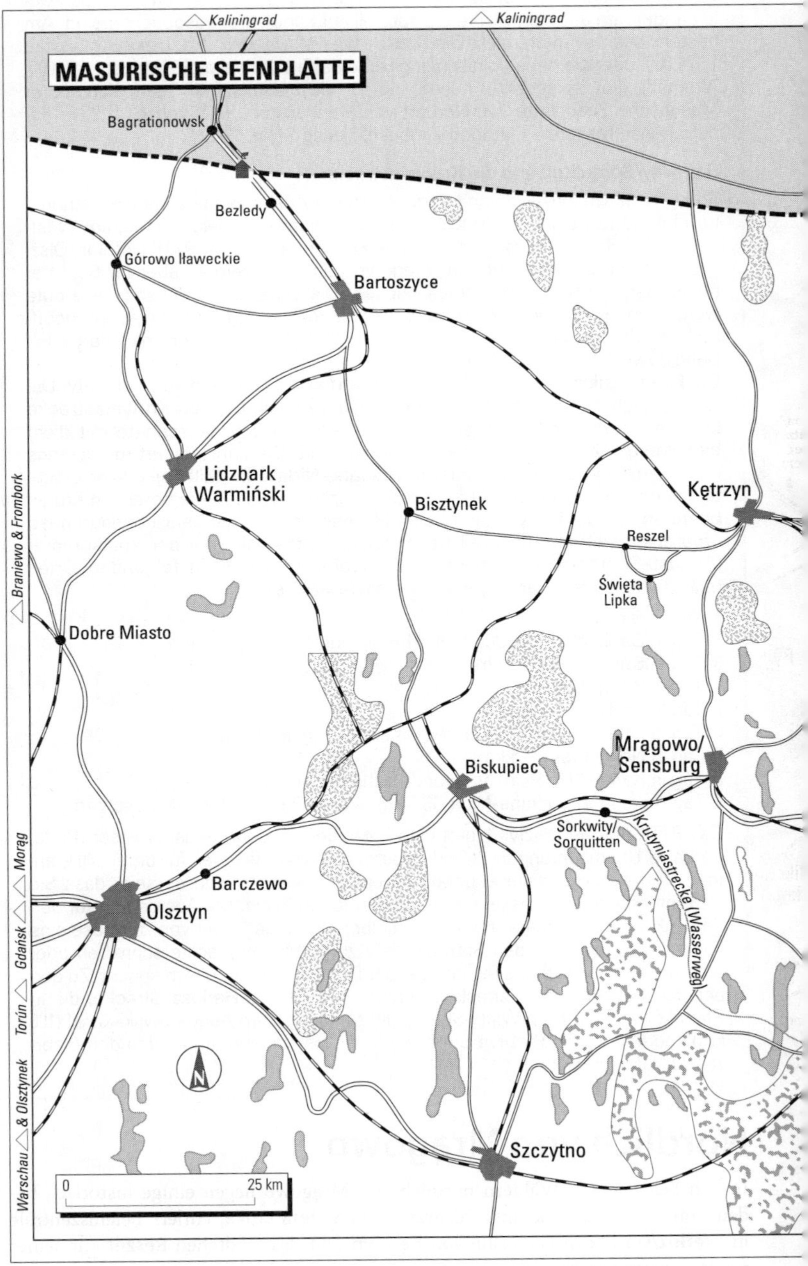

MASURISCHE SEENPLATTE
Kaliningrad
Kaliningrad
Bagrationowsk
Bezledy
Górowo Iławeckie
Bartoszyce
Lidzbark Warmiński
Bisztynek
Kętrzyn
Reszel
Święta Lipka
Dobre Miasto
Braniewo & Frombork
Mrągowo/ Sensburg
Biskupiec
Sorkwity/ Sorquitten
Krutyniastrecke (Wasserweg)
Barczewo
Olsztyn
Morąg
Gdańsk
Toruń
Warschau & Olsztynek
Szczytno
0
25 km
N

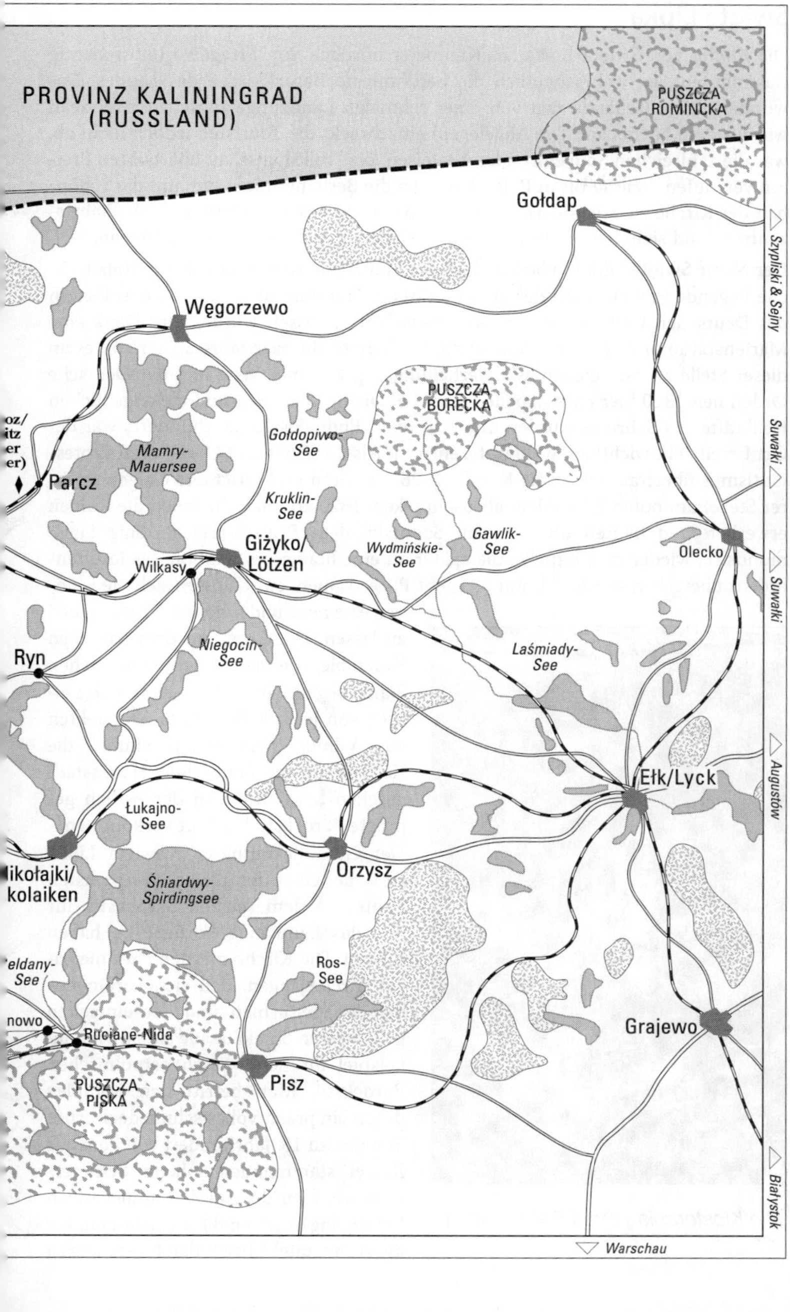

Der Nordosten
Karte S. 202/203

Święta Lipka

Die **Kirche** von Święta Lipka, 20 Kilometer nördlich von Mrągowo (etwa vierzig Busminuten), ist wahrscheinlich die berühmteste Barockkirche des Landes. Das wunderschöne Gebäude ragt von einer schmalen Landzunge zwischen zwei Seen wie aus dem Nichts auf. Die Abgelegenheit schreckt die Touristen jedoch nicht ab, was die zahlreichen Souvenirbuden beweisen, die "Volkskunst" zu überhöhten Preisen verkaufen. Wie so oft in Polen kommen die Besucher nicht nur, um die Schönheit der Kirche zu bewundern – Święta Lipka ist seit Jahrhunderten ein Wallfahrtszentrum und zieht besonders an religiösen Feiertagen riesige Pilgerscharen an.

Der Name **Święta Lipka** (wörtlich: Heiliger Lindenbaum) geht auf eine mittelalterliche Legende zurück, nach der ein preußischer Stammesfürst, der von den Rittern des Deutschen Ordens aus der Gefangenschaft entlassen wurde, zum Dank eine Marienstatue in einen Lindenbaum stellte. Bereits ein paar Jahre später soll es an dieser Stelle zu zahlreichen Wunderheilungen gekommen sein, und der Deutsche Orden ließ 1320 hier eine Kapelle errichten. Die Berühmtheit und die angeblichen Heilkräfte des Schreins wurden immer größer. Ende des 15. Jahrhunderts war der Ort bereits ein wichtiges Wallfahrtszentrum. Als der Deutsche Orden zum Protestantismus übertrat, ließ er die Kapelle 1526 zerstören und errichtete Galgen an ihrer Stelle, um potenzielle Pilger abzuschrecken. 1620 konnten die Polen die Ruinen erwerben und bauten unter Stefan Sadorski, dem Privatsekretär König Sigismunds II., wieder eine Kapelle, die später an eine litauische Fraktion des Jesuitenordens übergeben wurde. Als immer mehr Pilger kamen, entschlossen sich die Jesuiten, eine neue und schönere Kirche bauen zu lassen. Die Arbeit an dem barocken Ensemble, wie man es heute noch sehen kann, begann um 1687 unter der Leitung von Jerzy Ertly, einem Architekten aus Vilnius. Wer schon einmal die Kirchen in der litauischen Hauptstadt gesehen hat, dem wird der östlich geprägte Barockstil bekannt vorkommen.

Die Klosteranlage von Święta Lipka

Der Gebäudekomplex in Święta Lipka ist sicher einer der überschwänglichsten Bauten in dem reichen Barockstil, für den das Land eine Vorliebe zu haben scheint. Die Kirche mit den eher niedrigen Kreuzgängen, den sich verjüngenden Doppeltürmen und der einfachen gelb-weißen Stuckfassade ist ein Paradebeispiel für den typisch ostpolnischen Barockstil. Man betritt den Komplex durch ein prachtvolles schmiedeeisernes Tor, das im 18. Jahrhundert von dem aus Reszel stammenden Johann Schwartz entworfen wurde. Auf den umliegenden Kreuzgängen sitzen 44 Steinstatuen, die die Ahnentafel Christi darstellen. Durch den Haupteingang betritt man das rechteckige Hauptgebäude mit dem langen Hauptschiff. Die Seitenschiffe, die auf beiden Seiten vom Hauptschiff abzweigen, werden durch jeweils vier Säulen abgetrennt, die gleichzeitig die überhängenden Obergänge und den Chorraum stützen. Das Auge fällt zuerst auf die schönen Fresken, die die ganze Decke bedecken. Sie stammen von Maceij Meyer aus dem nahen *Lidzbark Warmiński.* Sie stellen Themen aus dem Leben Jesu Christi und Marias, Geschichten aus dem Alten Testament, Abbildungen von Jesuitenmissionen und den Marienkult von Święta Lipka dar. Der junge Künstler Meyer wurde Anfang des 18. Jh.s nach Rom geschickt, um seine Malkunst zu vervollkommnen und insbesondere die dreidimensionale Darstellung sowie die Kunst des Trompe-l'oeil zu erlernen. Dies wird in den Deckenfresken deutlich: Insbesondere die Polychromien im mittleren Kreuzgewölbe des Hauptschiffs sind von hervorragender Qualität, und einige der Fresken benutzen die Trompe-l'oeil-Technik in beeindruckender Weise.

Erhöht über dem Hauptschiff thront der Hauptaltar. Die imposante hölzerne Struktur wurde 1714 fertig gestellt und besteht aus drei Ebenen. Die beiden oberen Bilder sind biblischen Themen gewidmet, das untere ist eine Ikone der Madonna mit dem Kind, allgemein bekannt als die Heilige Mutter Gottes von Święta Lipka. Sie wurde dem Original nachempfunden, das sich in der Santa Maria Maggiore in Rom befindet. Die von den Polen so verehrte Madonnenfigur erhielt vom damaligen Primas der katholischen Kirche Kardinal Wyszyński in den 60er Jahren eine Krone. Der Zeremonie wohnte damals auch Karol Wojtyła bei, der spätere Papst Johannes Paul II. In Anlehnung an den Originalschrein aus dem Mittelalter wurde neben dem Altar die Nachbildung eines Lindenbaums aufgestellt, auf dem sich eine silberne Statue der Jungfrau mit dem Kind befindet. Das Ensemble aus dem 18. Jahrhundert sieht nicht mehr ganz frisch aus, und der Fuß der Statue erstickt in Fähnchen und Wimpeln, die die zahlreichen Pilger dort hineingesteckt haben.

Fast die gesamte Westseite der Kirche wird von der berühmten **Barockorgel** ausgefüllt. Das riesige Instrument wurde 1720 von *Johan Mozege,* einem jüdischen Künstler aus Königsberg, gebaut und ist bedeckt mit zwei Lagen aus blauen und vergoldeten Türmchen, auf denen wiederum Statuetten von Heiligen stehen. (Viele der an dem Bau beteiligten Künstler und Bildhauer stammten übrigens aus der alten ostpreußischen Hauptstadt.) In den 60er Jahren wurde die Orgel von den Jesuiten restauriert und ist deshalb in sehr gutem Zustand. Wenn genügend Besucher da sind, gibt einer der Jesuitenbrüder ein kleines Konzert auf dem Instrument mit dem vollen Klang. Dann erlebt man nicht nur einen Ohren-, sondern auch einen Augenschmaus: Die beweglichen Teile der Orgel fangen nämlich an zu leben. Die kleinen Trompeten blasenden Engelchen drehen sich im Kreis, die Cherubine schwingen die Arme, metallene Sternchen fangen an zu bimmeln, und kleine Becken schlagen gegeneinander. Die vorgetragenen Fugen von Bach erhalten so ein ganzes Begleitorchester. Das außergewöhnliche Schauspiel ist z. T. auf den Kassetten und CDs festgehalten, die man an dem Kiosk außerhalb der Kirche kaufen kann. Zusätzlich finden jeden zweiten und vierten Freitag im Juni, Juli und August Sonderkonzerte statt, im September nur am zweiten Freitag. Außerhalb des Gebäudes bieten die hübschen ruhigen Kreuzgänge Gelegenheit zur Erholung. Auch hier befinden sich an den Decken weitere reiche Polychromien von Meyer, hauptsächlich in den Kuppeldächern über den vier Eckpunkten der Konstruktion.

Öffnungszeiten Mo–Sa 8–18 Uhr, So zwischen den Gottesdiensten. Die Orgel ist außerhalb der Gottesdienste jede halbe Stunde von 9–17.30 Uhr zu hören.

Karte S. 202/203

• *Anfahrt/Verbindungen:* Es verkehren tägl. **Linienbusse** von Mrągowo. Wählen Sie ansonsten den Weg über Kętrzyn, und steigen Sie dort um. Etwa 15 Busse Kętrzyn–Reszel halten in Święta Lipka.

• *Übernachten/Essen:* Das **Dom Pielgrzyma** im Kloster ist die bevorzugte Herberge der Pilger (✆ 089/755 1481). Es ist hier zwar preiswert (I), aber während katholischer Festtage und in den Sommermonaten meistens ausgebucht. Es gibt einfache Zimmer (7 DZ und mehrere Schlafsäle) und Gemeinschaftsbäder und -toiletten.

▸ **Reszel**: Vier Kilometer westlich von Święta Lipka liegt die warmienische Stadt Reszel. Von 1254, dem Einzug der Christen in die Region, bis zur ersten Teilung 1772 war die Stadt der Sitz der Bischöfe von Warmia, auch Kopernikus hielt sich eine Zeitlang hier auf. Heute ist Reszel ein verschlafenes kleines Städtchen, die Hauptattraktion ist die auf einem Plateau gelegene Altstadt, von wo aus man die Umgebung überblickt.

Von den vielen gotischen Kirchen in Warmia ist die **St.-Peter-und-Paul-Kirche** in Reszel eine der imposantesten. Ihr Äußeres ist zwar nicht besonders elegant, dafür aber riesengroß – Ausdruck des Geschmacks der Bischöfe. Der besonders hohe Kirchturm ist schon aus einigen Kilometern Entfernung zu sehen, und aus der Nähe betrachtet fühlt man sich ähnlich winzig wie angesichts der Marienkirche in Gdańsk. Der Altar strahlt in klassizistischer Eleganz. Im Kreuzgewölbe des Kirchenschiffs findet sich gemustertes Ziegelwerk, wie es in der Region üblich ist. Auf den Säulen und Bögen des Kirchenschiffs sind noch Polychromien aus der frühen Renaissance, die Pflanzen- und Tiermotive zeigen.

Auch der **Bischofssitz** aus dem 14. Jahrhundert, gleich oberhalb der Kirche, ist ein riesiges Gebäude und ist umgeben von Überresten der einstigen Stadtmauer. Er beherbergt heute eine gute **Kunstgalerie**, in der Ausstellungen bekannter zeitgenössischer Künstler aus dem In- und Ausland zu sehen sind. Es werden regelmäßig Maler und Bildhauer eingeladen, die für einige Monate in der Burg wohnen und arbeiten. Besonders im Sommer sind deshalb auf dem Gelände zahlreiche künstlerische Aktivitäten im Gange. Normalsterbliche können allerdings nicht im Schloss übernachten. Sie müssen sich damit begnügen, vom Burgturm einen Blick auf die Umgebung zu werfen. Das schicke **Café** im Burghof entspricht dem künstlerischen Ambiente und würde eher ins Quartier Latin nach Paris als ins warmienische Hinterland passen.

• *Öffnungszeiten* **Kunstgalerie** – Di–So 10–16 Uhr. Eintritt 4 Zł.

• *Anfahrt/Verbindungen* Der Ort wird mehrmals tägl. von Bussen aus Kętrzyn angefahren, kann aber auch leicht mit dem Bus von Mrągowo oder Olsztyn erreicht werden.

• *Übernachten:* Hier bietet sich die sehr einfache Herberge **Rema**, ul. Krasickiego 6A (✆ 089/755 0273; I), an. Im Sommer hat auch die **Jugendherberge** in der Hausnr. 7 derselben Straße geöffnet (✆ 089/ 755 0012). Beide liegen in der Nähe des Busbahnhofs, nur ein paar Fußminuten nördlich der Altstadt.

Kętrzyn/Rastenburg und die Wolfsschanze

Kętrzyn, 15 Kilometer östlich von Święta Lipka gelegen, war bis 1945, als es wieder unter polnische Herrschaft kam, als Rastenburg bekannt. Es ist eine ruhige, wenig auffällige Ortschaft, die vor allem deshalb interessant ist, weil ganz in ihrer Nähe **Gierłoz/Görlitz** – Hitlers "Wolfsschanze" – liegt.

Wenn man genügend Zeit hat, kann man zu Fuß zur **Burg** des Deutschen Ordens hinaufgehen, die ganz in der Nähe vom Bahnhof liegt. Die Burg wurde ursprünglich auf einer frühen preußischen Siedlung erbaut, im Zweiten Weltkrieg fast völlig ausgebrannt und anschließend restauriert. Heute ist darin ein **Heimatmuseum** untergebracht, in dem neben archäologischen Funden aus der Region auch jede Menge ausgestopfter Tiere zu sehen sind: Wildschweine, Biber und Waschbären sowie Adler, Eulen und Kormorane. Der zweite Stock ist zum großen Teil **Wojtech Ketrzyn** gewidmet, einem Historiker und Patrioten aus der Region. Männer wie er lieferten der polnischen Regierung nach dem Krieg den Stoff für die glorifizierende Umbenennung masurischer Dörfer.

Öffnungszeiten Mo–Sa 11–18 Uhr, So 10–17 Uhr. Eintritt 3 Zł.

Die **gotische St. Georgskirche** gleich oberhalb der Burg wurde nach dem Krieg ebenfalls restauriert, hat aber nicht besonders viel zu bieten. Nur ein paar preußische Gedenktafeln blieben von der Originalausstattung übrig. Die kleine **Kapelle** daneben, ein Bau aus dem 14. Jahrhundert, wurde im späten 17. Jahrhundert neu gestaltet. Sie dient heute, zusammen mit einem kleinen Haus unterhalb des Hügels, als protestantische Kirche. Nördlich davon gruppiert sich das Stadtzentrum um den plac Grundwaldzki. An der ul. Mickiewicza liegt eine ehemaliges Gebäude der Freimaurer aus dem frühen 19. Jahrhundert, das heute ein Polnisch-Deutsches Kulturzentrum/*Polsko-Niemeckie Dom Kultury* ist.

• *Information* Das IT **Informationsbüro** und das Orbis teilen sich Räumlichkeiten am pl. Piłsudskiego 1 (Mo–Fr 9–16 Uhr; ✆ 089/751 2040, www.ketrzyn.com.pl).

• *Übernachten* Der Ort bietet sich auf Grund seiner Lage als guter Ausgangspunkt für Touren nach Święta Lipka, zur Wolfsschanze und nach Giżycko an. Das IT und Orbis vermitteln **Privatzimmer** (I–H), allerdings meist außerhalb auf Bauernhöfen. An **Hotels** gibt es **Zajazd pod Zamkiem**, ul. Struga 3a (✆ 089/752 3117), gleich neben der Burg. Es hat 4-Bettzimmer für 45 Zł/Person, die auch als Doppelzimmer vermietet werden (F). Das **Wanda**, 500 m vom Zentrum, al. Wojska Polskiego 27 (✆ 089/751 8584; F), hat langweilige, bewohnbare Zimmer mit Bad. **Koch**, mitten im Zentrum, ul. Traugutta 3 (✆ 089/752 2058, koch@post.pl; E), mit hübschen, komfortablen Zimmern mit Bad, wird vorwiegend von Deutschen besucht. Mit Fahrradverleih.

Das **Zajazd pod Zamkiem** besitzt ein gutes **Restaurant** mit Terrasse. Es bietet gute polnische Küche. Das Café-Restaurant **Loża** im Polnisch-Deutschen Kulturzentrum serviert Nudelgerichte und Salate.

Gierłoz/Görlitz

Das 8 km östlich von Kętrzyn gelegene **Gierłoz** erreicht man mit dem städtischen Linienbus Nr. 1 (nur Juni–Sept.) von Kętrzyn aus oder mit den Bussen der Strecke Kętrzyn–Węgorzewo, von denen einige, aber nicht alle, den Ort anfahren. Informieren Sie sich vorher über die Rückfahrtszeiten, und planen Sie etwa 2 Stunden für die Besichtigung ein. Wenn Sie mit dem Auto von Kętrzyn kommen, achten Sie auf die (leider nur) spärliche Beschilderung.

Hier, tief in den masurischen Wäldern, legte Hitler eines seiner militärischen Befehlszentren an, die sogenannte **Wolfsschanze/Wilczy Szaniec**. Von der riesigen unterirdischen Anlage aus wurde der Vorstoß der Deutschen in den Osten gelenkt. Für Armee und Luftwaffe wurden im Umkreis von 40 Kilometern eigene Bunker gebaut, deren Ruinen heute vom Gras überwachsen sind.

Unter einer mehrere Meter dicken Betonschutzschicht lagen die Privatbunker für Göring, Bormann, Himmler und Hitler. Daneben gab es Büros, SS-Quartiere und Befehlsräume. Die rund 10 Hektar große Anlage war unter einem schwebend angebrachten Schutzschild aus Vegetation verborgen, die je nach Jahreszeit verändert wurde. "Für den Ernstfall" war sie durch einen Minengürtel geschützt. 1945 versuchte die abziehende Armee, die Anlage in die Luft zu sprengen. Es entstanden jedoch nur Risse in den Bunkern, und die Metallverstrebungen wurden frei gelegt. Die meisten Besucher schließen sich für die Besichtigung einer Touristengruppe an – es werden deutsche und englische Führungen angeboten (um sicher zu gehen, informieren Sie sich vorab unter ✆ 089/751 4467, täglich nach 18 Uhr).

Das Bombenattentat am 20. Juli

Am 20. Juli 1944 fand in der Wolfsschanze der Anschlag auf Adolf Hitler statt, der fast erfolgreich gewesen wäre. An der Spitze der Verschwörer stand *Claus Graf Schenk von Stauffenberg*, ein adeliges Mitglied des Generalstabs. Hinter ihm standen mehrere hochrangige Offiziere des deutschen Heeres, die wie er die Gräueltaten an der Ostfront nicht länger mitverantworten wollten und davon überzeugt waren, dass Deutschland den Krieg bereits verloren hatte. Sie wollten den "Führer" beseitigen, den Oberbefehl über das Heer in Berlin übernehmen und mit den Alliierten in Friedensverhandlungen treten. Deutschland befand sich zu diesem Zeitpunkt kurz vor der totalen Zerstörung durch die Alliierten, und die Verschwörer waren überzeugt, dass nur eine Verzweiflungstat wie diese das Vaterland noch retten konnte.

Am 20. Juli wurde Stauffenberg in die Wolfsschanze befohlen, um Hitler über die Truppenbewegungen an der Ostfront zu informieren. In seiner Tasche trug er eine kleine Bombe mit großer Sprengkraft, die nach dem Auslösen innerhalb von etwa zehn Minuten explodieren würde. Als Stauffenberg in die Nähe des Besprechungsraumes kam, löste er die Vorrichtung aus. Dann setzte er sich auf seinen Platz. Nur wenige Meter von Hitler entfernt stellte er die Tasche, an ein Tischbein gelehnt, unter dem Tisch ab. Fünf Minuten vor der Explosion der Bombe verließ Stauffenberg unauffällig den Raum. Er wurde weder von den Generälen noch von den Beratern bemerkt, die der Berichterstattung über die russische Front folgten. Einer der Offiziere näherte sich dem Tisch, um die Feldzugskarten besser sehen zu können. Als er die Tasche bemerkte, die ihm im Weg war, stellte er sie an einen anderen Platz. Jetzt stand ein sehr massives Tischbein zwischen Tasche und Hitler.

Um 12.42 Uhr explodierte die Bombe. Stauffenberg blickte aus einer Entfernung von einigen hundert Metern auf das Gebäude und war schockiert über die Wucht der Explosion. Es war, als hätte eine 155-mm-Granate in den Bunker eingeschlagen, und Stauffenberg zweifelte nicht, dass der "Führer" zusammen mit den anderen Personen im Raum umgekommen war. So eilte er in das wartende Flugzeug und flog nach Berlin, um sich den dortigen Verschwörern anzuschließen. Kurz darauf befreiten sich Hitler und weitere Überlebende jedoch aus den Trümmern – nur vier Personen waren getötet worden bzw. erlagen später den Folgen ihrer Verletzungen. Einer von Ihnen war Oberst Brandt, der durch das Wegtragen der Tasche unwissentlich das Leben des "Führers" gerettet hatte. Von einem geplatzten Trommelfell und leichten Verletzungen abgesehen, war Hitler nichts passiert, und er begab sich noch am gleichen Nachmittag zu einem Treffen mit Mussolini.

Man begriff schnell, was passiert war, und begann, nach Stauffenberg zu fahnden. Hitler beauftragte die Berliner SS damit, alle Verdächtigen sofort zu exekutieren, und entsandte Himmler nach Berlin, um der Rebellion Einhalt zu gebieten. In der militärischen Kommandozentrale in Berlin befanden sich die Verschwörer im Chaos. Stauffenberg und die zwei weiteren Rädelsführer der Verschwörung, die Generäle Beck und Witzleben, erfuhren, dass der "Führer" noch am Leben war. Man hatte bereits Zeit verloren, da man versäumt hatte, wie ursprünglich geplant, Sympathisanten in der Stadt und anderswo zu mobilisieren. Außerdem hatte man sich nicht an nötige Vorsichtsmaßnahmen gehalten, und Informationen sickerten weiterhin aus der Stadt. Nach wenigen Stunden und einigen Versuchen, hochrangige Offiziere davon zu überzeugen, sich ihnen anzuschließen, wurde die Kommandozentrale schließlich von der SS umstellt. Es wurde angekündigt, der "Führer" werde am gleichen Abend eine Rundfunkansprache halten. Das Attentat war misslungen.

Die Verschwörer wurden zusammengeführt. Jeder erhielt ein Stück Papier, auf dem er sich mit einigen Worten von seiner Familie verabschieden konnte. Dann wurden alle in den Hof gebracht, wo sie unter dem Befehl General Fromms hingerichtet wurden. Stauffenbergs letzte Worte waren: "Lange lebe unser heiliges Deutschland!" Fromm wusste von Anfang an von dem geplanten Attentat, hatte sich jedoch beharrlich geweigert, sich den Verschwörern anzuschließen. Durch die Hinrichtung der Schuldigen hoffte er, seine eigene Haut zu retten. Zumindestens ersparte er ihnen so die Folterungen durch die SS.

Hitlers gnadenlose Rache an den Verschwörern war sogar für die blutige Geschichte des Dritten Reiches beispiellos. Alle Freunde und unmittelbaren Verwandten von Stauffenberg und den anderen Verschwörern wurden verhaftet, gefoltert und vor ein "Volksgericht" gestellt, wo sie gedemütigt und ohne großen Prozess zum Tode verurteilt wurden. Viele der Hingerichteten wussten nichts von der Verschwörung und wurden nur auf Grund ihrer Verbindung zu den Verrätern hingerichtet. Die blutrünstige Partei benutzte das Ereignis, um alte Schulden zu begleichen, und wütete in den eigenen Reihen. Jeder, der auch nur ein Fünkchen von Untreue zum "Führer" zeigte, wurde hingerichtet. General Fromm wurde als Feigling erschossen. Personen, deren Namen unter der Folter genannt wurden, wurden ebenfalls verhaftet. Feldmarschall Rommel war eine der so herausgefilterten Personen. Ihm ließ man wegen seiner Beliebtheit die Wahl zwischen einem Verfahren vor dem Volksgericht – oder Selbstmord mit einem Staatsbegräbnis.

Insgesamt zog das misslungene Juli-Attentat den Tod von rund 5.000 Menschen nach sich. Einige gehörten zur militärischen Elite, viele andere waren fähige Köpfe, die durchaus in der Lage gewesen wären, Deutschland nach dem Krieg zu verwalten. Als die Alliierten und die Sowjets sechs Monate später vordrangen, lagen große Teile Deutschlands in Trümmern. Wäre das Attentat in Rastenburg im Sommer 1944 gelungen, hätte der II. Weltkrieg in Europa sicher einen anderen Verlauf genommen.

Unter einer mehrere Meter dicken Betonschutzschicht lagen die Privatbunker für Göring, Bormann, Himmler und Hitler. Daneben gab es Büros, SS-Quartiere und Befehlsräume. Die rund 10 Hektar große Anlage war unter einem schwebend angebrachten Schutzschild aus Vegetation verborgen, die je nach Jahreszeit verändert

Karte S. 202/203

wurde. "Für den Ernstfall" war sie durch einen Minengürtel geschützt. 1945 versuchte die abziehende Armee, die Anlage in die Luft zu sprengen. Es entstanden jedoch nur Risse in den Bunkern, und die Metallverstrebungen wurden frei gelegt. Die meisten Besucher schließen sich für die Besichtigung einer Touristengruppe an – es werden deutsche und englische Führungen angeboten (um sicher zu gehen, informieren Sie sich vorab unter ✆ 089/751 4467, täglich nach 18 Uhr).

Blickt man in diese höhlenartigen unterirdischen Bunker, wird man von einem schaurigen Gefühl übermannt. So ist z. B. der Platz zu sehen, an dem der Anschlag auf Hitler im Juli 1944 fehlschlug. Man kann die SS-Quartiere, das Kino für das Personal und andere Einrichtungen für das tägliche Leben besichtigen. Grausige Bilder und Filme erinnern den Besucher an das Ausmaß der deutschen Gräueltaten. Leider bietet auch hier das Informationsmaterial weniger Aufklärung und Anregung zu einer kritischen Auseinandersetzung mit der Nazi-Ideologie als vielmehr eine bildhafte Darstellung der Gräuel und Schrecken.

Die Startbahn, von der Stauffenberg nach seinem fehlgeschlagenen Attentat nach Berlin startete, befindet sich einige Kilometer östlich des Bunkers. Ohne die Hilfe eines geschulten Reiseführers fällt es schwer, diesen einsamen, langen Betonstreifen inmitten des Heidelands aufzuspüren.

• *Übernachten/Essen* Wer hier übernachten möchte, wendet sich an das einfache Hotel **Wilcze Gniazdo** (✆/℻ 089/752 4429; H), zu dem auch ein recht gutes **Restaurant** gehört.

Mikołajki/Nikolaiken

Mikołajki, zwischen Tałty-See und Śniardwy-See gelegen und in Reiseprospekten als "masurisches Venedig" beschrieben, ist sicher der schönste Ferienort der Gegend. Yachtbesitzer nutzen das Städtchen schon lange als Ausgangspunkt für Ausflüge auf den Śniardwy-See. Der Legende nach lebte hier im See ein Ungetüm, der "König der Weißfische", das den Fischern des Ortes das Leben schwer machte und ihnen die Netze zerriss. Der riesige Fisch wurde schließlich von einem jungen Mann des Ortes, **Mikołajek**, besiegt, dem es gelang, ihn in einem Stahlnetz zu fangen.

Obwohl Mikołajki der bei betuchten Warschauern beliebteste Ferienort in Masuren ist, hat es sich den Charakter eines Fischerdorfes bewahren können. In den letzten Jahren wurde viel gebaut, vor allem Luxuswohnungen und Läden sind entstanden, doch passen sich die neuen Gebäude gut in die Umgebung ein, indem sie den Fachwerkstil der Vergangenheit nachahmen. Trotz der relativ vielen Hotels kann es an Wochenenden im Sommer schwierig sein, ein Zimmer zu finden.

Das Leben spielt sich vor allem am Wasser unterhalb des großen Rynek ab. Hier gibt es einen großen **Yachthafen**, in dem den Sommer über die unterschiedlichsten Segelboote dicht an dicht liegen. Am Ufer findet man eine große Auswahl an Straßencafés und Bars. Geht man am Ufer entlang in westliche Richtung auf die beiden Brücken zu (eine ist eine Fußgängerbrücke, über die andere führt die Verbindungsstraße nach Mrągowo), gelangt man zum Landesteg. Hier legen die **Ausflugsboote** der Żegluga Marzuska (siehe "Bootsausflüge auf den Seen", S. 302) an. Auf der anderen Seite des Sees gibt es auch so etwas wie einen **Strand**, eine Wiese mit einigen Holzstegen. Man erreicht ihn über die Fußgängerbrücke.

Die größte Kirche der Stadt– und das ist ungewöhnlich für Polen – ist die protestantische **Dreifaltigkeitskirche** am Ufer des Tałty-Sees. Sie wurde Anfang des 19.

Jahrhunderts von dem deutschen Architekten Franz Schinki entworfen und wird noch heute von der protestantischen Gemeinde der Region genutzt.

Hauptattraktion außerhalb der Stadt ist das Naturschutzgebiet um den Łukajno See, etwa 4 km östlich. Hier lebt unter anderem eine der größten Kolonien von Wildschwänen in Europa. Das Gebiet ist zu Fuß gut zu erreichen: Vom Busbahnhof führt ein gut ausgeschilderter Weg durch eine schöne Landschaft dorthin. Den besten Ausblick hat man vom **Wieża Widokowa Turm**, der am Ende des Sees von der Straße aus ausgeschildert ist. Es gibt jedoch keine Garantie dafür, dass man wirklich einen Vogelschwarm zu sehen bekommt. Die beste Zeit für einen Besuch sind die Monate Juli und August, wenn die Vögel ihr Federkleid wechseln. Dann kann die Oberfläche des Sees aus der Entfernung wie ein Daunenbett aussehen.

• *Anfahrt/Verbindungen* Der **Bahnhof** befindet sich in nordöstlicher Richtung außerhalb des Stadtzentrums. Es gibt jedoch nur 2 Züge täglich von Olsztyn und Mrągowo. Daher werden Sie eher am **Busbahnhof** neben der protestantischen Kirche ankommen.

• *Information* Das **Fremdenverkehrsbüro**, pl. Wolności 3 (nur Mai–Sept.; Mo–Fr 9–17 Uhr; ✆ 087/421 6850, www.mikolajki.pl). ist in 5 Min. vom Busbahnhof aus zu erreichen. Fragen Sie dort auch nach der Vermietung von Kajaks und Booten.

• *Übernachten* Das Fremdenverkehrsbüro vermittelt **Privatzimmer** (I) und **Pensionen** (H). Ansonsten lohnt es sich, nach den Schildern **wolne pokoje** an Privathäusern Ausschau zu halten, vor allem in der ul. Kajki. Bei den Pensionen sollte man das **Mikołajki**, ul. Kajki 18 (✆ 087/421 6437, pens.mik@pro.onet.pl; G–E), je nachdem, ob mit oder ohne Seeblick) ausprobieren. Es ist etwas baufällig, aber gemütlich und grenzt hinten an die Uferpromenade. **Na Skarpie**, ul. Kajki 96 (✆/℻ 087/421 6418; F–E), in gleicher Lage, aber etwas moderner. Es gibt eine wachsende Anzahl an **Hotels**: **Mazur**, pl. Wolności 6 (✆ 087/421 6941 u. 421 6942; D), gleich am Hauptplatz, hat noble Zimmer mit Bad. Weniger gemütlich ist das riesengroße Hotel **Gołębiewski**, ul. Mrągowska 34 (✆ 087/429 0700, www.golebiewski.pl; C); fragen Sie nach Wochenendermäßigungen). Es liegt nordwestlich der Stadt, hat 500 Betten und ist ein eigenständiges Ferienzentrum mit eigenem Seezugang, Einkaufszentrum, Hallenbad und Tennisplätzen. Der **Campingplatz Wagabunda**, auf einem Hügel über der Stadt, ul. Leśna 2 (✆ 087/421 6018) ist ein großer Platz mit schattenspendenden Bäumen. Bungalows (I) und viel Raum für Zelte und Wohnmobile.

• *Essen* Bei **Cukiernia**, ul. 3 Maja 6, kann man sich mit Brot und Feingebäck eindekken, es bietet auch phantastische Waffeln (*gofry*) an, dick beladen mit Früchten und Sahne. Im **Café Mocca**, ul. Kowalska 4, zwischen pl. Wolności und See, kann man gut frühstücken, preiswert zu Mittag essen und leckeres Eis genießen. Am Ufer entlang reihen sich Stände, die preiswerten frittierten Fisch anbieten. Zu den besseren zählt das **Okoń** unter der Autobrücke. Leicht landeinwärts bietet das **Cinema Quick Wojtek**, pl. Wolności 10, gute Fleisch- und Fischmenüs in einer Umgebung mit dem Thema Kino. Von der Terrasse kann man das Leben auf dem Platz beobachten. Die **Pizzeria Królewska**, Kajki 5 im Untergeschoss, hat gängige Pizzas und kleine Grillgerichte auf der Speisekarte.

• *Trinken* Etwas zu trinken findet man in den Fisch-und-Fritten-Buden am Ufer bis etwa Mitternacht, wenn die Leute sich auf den Weg in die einfache **ABC-Disco** im Dom Kultury, ul. Kolejowa, machen.

Südlich von Mikołajki

Im Süden von Mikołajki liegt die **Puszcza Piska/Johannisburger Heide** mit den für Masuren typischen dichten Wäldern, untereinander verbundenen kristallklaren Seen und sich langsam dahinschlängelnden Flüssen. Es ist das größte zusammenhängende Heidegebiet der Region und ist ein Überbleibsel der urzeitlichen Wälder, die früher ganz Nordosteuropa bedeckten. Hier überwiegt der Tannenwald, viele der Bäume sind 30 bis 40 Meter hoch. Dazwischen wechseln sich Eichen, Buchen und Fichten ab. Das Gebiet ist bei Kanufahrern und Wanderern gleichermaßen beliebt. Der Krutyniafluss (siehe Kasten "Kanufahrten auf den Seen") durchschneidet das Gebiet in der Mitte. Der Urlaubsort **Ruciane-Nida** (Niedersee) ist die ideale Ausgangsbasis für Wanderungen in der Puszcza Piska, die über ein dichtes Netz an gut markierten Wanderwegen verfügt.

Ruciane-Nida

Von Mikołajki aus gelangt man auf einer landschaftlich schönen Strecke durch Waldgebiete in den 25 Kilometer entfernten Badeort **Ruciane-Nida**. Er besteht eigentlich aus zwei kleinen Städtchen, die durch eine kurze Straße miteinander verbunden sind. Als Ferienort ist er verständlicherweise sehr beliebt, bietet er doch sowohl Wald als auch Seen. Busse und Züge halten zuerst in Ruciane. Südlich vom Bahnhof verbindet ein Kanal die beiden Seen, die der Stadt am nächsten liegen. An der Mole mit dem Schild *żegluga Mazurska* legen die Ausflugsboote der Strecke Giżycko–Mikołajki–Ruciane ab. Sie fahren von hier aus über mehrere miteinander verbundene Seen bis zum südlich gelegenen Nidzkie-See. Im Sommer werden auch kürzere Tagesausflüge angeboten.

Nida, einen Kilometer weiter entlang der Uferstraße, ist eine Enttäuschung: Der Ort besteht hauptsächlich aus grauen Nachkriegs-Häuserblocks und hat wenig von der gelassenen Ferienatmosphäre der Nachbarstadt.

• *Anfahrt/Verbindungen* Trotz ihrer Waldlage ist die Stadt gut erreichbar. Es gibt regelmäßig **Züge** von Olsztyn und **Busse** von Mrągowo und (weniger häufig) von Mikołajki.

• *Übernachten/Essen* Viele Unterkünfte liegen entlang der von Wald gesäumten Hauptstraße, die die beiden Städtchen verbindet. Das **Perła Jezior**, in Nr. 17 (✆ 087/ 423 1044), hat Ferienbungalows (I) und Zeltplätze. **Wodnik**, in Nr. 2 (✆ 087/ 423 1075) vermietet Holzhütten für 4 Personen zu 90 Zł.

Das Kloster Wojnowo

Seit 200 Jahren ist die Gegend um Ruciane-Nida die Heimat orthodoxer **Altgläubiger** (*Starowiercy*). Die Abgeschiedenheit des Waldes und die Nähe zum Wasser machen den Ort zu einem idealen Lebensumfeld für die scheue und zurückgezogen lebende Gemeinde. Die wenigen Anhänger der aussterbenden Sekte, die es heute noch gibt, leben vor allem in den Dörfern nördlich der Stadt. 6 Kilometer westlich von Ruciane liegt das **Altgläubigen-Kloster** von Wojnowo, das Mitte des 19. Jahrhunderts als geistiges Zentrum für die orthodoxe Glaubensgemeinde in Masuren gegründet wurde. Über die Jahre hat das Kloster einige Krisen überstanden. Schwindende Mitgliederzahlen zwangen um 1884 zur Schließung. Eine junge Nonne wurde aus Moskau hierher entsandt, um das Zentrum wieder zu beleben. Danach florierte das Kloster immerhin bis zum Ende des Ersten Weltkriegs. Heute leben hier nur noch zwei Nonnen, beide weit über achtzig, die von einem Glaubensanhänger aus dem Ort versorgt werden. Wenn man von der Straße Richtung Ruciane–Babięta kommt, glaubt man zunächst, man habe sich auf einen Bauernhof verirrt. Wenn man durch das Eingangstor die Anlage betritt, erblickt man sofort das Kloster mit Scheunen und Ställen auf der einen Seite und einer schlichten Kirche auf der anderen Seite.

Die Nonnen können wegen ihres hohen Alters keine Führungen mehr machen, doch eine Hausmeisterin öffnet die Tür, wenn man an das Haupttor klopft. Sie führt die Besucher gern zwischen ihren Hausarbeiten durch die Kirchenanlage. Wenn die Hausmeisterin nicht gleich Zeit für Sie hat, bietet sich ein kurzer Spaziergang zum **Gemeindefriedhof** an. Dieser kleine melancholische Ort mit kyrillisch beschrifteten Grabkreuzen überblickt das Ufer der Krutynia. Seine Lage an dem sich elegant dahinschlängelnden Fluss, mit den sich wiegenden Bäumen und schlankem Schilf am Flussufer ist wunderschön und friedlich.

Das Innere der **Kirche** orientiert sich an einem traditionellen orthodoxen Bauplan. Die Bilderwand vor dem Altarraum enthält eine Sammlung alter Ikonen. Sie ist jedoch nur ein kleiner Teil der Ikonensammlung der Gemeinde. Der Großteil wurde vor einigen Jahren ins Schlossmuseum nach Lidzbark Warmiński überführt, da sich die Nonnen außerstande sahen, die Sammlung instand zu halten. Fotografieren ist verboten, aber die Hausmeisterin verkauft Besuchern gerne eine Ansichtskarte.

Die Altgläubigen

In Polen finden sich eine Unmenge an historischen religiösen Gruppierungen. Davon ist die orthodoxe Sekte der Altgläubigen – *Starowiercy* oder *Staroobrzędowcy* –wie sie im Polnischen genannt wird – eine der kleinsten und altertümlichsten. Die Sekte entstand zur Zeit der liturgischen Reform der russisch-orthodoxen Kirche durch den Moskauer Patriarchen Nikon in der Mitte des 17. Jahrhunderts. Er sah sich vor die Aufgabe gestellt, die voneinander abweichenden liturgischen Texte und Gebräuche, die bis dahin von der Staatskirche benutzt wurden, in ein neues System zu bringen. Er entschied sich dafür, einige der zu dieser Zeit praktizierten griechischen Bräuche zu übernehmen, wie z. B. die Bekreuzigung mit drei Fingern und das Tragen von griechischen Kirchengewändern.

Diese Reformen stießen insbesondere bei einer Gruppe von Moskauer Priestern auf Widerstand, die von Erzpriester *Avvakum Petrovich* geführt wurde. Er wurde zusammen mit anderen Mitstreitern hingerichtet. Die Gegner der Reformen waren nicht generell gegen Änderungen des Systems. Sie wehrten sich vielmehr dagegen, dass allgemein angenommen wurde, die zeitgenössische griechische Kirche repräsentiere die "richtige" Form der liturgischen Praxis.

Die kirchlichen Autoritäten zeigten Strenge und setzten Nikons Reformen schnell in die Tat um. Andersdenkende wurden verdammt, und es wurde verkündet, dass die Rettung des Seelenheils nur denen zustand, die die Änderungen annahmen. Kompromisse kamen nicht in Frage, und während der zwei darauf folgenden Jahrhunderte wurden die Andersdenkenden, die seitdem als "Altgläubige" bezeichnet wurden, vom zaristischen Regime gnadenlos verfolgt. Die **Raskolniki-Bewegung** der Altgläubigen war zunächst in den nördlichen und östlichen Regionen Russlands sehr stark und gewann später sogar in Moskau eine nicht unerhebliche Anhängerschaft. Die Bewegung zerfiel in mehrere Abspaltungen, die sich jedoch alle beharrlich gegen Änderungen der Glaubenspraxis zu Wehr setzten. Als Peter der Große Anfang des 17. Jahrhunderts weitere Reformen einführte, wandte man sich gegen diese "Verwestlichung" und bezeichnete den Herrscher als Antichrist. Da die Sekte weiterhin verfolgt wurde, wanderten die Anhänger nach Westen ab. Im späten 18. Jahrhundert, während der Teilungen, ließ man sich in der Region Suwałki um Sejny (damals ein Grenzgebiet des russischen Reiches), so weit wie möglich von Moskau entfernt, nieder. Einige dieser frühen Siedlungen, die noch die ursprünglichen Andachtsräume *molenna* behalten haben, kann man in Suwałki, Wodziłki, Pogorzelec und Gabowe Grady finden.

Um 1820 kam eine neue Auswanderungswelle, und die Anhänger der Sekte siedelten in das von den Preußen regierte Masuren um. In Wojnowo gründeten sie das Kloster, das für die Gläubigen der umliegenden Regionen zu ihrem geistlichen Mittelpunkt wurde. Nach dem **Edikt der religiösen Toleranz** des Zaren aus dem Jahr 1905 wurde das Leben der Altgläubigen etwas einfacher, und sie konnten ihre religiösen Gebräuche in Russland, dem unabhängig gewordenen Polen und Preußen weitgehend unbehelligt ausüben. Der Ausbruch des Zweiten Weltkriegs versetzte der polnischen Gemeinde der Altgläubigen jedoch einen schweren Schlag. Unter dem Druck der Verfolgung durch die Nazis – die männlichen Sektenmitglieder wurden wegen ihrer langen Bärte oft mit jüdischen Rabbis verwechselt und allen möglichen Demütigungen unterworfen – flohen viele der Überlebenden nach Litauen, wo sie bis heute in der Klaipeda-Region überlebt haben. Nach dem Ende des Zweiten Weltkriegs kehrten einige zu ihren alten Siedlungen zurück, die Seele der Bewegung war jedoch zerstört. Heute geht man von lediglich 2000 Anhängern der Sekte in Polen aus, es werden von Jahr zu Jahr weniger, und die Zukunft der Gemeinde ist unklar.
Trotz der abnehmenden Anhängerzahl haben sich die Grundzüge des Glaubens und der Gebräuche erhalten. Liturgisch gesehen folgt man den Gleichheitsprinzipien. Die Sekte lehnt die Hierarchie der konventionellen orthodoxen Kirche ab und hält sich bei ihren Gottesdiensten akribisch an die Praktiken der Alten Slawischen Kirche. Nach den (zumindest theoretisch verfolgten) gesellschaftlichen Regeln, ist der Genuss von Alkohol, Tabak, Tee und Kaffee verboten. Viele Familien leben noch in altertümlichen, ländlichen Holzhäusern. Die älteren Personen sprechen einen seltsamen Dialekt aus Polnisch und altmodischem Russisch. Die ganze Gemeinde ist eher scheu und zurückhaltend. Lediglich während der Gottesdienste, wenn die unverkennbaren, beeindruckend schönen Hymnen und Kirchenlieder gesungen werden, lebt man auf.

Giżycko/Lötzen

40 Kilometer nördlich von Mikołajki, zwischen dem Niegocin-See und dem Sumpfland um den Mamry-See, liegt Giżycko/Lötzen, eines der wichtigsten Zentren im Seengebiet. Allerdings war der Ort 1945 dem Erdboden gleichgemacht worden, und beim Wiederaufbau wurde wenig Charaktervolles geschaffen. Wem der Urlaubsort, nur Grau in Grau, aufs Gemüt schlägt, sollte hier vor seinem Aufbruch an die Seen keinen langen Aufenthalt einplanen. Wilkasy (siehe unten) ist als Ausgangspunkt sehr viel freundlicher.
Von Bahnhof und Busbahnhof erreicht man aufwärts das moderne Stadtzentrum um die ul. Warszawska. In Richtung Westen kommt man zum attraktiven Ufergebiet des Niegocin-Sees mit Wiesen und einigen Baumgruppen. Hier gibt es den Anlegesteg für Bootsfahrten und eine noblen Yachthafen. Noch etwa einen Kilometer westwärts befindet sich die einzige historische Sehenswürdigkeit von Giżycko, **Twierdza Boyen** (Festung Boyen), ein riesiges, sternförmiges Bauwerk, Mitte des 19. Jahrhunderts von den Preußen zur Verstärkung der Verteidigung gegen das Zarenreich errichtet. Normalerweise ist die Anlage tagsüber geöffnet, sodass man im wenig gepflegten, Park ähnlichen Innenbereich umherstreifen kann.

• *Information* Die **Touristeninformation** befindet sich in der ul. Warszawska 7, (Mo–Fr 9–16 Uhr; ✆ 087/428 5265, www.gizycko.ceti.com.pl).

• *Übernachten* Die Touristeninformation wird Ihnen **Privatzimmer** (I) zuweisen. Die preiswerteste Unterkunft ist die **Jugendherberge**, ul. Kolejowa 10 (✆ 087/428 2244). An **Hotels** bieten sich an: das **Jantar,** ul. Warszawska 10 (✆ 087/428 5415; E), klein und im Zentrum. Das **Zamek**, ul. Moniuszki (✆ 087/428 2419; G), zwischen Zentrum und Festung, hat saubere, kleine Zimmer in einem Waldgebiet in Seenähe. Am vornehmsten ist das Hotel **Wodnik**, ul. 3 Maja 2 (✆ 087/428 3872, www.cmazur.elknet.pl; E–D), ein Riesenbetonklotz. Neben dem Hotel Zamek gibt es einen **Campingplatz** (Mai–Sept.; ✆ wie das Hotel).

• *Essen* Die einfache Pizzeria **Nicola** befindet sich in der ul. Warszawska 14. Polnische Küche serviert das Restaurant im **Hotel Wodnik**. Im Restaurant **Pod Złotą Rybką**, ul. Olztyńska 15, dem besten Restaurant, gibt es eine Auswahl an Fischgerichten.Für die gute Qualität muss man auch etwas mehr bezahlen.

• *Segelbootverleih* In Giżycko können Segelboote von Anfang Mai bis Ende September gemietet werden, in der Hauptsaison, d. h. Juli und August allerdings oft nur für mindestens 1 Woche. Informationen erhält man bei **Marina Bełbot**, ul. Smętka 20a (✆ 087/428 7135, www.marina.com.pl), und **Wiking**, ul. Królowej Jadwigi 10/9 (✆ 060/2303 588, www.wiking.mazury.info.pl). Je nachdem, ob Sie ein Boot für 4 oder 6 Personen wünschen, zahlen Sie 240–310 Zł pro Tag in der Hochsaison, 100 Zł weniger im Mai und September.

▸ **Wilkasy/Wolfsee**: Der ruhige Ferienort liegt etwa fünf Kilometer südwestlich von Giżycko am Nordwestufer des Niegocin-Sees und ist mit den Bussen Giżycko–Mikołajki erreichbar. Wer erleben möchte, wie die Polen in Masuren Urlaub machen, ist hier richtig. Es gibt eine große Auswahl an Erholungsheimen am Seeufer, Ferienhäuser und Herbergen. Ausflüge kann man von diesem ruhigen Ort ebenfalls starten. Wilkasy hat einige schöne, abgegrenzte Badestrände am Seeufer, und es ist einfacher als in den anderen Orten, Kanus oder Kajaks zu mieten. Bevor ein Pole sich in einem Boot aufs Wasser begeben darf, muss er eine Bescheinigung vorweisen, dass er schwimmen kann. Als Tourist muss man den Vermieter ohne Zertifikat von dieser Fähigkeit überzeugen. Es ist angenehm, auf dem See zu paddeln, und je nach Laune kann man Abstecher ins Schilf oder in die Kanäle machen.

• *Übernachten/Essen* Wenn man Aktivurlaub machen will, biete sich der **Country Club Wilkasy**, ul. Niegocińska 7 (✆ 087/428 0454, wilkasy@orbis.pl), an. Eine ziemlich große Anlage mit einfachen Chalets (H) und gut ausgestatteten Hotelblocks (E) sowie Tennisplätzen, Reitmöglichkeiten und Bootsvermietung. Alternativen hierzu sind das **Tajty**, ul. Przemysłowa 17 (✆ 087/428 0194, tajty@polbox.com; F), ein mittelgroßes Hotel mit guten Zimmern mit Bad; und das **Fregata**, eine vornehme, aber gemütliche Pension im Südwesten des Ferienortes, Olsztyńska 86 (✆ 087/428 0202; F). Im Sommer gibt es jede Menge Fisch- und Fritten-Buden. Sowohl der Country Club als auch das Tajty haben ein gutes **Restaurant**.

Bootsausflüge auf den Seen

Von Mitte April bis Oktober verkehren regelmäßig Ausflugsboote der Gesellschaft Żegluga Mazurska auf den großen Seen. Es gibt eine große Auswahl an Routen. Sie reichen von kurzen Rundfahrten auf einem einzigen See bis zu längeren Ausflügen, die den Besuch mehrerer Städte einschließen. Die Fahrten sind eher Ausflüge für Touristen als echte Verkehrsverbindungen: Man kommt auf angenehme Weise herum und kann die Landschaft genießen. Die Preise reichen von 20 Zł. pro Person für Ausflüge auf einem See bis zu 60 Zł. für Touren durch das ganze Seengebiet. Die wichtigeren Strecken sind folgende:

– **Giżycko–Mikołajki** (3 bis 4 ½ Std.),
– **Węgorzewo–Giżycko–Mikołajki** (7 ½ Std.)
– **Mikołajki–Ruciane-Nida** (2 ½ Std.),
– **Giżycko–Węgorzewo** (2 ½ Std.).

Der Nordosten
Karte S. 202/203

In der Hochsaison (Juni–Aug.) verkehren die Schiffe täglich, sonst oft nur an Wochenenden oder Feiertagen (je nach Nachfrage). Die Passagiere können sich an Bord der großen, meist offenen Dampfschiffe in einfachen Snackbars mit Erfrischungen versorgen. **Fahrscheine** erhält man an jedem Anlegesteg oder auf dem Boot selbst. Die **Fahrpläne** (*rozkłady*) sind an den Molen der wichtigsten Abfahrtsorte angeschlagen. Sie sollten auch bei den Fremdenverkehrsämtern in Mikołajki und Giżycko erhältlich sein. Ansonsten wenden Sie sich an das Hauptbüro von **Żegluga Mazurska** und **Giżycko**, ul. Wojska Polskiego 8 (✆ 087/428 5332, www.gizycko.com.pl/zegluga_mazurska).

▸ **Węgorzewo**: Der kleine Ferienort, 25 Kilometer nördlich von Giźycko am entlegenen Nordufer des Mamry-Sees gelegen, ist ein weiterer wichtiger Ferienort in Nordmasuren. Die Stadt war einst ein Stützpunkt des Deutschen Ordens, der hier auf einer frühen pruzzischen Siedlung eine Burg errichtete. Die ländliche Umgebung ist schön, aber der Ort selbst ähnelt Giżycko und ist wenig ansehnlich. Einzig die Lage nahe dem zweitgrößten See der Region zieht die Urlauber an. Die Stadt liegt 2 Kilometer vom See entfernt und bietet dem Durchreisenden wenig Spaziermöglichkeiten. Man kann allerdings dem Pfad folgen, der südlich aus der Stadt hinausführt, und am Kanal entlang laufen, der Węgorzewo mit dem offenen Wasser verbindet. Dabei kommt man an der Anlegestelle der Żegluga Marzurska und einem kleinen Segelboothafen vorbei.

• *Übernachten/Essen* Das **PTTK-Hotel** am Hafen, ul. Wańkowicza 3 (✆ 087/427 2443; H), ist einfach, aber ordentlich. In der Nähe befindet sich die **Pensjonat Nautic**, ul. Słowackiego 14 (✆ 087/427 2080; F), die komfortablere Zimmer mit Bad und TV bietet. Der angenehme **Campingplatz Rusałka** hat von Mai–Sept. geöffnet. Er liegt direkt am Ufer des Święcajty Sees (ausgeschildert von der Straße nach Giżycko), 4 km südlich der Stadt, und hat ein eigenes Restaurant (✆ 087/427 2191). **Restaurants** sind dünn gesät, das beste ist das **Nautic**. Hier gibt es italienische, französische und polnische Gerichte.

▸ **Ełk/Lyck** ist die am östlichsten gelegene größere Stadt in Masuren und ein Eisenbahnknotenpunkt. Hier kreuzen sich die Linien, die Olsztyn im Westen mit Suwałki und Białystok im Osten verbinden. Die Stadt, vom Deutschen Orden als Stützpunkt errichtet, sollte früher einmal die Einheimischen schützen und die heidnischen litauischen Horden in Schach halten. Im 16. Jahrhundert siedelten polnische Kolonisten hier. Durch die polnischen Teilungen wurde sie eine Grenzstadt Ostpreußens.

Ełk blieb bis 1945 ein wichtiges ostpreußisches Zentrum und wurde im Krieg ziemlich schwer zerstört. Der deutsche Schriftsteller Siegfried Lenz, dessen Werk sich mit der Geschichte und den Traditionen der Region auseinandersetzt, wurde hier geboren. Die Hauptstraße, ul. Wojska Polskiego, verläuft entlang des Seeufers und führt zur gotischen Gemeindekirche, die im 19. Jahrhundert komplett restauriert wurde. Dahinter erheben sich auf einer kleinen Insel die Überreste der Ordensburg aus dem frühen 15. Jahrhundert. Die meisten Besucher gelangen gar nicht bis hierher – sie werden durch das wenig schöne Stadtzentrum von weiterem Entdeckerdrang zurückgehalten.

• *Übernachten/Essen* Wenden Sie sich an das **Grunwald Hotel**, ul. Królowej Jadwigi 21 (✆ 087/610 2262; F), oder das etwas bessere **Horeka**, am See gelegen, ul. Wojska Polskiego 63 (✆ 087/621 3768; E). Beide haben Zimmer mit Bad und TV. Das **Restaurant** im **Grunwald** hat eine Auswahl an Fischgerichten, während das **Horteks**, ul. Armii Krajowej 7, traditionelle polnische Küche bietet.

Die Suwalszczyna

Das Gebiet um die Städte Augustów und Suwałki gehört zu den am wenigsten besuchten Gegenden in Polen. Sogar den Polen selbst ist der Landesteil jenseits von Masuren ziemlich unbekannt. Die Suwalszczyna, das Gebiet nördlich von Suwałki, ist wie fast ganz Ostpolen eine wirtschaftlich wenig erschlossene Region. In dieser ländlichen Gegend gibt es ein Gemisch an Völkergruppen und Religionsgemeinschaften.

Wie die Bieszczady-Berge (siehe S. 417), die auch nur wenig bekannt sind, zählt die Suwalszczyna mit zu den schönsten und unverdorbensten Gebieten in ganz Europa. Da dieser Landesteil früher zum Zarenreich gehörte, weisen viele der älteren Gebäude, vor allem in der Regionalhauptstadt Suwałki, russische Stilelemente auf. Von den Juden, die lange Zeit einen großen Teil der Bevölkerung stellten, sind nur noch die vernachlässigten Friedhöfe übrig geblieben, die man am Rande zahlreicher Ortschaften findet. Im Nordosten der Suwalszczyna zeigt sich die Nähe der baltischen Staaten – hier lebt eine recht große litauische Minderheit.

Den Südteil dieser Region nimmt die **Puszcza Augustowska** ein, ein Restbestand jenes riesigen Waldgebiets, das früher einmal bis weit nach Litauen reichte. Der Norden der Region besteht aus einer wunderschönen, hügeligen Landschaft, in der kristallklare Seen zwischen Feldern eingebettet sind. Die Seen sind zwar eher klein, aber oft sehr tief. Sie entstanden, als die skandinavischen Gletscher, die einst das Gebiet bedeckten, schmolzen. Einige davon, wie der **Hańcza-See** (der tiefste See in Polen), sind etwas bekannter, aber andere, oft auch die schönsten, werden fast nie besucht. Wenn man durch die dichten Wälder wandert, sieht man viele Vogelarten, z. B. Störche und Schwalben, farbenfrohe Schmetterlinge und Wildblumen im Überfluss. Das 21. Jh. scheint in den meisten Dörfern noch keinen Einzug gehalten zu haben. Deshalb hat jedermann viel Zeit, um vor der Haustür zu sitzen und zu plaudern.

• *Anfahrt/Verbindungen* Das Verkehrsnetz ist nicht gut ausgebaut. Zwar fahren hier **Busse**, aber sie werden immer weniger, je mehr man sich der litauischen Grenze nähert. Von Suwałki und Augustów aus gibt es eine **Eisenbahnhauptlinie** nach Warschau. Ganz langsam entwickeln sich in letzter Zeit auch Bahn-, Bus- und Flugverbindungen nach Litauen.

Augustów und Umgebung

Die kleine Stadt am Rande des herrlichen Waldgebietes bietet sich als idealer Ausgangspunkt für Wanderungen in die Umgebung an.

Das Gebiet um Augustów wurde irgendwann im frühen Mittelalter von den Jacwingern, einem heidnischen slawischen Stamm aus dem Ostseeraum, besiedelt. Es wird angenommen, dass sie eine hoch entwickelte Sozialstruktur hatten. Sicher ist, dass sie eine große Bedrohung für die Herrscher Masowiens darstellten, da sie immer wieder die nördlichen Grenzen der Region angriffen. Gegen Ende des 13. Jahrhunderts war der Stamm vom Deutschen Orden ausgelöscht worden, und nur wenige Stätten, wie der Grabhügel bei Suwałki und hier und da ein Ortsname, belegen ihre einstige Existenz. In den folgenden zweihundert Jahren blieb die Gegend ziemlich dünn besiedelt, bis *König Zygmunt II. August* (daher der Name) die Stadt Augustów als Versorgungszentrum an der von Gdańsk aus nach Osten führenden Handelsstraße gründete.

Die Stadt entwickelte sich jedoch erst so richtig mit dem Bau des **Augustów-Kanals** im 19. Jahrhundert. Diese Wasserstraße, eine hundert Kilometer lange Strecke von Flüssen, Seen und künstlichen Kanälen, verband die Stadt mit dem Fluss Niemen im Osten. Dadurch war ein Transportweg für den wichtigsten Rohstoff der Region, das Holz, geschaffen. Der Kanal, der auch noch heute in Betrieb ist, eignet sich hervorragend, um weiter in das Waldgebiet vorzudringen (siehe S. 306).

Dank seiner Lage am Rand der *puszcza* und dank seines Wasserreichtums ist Augustów ein Urlaubsort geworden. Die Stadt selbst ist allerdings nicht sehr aufregend. Sie gewährt jedoch unmittelbaren Zugang zum Necko-See, der sich gleich nördlich

Kanufahrten auf der Czarna Hańcza

Neben der Krutyniastrecke (siehe Masurische Seenplatte) gehört die **Czarna Hańcza** zu den schönsten und beliebtesten Kanustrecken der nordostpolnischen Seenplatte. Außerdem gehört sie zu den 5 % der polnischen Flüsse, deren Wasser offiziell in die "Klasse 1" (sauber) eingestuft werden. Wenn Sie sich schon immer gewünscht haben, einmal eine Kanuexpedition zu machen, hier haben Sie die Gelegenheit, sich diesen Wunsch zu erfüllen.

Die 140 km lange Czarna Hańcza, ein Nebenfluss des Niemen, entspringt in Weißrussland und fließt durch die Puszcza Augustówska und den Wigry Nationalpark bis in den Hańcza-See, etwa 15 km von Suwałki entfernt. Die Kanufahrt beginnt normalerweise in Augustów am Augustów-Kanal, den man in östliche Richtung entlang paddelt, bis man kurz vor der weißrussischen Grenze in die Czarna Hańcza abbiegt. Von hier aus geht es dann weiter nach Nordwesten bis nach Suwałki und, wenn man noch genug Ausdauer besitzt, weiter zum Hańcza-See.

Bei einer Alternativroute wird der Wigry-See mit dem ihn umgebenden Nationalpark erforscht. Der Ausflug beginnt in Augustów Richtung Osten auf dem Kanal, doch in Swoboda verlässt man den Kanal und fährt weitere 12 km bis zum schönen Serwy-Waldsee. Von hier aus werden die Kanus über Land bis zum Dorf Brzygiel am Südufer des Wigry-Sees transportiert.

Dort hat man drei Tage Zeit, um den friedlichen und unberührten See und das umliegende Naturschutzgebiet zu erleben. Übernachten kann man z. B. auf der Insel Kamien und am Ufer in Stary Folwark, wo man gleich noch das Kloster (siehe S. 310) besichtigen kann. Den Wigry-See verlässt man bei der Klasztorny-Halbinsel und paddelt die Czarna Hańcza in südliche Richtung entlang des spektakulären bewaldeten Teils des Flusses zurück zum Augustów-Kanal und Augustów.

Beide Kanufahrten können durch die PTTK-Büros in Augustów und Suwałki organisiert werden. Sie dauern 10–11 Tage und kosten, inklusive Übernachtung (meist in Strandherbergen) und Verpflegung, etwa 200 €. Schlafsack, Gummistiefel und die richtige Kleidung muss man selbst mitbringen. Wenden Sie sich an die PTTK-Büros in Suwałki, ul. Kościuszki 37 (✆ 087/566 5961), oder in Augustów, ul. Nadrzeczna 70a (✆ 087/644 3850), bzw. an die Agentur Sirocco in Augustów, ul. Zarzecze 5a (✆ 087/643 3118), oder an Necko in Augustów, ul. Chreptowicza 3/39 (✆ 087/644 5639, necko@augustownet.com.pl).

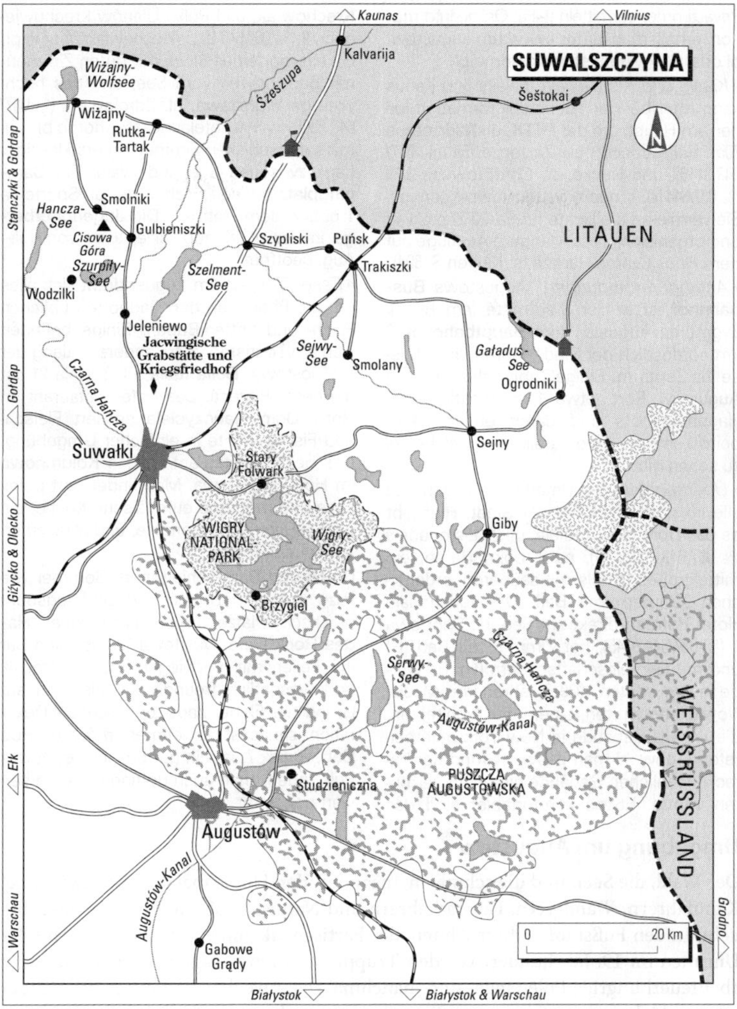

Der Nordosten
Karte S. 202/203

des Zentrums ausbreitet. Geht man zu Fuß vom Rynek entlang der ul. Nadrzeczna nach Westen, gelangt man zu einem kleinen Strand und einer Bootsvermietung. Der beste Teil des Sees liegt jedoch nördlich vom Zentrum (über die Brücke hinüber). Hier gibt es einen kleinen Touristenhafen in der ul. 29 Listopada, Ausgangspunkt für Vergnügungsschiffe im Sommer und ein hübscher Platz, um den See mit seinen vielen Schwänen und Enten zu betrachten. Dahinter führt ein Netz von Spazierwegen um den See herum, an einigen Stränden (die Ufer sind grasbewachsen, der Grund des Sees ist sandig) und an einem Wasserskizentrum vorbei.

• *Information* Die **Touristeninformation** am Rynek, ul. 3 Maja 31 (Juli/Aug. Mo–Sa 9–17 Uhr, Sept.–Juni Mo–Fr 9–15 Uhr; ✆ 087/643 2883) ist gut organisiert und kann

Privatzimmer vermitteln (I–H). Online-**Information** erhält man unter www.um.augustow.pl oder www.augustowski.home.pl.

• *Kajak- und Kanuverleih* Kajaks und Kanus kann man bei der Touristeninformation leihen, im Hauptbüro der **PTTK**, ul. Nadrzeczna 70a, bei Sirocco, ul. Zarzecze 5a (✆ 087/643 3118), und Necko, ul. Chreptowicza 3/39 (✆ 087/644 5639, necko@augustownet.com.pl). Sie vermieten die Boote für ca. 20 Zł pro Tag und organisieren auch längere Ausflüge auf dem Fluss Czarna Hańcza (s. Kasten S. 304).

• *Anfahrt/Verbindungen* Augustóws **Busbahnhof** ist in der Stadtmitte, am Rynek Zygmunta Augusta. Vom **Hauptbahnhof**, 3 km nordöstlich der Stadt, fahren Linienbusse ins Zentrum. Einige Züge halten auch in Augustów Port, etwa 1 km westlich des Hauptbahnhofs und damit etwas näher beim Zentrum – wo es allerdings nicht viel zu sehen gibt.

• *Übernachten:* Die Unterkünfte liegen fast alle im nördlichen Teil der Stadt. Hier gibt es das **Dom Nauczyciela**, ul. 29 Listopada 9 (✆ 087/643 2021; G), nahe beim Hafen, ein mittelgroßes Hotels mit sauberen, ordentlichen Zimmern mit Bad. Das funktionale Hotel **Hetman** direkt am See, ul. Sportowa 1 (✆ 087/644 5345), hat Zimmer mit Bad (G) und mit Gemeinschaftsbädern (H). Es wurde in den späten 1930er Jahren von Maciej Nowicki entworfen, einem der Architekten, die am UN-Gebäude in New York mitarbeiteten – obwohl man das auf Grund der barackenähnlichen Gebäude hier nicht vermuten würde. Etwas komfortabler sind das **Krechowiak**, ul. I Pułku Ułanów Krechowieckich 2 (✆ 087/643 2033, krechowiak@home.pl; G), ein moderner Block mit guten Zimmern mit Bad, unweit vom See, und das hochpreisige **Warszawa**, ul. Zdrojowa 1 (✆ 087/643 2805, www.hotelaugustow.home.pl; D), mit superschicken Zimmern in erstklassiger Lage zwischen See und Wald. Ein **Campingplatz** befindet sich in der ul. Sportowa 1 neben dem Hetman. Die **Jugendherberge** in der ul. Konopnickiej 9 ist von Juli–Aug. geöffnet.

• *Essen/Trinken* Im August dreht sich alles um die überall an den Badeorten üblichen Fisch- und Fritten-Buden. Einige befinden sich am Touristenhafen, andere entlang der ul. Mostowa. **Bella Italia**, ul. 3 Maja 21, ist die beste Pizzeria. Das Café-Restaurant im Hotel **Dom Nauczyciela** serviert Fleisch- und Fischgerichte in einfacher Umgebung. Das beste Restaurant ist das **Kolumnowa** im Hotel Warszawa. Man findet dort polnische und moderne europäische Küche, ein paar vegetarische Gerichte, und alles zu erträglichen Preisen.

Cafés und Bars schießen im Sommer wie Pilze aus dem Boden und sind tagsüber praktische Plätze, um etwas zu trinken. **Hades Rock Café**, Mostowa 12a, ist eine Bar im Keller mit vorwiegend Gitarrenmusik und wesentlich freundlicher, als man auf Grund der Fledermaus- und Schädel-Dekoration zunächst annehmen möchte. **Pub Bab**, Rynek 7, ist ein gut besuchtes, nettes Pub, indem man auch deftige Gerichte serviert bekommt.

Umgebung um Augustów

Der Wald, die Seen und die schmalen, mäandernden Flüsse machen die *puszcza* bei Kanufahrern, Wanderern, Fahrradfahrern und Naturliebhabern gleichermaßen beliebt. In den Fußstapfen ihrer Ahnen, der Partisanenkämpfer, die hier während der Unruhen im 19. Jahrhundert vor den Truppen des Zaren Schutz fanden, wandern abenteuerhungrige Polen tage- und manchmal sogar wochenlang durch die Wälder oder paddeln auf den Seen. Natürlich muss man sich auf solche Ausflüge gut vorbereiten. Die meisten Besucher erkunden daher die Geheimnisse des Waldes lediglich auf einem Tagesausflug entlang der Kanäle von Augustów aus.

In das Waldgebiet kann man einen kurzen Tagesausflug von Augustów aus auf dem Kanal unternehmen. Die Boote brechen vom Anlegesteg, ul. 29 Listopada 7, auf. Das Schlüsselwort heißt hier *żegług* (übersetzt ungefähr "Boot"), wenn man nach dem Weg fragt. In der Hochsaison (Juli/August) werden am Tag etwa 7 verschiedene Touren angeboten, im Mai, Juni und September reduziert sich das Angebot. Die erste Fahrt beginnt um 9.30 Uhr. Man sollte sich früh einfinden, um noch eine Karte zu bekommen. Es ist auch ratsam, Proviant mitzunehmen. Auf den Booten gibt es kaum etwas zu kaufen, und man kann sich nicht darauf verlassen, dass unterwegs bei einem Restaurant Halt gemacht wird.

Die Landschaft um Augustów reicht bis zur litauischen Grenze

Der kürzeste Ausflug, knapp zwei Stunden lang, führt in östliche Richtung durch den **Necko-**, den **Białe-** und den **Studzieniczne-See** bis nach **Swoboda** oder **Sucha Rzeczka**. Dabei bekommt man zumindest ein wenig eine Vorstellung davon, wie schön der Wald ist. Andere Boote fahren nach **Płaska** und bis zur Schleuse in **Perkuć** weiter (Rückkehr erst am Abend). Ab Perkuć ist der Kanal nur für Kanufahrer befahrbar. Aber auch mit dem Kanu kann man noch knapp 20 km weiterpaddeln, dann stößt man auf die Grenze zu Weißrussland.

Im Wald wachsen vorwiegend Nadelbäume. Es gibt aber auch eindrucksvolle Gruppen von Ulmen, Lärchen, Weißbuchen und alten Eichen, die dem einer Allee gleichenden Kanalabschnitt zwischen Swoboda und Sucha Rzeczka eine leicht düstere Stimmung verleihen. Die höchsten Bäume lassen die Sonnenstrahlen nicht mehr durch, wogendes Schilf streicht ans Boot, und die Stille wird nur von Vogelstimmen unterbrochen. Am Kanalufer zeigt sich hin und wieder ein Kranich oder ein Graureiher, und manchmal sieht man sogar Biber. Tiefer im Wald trifft man mit etwas Glück sogar auf ein Wildschwein oder einen Elch. Auch für Fahrradausflüge eignet sich die Puszcza Augustowska hervorragend. Es gibt viele gut befahrbare Wege und Straßen, auch wenn sie nicht immer gut beschildert sind. Die Landkarte der Region *Puszcza Augustówska* (1:70.000) zeigt alle wichtigen Wege durch den Wald bis hin zur weißrussischen Grenze. Im Ort gibt es mehrere Fahrradverleih-Geschäfte, informieren Sie sich bei der Touristeninformation.

▸ **Gabowe Grądy**: Sechs Kilometer südlich von Augustów auf einem Waldweg liegt das Dorf Gabowe Grądy, in dem noch einige russisch-orthodoxe Altgläubigen-Familien (*Starowierców*) wohnen. Beim Anblick der Alten mit ihren weißen, wehenden Bärten, die vor ihren Haustüren sitzen, weiß man, dass man am richtigen Ort angekommen ist. Die **Kirche** (*molenna*) im Norden des Dorfes ist eine von drei Altgläubigen-Kirchen der Region. Die Kirche von Gabowe Grądy hat einen hervorragenden **Frauenchor**, den einzigen des Landes, der meistens am Sonntagmorgen während des Gottesdienstes singt (nur dann hat man auch Zutritt zur Kirche). Wer

Der Nordosten
Karte S. 202/203

sich für orthodoxe Musik interessiert, sollte sich den Chor auf keinen Fall entgehen lassen, die volltönenden Harmonien der alten liturgischen Gesänge vermischen sich mit dem lauten Überschwang der gesungenen Melodien.

Anfahrt/Verbindungen Die Bushaltestelle liegt etwa 1 km östlich vom Dorf.

Suwałki und Umgebung

Das erst um 1720 gegründete Suwałki ist eine ruhige Provinzstadt mit deutlich östlichen Flair. Obwohl weit von den lebendigen ländlichen Zentren entfernt, haben die Stadt und ihre Umgebung einen besonderen Platz im zeitgenössischen kulturellen Leben Polens.

Der Nobelpreisträger Czesław Miłosz wuchs in Krasnogruda, nahe an der litauischen Grenze, auf. Bei den Wahlen im Jahr 1989 kandidierte der Regisseur Andrzej Wajda in Suwałki. Er zeigt auch weiterhin reges Interesse an der Region. Der Roman *Dolina Issa* (Das Tal der Issa) des Schriftstellers Miłosz wurde in der Gegend um Smoniki von Tadeusz Konwicki (selbst ein Schriftsteller) verfilmt.

Suwałki ist eigentlich nur ein Sprungbrett für die Umgebung. Wenige verweilen hier länger, und der Grenzverkehr zwischen Polen und Litauen hatte keine positive Auswirkung auf die Stadt. Sie ist eine unzusammenhängende Ortschaft ohne einen festen Kern. Sie bietet eine bunte Mischung aus schöner klassizistischer Architektur, russisch wirkenden Gebäuden aus dem 19. Jahrhundert und den üblichen Nachkriegswohnblocks an der Peripherie. Auch die Religionslandschaft ist bunt zusammengewürfelt. Die überwiegend katholische Bevölkerung geht in die stattliche klassizistische Pfarrkirche **St. Alexandra** am pl. Wolności. Weiter unten an der Hauptstraße, der ul. Kościuszki, gibt es auch eine evangelische Kirche. In der **Molenna**, einer kleinen, aus Holz gebauten Kirche mit einigen schönen Originalikonen, kommt eine der wenigen noch existierenden Gemeinden von Altgläubigen *(Starowiercy)* zusammen. Die Kirche liegt an einer Nebenstraße der al. Sejnieńska beim Bahnhof. Man kann sie nur während des Gottesdienstes am Sonntagmorgen besichtigen.

Bis zum Ausbruch des Ersten Weltkriegs lebte in Suwałki ein buntes Völkergemisch. Ein Besuch auf dem **Dorffriedhof** im Westen der Stadt, an der Ecke ul. Bakałarzewska und ul. Zarzecze, mit Ausblick über die Czarna Hańcza, macht dies deutlich. Wie in Lublin und anderen polnischen Städten sind die Gräber nach Religionszugehörigkeit geordnet – Katholiken, Orthodoxe (mit einer abgetrennten Abteilung für die Altgläubigen), Protestanten, Tataren und Juden. Die Grabsteine der Tataren sind im Laufe der Jahre fast alle abhanden gekommen. Der jüdische Teil des Friedhofs wurde von den Nazis verwüstet, und es steht nur noch eine Gedenktafel in der Mitte des Abschnitts.

Wieder im Stadtzentrum, kann man sich noch das etwas eintönig gestaltete **Heimatmuseum** ansehen. Hier sind archäologische Funde ausgestellt, die auf die Zeit der Jacwinger zurückgehen.

- *Öffnungszeiten des Museums* Di–Fr 8–16 Uhr, Sa, So 9–17 Uhr. Eintritt 3 Zł.
- *Information* Das **Touristenbüro** befindet sich in der Hauptstraße, der ul. Kościuszki 45 (Mo–Fr 8–16 Uhr; ✆ 087/566 5494), und ist eine der moderneren Einrichtungen unter den polnischen Touristenbüros. Es ist gut mit aktuellen Informationen ausgestattet, und das Personal ist freundlich und mehrsprachig. Die Direktion des Büros fördert besonders den ökologischen Tourismus in der Region.
- *Anfahrt/Verbindungen* Der **Bahnhof** liegt östlich vom Zentrum. Mit den Bussen Nr. 1, 8 und 12 gelangt man von dort in die Innenstadt.
- *Übernachten* Das Touristenbüro kann Ihnen **Unterkunft mit Frühstück auf dem Bauernhof** (I–H) vermitteln, allerdings be-

nötigen Sie dann ein eigenes Fahrzeug. Zwei gute Hotels sind das **Dom Nauczyciela** (ZNP), ul. Kościuski 120 (✆ 087/566 6900, www.domnauczyciela.suwalki.pl; F), und das **Suwalszczyszna**, ul. Noniewicza 71a (✆ 087/565 1900; E), die beide zentral gelegen sind und komfortable Zimmer mit Bad und TV bieten. Etwas einfacher ist das **Hańcza**, ul. Wojska Polskiego 2 (✆ 087/566 6644; F) in Flussnähe am südl. Ende der Stadt. **Motel Private**, ganz in der Nähe, ul. Polna 9 (✆ 087/566 5362; F), ist eine kleine Pension mit Blick auf den Fluss. Im Sommer (Juni–Aug.) hat auch die **Jugendherberge** in der ul. Klonowa 51 (✆ 087/566 5140) geöffnet, etwa 2 km nordöstlich des Stadtzentrums.

• *Essen* Die gastronomische Landschaft lässt noch zu wünschen übrig. **Galeria**, ul, Kościuszki 75, ist die beste Pizzeria im Zentrum. Im Restaurant des Hotels Nauczyciela erhält man qualitativ hochwertige polnische Speisen mit allem Drum und Dran. Um etwas trinken zu gehen, eignet sich das **Pub Kuźnia**, Chłodna 9, man kann dort auch gut essen.

▸ **Cementarzysko Jaćwingów/Jaćwingische Grabstätte und sowjetischer Kriegfriedhof.** Die alte jaćwingische Grabstätte, 4 km nördlich von Suwałki, aus der Zeit zwischen dem 3. und 5. Jahrhundert, ist einer der wenigen belegbaren Hinweise auf die Existenz dieses alten Volkes und ein mystischer Ort. Zu erreichen sind die Grabhügel mit dem Bus Nr. 7 nach Szwajcaria oder mit dem Auto auf der Straße nach Jeleniewo. Ein Schild am Straßenrand weist auf den Cementarzysko Jaćwingów hin. Ein kurzer Spaziergang über die Felder und über einen überwachsenen Grat führt zunächst zu den sowjetischen Kriegsgräbern, die rechts des Weges liegen. Gleich dahinter scheinen durch das Dickicht mit den ineinander verschlungenen Bäumen die verschieden großen runden Grabhügel durch (der größte ist etwa 20 m breit). Ausgrabungen rund um die Grabstätten haben zutage gebracht, dass die Jacwinger die Pferde zusammen mit ihren Herren beerdigten. Ansonsten weiß man nur wenig über dieses alte heidnische Volk. Wenn man jedoch lange genug an diesem ruhigen, friedlichen Ort verweilt, macht man sich vielleicht selbst ein Bild davon, wie die Jacwinger gelebt haben mögen.

Der sowjetische Kriegsfriedhof wurde 1941 von den Nazis in der Nähe des Kriegsgefangenenlagers Stalag 68 angelegt. Hier finden sich die Gräber von über 45.000 Gefangenen, die im Lager unter schrecklichen Bedingungen starben. Außerdem gibt es mehrere tausend Gräber von sowjetischen Soldaten, die in den Kämpfen gegen Ende des Zweiten Weltkriegs rund um Suwałki ihr Leben ließen. Der ungepflegte, vernachlässigte Zustand des Friedhofs sagt einiges über das gespannte Verhältnis der Polen zu ihren sowjetischen bzw. jetzt russischen Nachbarn aus.

▸ **Wigry-See und Nationalpark**: Der Wigry-See, der größte See der Gegend, liegt knapp 11 km südöstlich von Suwałki. Der See und 15.000 Hektar des angrenzenden, weitgehend unberührten Gebietes aus Seen, Wäldern und Feldern wurden 1989 zum Nationalpark erklärt. Der See, mit zahlreichen friedlichen kleinen Buchten, umliegendem Marschland und Wäldern, die nur hin und wieder von kleinen Siedlungen unterbrochen werden, ist von atemberaubender Schönheit. In der ungestörten Umgebung gibt es eine reiche Tier- und Pflanzenwelt. Im See allein findet man über zwanzig Fischarten (u. a. Weißfische, Stinte und Forellen), in den Wäldern leben Rotwild, Wildschweine, Elche, Marder und Dachse. Berühmt ist der Wigry-See vor allem aber wegen seiner Biberkolonien, die sich an seinem West- und Südufer niedergelassen haben. Der Nationalpark ist ein Wanderparadies mit zahlreichen markierten Wegen quer durch das Gebiet. Wer die Region zu Fuß erkunden möchte, sollte sich die Karte des *Wigierski Park Narodowy* (1:46.000) besorgen, auf der alle wichtigen Wege eingezeichnet sind. Die längste Wanderroute, in grüner Farbe eingezeichnet, ist etwa 50 km lang und führt um den gesamten See.

Natürlich gibt es auch viele kürzere Strecken. An Radfahrer werden hier besondere Anforderungen gestellt, da man gezwungen ist, über sehr enge Waldwege und sandige Pfade zu fahren. Im PTTK Büro oder im Fremdenverkehrsamt in Suwałki kann man Fahrräder ausleihen. Der See ist wahrscheinlich der Traum jeden Anglers. Doch bevor man die Rute auswerfen kann, benötigt man eine Angelerlaubnis. Über das Fremdenverkehrsbüro in Suwałki kann man sich mit der polnischen Anglervereinigung vor Ort (Polski Związek Wędkarski (PZW) in Verbindung setzen, die solche Lizenzen ausstellt.

Wer ein Boot gemietet hat, sollte von Stary Folwark aus den See zur **Wigry-Kirche** überqueren. Sie wurde hier etwa um 1660 von König *Władysław IV. Waza* zusammen mit einem Kamaldulenser-**Kloster** auf einer kleinen Insel errichtet, die später mit dem Festland verbunden wurde. Die Mönche wurden nach der dritten Teilung von den Preußen vertrieben, und ihr Besitztum – 300 Quadratkilometer Land und zahlreiche Dörfer – wurde neu aufgeteilt. Die Kirche ist typisch für den polnischen Barock. Überschwängliche Fresken schmücken die Hauptkirche, und in den Katakomben werden die Gebeine der Mönche aufbewahrt, da der Totenkult bei den Kamaldulensermönchen eine wichtige Rolle spielte (die Katakomben können nur innerhalb einer Führung besichtigt werden). Das Kloster selbst wurde in ein Hotel mit Konferenzzentrum umgewandelt. Das *Dom Pracy Twórczej* (✆ 087/563 7019; (G–F) hat ein gutes Restaurant. Man kann entweder eines der Zimmer im Hauptgebäude mieten oder auf die preiswertere Variante der Schlafräume in den ehemaligen Einsiedeleien unterhalb der Kirche ausweichen.

• *Verbindungen/Übernachten/Essen* Von Suwałki gelangt man mit dem Bus (etwa jede Stunde) nach **Stary Folwark**, einem ruhigen Ferienort am See im Nationalpark, etwa 9 km von der Stadt entfernt. Als Übernachtungsmöglichkeiten bieten sich die Pension **Aga Pensjonat** (✆ 087/563 7894; H) oder das **Holiday Hotel** (✆ 087/563 7120; F) an sowie der **Campingplatz** in der Nähe des Sees. **Essen** kann man im Restaurant des Holiday Hotel oder im **Pod Sieją**. Beide haben frischen Fisch auf der Speisekarte. **Kanus** kann man bei verschiedenen Vermietern ausleihen.

Die Suwalszczyna

Im Norden von Suwałki werden die Wälder von den üppig bewachsenen, sanften Anhöhen der Suwalszczyna abgelöst. Zwei Straßen führen durch diese Gegend bis zur Grenze nach Litauen.

Auf der ersten Straße fährt man zunächst nach Norden, dann biegt man nach Westen Richtung russische Grenze ab und kommt dabei durch einzelne Dörfer. Die zweite Straße verläuft eine Zeit lang in östlicher Richtung bis zum 30 km entfernten **Puńsk**. Beide Routen werden nur sporadisch von Bussen bedient. Wenn Sie ohne eigenes Auto sind und nach Puńsk wollen, ist es empfehlenswert, einen Umweg über Sejny zu machen, von dort sind die Verbindungen besser.

Die Route nach Wodziłki

Das Schönste an dem Ausflug ist, dass er von den viel befahrenen Straßen fortführt. Kaum eine Strecke dürfte so einsam sein wie die nach **Wodziłki**. Der Ort liegt versteckt in einem stillen, bewaldeten Tal, rund 10 km nördlich von Suwałki. In diesem Flecken lebt eine kleine Gemeinde *Starowiercy* (Altgläubige), die noch immer in ihrer alten Holz-*molenna* beten und ebenso die *bania* (Sauna) in der Nähe benutzen (s. Kasten S. 299).

Das Leben in dieser ländlichen Siedlung scheint sich seit der Ankunft der ersten Siedler um 1750 kaum geändert zu haben. Die Häuser sind einfach, mit einem Boden aus gestampfter Erde und nur wenigen modernen Artikeln. Die alten Männer tragen lange, weiße Bärte, die Frauen scheinen sich nie die Haare zu schneiden, und die Kinder laufen barfuß. Wer das Glück hat, von einem der Bewohner ins Haus gebeten zu werden, dürfte erstaunt sein über die Ikonen, Rosenkränze, die alten Bibeln und über andere wertvolle Ritualgegenstände, die er dort finden wird.

Am leichtesten erreicht man den Flecken mit dem Bus über **Jeleniewo**. Wenn möglich, sollte man die Linie nehmen, die bei **Turtul Rutka** abbiegt. Von dort muss man noch dreißig Minuten in nördlicher Richtung bis Wodziłki zu Fuß gehen. Man kann auch in Sidorówka aussteigen, eine Haltestelle hinter Jeleniewo, von dort aus sind es noch 5 Kilometer in westlicher Richtung. Dabei kommt man am **Szurpiły-See** vorbei. Dort kann man hervorragend schwimmen. Auch zum Zelten ist er ideal, vorausgesetzt, die Stechmückenschwärme sind nicht allzu zahlreich.

▸ **Cisowa Góra**: Nach Sidorówka hält der Bus in **Gulbieniszki**. Dies ist der Ausgangspunkt, von dem aus man den als **Cisowa Góra** bezeichneten Berg besteigen kann. Er wird auch "polnischer Fudschijama" genannt, was bei einer Höhe von 258 m wohl ein wenig übertrieben ist. Hier wurden in vorchristlicher Zeit religiöse Rituale und Zeremonien abgehalten, und Gerüchten zufolge sollen bis heute noch Riten zu Ehren von Perkunas, dem litauischen Feuergott, stattfinden. Bei solchen Gerüchten sollte man nicht vergessen, dass die Litauer, die noch immer einen geringen Prozentsatz innerhalb der Bevölkerung der Region ausmachen, erst im späten 14. Jahrhundert als letzte Bevölkerungsgruppe in Europa zum Christentum bekehrt wurden. Der halbautobiografische Roman *Das Issatal* von Czesław Miłosz, der im benachbarten Litauen spielt, zeugt von der Beständigkeit heidnischer Glaubensrichtungen bis in unser Jahrhundert hinein. Was es auch immer mit der Anhöhe auf sich haben mag, sie hinterlässt einen bleibenden Eindruck.

▸ **Smolniki und Hańcza-See**: Nördlich von Gulbieniszki gabelt sich die Straße. Es liegen die Orte Wiżajny zur Linken und Rutka Tartak zur Rechten. Nimmt man die Straße nach Wiżajny, heißt das nächste Dorf **Smolniki**. Kurz davor eröffnet sich ein wunderschöner Rundblick auf die Seen der Umgebung. Fährt man mit dem Bus, sollte man den Fahrer darum bitten, am Aussichtspunkt (punkt wyściowy) aussteigen zu dürfen. Wenn Sie einen Kompass dabeihaben, wundern Sie sich nicht, wenn die Nadel wie verrückt ausschlägt – in der Gegend gibt es große Vorkommen von Eisenerz. Deutsche Piloten, die im Zweiten Weltkrieg hier einen Luftwaffenstützpunkt einrichteten, mussten dies am eigenen Leibe feststellen. Obwohl die Rohstoffe wertvoll sind, wurde hier bisher nichts abgebaut, denn das Erz hat eine hohe Urankonzentration, und man fürchtet, sich der direkten Strahlung auszusetzen.

Einige Kilometer westlich von Smolniki erreicht man auf einem holprigen Pfad durch den Wald den **Hańcza-See**. Er ist mit 108 m der tiefste See in Polen, ist still, sauber und hat kristallklares Wasser. Am Südende fließt die Czarna in den See (siehe Czarna Hańcza, S. 304).

• *Übernachten* Am Südostufer des Sees befindet sich eine **Jugendherberge** in Błaskowizna (Juni–Aug; ✆ 087/566 1769). Um dorthin zu gelangen, nimmt man von Suwałki den Bus nach Wiżajny und steigt in Bachanowo, 1 km hinter Turtul Rutka, aus. Von hier ist es nur noch ein kurzes Stück zu Fuß. Im Suwałki-Nationalpark ist Camping nicht erlaubt.

Der Nordosten
Karte S. 202/203

Das Stańczyki-Viadukt

Wenn Sie mit dem Auto unterwegs sind und das Bizarre lieben, dann sollten Sie unbedingt das Viadukt in **Stańczyki**, westlich des Hańcza-Sees in der Nähe der russischen Grenze am Rande der Puszcza Romincka besichtigen. (Folgen Sie der Hauptstraße westlich von Wiżajny, und biegen Sie etwa 4 km hinter Zytkiemy nach links ab.) Das große, verlassene Zwillings-**Viadukt** überspannt das Flusstal der Błdzianka und wirkt in dieser Einöde etwas verloren. Vor dem Zweiten Weltkrieg befand sich dieser Weiler direkt an der Grenze zwischen Ostpreußen und Polen. Um 1910 bauten die Deutschen hier ein riesengroßes, doppeltes Viadukt. Auf dessen einer Seite sollten Züge mit Holzladungen aus Preußen, auf der anderen Seite die von Polen kommenden Züge entlang geführt werden. Das Viadukt wurde nach Plan fertig gestellt, die versprochenen Gleise wurden jedoch nie gelegt. Seitdem stehen dort die beiden Viadukte, dem Verfall überlassen – ein hochfliegendes Denkmal für den Größenwahnsinn eines Architekten und eines Ingenieurs. Niemand hat den Schneid oder auch das Geld, um das Bauwerk abreißen zu lassen. Inzwischen haben sich die Viadukte zu einem beliebten Ort für Sonntagsausflügler aus der Region entwickelt. Mit ein wenig Anstrengung, kann man es ihnen nachtun und die Bauwerke erklimmen, um von oben den Blick zu genießen und sich über das nie vollendete Projekt zu amüsieren.

Übernachten In dieser Gegend bevorzugt man **Camping**, da es keine Reglementierungen gibt. Der beliebteste Platz ist direkt unter den Bögen des Viadukts.

Die Route nach Puńsk und Sejny

Die Litauer sind eine Minderheit in Polen. Die meisten dieser rund 40.000 Menschen umfassenden Volksgruppe leben in einer kleinen Enklave von Städtchen und Dörfern nördlich und östlich von Suwałki. Je weiter man in die ländliche Gegend vordringt, desto häufiger hört man ihre eigenartig klingende Sprache.

Das Grenzdorf **Puńsk** hat die höchste Prozentzahl an litauischen Einwohnern. Es liegt mitten in einer lieblichen Landschaft. Man kann die 30 km von Suwałki auf zwei Arten zurücklegen. Man nimmt entweder den zweimal täglich fahrenden Zug nach **Trakiszki** (Abfahrt um 8.45 und 13.30 Uhr) und geht die letzten paar Kilometer zu Fuß. Die Reise führt durch saftige Wiesen – die Hecken sind im Frühjahr ein einziges leuchtendes Blütenmeer – und Felder, bei denen der Boden noch mit Pflügen bearbeitet wird, die von Pferden gezogen werden. Man sollte den Pass bereithalten, denn die Grenzpolizei überprüft in Trakiszki manchmal die Reisenden.

Wenn man nicht den Zug nehmen will, kann man mit dem Bus fahren. Von Suwałki gibt es täglich zwei, von Sejny vier Verbindungen.

Puńsk

Puńsk, das nur wenige Kilometer vor der Grenze zu Litauen liegt, war vor kurzem so gut wie unbekannt. Seit 1989 ist man auf den Ort aufmerksam geworden.

Das liegt an den Litauern im Dorf (sie machen etwa 70 % der Bevölkerung aus), die hier ein litauisches Kulturzentrum eingerichtet, einen Chor gegründet haben und eine Wochenzeitschrift herausgeben. Man hat das Gefühl, gar nicht mehr in Polen zu sein.

Weiter nach Litauen

Seit der Lockerung des Grenzverkehrs zwischen Polen und Litauen ist ein kurzer Ausflug in die litauische Hauptstadt Vilnius kein Problem mehr.

Vilnius (polnisch Wilno), das etwa 160 km östlich von Suwałki liegt, war zusammen mit der ukrainischen Stadt L'viv, eine der wichtigsten Städte des polnischen Ostens. Anspielungen auf die polnische Vergangenheit sollte man bei einem Besuch jedoch besser unterlassen. Der große Altstadtkomplex ist einer der schönsten Europas. Wer eine geordnete, protestantische Hansestadt, ähnlich der Hauptstädte der baltischen Nachbarstädte, wie Riga, Tallinn oder sogar Helsinki erwartet, wird enttäuscht werden. Vilnius hat eindeutig eine europäisch-katholische Atmosphäre. Hier findet sich eine zusammengewürfelte Mischung von Gässchen aus Kopfsteinpflaster, hohen Türmchen, katholischen Schreinen und orthodoxen Kirchen. Vilnius, das ursprünglich als Hauptstadt der großen Fürsten von Litauen entstand, war jahrhundertelang eine multinationale Stadt und diente vielen verschiedenen Völkern als kulturelles Zentrum – darunter Litauer, Polen und Weißrussen. Kurz vor Ausbruch des Zweiten Weltkrieges stellten die Juden die größte ethnische Gruppe der Stadt – eine Tatsache, die von heutigen litauischen und polnischen Historikern oft übergangen wird.

Im Zweiten Weltkrieg blieb die Stadt weitgehend verschont, und zu den bedeutendsten Sehenswürdigkeiten gehören das **Tor der Morgendämmerung** (polnischen Pilgern bekannt als Ostra Brama oder "spitzes Tor"), ein offener Schrein, in dem sich die von Katholiken aus dem Osten besonders hoch geachtete Ikone der Madonna befindet. Die herausragende **St. Annenkirche** ist ein gotisches Meisterwerk, das Napoleon angeblich abbauen und nach Paris verschleppen wollte.

Vilnius ist wesentlich touristenfreundlicher als die meisten polnischen Städte. In den letzten Jahren hat die Anzahl von Cafés, Bars, Restaurants und Hotels explosionsartig zugenommen. Es gibt ein **Fremdenverkehrsbüro** mitten in der Altstadt, Pill 42 (Mo–Fr 10–19 Uhr, im Sommer auch Sa/So 10–16 Uhr; ✆ 370/ 2 626 470 von Polen aus). Zweimal im Monat erscheinende Veröffentlichungen wie *Vilnius in Your Pocket* (www.inyourpocket.com) und *City Paper* (schließt Riga und Tallinn mit ein; www.balticsworldwide.com) sind an Zeitungskiosken erhältlich und enthalten die wichtigsten Informationen. Die Litauer sind durchweg nett und gastfreundlich, und wer die Reise in den Osten realisiert, wird herausfinden, dass sie es wert ist.

Praktische Informationen

Besucher aus EU-Ländern, den USA, Kanada, Neuseeland, Australien und Skandinavien benötigen für die Einreise kein Visum. Bürger anderer Staaten sollten sich bei der litauischen Botschaft oder bei einem litauischen Konsulat in ihrem Heimatland erkundigen. Oder wenden Sie sich an die Litauische Botschaft in Warschau, ul. Szucha 5 (✆ 022/625 3368).

Es gibt verschiedene Reisemöglichkeiten nach Vilnius. Seit der Öffnung des neuen Grenzübergangs in Budzisko–Kalwarija ist die Einreise mit dem Auto relativ problemlos. Die Passkontrolle geht jedoch sehr langsam vor sich, und besonders im Sommer gibt es lange Wartezeiten. Von Warschau aus verkehrt dreimal in der Woche ein direkter Zug nach Vilnius. Ansonsten fährt man nach Suwałki. Von dort gibt es zweimal täglich einen Zug (8.45 Uhr, 13.15 Uhr) bis Šestokai direkt auf der anderen Seite der Grenze. Von hier aus hat man jeweils einen Anschlusszug nach Vilnius.

Mit dem Bus nach Vilnius zu reisen ist eine gute Wahl: Am komfortabelsten sind Tagesbusse von Warschau aus (tägl.; 8 Std.). Es gibt auch Nachtbusse von Gdańsk (tägl.; 11 Std.) und Olsztyn (5 x wöchentl.; 8 Std.). Einmal pro Woche fährt ein Bus von Białystok (derzeit freitags), der in Augustów und Suwałki anhält.

Weitere **Informationen** zu Litauen finden Sie auch in unserem Reisehandbuch *"Baltische Länder"* von Claudia Mahrenbach (3. Auflage 2003).

Im Sommer 1989 waren überall litauische Fahnen und das Emblem der Sajudis, der Volksfront von Litauen, zu sehen. Als im März 1990 die sowjetische Blockade von Litauen begann, ließ die Reaktion in Puńsk nicht auf sich warten. Puńsk wurde die polnische Sammelstelle für Hilfslieferungen nach Litauen, und jeden Sonntag nach der Messe fanden Demonstrationen für die litauische Unabhängigkeit statt. Seit man die Unabhängigkeit erhalten hat, hat sich die Lage beruhigt. Man beschwert sich zwar über die Formalitäten, die man weiterhin an den Grenzübergängen ertragen muss, wenn man Verwandte auf der anderen Seite besuchen will. Die Öffnung des neuen Grenzübergangs in Budzisko wird die Situation jedoch weiter verbessern. Sie wird außerdem die Wirtschaft beleben und mehr Geld in das Städtchen bringen.

Auf den ersten Blick ist die neugotische **Pfarrkirche** nur eine von vielen. Doch jeden Sonntag wird um 11 Uhr hier eine Messe in litauischer Sprache gehalten. Fällt der Besuch in der kleinen Stadt auf einen wichtigen Feiertag, wird man vielleicht sogar Zeuge einer Prozession, in der besonders die Frauen die eigenartige, an die Inkas erinnernde, litauische Nationaltracht tragen. In den Gaststätten und Läden kann man sich zu Juozas Vaina durchfragen, der das örtliche **Litauische Ethnographische Museum/Zbiory Etnograficzne**, ul. Szklona, am Dorfrand unterhält. Es besitzt eine interessante Sammlung zur Volkskunde der Region, darunter einige wunderschöne dekorative Stoffe und handgearbeitete Gegenstände. Auch eigenartig geformte landwirtschaftliche Geräte, litauische Bücher und Zeitschriften aus der Vorkriegszeit sind zu besichtigen, zudem Karten, die die verzwickte Grenzfrage zwischen Polen und Litauen verdeutlichen.

Das Gebiet von Puńsk war jahrhundertelang ebenfalls die Heimat einer anderen Minderheit, der Juden. Fast alle Juden aus dieser Gegend wurden im Zweiten Weltkrieg entweder ermordet oder vertrieben. Es gibt noch einige Überbleibsel aus der Vergangenheit, über die sich die polnischen Reiseführer und Karten ausschweigen. Im *Dom Handlowy* an der Hauptstraße von Puńsk wohnte früher der Rabbi. Ältere Dorfbewohner weisen dem Besucher den Weg zum verlassenen **jüdischen Friedhof** am Nordrand des Dorfes, in dem auf Steinplatten im Gras und unter den Bäumen noch einige hebräische Inschriften zu sehen sind.

Im Dorf gibt es keine offizielle Übernachtungsmöglichkeit. Das Café *Sodas*, ul. Mickiewicza, verkauft jedoch etwas zu essen und zu trinken, darunter auch ausgezeichnete *blynai* (litauische Pfannkuchen).

Polen und Litauer

Polens Beziehung zu seinem Nachbarn Litauen ist geprägt von Widersprüchen und Missverständnissen. Dies ist fast ausschließlich in der Tatsache begründet, dass beide Länder einen Großteil ihrer Geschichte und Kultur miteinander teilen, dass sie sich jedoch selten darauf einigen können, welcher polnisch-litauische Erbteil nun zu wem gehört.

Durch die Heirat der polnischen Königin Jadwiga mit dem litauischen Großherzog Jogaila (oder Jagiełło, wie er in Polen heißt) im Jahr 1386 existierten beide Länder als merkwürdiges Tandem und gingen gemeinsam auf Eroberung. 1569 wurden sie durch die **Union von Lublin** zu einem gemeinsamen Staat vereinigt, der sogenannten **polnisch-litauischen Republik**. Dies blieb so, bis die **Teilungen** Polens Ende des 18. Jahrhunderts dieser Republik ein Ende setzten. Doch schon vorher hatte es stets unterschiedliche Standpunkte gegeben: Während die Litauer die Republik als gemeinsames Unternehmen zweier gleichwertiger Partner betrachteten, beanspruchten die Polen für sich die Führungsrolle.

Einer der Gründe, warum die Polen traditionell Litauen als festen Bestandteil eines von Polen beherrschten Staates sahen, war, dass die litauische Aristokratie im 16. Jahrhundert beinahe ausnahmslos Polnisch sprach und sich mehr mit der höfischen Kultur von Warschau und Krakau identifizierte als mit ihrer eigenen. Die litauische Sprache und Kultur wurden auf merkwürdiges Brauchtum reduziert, von dem Ende des 19. Jahrhunderts romantische Dichter wie Adam Mickiewicz (s. S. 132) zwar begeistert sprachen, doch wurden sie von der gebildeten Elite so gut wie nie ernst genommen. Dadurch litten die Litauer gegenüber ihren überlegenen polnischen Nachbarn an einem Minderwertigkeitskomplex, der während der nationalen Streitigkeiten im 20. Jahrhundert zu offener Feindschaft wurde

Als das Ende des Ersten Weltkrieges die Wiederherstellung des polnischen Staates auf die politische Tagesordnung setzte, verfolgten polnische Politiker (auch Marschall Piłsudski, der selbst polnisch-litauischer Aristokrat war) Träume von einer neuen polnisch-litauischen Republik. Doch die Litauer wollten der polnischen Vorherrschaft entrinnen und erklärten schnell ihren eigenen unabhängigen Staat. Es kam zu heftigen Auseinandersetzungen über den Status von **Vilnius**. Es war im Mittelalter die Hauptstadt Litauens gewesen und wurde von den Litauern als natürlicher Teil ihres Erbes betrachtet. Die Polen verwiesen auf den großen Anteil der Polnisch sprechenden Einwohner der Stadt und annektierten sie 1920 gewaltsam. Daraufhin brachen die Litauer die diplomatischen Beziehungen ab, und die Grenze zwischen beiden Ländern blieb in den 1920er und 1930er Jahren geschlossen. Als Litauen 1940 gewaltsam in die *Sowjetunion* eingegliedert wurde und der Kommunismus auch in Polen eingeführt worden war, entstand eine neue Form der Abgrenzung beider Staaten. Bis Mitte der 1980er Jahre waren Treffen im Rahmen der Parteiarbeit die einzige Form von Kontakten zwischen beiden Ländern, die offiziell gestattet war.

Während der *Glasnost*-Zeit zerbrach das kommunistische System in Polen, und Litauen errang 1991 die Unabhängigkeit. Dies schien den Weg für eine neue Ära in den Beziehungen zwischen den beiden Ländern zu ebnen. Doch sehr rasch trübten Streitigkeiten wegen der in beiden Ländern wohnenden nationalen Minderheiten diese Beziehungen

In Polen leben heute ca. 40.000 Litauer, die meisten rund um die Grenzgebiete zwischen Sejny und Puńsk. Sie fordern beharrlich bessere Bildungsmöglichkeiten und mehr kulturelle Einrichtungen für ihre Gemeinden. Besonders bessere Bedingungen für Lehrer der litauischen Muttersprache, mehr Büchern und zusätzlicher Unterricht für Grundschul- und Hauptschulklassen der Region sind gefragt. In den Jahren 1989–91, als Litauen für seine Unabhängigkeit kämpfte, gab es im polnischen Fernsehen ständig Berichte über Demonstrationen in Puńsk. Im Allgemeinen ist die litauische Gemeinde in Polen jedoch eher zurückhaltend, und man findet sich mit den Lebensbedingungen ab, solange man ungehindert grenzübergreifende Kontakte pflegen und unbehelligt seine Verwandten auf der anderen Seite der Grenze besuchen kann.

Mit der polnischen Minderheit in Litauen verhält es sich anders. Dort gibt es ungefähr eine Viertelmillion Polen – mit 7 % der Gesamtbevölkerung ein bedeutender Anteil und die größte nationale Minderheit gleich nach den Russen. Die meisten von ihnen leben in den östlichen Gebieten, vor allem in den ländlichen Gegenden um Vilnius. Litauische Polen betrachteten die litauische Unabhängigkeit – und die forcierte Förderung der litauischen Sprache und Kultur, die damit einherging, – als Bedrohung der eigenen Identität. Auf Grund der Tatsache, dass einige Mitglieder der polnischen Verwaltungsorgane an dem Moskauer Putschversuch im August 1991 beteiligt waren, lösten die litauischen Behörden in den frühen 1990er Jahren die von den Polen kontrollierten Verwaltungsinstitutionen für einige Zeit auf.

Die polnisch-litauischen Beziehungen litten sehr darunter und erholten sich erst wieder, als im April 1994 der **Freundschafts- und Kooperationsvertrag** von Lech Wałęsa und seinem litauischen Kollegen Algirdas Brazauskas unterzeichnet wurde. Wie vorauszusehen, ließen die Litauer die Vergangenheit nicht ganz ruhen und verlangten, der Vertrag solle eine Klausel enthalten, in der die Besetzung Litauens durch die Polen 1920 offiziell geächtet würde. Genau diese Forderung hatte die Verhandlungen erstmals in die Sackgasse geführt. Man einigte sich schließlich auf den Kompromiss, dass der Text keine Hinweise auf vergangene Ereignisse enthalten solle. Dennoch schien in der Ansprache Brazauskas während der Unterzeichnungszeremonie das Thema unterschwellig durch. Als er sich an die *Seimas* (Parlamentsmitglieder) wandte, die mit Wałęsa zusammen erschienen waren, hob Brazauskas den litauischen Charakter von Vilnius hervor und wiederholte die Forderung, dass die Stadt und ihre Umgebung "nur faktisch, aber nicht per Gesetz" zwischen den Kriegen zu Polen gehört habe. Obwohl offensichtlich irritiert, widerstand die polnische Delegation der Versuchung, sich auf weitere Diskussionen einzulassen, und im Oktober 1994 wurde der Vertrag von beiden Ländern ratifiziert.

Die Unterzeichnung des Vertrages führte zu einigen Verbesserungen, insbesondere für die polnische Minderheit in Litauen: Ihr gesetzlicher und verwaltungsmäßiger Status wurde nun zum ersten Mal in der Geschichte "normalisiert". Auch der lange überfällige neue Grenzübergang bei Budzisko–Kalwarija – bis heute der modernste in Polen – wurde anlässlich eines litauischen Staatsbesuches in Polen im September 1995 für den Publikumsverkehr geöffnet.

Zurzeit sind die Beziehungen zwischen den beiden Ländern so gut wie in der Zeit der polnisch-litauischen Republik – wenn nicht sogar besser. Dies beruht auf der gemeinsamen Befürwortung einer Erweiterung von **EU** und **NATO**. Beide werden zum 1. Mai 2004 offiziell Mitglieder in der EU. Polen ist bereits Nato-Mitglied, Litauen wird es demnächst werden. Das ist ganz im polnischen Interesse. So könnte es nämlich Polens Ostgrenzen bei einem eventuellen Wiedererstarken Russlands sichern helfen. Die Litauer sehen in Polen ihren stärksten Anwalt in internationalen Angelegenheiten – und begrüßen dies natürlich. Die Tatsache, dass Polen Litauens wichtigster Handelspartner ist, verstärkt den Wunsch nach intensiveren Beziehungen. Treffen auf höchster Regierungsebene sind herzlich und finden häufig statt: Jeder neu ernannte litauische Ministerpräsident stattet normalerweise zuerst seinem polnischen Amtskollegen einen Besuch ab. Polen hat sich erfolgreich dafür eingesetzt, dass Litauen in die NATO-Friedensmission auf dem Balkan miteinbezogen wurde. Und ein gemeinsames polnisch-litauisches Infanteriebataillon – mit dem prosaischen Namen Litpolbalt – wurde gegründet. In der Heimat soll es die Botschaft verbreiten, dass beide Staaten gemeinsame Verteidigungsinteressen haben.

In ihren persönlichen Beziehungen beharren Polen und Litauer weiterhin auf Ignoranz und Gleichgültigkeit gegenüber der Kultur des jeweils anderen. Allerdings nutzen sie oft die Möglichkeit, frei in das andere Land zu reisen, sei es nun zur Besichtigung oder zum Einkaufen. Was beweist, dass sie auf dem Weg sind, normale europäische Nachbarn zu werden.

Der Nordosten
Karte S. 202/203

Sejny

Statt direkt nach Suwałki zurückzukehren, sollte man per Bus einen Abstecher zu der Marktstadt Sejny, 25 km südlich von Puńsk, machen.

Dieser Ausflug über Land ist an sich schon ein Vergnügen. Oberhalb der Stadt beherrscht ein **Dominikanerkloster** die Landschaft. Zu dem Kloster gehört eine großartige Kirche aus der Spätrenaissance, die in der Mitte des 18. Jahrhunderts im Rokokostil renoviert wurde. Die aus Lindenholz geschnitzte Madonna in der größten Seitenkapelle rechts wird seit langem verehrt: An Feiertagen wird der Körper der Statue geöffnet und offenbart eine äußerst fein geschnitzte Kreuzigungsszene. Die Krone wurde der Madonna 1975 von dem damaligen Krakauer Bischof Karoł Wojtyła aufgesetzt.

Am anderen Ende der Stadt steht die frühere **Synagoge**, deren Größe darauf schließen lässt, dass der Anteil der Juden unter der Bevölkerung am Ort ziemlich hoch war. Sie wurde um 1860 erbaut, später von den Nazis zerstört und in eine Feuerwache umgebaut. Seitdem hat man das Gebäude sorgfältig restauriert, und es beherbergt nun ein Museum und ein Kulturzentrum. Es untersteht der Grenzlandstiftung (Fundacja "Pogranicze"), die sich der Förderung von Kultur, Musik und Kunst der "Grenzland-Staaten" widmet.

Öffnungszeiten Mo–Fr 11–16 Uhr. Eintritt frei.

Die Stiftung organisiert seit Anfang der 1990er Jahre kulturelle Veranstaltungen, die die Bewohner des Gebietes – Polen, Litauer, Weißrussen, Ukrainer und Russen

– anziehen. Sie veröffentlicht Bücher zum Thema Toleranz und Verständnis zwischen den Kulturen und hat auch eine Klezmer-Band zu Ehren von Sejnys jüdischem Erbe gegründet. Es ist außerdem kein Zufall, dass der polnisch-jüdische Historiker Jan Tomasz Gross sein umstrittenes Buch "Nachbarn" (siehe Kasten Jedwabne Pogrom, S. 329) von der Stiftung hat veröffentlichen lassen.

• *Übernachten/Essen* Das größte Hotel in der Stadt ist das kürzlich renovierte **Skarpa** in der Hauptstraße ul. Piłsudskiego 13 (✆ 087/516 2187). Es verfügt über Zimmer mit Dusche ohne WC (I) und Zimmer mit komplettem Bad (H). Ein Restaurant ist angeschlossen. Sie können auch im Litauischen Kulturzentrum übernachten, dem **Dom Litewski/Lietuviu Namai**, ul. 22 Lipca 9 (✆ 087/516 2908, ltnamai@kki.net.pl; F), das gut ausgestattete Zimmer mit Bad hat und eine Café-Bar, die litauische Imbisse anbietet.

• *Veranstaltungen* Für nähere Informationen über Veranstaltungen, die zum Ziel haben, "die Toleranz und das Verständnis zwischen den Kulturen zu fördern", wenden Sie sich an das Büro der Stiftung, gleich gegenüber vom Museum, ul. Piłsudskiego 37, 16500 Sejny (✆ 087/516 2765, http://pogranicze.sejny.pl). Das gut geschulte Personal kann sie in die regionale Geschichte einweisen und weiß einiges über die Minderheiten der Litauer, Juden und Altgläubige zu erzählen.

Białystok und das Grenzgebiet zu Weißrussland

Von den Seen aus nach Süden oder von Warschau aus nach Osten kommt man in die Grenzregion nahe der weißrussischen Grenze, in der ein bunt zusammengewürfeltes Völkergemisch lebt. Die Polen nennen die Region Podlasie (wörtlich: "unter den Bäumen"). Es ist eine Landschaft mit weiten, offenen Ebenen, urtümlichen Waldgebieten und mit einem oft von dunklen Wolken verhangenen Himmel.

Auch ohne die Zwiebeltürme der orthodoxen Kirchen würde man sich hier im "tiefen Osten" eher in Russland als in Polen fühlen. Zudem ist hier die Armut spürbar – die Podlasie ist eine der vernachlässigten Regionen des Landes, in der die Bevölkerung vorwiegend von der Landwirtschaft lebt. Auf den langen, mit Schlaglöchern übersäten Landstraßen begegnet man genauso vielen Pferdefuhrwerken wie Autos. Auf den Feldern sieht man zwar schon öfter Traktoren, aber Pflüge, die von Pferden gezogen werden, sind eher die Regel. Im **Białowieżer Wald** hat sich dank seiner Abgeschiedenheit der letzte Streifen Urwald in Europa erhalten. Er gilt als ein Rückzugsgebiet für Wisente und Elche, und eine Vielzahl seltener Pflanzen- und Tierarten ist hier zu finden. Dieses Gebiet ist darüber hinaus die Heimat des wunderbaren *Żubrówka* "Wisentgras"-Wodkas.

Die wichtigste ethnische Minderheit im Grenzgebiet sind die **Weißrussen**, deren Zahl sich auf rund 200.000 beläuft. Vor dem Krieg reichte das polnische Gebiet noch weiter in den Osten über die gegenwärtige Grenze hinaus. Auch heute noch kann man die Völkergemeinschaften auf beiden Seiten der Grenze kaum unterscheiden, wobei die Gemeinden auf der anderen Seite der Grenze meist noch ärmlicher leben. Eine weitere, aber stetig schwindende Minderheit bilden die **Tataren**, die sich hier vor mehreren hundert Jahren niederließen. Ihre Holzmoscheen in **Bohoniki** und **Kruszyniany** zählen zu den Sehenswürdigkeiten in Ostpolen (jenseits der Grenze stehen noch weitere Beispiele). Białystok und Umgebung waren lange Zeit ein Schmelztiegel verschiedener Kulturen und die Heimat einer der größten polnisch-jüdischen Gemeinden. Vor dem Zweiten Weltkrieg gab es in nahezu jeder

Stadt der Region mindestens eine Synagoge, oft imposante Holzgebäude, die den Einfluss der einheimischen Architektur erkennen ließen. Die oft spektakulären Holzgebäude wurden fast alle von den Nazis niedergebrannt. Erhalten geblieben sind zahlreiche Backsteinbauten, verfallene jüdische Friedhöfe, und je weiter man in die umliegenden Dörfer vordringt, umso mehr verfallene Synagogen und Friedhöfe findet man. Einer dieser restaurierten Synagogenkomplexe in **Tykocin** zählt zu den schönsten jüdischen Monumenten des Landes; die jüdische Bevölkerung der Stadt wurde von den Nationalsozialisten ausgelöscht.

Verbindungen Auch hier wird der **öffentliche Nahverkehr** vorwiegend mit Bussen abgewickelt, die aber immer seltener verkehren, je weiter man sich der Grenze nähert.

Białystok

Die offiziellen polnischen Reiseführer, sonst eher enthusiastisch über die Sehenswürdigkeiten des Landes, schweigen sich über Białystok aus. Die Stadt, ein Industriezentrum in Nordostpolen, ist nicht besonders attraktiv. Białystok entwickelte sich vor allem während der Industrialisierung im 19. Jahrhundert.

Der Nordosten
Karte S. 202/203

Allerdings hat sich Białystok im Gegensatz zu anderen großen polnischen Städten seine ethnische Vielfalt bewahrt. Polen, Weißrussen und Ukrainer, Katholiken und Orthodoxe – vor dem Krieg die typische Bevölkerungsstruktur der Gegend – leben noch hier. Allerdings fehlt heute der jüdische Anteil der Bevölkerung. Trotz der Industrie gehört Białystok interessanterweise zu einer der am wenigsten verschmutzten Städte von ganz Polen.

In den Straßen ul. Grunwaldzka, Żelazna und Mazowiecka im Süden des Zentrums sowie in den etwas heruntergekommenen östlichen Bezirken Bojary und Skorupy, stehen noch einige der traditionellen **Holzhäuser** der Region, die den Krieg unbeschadet überstanden haben. Der Legende zufolge wurde Białystok 1320 von Gediminas (Gedymin in Polen), dem Großherzog von Litauen, gegründet. Erst um 1740 erlangte der Ort eine gewisse Bedeutung, als der einheimische Adlige Jan Branicki im Stadtzentrum einen Palast baute.

Białystok kam auf Grund der Teilungen zunächst zu Preußen, dann zu Russland. Es erlebte einen schnellen Aufschwung als Textilstadt, die dem preußischen Łódź bald Konkurrenz machte. In beiden Städten begünstigte die Industrialisierung das Anwachsen einer selbstbewussten Arbeiterklasse und einer großen, einflussreichen jüdischen Gemeinde. Eine Welle von Streiks in den Fabriken um 1880 und die antizaristischen Demonstrationen des Jahres 1905 zeigten, welches Potenzial in der Arbeiterschaft steckte. Wie in anderen Gegenden des Russischen Reiches führten sie zu Pogromen, bei denen viele Białystoker Juden ums Leben kamen. Fünfzehn Jahre später verkündeten Lenins Truppen einen auch später nie errungenen Sieg über Piłsudskis anscheinend demoralisierte Soldaten. Sie setzten in Białystok eine provisorische Regierung unter Feliks Dzierżyński ein, dem berüchtigten polnischen Kommunisten und Gründer der ersten Geheimpolizei überhaupt – dem Vorläufer des KGB.

Mit dem Zweiten Weltkrieg kamen Mord und Zerstörung nach Białystok. Hitler bemächtigte sich 1939 der Stadt, händigte sie dann Stalin aus, bevor er sie 1941 wieder besetzte. Zu diesem Zeitpunkt wurde auch die jüdische Bevölkerung in ein Ghetto eingepfercht und anschließend in die Vernichtungslager abtransportiert.

Der **Ghettoaufstand** von Białystok im August 1943, der erste Aufstand (in den besetzten Gebieten) gegen die Nationalsozialisten, führte zur völligen Vernichtung der jüdischen Gemeinde. Das Gemetzel beschränkte sich aber nicht auf die Juden. 1945 war die Hälfte der Bevölkerung nicht mehr am Leben, drei Viertel des Stadtzentrums lag in Trümmern.

Nach Kriegsende bauten die Behörden Stadt und Industrie langsam wieder auf. Aus wirtschaftlicher Sicht ist der Wiederaufbau gelungen. Białystok ist ein Zentrum für die Textil-, Metall- und holzverarbeitende Industrie mit einer Bevölkerung von über 250.000 Einwohnern. Aus ästhetischer Sicht hat die Stadt jedoch nicht sehr gewonnen: rauchende Fabrikschlote, hässliche Wohntürme und gesichtslose breite Straßen, wie sie für die Nachkriegsentwicklung typisch sind. Trotzdem gibt es auch in Białystok einige historische Sehenswürdigkeiten. Außerdem eignet sich die Stadt sehr gut als Ausgangspunkt für Ausflüge ins Grenzgebiet weiter im Osten.

Information/Verbindungen

• *Information* Da es kein Informationsbüro gibt, fehlt jegliche zuverlässige Informationsquelle in der Stadt. Sie können es bei **Orbis**, Rynek Kościuszki 13 (Mo–Fr 9–17 Uhr), probieren oder bei **Almatur**, ul. Zwierzyniecka 12 (Mo–Fr 9–16 Uhr; ✆ 085/742 8943), im südlichen Teil des Zentrums (Bus Nr. 10 vom Bahnhof). Sie können vielleicht bei der Vermittlung von Unterkünften in **Studentenheimen** (Juni–Aug.) behilflich sein, die jedes Jahr in anderen Gebäuden zur Verfügung stehen. Versuchen Sie ansonsten Informationen zu erhalten über www.bialystokpl.

• *Anfahrt/Verbindungen* Der Hauptbahnhof ist ein russisch wirkendes, leicht schäbiges rosafarbenes Gebäude, etwa fünf Minuten westlich vom Zentrum mit den Bussen Nr. 2, 4 oder 21. Es wirkt, als hätten die Russen den Bahnhof zur Strafe für die antizaristischen Proteste besonders weit vom Zentrum errichtet. In der Nähe, in der ul. Bohaterów Monte Cassino, befindet sich auch der große, moderne **Busbahnhof**.

Übernachten/Essen/Unterhaltung

• *Übernachten* Wie in den anderen Großstädten wächst das Hotelangebot in Białystok stetig, und es gibt mehr und mehr **Hotels** in allen Preisklassen. Momentan überwiegen jedoch Hotels der teureren Preisklasse, die auf Geschäftsreisende ausgerichtet sind.

Die **Jugendherberge (4)** hat das ganze Jahr über geöffnet, al. Piłsudskiego 7b (✆ 085/652 4250, Anmeldung geöffnet 8–20 Uhr), und verfügt über Schlafsäle (25 Zł pro Person). Sie befindet sich in einem malerischen Holzhaus zwischen Hochhausblocks, etwa fünf Minuten in östlicher Richtung vom Bahnhof. Vom Zentrum fahren die Busse Nr. 1, 9, 12, 18 und 20 dorthin.

Der **Campingplatz Gromada (1)** befindet sich neben dem Hotel *Lęrny* in der al. Jan Pawła II – nehmen Sie den Bus Nr. 4.

• *Hotels* **Cristal (7)**, ul. Lipowa 3/5 (✆ 085/742 5061, www.cristal.com.pl). Ein gutes Hotel der Oberklasse. Es ist sehr zentral gelegen, und das (leider etwas teure) Restaurant hat bis spät geöffnet. (D) Fragen Sie nach Wochenendermäßigungen.

Gołębiewski (8), ul. Pałacowa 7 (✆ 085/743 5435, www.golebiewski.pl). Das beste Hotel der Stadt für Geschäftsleute und betuchtere Gäste. Gegenüber vom Branicki Palast. (D)

Pastel (9), ul. Waszyngtona 24a (✆ 085/744 2744, www.kasol.com.pl). Kleines, gutes Hotel mit allem Komfort. Versteckt hinter einer Gruppe von Hochhausblocks gelegen. Das Zentrum ist zu Fuß bequem erreichbar. (E)

PKS (2), ul. Bohaterów Monte Cassino 10 (✆ 085/742 7614), preiswerte Übernachtungsmöglichkeit in einem trist wirkenden Gebäude neben dem Busbahnhof. Die Zimmer (alle mit Gemeinschaftsbädern) sind spärlich möbliert, doch hell und sauber. Kein Frühstück. (H)

Rubin (5), ul. Warszawska 7 (✆ 085/677 2335). Altmodische, aber freundliche Übernachtungsmöglichkeit in einem schönen, klassizistischen Gebäude. Etwa 10 Minuten zu Fuß vom Rynek. Bei Touristen beliebt. Kein Frühstück. Zimmer mit Dusche und TV oder Gemeinschaftseinrichtungen. (H–G)

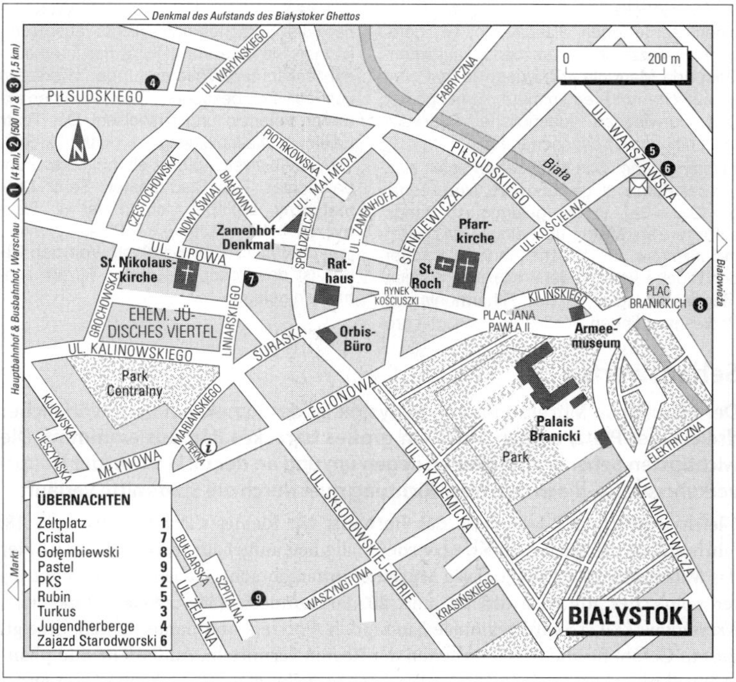

Zajazd Starodworski (6), ul. Warszawska 7a (✆ 085/653 7418). Kleines, pensionsähnliches Hotel mit einer begrenzten Anzahl von gemütlichen Zimmern mit Bad. Eiserne Bettgestelle und exzentrischer, anheimelnder Möblierung. Die Rezeption ist tagsüber manchmal geschlossen. Rufen Sie daher vorher besser an. (E)

Turkus (3), ul. Jan Pawła II 54 (✆ 085/651 1211). Dieses Mittelklassehotel bietet einfache Zimmer mit Bad und TV. Es liegt etwa 1 km westlich vom Bahnhof. (F)

• *Essen/Unterhaltung* Zum Essengehen bieten sich in der Nähe der ul. Lipowa eine Vielzahl von Möglichkeiten. Für eine schnelle Mahlzeit eignet sich das **New York Bagels**, ul. Lipowa 12. Es bietet eine Auswahl an Bagels, Sandwiches und eine gute Salatbar. **Hocus Pocus**, Kilińskiego 12, ist ein einfaches Restaurant, wo es Pizza, Spaghetti und Pfannkuchen gibt. **Pruszynka**, Malmeda 1, hat einfache Gerichte wie *Bigos* auf der Speisekarte, daneben einige preiswerte Pizzas. Will man es etwas eleganter, empfehlen sich das **Balzac**, Kilińskiego 8, eine klassische Restaurant-Bar mit unterdurchschnittlich preiswerten Gerichten, und das **Sabatino**, Sienkiewicza 3, das sich auf mediterrane Küche spezialisiert hat. Dazu zählen auch leckere Meeresfrüchte. Die Einrichtung sieht aus, als entspringe sie einem Designer-Magazin. **Ulice Świata**, ul. Warszawska 30b, verfügt über mehrere Räume, die jeweils einer bestimmten Küche zugeordnet sind – polnisch, italienisch, mexikanisch und chinesisch. Das **Ananda** hinter dem Hotel Gołębiewski, Warszawska 30, ist ein ruhiges, wohltuend eingerichtetes vegetarisches Restaurant. Es bietet einfallsreiche Salate und eignet sich gut, um etwas zu trinken.

• *Trinken* Freunde guten Kaffees kommen in die Filiale der "Jenseits von Afrika"-Kette, **Pożegnanie z Afryką**, ul. Częstochowa 6, auf ihre Kosten, hier gibt es Kaffeesorten aus aller Welt. Für ein kaltes Getränk tagsüber eignet sich das **Red Velvet** (nur im Sommer) im Hof des Rathauses. **Kawiarna Lalek**, ul. Kalinowskiego 1, im selben Gebäude wie das Puppentheater, ist der beste Ort, um abends etwas zu trinken. Im Sommer kann man im Innenhof sitzen. **Odeon**,

Der Nordosten
Karte S. 202/203

ul. Akademicka 10, ist eine beliebte Bar in einem achteckigen Glaspavillon, wo gelegentlich Jazz- oder Bluesbands auftreten. **Gospoda Mandala**, Kilińskiego 15, hat eine gemütliche und entspannte Atmosphäre. Das vorwiegend jugendliche Publikum tanzt hier an den Wochenenden.

• *Unterhaltung* Das **Nachtleben** spielt sich um das **Fama**, ul. Legionowa 5, eine Teenager Disco-Bar, in der gelegentlich Bands auftreten. ab. **Metro**, ul. Białowny 9A, bietet In-Tanzmusik am Wochenende und unter der Woche verschiedene Musikrichtungen (Reggae, Jungle). In der **Filharmonia**, ul. Podleśna 2, finden mindestens zweimal pro Woche klassische Konzerte statt. Wenn Ihnen die Sprachbarriere nichts ausmacht, können Sie eine Vorstellung der international bekannten Theatergruppe *Wierszalin* aus Białystok besuchen (Termine in den aktuellen Veranstaltungshinweisen). Das **Teatr Lalek**, ul. Kalinowksiego 1 (✆ 058/742 5033, www.btl.bialystok.pl), ist ein beliebtes Puppentheater. Das Stadttheater, **Teatr Dramatyczny**, befindet sich in der ul. Elektryczna 12 (✆ 058/ 741 5740, www.teatrdramatyczny.bialystok.pl). Von den **Kinos** ist das Pokój, ul. Lipowa 14, am zentralsten gelegen.

Sehenswertes

Der historische Mittelpunkt von Białystok ist der Rynek, ein ungewöhnlicher dreieckiger Platz, dessen Mitte ein großes barockes Rathaus einnimmt. Die wichtigsten Sehenswürdigkeiten liegen um und an der ul. Lipowa, der Hauptverkehrsstraße, die in Ost-West-Richtung quer durch die Stadtmitte verläuft.

Gleich westlich des Rynek ist das **Rathaus**, ein kleines Gebäude aus dem 18. Jahrhundert, das nach dem Krieg wieder völlig neu aufgebaut wurde. Heute ist hier das **Muzeum Podlaskie** (Podlasie Museum) untergebracht. Neben Werken bekannter polnischer Künstler des 19. und 20. Jahrhunderts (*Malczewski*, *Witkiewicz*, *Krzyzanowski* u. a.) wird regionale Kunst, d. h. Porträts und Landschaften, gezeigt, die ein Gefühl für die Besonderheiten der Region vermitteln. Außerdem sind phantasievoll präsentierte, thematische Wechselausstellungen mit Leihgaben von anderen polnischen Museen zu sehen. Das Museum versucht offensichtlich, sich einen nationalen Ruf zu erwerben.

Öffnungszeiten **Museum** – Di–So 10–17 Uhr. Eintritt 4 Zł.

300 Meter weiter östlich entlang der ul. Lipowa erhebt sich die orthodoxe **Cerkiew św. Mikołaja** (Nikolauskirche). Sie wurde um 1840 für die wachsende Zahl russischer Neubürger gebaut. In dem für orthodoxe Kirchen typisch halbdunklen, mit Ikonen geschmückten Inneren fallen die aufwendigen Fresken auf. Sie sind sorgfältige Kopien von Fresken der orthodoxen Kathedrale in Kiew. Während des Sonntagsgottesdienstes ist die Nikolauskirche brechend voll. Ein Besuch lohnt sich allein schon, um den Chor zu hören. An dem Kiosk innerhalb des Eingangs werden Nachbildungen von Ikonen verkauft, an dem Kiosk außerhalb gibt es Bücher, Kassetten und CDs mit orthodoxer Musik. Weiter unten an der ul. Lipowa, auf dem **orthodoxen Friedhof**, steht eine weitere bezaubernde *cerkiew*. Allerdings kann man sie nur während des Gottesdienstes am Sonntagmorgen besichtigen.

Die katholische Bevölkerung ist stolz auf die imposante **Pfarrkirche** und die Kirche **St. Roch**, die um 1920 errichtet wurde und am westlichen Ende der Straße steht. Die Pfarrkirche mit ihren hohen, an Raumfahrtraketen erinnernden Türmen ist eine Kuriosität: Neben ihr befindet sich eine kleine Pfarrkirche aus dem 17. Jahrhundert, die von der Familie Branicki erbaut wurde, während die Hauptkirche ein gewaltiger neugotischer Bau aus dem Jahre 1900, fast zwanzigmal größer ist. Sie wurde von den zaristischen Behörden nur genehmigt, weil sie im offiziellen Antrag als "Anbau" bezeichnet war.

Das auffälligste Gebäude im Stadtzentrum – das Palais Branicki

Die Straßen südlich der ul. Lipowa umfassen einen Teil des alten **Ghettos**. Eine Tafel an einem Wohnblock beim Gericht erinnert in polnischer und hebräischer Sprache an die 1.000 Juden, die an dieser Stelle im Juni 1941 verbrannten, als die Nationalsozialisten die **Große Synagoge** anzündeten, die hier stand und zu den schönsten Polens gehörte. Um die Jahrhundertwende waren ungefähr 70 Prozent der Bevölkerung Juden, doch davon sind nur wenige Spuren geblieben. Angesichts der heutigen Wohnblocks ist es schwer, sich vorzustellen, dass die Straßen, die nördlich von der ul. Lipowa abzweigen, vor dem Krieg fast ausschließlich von Juden bewohnt waren.

Gegenüber vom Rathaus, in einem kleinen Park am Rand der ul. Malmeda steht ein **Denkmal** des berühmtesten jüdischen Bürgers der Stadt, **Ludwik Zamenhof**: Er war der Erfinder des Esperanto. Am Südende der Straße findet sich eine weitere Plakette, die an ihn erinnert (siehe auch Kasten S. 324).

Wenn man die verkehrsreiche ul. Piłsudskiego überquert und in nordwestliche Richtung einige mit hohen Betonblöcken gesäumte Straßen entlangläuft, kommt man an der ul. Żabia zu einem Park. Hier steht das **Denkmal des Aufstands des Białystoker Ghettos** (16. August 1943). Wie viele andere jüdische Kriegsdenkmäler in Polen ist es nicht ganz einfach zu finden. Es gibt keinen Wegweiser, und die Stelle ist nicht auf dem Stadtplan eingezeichnet. Doch die älteren Bewohner der Stadt können den Weg meist zeigen.

Das auffälligste Gebäude im Stadtzentrum ist das **Palais Branicki**. Es wurde 1944 von den Nationalsozialisten zerstört, aber nach Vorlagen aus dem 18. Jahrhundert wieder aufgebaut. Jan Branicki erteilte damals den Auftrag für die Rekonstruktion eines älteren Palastes. Im Hauptgebäude befindet sich heute die medizinische Fakultät. Wenn man sich unter die Studenten mischt, kann man im Gebäude herumwandern und seine klassische Grandezza bewundern. Der umliegende Park ist nicht nur den Studenten zugänglich, und von hier kann man das Bauwerk von außen bewundern.

Dabei sollte man Ausschau nach dem Balkon an der Hauptfront halten, dem sogenannten **balkon Dzierżyńskiego**, von dem Feliks Dzierżyński und seine Mitstreiter 1920 die Gründung der "Polnischen Sowjetischen Sozialistischen Republik" ausgerufen haben. Im Innenhof des Palastes befindet sich ein Café mit Außenterrasse.

Östlich des Palastes, auf der anderen Seite der stark befahrenen Straße ist das **Armeemuseum**. Unter der Sammlung aus üblichen militärischen Gegenständen befinden sich auch interessante Fotos, Zeitungen und andere Dokumente aus der Zeit

Ludwik Zamenhof und die Esperanto-Bewegung

Der berühmteste Sohn Białystoks ist **Ludwik Zamenhof** (1859–1917), der Erfinder des Esperanto, der künstlichen Sprache, die die internationale Kommunikation erleichtern sollte. Białystok war damals eine Kolonie am Rand des Zarenreichs, und Zamenhof wuchs in einer Atmosphäre auf, die geprägt war von Spannungen zwischen einheimischen Polen und den russischen Machthabern. Beide Volksgruppen wiederum wandten sich immer wieder gegen die Juden.

Vielleicht waren diese Erfahrungen der Grund, warum sich der Augenarzt Zamenhof schon früh für Toleranz und Verständnis zwischen den Völkern einsetzte. Er bezog sich auf die Erfahrungen, die in der biblischen Geschichte vom Turmbau zu Babel beschrieben werden, und suchte nach einer Verschmelzung der verschiedenen Sprachen. Er war der Meinung, dass die Erfindung einer neuen, einfach zu erlernenden, internationalen Sprache die Menschheit nicht nur dazu befähigen könnte, miteinander zu kommunizieren, sondern auch friedlich miteinander zu leben. Auf der Basis umfangreicher Studien der wichtigsten westlichen klassischen und modernen Sprachen setzte sich Zamenhof, oder Doktoro Esperanto, "Doktor Hoffnung", wie er später genannt wurde, das Ziel, solch eine Sprache zu erfinden. Diese Sprache basiert auf Stammwörtern, die die verschiedenen europäischen, insbesondere die romanischen Sprachen gemeinsam haben.

Sein erstes Lehrbuch *Dr. Esperantos Internationale Sprache* wurde 1887 veröffentlicht. Zamenhof entwickelte seine Sprache weiter, indem er eine Reihe von Klassikern (u. a. Hamlet von Shakespeare, Theaterstücke von Goethe und Molière sowie das gesamte Alte Testament) übersetzte. Die neue Sprache fand schnell international Anerkennung. 1905 fand der erste **Esperanto-Kongress** in Frankreich statt. Im gleichen Jahr schloss Zamenhof sein Werk *Fundamento de Esperanto* ab, das bald zum internationalen Esperanto-Lehrwerk wurde und auch heute noch verwendet wird.

Esperanto, die *Linguo Internacia* (wie sie sich selbst nennt), hatte zwar nie den durchschlagenden internationalen Erfolg, den Zamenhof sich gewünscht hatte, doch es war erfolgreicher als alle anderen "künstlichen" Sprachen. Die *Universala Esperanto Associa* hat heute weltweit über 100.000 Mitglieder, und in rund 50 Ländern existieren Verbände der Gesellschaft, wo sich Menschen zusammenfinden, die sich von dem universalistischen Ideal angezogen fühlen und denen es Spaß macht, sich in der Sprache zu üben. In Białystok selbst gibt es eine lebendige Esperanto-Gemeinde, die ein Büro südwestlich des Rynek in der ul. Piękna 3 unterhält (✆ 085/745 4600).

der sowjetischen Besatzung (1939–41). Weiterhin ausgestellt ist die Originalurkunde der Verkündung des Białystoker Ghettoaufstands von 1944 und eine der "Enigma"-Maschinen der Nazis, mit denen verschlüsselte Nachrichten gesendet wurden. Die polnische Widerstandsbewegung knackte den Code, was sich positiv auf die Erfolge der Alliierten im Krieg auswirkte. Gegenüber vom Museum befindet sich ein Denkmal für die **Heimatarmee** (AK), das an die Einheiten der Armee in den früheren ostpolnischen Grenzgebieten (die nun zu Weißrussland und Litauen gehören) erinnert. In der Stadt gibt es mehrere ähnliche Denkmäler.

Öffnungszeiten **Armeemuseum** – Di–So 9.30–16.30 Uhr. Eintritt 4 Zł.

Da Białystok in der Nähe der weißrussischen Grenze liegt, ist es stark vom "Handelstourismus" betroffen. Sonntagmorgens stehen auf dem **Markt** an der ul. Kavaliejska Stände in dichten Reihen. Weißrussische, ukrainische und andere Händler von jenseits der Grenze bieten eine eigenartige Mischung von Waren an: Gold, Kleider, Hifi-Geräte, Antiquitäten, Kosmetik, praktisch alles, was die Polen zu kaufen bereit sind. Wer gern Kaviar isst, sollte ihn hier erstehen. Je mehr man sich der Grenze nähert, desto billiger wird er. In Gdańsk kostet er 50, in Warschau 75 Prozent mehr. In Dollars sollte man nur dann bezahlen, wenn es gar nicht anders geht. Handeln wird empfohlen. Man sollte Kaviar in Glasbehältern (nicht Metallbehältern) kaufen und nicht vergessen, dass die Ausfuhr dieser Delikatesse aus Polen illegal ist. Man sollte außerdem beachten, dass unter den Menschenmassen auch Taschendiebe ihrem Gewerbe nachgehen.

Der wahrscheinlich traurigste Platz, der an die einstige jüdische Bevölkerung der Stadt erinnert, ist der **Jüdische Friedhof** an der ul. Wschodnia am Nordostende der Stadt. Vom Rynek Kościuszki in der Stadtmitte fährt der Bus Nr. 3 ab, der gleich westlich des Friedhofs hält. Steigen Sie an der Kreuzung der ul. Władysława Wysockiego und der ul. Władysława Raginisa aus, die Fahrt dauert etwa 10–15 Minuten. Auf beiden Seiten des Friedhofes befinden sich katholische Friedhöfe, und am hinteren Ende wird gerade eine orthodoxe Kirche gebaut. Kinder spielen entlang der Mauern, und der Friedhof sieht arg vernachlässigt aus. Die wenigen, noch erhaltenen Grabsteine liegen verstreut im Gras, einige sind noch lesbar, aber bald werden wahrscheinlich auch sie verschwunden sein.

In krassem Gegensatz zu dem Friedhof steht die große neue orthodoxe Kirche in der ul. Antoniuk Fabryczny, 3 km außerhalb des Zentrums im Nordwesten der Stadt. Sie gibt ein lebendiges Zeugnis davon, dass die orthodoxe Religion in den ostpolnischen Grenzregionen ihr Selbstvertrauen wieder gefunden hat (man gelangt mit dem Bus Nr. 5 dorthin). Das Innere der Kirche – die das größte orthodoxe Gebäude in ganz Polen ist – soll wieder völlig eingerichtet werden, momentan vermittelt es jedoch noch ein etwas unpersönliches Gefühl. Man kann allerdings gut einen Eindruck von der modernen orthodoxen Architektur gewinnen, die neue und alte Elemente vereint: Die fertige Kirche wird sicher beeindruckend aussehen. Der Besuch ist während der Gottesdienste möglich. Ansonsten kann man einen der Priester, die in den umliegenden Gebäuden leben, bitten, das Gebäude aufzuschließen.

Die Umgebung von Białystok

Wer Zeit hat, kann ein paar schöne Ausflüge in die Umgebung machen, beispielsweise in das nördlich gelegene **Supraśl** mit seinem Ikonenmuseum, zum Branicki-Palais in **Choroszcz** oder zur Synagoge von **Tykocin**. Auch die ruhige **Puszcza Knyszyńska** östlich der Stadt lädt zu schönen Wanderungen ein. Alle Orte sind mit Nahverkehrsbussen zu erreichen. Der etwas weiter entfernte, idyllische **Biebrza Nationalpark** ist das neuste Naturschutzgebiet Polens und besonders bei Vogelbeobachtern beliebt.

▸ **Supraśl**: Das verschlafene Provinzstädtchen liegt 16 Kilometer nordöstlich von Białystok am Rande der Puszcza Knyszyńska. Die Hauptsehenswürdigkeit ist der **Bischofspalast**, ein großes, leicht verfallenes Gebäude aus dem 17. Jahrhundert, in dem heute eine Schule untergebracht ist. Mitten im Innenhof des Palastes steht die große orthodoxe **Ziegelkirche**, die momentan renoviert wird. Sie wurde von Aleksander Chodkiewicz gebaut, dem großen Hetmann (Oberbefehlshaber) Litauens, und wurde zu einem der geistlichen Zentren der orthodoxen Kirche in der polnisch-litauischen Republik. Die Innenräume waren reich im gotischen und byzantinischen Stil dekoriert, wurden jedoch von den Nazis zerstört. In der **Palastkapelle** ist heute ein kleines, aber sehenswertes **Orthodoxes Museum** untergebracht, in dem noch einige der Originalikonen und Fresken aus dem Hauptgebäude der Kirche zu sehen sind. Die Werke stellen Szenen aus dem Leben von Maria und Jesus, Porträts von gütig dreinblickenden frühen Kirchenvätern und Heiligen sowie vergeistigten Erzengeln und Cherubinen dar. Die Ausstellung gibt einen umfassenden Überblick über die orthodoxe Kunst und Spiritualität. In den Fresken haben Kunsthistoriker starke Einflüsse aus der serbischen orthodoxen Kirche entdeckt.

Öffnungszeiten **Museum** – Mi–So 10–16 Uhr (theoretisch!), der Hausmeister macht aber oft schon eine Stunde früher zu.

Polen und Weißrussen

Polen und Weißrussen haben eine lange gemeinsame Geschichte. Gleichzeitig besteht zwischen beiden auch ein lange unterdrückter kultureller und politischer Gegensatz, der erst in jüngster Zeit an die Oberfläche getreten ist. Zur kommunistischen Zeit wurden Minderheiten in Polen gezielt für den Partei- und Staatssicherheitsapparat rekrutiert. Ihre Religion wurde vom Staat zwar unterstützt, vorausgesetzt, die Gemeinde unterdrückte separatistische oder nationalistische Bestrebungen. Es war jedoch verboten, die weißrussische Sprache in der Öffentlichkeit zu sprechen, und weder in den Schulen noch in kulturellen Einrichtungen gab es Konzessionen in Sachen Kultur. Trotzdem waren in kommunistischer Zeit eine Handvoll weißrussischer samizdat-Veröffentlichungen im Umlauf.

Wegen dieser jahrelangen aktiven Zusammenarbeit mit dem Staat verstärkte sich das Misstrauen der katholischen Polen gegenüber ihren Nachbarn. Nachdem der Druck des Staates nachgelassen hat, äußert sich dies manchmal in offener Feindschaft. Auch die Weißrussen sehen sich vor einer veränderten Situation: In Polen herrscht nun ein freieres Klima, aber gleichzeitig blüht auch der polnische Nationalismus. Die ehemalige Sowjetunion ist in der Auflösung begriffen, und Weißrussland ist zu einem unabhängigen Staat geworden. Man ist auf der Suche nach einer sinngebenden eigenen nationalen Identität. Bei den Wahlen von 1989 wurden in Białystok weißrussische nationalistische Kandidaten gegen die Solidarność-Kandidaten aufgestellt. Die Gemeinde bemüht sich, die weißrussische Sprache und Kultur, und damit die eigene Identität, neu zu beleben.

Die radikalen Veränderungen, die Anfang der 1990er Jahre stattfanden, vor allem die Schaffung des unabhängigen Staates Weißrussland, hat eine neue

Dimension in die Situation der polnischen weißrussischen Gemeinde gebracht. Sie zählt derzeit schätzungsweise 250.000–300.000 Menschen (weniger als 1 % der Gesamtbevölkerung), ist aber dennoch die größte Minderheit neben Deutschen und Ukrainern. Wo früher eher vorsichtig und behutsam vorgegangen wurde, wird jetzt selbstbewusst und bestimmt aufgetreten. Kulturelle, politische und religiöse Vereine schießen aus dem Boden, weißrussische Zeitungen, Zeitschriften und Bücher werden massenhaft gedruckt, und mit dem lokalen Radiosender, der mit Finanzierung der orthodoxen Kirche in Białystok eingerichtet wurde, haben die Weißrussen endlich ihren eigenen, unabhängigen Zugang zu den Medien. Eines der wichtigsten Themen der polnischen Weißrussen ebenso wie der weißrussischen Polen (etwa 420.000 in den Grenzgebieten) ist natürlich das Verhältnis zur "Heimat" jenseits der Grenze.

Die politischen Beziehungen wurden lange durch Weißrusslands Gebietsansprüche auf Białystok und Umgebung erschwert. Die Polen lehnen diese Ansprüche ab, da sie den gebietsmäßigen Zusammenhalt des Landes zerstören würden. Nach der Unterzeichnung eines Wirtschafts- und Handelsabkommens im Oktober 1991, dem ein weiteres, offizielles Freundschafts- und Kooperationsabkommen im Juni 1992 folgte, schienen sich die offiziellen Beziehungen erheblich verbessert zu haben. Es wurden unter anderem eine Reihe neuer Grenzübergänge eingerichtet, in Sławatycze–Damachava, wurde z. B. eine ehemalige militärische Brücke für den Publikumsverkehr geöffnet.

Wie in anderen Grenzgebieten stellt sich auch hier die Frage, inwieweit die Minderheitenpolitik der Regierung über bloße Erklärungen hinausgeht und wieweit sie sich für eine aktive Unterstützung der Minderheiten einsetzt. Auf politischer Ebene wurden die Beziehungen durch das Verhalten von Präsident Alyaksandr Lukashenka belastet, dessen Konfrontationspolitik und autoritärer Stil weder in der eigenen Heimat noch in den Nachbarländern auf Begeisterung stieß (Sein leichter Sieg bei den weißrussischen Präsidentschaftswahlen 2001 lässt vermuten, dass er einige Zeit an der Macht bleiben wird.). Eine Außenpolitik, die besonderen Wert auf eine neue Zollunion mit der Russischen Föderation legt und die die Bindungen zu Moskau wieder belebt, steht außerdem im Gegensatz zu Polens Bestrebungen, sich in die NATO und die Europäische Union zu integrieren. Die Art und Weise, wie Lukashenka im eigenen Land mit politisch Andersdenkenden verfährt, erinnert stark an die alte Politik der Sowjetunion, und viele Stimmen in Polen unterstützen die weißrussische Opposition, weil sie sich in die Solidarność Zeit zurückversetzt fühlen. Die Veteranen der Oppositionsbewegung Jacek Kuroń und Zbigniew Bujak starteten im Februar 1998 die Initiative zur "Polnisch-Weißrussischen Staatsbürgerlichen Erziehung", mit dem Ziel, Weißrussland nach Europa hin zu öffnen. Dies stieß auf den erbitterten Widerstand beim weißrussischen KGB, der sich darüber beschwerte, dass Landesspionage nun zur offiziellen polnischen Politik gehöre. Seitdem wird eine Verschlechterung in der Kooperationsbewegung der beiden Länder verzeichnet, was sich wiederum negativ auf den Grenzverkehr auswirkt. Auf beiden Seiten müssen Privatreisende auf Grund der Visavorgaben immer noch manchmal tagelang warten, um die Grenze überqueren zu können.

Karte S. 202/203

- **Die Puszcza Knyszyńska**: Wer von Białystok mit dem Bus nach Supraśl gekommen ist, kann durch die **Puszcza Knyszyńka**, ein beliebtes Naherholungsgebiet der Białystoker, zurückwandern. Der Spaziergang ist nicht anstrengend, aber da es im Wald kaum Wegweiser gibt, sollte man sich in Białystok unbedingt eine Regionalkarte (z. B. *Okolice Białegostoku*, 1:150.000) besorgen. Auf der Wanderung wird die Stille des Waldes nur von krächzenden Krähen unterbrochen, und gelegentlich sichtet man Rotwild. Vom Südrand von Supraśl führt ein markierter Weg durch den Wald mit seinen hoch aufragenden Wipfeln zum Dorf **Ciasne** und weiter bis zur Bushaltestelle in der Nähe von **Grabówka** an der Hauptstraße nach Białystok. Insgesamt sind es 12 Kilometer.
- **Choroszcz**: In Ostpolen verstecken sich in den entlegenen Gegenden noch viele, jetzt vernachlässigte, alte Adelsresidenzen, die aus der Zeit stammen, als fast der gesamte Ostteil des Landes im Besitz einiger weniger sagenhaft reicher Familien war. Das **Branicki-Sommerpalais** (Lietna Rezydencja Branickiego) in Choroszcz, 10 Kilometer westlich von Białystok, abseits der Hauptstraße nach Warschau, ist eine solche Residenz. Das Gebäude ist von Grund auf renoviert und in ein **Museum** verwandelt worden. Es liegt nicht weit von der Haltestelle des Nahverkehrsbusses von Białystok entfernt, auf der Westseite des Städtchens.
  Öffnungszeiten Di–So 10–15 Uhr. Eintritt 3 Zł, So frei.

Das Palais mit seiner eleganten, mit Statuen geschmückten Fassade liegt in einer ruhigen, ländlichen Gegend am Rande der Anlagen des örtlichen Krankenhauses und steht in starkem Kontrast zu der Architektur in Białystok. Der größte Raum im Erdgeschoss ist der Salon mit einem schönen Parkettfußboden und Stilmöbeln (die meisten Möbelstücke des Museums sind leider Kopien). In der Halle hängt unter einigen Familienporträts auch eine Abbildung des Hausherren, Jan Branicki. Der mit einem schönen schmiedeeisernen Geländer versehene Treppenaufgang wird durch eine klassizistische Figur erleuchtet, die eine Lampe in der Hand hält. Er führt in den zweiten Stock, wo sich neben ein paar stilvoll eingerichteten Zimmern der Speisesaal mit Meißner Porzellan aus dem 18. Jahrhundert und ein Chippendale-Zimmer befinden. Wer frische Luft braucht, kann einen kleinen Spaziergang am Kanal entlang machen, der Weg führt unter den Fenstern des Palais vorbei. Die überwucherten Parkanlagen dehnen sich in alle Richtungen aus. Von der Brücke über den Kanal hat man einen schönen Blick auf das Palais selbst, das alte Pförtnerhaus und den Gutshof.

Tykocin

Vierzig Kilometer westlich von Białystok und nördlich der Hauptstraße nach Warschau (E 18) liegt der malerische, kleine und verschlafene Ort Tykocin inmitten der offenen Landschaft der Podlasie.

Die Größe von Tykocin lässt nicht auf seine historische Bedeutung schließen. Der Standort des ehemaligen Waffenlagers der polnischen Armee besitzt heute eine der am besten restaurierten **Synagogen** in ganz Polen, eine Erinnerung daran, dass hier einst eine bedeutende jüdische Gemeinde lebte.

Der Bus setzt einen an dem bezaubernden **Marktplatz** ab, den auf allen Seiten gut erhaltene Holzhäuser aus dem 19. Jahrhundert einrahmen. Das Standbild von Stefan Czarnecki in der Mitte des Platzes wurde 1770 von seinem Enkel Jan Branicki aufgestellt. Branicki war damals eifrig damit beschäftigt, diese Stadt und seine Wahlheimat Białystok neu aufzubauen. Die barocke **Pfarrkirche**, vom energischen

Branicki 1741 in Auftrag gegeben, wurde vor einigen Jahren restauriert. Zu bewundern sind dort die Polychromien an der Decke, eine ausgeschmückte Seitenkapelle, die der Jungfrau Maria geweiht ist, und eine Barockorgel, auf der noch gespielt wird. Die Porträts von Branicki und seiner Gemahlin, Izabella Poniatowski stammen von dem Künstler Silvester de Mirys, einem Schotten, der zum Hofkünstler der Branickis in ihrem Białystoker Palast wurde. Weiter gründete Branicki das **Bernhardiner-Kloster**, das ganz in der Nähe liegt und heute ein katholisches Seminar ist. Neben der Kirche steht, mit Blick auf die Brücke über den Fluss, das **Alumnat**, ein Hospiz für Kriegsveteranen. Es wurde 1633 als das Erste seiner Art in der Welt gegründet. Überquert man den Fluss Narew weiter stadtauswärts, kommt man zu den Ruinen des **Palais Radziwił** aus dem 16. Jahrhundert Hier war auch das nationale Waffenlager untergebracht. Es wurde 1657 von den Schweden zerstört.

1522 trafen die ersten Juden in Tykocin ein, und zu Beginn des 19. Jh.s war die Bevölkerung des Ortes zu 70 % jüdisch. Bis etwa 1900 war ihr Anteil auf rund 50 % zurückgegangen. Die erste **Holzsynagoge** im Stadtzentrum wurde 1642 von dem noch heute existierenden Barockbau abgelöst. 1970 wurde dieses Gebäude, das von den Nazis im Krieg schwer beschädigt wurde und das heute ein ausgezeichnetes **Jüdisches Museum** beherbergt, sorgfältig restauriert. Aufnahmen jüdischer Musik und Gebete im Hintergrund unterstreichen die schwermütige Stimmung. Informationsblätter auf Deutsch und Englisch erklären ausführlich die Geschichte des Gebäudes und der Juden von Tykocin. Die Innenwände zieren z. T. wunderschön illustrierte hebräische Inschriften, die meisten sind Gebetstexte, sowie farbenfrohe, lebhafte Freskos. Am auffälligsten ist jedoch die große barocke *bimah*, außerdem gibt es einen schön verzierten *Aron ha-qodäsh* (Toraschrein) an der Ostwand. Außerdem sind wertvolle Ritualgegenstände und historische Dokumente über die ehemalige Gemeinde zu sehen.

Öffnungszeiten Di–So 9–16 Uhr. Eintritt 5 Zł, So frei.

Auf der anderen Seite des Platzes, im alten Talmud-Haus, ist heute ein gepflegtes **Heimatmuseum** (Öffnungszeiten und Eintrittskarte wie jüdisches Museum) mit einer vollständig eingerichteten Apotheke untergebracht. Der **jüdische Friedhof** am Stadtrand geht in die angrenzenden Wiesen über. Wie so oft gibt es niemanden mehr, der gewillt oder in der Lage ist, sich darum zu kümmern. Auf einigen der verwitterten Grabsteine kann man noch die ursprünglichen Inschriften erkennen.

- *Verbindungen* Vom Busbahnhof in Białystok fährt man etwa eine Stunde. Es gibt den ganzen Tag über etwa alle Stunde einen Bus.
- *Übernachten/Essen* Die einzige offizielle Übernachtungsmöglichkeit ist die **Jugendherberge**, ul. Kochanowskiego (nur Juli/August; ✆ 085/718 1685), allerdings gibt es auch Privatunterkünfte. Fragen Sie im Jüdischen Museum nach. Das Restauran Tejsza hinter dem Museum, ul. Kozia 2, ist nichts Besonderes – trotz bewundernswerter Versuche, einige traditionelle jüdische Gerichte nachzuahmen.

Das Jedwabne-Pogrom

Das Dorf Jedwabne, 35 km nördlich von Tykocin, wäre sicher unbekanntes ländliches Hinterland geblieben, hätte man nicht kürzlich entdeckt, dass dort am 10. Juli 1941 ein wichtiges anti-jüdisches Pogrom stattgefunden hat. Die dunklen Geheimnisse von Jedwabne kamen ans Tageslicht durch Jan Tomasz Gross' Buch "Sąsiedzi" (Nachbarn), ein Werk, das die polnische Öffentlichkeit bei seiner Veröffentlichung 2000 schockierte und seitdem ein umstrittenes Thema geblieben ist.

Der Nordosten
Karte S. 202/203

Es war lange bekannt, dass im Sommer 1941 in Jedwabne wohl ein Pogrom stattgefunden hatte. Damals war die Rote Armee auf dem Rückzug, und die deutschen Truppen kamen, um die Macht zu übernehmen. Die jüdischen Gemeinden in ganz Ostpolen waren konfrontiert mit Vertreibung, Gewalt und willkürlicher Ermordung – da waren auch die Juden von Jedwabne keine Ausnahme. Es wurde jedoch immer angenommen, dass die Verbrechen gegen Juden von deutschen Soldaten begangen wurden oder von Polen, die von Deutschen dazu gezwungen wurden. Gross jedoch hat mit Überlebenden des Jedwabne-Pogrom gesprochen und chronologisch Stück für Stück zusammengefügt. Und so kam er zu dem erschreckenden Schluss, dass ortsansässige Polen ihre jüdischen Nachbarn umgebracht hatten, ohne auf Nazi-Befehle zu warten.

Die Beziehungen zwischen Polen und Juden waren wegen der sowjetischen Besetzung von Ostpolen 1939 sehr gespannt. Viele Polen beschuldigten die Juden der Kollaboration mit den kommunistischen Behörden. Es ist wahr, dass sich viele jüngere Juden vom Kommunismus angezogen fühlten. Dieser schien die Gleichstellung aller Menschen zu versprechen und wandte sich gegen die antisemitischen Maßnahmen der polnischen Regierung in den späten 1930er Jahren. Die sowjetischen Sicherheitsbehörden rekrutierten mehr Juden als Polen und verstärkten damit das Vorurteil, alle Juden seien Kommunisten und empfänden somit wenig Loyalität mit den Polen. Als das nationalsozialistische Deutschland im Juni 1941 der Sowjetunion den Krieg erklärte, schmolz die sowjetische Macht in Ostpolen dahin. Die Juden wurden von der polnischen Bevölkerung, die zwei Jahre von den kommunistischen Besatzern gedemütigt worden waren, zum Sündenbock erklärt.

In **Radziłow**, einer kleinen Stadt 20 km nördlich von Jedwabne, fand am 7. Juli ein Massaker durch Polen an Juden statt. Ob es die Bewohner aus eigener Initiative oder aus Angst vor deutschen Repressalien handelten, bleibt weiterhin Gegenstand von Vermutungen. Die Polen von Jedwabne beschlossen, gegen ihre jüdischen Mitbürger am 10. Juli vorzugehen. Laut Gross befanden sich zu dieser Zeit keine deutschen Truppen in der Stadt. Die Juden wurden gezwungen, ihre Häuser zu verlassen, und wurden zum Rynek getrieben. Dort mussten sie eine von den Sowjets aufgestellte Leninstatue zerstören. Danach wurden sie die Straße entlang zum jüdischen Friedhof außerhalb des Dorfes geführt. Die meisten von ihnen sperrte man in einen nahen Stall und setzte diesen anschließend in Brand. Gross schätzt, dass dabei etwa 1.500 Juden starben. Nur eine Handvoll überlebten, weil sie sich zu Beginn des Zusammentreibens in den Feldern versteckt hatten.

Gross' Bericht war ein großer Schock für die polnische Gesellschaft, nicht zuletzt weil er den Schluss zuließ, dass die Polen im Krieg zu ebensolcher Grausamkeit fähig waren wie die deutschen Besatzer. Die Vorstellung von Polen als einem Opfer der Nazis aber war ein wichtiger Baustein bei der Identitätsfindung des Landes in den 50 Jahren nach 1945 gewesen. Die Vorstellung, dass Polen gleichzeitig die Täter von Verbrechen im Nazistil sein konnten, war für viele einfach unfassbar. Das Buch von Gross hat die polnische Gesellschaft gespalten: Die Konservativen behaupten, es sei eine groteske Verleumdung der polnischen Nation, links-liberale Kreise halten dagegen, es biete eine einmalige Gelegenheit, die Vergangenheit anzunehmen und mit ihrer Hilfe einen Geist von Toleranz und Vergebung auszubilden.

Die Reaktion der polnischen Regierung war angemessen und würdevoll. Präsident Kwaśniewski brachte deutlich zum Ausdruck, er werde den 50. Jahrestag der Tragödie, den 10. Juli 2001, zu einer **Entschuldigung** seitens der polnischen Nation nutzen – eine Haltung, die beinahe von allen bedeutenden Politikern unterstützt wurde. Die Vorstellung aber, dass Polens Ehre beschmutzt worden war, hatte starken Einfluss auf die Bevölkerung. In Jedwabne z. B. wurden Polen, die über das Pogrom gesprochen hatten, von der Gemeinde geächtet, und der örtliche Priester ermutigte die Verteilung antisemitischer Schriften. Die katholische Priesterschaft hatte Mühe, die am Streit beteiligten Gruppen zu besänftigen. Ein **Gedenk-Gottesdienst** für die Opfer des Pogroms in der Warschauer Aller-Heiligen-Kirche – sie wurde gewählt, weil sie am nächsten beim Warschauer Ghetto liegt – wurde organisiert. Man wählte hierfür den 27. Mai 2001, um sich von der offiziellen Feierlichkeit mit Präsident Kwaśniewskis "Entschuldigung" einige Wochen später abzuheben. Zum Gottesdienst in der Aller-Heiligen-Kirche ließ sich der Rabbi von Warschau entschuldigen und blieb fern. Etwa zur gleichen Zeit gab Kardinal Glemp in einem weit verbreiteten Interview Ansichten preis, die viele Vorurteile gegen die Juden Polens zu bestärken schienen – nämlich, dass sie in den kommunistischen Sicherheitsbehörden eine führende Rolle spielten (dass also die Juden sich bei den Polen entschuldigen müssten und nicht umgekehrt) und dass das Judentum weltweit eine Kampagne gegen Polen führte, um die Polen dazu zu bringen, Schuld am Holocaust zuzugeben.

In Hinblick auf den Gedenktag am 10. Juli wurde der Ort des Pogroms einer gründlichen Untersuchung unterzogen. Die Verantwortlichen kamen zu dem Schluss, dass nicht mehr als 300 Opfer in dem Stall gestorben sein konnten und dass die vor Ort gefundene Munition auf eine deutsche Beteiligung hindeute. Hiermit wurde die Wirkung von Gross' Buch zwar gemindert, doch bewiesen die Untersuchungen, dass ein Massenmord dort stattgefunden hatte. Man plante ein neues **Denkmal** für die Stätte, doch dabei kam es über den Wortlaut der Inschrift zu unvermeidlichen Auseinandersetzungen. Letztendlich einigte man sich darauf zu schreiben, dass es sich bei den Opfern um Juden handelte, die Identität der Mörder aber offen zu lassen. Einen Satz bezüglich des Hasses, der durch "Deutsches Nazitum" verursacht wurde, ließ man nach Beschwerde der deutschen Gemeinde weg.

Am 10. Juli 2001 wurde die Gedenktafel enthüllt. Anwesend waren eine Menge polnischer und jüdischer Würdenträger – die katholische Kirche allerdings sandte nur einen Stellvertreter. Kwaśniewski spielte seine Rolle als Staatsmann, wie man es von ihm erwartet hatte. Er erklärte: "Als Staatsbürger und als Präsident von Polen bitte ich um Vergebung. Ich bitte um Vergebung in meinem eigenen Namen und im Namen der Polen, deren Gewissen durch dieses Verbrechen aufgerüttelt wurde." Offiziell zumindest wurde damit die Auseinandersetzung um Jedwabne beendet. Die strittige Frage polnisch-jüdischer Beziehungen allerdings wird sicher noch lange ein Diskussionsthema bleiben.

Der Biebrza-Nationalpark

Im Nordosten von Tykocin fließt der Fluss Narew in ein einmaliges Naturparadies Polens. Der **Biebrza-Nationalpark/Biebrzański Park Narodowy** wurde 1993 unter Naturschutz gestellt und ist mit etwa 600 Quadratkilometer der größte Naturpark Polens. Durch das tief liegende Marschland fließt die Biebrza, die im Südosten von Augustów, nahe der weißrussischen Grenze, entspringt. Das Gebiet, ein Netzwerk von Mooren und Sümpfen, ist eines der größten und unberührtesten Feuchtgebiete Europas. In der schönen Landschaft mit den ausufernden Flussbetten gibt es eine reiche Flora und Fauna. Hier leben Otter, große Biberkolonien, Wildschweine, große Elchherden, und es gibt noch Wölfe. Man findet alle Arten von Sumpf- und Waldpflanzen, unter anderem viele Moosarten. Es wurden bisher über 260 Vogelarten gezählt – viele haben hier ihre Brutgebiete, daher ist der Nationalpark natürlich auch bei Ornithologen beliebt. Man sollte im Frühjahr kommen, wenn die Flüsse große Teile der Täler überschwemmen und so ein ideales Brutgebiet für Wasservögel, z. B. Spießenten, Krickenten, Schwalben und die seltenen Grasmücken, schaffen.

Der Park ist in drei landschaftliche Sektionen unterteilt. Das **nördliche Flussbecken** am oberen Flusslauf ist schmal und am wenigsten zugänglich und wird nur selten besucht. Das **mittlere Flussbecken** ist umgeben von einer schönen Sumpf- und Waldlandschaft, darunter der berühmte **Rote Sumpf** (*Czerwone Bagno*), geschütztes Torfland, das von den Überschwemmungen weitgehend verschont bleibt. Hier leben große Elchherden sowie kleinere Kolonien von Gold- und Weißschwanzadlern. Dieses Gebiet darf man nur unter Begleitung eines offiziellen Führers betreten (siehe unten). Im **südlichen Flussbecken** wird der Flusslauf etwas breiter und Torf- und Sumpflandschaft wechseln sich ab. Hier gibt es die meisten Vogelkolonien.

Als Ausgangspunkt für einen Besuch bietet sich das Verwaltungsbüro des **Nationalparks (BPN)** in **Osowiec** an (Mai–Sept. tägl. 7.30–19 Uhr; Okt.–April Mo–Fr 7.30–15.30 Uhr; ✆ 086/272 0620, www.biebrza.org). Es befindet sich wenige hundert Meter vom Bahnhof auf der Hauptstraße von Ełk nach Białystok. **Züge** fahren alle zwei Stunden in beide Richtungen. In dem Büro der Verwaltung kann man die relativ preiswerten Eintrittskarten kaufen. Das Personal spricht Englisch und organisiert Einzelführer (40 Zł pro Stunde), Gruppenführungen und vermietet Ruderboote für die Vogelbeobachtung. Außerdem ist man bei der Suche nach **Übernachtungsmöglichkeiten** vor Ort behilflich. Naturliebhaber und Besucher, die die entlegeneren Teile des Gebietes besuchen möchten, können in einer der Waldhütten (*leśniczówki*) übernachten, die nicht teuer und an allen zentralen Punkten im Gebiet zu finden sind. Außerdem gibt es im BNP-Büro eine große Auswahl an Büchern, Broschüren und **Landkarten**. Die Karte *Biebrzański Park Narodowy (1:120.000)*, wurde mit Unterstützung des WWW – des World Wildlife Fund – produziert und ist besonders hilfreich für Ornithologen.

Einen Großteil des Naturparks kann man **zu Fuß** erkunden, denn es gibt ein ausgedehntes Netzwerk an Pfaden und gut markierten Wanderwegen, die durch sehenswerte Landschaften führen. Die spannendere Erkundung per **Boot** eignet sich vor allem für diejenigen, die bis Osowiec vordringen wollen. Die aufwändigste der organisierten Exkursionen führt entlang der beiden Flüsse Biebrza und Narew, von Raigród im Norden bis nach Łomza. Der Ausflug dauert 5 bis 7 Tage, unterwegs campt man oder übernachtet in Waldhütten. Das BNP Büro hat nähere Informationen.

Christine Holzkamp aus Berlin empfiehlt in Goniadz, ca. 40 km nördlich von Tykocin am Fluss Biebrza, "die tolle Pension Bartek", mit Doppelzimmern zu 150 Zł., tollem Essen, Kanu-/Fahrradverleih und wunderschöner Landschaft.

Kruszyniamy und Bohoniki

Ganz nahe der weißrussischen Grenze liegen die alten Tatarendörfer **Kruszyniamy** und **Bohoniki**. Sie sind faszinierende ethnische Enklaven im ostpolnischen Grenzmosaik. Beide verfügen über eine Holzmoschee und muslimische Friedhöfe. Wie diese Menschen hierher gekommen sind, ist eine überaus interessante Geschichte (siehe Kasten "Die Tataren"). Ein Besuch in den Dörfern ist ebenso informativ wie eindrucksvoll.

• *Anfahrt/Verbindungen* Es ist nicht ganz einfach in diese Dörfer zu gelangen. Direkte Busse von Białystok nach **Kruszyniamy** sind selten. Man kann jedoch den Bus nach **Krynki** nehmen (ungefähr 40 km) und dort auf eine Verbindung nach Kruszyniamy warten. Wenn auch von dort kein Bus fährt, bleibt nur noch die Reise per Anhalter. Die einzigen Busse nach **Bohoniki** fahren von **Sokołka**, das ungefähr eine Stunde nördlich von Białystok gelegen ist. Wenn Sie beide Dörfer am selben Tag besichtigen möchten, fahren Sie am besten zuerst nach Kruszyniamy, von dort weiter nach Krynki (am besten per Anhalter), und dann mit dem Bus nach Sokołka. Fragen Sie den Fahrer, ob er Sie in **Stara Kamionka** absetzt, und laufen Sie die letzten 4 km nach Osten auf dem letzten Stück des "Tatarenwegs" (Szlak Tartarski Duży), der die beiden Dörfer verbindet. Um nach Białystok zurückzukehren, nimmt man am besten den Nachmittagsbus nach Sokołka und dann einen Zug zurück zur Stadt (sie fahren bis ungefähr um 22 Uhr).

Bei einem Gang durch **Kruszyniamy** fühlt man sich um ein- oder zweihundert Jahre in die Vergangenheit zurückversetzt. Die bemalten Holzhäuser, eine Kopfsteinpflasterstraße, alte Bauern mit runzligen Gesichtern, die auf der Veranda sitzen und dem Besucher nachsehen – dies alles könnte aus einem Tolstoj-Roman stammen. Inmitten von Bäumen, etwas von der Straße zurückversetzt, steht die **Moschee** aus dem 18. Jahrhundert. Man erkennt sie am islamischen Halbmond über dem Eingang, obwohl die Architektur stark an die Holzkirchen in Polen erinnert. Die alten Hausmeister, die gleich neben der Moschee leben, lassen nur Besucher hinein, die angemessen gekleidet sind, d. h. keine nackten Beine haben bzw. keine ausgeschnittenen Oberteile tragen. Seitdem in letzter Zeit mehrmals eingebrochen wurde, wobei wertvolle Kopien des Korans gestohlen wurden, wird die Moschee nur noch ungern für Besucher geöffnet.

Obwohl die Tatarengemeinde immer kleiner wird, ist das Innere der Moschee, das hauptsächlich aus Holz besteht, gut erhalten. Momentan versammeln sich gerade mal sieben Menschen einmal im Monat für die Zeremonien, für die ein Vorbeter extra aus Białystok anreist. Ein Blick ins Gästebuch der Moschee enthüllt, wer die Moschee finanziert: Hier finden sich viele Namen von arabischen Diplomaten. Die Hausmeister nehmen von jedem Besucher gerne Spenden entgegen. Das Gebäude ist in zwei Sektionen unterteilt, die kleinere ist für die Frauen der Gemeinde. Die größere, mit Teppich ausgelegte für die Männer. Hier befinden sich ein abgeteilter Platz (*Mihrab*), der nach Mekka ausgerichtet ist, sowie die Kanzel, von der aus der Vorbeter (*Imam*) die Gebete leitet.

Auf dem **moslemischen Friedhof** nahe bei der Moschee gibt es eine Ansammlung von gepflegten, moderneren Grabsteinen, im Wald noch einige alte Grabsteine, die aus der Zarenzeit datieren. Im Dorf befindet sich auch eine orthodoxe Kirche, denn die weißrussische Bevölkerung überwiegt hier. Die alte Holzkirche, die bei einem Feuer zerstört wurde, ist durch einen wenig ansehnlichen Betonklotz ersetzt worden. Es gibt keine Hotels, und die rußgeschwärzte Bar ist der einzige Platz weit und breit, an dem man etwas zu essen bekommt.

Der Nordosten
Karte S. 202/203

Die Moschee im entlegeneren **Bohoniki** ist ein ähnlicher, wenn auch kleinerer Bau. Sie ist außen grün gestrichen und innen reich mit Teppichen ausgestattet. Durch Nachfragen in der einzigen Straße des Ortes sollten Sie herausfinden können, wer derzeit die Moschee betreut.

Die Tataren

Zu Beginn des 13. Jahrhunderts wurden die nomadisierenden Mongolenstämme Zentralasiens unter der Herrschaft von Dschingis Khan zu einem Stammesverband vereinigt. 1241 stürmten die wildesten von diesen Stämmen, die Tataren, aus den Steppen nach Westen und teilten sich in zwei Armeen. Eine fiel in Polen ein, die andere in Ungarn. Diese leicht bewaffneten, geschickten Reiter kamen so schnell voran, dass sich kein europäisches Heer mit ihnen messen konnte. Sie kämpften genauso wild, wie sie aßen – rohes Fleisch und mit Blut vermischte Pferdemilch. Am Ostertag 1241 zerstörten sie Krakau, und im April stießen sie bei Liegnitz mit der Streitmacht des schlesischen Herrschers Herzog Heinrich II. zusammen. Heinrichs Truppen wurden völlig aufgerieben. Aufzeichnungen aus dieser Zeit berichten, dass im gesamten christlichen Westen "alle von Angst und Zittern ergriffen wurden". Bevor sich die Tatarenhorden endgültig zurückzogen, verwüsteten sie wiederholt ganz Südpolen (1259) und fielen 1287 noch einmal in Krakau ein.
Innerhalb einer Generation aber hatten sich die Tataren nach Zentralrussland und auf die Krim zurückgezogen und bildeten nicht länger eine Gefahr für Mitteleuropa. Gegen Ende des 14. Jahrhunderts waren die Tataren der Krim unter die Herrschaft des Großherzogs von Litauen geraten – ein riesiges osteuropäisches Reich, das nach 1386 durch Heirat mit Polen verbunden war. Der litauische Herrscher Vytautas der Große berief Tatareneinheiten in seine Streitkräfte ein, und ein Tatarenkontingent half dem polnisch-litauischen Heer, den Deutschen Orden in der Schlacht von Grunwald 1410 zu schlagen (s. S. 283). Während der nächsten Jahrhunderte wanderten weitere Tataren in das Großherzogtum Litauen ein. (Es erstreckte sich damals über den größten Teil von Weißrussland und Teile des heutigen Ostpolen). Rechtzeitig verleibte sich Polen erfolgreich ganz Litauen und seine Volksstämme ein (s. S. 315). Im späten 17. Jahrhundert wies König Jan Sobieski den Tataren, die sich an seinen Feldzügen beteiligt hatten, zusätzliches Land zu. Damit schuf er weitere Tatarenniederlassungen in diesem Landesteil. Viele davon – wie auch Kruszyniamy und Bohoniki – bestehen noch immer.
Heute leben über ganz Polen verstreut, aber besonders in Szczecin, Gdańsk, Białystok und Umgebung, rund 6.000 Nachkommen dieser ersten muslimischen Bürger Polens. Sie sind zwar voll in die polnische Gesellschaft integriert, aber sie unterscheiden sich von den übrigen Polen durch ihr asiatisches Aussehen und ihren Glauben. Die Tataren in Gdańsk haben kürzlich eine Moschee fertig gestellt. Außer einer Moschee und den Friedhöfen in Bohoniki bzw. Kruszyniamy hat sich von den alten Ortschaften im Gebiet östlich von Białystok kaum etwas erhalten. Auf der anderen Seite der Grenze, in Weißrussland stehen jedoch noch weitere Moscheen.

Versteckt in einem Wald einen halben Kilometer südlich des Dorfes befindet sich der **Tatarenfriedhof**. Auf den Grabsteinen mit Inschriften auf Polnisch und Arabisch stehen typische Tatarennamen wie Ibrahimowicz und Bohdanowicz: muslimische Namen mit einer polnischen Endung. Versteckt im Gebüsch im hinteren Teil des Friedhofs entdeckt man ältere, umgestürzte Grabsteine mit russischen Inschriften. Sie stammen aus der Zeit, als Bohoniki ein Vorposten des Zarenreiches war. Noch immer werden hier Tataren aus ganz Polen beerdigt, wie zu den Zeiten von Jan Sobieski.

Südlich von Białystok

Südlich von Białystok kommt man in die Dörfer und Felder der **Podlasie**, dem Kernland der weißrussischen Bevölkerung in Polen. Die Plakate sind in kyrillischer Schrift, die Straßenschilder (noch) nicht. In dieser armen, ländlichen Gegend herrscht eine sehr östliche Atmosphäre. Zu den Sehenswürdigkeiten zählen die **Białowieżer Heide/Puszcza Białowieska** an der Grenze zu Weißrussland, mit dem orthodoxen Zentrum Hajnówka, die Regionalhauptstadt **Bielsk Podlaski** sowie **Siemiatycze**, in dessen Nähe sich das außergewöhnliche Kloster in **Grabarka** befindet, eine wichtige Wallfahrtsstätte orthodoxer Christen.

• *Anfahrt/Verbindungen* In diesem Gebiet reist man am besten mit dem **Bus**. Es gibt eine Reihe von Verbindungen von Białystok nach Hajnówka, Bielsk Podlaski und Siemiatycze. Steigen Sie in Hajnówka um, wenn Sie zur Białowieżer Heide wollen, in Siemiatycze, um nach Grabarka zu gelangen. Auf Ihrer Fahrt durch die ebene, grüne Waldlandschaft von Podlasie werden Sie vermutlich mehr orthodoxe Zwiebelkirchtürme sehen als katholische Spitztürme – ein deutliches Anzeichen für die Mehrheit von Weißrussen in diesem Gebiet.

Der Nordosten
Karte S. 202/203

Hajnówka

Für die meisten Besucher ist **Hajnówka**, etwa 70 km südöstlich von Białystok, nur das Tor in den Nationalpark Białowieża, der östlich von der Stadt beginnt. Es lohnt sich jedoch, einen näheren Blick auf diesen ruhigen Ort zu werfen. Die weißrussische Minderheit dort hat orthodoxe Traditionen und Geistlichkeit wieder belebt. Ein Ausdruck davon ist die Kirche der Heiligen Dreieinigkeit (*Cerkiew Świętej Trójcy*), eine wunderschöne Kirche, mit deren Bau Anfang 1970 begonnen und die 1992 mit viel Aufwand eingeweiht wurde. Das Gebäude hat eine beeindruckende, ungewöhnliche Form, mit einem gewölbten Dach, von dem zwei Zwiebeltürme aufragen, auf denen orthodoxe Kruzifixe angebracht sind. Im Inneren befinden sich eine schöne Bilderwand, eine leuchtende Reihe von Fresken und einige schöne Glasfenster, die aus Krakau stammen. Wie üblich, ist die orthodoxe Kirche nur bei Gottesdiensten geöffnet (die hier allerdings ziemlich oft stattfinden). Während des Tages kann man auch bei einem der Priester, die im Presbyterium gegenüber vom Haupteingang wohnen, fragen, ob sie die Kirche kurz öffnen wollen.

Um die Bedeutung der Kirche in der orthodoxen Gemeinde Polens zu unterstreichen, organisiert man jedes Jahr Anfang Mai das einwöchige Festival der Orthodoxen Kirchenmusik. Im nahe gelegenen Kulturzentrum, *Dom Kultury*, in der ul. Białostocka 2 (✆ 085/682 3202), treten dann erstklassige orthodoxe Chöre aus der ganzen Welt auf. Die Veranstaltung wird landesweit im Radio übertragen. Weiterhin gibt es ein kleines **Museum für weißrussische Kultur** in der ul. 3 Maja 42 (Juni bis Sept. Di–So 9–16 Uhr, Okt–Mai Di–So 10–15 Uhr; Eintritt 2 Zł) mit einer bescheidenen, aber informativen Sammlung zu dem Thema.

• *Übernachten* Das Beste, was sie tun können, wenn Sie die Kirche und das Museum besichtigt haben, ist, sich auf den Weg zur Białowieżer Heide aufzumachen. Wenn Sie eine **Übernachtungsmöglichkeit** brauchen, gibt es das Hotel **Orzechowski**, ul. Piłsudskiego 14 (✆ 085/682 2758; D). Es ist neu und auf internationale Touristen ausgerichtet, bietet also jeglichen modernen Komfort. **Dom Nauczyciela**, ul. Piłsudskiego 6 (✆ 085/ 682 2585; I), hat einfache Zimmer mit Gemeinschaftsbädern, ist allerdings ziemlich klein – rechnen Sie nicht damit, ein Zimmer zu bekommen.

• *Essen* Die wichtigsten Restaurants sind das preiswerte Biała Róża, ul. 3 Maja 42, das traditionelle polnische Küche und ein paar chinesische Gerichte bietet, und das wesentlich größere Hotelrestaurant des **Orzechowski.**

Die Puszcza Białowieska/Białowieżer Heide

Hundert Kilometer südöstlich von Białystok liegt die Białowieżer Heide (Puszcza Białowieska), einer der letzten Urwälder Europas. Dieses Gebiet nimmt 126.000 Hektar ein und erstreckt sich jenseits der Grenze bis nach Weißrussland hinein. Ein Großteil der Puszcza gehört zum Białowieski park narodowy (Białowieża Nationalpark), dem ersten Nationalpark Polens und dem Einzigen, der momentan von der UNESCO zum Naturerbe der Welt gezählt wird. Die Heide ist sowohl wegen ihrer Schönheit als auch wegen des größten Bestandes an europäischen Wisents bekannt. Einige kann man in einem Reservat sehen.

Jahrhundertelang war der heutige Naturpark privates Jagdgebiet der litauischen und weißrussischen Fürsten, polnischer Könige, russischer Zaren und anderer Machthaber, Schirmherren also, die sicherstellten, dass der Wald größtenteils unberührt blieb. Die polnische Regierung, die die Bedeutung der *puszcza* als einen der letzten intakten Lebensräume der Wisentherden erkannt hatte, erklärte große Gebiete davon in den 20er Jahren zum Nationalpark, um diese vom Aussterben bedrohte Gattung zu schützen. Die Wisente waren im Ersten Weltkrieg von hungrigen Soldaten fast ausgerottet worden. Wie die anderen puszcze bot auch die Puszcza Białowieska oft den Partisanen Schutz, vor allem im Aufstand von 1863 und später im Zweiten Weltkrieg. Deshalb stößt man immer wieder auf Denkmäler, die an zahlreiche Tote erinnern, deren Gebeine hier begraben liegen.

Fast 40 % der Heide auf der polnischen Seite der Grenze gehören zu einem sogenannten "strikten Reservat" (*rezervat ścisły*), einem streng kontrollierten, auf der Landkarte markierten Gebiet, das nur unter Begleitung eines Führers besucht werden kann. Für die restlichen Gebiete gelten die üblichen Regeln für Naturparks, und sie können auch ohne Führer besucht werden. Wenn Sie sich in der Gegend aufhalten, sollten Sie hier unbedingt einen Aufenthalt einlegen. Auch bei einem Tagesausflug bekommt man einen Eindruck von der Urwald-Atmosphäre des Waldes.

• *Anfahrt/Verbindungen/Übernachten* Man fährt zum Dorf Białowiża, dem Ausgangspunkt für geführte Touren im "strikten Reservat". Von dort ist auch das Wisent-Reservat zu Fuß erreichbar. Es gibt nur einen **Bus** täglich von Białystok zum Dorf. Ansonsten können Sie einen der etwa stündlich verkehrenden Busse nach Hajnówka nehmen und von dort mit einem der acht täglichen Busse nach Białowieża weiterfahren. Wenn Sie morgens früh starten, können Sie die Tour als Tagesausflug machen und am Abend in Białystok zurück sein. Andererseits gibt es in Białowieża genügend **Unterkünfte**, und vielleicht reizt Sie der Gedanke an eine ruhige Nacht in dieser wunderschönen Landschaft.

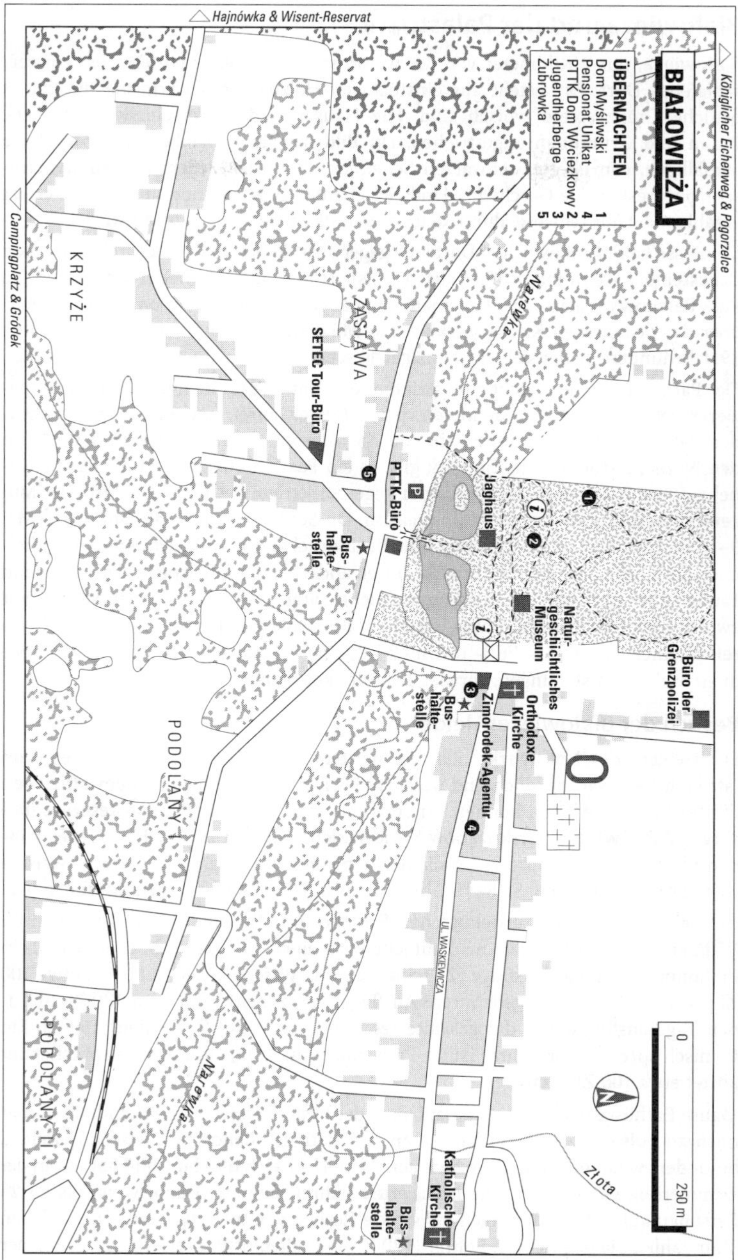

Der Nordosten
Karte S. 202/203

Białowieża und der Palastpark

Białowieża, nur 2 Kilometer von der weißrussischen Grenze entfernt, ist ein verschlafenes Dorf. Es besteht aus einstöckigen Holzbauernhäusern, die für Polens östliche Grenzgebiete typisch sind. Die Häuser sind in verschiedenen Ocker-, Braun und Grüntönen angestrichen, ein Bild häuslicher Sauberkeit, obwohl die baufälligen, vom Wetter schwarzen Scheunen, die in fast jedem Garten stehen – sehr pittoresk –, die Geschichte landwirtschaftlicher Stagnation und Entvölkerung erzählen, die nur teilweise durch den Tourismus wieder wettgemacht wird.

Die Busse halten am östlichen Dorfende gegenüber der katholischen Kirche aus roten Backsteinen. Wenn man früher aussteigt, spart man Zeit: entweder am Südtor des **Park Pałacowy** (Palastpark) bei einem ehemaligen Bahnhof, oder am Osttor gegenüber der orthodoxen Kirche **Cerkiew św. Mikolaja** (St. Nikolaus) aus dem späten 19. Jahrhundert, in der sich eine einzigartig schöne gekachelte Bilderwand befindet.

Der Park selbst gehört nicht zum strikten Reservat, sodass man tagsüber darin spazieren gehen kann. Er wurde in den späten 1890er Jahren um einen beeindruckenden Palast angelegt, der auf Befehl von Zar Alexander III. errichtet und 1944 von den Nazis zerstört wurde. Im Park gibt es ein Paar Zierteiche und mehrere angenehme, von Bäumen gesäumte Spazierwege. Außerdem befindet sich darin das **Muzeum Przyrodniczo-Leśne** (Waldmuseum; Di–So: Juni–Sept. 9–17 Uhr; Okt.–Mai 9–15.30 Uhr; 5 Zł). Es beherbergt eine beeindruckend ausführliche und gut erhaltene Einführung in den Naturpark, unter anderem sind Beispiele der Flora und Fauna zu sehen. Wenn Sie an Naturgeschichte interessiert sind, können Sie hier gut zwei Stunden verbringen. Etwas unterhalb des Museums liegt der lindgrüne **Dworek** (Kleiner Palast, Mo–Fr 8–16 Uhr, 2 Zł), eine ehemalige Jagdhütte aus Holz. Sie dient nun zu Ausstellungen, vorwiegend mit ökologischen Themen.

Besuch der Białowieżer Heide

Die Gebiete des Naturparks, die die meisten Besucher anziehen, gehören zum "strikten Reservat" nördlich und westlich des Dorfes, die nur mit einem **offiziellen Führer** besucht werden können. Andere Teile wie z. B. Das Wisent-Reservat (**Reservat Żubrów**) und **Szlak Dębów Królewskich**, sind frei zugänglich. Führer können über das PTTK-Büro am südlichen Eingang zum Palastpark gebucht werden (Mo–Fr 8–16 Uhr, Sa u. So 8–15 Uhr; ✆ 085/ 681 2295, pttkbialowieza@sitech.pl).

Am beliebtesten sind **Pferdekutschen-Fahrten**. Pro Tag sind nur 11 Kutschen im Wald erlaubt, deshalb sollte man auf jeden Fall einen Tag vorher buchen, vor allem im Sommer. Standardausflüge (2–3 Stunden) ins Wisent-Reservat kosten etwa 100 Zł pro Kutsche. Für ausgedehntere Ausflüge (4 Stunden) zahlt man 120 Zł, für einen Tagesausflug durch das gesamte *reservat ścicły* (etwa 7 Stunden) 150 Zł. Ein Polnisch sprechender Führer ist im Preis eingeschlossen, ein Englisch sprechender kostet etwa 100 Zł zusätzlich.

Wahre Enthusiasten bestehen darauf, dass der beste Weg für eine Erkundung immer noch **zu Fuß** sei. Nur dann kann man den Reiz der Landschaft wirklich erleben, besonders wenn man die Tiere beobachten will, die sich morgens und abends in der Dämmerung versammeln. Die lizensierten Führer können Gruppen von bis zu 25 Personen auf Fußwanderungen ins strikte Reservat mitnehmen. Auf einer solchen Tour zahlen Sie nur für den Führer (120 Zł) und die **Eintrittskarte** (5 Zł). Jeder, der das Gebiet, auf welche Weise auch immer betritt, muss diese Eintrittskarte lösen.

Wie auch immer sie das strikte Reservat besuchen, es wird sicher ein phantastisches Erlebnis. Zuweilen strahlen die unendlichen Tiefen des Waldes eine erhabene Ruhe aus, zuweilen verwachsen die Eichen, Fichten und Hainbuchen zu einem bedrohlichen Dickicht, das nur hin und wieder von einzelnen Sonnenstrahlen kurz erhellt wird, bevor es wieder im Dunkel versinkt. Im Wald finden sich nicht nur seltene Tierarten wie Elche und Biber, sondern auch eine erstaunliche Fülle an anderer Flora und Fauna: Es gibt über 20 Baumarten, 20 verschiedene Nagetierarten, 13 Fledermausarten, 228 Vogelarten – insgesamt über 3.000 verschiedene Spezies, die noch von etwa 8.000 verschiedenen Insektenarten ergänzt werden.

Das Reservat Żubrów

Das Wisent-Reservat (Di–So: Juni–Sept. 9–17 Uhr; Okt.–Mai 9–15.30 Uhr; 4 Zł) liegt etwa 4 Kilometer westlich des Dorfes Białowieża auf der Straße nach Hajnówka und ist zu Fuß über die Wanderwege mit grüner und gelber Markierung erreichbar, die am Südeingang des Parkpalastes beginnen. In dem eingezäunten Gebiet kann man etwa 250 Exemplare dieser größten und berühmtesten Tiere des Parks sehen, der restliche Bestand lebt in der Wildnis. Lassen Sie sich nicht von der behäbigen Erscheinung der Tiere täuschen: Wenn sich ein Wisent (auf Polnisch *żubr)* bedroht fühlt, kann er mit bis zu 50 km/h auf Sie lospurten, was bei einem Gewicht von bis zu 1.000 kg pro Tier eine nicht zu unterschätzende Kraft ist.

Die untersetzten, sandfarbenen Pferde mit dem dunklen Streifen auf dem Rücken, die man ebenfalls im Reservat sieht, sind Tarpane. Diese Wildpferde stammen direkt von den urtümlichen Steppenpferden ab, die im 19. Jahrhundert ausstarben. Nachdem die Gene der Tarpane sich jahrelang mit anderen Rassen vermischt haben, versucht man nun, sie langsam wieder in ihren ursprünglichen Zustand zurückzuzüchten. In benachbarten Gehegen kann man noch andere Waldtiere, wie Elche, Wildschweine, Hirsche sowie *żubroń* sehen, eine seltsame Kreuzung aus Wisent und Kuh, die hier gezüchtet wird.

Szlak Dębów Królewskich

Einer der beeindruckendsten Teile des Waldes, der nicht im strikten Reservat liegt, ist der Szlak Dębów Królewskich (Königlicher Eichenweg), der etwa 3 Kilometer nördlich des Wisent-Reservats entlang der gelben Markierung verläuft. Er besteht aus einer Gruppe von 40 Meter hohen Eichen, von denen die ältesten über 400 Jahre alt sind. Die ehrwürdigen Bäume, die sich aneinander reihen und deren Kronen den Weg überdachen, wurden als Zeichen der Wertschätzung nach den verschiedenen Monarchen der Polnisch-Litauischen Republik benannt.

• *Information* Das **Informationszentrum** des Nationalparks befindet sich am Osteingang des Park Pałacowy (tägl. 9–17 Uhr; ✆ 085/681 2306). Es verfügt über englische Broschüren über den Wald, verkauft Karten der Umgebung und gibt Auskunft über **Privatzimmer** (ca. 35 Zł pro Person) im Dorf.

Unser Leser Dirk Schworm empfiehlt die im Infozentrum erhältliche Karte *Puszcza Bialowieska 1: 50.000*, da die auf der Karte nummerierten Planquadrate auch im Wald durch Markierungssteine ausgewiesen sind.

• *Übernachten (siehe Karte S. 337)* Es gibt einige Hotels im Palastpark selbst: Die PTTK-Herberge **Dom Wycieczkowy (2)** beim Museum (✆ 085/681 2505; I–H) ist einfach und in den ehemaligen Palaststallungen untergebracht. Es gibt ein schlichtes Café, aber kein Restaurant. Etwas besser ist das Hotel **Myśliwski (1)** (✆ 085/681 2584; H), nur ein kurzes Stück weiter. Hier gibt es große, ruhige Zimmer, jedoch kein Restaurant.

Weitere Möglichkeiten gibt es im Dorf: Das **Unikat (4)**, ul. Waszkiewicza 39 (✆ 085/681 2774) (3), nur einen kurzen Fußweg vom

Palastpark entfernt, ist eine gute Familienpension. Das **Żubrówka (5)**, ul. Olgi Gabiec 6 (✆ 085/681 2303; www,hotel-zubrowka.bialowieza.pl; G), ist ziemlich neu und hat komfortable Zimmer mit Bad – der elegante Anbau ist derzeit eine Baustelle, wird aber Luxusräume der Kategorie (D) bieten. Die ganzjährig geöffnete **Jugendherberge (3)** gegenüber der orthodoxen Kirche, ul. Waszkiewicza 6 (✆ 085/681 2560, www.paprotka.com.pl), hat Schlafsaalbetten für 20 Zł und einige Doppelzimmer (I). Ein einfacher **Campingplatz**, befindet sich ungefähr 2 km südlich des Dorfes und ist von Mai–Sept. geöffnet. Inzwischen erlauben auch immer mehr Dorfbewohner das Zelten in ihrem Garten während der Sommersaison. Halten Sie Ausschau nach dem Schild: *Pole namiotowe* (Zeltplatz).

• *Essen* Im Erdgeschoss des **Unikat** befindet sich ein **Restaurant**, das gute polnische Gerichte bietet. Im Restaurant des **Żubrówka** ist die Auswahl etwas größer, es gibt auch Vegetarisches.

Reiseveranstalter

Verständlicherweise haben sich die ortsansässigen Reiseveranstalter auf Ausflüge in den Naturpark der *puszcza* spezialisiert. Einige verfügen jedoch auch über Informationen über andere Gegenden, wie z. B. den Biebrza National Park (s. S. 332). Es schießen immer mehr Agenturen aus dem Boden. Sie sollten die verschiedenen Angebote für Pferdekutschen, Fahrräder oder Fußwanderungen genau studieren, bevor Sie sich für einen der Veranstalter entscheiden.

PTTK, gleich außerhalb des Eingangs zum Park (Juni und Juli, Mo–Sa 8–18 Uhr, So 8–15 Uhr; Aug.–Mai, Mo–Sa 8–16 Uhr, So 8–15 Uhr ; ✆ 085/681 2295). PTTK ist der alteingesessene Reiseveranstalter. Seine Preise sind zwar etwas höher, jedoch bietet er die größte Auswahl an Pferdekutschen ins "strikte Reservat".

Pónocpodlaskie Towarzystwo Ochrony Ptaków (PTOP) – Podlasische Gesellschaft für Vogelschutz, gegenüber vom PTTK-Büro (✆ 085/75 4862). Dies ist die erste Anlaufstelle für Ornithologen. Hier werden spezielle Touren zur Vogelbeobachtung organisiert, meist für Gruppen, die bereits im Voraus gebucht haben. Es gibt jedoch die Möglichkeit, sich einer solchen Gruppe anzuschließen.

Setec Tour, ul. O Gabiec 8 (✆ 085/681 2664). Dies ist eine der neueren Agenturen, unter französisch-polnischer Direktion. Man ist hier sehr hilfreich, gut informiert und bestens auf die Bedürfnisse ausländischer Touristen eingestellt. Man kann alle Arten von Standardtouren mieten. Außerdem werden Reitausflüge, Unterbringung in Waldhütten und Reisen auf der Schmalspur-Dampfbahn von Hajnówka organisiert (dafür ist jedoch die Reservierung im Voraus erforderlich).

Zimorodek, ul. Waskiewicza 2 (✆ 085/681 2609). Bezeichnet sich selbst als "Alternativ-Veranstalter". Organisiert Touren in das "strikte Reservat", Führer und Fahrradverleih zu niedrigeren Preisen als bei PTTK.

Bielsk Podlaski

Die verschlafene alte Marktstadt **Bielsk Podlaski,** die von dem urtümlich ländlichen Eindruck der umliegenden Landschaft geprägt ist, liegt 55 Kilometer südlich von Białystok. Mit dem Auto oder Zug fährt man durch die reizvolle, offene Podlasie-Landschaft; wer Lust hat, kann sich in den am Weg gelegenen Dörfern die schönen orthodoxen Kirchen anschauen. Die Stadt selbst hat einige Sehenswürdigkeiten, aber es ist die Atmosphäre, die ihren eigentlichen Charme ausmacht.

Die Sehenswürdigkeiten von Bielsk Podlaski befinden sich alle im etwas auseinander gezogenen Stadtzentrum, das von der Haupteinkaufsstraße ul. Mickiewicza von Norden nach Süden durchquert wird. Am Nordende der Mickiewicza liegt der

Rynek der Altstadt, an dem unter den umstehenden alten Häusern auch einige sehenswerte alte Holzhäuser im Stil der Region stehen. In dem klotzigen barocken **Rathaus** in der Mitte des Platzes ist ein kleines **Museum** untergebracht, in dem Kunsthandwerk aus der Region und gelegentlich auch Kunstausstellungen zu sehen sind.

Öffnungszeiten Di–So 10–17 Uhr. Eintritt 3 Zł.

Westlich des Platzes steht die neoklassizistische katholische **Pfarrkirche**, die um 1780 von Izabella Branicki in Auftrag gegeben wurde. Nördlich des Platzes wird ein für die Region typischer, improvisierter **Markt** abgehalten: Der etwas schlammige Platz strotzt nur so von Weißrussen und andere "Handelstouristen" von jenseits der Grenze, die den Einheimischen hier vom Kofferraum ihres Autos aus Kleider, Schmuck, Hifi-Geräte etc. anbieten. Gleich hinter dem Markt stehen die neu renovierte barocke **Karmeliter-Kirche** und das **Kloster** aus dem 17. Jh. Die Innenräume wurden kürzlich geschmackvoll restauriert.

In südliche Richtung führt die ul. Mickiewicza zur reich verzierten **St.-Michael-Kirche**, einer orthodoxen *cerkiew* mit blauen Zwiebeltürmen, die das Zentrum der orthodoxen Gemeinde hier ist. Wie so oft ist die Kirche außerhalb der Gottesdienstzeiten meist abgesperrt. Wer die schöne Ikonostase (eine dreitürige Bilderwand zwischen Gemeinde- und Altarraum) sehen will, sollte sich an das Pfarrhaus nebenan wenden.

- *Anfahrt/Verbindungen* **Bahnhof** und **Busbahnhof** sind vom Stadtzentrum in südlicher Richtung etwa zehn Minuten zu Fuß gelegen.
- *Information* Für Informationen über die Region wenden Sie sich an das **Orbisbüro** in der ul. Mickiewicza 62 im Stadtzentrum.
- *Übernachten/Essen* Es gibt wenig passable Unterkünfte, davon ist das Hotel **Unibu**, ul. Widowska 4 (☏ 085/730 0302, www.unibus.com.pl; G), am Nordostrand der Stadt, das empfehlenswerteste. Das **Przyszłość**, ul. Dąbrowskiego 3 (085/730 7770; H), ist eine weniger gute Alternative dazu. Zum Essen bietet sich das Restaurant **Podlasianka**, ul. Mickiewicza 37, an. Hier spielt abends eine Tanzband. Das **Hajduczek**, ul. Mickiewicza 25, ist eine annehmbare *kawiarnia*, das preiswerte polnische Gerichte serviert.

Siemiatycze

Nach weiteren 50 Kilometern Reise durch die ruhige podlasische Landschaft erreicht man **Siemiatycze**, ein heruntergekommenes Städtchen, in dem die schwierige wirtschaftliche Situation des ländlichen Polens sichtbar wird. Auch hier ist der Marktplatz das Zentrum der Stadt. Die katholische **Pfarrkirche** ist ein prunkvolles Gebäude aus dem frühen Barock mit schönem Altarbild und typisch gelb-weißen Stuckarbeiten. Nach der Invasion Ostpolens durch die Rote Armee im Zweiten Weltkrieg fanden sich die Bewohner von Siemiatycze plötzlich innerhalb von russischen Grenzen wieder. In der Kirche erinnert eine neuere Gedenktafel an die Aktion "Akcja Bursa", während der die Sowjetkräfte die Heimatarmee (AK), die sich in den Wäldern östlich der Stadt verschanzt hatte, angriffen und ermordeten. Viele Anwohner wurden zusammengetrieben und nach Sibirien abtransportiert – die meisten kehrten nie zurück. Gleich am Fuß des Hügels steht die wichtigste orthodoxe Kirche **St. Peter und Paul**. Sie ist eine typische *cerkiew* aus dem 19. Jahrhundert und wurde kürzlich restauriert.

Vor dem Krieg stellte die zweite große Religionsgemeinde der Stadt, die Juden, fast 40 % der Bevölkerung von Siemiatycze. Südlich des Platzes, in einer Seitenstraße der ul. Pałacowa, steht die ehemalige **Synagoge**; wundersamerweise hat das

Steingebäude aus dem 18. Jahrhundert die Nazizeit überstanden. Im Krieg diente die Synagoge als Waffenlager, in den 60er Jahren wurde sie renoviert und ist heute das *Dom Kultury* der Stadt. Das Personal zeigt auf Anfrage die Überbleibsel der ursprünglichen Architektur des Gebäudes. Der **jüdische Friedhof**, im Osten hinter der Bushaltestelle in der ul. Polna, ist – wie so oft – vernachlässigt und mit Unkraut überwachsen. Im **Stadtmuseum**, in der ul. Listopada südlich des Zentrums, kann man sich über die Stadtgeschichte und über die jüdische Gemeinde informieren.

- *Öffnungszeiten* **Stadtmuseum** – Di–So 10–16 Uhr. Eintritt 2,50 Zł.
- *Übernachten/Essen* Die einzige Möglichkeit für eine Übernachtung bietet das **U Kmicica** (✆ 085/655 2432; H), weit südlich vom Stadtzentrum in der ul. 11 Listopada 139. Am Marktplatz befindet sich das **Restaurant Olenka**, ul. Grodzieńska 7, das einzig zuverlässige vor Ort.

▸ **Kloster Grabarka**: Das Kloster beim Dorf Grabarka liegt 10 Kilometer östlich von Siemiatycze im Wald versteckt. Es ist das geistige Zentrum der zeitgenössischen polnischen orthodoxen Gemeinde und eine Wallfahrtsstätte, die von der Bedeutung her mit dem katholischen Pilgerort Częstochowa vergleichbar ist. Der Gegensatz zwischen den beiden Zentren könnte allerdings kaum größer sein: Das Kloster Jasna Góra ist majestätisch und von städtischem Pomp geprägt, während die heilige Stätte in Grabarka von einer kraftvollen und geheimnisvollen Aura längst vergangener Zeiten umgeben ist. Wer sich schon an die Prozessionen katholischer Schwestern auf den polnischen Straßen gewöhnt hat, wird hier von dem Anblick der etwa zwanzig Nonnen in orthodoxen Gewändern überrascht werden. Die Schwestern des Klosters ließen sich 1947 hier nieder, um alle Gemeinschaften orthodoxer Frauen im Land zusammenzubringen. Verständlicherweise bleiben sie im Verborgenen, um ihre Privatsphäre vor den Horden von Wallfahrern zu schützen, die zu den großen orthodoxen Festen regelmäßig hier anreisen.

Ein sandiger Waldweg führt auf den Hügel zum Kloster hinauf und kommt dabei an den Gemeinschaftshäusern in der Nähe der Kirche vorbei. Im Jahr 1991 brannte die Kirche nieder, es ist nicht klar ob durch einen Unfall oder Brandstiftung. Dies war ein schwerer Schlag für die Weißrussen und die orthodoxen Gemeinden, für die die Kirche seit langem ein wertvoller Schrein war. Beim Wiederaufbau wurde kein Geld gespart, was man an dem messingbeschlagenen Kuppeldach erkennen kann. Das neue Backsteingebäude ist wieder voll in Betrieb. Am beeindruckendsten ist der Anblick des Dickichts von Holzkreuzen, von denen die ältesten aus dem frühen 18. Jahrhundert stammen. Damals kamen Wallfahrer in Massen hierher geströmt, weil sie von Wundern gehört hatten, die bei einer Choleraepidemie in der Gegend geschehen sein sollten. Traditionellerweise brachten sie alle als fromme Handlung ein Holzkreuz mit, das sie hier am Ziel ihrer Reise hinterließen. Mehrere tausend orthodoxe Kruzifixe in allen Größen und Formen stehen nun hier zusammengeballt und bieten ein kraftvolles Bild. Bei all dem Holz sind die Schilder mit der Aufschrift "Keine Zigaretten anzünden", die überall aufgestellt sind, nur zu verständlich.

Trotz der entlegenen Lage des Konvents finden sich zu fast allen Jahreszeiten Gläubige hier ein. Die größten Wallfahrten finden jedoch an heiligen Tagen und zu den größten orthodoxen Festen statt, also z. B. am 19. August, dem **Przemienienia Pańskiego (Spasa)** – dem Fest der Verklärung des Heilands. Dann kommen Tausende von orthodoxen Gläubigen aus dem ganzen Land nach Grabarka, viele zu Fuß, um an den mehrere Tage dauernden Festlichkeiten teilzunehmen. In der Nacht vor dem Hauptfesttag wird eine Nachtwache gehalten. Wie die katholischen Feste bieten auch die Feiern in Grabarka einen aufschlussreichen Einblick in die Wurzeln der ländlichen Praktiken des orthodoxen Glaubens.

• *Verbindung/Anfahrt* Wenn Sie kein eigenes Auto haben, nehmen Sie einen der **Busse**, die von Siemiatycze etwa zwei- bis dreimal täglich (im Sommer öfter) nach Grabarka fahren. Sie halten im Dorf, etwa einen halben Kilometer vom Kloster entfernt. Wahlweise können Sie auch den Zug von Hajnówka oder Białystok nach Sycze nehmen und dann noch etwa 1 km durch den Wald bis zum Kloster laufen.

Reiseinformationen

Züge

• *Innerpolnische Zugverbindungen* **Białystok** nach: Gdańsk (2 x tägl., 9 Std., Liegewagen); Krakau (1 x tägl., 9 Std., Liegewagen); Lublin (1 x tägl., 9 Std.); Olsztyn (5 bis 6 x tägl., 6 Std.); Poznań (1 x tägl., 10 Std., Liegewagen); Suwałki über Augustów (4 bis 5 x tägl., 2 Std. 30 Min. bis 3 Std.); Warschau (8 x tägl.; 2 Std.).

Gdańsk nach: Białystok (2 x tägl., 8–9 Std.); Bydgoszcz (stündlich; 2–3 Std.); Częstochowa (2 x tägl.; 7–8 Std.); Elbląg (11 x tägl.; 1–2 Std.); Hel (Juli–Aug. 3 x tägl.; 3 Std. 15 Min.); Katowice (8 x tägl.; 7–8 Std.; Liegewagen); Kołobrzeg (4 x tägl.; 4–5 Std.); Koszalin (13 x tägl.; 3–4 Std.); Krakau (7 x tägl.; 6–10 Std.); Łódź (3 x tägl.; 5,5–7 Std.); Lublin (1 x tägl.; 7 Std. 30 Min.); Olsztyn (6 x tägl.; 3 Std. 30 Min.); Poznań (6 x tägl.; 4 Std.); Przemyśl (1 x tägl.; 13 Std.); Rzeszów (1 bis 2 x tägl.; 11–14 Std.; Liegewagen); Szczecin (3 x tägl.; 4,5–6 Std.); Toruń (5 x tägl.; 3–4 Std.); Warschau (12 x tägl.; 3–4 Std.); Wrocław (4 x tägl.; 7–8 Std.; Liegewagen); Zakopane (1 x tägl. 13 Std.; Liegewagen).

Gdynia nach: Hel (8 x tägl.; 2 Std. 15 Min.); Władysławowo (8 x tägl.; 1 Std. 25 Min.).

Grudziądz nach: Malbork (6 x tägl.; 1 Std. 20 Min.); Toruń (8 x tägl.; 1 Std. 30 Min.).

Hel nach: Gdynia (8 x tägl.; 2 Std. 15 Min.); Władysławowo (8 x tägl.; 50 Min.).

Mikołajki nach: Ełk (1 x tägl.; 1 Std. 40 Min.); Mrągowo (2 x tägl.; 40 Min.); Olsztyn (2 x tägl.; 2 Std. 30 Min.).

Mrągowo nach: Ełk (1 x tägl.; 2 Std. 20 Min.); Olsztyn (5 x tägl.; 1 Std. 50 Min.).

Olsztyn nach: Białystok (4 x tägl.; 5–7 Std.); Elbląg (10 x tägl.; 1,5–2 Std.); Gdańsk (6 x tägl.; 3–4 Std.); Krakau (2 x tägl.; 7–12 Std.); Mikołajki (2 x tägl.; 2 Std. 30 Min.); Mrągowo (5 x tägl.; 1 Std. 50 Min.); Poznań (4 x tägl.; 5 Std.); Suwałki (2 x tägl.; 5–6 Std.); Szczecin (5 x tägl.; 8–10 Std.); Toruń (8 x tägl.; 3–4 Std.); Warschau (8 x tägl.; 3–5 Std.); Wrocław (2 x tägl.; 7–8 Std.); Zakopane (1 x tägl.; 16 Std.).

Suwałki nach: Białystok (4 x tägl.; 2,5–3,5 Std.); Krakau (1 x tägl. Juni–Sept; 12 Std.); Olsztyn (2 x tägl.; 6–8 Std.); Warschau (4 bis 6 x tägl.; 4–8 Std.; Liegewagen Juni–Sept.).

Toruń nach: Bydgoszcz (12 x tägl.; 30 Min.–1 Std.); Gdańsk (5 x tägl.; 3–4 Std.); Krakau (3 x tägl.; 7–8 Std.); Łódź (12 x tägl.; 2–4 Std.); Olsztyn (5 x tägl.; 2–3 Std.); Poznań (5 x tägl.; 2–3 Std.); Warschau (6 x tägl.; 3–5 Std.); Wrocław (2 x tägl.; 5–6 Std.).

• *Internationale Zugverbindungen*

Gdańsk nach: Berlin (1 x tägl.; 9 Std.).

Suwałki nach: Šestokai (2 x tägl.).

Nützliche Buslinien

• *Innerpolnische Busverbindungen* **Augustów** nach: Białystok (12 x tägl.; 2 Std. 10 Min.); Ełk (9 x tägl.; 1 Std.); Giżycko (1 x tägl.; 3 Std.); Sejny (4 x tägl.; 50 Min.); Suwałki (20 x tägl.; 45 Min.); Warschau (3 x tägl.; 5 Std.).

Białystok nach: Augustów (12 x tägl.; 2 Std. 10 Min.); Biała Podlaska (1 x tägl.; 3 Std. 30 Min.); Białowieża (1 x tägl.; 3 Std.); Bielsk Podlaski (stündl.; 1 Std. 10 Min.); Choroszcz (alle 30 Min.; 30 Min.); Hajnówka (18 x tägl.; 1 Std. 30 Min.); Lublin (2 x tägl.; 4 Std.); Olsztyn (2 x tägl.; 4 Std.); Suwałki (8 x tägl.; 2 Std. 30 Min.); Tykocin (18 x tägl.; 40 Min.); Warschau (8 x tägl.; 4 Std.).

Chełmno nach Bydgoszcz (14 x tägl.; 1 Std.); Grudziądz (12 x tägl.; 1 Std.); Toruń (12 x tägl.; 1 Std. 10 Min.).

Elbląg nach Krynica Morska (20 x tägl.; 1 Std. 20 Min.).

Der Nordosten
Karte S. 202/203

Gdańsk nach: Chełmno (1 x tägl.; 9 Std.); Braniewo (5 x tägl.; 2 Std. 50 Min.); Chmielno (5 x tägl.; 1 Std. 20 Min.); Chojnice (5 x tägl.; 3 Std.); Elbląg (alle 30 Min.; 1 Std. 20 Min.); Frombork (5 x tägl.; 2 Std. 30 Min.); Gyżicko (2 x tägl.; 7 Std. 30 Min.); Kamień Pomorski (1 x tägl.; 7 Std.); Kartuzy (stündl.; 50 Min.); Kętrzyn (4 x tägl.; 5 Std. 45 Min.); Kołobrzeg (1 x tägl.; 5 Std. 30 Min.); Koszalin (1 x tägl.; 4 Std. 45 Min.); Kąty Rybackie (14 x tägl.; 1 Std. 20 Min.); Krynica Morska (14 x tägl.; 1 Std. 40 Min.); Lębork (6 x tägl.; 2 Std.); Lidzbark Warmiński (5 x tägl.; 5 Std.); Malbork (8 x tägl.; 1 Std. 15 Min.); Olsztyn (3 x tägl.; 5 Std. 30 Min.); Sztutowo (18 x tägl.; 1 Std. 15 Min.); Świnouscie (1 x tägl.; 1 Std. 15 Min.); Toruń (1 x tägl.; 3 Std. 30 Min.); Warschau (2 x tägl.; 5 Std. 30 Min.).

Gdynia nach: Hel ((8 x tägl.; 2 Std.); Jastrzębia Góra (Juli–Aug. 15 x tägl.; Sept.–Juni 5 x tägl. ; 1 Std. 30 Min.) ; Łeba (Juli–Aug. 4 x tägl.; Sept.–Juni 2 x tägl.; 2 Std. 30 Min.); Warschau (2 x tägl.; 5 Std. 40 Min.).

Giżycko nach: Gdańsk (2 x tägl.; 7 Std. 30 Min.); Kętrzyn (10 x tägl.; 40 Min.); Mikołajki (6 x tägl.; 1 Std.); Mrągowo (16 x tägl.; 1 Std. 40 Min.).

Grudziądz nach: Bydgoszcz (10 x tägl.; 2 Std.); Chełmno (12 x tägl.; 1 Std.); Toruń (7 x tägl.; 2 Std. 30 Min.).

Hajnówka nach: Białowieża (8 x tägl.; 30 Min.); Białystok (18 x tägl.; 1 Std. 30 Min.).

Hel nach:Gdynia (8 x tägl.; 2 Std.); Jastrzębia Góra (Juli–Aug. 1 x tägl.; 1 Std. 15 Min.).

Kartuzy nach: Chmielno (Mo–Fr 10 x tägl.; Sa u. So 6 x tägl.; 20 Min.).

Kętrzyn nach: Gdańsk (4 x tägl.; 5 Std. 45 Min.); Giżycko (10 x tägl.; 40 Min.); Mrągowo (20 x tägl.; 45 Min.); Olsztyn (20 x tägl.; 1 Std. 30 Min.); Reszel (20 x tägl.; 25 Min.); Węgorzewo (16 x tägl.; 50 Min.).

Mikołajki nach: Ełk (7 x tägl.; 2 Std.), Giżycko (6 x tägl.; 1 Std.); Mrągowo (14 x tägl.; 30 Min.); Olsztyn (3 x tägl.; 2 Std.); Pisz (3 x tägl.; 50 Min.); Suwałki (1 x tägl.; 3 Std. 20 Min.); Tałty (4 x tägl.; 15 Min.); Warschau (4 x tägl. im Sommer; 5 Std. 40 Min.).

Mrągowo nach: Białystok (2 x tägl.; 4 Std.); Gdańsk (1 x tägl.; 5 Std. 30 Min.); Gyżicko (16 x tägl.; 1 Std. 40 Min.); Kętrzyn (20 x tägl.; 45 Min.); Olsztyn (24 x tägl.; 1 Std. 30 Min.); Pisz (8 x tägl., 1 Std.); Ruciane-Nida (8 x tägl.; 40 Min.); Suwałki (4 x tägl.; 3 Std. 50 Min.); Warschau (1 x tägl.; 5 Std.).

Olsztyn nach: Białystok (2 x tägl.; 4 Std.); Gdańsk (3 x tägl.; 4 Std.); Lidzbark Warmiński (8 x tägl.; 1 Std. 10 Min.); Kętrzyn (20 x tägl.; 1 Std. 30 Min.); Mikołajki (3 x tägl.; 2 Std.); Mrągowo (24 x tägl.; 1 Std. 30 Min.); Warschau (3 x tägl.; 4 Std.).

Sejny nach: Puńsk (4 x tägl.; 35 Min.).

Suwałki nach: Augustów (20 x tägl.; 45 Min.); Mikołajki (1 x tägl.; 3 Std. 20 Min.); Mrągowo (1 x tägl.; 3 Std. 50 Min.); Puńsk (5 x tägl.; 50 Min.); Sejny (15 x tägl.; 50 Min.); Warschau (4 x tägl.; 6 Std.).

Toruń nach: Bydgoszcz (stündl.; 50 Min.); Chełmno (12 x tägl.; 1 Std. 10 Min.); Ciechocinek (alle 30 Min.; 30 Min.); Golub-Dobrzyn (Mo–Fr 12 x tägl.; Sa u. So 6 x tägl.; 1 Std.); Grudziądz (7 x tägl.; 2 Std. 30 Min.); Łodź (4 x tägl.; 3 Std. 20 Min.); Warschau (stündl.; 3 Std. 40 Min.); Włocławek (12 x tägl.; 1 Std. 10 Min.).

Władysławowo nach: Jastrzębia Góra (Juli–Aug. 20 x tägl.; Sept.–Juni 7 x tägl.; 25 Min.).

• *Internationale Busverbindungen* **Białystok** nach: Minsk (1 x tägl.; 7 Std.); Vilnius (1 x wöchentl.; 9 Std.).

Gdańsk nach: Kaliningrad (2 x tägl.; 7 Std.); Vilnius (tägl.; 1 Std.).

Kętrzyn nach: Kaliningrad (1 x tägl.; 4 Std.).

Mrągowo nach: Vilnius (5 x wöchentl.; 8 Std.).

Olsztyn nach: Vilnius (5 x wöchentl.; 9 Std.).

Suwałki nach: Vilnius (1 x wöchentl.; 6 Std.).

Fähren

Gdańsk nach: Hel (Mitte Juni–Ende Aug. 4 x tägl: Mai–Mitte Juni u. Sept. 1 x tägl.).

Gdynia nach: Hel (Mitte Juni–Ende Aug. 8 x tägl.; Mai–Mitte Juni u. Sept. 2 x tägl.).

Südostpolen

Der Südosten Polens weist die geringste Bevölkerungsdichte des Landes auf und ist auch bei Touristen relativ unbekannt. In den landwirtschaftlich genutzten Ebenen und entlang des langen Grenzstreifens verstreut liegen Dörfer und einige Marktflecken, in denen die Zeit scheinbar stehen geblieben ist.

Ostpolen wirkt überaus ländlich, und die Reste der ehemaligen großen Latifundien, der großen Güter der Feudalzeit, auf denen vorwiegend Getreide angebaut wurde, sind noch deutlich sichtbar. Diese Besitzverhältnisse waren ab Ende des 18. Jahrhunderts bis zum Zweiten Weltkrieg auch der Grund für eine massive Abwanderung nach Deutschland, Frankreich und vor allem in die USA.

In der jüngsten Geschichte kamen die Grenzen als weiterer Störfaktor für die wirtschaftliche Entwicklung hinzu. Die heutige, erst nach dem letzten Krieg zwischen Polen und der ehemaligen Sowjetunion gezogene Ostgrenze, schneidet ein Gebiet, das lange Zeit das Kernland der polnischen **Ukraine** war, in zwei Teile. Die Städte Lublin (und Lwów auf der ukrainischen Seite) wurden so ihrer historischen Bindungen beraubt. Auf Grund der durchlässigeren Grenze leben diese Beziehungen nun wieder auf. Vor allem kommen sogenannte "Handelstouristen" aus den Ländern der ehemaligen Sowjetunion, eigentlich fliegende Händler, die aus dem Kofferraum ihrer Autos Waren verkaufen; sie verleihen den Straßenmärkten in Städten wie Przemyśl und Rzeszów eine internationale Atmosphäre. Der grenzübergreifende Handel ist für alle Beteiligten zu einer wichtigen Einnahmequelle geworden und hat Arbeitsplätze geschaffen. Er ist jedoch bedroht durch die verschärften Grenzkontrollen, die durch den gewünschten Beitritt Polens zur EU notwendig wurden,

In der Wildnis der **Hochlandgebiete** begegnet man immer noch den politischen Auswirkungen des Krieges, denn dorthin kehren jetzt allmählich wieder Minderheiten wie **Lemken** und **Bojken** zurück, die nach dem dort zwischen 1945 und 1947 wütenden Bürgerkrieg vertrieben worden waren. Zur ethnischen Vielfalt in diesem Gebiet kommt eine Aufspaltung in verschiedene Religionsgruppen (Katholiken, Unierte und Orthodoxe) hinzu, was die Situation in diesem Teil Polens noch komplizierter macht.

Gerade diese Gegensätze können einen Besuch des Ostens zu einem der Höhepunkte jeder Polenreise machen. **Lublin**, die wichtigste Stadt der Region, ist geschäftig und selbstbewusst. Sie ist ein großes Industriezentrum, rühmt sich aber gleichzeitig, mit die schönste Altstadt Polens zu besitzen. Kleinere Städte, wie die alten Handelszentren **Kazimierz Dolny** und **Sandomierz** an der Weichsel, zählen zu den schönsten in ganz Polen. Sie waren lange bei Künstlern sehr beliebt, denn meist ist ihr historischer Stadtkern erhalten. Doch auch im Leben dieser Städte ist die Lücke, die die im Zweiten Weltkrieg ausgelöschten jüdischen Gemeinden hinterlassen haben, noch immer spürbar. Weiter im Osten liegt **Zamość** mit einem herrlichen Renaissance-Stadtzentrum, das wie durch ein Wunder den Krieg unversehrt überstanden hat. Der Umweg dorthin lohnt sich. Im Süden liegt das stattliche **Schloss Łancut**, eine außergewöhnliche Erinnerung an das adlige Vorkriegspolen. Jeden Sommer findet in diesem Schloss ein Kammermusik-Festival statt, eine der angesehensten musikalischen Veranstaltungen in Polen. Das denkwürdigste Festival der Gegend wird aber in dreijährigem Turnus (Juni und Juli) im benachbarten

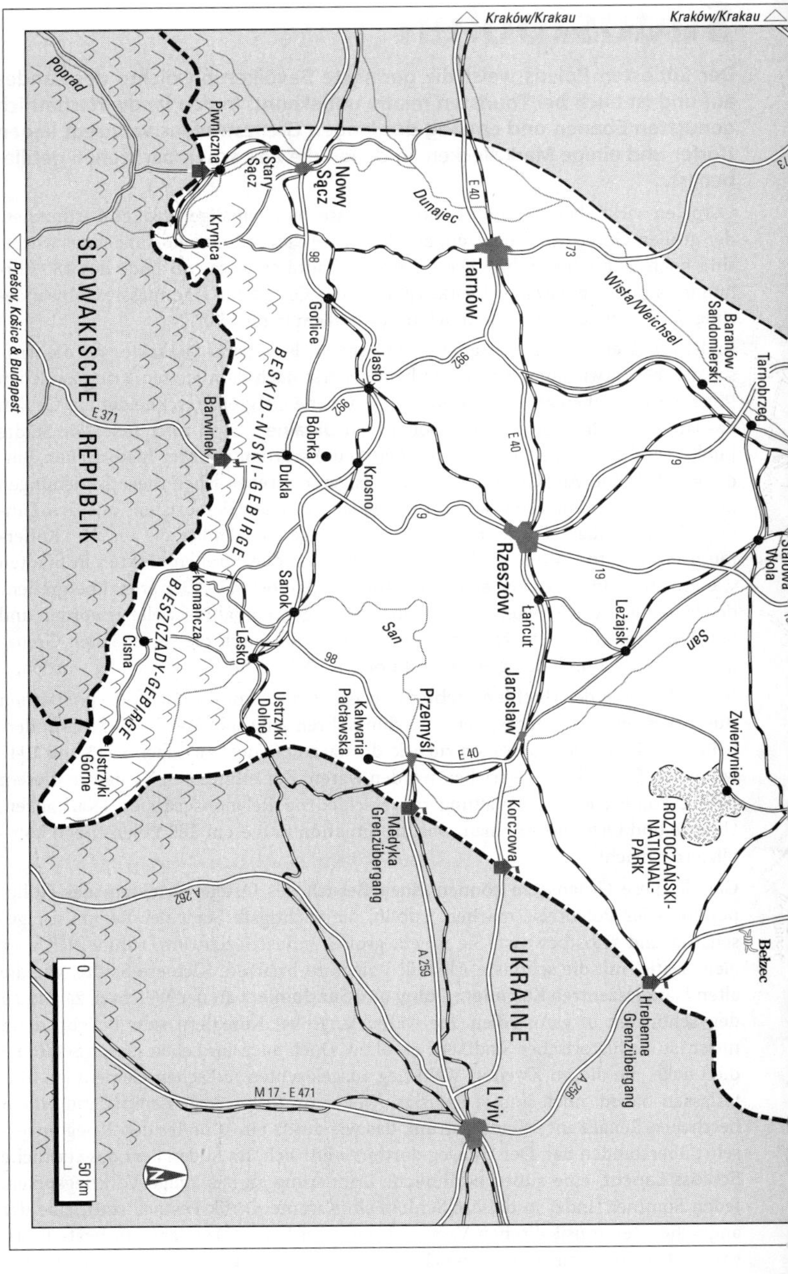
Kraków/Krakau
Kraków/Krakau
Prešov, Košice & Budapest
SLOWAKISCHE REPUBLIK
UKRAINE
Poprad
Piwniczna
Krynica
Stary Sącz
Nowy Sącz
Dunajec
E 40
Tarnów
73
Wisła/Weichsel
Baranów Sandomierski
Tarnobrzeg
98
Gorlice
BESKID-NISKI-GEBIRGE
Jasło
992
E 371
Barwinek
Bóbrka
Dukla
Krosno
9
Rzeszów
19
Łańcut
Leżajsk
San
Komańcza
BIESZCZADY-GEBIRGE
Sanok
Cisna
Lesko
Ustrzyki Dolne
Ustrzyki Górne
Kalwaria Pacławska
Przemyśl
Jaroslaw
Zwierzyniec
ROZTOCZAŃSKI-NATIONAL-PARK
Medyka Grenzübergang
Korczowa
A 262
A 259
Bełżec
Hrebenne Grenzübergang
A 256
M 17 - E 471
L'viv
0
50 km

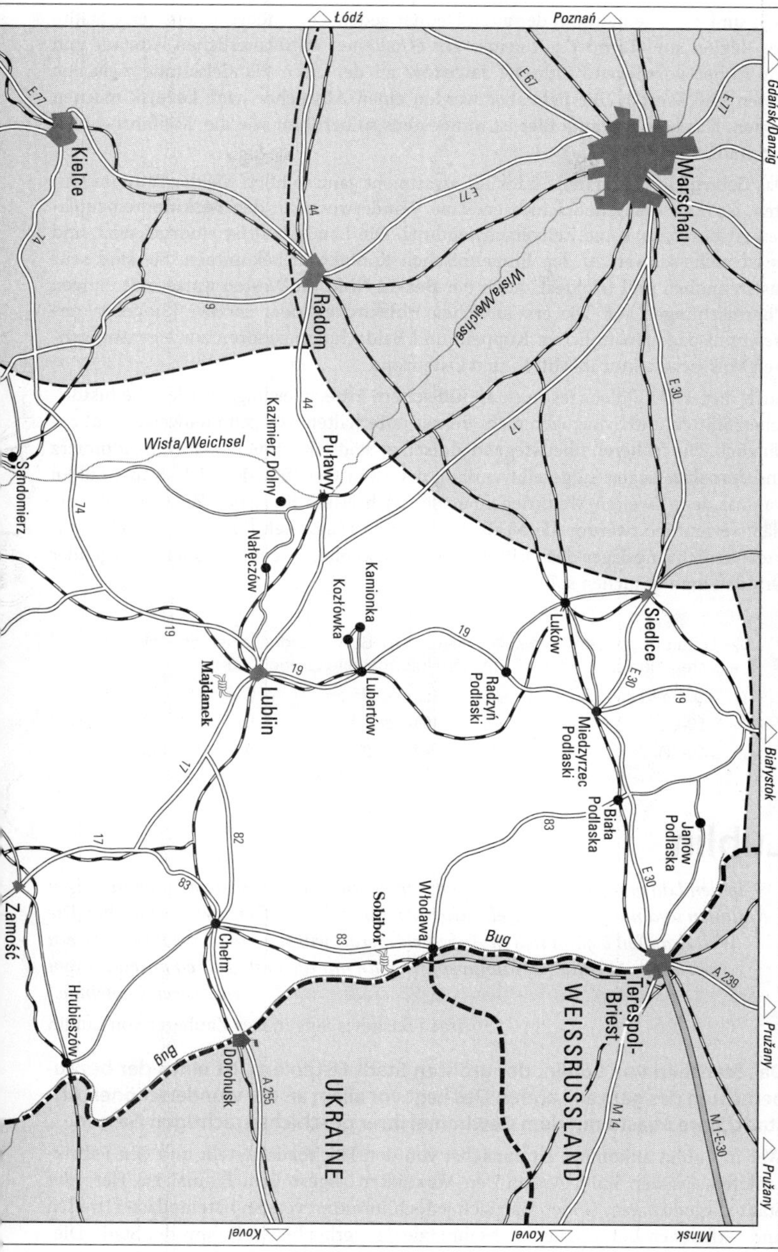

Südostpolen
Karte S. 346/347

Rzeszów veranstaltet, wenn Folklore-Gruppen aus *emigracja*-Gemeinden mit Gesang und Tanz gemeinsam der alten Heimat gedenken. Andere sehenswerte Städte der Region sind **Tarnów** mit seiner gut erhaltenen mittelalterlichen Altstadt und das früher vorwiegend jüdische **Jarostów** an der alten Handelsstraße zwischen Osten und Westen. Bierliebhaber werden einen Abstecher nach **Leżajsk** machen wollen. Das hier gebraute Bier ist mindestens so berühmt wie die Wallfahrtskirche der Stadt.

Das **Gebirge** im äußersten Südosten, zwar nicht ganz so hoch wie die Tatra im Westen, ist noch völlig unerschlossen. Eine Wanderwoche in den **Beskiden** einzuplanen ist durchaus keine Zeitverschwendung. Die Landschaft ist eindrucksvoll, und es ist nicht schwer, zu den Einheimischen Kontakt zu bekommen. Sie sind sehr gastfreundlich und trinkfest. Auch der **Beskid Niski** im Westen wartet mit einigen Überraschungen auf: Die erstaunlichen **Holzkirchen** oder *cerkwie* (Singular: *cerkiew*) mit pagodenähnlichen Kuppeln und Baldachinen gehören zur eigentümlichsten Volksarchitektur in Mittel- und Osteuropa.

Auch dieser Teil Polens ist reich an **jüdischem Erbe**, allerdings werden die historischen Stätten und Synagogen nicht immer unterhalten bzw. sind teilweise nicht zugänglich. Die früheren überwiegend jüdischen Städte Kazimierz Dolny, Sandomierz und **Jarosław** liegen aufgereiht entlang der alten Ost-West-Handelsstraße. Lublin war vor dem Zweiten Weltkrieg eines der wichtigsten jüdischen Zentren. Dies erklärt vermutlich, warum die Nazis die Vorstadt **Majdanek** für eines der schlimmsten Vernichtungslager des Dritten Reichs auswählten – ein Schaudern erregender Ort, den man besuchen sollte.

Alle Unterbringungsmöglichkeiten in diesem Buch wurden einer der folgenden Preiskategorien zugeordnet. Für nähere Informationen siehe S. 36.

I	unter 60 Zł	F	120–160 Zł	C	300–400 Zł
H	60–90 Zł	E	160–220 Zł	B	400–600 Zł
G	90–120 Zł	D	220–300 Zł	A	über 600 Zł

Lublin

"In den Läden waren Öllampen und Kerzen angezündet. Bärtige Juden in langen Kaftanen und mit großen Stiefeln schritten durch die Straßen zum Abendgebet. Die Welt draußen befand sich in Aufruhr. Überall wurden Juden aus ihren Dörfern vertrieben. Aber hier in Lublin spürte man nur die Festigkeit einer seit langem ansässigen Gemeinde."

Isaac Bashevis Singer, Der Zauberer von Lublin

Das Stadtbild von Lublin, der größten Stadt Ostpolens, ist eines der bezaubernsten des ganzen Landes. Das liegt vor allem an der wunderschönen Altstadt/Stare Miasto mit dem Gewimmel ihrer geschichtsträchtigen Gassen.

Wer in Lublin ankommt, ist zunächst von den Hochhausvierteln und den Fabrikschloten aus der Stalin-Ära in den Vorstädten abgestoßen. Einmal ins Herz der Stadt vorgedrungen, findet man sich jedoch inmitten von Kopfsteinpflasterstraßen und verfallenen Bürgerhäusern, Mahnmale des verblichenen Ruhms der Stadt. Dieses alte Stadtviertel hat den Zweiten Weltkrieg verhältnismäßig unbeschadet überstanden, wurde allerdings jahrzehntelang vernachlässigt und befand sich noch lange nach dem Krieg in einem ziemlich desolaten Zustand. Nach kürzlich durchgeführten Wiederaufbauprogrammen ist das Stadtzentrum nun bereit für touristische Entdeckungen.

Inmitten der zahlreichen Kirchen wird der Besucher auch immer wieder daran erinnert, dass Lublin einst eine große, lebendige **jüdische Gemeinde** hatte, die im Zweiten Weltkrieg von den Nazis im Konzentrationslager **Majdanek**, nur sechs Kilometer außerhalb der Stadt, ausgerottet wurde.

Altes Stadttor von Lublin

Geschichte

Wie so viele Städte im Osten wurde Lublin im Mittelalter als Handelsplatz und Grenzpunkt gegründet, begünstigt durch seine Lage an der Handelsstraße zwischen den Ostseehäfen, Kiew und dem Schwarzen Meer.

Immer wieder überstand die Stadt die zahlreichen Plünderungen und Invasionen (insbesondere die schrecklichen Tatareneinfälle) und war um das 16. Jahrhundert ein wichtiger Warenumschlagplatz und kulturelles Zentrum.

Der Höhepunkt der Stadtgeschichte war das Zusammentreffen des polnischen und des litauischen Königs im Jahr 1569, um ihre beiden Länder in der sogenannten **Lubliner Union** zu vereinigen. Dies war bereits zwei Jahrhunderte zuvor durch die Heirat des litauischen Großfürsten Jagiełło und der polnischen Königin Jadwiga in die Wege geleitet worden. Damit hatten die Könige das größte Reich auf dem europäischen Festland gegründet, das von der Ostsee bis zum Schwarzen Meer reichte. Es folgten hundert Jahre des Wohlstands, eine Blütezeit von Kunst und Architektur. Die Teilungen setzten dieser Blüte ein jähes Ende, und fast hundert Jahre lang führte Lublin am Rand des von Russland beherrschten Herzogtums von Warschau eine bedeutungslose Existenz.

Nach dem Ersten Weltkrieg wurde im Zuge der Wiedererlangung der nationalen Unabhängigkeit Polens im Jahr 1918 eine katholische Universität (die einzige Osteuropas) gegründet, die bald zur Wiege der katholischen Intelligenz Polens wurde und in der Zeit des Kommunismus eine wichtige Rolle spielte. 1944 kehrte eine Gruppe polnischer Kommunisten, das sogenannte Lubliner Komitee, aus dem Exil in der Sowjetunion nach Lublin zurück, um von hier aus eine neue kommunistische Regierung zu bilden.

Seit dem Ende des Krieges ist die Bedeutung der Stadt als Industrie- und Handelszentrum beträchtlich gewachsen: Um das Stadtzentrum entstand ein Industriegürtel.

Eines Tages wird man Lublin vielleicht sogar zu einer der Geburtsstätten von Solidarność zählen. Einige Polen behaupten jedenfalls, dass es der Streik in Lublin im Mai 1980 (also vier Monate vor den Sit-ins in der Gdańsker Werft) war, der die Macht der Arbeiterorganisationen erstmals deutlich machte.

Information

Die Lubliner **Touristeninformation** in der Altstadt, Ecke ul. Bramowa und ul. Jezuitska (Mo–Sa 10–18 Uhr, ✆ 081/532 4412), hat sehr hilfreiches Personal sowie ein ausführliches Unterkunftverzeichnis. Man weiß dort, welche Studentenheime im Sommer für Touristen geöffnet sind, kennt die Telefonnummern von Führern, die sich auf die jüdische Vergangenheit Lublins spezialisiert haben. Online Information erhalten Sie unter www.lublin.pl und www.um.lublin.pl.

Anfahrt/Verbindungen

Der **Bahnhof** liegt 2 km südlich der Altstadt. Von hier aus nimmt man am besten ein **Taxi** (wenn die Warteschlange dafür nicht zu lang ist). Mit den **Bussen** Nr. 1 oder 13 sowie dem **Trolleybus** Nr. 150 sind es etwa fünfzehn Minuten bis zur Hauptstraße, ul. Krakowskie Przedmieście. Zu Fuß ist die Strecke sehr lang. Der **Busbahnhof** befindet sich gleich unterhalb des Schlosses, nördlich der Altstadt.

Adressen

- *Apotheke* **Apteka**, ul. Bramowa 8. Große, gut sortierte Apotheke, rund um die Uhr geöffnet. Von 20–8 Uhr läuten.
- *Banken* **Pekao**, ul. Królewska 1 (Mo–Fr 7.30–18 Uhr, Sa 10–14 Uhr); **PKO**, Krakowskie Przedmeście 14/16 (Mo–Fr 8–18 Uhr, Sa 8–13 Uhr).
- *Bücher, Zeitungen, Karten* **Empik**, Krakowskie Przedmeście 61.
- *Fluggesellschaft* LOT, Krakowskie Przedmeście 53.
- *Internetzugang* **So@NET**, ul. Świętoduska 16 (Mo–Fr 11–19 Uhr, Sa 10–15 Uhr); **www.café**, Rynek 8 (oberster Stock; tägl. 10–22 Uhr).
- *Kinos* **Bajka** neben dem Dom Nauczyciela, ul. Radziszewskiego 8; **Kosmos**, nördlich des Ogród Saski, ul. Leszczyńskiego 60. Beide zeigen bekannte neue Filmproduktionen.
- *Post* **Hauptpostamt**, Krakowskie Przedmeście 50 (24 Std. geöffnet).
- *Reisebüros* **Almatur**, ul. Langiewicza 1 (✆ 081/533 3238) bieten Studenten- und Schülerreisen an. **Orbis**, ul. Narutowicza 31/33 (✆ 081/532 2256) ist nützlich für Flugtikkets und Eisenbahnfahrscheine.

Übernachten

- *Hotels* In den letzten Jahren ist das Hotelangebot ständig gewachsen, und es sind ausreichend Unterkünfte vorhanden. Einige der neu eröffneten Hotels sind ehemalige Arbeitererholungsheime. Achten Sie immer auf den Standort des Hotels – einige befinden sich weit außerhalb des Zentrums!

Bystrzyca (12), al. Zygmuntowskie 4 (✆ 081/532 3003). Annehmbare Zimmer, allerdings wenig schöne Lage in der Nähe schmutziger Parks zwischen Bahnhof und Zentrum. Ein Bad für jeweils zwei Zimmer. Frühstück kostet extra. (H)

DMP Pensjonat (5), ul. Przyjaźni 17 (✆ 081/746 2838). Kleines, neues Hotel von guter Qualität, von der Autofirma Daewoo für ihre Geschäftskunden gebaut. Buchung im Voraus ist empfehlenswert. Es gibt fast nur Einzelzimmer. Auch ein gutes Restaurant ist vorhanden. Das Hotel liegt 1,5 km von Zentrum. Vom Bahnhof aus ist es mit Bus Nr. 34 erreichbar. (D)

Dom Nauczyciela (ZNP) (8), ul. Academiczka 4 (✆ 081/533 8235). Preiswerte Lehrerunterkunft in der Nähe der Universität. Oft überfüllt, rufen Sie darum vorher an. Der Bus Nr. 150 fährt vom Bahnhof aus dorthin. Es gibt Zimmer mit eigenem Bad und Gemeinschaftsbädern, auch einige 3- und 4-Bettzimmer. (G–F)

Huzar (3), ul. Spadachroniarzy 7 (✆ 081/742 3070). Kürzlich renoviertes ehemaliges Armeehotel mit eigenem Restaurant in ruhiger Lage 3 km westlich des Zentrums. Busse Nr. 3, 5, 10, 18 oder 20 von Krakowskie Przedmieście bis Haltestelle Spadachroniarzy. (E)

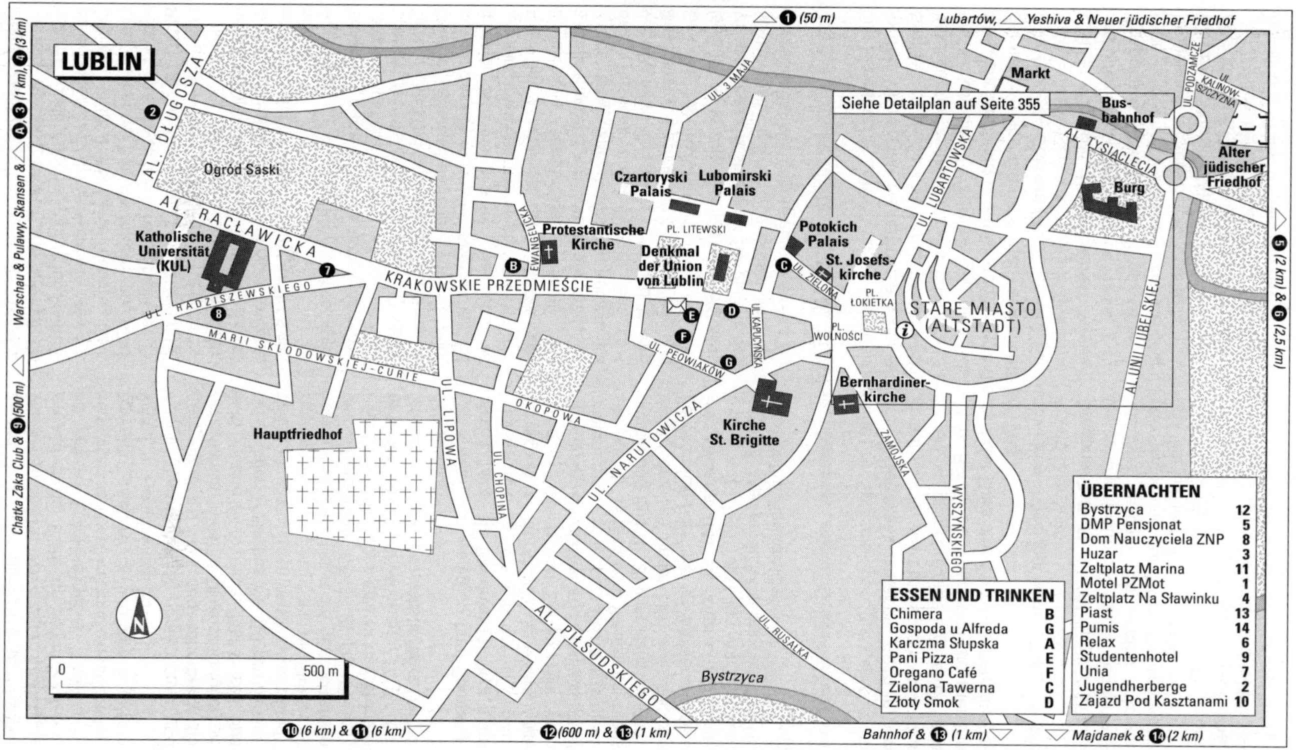
LUBLIN
Warschau & Pulawy, Skansen & A, 3 (1 km), 4 (3 km)
Chatka Zaka Club & 9 (500 m)
1 (50 m)
Lubartów, Yeshiva & Neuer jüdischer Friedhof
5 (2 km) & 6 (2,5 km)
10 (6 km) & 11 (6 km)
12 (600 m) & 13 (1 km)
Bahnhof & 13 (1 km)
Majdanek & 14 (2 km)
AL. DŁUGOSZA
Ogród Saski
AL. RACŁAWICKA
Katholische Universität (KUL)
UL. RADZISZEWSKIEGO
MARII SKŁODOWSKIEJ-CURIE
KRAKOWSKIE PRZEDMIEŚCIE
EWANGELICKA
Protestantische Kirche
Czartoryski Palais
Lubomirski Palais
PL. LITEWSKI
Denkmal der Union von Lublin
UL. 3 MAJA
Potokich Palais
St. Josefs-kirche
UL. ZIELONA
UL. KAPUCYŃSKA
UL. PEOWIAKÓW
OKOPOWA
UL. LIPOWA
UL. CHOPINA
Hauptfriedhof
UL. NARUTOWICZA
Kirche St. Brigitte
Bernhardiner-kirche
PL. ŁOKIETKA
PL. WOLNOŚCI
STARE MIASTO (ALTSTADT)
Siehe Detailplan auf Seite 355
UL. LUBARTOWSKA
Markt
Bus-bahnhof
AL. TYSIĄCLECIA
Burg
Alter jüdischer Friedhof
UL. PODZAMCZE
UL. KALINOWSZCZYZNA
AL. UNII LUBELSKIEJ
ZAMOJSKA
WYSZYŃSKIEGO
UL. RUSAŁKA
AL. PIŁSUDSKIEGO
Bystrzyca
0
500 m
N
ESSEN UND TRINKEN
Chimera B
Gospoda u Alfreda G
Karczma Słupska A
Pani Pizza E
Oregano Café F
Zielona Tawerna C
Złoty Smok D
ÜBERNACHTEN
Bystrzyca 12
DMP Pensjonat 5
Dom Nauczyciela ZNP 8
Huzar 3
Zeltplatz Marina 11
Motel PZMot 1
Zeltplatz Na Sławinku 4
Piast 13
Pumis 14
Relax 6
Studentenhotel 9
Unia 7
Jugendherberge 2
Zajazd Pod Kasztanami 10

Motel PZMot (1), ul. Prusa 8 (✆ 081/533 4232). Zu Fuß von Busbahnhof und Altstadt erreichbar, guter Ausgangspunkt für Stadtbesichtigungen. Trotz der Bezeichnung Motel ist es nicht nur für motorisierte Touristen. Saubere Zimmer mit Bad, die meisten neu möbliert. Es gibt große bewachte Parkplätze. (F)

Piast (13), ul. Pocztowa 2 (✆ 081/532 2516). Ein preiswertes, ehemaliges Funktionärshotel, direkt gegenüber vom Hauptbahnhof. Sanitäreinrichtungen im Flur. Eignet sich zum Übernachten, wenn nichts anderes verfügbar ist. Frühstück ist nicht im Preis enthalten. (H)

Pumis (14), ul. Pogodna 36 (✆ 081/744 8631). Einfaches, gut geführtes ehemaliges Arbeitererholungsheim, 2 km südöstlich der Stadt an der Straße nach Majdanek. Die Busse Nr. 7 und 37 von Krakowskie Przedmieście oder ul. Fabryczna nehmen. Vom Bahnhof aus nordöstlich in 10 Min. zu erreichen. Es gibt Zimmer mit eigenem Bad und mit gemeinsamen Sanitäreinrichtungen. (H–E)

Relax (6), Melgiewska 7/9 (✆ 081/748 8500). Einfaches, vernünftiges Hotel im Industriegebiet 3 km östlich der Stadt. Es wurde neben einer Autofabrik, gebaut, um deren Besucher unterzubringen. Bus Nr. 1 vom Bahnhof, Busse Nr. 1, 10 und 11 vom Busbahnhof. Zimmer mit eigenem Bad und Gemeinschaftsbad. (I–F)

Unia (7), al. Raclawickie 12 (✆ 081/ 533 2061). Überteuertes Orbishotel mit Restaurant, das kürzlich modernisiert wurde. Beliebt bei Gruppenreisenden der gehobeneren Klasse. (B)

Zajazd Pod Kasztanami (10), ul. Krężicka 94a (✆ 081/750 0390, www.zajazd.lublin.pl). 7 km südlich der Stadt am Zemborzycki-See in einem Erholungsgebiet gelegenes, komfortables Hotel mit gut eingerichteten Zimmern. Bus Nr. 8 von der Brigittine-Kirche, ul. Narutowicza. (E)

• *Jugendherbergen, Studentenhotels und Campingplätze* Die **Jugendherberge (2)** befindet sich in der ul. Długosza 6 (geöffnet 6–10 Uhr und 17–22 Uhr; ✆ 081/533 0628; Bus Nr. 13 oder Trolleybus Nr. 150 vom Hauptbahnhof), etwa 1,5 km westlich vom Stadtzentrum. Sie liegt nicht an der Straße, ist aber gut ausgeschildert. Es gibt Schlafsäle und 3-Bettzimmer (25–32 Zł pro Person). Eine preiswerte Alternative ist das **Studentenhotel (9)**, ul. Sowińskiego 17 (✆ 081/-525 1081; H), im Universitätsviertel, es ist ganzjährig geöffnet.

Der größte (und wenig schöne) **Campingplatz** Lublins, **Na Sławinku (4)**, liegt 5 km westlich des Zentrums in der ul. Sławinkowska 46 (✆ 081/741 2231; Juni–Sept.), hinter dem Botanischen Garten. Hier kann man außer Zeltplätzen auch Bungalows (I) mieten, meist ist jedoch alles ausgebucht. Der Bus Nr. 18 fährt vom Stadtzentrum aus dorthin und Bus Nr. 20 vom Hauptbahnhof. Weiter draußen findet sich am Ufer des Zemborzycki-Sees der empfehlenswertere Platz **Marina (11)**, ul. Krężnicka 6 (Mai–Sept.; ✆ 081/744 1070), 7 km vom Zentrum entfernt. Man erreicht ihn mit dem Bus Nr. 8 von der ul. Narutowicza.

Essen & Trinken (siehe Karten S. 351/S. 355)

Die **Restaurant**-Szene in Lublin bietet eine Reihe von Speiselokalen, die sich kürzlich in den renovierten Herrenhäusern der Altstadt niedergelassen haben. Auch in den Straßen zu beiden Seiten der Krakiowskie Przedmieście, die inzwischen selbst zur bevorzugten abendlichen Bummelstraße avanciert ist, gibt es einige Lokale. Entlang der Krakowskie Przedmeśkie und um den Stary Rynek befinden sich die meisten **Straßencafés**, und in der Altstadt nimmt die Zahl der **Bars** ständig zu – einem ausgedehnten Kneipenbummel steht also nichts im Weg.

• *Restaurants* **Chimera (B)**, ul. Krotka 3. Exklusives italienisches Restaurant. Es bietet köstliche Speisen, aufmerksamen Service und überdurchschnittlich hohe Preise.

Gospoda u Alfreda (G), ul. Peowiaków 5. Gute polnische Speisen in volkstümlicher Umgebung, mittlere Preiskategorie.

Karczma Słupska (A), al. Racławickie 22. Altmodisches Restaurant zum Abendessen und Tanzen beim Ogród Saski. Spezialitäten sind *kodulny* (Litauische Ravioli) und polnische Fleischgerichte. Fast jeden Abend Livemusk.

Oregano Café (F), ul. Kościuszki 5. Elegantes Lokal im Bistro-Stil, spezialisiert auf mediterrane Gerichte. Sie werden bekannte griechische und italienische Speisen vorfinden. Für Lubliner Verhältnisse teuer.

Pani Pizza (E), ul. Kościuszki 3. Funktional und freundlich. Es gibt Pizzen, gebackenen Fisch, eine gute Salatbar und selbst gemachten Kuchen. Bestellung an der Theke.

Pia (I), ul. Olejna 3. Chinesisches Restaurant in einer Seitengasse beim Rynek. Man kann auch draußen im Hof sitzen.

Piwnica pod Fortuną (K), Rynek 8. Elegantes Restaurant mit mehreren Räumen im Untergeschoss. Die Wände sind im Stil mittelalterlicher Fresken bemalt. Geboten werden die üblichen polnischen Fleischgerichte, ergänzt durch ein paar Enten- und Gansrezepte. Etwas teurer als die anderen Restaurants der Altstadt.

Szeroka 28 (H), neben dem Brama Grodzka, ul. Grodzka 19 (✆ 081/534 4610). Elegantes Café/Restaurant, das auf ausländische Touristen ausgerichtet ist. Es empfindet das Aussehen und Ambiente des Vorkriegs-Lublin nach. Selbst der Name des Restaurants entspricht der Adresse im früheren jüdischen Viertel. Teure Fleischgerichte, viele preiswerte Imbisse, Salate und Pfannkuchen. Nach hinten gibt es eine Terrasse mit Blick auf die Burg. Es finden regelmäßig Klezmer-Konzerte statt.

U Rajcy (J), Rynek 2. Einfaches, mittelpreisiges Lokal. Auf der Speisekarte stehen beliebte Schweine- und Rindfleischgerichte sowie eine erstaunliche Auswahl an schwer verdaulichen Kartoffelpfannkuchen (*placki*) mit den unterschiedlichsten Garnierungen. Man kann auch im Hof sitzen.

Zielona Tawerna (C), Ecke ul. Zielona/ul. Staszica. Einfache Café-Bar mit einer schönen Auswahl an Sandwiches und preiswerten Mittagsgerichten.

Zóty Smok (D), in einem Hinterhof der Krakowskie Przedmieście 30. Beliebtes, kleines chinesisches Restaurant in gemütlichen unterirdischen Räumen.

• *Bars, Pubs und Clubs* **Arcus**, ul. Okopowa 8. Gemütliches Studenten-Pub, etwas exzentrisch als strohgedeckte Hütte herausgeputzt. Schlecht zu finden – in einem Torbogen auf der linken Seite.

Café Artystyczna Hades, ul. Peowiaków 12 im Dom Kultury gleich um die Ecke der Philharmonie. Es hat ein Restaurant, eine Bar, Billardtische und veranstaltet regelmäßig Klubabende und alternative Konzerte. Meist Do–So ausschließlich.

Chata Zaka, ul. Radziszewskiego 16. Universitätskulturzentrum mit einem verrauchten Café und mit einer Disco nach hinten hinaus – dem *Art Bis Club* –, wo auch Live-Konzerte stattfinden.

Koniec Świata, ul. Peowiaków 8. Kneipe in der Nähe der Krakowskie Przedmeście mit Schwerpunkt Rockmusik. Ab und zu treten Bands auf. Nette Atmosphäre.

Koyot, Krakowskie Przedmeście 26. Lebhafte Keller-Bar mit Rockmusik aus der Stereoanlage.

Magma, ul. Grodzka 18. Kleine Bar in der Stare Miasto. Die Industriekultureinrichtung passt herrlich zu der gewölbten Barockdecke. Ein angenehmer Platz für ein paar Bierchen.

Odlot, pl. po Farze. Türkis erleuchteter Salon mit Einrichtung aus dem Raumfahrtzeitalter. Junges, hippes Publikum, Tanzmusik aus der Stereoanlage.

Old Pub, ul. Grodzka 8. Schickes Pub-Restaurant mit Hang zum Anspruchsvollen. Geboten wird eine große, aber teure Auswahl an Fassbieren, einschließlich der bekannten Marken wie Guinness, Pilsner Urquell u. Ä.

U Szewca, ul. Grodzka 20. Erholsamer Pub mit einer Auswahl an polnischen, englischen und irischen Biersorten. Bequeme Sofas, abwechslungsreiche, kleinere Gerichte in mittlerer Preislage.

Złoty Osioł, ul. Grodzka 5a. In einer Reihe von mittelalterlichen Räumen sind hier Café, Bar, Restaurant und Kunstgalerie untergebracht. Viele Korbmöbel, um sich hinzulümmeln, gelassene Atmosphäre. Es gibt traditionelle polnische Küche zu normalen Preisen.

Südostpolen
Karte S. 346/347

Unterhaltung

• *Konzerte/Theater* Die **Lubliner Philharmonia**, ul. Skłodowskiej 7, bietet ein Kulturprogramm aus regelmäßigen klassischen Konzerten, (Konzertkasse: ✆ 081/532 1536). Das **Teatr im. Juliusz Osterwy**, ul. Narutowicza 17, zeigt eine phantasievolle Auswahl moderner und klassischer polnischer Stücke. Die zeitgenössischen Stücke sind auch sehenswert, wenn Sie kein Polnisch verstehen, denn Bewegung und Bühnenkunst sind ebenso wichtig wie der Text. Das Gleiche gilt für die experimentelle **Theatergruppe Gardzienice**, die ihren Sitz im gleichnamigen Ort etwa 30 km südlich der Stadt hat und die einen internationalen Ruf genießt. Ihr Stadtbüro ist in der Altstadt, ul. Grodzka 5a (✆ 081/532 9840 oder 532 9637). Wenn das Ensemble nicht gerade auf Tournee ist, tritt es entweder in Gardzienice oder (seltener) in Lublin auf – dies sollten Sie sich nicht entgehen lassen.

Die Altstadt (Stare Miasto) und Umgebung

Über den geschäftigen Plac Łokietka kommt man zur Stare Miasto (Altstadt). Auf der einen Seite steht hier das eindrucksvolle **Nowy Ratusz** (Neue Rathaus) aus dem 19. Jahrhundert, am anderen Ende des Platzes befindet sich das **Brama Krakowska** (Krakauer Tor), eines von drei Toren, die in die Altstadt führen. Früher spielte es bei der Verteidigung gegen einfallende Tataren eine Schlüsselrolle, heute beherbergt es das **Historische Museum**. Die Exponate sind nicht besonders bemerkenswert, aber allein schon wegen der Aussicht vom obersten Stock auf die Neustadt lohnt sich ein Besuch: eine ausgezeichnete Orientierungshilfe!

Öffnungszeiten Mi–So 9–16 Uhr.Eintritt 4 Zł.

Nach einem kurzen Gang rechts um das Tor herum kommt man auf der ul. Królewska zum **Wieża Trinitarska** (Trinitatistor), in dem sich eine kleines **Diözesanmuseum** befindet, von dessen oberstem Stockwerk man einen guten Blick über die Altstadt hat.

Öffnungszeiten Di–Sa 10–16 Uhr. Eintritt 3 Zł.

Gegenüber liegt die **Kathedrale**, eine große Basilika aus dem 16. Jahrhundert. Im Inneren findet sich eine bemerkenswerte Dekoration von barocken *Trompe-l'oeil*-Fresken des Künstlers Joseph Meyer aus Mähren. Das **Flüsterzimmer,** Teil der früheren Sakristei, die an die Schatzkammer angrenzt, ist mit überschwänglichen Fresken Meyers dekoriert, die den "Triumph des Glaubens über die Ketzerei" darstellen. Die akustische Besonderheit des Raumes ermöglicht es, sogar geflüsterte Worte zu verstehen, die jemand am anderen Ende der Kapelle spricht.

Öffnungszeiten **Flüsterzimmer** – Di–So 10–14 und 15–17 Uhr. Eintritt 2 Zł.

Wenn man durch den Turm hindurch und auf der anderen Seite zum Tor hinausgeht, steht man schon auf dem Rynek, den das scheinbar zu groß geratene, wuchtige **Alte Rathaus** beherrscht, das kürzlich komplett restauriert wurde. Es wurde 1389 erbaut, später diente es dem Krontribunal als Tagungsort, und 1781 erhielt es von *Merlini*, der auch das Palais Łazienki in Warschau entwarf, ein neoklassizistisches Äußeres. In den gut restaurierten Kellern ist das **Museum des Krontribunals** untergebracht, das sich mit der Stadtgeschichte auseinander setzt. Eine Abteilung ist z. B. der Keramik und den dekorativen Objekten gewidmet, die während der langwierigen Restaurierungsarbeiten an den umliegenden Häusern des Marktplatzes ausgegraben wurden.

Öffnungszeiten **Museum** – Di–Sa 9–16 Uhr, So 10–17 Uhr. Eintritt 3 Zł.

Es ist etwas umständlich, über den Platz zu wandern, da an vielen Gebäuden die Restaurierungsarbeiten noch in vollem Gange sind und wahrscheinlich auch noch einige Jahre andauern werden. Das **Konopnicka Haus** (Nr. 12) ist eines der Bürgerhäuser, die noch nicht restauriert wurden. Hier übernachteten Karl XII. von Schweden und Peter der Große. Man sieht Renaissance-Skulpturen und Tafeln der urspünglichen Besitzer an der Fassade. Im **Lubomelski Haus** (Nr. 8) – in dem sich jetzt das Restaurant *Piwnica Pod Fortuną* befindet – verstecken sich in dem großen, dreistöckigen Weinkeller Fresken aus dem 14. Jahrhundert. Die Fassade des **Cholewiński Hauses** (Nr. 9) an der südöstlichen Ecke des Platzes zeigt ebenfalls lebhafte Renaissance-Dekorationen, unter anderem ein verblasstes, aber bedrohlich dreinblickendes Löwenpaar.

Östlich des Platzes, die schmale ul. Złota hinunter, kommt man zur schönen **Dominikanerkirche mit Kloster**. Beide wurden im 14. Jahrhundert gebaut und im

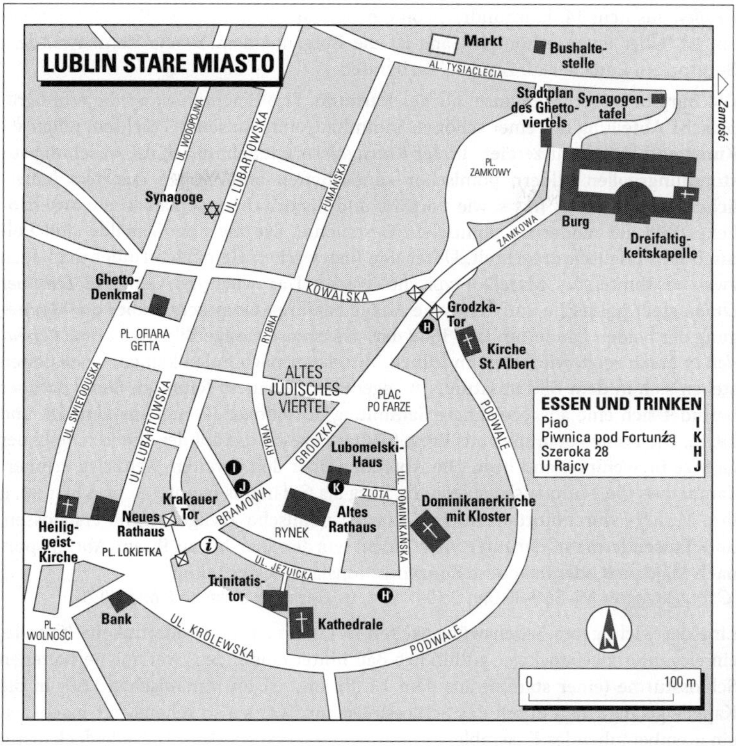

17. Jahrhundert umgestaltet. Die Kirche wird fast von den überschwänglichen barocken Stilelementen erstickt. Sehenswert ist jedoch die **Firlej-Familienkapelle** im Renaissancestil, am Ende des Südflügels. Sie wurde für eine der führenden Adelsfamilien von Lublin errichtet. Auch sollte man das Panoramabild der Stadt aus dem 18. Jahrhundert, gleich hinter dem Eingang, nicht übersehen. Hinter dem Kloster liegt ein beliebtes Puppentheater, **Teatr im. Andersena (Andersen-Theater)**, eines der ältesten Theater des Landes. Vom Platz davor hat man einen schönen Blick über die Stadt.

Das zweite Theater in der Altstadt, **Studio Teatralne**, nahe beim Zentrum in der ul. Grodzka 32, besitzt auch eine Galerie, in der Werke einheimischer Künstler ausgestellt sind. Die Ulica Grodzka gehörte früher zum **jüdischen Stadtviertel**. An einigen Häusern an der Straße sind Gedenktafeln auf Polnisch und Jiddisch zum Andenken an die früheren Bewohner angebracht. Lublin war früher eines der wichtigsten Zentren der chassidischen Juden, und seine **Jeshibah** (Talmud-Schule) war bis zum Krieg die größte Talmudschule der Welt (siehe Kasten S. 360). Heute beherbergt sie die medizinische Fakultät.

Die Burg

Auf einer Anhöhe unmittelbar östlich der Altstadt liegt die Burg, die 1823–1826 im neugotischen Stil erbaut wurde. Sie entstand auf einer Festung von *Kazimierz dem*

Großen aus dem 14. Jahrhundert, von der nur noch ein massiver Rundturm erhalten ist. Über einen erhöhten Gang ist die Burg mit dem Brama Zamkowa, dem Burgtor, am Ende der ul. Grodzka verbunden.

Die Burg beherbergt ein ansehnliches **Museum**. Das Prachtstück ist die ethnographische Abteilung mit einer schönen Sammlung einheimischer Trachten, religiöser Kunst und Holzschnitzereien. In der *Kunstgalerie* entsteht durch die Mischung aus stimmungsvollen Bildern polnischer Landschaften und Szenen aus dem bäuerlichen Leben des 19. Jh.s sowie Porträts und historischen Gemälden ein anschauliches Bild der modernen polnischen Geschichte. Die meisten Gemälde sind Polnisch und Englisch untertitelt. Unter den historischen Gemälden findet man auch zwei berühmte, für Matejko typische Werke: Das wuchtige Gemälde *Lubliner Union* stellt polnische und litauische Adlige bei ihren Gesprächen über die Vereinigung der beiden Länder im Jahr 1569 dar; das ebenso riesige Bild *Aufnahme der Juden in Polen* zeigt, wie Juden im frühen Mittelalter nach Polen kamen, beide Seiten stehen sich in dem Bild misstrauisch gegenüber. In einem Raum im Stock darüber befindet sich eine ausgezeichnete Sammlung orthodoxer Ikonen aus dem 18. und 19. Jh. Die Ikonen stammen aus Brest (früher Brześć), das auf der anderen Seite der Grenze in Weißrussland liegt. Die Abteilung über den Zweiten Weltkrieg erinnert daran, dass die Nationalsozialisten die Burg als Gefängnis benutzten und hier auch ihre Verhöre durchführten. Im Hof wurden polnische Zivilgefangene erschossen, und Tausende mehr, darunter viele Juden, wurden hier bis zu ihrem Abtransport nach Majdanek oder in andere Konzentrationslager festgehalten.

Öffnungszeiten Mi–Sa 9–16 Uhr, So 9–17 Uhr; www.zamek-lublin.pl; Eintritt 10 Zł.

Eine der wichtigsten Sehenswürdigkeiten in Lublin ist die **Dreifaltigkeits-Kapelle**, ein eleganter zweistöckiger gothischer Bau hinter einem der zwei noch erhaltenen Schlosstürme (einer stammt aus dem 13. Jh. und ist im romanischen Stil). In die Kapelle gelangt man durch das Schlossmuseum. Was sie so sehenswert macht, ist ein atemberaubendes Ensemble von mittelalterlichen Fresken. Diese bedecken ein Kreuzrippengewölbe, das nur von einer einzigen achteckigen Säule gestützt wird – eine beachtliche architektonische Konstruktion, ähnlich der in der Heiligkreuzkirche in Krakau. Die Fresken sind das Gemeinschaftswerk einer Gruppe von ruthenischen Künstlern aus der Ukraine und wurden von König Władysław Jagiełło in Auftrag gegeben. In einer für die damalige Zeit sehr ungewöhnlichen Geste verewigte sich der wichtigste Künstler, Meister Andreas, indem er, als Zeichen der Treue zu seinem königlichen Herrn, das Werk mit seinem Namen und dem Datum der Fertigstellung, 10. August 1418, signierte. Die Fresken, die Ende des 19. Jh.s von Bauarbeitern entdeckt wurden, sind eines der herausragenden und seltenen Beispiele früher slawischer byzantinischer Kirchenkunst. Während der darauf folgenden hundert Jahre wurden immer wieder Restaurierungsarbeiten in Angriff genommen, aber erst 1995 wurde das Projekt mit Geldern der EU fertig gestellt. Die Fresken halten sich an die Vorgaben der byzantinischen Ikonographie und sind in verschiedene Sektionen unterteilt, die eine Aufeinander folge von Themen illustrieren: Den Anfang bilden Darstellungen Gottes, dann folgen Abbildungen der kosmischen Hierarchie und schließlich Szenen aus dem Leben Jesu und der Heiligen sowie Darstellungen der Erzengel und anderer geistlicher Figuren. Das Ganze endet mit Bildern des auferstandenen Christus. Damit Ihnen bei der Betrachtung nicht die vielen kleinen Details entgehen, sollten Sie das Informationsblatt, das in der Kapelle ausgeteilt wird, genau studieren. Zu den Höhepunkten gehören die lebendigen Bilderfolgen aus dem Leben Christi und der Jungfrau Maria, darunter ein besonders ausdrucksstarker Passionszyklus, der den oberen Teil des Kirchenschiffs und des Chorstuhls bedeckt. Ein Freskenpaar zeigt König Jagiełło einmal, wie er demütig flehend vor der Jungfrau niederkniet, das andere Mal, wie er auf einem galoppierenden Pferd sitzt und von einem Engel die Krone und ein Kruzifix entgegennimmt. Dies ist eine Anspielung auf seinen legendären missionarischen Eifer. Das gesamte Ensemble wird von einer triumphalen Darstellung des *Christus Pantocrator* auf dem Gewölbe des Chorstuhls überblickt.

Es war ein schwieriges Unterfangen, die Fresken wieder in ihren ursprünglichen Zustand zu versetzen, einige Darstellungen gingen unwiederbringlich verloren. Die Kapelle muss konstant auf einer bestimmten Temperatur gehalten werden, damit die noch erhaltenen Fresken nicht verfallen. Deshalb sind auch nur begrenzte Gruppen zugelassen: Alle 30 Minuten werden bis zu 25 Personen eingelassen. Danach folgt eine Pause von fünfzehn Minuten, damit das Ventilationssystem nicht überfordert wird. Auf der Eintrittskarte, die Sie am Schlosseingang kaufen können, steht die genaue Zeit Ihres Einlasses. In den Sommermonaten muss man manchmal etwas warten, bis man an die Reihe kommt, kaufen Sie deshalb ihre Eintrittskarte rechtzeitig.

Öffnungszeiten **Kapelle** wie Burgmuseum. Eintritt im Museumseintritt eingeschlossen.

Bevor Sie durch die Altstadt zurückkehren, empfiehlt sich ein Blick auf den **Markt** an der Hauptstraße gegenüber der Burg. In der Mischung aus Trödel und Schmuggelware findet man manchmal etwas Interessantes. Wie in so vielen Städten im Osten Polens kommen die Bauern mit dem auffallenden Akzent, die Kaviar, Gold und Radios gegen Dollars verkaufen, von der anderen Seite der Grenze. Sie sind, was man allgemein als "Handelstouristen" bezeichnet, eine feste Institution in Osteuropa, die dazu dient Waren, die ansonsten unerschwinglich oder nicht auf dem Markt zu haben sind, preiswert unter die Leute zu bringen.

Westlich der Altstadt

Westlich vom pl. Łokietka verläuft die **Krakowskie Przedmieście**, eine geschäftige Einkaufsstraße, die zum großen Teil in eine Fußgängerzone umgewandelt wurde und an der sich etliche Sehenswürdigkeiten befinden. Gleich westlich vom Neuen Rathaus steht die kleine **Heiliggeistkirche** (Kościół św. Ducha), die Anfang des 15. Jahrhunderts errichtet und mit Barockelementen restauriert wurde. Sie strahlt eine ruhige und friedliche Atmosphäre aus.

Direkt gegenüber der Kirche biegt man in südliche Richtung ab und kommt zum pl. Bernardyński, dessen Häuser momentan renoviert werden und der als Parkplatz dient. Die **Bernhardinerkirche** an der Südseite des Platzes ist ein großer gotischer Bau aus dem 15. Jahrhundert mit einem überschwänglich verzierten Barockinterieur. Von der Terrasse hinter dem Gebäude hat man einen guten Ausblick über die Südseite der Stadt. In südwestlicher Richtung, entlang der ul. Narutowicza, gelangt man zu einem weiteren Platz an dessen Ostseite sich die **Kirche St. Brigitte** erhebt. König Władysław Jagiełło ließ sie im frühen 15. Jahrhundert als Dank für die gewonnene Schlacht bei Grunwald errichten. Der gotische Bau hat die übliche hohe Backsteinfassade. Gegenüber der Kirche steht das **Juliusz Osterwa Theater** (siehe *Unterhaltung*), ein Gebäude aus der Zeit um die Jahrhundertwende mit einer eindrucksvollen alten Bühne.

Nördlich der Krakowskie Przedmieście, in einer kleinen Seitenpassage der ul. Zielona, befindet sich die winzige **St. Josefskirche**, die von griechischen katholischen

Kaufleuten um 1790 errichtet und von der Unierten Gemeinde der Stadt bis ins 20. Jahrhundert hinein genutzt wurde. Leider gibt es hier keinerlei Beschilderungen. Gleich dahinter, an der Ecke ul. St. Staszica, steht das völlig heruntergekommene **Potocki-Palais** aus dem 18. Jahrhundert, eines der vielen Patrizierhäuser in diesem Stadtviertel.

Die Krakowskie Przedmieście führt weiter zum **plac Litweski**, einem großen belebten Platz, auf dem im Sommer Schachturniere stattfinden. Hier gibt es sich mehrere Denkmäler, u. a. das **Pomnik Unii Lubelskiej** (Denkmal der Union von Lublin), das an das polnisch-litauische Konkordat von 1569 erinnert, und das **Pomnik Konstytucji 3-ego Maja** (Denkmal der Verfassung vom 3. Mai), das ein weiteres wichtiges Ereignis in der Geschichte des Landes darstellt. An der Nordseite stehen zwei alte Patrizierhäuser, die momentan von der Universität genutzt werden: In der Nordostecke des Platzes befindet sich das ehemalige **Czartoryski Palais,** ein eher kleines Gebäude, in dem heute die Lubliner Gesellschaft der Wissenschaften untergebracht ist. Das andere Haus ist das **Lubomirski Palais**, dessen klassizistische Fassade um 1830 von Marconi entworfen wurde. Das majestätisch wirkende Gebäude zur Linken ist die ehemalige Residenz des Stadthalters aus der Zarenzeit, gebaut um 1850.

Falls die **Protestantische Kirche** in der ul. Ewangielicka, in der Hauptstraße weiter nördlich, geöffnet ist, sollte man unbedingt einen Blick hineinwerfen: Das strenge Gotteshaus im Hugenottenstil hat klassizistische Elemente. An den Wänden sind Gedenktafeln an die vorwiegend deutschsprachige ehemalige Gemeinde angebracht.

Man folgt der Krakowskie Przedmieście in westliche Richtung, biegt südlich in die ul. Lipowa ein und steht fünf Minuten später vor den **Friedhofstoren**. Ein Spaziergang über diese friedliche Grabstätte eröffnet einen umfassenden Einblick in die regionale Geschichte. Die Gräber sind nach Religionszugehörigkeit unterteilt: im Norden der große **katholische** Teil, wo auch eine Gruppe von "unbekannten Soldaten" aus beiden Weltkriegen beerdigt ist. Daneben befinden sich der **protestantische** und der **orthodoxe** Abschnitt.

Der orthodoxe Teil hat seine eigene pseudo-byzantinische Kapelle und weitere Gräber russischer Soldaten aus der Kriegszeit. Außerdem finden sich ältere, kyrillische Inschriften aus der Zarenzeit – viele darunter sind ehemalige kaiserliche Verwalter und Herrscher. Unter den protestantischen Gräbern gibt es viele deutsch klingende Namen, und viele der Grabsteine stammen aus der Zeit vor dem und aus Ersten Weltkrieg, als die Stadt von den Truppen des deutschen Kaisers besetzt war. Im westlichen Teil des Friedhofs ist eine Gruppierung von einfachen Grabsteinen ohne Kruzifixe – hier sind atheistische Parteimitglieder begraben, die eine katholische Beerdigung ablehnten.

Zurück auf der Krakowskie Przedmiescie, ein kleines Stück in westlicher Richtung auf ihrer Verlängerung, der al. Racławickie, steht die **Katholische Universität** (KUL), ein übersichtlicher Campus, der auf dem ehemaligen Standort eines alten Dominikanerklosters errichtet wurde. Einer der berühmtesten Dozenten der KUL war Karol Wojtyła, der von 1950 bis zu seiner Ernennung zum Papst 1978 zeitweise hier unterrichtete. An ihn sowie an seinen Vorgänger, den polnischen Primaten Kardinal Wyszyński, erinnert eine Bronzestatue im Haupthof.

Genau gegenüber der Universität liegen die Ogród Saski (Sächsische Gärten), die üppigste Freifläche der Stadt, mit sorgfältig gepflegten Blumenbeeten, die nach Norden hin in etwas wildere, dichter bewaldete Abschnitte übergehen.

Das Freilandmuseum

Drei Kilometer nordwestlich der Ogród Saski entlang der al. Warszawska (Bus Nr. 5 oder 10 von al. Racławickie) wurde eine bunte Sammlung von ländlichen Gebäuden aus den umliegenden Dörfern zu einem Freilandmuseum aufgebaut, das hier als **skansen** bezeichnet wird. Dieses **Muzeum Wsi Lubelskiej** ist ein phantastischer Gegensatz zur Stadt. Das Innere der Gebäude kann nur im Rahmen einer geführten Tour (25 Zł zusätzlich) besichtigt werden, doch auch so lohnt sich ein Besuch. Zu den Höhepunkten zählen ein Herrschaftshaus aus dem Dorf Zyrzyna, das sich unter ein mit Holzschindeln gedecktes Mansardendach duckt und wie gewachsen aussieht, sowie eine orthodoxe Kirche (*cerkiew*) aus Tarnoszyna, die gleich mit drei Zwiebeltürmen protzt.

Öfnnungszeiten Juni–Aug. tägl. 9–18 Uhr; April–Mai & Sept.–Okt. 9–17 Uhr; Nov.–Dez. Fr–So 9–15 Uhr; Eintritt 6 Zł.

Das jüdische Lublin

Wer sich für die jüdische Geschichte Lublins interessiert, sollte die Gedenkstätten in den ehemaligen jüdischen Vierteln aufsuchen, die meist mit Tafeln, oft allerdings schwer zu entdecken, auf Polnisch und Hebräisch gekennzeichnet sind.

In der Altstadt, in der früher viele Juden wohnten, gibt es einige Gebäude, die an die Gräuel während des Zweiten Weltkriegs erinnern. An der Ecke der ul. Noworybna östlich des Platzes steht das kleine Haus, in dem im November 1944 das erste *Komitee der jüdischen Überlebenden des Kriegs* gegründet wurde. In der ul. Grodzka 11 erinnert eine Tafel an das **jüdische Waisenhaus**, das hier von 1862 bis 1942 eingerichtet war. Im März 1942 wurden alle 200 Mitarbeiter und Kinder des Heims von den Deutschen auf dem Feld hinter dem Konzentrationslager Majdanek erschossen.

Die ul. Grodzka führt zum pl. Zamkowy. Am Fuße der Stufen zur Burg ist auf einer Tafel ein Stadtplan des Podzamcze-Viertels abgebildet, des größten jüdischen Wohnviertels, das 1942 von den Deutschen zerstört wurde. Man kann sich nur schwer vorstellen, dass hier einmal dicht aneinander gedrängt Häuser, Geschäfte und Synagogen standen. Heute besteht das Viertel aus einer lauten Hauptstraße (al. Tysiąlecia), einem schmucklosen Platz und dem Busbahnhof. Östlich von hier befindet sich die orthodoxe Kathedrale, ein dunkler, mit Ikonen angefüllter Ort mit einer bemerkenswerten Ikonostase. Das ehemalige Unierten-Gebäude ist die einzige noch verbliebene orthodoxe Kirche in der Stadt.

Der alte jüdische Friedhof

Wenn man die al. Tysiąlecia nach Osten in Richtung Schloss weiterläuft, kommt man gegenüber vom Busbahnhof an eine weitere Gedenktafel, die an der Stelle der großen **Maharszal- und Maharam-Synagoge** steht. Das Gebäude wurde in den 1530er Jahren errichtet und mit den anderen Häusern des Viertels 1942 zerstört.

Jetzt überquert man die Hauptstraße und läuft in der Kopfsteinpflastergasse ul. Kalinowszczyzna weiter bis zur ul. Lwowska, von der aus man in die erste Straße rechts einbiegt. Hier befindet sich der alte jüdische Friedhof, ein kleines, von einer Mauer umgebenes Areal auf einem überwachsenen Hügel, dessen Umgebung fast ländlich anmutet.

Falls nicht gerade eine Reisegruppe anwesend ist, muss man sich an den Hausmeister Józef Honig, ul. Dembowskiego 4, Apt. Nr. 17 (✆ 081/747 8676) gegenüber

Südostpolen
Karte S. 346/347

vom Haupteingang, wenden: Er lässt lieber Gruppen hinein als Einzelpersonen und erwartet von jedem Besucher eine angemessene Spende. Die Nationalsozialisten hatten zwar alles darangesetzt, um den ältesten jüdischen Friedhof des Landes zu zerstören (Tausende von Grabsteinen wurden für Bauarbeiten während des Krieges verwendet), aber es blieben genügend Grabsteine, um einen Überblick über die verschiedenen Stile zu geben.

Neben den ältesten Grabmälern (aus dem Jahr 1541) befinden sich einige im Renaissance-, Barock- und neoklassizistischen Stil. Der älteste Teil des Friedhofs beherbergt die Gräber vieler berühmter Juden, u. a. das Grabmal des chassidischen Führers *Jaakow Itzak Hurwitz* (siehe Kasten), das immer mit Kerzen geschmückt ist, und das Grab von *Shalom Schachna*, der im 16. Jahrhundert der Lubliner Jeshibah (Talmud-Schule) vorstand. Vom obersten Punkt des Friedhofshügels aus hat man einen guten Blick über die Altstadt und das alte jüdische Viertel.

Die Lubliner Juden

Jahrhundertelang war Lublin neben Krakau, L'viv und Wilno (heut Vilnius in Litauen) eines der wichtigsten jüdischen Zentren in Polen; die Lubliner Gemeinde übte ihren Einfluss in ganz Europa aus und entsandte geschulte Rabbiner sogar bis nach Spanien und Portugal.

1316 werden die Lubliner Juden zum ersten Mal urkundlich erwähnt, obwohl es durchaus möglich ist, dass sich jüdische Händler schon wesentlich früher hier niederließen. Als König Kazimierz Mitte des 14. Jahrhunderts beschloss, Juden fortan in ganz Polen aufzunehmen, entstand die erste große jüdische Siedlung im Podzamcze-Viertel unterhalb der Burg. Das Gebiet, ursprünglich eine vom Fluss überflutete Sumpflandschaft, wurde von jüdischen Kaufleuten aufgekauft, trocken gelegt und von der jüdischen Gemeinde besiedelt. Die erste Steinsynagoge und Jeshibah (Talmudschule) wurden Mitte des 16. Jahrhunderts gebaut, dann kamen immer neue Synagogen und andere religiöse Gebäude hinzu – in den 1930er Jahren gab es in der Stadt über 100 Synagogen. Lublin's Bedeutung für die Handelswege wuchs auch deshalb, weil die Stadt (neben Jarosław) einer der Orte für die Zusammenkunft des **Rates der vier Länder** war, des beratenden Hauptorgansder polnischen Juden. Lublin behielt diese Stellung bis in die 1760er Jahre.

Abgesehen von sporadischen, in der Regel von der katholischen Kirche lancierten Beschuldigungen des Ritualmords waren die jüdisch-christlichen Beziehungen zu dieser Zeit meist von Toleranz gekennzeichnet. Die Gefahr kam von außen, z. B. während des Chmielnicki-Aufstands (1648), als in Ostpolen mehrere Tausend Juden von Kosaken umgebracht wurden, oder während der russischen Belagerung der Stadt 1655, als das Podzamcze-Viertel dem Erdboden gleichgemacht wurde. Danach wurde das Viertel wieder aufgebaut, die meisten Häuser als solide Steinbauten.

In den 1790er Jahren wurde Lublin zu einem wichtigen Zentrum des Chassidismus, der jüdischen Erneuerungsbewegung, die Ende des 18. Jahrhunderts durch die ostjüdische Gemeinde ging. Der charismatischen Chassidimführer **Jaakow Itzak Hurwitz** ließ sich in den 1790er Jahren in Lublin nieder und scharte Anhänger aus allen Teilen Polens um sich und seinen "Hof" in Podzamcze– die Chassidim erkannten die Grenzen der polnischen Teilungen nicht an. **Hurwitz** war eine umstrittene Figur, und seine Gegner behaupteten, er habe sich "ins Grab getrunken". Noch heute besuchen Juden aus aller Welt sein Grab auf dem alten jüdischen Friedhof.

Mitte des 19. Jahrhunderts begannen die Juden, sich auch in der Altstadt und in einem neuen Viertel um die ul. Lubarowska nördlich der Altstadt niederzulassen. Um die Jahrhundertwende lebten in Lublin 24.000 Juden – etwas über 50 Prozent der Gesamtbevölkerung.

Nach dem Ersten Weltkrieg, in dem viele Lubliner Juden als Soldaten sowohl der russischen als auch der österreich-ungarischen Armee fielen, erlebte die jüdische Gemeinde in den Zwischenkriegsjahren eine Blütezeit: Es entstand ein Netz von religiösen und kulturellen Vereinigungen, Verlagen, Zeitungen (besonders die Tageszeitung "Lubliner Sztyme" – Lubliner Stimme), von Gewerkschaften und von politischen Organisationen.

Nachdem die Deutschen im September 1939 die Stadt eingenommen hatten, begannen sie sofort mit Maßnahmen gegen die fast 40.000 Lubliner Juden, die im Laufe des Krieges umgebracht wurden. Im Dezember 1939 wurden Juden aus anderen Teilen Europas nach Lublin transportiert. Anfang 1940 wurde Lublin zum Koordinationszentrum der Vernichtung der jüdischen Bevölkerung des Generalgouvernements, der Teile Polens, die nach dem September 1939 unter deutscher Verwaltung standen, dem Reich aber nicht einverleibt worden waren. Der Gouverneur Hans Frank richtete im März 1941 in der ohnehin bereits von mittellosen Juden überfüllten Altstadt ein offizielles Ghetto ein.

Im Juli 1941 wurde in einem südlichen Vorort der Stadt mit dem Bau des Konzentrationslagers **Majdanek** begonnen, und im Februar 1942 begann man mit dem schrecklichen Plan der systematischen Vernichtung der Ghettobewohner. Ab Ende März 1942 wurden die Juden auf dem Marktplatz zusammengetrieben (neben dem heutigen Busbahnhof), die Alten und Kranken an Ort und Stelle erschossen, die anderen mit Zügen in die Vernichtungslager, hauptsächlich nach **Bełżec**, gebracht. In den nächsten Monaten wurden die restlichen Bewohner entweder im Krkpieckie-Wald außerhalb der Stadt erschossen oder in ein neues Ghetto in der Nähe von Majdanek gebracht. Das Ende der sechshundert Jahre alten jüdischen Gemeinde von Lublin kam am 3. November 1943, als die verbleibenden 18.000 Ghettobewohner nach Majdanek zur Erschießung gebracht wurden. Nach Abschluss dieser mit dem zynischen Codenamen "Erntefest" bezeichneten Vernichtungsaktion wurden das jüdische Viertel Wieniawa außerhalb der Stadt und das Podzamzce-Viertel von den Deutschen systematisch zerstört.

Im Juli 1944 wurde Lublin von sowjetischen Truppen befreit, und jüdische Partisanengruppen richteten dort ihren Stützpunkt ein. Nach dem Krieg ließen sich mehrere Tausend jüdische Flüchtlinge in der Stadt nieder, doch nach den antisemitischen Ausschreitungen, die 1945/46 in Polen stattfanden, und den "Säuberungen" von 1968 (z. B. in Krakau und Warschau) wanderten viele aus. Die winzige jüdische Gemeinde der Stadt lebt heute sehr zurückhaltend: Viele Mitglieder sind zu alt, um aktiv am Wiedererwachen des Gemeindelebens teilzunehmen, das von den jüdischen Besuchern aus dem Westen angeregt wird.

Karte S. 346/347

Unter den ältesten Grabmälern (aus dem Jahr 1541) befinden sich einige im Renaissance-, Barock- und neoklassizistischen Stil. Der älteste Teil des Friedhofs beherbergt die Gräber vieler berühmter Juden, u. a. das Grabmal des chassidischen Führers *Jaakow Itzak Hurwitz (*siehe Kasten), das immer mit Kerzen geschmückt ist, und das Grab von *Shalom Schachna*, der im 16. Jahrhundert der Lubliner Jeshibah (Talmud-Schule) vorstand. Vom obersten Punkt des Friedhofshügels aus hat man einen guten Blick über die Altstadt und das alte jüdische Viertel.

Der neue Friedhof und das Mausoleum

Nördlich vom alten Friedhof führt erst die ul Lwowska und dann die ul. Walecznych zum Eingang des **neuen Friedhofs**, der 1829 angelegt wurde. Er wurde ebenfalls von den Nazis zerstört, die auf dem Gelände auch Massenexekutionen durchführten. Der heutige Friedhof ist viel kleiner, sein nördlicher Teil wurde in den 70er Jahren dem Bau einer Fernstraße (ul. Smorawińskiego) geopfert. Es sind nur einige wenige wertvolle Gräber geblieben, von denen die meisten aus dem späten 19. Jahrhundert und den Nachkriegsjahren stammen. Außerdem gibt es einige Massengräber von Kriegsgefangenen der Nazis. Der Friedhof wurde in den letzten Jahren mit Geldern der Familie Frenkel renoviert, deren Verwandte in Majdanek umkamen.

Im überkuppelten **Mausoleum**, das vor kurzem hinter dem Eingang errichtet wurde, ist eine kleine Ausstellung über die Geschichte der Lubliner Juden zu sehen. Da ein bedrohlich aussehender Hund das Gebäude bewacht, sollte man vorher klingeln.

Öffnungszeiten Unvorhersehbar – Auskunft beim Fremdenverkehrsbüro. Eintritt frei, Spende willkommen.

Die Jeshibah und das jüdische Krankenhaus

Vom Friedhof aus führt die ul. Unicka in westlicher Richtung zur ul. Lubartowska, eine lange, gerade Durchgangsstraße, die das ehemalige Judenviertel durchquert. Das große gelbe, palastartige Gebäude im klassischen Stil an der oberen Ecke der Lubartowska ist die **Jeshibah**, die "Schule der Weisen von Lublin", in der heute die medizinische Fakultät untergebracht ist. Die Jeshibah wurde Ende der 20er Jahre mit Geldern gebaut, die von jüdischen Gemeinden auf der ganzen Welt gespendet wurden, und war eine internationale Talmud-Schule zur Ausbildung von Rabbinern und anderen Gemeindefunktionären. Die Schule war nur neun Jahre in Betrieb; sie wurde 1939 von den Deutschen geschlossen, die die riesige Bibliothek plünderten und zerstörten. Nur eine kleine Tafel weist heute auf die Geschichte des Gebäudes hin.

Das nächste Haus auf derselben Straßenseite (Nr. 81) ist ein schönes palastartiges Gebäude, das 1886 errichtet wurde. Es ist das ehemalige **jüdische Krankenhaus**, heute eine Geburtsklinik. Eine Gedenktafel erinnert an die Krankenhausangestellten und Patienten, die im März 1942 von den Deutschen umgebracht wurden.

Das alte Ghetto

Die Lubarowska führt in südliche Richtung ins Herz des alten Ghettos, ein schmuddeliges, belebtes Viertel mit Geschäften und Mietshäusern. Hier wohnen zwar fast keine Juden mehr, aber wenn man durch die Hauseingänge in die Hinterhöfe blickt oder sich die kleinen Läden anschaut, kann man sich vorstellen, wie es hier vor sechzigJahren ausgesehen hat. Am oberen Ende der Straße (1,5 Kilometer weiter) befindet sich in einem Hinterzimmer der Nr. 10 die einzige noch benutzte **Synagoge** der Stadt (Eingang durch das Tor des Hauses Nr. 8 und dann die Treppe hinauf). Offiziell ist die Synagoge am Sonntag von 13–15 Uhr geöffnet; der launische alte Hausmeister hält sich dauernd dort auf. Sie können entweder einfach ihr Glück versuchen oder ihn vorher anrufen (gleiche Nummer wie der alte jüdische Friedhof). Wahlweise können Sie sich auch an den englischsprachigen Führer wenden, der sich auf das jüdische Lublin spezialisiert hat: Herr A. Nowodworski (✆ 081/744 0459) kann einen Besuch der Synagoge für Sie organisieren. Die Synagoge wurde um 1920 von der Vereinigung der Beerdigungsunternehmer eingerichtet und wurde zur wichtigsten Synagoge für die überlebenden Juden nach dem Zweiten Weltkrieg. Sie wird heute noch benutzt und regelmäßig von jüdischen Touristengruppen besucht, die hier Gottesdienste abhalten. Eine kleine, informative Ausstellung zeigt Fotos und andere Dokumente über die jüdische Gemeinde der Stadt, eine kleine Sammlung religiöser Ritualgegenstände und Gedenktafeln für Lubliner Bürger, die während des Krieges Juden beschützten.

Am oberen Ende der Lubartowska bei der Altstadt trifft man auf den pl. Ofiar Getta ("Ghettoopfer"), ein geschäftiger Platz, auf dem früher einer der großen jüdischen Märkte abgehalten wurde. In der Mitte steht ein schlichtes **Denkmal** für die Ghettopfer, dessen Inschrift wie folgt lautet: "Wir ehren die polnischen Bürger jüdischer Nationalität aus der Lubliner Region, deren Leben von den Nazis während des Zweiten Weltkriegs in grausamer Weise frühzeitig beendet wurde. Die Bewohner von Lublin".

Majdanek

Dass Majdanek, nach Auschwitz das größte Vernichtungslager der Nationalsozialisten, so nahe liegt (4 km südöstlich des Stadtzentrums), ist eine schockierende Erkenntnis. Auf Befehl Himmlers im Oktober 1941 errichtet, war dieses Lager keiner der halb versteckten Orte, deren Existenz von den Anwohnern der Region verleugnet werden konnte – in Auschwitz und Treblinka war dies eher möglich. Auf der Hauptstraße weist ein großes Denkmal aus dem Jahr 1969, das anlässlich des 25. Jahrestages der Befreiung durch die Rote Armee errichtet wurde, auf das Lager hin. Ein Blick in das riesige Lager enthüllt das Ausmaß des Grauens: Ein Rundgang zwischen Stacheldraht und Wachtürmen, Krematorien und den Reihen schäbiger Holzbaracken führt drastisch vor Augen, dass über 200.000 Menschen aus über 50 Ländern, hauptsächlich Juden, hier systematisch ermordet worden sind. Zwischen dem 3. und dem 5. November 1943 schlossen die Nazis ihren Plan der Vernichtung aller hier ansässigen Juden ab und erschossen über 43.000 Insassen des benachbarten Ghettos. Allein an einem Tag wurden 18.000 Menschen ermordet.

Das **Lagermuseum** in einer der Baracken dokumentiert eindringlich das furchtbare Geschehen. Am Ende des Hauptweges durch das Lager steht ein überkuppeltes Mausoleum, in dem die Asche vieler hier ermorderter Menschen aufbewahrt wird. Im Eingangsgebäude werden in regelmäßigen Abständen kurze Dokumentarfilme über Majdanek gezeigt, außerdem gibt es einen Buchladen mit Karten, Broschüren und anderen Veröffentlichungen in mehreren Sprachen.

- *Öffnungszeiten* **Lagermuseum** – Mai–Sept. Di–So 8–17 Uhr, Okt.–Apr. bis 15 Uhr).
- *Anfahrt* Der **Bus** Nr. 23 von der ul. Królewska und die Trolleybusse Nr. 153 und 158 von der ul. Lipowa fahren bis zum Denkmal am Eingang zum Lager (Fahrtzeit etwa 30 Min.).

Nördlich von Lublin

Nördlich von Lublin liegt die Woiwodschaft **Biała Podlaska**, eine freundliche ländliche Gegend mit kleinen Marktstädtchen und Dörfern, in der noch immer eine

Südostpolen
Karte S. 346/347

weltentrückte Atmosphäre herrscht. Hier gibt es etliche alte Herrschaftshäuser, die die Spuren der Zeit tragen, z. B. in **Lubartów, Kozłówka, Radzyń Podlaski** und der Regionalhauptstadt **Biała Podlaska**. Über die Gegend verstreut findet sich auch eine bunte Mischung an Monumenten der verschiedenen Religionen. Die Pferdezucht in **Janów Podlaski** in der Nähe der weißrussischen Grenze ist die bekannteste Sehenswürdigkeit dieser Region.

Wie in den meisten abgelegenen Gebieten des Landes sind Busse das einzige Transportmittel zwischen den einzelnen Ortschaften. Die Hauptstraße von Warschau nach Moskau führt durch diese Gegend, der Grenzübergang befindet sich in **Terespol**, östlich von Biała Podlaska.

Lubartów

Das Marktstädtchen **Lubartów**, 25 Kilometer nördlich von Lublin ist einen kurzen Halt wert. Dieser kleine, unscheinbare Marktflecken am östlichen Ufer des Flusses Wieprz ist ein gutes Beispiel dafür, wie ganze Städte im Osten von einflussreichen Familien aufgebaut wurden. Die Firleij-Familie zog um 1540 in diese Gegend. Lubartów war lange Zeit unter dem Namen Lewartów, nach dem Familienwappen "Lewart" bekannt.

Das schöne **Firlej-Palais** im Stadtzentrum wurde im 16. Jahrhundert errichtet und erinnert noch lebhaft an die noblen Einwohner der Region. In diesem großen, mit weißem Stuck verzierten Gebäude ist heute die Stadtverwaltung untergebracht. An der Fassade finden sich vier elegante Säulenpaare, die von einem klassischen Fries überthront werden. Der Park hinter dem Palais ist ein sehr angenehmer Ort, an dem noch vieles, ganz bestimmt aber die Orangerie, an die einstige Pracht erinnert. Die **Pfarrkirche** neben dem Palais ist, abgesehen vom Renaissance-Eingang, im klassischen polnischen Barockstil gehalten. Im Innern gibt es viele Grabplatten, hauptsächlich von Angehörigen der Sangusko Familie, die ab dem 18. Jahrhundert den Palais bewohnte. Im **Heimatmuseum** in der ul. Kościuszki, von der Kirche aus rechts, sind wechselnde Ausstellungen über die Region zu sehen. Wie in der gesamten Lubliner-Region waren auch in Lubartów Juden ansässig: 1567 wurden sie erstmals urkundlich erwähnt, und vor dem Zweiten Weltkrieg stellten sie rund 45 Prozent der Stadtbevölkerung. Im Oktober 1942 wurden alle Juden in die Vernichtungslager Bełżec und Sobibór deportiert und die meisten Gebäude, u. a. auch zwei Synagogen, zerstört. Auf dem **jüdischen Friedhof** an der Ecke ul. Cicha und ul. 1. Maja im Süden der Stadt sind nur noch rund 30 Grabsteine und ein aus Grabsteinresten errichtetes Denkmal übrig geblieben.

- *Öffnungszeiten* **Heimatmuseum** – Mi–Fr 8–15 Uhr, So 10–15 Uhr. Eintritt 3 Zł.
- *Anfahrt/Übernachten/Essen* Lubartów ist in einer halben Stunde mit dem **Bus** auf der Route Lublin–Białystok erreichbar – die Linien Lublin–Białystok und Lublin–Biała Podlaska passieren den Ort. Für eine Übernachtung können Sie lediglich auf das schlichte **Ambar**, ul. Kleberga 14 (✆ 081/855 4754; H), zurückgreifen. Das Restaurant **Max**, am Rynek 11, bietet einfache, gutbürgerliche Küche.

Kozłówka

Das **Zamoyski-Palais** in **Kozłówka**, 9 Kilometer westlich von Lubartów (35 km mit dem Bus von Lublin), ist eines der prächtigsten der Region. Nach den Restaurierungsarbeiten in den 1990er Jahren ist das Palais als touristisches Reiseziel wieder entdeckt. Vor den Eingangstoren parken viele Busse mit Tagesausflüglern. Der Ansturm auf Sehenswürdigkeiten wie dieses Palais zeigt, dass in Polen neuerdings eine Nostalgiewelle grassiert und man sich wieder an die "gute alte Zeit" erinnert. Die Vorliebe der Polen zu großartiger und majestätischer Architektur wurde lange unterdrückt. Erst seit wenigen Jahren werden solche Bauwerke wieder offiziell als Kulturerbe gewürdigt und verzeichnen seitdem eine wachsende Beliebtheit. Ob Sie sich von den überladenen aristokratischen Platitüden zu Begeisterungsstürmen hinreißen lassen möchten, bleibt Ihnen überlassen.

Das zweistöckige Barockgebäude wurde in den 1740er Jahren von der Familie Bieliński errichtet, nachdem diese das Anwesen geerbt hatte. Anfang des 20. Jahrhunderts wurde das Gebäude mit dem Vorhof und dem Park vom neuen Besitzer, Graf Konstanty Zamoyski, um- und ausgebaut. Seine Familie hatte das Anwesen 1799 übernommen, und es blieb bis zum Beginn des Zweiten Weltkriegs in ihrem Besitz. Der Umbau behielt das ursprüngliche barocke Design bei, und es wurden einige Elemente hinzugefügt, wie z. B. das eiserne Tor, die Kapelle und der elegante Säulengang, der zum Eingang führt.

- *Anfahrt* Kozłówka wird von etwa fünf Bussen täglich von Lublin angefahren. Doch ist der Ort nur eine Zwischenstation und darum nicht auf der Busroute erwähnt. Erkundigen sie sich am Busbahnhof in Lublin.
- *Öffnungszeiten und Karten für den Palast* Das Innere des Palais kann nur im Rahmen einer Führung besichtigt werden (März–Nov. Di, Do & Fr 10–16 Uhr, Mi, Sa & So 10–17 Uhr; 5 Zł; www.muzeumkozlowka.lublin.pl). Einzelbesucher müssen warten, bis eine Gruppe beisammen ist (normalerweise 35 Besucher). Die Führungen sind auf Polnisch, fremdsprachige Führungen können im Voraus für 40 Zł zusätzlich gebucht werden (✆ 081/852 7091).

Die Innenräume: Einmal im Innern des Palais, ist man sofort von künstlerischer Eleganz umgeben. Die prunkvoll ausgestatteten Räume sind überschwemmt mit unzähligen Bildern (vor allem Familienporträts und Kopien von Rubens, Canaletto etc.), Skulpturen und antiquarischem Mobiliar. Selbst in die hintersten Ecken des Gebäudes wurden noch dekorative Stücke gezwängt. Zunächst kommt man in die Eingangshalle. Hier wird der dunkle Raum teilweise von prunkvollen Leuchtern erhellt, die auf das feine Stuckwerk der Decken scheinen. Vorbei an großen Meißner-Öfen bringt Sie die Marmortreppe entlang einer Porträtgalerie zu den zentralen Zimmern. In den Privatgemächern des Grafen **Konstanty** setzt sich die Aufeinander folge mit Familienporträts fort. Außerdem gibt es viele Kopien großer Kunstwerke. Im Schlafzimmer findet sich eine fein gearbeite Toilette aus tschechischem Porzellan, was darauf hinweist, dass der Graf viel Wert auf seine Hygiene legte. Das Schlafzimmer der Gräfin ist zum großen Teil mit Empire-Mobiliar ausgestattet. Danach gelangt man in den voluminösen **Roten Salon.** Die Türen sind überdacht von stickereiverzierten Baldachinen und eingerahmt von schweren roten Samtvorhängen. Hier hängen die meisten Porträts, mit einem Schwerpunkt auf Königen, Hauptmännern und anderen nationalen Größen. Alle Gemälde wurden von Graf Konstanty während der polnischen Teilungen in einer patriotischen Geste zusammengetragen.

Die anderen Räume sind ähnlich gestaltet: Im **Exotischen Saal** findet sich eine schöne Auswahl an Chinoiserie. Der **Speisesaal** ist in überladenem, schwerem Barock gehalten und enthält eine Mischung aus Gdańsker und venezianischem Mobiliar sowie eine Unmenge an kleinen Schmuckgegenständen, die jeden Sammler glücklich machen würden. Wie zu vermuten, enthält die Bibliothek Wände voller Bücher. Die Regale gruppieren sich um einen klassischen alten Billardtisch, der von einer Kerosinlampe erhellt wird. Die Kapelle außerhalb an der Seite des Palais ist zwar schön, strahlt aber eine kalte Atmosphäre aus. Sie wurde um 1900 gebaut und ist der königlichen Kapelle in Versailles nachempfunden.

Museum: Nach der Übersättigung mit Prunk findet sich im Museum im ehemaligen Palaistheater eine Überraschung. Die Ausstellung mit dem Titel "Kunst und Kampf im Sozialismus" besteht aus einer großen Sammlung von Gemälden und Skulpturen des sozialistischen Realismus. Die meisten der Kunstwerke wurden aus verschiedenen Museen der Region zusammengetragen und hier während der Zeit verwahrt, in der diese Art von Kunst eher unpopulär war. Alle internationalen sozialistischen Helden sind vertreten: Bolesław Bierut, Mao, Ho Chi Minh, Kim Il. Sung und natürlich Stalin. Neben den Portäts dieser Berühmtheiten gibt es jede Menge Gemälde von kräftigen Arbeitern und Bauern, die Fabriken bauen, Getreide ernten, den Fünf-Jahres-Plan erfüllen, der Partei beitreten und anderen "kommunistischen Alltagsaktivitäten" nachgehen. Zu einem der Höhepunkte zählt die Agit-Prop Skulptur des farbigen, amerikanischen, lauthals ausrufenden Sängers Paul Robeson.

Bei einem Spaziergang im elegant angelegten **Park** hinter dem Palais kann man sich von den Besichtigungen erholen. In der Nähe des Eingangstores befindet sich auch ein **Café**.

Öffnungszeiten wie Zamoyski-Palais, im Eintritt mit enthalten.

Radzyń Podlaski

40 Kilometer nördlich von Lubartów, an der Hauptstraße zwischen Lublin und Białystok, liegt das verschlafene Provinzstädtchen **Radzy Podlaski** (Anfahrt mit den Linienbussen Lublin–Białystok und Lublin–Biała Podlaska), in dem sich die mächtige Adelsfamilie Potocki im frühen 18. Jahrhundert auf einem ehemaligen Schlossgelände der Familie Mniszek eines ihrer vielen **Palais** errichtete. Das Gebäude, das auch das "Podlasische Versailles" genannt wird, streitet zusammen mit dem Branicki Palace in Białystok um den Rang des schönsten Rokokogebäudes des Ostens. Es wurde 1944 zerstört und danach nicht mehr vollständig restauriert, heute ist hier ein Teil der Stadtverwaltung untergebracht. Trotzdem scheint bei einem Spaziergang durch den großen Innenhof noch etwas von der vergangenen Größe durch. Der Palastgarten ist ziemlich überwachsen, er wurde um 1750 von dem königlichen Architekten Jacob Fontana angelegt. Als man das Palais restaurierte, wurde der Garten zum Stadtpark umgebaut und dient heute an heißen Sommertagen zur Abkühlung. In der Orangerie, die mit Graffiti besprüht ist, ist das *Dom Kultury*, beheimatet. Die Pizzeria *Roch* in seinem Keller ist beliebter Treffpunkt bei Teenagern. Auf der gegenüberliegenden Straßenseite vom Palais steht noch die Pfarrkirche aus dem 18. Jahrhundert, ein schönes manieristisches Gebäude, dessen Architektur an die Stiftskirchen in Zamość und Kazimierz Dolny erinnert.

Biała Podlaska

Die Provinzhauptstadt Biała Podlaska ist eine seltsame Mischung aus dem neuen und dem alten Polen. Die Stadt ist geprägt durch ihre Lage an der Hauptstraße von Warschau nach Osten (auch der Bahnhof liegt an der Strecke Warschau–Moskau). Tag und Nacht donnern die Lkws auf dem Transit zum Grenzübergang Terespol, etwa 40 Kilometer entfernt, hier durch. Dass durch den Grenzverkehr Geld in die Stadt gelangt, zeigt sich vor allem an den vielen neue Cafés und Läden, die rund um den kürzlich auf Hochglanz gebrachten Rynek öffnen. Die meisten Sehenswürdigkeiten stehen mit der mächtigen Familie Radziwiłł in Verbindung, von der die Stadt im 15. Jahrhundert gegründet und lange gefördert wurde.

• *Anfahrt/Verbindungen* Der **Bahnhof** befindet sich auf der Südseite der Stadt, ungefähr 5 Minuten mit dem Bus vom Zentrum. Der **Busbahnhof** ist am pl. Wojska Polskiego, östlich vom zentralen Platz, entlang der ul. Brzeska.

• *Übernachten/Essen* Das **Capitol** liegt gleich westlich des Rynek in einem Wohnviertel, ul. Reymonta 3 (✆ 083/ 344 2358; hotel@hotelcapitol.com.pl; F). Es ist ein neues Privathotel mit einer großen Auswahl an Zimmern und einem der besseren Restaurants der Stadt. Das **Merkury**, ul. Kolejowa 31b (✆ 081/342 3771; F), ist ähnlich, nur etwas kleiner. Es liegt in der Nähe des Bahnhofs und hat ebenfalls ein eigenes Restaurant. Das **Sportowy**, ul. Piłsudskiego 38 (✆ 081/ 343 4550; G), in der Nähe des Stadions, ist ein einfaches Sporthotel mit akzeptablen Zimmern mit Bad. Es liegt ungefähr zehn Minuten zu Fuß vom Rynek.

Am besten isst man im **Restaurant** des **Capitol**, gleich dahinter folgt das **Forteca** in der Brzeska 19. Im Sommer öffnen ein paar **Café-Bars** im Freien am Rynek. Den lauten Disco-Pub **Night** erreicht man vom Rynek in 10 Minuten zu Fuß (auf der anderen Seite des Stadions als das Hotel Sportowy).

Die meisten historischen Sehenwürdigkeiten der Stadt befinden sich im ehemaligen **Radziwiłł-Burgkomplex** westlich des großen Platzes. Das Hauptpalais wurde im 17. Jahrhundert errichtet, von den zaristischen Machthabern in den 1870er Jahren zerstört. Nach dem Krieg wurde der gesamte Komplex mehr oder weniger dem Verfall überlassen. Das Hauptgebäude wird momentan renoviert und beherbergt eine Schule und eine Musikakademie sowie die Stadtbibliothek. Im **Turmhaus** ist heute ein gut organisiertes **Heimatmuseum** untergebracht. Die ausgestellten Illustrationen zeigen, dass der Burgkomplex früher ein sehr imposantes Bauwerk gewesen sein muss. Im ersten Stock befindet sich eine volkskundliche Ausstellung, u. a. mit Textilien und Wandteppichen aus der Region und mit einigen Exemplaren der heidnischen "Sonnen"-Kruzifixe, die für den litauischen Teil der alten Republik typisch sind. Die Kunstwerke im angrenzenden Raum beschäftigen sich mit Themen, die für die Region wichtig sind: mit der Jagd, mit Pferden, Soldaten und dem alten jüdischen Marktplatz. Im ehemaligen Torhaus befindet sich ein kleines, aber lebhaftes Café mit Kunstgalerie (Di–Sa 11–16 Uhr), in dem auch Jazzkonzerte stattfinden. Die schöne Lage im Park macht dies zu einem idealen Platz für einen erholsamen Spaziergang. Die **Pfarrkirche St. Anna**, neben dem Burgkomplex in Form einer Basilika, ist ein beeindruckender Bau aus dem späten 16. Jh. Sie hat Zwillingskuppeln und eine üppig geschmückte Seitenkapelle, die der Familie Radziwiłł gewidmet ist. Im Friedhof befindet sich u. a. ein keltisch aussehender Grabstein, direkt neben einem kitschigen Marienschrein.

Öffnungszeiten **Muzeum Południowego Podlasia/Heimatmuseum** – Ende Juni–Anfang Sept. Di–Fr 9.30–16.30 Uhr, Sa 10–16 Uhr, So 10–17 Uhr; die restliche Zeit Di–Fr 9–16 Uhr, Sa 9–15 Uhr, So 10–16 Uhr. Eintritt 3 Zł.

Die Statue auf der anderen Straßenseite, an der Ecke der ul. Brzeska, stellt den beliebten Schriftsteller **Józef Ignacy Kraszewski** (1821–87) dar, einen Schüler der 350 Jahre alten Dorfschule, der alten *Akademia Bialskia* (Biała Academie), die ursprünglich an die Krakauer Akademie und die Akademie in Vilnius angeschlossen war.

Schließlich gibt es einen großen, grasüberwachsenen jüdischen Friedhof, etwa 1 km nördlich des Rynek, auf der Norseite der ul. Nowa. Offensichtlich wird er von den Alkoholikern des Ortes für flüssige Picknicks genutzt. Am Eingang des Friedhofs wurde kürzlich ein Denkmal zur Erinnerung an Białas Juden aufgestellt, doch ansonsten bilden die verfallenen, verstreut herumliegenden Grabsteine einen traurigen Gegensatz zu dem gepflegten benachbarten katholischen Friedhof.

Südostpolen
Karte S. 346/347

Das berühmte Gestüt von Janów Podlaski

Janów Podlaski

20 Kilometer nördlich von Biała Podlaska, in der Nähe der weißrussischen Grenze erstreckt sich südlich des Flusses Bug die Stadt Janów Podlaski. Hier befindet sich die berühmteste Pferdezucht des Landes, die auf vollblütige Araber spezialisiert ist. Etwa 2 Kilometer östlich des Stadtzentrums (vom Rynek gut ausgeschildert, ein Nahverkehrsbus fährt dorthin), trifft sich hier regelmäßig alles, was in der Pferdewelt Rang und Namen hat, vor allem im August oder September, wenn die internationalen Auktionen stattfinden.

Das Gestüt wurde von Zar Alexander I. im Jahr 1817 gegründet, um die während der napoleonischen Kriege verlorenen Pferde zu ersetzen. Hier sollten Rassepferde für seinen persönlichen Gebrauch gezüchtet werden. Die Zucht hat Höhen und Tiefen erlebt: Viele Pferde wurden von deutschen Soldaten gegen Ende des Ersten Weltkriegs entwendet. Im Zweiten Weltkrieg übernahmen die Nazis das Gestüt und transportierten die Pferde nach Deutschland, wo bei den Angriffen der Alliierten in Dresden im Februar 1944 die meisten Pferde getötet wurden. Die eleganten Stallgebäude, die man heute noch bewundern kann, wurden von Marconi zwischen 1830 und 1850 entworfen. Die Janówer Pferde werden hochgeschätzt. Es bleibt jedoch abzuwarten, wie das Zuchtprogramm sich nach der Privatisierung des Gestüts entwickelt, denn nun muss ja Gewinn gemacht werden, und man kann sich nicht mehr auf staatliche Zuschüsse verlassen.

Wer möchte, kann sich in den Stallungen und auf dem umliegenden Gelände umsehen. Anmelden sollte man sich direkt bei den Stallungen (✆ 083/341 3009 oder 341 3062, 📠 341 3360). Besucher ohne Voranmeldung sind dort nicht gern gesehen, obwohl das Personal Sie sicher über das Gelände spazieren lässt, wenn Sie freundlich fragen. Theoretisch kann man im Gästehaus übernachten – wobei diese

Möglichkeit meist den Gästen vorbehalten bleibt, die hier einen Reiturlaub verbringen (nähere Informationen über die obigen Telefonnummern).

Die Stadt selbst wurde um 1420 gegründet und wurde bald zu einer der wichtigsten Stationen auf dem Handelsweg von Krakau nach Vilnius. Die imposante barocke Stiftskirche mit dem angrenzenden Glockenturm erinnert an diese Zeit.

- *Anfahrt/Verbindungen* Janów ist etwa 30 Minuten mit dem Bus von Biała Podlaska entfernt, 12 Busse täglich.
- *Übernachten/Essen* Zum Essen kann man im Restaurant **Janowianka** auf dem pl. Partyzantów, dem Marktplatz, einkehren. Das Hotel **Dom Wycieczkowy** (✆ 083/341 3314; H), ul. Brzeska 6, ist die einzig empfehlenswerte Übernachtungsmöglichkeit außer Stadnia Koni (siehe oben).

Überquerung der Ostgrenze

Trotz der ansteigenden Zahl an Verkehrsmitteln ist Reisen in Polen immer noch problematisch. Besonders schwierig ist die Überquerung der Ostgrenzen, und vor allem wenn man im Auto reist. Obwohl man in der Nachkriegszeit nach außen hin mit der sozialistischen Bruderschaft zu den Nachbarländern prahlte, wurde die polnische Ostgrenze in Wirklichkeit noch bis in die 1990er Jahre hinein mit einem ähnlich starken Polizeiaufkommen kontrolliert wie die ehemalige deutsch-deutsche Grenze. Das politische Klima mag sich verändert haben, aber die Praxis der Grenzabfertigung zwischen Weißrussland, der Ukraine und Polen bleibt mit vielen Komplikationen gespickt. Wahrscheinlich wird das auch noch eine Weile so sein. (Für weitere Informationen siehe "Weiter nach Litauen", S. 312 und "Weiter nach L'viv", S. 412)

Grenzübergänge: Es gibt nur sehr wenige Grenzübergänge, das werden besonders Besucher merken, die mit dem Auto unterwegs sind. Erschwerend kommt die umständliche Zollkontrolle auf der Ostseite der Grenze hinzu, die immer noch alten sowjetischen Gepflogenheiten entspricht. Zudem sind die Übergänge meistens überlaufen. Die zwei wichtigsten Übergänge – Terespol–Briest, in der Nähe von Biała Podlaska, und Medyka, in der Nähe von Przemyśl – waren ausreichend, als noch weniger Menschen aus dem Osten in der Lage waren zu reisen. Die neue politische Situation hat einen Reiseboom ausgelöst, und man sieht nun ein, dass die Zustände an der Grenze absurd sind. Dennoch hat man bisher nur schwerfällig reagiert: Zwei neue Übergänge nach Weißrussland wurden geöffnet, und zwar in Połowce, östlich von Siemiatczye (auch für Privatautos), und in Kukuryki, gleich nördlich von Terespol. Drei neue Übergänge gibt es in die Ukraine, und zwar in Dorohusk, östlich von Chełm, in Hrebenne, in der Nähe von Tomaszów Lubelski, 70 km nordöstlich von L'viv, und in Korczowa, östlich von Jarosław. Die Wartezeiten an der Grenze haben sogar schon zur Entstehung von legendären Geschichten geführt, wie z. B. die von einem Wagen, der am Zoll angehalten wurde, weil ein strenger Geruch aus dem Auto strömte. Es stellte sich heraus, das einer der Passagiere während der langen Zeit in der Schlange an einem Schlaganfall gestorben war. Da sie den guten Platz in der Schlange nicht verlieren wollten, hatten die anderen Insassen beschlossen, die Leiche bis nach der Überquerung der Grenze im Auto zu behalten.

EU-Regelungen: Ein weiterer Faktor im Grenzproblem ist die bevorstehende Aufnahme Polens in die EU. Wenn dies erst einmal geschehen ist, werden die Ostgrenzen Polens – über 2.000 km lang – zur neuen Ostgrenze der Europäischen Union. Da man in Brüssel die illegale Einwanderung von Emigranten und den Schmuggel mit Drogen und Billigwaren befürchtet, hat man strengere Kontrollen für die Grenzübergänge nach Kaliningrad, Litauen, Weißrussland und die Ukraine angekündigt. Bereits 1998 wurde ein Teil dieser strengeren Regelungen in die Tat umgesetzt. Besucher aus Weißrussland und Russland brauchen nun zum ersten Mal in der Geschichte ein Visum zur Einreise nach Polen, da man

sich mit den Regierungen dieser Länder bisher auf kein Abkommen über die Rückführung illegaler Einwanderer einigen konnten.
Als eine Folge dieser Regelung hat sich der Besucherstrom aus Weißrussland und Russland drastisch verringert. Da die Ukraine und Litauen ein Rückführungsabkommen unterzeichnet haben, werden sie davon weniger betroffen. Der Schritt hin zu diesen neuen Verordnungen führte zu Unmut im Osten Polens, vor allem ins Städten wie Białystok, da die dortigen Märkte stark vom grenzübergreifenden "Handelstourismus" abhängen. Aufgebrachte Anwohner der Gegend blockierten aus Protest sogar die Straßen zur Grenze. Anfangs ließ sich die polnische Regierung davon nicht beeindrucken, und Außenminister Bronisław Geremek betonte, dass der Verlust von ungefähr drei Billionen Dollar aus dem Grenzhandel ein würdiges Opfer für die Eingliederung Polens in die EU sei. Nach viel diplomatischem Einlenken – nicht zuletzt aus Brüssel – wurden die Visabestimmungen im Frühjahr 1998 wieder etwas gelockert. Die Visum-Frage schwebt aber auch weiterhin über den Grenzgebieten. Die Einführung für Russen, Weißrussen und Ukrainer ist unvermeidlich, wenn Polen und Litauen Mitglieder in der EU sind.

Mit Blick auf die Zukunft hat die EU nun Gelder für die Modernisierung der östlichen Grenzübergänge Polens bereitgestellt, und Grenz- und Zollbeamte sollen in den EU-Normen geschult werden. Auf lange Sicht wird dies die Situation grundlegend verändern. Momentan sind Visakontrollen, Warteschlangen und Bürokratie für Reisende aus dem Westen und aus dem Osten noch an der Tagesordnung, besonders an Übergängen wie Terespol-Briest.

Mit dem Auto: Autofahrer müssen mit Wartezeiten von zwei bis vier Tagen rechnen. An den Hauptübergängen stehen kilometerlange Schlangen auf beiden Seiten. Besonders im Sommer entstehen alptraumartige Bedingungen am Übergang in Terespol-Briest – es gibt keine Toiletten oder Waschgelegenheiten an der Straße, und für die Verpflegung sorgen Straßenverkäufer, die ihre Wagen am Straßenrand parken. Die vielen, tagelang geparkten Autos werden zur leichten Beute für Kriminelle – lassen Sie Ihr Auto deshalb nie aus den Augen. Mit der Ukraine wird momentan über die Öffnung weiterer Übergänge verhandelt, was die Situation sicher verbessern wird.

Mit dem Bus: Mit dem Bus sieht die Grenzüberquerung schon ganz anders aus: die Busse der PKS werden gesondert abgefertigt. Solange es keine Zollprobleme mit dem Gepäck eines der Insassen gibt – leider keine Seltenheit –, hat man die Formalitäten nach ein paar Stunden Wartezeit hinter sich. Auf jeden Fall sollten Sie Ihre Fahrkarte im Voraus kaufen.

Mit dem Zug: Mit dem Zug muss man ebenfalls nicht ganz so lange warten. Wenn Sie sich allerdings nicht vorher ein Visum besorgt haben, kann es lange dauern, bis Sie an der Grenze eines bekommen. In der Regel sind die Ukrainer bei diesen Formalitäten etwas schneller als die Weißrussen. Die Dinge befinden sich ständig im Fluss. Letztendlich kann man außer ein paar absichernden Vorkehrungen nichts weiter tun, als sich zur Grenze zu begeben und alles Weitere abzuwarten.

Östlich von Lublin

Östlich von Lublin erstreckt sich eine weite, nur spärlich bevölkerte flache ländliche Gegend, wie sie für die Grenzgebiete im polnischen Osten typisch ist. Inmitten dieser Region liegt der neue **Polesie Nationalpark**, eine landschaftlich schöne Gegend aus Sumpfland und urtümlichen, weitgehend unberührten Torfmooren. Dies sind die westlichen Ausläufer des riesigen Gebietes der vor dem Zweiten Weltkrieg als Polesie bekannten Landschaft, die sich weit bis über die Grenzen der Ukraine und Weißrusslands hinaus erstreckt. Vor dem Krieg war das Gebiet zum großen Teil in polnischer Hand.

Wer sich für das bunte Völker- und Religionsgemisch aus Polen, Ukrainern und Juden im Südosten Polens interessiert, für den sind die Kreisstadt Chełm und die Grenzstadt **Włodawa** ein lohnender Abstecher. Da sie weitab vom Touristenpfad liegen, lohnt es sich besonders, wenn man einen Besuch der beiden Städte kombiniert.

Chełm

Das ruhige, ländliche Städtchen **Chełm** liegt etwa 65 Kilometer östlich von Lublin. Wie in so vielen Orten Ostpolens scheint auch hier die Zeit stehen geblieben zu sein. Die Stadt wurde auf einer soliden Felssohle aus Kalkgestein erbaut, und Kalk ist der bekannteste Exportartikel aus Chełm. Einer der markantesten Punkte der Stadt ist ein hochaufragender Hügel aus Kalksteinablagerungen. Durch den veränderten Grenzverlauf nach dem Krieg gelangte die Stadt in Vergessenheit. Momentan lebt Chełm durch den florierenden Grenzverkehr mit der benachbarten Ukraine wieder auf. Die Öffnung eines neuen Übergangs in Dorohusk, etwa 30 km östliche der Stadt auf der Hauptverkehrsstraße von Kowel nach Kiew, hat sicher das ihre dazu beigetragen.

Anfahrt/Verbindungen Nach Chełm verkehren von Lublin aus häufig Züge und Busse. Von Zamość aus ist der Ort schwieriger zu erreichen. Es gibt nur wenige Direktbusse. Man nimmt sonst am besten einen Bus nach Krasnystaw und steigt dort um.

Aus historischer Sicht ist Chełm eine der ältesten städtischen Siedlungen Ostpolens. Es wurde Anfang des 10. Jahrhunderts zum Schutz der Ostgrenzen der von den Piasten beherrschten Gebiete errichtet. Von Anfang an war Chełm in einen langwierigen Wettstreit um die Herrschaftsrechte der umgebenden Region zwischen dem Herzog von Kiew, einem der ersten Herrscher des späteren Muskovia (Russland), und der polnischen Piastenmonarchie verwickelt. Die Kontrolle über das Gebiet ging im Jahr 1387 an die polnische Krone und kurz danach erhielt die Stadt ihren Freibrief von Ladislaus (Władysław) II. Jagiełło. Hier befanden sich einst die ältesten jüdischen Gemeinden Polens (ab etwa 1440, wahrscheinlich sogar schon früher) und bis 1939 machten die Juden etwa 50 % der Bevölkerung aus. In der jüdischen Folklore und in populären jüdischen Witzen werden die Juden aus diesen Gemeinden oft als Einfaltspinsel verspottet.

Nachdem die orthodoxe Kirche die römische Rechtssprechung in der Union von Brest 1596 mit Brief und Siegel anerkannt hatte wurde Chełm zum Hauptsitz der Uniertengemeinde (griechisch-katholisch). Im Jahr 1870 wurden die Unierten von der zaristischen Verwaltung gewaltsam zum russisch-orthodoxen Glauben bekehrt. Nach der Befreiung durch die Rote Armee im Sommer 1944 wurde die Stadt der erste Sitz des Polnischen Nationalen Befreiungskommitees (PKWN). Eine zweifelhafte Ehre, da das Kommitee von Stalin nach Polen entsandt worden war, um dort eine neue kommunistische Regierung aufzubauen.

Die Altstadt

Die Sehenswürdigkeiten befinden sich zum großen Teil im Zentrum der Altstadt. Vom pl. Luczowskiego steigt ein steiler Pfad bis zum **Góra Zamkowa** an, dem Hügel, der die Stadt von Osten aus überblickt. Hier stand einst die frühe befestigte Siedlung. Von hier aus gelangt man zur ehemaligen Uniertenkathedrale. Unter diesem beeindruckenden Gebäudeensemble befindet sich die griechisch-römische

Südostpolen
Karte S. 346/347

(später römisch-katholische) Kirche, der ehemalige Bischofssitz der Unierten – ein Barockgebäude mit zwei Türmen aus dem Jahr 1740 mit einer fein gearbeiteten Fassade und eine Klosterbasilika aus dem 17. Jh. Wenn man das Ensemble hinter sich gelassen hat, sollte man den 50 Meter hohen Hügel erklimmen, auf dessen Nordseite sich die Überbleibsel der frühen slawischen Siedlung befinden. Von hier oben hat man einen guten Blick über die Stadt. Ein kurzer Spaziergang in Richtung Nordwesten den Góra Zamkowa Hügel hinab, führt zu einem weiteren Gebäudekomplex der Uniertengemeinde, dem Seminar und der Barockkirche St. Niklas aus dem frühen 18. Jahrhundert. Heute befindet sich hier die **Kunstsammlung** des Stadtmuseums, in der verschiedene Unierten-Ikonen sowie eine Reihe von Möbeln aus dem 19. Jahrhundert zu sehen sind.

Öffnungszeiten **Kunstsammlung** – Di–Fr 10–17.30 Uhr, Sa u. So 11–15 Uhr. Eintritt 3 Zł.

Auf dem Weg zurück ins Stadtzentrum passiert man in der ul. Młodowskiej die **Orthodoxe Kirche**, eine weiße *cerkiew* aus Backstein aus dem 19. Jahrhundert, mit einer beeindruckenden Ikonostase. Wie üblich ist die Kirche nur zu Gottesdiensten geöffnet. Ansonsten müssen Sie den Pfarrer oder einen seiner Messdiener bitten, Ihnen aufzuschließen. In der ul. Kopernika in südlicher Richtung, an der Kreuzung mit der ul. Krzywa, steht die ehemalige, einzige noch verbliebene Synagoge. Heute beherbergt sie eine Bank und kein Hinweisschild informiert über die ehemalige Funktion des Gebäudes. Aber bereits der Blick auf die Fassade lohnt sich.

Auf der ul. Krzywa in westlicher Richtung und dann auf der ul. Lubelska gelangen Sie zum **Stadtmuseum** (Nr. 56). Das Ergeschoss beschäftigt sich mit der Stadtgeschichte, besonders mit der russischen Besatzung während der Teilungen. Im ersten Stock gibt es Tiere aus der Region zu sehen und seltsamerweise auch Weichtiere (die sicher nicht hier beheimatet sind). Im Osten der ul. Lubelska steht die **Pfarrkirche**, die von den Piaristen im Jahr 1750 errichtet wurde. Sie wurde von dem italienischen Architekt Paolo Antonio Fontana entworfen und ist ein ausgefallenes Bauwerk mit überschwänglichen Stilelementen des Barock. Die Mauern und gewölbten Decken im Inneren sind mit *Trompe-l'oeil*-Malereien und -Fresken von Joseph Meyer verziert. Sie erinnern an die Lubliner Kathedrale und stellen Szenen aus dem Leben der Jungfrau dar. In den Seitenkapellen finden sich Abbildungen der Heldentaten von St. Joseph Calasanza, dem Gründer des Piaristenordens.

Öffnungszeiten **Stadtmuseum** – Di–Fr 10–15.30 Uhr, Sa & So 11–15 Uhr. Eintritt 3 Zł.

Die Kalkkeller

Gleich westlich der Kirche, in der ul. Lubelska 55a, ist der Eingang zur kuriosesten Sehenswürdigkeit der Stadt: dem Labyrinth von **unterirdischen Tunnels,** die aus dem Kalkgestein gehauen wurden. Sie sind einmalig in Europa. Der Kalk in der hiesigen Region ist von außergewöhnlicher Reinheit und war ein beliebtes Baumaterial. Aus diesem Grund wurden bereits im 15. Jahrhundert diese Minen für den Kalkabbau geöffnet. Das Unterfangen wurde nicht besonders professionell durchgeführt, und die Schächte wurden willkürlich mal hier, mal da verfolgt. Generationen von ortsansässigen Geschäftsleuten hackten auf diese Weise ein verworrenes Labyrinth von Gängen in den Berg. Das ganze Netzwerk ist ungefähr fünfzehn Kilometer lang, der tiefste Schacht liegt ungefähr fünfzehn Meter unter der Erde. Ein Großteil davon wurde schon früh nicht mehr benutzt und dem Verfall überlassen. Um 1960 beschloss man, dem Verfall Einhalt zu gebieten: Man füllte die tiefsten Schächte mit Schlamm, und eine zwei Kilometer lange Strecke an Tunnels wurde gesäubert und für Touristen zugänglich gemacht.

Eine gängige Führung dauert etwa 40 Minuten, was den meisten Besuchern ausreicht, da es dort unten sehr kalt ist. Das Kalkgestein hält die Temperatur in den Tunnels auf genau 9°C egal, welches Wetter oben herrscht. Man sollte deshalb auf jeden Fall eine Jacke oder einen Pullover mitbringen. Bei einem Rundgang erzählt der Führer, der seine Taschenlampe fest in der Hand hält, bereitwillig historische Anekdoten und Legenden über Dämonen, die sich um das Labyrinth ranken.

• *Öffnungszeiten/Besichtigungen* **Kalkkeller** – tägl. Mai–Aug. 9–18 Uhr, Sept.–April 9–16 Uhr. Eintritt 8 Zł. Die Besichtigung ist nur im Rahmen von Führungen möglich. Individualtouristen müssen warten, bis genügend Besucher beisammen sind. Es gibt deutsche und englische Führer nach Voranmeldung: ✆ 082/565 2530, labyrint@ptt.pl.

• *Information* Das **Fremdenverkehrsamt**, liegt zentral in der ul. Lubelska 63 (Juli–Aug. Mo–Fr 8–17 Uhr, Sa u. So 9–14 Uhr; Sept.–Juni Mo–Fr 8–16 Uhr, Sa 9–14 Uhr; ✆ 082/565 3667, www.um.chelm.pl/it). Es ist gut ausgestattet mit Karten und Informationsmaterial, auch in englischer Sprache.

• *Anfahrt/Verbindungen* Die Bahnhöfe liegen an den beiden entgegengesetzten Seiten der Altstadt. Der größere der beiden, Chełm Główny, befindet sich etwa 2 km nördöstlich vom Zentrum (regelmäßige Busverbindungen in die Stadt. Daher steigt man besser am Bahnhof Chełm Miasto aus. Von hier sind es zu Fuß 15 Minuten zum pl. Luczowskiego. Der **Busbahnhof** an der ul. Lwowska befindet sich etwa fünf Minuten zu Fuß in südlicher Richtung vom Zentrum entfernt.

• *Unterkunft/Essen* Die Auswahl an Unterbringungsmöglichkeiten in Chełm ist gering, und die Qualität lässt oft zu wünschen übrig. Die einzigen Hotels sind das **Kamena**, ul. Armii Krajowej 50 (✆ 082/565 6401; F), annehmbar mit Restaurant und Café, auf halber Strecke zwischen Bahnhof und Stadtzentrum. Das **Relax**, ul. 11 Listopada 2 (✆ 082/563 0395;H), liegt 2 km östlich vom Zentrum und bietet einfachere Zimmer mit sanitären Gemeinschaftseinrichtungen. Das **MOSIR**, ul. 1 Pułku Szwoleżerów 15 (✆ 082/563 0286; H), ist eine einfache Unterkunft in der Nähe des Sportstadions im Osten der Stadt. Es bietet Doppelzimmer mit Bad und einfache 3- und 4-Bett-Zimmer. Die **Jugendherberge** hat das ganze Jahr geöffnet, ist nahe am Zentrum und verfügt auch über Doppelzimmer, ul. Czarneckiego 8 (geschlossen von 10–17 Uhr; ✆ 082/ 564 0022; 15 Zł pro Person).

Für eine Mahlzeit empfiehlt sich das Hotel-Restaurant des **Kamena**. Weitere brauchbare Restaurants sind das **Lotos**, al. Piłsudskiego 14, und die **Pizzeria Romantica**, ul. Kopernika 2.

Südostpolen
Karte S. 346/347

Włodawa

Direkt an der russischen Grenze, etwa 50 km nördlich von Chełm, befindet sich das verschlafene Städtchen **Włodawa**. Von einem kleinen Hügel überblickt es die Ufer des Flusses Bug, der seit 1945 in beide Richtungen etwa 100 km lang die natürliche Grenze zu Weißrussland bildet. Der Hauptanziehungspunkt von Włodawa ist die Synagoge, eine der am besten erhaltenen in ganz Polen. Auch hier stellten die Juden bis zum Zweiten Weltkrieg die Bevölkerungsmehrheit, kamen jedoch fast alle im Konzentrationslager Sobibór um, das von den Nazis 1942 etwa 12 km südlich der Stadt eingerichtet wurde.

Die Synagoge wurde um 1760 auf den Grundmauern einer früheren Holzkirche errichtet und ist nur eines von vielen über die ganze Stadt verstreuten jüdischen Gebäuden. Sie ist ein solide aussehender Bau aus dem späten Barock, mit einer palastartigen Fassade, die von einem hohen Mittelteil dominiert wird und ein typisch polnisches Mansardendach hat. Im Krieg wurde sie schwer beschädigt und hinterher zu einem Warenhaus umgebaut. Erst 1960 wurde die Synagoge gründlich restauriert und beherbergt seitdem das Heimatmuseum. Im Hauptraum, der Gebetshalle, stützen vier Säulen das Kreuzgewölbe, unter dem einst die *bimah* stand. Von den restaurierten Originalstücken ist das wichtigste der **Aron ha-qodäsh**

(Toraschrein). Die farbenfrohe dreistöckige neugotische Konstruktion stammt aus dem Jahr 1930 und ist mit aufwendigen Stuckarbeiten dekoriert. Rund um die Wände spannt sich eine Fotoausstellung über das Leben im Warschauer Ghetto. Im ersten Stock ist Volkskunst aus der Region ausgestellt: Trachten, landwirtschaftliche Geräte usw. Auf der anderen Seite des Hofes steht eine kleinere Gebetsstätte aus der Mitte des 19. Jahrhunderts, die gerade restauriert wird. Hier sind noch Teile der ursprünglichen Polychromien erhalten sowie der Aron ha-qodäsh. Im Augenblick befindet sich hier der Kartenschalter. Es gibt Pläne, beide Gebäude in ein umfassendes Museum über jüdische Kultur umzuwandeln.

Öffnungszeiten **Heimatmuseum** – Di–So 10–15 Uhr.

Bei einem Spaziergang durch die Stadt finden sich noch weitere, sehenswerte Gebäude: Die **Pfarrkirche** ist ein untersetztes Gebäude aus dem Spätbarock, das wie die Kirchen in Lubartów und Chełm von Paolo Antonio Fontana in der Mitte des 17. Jahrhunderts entworfen wurde. Im Inneren gibt es reiche Rokoko-Polychromien. Auf der anderen Seite des Marktplatzes steht die klassizistische Orthodoxe Kirche aus dem Jahr 1842, die eine Auftragsarbeit der Familie Zamoyski war.

• *Übernachten/Essen* Wenn Sie hier übernachten müssen, gibt es nicht viel Auswahl. Das **Dom Wycieczkowy**, ul. Szkolna 4 (✆ 082/7225 84; H), ist ein einfaches Sporthotel. In der Nähe befindet sich auch ein **Campingplatz**. Für eine Mahlzeit empfiehlt sich das **Billard Café** auf dem Marktplatz. Ansonsten gibt es einige Snackbars in der ul. Czerwonego Krzyża, der Straße, die vom Platz aufwärts zur Synagoge führt.

Westliches Ostpolen

Auf dem Weg von Lublin nach Warschau liegt die Stadt Kazimierz Dolny. Sie ist eine alte, sehr romantische Getreidehandel-Stadt, oberhalb der Weichsel gelegen, und einer der sehenswertesten Orte Ostpolens. Von allen Kleinstädten im ländlichen Polen ist sie am besten erhalten und zieht entsprechend viele Touristen an.

Wenn man auf öffentliche Verkehrsmittel angewiesen ist, nimmt man am besten erst den Zug von Warschau nach **Puławy** und dann einen Anschlussbus. Von Lublin aus gibt es eine direkte Busverbindung über den alten Kurort **Nałęczów** nach Kazimierz.

Nałęczów

Das 25 Kilometer westlich von Lublin gelegene **Nałęczów** erlebte seine Blütezeit Ende des letzten Jahrhunderts, als polnische Schriftsteller und Künstler, darunter die beliebten Romanautoren *Bolesław Prus* und *Stefan Żeromski* sowie *Ignacy Paderewski*, berühmt für sein Klavierspiel, hierher kamen. Die Wasserqualität und die gute Luft machten den Ort bald zu einem der beliebtesten Kurorte.

Auch heute ist der Erholungsort für die heilende Kraft seines Wassers, für Herzspezialisten und für sein heilsames Klima bekannt. Zudem blieb der Stadt noch viel von ihrem alten Erscheinungsbild erhalten. Sie werden das Mineralwasser der Stadt, Nałęczowianka, im ganzen Land in Supermärkten finden. Ein gemächlicher Spaziergang durch den schön angelegten Stadtpark bringt den Besucher vor das klassizistische **Palais Małachowski**, eine elegante Rokokokonstruktion aus dem Jahr 1770. Heute ist es halb Kurzentrum, halb **Museum**. Es ist dem Schriftsteller Boleław Prus und der positivistischen Literaturbewegung gewidmet, einer Richtung, für die er sich als Reaktion auf die aufrührerische Romantik einsetzte. Der Ballsaal des Palais ist mit seiner wunderbaren Stuckdekoration besonders beeindruckend.

Öffnungszeiten **Museum** – Di–So 10–15 Uhr. Eintritt 4 Zł.

Ganz in der Nähe liegt das **Sanatorium**, vor dem ein Denkmal für den Schriftsteller *Żeromski* steht. Der neugotische **Englische Pavillion** (Pavilion Angielski), ist heute das Verwaltungsgebäude des Bades. Falls Sie an Eisenmangel leiden, können Sie einen Schluck aus der Quelle im Pavillion nehmen, der nahe beim Ententeich in der Mitte des Parks steht. Wenn Sie durch das Haupttor wieder hinaus- und dann ein Stück die die ul. Żeromskiego hinaufgehen, kommen Sie gegenüber der Bushaltestelle in der ul. Ponatowskiego zur **Żeromski Villa**. Dem Schriftsteller, der in dieser stilvollen Residenz aus der Jahrhundertwende gelebt hat, ist dort heute ein kleines Museum in Andenken an sein Leben und Werk gewidmet.

- *Öffnungszeiten* **Żeromski Villa** – Di–So 10–15 Uhr.
- *Verbindungen* Die meisten Busse nach Puławy halten hier.
- *Übernachten/Essen* Von den Hotels in der Stadt ist das **Przepiórecka**, ul. 1 Maja 8 (✆ 081/501 4129; H), nahe beim Busbahnhof, äußerst einfach. Das anspruchsvollere **Energetyk**, 2 km vom Zentrum Richtung Kazimierz Dolny, Paderewskiego 10 (✆ 081/501 4604, www.cswenergetyk.lublin.pl; E), hat Zimmer mit Bad, Satellitenfernsehen und in einigen Zimmern auch eine Küchenzeile. Ansonsten gibt es eine große Auswahl an **Erholungsheimen** für Leute, die hier zur Kur sind, doch ist die Kur keine Bedingung für eine Übernachtung. Nennenswert erscheinen hier das **Willa Raj**, ul. Lipowa 15 (✆ 081/501 4193; H), und das **Ewelina** gegenüber, ul. Lipowa 16 ✆ 081/501 4076; H). Beide bieten einfache Zimmer mit Bad. Wenn Sie in einem richtigen Sanatorium mit Kurbehandlung und medizinischer Betreuung untergebracht sein wollen, sollten Sie sich für das komfortable **Fortunat**, ul. Kościuski 7, entscheiden (✆ 081/501 4356, www.uzdrowisko-naleczow.com; G).

Einfache **Restaurants** finden Sie in den Hotels Przepióreczka und Ewelina.

Puławy

Puławy erstreckt sich am Ostufer der Weichsel, etwa 20 km westlich von Nałęczów. Es ist eine eher unansehnliche, mittelgroße Industriestadt, die zunächst nicht besonders ansprechend wirkt. Für die Polen ist diese Stadt jedoch eng mit der Geschichte der Dynastie **Czartoryski** verbunden. Die Adelsfamilie ließ sich um 1730 in der Stadt nieder. Besonders bekannt sind **Prinz Adam Czartoryski** und seine Gemahlin **Izabella**. Beide waren Kunstliebhaber und machten den Familienpalast zu einem lebendigen Zentrum für die Kunst und das intellektuelle Leben ihrer Zeit. Sie trugen eine umfangreiche Bibliothek und eine große Kunstsammlung zusammen. Im 18. Jahrhundert gründete Izabella trotz der Teilungen und der russischen Besatzung hier ein Nationalmuseum – das erste seiner Art in Polen. Gleichzeitig agierte die Familie als Mäzen und Kunstförderer – leider nicht von Dauer. Nach dem fehlgeschlagenen Aufstand von 1830, an dem die Czartoryskis beteiligt waren, wurde das Familienanwesen von den zaristischen Herrschern konfisziert. Die erbosten Russen benannten sogar die Stadt in "Neu Alexandrien" um. Die Czartoryskis flohen ins Exil nach Paris und nahmen ihre Kunstsammlung mit. Dort verblieb sie, bis sie in den Familienpalast nach Krakau zurückgebracht wurde, wo sie heute den Hauptbestandteil des Museums bildet.

Czartoryski Palais und Park: Das Palais ist einen Besuch in der ansonsten wenig attraktiven Stadt wert. An der Kreuzung al. Królewska und ul. Czartoryskich, etwa zwanzig Minuten zu Fuß vom Busbahnhof in südlicher Richtung, biegt man in einen großen Hof voller Teiche ein und geht auf den Palast zu.

Das Gebäude wurde von dem Altmeister Tylman von Gameren um 1670 entworfen und auch gebaut. Das Hauptgebäude wurde im Laufe der Zeit mehrmals umgebaut und erlitt während des Zweiten Weltkriegs schwere Beschädigungen. Dies ist der Grund für das heutige eher graue Erscheinungsbild im klassizistischen Stil. In der Nachkriegszeit richtete man hier ein wissenschaftliches Forschungsinstitut ein. Es scheint sich niemand daran zu stören, wenn Besucher während der Bürozeiten in das Gebäude gehen und sich darin umsehen. Durch den Haupteingang, die schmiedeeiserne Treppe hinauf, gelangt man in die gotische Halle und die Musikhalle. Beide lassen noch die ehemalige Grandezza des Palastes erahnen. Von dem Balkon, der von eleganten Marmorstatuen gesäumt ist, hat man einen schönen Blick über den Park und die dahinter liegende Weichsel.

Der von verschlungenen Wegen durchzogene Palastgarten wurde von der unermüdlichen Izabella Czartoryska über einen Zeitraum von zwanzig Jahren hinweg (1790–1810) angelegt und strahlt die Atmosphäre der Romantik aus. Auf dem großen Gelände finden sich viele auflockernd angeordnete, einheimische und ausländische Baumarten. Die Wege sind von einer Mischung aus "historischen" Nachbildungen gesäumt, wie sie bei der polnischen Aristokratie der Zeit beliebt waren. In südöstlicher Richtung vom Palast führt eine Allee zum **Gotischen Haus** (Dom Gotycki), einem quadratischen, zweistöckigen Gebäude mit einem eleganten Säulengang. Es war ursprünglich Teil des Czartoryski-Museums und beherbergt nun eine kleine Ausstellung (Mai–Nov. Di–So 10–16 Uhr, Eintritt 3 Zł), die an die Familie erinnert. Zeitweise werden hier auch Leihgaben aus dem Familienmuseum in Krakau ausgestellt.

Gegenüber befindet sich der **Sibyllentempel** (Świątynia Sybilli), der eine Nachbildung des gleichnamigen Tempels in der Nähe von Rom ist. Auch hier gibt es eine kleine Ausstellung, die besonderen Themen aus der nationalen Geschichte gewidmet ist, u. a. den Aufständen im Jahr 1830 und 1860, ähnlich dem Museum, das Izabella Czartoryska anregte.

Wenn Sie noch etwas weiter durch den Park spazieren, sehen Sie entlang des Sees weitere Bauwerke, z. B. den Chinesischen Pavillion, das Römische Tor sowie den marmornen Sarkophag der Familie Czartoryski mit einigen Imitationen klassischer Statuen.

• Anfahrt/Verbindungen Puławy liegt an einer Hauptbahnlinie von Warschau (2 Std.). Es gibt regelmäßige Busverbindungen nach Lublin (1 Std.). Der **Hauptbahnhof** (Puławy Miasto) befindet sich 2 km nordöstlich vom Zentrum an der ul. Żyrzyńska. Der **Busbahnhof** liegt etwas näher, an der Kreuzung der ul. Lubelska und der ul. Wojska Polskiego.

• Übernachten/Essen In Puławy empfiehlt sich für eine Übernachtung nicht unbedingt, denn zum eigentlichen Touristenmagneten Kazimierz Dolny sind es nur noch 20 Minuten mit dem Bus. Es gibt hier jedoch zahlreiche Hotels im Ort. Die beste Wahl ist wahrscheinlich das neue **Centrum Szkoleniowo-Kongresowe**, zehn Minuten zu Fuß vom Palast entfernt an der al. Królewska 17 (✆ 081/887 7306, csk@jung.pulawy.pl; H). Allerdings ist es oft ausgebucht. Eigentlich immer findet man ein Zimmer im schäbigen **Izabella**, ul. Lubelska 1 (✆ 081/886 3041; F), einer Touristenabsteige nahe beim Busbahnhof mit düsteren Zimmern mit Bad und einem unansehnlichen Restaurant. Das **Dom Nauczyciela**, ul. Kołłątaja 1 (✆ 081/887 4277; H), ist eine preiswertere Alternative, ebenso die Herberge **PTTK Dom Turysty**, ul. Rybacka 7 (✆ 081/887 4048; G), 1 km in westlicher Richtung vom Palast in der Nähe des Flusses.

Abgesehen von den Hotelrestaurants gibt es einige weitere, nicht besonders ausgefallene Lokale zum Essen und Trinken rund um die zentrale ul. Piłsudskiego: Das **Sybilla**, ul. Królewska 17, ist ein angenehmes Café-Restaurant zwischen Busbahnhof und Palast.

Kazimierz Dolny

Der Besucher darf nicht überrascht sein, wenn er beim ersten Anblick von Kazimierz Dolny das Gefühl hat, die Stadt bereits zu kennen. Zahlreiche Filmregisseure, nicht nur polnische, haben diese fotogene, gut erhaltene Stadt für historische Filme und tragische Liebesgeschichten als Kulisse benutzt. Auch Künstler werden seit langem von den Lichtverhältnissen und den alten Mauern von Kazimierz angezogen. Die Stadt wird mehr und mehr zu einem touristischen Reiseziel, wie sich auch an der wachsenden Anzahl von Hotels und Restaurants zeigt. Einheimische und Touristen aus dem Ausland fühlen sich von der beeindruckenden Mischung aus historischer Architektur, ländlichen Seitenstraßen und der Lage am Fluss angezogen. Ein sehenswerter Ort, den man sich nicht entgehen lassen sollte.

Die Stadt ist nach *König Kazimierz dem Großen* (1333–70) benannt. Er hatte Polen von dynastischen und wirtschaftlichen Wirren befreit und auch das Erscheinungsbild Polens sehr verändert. Es heißt, er habe "ein Polen aus Holz vorgefunden und ein Polen aus Stein hinterlassen". Kazimierz Dolny (Unterkazimierz) ist das vielleicht am besten erhaltene Beispiel für sein ehrgeiziges Städtebauprogramm. Da der König den Getreide- und Holzhandel auf der Weichsel förderte, verwandelte sich Ende des 14. Jahrhunderts das kleine Dorf in eine wohlhabende Kaufmannsstadt. Eine Zeit lang hatte die Stadt den Spitznamen "Klein-Danzig", in Anspielung auf den Bestimmungsort der Waren. Die in dieser Zeit entstandenen, reich verzierten Bürgerhäuser dokumentieren den wirtschaftlichen Aufschwung. Sie sind heute die wichtigste Touristenattraktion der Stadt.

Zu jener Zeit ließen sich auch Juden in Kazimierz und den Nachbarstädten nieder, dankbar für den Schutz, den ihnen König Kazimierz in ganz Polen gewährte. Jüdische Händler und Geschäftsleute gehörten über fünfhundert Jahre lang fest zum Stadtbild von Kazimierz. In manchen Zeiten machten die Juden 80 % der Bevölkerung aus. Doch die meisten Bewohner kamen in den Vernichtungslagern um, und so war Kazimierz nach dem Krieg eine Stadt ohne Inhalt. Sie erholte sich erst, als die Warschauer Elite den unwiderstehlichen ländlichen Charme des Ortes erkannte. Heute wimmelt es hier an jedem Wochenende und den ganzen Sommer über von Touristen. Weil aber Kazimierz in Polen für seine Kulturveranstaltungen bekannt ist, besitzt es eine entspannte Atmosphäre mit leichtem Bohemien-Touch. Und selbst während der Kulturfestivals im Sommer, wenn die Stadt hoffnungslos überfüllt ist, hat man nie das Gefühl, dass sie unter den vielen Touristen leidet.

Karte S. 346/347

Information/Anfahrt/Verbindungen/Diverses

- *Information* Im **PTTK-Büro** in der Nr. 27 auf dem Rynek (Mai–Mitte Okt., Mo–Fr 8–18 Uhr, Sa u. So 10–17.30 Uhr; Mitte Okt.–April, Mo–Fr 8–16 Uhr, Sa u. So 10–14.30 Uhr; ✆ 081/881 0046, pttk_kazimierz_dolny@poczta.onet.pl) ist man zwar sehr engagiert, es gibt aber zu wenig Angestellte und Informationsmaterialien. Hier ist man bei der Suche nach **Privatzimmern** behilflich, von denen allerdings viele außerhalb der Stadt liegen, Preis pro Person etwa 25–30 Zł. Ansonsten bieten in der Stadt auch viele Privathaushalte mit einem Schild *noclegi* oder *pokoje* eine Unterkunft an www.kazimierz-dolny.pl).
- *Führungen* Der **Tour Club** organisiert englischsprachige Führungen in der Stadt und in die Umgebung.
- *Fahrradverleih* Per Fahrrad kann man gut die schöne Umgebung erforschen, zu mieten bei dem Sportgeschäft in der ul. Sadowa 7A, dem Hotel Dwa Księżyce und dem Hotel Zajazd Piastowski.

• *Anfahrt/Verbindungen* Obwohl der Ort etwas abseits der Städteverbindungen liegt, ist er leicht mit dem **Bus** zu erreichen. 2 Busse tägl. ab Warschau, 14 Verbindungen ab Lublin. Mit dem **Zug** fährt man bis Puławy (Strecke Warschau–Lublin) und steigt dort in einen Bus nach Kazimierz um (Vorstadtbus Nr. 12 ab dem Bahnhof oder Linienbus der PKS ab dem Busbahnhof). Der Busbahnhof in Kazimierz – wirklich nur eine Haltestelle zum Aussteigen – befindet sich in der ul. Podzamcze ganz nah beim Rynek.

Übernachten

In den letzten Jahren hat sich die Anzahl an Unterbringungsmöglichkeiten in Kazimierz wesentlich verbessert. Es gibt nun vor allem viele Privatunterkünfte. Im Sommer strömen jedoch so viele Touristen in die Stadt, dass die Bettensuche schwierig werden kann, weshalb man unbedingt im Voraus buchen sollte – vor allem während des unheimlich bekannten Festivals der Folk-Gruppen und -Sänger Ende Juni oder Anfang Juli.

Die größte Jugendherberge **Pod Wianuszkami**, ul. Puławska 64 (✆ 081/ 881 0327), befindet sich 2 km nördlich vom Stadtzentrum in einem alten Getreidespeicher am Fluss. Sie verfügt über Schlafsaalbetten (30 Zł pro Person) und einige Doppelzimmer (H). Sie ist ganzjährig geöffnet, aber oft überlaufen, denn viele Schulklassen besuchen Kazimierz Dolny. Die neuere Herberge **Strażnica**, wurde im Hauptgebäude der Feuerwehr, ul. Senatorska 23 (✆ 081/881 0427), eingerichtet und ist ebenfalls oft überfüllt.

Es gibt zwei **Campingplätze**: Einer hinter dem Hotel **Spichlerze**, ul. Krakowska 59/61 (Mai–Aug.; s. u.) und der viel kleinere **Strażnica** (Mai–Aug.; gleiche Telefonnummer wie die Herberge), dieser ist etwas näher am Zentrum und daher auch nicht so lärmgeschützt.

• *Hotels* **Arkadia**, ul. Czerniawy 1 (✆ 081/ 881 0074). Beliebtes Lehrerhotel, preiswert und von angenehmer Größe, zwanzig Minuten zu Fuß vom Zentrum. Spärlich möblierte Zimmer mit Dusche. (I)

Dom Architektowy (SARP), Rynek 20 (✆ 081/881 0544). Ausgezeichnetes Hotel, allerdings etwas laut, da direkt am Marktplatz gelegen, in einem Ferienheim der Architektengewerkschaft. Zu Spitzenzeiten ist es daher von Mitgliedern oft ausgebucht. Normalerweise ist nur Vollpension erhältlich, allerdings gibt es bei längeren Aufenthalten Ermäßigungen. (E)

Dom Dziennikarza, ul. Małachowskiego 17 (✆ 081/881 0162, ddsp@lublin.top.pl). Großes, dreistöckiges Gebäude, das der Gewerkschaft der Journalisten gehört (daher zur Hochsaison meist ausgebucht). Moderne Zimmer, im Sommer ein Schwimmbad im Freien. Gut gelegen, 10 Minuten zu Fuß südlich vom Rynek. Hier finden oft Konferenzen statt, d. h. es ist oft ausgebucht. (E)

Dwa Księżyce, ul. Sadowa 15 ✆ 081/ 881 0761). Hotel mittlerer Größe in einem schicken Haus in einer ruhigen Straße des Zentrums. Recht elegante Zimmer mit Bad. (E)

Góralski, ul. Krakowska 47 (✆ 081/ 881 0263). Annehmbares Qualitätshotel/ Pension im Chalet-Stil, mit Blick über den Fluss. Einige Zimmer mit Bad, andere mit Gemeinschaftsbad auf dem Flur. Es gibt nur wenige Zimmer, daher vorher anrufen. (H)

Hotel na Wodzie "Dziunia", Przystań (✆ 0603/635 746). Ein Schiff, das neben der Fähre am Ende der ul. Nadwiślańska vor Anker liegt. Es bietet gemütliche Kabinen mit Kojen und mit tadellosen Bädern. (H)

Murka, ul. Krakowska 59 (✆ 081/881 0037, www.redwan.com.pl). Komfortables kleines Hotel in einem hübschen Herrenhaus mit Mansarden, ca. 1,5 km östlich der Stadt. Zimmer mit Bad und TV. (F)

Pod Wietrzną Góra, ul. I. Krakowska 1. Kleine, zentral gelegene Pension mit gemütlichen Zimmern mit Bad und einem guten Restaurant. (E)

Spichlerze, ul. Krakowska 61 (✆ 081/81 0036, www.redwan.com.pl). Etwas größer als das *Murka*, mit feudaleren Zimmern. Es befindet sich in einem umgebauten Getreidespeicher am Fluss und hat ein eigenes Restaurant. (F)

Wenus, ul. Tyskiewicza 25a (✆ 081/ 882 0400). Modernes, mittelgroßes Hotel am Nordostrand des Zentrums. Es bietet alles, was man zum Wohlfühlen braucht. (E)

Zajazd Piastowski, ul. Słoneczna 31 (✆ 081/ 881 0351). Großes Hotel mit einigen Bungalows, Schwimmbad, Fahrradverleih und Reitmöglichkeiten. Außerdem gibt es ein gutes Restaurant. Es befindet sich ca. 2 km südlich der Stadt, vorbei am jüdischen Friedhof (der Bus Nr. 12 hält in der Nähe). (F)

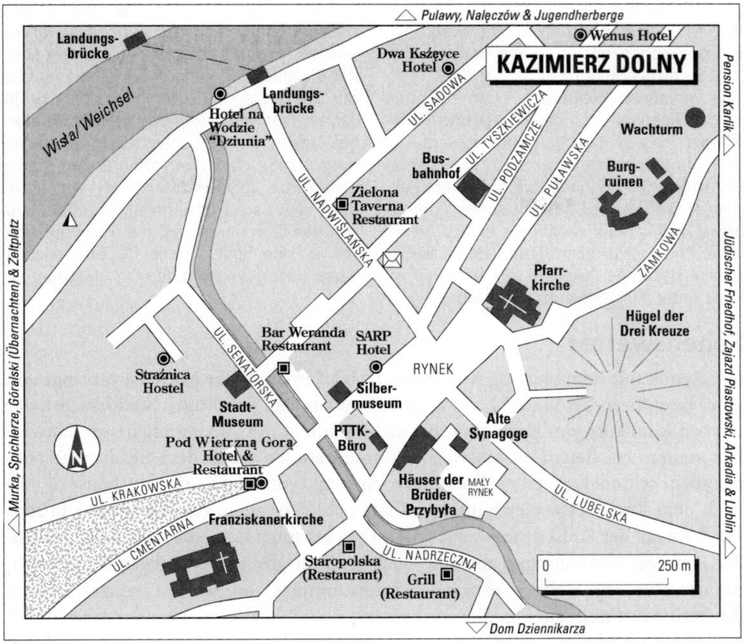

Essen & Trinken/Unterhaltung

• *Essen/Trinken* Mit der wachsenden Anzahl an Besuchern nehmen auch die Restaurants zu. Die meisten Hotels verfügen über ein angenehmes Restaurant. In der Nähe des Flusses gibt es einer Reihe von Bars im Freien, die preiswerten gebratenen Fisch und Bier anbieten. Probieren Sie als neuartigen Imbiss mal ein paar *koguty* (Brötchen in Form eines Hahnes), die es an den Ständen um den großen Rynek zu kaufen gibt. Man kann sie auch in der Piekarna Sarzyński erstehen, einer schönen Konditorei in der ul. Nadreczna 4, die auch andere Backwaren und Kuchen anbietet.

Um etwas zu trinken, geht man in ein Restaurant oder sucht eine der Café-Bars rund um den Rynek auf, **U Radka** ist die beste.

Bar Weranda, ul. Senatorska, gegenüber vom Museum. Die einfache polnische Milchbar bietet Gerichte wie *pierogi* und *placki* auf einer schattigen, von Blumentöpfen umgebenen Terrasse.

Grill, ul. Nadrzeczna 24. Trotz des bescheidenen Namens und eines ziemlichen kahlen Hofes ist dies ein wunderbarer Platz, um leckeren gebratenen Fisch zu probieren. Zudem gibt es eine Salatbar und eine große Weinkarte.

Pod Wietrzną Góra, ul. Krakowska 1. Das Restaurant gehört zur gleichnamigen Pension. Es bietet traditionelle Fleischgerichte, frischen Fisch und eine gute Auswahl an Omelettes. Serviert wird in einem hübschen, mediterran anmutenden Innenhof.

Staropolska, ul. Nadrzeczna 14. Ein alteingesessenes Restaurant. Hier gibt es traditionelle polnische Küche zu vernünftigen Preisen.

Vincent, ul. Krakowska 11. Etwas protzig, aber angenehm. Man serviert den eleganten Warschauern polnische und moderne europäische Küche.

Zielona Taverna, ul. Nadwiślańska 4. Ausgezeichnetes, nicht allzu teures Restaurant mit entspannender Einrichtung im Landhausstil und schönem Garten. Es bietet eine größere Auswahl an vegetarischen Gerichten als jedes andere Restaurant in diesem Teil Polens.

• *Unterhaltung* Den ganzen Sommer über finden auf dem Rynek Konzerte statt, einige

Südostpolen Karte S. 346/347

davon gleichzeitig mit dem Sommerfilmfestival Mitte Juli, bei dem der Schwerpunkt auf polnischen Filmen – alte und neue – liegt (Information unter ✆ 022/636 7083).
Das wichtigste Ereignis in Kazimierz aber ist das **Festival der Folk-Bands und Folk-Sänger**, das im ganzen Land bekannt ist. Dann findet man in der Stadt kaum eine Unterkunft (es sei denn, Sie haben ein Zelt dabei). Das Festival besteht schon über 30 Jahre und ist das wichtigste seiner Art in ganz Polen. Aus allen Teilen des Landes reisen bekannte Künstler an. Im Prinzip kann jeder Künstler auftreten, und so gibt es manchmal innerhalb einer Woche 600–700 Vorführungen. In jüngster Zeit ist das Interesse an der polnischen Volksmusik wieder erwacht, und einige Musikstile und Lieder aus entlegenen Regionen, die vor 10 Jahren fast verschwunden waren, wurden neu belebt. Die Höhepunkte der Veranstaltungswoche sind die Vorführungen ländlicher Tänze auf dem Marktplatz. Am Ende des Festivals werden Preise vergeben, und von den Gewinnern wird mit Unterstützung von Polskie Radio 2 eine CD produziert – diese sollten Sie auf jeden Fall erstehen.

Sehenswertes

Der **Rynek** mit dem wuchtig wirkenden Holzbrunnen in der Mitte ist umringt von einer bezaubernden Vielzahl von alten Gebäuden: den prächtigen Stadthäusern der reichen Kaufleute von Kazimierz, die dicht an dicht mit volkstümlicheren Bauwerken stehen, bei denen im ersten Stock eine Veranda unter dem tief herunterreichenden, schindelgedeckten Dach hervorspringt. Von den Kaufmannshäusern (alle nach dem Krieg restauriert) auf dem Platz fallen vor allem die **Häuser der Brüder Przybyła** auf der Südseite ins Auge. Diese 1615 erbauten Gebäude weisen sehr auffällige Renaissance-Skulpturen auf. Angeblich stellt die größte den heiligen Christophorus dar, aber sein Stab in Form eines Baumstammes und die Tierkreiszeichen um ihn herum erinnern eher an die Sagengestalt eines "Riesen". Nebenan steht das ehemalige Lustig-Haus, in dem eine reiche jüdische Händlerfamilie wohnte. Auf den Häuserbalken befindet sich die einzige noch erhaltene jüdische Inschrift der Stadt, mit einem Textauszug aus den Psalmen. An der Westseite des Platzes steht das **Gdańsk Haus** (Kamienica Gdańska) aus dem späten 18. Jahrhundert, ein prunkvolles Herrenhaus aus dem Barock, das ursprünglich im Besitz von Getreidehändlern war. Gleich nördlich davon ist das **Silber-Museum**, das derzeit wegen Renovierungsarbeiten geschlossen ist. Die Sammlung ist in dieser Zeit im Stadtmuseum ausgestellt (s. u.).
Andere Häuser, an denen noch die Renaissance-Dekorationen erhalten sind, stehen an der ul. Senatorska, die südöstlich des Platzes am Fluss entlang verläuft. Eines dieser Häuser (Nr. 17) ist das **Celejowski Haus**, in dem das Stadtmuseum untergebracht ist. Die Ballustrade der hohen Mansarde ist angefüllt mit geschnitzten Heiligenfiguren und Phantasiegestalten. Die Fenster sind reich verziert, und das Eingangsportal sowie die Eingangshalle sind fein gearbeitet. Neben Gemälden von Kazimierz und seiner Umgebung belegt das Museum die Geschichte der jüdischen Gemeinde der Stadt. Die sehr stimmungsvollen Gemälde aus dem 19. Jh. stellen größtenteils Juden dar; anscheinend waren die polnischen Künstler der Stadt, die zur vornehmen Oberschicht zählten, damals von einer Faszination für alles Orientalische ergriffen. Bei der Betrachtung, auch von Werken jüdischer Künstler, wie z. B. Samuel Finkenstein, wird die Vergangenheit der einst so bedeutenden Stadt fast greifbar. Die sehr beeindruckende Sammlung des Silbermuseums (die hier vorübergehend zu sehen ist) besteht aus verzierten Silbergegenständen und anderen dekorativen Metallarbeiten. Einige davon stammen aus dem 17. Jahrhundert. Der Besuch ist ein Muss, wenn Sie sich auch nur im entferntesten für diese Kunst interessieren.

Öffnungszeiten **Stadtmuseum** – Mai–Sept. Di–So 10–17 Uhr, Okt.–April Di–So 10–15 Uhr. Eintritt 4 Zł.

Im Straßenbild sind original jüdische Häuser selten. Die alte **Synagoge** liegt östlich vom Rynek in einer Seitenstraße der ul. Lubelska. Früher muss sie ein schönes Gebäude gewesen sein, das noch unter König Kazimierz errichtet worden war, aber davon ist nach der Beschädigung im Krieg und nach ihrer Zweckentfremdung (1950 wurde sie zum Kino umgebaut) wenig erhalten geblieben. Von der Innendekoration wurden nur die achteckige, hölzerne Kuppel, die für polnische Synagogen typisch ist, und die Gebetsgalerie der Frauen rekonstruiert.

Überquert man den Fluss und geht dann weiter die ul. Cmentarna den Berg hinauf, kommt man zur **Reformierten Franziskanerkirche** aus dem späten 16. Jahrhundert. Von dort aus hat man einen wunderschönen Ausblick hinunter auf gewundene Straßen und Ziegeldächer. Auf der Anhöhe an der anderen Seite des Platzes steht die **Pfarrkirche**, die im frühen 17. Jh. eindrucksvoll neu gestaltet wurde. In Inneren gibt es eine schöne Orgel und einen Taufstein aus der Renaissance. Das Kreuzrippengewölbe an der Decke ist mit feinem Stuck dekoriert. Gleich daneben im restaurierten Glockenturm befindet sich eine kleine Galerie mit wechselnden Ausstellungen. Die Themen wechseln willkürlich.

Öffnungszeiten **Galerie** – Mai–Sept. Di–So 10–16 Uhr, Okt.–April Di–So 10–15 Uhr. Eintritt 4 Zł.

Weiter oben, von der **Burg** aus dem 14. Jahrhundert, die König Kazimierz erbaut hatte und die bei der schwedischen Invasion von den plündernen Truppen in der Mitte der 50er Jahre des 17. Jahrhunderts zerstört wurde, hat man einen noch besseren Ausblick. Das bei weitem beste Panorama bietet sich jedoch vom **Wachturm** der Burg aus: Von dort kann man die weite Landschaft überblicken, durch die malerisch die Weichsel fließt. Ein weiterer beliebter Aussichtspunkt ist der **Hügel der Drei Kreuze** (Góra Trzech Krzyży). Vom Marktplatz muss man etwa fünfzehn Minuten auf einem steil ansteigenden Pfad hinaufsteigen (auch vom Schloss führt ein Pfad dorthin). Die Kreuze wurden im Andenken an die Pest errichtet, die im frühen 18. Jahrhundert hier wütete und einen Großteil der Bevölkerung dahinraffte.

Südostpolen
Karte S. 346/347

In der **Czerniawa-Schlucht**, 2 Kilometer südöstlich der Stadt (die ul. Czerniawa entlang), liegt der **jüdische Friedhof**. Er wurde 1568 das erste Mal urkundlich erwähnt. Im Krieg wurde er von den Deutschen zerstört, die mit den Grabsteinen den Innenhof ihres Hauptquartiers in der Stadt pflasterten.

In den 80er Jahren wurden die verstreut liegenden Grabsteine hier zu einer Art Klagemauer verarbeitet, insgesamt sind es 600 Einzelteile. Ein Riss durch die Mitte der Mauer symbolisiert die Zersplitterung der jüdischen Gemeinde – dies ist eines der beeindruckendsten jüdischen Gedenkmonumente des Landes. Wenn man hinter dem Momument den Hügel weiter hinaufwandert, findet man die verfallenen Überreste des ehemaligen Friedhofs zwischen den Bäumen.

Entlang der Verbindungsstraße nach Puławy im Nordosten von Kazimierz liegen einige **Getreidespeicher** (*spichlerze*) aus dem 16. und 17. Jahrhundert – massive Gebäude mit barocken Giebeln. Sie sind Zeugen des einstigen Wohlstandes der Kaufleute. In einem der Getreidespeicher, etwa zehn Minuten zu Fuß vom Zentrum entfernt, befindet sich das **Naturhistorische Museum** (Muzeum Przyrodnicze). Es zeigt eine didaktische Sammlung von präparierten, heimischen Tieren.

Öffnungszeiten Mai–Sept. Di–So 10–16 Uhr, Okt.–April 10–15 Uhr. Eintritt 4 Zł.

Kazimierz/Umgebung

Die Umgebung von Kazimierz bietet einige wirklich gute **Wandermöglichkeiten**. Um einen Eindruck von der lieblichen Landschaft zu gewinnen, sollte man einem der markierten Wanderpfade vom Stadtzentrum aus folgen: entweder dem 5 Kilometer langen grünen Pfad in südwestliche Richtung, vorbei an der PTTK-Herberge und am Flussufer entlang nach **Mecmierz**, oder dem 4 Kilometer langen roten Pfad in nordöstliche Richtung zur zerstörten **Burg** in **Bochotnica**. König Kazimierz soll die Burg für eine seiner Geliebten, die Jüdin Esterka, gebaut haben. Diese Burg war über einen unterirdischen Geheimgang mit seiner eigenen Burg in Kazimierz verbunden.

Außerdem kann man mit der **Fähre** (Mai–Sept., 9–19 Uhr, alle 30 Minuten, 5 Zł) vom Ufer nahe dem westlichen Ende der ul. Nadwiślańska in das Dörfchen **Janowiec** übersetzten, wo sich die Ruinen der **Burg der Familie Firlej** aus dem 16. Jahrhundert befinden, von der Anlgegestelle etwa eine halbe Stunde zu Fuß entfernt. Sie wird gerade restauriert. In ihrer Glanzzeit war diese Festung aus dem frühen 16. Jahrhundert eine der großartigsten des Landes und hatte nicht weniger als 8 Ballsäle. Von hier bietet sich ein schöner Ausblick auf die Landschaft. Die Burg selbst hat eine ausgefallene Fassadendekoration: Sie ist abwechselnd in roten und weißen Streifen angestrichen, auf denen hin und wieder verzerrte menschliche Gestalten abgebildet sind. Im Innenhof befindet sich ein gerade wieder frei gelegter Brunnen. Er soll gleichzeitig auch der Eingang zu einem Geheimgang gewesen sein, über den diese Festung mit der von Kazimierz verbunden war. Von den Innenräumen der Burg wurde erst ein kleiner Teil restauriert.

Öffnungszeiten **Burg** – Di–So 10–16.30 Uhr. Eintritt 6 Zł.

In der Stadt befindet sich die schöne gotische **Pfarrkirche** mit dem Familiengrab der Firlejs, das von dem italienischen Architekten Santi Gucci entworfen wurde, der besonders in Krakau bekannt war.

Wenn die Fähren nicht in Betrieb sind, gelangt man auf der Umgehungsstraße über Puławy zur Burg; Linienbusse fahren jede Stunde vom Marktplatz die 20 km lange Strecke nach Puławy. Von dort können Sie in den Linienbus nach Kazimierz umsteigen.

Sandomierz

Das 80 km südlich von Kazimierz an der Weichsel gelegene Sandomierz gehört zu jenen Kleinstädten, die die Broschüren als "malerisch" oder "romantisch" bezeichnen. Bezüglich seiner Lage auf einer Bergspitze trifft das sicherlich zu, doch wird der Charme der Stadt durch den schlechten Geruch beeinträchtigt, der von der verschmutzten Weichsel aufsteigt.

Ein Besuch lohnt sich auf jeden Fall. Der Ort ist leicht zu erreichen, denn hier halten regelmäßig Züge aus Warschau und Busse aus Lublin. Das einzige Problem ist, wie so häufig, die Unterkunft. Im Sommer kommen viele Besucher in die Stadt, und es ist manchmal recht mühsam, ein Zimmer zu finden. Ein unternehmungslustiger Besucher fasst deshalb auch schon einmal einen Tagesausflug von Lublin aus ins Auge.

Wie andere Städte im Südosten verdankt Sandomierz seine hervorragende Stellung der Lage an der **mittelalterlichen Handelsstraße**, die vom Nahen Osten durch Südrussland und die Ukraine bis nach Mitteleuropa verlief. Die Stadt wurde im 13. und 14. Jh. wiederholt von Litauern und Tataren geplündert. Von *Kazimierz dem Großen* erhielt sie einen neuen Grundriss, der heute noch in der Altstadt erkennbar ist. Er ließ außerdem eine Burg, Verteidigungsmauern und eine Kathedrale bauen. In der Folge erlebte Sandomierz durch den Holz- und Getreidehandel auf der

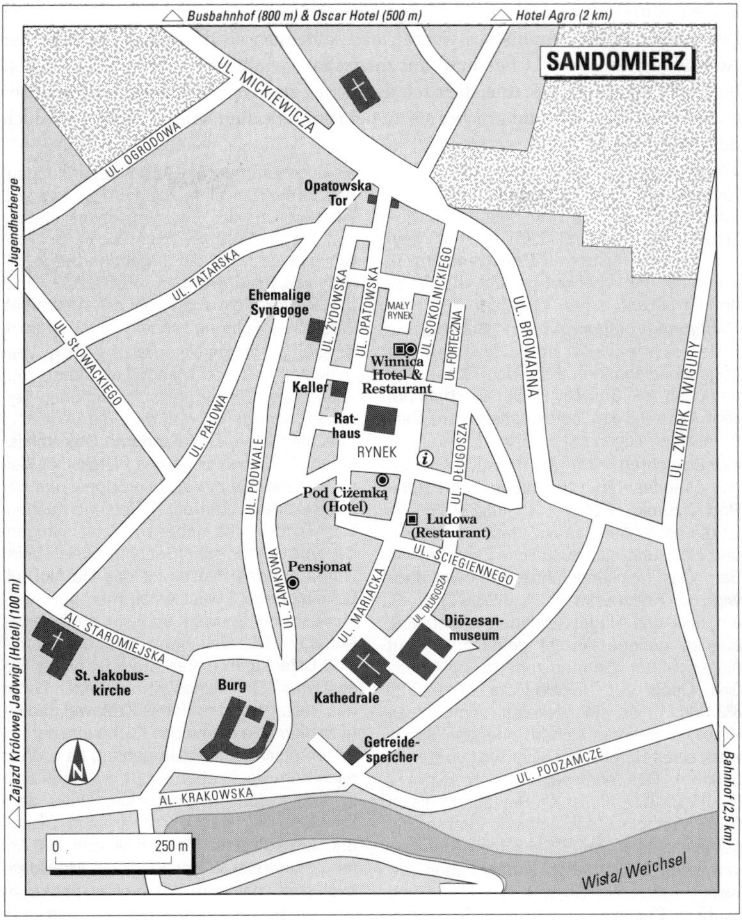

Weichsel hin zur Ostsee einen erneuten Aufschwung. Darüber hinaus fand in dieser Stadt eines der religionsgeschichtlichen Schlüsselereignisse in der Geschichte Polens statt: Als sich im übrigen Europa Katholiken und Protestanten gegenseitig die Kehle durchschnitten, traten hier 1570 Angehörige der protestantischen Konfessionen zusammen, um den Consensus) **von Sandomierz** zu unterzeichnen, Grundlage für die in der Verfassung verankerte Religionsfreiheit, die später für ganz Polen galt.

Die Stadt erlitt Schlimmes durch die Schweden, die 1656 die Burg in die Luft sprengten. Den Zweiten Weltkrieg überstand Sandomierz wie durch ein Wunder unversehrt. Als die **Rote Armee** im August 1944 die Deutschen quer durch Polen zurückdrängte, näherte sich die Frontlinie bedrohlich der Stadt. Es heißt, *Oberst Skopenko*, einem Bewunderer von Sandomierz, sei es damals gelungen, die Kämpfe von der Stadt fernzuhalten. Als er später weiter im Westen fiel, kam man seinem

Südostpolen
Karte S. 346/347

letzten Wunsch nach, ihn auf dem Friedhof von Sandomierz zu beerdigen. In der Zeit nach dem Kommunismus wurden das Andenken an den Mann im Zuge der Aufwallung antisowjetischer bzw. antirussischer Gefühle zum historischen Spielball: Man enfernte die Statue, die nach dem Krieg zu seinen Ehren vor dem Stadttor errichtet worden war und brachte sie zu dem sowjetischen Kriegsfriedhof, wo auch der Oberst liegt.

• *Information* Zurzeit wird die Touristeninformationen vom **PTTK-Büro**, Rynek 26 (Mai–Aug. tägl. 8–15 Uhr; Sept.–April Mo–Fr 8–15 Uhr, ✆ 015/832 2305) erledigt. Man hat dort eine Liste von **Privatzimmern** (I). Wenn das Personal gut gelaunt ist, ruft es dort für Sie an.

• *Anfahrt/Verbindungen* Der **Bahnhof** befindet sich etwa 3 km südlich auf der gegenüberliegenden Seite des Flusses, zu erreichen mit Bus Nr. 8. Der **Busbahnhof** liegt etwa 1,5 km nordwestlich vom Zentrum, zu erreichen mit Bus Nr. 11.

• *Übernachten* Im Stadtzentrum selbst gibt es recht wenig Unterkünfte. Das **Hotel Pod Ciżemką**, Rynek 27 (✆ 015/832 0550; E) ist die beste Adresse am Platz. Es ist klein und intim und hat gemütliche Zimmern mit Bad. Das familiengeführte **Królowej Jadwigi**, ul. Krakowska 24 (✆ 015/832 2988; F), am Fuß des Hügels gelegen bietet eine ebenso geringe Anzahl gemütlicher, gut eingerichteter Zimmer zum halben Preis. Das **Oscar**, ul. Mickiewicza 17 (✆ 015/832 1144;F), ist ein weiteres vernünftiges Hotel. Es befindet sich im obersten Stockwerk eines Büroblocks nicht weit vom Busbahnhof. Das **Winnica**, ul. Maly Rynek 2 (✆ 015/832 3130; H), ist ein Restaurant gleich beim Marktplatz, das einfache Zimmer mit gemeinschaftlichen Sanitäreinrichtungen vermietet. Die anderen Hotels liegen alle weiter außerhalb: So z. B. das kleine und saubere **Zacisze**, ul. Portowa 3a (✆ 015/832 1905; G), 3 km südlich der Stadt; oder das **Agro**, ul. Mokoszyńska 5 (✆ 015/832 3106; H), das sowohl Zimmer mit Bad als auch Zimmer mit Gemeinschaftsbädern hat. Es liegt in einer ruhigen Parkanlage 2 km nördlich vom Zentrum, etwas abseits von der Hauptstraße nach Lublin. Schließlich gibt es noch die **Jugendherberge**, ul. Krępniaki 6 (Juli–Aug.; ✆ 015/832 2652; 20 Zł pro Person), die man von der Altstadt in westlicher Richtung schnell zu Fuß erreicht.

• *Essen & Trinken/Unterhaltung* Um den Rynek gibt es jede Menge Lokalitäten zum Essen oder Trinken, teils mit schönen Terrassen, von denen aus man die Leute beobachten kann. Das **Kawiarna Staromiejska** am südlichen Ende des Platzes hat kleine Speisen wie *pierogi* und Suppen auf der Speisekarte, außerdem Kaffee und Kuchen. Das **Trzidiesatka** nebenan bietet sättigende, typisch polnische Gerichte. Gleich beim Nordende des Platzes ist das **Ha Noi**, ul. Sokolnickiego 8. Hier erhält man gute vietnamesische Speisen und ein preiswertes Mittagsmenü. Das Restaurant des Hotels **Pod Ciżenką** im ersten Stock ist nichts Besonderes. Ein kleines Stück weiter bietet das Restaurant des Hotels **Królowej Jadwigi** traditionelle heimische Küche in einer angenehm schmucken Umgebung (.s o.).Wer nach dem Nachtleben sucht, findet es z. B. in dem Kellerklub **Lapidarium**, unter dem Rathaus. Hier gibt es regelmäßig Discos und Livekonzerte. Von Ende Juni bis Anfang Juli findet in der Stadt ein **Musikfestival** statt, bei dem ein breites Spektrum aus klassischen Konzerten, Folk und Jazz aufgeführt wird. Das PTTK-Büro kann nähere Hinweise geben.

Sehenswertes

Das Brama Opatowska (Opatowska Tor) aus dem 14. Jahrhundert gehörte zur Befestigungsanlage von König Kazimierz und ist zugleich der Eingang zur Altstadt. Es lohnt sich, auf das Tor hinaufzusteigen, denn von oben hat man einen guten Ausblick über die Stadt und die Umgebung. Die Busse vom Busbahnhof zur Stadt halten hier.

Öffnungszeiten täglich 10–17.30 Uhr. Eintritt 2 Zł.

Der Weg entlang der ul. Opatowska bis zum entzückenden **Rynek**, einem stimmungsvollen Platz mit vielen Gelegenheiten zum gemütlichen Kaffeetrinken, führt

Das Rathaus von Sandomierz: gotischer Bau mit dekorativer Attika aus dem 17./18. Jh.

Südostpolen
Karte S. 346/347

durch enge Gassen mit Kopfsteinpflaster. In der Mitte des Platzes steht das **Rathaus** aus dem 14. Jahrhundert, ein gotischer Bau mit dekorativer Attika, einem sechseckigen Turm und mit einem Glockenstuhl, der im 17. und 18. Jahrhundert dazukam. Im Erdgeschoss befindet sich ein kleines Museum über die Stadtgeschichte. Das bemerkenswerteste Ausstellungsstück ist ein kunstvolles Miniatur-Schachspiel aus dem 12. Jahrhundert. Es ist das älteste in Europa, und die Figuren stellen Heilige dar. Erst vor wenigen Jahren wurde es in der Nähe der St. Jakobuskirche ausgegraben (siehe unten). Viele der gut erhaltenen **Bürgerhäuser**, die den Platz säumen, künden vom einstigen Wohlstand. Die Häuser Nr. 5 und 10 sind besonders schöne Renaissancebauten

Öffnungszeiten **Museum** – Di–Fr 9–16 Uhr, Sa 9–15 Uhr, So 10–14 Uhr. Eintritt 3 Zł.

Auf dem Platz findet jeden Dienstag ein Wochenmarkt statt. Jeweils am ersten Dienstag im Monat wird der Markttag zu einem großes Ereignis, das man sich nicht entgehen lassen sollte. Dann kommen sämtliche Bauern aus der Umgebung und handeln mit Vieh und landwirtschaftlichen Erzeugnissen.

Eine unbekannte Seite des alten Sandomierz offenbart sich auf einem Rundgang durch die **Wein- und Getreidekeller** unter dem Rynek (Dauer ca. 40 Minuten). Man betritt die etwa 30 Keller aus der Zeit der Renaissance von der ul. Oleśnickich unweit vom Platz aus. Sie erstrecken sich bis unter das Rathaus, wo sie teilweise eine Tiefe von zwölf Metern erreichen. Das in der Nähe gelegene Standesamt an der ul. Żydowska war früher eine **Synagoge** (erbaut im 18. Jahrhundert), allerdings weist – wie so häufig – nur noch wenig auf die ursprüngliche Funktion des Gebäudes hin.

Rundgang Ausgeschildert als *podzemna traza* oder "Unterirdische Touristenroute"; tägl. 10–17.30 Uhr; Führungen nur in Polnisch; 6,50 Zł.

Schlendert man durch eine der Straßen, die vom Südrand des Platzes abzweigen, so kommt man zur etwas düster aussehenden **Kathedrale**, die um 1360 auf den Ruinen einer romanischen Kirche errichtet wurde. Später, im Barock, wurde sie innen erheblich ausgeschmückt. Besonders bemerkenswert sind die russisch-byzantinischen Wandgemälde aus dem 15. Jahrhundert im Chorraum. Sie stammen von demselben Künstler, der auch in der Trinitatiskirche in Lublin (s. S. 356) zu Werke ging. Die Malereien hier wurden leider nicht ganz so sorgsam restauriert. Außerdem sind sie meistens durch ein Seil abgesperrt und nur spärlich beleuchtet, sodass man sich ziemlich strecken muss, um einen guten Blick darauf zu bekommen. Gut sichtbar ist im Gegensatz dazu die furchtbare Gemäldereihe aus dem 18. Jahrhundert, die um das Kirchenschiff herum angeordnet ist: Sie trägt den charmanten Titel "Der Folterkalender und zeigt frühe Kirchenmärtyrer, die aufgespießt, geköpft oder auf jede nur denkbare Art und Weise malträtiert werden. Als ob hier nicht schon genug Blut und aufgeschlitzte Leiber zu sehen wären, stellt eine weitere Reihe von Wandgemälden unterhalb der Orgel brutale Szenen aus der Vergangenheit der Stadt dar. Darauf sieht man ein Massaker der Tataren aus dem Jahr 1259, die Schweden, wie sie vier Jahrhunderte später das Schloss in die Luft sprengen, und aus demselben Jahrhundert eine etwas kontroverse Darstellung der Opferung eines jüdischen Kindes. Dieses frühe Zeichen von antisemitischem Verhalten wird bei Führungen in der Regel ignoriert.

Öffnungszeiten **Kathedrale** – Di–Sa 10–14 und 15–17 Uhr, So 15–17 Uhr.

Etwas hinter der Kathedrale zurückversetzt ist das **Diözesanmuseum**, mit dem schönen gepflegten Garten, in dem früher *Jan Długosz* (1415–80), einer der ersten polnischen Historiker, wohnte. Das Haus beherbergt eine umfassende, gut angeordnete Sammlung von Ritualgegenständen, Keramik, Glasartikeln und anderen außergewöhnlichen Gegenständen, darunter auch eine seltene, noch funktionerende tragbare Orgel aus dem frühen 17. Jahrhundert. Außerdem gibt es eine Sammlung von Schüsseln und Schlössern aus der Renaissance sowie eine wunderschöne alte Pfeife, die angeblich Mickiewicz gehörte. Zu den Kunstwerken zählen einige schöne Altarstücke aus dem 15. und 16. Jahrhundert und andere religiöse Kunst aus Kirchen Kleinpolens (Małopolska), eine ausdrucksstarke romanische Steinskulptur der *Madonna mit Kind*, ein fein gearbeitetes Triptychon der *Drei Heiligen* aus dem Krakau des 15. Jahrhunderts und eine Darstellung von *Johannes dem Täufer*, die Caravaggio zugeschrieben wird. Außerdem findet sich eine bemerkenswerte Sammlung von Ikonen aus dem 19. Jahrhundert, die aus der ehemaligen orthodoxen Kirche der Stadt stammen, welche von den Russen bei ihrem Rückzug im Jahr 1915 zurückgelassen wurde.

Öffnungszeiten April–Okt. Di–Sa 9–16 Uhr, So 13–16 Uhr, Nov.–März Di–Sa 9–12 Uhr, So 13–15 Uhr. Eintritt 4 Zł.

Unterhalb der Kathedrale liegt die **Burg**. Von der Außenterrasse hat man einen guten Blick über die Altstadt. Dieser Platz wird im Sommer auch für Freiluftkonzerte und Theateraufführungen genutzt. Das in der Burg untergebrachte **Museum** ist nichts Besonderes, und man geht am besten gleich zum Café im zweiten Stock weiter. Allerdings gibt es während des Sommers gewöhnlich ausgezeichnete Ausstellungen.

Öffnungszeiten **Museum** – Di–So 10–17 Uhr. Eintritt 4 Zł.

In der Nähe der Weichsel steht ein mittelalterlicher **Getreidespeicher**, weitere Speicher befinden sich weiter nördlich. Die al. Staromiejska verläuft von der Burgfront bis zur **St. Jakobuskirche** (Kościół Św. Jakuba), einem spätromanischen, weißgetünchten Bau, der als die erste Backsteinbasilika in Polen gilt. Das restaurierte Eingangsportal fällt ganz besonders ins Auge. Innen befindet sich die Märtyrerkapelle mit einem lebensnahen Gemälde des Martyriums der Dominikaner unter den Tataren im Jahr 1260. Im nördlichen Kirchenschiff gibt es Glaskästen, die angeblich die Knochen der ermordeten Mönche erhalten. Vor der Zerstörung durch die Tataren war die Stadt um die Kirche herum angeordnet. Kürzlich durchgeführte Ausgrabungen brachten einiges zutage, so z. B. auch das oben erwähnte Schachbrett aus dem 12. Jh. das im Stadtmuseum ausgestellt ist. Dieser ganze Südbezirk musste seit den 1960er Jahren wegen Besorgnis erregender Absenkungen abgestützt werden. Schuld an den Absenkungen waren die Tunnels und Keller, die man als Speicherkammern auf einer Länge von mehreren hundert Metern in den weichen Boden gegraben hatte.

Öffnungszeiten **Märtyrerkapelle** – Mo–Sa 9–13 und 15 -17 Uhr, So 11–13 und 15–17 Uhr.

Auf dem Pfad vor der Kirche St. Jakobus geht es wieder hinunter zur Altstadt, die man durch einen kleinen Durchgang – ein rechtes Nadelöhr – das **Ucho Igielne**, betritt.

Südlich von Sandomierz

Südlich von Sandomierz liegt am Flussbett der Weichsel das große Industriezentrum **Tarnobrzeg**. Die Gegend war früher arm, weil sie sehr abgelegen war. Doch das änderte sich, als nach dem Zweiten Weltkrieg Schwefelvorkommen in der Nähe der Stadt entdeckt wurden. Für die Wirtschaft der Region hatte der Bergbau positive Auswirkungen, doch die Umwelt musste darunter leiden – überall hier sieht und riecht man den Schwefel. Ähnliches gilt für die Stadt **Stalowa Wola**, 30 Kilometer östlich von Tarnobrzeg, die Ende der 30er Jahre um zahlreiche Stahl- und Metallwerke herum entstand. Die meisten Leute kommen nur in diese Gegend, um die Burg in **Baranów Sandomierski** zu besuchen.

Baranów Sandomierski

15 Kilometer südlich von Tarnobrzeg am Ostufer der Weichsel liegt **Baranów Sandomierski**; am Stadtrand befindet sich eine imposante, gut erhaltene **Burg**, die ein Meisterwerk aus der Renaissance und einen Umweg wert ist.

Die Burg wurde von der Familie **Baranów** auf den Grundmauern einer mittelalterlichen Befestigungsanlage errichtet. Man nimmt an, dass das schön geformte Gebäude von Santi Gucci entworfen wurde (siehe Krakau). Die Bezeichnung "Burg" ist nicht ganz zutreffend, denn das rechteckige Gebäude mit seiner eleganten italienischen Fassade ist eigentlich nur ein Palais, dessen Fassade mit Befestigungselementen verstärkt wurde. Der palastartige Eindruck verstärkt sich jedoch, wenn man durch die überaus gepflegten Parkanlagen auf der Südseite wandert.

Die Burg wurde in den 1590er Jahren für die Familie Leszczyński gebaut. Sie ist rechteckig angelegt und hat einen Innenhof, vier Ecktürme und ein Eingangsportal. Die Attika über der Fassade ist mit einem freundlichen Fries geschmückt. Einmal durch das Eingangstor hindurch, findet man sich in einem kühlen, beschwingten, italienisch anmutenden Vorhof, von dessen drei Seiten gewundene, doppelstöckige Arkadengänge abzweigen, deren Decken mit Familienwappen geschmückt sind. Auf die obere Galerie führt eine ausladende Treppe an der Südseite des Hofes. Sie wurde später hinzugefügt. Rund um den Hof stehen Säulen, deren obere Rosetten mit grotesken Fratzengesichtern und Tiergestalten versehen sind. Ein Teil des Erdgeschosses des Innengebäudes enthält noch das Originalmobiliar. Im Untergeschoss befindet sich ein **Museum**, das über die örtliche Schwefelindustrie informiert – kein Wunder, denn die Burg wurde nach dem Zweiten Weltkrieg von einer der größten Schwefelfabriken in Tarnobrzeg übernommen. In den aufwendig eingerichteten Räumen der oberen Stockwerke (und im modernen Gebäude nebenan) ist das **Luxushotel Zamkowy** (s. u.) untergebracht.

- *Öffnungszeiten* **Burg** – Di–Sa 9–15 Uhr, So 9–16 Uhr. Eintritt 5 Zł.
- *Anfahrt/Verbindungen* Wenn Sie nicht mit dem Auto unterwegs sind, bleibt Ihnen nur der Bus als Verkehrsmittel zur Burg. Von Tarnobrzeg, das mit dem Bus von Sandomierz und mit dem Zug von Lublin oder Rzeszów erreicht werden kann, fährt man mit dem Bus weiter. Er hält direkt unterhalb des Eingangs zur Burg und fährt dann weiter zum Busbahnhof auf dem Rynek (von dort sind es 10 Min. zu Fuß bis zur Burg).
- *Übernachten/Essen/Trinken* In den verschwenderisch eingerichteten Zimmern in den oberen Stockwerken der Burg befindet sich ein Luxushotel, das **Zamkowy** (✆ 015/811 8039, www.baranow.motornik.com.pl; E) mit einem vorzüglichen Restaurant, das für Bankette genutzt wird. Es ist zwar recht teuer, aber dennoch sehr beliebt, vor allem im Sommer sollte man vorher reservieren. Eine gute, preiswertere Alternative ist das **Zajazd Wisła**, ul. Dąbrowskiego (✆ 015/811 0383; H), das ebenfalls ein eigenes Restaurant besitzt.

Zamość

Die alten Städte und Paläste im südöstlichen Polen wirken oft mediterran, und das gilt nirgends mehr als in Zamość, 96 km von Lublin entfernt. Die Stadt, eine Kopfgeburt des dynamischen Großkanzlers Jan Zamoyski (vgl. den gleichnamigen Wodka) im 16. Jahrhundert erbaut, beweist eindringlich, wie stark sich die polnische Intelligenz und Herrscherklasse trotz der Nähe zu Russland in ihren Ideen von Italien inspirieren ließen.

Zamoyski, in vieler Hinsicht der typische polnische Renaissancemensch, baute diese Modellstadt nach seinen Idealvorstellungen in der Nähe des Dorfes, in dem er aufgewachsen war. Mit dem Entwurf beauftragte er Bernardo Morando aus Padua, der Stadt, in der er studiert hatte. Morando schuf eine wunderschöne, italienischanmutende Stadtanlage mit einer weitläufigen Piazza, schachbrettartig angelegten Straßen, einer Akademie und Verteidungswällen. Diese Befestigungen waren sehr gut durchdacht, denn Zamość gehörte zu den wenigen Orten, die dem Ansturm der Schweden im 17. Jahrhundert standhielten, während so viele andere polnische Städte dem Erdboden gleichgemacht wurden. Die strategisch gute Lage der Stadt an den wichtigen mittelalterlichen Handelswegen – von Krakau nach Kiew (west-östliche Richtung) und Lublin nach Lwów (nord-südliche Richtung) – zog schon früh Händler aus aller Herren Länder an, Juden, Armenier, Griechen, Schotten, Ungarn und Italiener (an die die Architektur der Stadt ganz besonders erinnert).

Zu Beginn dieses Jahrhunderts wurde Zamość noch einmal vom Krieg heimgesucht, als in dieser Gegend im polnisch-russischen Krieg von 1919–20 eine wichtige Schlacht ausgetragen wurde. Die Rote Armee, für die es nur wenige Wochen vorher so ausgesehen hatte, als würde sie bald Warschau einnehmen, wurde kurz vor der Stadt so vernichtend geschlagen, dass Lenin mit seinem erst kurz zuvor unabhängig gewordenen Nachbarn Friedensverhandlungen führen musste. Es gelang Zamość, unbeschadet den Zweiten Weltkrieg zu überstehen, sodass es heute eines der am besten erhaltenen Renaissance-Stadtzentren von Europa hat. Von der UNESCO ist Zamość als herausragendes historisches Monument eingestuft worden. Der Touristenansturm hält sich hier noch in Grenzen, das hat vor allem mit der Abgelegenheit der Stadt zu tun. Die Fremdenverkehrsämter in Polen und im Ausland rühren nun die Trommel für diese verkannte Stadt.

Das Rathaus von Zamość gehört zu den beliebtesten Fotomotiven in Polen

Information/Verbindungen

• *Information* Am Rynek 13, unter dem Rathaus befindet sich eine **Touristeninformation** (Mai–Sept., Mo–Fr 8–18 Uhr, Sa 10–16 Uhr und So 10–15 Uhr; Okt.–April Mo–Fr 10–16 Uhr; ✆ 084/ 639 2292, zoil@zamosc.um.-gov.pl). Sie ist bei der Vermittlung von Privatzimmern (I–H) behilflich und kann Auskunft über andere Unterkünfte geben. Das benachbarte **Orbisbüro**, ul. Grodzka 18 (Mo–Fr 9–17 Uhr; ✆ 084/638 5775), hilft beim Fahrkartenverkauf für Busse und Züge.

• *Anfahrt/Verbindungen* Der **Bahnhof** liegt 1 km südwestlich vom Zentrum, an der ul. Akademiczka, doch immer weniger Züge kommen dort an. Deshalb ist die Anreise mit dem **Bus** empfehlenswerter, am besten von Lublin aus. Der **Busbahnhof** befindet sich ca. 2 km östlich des Zentrums, aber die Busse 10, 22 oder 59 fahren dorthin.

Übernachten (siehe Karte S. 391)

Die Auswahl an Unterkünften im Zentrum lässt noch zu wünschen übrig, bessert sich aber gerade. Außerhalb des Stare Miasto gibt es eine größere Auswahl. Eine brauchbare **Jugendherberge (9)**, *PTSM*, befindet sich zwischen dem Busbahnhof und der Altstadt, ul. Zamoyskiego 4 (✆ 084/627 9125; Juli–Aug.; 22 Zł pro Person). Der **Campingplatz**

Duet (2) in der ul. Królowej Jadwigi (✆ 084/639 2499), 2 km westlich des Zentrums, hat ein paar Bungalows (H), die aber immer schnell belegt sind.

Arkadia (6), Rynek 9 (✆ 084/638 6507), intimes Hotel im zweiten Stock eines Wohnhauses, mit Blick über den Marktplatz. Es hat nur 6 komfortable Zimmer mit Bad und TV. Man sollte rechtzeitig buchen. (F)

Dom Turysty Marta (4), ul. Zamenhofa 11 (✆ 084/639 2639). Klein, sehr zentral gelegen. Es ist Hotel und Herberge in einem. Insgesamt gibt es 9 Zimmer, davon 1 Doppelzimmer (I). Die anderen sind Schlafsäle (20 Zł pro Person). Frühstück ist im Preis nicht eingeschlossen.

Jubilat (8), ul. Wyszńskiego 52 (✆ 084/638 6401). Gehört dem gleichen Eigentümer wie das *Renesans* (siehe unten). Es ist ein hochklassiges, vorwiegend auf Touristengruppen ausgerichtetes Hotel. Leider liegt es ungünstig hinter dem Busbahnhof. Wochenendermäßigungen. (E).

OSiR Sportowy (3), ul. Królowej Jadwigi 14 (✆ 084/638 6011). Kürzlich renoviertes Sporthotel in einem Sportkomplex 500 m westlich des Zentrums beim Fußballstadion. Große Zimmer mit Bad, das Frühstück ist nicht inbegriffen. Auf dem Gelände gibt es jedoch ein Café. (G)

Renesans (7), ul. Grecka 6 (✆ 084/639 2001). Recht komfortables Hotel in der Altstadt, leider in einem hässlichen Betonbau nahe am Marktplatz. Wochenendermäßigungen. (E)

Zamojski (5), ul. Kołłątja 2/4/6 (✆ 084/639 2516, zamosc@orbis.pl). Brandneues Hotel, für das man gerne ein paar Scheine hinblättert. An Wochenenden 20 % Ermäßigung. (D)

Zespól Internatowy (1), ul. Koszary 7 (✆ 084/638 4842). Gästehaus der Universität. Es gibt saubere, ordentliche Zimmer mit Bad und TV. Etwa 1 km nördlich der Stare Miasto Richtung Lublin auf der ul. Piłsudskiego, bei einem Schild mit Kampfflieger nach rechts abbiegen. (H)

Essen & Trinken/Unterhaltung

• *Essen/Trinken* Die Privatisierung und das Anwachsen des Tourismus haben zur Belebung der Gastronomie in der Altstadt geführt. Außerhalb der Saison schließen viele Lokale jedoch sehr früh, und nach 20 Uhr wird es schwer, noch eine Mahlzeit zu bekommen. Am großen Rynek gibt es einige Lokale, die Café und Restaurant in einem sind, und bei allen kann man im Sommer im Freien sitzen. Das **Ratuszowa (C)** unter dem Rathaus ist das beste der schicken neuen Cafés. Hier bekommt man tagsüber gute Mahlzeiten, Cappuccino und Kuchen. Weiterhin gibt es das **Padwa (G)**, Rynek 23. Es besitzt eine wunderschön original-verzierte Decke, ein Kellerrestaurant, einen angenehmen Hinterhof und nach vorn zum Platz ein elegantes Café. Im **Muzealna (D)**, Rynek 30, gibt es typisch polnische Gerichte. Das **Asia (H)** am Südende des Platzes, ul. Staszica 10, hat preiswertes chinesisches Essen – und Pizza. Für Pizza empfiehlt sich auch der gemütliche Pizza-Pub **Piacenza (A)**, Zamenhofa 10. Das **Ontario (E)** an der Ecke Pereca und Bazyliański ist eine gewagte Mischung aus Fastfood-Lokal, Billard-Halle und Jugendclub.

Zum Trinken eignen sich im Sommer die Freiluft-Bars am Rynek. Ansonsten gibt es das **Piwnica Pod Rektorius (F)**, Rynek 2, die beste Bierkneipe am Platz. Das **Green Pub (I)** ul. Staszica 2, hat das Ambiente einer angenehmen, luxuriösen Cocktail-Bar. Es ist außerdem ein gutes Restaurant. **Jazz Club Kosz (B)**, ul. Zamenhofa 5 (Eingang über den Hinterhof) bietet ab und zu Live-Jazz und Blues Band-Auftritte. Kleine Gerichte sind erhältlich.

• *Unterhaltung* Wenn Sie zur richtigen Zeit in der Stadt sind, können Sie einige der jährlichen Veranstaltungen miterleben. Das Zamość **Jazz Na Kresach** ("Jazz im Grenzland") **Festival** findet in der letzten Maiwoche bzw. Anfang Juni statt. Polnische und andere slawische Bands kommen hier ebenso zusammen wie zum **Internationalen Treffen der Jazz-Vokalisten** in der letzten Septemberwoche. Der **Theatersommer** ist ein Festival, das Ende Juni/Anfang Juli stattfindet. Es treten sehenswerte Theatergruppen aus ganz Polen auf, viele Vorführungen finden auf den Stufen vor dem Rathaus statt. Einzelheiten erhalten sie im Informationsbüro.

Die Altstadt

Den historischen Kern von Zamość umgeben später entstandene Stadtrandviertel, und sowohl der **Bahnhof** als auch der **Busbahnhof** liegen in einiger Entfernung

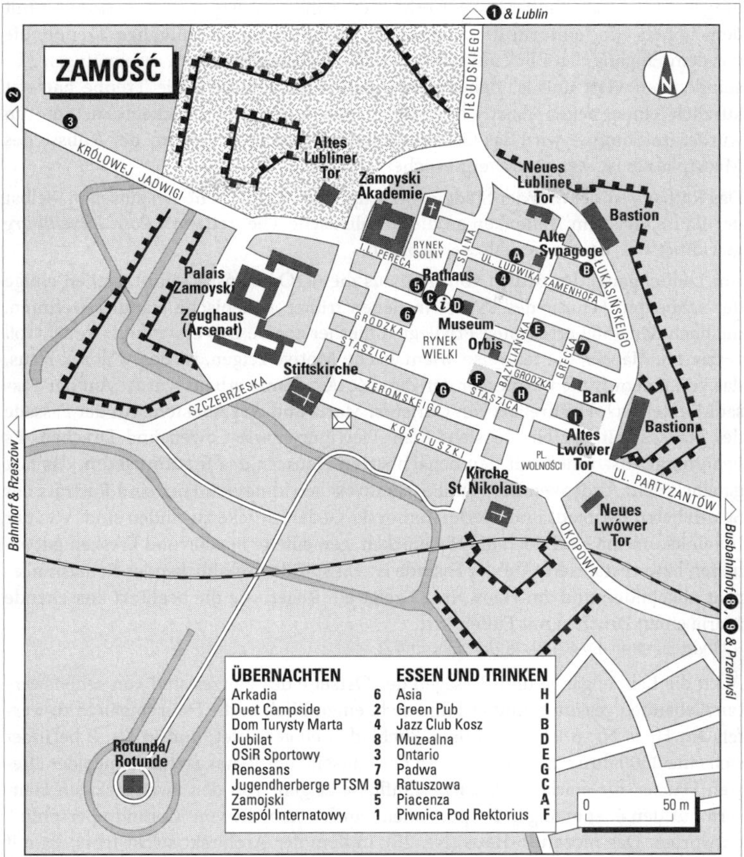

Südostpolen Karte S. 346/347

vom Zentrum. Am besten fährt man mit dem Bus oder einem Taxi bis an den **Plac Wolności**, der an den Rynek angrenzt. Von dort aus dürfte es nicht schwerfallen, sich in der schachbrettartig angelegten Renaissancestadt zurechtzufinden.

Der Rynek

Der auch als Plac Mickiewicza bekannte **Rynek** liegt einige Blocks vom Plac Wolności und dem teilweise erhaltenen Mauerring entfernt. Der geometrisch angelegte Platz ist genau 100 Meter lang und 100 Meter breit und wird von niedrigen Arkaden und schön verzierten Häusern der ehemaligen bürgerlichen Kaufleute von Zamość gesäumt. Er ist ein Paradebeispiel für Renaissancearchitektur: Ein weiter offener Platz, Säulengänge, dekorierte Häuserfassaden und luftige Durchgänge strahlen eine unbekümmerte, warme Atmosphäre aus. Auf der Nordseite beherrscht das hoch aufragende **Rathaus** den Platz und gehört zu den meist fotografierten Gebäuden des ganzen Landes. Das ursprüngliche, niedrigere Gebäude wurde von Morando entworfen und um 1640 im heute noch sichtbaren manieristischen Stil umgebaut. Ein Jahrhundert später erhielt die solide, dreistöckige Konstruktion mit dem hohen Glockenturm die ausladende, fächerförmige zweiflüglige Treppe, die vor dem Eingang den Blick auf sich lenkt. Das Gebäude wurde in regelmäßigen Abständen renoviert und ist daher einigermaßen gut erhalten. Die Treppe hat erst kürzlich einen neuen Anstrich erhalten, was auch dem Glockenturm gut tun würde. Im Sommer wird das Gebäude abends beleuchtet, und vor der Kulisse des Marktplatzes ist dies ein unvergesslicher Anblick.

Das Rathaus ist der Sitz der Stadtverwaltung, und es gibt nicht viel zu sehen. Selbst der Raum, der dem Andenken an die sozialistische Theoretikerin *Rosa Luxemburg* gewidmet war, ist nun geschlossen worden.

Am Laubengang, der östlich vom Rathaus die ul. Ormiańska säumt, stehen einige der schönsten Häuser des Rynek, in denen früher armenische Händler wohnten, die nach den 1585 erlassenen Privilegien hierher zogen. Das erste dieser prachtvoll verzierten Häuser, die teilweise orientalische Motive zeigen, ist das Wilczek Haus, das von einem frühen Professor der Zamość-Akademie erbaut wurde. Auf der Fassade finden sich Flachreliefs von Christus, Maria und den Aposteln. An der Fassade des Hauses mit der Nr. 26 sieht man Tierfiguren wie Löwen und Drachen. Es beherbergt zusammen mit den benachbarten Häusern das **Stadtmuseum**, das fast gänzlich dem Andenken der Familie Zamoyski gewidmet ist: Hier sind Porträts des Schutzherrn der Stadt und allerlei Zamoyski-Gedenkstücke zu finden sind. Von der Innendekoration sind noch die Holzdecken, gemeißelte Portale und Fresken gut erhalten bzw. restauriert. Auf der Fassade ist ein spröde dreinblickendes Renaissancepaar abgebildet, und am Haus Nr. 22 zeigt ein Relief, wie die beglückt aussehende Maria einen Drachen mit Füßen tritt.

Öffnungszeiten Di–So 10–16 Uhr. Eintritt 4 Zł.

Auch die Laubengänge und Passagen der Ostseite des Platzes sind von sehenswerten Gebäuden gesäumt, und es lohnt sich, einen Blick in die Hauseingänge zu werfen. Im Haus Nr. 6 ist ein schöner Buchladen eingerichtet, und in Nr. 2 befindet sich eine 350 Jahre alte Apotheke. An der Südseite des Rynek stehen einige der ältesten Häuser, die starke italienische Einflüsse zeigen. Von den zweistöckigen Häusern mit den ebenmäßigen Proportionen wurden manche von Morando persönlich entworfen. Das **Morando-Haus** (Nr. 25), in dem der Architekt selbst lebte, ist mit manieristischen Friesen verziert, das **PTTK-Büro** (Nr. 31) an der Ecke des Platzes wird von feinem Stuckwerk am Vestibül geschmückt und hat ein schönes Portal. Westlich vom Rynek steht die **Stiftskirche**. Sie wurde kürzlich renoviert und in den Stand einer Kathedrale erhoben. Es ist eine schöne manieristische Basilika, die Morando nach genauen Anweisungen von Zamoyski erbaut hat. Das Gebäude besitzt drei Gänge und zahlreiche Seitenkapellen, die Konstruktion ist gestützt von eleganten, schlanken Säulen und strahlt architektonische und visuelle Harmonie aus – ein kraftvolles Beispiel für das polnische Selbstbewusstsein zu Zeiten der Gegenreformation. Im Presbyterium befinden sich ein silberner Rokoko-Tabernakel und Gemälde, die das Leben des heiligen Thomas darstellen. Sie werden *Domenico Tintoretto* zugeschrieben. In der obligatorischen Zamoyski-Kapelle kann man das schön verzierte Marmorgrabmal des Großkanzlers Jan bewundern, das mit barockem Stuckwerk aus der Werkstatt des Architekten J. B. Falconi geschmückt ist. Neben der Kirche steht der hohe Glockenturm: Seine älteste und größte Glocke mit Namen Jan, in Anlehnung an ihren Stifter, ist über 300 Jahre alt. An Sommerabenden sind die Stiftskirche und das Rathaus beleuchtet.

In westlicher Richtung auf der Hauptstraße ul. Academicka liegen zwei für die Stadtgeschichte wichtige Gebäude: Das alte **Zeughaus** (Arsenał), erbaut von Morando um 1580, ist heute ein kleines **Militärmuseum**. Hier befand sich einst das umfangreiche Waffenarsenal der Stadt sowie Zamoyskis Kriegsbeute. Zu sehen gibt es nicht nur Soldaten aus allen Zeitaltern, sondern auch ein maßstabgerechtes Modell der Stadt aus dem 17. Jahrhundert. Dieses zeigt sie von Verteidigungsanlagen in Form eines Sterns mit sieben Spitzen umgeben. Das ehemalige **Palais Zamoyski** (Pałac Zamojskich) hinter dem Zeughaus ist nur noch ein Schatten seiner selbst. Nachdem Zamoyski das Gebäude, das ursprünglich von Morando gebaut wurde, im frühen 19. Jahrhundert verlassen hatte, wurde es von der Armee übernommen und später in ein Krankenhaus umgewandelt. Der Hof hinter dem ehemaligen Palastgebäude lässt noch die einstigen Glanzzeiten erahnen. In dem ansonsten recht heruntergekommenen Bau ist heute das Gericht untergebracht.

Öffnungszeiten **Militärmuseum** – Di–So 9–16 Uhr. Eintritt 3 Zł.

Wenn man zum Arsenał zurückgeht und der Akademiczka nach Südwesten folgt, erreicht man nach fünf Minuten des **Wystawa Plenerna**, das Freiluftmuseum des Arsenał. Hier sind in einem winzigen Park ein Hubschrauber und ein paar Artillerieteile aus der Zeit nach dem Zweiten Weltkrieg ausgestellt. Nach weiteren zehn Minuten gelangt man zum **Zoo** (gegenüber vom Bahnhof). Er ist einen Besuch wert, und zwar sowohl wegen der prächtigen, makellosen Gartenanlage in einem parkähnlichen Gelände als auch wegen der Tiere selbst.

Öffnungszeiten **Wystwa Plenerna** – Mai–Okt. Di–So 9–20 Uhr; Eintritt 2 Zł. **Zoo** – täglich 9–19 Uhr; Eintritt 4 Zł.

Auf der ul. Akademiczka in Richtung Norden kommt man zum **Lubliner Tor**, dem ältesten Tor in den Befestigungen der Altstadt, das seit langem zugemauert ist. Dahinter befinden sich Spielplätze. Das Flachrelief, das bei Renovierungsarbeiten 1999 zum Vorschein kam, ist das Einzige, was noch an die Vergangenheit erinnert.

Gegenüber befindet sich die von Zamoyski um 1630 geschaffene **Akademie**, die in der Renaissance eine wichtige Lehranstalt in Polen war. Das beeindruckende Gebäude, das während der Zeit der Teilungen geschlossen werden musste, beherbergt heute eine Schule, allerdings mit weniger hoch gesteckten Zielen.

Der nördliche Teil der Altstadt um die ul. Zamenhofa und den Rynek Solny war früher das Judenviertel. Vor dem Zweiten Weltkrieg waren 45 Prozent der Bevölkerung jüdisch. Die ersten Anhänger der jüdischen Sephardim kamen aus L'viv um 1580 hierher. Ihnen folgten zahlreiche Einwanderer aus der Türkei, Italien und Holland. Diese wiederum wurden von den bereits ansässigen Aschkenasim verdrängt. Da die meisten ostpolnischen Juden Anhänger der mystischen chassidischen Bewegung waren, blieb Zamość in der Region um Lublin das einzige Zentrum der progressiven, von der Aufklärung beeinflussten (ursprünglich in Deutschland entstandenen) Haskala-Bewegung. Sie setzte sich für die soziale Emanzipation der Juden ein und befürwortete den Einfluss der "europäischen" Kultur, Wissenschaften und Pädagogik auf die jüdischen Gemeinden. Aus dieser Bewegung gingen Persönlichkeiten wie **Itzak Peretz** (1851–1915), ein bemerkenswerter Schriftsteller, der im 19. Jahrhundert jiddische Schriftstücke verfasste, und **Rosa Luxemburg** (1870–1919) hervor, obwohl sie weniger als progressive Jüdin bekannt ist, denn als radikale kommunistische Theoretikerin und Aktivistin.

Die meisten Häuser des alten jüdischen Viertels werden zur Zeit renoviert – ein Unterfangen, das sich wahrscheinlich noch einige Zeit hinziehen wird. Wenn man um die Ecke der Baustelle blickt, kann man eines der alten jüdischen Kaufmannshäuser erspähen, die um den kleinen Platz stehen. Die frühere **Synagoge** an der ul. Zamenhofa, eine elegante Konstruktion aus dem frühen 17. Jh., wurde bereits im Rahmen der Stadtplanung Zamoyskis errichtet. Das einst beeindruckende Gebäude dient heute als öffentliche Bibliothek. Der Bau wurde von den Nazis im Krieg zerstört und als Tischlerei genutzt. 1960 wurde er komplett renoviert und die Außenfassade rekonstruiert. Teile der Innendekoration blieben erhalten, wie z. B. die reichen Polychromien, von denen noch einige hinter den Bücherregalen durchscheinen. Ebenso erhalten sind das Kreuzrippengewölbe an der Decke und der steinerne **Aron ha-qodäsh.**

Östlich der ul. Łukasińskiego kommt man zu den alten **Stadtbefestigungen.** Die ursprünglich von Morando nach italienischem Vorbild entworfenen Befestigungen bestanden aus einer Anlage mit sieben Bollwerken und drei Haupttoren, umgeben von Burggräben und künstlichen Seen, die auf allen Seiten den Zugang zur Stadt versperrten. Nachdem man auf diese Weise erfolgreich den Kosaken und den Schweden standgehalten hatte, nahmen die Russen im Jahr 1866 die oberen Zinnen unter starken Beschuss und zerstörten schließlich die ganze Festung. Wenn man durch die Parkanlagen spaziert, die heute die Mauerreste bedecken, versteht man warum die plündernden Schweden wieder unverrichteter Dinge von Zamość abziehen mussten. Zu den noch verbleibenden Überresten gehören das **Alte Lwówer Tor**, ein Bau Morandos um 1820, und das **Neue Lwówer Tor** aus der gleichen Zeit.

Am Plac Wolności steht die **Franziskanerkirche**, früher ein Kloster, heute eine Kunstschule. Sie verlor um 1870 ihre beiden barocken Türme. In der südlichen Altstadt am unteren Ende der ul. Bazylianka steht die ehemals griechisch-orthodoxe **Kirche St. Nikolas**. Die kleine Kuppelkirche wurde ursprünglich von den Händlern aus dem Osten genutzt, und erst kürzlich wurden bei der Renovierung Stuckarbeiten aus der Renaissance frei gelegt.

Die Nationalsozialisten verschonten zwar die Häuser von Zamość, nicht aber seine Einwohner. In der **Rotunda/Rotunde**, einem Pulverhaus aus dem 19. Jahrhundert südlich der Altstadt an der ul. Wyspiańskiego, wurden über 8.000 Einwohner von den Deutschen hingerichtet. In den einfachen Zellen erinnert ein schlichtes Museum an die Schrecken, die der Stadt im Krieg widerfuhren. Zamość (absurderweise in "Himmlerstadt" umbenannt) und seine Umgebung waren Opfer eines brutalen "Umsiedlungsplanes", wie ihn die Nationalsozialisten schon in Westpreußen verwirklicht hatten. Zwischen 1942 und 1943 wurden aus fast 300 Dörfern alle polnischen Einwohner vertrieben. In ihre Häuser zogen deutsche Siedler ein – alles im Rahmen von Hitlers Plan, im Osten ein "arisches Bollwerk für das Dritte Reich" zu schaffen. Vermutlich blieben einige wenige Dörfer davon nur deshalb verschont, weil die SS nicht über genug Männer verfügte, um sie zu räumen. Im Rahmen der Aufarbeitung früherer Tabuthemen erinnern drei Zellen des Museums an das sowjetische Massaker an polnischen Armeeoffizieren in Katyń. Außerdem gibt es eine Kapelle in Erinnerung an die Menschen aus der Region, die nach der sowjetischen Besetzung Ostpolens 1939 nach Sibirien verschleppt wurden.

Öffnungszeiten **Museum** – Mai–Sept. Di–So 9–20 Uhr, Okt.–April Di–So 10–13 Uhr.

Am Nordende der ul. Prosta, etwa fünfzehn Minuten zu Fuß von der Altstadt in nördöstlicher Richtung, befindet sich ein kleiner jüdischer Friedhof. Ein Denkmal, errichtet aus Grabsteinen, die die Nazis ausgegraben hatten, erinnert an die vielen Tausend Juden, die hier ermordet wurden. Interessanterweise wurde dieses Denkmal 1950 errichtet, wesentlich früher als ähnliche Monumente im übrigen Polen.

Südwestlich von Zamość

Südwestlich von Zamość findet man weitere Gebiete offener, dünn besiedelter Landschaft, wie sie für die östliche Grenzregion so typisch ist. Die eintönige Aufeinanderfolge von Feldern wird nur gelegentlich von Waldstücken durchbrochen. Sie sind die letzten Überreste der *puszcza*, die einst das ganze Gebiet bedeckte. Das größte zusammenhängende Waldgebiet bildet nun den **Roztoczański-Nationalpark** und ermöglicht einen Enblick in die ursprüngliche, ungezähmte Wildnis, die hier einst herrschte. Es gibt auch einige sehenswerte Städtchen, z. B. **Szczebrzeszyn** und **Zwierzyniec**.

Szczebrzeszyn

Das verschlafene, kleine ländliche Städtchen mit dem unaussprechlichen Namen **Szczebreszyn** liegt etwa zwanzig Kilometer von Zamość entfernt (sogar polnische Kinder haben Schwierigkeiten mit der Aussprache). Trotz der verhehrenden Verwüstungen, die die Kosaken, Schweden, Türken und Nazis hier hinterließen, gibt es noch genug historische Bauwerke, die einen Besuch lohnen. Der Marktplatz in der Altstadt ist der Hauptanziehungspunkt. Auf seiner Weststeite steht ein überschwängliches Beispiel manieristischer Architektur, die **St. Katherinenkirche**, die der Stiftskriche in Zamość nachempfunden ist. Sie hat eine fein gearbeitete Renaissancetür sowie ein Deckengewölbe, das aufwendig mit Stuck dekoriert ist. Die **St. Nikolas Pfarrkirche** auf der anderen Seite des Platzes stammt aus derselben Zeit. Die Originaldekorationen wurden jedoch zum Großteil beim Angriff der Kosaken 1648 geplündert. Das bekannteste Gebäude der Stadt ist die frühere **Synagogue** auf der Nordwestseite des Platzes. Die beeindruckende Backsteinkonstruktion aus dem 17. Jahrhundert ist eine der größten Synagogen des Landes und wurde von der jüdischen Bevölkerung bis zum Zweiten Weltkrieg genutzt. Auch sie wurde von den Kosaken beschädigt und von den Nazis in Ruinen zurückgelassen. Nach dem Wiederaufbau hat man sie in ein Kulturzentrum umgewandelt. Einige Dekorationen der Originalsynagoge sind noch in der Haupthalle sichtbar, so z. B. die *bimah* und Teile des dekorativen Fries'. Vor dem Gebäude wurde kürzlich eine Gedenktafel aufgestellt, die an die ursprüngliche Funktion sowie an das Massaker an der 3000-Kopf starken jüdischen Gemeinde im Krieg erinnert. Hinter der Synagoge führt ein Weg den Hügel hinauf. Vorbei an der verlassenen orthodoxen Kirche, gelangt man zu einem überwachsenen **jüdischen Friedhof** mit einer großen Anzahl an Grabsteinen zwischen den Ruinen, von denen der älteste auf das frühe 18. Jahrhundert zurückgeht.

• *Anfahrt/Übernachten* Szczebrezeszyn verfügt über keinerlei touristische Einrichtungen. Nach der Besichtigung sollten Sie daher mit dem **Bus** entweder weiter nach Zwierzyniec fahren oder zurück nach Zamość. Zu beiden Orten verkehren Linienbusse, die vom Busbahnhof gleich beim Marktplatz starten. Falls Sie unbdingt übernachten wollen, gibt es das **Zajazd pod Bązantem**, Zwierzyniecka 19A (✆ 084/682 1297; H), ein kleines pensionsähnliches Hotel mit angeschlossenem Restaurant. Es liegt 2 km südwestlich des Marktplatzes an der Straße nach Zwierzyniec.

Zwierzyniec

11 Kilometer südlich von Szczebrzeszyn befindet sich **Zwierzyniec**, das den Besuchern des **Roztoczański-Nationalpark** (siehe unten) als Ausgangspunkt dient. Von

Zamość gibt es zahlreiche Bus- und Zugverbindungen hierher, sodass ein Tagesausflug in den Park durchaus möglich ist. Das winzige Städtchen verdankt seine Existenz dem Großkanzler Jan Zamoyski, der im Jahr 1589 den umliegenden Wald erwarb und den Architekten Bernando Morando (siehe auch Zamość) mit dem Bau eines Landschlösschens beauftragte. Der Palast wurde um 1830 abgerissen, die Stadt, die um ihn herum entstand, blieb jedoch erhalten. Einige Bauelemente des Palastes sind heute noch sichtbar, vor allem die Zamoyski-**Kapelle,** eine elegante Barockkonstruktion, die sich auf einer der Inseln in dem von Weidenbäumen umgebenen See des Palastes befindet und die man über eine Brücke erreicht. Hinter dem See führt die ul. Browara an der Stadtbrauerei aus dem frühen 19. Jahrhundert vorbei zum nationalen Parkmuseum, dem **Ośrodek Muzealny RPN**, in dem es ausgestopfte Vögel aus aller Welt zu sehen gibt. Außerdem befindet sich darin ein Informationsschalter, an dem Sie sich Karten holen können, bevor Sie sich auf den Weg in den Park machen.

• *Öffnungszeiten* Mai–Okt. Di–So 9–17 Uhr, Nov.–April 9–16 Uhr. Eintritt 2 Zł.

• *Anfahrt/Übernachten/Essen* Der **Busbahnhof** ist 5 Min. nördlich des See am Ende eines ungepflegten Parks. Die einzige verlässliche Unterkunft bietet das der Leitung des Nationalparks unterstehende Hotel **Jodła**, ul. Parkowa 3a (✆ 084/ 687 2012; H–G). Es ist gleich beim Busbahnhof und besteht aus drei Villen, in denen es sowohl Zimmer mit Bad als auch Zimmer mit sanitären Gemeinschaftseinrichtungen gibt. Ansonsten bleiben noch die **Jugendherberge** (nur Mai–Sept., 18 Zł pro Person), die in einer ehemaligen Schule in der ul. Partyzantów 3 (✆ 084/687 2142), einen Block nördlich vom Busbahnhof, untergebracht ist, und der **Campingplatz** Echo, ul. Biłgorajska 3 (✆ 084/687 2314). Hier gibt es auch einige Hütten mit drei bis sechs Betten (pro Person 50 Zł).

Essen kann man im **Karczma Mlyn**, ul. Aleksandry Wachniewskiej, mit Blick auf den See. Hier erhält man eine gute Auswahl an beliebten polnischen Fleischgerichten in einer schlichten Umgebung. Die **Café-Bar** der Brauerei gleich um die Ecke bietet sich an, wenn man das lokale Bier probieren möchte,eine Art mildes Lager, das man außerhalb der Region kaum findet.

Der Roztoczański-Nationalpark

20 Kilometer südwestlich von Zamość liegt der **Roztoczański-Nationalpark** – ein Paradies für Wanderer und Naturfreunde. Der Park, der zu den riesigen Ländereien der Familie Zamoyski gehörte, wurde 1974 eingerichtet. Er erstreckt sich über eine Fläche von 80 km^2 im Roztocze-Bezirk und ist eine anmutige Landschaft mit sanften bewaldeten Hügeln, von denen der höchste etwa 390 Meter hoch ist. Es gibt eine sehr abwechslungsreiche und farbenfrohe Flora und Fauna mit über 190 Vogelarten, 30 Baumarten und 40 geschützten Pflanzenarten, von denen einige noch aus den Zeiten Jan Zamoyskis stammen. Nachdem er das Gebiet 1589 erstanden hatte, wandelte er es nicht, wie damals üblich, in ein Jagdrevier um, sondern in ein Naturschutzgebiet. Er plante sogar ein Wildreservat mit ein: Hier gab es z. B. die letzten Tarpane der Stammform (siehe Białowieża), die dann im 19. Jahrhundert ausstarben. Im Jahr 1980 wurde eine den Tarpanen identische Rasse neu gezüchtet und als Touristenattraktion im Park neu angesiedelt. Der Fluss Wieprz, der östlich von hier entspringt, fließt mitten durch den bewaldeten, hügeligen Park, in dem u. a. Wildpferde, Biber, zahlreiche Vogel- und Schmetterlingsarten leben. Die Wälder bestehen aus Kiefern, Fichten und bis zu 50 Meter hohen Birken.

• *Information/Wandertouren* Karten und Informationsmaterial über Wanderwege im Park gibt es im Verwaltungsbüro des Nationalparks, im Ośrodek Muzealny in Zwierzyniec (siehe dort). Dort kann man auch eine Eintrittskarte kaufen (2 Zł), ohne die man das Gebiet nicht betreten darf. Der Park ist mit Hilfe der örtlichen Landkarte einfach zugänglich. Einige kurze Wanderungen beginnen direkt beim Museum. Die einfachste führt nach Südosten durch einen Kiefernwald zu dem mit Schilf umwachsenen Echo-See (15 Minuten), an dessen Nordufer es einen wunderbaren Sandstrand gibt. Ein anderer beliebter Wanderweg folgt dem alten Palastweg südwestlich nach Bukowa Gora (20 Minuten), einem höher gelegenen Gebiet mit dichtem Wald aus Birken und Fichten, in dem das Tageslicht kaum bis zum Boden durchdringt. Am anderen Ende von Bukowa Gora erstreckt sich sandiges Heideland, von wo man einige schöne Ausblicke Richtung Süden hat. Wenn man dort in östliche Richtung läuft, erreicht man in zwanzig Minuten den Echo-See.

Rzeszów

Rzeszów ist im Wesentlichen das Ergebnis eines Versuchs, den Südosten nach dem Krieg neu zu beleben. Dabei wurde in einem Gebiet, das in den fünfzig vorangegangenen Jahren höchste Abwanderungszahlen verzeichnet hatte, Industrie angesiedelt und ein Verwaltungszentrum eingerichtet.

Eine Einwohnerzahl von über 100.000 Menschen in der Stadt mag als gewisser Erfolg verbucht werden, selbst wenn dieses schnelle Wachstum seelenloses bauliches Wuchern zur Folge hatte. Im Hinterland haben sich dagegen viele kleine Dörfer erhalten, wie sie seit Jahrhunderten für diesen Teil Polens so typisch sind. Das erklärt auch, warum gerade Rzeszów 1980 zu einem Gewerkschaftszentrum wurde. Nach dem Vorbild der Städte gründeten hier Landwirte ihre Solidarność. 15 Jahre nach der Zerschlagung des kommunistischen Regimes zeigt sich, wie die neue wirtschaftliche Ordnung langsam in diese entlegenen Gegenden des polnischen Ostens vordringt. Hier, wo Veränderungen seit Jahrhunderten nur sehr schleppend vor sich gehen, ist die neue Politik vielleicht nicht so augenfällig wie in der Nähe von Krakau oder Warschau, aber auf jeden Fall zeigt sich ein Schritt hin zur Verbesserung der Lebensverhältnisse. Insgesamt ist die Stadt für Touristen nicht besonders reizvoll, viele reisen nur durch.

Wie andernorts auch konzentrieren sich die Sehenswürdigkeiten in Rzeszów in der Altstadt, und zwar südlich des Hauptbahnhofs entlang der al. Piłsudskiego. Zunächst gelangt man zu den beiden Synagogen, die sich in der ul. Bożnica an der Ecke des Plac Ofiara Getta genau gegenüberstehen. Hier befand sich der Kern des alten Ghettos und auch das Zentrum des jüdischen Stadtteils. Das Denkmal in der Mitte des Platzes erinnert nicht an die Juden, sondern ist ein Agit-Prop-Kunstwerk aus den 60er Jahren, das zu Ehren des "1000. Geburtstags der Gründung des polnischen Staates (1967)" errichtet wurden. Die **Neue Synagoge** ist ein großes Backsteingebäude aus dem 17. Jahrhundert, entworfen von dem italienischen Architekten Giovanni Bellotti. Sie ist heute ein Künstlerzentrum: Im Erdgeschoss sind wechselnde Ausstellungen zu sehen, und in der *kawiarnia* im ersten Stock lassen sich noch einige Merkmale der ursprünglichen Synagoge erkennen. Die **Alte Synagoge** ist fast ein Jahrhundert älter und wurde von den Nazis zerstört. Sie beherbergt das Stadtarchiv und ein neu gegründetes Forschungsinstitut, das sich mit der Geschichte der Rzeszówer Juden beschäftigt. Beide Gebäude haben dringend eine Renovierung nötig.

Ein kurzer Spaziergang bringt Sie zum Rynek, einem geschäftigen Platz, auf dem die Renovierungsarbeiten in vollem Gange sind. Mitten auf dem Platz steht das Rathaus, das Wahrzeichen der Stadt, das kürzlich renoviert wurde. Es ist ein untersetztes Gebäude aus dem 16. Jahrhundert, das im 19. Jahrhundert umgestaltet wurde und nun aussieht wie eine bezaubernde Mischung aus Barockkirche und

Karte S. 346/347

Zeichentrickfilm-Schloss. In einem der alten Bürgerhäuser an der Südseite des Rynek ist ein kleines, aber gut sortiertes **Volkskundemuseum** (Muzeum Etnografizne) untergebracht. Hier sind u. a. farbenfrohe Trachten aus der Region, volkstümliche Kunst und einige Schreine ausgestellt (ähnlich denen, die man normalerweise am Straßenrand sieht). Auf dem Platz steht eine Statue von Kosciuszko, die von den Deutschen 1940 entfernt und erst 1980 auf Betreiben der regionalen Gruppe der Solidarność wieder hier aufgestellt wurde.

Öffnungszeiten **Museum** – Di–Do & So 9–14 Uhr, Fr 9–17 Uhr. Eintritt 3 Zł.

Westlich des Rynek erhebt sich die gotische **Pfarrkirche**, die im 18. Jahrhundert dem Barockstil angepasst wurde. Im Kreuzrippengewölbe der Decke des Kirchenschiffs sind jedoch noch einige Renaissance-Dekorationen zu finden sowie einige frühe Grabtafeln in der Nähe des Altars. Die ul. 3 Maja, die Haupteinkaufsstraße, führt von hier aus in südlicher Richtung bis zu einem ehemaligen Piaristenstift. In den Gebäuden rund um den Hof des früheren Klosters ist heute das **Stadtmuseum** untergebracht. Zu den Exponaten gehören Gemälde von polnischen und europäischen Künstlern, Fresken aus den Kreuzgängen und eine Dokumentation über die Massenauswanderungen aus der Region im späten 19. Jahrhundert. Ein weiterer Teil der Ausstellung informiert über die Widerstandsbewegung gegen die Nazis und die Grausamkeiten, die an der jüdischen Gemeinde im Zweiten Weltkrieg verübt wurden. Die barocke **Klosterkirche** nebenan wurde Anfang des 18. Jahrhunderts von Tylman von Gameren gebaut und hat die typische elegante Barockfassade sowie gut proportionierte Innenräume.

Öffnungszeiten Di/Fr 10–17 Uhr, Mi/Do 10–15 Uhr, So 9–15 Uhr. Eintritt 3 Zł.

Die Straße verläuft weiter, vorbei am Postamt, bis zum **Lubomirski Palais** aus dem 17. Jahrhundert. Auch dieses Gebäude wurde im frühen 18. Jahrhundert von Tylman von Gameren entworfen und befindet sich in einem ruhigen Park, weitab von der Hektik der Stadt. Der elegante Palast war im Besitz der mächtigen Familie Lubomirski, einer der führenden Adelsfamilien Polens. Heute ist darin die Musikakademie untergebracht. Von hier ist es nur noch ein kurzes Stück bis zur **Burg**, einem riesigen Gebäude aus dem 17. Jahrhundert. Auch die Burg war im Besitz der Familie Lubomirski. Um die Jahrhundertwende wurde sie von den österreichischen Herrschern von Galizien, wozu Rzeszów gehörte, als Gefängnis genutzt. Heute beheimatet sie das Gericht.

Im Nordwesten der Altstadt steht die **Bernardinerkirche**, eine überschwänglicher Bau, der Anfang des 17. Jahrhunderts errichtet wurde. Ganz in ihrer Nähe befindet sich das **Denkmal der Revolutionären Bewegung**, ein graues Monument aus der kommunistischen Ära. Glücklicherweise wurde es nun endlich vom Einschlagband der Informationsbroschüren genommen. Es ist unklar, wie lange das Denkmal noch hier verbleiben wird – es ist übersät mit antikommunistischen Graffiti, was nicht gerade auf seine Beliebtheit schließen lässt.

Wenn man die Altstadt verlässt, kommt man etwa 1 km südöstlich des Zentrums, in der Nähe der ul. Rejtana, zum **Jüdischen Friedhof** (Eingang ul. Dołowa: Der alte Mann in der Werkstatt nebenan hat den Schlüssel). Er wurde gänzlich von den Nazis zerstört und ist heute überwachsen. Hier stehen drei Kapellen (*ohels*) im Andenken an die *zaddiqim* (die Gerechten). Sie werden von dem nationalen Kommitee für jüdische Monumente instand gehalten und sind eine Pilgerstätte für chassidische Juden.

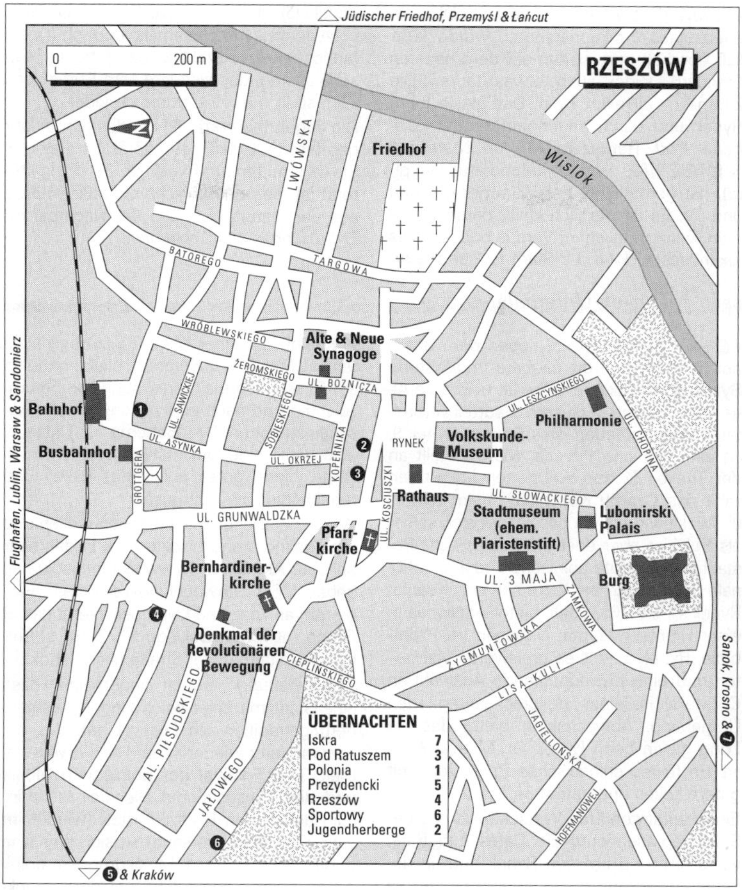

Südostpolen Karte S. 346/347

Information/Verbindungen

• *Information* Derzeit gibt es kein IT-Büro, doch könnte sich die Website der Stadt als nützlich erweisen: www.rzeszow.pl.

• *Anfahrt/Verbindungen* Der **Busbahnhof** und der **Bahnhof** liegen direkt nebeneinander, nur einen kurzen Fußweg vom Norden des Stadtzentrums entfernt.

Übernachten

Die meisten Hotels befinden sich in der Nähe der Bahnhöfe. Das **Polonia (1)**, ul. Grottgera 16 (✆ 017/852 0312; F), gleich bei den Bahnhöfen, hat Zimmer mit Bad, eingerichtet im Stil der 1970er Jahre. Das **Sportowy (6)**, ul. Jałowego 23a (✆ 017/862 4935; H–G), ist ein preiswertes Sporthotel ohne großen Luxus und liegt 15 Minuten zu Fuß von den Bahnhöfen entfernt. Es gibt Zimmer mit eigenem und mit Gemeinschaftsbad. Das **Iskra (7)**, ul. Dąbrowskiego 75 (✆ 017/854 9740; G), ist ein erst kürzlich renoviertes Mittelklassehotel, leider etwa 2 km vom Zentrum entfernt an der Straße nach Sanok. Das große Hotel **Rzeszów (4)**, al. Cieplińskiego 2 (✆ 017/853 3389;

rzeszow@hotelesemako.com.pl; D), ein ehemaliges Funktionärshotel, wurde kürzlich überholt und ist nun auf dem neusten Standard, leider auch etwas teurer. Die Zimmer sind relativ klein. Das gleich beim Rynek und damit angenehm zentral gelegene **Pod Ratuszem (3)**, ul. Matejki 8 ✆ 017/852 9780, www.hotelpodratuszem.pl; (E), hat gemütliche, helle Zimmer mit Bad und TV. Es ist ziemlich klein, darum sollte man wenn möglich im Voraus buchen. Das luxuriöseste Hotel der Stadt ist das **Prezydencki (5)**, ul. Podwisłocze 48 ✆ 017/ 862 6835, prezydencki@hotelesemako.com.pl; C), ein farbloses, aber praktisches Hotel für Geschäftsleute, das sich in einem Betonblock 2 km südlich des Zentrums befindet.

Die **Jugendherberge (2)** hat das ganze Jahr geöffnet (✆ 017/863 4430; 23 Zł pro Person). Sie liegt mitten am Rynek Nr. 25, einzig störend ist die unaufhörliche Geräuschkulisse aus der Pizzeria und aus der Nachtbar im Erdgeschoss des Gebäudes.

Essen & Trinken/Unterhaltung

• *Essen/Trinken* Gleich neben dem Bahnhof befindet sich die saubere Imbissstube **Syty Bar**, Kilińskiego 6. Sie ist eine gute Alternative zu den in diesem Stadtteil verbreiteten Imbissständen. Das **Dexter**, Rynek 9, ist eine einfache Pizzeria. Man bestellt an der Theke. Zu den zivilisierten Lokalitäten zählt das **Czarny Kot**, gleich beim Rynek, ul. Mickiewicza 4. Es bezeichnet sich selbst als Pub, ist aber eher ein nobles Café-Restaurant, das gute polnische und internationale Speisen auf der Karte hat. Das **Ksania**, Rynek 4 (✆ 017/852 2840), bietet Ähnliches in einer Hightech-Krypta. Nebenan im **Prohibicja**, Rynek 5, gibt es preiswerte Mahlzeiten und eine beeindruckende Auswahl an Cocktails in einer gesprächsanregenden Umgebung. Abwechslung bietet das **Ha Long** gleich beim Rynek, ul. Matejki 2. Es ist ein feines chinesisches Restaurant mit gutem Essen und gutem Service.

Einen aufstrebenden Wirtschaftszweig der Stadt repräsentieren die Cafés und Bars, vor allem rund um den Rynek und an der belebten Einkaufsstraße ul. 3 Maja, wo es bereits einige im westlichen Stil gibt. Das **Kazamaty**, Rynek 7, ist eine schicke, schrille Kneipe mit einer Menge Sitzmöglichkeiten im Freien. Im Sommer bleibt ohnehin am Rynek nichts anderes übrig, als herumzulaufen und nach einem freien Tisch Ausschau zu halten. Das **Bohema**, ul. Okrzej 7, eine geräumige, auf rustikal gemachte Taverne, bietet gutes polnisches Essen und regelmäßig Live-Jazzmusik.

Wenn Sie abends tanzen gehen wollen und auf Techno stehen, sollten Sie in das sehr beliebte **Akademia** (www.akademiaclub.pl) gehen. Ein abwechlungsreicheres Programm an Tanz und Livemusik bietet das **El Greco**, ul. Dąbrowskiego 83, 2 km außerhalb der Stadt an der Straße nach Sanok.

• *Unterhaltung* Es ist angebracht, dass eine Stadt mit einer solch langen Auswanderungstradition ein Festival hat, das die Auswanderer wieder in der Heimat versammelt: Das **Festival der polnischen Musik und des Tanzes** findet alle drei Jahre im Juni und Juli in Rzeszów statt (wieder im Jahr 2004). Dann versammelt sich hier eine bunte Mischung an Musikgruppen polnischer Auswanderer aus England, Frankreich, den USA, Argentinien und Australien.

Rzeszów hat gute Busverbindungen ins ländliche Beskid Nisky im Süden und ins Gebiet Bieszczady im Südosten. Es eignet sich auch als Ausgangspunkt für die Besichtigung des Palastes von Łańcut, 20 Kilometer östlich.

Östlich von Rzeszów

Von Rzeszów führen die Hauptstraße und die Bahnlinie ins ukrainische Grenzgebiet mit den für die Region so typischen kleinen Dörfchen, Bauernhöfen und Schreinen am Wegesrand. Dazwischen trifft man auf historische Städte und Adelspaläste, von denen **Łańcut, Leżajsk** und **Jarosław** besonders sehenswert sind. Alle drei sind von Rzeszów aus gut mit dem Bus oder der Bahn zu erreichen.

Die imposante Festung von Łancut

Łańcut

Der erste Eindruck vom Schlosspalast, der das Zentrum von Łańcut beherrscht, lässt schnell erahnen, dass sich hier eher die oberen Zehntausend trafen, als dass sich Truppen bekämpften.

Die alte Burg, in der zweiten Hälfte des 14. Jahrhunderts von der *Pilecki-Familie* errichtet, brannte 1608 nieder, als königliche Truppen ihren Besitzer, den Räuberbaron *Stanisław Stadnicki*, bei seinen Zeitgenossen als der "Teufel von Łańcut" berüchtigt, aus dem Hinterhalt angriffen. Danach kaufte *Stanisław Lubomirski* das Anwesen. Er begann mit dem Bau der massiveren Anlage, die die Grundlage des heutigen Palastes bildet. Wie damals üblich, umgab er die viereckige Konstruktion mit einem fünfeckig angelegten Verteidigungsgraben und mit Wällen, deren Umrisse noch heute zu erkennen sind.

Die Befestigungen wurden 1760 von *Izabella Czartoryska* (siehe "Puławy"), der Gemahlin des letzten Besitzers aus der Familie Lubomirski, abgerissen. Sie richtete in Łańcut einen ihrer Künstler-Salons ein, ließ einen schönen Park um den Palast herum anlegen und ein Theater im Palast bauen. *Ludwig XIII.* von Frankreich gehörte zu den Gästen, die während dieser Zeit auf Łańcut empfangen wurden. Auch die nächsten Besitzer, die *Potocki-Familie*, führte diesen Stil weiter, bei ihnen war *Kaiser Franz Josef* zu Gast. *Graf Alfred Potocki*, der letzte Privatbesitzer, verließ die Burg im Sommer 1944, als die sowjetischen Truppen immer näher rückten. Nachdem Potocki 600 Kisten mit den wertvollsten Gegenständen aus dem Palast ins befreite Wien geschickt hatte, flüchtete er selbst, aber nicht, ohne vorher ein Schild mit der Aufschrift "Polnisches Nationalmuseum" auf Russisch vor dem Tor aufstellen zu lassen. Die Russen tasteten den Palast nicht an, und noch im gleichen Jahr wurde ein Museum darin eröffnet.

Der Schlosspalast: Rund 40 von den etwa 100 Räumen des Palastes stehen zur Besichtigung offen, allerdings drängen sich im Sommer die Touristen. Mit etwas Glück erwischt man eine Führung, die der ausgesprochen gut informierte Museumskurator selbst leitet.

- *Öffnungszeiten* Mitte April–Mitte Sept. Di–Sa 9–16 Uhr, So 9–15 Uhr, Mitte Jan.–Mitte April und Mitte Okt.–Mitte Dez. Di–So 9–15 Uhr. Nur geführte Touren; letzter Einlass 1 Std. vor Schließung.
- *Eintrittskarten* Die Kasse befindet sich am westlichen Eingang zum Park: Es gibt ein kombiniertes Ticket für den Palast, das Kutschenmuseum und das Museum für sakrale Kunst (16 Zł) sowie ein gesondertes Ticket für die Synagoge (3 Zł von Mitte Juni–Mitte Sept.; außerhalb der Saison ist eine Besichtigung schwierig; siehe unten).

Wenn Sie mit mehreren Personen reisen, mieten Sie am besten einen der deutschsprachigen Führer, die für eine Gruppenführung (mit den gängigen Anekdoten) 100 Zł berechnen, oder schließen Sie sich einer anderen Gruppe an. Auch der sehr bewanderte Museumskurator macht gelegentlich Führungen (allerdings in englischer Sprache). Die Kartenverkaufsstelle ist bei der Suche nach einem Führer behilflich, im Sommer sollten Sie im Voraus buchen (✆ 017/225 2338).

Von der Eingangshalle führt eine breite Treppe in den **ersten Stock**, in dem die meisten interessanten Räume liegen, (obwohl nicht immer alle geöffnet sind). Diese Halle ist so groß, dass Pferdekutschen hier ihre Fahrgäste absetzen konnten. Schon die **Korridore** bilden eine Kunstgalerie: Familienporträts und Büsten, Gemälde von italienischen, holländischen und flämischen Malern des 17. Jahrhunderts und von Izabella im 18. Jahrhundert in Auftrag gegebene Kopien klassischer Gemälde. In einigen Schlafzimmern hat der Holzfußboden wunderschöne Intarsien, in den Badezimmern stehen riesige altmodische Badewannen mit großen Wasserhähnen.

Nach den **chinesischen** Gemächern, von Izabella auf dem Höhepunkt der Chinoiserien-Mode neu eingerichtet, dem **Ballsaal** (in dem auch das Musikfestival stattfindet, siehe *Unterhaltung*) und dem **Esszimmer** kommt man ins **alte Studierzimmer** im extravaganten Rokokostil – überall Spiegel und Gold – mit sehr schönen französischen Möbeln aus dem 18. Jahrhundert. Im Westteil dieses Stockwerks kann man im **Tierkreisraum** noch immer die italienische Stuckdekoration aus dem 17. Jahrhundert sehen. Ihm schließt sich die alte **Bibliothek** an, in der unter den Lederbänden auch gebundene Ausgaben englischer Magazine, wie z. B. *Country Life* und *Punch*, aus der Zeit um 1870 zu finden sind – was wieder einmal mehr beweist, dass der europäische Adel früher einen kosmopolitischen Lebensstil pflegte.

Im **Erdgeschoss** in den **türkischen Gemächern** zeigt ein Porträt Izabella mit Turban. Hier findet man auch einen Raum mit englischen Möbeln aus dem 18. Jahrhundert. Auf keinen Fall sollte man sich das außergewöhnliche **Łańcut-Theater** mit seinen 80 Plätzen entgehen lassen, das Izabella in Auftrag gegeben hatte. Außer der reich verzierten Galerie und den Logen sind auch die malerischen Kulissen samt Bühnenvorrichtung erhalten, mit der diese heruntergelassen und hochgezogen werden können.

Das **Kutschenmuseum** im alten Kutscherhaus ist eine wahre Pracht, denn es enthält über 50 Pferdefuhrwerke für jeden denkbaren Zweck, sei es für Staatszeremonien oder zum Austragen von Post. In den Stallungen nebenan ist ein Museum für slawische sakrale Kunst untergebracht (Öffnungszeiten wie Palast, dieselbe Eintrittskarte), in dem eine große und legendäre Sammlung ruthenischer Ikonen ausgestellt sind. Die meisten wurden in der Zeit nach dem berüchtigten "Unternehmen Weichsel" im Jahr 1947 (s. S. 420) aus den Kirchen der Unierten und Orthodoxen der Umgebung entnommen. Nur ein Teil der riesigen Sammlung ist zur Besichtigung ausgestellt, die meisten Ikonen stehen gut verpackt in Regalen an der Wand. Besonders interessant sind eine noch vollständige Ikonostase aus dem 18. Jahrhundert und ein leidender *Christus Pantocrator*, der gut die humansierenden Einflüsse der katholischen Kunst auf die späte unierte und orthodoxe Ikonografie zum Ausdruck bringt. Zusätzlich gibt es eine schöne Sammlung mit kirchlichen Gewändern, Bibeln und kyrillischen Manuskripten zu sehen.

Öffnungszeiten Wie der Palast, dieselbe Eintrittskarte.

Łańcut hat noch eine andere wichtige Sehenswürdigkeit: die **Alte Synagoge**, in der Nähe des Schlosses an der ul. Zamkowa, in der ein frisch renoviertes **Jüdisches Museum** untergebracht ist. Das einfache, cremefarbene Gebäude wurde um 1760 auf dem Fundament einer ehemaligen hölzernen Synagoge errichtet. Die Innenräume überlebten die Nazizeit weitgehend unbeschadet und geben noch einen authentischen Eindruck davon, wie solche Synagogen in Polen ausgesehen haben mögen. Wände und Decke sind mit reichen, farbenfrohen Dekorationen bedeckt: unter anderem Flachreliefs auf Stuck, Fresken, illustrierte hebräische Wandgebete, Tierkreiszeichen und Marmorimitationen. In der Mitte des Gebäudes steht die *bimah*. Ihre Kuppel ist mit strahlenden Fresken von biblischen Erzählungen geschmückt. Auf dem inneren Baldachin findet sich eine Darstellung des Leviathan, der seinen eigenen Schwanz verschluckt – ein Symbol für den kommenden Messias. Außerdem gibt es eine kleine Sammlung an Thora-Rollen, Leuchtern und anderen Ritualgegenständen. Etwas schockierend ist, dass in der Sommersaison der Eintritt 3 Zł kostet und außerhalb der Saison der "Gruppenpreis" von 60 Zł entrichtet werden muss!

Öffnungszeiten 15. Juni–15. Sept., Di–So 10.30–16 Uhr; restliches Jahr nur auf Anfrage; Eintrittskarten an der Kasse im Palast erhältlich.

Die chassidische Bewegung, die im 19. Jahrhundert durch Europa fegte, fand besonders unter den Juden von Łańcut Zuspruch. Der alte **alte Jüdische Friedhof**, etwa fünfzehn Minuten nördlich vom Schlosskomplex an der ul. Moniuszki, beherbergt das kürzlich nachgebaute Grab (*ohel*) von **Rabbiner Hurwitz**, dem bekannten *zaddiq*, eine viel besuchte Pilgerstätte von chassidischen Juden. Der Schlüssel zum Friedhof ist bei der Familie hinterlegt, die in der ul. Jagiellońska 17, gleich um die Ecke vom Eingang wohnt. Der überwachsene **neue Jüdische Friedhof** befindet sich zehn Minuten in südlicher Richtung vom Rynek, an der ul. Armii Krajowej. Er ist zwar größer, aber auch verfallener. Ein kleiner Garten und ein Denkmal wurden an der Stelle errichtet, wo im Zweiten Weltkrieg viele Juden von den Nazis erschossen wurden.

• *Anfahrt/Verbindungen* Łańcuts **Bahnhof** ist etwa 2 km vom Stadtzentrum entfernt, sodass sich eine Taxifahrt in die Stadt anbietet. Der **Busbahnhof** befindet sich nur fünf Minuten zu Fuß vom Schloss in dieselbe Richtung.

• *Übernachten* Die erste Wahl unter den Hotels ist das wunderschöne Hotel **Zamkowy** (✆ 017/225 2671; G–E), das im Südflügel des Schlosses untergebracht und mit Antiquitäten eingerichtet ist. Es hat Zimmer mit Bad und mit Gemeinschaftsbad. Da es sehr beliebt ist, muss man vor allem für den Sommer unbedingt im Voraus buchen. Das **Pałaczyk** (✆ 017/225 2043; F), ul. Paderewskiego 18, fünf Minuten zu Fuß südlich von der Synagoge, liegt zwar nicht ganz so gut, bietet aber komfortable Zimmer mit Bad. Es ist in einem eleganten Herrenhaus aus der Jahrhundertwende untergebracht und besitzt ein Restaurant der gehobenen Klasse. Ansonsten bleibt nur noch die Herberge der PTTK, **Dom Wycieczkowy**, im ehemaligen Dominikanerkloster, ul. Dominikańska 1 (✆ 017/225 4512; I), gleich nördlich vom Rynek, in der es eine Handvoll spartanischer Doppelzimmer und Schlafsaalbetten für 20 Zł pro Person gibt.

Südostpolen Karte S. 346/347

• <u>Essen/Trinken</u> Das Restaurant des Hotels **Zamkowy** hat eine gute und nicht zu teure Auswahl an traditionellen polnischen Gerichten. Allerdings ist es etwas düster im Vergleich zu den Freiluft-**Cafés** auf dem großen Rynek. **Caffe Antico** in Hausnr. 3 bespielsweise bietet guten Kaffee und Kuchen und eine Reihe von Hauptgerichten.

• <u>Unterhaltung</u> Jeden Mai findet im Palast das **Łańcut Musikfestival** statt, das es schon vierzig Jahre gibt. Hier treten internationale Kammermusiker auf. Während dieser Zeit sind die Hotels meist ausgebucht. Karten erhält man über das Staatliche Büro der Philharmonie in Rzeszów (✆ 017/862 8507). Vor den Veranstaltungen werden in der Palasthalle oder direkt vor der Konzerthalle übrig gebliebene Karten verkauft. Außerdem finden im Sommer im Schloss die internationalen Meisterklassen für aufstrebende junge Musiker statt.

Der Teufel von Łańcut

Aus einer Zeit, die vor Erzählungen von habgierigen Banditen und draufgängerischen freiheitsliebenden Helden nur so strotzt, stammt auch die Legende von **Stanisław Stadnicki** (ca.1560–1616). Er wuchs in einem entlegenen Außenposten in den Karpaten in einem liberalen Elternhaus auf. Sein Vater, nach dem Stanisław benannt wurde, war ein unerschrockener Anhänger der religiösen *Polnischen Bruderschaft* (auch *Arianer*, s. S. 580 genannt), der für seine Abtrünnigkeit vom rechten Glauben exkommuniziert wurde. Nach dem frühen Tod seiner Eltern erbte der junge Stadnicki zusammen mit seinen sechs Brüdern das Familienanwesen. Bereits zu dieser Zeit bekannte er sich zu dem Motto *Aspettate e odiate* ("wartet und hasset"), was schon auf seinen späteren Werdegang schließen ließ.

Nach einigen Jahren des Militärdienstes in Ungarn und Muskovia (Russland), wo er den Ruf für besondere Tapferkeit auf dem Feld erwarb, kehrte Stadnicki nach Polen zurück. Verärgert darüber, dass er für seine Dienste nicht bezahlt worden war, beschlagnahmte Stadnicki das Gut in **Łańcut**, von wo aus er daraufhin seine räuberischen Aktivitäten leitete. Niemand wurde von seinen bösartigen Angriffen verschont: Vorbeiziehende Reisende wurden beraubt, Häuser dem Erdboden gleichgemacht, Händler und Märkte der Region wurden systematisch terrorisiert und gezwungen, auf der illegalen Messe, die er in Rzeszów abhielt, für seinen Profit zu arbeiten. Mit seiner bunt gemischten Bande aus Spionen, Folterern, Schlägern und Söldnern versetzte er die Bevölkerung in Angst und Schrecken. Wie nicht anders zu erwarten, wurden die Autoritäten schließlich auf Stadnickis verbotene Aktivitäten aufmerksam, und im Jahr 1600 wurde er vom Krontribunal in Lublin von einem anderen Magnaten für seine illegalen Umtriebe auf der Rzeszówer Messe angeklagt. Die Antwort Stadnickis war ein bewaffneter Angriff auf das Anwesen seines gegenerischen Nachbarn. Die Lage spitzte sich immer mehr zu, hinzu kam sein schlechter Ruf den er sich in der Adeligenrevolte (*Rakosz)* gegen Zygmunt III. im Jahr 1605 erwarb, wo er den König öffentlich des Meineids beschuldigte und ihn einen "Sodomiten und Falschspieler" nannte.

Eine beliebte Beschäftigung Stadnicki's war es, seine Gegner zu reizen, indem er verleumderische Verse über sie in Umlauf brachte. Einem dieser Gegner, dem Adeligen **Łucasz Opaliński**, platzte schließlich der Kragen, als er sich im Jahr 1608 auf einer dieser Schmähschriften, betitelt mit "Einen Galgen für meinen Gast", angegriffen sah. Er stürmte das Schloss in Łańcut, wo unglaubliche Mengen an erbeuteten Waren entdeckt wurden. Alle Personen im Schloss wurden ermordet, nur Stadnicki selbst konnte rechtzeitig fliehen. Stadnicki war zwar angeschlagen, gab aber noch lange nicht auf und kehrte in die Region zurück, um seine böswilligen Tätigkeiten wieder aufzunehmen. Dies wurde ihm jedoch gehörig schwer gemacht: Die Kosakengarde Opalińskis war ihm ständig auf den Fersen, und schließlich wurde Stanicki von seinem eigenen Diener verraten, bei einem Kampf in den Bergen schwer verwundet und mit seinem eigenem Schwert geköpft. Da der polnische Adel die "Goldene Freiheit" hoch einschätzte, finden sich in vielen Berichten von Stadnickis Zeitgenossen positive Beschreibungen über die unbeugsame Liebe zur Unabhängigkeit und die draufgängerische kämpferische Art des Banditen. Er ist dafür mindestens genauso berühmt, wie für seine unversöhnliche Zerstörungswut.

Leżajsk

Leżajsk, 30 Kilometer nordöstlich von Rzeszów am Ufer des Flusses San, ist auf den ersten Blick eine typische Marktstadt ohne große Besonderheiten. Doch viele Leute kennen den Ort dem Namen nach, was der örtlichen Brauerei zu verdanken ist, die einige der besten und meist getrunkenen Biersorten des Landes herstellt. Für katholische Pilger und Liebhaber von Orgelmusik ist die Klosterkirche im Norden der Stadt der Grund für einen Besuch.

Bernhardinerkirche und Kloster: Die riesige Kirche und das Kloster liegen 2 Kilometer nördlich der Stadt (mit dem Bus vom Bahnhof aus zu erreichen). Die große barocke Basilika wurde um 1670 innerhalb einer Art Festung errichtet und ist seit Jahrhunderten ein Pilgerzentrum. Grund für die Wallfahrten ist eine Ikone der Madonna mit Kind, der wundersame Heilkräfte zugeschrieben werden. An religiösen Feiertagen, vor allem an Mariä Himmelfahrt am 15. August, kommen ganze Pilgerscharen. Auch sonst sind immer ganze Busladungen von Menschen in der Kirche oder am Kreuzweg im Wald hinter der Kirche anzutreffen. Das höhlenartige Kircheninnere ist im Barockstil gehalten; neben zahlreichen Seitenaltären und religiösen Gemälden gibt es holzgeschnitzte Chorstühle und einen vergoldeten Hauptaltar.

Der Ehrenplatz hinten im Hauptschiff kommt der riesigen **Barockorgel** zu, einer der schönsten und berühmtesten Orgeln des Landes. Sie hat fast 6000 Pfeifen, 4 Manuale und über 70 verschiedene Register. Das reich verzierte Instrument erzeugt einen Klang, der das ganze Gebäude ausfüllt. Leider ist die Orgel vom Holzwurm befallen, und erst kürzlich wurden genug Gelder für eine Renovierung zur Verfügung gestellt. Die Arbeiten sollen im Jahr 2000 abgeschlossen werden. Außerhalb der Gottesdienste kann man die Orgel auch bei den Konzerten hören, die im Sommer regelmäßig stattfinden. Auskunft erteilen die Fremdenverkehrsbüros in Rzeszów. Im Mai findet hier jedes Jahr ein **internationales Orgelfestival** statt.

Südlich der Klostertore auf der anderen Seite der ul. Klasztorna liegt die **Leżajsker Brauerei**. Das köstliche Bier kann man in der Kneipe an der Straße zusammen mit den Einheimischen frisch vom Fass trinken, man kann es aber auch im Laden nebenan in Dosen abgefüllt erstehen.

Im Stadtzentrum selbst lohnt sich ein Blick in die **Pfarrkirche** aus der Spätrenaissance östlich vom Marktplatz: Im Hauptschiff sind einige schöne alte Fresken zu sehen.

• *Anfahrt/Verbindungen* Von Łańcut ist Leżajsk recht einfach zu erreichen, es verkehrt etwa stündlich ein **Bus**. Von Rzeszów verkehren 5 Busse täglich.

• *Übernachten/Essen/Trinken* Zu empfehlen sind das Hotel **71**, ul. Mickiewicza 80 (✆ 017/242 8098; G), mit einfachen, aber bewohnbaren Zimmern mit Bad, sowie das **U Braci Zygmuntów**, ul. Klasztorna 2e (✆ 017/242 0472; G), in dem alle Zimmer immerhin TV haben. Zu beiden Hotels gehört je ein brauchbares **Restaurant**. Fast jede Snack- oder Café-Bar in der Stadt führt eines oder mehrere der Biere aus der Leżajsk Brauerei.

Jarosław

Jarosław, im Flusstal des San, an der Hauptstraße zur ukrainischen Grenze gelegen, gehört zu den ältesten Städten Polens. Mitte des 12. Jahrhunderts wurde hier auf den Ruinen einer Festung, die der ruthenische Prinz Jarosław der Weise etwa zweihundert Jahre vorher erbaut hatte, eine städtische Siedlung errichtet. Dank ihrer strategischen Lage an den wichtigsten Handelswegen des Mittelalters florierte die Stadt rasch.

Im Mittelalter wurden hier riesige Messen abgehalten, die Händler aus ganz Europa anzogen – nur die Frankfurter Messe war größer. Heute erinnert der alte Marktkomplex im Stadtzentrum an die Blütezeit der Stadt. Wie in den anderen Städten der Region hatte die große und lebhafte jüdische Gemeinde Jarosławs unter den Nazis zu leiden. Die Juden hatten sich hier schon früh niedergelassen, und die Messen waren von großer Bedeutung für den jüdischen Handel in ganz Polen. Im 17. und 18. Jahrhundert trat hier deshalb regelmäßig der **Rat der vier Länder** (siehe Lublin) zusammen. Leider muss erwähnt werden, dass die Restaurierungswelle in Polen, die für Städte wie Rzeszów oder Tarnów so viel getan hat, Jarosław bis heute nicht erreicht hat und das Stadtzentrum ziemlich verfallen aussieht.

Das Herz der mittelalterlichen Altstadt ist der offene, luftige **Marktplatz**, wo früher die Messen abgehalten wurden. Mitten auf dem Platz steht das gotische **Rathaus**, ein hübsches Gebäude mit einem schlanken Turm, der wie fast das ganze Stadtzentrum bei einem Feuer im Jahr 1625 zerstört und später im Barockstil wieder aufgebaut wurde. In der späten Renaissance wurde unter anderem der Balkon angefügt. Die Häuser am Platz sind zwar nicht so grandios wie in Zamość, aber einige sind dennoch sehr schön, z. B. das **Orsseti-Palais** an der Südseite des Platzes. Es wurde um 1670 von einer reichen italienischen Kaufmannsfamilie gebaut und hat eine schön dekorierte Attika sowie die typischen, luftigen Laubengänge. Das Renaissancehaus beherbergt heute das **Stadtmuseum**, in dem u. a. Porträts von Priestern aller Religionen und Mitgliedern der örtlichen Adelsfamilie Potocki, Stilmöbel, eine Sammlung alter Schreibmaschinen und Grammophone zu sehen sind.

Öffnungszeiten **Museum** – Di–Do 10–14 Uhr, Fr 9–16 Uhr, Sa 10–13 Uhr. Eintritt 3 Zł.

Unter dem Marktplatz befindet sich ein Netzwerk von **Kellern**, die früher den Händlern als Vorratskammern und Stauraum dienten. Wenn die Stadt angegriffen wurde, so z. B. im 14. Jahrhundert während der Tatarenüberfälle, suchten die Einwohner in den Kellern Zuflucht. Heute kann man nur noch einen 150 Meter langen Abschnitt besichtigen, der nach einer Überschwemmung von Minenarbeitern um 1960 wieder frei gelegt wurde. Führungen für mindestens 5 Personen werden auf Anfrage von einem der Angestellten an der Museumskasse durchgeführt. Der Eingang ist durch eines der Kaufmannshäuser auf der Ostseite des Platzes: Von hier aus geht es über die düsteren Korridore aus Backstein – viele davon sind noch die Originalmauern – hinunter bis auf eine Tiefe von zwanzig Metern und danach wieder aufwärts, bis man dort ankommt, wo der Spaziergang begann. Der Durchzug, der die Korridore belüftet, entsteht durch ein geniales Belüftungssystem, das noch aus der damaligen Zeit stammt. Dadurch war es sogar möglich, Fleisch hier unten aufzubewahren.

Öffnungszeiten Wie das Stadtmuseum. Eintritt 3 Zł. Wenn Sie sicher gehen wollen, einen Führer zu bekommen, rufen Sie vorher an: ✆ 016/621 4337.

Nördlich des Platzes, ein kurzes Stück über holprige Kopfsteinpflastergassen bis zum pl. Skargi, steht die **Pfarrkirche**, ein imposantes Gebäude aus dem 16. Jahrhundert mit einer schönen Fassade. Nur ein kurzes Stück von dort befindet sich das **Bernhardinerkloster (Klasztor Sióstr Benedyktynek),** ein Komplex aus dem frühen 17. Jahrhundert, der von Schutzmauern umgeben ist. Ein Blick in die Kirche (*cerkiew*) am Fuß des Hügels östlich des Platzes lohnt sich ebenfalls (wenn sie geöffnet ist). Die farbenfrohe Konstruktion aus dem 18. Jahrhundert wird nun wieder von der Uniertengemeinde genutzt. Die ehemalige **Synagoge**, nordwestlich vom Platz an der Ecke der ul. Opolska, wurde 1810 gebaut und beherbergt heute eine Schule. Die **Markthalle** (*wiała targowa*) in der ul. Grodzka westlich vom Marktplatz ist bei ukrainischen und russischen Händlern sehr beliebt – trotz Verbotsschildern halten sie vor der Südseite des Gebäudes ihren eigenen Markt ab.

• *Information* Es gibt kein IT-Büro, aber auf der Homepage der Stadt (www.jaroslaw.pl) finden Sie ein paar nützliche Informtionen.

• *Anfahrt/Verbindungen* **Busbahnhof** und **Bahnhof** befinden sich am Anfang der ul. Słowackiego, etwa fünfzehn Minuten zu Fuß südwestlich der Altstadt.

• *Übernachten/Essen* Das Hotel **Turysta**, Rynek 25 (✆ 016/623 1344; G), verfügt über komfortable Zimmer, allerdings nur über eine begrenzte Anzahl, daher ist Vorausbuchung empfehlenswert. Das **Turkus**, ul. Sikorskiego 5a (✆ 016/621 2640; I), ist ähnlich zentral, aber wesentlich einfacher. Fast alle Zimmer haben gemeinschaftliche Sanitäreinrichtungen. Im Sommer hat auch die **Jugendherberge**, östlich des Bahnhofs geöffnet, ul. Reymonta 1 (Juli–Aug.; ✆ 016/621 4190).

Restaurants sind eher spärlich gesät. Das **Azyatyka**, Rynek 1, ist beliebt und wahrscheinlich Ihre beste Wahl vor Ort. Es bietet gute chinesisch-vietnamesische Gerichte. Um den Rynek gibt es einige Cafés, die einfache Mahlzeiten anbieten. Eines ist das **Pod Arkadami**, eine beliebte Bar mit Billardtischen. Ein anderes ist das **Taras**, ul. Trybunalska 3, in einem Hof an der Südseite des Platzes.

• *Nachtleben* Als Einblick in das örtliche Nachtleben bietet sich das **Joker** an, ul. Grodzka, geöffnet bis Mitternacht.

Przemyśl

Die leicht heruntergekommene, aber gleichzeitig faszinierende Grenzstadt Przemyśl überblickt knapp 10 km vor der ukrainischen Grenze den Fluss San. In den verwinkelten Gassen der Altstadt fühlt man sich in die Zeit der Habsburger Monarchie zurückversetzt.

Bisher verirrten sich nur wenige Touristen aus dem Westen hierher, doch momentan künden sich die Vorteile durch die wirtschaftlichen Umwandlungen auch in dieser entlegenen Gegend an. Mit dem Zug und dem Bus ist die Stadt von z. B. Rzeszów oder Łańcut aus mühelos zu erreichen.

Das im 8. Jahrhundert auf dem Gelände einer prähistorischen Siedlung erbaute Przemyśl ist nach Krakau die älteste Stadt in Südpolen. In den ersten Jahrhunderten ihrer Existenz war sie ein ständiger Grund für Streit zwischen Polen und Ruthenen. Erst unter *Kazimierz dem Großen* gewannen die Polen schließlich in der Stadt die

Oberhand. Die Stadt erfuhr daraufhin als Posten an der Handelsstraße durch die Ukraine einen kräftigen Aufschwung. Mehrere Jahrhunderte lang behauptete Przemyśl seine Vormachtstellung im Handel, trotz häufiger Einfälle, vor allem der Tataren; aber wie in so vielen anderen polnischen Städten auch setzte im 17. Jahrhundert nach den Übergriffen der Schweden um 1650 der wirtschaftliche Niedergang ein.

Entscheidend geprägt wurde der Charakter der Stadt vor allem in der Zeit nach der ersten Teilung, als Przemyśl Österreich einverleibt wurde. 1873 bauten die Österreicher eine wuchtige Burg als Ergänzung zu den vorhandenen Befestigungen der Stadt, die daraufhin auch gleich zur bedeutendsten Festung im Ostteil von Österreich-Ungarn aufstieg. Im Ersten Weltkrieg lieferten sich Österreicher und Russen hier einige ihrer heftigsten Gefechte: Im Winter 1914 belagerten russische Truppen die Stadt, die sich schließlich völlig ausgehungert im März 1915 ergab. Schon knapp zwei Monate später verloren die Russen die Stadt jedoch wieder. Der Grad der Zerstörung in der Stadt und ihrer Umgebung war dabei noch verheerender als beim Angriff der Nationalsozialisten fünfundzwanzig Jahre später. Die Burg wurde dabei total zerstört, und nur wenige Überreste der starken Befestigungen überlebten den Ansturm. Wie durch ein Wunder blieb die Altstadt fast gänzlich von den Bomben verschont.

In jüngster Zeit ist Przemyśl auf Grund seiner Nähe zur ukrainischen Grenze ein wichtiges Ziel für Handelstouristen aus der früheren Sowjetunion geworden. Die meisten trifft man auf dem Markt am Fluss, westlich des Bahnhofs. Am Busbahnhof zeigt sich der internationale Touch der Stadt: Massen ukrainischer Händler warten auf Busse nach Lwów (= L'viv) und zu weiter entfernten Zielen. Nachts sollte man sich hier nicht aufhalten, vor allem nicht mit Gepäck. Wie an den meisten wichtigen Grenzübergängen im Osten gibt es auch hier organisierte Gangsterbanden – trotz verstärktem Polizeiaufgebot.

Information/Verbindungen

• *Information* Es gibt einen **Touristeninformationsschalter** im Gromada Reisebüro, Ecke ul. Franciskańska und pl. Niepodległośsi (Mo–Fr 9–17 Uhr), der Prospekte über die Umgebung austeilt. Das Ganze sieht allerdings wie eine vorübergehende Einrichtung aus, rechnen Sie daher mit Änderungen. Das **Orbisbüro** am pl. Legionów 1 (Mo–Fr 9–17 Uhr; ✆ 016/ 678 3366) ist ebenfalls hilfreich, vor allem bei der Buchung von Fahrkarten.

• *Anfahrt/Verbindungen* Przemyśl besitzt einen eleganten **Bahnhof** aus der Habsburger Zeit. Er liegt nordöstlich des Zentrums, zu Fuß sind es 10 Minuten, und ist durch einen Fußgängertunnel mit dem **Busbahnhof** verbunden. Im Bahnhof gibt es eine Gepäckaufbewahrung (täglich 8–20 Uhr).

Übernachten

Es gibt eine gute Auswahl an Hotels und Pensionen in Przemyśl. Dies ist vor allem dem touristischen Grenzverkehr zu verdanken. Die ganzjährig geöffnete **Jugendherberge (2)** befindet sich im Norden der Altstadt, ul. Lelewela 6 (✆ 016/670 6145). Auch der *Zamek* **Campingplatz (4)**, Wybrzeże Piłsudskiego 8a (✆ 016/678 5642), etwa 1 km westlich der Altstadt gleich hinter dem Hotel Gromada, ist das ganze Jahr geöffnet. Man kann hier auch Bungalows (I) mieten.

Albatros (8), ul. Ofiar Katynia 26 (✆ 016/ 678 0870). Großes Hotel, etwa 3 km östlich der Stadt an der Medyka Straße. Hier ist man vor allem auf Geschäftsreisende eingestellt. Funktionale Zimmer mit Bad. Der Bus Nr. 21 hält in der Nähe. (F)

Facpol (1), ul. Armii Krajowej 6b (✆ 016/ 670 9105). Qualitätshotel in schöner Parklage mit Blick über die Stadt, etwa 4 km vom Stadtzentrum an der Straße nach Rzeszów. Gutes Restaurant. (F)

Gromada (3), ul. Wyb. J. Piłsudskiego 4 (✆ 016/676 1111, www.hotelprzemysl.

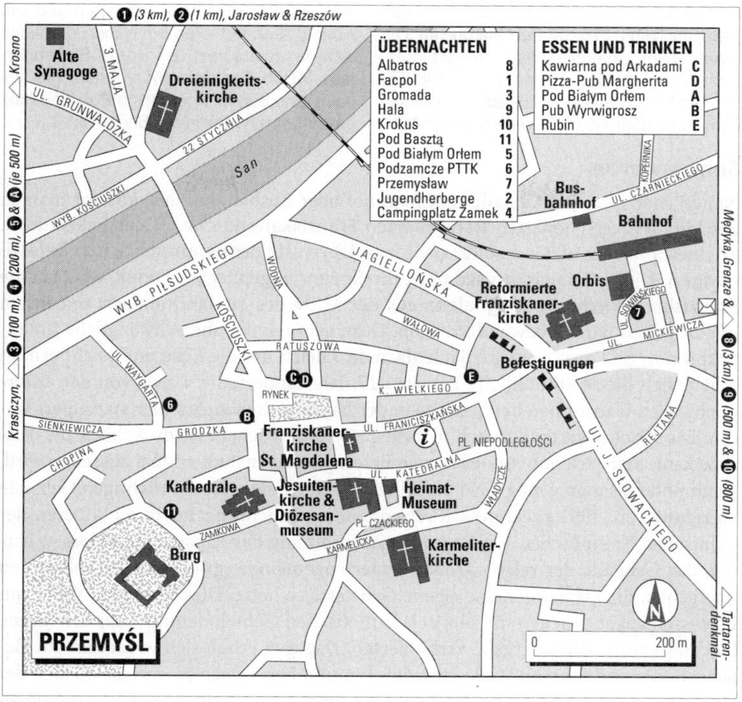

republika.pl). Großes Hotel für Geschäftsleute gleich westlich der Altstadt am Flussufer. 25 % Wochenendermäßigung. (E)

Hala (9), ul. Mickiewicza 30 (✆ 016/678 3849). Einfache Übernachtungsmöglichkeit, etwa 5 Minuten zu Fuß vom Bahnhof. Es sieht von außen ziemlich baufällig aus, doch sind die schäbigen Zimmer bewohnbar. Sie reichen von spartanischen Doppelzimmern bis zu Zimmern mit Bad und TV. (I–H)

Krokus (10), ul. Mickiewicza 47 (✆ 016/678 5127). Gleich hinter dem *Hala*, etwas bessere Qualität. Die Zimmer sind gemütlich, allerdings altmodisch und mit braunen Wänden. Es gibt kein Frühstück, doch gleich gegenüber ist die Kantine der Grenzbeamten. (G)

Pod Basztą (11), ul. Królowej Jadwigi 4 (✆ 016/678 8268). Preiswertes Hotel in der Nähe des Schlosses, leider nur 6 einfache Zimmer, alle mit Gemeinschaftsbad. (H)

Pod Białym Orłem (5), ul. Sanocka 13 (✆ 016/678 6107). Intimes mittelgroßes Hotel in einer futuristisch-modernen Villa in ruhiger Lage 1,5 km westlich der Stadt, vom Zentrum aus am Fluss entlang. (Bus Nr. 10 oder 10A). Komfortable Zimmer mit Bad und TV. Im Restaurant gibt es gutbürgerliche Küche. (F)

Podzamcze PTTK (6), ul. Waygarta 3 (✆ 016/678 5374). Sehr einfache Herberge in der Nähe der Kathedrale. Es gibt Schlafsäle (20 Zł pro Person) und karg möblierte Doppelzimmer. (I)

Przemysław (7), ul. Sowińskiego 4 (✆ 016/678 4032 oder 678 4033). Nur einen Steinwurf vom Bahnhof entfernt ist diese einfache Pension. Beliebt bei "Handelstouristen" aus der Ukraine. In der Hochsaison immer überfüllt. (H)

Essen& Trinken

Eigentlich braucht man nur ins **Pub Wyrwigrosz (B)**, Rynek 4, zu gehen, einer Restaurant-Bar. Auf der großen Speisekarte ist für jeden Geschmack etwas, und von der großen Terrasse kann den (zugegebenermaßen langweiligen) Platz überblicken. Praktisch ist auch das **Kawiarna pod Arkadami (C)**, Rynek 5, ein Tagescafé, das traditionelle

Südostpolen
Karte S. 346/347

polnische Gerichte wie *bigos*, *barszcz* und *pierogi* anbietet. **Pizzeria Pub Margherita (D)**, Rynek 4 im Untergeschoss, serviert gute Pizza, Spaghetti und Risotto. Das **Rubin (E)**, ul. Kazimera Wielkiego 10, ist ein kleines Familienrestaurant mit Bar und guter Auswahl an polnischen Dauerbrennern. Für ein Abendessen mit allen Schikanen empfiehlt sich das Restaurant des Hotels **Białym Orłem (A)**. Außer dem Wyrwigrosz gibt es noch eine Bar, das gemütlich **Pub Zoodiak**, gleich beim Rynek in der Serbańska 3.

Sehenswertes

Nähert man sich der Altstadt vom Bahnhof oder Busbahnhof aus, kommt man an der kürzlich verschönerten **Reformierten Franziskanerkirche** an der Ecke zur ul. Mickiewicza vorbeil. Gegenüber sieht man Überreste der **österreichischen Befestigungen**. Die ul. Franciszkańska führt direkt zum ungepflegten **Rynek**, wo man die **Franziskanerkirche St. Magdalena** aus der Mitte des 18. Jahrhunderts mit ihrem ungezügelten Barock bewundern kann. Dazu gehören die überschwängliche Innendekoration und eine elegante Säulenfassade. Gleich um die Ecke und leicht erhöht erhebt sich die **Jesuitenkirche** aus dem 17. Jahrhundert. Sie wurde von den österreichischen Garnisonen benutzt, die in der habsburgischen Ära hier stationiert waren. Die Kirche wurde kürzlich in hellem Gelb gestrichen. Beim Anblick der Fassade kann man sich gut vorstellen, wie Przemyśls Innenstadt einmal aussehen wird, wenn und falls man genug Geld aufbringt, um auch die anderen wichtigen Gebäude zu renovieren. 1991 rückte die Kirche ins Rampenlicht, nachdem die Oberen der polnischen Katholischen Kirche (unter Zustimmung des Papstes) beschlossen hatten, das Gebäude der relativ großen Uniertengemeinde (griechisch-katholisch) zu übergeben, die bis dahin keine eigene Gebetsstätte hatte. Dies löste eine Welle von Protesten aus, bei denen die römisch-katholischen Gemeindemitglieder die Kirche blockierten und die Übergabe verhinderten. Dagegen erhob sich wiederum ein Gegenprotest, und für eine Weile ging dies hin und her. Es sah so aus, als ob sich der Konflikt zuspitzen würde. Es traten einige beunruhigende alte Vorurteile und ungeklärte Konflikte zwischen Polen und Ukrainern zutage. Man verhandelte mehrere Wochen in gespannter Atmosphäre, bis die römisch-katholische Gemeinde schließlich einer Benutzung der Kirche durch die Unierten zustimmte. Außerhalb der Gottesdienstzeiten ist die Kirche normalerweise bis auf die Eingangshalle geschlossen, doch kann man auch von dort aus die vergoldete Ikonostase mit der Darstellung aller Heiligen bewundern. Wer sich besonders für katholische Ritualgegenstände interessiert, sollte sich im **Diözesanmuseum** (Muzeum Diecezjalne) des angrenzenden Jesuiteninstituts umsehen. Es gibt dort Führungen durch Nonnen.

Öffnungszeiten **Diözesanmuseum** – Mai–Okt. täglich 10–15 Uhr. Eintritt 3 Zł.

Gleich östlich davon befindet sich das **Heimatmuseum** (Muzeum Okręgowie) im ehemaligen Palast des unierten Bischofs. Hauptattraktion ist hier die ausgezeichnete Sammlung an Ikonen aus dem 15. und 17. Jahrhundert, die nach dem Zweiten Weltkrieg aus den Kirchen der Unierten und Orthodoxen entfernt wurden – sie ist nur eine von vielen ähnlichen Sammlungen im Südosten des Landes. Besonders in den späteren Werken zeigt sich der Einfluss, den die katholische Kunst und Theologie auf die Entstehung dieser im Kern orthodoxen Werke hatte. Die Ikonen von der *Madonna mit dem Kind* sowie der *Christus Pantocrator* erinnern stark an die romanische Kunst. Zu den Höhepunkten gehört die mystische *Himmelfahrt des Elias* und der *Tag des Jüngsten Gerichts*, beide aus dem frühen 18. Jahrhundert. Auf dem letzteren Gemälde tänzeln schwarze Teufelchen vor beseelten Engeln herum. Außerdem gibt es einige Darstellungen von Heiligen aus dem 16. Jahrhundert, wie

z. B. den unerschrockenen St. Paraskeva, den heiligen Patron der "verheirateten Paare, glücklichen Haushalte und des Handels". Wer mehr über die Kirchen erfahren will, aus denen die Ikonen stammen, sollte auf das Buch *Church in Ruins (Kirche in Ruinen)* des kanadisch-ukrainischen Schriftsteller Oleh Iwanusiw zurückgreifen – es gibt einen enzyklopädischen Überblick.

Öffnungszeiten **Heimatmuseum** – Di/Fr 10.30–19.30 Uhr, Mi/Do/Sa/So 10–14 Uhr. Eintritt 4 Zł.

Direkt auf dem Hügel befindet sich die **Karmeliterkirche**, die bei den oben beschriebenen interkonfessionellen Auseinandersetzungen ebenfalls eine Rolle spielte. Der Bau wurde von Gallazzo Appiani im frühen 17. Jahrhundert entworfen und war fast 150 Jahre lang bis 1945 eine Kathedrale der Unierten. Dann wurde sie an die römisch-katholischen Karmeliter zurückgegeben. Verständlicherweise hatten sich die Unierten in den späten 1980er Jahren zuerst um dieses Gebäude bemüht, bevor sie sich mit dem anderen zufrieden gaben. Warum ihnen dieses Gebäude nicht zugesprochen wurde, weiß niemand. Dafür haben Besucher heute den Vorteil, die luxuriöse Innendekoration aus dem Barock bewundern zu können, unter der die Kanzel in der Form eines Schiffes (sogar mit Takelwerk) besonders hervorsticht.

Man folgt der gewundenen ul. Katedralna abwärts zur **Kathedrale** (der 71 Meter hohe massige Glockenturm weist dabei den Weg). In der Krypta sind Überreste der ersten Rotunde aus dem 12. Jahrhundert zu sehen, der Hauptaltar weist eine schöne Alabaster-*Pietà* aus der Renaissance auf; sonst herrscht im Inneren jedoch Barock vor, besonders in der Kapelle der Familie Fredro.

Öffnungszeiten **Kathedrale** – täglich 10–12 Uhr. Und 14–16 Uhr.

Hinter der Kathedrale folgt man dem steilen Pfad bergauf durch einen Park (geöffnet bis Sonnenuntergang) bis zu den Überresten der **Burg**. Sie wurde im 14. Jahrhundert von König Kazimierz dem Großen errichtet und ein Jahrhundert später im Renaissance-Stil umgebaut. Im mit Nadelhölzern bewachsenen Innenhof kann man noch eine Rotunda und ein Palastgebäude sehen, die Polens Piastenherrschern zugeordnet werden. Besonders beeindruckend an der Burg sind die frisch renovierten Türme aus der Renaissance. Sie sind zylinderförmig und stämmig und mit einem Ring von unzweifelhaft unmilitärischen Spielereien gekrönt. Einer der Türme kann bestiegen werden und bietet einen schönen Ausblick über die Stadt. Auf der Terrasse des Café *Artystyczna* außerhalb der Burgmauern kann man es sich im Sommer gemütlich machen.

Öffnungszeiten **Turm** – Di–So, April–Sept. 10–18 Uhr; Okt.–März, 10–16 Uhr. Eintritt 2 Zł.

Vor fünfzig Jahren herrschte in Przemyśl eine größere ethnische Vielfalt als heute: In alten Reiseführern wird das Gebiet um die Karmeliterkirche als **ruthenischer Bezirk** bezeichnet. Im Ostteil der Stadt wird noch in drei **orthodoxen Kirchen** Gottesdienst abgehalten. Die Hauptkirche befindet sich etwa fünfzehn Minuten zu Fuß vom Bahnhof an der ul. Mickiewicza. Das **jüdische Viertel** lag weiter nördlich vom alten Zentrum. In der ul. Jagiellońska 33 und 45 stand vor dem Zweiten Weltkrieg jeweils eine Synagoge. Auf der anderen Flussseite gab es eine dritte, nicht weit von der ul. 3 Maja, die heute Teil einer Autowerkstatt ist. Der **Jüdische Friedhof** liegt 2 km südlich des Zentrums an der on ul. Słowackiego. Er scheint dem Verfall überlassen, sogar die Türschlösser sind abgefallen. Dennoch gibt es hier etwa zweihundert Gräber und Grabsteine sowie einige Gedenksteine an Kriegsopfer.

Südostpolen
Karte S. 346/347

Weiter nach L'viv

Es gibt kein anschaulicheres Beispiel für die Wiederbelebung des polnsichen Grenzverkehrs als den wachsenden Touristenstrom nach L'viv, 60 km auf der anderen Seite der ukrainischen Grenze. Neben seinem kulturellen Verwandten Vilnius war L'viv (auf Polnisch Lwów) lange eines der wichtigsten Zentren im Osten Polens. Wie die litauische Hauptstadt war die Bevölkerung eine multikulturelle Mischung – drei Kathedralen der Armenier, Orthodoxen und Katholiken stehen heute noch. In ihrer Glanzzeit, zu der Zeit der Teilungen und zwischen den Kriegen, war die Stadt fast so bedeutend wie Krakau, und die polnische Kultur blühte hier. Als nach dem Krieg die Stadt an die Sowjetunion ging, war dies ein schwerer Schlag. Auch heute noch lebt in L'viv eine große polnischsprachige Gemeinde, die sich der Stadt zugehörig fühlt. In den dortigen Buchläden gibt es eine Reihe an alten Fotoalben und Reiseführern aus der Zeit vor dem Krieg. Seit der Entschärfung der Grenzkontrollen Anfang der 1990er Jahre strömen viele Besucher aus Polen nach L'viv. Glücklicherweise gibt es jedoch keine Ansprüche auf eine Rückgabe der Stadt, die eine wichtige Rolle in den Unabhängigkeitsbestrebungen der Ukraine spielte, an Polen.

Im Augenblick benötigen weder Polen noch Ukrainer ein Visum, um das Land des anderen zu besuchen, und es gibt recht gute Verkehrsverbindungen zwischen Przemyśl und L'viv (derzeit 7 Busse und 3 Züge). Wenn Sie sich mit dem Gedanken an einen Ausflug nach L'viv tragen, seien Sie jedoch gewarnt. Beinahe jeder Besucher benötigt ein Visum, auch Bürger der EU-Staaten. Erkundigen Sie sich bitte bereits zu Hause, da an der Grenze kein Visum ausgestellt wird. Zur Zeit der Recherche gewährten Ukrainische Behörden nur demjenigen ein Touristenvisum, der eine Einladung (Brief oder Fax) von einem ukrainischen Hotel, einer ukrainischen Reisegesellschaft oder Privatperson vorlegen konnte. Ein bürokratisches System, das jeden abschreckt, auf eigene Faust dorthin zu reisen. Die Visakosten sind außerdem sehr hoch (erkundigen Sie sich bei der Ukrainischen Botschaft). Die Ausgaben für ein Visum und die zusätzliche "Verwaltungsgebühr" addieren sich leicht zu über 100 €.

Umgebung von Przemyśl

Für einen schönen Blick auf die Karpaten empfiehlt sich ein Ausflug zum **Kopiec Tartarski** (Tatarendenkmal) an der südlichen Peripherie von Przemyśl: Die Busse Nr. 28 und 28a bringen den Besucher bis an den Fuß der Anhöhe. Das Denkmal oben erinnert an die Grabstätte eines Tataren-Khans, der ganz in der Nähe gestorben sein soll. Der Weg dorthin führt vorbei an einer Reihe von Friedhöfen aus dem Ersten Weltkrieg – auch russischen, armenischen und deutschen –, die ein Bild davon geben, wie heftig hier in den ersten Jahren des Krieges gekämpft wurde. In der Nähe des Denkmals stehen noch die Überreste der ringförmig angeordneten Befestigungen, die die Österreicher ab 1870 rund um die Stadt errichteten. Der Innere Ring befindet in unmittelbarer Nähe zur Stadt, der äußere Ring reicht weit bis in die umgebende Landschaft hinein. Wenn Sie mit dem Auto unterwegs sind, können Sie den äußeren Ring mit Hilfe der speziell hierfür erstellten Karte *Twierdza Przemyśl* ("Przemyśls Festungen"), die in der Touristeninformation erhältlich ist, abfahren. Eine der am besten erhaltenen Festungen ist in **Siedliska,** an der ukrainischen Grenze (was einen Eindruck davon gibt, wie weit die Befestigungen des äußeren Rings reichen).

Am nördlichen Stadtrand weisen Schilder auf das Wäldchen **Bolestraszyce** hin. Von hier hat man schönen Ausblick auf die Stadt. Das kleine Hotel *Facpol* (siehe Przemyśl, *Übernachten*) ist eine entspannende Alternative zu den Stadthotels.

Ein lohnendes Ziel für einen etwas längeren Ausflug von Przemyśl aus ist das **Palais Krasiczyn**. Es ist mit dem Bus Nr. 5 zu erreichen und liegt etwa 10 km westlich der Stadt. Das im späten 16. Jahrhundert vom italienischen Architekten *Gallazzo Appiani* für die Familie *Krasicki* erbaute Schloss ist ein schönes Beispiel für polnische Renaissance-Architektur. Im Augenblick finden umfassende Restaurationsarbeiten statt, und man kann nur den Innenhof und drei der vier konisch geformten Ecktürme besichtigen. Die Türme sind nach den Stützpfeilern der damaligen Ordnung benannt, dem Papst, dem König, dem Adel und dem Allmächtigen. In dem bewaldeten **Park**, der das Schloss umgibt, kann man in kühler Frische einen Spaziergang rund um das Gebäude machen. Direkt neben dem Palais gibt es ein feudales Hotel – mit Restaurant (✆ 016/671 8316, www.krasiczyn.motornik.com.pl; D).

Die Region um Sanok

Die Hauptrouten von Przemyśl und Rzeszów in Richtung Süden zur Bergregion der Beskiden (Bieszczady) führen über die Provinzstadt Sanok. Dabei geht es durch eine immer ländlicher werdende Gegend mit bewaldeten Gebirgsausläufern.

Besonders schön ist die Reise im Frühling und im Herbst, wenn die Sonne die Farbenpracht der Birkenwälder entweder in Grün oder aber in braunen und golgelben Tönen zur Geltung kommen lässt. Wer Zeit hat, sollte in malerischen Kleinstädten wie **Bircza** oder **Tyrawa Wołoska** (beide auf der Route Przemyśl–Sanok) Halt machen, um die Atmosphäre aufzunehmen. Eine Reihe von Dörfern mit den traditionellen Holzkirchen sind von Tyrawa aus bequem zu Fuß zu erreichen. Etwas weiter östlich, nahe der ukrainischen Grenze, befindet sich das Dorf **Arłamów**. Hier stand einst die Kommandozentrale der Armee, wo Lech Wałęsa während der ersten Tage des Kriegsrechts gefangen gehalten wurde. Der palastartige Bau diente Parteifunktionären gleichzeitig als Jagdhotel. Er wurde nun in ein luxuriöses Landhotel umgewandelt, wo begüterte Touristen dem Jagdsport nachgehen.

Noch weiter östlich, direkt an der Grenze, westlich von **Kalwaria Pacławska**, einem beliebten Pilgerort, ist ein großes Waldgebiet, das gerade zum Nationalpark erklärt werden soll – ein Grund mehr, diese Gegend zu erkunden.

Südostpolen
Karte S. 346/347

Sanok

Das auf einer Bergspitze oberhalb des San-Tals gelegene Sanok wirkt etwas verschlafen. In Polen ist es vor allem wegen seiner Gummi- und Omnibusfabrik bekannt. Fahrzeuge der Marke AutoSan fahren im ganzen Land herum.

Die Stadt hat in der letzten Zeit wirtschaftlich vom zunehmenden Grenzhandel profitiert. Für den nach Süden Reisenden ist es die letzte größere Stadt vor den Beskiden, die am Horizont durch den Nebel ragen. Zudem laden die Stadt und ihre unmittelbare Umgebung mit einigen Sehenswürdigkeiten zu einem Besuch ein. In der restaurierten **Pfarrkirche** aus dem 14. Jahrhundert am Rand des Rynek fand 1417 die Hochzeit von *König Władysław II. Jagiełło* statt. Ein kurzes Stück weiter bergabwärts steht die orthodoxe Kathedrale aus dem späten 18. Jahrhundert. Das beeindruckende Gebäude hat noch eine vollständig erhaltene Inkonostase, die Sie unbedingt besichtigen sollten.

Öffnungszeiten **Kathedrale** – bei Sonntagsgottesdiensten, 10.30 und 17 Uhr; Führungen werden von der PTTK organisiert.

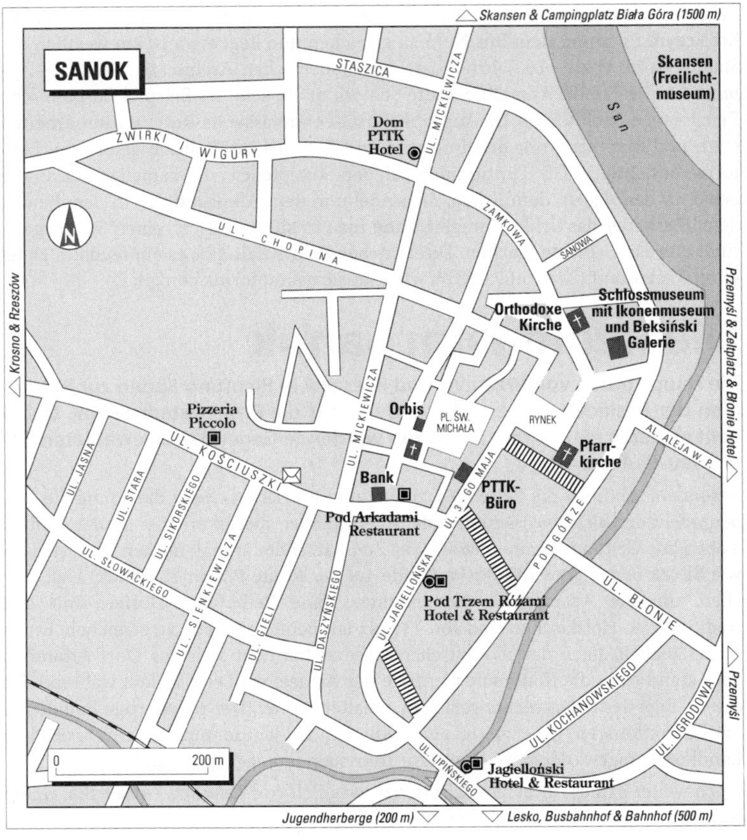

Auf halber Strecke zwischen den beiden Gebäuden am Hügel befindet sich die wichigste Sehenswürdigkeit: das Schloss. Schon im 12. Jahrhundert stand hier eine Burg und wachte über die Hauptstraße, die von den südlichen Karpaten bis ins Baltikum führte. Im 16. Jahrhundert wurde das eigentliche **Schloss** erbaut und von den Herrschern während der Habsburg-Ära in einem Stil umgebaut, der dem Erbschlösschen eines schottischen Gutsbesitzers alle Ehre machen würden. Bei den Renovierungsarbeiten, die momentan im Gange sind, hat man unter dem österreichischen Umbau aus dem 19. Jahrhundert einige gotische Mauern entdeckt sowie Teile einer frühen Holzfestung über einem Friedhof aus dem 13. Jahrhundert und wahrscheinlich sogar die Mauern einer romanischen Kirche. Im Hauptgebäude befindet sich das **Museum** mit einigen archäologischen Funden. Interessanterweise sind dort auch Funde der Ausgrabungen ausgestellt, die derzeit in Trepcza, fünf Kilometer nördlich von Sanok im Gange sind. Die Entdeckung einer frühmittelalterlichen Festung hat unter Archäologen großes Interesse erregt, und man rechnet damit, wesentliche Erkenntnisse über die westliche byzantinisch-orthodoxe Kultur zu gewinnen, die sich in dieser Region nach der Trennung von Rom und Konstantinopel entwickelt hat. Zu den Ausstellungsstücken zählen Schmuck, religiöse Artefakte wie Kruzifixe und einige sehr detaillierte Nachbildungen der Ausgrabungsstätte, vor allem der orthodoxen Kirche aus dem 12. Jahrhundert und des Friedhofs.

Die phantastische **Ikonensammlung** von Sanok verfügt nach der Tretjakow Galerie in Moskau über die zweitgrößte Sammlung ruthenischer Ikonen. Die meisten Werke stammen aus der Zeit zwischen dem 16. und 17. Jahrhundert, die ältesten gehen jedoch bis auf die Mitte des 13. Jahrhunderts zurück. Die Sammlung gibt einen guten Überblick über die Entwicklung der **ukrainischen Schule** der Malerei, die sich parallel zur Autonomie und zum Selbstbewusstsein der einheimischen Kirche entwickelte. Im Gegensatz zur russischen und griechisch-orthodoxen Ikonographie sind die hier ausgestellten Werke außer bei Kunsthistorikern trotz ihrer hervorragenden Qualität fast unbekannt. Die besten frühen Ikonen können sich, was Klarheit und Strenge angeht, mit den großen Werken eines *Andrei Rublev* durchaus messen. Dagegen weisen spätere Ikonen in Stil und Thematik auf den wachsenden Einfluss des westlichen Katholizismus und der Porträtmalerei der Renaissance hin. Der zunehmende Einfluss des Katholizismus führte schließlich zur Gründung der Unierten-Kirche im Jahre 1595 (siehe Kasten S. 420). In einigen wenigen Fällen ist in den Ikonen auch ein starker tatarischer Einfluss erkennbar. Besonders sehenswert ist eine große *Ikone der Hölle*, ein Ikonentyp, der in orthodoxen Kirchen traditionsgemäß in der Frauenabteilung untergebracht wurde: Solche lebhaften Darstellungen der Qualen in der Unterwelt dürften nicht wenige Leute in Schach gehalten haben.

Wie andernorts bei Sammlungen dieser Art, z. B. in Łańcut, Przemyśl und Nowy Sacz, hängt auch die Existenz dieser Ikonen im Museum eng mit "Umsiedlungen" nach dem Krieg zusammen. Nachdem viele Dörfer der Umgebung nach dem "Unternehmen Weichsel" (siehe Kasten S. 420) verlassen blieben und ihre Holzkirchen so vernachlässigt waren, dass sie kurz vor dem Einstürzen standen, hat man die ältesten und wertvollsten Ikonen in Museen untergebracht. Sie wurden aus Sorge um ihren Wert als Kunstwerke entfernt. Jetzt, da die Einheimischen wieder in ihre Dörfer zurückkehren und wieder in ihre Kirchen gehen, wäre es allerdings wünschenswert, dass die Behörden sich dazu entschließen könnten, die Ikonen zumindest an die Orte zurückzugeben, wo für die Sicherheit der Kunstwerke garantiert werden kann.

<ins>*Öffnungszeiten*</ins> **Schlossmuseum** und **Ikonenmuseum** – Mitte Juni–Mitte Sept. Mo 12–15 Uhr, Di–So 9–17 Uhr; Mitte Sept.–Mitte Juni Mo 12–15 Uhr, Di/Mi 9–17 Uhr, Do–So 9–15 Uhr. Eintr. 6 Zł.

Ein anderer wichtiger Bestandteil des Schlosses ist die **Beksiński Galerie**, die dem Werk des modernen, polnischen Künstlers Zdzisław Beksiński gewidmet ist, der hier geboren wurde und lange ein Bürger Sanoks war. Es ist eine interessante Auswahl seiner lebhaften und phantasiereichen Gemälde ausgestellt, obwohl viele der besten Werke schon lange an andere Museen verkauft wurden. Während der Renovierungsarbeiten am Schloss ist hier außerdem vorübergehend das Stadtmuseum untergebracht, und es werden Wanderausstellungen polnischer Kunst gezeigt.

Öffnungszeiten **Beksiński Galerie** – wie Schlossmuseum. Es gilt dieselbe Eintrittskarte.

Wie in den meisten Städte der Region spielten die Juden auch in Sanok jahrhundertelang eine Rolle im städtischen Leben. Unter den Nazis wurden die Synagoge und der Friedhof zerstört und die Juden ermordet. Alles, was von ihnen geblieben ist, ist der neue Jüdische Friedhof, etwa 1 km westlich vom Zentrum an der ul. Kiczury, gleich unterhalb des katholischen Friedhofs. Zwischen den wenigen Grabsteinen wurde 1988 von der Nissenbaum Stiftung ein Denkmal aufgestellt, mit dessen Inschrift der Juden, Polen und Ruthenen gedacht wird, die hier ermordet wurden.

Südostpolen
Karte S. 346/347

Ebenfalls lohnend ist eine Besichtigung des **Freilichtmuseums** (Skansen) im Bezirk Biała Góra, 2 km nördlich des Zentrums – es ist gut ausgeschildert. Wer nicht zu Fuß gehen möchte, kann mit dem Bus die ul. Mickiewicza entlang bis zur Brücke fahren. Das Museum befindet sich auf der anderen Flussseite. In diesem Freilichtmuseum, einem der besten in Polen, wurden Beispiele für die unterschiedlichen Stile aller wichtigen ethnischen Gruppen der Region zusammengetragen: *Bojken, Lemken, Dolinianie* (Einwohner des Tals) und *Pogórzanie*. (Wer mehr über diese Volksgruppen erfahren möchte, findet Hinweise im englischsprachigen Führer, den es an der Kasse gibt). Das Museum ist recht groß, und man braucht einige Stunden, um alles zu sehen. Viele Gebäude werden nur dann geöffnet, wenn ein Führer unterwegs ist. Wenn Sie kein Polnisch verstehen, lohnt es, sich einer der Gruppenführungen anzuschließen, die jede Stunde stattfinden. Es gibt hier Modelle aller auf dem Land anzutreffenden Nutzbauten: Schmieden, Gasthäuser, Getreidespeicher, Windmühlen, Schweineställe und auch Kirchen. Auf dem Gipfel der Anhöhe, in dem Teil über die Bojken, wurden einige typische *cerkwie* aus dem 18. Jahrhundert im Schatten der Bäume aufgebaut. Eine davon besitzt noch eine vollständig erhaltene Inkonostase. Vom Hügel aus hat man einen schönen Ausblick auf die Umgebung und das Flusstal. In der benachbarten Abteilung über die Lemken gibt es besonders viele Bauernhäuser, und bei den Dolinianie ist eine alte Feuerwehrwache zu sehen, und zwar mit Feuerwehrwagen aus dem 19. Jahrhundert. Außerdem findet man einige Kirchen und einen Querschnitt durch die Architektur vom schicken Herrenhaus bis zur einfachsten Hütte vor. In dem Schulgebäude aus dem 19. Jahrhundert bekommt man mehrere wirklich erstaunliche alte Lehrbücher zu Gesicht. Man achte auch auf die gut erhaltenen Karten von Polen vor 1914, die dieses Gebiet als Teil der österreichisch-ungarischen Provinz Galizien ausweisen. Dass die Region damals zu Österreich-Ungarn gehörte, erklärt auch, warum hinter dem Lehrerpult ein Bild von Kaiser Franz Josef hängt.

Öffnungszeiten täglich Mai–Sept. 8–18 Uhr; April 9–16 Uhr; Okt. 8–16 Uhr; Nov.–März 9–16 Uhr; 6 Zł.

Information/Verbindungen

- *Information* Das hilfreichste der Touristenbüros ist das der **PTTK**, ul. 3-go Maja 2 (Mo–Fr 8–16 Uhr; ✆ 013/463 2171, 📠 463 2512). Hier gibt es eine gute Auswahl an Karten und Informationsmaterialien für Wanderungen in den Bieszczady-Bergen Das **Orbisbüro**, ul. Grzegorza 2 (Mo–Fr 9–17 Uhr, ✆ 013/463 0938), verkauft vor allem Fahrkarten.
- *Anfahrt/Verbindungen* **Busbahnhof** und **Bahnhof** liegen dicht beieinander, etwa fünfzehn Minuten zu Fuß vom Zentrum in südöstliche Richtung Die meisten Busse fahren von hier zum Marktplatz.

Übernachten

Es gibt eine kleine, aber zufriedenstellende Auswahl an Unterkünften – die Plätze werden wahrscheinlich erst knapp, wenn in Zukunft mehr Touristen den Nationalpark besuchen. Die Herberge der PTTK **Dom Turysty PTTK**, ul. Mickiewicza 29 (✆ 013/463 1439), unterhalb des Stadtzentrums wurde kürzlich renoviert. Sie hat altmodische, aber komfortable Zimmer mit Bad (I–H, je nach Ausstattung des Badezimmers) und ein paar 3-Bettzimmer im Herberge-Stil (25 Zł pro Person). Das **MOSiR Błonie**, al. Wojska Polskiego 1 (✆ 013/463 0257; I), verfügt über spärlich möblierte Doppel- und Dreibettzimmer mit jeweils eigenem Bad. Im **Pod Trzema Różami**, ul. Jagiellońska 13 (✆ 013/463 0922; G), gibt es gemütliche Zimmer mit Bad und TV mitten in der Innenstadt. Das neue **Jagielloński**, ul. Jagiellońska 49 (✆ 013/463 1208; F), ist wegen seiner großen, komfortablen Zimmer beliebt bei ausländischen Touristen. Das Personal ist freundlich, und im Keller gibt es gutes Restaurant. (Reservierung empfohlen, vor allem im Sommer!) Die **Jugendherberge**, ul. Konarskiego 10 (✆ 013/463 0925; 15 Zł pro Person), hat von Juli–August geöffnet. Sie befindet sich auf einer Nebenstraße der Leskoer Straße, gleich gegenüber vom *Jagielloński*. Auf dem Campingplatz **Auto-Camping** beim Hotel MOSiR Błonie können Sie zelten oder Ihr Wohnmobil abstellen. Der Campingplatz **Camp Biała Góra** (✆ 013/463 2818), auf einem Hügel gleich beim Freilichtmuseum (*skansen*) und mit Blick auf den Fluss, vermietet Hütten für 2 bis 5 Personen (18–25 Zł pro Person).

Essen & Trinken/Unterhaltung

• *Essen/Trinken* Das beliebteste und beste Restaurant (auch bei Einheimischen) ist das Hotelrestaurant im **Jagielloński**. Im Restaurant des Hotels **Pod Trzema Różami** gibt es vorwiegend preiswerte Pizzen. Die Auswahl ist allerdings weniger überzeugend als die der **Pizzeria Piccolo**, ul. Kościuszki 28 gleich hinter der Post. Das **Pod Arkadami**, ul. Grzegorza 2, hat preiswerte Rindfleisch- und Hühnergerichte auf der Speisekarte. Außerdem ist es ein beliebter Jugend-Treffpunkt für einen Drink am Abend.

• *Unterhaltung* Wenn Sie im Juli hier sind, erkundigen Sie sich nach dem **Sanok Filmfestival**. Es fand 2001 zum ersten Mal statt, ist also relativ neu, und hat das Ziel, polnische und ausländische Filme zu zeigen, die weniger bekannt sind und nicht im Trend liegen. Details über Sanok Dom Kultury (✆ 013/463 1042, www.ffsanok.wp.pl).

Holzkirchen rund um Sanok

Wenn Sie mit dem Auto unterwegs sind, lohnt sich ein Abstecher zu der Holzkirche in dem kleinen Dörfchen **Ulucz**, 20km nördlich von Sanok am San. Sie wurde 1510 erbaut und ist eine der ältesten und schönsten der Bojken-Kirchen in Polen (ähnliche Kirchen gibt es nur noch in der Ukraine). Das gut proportionierte Gebäude steht auf einem Hügel und besitzt ein großes Kuppeldach, eine Ikonostase aus dem Barock (einige der Ikonen in der Mitte wurden leider vor wenigen Jahren gestohlen) sowie ein Wandgemälde der Passion und der Kreuzigung. Der Schlüssel wird in einem Haus am Dorfeingang aufbewahrt (es ist durch ein Schild ausgewiesen).

In **Czerteź**, gleich nördlich von der Hauptstraße nach Krosno, 6 km westlich von Sanok, befindet sich ebenfalls eine schöne Bojken-Kirche. Sie stammt aus dem Jahr 1742 und versteckt sich hinter Bäumen auf einem Hügel oberhalb des Dorfes. Auch hier gibt es eine schöne Ikonostase, obwohl die Kirche nun von Katholiken genutzt wird.

Die Beskiden/Bieszczady

Nach dem letzten Krieg wurden die Beskiden in dem "Unternehmen Weichsel" von ihrer Bevölkerung geräumt. Die Mehrheit der Einwohner in den Tälern und Bergregionen, fast 80 % davon Bojken, wurde in die Ukraine zwangsumgesiedelt. Heute kehren die ursprünglichen Einwohner und ihre Nachkommen allmählich zurück, aber noch immer ist die Region nur dünn besiedelt. Der Großteil davon gehört heute zum *Naturschutzgebiet der Ostkarpaten*, das 1991 mit Hilfe von Geldern der Weltbank in Schutzreservate für Pflanzen und Tiere umgewandelt worden ist. Dieses Naturschutzgebiet erstreckt sich weit über die Grenzen in die Slowakei und die Ukraine hinein. Die Reservate unterliegen zwar einer strengen Kontrolle, die dem Schutz der Flora und Fauna dient, sind jedoch für die Öffentlichkeit zugänglich. Noch vor zehn Jahren war dies nicht so, damals waren Teile des Gebietes nur für die Parteielite geöffnet, die hier für den eigenen Bedarf stark abgesicherte Jagdhütten bauen ließ.

Aus ökologischer Sicht kommt der Region mit ihren hoch gelegenen Weiden und den uralten Eichen-, Kiefern- und Birkenwäldern eine große Bedeutung zu. Von den selteneren Tierarten, die hier beheimatet sind, kann man mit etwas Glück Adler, Bären, Wölfe, Luchse und sogar Wisente sichten, die 1960 in den Beskiden wieder angesiedelt worden sind. Selbst die höchsten Gipfel der Region mit rund 1300 Metern Höhe sind nicht schwer zu besteigen, solange man richtig ausgerüstet ist. Aber wie in allen Berggegenden ist das Klima das ganze Jahr über sehr wechselhaft: Auf den Pässen in den *połoniny* (Wiesen) sind Regen und Wind manchmal ziemlich stark. Am besten wandert man hier im Spätherbst. Im Winter sinken die Temperaturen stark ab, deshalb sind die Bedingungen zum Skifahren ausgezeichnet.

Der interessanteste Ausgangspunkt für Wanderungen ist **Ustrzyki Górne**. Der Ort wird von den Bussen aus Rzeszów und (noch häufiger) Sanok angefahren. Natürlich kann man auch unterwegs in Lesko oder Ustrzyki Dolne einsteigen. Im Juli und August werden zusätzliche Busse eingesetzt, doch es gibt immer einen Kampf um Sitzplätze – und selbst wenn Sie einen Fahrschein im Voraus kaufen, kann es sein, dass Sie stehen müssen.

Lesko und das Vorgebirge

Auf dem Weg in die Berge, von Sanok nach Süden über Zagórz, den wichtigsten Verbindungsbahnhof der Gegend, führt die Straße weiter nach **Lesko**, einer weiteren Stadt im Vorgebirge, 6 km von Zagórz. Das alte, ruhige Städtchen am Fuß der Berge profitiert von seiner Lage als Ausgangspunkt für Ausflüge in die Bergregion. Wenn man von Süden auf die Stadt zufährt, passiert man die Überreste des alten Schlosses aus dem 16. Jahrhundert. Heute ist hier ein elegantes Hotel untergebracht (s. u.), die Preise sind für die Qualität nicht zu hoch.

Zu den weiteren Sehenswürdigkeiten in Lesko gehören die jüdischen Bauwerke. Vor dem Krieg waren 50 % der Bevölkerung Juden. Gleich östlich des Marktplatzes steht die frühere **Synagoge**, ein solider Renaissance-Bau, der einst Teil der Stadtbefestigungen war. Die Synagoge hat eine abwechslungsreiche, fein gearbeitete Fassade, die mit Auszügen von Texten aus der Thora geschmückt ist. 1960 wurde das Gebäude komplett wieder aufgebaut und beherbergt nun eine Kunstgalerie. Neben der Kunstausstellung kann man sich auch das umgebaute Innere der Synagoge anschauen. Nur wenige Teile der Originaldekoration sind noch sichtbar. Eine kleine Ausstellung in der Eingangshalle zeigt einige Fotos der Synagoge aus der Zeit vor dem Krieg, Informationen über jüdische Familien, die hier von den Nazis ermordet wurden, und eine Liste der jüdischen Gemeinden in Galizien (der Region Polens, die während der Teilungen durch die Habsburger besetzt war – siehe S. 75), mit genauer Standortangabe.

Öffnungszeiten **Kunstgalerie in der Synagoge** – täglich 10–16 Uhr. Eintritt 2 Zł.

Hinter dem Gebäude führt ein Weg den Hügel hinab und dann nach rechts zum Jüdischen Friedhof hinauf – einem der schönsten und ausdrucksstärksten in ganz Polen. Der Hügel ist mit Bäumen bewachsen, und wenn man die Stufen bis zu dem rostigen Eingangstor mit dem Davidstern hinaufgestiegen ist, muss man sich durch ein Dickicht aus Baumstämmen und Unterholz einen Weg zum Friedhof bahnen. An diesem friedlichen Ort liegen etwa 2.000 Grabsteine, von denen die ältesten bis ins frühe 16. Jahrhundert zurückdatieren. Wie bei den anderen noch intakten Friedhöfen findet man auch hier viele verschiedene architektonische Stile – reich

verzierte barocke Grabplatten mit dem charakteristischen siebenarmigen Leuchter, Tiermotive oder Skulpturen von Händen, die im Gebet ausgestreckt sind. Die friedliche Lage macht den Besuch dieses Friedhofs zu einem erinnerungswürdigen Ereignis. Er spricht Bände über die jüdischen Bevölkerung auf dem Land. 1995 wurde eine Gedenkplatte in mehreren Sprachen aufgestellt, deren Inschrift lautet: "Hier liegt die Asche der Juden aus Galizien und anderen Ländern begraben, die in (dem Konzentrationslager) Bełżec ermordet wurden".

• *Information/Verbindungen* In einem Betonpavillion neben dem Rathaus am Rynek befindet sich die **Touristeninformation** (Mo–Fr 8–16 Uhr; ✆ 013/469 6695). Sie hat zahlreiche Prospekte und gibt Auskunft über **Privatzimmer** für Ferien auf dem Bauernhof (*agroturystica*) in den umliegenden Dörfern. Um diese zu erreichen, brauchen Sie ein eigenes Fahrzeug. Leskos **Busbahnhof** liegt an der Straße nach Sanok, etwa 1 km unterhalb des Marktplatzes.

• *Übernachten/Essen* Das einzig zuverlässige Hotel ist das **Schlosshotel Zamek** (✆ 013/469 6268; F), wenn es nicht gerade wegen einer der regelmäßig stattfindenden Konferenzen ausgebucht ist. Die **Jugendherberge** (*Bza Noclegow Bartek)*, ganzjährig geöffnet, mit eigenem Restaurant, ist schwer zu finden: Sie liegt etwa 1,5 km entfernt am nördlichen Stadtrand in der al. Jana Pawła II 18a, einer Seitenstraße der Sanoker Straße (✆ 013/469 6269). Pro Person im Schlafsaal zahlt man ab 10 Zł. Der **Campingplatz** (✆ 013/469 6689) befindet sich in schöner Lage unterhalb des Schlosses am Ufer des San. Hier gibt es Zeltplätze und Bungalows.(H)

Das beste Essen bekommt man im Hotelrestaurang **Zamek** und in der **Pizzeria Roma**, an der Ecke Rynek und ul. Piłsudskiego.

Südostpolen
Karte S. 346/347

Bojken, Lemken und Unierte

Bis zum Zweiten Weltkrieg galt ein großer Teil der Bevölkerung von Südostpolen offiziell als *Ukrainer*. Für die Provinzen Lwów, Tarnopol und Wolhynien (heute liegen alle in der Ukraine) traf das auch zu. Für den Westteil jedoch, das heutige polnische Grenzgebiet, war diese Bezeichnung ausgesprochen irreführend, denn hier lebten *Bojken* (Bojkowie) und *Lemken* (Łemkowie). Diese Völkergruppen, im Polnischen häufig als "Rusini" bezeichnet, stehen den Ukrainern historisch zwar nahe, aber sie haben doch ihre eigene Identität; beide sind übrigens Nachfahren von nomadischen Schafhirten, die zwischen dem 13. und 15. Jahrhundert im Gebiet der *Beskiden* und des *Beskid Niski* sesshaft wurden. Geografisch gesehen besiedelten die Bojken die Gegend östlich von Cisna, während die Lemken den westlichen Teil der Beskiden, die Region Beskid Nisi und Teile des Beskid Sadecki bevölkerten.
Jahrhundertelang lebten diese Bauern so friedlich, wie es die ständigen Kriege und Grenzverschiebungen erlaubten. Ihre Probleme fingen eigentlich erst gegen Ende des Zweiten Weltkrieges an, als Gruppen aller politischen Schattierungen durch das in Ruinen liegende Land zogen und beschlossen, Einfluss auf die Gestaltung der Nachkriegsordnung zu nehmen. Zu diesen Bewegungen zählte auch die *Ukrainische Widerstandsarmee (UPA)*, eine Gruppe, die in der damaligen Situation gegen jede Vernunft für die Unabhängigkeit ihres seit langem besetzten Landes zu den Waffen griff. 1945 kämpfte die UPA, die Hitler anfangs mit seinem Verspechen eines autonomen Staates im Ostteil des Dritten Reiches für sich gewonnen hatte, unter der Parole "Weder Hitler noch Stalin". Sie wurde von der polnischen, tschechischen und sowjetischen Armee, die in dem Gebiet stationiert war, umzingelt. Fast zwei Jahre lang hielten kleine Partisanengruppen, die sich in sorgfältig getarnten Verstecken in den Bergen verbargen, der polnischen Armee stand, dabei töteten sie sogar den regionalen Befehlshaber der polnischen Armee, General *Karol Świerczweski* im März 1947 in *Jabłonki*.
In der Folge wurde die ganze Angelegenheit sehr verwickelt. Offiziellen Berichten zufolge wurden die UPA-Freischärler von der einheimischen Bevölkerung unterstützt, die angeblich nur zu gerne bereit war, den "ukrainischen Faschisten" (wie sie im kommunistischen Jargon genannt wurden) zu helfen. Die Einheimischen sehen das jedoch ganz anders; ihnen zufolge hatten sie nichts mit der UPA zu schaffen, außer dass sie mit vorgehaltenem Gewehr gezwungen wurden, ihnen Lebensmittel auszuhändigen. Die polnischen Behörden wollten hier aber keine feinen Unterscheidungen machen. Im April 1947 wurde die gesamte Bevölkerung der Beskiden- und Beskid-Niski-Region in einer berüchtigten Aktion mit dem Decknamen "*Unternehmen Weichsel*" (Akcja Wisła) evakuiert. Die Menschen hatten zwei Stunden Zeit, ihre Sachen zu packen. Sie durften nur mitnehmen, was sie tragen konnten; anschließend wurden sie entweder in den ehemals deutschen Gebieten im Norden und Westen Polens oder in der damaligen Sowjetunion "neu angesiedelt".
Aus der Region Gorlice in den Beskiden, einer traditionellen Hochburg der Lemken, wurden rund 120.000–150.000 Menschen in die Sowjetunion

deportiert und weitere 80.000 Menschen über ganz Polen verstreut, rund 20.000 von ihnen sind inzwischen zurückgekehrt. Die ersten trafen 1957 infolge einer Liberalisierungswelle durch Ministerpräsident *Gomułka* ein. (Angeblich dankte Gomułka damit den Lemken, die ihm persönlich im Krieg beigestanden hatten.) Während ab 1960 nur wenige in ihre alte Heimat zurückkehrten, ist der Heimkehrerstrom seit dem Ende der kommunistischen Ära gewaltig angewachsen. Inzwischen fordern Lemken und Bojken die Höfe zurück, die ihren Eltern und Großeltern gehört hatten. Mit der Rückkehr in die alte Heimat stieg gleichzeitig das politische und kulturelle Selbstbewusstsein. In den Wahlen vom Juni 1989 bekannte sich *Stanisław Mokry*, ein Solidarność-Kandidat aus dem nahe gelegenen Gorlice, offen als Vertreter der Lemken. Bojken und Lemken verloren keine Zeit und forderten eine offizielle Verurteilung des "Unternehmen Weichsel" (im August 1990 verabschiedete zwar der Senat einen Beschluss zur Verurteilung der Aktion, jedoch nicht der Rat). Wie andere Minderheiten in Polen fordern Lemken und Bojken auch eigene Schulen mit Unterricht in ihrer Sprache und das Recht auf die Förderung ihrer Kultur – allerdings hat sich in diesem Gebiet Polens bisher wenig in dieser Richtung getan.

Die Frage nach der eigenen Identität verschärft auch in den Beskiden den Konflikt zwischen den verschiedenen religiösen Gruppen. Genau wie ihre ukrainischen Nachbarn schlossen sich viele der orthodoxen Bojken und Lemken im 17. Jahrhundert der *Unierten Kirche* an, die nach dem Unionsbeschluss zwischen den einheimischen orthodoxen Metropoliten und katholischen Bischöfen geschaffen worden war. Diese neue Kirche unterstand formell dem Papst, aber sie behielt orthodoxe Riten und Traditionen bei – unter anderem auch das Recht der Priester zu heiraten. Heute bezeichnet sich die Mehrheit der Lemken in den Beskiden und im Beskid Niski als Unierte (oder Anhänger der "griechisch-katholischen Kirche", wie sie in Polen genannt wird). Die unierten Lemken, ermutigt durch die Einsetzung eines polnischen unierten Bischofs und den politischen Wandel in der Ukraine, in der die Unierten nach jahrzehntelanger Unterdrückung endlich frei auftreten dürfen, haben es geschafft, sich religiös stärker zu profilieren.

Das Wiederaufleben der Kirche wird jedoch immer noch von der viel diskutierten Frage der Rückgabe von Eigentum behindert, das während des "Unternehmens Weichsel" beschlagnahmt wurde. Ungefähr 250 unierte Kirchen wurden während der Aktion enteignet und den Katholiken oder den Orthodoxen zur Verfügung gestellt. Der Streit über die Karmeliter-Kathedrale in Przemyśl (siehe dort) im Frühjahr 1991, löste lange, unschöne Auseinandersetzungen aus, in denen anti-ukrainische Vorurteile aufbrachen, die das polnisch-ukrainische Verhältnis zu überschatten drohten. Die meisten unierten Kirchen wurden nicht zurückgegeben. Vor allem die Rückgabe der von den Orthodoxen genutzten Gebäude (wie z. B. der Kirche in Rzepedź, siehe dort) führt innerhalb der Minderheiten zu Problemen, weil Lemken und Bojken beiden Glaubensgemeinschaften angehören.

Mehr Informationen über die Gemeinschaften in den Karpaten finden Sie unter www.lemko.org und unter www.carpatho-rusyn.org, jeweils in englischer Sprache.

Weiter nach Süden fährt der Bus durch **Uherce**, wo viele polnische Besucher zum **Jezioro Solińskie Stausee** abbiegen, einem künstlichen, um 1970 für ein Wasserkraftwerk und für den Wassersport geschaffenen See. In den Retortendörfern **Solina**, **Polańczyk** und **Myczków** am See gibt es mehr Restaurants als in anderen Orten dieser Gegend. Hier kann man inzwischen in einem der zahlreichen ehemaligen Urlaubsheime für Arbeiter oder auf Campingplätzen unterkommen. Im Solina kann man Boote oder Kajaks mieten.

• *Übernachten* kann man im **Jawor**, einem ehemaligen Militärerholungsheim in Solina (✆ 013/468 8145, www.jawor.org.pl; H).

• *Yachten- und Kajakverleih in Solina* Biała Flota Bootszentrum (✆ 013/476 1821) am Seeufer.

Ustrzyki Dolne

An der Hauptstraße liegt 25 km östlich von Lesko **Ustrzyki Dolne**, eine wichtige Zwischenstation für Ausflüge in die Berge. In dem Ort wimmelt es im Sommer nur so von Rucksack tragenden Studenten und Jugendgruppen. Ansonsten ist Ustrzyki Dolne eine recht unauffällige ländliche Kleinstadt. Zu den Sehenswürdigkeiten zählen ein kleines Museum über die Flora und Fauna des Nationalparks in der ul. Bełzka nördlich des Marktplatzes sowie eine ehemalige Synagoge, die seit der Renovierung nicht mehr viel mit dem Original gemeinsam hat (heute eine Bibliothek), und eine *cerkiew* (beide aus dem 19. Jahrhundert). Außerdem gibt es mehrere Denkmäler, die an die polnischen Soldaten erinnern, die im Kampf gegen den ukrainischen Widerstand gefallen sind. In den Hügeln bei der Stadt gibt es einige lohnenswerte Wanderwege, doch besser fährt man weiter in das schöne Wandergebiet im Süden.

• *Öffnungszeiten* **Museum** Di–Sa 9–17 Uhr, Juli/Aug. auch So 9–14 Uhr. Eintritt 2 Zł.

• *Information* Das **Bieszczadzkie Centrum Informacji i Promocji** am Rynek 16 (Mo–Fr 8–17 Uhr, Sa 9–17 Uhr; ✆ 013/471 1130) bietet eine Fülle an Informationen und verkauft Wanderkarten.

• *Anfahrt/Verbindungen* Von **Bahnhof** und **Busbahnhof** erreicht man in 10 Minuten zu Fuß den Rynek.

• *Übernachten/Essen* Das **Laworta**, ul. Nadgórna 107 (✆ 013/461 1178; H), ist das größte Hotel der Stadt und hat daher am ehesten freie Zimmer. Es liegt zehn Minuten zu Fuß von den Bahnhöfen. Das kleinere **Strwiąz** liegt in der Nähe des Marktplatzes, ul. Sikorskiego 1 (✆ 013/461 1468; I). Das **Hotel Bieszczadzka**, auf der Westseite des Rynek, Nr. 19 (✆ 013/461 1072; I–H), hat Zimmer mit Dusche und Zimmer mit Gemeinschaftsbad. Es gibt jede Menge Möglichkeiten zum **Campen**, und zwar einmal auf dem offiziellen Platz, ul. PCK, etwa 1 km nördlich des Rynek, und in den Feldern am Stadtrand. Das Restaurant des Hotels **Bieszczadzka** bietet hauptsächlich preiswerte Pizza. In der **Bar Lukasz** an der Südseite des Rynek kann man kleine günstige Gerichte wie *bigos* und *pierogi* essen.

Krościenko

9 Kilometer nördlich von Ustrzyki Dolne liegt das Dorf **Krościenko**, in dem der Zug zum letzten Mal vor der ukrainischen Grenze hält (auch Nahverkehrsbusse fahren hierher). In den Beskiden ist man vor Überraschungen nie sicher, und dieses Dorf bietet eine solche Überraschung. Nach dem Ausbruch des Bürgerkriegs in Griechenland flüchtete eine kleine Gruppe griechischer Partisanen mit ihren Familien 1946 nach Polen und ließ sich in dieser Gegend nieder. Das Denkmal auf dem Dorfplatz erinnert an *Nikos Balojannis*, einen griechischen Widerstandshelden, der kurz nach seiner Rückkehr nach Griechenland 1949 von den Generälen in Athen hingerichtet wurde. Da die griechischen Einwanderer nie das Ziel verfolgten, sich hier dauerhaft niederzulassen, gibt es nicht besonders viele schöne Gebäude zu sehen. Von der jüngeren Generation sind fast alle wieder in die Heimat zurückge-

kehrt. Heute erinnert vor allem der Friedhof des Dorfes an die griechische Gemeinde. Er liegt in einem Wäldchen 1 km östlich an der Straße zur ukrainischen Grenze.

Im Ort selbst steht auf der anderen Flussseite eine schöne *cerkiew* aus dem späten 18. Jahrhundert. Nördlich von Krościenko an der Kreuzung mit der Przemyśler Straße befindet sich der protestantische Friedhof: Er ist das Einzige, was noch von den deutschen Siedlern geblieben ist, die das Dorf einst in Obersdorf umbenannten.

Von Ustrzyki Dolne nach Ustrzyki Górne

Die Hauptstraße von **Ustrzyki Dolne** windet sich durch den Ort hinaus nach Süden durch die Bergtäler bis nach **Ustrzyki Górne**; mit dem Bus eine Fahrt von 80 Minuten (50 km). Die Straße ist ein Abschnitt der in den 70er Jahren gebauten "Bieszczady Rundroute", die die weitgehend unberührte Region touristisch erschließen sollte. Wer sich inzwischen für die Holzkirchen dieser Gegend begeistert und mit dem Auto unterwegs ist, sollte einen Umweg von einigen Kilometern nach Osten zu den Grenzdörfern **Jałowe**, **Równia** und **Moczary** machen (in die beiden ersten gelangt man mit dem Bus oder per Anhalter von Ustrzyki Dolne aus), um die schönen Bojkenkirchen dort zu besichtigen. Zurück auf der Hauptstraße kommt man zu weiteren Holzkirchen der Bojken in **Hoszów**, **Czarna Górna**, **Smolnik** (eine der wenigen, verbliebenen orthodoxen Kirchen in der Region) und auf einer Straße nach Osten in **Bystra** (nicht mehr benutzte Kirche) und **Michniowiec** (mit dem Bus von Czarna Górna).

Fährt man aus den Bergen kommend in die alte Marktstadt **Lutowiska** hinunter, sieht man Baracken und Bohranlagen, Hinweise auf die Erdölförderung, die hier seit dem letzten Jahrhundert immer wieder sporadisch betrieben wurde. Die Einheimischen behaupten, die Sowjets hätten jahrelang die volle Erschließung der Reichtümer der Region unterbunden, weil sie sich vor der wirtschaftlichen Unabhängigkeit Polens fürchteten. Selbst in diesem entlegenen Gebiet waren bis 1939 über die Hälfte der Bevölkerung Juden. Der verlassene jüdische Friedhof östlich der Hauptstraße beherbergt mehrere Hundert Grabsteine, die meisten aus dem 19. und 20. Jahrhundert. In der Nähe der Dorfkirche steht ein Gedenkmonument für die etwa 650 Juden, die hier von den Nazis im Juni 1942 erschossen wurden. Der Hauptgrund aber, in Lutowiska anzuhalten, ist ein Besuch des Ośrodek Informacyjno Edukacyjny BPN (Informations- und Erziehungszentrum des Bieszczady-Nationalparks; Mo–Fr 9–17 Uhr; ✆ 013/461 0165, bdpn@radiostacja.pl), das Auskunft über Übernachtungsmöglichkeiten im Park gibt und Landkarten verkauft.

Südostpolen
Karte S. 346/347

Ustrzyki Górne

Ustrzyki Górne liegt in einem friedlichen Flusstal, umgeben von den Gipfeln der Beskiden Berge, und man fühlt sich hier fast wie am Ende der Welt. Das Dorf besteht aus kaum mehr als einer Bushaltestelle, umgeben von Imbissstuben, und aus einigen wenigen Ferienhäusern. Hier kann man nur eines tun, und das ist **wandern**. Gut markierte Wege beginnen gleich bei der Bushaltestelle und führen in wenigen Minuten die bewaldeten Hänge hinauf. Ustrzyki Górne bietet sich von Sanok aus als Tagesausflug an, wenn man den Ort nur einmal erlebt haben möchte. Doch wer mehrere der umliegenden Gipfel erklimmen will, sollte ein paar Tage hier verbringen.

• *Übernachten* Bisher gibt es nur eine begrenzte Anzahl an Übernachtungsmöglichkeiten in Ustrzyki Górne. Am komfortabelsten ist das Hotel der PTTK, **Hotel Górski** (✆ 013/461 0604; H), in schöner Lage am Fluss im Norden des Ortes. Die Zimmer mit

Bad sind spärlich möbliert, aber komfortabel, und es gibt eine Sauna, einen Mountainbike-Verleih und ein gutes Restaurant. Das **Kremenaros** ist eine freundliche PTTK Herberge, die das ganze Jahr geöffnet ist (✆ 013/461 1036, Durchwahl 105; 20 Zł pro Person), sie befindet sich 100 m südlich vom Busbahnhof. Wie voll es hier auch sein mag, es findet sich immer noch ein Plätzchen auf dem Fußboden. Das **Dom Biały** (✆ 013/461 0641; 23 Zł pro Person) ist von minimal besserer Qualität und ist in südöstlicher Richtung der Bushaltestelle ausgeschildert. Bei den Hotels Hotel Górski und Kremenaros gibt es auch **Campingmöglichkeiten**. Das Górski vermietet außerdem **Hütten** (H). Im **Studentencamp** (*baza studentowa*) in der Nähe vom Górski kann man Matratzen und Zelte mieten (nur im Sommer).

• Essen Das **Górski** hat sein eigenes Restaurant. Ansonsten gibt es in Ustrzyki eine Reihe von **Imbissbuden** gegenüber der Bushaltestelle an der Hauptstraße, die deftige Gerichte wie *bisgos* und *kiełbasa* (Wurst) anbieten. Im Lebensmittelladen des Ortes kann man nur das Nötigste kaufen, er hat jedoch eine große Auswahl an Leżajsk-Bieren. Nebenan befindet sich eine Bar, in der Einheimische die meiste Zeit des Tages zu verbringen scheinen.

Reiten in den Beskiden

Außer durch Wandertouren und durch Skifahren im Winter kann man die entlegeneren Regionen der Beskiden auch auf andere Weise erkunden. Das Plateau und die Höhenwege der Region sind seit langem die Heimat der *hucule*-Pferde, einer alten Wildpferdrasse. Diese lebten überall in den Karpaten und sind nach dem temperamentvollen Volk benannt, das aus dem Osten der Berge stammt. In den letzten Jahren ist das Interesse an diesen bezaubernden Tieren wieder gewachsen, zum Teil auch, weil sie Touristen anlocken. Und so bieten mehrere Orte nun Reitferien in den Bergen an.

Ansprechpartner sind das Bieszczady-Inormationszentrum in Ustrzyki Dolne (s. S. 422) und das BPN-Informations- und Erziehungszentrum in Lutowisca (s. S. 423), die Ihnen Reitställe vermitteln können. Das am besten etablierte Gestüt mit Reitstall ist das Gestüt des Nationalparks selbst (Zachowawcza Hodowla Konia Huculskiego BPN; ✆ 013/461 0650) in Wołostati, 6 km südöstlich von Ustrzyki Górne.

Wandern in den Beskiden

Im Sommer fährt man in die Beskiden zum Wandern, im Winter zum Skilaufen. Von Ustrzyki aus gibt es eine Reihe attraktiver Wandermöglichkeiten.

Die unten angegebenen Zeiten gelten für ein durchschnittliches Wandertempo, das auch regelmäßige Ruhepausen einschließt. Als **Karte** für Wanderer ist die *Bieszczady Mapa Turystczyna* (1 : 75.000) sehr zu empfehlen. Man kann sie in den Geschäften von Sanok oder Ustrzyki Dolne kaufen sowie an den Eintrittshäuschen zum Park.

Die Beskiden sind für ihre Einsamkeit und das unstete Wetter bekannt. Daher ist es notwendig, dass Wanderer (besonders auf längeren Touren) eine gute Ausrüstung mit sich führen. Man sollte zu allen Jahreszeiten regenfeste Kleidung dabeihaben, und der Rucksack sollte neben einigen Grundnahrungsmitteln eine detaillierte Karte, einen Kompass und warme Kleidung enthalten. Auch im Sommer sollte man immer ein Auge auf die Wettervorhersage haben: Besonders auf den Almen der *połonina*-Gipfel können oft völlig unvorhergesehene Stürme entstehen. Einheimische

Ob hier noch einmal ein Zug hält?

empfehlen, nie alleine auf ausgedehnte Wanderungen zu gehen, denn im Falle eines Unfalls sind die Chancen, in der Einsamkeit zufällig entdeckt zu werden, eher gering. Der BPN berechnet eine kleine **Gebühr** für Wanderer (2 Zł), die an den Hütten der Hauptanlaufspunkte der Region entrichtet werden muss.

In den Osten zum Tarnica bis an die ukrainische Grenze

Von Ustrzyki aus führen zunächst zwei Wege nach Osten, beide über das hoch gelegene Tarnica-Tal (1275 m). Auf der leichteren Strecke folgt man der Straße bis zum Weiler **Wołosate** (in Beskid, kurz vor der Grenze, gibt es einen Campingplatz), anschließend wandert man über den Gipfel des Hudow Wierszek (973 m). Insgesamt dauert die Wanderung vier Stunden. Kürzer, aber anstrengender ist die Tour quer durchs Land über den Gipfel des Szeroki Wierch (1268 m). Unter drei Stunden ist sie kaum zu schaffen. Zum **Gipfel des Tarnica** (1346 m) gelangt man, wenn man vom Tal aus eine halbe Stunde lang in südlicher Richtung weiterwandert.

Vom Tarnica-Tal aus geht es dann weiter nach Osten, jetzt allerdings ziemlich stark auf und ab, über den **Krzemie** (1335 m), den **Kopa Bukowska** (1312 m) und den **Halicz** (1333 m; 3 Stunden) bis zum **Rozsypianiec** (1273 m). Auf der letzten Etappe erreicht man den höchsten Pass der Beskiden. Vom Campingplatz in Beskid aus ist diese Wanderung als Tagestour machbar, Sportskanonen schaffen es sogar an einem Tag von Ustrzyki nach Krzemie und zurück.

Abenteurernaturen können auch das Gebiet nördlich des Tarnica-Tals erwandern und verlassene **ukrainische Dörfer** aufstöbern. Dabei stößt man immer wieder auf *cerkwie*, die verstreut entlang der Grenze (sie folgt dem Fluss San) liegen. Einige, z. B. die von **Bukowiec** und **Tarnawa Wyżnia**, sind in der Karte verzeichnet, andere dagegen nicht, man muss also schon die Augen offen halten. Viele Dörfer wurden dem Erdboden gleichgemacht, nur noch Obstgärten zeugen von ihrer früheren Existenz.

Um die polnische Grenzpolizei, die in ihren Jeeps die ganze Gegend kontrolliert, braucht man sich nicht zu kümmern, solange man einen Pass mit einem gültigen Visum bei sich trägt und einleuchtend erklären kann, was man hier sucht.

Etwas anderes hingegen sind die Ukrainer, die hier patrouillieren. Man sollte sich davor hüten, aus Versehen ukrainisches Gebiet zu betreten. Es gab in der Vergangenheit Fälle, in denen Wanderer in Lwów inhaftiert wurden.

In **Muczne**, einige Kilometer westlich von Tarnawa Niżna, auf der schmalen Straße zurück nach Ustrzyki Górne, befindet sich eines der "geheimen" Jagdhotels das die kommunistische Parteielite benutzte und auch ihren internationalen Gästen zur Verfügung stellte. Unter anderem haben hier der französische Präsident Giscard d'Estaing und der rumänische Diktator Nicolae Ceausescu übernachtet. Heute wird es als Luxusherberge in den Bergen beworben (✆ 013/461 0122, muczne@kki.net.pl; F).

In den Westen bis zur slowakischen Grenze

Einige leichte Wanderwege führen in westliche Richtung bis auf den Gipfel des **Wielka Rawka** (1307 m), der an der Grenze zur Slowakei bewaldet ist. Man kann entweder die Straße nach Cisna nehmen und dann nach links auf den markierten Pfad zum Gipfel abbiegen (3 Stunden). Oder man geht erst in südliche Richtung bis zur Brücke über den Wołosate, von dort aus hält man sich rechts. Irgendwann ist dann ein Schild zu sehen, das auf den Gipfel des Mała Szemenowa (1071 m) verweist, hier biegt man wieder nach rechts ab und wandert an der Grenze entlang bis zum Gipfel des Wielka Szemenowa (1091 m) bzw. des Wielka Rawka (4 Stunden).

Nordwestlich von Ustrzyki

Das bekannteste Wandergebiet in den Beskiden sind die **połoniny** (zu Deutsch: Bergwiesen/Almen). Diese einsame Gegend ist berüchtigt für plötzliche Wetterumschläge. Gerade noch hat man sich in der Herbstsonne gewärmt, da bläst einem schon der Wind um die Ohren, und ein kräftiger Schauer prasselt nieder.

Auch die Landschaft ist voller Kontraste: Die wilden Pässe erinnern ein wenig an das schottische Hochland, streift man jedoch im Sommer durch das hohe raschelnde Gras der Berghänge, kommt man sich zeitweise vor wie in der afrikanischen Savanne.

Eine Wanderung über diese Pässe erklärt, warum sich die ukrainischen Partisanen hier so lange behaupten konnten. Es muss auch für die Kampf erfahrenen polnischen und sowjetischen Truppen eine undankbare Aufgabe gewesen sein, in dieser entlegenen, unwirtlichen Landschaft Partisanengruppen zu jagen.

Um die Wanderung etwas abzukürzen, kann man von Ustrzyki Górne den **Bus** nehmen, der durch Wetlina, Dołzyca und Cisna fährt. Auf der nördlichen Verbindungsstraße von Ustrzyki Górne nach Ustrzyki Dolne kann man einen Abstecher in die Bergregion machen. Steigen Sie an der ersten Haltestelle, einige Kilometer westlich vom **Przelec Wyzniańska-Pass** gelegen, aus. Von dort führt ein markierter Wanderweg rechter Hand der Straße nach **Połonina Caryńska** (1.107 m) durch den Wald, ein steiler Anstieg von etwa 45 Minuten. Man kann ein Stück am Pass entlanglaufen, um einen Eindruck von der Landschaft zu gewinnen, und dann wieder hinuntersteigen und den nächsten Anschlussbus nehmen.

Wenn Sie von Ustrzyki Górne einen längeren Ausflug planen, nehmen Sie einen der steilen Pfade mit der roten oder grünen Markierung durch den Wald bis zum östlichen Rand des **Połonina Caryńska.** Von hier aus können Sie über den Pass bis zum

Westgipfel wandern (1.297 m; 2,5 Std.). Bergab gelangt man in das Dörfchen Brzegi Górne mit einem Campingplatz in der Nähe der Straße. Von hier aus nimmt man wahlweise den Bus nach Ustrzyki Górne (oder weiter bis Sanok) oder wandert weiter auf dem rot markierten Pfad bergan durch den Wald bis zum Ostgipfel der **Połonina Wetlińska** (1.228 m; 1,5 Std. von Brzegi). Der Ausblick von diesem windgepeitschten Winkel ist atemberaubend. Die ganzjährig geöffnete PTTK Herberge hier oben wird von einem jungen Ehepaar betrieben, und es herrschen sehr einfache Verhältnisse: Es gibt Schlafräume für jeweils 10 Personen, in denen Matratzen auf dem Boden liegen. Es wird zwar vorausgesetzt, dass Sie ihre Verpflegung selbst mitbringen, aber die Herbergseltern lassen im Notfall keinen der Gäste verhungern.

Unterhalb der Herberge beginnt ein schöner Wanderweg über die Połonina Wetlińska nach **Przelec Orłowicza** (1075 m), wo sich der Weg dreiteilt. Die linke Abzweigung führt bergab nach **Wetlina** (2,5 Std. von der PTTK-Herberge), einem schön gelegenen und beliebten Ferienort, in dem es ausreichend Übernachtungsmöglichkeiten gibt (siehe unten). Der mittlere Wanderweg führt auf den **Smerek** (1.222 m) und dann durch die Wälder bis zur Bushaltestelle im Dörfchen Smerek (2 Std.). Der Weg, der nach rechts abzweigt ist der lange Wanderweg über den Wysokie Berdo (940 m), Krysowa, Jaworzec, Kiczera, Przerenina und Fałówa bis nach Dołzyca (7 Std.; PTTK Herberge). Man kann sogar noch bis in die Dörfchen Jabłonki oder Baligród weiterwandern (siehe unten). Westlich von Smerek führt eine wenig befahrene Hochlandstraße erst durch das verschlafene Przysłup hinauf (östliche Endstation der Schmalspurbahn, s. S. 428) und dann nach Dołżyca hinab. Hier haben motorisierte Urlauber verschiedene Möglichkeiten, ihren Weg fortzusetzen – Richtung Norden nach Lesko und Sanok über Jabłonki und Baligród oder westlich nach Cisna und Majdan.

- *Anfahrt/Verbindungen Wetlina* Von **Wetlina** aus fahren Busse nach Sanok im Norden oder nach Ustrzyki Górne im Süden.
- *Übernachten/Essen Wetlina* In Wetlina gibt es viele **Privatzimmer** (I), einige davon gehören zur Organisation "Ferien auf dem Bauernhof", *agroturystyka* (siehe auch Lesko). Es gibt eine gute **PTTK**-Herberge (mit Schlafsaalbetten ab 15 Zł pro Person) sowie einen ganzjährig geöffneten **Campingplatz**, der von freundlichen Einheimischen geführt wird. Das **U Rumcajsa pensjonat** (✆ 013/468 4633; I) hat einige Doppelzimmer mit Bad sowie 3- und 4-Bettzimmer im Herbergsstil. Das **Górski**, (✆ 013/468 4634; G), ist ein Hotel der PTTK am Südrand der Stadt, mit einem annehmbaren Restaurant. Die luxuriöse Familienpension **Leśny Dwór** (✆ 013/468 4654; E) hat ein empfehlenswertes Restaurant. Sie befindet sich in einer Seitenstraße der Straße nach Cisna, am Nordende des Ortes.

Abgesehen von den **Hotelrestaurants** gibt es das einfache **Smak** sowie einige Snackbars an der Hauptstraße.

Skifahren in den Beskiden

Die Beskiden sind als Skigebiet zwar nicht annähernd so beliebt wie z. B. die Tatra – dafür sind sie nicht so überlaufen, und man kann einen angenehmen Skiurlaub hier verbringen. Die Abhänge sind selten zu steil, und auf den Langlaufloipen kann man die perfekte Einsamkeit genießen. Die Hauptabfahrtshänge befinden sich in und um Lesko, Jawor, Komańcza, Bystre, Cisna, Polańczyk und in den beiden Ustryzkis. Es gibt nur wenig Infrastruktur, und der Verleih von Skiausrüstung ist noch unterentwickelt – daher bringen die meisten Besucher ihre eigenen Skier mit. Viele der Haupthänge befinden sich innerhalb des Nationalparks. Im Hinblick auf das Naturschutzgebiet sollte man daher, bevor man losfährt, die Verwaltung des BPN im Museum von Ustrzyki Dolne kontaktieren und sich über die gängigen Regeln und Verordnungen erkundigen.

Cisna, Majdan und Nowy Łupków

Von Dołżyca in westlicher Richtung kommt man nach **Cisna**, einem kleinen Dorf, wo in den Jahren des Bürgerkriegs von 1945–47 schwer gekämpft wurde. Ein mit Graffiti besprühtes Denkmal, das den Ort überblickt, erinnert daran. Die UPA (Ukrainische Widerstandsarmee) hatte in der Nähe einige wichtige Stützpunkte. Während des "Unternehmens Weichsel" (siehe S. 420) wurde die Bevölkerung aus dem Dorf und der Umgebung gnadenlos vertrieben. Heute leben nur noch 2.000 Menschen hier, ein Bruchteil der Bevölkerung vor 1939 – damals waren es 60.000.

• *Übernachten* In Cisna hat man gute Chancen, eine Unterkunft zu finden, obwohl der Standard meistens eher einfach ist und sich vor allem an den Wanderern ausrichtet, die hier eine Zwischenstation einlegen. Das **Okrąglik**, ist ein einfaches, zentral gelegenes Touristenhotel (18 Zł pro Person) mit benachbartem Campingplatz; das **Bacówka Pod Honem**, zu erreichen über einen Pfad vom Ort aus bergaufwärts, ist eine sehr preiswerte Berghütte mit einer Snackbar. Im Sommer wird in der Dorfschule eine Jugendherberge eingerichtet (15 Zł pro Person). Außerdem gibt es einige alte, ehemalige Arbeitererholungsheime z. B. das **Perelka** (✆ 013/468 6325, www.pkp-dus.com.pl; F), das auch über gute Bungalows (F) verfügt, und das **Wolosań** (✆ 013/468 6373; H), in dem es 3-Bett- und 4-Bettzimmer gibt.

Einen Kilometer weiter südwestlich liegt **Majdan**, das aus kaum mehr als ein paar Häusern besteht. Hier befindet sich allerdings der Bahnhof für die *Schmalspurbahn*, die von Westen nach Osten entlang der slowakischen Grenze durch den Wald fährt. Heute dient die Bahn nicht nur zum Passagiertransport, sondern wird auch von der ansässigen Forstwirtschaft zum Transport von Holz genutzt (ein Netzwerk von Gleisen durch die Wälder macht dies möglich). Leider ist die Bahn von erheblichen Subventionen aus der Regionalverwaltung abhängig, und Mitte der 90er Jahre musste der Betrieb kurzfristig eingestellt werden. Zumindest im Sommer, in den Monaten von April–Oktober bleibt die Diesellok mit den alten Waggons und dem umgebauten, an den "Orientexpress" erinnernden Speisewagen vorläufig eine Touristenattraktion.

Derzeit verkehrt die Diesellok mit den alten Waggons auf zwei kurzen Strecken: einmal die 20 km lange Strecke Majdan zum Bergpass Przysłup, gleich hinter Cisna; zum anderen die etwa 30 km lange Strecke nach Wola Michowa. Die Züge nach Przysłup fahren um 10 Uhr in Majdan ab (im Juli und August täglich, im Mai, Juni und September Mo–Fr sowie an gesetzlichen Feiertagen) und kommen um etwa 11.10 Uhr in Przysłup an. Die Rückfahrt beginnt, kaum dass Sie Ihre Beine ein wenig gestreckt und ein paar Fotos gemacht haben. Züge von Wola Michowa verkehren nur am Wochenende und an gesetzlichen Feiertagen im Juli und August. Sie starten um 13 Uhr von Majdan. Studieren Sie auf jeden Fall vorher den Zugfahrplan am Bahnhof von Majdan, oder erkundigen Sie sich während der Geschäftszeiten telefonisch bei der *Stiftung für die Erhaltung der Bieszczady Schmalspurbahn* (✆ 013/468 6335). Rechnen Sie nicht damit, dass man Deutsch oder Englisch spricht.

Der Großteil dieser beeindruckenden Fahrt führt durch die einsame Berglandschaft mit ihrer enorm reichen Flora und Fauna, und immer wieder eröffnen sich wunderschöne Ausblicke auf die Täler. Die meiste Zeit fährt die Bahn im Schneckentempo – kein Wunder, bei den Steigungen, die sie zu überwinden hat. Aus diesem Grund ist es möglich, auch unterwegs auf der Strecke zuzusteigen. Außerdem hält der Fahrer unterwegs schon mal gerne an, wenn sich jemand die Landschaft etwas länger ansehen möchte. Am Wochenende steigen öfter trinkfreudige Gesellschaften zu, die während der Fahrt sehr tief ins Glas schauen, und es ist keine Seltenheit, dass der Zug anhalten muss, um Fahrgäste aufzusammeln, die versehentlich "ausgestiegen" sind.

Fährt man von Majdan auf der Straße nach Westen, so gelangt man nach **Nowy Łupków**. Der Name des winzigen Orts ist den meisten Polen bekannt, weil in dem nahe gelegenen Internierungslager viele bekannte Solidarność-Führer unter dem Kriegsrecht einsaßen. Für Besucher mit eigenem Auto interessant: eine *cerkiew* im Dorf **Smolnik** etwas östlich von hier.

Die Westbeskiden

Mehrere Strecken führen aus den Westbeskiden zurück nach Sanok. Die Hauptstraße verläuft von **Nowy Łupków** durch **Komańcza** und eine Reihe winziger Dörfer mit unierten Gemeinden, wie z. B. Rzepedź. Die zweite Strecke, weniger bekannt und kurvenreicher, führt von **Cisna** über **Jabłonki** und **Baligród** in nördlicher Richtung. Auf beiden Straßen fahren Busse, eine Zugverbindung dagegen gibt es nur auf der Hauptstrecke.

Komańcza und Rzepedź

Nördlich von Nowy Łupków fahren Busse und der PKP-Zug in das Dorf Komańcza. Die beiden Kirchen des Ortes führen die Spannungen zwischen den verschiedenen Religionsgruppen in der Region deutlich vor Augen. Westlich der Hauptstraße nach Sanok erhebt sich ein moderner Bau mit einer schönen Ikonostase, der erst kürzlich vollendet wurde: Die Kirche wurde in den 80er Jahren von der Mehrheit der unierten Lemken errichtet. Seltsamerweise scheinen die Lemken in Komańcza von der "ethnischen Säuberungsaktion" (Unternehmen Weichsel) verschont geblieben zu sein. Hinter der Kirche befindet sich in einem nach traditioneller Art verzierten Bauernhaus ein **Museum über die Kultur der Lemken,** wo man eine kleine, aber aufschlussreiche Sammlung von Trachten, religiösen Artefakten und landwirtschaftlichen Gegenstände aus Holz besichtigen kann (wenn die Kirche geschlossen ist, fragen Sie im Presbyterium nach). Etwas weiter die Straße hinauf, steht am Fuß des Hügels, im Wald versteckt, eine wunderschöne *cerkiew* aus dem frühen 19. Jahrhundert, die von der verschwindend kleinen orthodoxen Gemeinde genutzt wird. In der Hauptstraße gegenüber vom Bahnhof erhebt sich die katholische Kirche, die in den 50er Jahren für polnische Siedler errichtet wurde – bis zum Zweiten Weltkrieg eine Seltenheit in dieser Gegend.

Südostpolen
Karte S. 346/347

Etwa 1 km weiter nördlich steht unter der Eisenbahnbrücke hindurch links am Berg das **Kloster der Nazaräer Schwestern**, für polnische Besucher fast schon ein Heiligtum. Hier wurde Kardinal Wyszyński, der unerschrockene ehemalige Primas von Polen, Anfang 1950 während der stalinistischen Kampagne, die auf die Abschaffung der Unabhängigkeit der katholischen Kirche abzielte, unter Hausarrest festgehalten.

• *Übernachten/Essen* Die Herberge der PTTK **Podkowiata** (✆ 013/462 5211, Durchwahl 13; I) hat eine große Anzahl an Räumen und bietet im Sommer auch Campingmöglichkeiten. Die **Klosterherberge** (✆ 013/462 5211, Durchwahl 56; I) ist im Sommer oft durch die zahlreichen Pilger belegt, deshalb sollte man rechtzeitig buchen.

Das einzige erwähnenswerte Restaurant ist das **Pod Kominkiem** in der Hauptstraße im Stadtzentrum.

Ein lohnenswertes Unterfangen ist die Suche nach *cerkwie* in der Gegend von Komańcza. Auf neueren Karten der Region sind sie eingezeichnet. (Die Gemeindehäuser der Unierten werden in der Legende als "Kirchen in alten orthodoxen Kirchen" bezeichnet.) Eine ganz besonders schöne lemkische unierte Kirche gibt es in **Rzepedź**, ungefähr 15 Minuten zu Fuß vom Bahnhof entfernt. Sie wurde in den 1820er Jahren erbaut, denn so weit nördlich war man sicher, sich außerhalb des Bojken-Gebietes zu befinden. Die Kirche, die sich, versteckt hinter friedlichen Baumgruppen, an den Berghang schmiegt, verschmilzt praktisch mit der Landschaft. Dies ist bei *cerkwie* oft der Fall und erklärt auch, warum sie die zahlreichen Zerstörungen der Beskidendörfer während des "Unternehmens Weichsel" überstanden haben. Überraschenderweise blieb diese Kirche nach dem Krieg nur für zehn Jahre geschlossen. 1956 wurde sie von den Unierten wieder geöffnet.

Das Kircheninnere zeigt deutlich, welche beiden Strömungen die unierte Kirche ausmachen: Einerseits findet man westliche Madonnen und fade Ölgemälde, andererseits aber auch die orientalisch beeinflussten Ikonen. Es gibt keine Orgel (in der orthodoxen Tradition ist der Chor für die Musikbegleitung zuständig), außerdem findet man ukrainische Heilige in hellblauer Farbe und Wandinschriften auf Ukrainisch. Wenn Sie in Rzepedź übernachten möchten, bieten sich die ehemaligen Arbeiterholungsheime *Nad Osławą* (✆ 013/462 5511, Durchwahl 14; I) und *Pod Suliłą* (✆ 013/467 8341; I) an.

In **Turzańsk**, 1,5 km östlich der Stadt auf der Straße nach Baligród, gibt es eine andere schöne *cerkiew* in einer unglaublich friedlichen Lage. Sie wurde um 1830 gebaut, und die Innendekorationen einschließlich der Ikonostase aus dem Rokoko sind fast noch gänzlich intakt.

Von Cisna nach Norden

Von **Cisna** fahren die Busse nach Lesko und Sanok durch eine Gegend, in der einige der heftigsten Gefechte zwischen der polnischen Armee und dem ukrainischen Widerstand stattfanden. In **Jabłonki** steht ein Denkmal zum Andenken an **General Karol Świerczewski**, einen Veteran des Spanischen Bürgerkriegs. Als der General im März 1947 ermordet wurde, stachelte dies die neu eingesetzten polnischen kommunistischen Behörden zu einem gnadenlosen Verteidigungsschlag gegen die UPA an, was schließlich in dem "Unternehmen Weichsel" (siehe S. 420) resultierte. Der Besuch des heute etwas vernachlässigt aussehenden Denkmals war lange eine Pflichtübung für polnische Touristengruppen. Auf der Straßenseite gegenüber befindet sich das **Naturkundemuseum**, wo man sehr gut über die heimische Flora und Fauna informiert wird. Zum Übernachten bietet sich die ganzjährig geöffnete **Jugendherberge** an (✆ 013/469 8641; 18 Zł pro Person). Die *Letnia* Snack bar ist das einzige Restaurant weit und breit.

Öffnungszeiten **Naturkundemuseum** – Di–So 9–17 Uhr. Eintritt 3 Zł.

Im weiter nördlichen, größeren Dorf **Baligród** gibt es weitere Erinnerungen an die vom polnisch-ukrainischen Konflikt gerissenen Wunden: Gegenüber der ehemaligen unierten Kirche an einer Ecke des Rynek steht ein Denkmal zur Erinnerung an das Massaker der UPA vom 6. August 1944 an 42 einheimischen Polen. Ein weiteres Denkmal erinnert an die polnischen Soldaten, die während der Kämpfe fielen – nicht aber an die Ukrainer. In Baligród hatte die polnische Armee während der Auseinandersetzungen ihr Hauptquartier, und wenn man auf den Anhöhen umherwandert, entdeckt man Befestigungen und die Reste verschiedener Dörfer, die 1947 geräumt wurden.

Die einzige Erinnerung an die ehemalige jüdische Bevölkerung des Dorfes findet sich auf dem Jüdischen Friedhof, einen kurzen Fußweg nordwestlich vom Platz entfernt. Es existieren noch etwa 100 Grabsteine, die ältesten aus dem Jahr 1718. Es gibt eine einfache **Café-Bar** an der Nordseite des Platzes jedoch keine nennenswerte Unterkünfte in dem Ort, weshalb sich zügiges Weiterreisen empfiehlt. Verlässt man die Ortschaft in Richtung Norden, gelangt man nach etwa 20 Kilometern nach Lesko, von wo die Straße nach Sanok führt.

Die Holzkirchen (*cerkwie*) der polnischen Karpaten

Trotz den Zerstörungen in der Vergangenheit und der darauf folgenden Vernachlässigung sind in den Dörfern der Beskiden und des Beskid Niski noch zahlreiche der für diesen Teil Europas typischen unierten Holzkirchen (*cerkiew*, *cerkwie*) (wie die orthodoxen Kirchen im Polnischen genannt werden) erhalten. Die schönsten stammen aus dem 18. Jahrhundert, als der Einfluss des Barock sich sogar bei den Schreiner-Baumeistern der Karpaten bemerkbar machte. In den Beskiden sieht man auch die einfacheren Bauwerke mit Holzziegeldächern und der dreifachen Zwiebelkuppel (die meisten unierten Kirchen haben diese Merkmale). Sie gehen auf den architektonischen Stil der Bojken zurück und stammen aus neuerer Zeit. In den von Lemken bewohnten Regionen des Beskid Niski gibt es oft größere, prunkvollere Kirchen, die in den 20er und 30er Jahren errichtet wurden, als das Selbstbewusstsein der Ukrainer in Polen am größten war.

Ohne eigenes Auto ist es am einfachsten, sich die Kirchen in den Freilichtmuseen in Sanok oder Nowy Sącz anzusehen. Einige der in diesem Kapitel beschriebenen Dörfchen haben ebenfalls noch gut erhaltene Kirchen, die man auch zu Fuß erreichen kann. Allerdings muss man oft nach dem Schlüssel (*klucz*) fragen, den man meistens beim Priester (*ksiądz*) bekommt oder bei jemanden, der in der Nähe wohnt.

Der dunkle und vertrauliche Innenraum einer unierten Kirche besteht aus drei Teilen (von Westen nach Osten): Narthex (Vorhalle), Hauptschiff und Naos (Altarraum). Sogar die kleinste unierte Kirche hat eine reichhaltige Ikonostase, die den Altarraum abtrennt. Die Ikonen stellen, von links nach rechts, folgende Personen dar: Sankt Nikolaus, Madonna mit Kind, Christus Pantokrator (in der Ikonographie der Typus des thronenden und herrschenden Christus) und schließlich den Heiligen, dem die Kirche geweiht ist. Über der mittleren Tür der Ikonostase, durch die nur der Priester den Altarraum betreten darf, befindet sich eine Darstellung des letzten Abendmahls, links davon sind Szenen wichtiger Feiertage des Kirchenjahres zu sehen – Mariä Verkündigung, Mariä Himmelfahrt und so weiter. Die oberste Ikonenreihe zeigt die Apostel, wobei Judas durch den Heiligen Paulus ersetzt ist. Das Jüngste Gericht schmückt die Wand des Narthex – meist die grausigsten Darstellungen, in denen die Verdammten scharenweise verbrannt, verbrüht und geköpft werden.

Nach dem "Unternehmen Weichsel" wurden viele Kirchen von Katholiken, einige auch von Orthodoxen übernommen. Heute sind (trotz der Anstrengungen der Unierten auf Rückgabe der Gebäude) nur einige davon wieder in unierter Hand, andere werden von Katholiken und Unierten gemeinsam genutzt, und nicht wenige sind verlassen.

Südostpolen
Karte S. 346/347

Beskid Niski

Westlich von Sanok führt die Hauptstraße, die der Eisenbahnlinie folgt, durch das Wisłok-Tal nach Gorlice. Es ist eine freundliche, malerische Strecke, an der auf den Höhen des Beskid Niski nach Süden ein paar Dörfer mit Holzhäusern liegen.

Unterwegs trifft man nur selten auf Siedlungen. Im Westen von Krosno kommt erst die mittelalterliche Stadt **Biecz** und danach Gorlice, das sich als Ausgangspunkt für Wanderungen durch den Beskid Niski eignet. Historisch interessant ist **Dukla**, eine abgelegene alte Stadt, die lange Zeit den Przełęcz-Dukielska-Pass, der in die Slowakei führt (den wichtigsten Grenzübergang in ganz Ostpolen), beherrschte.

Krosno

Die Erdölstadt Krosno liegt mitten im Gebiet der reichsten Erdölvorkommen Polens. Allerdings produzieren die Ressourcen der Kreisstadt schon lange nicht mehr genug, und Krosno lebt bereits heute eigentlich mehr von seiner ehemaligen Bedeutung als von dem Blick in die Zukunft.

Auf Grund der Lage an den mittelalterlichen Handelsrouten nach Osten gehörte Krosno in der Renaissance zu den reichsten Städten des Landes, wovon noch heute die prächtigen Bürgerhäuser am Marktplatz zeugen. Die Entdeckung der Erdölvorkommen Ende des 19. Jahrhunderts brachte erneut Reichtum. Heute ist die Ortschaft ein trauriger Platz, an dem anscheinend jeder wirtschaftliche Fortschritt vorbeigegangen ist – eine Stadt, die man am besten mit dem nächsten Bus wieder verlässt.

Vom Bahnhof und dem gleich daneben liegenden Busbahnhof läuft man bergab, biegt nach rechts auf die Hauptstraße und gelangt in etwa 10 Minuten in die auf einem Hügel gelegene Altstadt. Wie immer bildet ein attraktiver **Rynek** das Zentrum. Der Platz ist gesäumt von italienisch wirkenden Kaufmannshäusern mit Laubengängen (wie man sie im Südosten des Landes in vielen Städten findet). Besonders schön ist das **Wojtówska-Palais** (Nr. 12) an der Südwestseite des Rynek. Das Gebäude wurde Anfang des 16. Jahrhunderts gebaut und hat ein wunderschönes Renaissance-Portal. Südlich vom Rynek an der ul. Franciszkańska erhebt sich die spätgotische **Franziskanerkirche** mit der Backsteinfassade, in der einige Renaissance-Grabsteine von wichtigen lokalen Persönlichkeiten und die vom italienischen Barockarchitekten Falconi gebaute Familienkapelle der **Oświęcim** zu sehen sind. Diese befindet sich im Nordflügel der Kirche und hat eine besonders schöne Decke.

Die ul. Sienkiewicza führt vom Rynek weiter in südliche Richtung bis zum pl. Konstytucji 3 Maja, wo ein Denkmal an *Ignacy Łukasiewicz* erinnert, der 1854 im Dorf Bóbrka, 10 km weiter südlich, das erste Erdölbohrloch der Welt aushob. Nördlich des Platzes entlang der Haupteinkaufsstraße, ul. Piłsudskiego, steht die **Pfarrkirche**, ein großer gotischer Bau, der eindrucksvoll im Renaissance- und Barockstil umgearbeitet wurde. Besonders sehenswert sind einige aufwendig geschnitzte Chorstühle und schöne Polychromien über dem Kirchenschiff.

Das **Regionalmuseum** (Muzeum Podkarpacie) im ehemaligen Bischofspalast aus dem 16. Jahrhundert am oberen Ende der ul. Sienkiewicza informiert, wie zu erwarten, über die örtliche Erdölindustrie. Stolz des Museums ist eine Sammlung alter Petroleumlampen, darunter einige aus der Sezessionszeit, aus ganz Europa. Auch diese revolutionäre Erfindung stammt von Łukasiewicz.

Öffnungszeiten **Regionalmuseum** – Mai–Okt. Di–So 10–16 Uhr, Nov.–April 10–14 Uhr; Eintritt 2 Zł.

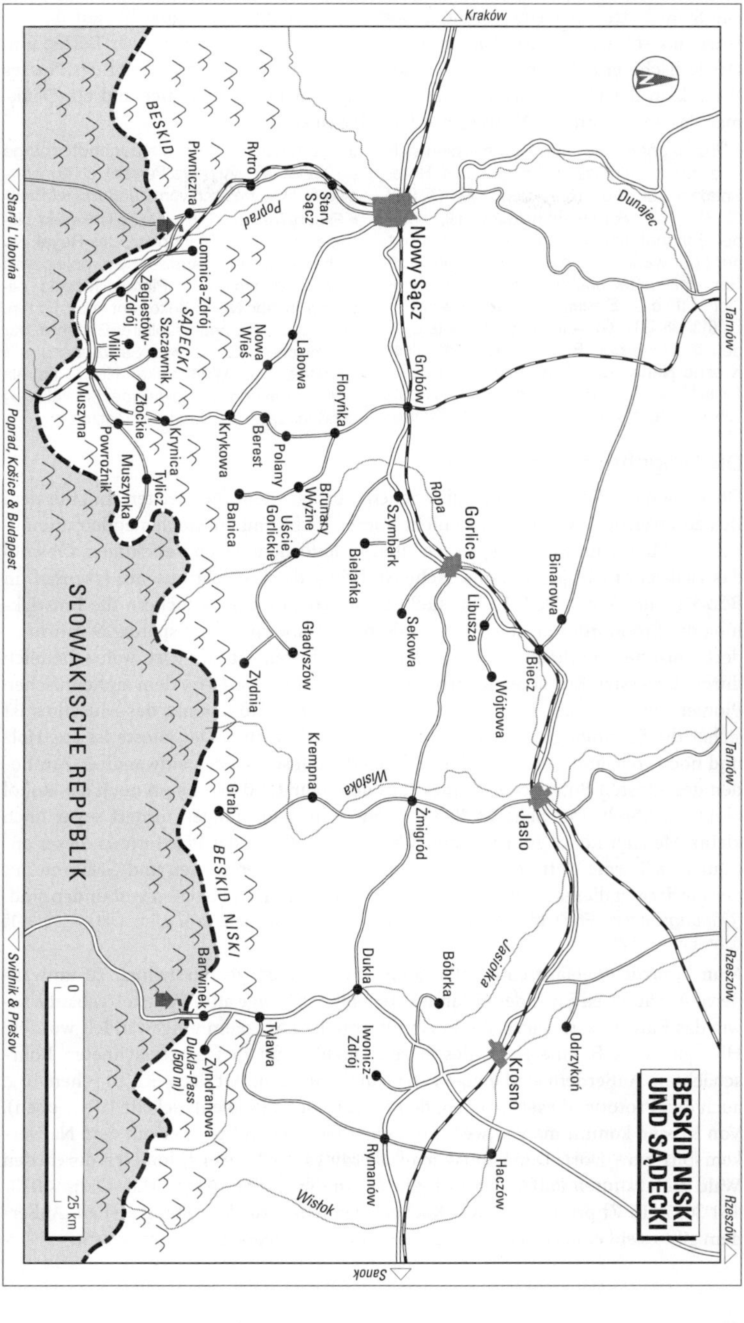

Südostpolen
Karte S. 346/347

Die Stadt hatte einst eine lebendige **jüdische Gemeinde** (sie ging bis auf das 15. Jahrhundert zurück), 1942 kamen die meisten im Konzentrationslager Bełzec um. Der jüdische Friedhof, nordwestlich der Altstadt auf der anderen Seite des Flusses Wistok an der ul. Okerzej, enthält noch ungefähr hundert Gräber und ein Denkmal, das an die von den Nazis ermordeten Juden erinnert.

• *Übernachten* Die Unterkünfte lassen sich kurz zusammenfassen. Es gibt das **Hotel Śnieżka**, ul. Lewakowskiego 22 (✆ 013/ 432 3449, sniezka1@polbox.com; H), nahe bei Bahnhof und Busbahnhof. Es verfügt nur über wenige Zimmer, alle mit sanitären Gemeinschaftseinrichtungen. Ähnlich einfach ist das **Elenai**, ul. Łukasiewicza 3 (✆ 013/436 4334; G). Auf Geschäftsleute ausgerichtet ist der Beton- und Glaspalast **Krosno-Nafta**, ul. Lwowska 21 (✆ 013/ 436 6212, www.hotel.nafta.pl; C), südwestlich des Zentrums an der Sanoker Straße. Im Sommer hat auch die **Jugendherberge** (✆ 013/432 1009; 20 Zł pro Person), ul. Konopnickiej 5, 2 km westlich vom Zentrum geöffnet.

• *Essen/Trinken* Einige Möglichkeiten bieten sich auf dem Marktplatz. Das **Royal**, Nr. 5, hat eine gute Auswahl an polnischen Standardgerichten. Im **Piccolo Mondo**, nebenan in der Nr. 6, bekommt man Pizzen, aber auch anspruchsvollere Gerichte der italienischen Küche wie *Saltimbocca alla Romana*. Das **Wójtowska**, Nr. 7, ist ein Speiselokal und eine *piewnica* (Bierkeller) in schöner Lage am Rand des Platzes.

Die Umgebung von Krosno

Die Region um Krosno bietet einige Sehenswürdigkeiten. Die meisten sind mit dem Bus zu erreichen, was allerdings nicht immer leicht und an Wochenenden unmöglich ist. Man kann zum Beispiel die alten Erdölförderanlagen besichtigen. Obwohl das vielleicht nicht jedermanns Sache ist, bringt das Freilichtmuseum (*skansen*) in **Bóbrka**, ein kleines Dorf 10 km südlich von Krosno, den Besuchern die Entwicklung der Erdölförderung, die in den Tälern der Ostkarpaten im späten 19. Jahrhundert florierte, anschaulich näher. Am bekanntesten ist der Ort wahrscheinlich durch den ersten Erdölbohrschacht der Welt, der hier 1854 von dem einheimischen Pionier Ignacy Łukasiewicz ausgehoben wurde. Der Höhepunkt des Museums ist sicher die Sammlung der frühen Bohr- und Fördertürme. Der älteste ist aus Holz und noch vollständig erhalten, und einige arbeiten sogar noch einwandfrei. Am Boden des ältesten Bohrturms "Franek" aus dem Jahr 1860 kann man noch das Rohöl blubbern hören. Der Schacht "Janina", nur zehn Jahre jünger, fördert sogar noch kleine Mengen Rohöl zum Verkauf. Wenn man auf eine der Plattformen dieser antiquierten Türme klettert, versteht man, welche Schwierigkeiten und Gefahren mit der Förderung dieses wichtigsten Rohstoffes auf unserem Planeten verbunden sind.

Öffnungszeiten **Freilichtmuseum Bóbrka** – Di–So, Mai–Sept. 9–17 Uhr; Okt.–April 9–15 Uhr. Eintritt 4 Zł.

Man braucht ungefähr eine halbe Stunde, um die ganze Ausstellung zu umwandern. Am äußeren Ende des Geländes stehen noch einige alte Werkstattgebäude sowie das Büro Łukasiewiczs, die in ein informatives Museum umgewandelt wurden. Hier gibt es z. B. eine Karte des ersten Ölfeldes mit den eingezeichneten Bohrschächten. Außerdem sind einige Petroleumlampen im Art déco-Stil zu sehen, u. a. auch den Prototyp dieser Lampen, den Łakasiewicz's 1853 entwickelte (siehe oben). Von Krosno kommt man entweder mit einer Gruppe im Bus oder mit dem Nahverkehrsbus zum Dorf. Dann muss man allerdings noch zwei Kilometer durch den Wald zum *skansen* laufen. Im Ort gibt es eine Jugendherberge (Mai–Okt; ✆ 013/ 431 3097; 15 Zł pro Person), wo Kochgelegenheiten zur Verfügung stehen. Außerdem gibt es ein einfaches Café im Freilichtmuseum, jedoch kein Restaurant.

Wer sich noch weiter in der Umgebung von Krosno umsehen möchte, sollte die **Kamieniec-Burg**, eine der ältesten Festungen der Region, in **Odrzyko**, 8 km nördlich (Busse fahren unregelmäßig), besichtigen.

Haczów, 12 km östlich, ist eine mittelalterliche Stadt, die im 14. Jahrhundert von Deutschen und Schweden besiedelt wurde. Hier steht eine wunderschöne **gotische Kirche** aus dem 15. Jahrhundert, mit einer schönen Sequenz aus der Passionsgeschichte und dem Leben Marias sowie der Heiligen. Die Darstellungen sind in mehreren Reihen angeordnet und erhellen die Wände des Kirchenschiffs. Einige Elemente der Originaldekorationen wurden in die gegenüberliegende Kirche überführt. So z. B. eine berühmte holzgeschnitzte *Pietà* aus dem 15. Jahrhundert. Die Holzkirche ist normalerweise verschlossen, aber der Priester wohnt direkt gegenüber und öffnet sie gerne während des Tages.

Iwonicz-Zdrój, 11 km südöstlich von Krosno, ist einer der schönsten der kleinen Kurorte, die in die von Flüssen durchzogenen Täler der Region **Beskid Niski** gebettet sind. Die kleineren Hügel, die sich westlich der Beskiden erstrecken, sind die Fortsetzung der Karpatenkette. Die Stadt ist die ideale Ausgangsbasis für Wanderungen in die umliegenden Hügel. Schöne Wanderwege führen beispielsweise ins 6 km westlich gelegene Dukla.

Die Hauptdurchfahrtsstraße von Iwonicz Zdrój ist eine vornehme Promenade und in der Saison voller Urlauber. Viele sind in den zahlreichen *pensjonaty* untergebracht, in denen auch die Kurgäste wohnen, die wegen des Heilwassers hier sind.

• *Übernachten* Zu den empfehlenswertesten Unterkünften zählen das **Pod Jodłą**, al. Torosiewicza 1 (✆ 013/435 0115; E), ein beliebtes und stilvolles Hotel, hinter dem Sanatorium – leider gibt es hier kein Restaurant; das ähnliche Hotel **Energetyk**, ul. Piwarskiego 26 (✆ 013/435 0311; F), und das Hotel **Klimat**, al. Parkowa 2 (✆ 013/435 0767; H). Letzteres ist etwas bescheidener, hat einfache Zimmer mit Bad und ein eigenes Restaurant. Abends spielt eine Tanzkapelle (die vielleicht nicht jedermanns Geschmack ist).

• *Essen* Auch im Restaurant **Iwoniczanka**, al. Słoneczna 16, spielt eine Hauskapelle zum Tanz auf. Weiterhin gibt es die **Pizzeria Joanna**, al. Słoneczna 7. In der Hochsaison öffnen viele recht anspruchslose Kneipen, an der Promenade.

Südostpolen
Karte S. 346/347

Dukla

24 km südlich von Krosno liegt Dukla, jahrhundertelang der wichtigste Grenzübergang in den Bergen an der Handelsstraße von der Ostsee nach Ungarn und Mitteleuropa.

Diese Lage hat dem Ort allerdings auch eine oft blutige Geschichte gebracht. So starben im letzten Krieg mehr als 60.000 sowjetische Soldaten und 6.500 tschechische und slowakische Partisanen bei dem (letztlich erfolgreichen) Versuch, den Deutschen den Pass zu entreißen. Dieses Ereignis ist auf beiden Seiten der Grenze in Erinnerung geblieben.

Heute ist Dukla, das nach den Zerstörungen neu aufgebaut wurde, ein ruhiger, windiger, nicht sehr spektakulärer Ort, eine typische Grenzstadt mit einem etwas unheimlichen, an eine Kulisse erinnernden Marktplatz. Es gibt nur wenige Sehenswürdigkeiten, die **Pfarrkirche**, ein in Pastellfarben gehaltener Bau aus dem Barock mit Innendekorationen aus dem Rokoko, ist eine davon. Auch der ehemalige Palast der Mniszech Familie auf der anderen Straßenseite ist sehenswert. 1944 wurde er stark angeschlagen und beherbergt heute das Heimatmuseum. Hier wird besonders auf die Kriegszeit und die schrecklichen Ereignisse im "Tal des Todes" eingegangen. Außerdem gibt es in dem angrenzenden Park einige sowjetische und polnische Kriegsgeräte.

• *Öffnungszeiten* **Heimatmuseum** – Mai–Sept. Di–So 10–17 Uhr, Okt.–April Di–So 10–15 Uhr. Eintritt 3 Zł.

• *Übernachten/Essen* Für eine Übernachtung bieten sich die einfache PTTK-Herberge **Dom Wycieczkowy** am Marktplatz Nr. 18 (✆ 013/433 0046) mit einfachen Doppelzimmern (I) und Schlafsaalbetten (20 Zł pro Person) an; oder die **Jugendherberge** am Trakt Węgierski 14 (✆ 013/433 0008; nur Juli–Aug.; 20 Zł pro Person). Ansonsten können Sie bei der PTTK nach **Privatzimmern** fragen. In **Lipowica**, etwa 1,5 km südlich der Stadt auf der Straße nach Barwinek und der slowakischen Grenze, gibt es weitere Hotels, wie z. B. das angenehme **Rysieńka**, (✆ 013/433 0149; H), wo man auch essen kann. In der Stadt bietet sich für eine Mahlzeit z. B. das Restaurant des PTTK Hotels **Basztowa** an. Es befindet sich auf dem Marktplatz gegenüber vom Rathaus. Das **Granicze** gleich um die Ecke, ul. Kościuszki, ist etwas besser.

Umgebung von Dukla

Zyndranowa befindet sich etwa 25 Kilometer südlich von Dukla, auf der Straße nach Barwinek. Der Ort besteht nur aus ein paar Bauernhäusern, jedoch gibt es hier, ganz nah an der slowakischen Grenze, ein weiteres Freilichtmuseum über die Kultur der Lemken. Es wurde 1966 von Teodor Gocz, einem energischen einheimischen Vertreter der Lemkenkultur, gegründet. Das Museum ist in hölzernen Bauernhäusern untergebracht, die die typische ländliche Architektur der Lemken zum Ausdruck bringen. Die Sammlung selbst besteht aus religiöser Volkskunst, Trachten und ehrwürdigen alten landwirtschaftlichen Geräten. Es gibt auch eine Dokumentation über die Folgen des "Unternehmens Weichsel" (siehe S. 420). Die sowjetischen Uniformen und anderen militärischen Überbleibsel aus der Schlacht am Dukla Pass im Jahr 1944 hat man in den letzten Jahrzehnten in den Wäldern der Umgebung gefunden. Etwa 200 Meter weiter steht an der Straße ein gerade renoviertes jüdisches Dorfhaus (*chata*), das nun in das Freilichtmuseum eingegliedert wurde (ein sehr ungewöhnliches, aber löbliches Unterfangen). In dem Haus befindet sich eine informative und gut ausgearbeitete Ausstellung über ländliches jüdisches Leben und Kultur. Die einzige Möglichkeit, zum Museum zu gelangen, ist mit dem Nahverkehrsbus von Dukla: Man fährt auf der Hauptstraße bis südlich hinter **Tylawa** und steigt bei der ausgeschilderten Abzweigung aus, dann muss man noch 5 km laufen (oder per Anhalter fahren).

• *Öffnungszeiten* **Freilichtmuseum Dukla** – Di–So, Mai–Sept. 9–16 Uhr, Okt.–März, 10.30–15.30 Uhr. Eintritt 4 Zł.

• *Verbindungen* Westlich von Dukla fahren pro Tag 1–2 Busse durch die Berglandschaft nach **Gorlice.** Wenn Sie mit dem Auto unterwegs sind oder per Anhalter fahren möchten, lohnt sich eine Erkundungstour auf den schmalen Landsträßchen des Beskid Niski.

Biecz

Über Biecz, eine der ältesten Städte Polens, wurde im Mittelalter fast die gesamte Ausfuhr von Wein aus Ungarn nach Norden abgewickelt. Dieser blühende Handel dauerte bis zur Mitte des 17. Jahrhunderts an, dann zerstörte die "schwedische Sintflut" die wirtschaftlichen Strukturen, zum Glück aber nicht die Stadt. Heute ist es ein friedlicher Ort im Hinterland, dessen spektakuläre Architektur noch an die Glanzzeiten erinnert. Man hat bisher noch nicht verstanden, den geschichtlichen Reichtum der Stadt touristisch zu nutzen.

Züge und Busse halten nahe beim Zentrum. Von hier ist es zu Fuß nicht mehr weit in die Altstadt, die oben auf der Anhöhe liegt. Den **Rynek** beherrscht der fünfzig Meter hohe Turm des **Rathauses** aus der Spätrenaissance, der gerade renoviert wird. In Richtung Westen entlang der ul. Wigierka gelangt man zur großen **Pfarrkirche**, einer massiven gotischen Backsteinstruktur mit einem befestigten Glockenturm. Innen stehen noch Kirchenbänke aus Renaissance und Gotik, ein Hochaltar aus dem 17. Jahrhundert und eine Kanzel aus demselben Jahrhundert, die mit Darstellungen von Musikanten verziert ist. Besichtigungen sind nur während der Gottesdienste am Sonntag oder unter der Woche möglich: Die Termine sind an der Kirche angeschlagen. Auf der anderen Straßenseite, ist in einem Patrizierhaus aus dem frühen 16. Jahrhundert, das einst Teil der Stadtbefestigungen war, das gut organisierte **Stadtmuseum** untergebracht. Seine Sammlung ist sehr umfassend und schon fast beängstigend detailliert. Sie enthält z. B. Musikinstrumente aus dem Barock, wie alte Dudelsäcke und Drehleiern, landwirtschaftliche Geräte aus dem frühen 17. Jahrhundert sowie Schreinerwerkzeuge, ein riesiges ungarisches Weinfass aus dem frühen 17. Jahrhundert, das 9000 Liter fasst, und die vollständige Einrichtung einer alten Apotheke mit medizinischen Büchern aus dem 16. Jahrhundert, Kräutern und Medizinfläschchen. Bei einer Führung werden Sie auch darüber informiert, das Biecz früher einmal eine Schule für Scharfrichter hatte. Der Beruf war hier gut im Geschäft: Im Jahr 1614 fanden z. B. 120 öffentliche Exekutionen auf dem Marktplatz statt. Eine weitere Abteilung des Museums, die sich mit der verworrenen Geschichte der Stadt beschäftigt, befindet sich in der ul. Kromera 1 (gleiche Öffnungszeiten).

• _Öffnungszeiten_ **Stadtmuseum** – Mai–Sept. Di–Fr 9–17 Uhr, Sa 8–16 Uhr, So 9–14 Uhr; Okt.–April Mo–Sa 8–15 Uhr, So 9–14 Uhr. Eintritt 2 Zł.

• _Übernachten/Essen_ Für eine Übernachtung empfehlen sich nur drei Möglichkeiten: das **Grodzka Hotel**, ul. Kazimierza Wielkiego 35 (✆ 013/447 1121; H), ist in einer ehemaligen Synagoge in der Nähe des Bahnhofs auf der Krosnoer Straße untergebracht. Das wesentlich feudalere **Centennial**, Rynek 8 (✆ 013/447 1576; B), bietet phantastischen Luxus. Die gute **Jugendherberge** oberhalb des Grodzka, ul. Parkowa 1 (✆ 013/ 447 1829), ist das ganze Jahr über geöffnet und befindet sich im obersten Stockwerk einer Schule. Für eine Mahlzeit empfehlen sich z. B. das **U Becza**, ein angenehmes Restaurant in einem der alten Fachwerkhäuser am Marktplatz, oder das Restaurant im Hotel **Centennial**, das französische und mediterrane Küche zu gesalzenen Preisen bietet. Rund um den Marktplatz gibt es noch einige einfachere Cafés und Snackbars.

Die Umgebung von Biecz

In mehreren Dörfern in der Nähe von Biecz gibt es wunderschöne Holzkirchen. Hat man dagegen nur Zeit für einen kurzen Ausflug, sollte man mit dem Bus oder Taxi nach **Binarowa** fahren. Es liegt 5 km nördlich von Biecz. Die um 1500 erbaute Holzkirche besitzt ein fein ausgemaltes Inneres, das durchaus mit der viel bekannteren Kirche in Dębno in den Podhale mithalten kann. Die Polychromien sind z. T. noch die ursprünglichen, z. T. handelt es sich um hinzugefügte Bemalungen aus dem 18. Jahrhundert. Die Bilder um den Altar herum sind besonders schön, das Gemälde von Christus' Auferstehung zeigt im Hintergrund kauernde Teufel mit großen Augen und langen Nasen. Außerdem gibt es Darstellungen des jüngsten Gerichts, die ebenfalls mit teuflischen Kreaturen bevölkert sind.

Südostpolen
Karte S. 346/347

Gorlice

Eigentlich ist es seltsam, dass sich ausgerechnet **Gorlice** als Ausgangspunkt für Ausflüge zum Beskid Niski, der westlichen Verlängerung der Beskiden, durchgesetzt hat. Die Luftverschmutzung in der Stadt und ihrer nächsten Umgebung ist sehr störend. Genau wie Krosno war Gorlice hundert Jahre lang von der Erdölindustrie beherrscht. Hier gründete Ignacy Łukasiewicz 1853 die erste Raffinerie der Welt.

Auch das Heimatmuseum, am zerfallenen Rynek in der ul. Waska (Di–Fr 9–16 Uhr, Sa & So 10–14 Uhr, bitte an der Tür klingeln), beschäftigt sich mit Łukasiewicz und der Geschichte der Erdölförderung. Die anderen Sehenswürdigkeiten haben mit der Geschichte von Gorlice zu tun. Die Stadt war der Schauplatz einer der größten Schlachten zwischen den Russen und den österreichisch-ungarischen Truppen im Ersten Weltkrieg. Das Vermächtnis der blutigen Schlacht, die über vier Monate dauerte und über 20.000 Opfer forderte, sind die Kriegsfriedhöfe, die sich rund um die Stadt erstrecken. Einer lieg westlich des Rynek an der ul. Krakowska, 3 km südlich der Stadt an einer Abzweigung der ul. Łokietka, und der größte liegt im Bezirk Korczak, etwa 2 km nordwestlich vom Zentrum. Der düstere, von einer Mauer umgebene Ort wird gerade renoviert. Unter den 850 Grabsteinen findet man die Namen von russischen, polnischen, ungarischen und tschechischen Soldaten. Nur einen kurzen Fußmarsch in südliche Richtung entfernt ist der jüdische Friedhof, ein Überbleibsel der einst starken jüdischen Gemeinde, die vor dem Zweiten Weltkrieg 50 % der Bevölkerung ausmachte. Ein Denkmal erinnert an die Juden, die von den Nazis in den Wäldern der Umgebung und im Lager Bełżec ermordet wurden.

• *Anfahrt/Verbindungen* **Busbahnhof** und **Bahnhof** sind beide in der Nähe des Zentrums im Norden der Stadt. Der Bahnhof ist Endhaltestelle des Zuges aus Krosno. Züge nach Tarnów und weiter nach Krakau fahren von Gorlice Zagorzany, 2 km weiter nördlich (häufige Zug- und Busverbindungen).

• *Information* **IT-Büro** in der ul. Legionów 3 (Mo–Fr 9–17 Uhr; ✆ 018/353 5091).

• *Übernachten* Unterkunft findet man z. B. im **Dom Nauczyciela**, einem Lehrerhotel, ul. Wróblewskiego 10 (✆ 018/353 5231; I), in Fußnähe zum Rynek (die Rezeption ist ab 17 Uhr geöffnet). Außerdem: Hotel **Max**, ul. Legionów 6d (✆ 018/352 1628; G); und das **Hotel Lipsk**, 2 km Richtung Krosno, ul. Chopina 43 (✆ 018/353 6766, wczasy@glinik.gorlice.pl; H). Zudem gibt es eine **Jugendherberge**, ul. Wyszyńskiego 16 (✆ 018/353 5746; 16 Zł pro Person), am Rande der Stadt, ist nur im Sommer geöffnet. Für eine Mahlzeit bietet sich das **Biesiadna**, ul. Piłsudskiego 6, mit traditionellen polnischen Gerichten und frischem Fisch, an, oder das **Patio**, Rynek 3, das gute Nudelgerichte serviert. Im Keller des Rathauses gibt es außerdem eine Snackbar (kawiarnia).

Die Umgebung von Gorlice

Wenn Sie es nicht eilig haben, sollten Sie in **Sękowa**, 7 km südöstlich von Gorlice, Halt machen. Hier steht eine der schönsten Holzkirchen der Gegend, die polnische und lemkische Stilelemente zeigt. Der elegante Bau aus dem frühen 16. Jahrhundert wurde über die Jahrhunderte mehrmals umgebaut und im ersten Weltkrieg von den Österreich-Ungarn geplündert – sie versorgten sich hier mit Feuerholz. Die Kirche hat die abschüssigen Ziegeldächer, den hohen Glockenturm und die schützende Veranda (*soboty*), die für die römisch-katholischen Kirchen im Süden des Landes typisch sind. Abgesehen von einem barocken Hochaltar ist nicht viel von der Originaldekoration geblieben. Die Kirche ist normalerweise geschlossen, aber die Nonnen, die gegenüber wohnen, öffnen sie gerne für Besucher. Von Gorlice fährt der Bus Nr. 17 hierher, er hält ungefähr 500 Meter von der Kirche entfernt.

Pferdeliebhaber werden sicher gerne das Gestüt in **Gładyszów**, 25 km südöstlich von Gorlice besichtigen wollen (der bessere Weg über Uście Gorlickie ist etwas länger). Hier werden einige der karpatischen *hucule*-Pferde gezüchtet, und man kann sehr preiswert Pferde für Ausritte in die umliegenden Berge mieten. (Für Informationen wenden Sie sich an Stadnina Koni Huculskich Gładyszów, 38–309 Gładyszów, Woj. Nowy Sącz (✆/℡ 018/351 0018).

Südlich von Gorlice

Der Beskid Niski ist eher eine Hügellandschaft und weniger schroff als die Beskiden. Aber hier kann man vorzüglich wandern, denn die Landschaft hat einiges zu bieten.

Die Einheimischen, vorwiegend **Lemken**, heißen die wenigen Wanderer, die in dieses Gebiet kommen, herzlich willkommen. In vielen Dörfern findet man schöne, für die Region typische **Holzkirchen**. Sie sind absichtlich so gebaut, dass sie von den Bäumen verdeckt werden und ihre rundliche Form und ihr rustikales Äußeres mit der Landschaft verschmelzen. Die ältesten stammen aus dem 15. Jahrhundert, die meisten sind jedoch aus dem 18. Jahrhundert oder jüngeren Datums. Aus Sicherheitsgründen sind die Kirchen normalerweise nur während der Gottesdienste geöffnet, aber der Pfarrer oder der Hausmeister schließen sie auch hin und wieder für Besucher auf.

Auf den Grabsteinen der Friedhöfe in der Umgebung von Gorlice liest man häufig Namen, die so gar nicht polnisch klingen. Sie erinnern an die denkwürdige Schlacht zwischen Österreich-Ungarn und den Russen im Jahr 1915 (siehe Gorlice). Mehr über dieses Thema erfahren Sie in dem polnischen Führer *Galicyjskie Cmentarze Wojenne, tom 1: Beskid Niski I Pogórze* von Roman Frodyna (Rewasz, 1995), der vor Ort im Buchhandel erhältlich ist.

Einzelheiten über **Wanderwege** in den Bergen enthält das *Handbuch der PTSM Jugendherbergen*, das in den Fremdenverkehrsbüros in Städten wie Krosno und Gorlice erhältlich sein sollte. Eine gute Karte trägt wesentlich dazu bei, dass man diese Region genießt, die beste ist die *Beskid Niski i Pogórze*, die man in den Buchhandlungen der Gegend und bei der Touristeninformation kaufen kann.

Die längste Strecke für ganz Ehrgeizige, auf der Karte blau markiert, ist rund 80 km lang und verläuft von **Grybow**, 12 km westlich von Gorlice, an der slowakischen Grenze entlang bis nach **Komańcza**.

• *Übernachten* **Jugendherbergen** (Juli/Aug.) finden sich etwa alle 20–30 Kilometer auf der Strecke: in Uście Gorlickie und Hańczowa (1. Tag), Grab (2. Tag), Barwinek (3. Tag) und Rzepedź (4. Tag). Alle liegen in der Nähe von Bushaltestellen, die unregelmäßig von Bussen aus Gorlice und Nowy Sącz angefahren werden.

▸ **Bielanka**: Nachdem nun die Lemken und Bojken allmählich in ihre Heimat zurückkehren, ist auch das Interesse an ihrer kulturellen und sprachlichen Tradition wieder erwacht. In **Bielanka**, 10 km südwestlich von Gorlice, ist das *Łemkownja Musik- und Tanzensemble* zu Hause. Es war schon auf Tourneen in der Ukraine, Kanada und den USA zu bewundern. In letzter Zeit ist es zwar nicht mehr ganz so aktiv, aber am Wochenende kann man hin und wieder bei Proben im Rathaus zuschauen. In **Zydnia**, einem entlegenen Dorf etwa 15 km südöstlich von Bielanka, nahe der slowakischen Grenze, findet jedes Jahr das bemerkenswerte **Festival der Lemken und Ukrainer** (*Vatra*) statt. Es dauert drei Tage, und Musiker von überall aus den Karpaten, der Ukraine und der Slowakei treten auf.

Südostpolen
Karte S. 346/347

Die Bergbewohner sind außerordentlich gastfreundliche Menschen

Der Beskid Sądecki

Der Bergzug, der sich westlich von Gorlice entlang zieht heißt **Beskid Sądecki**, ein Mittelgebirge, in dem es inzwischen wieder eine zahlenmäßig recht starke Lemkenbevölkerung gibt und viele bezaubernde Holzkirchen. Ausgangspunkt für Ausflüge in dieses Gebiet ist die Kreisstadt Nowy Sącz. Ansonsten gibt es wenig mehr als kleine Weiler, verstreute Dörfer und traditionelle Bauernhöfe. Der einzig andere Anziehungspunkt der Gegend sind die Kurstädte, wie z. B. das bekannte Heilzentrum **Krynica**. Wenn Sie die Gegend noch weiter erkunden möchten, sollten Sie sich die Karte *Beskid Sądecki: Mapa Turystyczna(1:75.000* besorgen, die fast überall erhältlich ist. Sie ist besonders hilfreich, wenn man sich auf die Suche nach den über die Berge und Täler verstreuten *cerkwie* macht.

Nowy Sącz

Der wichtigste Marktflecken im Beskid Sądecki und gleichzeitig auch seine Kreisstadt liegt am Fluss Dunajec. Der Ort ist ziemlich entlegen und ideal als Ausgangspunkt für Ausflüge in die Berge.

Vom 14. bis zum 17. Jahrhundert war die Stadt sehr bekannt, sie fungierte nämlich als Königsresidenz. Außerdem entwickelte sich hier im 15. Jahrhundert der **Krakau-Sącz-Malstil**, die erste anerkannte polnische "Schule". Ende des 17. Jahrhunderts begann für Nowy Sącz eine lange Zeit des Niedergangs, die bis ins späte 18. Jahrhundert andauerte. Dann ergab sich durch die Entwicklung der Eisenbahnen in dem von den Österreichern regierten Galizien ein Aufschwung, auch die jüdische Bevölkerung nahm stark zu. Aufgrund der schweren Schäden, die durch die Deutschen im Zweiten Weltkrieg entstanden waren, pumpten die neuen kommunistischen Verwaltungsorgane viel Geld in den Wiederaufbau und den Ausbau. Nowy Sącz erlebt nun so etwas wie einen zweiten Frühling, was sicher auch damit zu tun hat, dass man die einst bedeutende Stadt selbst zu kommunistischen Zeiten nie so ganz aus den Augen verlor. Die Renovierung der Altstadt macht rasch Fortschritte, und obwohl man Sącz noch lange nicht als blühende Metropole bezeichnen kann, gibt es zumindest im Zentrum viele Anzeichen für einen neuen Reichtum.

In der Mitte des weitläufigen **Rynek** in der Altstadt steht das nicht recht ins Bild passende neugotische **Rathaus**, in dem neben Ratssitzungen gelegentlich auch Kammermusikkonzerte stattfinden. Im Sommer öffnen auf dem Rynek eine Reihe von Straßencafés und Bars, die dem Ort eine belebte und geschäftige Atmosphäre verleihen, wie er sie seit Jahren nicht gekannt hat. Die zum Großteil rekonstruierte gotische Kirche **St. Margaret** (Św. Małgorzata), ein Gewölbe gleich hinter der Ostseite des Platzes, weist die schon vertrauten barocken Verzierungen auf, verschont wurden nur zwei Renaissance-Altäre. Wie viele der umliegenden Häuser ist auch sie gerade frisch renoviert worden.

Auf der anderen Straßenseite ist im ehemaligen Haus des Kanonikus aus dem 16. Jahrhundert (an der ul. Lwowska) heute das **Stadtmuseum** untergebracht. Hier sind einige wenige Werke aus der Krakau-Sącz-Schule ausgestellt, die nicht in die Nationalmuseen von Krakau und Warschau gebracht wurden. Der Einfluss orthodoxer Themen, der normalerweise durch die "verwestlichten" unierten Kunstströmungen durchscheint, ist auch in diesen Werken aus der Region sichtbar, viele Gemälde arbeiten mit naiven Proportionen der weit verbreiteten religiösen Kunst. In den übrigen Räumen findet man unter anderem eine Ikonensammlung, die aus *cerkwie* der Umgebung stammt. Die Sammlung ist zwar nicht ganz so umfangreich wie die in Sanok, aber doch groß genug, um einen eigenen Regionalstil in der Ikonenmalerei erkennen zu lassen. Es gibt u. a. einige wunderschöne Exemplare der *Hodigitria* (Heilige Jungfrau mit dem Kind), ein Thema, das besonders in der unierten Ikonographie beliebt ist, sowie eine vollständige Ikonostase. Daneben ist auch viel Volkskunst ausgestellt, z. B. ein paar typisch polnische Skulpturen eines *Christus Frasobliwy*, eines sitzenden Christus, der das traurige Gesicht mit einer Hand stützt.

Öffnungszeiten Di–Do 10–15 Uhr, Fr 10–17 Uhr, Sa u. So 9–14.30 Uhr. Eintritt 3 Zł.

Die ehemalige **Synagoge** aus dem 17. Jahrhundert an der ul. Berka Joselewicza im ehemaligen jüdischen Stadtteil nördlich des Rynek beherbergt heute eine Galerie für zeitgenössische Kunst. Das Haus, wo der beliebte Zaddiq Chaim Ben Halberstam aus dem 19. Jahrhundert lebte, wurde so gut modernisiert, dass von der einstigen Synagoge nicht mehr viel zu erkennen ist. Zum Trost dafür gibt es eine kleine Fotoausstellung über das jüdische Leben vor Ort – die 10.000 Kopf starke Gemeinde machte vor dem Ersten Weltkrieg 30 % der Stadtbevölkerung aus. Eine Broschüre in englischer Sprache zeigt den ehemaligen Grundriss des Judenviertels der Altstadt: Allein auf dem nördlichen Teil der ul. Karimierza Wielkiego gab es vier Synagogen, von denen heute allerdings keine Spuren mehr vorhanden sind. Die Umgebung wurde unter den Nazis zum Ghetto umgewandelt. Die Liquidierung des Ghettos fand im August 1942 statt, damals wurden die Insassen entweder erschossen oder ins Konzentrationslager Bełżec verschleppt. Das kürzlich renovierte Grab *(ohel)* von Ben Halberstam befindet sich auf dem überwachsenen jüdischen Friedhof in der ul. Rybacka, auf der anderen Seite des Flusses am Nordrand der Stadt. Ein Denkmal erinnert an die Massenexekutionen der Nazis an den hiesigen Juden.

Öffnungszeiten **Galerie** – Mi/Do 10–15 Uhr, Fr 10–18 Uhr, Sa/So 10–14.30 Uhr. Eintritt 3 Zł.

Geht man wieder über den Fluss zurück zum Nordrand der Altstadt, trifft man auf die Ruinen der **Burg**, die unter Kazimierz dem Großen errichtet wurde. Von hier hat man einen schönen Blick ins Tal. Der Ort hat eine traurige Vergangenheit: Nachdem die Deutschen hier einheimische Zivilisten in Massenexekutionen hingerichtet hatten, sprengten sie die Burg 1945 in die Luft. Weiter südlich an der ul. Lwowska findet der **Russenmarkt** statt, der auch "Roter Platz" genannt wird. Es gibt einige feste Buden, andere stellen ihre Waren auf Tapeziertischen oder Plastikfolien aus. Abenteuerlustige Käufer können hier mit etwas Glück ein Schnäppchen machen, sollten allerdings auf ihr Portemonnaie aufpassen!

Etwa 3,5 Kilometer östlich von der Stadt, in der Długoszewskiego 83, gibt es ein Freilichtmuseum (*skansen*). Man erreicht es zu Fuß, wenn man schnell geht, in ca. 40 Minuten oder mit dem Bus Nr. 14 bzw. 15 vom Eisenbahn- oder Busbahnhof bzw. von der ul. Lwowska. Es bietet eine umfassende, noch immer wachsende Sammlung regionaler Bauernarchitektur. Wenn man das Freilichtmuseum in Sanok gesehen hat, kommen einem die Häuser, einschließlich einiger neu aufgebauter Kirchen in der Abteilung Lemken und Pogórzanie bekannt vor. Was man dagegen bestimmt noch nicht gesehen hat, sind die Reste eines Weilers der Roma aus den Karpaten – durchaus realistisch in einiger Entfernung vom Hauptdorf – und ein paar Herrenhäuser, darunter ein anmutiges Beispiel aus dem 17. Jahrhundert aus Małopolska/Kleinpolen, bemerkenswert daran auch die originale Wandbemalung im Inneren.

Öffnungszeiten Mai -Sept. Mo–Sa 10–17 Uhr, So 10–14 Uhr; 5 Zł.

Information/Verbindungen

• *Information* Online-Informationen erhält man über www.nowy-sacz.pl. Die wichtigste **Touristeninformation** befindet sich in der ul. Piotr Skargi 2 (Mo–Fr 9–17 Uhr, Sa 9–14 Uhr; ✆ 018/443 5597), mit einer guten Auswahl an Karten und Broschüren. Man ist hier sehr hilfreich, obwohl nicht immer englischsprachiges Personal anwesend ist. Das Büro der **PTTK** am Rynek 9 (Mo–Fr 9–17 Uhr; ✆ 018/443 7457) ist besonders nützlich für Informationen über Wandermöglichkeiten in der Gegend. Das **Poprad-Büro** im Hotel Panorama gibt Auskunft über Rafting-Touren in die Dunajec-Schlucht. Im Empik-Buchladen, Rynek 17, erhält man alle lokalen Wanderkarten, www.nowy-sacz.pl.

• *Anfahrt/Verbindungen* Es gibt zwei **Bahnhöfe**: Vom Miasto in der Nähe der Altstadt fahren nur Nahverkehrszüge (*osobowy)* nach Chabówka auf der Linie Krakau–Zakopane. Alle anderen fahren ab Dworzec Główny, 2 km südlich der Stadt. **Shuttlebusse** verkehren zwischen dem Dworzec Główny und dem Stadtzentrum und halten auch am **Busbahnhof** in der ul. Staszica.

Übernachten

Es gibt eine vernünftige Auswahl an Unterkünften. Außer einigen Privatzimmern (I–H), die die Touristeninformation vermittelt, gibt es das Hotel **Panorama**, ul. Romanowskiego 4a (✆ 018/443 7145; F),. Es ist die erste Wahl – zentral, preiswert und angenehmer als das benachbarte Hotel der Orbiskette **Beskid**, ein siebenstöckiger Betonklotz in der Nähe des Bahnhofs, ul. Limanowskiego 1 (✆ 018/442 5770, beskid@orbis.pl; C–B). Weiterhin gibt es das kleine, einfache **Zajazd Sądecki**, ul. Król. Jadwigi 67 (✆ 018/443 6717; H), 3 km östlich der Stadt an einer Kreuzung. Es verfügt über einfache Zimmer mit Bad. 1 km östlich vom Rynek liegt ein Barackenblock, das **PTTK Hotel**, ul. Jamnicka 2 (✆ 018/441 5012; H), mit einfachen Doppelzimmern und 3-Bettzimmern mit sanitären Gemeinschaftseinrichtungen. Mit den Bussen Nr. 14 und 15 gelangen Sie vom Bahnhof dorthin. Die ganzjährig geöffnete **Jugendherberge** in der ul. Batorego 72 (✆ 018/442 3241) ist zu Fuß vom Bahnhof schnell erreichbar. Neben dem PTTK-Hotel gibt es im Sommer einen **Zeltplatz**.

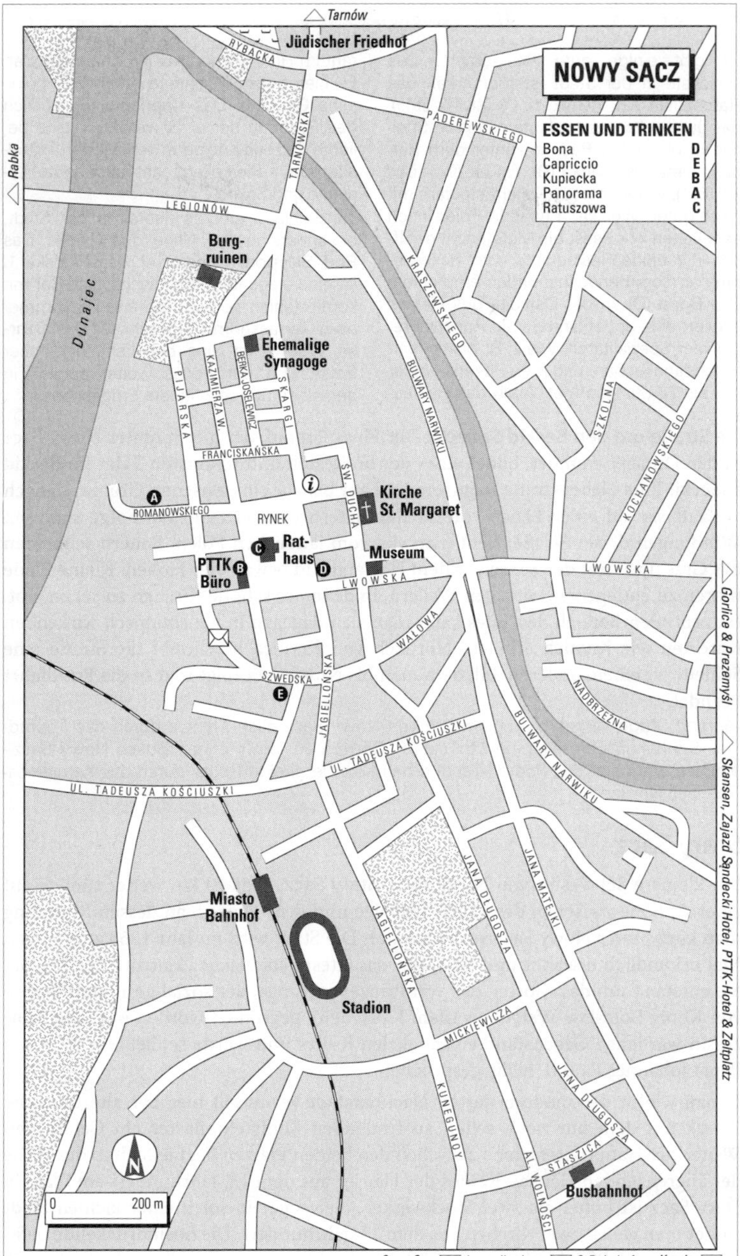
NOWY SĄCZ
ESSEN UND TRINKEN
Bona D
Capriccio E
Kupiecka B
Panorama A
Ratuszowa C
Tarnów
Rabka
Gorlice & Prezemyśl
Skansen, Zajazd Sądecki Hotel, PTTK-Hotel & Zeltplatz
Stary Sącz
Jugendherberge
& Bahnhof
Krynica
Jüdischer Friedhof
RYBACKA
TARNOWSKA
PADEREWSKIEGO
LEGIONÓW
Burg-ruinen
Dunajec
Ehemalige Synagoge
KAZIMIERZA W.
BERKA JOSELEWICZ
PIJARSKA
SKARGI
KRASZEWSKIEGO
BULWARY NARWIKU
SZKOLNA
KOCHANOWSKIEGO
FRANCISKAŃSKA
ŚW. DUCHA
Kirche St. Margaret
ROMANOWSKIEGO
RYNEK
Rat-haus
PTTK Büro
Museum
LWOWSKA
WAŁOWA
SZWEDSKA
JAGIELLOŃSKA
NADBRZEŻNA
UL. TADEUSZA KOŚCIUSZKI
Miasto Bahnhof
Stadion
JANA DŁUGOSZA
JANA MATEJKI
MICKIEWICZA
KUNEGUNDY
STASZICA
AL. WOLNOŚCI
Busbahnhof
0
200 m

Essen (siehe Karte S. 443)

Es gibt einige gute Restaurants. Das schickste in der Stadt ist momentan das **Ratuszowa (C)**, Rynek 11 (✆ 018/443 5615), das gute polnische und internationale Speisen in eleganten Räumen unter dem Rathaus bietet. **Kupiecka (B)**, Rynek 10 (✆ 018/442 0831), ist ein intimes Kellerrestaurant mit einer guten Weinkarte (was in Polen noch sehr selten ist). Es ist bis Mitternacht geöffnet. Für beide Restaurants wird Reservierung an Sommerwochenenden empfohlen. Das **Bona (D)** an der Ostseite des Platzes serviert eine appetitanregende Auswahl regionaler Spezialitäten, wie z. B. *placki* (Kartoffelpfannkuchen) und gute Pizzen – leider nur bis 21 Uhr geöffnet. Auch das Restaurant im Hotel **Panorama (A)** ist annehmbar. Es bietet ausgezeichnete preiswerte polnische Gerichte. Das **Capriccio (E)**, südlich des Rynek in der ul. Szwedzka 3, eine beliebte Pizzeria-Kneipe in renovierten mittelalterlichen Bierkellern, hat auch gute Lasagne und Salate.

Trinkkneipen gibt es überall in der Stadt, besonders in der Nähe des Rynek. Das **Pod Skleporowronem**, ul. Jagiellońska 1, ist eine elegante unterirdische Café-Bar mit komfortablen Korbstühlen und im Sommer einer Terrasse im Erdgeschoss. Das **Czarna Wdowa** ist eine behelfsmäßige, aber freundliche Bar etwas weiter südlich in derselben Straße in einem Erdgeschoss.

▸ **Die Straße um den Beskid Sądecki:** Der Fluss Poprad, der gleich hinter Nowy Sącz in den Dunajec mündet, bildet eines der breitesten und schönsten Täler im Beskid Sądecki. Eine Nebenstraße folgt seinem Lauf bis zur slowakischen Grenze, danach verläuft sie auf einer Länge von 25 Kilometern parallel zum Tal. Folgt man den Windungen dieser Straße, sieht man viel vom ländlichen Polen: Bauern schneiden das Gras noch mit der Sense vor dem Hintergrund bewaldeter Höhen. Kleine Pfade führen zu entlegenen, winzigen Weilern, in denen es schöne Kirchen zu sehen gibt. Im zentralen Bereich des Tales kann man sich dagegen in habsburgisch wirkenden Kurorten wie **Krynica** erholen. Nördlich von Krynica beschreibt die Straße eine Schleife zu einem anderen Tal, dem man bis Nowy Sącz folgt und so die Rundfahrt beendet.

Anfahrt **Züge** verkehren regelmäßig von Nowy Sącz nach Krynica durch das Poprad-Tal. Sie halten unterwegs in zahlreichen Dörfern an. Die meisten **Busse** Nowy Sącz–Krynica umgehen das Poprad-Tal und nehmen die direkte Route durch das Kamienica-Tal nach Norden.

Stary Sącz

Die kleinere Schwester von Nowy Sącz, **Stary Sącz**, liegt 10 km weiter südlich auf einer Anhöhe zwischen dem Fluss Dunajec und dem Poprad, an dessen Mündung man kurz hinter Nowy Sącz vorbeikommt. Die Stadt wird im Jahr 1263 zum ersten Mal urkundlich erwähnt und ist damit das älteste städtische Zentrum der Region. Sie entstand um das Kloster, das von Prinzessin Kinga, der sozial gesinnten Witwe von König Bołesław Wstydliwy (dem Keuschen), gegründet worden war. Die Prinzessin war lange Gegenstand eines lokalen Kultes und wurde schließlich 1999 von Papst Johannes Paul II. heilig gesprochen.

Genau wie in der modernisierten Nachbarstadt vermittelt hier der altertümliche **Rynek** mit dem nur noch selten zu findenden Kopfsteinpflaster ein Gefühl von Weite. Der Hauptunterschied zwischen den beiden Plätzen liegt jedoch in der Höhe der angrenzenden Häuser. Keines der Häuser aus dem 18. Jahrhundert am Platz in Stary Sącz ist höher als zwei Stockwerke. Aber sogar in solch einer kleinen Stadt findet man gleich zwei Kirchen aus dem 13. Jahrhundert: Die beeindruckende befestigte gotische **Pfarrkirche** an der Südseite des Platzes wurde vollständig im Barock umgebaut. In der **Klosterkirche des Klarissinnenordens** der Ostseite finden sich im Kirchenschiff Wandmalereien aus dem 16. Jahrhundert, in denen das Leben der Heiligen Kinga dargestellt ist, die das Kloster um 1270 gründete und ihm 1280 nach dem Tod ihres Mannes auch selbst beitrat. Ihr ist die Seitenkapelle gewidmet, wo eine Statue von ihr auf dem Altar steht. Die Besichtigung der bunt zusammengewürfelten Ausstellung im **Stadtmuseum**, einem Patrizierhaus aus dem 17. Jh. am Rynek 6, nimmt etwa eine halbe Stunde in Anspruch. Auf der anderen Seite des Platzes sollte man kurz in das Gebäude mit der Nr. 21 hineinschauen, um die Deckengemälde zu betrachten, die von Künstlern aus der Region wie z. B. dem früheren Eigentümer des Hauses, Józef Racek, in dem charakteristischen naiven Stil der Gegend gemalt wurden. Racek verstarb vor wenigen Jahren.

• *Verbindungen* Nach **Stary Sącz** gelangt man mit den **Bussen** Nr. 10, 11 und 43 oder mit dem **Zug** auf der Krynica-Strecke.

• *Öffnungszeiten des Stadtmuseums* Di–Sa 10–17.30 Uhr, So 10–13 Uhr. Eintritt 2 Zł.

• *Übernachten/Essen* Es gibt hauptsächlich sehr einfache Unterkünfte: Das **Szalas** (✆ 018/146 0077; G), 1,5 km nördlich des Zentrums auf der Straße nach Nowy Sącz bietet einfache Zimmer. Die **Jugendherberge** (✆ 018/146 0584; Juli–Aug., 20 Zł pro Person) befindet sich in der ul. Kazimierza Wielkiego 14 und der **Poprad-Campingplatz** gleich hinter dem Szalas in der ul. Byłych Więźniów Politycznych (✆ 018/146 1197; Mai–Sept.). Hier gibt es auch einige Bungalows zu mieten (I).

Das einzige nennenswerte und eher einfache Restaurant ist das **Staromeijska** am Rynek (es schließt um 21 Uhr). In dem schlanksten der Häuser am Rynek befindet sich eine gute *kawiarnia* mit dem Restaurant **Marysienka** im oberen Stockwerk, von dem aus man einen schönen Blick über den Platz hat.

Das Poprad-Tal

Mit dem Nahverkehrszug oder Bus dauert die Fahrt durch das malerische, tiefe und gewundene Poprad-Tal von Stary Sącz nach Krynica zwei Stunden. Wer es nicht eilig hat, sollte unterwegs an einigen Orten anhalten.

In **Rytro**, 16 km von Stary Sącz entfernt und direkt an der Strecke liegend, gibt es die Ruinen einer Burg aus dem 13. Jahrhundert zu sehen. Viele Wanderpfade führen von hier durch die Wälder in die Berge hinauf. Der Ort besitzt eine PTTK Herberge, das *Pod Roztoką* (✆ 018/446 9151; H) mit Doppel-, Dreibett- und Vierbettzimmern mit Bad, sowie einige Pensionen und ehemalige Arbeitererholungsheime. Ein beliebtes Ziel, rund zwei Stunden zu Fuß vom Dorf entfernt, ist der Gipfel des Radziejowa (1.262 m). Dorthin führt ein Pfad am Kamm entlang in südwestlicher Richtung.

Hinter dem benachbarten **Piwniczna** bildet der Fluss die Grenze zwischen Polen und der Slowakei. Das ist wohl der bezauberndste Abschnitt des Tales. Im kristallklaren Wasser des Poprad wimmelt es von Forellen. Wenn man sie nicht selbst angeln will, sollte man sie im Karczma Poprad-Restaurant in **Żegiestów-Zdrój**, einem hübschen Kurort talabwärts, genießen. Das alte Dorf etwas oberhalb der Haltestelle und hinter dem Restaurant bietet sich anschließend für einen gemütlichen Verdauungsspaziergang an.

Muszyna, der nächste Halt im Tal, wartet mit sechzehn Mineralquellen, Kurhäusern und einer Burgruine aus dem 13. Jahrhundert (gleich nördlich des Bahnhofs) auf. Das Stadtmuseum in einem Gasthaus aus dem 17. Jahrhundert zeigt vor allem einheimische Holzarbeiten und landwirtschaftliche Geräte. Holzkirchenbegeisterte, die mit dem Auto unterwegs sind, können das Gelände den ganzen Tag auf der Suche danach durchstreifen (man sollte dabei jedoch Zugänglichkeit und Öffnungszeiten im Auge behalten). Drei *cerkwie* sind besonders sehenswert, und zwar die in **Milik**, **Andrzejówka** und **Złockie** – eine klassische Lemkenkonstruktion mit den drei Türmen aus den 1860er Jahren. Sie hatte eine beeindruckende Ikonostase und eine Sammlung sakraler Kunst. Die Kirche in **Szczawnik** ist heute eine katholische Kirche.

Öffnungszeiten **Stadtmuseum Muszyna** – Mi–So 9.30–15 Uhr. Eintritt 2 Zł.

Hinter Muszyna fließt der Poprad nach Süden. Die Bahn fährt weiter nach Norden in Richtung Krynica durch das Dorf **Powroźnik**, wo sich eine *cerkiew* aus dem 17. Jahrhundert mit einer tief hängenden Decke und einer wunderschönen Ikonostase befindet.

Krynica

Reicht die Zeit nur für den Besuch eines einzigen polnischen Kurorts, dann sollte man unbedingt Krynica wählen. Seiner Lage mitten in Wäldern, den reichhaltigen Mineralquellen und der mäßigen Höhe (600 m) verdankt dieser Ort seit über zweihundert Jahren seine Beliebtheit.

Noch heute spürt man hier das Flair eines mitteleuropäischen Kurorts um die Jahrhundertwende. Zu den Wintersportmöglichkeiten dieses Mittelgebirgsortes zählt auch eine große Eislaufbahn.

Vom Bahnhof und Busbahnhof am südlichen Ende der Stadt führt die ul. Novotarskiego zum Zentrum des Kurortes mit seinen vielen Blumenbeeten. Hier entdecken Sie auch eine Reihe von Sanatorien, altmodischen sowie neuen Brunnenhäusern, diverse "Therapiezentren" und Schlamm-Badehäuser. Am besten probiert man einen Schluck von dem Heilwasser im Brunnenhaus **Pijalnia Wód Mineralnych** (tägl. 6.30–18 Uhr, Eintritt frei, aber man zahlt 1 oder 2 Zł für das Wasser). Es ist ein von außen hässlicher, monströser Betonbau aus den 1960er Jahren, allerdings mit Springbrunnen und riesigen Pflanzen im Inneren. Bevor Sie zu den Brunnen gehen, müssen Sie an der Rezeption einen kleinen Krug leihen oder kaufen. An der Quelle werden alteingesessene Kurgäste versuchen, Sie dazu zu überreden, einen Schluck von der bräunlich-violetten Flüssigkeit, genannt *Zuber* zu nehmen. Der Name stammt von dem Professor, der die Quelle 1914 entdeckte. Es soll das Mineralwasser mit der stärksten Konzentration in ganz Europa sein – auf jeden Fall riecht es am schlimmsten. Das *Zdroj Główny* Wasser ist eine Mischung von drei bis vier verschiedenen Quellen und eher genießbar. Im zweiten Stock befindet sich eine Konzerthalle, in der im Sommer einiges los ist. Das **Stary Dom Zdrojowy**, ein eindrucksvolles Gebäude aus der Habsburger Zeit, bringt eine Abwechslung in den Baustil.

Weiterhin sehenswert ist das erst kürzlich erbaute **Nikifors Museum** in einer schönen Villa aus dem 19. Jahrhundert auf dem Bulwary Dietla, gleich hinter dem Stary Dom Zdrojowy. Wie zu erwarten, ist die Ausstellung hauptsächlich dem Lemken-Künstler Nikifors (1895–1968), einem Autodidakten, gewidmet, der hier als "Matejko von Krynica" bekannt ist. Seine Bilder sind in einer krakeligen, kindlichen Handschrift signiert – er lernte erst in fortgeschrittenem Alter schreiben. Die Gemälde erinnern oft an Lowrys Szenen aus Nordengland zur Zeit der Industrialisierung.

Öffnungszeiten Di–So 10–13 und 14–17 Uhr. Eintritt 3 Zł.

Am Nordende der Promenade fährt hinter einem Standbild von Mickiewicz und einer kleinen Kirche eine **Bergbahn** (Mo 10–18.45 Uhr, Di–So 10–19.45 Uhr, etwa alle 30 Minuten; 4 Zł einfache Fahrt)) auf den Hausberg Góra Parkowa (741m). Von oben hat man einen wunderschönen Ausblick auf die Stadt.

• *Information* Das **Jaworzyna**, ul. Piłsudskiego Nr. 8 (Mo–Fr 9–17 Uhr, Sa 10–14 Uhr; im Sommer länger; ✆ 018/ 471 5654), hält Informationen bereit, vermittelt Privatzimmer (I) und verkauft Rafting-Touren auf den Flüssen Poprad und Dunajec.

• *Übernachten* Preiswerte Unterkünfte vermittelt auch das FWP-Büro (Fundusz Wczasów Pracowniczych), ul. Pułaskiego 7 (✆ 018/471 2842, www.fwp-wczasy.krynica.pl), und zwar in den altmodischen **Kurheimen** des Ortes. Erwarten Sie Zimmer mit gemeinschaftlichen Sanitäreinrichtungen ab etwa 25 Zł pro Person. Unzählige **pensjonaty** bieten ihre Zimmer mit Schildern außen an den Häusern an, oft mit den Zimmerpreisen. Schauen Sie sich in der Zdrojowa, westlich der Innenstadt, oder der Pułaskiego und Świdzinskiego östlich der Innenstadt um. Bemerkenswert ist **Willa Janka**, ul. Pułaskiego 28 (✆ 018/471 2057; I–H), ein Familienbetrieb mit Zimmern mit eigenem und mit Gemeinschaftsbad, in einem gepflegten Garten gelegen. Größer und feudaler ist das **Witoldówka**, ul. Bulwary Dietla 10 (✆ 018/471 5577, witoldowka@pro.onet.pl; E), in einem schönen Holzgebäude am Nordende der Straße. Es hat komfortable Zimmer mit Bad und TV. Wer ernsthaft an einer Kur interessiert ist, sollte das **Panorama**, ul. Wysoka 15 (✆ 018/471 2885, ℻ 471 5415; E), in Betracht ziehen, ein 100-Betten-Monstrum auf einem Hügel nördlich des Zentrums mit sauberen Zimmern mit Bad, Hallenbad und Kuranwendungen. Das **Geo Vita Znicz**, ul. Leśna 15 (✆ 018/471 2866, ✆/℻ 018/471 5665; C), ist ein gut eingerichtetes Hotel-Sanatorium, das alle Kuranwendungen bietet und medizinisch geschultes Personal hat.

• *Essen/Trinken* In dem einfachen Café **Lilianka**, Piłsudskiego 9, gibt es die besten Backwaren und Kuchen der Stadt. Das **Krynica**, Bulwary Dietla, ist ein simples Restaurant mit einer guten Auswahl an preiswerten polnischen Mahlzeiten. In der etwas netteren **Pizzeria-Kawiarnia Więgerska Korona**, Bulwary Dietla, erhält man mäßige Pizzen, gute Nudel- und Reisgerichte und ausgezeichnetes Eis. Das **Zielona Gorka**, am Nordende der Nowotarskiego, ist eine lebhafte Pizzeria und Bar im Stil eines Pub.

▸ **Östlich von Krynica**: Die Hügelgegend östlich von Krynica ist besonders reich an attraktiven Dörfern und *cerkwie*, darunter einige der ältesten in ganz Polen. Die Kirche in **Wojkowa**, hat eine schöne Ikonostase aus dem Rokoko. **Muszynka** und **Tylicz** sind auch einen Besuch wert, obwohl die unierte Kirche in Tylicz, gleich gegenüber der katholischen Kirche, meistens geschlossen ist. Tylicz und seine Umgebung gingen durch die *Gegenkonföderation von Bar* in die polnische Geschichte ein (1768–72), eine fehlgeschlagene Revolte des Adels gegen den zunehmenden zaristischen Einfluss in Polen. Man erreicht die Orte per Bus von Krynica oder per Taxi. Wenn man mit mehreren Personen fährt, wird es nicht ganz so teuer.

▸ **Nördlich von Krynica**: Von Krynica aus verkehren Busse in nördliche Richtung nach Nowy Sącz und Grybów und in westliche Richtung nach Gorlice. Auf den ersten 6 km folgen beide Strecken der Hauptstraße nach **Krzyżówka**, dann gabeln sie sich. Nach Nowy Sącz fährt man durch bewaldete Einschnitte des Beskid Sądecki und durch Dörfer wie **Nowa Wieś** und **Łabowa**.

Die Straße nach Grybów ist eine sehr schöne Nebenstraße in nördlicher Richtung mitten durch das offene Land. Das Dorf **Berest**, 5 km nördlich der Hauptstraße nach Nowy Sącz, ist eine wahre Wohltat. Es liegt etwas abseits von der Straße, inmitten einer malerisch ländlichen Umgebung. Es gibt hier eine *cerkiew* aus dem 18. Jahrhundert, die typisch für die harmonische Schönheit der Holzkirchen dieser Region ist. Die Türen sind mit einem gewaltigen Metallschlüssel zu öffnen, den ein alter Bauer und Wärter aufbewahrt. Sie geben unter lautem Knarren nach, und dem Besucher schlägt ein feuchter Luftzug entgegen. Die Stille wird meistens nur vom gedämpften Trappeln der kleinen Ziegenherde des Priesters unterbrochen.

Ein paar Kilometer weiter auf der Straße liegt **Polany**, in dem sich ein zeitgenössischer Ikonenmaler namens Eugeniusz Forycki in einem alten Lemkenhaus ein Atelier eingerichtet hat. Im Sommer kann man ihn hier besuchen, sozusagen in seinem privaten *skansen.* Von hier führt die Straße durch ein atemberaubend schönes Tal am Fluss entlang bis nach Grybów.

Im Auto lohnt sich ein kurzer Abstecher nach Süden, nach **Brunary-Wyżne**, und dann weiter bis zu den Grenzdörfern **Banica** und **Izby**. In allen drei Orten gibt es jeweils eine prachtvolle hölzerne *cerkiew.* In **Grybów** hat man die Wahl zwischen häufig verkehrenden Bussen und Zügen in Richtung Westen nach Nowy Sącz, in Richtung Osten nach Gorlice und Zügen in Richtung Norden nach Tuchów und Tarnów.

Tarnów

Der erste Eindruck von Tarnów, einer für die Region wichtigen Stadt mit fast 100.000 Einwohnern, ist ziemlich enttäuschend, doch die mittelalterliche Altstadt/Stare Miasto birgt einige Sehenswürdigkeiten aus der langen Geschichte als Handelsstützpunkt.

Die Stadt wurde wie viele andere Städte der Region auch in den 30er Jahren des 14. Jahrhunderts gegründet und profitierte von ihrer Lage an den Handelswegen östlich von Krakau nach Ungarn und die Ukraine. Sie war bis Ende des 18. Jahrhunderts im Besitz der mächtigen **Familie Tarnowski** und wurde unter ihrer Herrschaft zu einem wichtigen Bildungszentrum der Renaissance. Mitte des 15. Jahrhunderts wurde ein Zweig der Krakauer Jagiellonen-Universität in Tarnów eröffnet. Kriegerische Auseinanderstzungen und die Zeit der Teilungen wirkten sich auf das Wachstum der Stadt negativ aus, und während des Zweiten Weltkriegs war besonders die alteingesessene jüdische Gemeinde Tarnóws für die Nazis ein Angriffsziel. In der historischen Altstadt finden sich neben anderen Sehenswürdigkeiten verstreut noch einige jüdische Gebäude. Die Besichtigung kann einen ganzen Tag in Anspruch nehmen.

In der gut erhaltenen Altstadt/Stare Miasto von Tarnów ist noch der mittelalterliche Grundriss erkennbar: Der ovale mittelalterliche Stadtkern mit seinen schachbrettartig angelegten Straßen, offenen Plätzen und Kopfsteinpflastergassen ist von Straßen umgeben, die auf den Ruinen der von den Österreichern Ende des 19. Jahrhunderts abgerissenen Stadtmauer gebaut wurden. Von der Südseite führen Treppen hinauf zum **Rynek**. In der Altstadt herrscht eine entspannte Atmosphäre: Die meisten Gebäude um den Rynek wurden gerade erst renoviert, und der Platz wurde für den Verkehr gesperrt. Es gibt nun zahlreiche Straßencafés. Wie üblich wird der Platz vom **Rathaus** dominiert, einem etwas klobigen, einstöckigen Gebäude aus dem 15. Jh. mit einem ziegelgedeckten Rundturm und einer Renaissance-Attika mit Bogengängen, auf denen sich kleine gemeißelte Tierfiguren befinden. Diese erinnern an die Sukiennice (Tuchhallen) der früheren Handelsrivalin, der Stadt Krakau.

Bürgerhäuser aus der Renaissance mit ihren Laubengängen nehmen alle Seiten des Platzes ein, besonders an der Nordseite fallen drei Häuser mit Brüstungen ins Auge: Ihre Fassaden sind noch mit den farbenfrohen Originalfriesen geschmückt. In dem mittleren Haus mit der Nr. 21 befindet sich der Eingang zum **Stadtmuseum**. Einige seiner Räume mit den hölzernen Deckenbalken haben noch ihre Original-Renaissancefresken.

In dem größten Raum des Gebäudes finden sich z. B. einige für Polen typische Porträts aus dem 17. und 18. Jh., auf denen Mitglieder der mächtigen Familien Rzewuski und Sanguszko – in östlich inspirierte Samariter-Gewänder gekleidet – zu sehen

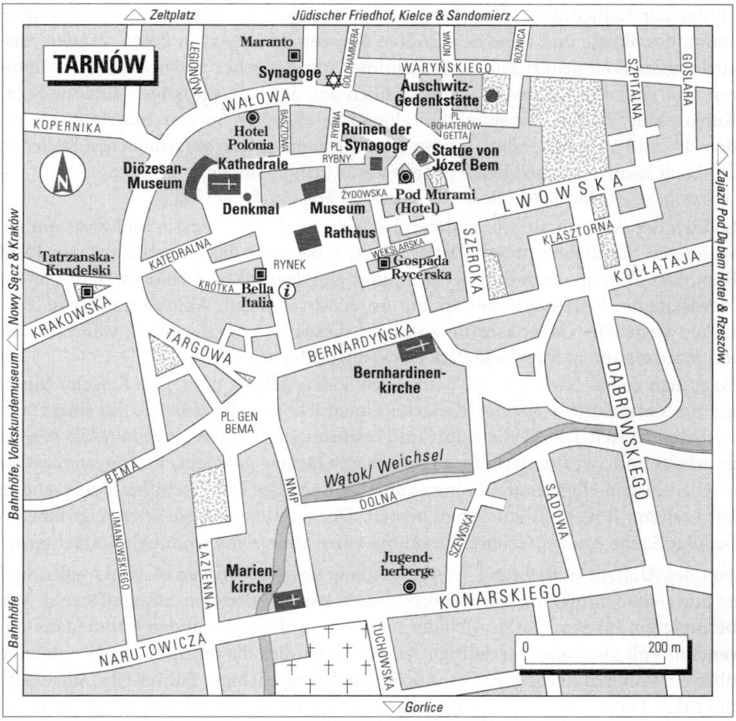

sind. Außerdem gibt es viele Ausstellungsgegenstände, die mit dem Regionalhelden Józef Bem (siehe Kasten S. 451) und seiner militärischen Wanderschaft in Verbindung stehen. In den anderen Räumen findet sich eine große Sammlung von europäischem Mobiliar und Porzellan sowie von Kunst und Skulpturen aus derselben Zeit.

Öffnungszeiten **Stadtmuseum** – Di/Do 10–17 Uhr, Mi/Fr 9–15 Uhr, Sa/So 10–14 Uhr. Eintritt 4 Zł.

Westlich vom Rynek, am pl. Katedralny, erhebt sich die gotische **Kathedrale**, an deren Eingang man von einem fröhlichen Standbild des Papstes begrüßt wird. Obwohl das Gebäude oft renoviert wurde, zeigt das etwas düstere Innere noch einige Originaldekorationen aus der frühen Gotik und der Renaissance. Das Eingangsportal aus dem frühen 16. Jahrhundert ist geschmückt von Polychromien, die Christus und die Madonna darstellen. Innen findet man eine schöne Sammlung an Grabtafeln aus der Renaissance, von denen einige aus der Hand italienischer Bildhauer stammen, die am Hof von Krakau lebten. Besonders beeindruckend ist der Gedenkstein an **Jan Tarnowski** aus dem 16. Jahrhundert, entworfen von Giovanni Maria Mosca. Er ist von Friesen umgeben, die seine militärischen Triumphe darstellen. Weiterhin sehenswert sind das großartige Grab von Barbara Tarnowska im Kirchenschiff, ein schlankes Relief von Bartolomeo Berecci mit einem Rahmen von Mosca, und der manieristische Gedenkstein an die Ostrogski Familie, eine überschwängliche Marmorskulptur, auf der Familienmitglieder dargestellt sind, die vor einem Kruzifix in der Mitte knien.

Hinter der Kathedrale befindet sich in einem der Stiftsgebäude das **Diözesanmuseum**, das älteste und eines der größten Museen dieser Art in Polen. Zu den Ausstellungsstücken gehört ein ganzes Zimmer mir gotischer Kirchenkunst, Skulpturen und anderen Artefakten, hauptsächlich aus der hier ansässigen Kraków-Sącz-Kunstschule. Zu den Höhepunkten zählen zwei elegante, holzgeschnitzte Pietàs aus dem 14. und 15. Jahrhundert. Hinter dem Museum und an verschiedenen Stellen in der Stadt kann man noch Reste der alten Stadtmauer finden.

Öffnungszeiten **Museum** – Di–Sa 10–15 Uhr, So 9–14 Uhr. Eintritt 3 Zł.

Südlich der Altstadt auf der anderen Seite der ul. Bernardyńska, und zwar am geschäftigen Marktplatz unterhalb der Haupstraße, steht das Geburtshaus von **Józef Bem.** Der Platz ist nach ihm benannt, und eine Gedenktafel an dem Haus auf der Nordseite des Platzes erinnert an ihn. An der Ecke der ul. Wałowa mit der ul. Forteczna steht eine **Gedenkstatue** zu Ehren dieses Bürgers der Stadt, während sich das **Mausoleum** im Strzelecki Park etwas nördlich befindet.
Folgt man der ul. NMP vom pl. Bema nach Süden, gelangt man nach fünzehn Minuten zur **Marienkirche** (Kościół Mariacki), einem schönen Holzgebäude mit einem steilen Schindeldach. Die Kirche wurde im 17. Jahrhundert im Dorf Przedmieście Większe erbaut und zweihundert Jahre später nach Tarnów gebracht. Im Innern birgt sie zwei gothische Flügelaltare – einen auf jeder Seite des Hauptschiffes. Beide sind in leuchtenden Rot- und Goldtönen bemalt. Der auf der rechten Seite zeigt eine lebendige Szene von der Geburt Christi mit einer Menge von frommen Betrachtern.

Von der Altstadt in Richtung Westen, entlang der geschäftigen ul. Krakowska, sind es nur zehn Minuten bis zum **Volkskundemuseum** (Muzeum Etnograficzne). Von besonderem Interesse ist der Teil der Ausstellung, der sich mit den **Roma** (dem fahrendem Volk) in Polen beschäftigt. Angeblich ist dies die einzige Dauerausstellung über die Roma in Europa. Ein handlicher englischsprachiger Führer gibt Aufschluss über das Thema. Er wurde vom Museumsdirektor Adam Bartosz produziert, der ein Volkskundler der Region ist und für die Rechte der Roma kämpft. Obwohl die Roma bereits früh nach Polen kamen, haben sie sich nie irgendwo fest niedergelassen (ähnlich wie in den tschechischen und slowakischen Republiken). Vor dem Zweiten Weltkrieg lebten etwa 50.000 Roma hier, fast 35.000 von ihnen kamen unter den Nazis in den Konzentrationslagern um. Insgesamt wurden im Krieg über eine halbe Million Roma umgebracht – beinahe das ganze Volk. Bis in die 1990er Jahre nahm die Anzahl der Roma wieder zu, viele kamen aus benachbarten Ländern, wie z. B. Slowakien und Rumänien – und die meisten von ihnen sind bis heute geblieben. Die Gegend rund um Tarnów war schon immer eine Zentrum der Roma in Polen – die Ausstellung erklärt dies. Außerdem gibt es noch Abteilungen über die Geschichte der Region im Allgemeinen mit einer anschaulichen Sammlung aus Trachten, Volkskunst und Archivfotografien der polnischen Roma. Eine Dokumentation über die Leiden des Volkes unter den Nazis wird vervollkommnet durch eine Dokumentation über die Vorurteile gegenüber den Roma in der polnischen Gesellschaft und die daraus resultierende schlechte Behandlung des Volkes. Weitere Ausstellungsgegenstände erinnern an die begabte Roma-Dichterin **Papusza**, deren Werk in den 1970er Jahren entdeckt und ins Polnische übersetzt wurde. Schließlich sind noch vier bemalte Wagen der Roma im Hinterhof des Museums ausgestellt. Im Sommer (meist im Juni), wird ein traditionelles Roma-Lager im Hof aufgebaut, und es gibt eine Folkloreschau sowie ein kleines Festival.

Öffnungszeiten **Volkskundemuseum** – Di/Do 9–17 Uhr, Mi/Fr 9–15 Uhr, Sa/So 10–14 Uhr. Eintritt 4 Zł.

Jósef Bem

Der spätere General Józef Bem wurde zu Beginn der Zeit der Teilungen in Tarnów geboren (1794–1850). Er war eine der Schlüsselfiguren in dem niedergeschlagenen Aufstand von 1830–31 gegen die zaristische Herrschaft, und sein Ruhm erstreckte sich bald über ganz Polen. Bem war der Prototyp des draufgängerischen, militärischen Helden der polnischen Romantik. In Ungarn ist er mindestens genauso bekannt für seine Rolle im Wiener Aufstand von 1848. Unmittelbar danach schloss er sich der Führung der habsburgfeindlichen Kräfte in Ungarn an. Bis aufs Blut ein heldenhafter Abenteurer, reiste Bem nach der Niederschlagung der ungarischen Revolte gen Osten, um sich den Türken in ihrem Kampf gegen die Russen anzuschließen. Er nahm dafür den Namen Murat an (was sicher taktisch klug war) und trat zum islamischen Glauben über. Bevor er jedoch militärisch für die Türken in Aktion treten konnte, verstarb er in Syrien in der Stadt Aleppo. Ein Status als Kultfigur unter freiheitskämpferischen Polen war ihm zu dieser Zeit schon lange sicher. Bem ist einer der vielen "Oppositionellen" aus der polnischen Geschichte, deren Bedeutung von der kommunistischen Regierung heruntergespielt wurde. Heute wird er in seiner Heimatstadt mit zahlreichen Denkmälern gewürdigt. Das neueste ist eine Statue am Ostende der Altstadt/Stare Miasto, die von der *Gesellschaft zur Förderung der polnisch-ungarischen Freundschaft* gespendet wurde und in der das historische Zusammengehörigkeitsgefühl der beiden Länder zum Ausdruck kommt.

Südostpolen
Karte S. 346/347

Läuft man vom Zentrum aus fünf Minuten auf der ul. Piłsudskiego Richtung Norden, kommt man zum **Park Strzelecki** (wörtlich: Schützenpark, im Gedenken an die Gewehrschützen, die hier im frühen 19. Jahrhundert ihre Schießübungen durchführten). Es ist das Spazierparadies der Städter an den Wochenenden, eine ruhige, kilometerlange Strecke mit gepflegten Blumenbeeten und landschaftlich gestaltetem Wald. Am Nordende befindet sich das Mausoleum des Generals Bem, ein faszinierendes, neo-klassisches Gebäude. Es wurde gebaut, um die Überreste des Helden nach der Rückkehr von Aleppo 1929 aufzunehmen. Der Sarg des Generals, der ungarische, osmanisch-türkische und polnische Inschriften trägt, wird von sechs schlanken korinthischen Säulen getragen. Das Ganze befindet sich auf einer Insel mitten in einem Seerosenteich, in dem dicke graue Fische umherschwimmen.

Das jüdische Tarnów

Östlich vom Rynek liegt das ehemalige jüdische Viertel der Stadt, Straßennamen wie Żydowska und Wekslarska ("Geldverleiher") erinnern noch daran. Die ersten jüdischen Siedler ließen sich bereits Mitte des 15. Jahrhunderts in Tarnów nieder. Anfang des Zweiten Weltkriegs waren ungefähr 40 Prozent der Bevölkerung Juden, und im 19. Jahrhundert wurde die Stadt ein wichtiges Zentrum für die chassidische Bewegung. 1939 errichteten die Deutschen im Osten der Altstadt ein Ghetto für die Tarnówer Juden und für viele andere, die aus anderen Landesteilen hierher transportiert wurden. Zeitweise mussten 40.000 Menschen zusammengepfercht in dem überfüllten Ghetto leben. Zwischen Juni 1942 und September 1943 wurde fast die ganze Ghettobevölkerung entweder erschossen oder in Vernichtungslager (meist nach Auschwitz) deportiert. Das Ghetto wurde fast völlig zerstört. Nur wenige jüdische Gebäude sind in der Altstadt erhalten geblieben.

Die Häuser an den schmalen, düsteren Straßen um die ul. Żydowska haben den Krieg unbeschadet überstanden – an manchen Türpfosten sind noch die Spuren der hölzernen Mesusa-Kapseln zu erkennen. Ein überdachtes Almemor (auch *bimah* genannt; das ist der erhöhte Platz in einer Synagoge, von dem aus die Lesung gehalten wird) auf einem kleinen Platz nördlich der Żydowska ist alles, was von der prachtvollen **Synagoge** übrig geblieben ist, die von den Nazis im November 1939 zerstört wurde. An der Straßenecke befindet sich eine Gedenktafel für die einst hier ansässigen Juden, die bei dem brutalen Übergriff im Juni 1942 ermordet wurden.

Über die ul. Wałowa gelangt man in die ul. Goldhammer Nr. 1, die nach einem bekannten Politiker der Jahrhundertwende benannt ist. Dort befindet sich die einzige noch genutzte **Synagoge** der Stadt.

Öffnungszeiten So 13–15 Uhr.

Das Haus Nr. 5 ist ein klassizistisches Gebäude aus dem Jahr 1890. Hier befand sich einst die Jüdische Kreditanstalt. Weiter in Richtung Osten, gelangt man, wenn man in die ul. Waryńskiego abiegt und an der Kreuzung mit der ul. Kupiecka vorbeigeht, zum ehemaligen Eingangstor des von den Nazis errichteten Ghettos. An der ul. Nowa stand einst die **Neue Synagoge**. Sie war die größte und am meisten ausgeschmückte und war auch als die "Franz Joseph Jubiläums-Synagoge" bekannt, denn sie wurde zum Geburtstag des Kaisers im Jahr 1908 eingeweiht. 1939 brannte sie für drei volle Tage, bevor die Nazis die Ruinen sprengten. Vom unteren Ende der ul. Nowa gelangt man zum pl. Bohaterów Getta. Auf der gegenüberliegenden Seite des Platzes befindet sich das orientalisch wirkende **Rituelle Badehaus**, in dem heute schicke Geschäfte und Büros angesiedelt sind. Von hier aus wurden 728 Menschen im Juni 1940 nach Auschwitz verschleppt – sie waren die ersten Insassen des Lagers. Das Denkmal an der Ecke der ul. Dibowa and Bożnica erinnert daran.

Den **jüdischen Friedhof** findet man im Norden an der ul. Nowodąbrowska (etwa fünfzehn Minuten zu Fuß von hier). Er wurde bereits in den 1580er Jahren angelegt und ist einer der ältesten und größten jüdischen Friedhöfe Polens (die ältesten Grabsteine tragen sogar ein noch wesentlich älteres Datum). Der Friedhof blieb weitgehend von den Nazis verschont und ist in einem guten Zustand. Es gibt eine große Anzahl überwachsener traditioneller Grabsteine, doch nur auf wenigen sind Reliefs von biblischen oder anderen Themen zu sehen. In der Nähe des Eingangs in der ul. Słoneczna (das ursprüngliche Eingangstor ist im Holocaust-Museum in New York ausgestellt) steht ein Denkmal für die Juden von Tarnów, in das eine Säule der zerstörten Neuen Synagoge miteingebaut ist.

• *Information* Das **Fremdenverkehrsbüro**, Rynek 7 (Mo–Fr 8–19 Uhr, Sa 9–17 Uhr; ✆ 014/627 8735 oder 627 8736, www.turystyka.tarnow.pl), bietet eine Fülle an Informationen über die Region und verkauft lokale Landkarten. Es vermitelt außerdem 4 Gästezimmer über dem Büro, sauber und modern eingerichtet. Empfehlenswert und entsprechend begehrt.

• *Anfahrt/Verbindungen* Der **Busbahnhof** und der **Bahnhof** befinden sich direkt nebeneinander im Südwesten der Stadt (etwa zwanzig Minuten zu Fuß von der Altstadt). Der Bus Nr. 41 hält an der Ecke des pl. Katedralna im Süden der Altstadt.

• *Übernachten* Das zentrale PTTK-Hotel **Pod Muarami**, ul. Żydowska 16 (✆ 014/621 6229) bietet spartanische Doppezimmer (I) und 4- bis 5-Bettzimmer (25 Zł pro Person). Tarnóws bestes, gehobeneres Hotel ist das **Tarnovia**, ul. Kościuszki 10 (✆ 014/621 2671, www.hotel.tarnovia.com.pl; E), in der Nähe des Bahnhofs und Busbahnhofs. Von außen ist es ein hässliches fünfstöckiges Gebäude, aber es hat saubere Zimmer mit Bad und TV. Das **Zajazd Pod Dębem**, ul. Heleny Marusarz 9 (✆ 014/626 9620; F), 3 km östlich des Zentrums in Richtung Rzeszów, bietet einfache Zimmer mit Bad und hat eine Restaurant-Bar. Die **Jugendherberge**, ul. Konarskiego 17 (✆ 014/621 6916; 10–15 Zł pro Person), hat das ganze Jahr geöffnet. Sie liegt nur wenige Minuten vom Rynek in südliche Richtung und besitzt ein eigenes Restaurant. Der **Campingplatz** befindet sich an der ul. Piłsudskiego 28A (✆ 014/ 621 5124) im Norden der Stadt. Er bietet Hütten für 4 Personen (I) sowie Zelt- und Caravanstellplätze in einem hübschen Apfelgarten. Man erreicht den Platz zu Fuß in 15 Minuten vom Zentrum oder mit dem Bus Nr. 30 vom Bahnhof.

• *Essen/Unterhaltung* Tarnów strotzt nicht gerade vor guten Restaurants, doch kleine Zwischenmahlzeiten, eine Pizza u. Ä., bieten sich überall im Zentrum. **Maranto**, ul. Wałowa 4, serviert vermutlich die beste Pizza vor Ort. Eine begrünte Terrasse gehört zum Lokal. Das **Gospoda Rycerska**, gleich beim Rynek, Wekslarska 1, bietet Pizza, Grillgerichte und polnische Speisen, all das in einem mit Holz gemütlich eingerichteten Inneren. **Bella Italia**, Rynek 5, bietet Ähnliches und hat Tische im Freien mit Blick auf den Platz. **Kawiarnia Tatrzanska-Kudelski**, Krakowska 1, hat die besten Backwaren und Kuchen sowie das beste Eis der Stadt. Wer am Abend etwas trinken möchte, geht in eines der Sommer-Straßen-Cafés am Rynek. Das **Art Café**, gleich neben dem Platz, ul. Żydowska 20, ist eine gemütliche Café-Bar in einem Untergeschoss mit Bohemien-Kundschaft.

Reiseinformationen

Züge

• *Innerpolnische Zugverbindungen* **Krynica** nach: Nowy Sącz (10 x tägl.; 2 Std.).

Łańcut nach: Jarosław (10 x tägl.; 1 Std.); Przemyśl (10 x tägl; 1–2 Std.); Rzeszów (12 x tägl; 30 Min).

Lublin nach: Białystok (1 x tägl; 9 Std.); Chełm (8 x tägl.; 2 Std.); Gdańsk (2 x tägl., einschließl. 1 x mit Übernachtung im Schlafwagen; 8 Std.); Katowice (4 x tägl.; 6–7 Std.); Kielce (5 x tägl.; 3–4 Std.); Kraków (3 x tägl., davon 1 x mit Übernachtung im Liegewagen; 6–8 Std.); Przemyśl (1 x tägl.; 6 Std.); Warschau (11 x tägl; 2–3 Std.); Zamość (4 x tägl.; 3–4 Std.).

Nowy Sącz nach: Kraków (10 x tägl.; 2–3 Std.); Krynica (10 x tägl.; 2 Std.); Muszyna (14 x tägl.; 1 Std. 40 Min.); Tarnów (12 x tägl; 1–1,5 Std.).

Przemyśl nach: Kraków (10 x tägl.; 3–6 Std.); Lublin (1 x tägl.; 4,5 Std.); Opole (3 x tägl.; 7–9 Std.); Rzeszów (12 x tägl.; 1–2 Std.); Tarnów (10 x tägl.; 4–6 Std.); Warschau (4 x tägl.; 7–8 Std.); Wrocław (1 x tägl.; 10 Std.).

Rzeszów nach: Gdańsk (2 x tägl.; 11 Std.); Kraków (12 x tägl.; 2–4 Std.); Krosno (2 x tägl.; 3 Std.); Przemyśl (12 x tägl.; 1–2 Std.); Tarnów (16 x tägl.; 1–2 Std.); Warschau (2 x tägl.; 5–7 Std.).

Sandomierz nach: Kielce (2 x tägl.; 2–3 Std.); Rzeszów (4 x tägl.; 1,5–2 Std.); Warschau (3 x tägl.; 4–6 Std.).

Sanok nach: Kraków (1 x tägl.; 5–7 Std.); Krosno (5 x tägl.; 2 Std.).

Tarnów nach: Kraków (alle 30 Min.; 1,5–2 Std.); Krynica (8 x tägl.; 3,5 Std.); Nowy Sącz (16 x tägl.; 1,5–2 Std.); Rzeszów (20 x tägl.; 1,5–2 Std.); Warschau (7 x tägl.); Zamość (2 x tägl.; 5–7 Std.).

Zamość nach: Kraków (2 x tägl.; 6–10 Std.); Lublin (1 x tägl.; 2 Std.); Warschau (1 x tägl.; 7 Std.).

• *Internationale Zugverbindungen* **Nowy Sącz** nach: Bukarest; Budapest.

Przemyśl nach: L'viv; Bukarest; Sofia.

Rzeszów nach: Kiew; L'viv.

Busse

• *Innerpolnische Busverbindungen* **Biała Podladska** nach: Białystok (3 x tägl.; 3 Std. 10 Min.); Bielsk Podlaski (3 x tägl.; 2 Std. 10 Min.); Janow Podlaski (12 x tägl.; 30 Min.); Siemiatycze (stündlich; 1 Std. 20 Min.).

Kazimierz Dolny nach: Lublin (14 x tägl.; 1 Std. 40 Min.); Rzeszów (1 x tägl.; 4 Std.); Sandomierz (1 x tägl.; 2 Std.); Warschau Stadion (1 x tägl.; 3 Std.); Warschau Zachodnia (2 x tägl.; 3,5 Std.).

Krosno nach: Bóbrka (Mo–Fr 10 x tägl; 20 Min.); Dukla (Mo–Fr 8 x tägl., Sa/So 3 x tägl.; 40 Min.); Haczów (Mo–Fr 8 x tägl., Sa 4 x, So 2 x; 20 Min.); Iwonicz-Zdrój (alle 30 Min.; 30 Min.); Rzeczów (14 x tägl.; 1,5 Std.); Sanok (12 x tägl.; 1 Std.); Ustrzyki Dolne (2 x tägl.; 2 Std.); Ustrzyki Górne (Juli–Aug. 3 x tägl.; 3,5 Std.).

Krynica nach: Nowy Sącz (alle 30 Min.; 1 Std.).

Lublin nach: Biała Podlaska (stündlich; 3 Std.); Chełm (10 x tägl.; 1 Std. 40 Min.); Kazimierz Dolny (14 x tägl.; 1 Std. 40 Min.); Kielce (3 x tägl.; 4 Std.); Kozłówka (5 x tägl.; 1 Std.); Lubartów (Mo–Fr 12 x tägl., Sa/So 2 x tägl.; 45 Min.); Nałęczów (24 x tägl.; 50 Min.); Puławi (alle 30 Min.; 1,5–2 Std.); Przemyśl; Radzyn Podlaski (Mo–Fr 16 x tägl, Sa/So 10 x tägl.; 2 Std.); Sandomierz (5 x tägl.; 2 Std. 15 Min.); Siemiatycze (stündl.; 1,5 Std.); Zamość (alle 30 Min.; 2 Std.).

Nowy Sącz nach: Gorlice (10 x tägl.; 1 Std. 10 Min.); Katowice (5 x tägl.; 3 Std. 20 Min.); Kraków (stündl.; 2 Std. 10 Min.); Krynica (alle 30 Min.; 1 Std.); Lublin (4 x tägl.; 6 Std.); Muszyna (5 x tägl.; 1,5 Std.); Rzeszów (1 x tägl.; 3,5 Std.); Sanok (1 x tägl.; 3 Std. 15 Min.); Szczawnica (10 x tägl.; 1 Std. 20 Min.); Warschau (2 x tägl.; 7 Std.); Zakopane (8 x tägl.; 2,5 Std.).

Przemyśl nach: Jarosław (12 x tägl.; 40 Min.); Łancut (12 x tägl.; 1 Std. 10 Min.); Rzeszów (12 x tägl.; 1 Std. 40 Min.); Sanok (5 x tägl.; 2 Std.); Zamość (1 x tägl.; 4 Std.).

Rzeszów nach: Krosno (14 x tägl.; 1,5 Std.); Łańcut (Mo–Fr 24 x, Sa 14 x, So 8 x tägl.; 30 Min.); Lublin (8 x tägl.; 4 Std.); Przemyśl (12 x tägl.; 1 Std. 40 Min.); Sanok (10 x tägl.; 2 Std.); Ustrzyki Dolne (4 x tägl.; 3 Std. 20 Min.); Ustrzyki Górne (Mo–Fr 2 x, Sa/So 1 x tägl.; 5 Std. 10 Min.); Zamość (2 x tägl.; 4 Std. 15 Min.).

Sandomierz nach: Kazimierz Dolny (1 x tägl.; 2 Std.); Kielce (8 x tägl.; 2 Std.); Lublin (5 x tägl.; 2 Std. 15 Min.); Rzeszów (4 x tägl.; 2 Std.); Warschau Zachodnia (8 x tägl.; 5 Std. 45 Min.).

Sanok nach: Cisna (Juli–Aug. 4 x tägl., das restl. Jahr 2 x tägl.; 2 Std.); Krosno (12 x tägl.; 1 Std.); Lesko (12 x tägl.; 25 Min.); Przemyśl (5 x tägl.; 2 Std.); Rzeszów (10 x tägl.; 2 Std.); Ustrzyki Dolne (4 x tägl.; 1 Std. 10 Min.); Ustrzyki Górne (Mo–Fr 2 x, Sa/So 1 x tägl.; Juli/August zusätzl. Busse); 2 Std. 40 Min.).

Tarnów nach: Kielce (4 x tägl.; 2 Std. 45 Min.); Kraków (20 x tägl.; 1,5 Std.); Krynica (5 x tägl.; 2 Std. 45 Min.); Nowy Sącz (16 x tägl.; 1 Std. 45 Min.); Sanok (4 x tägl.; 3 Std.); Warschau (4 x tägl.; 6 Std.); Zakopane (3 x tägl.; 4 Std.).

Zamość nach: Lublin (alle 30 Min.; 2 Std.); Rzeszów (2 x tägl.; 4 Std. 15 Min.); Szczebrzeszyn (16 x tägl.; 30 Min.); Zwierzyniec (Mo–Fr 10 x tägl., Sa/So 6 x tägl., 45 Min.).

• *Internationale Busverbindungen* **Biała Podlaska** nach: Brest (3 x tägl.; 4 Std.) **Przemyśl** nach: L'viv (7 x tägl.; 5 Std.).

Internationale Flüge

Nowy Sącz nach: Bukarest (1 x tägl.); Budapest (1 x tägl.); Košice (4 x tägl.); Pécs (1 x tägl.).

Tarnów nach: Bukarest (1 x tägl.); Budapest (1 x tägl.); Košice (4 x tägl.)

Was haben Sie entdeckt?

Bitte schreiben Sie uns, wenn Sie Kritik, Verbesserungen oder Empfehlungen haben. Was war Ihr Lieblingsrestaurant, in welchem Hotel haben Sie sich wohlgefühlt, welchen Campingplatz würden Sie wieder besuchen?

Verlag Michael Müller
– Stichwort Polen –
Gerberei 19
91054 Erlangen
E-Mail: mmv@michael-mueller-verlag.de

Die prachtvolle Königsresidenz auf dem Wawel-Hügel in Krakau

Kraków/Krakau, Małopolsk/Kleinpolen und dieTatra

Mehr als jede andere Region in Polen zieht das Gebiet um Kraków/Krakau sowohl polnische als auch ausländische Besucher an. Was sie so attraktiv macht, zeigt schon ein flüchtiger Blick auf die Karte.

Die **Tatra**, jahrhundertelang die Grenze zur Slowakei, ist das großartigste und schönste alpine Gebirge von Polen, noch dazu fast das ganze Jahr über schneebedeckt. Zusammen mit dem Vorgebirge, dem **Podhale**, und den sanfteren Gipfeln des **Pieniny-Gebirges** ist sie schon seit gut hundert Jahren ein begehrtes Ziel für Wanderer. Und das zu Recht, denn in kaum einem anderen Gebirge Mitteleuropas kann man die Berge so unmittelbar erleben, ohne gleich ein passionierter Bergsteiger sein zu müssen. Die gesamte Gegend ist geradezu ideal zum Wandern. Man kann polnische Touristen kennen lernen und Einblick in die Kultur der einheimischen Goralen (*górale*) gewinnen, wie die Hochlandbewohner heißen. Floßfahrten durch die Dunajec-Schlucht im Sommer und attraktive Skiabfahrten auf den oberen Hängen der Tatra im Winter runden das Freizeitangebot ab.

Die Hauptstadt der Region, **Krakau**, mit einer knappen Million Einwohnern ist ebenso beliebt wie eindrucksvoll: eine Stadt, die neben Prag und Wien zu den architektonischen Perlen Mitteleuropas zählt und deren Altstadt noch immer die Erhabenheit der Jahrhundertwende ausstrahlt. Im Herzen der alten Universitätsstadt,

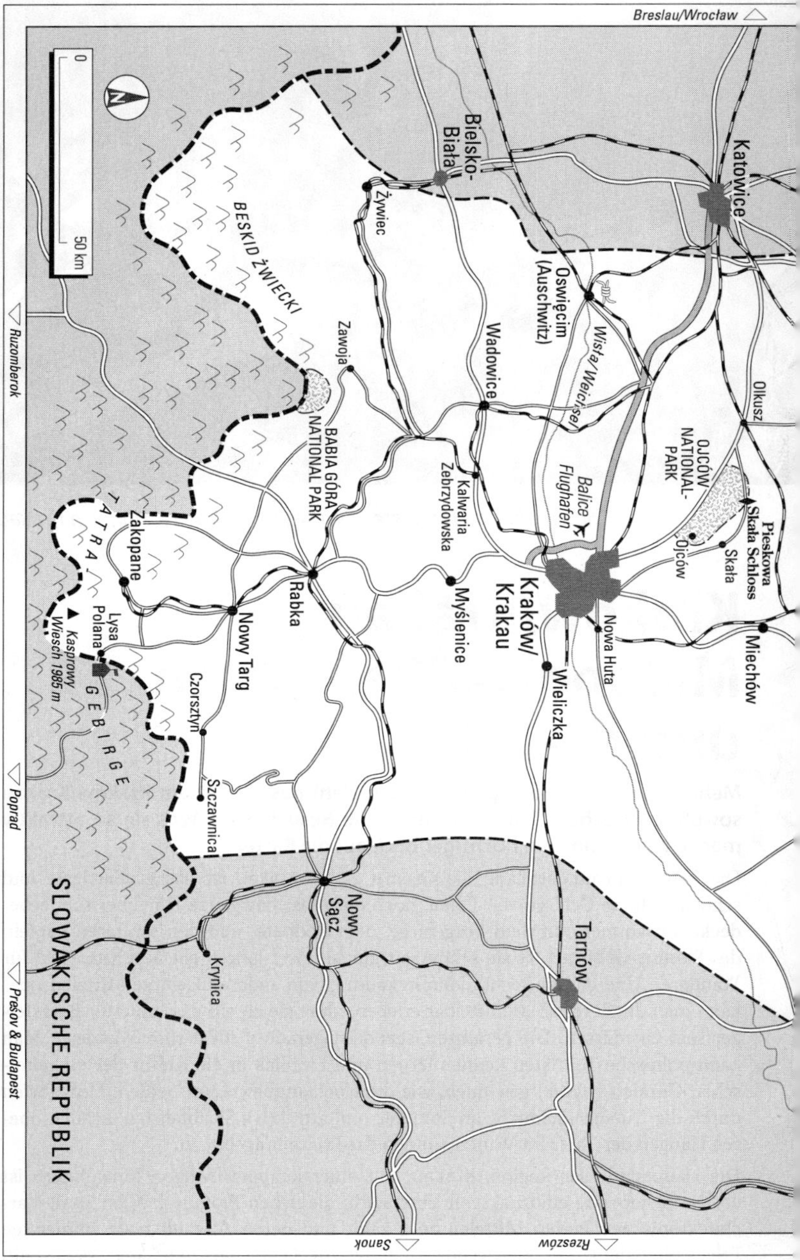
Breslau/Wrocław
Katowice
Bielsko-Biała
Żywiec
BESKID ŻWIECKI
Oświęcim (Auschwitz)
Wisła/Weichsel
Wadowice
Olkusz
OJCÓW NATIONAL-PARK
Pieskowa Skała Schloss
Skała
Ojców
Balice Flughafen
Kalwaria Zebrzydowska
Zawoja
BABIA GÓRA NATIONAL PARK
Kraków/ Krakau
Nowa Huta
Miechów
Myślenice
Rabka
Zakopane
TATRA GEBIRGE
Łysa Polana
Kasprowy Wiesch 1985 m
Nowy Targ
Czorsztyn
Szczawnica
Wieliczka
Tarnów
Nowy Sącz
Krynica
SLOWAKISCHE REPUBLIK
Ružomberok
Poprad
Prešov & Budapest
Sanok
Rzeszów
0
50 km

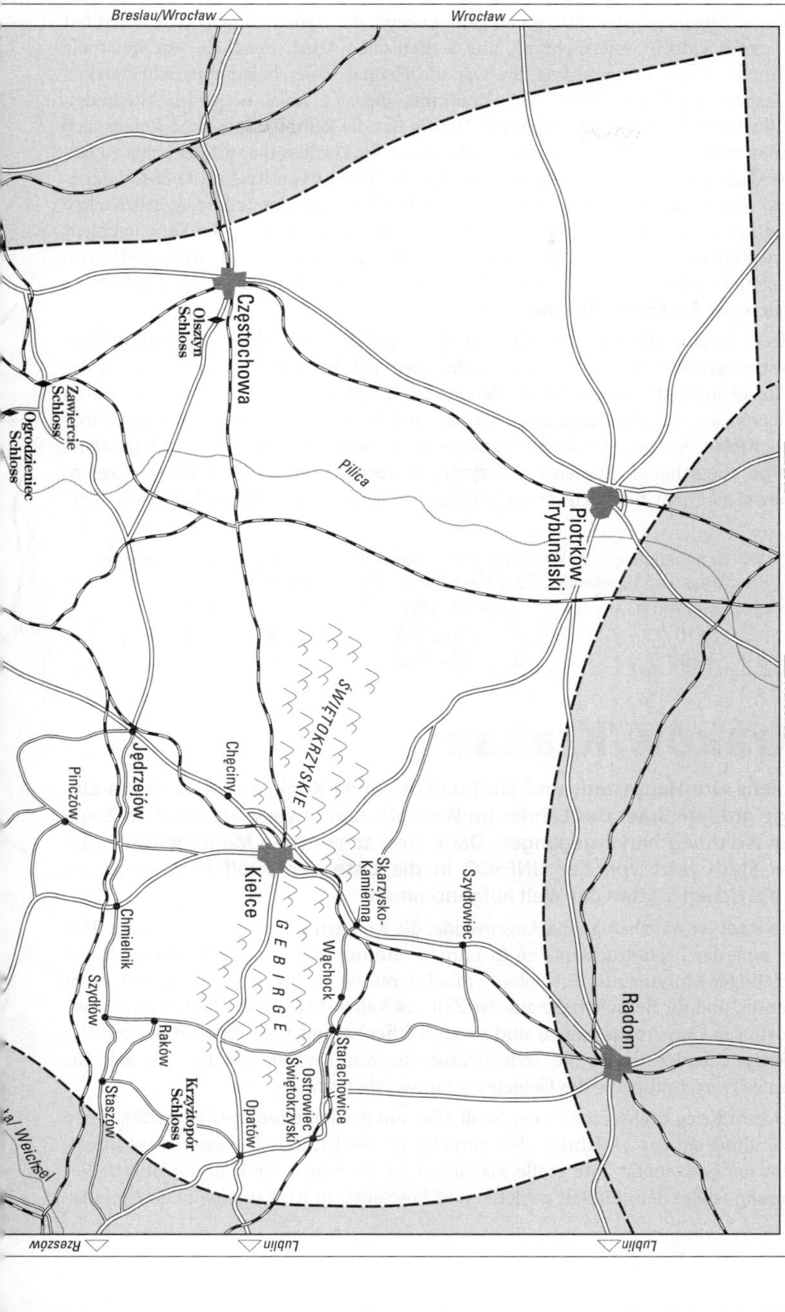
Breslau/Wrocław
Wrocław
Łódź
Warschau
Warschau
Lublin
Lublin
Rzeszów
Częstochowa
Olsztyn Schloss
Zawiercie Schloss
Ogrodzieniec Schloss
Pilica
Piotrków Trybunalski
Jędrzejów
Chęciny
Pinczów
ŚWIĘTOKRZYSKIE GEBIRGE
Kielce
Skarzysko-Kamienna
Szydłowiec
Chmielnik
Wąchock
Szydłów
Raków
Starachowice
Ostrowiec Świętokrzyski
Staszów
Krzyżtopór Schloss
Opatów
Radom
a/ Weichsel

deren Straßen von unzähligen Kirchen und Adelspalästen gesäumt werden, liegt einer der großartigsten Plätze von ganz Europa, der Rynek Główny. Für Polen hat die Stadt jedoch weit mehr als nur ästhetischen Wert, denn sie war einst die Hauptstadt des Königreiches. Sie war die Heimat vieler bekannter Schriftsteller, Künstler und Philosophen, eine Tradition, die sich noch heute im blühenden Kulturleben der Stadt widerspiegelt. Häufig hat die katholische Kirche Polens sich Rat suchend an Krakau orientiert, und nie war ihr Einfluss hier größer – bis zu seiner Wahl 1978 war *Papst Johannes Paul II.* Erzbischof von Krakau. Ebenso bedeutend sind die jüdischen Wurzeln der Stadt: Noch bis zum letzten Krieg galt Krakau als eines der großen jüdischen Zentren Europas, das auf eine reiche Vergangenheit zurückblicken konnte; davon haben sich eindeutige Überreste im alten Ghetto von Kazimierz erhalten. Das schreckliche Ende ist im westlich von Krakau gelegenen Todeslager **Auschwitz-Birkenau** verewigt.

Dieses Kapitel führt in eine Gegend, die ungefähr das Gebiet von **Małopolska/ Kleinpolen** abdeckt und einen beträchtlichen Teil des historischen Kernlands des polnischen Staates ausmacht. Zu den Höhepunkten der Landschaft, die sich durch offenes Land mit Anhöhen, Marktstädten und Bauerndörfern auszeichnet, gehören z. B. **Kielce**, Ausgangspunkt für Ausflüge in die **Góry Świętokrzyskie/Heilig-Kreuz-Berge**, die schönen Ruinen der **Krzyżtopór-Burg** und das Pilgerzentrum **Częstochowa**, die Heimat der Schwarzen Madonna, Polens bedeutendstes religiöses Symbol.

Alle Unterbringungsmöglichkeiten in diesem Buch wurden einer der folgenden Preiskategorien zugeordnet. Für nähere Informationen siehe S. 36.

I	unter 60 Zł	F	120–160 Zł	C	300–400 Zł
H	60–90 Zł	E	160–220 Zł	B	400–600 Zł
G	90–120 Zł	D	220–300 Zł	A	über 600 Zł

Kraków/Krakau

Polens alte Hauptstadt und jahrhundertelange Königsresidenz ist als einzige größere Stadt des Landes im Wesentlichen unversehrt aus dem Zweiten Weltkrieg hervorgegangen. Dank ihrer zahlreichen Monumente wurde die Stadt jetzt von der UNESCO in die Liste der zwölf bedeutendsten historischen Stätten der Welt aufgenommen.

Die Stadt ist wahrhaftig eine Augenweide, die Königsresidenz auf dem **Wawel**-Hügel eine der beeindruckendsten in Europa und die Innenstadt eine Ansammlung prächtiger Monumente. Für Polen symbolisieren sie die historische Kontinuität der Nation, und für Besucher, die aus der Zeit des Kalten Krieges das Bild eines grauen, trostlosen Osteuropas haben, sind sie eine Offenbarung. Getrübt wird der positive Eindruck leider durch die Industrievororte von Krakau, die für die extreme Umweltverschmutzung des Gebietes verantwortlich sind.

Bis zum Krieg drehte sich in der Stadt alles um die **Jagiellonen-Universität**, deren Gründung auf das 14. Jahrhundert zurückgeht. Die katholisch-konservative Intelligenz der Universität übte große Macht auf die Stadt aus. Die kommunistische Regierung wollte dem Einhalt gebieten und beschloss, in Krakau eine neue Arbeiterklasse zu schaffen, indem sie am Stadtrand eines der größten Stahlwerke Europas, **Nowa Huta**, errichtete. Innerhalb von nur wenigen Jahrzehnten zeigten sich die ersten Auswirkungen, als die Gebäude der Stadt langsam durch die Verschmutzung zu verfallen drohten. Deshalb steht Krakau heute vor kaum zu lösenden Wirtschafts- und Umweltproblemen: Wie ist dem sauren Regen Einhalt zu gebieten? Wie kann man die Monumente erneuern und gleichzeitig die Arbeitsplätze erhalten? Gut zu wissen, dass zumindest in Umweltfragen ständig Fortschritte gemacht werden. In den 1990er Jahren hat man es durch Inititativen vor Ort und mit westlicher finanzieller Unterstützung geschafft, die Umweltverschmutzung zu reduzieren. Krakau ist heute sauberer als in den letzten Jahrzehnten – die Werte liegen um 70 % niedriger als z. B. in den 1980er Jahren.

Auch in der jüngsten politischen Geschichte kommt Krakau eine beträchtliche Bedeutung zu. In Nowa Huta zeigten sich – neben der ehemaligen Lenin-Werft in Gdańsk – die ersten Risse im kommunistischen Regime. Um 1970 waren die Stahlarbeiter tatsächlich zu allgegenwärtigen Staatsfeinden geworden, und nach der Gründung von Solidarność (1980) stieg Nowa Huta zu einem Zentrum der Gewerkschaftsagitation auf. Die Vereinigung der Arbeiterklasse mit der katholischen Elite der Stadt kam zum Tragen, als Solidarność den Aufruf ergehen ließ, die von offizieller Seite eingeschränkte Auflage von *Tygodnik Powszechny* zu erhöhen, einem katholischen Krakauer Wochenblatt, damals die einzige unabhängige Zeitung in ganz Osteuropa. In Krakau entstand, genau wie im übrigen Polen, eine neue Ordnung, deren wirtschaftliche Erfolge auch hier am deutlichsten sichtbar sind.

Geschichte

Die Ursprünge von Krakau sind nicht exakt nachvollziehbar. Gemäß einer Sage soll die Stadt vom mythischen Herrscher Krak auf dem Wawel, einem Tafelberg, über einer Höhle gegründet worden sein.

In dieser Höhle lebte ein gefräßiger Drache. Krak machte dem Ungeheuer den Garaus, indem er ihm mit Teer und Schwefel gefüllte Tierhäute vorwarf. Wunschgemäß verschlang das Untier die Mahlzeit und verendete.

Tatsächlich wurden im Stadtbereich Spuren einer menschlichen Besiedlung schon aus prähistorischer Zeit gefunden. Die ersten historischen Aufzeichnungen sprechen von **Slawenvölkern**, die sich hier im 8. Jahrhundert an den Ufern der Weichsel niederließen.

Krakaus Lage am Knotenpunkt mehrerer wichtiger Handelsstraßen von Osten nach Westen, z. B. die Anbindung über Kiew ans Schwarze Meer, begünstigte den Aufstieg zum wirtschaftlichen Mittelpunkt Osteuropas. Deshalb wurde Krakau als bedeutende Wirtschaftsmacht im ausgehenden 10. Jahrhundert dem aufstrebenden polnischen Staat einverleibt. Die frühen **Piastenherrscher** machten den Wawel-Hügel zum Sitz ihres Bischofs und Krakau 1038 schließlich auch zur Landeshauptstadt. In der Mitte des 13. Jahrhunderts nahm diese Entwicklung allerdings ein jähes Ende, als die Tataren die Stadt in Schutt und Asche legten. Nach den Tatareneinfällen wurde die Stadt unter *Fürst Bolesław dem Schüchternen* nach einem geometrischen Muster wieder aufgebaut: Es ging strahlenförmig vom Marktplatz aus und ist noch heute zu erkennen.

Karte S. 456/457

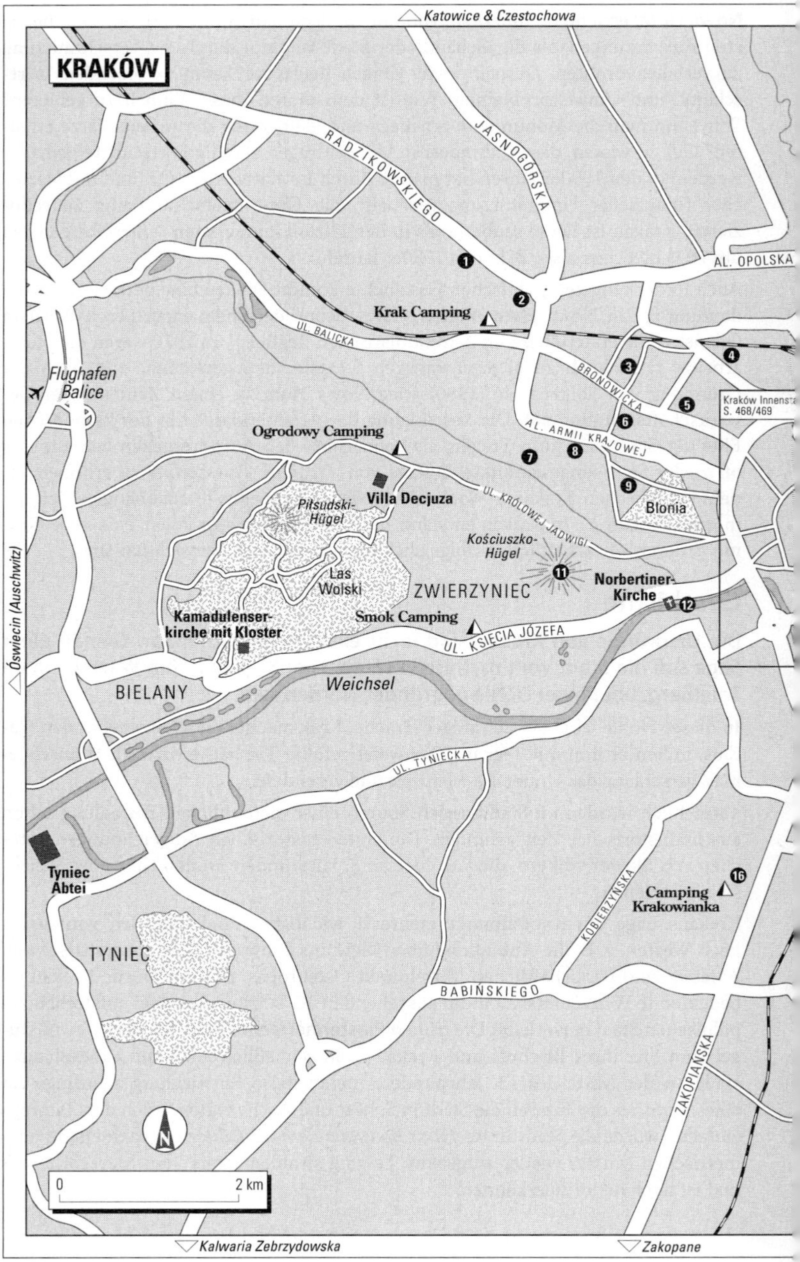
Katowice & Czestochowa
KRAKÓW
Radzikowskiego
Jasnogórska
Al. Opolska
Krak Camping
Ul. Balicka
Bronowicka
Flughafen Balice
Kraków Innenstadt S. 468/469
Al. Armii Krajowej
Ogrodowy Camping
Villa Decjuza
Ul. Królowej Jadwigi
Piłsudski-Hügel
Błonia
Kościuszko-Hügel
Las Wolski
Zwierzyniec
Norbertiner-Kirche
Kamadulenser-kirche mit Kloster
Smok Camping
Ul. Księcia Józefa
Óswiecin (Auschwitz)
Bielany
Weichsel
Ul. Tyniecka
Tyniec Abtei
Kobierzyńska
Camping Krakowianka
Tyniec
Babińskiego
Zakopiańska
0
2 km
Kalwaria Zebrzydowska
Zakopane

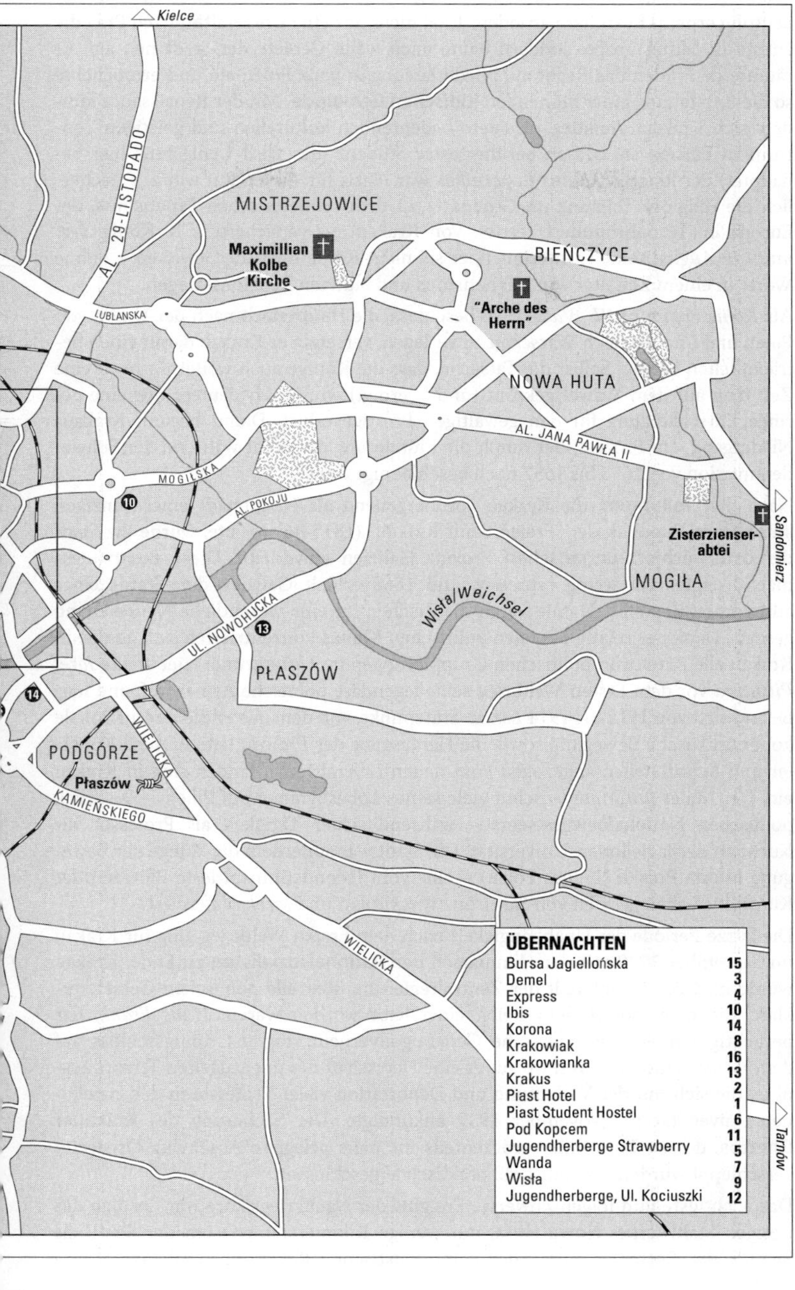
Kielce
AL. 29-LISTOPADO
MISTRZEJOWICE
Maximillian Kolbe Kirche
BIEŃCZYCE
LUBLANSKA
"Arche des Herrn"
NOWA HUTA
AL. JANA PAWŁA II
MOGILSKA
AL. POKOJU
10
Sandomierz
Zisterzienser-abtei
MOGIŁA
Wisła/Weichsel
UL. NOWOHUCKA
13
PŁASZÓW
14
PODGÓRZE
Płaszów
WIELICKA
KAMIEŃSKIEGO
WIELICKA
Tarnów
ÜBERNACHTEN
Bursa Jagiellońska 15
Demel 3
Express 4
Ibis 10
Korona 14
Krakowiak 8
Krakowianka 16
Krakowianka 13
Krakus 2
Piast Hotel 1
Piast Student Hostel 6
Pod Kopcem 11
Jugendherberge Strawberry 5
Wanda 7
Wisła 9
Jugendherberge, Ul. Kociuszki 12

Während der Herrschaft von *König Kazimierz III. dem Großen* wuchs Krakaus Bedeutung erneut. Kazimierz gründete 1364 nicht nur eine **Universität**, nach Prag die älteste in Mitteleuropa, sondern baute auch weite Gebiete der Stadt neu auf. Er räumte den Juden das Recht auf Niederlassung in ganz Polen ein und ermöglichte so die Entstehung einer blühenden **jüdischen Gemeinde**. Mit der Renaissance kündete sich Krakaus Aufstieg zu einem bedeutenden kulturellen und geistigen Zentrum in Europa an, dessen berühmtester Student (das wird wenigstens hier behauptet) der junge *Nikolaus Kopernikus* war. Basis für diesen Ruf war z. T. sicherlich die religiöse Toleranz im Gegensatz zu dem sektiererischen Fanatismus, der Europa im 16. Jahrhundert zerriss. Von Krakau aus versicherte z. B. König *Zygmunt II. August* seinen Untertanen, er sei nicht König über ihr Gewissen – kühne Worte in einem Zeitalter von Despotismus und blutigen Religionskriegen.

Als *König Zygmunt III. Waza* 1596 beschloss, die **Hauptstadt** nach der Union von Polen und Litauen nach Warschau zu verlegen, versetzte er Krakau damit einen beträchtlichen Schlag. Selbst die Tatsache, dass die Könige auch weiterhin noch eine Zeit lang auf dem Wawel gekrönt (und beerdigt) wurden, bedeutete nur eine geringe Entschädigung für den gewaltigen Prestigeverlust. Damit begann Krakaus Niedergang, ein Prozess, der durch die Plünderung der Stadt während der Schwedeninvasion von 1655 bis 1657 noch beschleunigt wurde.

Nach den **Teilungen**, die Krakau vorübergehend als Hauptstadt einer winzigen autonomen Republik der "Freien Stadt Krakau" (1815-46) erlebte, wurde die Stadt der **österreichisch-ungarischen** Provinz Galizien einverleibt. Diese Besatzungsmacht zeigte sich wenig repressiv, und 1868 erhielt Galizien den Status einer autonomen Republik. Damit waren die Zeichen für eine wesentliche Neubelebung gesetzt. Dank des relativ liberalen politischen Klimas konzentrierten sich gerade in Krakau alle Arten von politischen Gruppierungen im Untergrund: Hier stellte *Józef Piłsudski* vor dem Ersten Weltkrieg seine legendäre polnische Armee auf, und hier befand sich von 1912 bis 1914 *Lenins* Stützpunkt, von dem aus er die internationale kommunistische Bewegung sowie die Herausgabe der *Prawda* leitete. Auch Künstler und Schriftsteller, angezogen vom neuen Liberalismus, fanden sich in Krakau ein. Der Maler *Jan Matejko* schuf viele seiner Lobeshymnen auf Polen – Ausdruck polnischen Nationalbewusstseins – während seiner Tätigkeit als Professor für Kunst an der Jagiellonen-Universität. Die Stadt war außerdem die Wiege der Bewegung **Młoda Polska** (Junges Polen) – eine vom Jugendstil inspirierte Blütezeit der Kunst, ins Leben gerufen von *Stanisław Wyspiański* und *Jacek Malczewski*.

Die kurze Periode der Unabhängigkeit nach dem Ersten Weltkrieg ging für Krakau im September 1939 mit dem Einmarsch der **Nationalsozialisten** zu Ende. Krakau wurde bald zur Hauptstadt der Zentralregierung über alle polnischen Gebiete erklärt, die nicht sofort dem Reich einverleibt worden waren. *Hans Frank*, der berüchtigte nationalsozialistische Generalgouverneur, zog ins Königsschloss auf dem Wawel-Hügel ein, von wo aus er eine Herrschaft des ungezügelten Terrors ausübte, die sich mit der Verhaftung und Deportation vieler Professoren der Jagiellonen-Universität im November 1939 ankündigte. Die Säuberung des **Krakauer Ghettos**, dessen Einwohner größtenteils ins nahe gelegene Auschwitz/Oświęcim verschleppt wurden, war um 1943 praktisch abgeschlossen.

Das wichtigste und folgenschwerste Ereignis der Nachkriegsjahre war der Bau des riesigen Stahlwerkes **Nowa Huta**, nur wenige Kilometer im Osten der Stadt, als Symbol der Entschlossenheit der kommunistischen Regierung, Krakaus katholische, intellektuell ausgerichtete Vergangenheit in eine neue industrielle Zukunft zu überführen. Der Plan ließ sich aber nie völlig verwirklichen: Aus den Bauern der Umgebung, die erst zum Bau und später zur Arbeit im Stahlwerk herangezogen wurden, wurde nie das folgsame, antireligiöse Proletariat, das sich die kommunistische Partei erhofft hatte. Krakaus Ruf als Zentrum eines konservativen Katholizismus erhielt neuen Aufschwung, als der damalige Erzbischof von Krakau 1978 zum Papst *Johannes Paul II.* gewählt wurde.

Eine Folge der industriellen Nachkriegsentwicklung, die man damals nicht voraussah, ist heute das schwerwiegende Problem der **Umweltverschmutzung**. Die ganzen Jahre über ruinierte ein gefährlich hoher Giftgehalt in der Luft die Gesundheit der Krakauer Bevölkerung, außerdem richtete er unschätzbaren Schaden im alten Stadtzentrum an. Nach jahrelangen Ausflüchten hat sich das Problem der Säuberung der Stadt nun zu einer der wichtigsten politischen Streitfragen entwickelt. 1989 wurde in Krakau tatsächlich ein Politiker der Grünen zum Bürgermeister gewählt, und seitdem sind Umweltprobleme ein zentrales politisches Thema.

Das Stadtzentrum hat sich seit 1989, der Einführung der neuen Ordnung, stark verändert. Es gibt jede Menge neue Geschäfte, Cafés und Restaurants westlichen Stils, die mit Hilfe von privatem Kapital (aus der Region und dem Ausland) enstanden sind. Sie verleihen Teilen der Altstadt eine kosmopolitische Atmosphäre. Die historische Altstadt ist gründlich restauriert worden, sodass Touristen und Einheimische Gebäude wie beispielsweise die Marienkirche und die Tuchhallen (Sukiennice) in ihrer alten Pracht bewundern können.

Praktische Informationen

Orientierung

Die **Weichsel** fließt mitten durch Krakau, und nahezu alle Sehenswürdigkeiten liegen an ihrem Nordufer. Im Herzen der Stadt, umgeben vom **Planty** – einem Grünstreifen, der dem Verlauf der alten Bollwerke folgt – liegt **Stare Miasto**, die Altstadt, um den großen zentralen Platz **Rynek Główny**. Unmittelbar südlich der Altstadt und über dem Fluss erhebt sich das Königsschloss auf dem Hügel **Wawel**, und dahinter liegt das alte jüdische Stadtviertel **Kazimierz**.

Weil die Stadt unversehrt aus dem Krieg hervorgegangen ist, hat sie bis an den Stadtrand einen Teil ihrer ursprünglichen Identität bewahrt: Außer den modernen Wohnblocks stehen hier Villen und Wohnhäuser aus dem 19. Jh. einträchtig nebeneinander. Kommt man aus östlicher Richtung nach Krakau, sieht und riecht man das Stahlwerk in **Nowa Huta**, dessen Schlote heute zum Glück durch effiziente Filteranlagen weniger zum sauren Regen beitragen.

Information

Krakaus **Fremdenverkehrsbüro** ist von allen polnischen Städten das am besten organisierte – wahrscheinlich wegen der großen Besucherzahlen. Das **städtische Verkehrsbüro**, untergebracht in einem Pavillon im Planty zwischen Bahnhof und Altstadt (Mo–Fr 8–20 Uhr, Sa/So 9–17 Uhr; ✆ 012/430 2646, www.krakow.pl), gibt Auskunft über Übernachtungsmöglichkeiten und verkauft Kartenmaterial. Das **regionale Verkehrsbüro Małopolska**, Rynek Głowny 1/3 (an der Ostseite der Sukiennice; Mo–Fr 8–18 Uhr, Sa 8–16 Uhr; ✆ 012/428 3600, www.mcit.pol), informiert über Kraków und Umgebung, bucht Unterkünfte und verkauft Karten für kulturelle Veranstaltungen. Die nützlichste Reiseagentur ist **Orbis**, Rynek Głowny 41 (Mo–Fr 9–18 Uhr, Sa 9–14

Uhr, So 10–14 Uhr; www.orbis.travel.krakow.pl). Hier bietet man Touren nach Auschwitz, Wieliczka, zur Dunajec-Schlucht sowie zu anderen Zielen an und verkauft internationale Flugtickets sowie Bahn- und Bustickets.

Das **Centrum Informacji Kulturalnej** (Kulturinformationszentrum), ul. św. Jana 2, gleich beim Rynek (Mo–Fr 10–19 Uhr, Sa 11–19 Uhr; ✆ 012/421 7787, www.karnet.krakow2000.pl), bietet umfangreiche Informationen und verkauft Karten für laufende und bevorstehende Konzerte, Theateraufführungen und andere kulturelle Veranstaltungen. Fast das ganze Personal spricht Englisch. Ansonsten ist *Kraków in your pocket* (erhältlich bei Verkehrsbüros und Zeitungsständen; 5 Zł) eine ausgezeichnete Informationsquelle. Es ist ein außerordentlich ausführlicher, englischsprachiger Veranstaltungskalender, der 5- oder 6-mal im Jahr erscheint. Auch zwei englischsprachige Hochglanzbroschüren sind im Verkehrsbüro, in Orbis-Hotels und einigen Buchläden erhältlich. *Welcome to Kraków* und *Kraków: What, Where, When* enthalten wunderschöne Farbfotos, sind aber hoffnungslos, was aktuelle Informationen betrifft. Besser ist in dieser Hinsicht das *Karnet* (3 Zł), ein kleinformatiges polnisch- und englischsprachiges Veranstaltungs-Büchlein. Es wird vom Centrum Informacji Kulturalnej (s. o.) herausgegeben, mit deutlicher Betonung auf trendigen Ereignissen – es sind also keine alternativen Veranstaltungen wie z. B. Livekonzerte aufgeführt.

Wenn Sie Polnisch lesen können, sollten Sie die Krakauer Freitagsausgabe der *Gazeta Wyborcza* erwerben, die in der Wochenendbeilage *Co jest grane* örtliche Veranstaltungen nennt. Wer sich für die Bar- und Club-Szene interessiert, kann sich im *City Magazine* informieren, einer Monatszeitschrift im Boulevardpresse-Format. Glänzender ist das alle zwei Wochen erscheinende *Aktivist* (www.aktivist.pl). Beide gibt es gratis in den angesagten Bars und Cafés.

Wer sich länger in der Stadt aufhält oder in einer Vorstadt wohnt, für den lohnt sich vielleicht der Kauf des Faltplans *Plan Miasta* (1:20.000). Er ist in den Verkehrsbüros erhältlich, an Ruch-Kiosken, in Buchläden oder bei Straßenverkäufern. Für weiteres Kartenmaterial sollte man den riesigen Empik-Laden, Rynek Główny 25, aufsuchen.

Anfahrt/Verbindungen

- *Flugzeug* Der nationale und internationale **Flughafen Balice**, 15 km westlich der Stadt (Flughafeninformationen ✆ 012/411 1955), wurde kürzlich modernisiert und ausgebaut. Er ist ziemlich klein, erwarten Sie also keine Fülle an Cafés, Restaurants oder Läden. Von dort fahren Busse ins Stadtzentrum, Bus Nr. 152 (nach Basztowa, am Rand der Stare Miasto) und 208 (pl. Nowy Kleparz, nördlich der Stare Miasto; Fahrtzeit 30–40 Min). Taxis in die Stadt kosten 40–70 Zł, allerdings muss man den Preis vorher aushandeln.
- *Bahn* **Kraków Główny**, der **Hauptbahnhof**, liegt in Fußnähe zur Altstadt. Das Gebäude stammt aus der Habsburger Zeit und wurde kürzlich modernisiert. Hier halten alle wichtigen nationalen und internationalen Zugverbindungen. Das Fundbüro im Bahnhof ist 24 Stunden geöffnet. Einige Züge (hauptsächlich die Nachtzüge) kommen am Südbahnhof **Płaszów** an: Von hier aus gelangt man mit der Regionalbahn oder den Straßenbahnen Nr. 3 oder 6 ins Zentrum. Vom Busbahnhof, **Dworzec PKS**, werden ebenfalls nationale und internationale Ziele angefahren. Er befindet sich an der ul. Worcella gegenüber dem Hauptbahnhof. Für Zug- und Businformationen sowie für Fahrkarten s. S. 598.
- *Auto* Mit dem Auto in Krakau anzukommen, ist relativ unproblematisch, denn das Stadtzentrum ist von allen Hauptstraßen aus gut ausgeschildert. Schwieriger wird es, wenn man erst einmal in der Innenstadt ist, denn dann hat man in den engen Sträßchen mit Straßenbahnen und Verkehrsstaus zu kämpfen. Außerdem kann man nur in bestimmten Parkzonen das Auto abstellen. Parkt man im Parkverbot, werden gnadenlos Parkkrallen an den Rädern angebracht. Der Rynek Glówny und seine Umgebung sind eine verkehrsfreie Zone, d. h. keine Privatfahrzeuge sind mehr erlaubt, und die Polizei zeigt auch bei Ausländern, die sich verfahren haben, keine Gnade mehr. Am besten parkt man sein Auto auf einem der offiziellen, bewachten Parkplätze auf dem plac św. Ducha oder dem plac Szczepański – dies ist allerdings teuer, und oft sind die Plätze belegt (momentan 60 Zł für 24 Std.). Weitere bewachte Parkplätze

im Innenstadtbereich gibt es in: al. Focha, ul. Armii Krajowej, ul. Karmelicka, ul. Królewska 55 und Powiśle. Sie können es auch bei den etwas weiter entfernten, aber preiswerteren Parkplätzen der Hotels Cracovia, Continental und Wanda (siehe unten) versuchen, obwohl diese eigentlich nur für Hotelgäste gedacht sind.

Adressen

- *Ärztliche Versorgung* s. Krankenhäuser und 24 Stunden Apotheke (✆ 012/422 0511).
- *American Express Büro* Im Orbis-Büro (s. Reisebüros).
- *Apotheken* Gute Apotheken im Zentrum sind **Grodzka**, ul. Grodzka 26 (Mo–Fr 8–21 Uhr, Sa 9–16 Uhr, So 10–17 Uhr), und **Pod Złotą Głową**, Rynek 13 (Mo–Fr 9–21 Uhr, Sa 9–16 Uhr). Apotheken bleiben nach einem Rotationsprinzip 24 Stunden im Dienst. Information an jeder Apotheke oder unter ✆ 012/422 0511.
- *Autovermietun* **Ann Rent A Car**, am Flughafen (✆ 012/639 3249, www.ann-rent-a-car.com.pl); **Avis**, ul. Lubicz 23 (✆ 012/ 629 6108, www.avis.pl); **Europcar**, ul. Krowoderska 58 (✆ 012/633 7773), www.europcar.com); **Hertz**, im Cracovia Hotel (✆ 012/429 6262), auf Wunsch Bereitstellung am Flughafen.
- *Bahnfahrkarten* sind im Orbis-Büro auf dem Rynek Główny 41 und im Bahnhof erhältlich. Am internationalen Fahrkartenschalter können lange Schlangen stehen. Auskunft unter ✆ 9436 oder 012/624 1436.
- *Banken und Geldumtausch* Die Nationalbank (**Bank Narodowy**), ul. Basztowa 20, und **PKO**, Rynek Główny 31, lösen Traveller Schecks ein, dies kann jedoch sehr lange dauern. Die PKO zahlt auch Bargeld auf internationale Kreditkarten aus. Orbis (s. Reisebüros), Rynek Główny 41, löst auch Schecks ein, verlangt aber eine gesalzene Kommission. Beim Bargeldumtausch bekommt man in der Regel einen schlechteren Kurs. Die privaten *kantors* (Wechselstuben) haben normalerweise zu den gängigen Geschäftszeiten geöffnet. Bargeld tauscht man am besten hier um, da keine Gebühren berechnet werden.
- *Fotografie* **Digital Photo Express**, Grodzka 38, liefert Ihnen Ihre Schnappschüsse als Bild und bietet professionelle Entwicklung. Jegliche Art von Film ist erhältlich.
- *Busfahrkarten* können im Voraus bei Orbis am Rynek Główny 41 (siehe oben) gekauft werden. Um im Sommer eine internationale Buskarte zu lösen, muss man unter Umständen viele Stunden anstehen. Internationale Fahrkarten außerdem: Sinbad Büro, ✆ 012/421 0240, im Busbahnhof; oder Jordan, ul. Sławkowska 12 (✆ 012/422 2033), Auskunft unter ✆ 9433 oder 012/422 2021.
- *Eilpost und Päckchen* Für Expresssendungen und Pakete geht man zu **EMS** im Postamt gegenüber vom Bahnhof (✆ 012/ 422 6696) oder zu **DHL**, ul. Balicka 79 (✆ 012/ 636 8994), oder zu **TNT**, ul. Pleszowska 29 (✆ 012/415 6030).
- *Fahrradverleih* Im Żaczek-Studentenheim, al. 3 Maja 5. 3 Zł pro Stunde (Mai–Sept.).
- *Fluggesellschaften* Austrian Airlines ul. Krakowska 41 (✆ 012/429 6666); British Airways, ul. św. Tomasza 25 (✆ 012/ 422 8645), LOT, ul. Basztowa 15 (✆ 012/ 422 4215), SAS, ul. Kapitana Medweckiego (012/285 5008).
- *Geldautomaten* (ATM Maschinen). Es gibt mehr und mehr davon rund um den Rynek Główny.
- *Goethe-Institut* Rynek Główny 20, 1. Stock, Eingang ul. Bracka 2, ✆ 012/ 422 5829 oder 4226902, 📠 4228276.
- *Internetzugang* Hier gibt es ständig "Neuzugänge". Versuchen Sie **Cyberland**, ul. św. Jana 6 (im Ars-Kino-Komplex; 10–24 Uhr); **e-network.pl**, ul. sienna 14 (24 Std.); **Garnet**, ul. Floriańska 14 (24 Std.); **Internet Club InterMark**, ul. Floriańska 30 (tägl. 10–24 Uhr); **Looz**, ul. Mikołajska 13 (So–Do 10–24 Uhr, Fr/Sa 10–20 Uhr, www.looz.com.pl). Preise reichen von 4 bis 6 Zł pro Stunde.
- *Konsulate* Deutschland, ul. Stolarska 7 (✆ 012/421 8473, 📠 4217628), geöffnet Mo–Fr 9–12 Uhr.
- *Krankenhaus* Es gibt kein Allgemeinkrankenhaus, die meisten sind auf bestimmte Krankheiten spezialisiert. Informieren Sie sich unter ✆ 012/422 0511, oder wählen Sie den Notruf Krankenwagen.
- *Notruf* Krankenwagen ✆ 999, Polizei ✆ 997, Feuerwehr ✆ 998. Erwarten Sie nicht, dass jemand am anderen Ende Englisch versteht.
- *Parken* s. Anfahrt/Verbindungen, "Auto".
- *Postämter* Die Hauptpost befindet sich ul. Wielopole 2, Es gibt einen Schalter für postlagernde Sendungen und einen Telefon- und Faxdienst. (Mo–Fr 7.30–22.30 Uhr, Sa 8–14 Uhr, So 9–11 Uhr). Die Filiale außerhalb des Bahnhofs hat einen Schalter, der rund um die Uhr geöffnet ist.

• *Radio* Der Lokalsender RMF (70.06 FM) war der erste osteuropäische Privatsender. Er befindet sich im Hotel Pod Kopcem und ist in ganz Südpolen zu empfangen. Von Montag bis Samstag werden fünfmal pro Tag Nachrichten in Englisch ausgestrahlt: 8.30 Uhr, 10.30 Uhr, 15.30 Uhr, 17.30 Uhr und 21 Uhr. Am Sonntag gibt es um 21 Uhr das BBC-Nachrichtenprogramm zu hören.

• *Reinigung* **Betty Clean**, ul. Długa 17 (✆ 012/632 6787).

• *Reisebüros* **Orbis**, Rynek Główny 41 (✆ 012/422 9180), verkauft Bus- und Zugfahrscheine. **Almatur**, Grodzka 2 (✆ 012/422 4668), ist spezialisiert auf Jugendreisen und verkauft internationale Studentenausweise (ISIC). **Express Travel**, ul. św. Gertrudy 23 (✆ 012/ 292 0525) organisieren Busreisen zu Sehenswürdigkeiten der Umgebung, das Gleiche macht **Jordan**, ul. Długa 9 (012/421 2125).

• *Taxis* Es gibt viele Taxiunternehmen in der Stadt, zu den verlässlicheren gehören: **Wawel Taxi** (✆ 9666); **Radio Taxi** (✆ 919); **Euro Taxi** (✆ 9664); und **Metro Taxi** (✆ 9667).

• *Telefonkarten* Man bekommt sie im Hauptbüro der Telekomunikacja Polska (TKP), am Rynek Główny 17, sowie in einigen Geschäften.

• *Waschsalon* Im Erdgeschoss der Studentenherberge Piast.

Stadtverkehr

Das Stadtzentrum von Krakau kann man bequem **zu Fuß** durchwandern, denn die **Stare Miasto/Altstadt** (darunter auch der Rynek) ist zum Großteil für den Autoverkehr gesperrt.

Für Erkundungstouren weiter außerhalb benutzt man am besten die **Straßenbahnen** – es gibt sie in Hülle und Fülle, und sie fahren von frühmorgens bis spätabends. Vom Planty (dem Grünen Ring um die Stadt) führen die Straßenbahnlinien sternförmig in die Vororte (die wichtigsten Verbindungen sind im Textteil aufgeführt).

Die **Busse** sind ebenfalls ein wichtiges Verkehrsmittel, sie ergänzen die Straßenbahnen und fahren ähnlich lange. Allerdings sind von 23 bis 5 Uhr zusätzlich Nachtbusse in Betrieb. Mit den Bussen gelangt man auch in die weiter außerhalb gelegenen Vororte sowie in nahe gelegene Städte wie Wieliczka. Fahrkarten gibt es einzeln für eine Fahrt (2,20 Zł) oder für eine Stunde (2,80 Zł), wobei man beliebig oft umsteigen kann; als Tagespass (*bilet dzenny*, 9 Zł); als Wochenpass (*bilet tygodniowy*, 22 Zł). Nur bei letzterem braucht man keinen Fahrschein für Nachtbusse (5 Zł). Von verschiedenen Gruppenfahrscheinen ist der Familien-Tagespass (*bilet rodzinny*, 9 Zł) für 4 Personen vermutlich am nützlichsten. Man kauft die Fahrkarten an Kiosken und Läden mit dem *MPK*-Symbol. Wer erst beim Einstieg beim Fahrer die Karte löst, zahlt minimal (0,50 Zł) mehr. Allerdings ändern sich die Preise ständig. Bedenken Sie, dass Sie Ihre Fahrkarte beim Einstieg an beiden Enden "lochen" müssen. Studenten mit gültigem Studentenausweis fahren in ganz Krakau für den halben Preis. Wenn Sie ohne Fahrkarte erwischt werden, müssen Sie an Ort und Stelle eine Strafgebühr von 40 Zł zahlen. Für große Gepäckstücke (auch Rucksäcke) muss man eine zusätzliche Fahrkarte lösen (Inhaber von Tages- oder Wochenpass sind davon ausgenommen): Falls Sie dies versäumen, zahlen Sie 20 Zł Strafe. **Nahverkehrszüge** eignen sich für Tagesausflüge in die Umgebung, z. B. nach Płaszów.

Taxis sind für Besucher immer noch erschwinglich, obwohl die Preise, wie überall im Land, im Verhältnis zu hoch sind. Achten Sie darauf, dass der Fahrer das Taxameter angestellt hat. Von 23 bis 5 Uhr morgens sind die Preise höher. Taxistände findet man im Zentrum am plac św. Ducha, Mały Rynek, plac Dominikański, plac Szczepański, plac. Wszyskich Świętych, ul. Sienna (am Hauptpostamt) und am Hauptbahnhof. Ein Taxi vorbestellen kann man unter *Wawel Taxi* (✆ 9666) oder *Expres Taxi* (✆ 9629) – dies reduziert die Fahrtkosten oft wesentlich. Es gibt einen subventionierten speziellen **Taxiservice für Behinderte**, der aus Minibussen besteht, die alle rollstuhlgeeignet sind (6–22 Uhr; ✆ 9633 oder 644 5555).

Übernachten

Krakau entwickelt sich zu einer der meistbesuchten Städte Europas. Deshalb sind Sie besonders im Sommer gut beraten, wenn Sie Ihr Hotel im Voraus buchen. Die durchschnittlichen Hotelpreise sind hier höher als in den meisten anderen polnischen Städten, besonders in der Stare Miasto/Altstadt wird in den besseren Herbergen annähernd so viel berechnet wie in den Luxushotels anderer mitteleuropäischer Städte. Der Preis ist nicht immer ein Hinweis auf die Qualität. So berechnen viele der älteren, unrenovierten Hotels ähnliche Preise wie neuere Hotels mit internationalem Standard. Es ist selten (aber nicht unmöglich), dass man in der Stare Miasto ein Doppelzimmer unter 300 Zł findet. Reisende mit schmalem Geldbeutel werden sich, wenn sie nicht zelten, mit Hotels weit außerhalb des Zentrums, Herbergen oder Privatzimmern begnügen müssen. Das **Waweltur Büro**, gleich neben Bahnhof und Busbahnhof in der ul. Pawia 6 (Mo–Fr 8–20 Uhr, Sa 8–14 Uhr; ✆ 012/422 1921) vermittelt **Privatzimmer.** Dabei kann man, besonders im Sommer, wenn alle anderen preiswerten Unterkünfte ausgebucht sind, manchmal wirkliche Schnäppchen ergattern. Versichern Sie sich jedoch vorher, dass diese Unterkünfte nicht zu weit vom Stadtzentrum entfernt liegen. Am Hauptbahnhof wird man oft von Einheimischen angesprochen, die Zimmer anbieten, manchmal zu wesentlich niedrigeren Preisen als das Waweltur-Büro (allerdings ist dann auch der Standard oft niedriger). Bevor Sie auf ein solches Angebot eingehen, beachten Sie die folgenden wichtigen Punkte: Erkundigen Sie sich über die genaue Lage, und händigen Sie kein Geld aus, bevor Sie den Platz gesehen haben. Wenn Sie länger bleiben möchten, lohnt es sich einen speziellen Preis auszuhandeln.

Hotels (siehe Karten S. 460/461 und S. 468/469)

Viele Hotels befinden sich in und um die Stare Miasto/Altstadt, die meisten davon ganz in der Nähe des Bahnhofs. In der Regel gilt, je näher man dem Rynek kommt, umso teurer und lauter werden die Unterkünfte. Nur die Luxusherbergen liegen in Seitenstraßen oder in ruhigeren Innenhöfen. Beachten Sie, dass das jüdische Viertel **Kazimierz** durch den Film *Schindlers Liste* mehr und mehr Touristen anzieht und die Anzahl der Hotels ständig wächst. Die meisten der neuen Hotels sind hauptsächlich auf jüdische Besucher ausgerichtet.

Viele der besseren Hotels bieten außerhalb der Saison Sonderpreise an: Die großen Touristenbüros erteilen gerne Auskünfte über aktuelle Angebote.

• *In der Nähe von Bahnhof und Busbahnhof*

Atrium (17), ul. Krzywa 7 (✆ 012/430 0203, www.hotelatrium.com.pl). Modernes, komfortables und elegantes Hotel mit Zimmern wie in einem skandinavischen Möbelkaufhaus. Nahe bei der belebten ul. Długa. (C)

Europejski (24), ul. Lubicz 5 (✆ 012/423 2510, www.he.pl). Einfaches Mittelklassehotel in der Nähe des Bahnhofs und daher recht beliebt. Altmodische Zimmer mit entsprechenden Möbeln, doch mit funkelnagelneuen Bädern. Zimmer mit Bad und mit Gemeinschaftsbad. (D–C)

Mistia (18), ul. Szlak 73a (✆ 012/633 2926, www.mistia.org.pl). Preiswertes Hotel, 10 Minuten zu Fuß von den Bahnhöfen. Enge, spärlich möblierte Zimmer, die aber sauber und gepflegt sind, mit eigenem und Gemeinschaftsbad. (F–E)

Polonia (21), ul. Basztowa 25 (✆ 012/422 1233, www.hotel-polonia.com.pl). Das beste Hotel in Bahnhofsnähe, nicht alle Zimmer sind modernisiert. Die Zimmer mit eigenem Bad sind sauber und haben TV, die mit gemeinschaftlichen Sanitäreinrichtungen sind weniger überzeugend. (F–C)

Warszawski (20), ul. Pawia 6 (✆ 012/424 2100). Die Lage gleich gegenüber vom Bahnhof ist gut. Sehr unterschiedliche Zimmer: Die renovierten sind elegant und teuer, die älteren düster und oft ohne Bad. (D–C)

• *Altstadt* **Bursa Pigonia (19)**, ul. Garbarska 7a (✆ 012/422 3008, www.uj.edu.pl). Ruhige Universitätsherberge, gleich hinter dem Grünen Ring im Piasek-Bezirk. Hier gibt es zwar nur wenige, aber schön eingerichtete Räume und ein eigenes Restaurant. (C)

Campanile (35), ul. św. Tomasza 34 (✆ 012/424 2600, www.envergure.fr). Brandneues, französisch geführtes Hotel am Nordostende der Stare Miasto, mit kleinen, aber piekfeinen Zimmern mit Bad und der Möglichkeit, Tee/Kaffee zuzubereiten. (C)

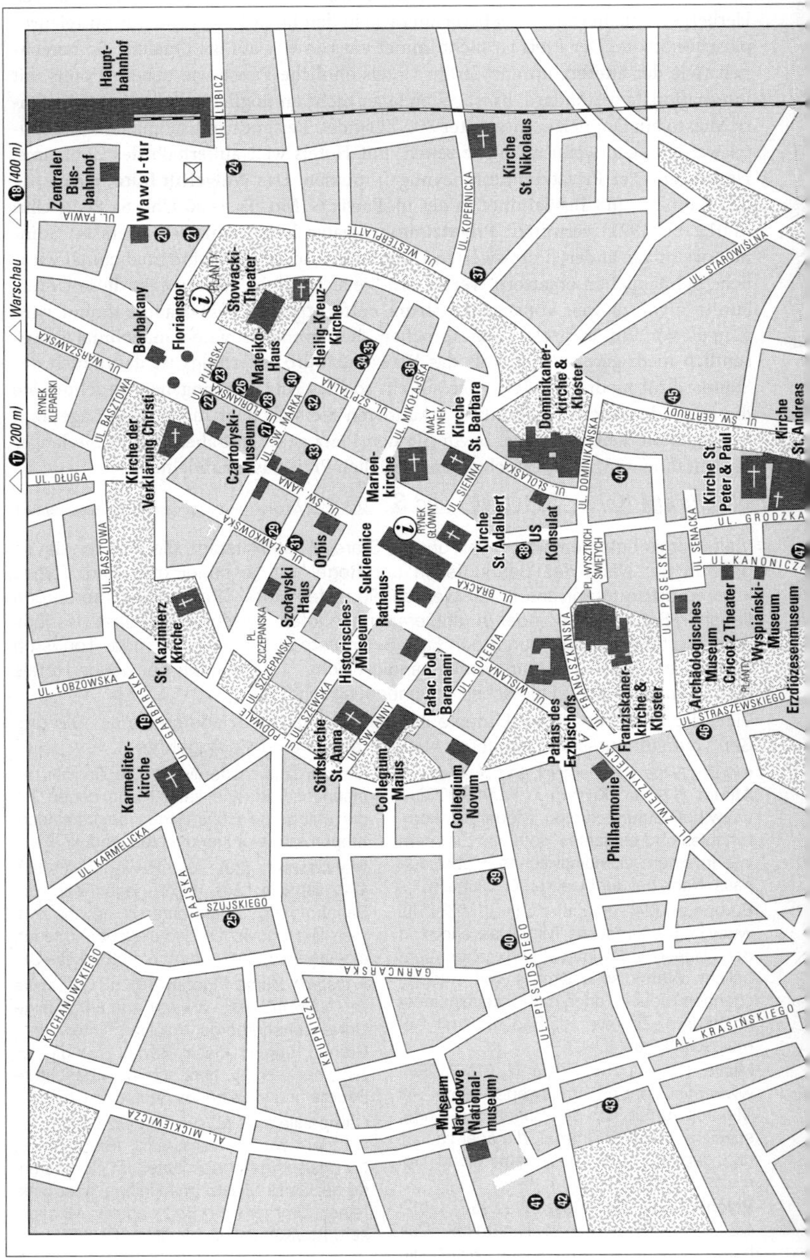

Hauptbahnhof
Zentraler Busbahnhof
Wawel-tur
Warschau
17 (200 m)
18 (400 m)
UL. LUBICZ
UL. PAWIA
UL. WARSZAWSKA
UL. DŁUGA
UL. BASZTOWA
RYNEK KLEPARSKI
Barbakany
Florianstor
PLANTY
Słowacki-Theater
Matejko-Haus
Heilig-Kreuz-Kirche
Kirche der Verklärung Christi
Czartoryski-Museum
UL. PIJARSKA
UL. FLORIAŃSKA
UL. SW. MARKA
UL. SW. JANA
UL. SZPITALNA
UL. MIKOŁAJSKA
UL. WESTERPLATTE
UL. KOPERNICKA
Kirche St. Nikolaus
UL. STAROWIŚLNA
Dominikanerkirche & Kloster
MAŁY RYNEK
Kirche St. Barbara
Marienkirche
RYNEK GŁÓWNY
Sukiennice
Rathausturm
UL. SŁAWKOWSKA
Orbis
Szołayski Haus
PL. SZCZEPAŃSKI
UL. SZCZEPAŃSKA
Historisches Museum
Pałac Pod Baranami
St. Kazimierz Kirche
Kirche St. Adalbert
US Konsulat
UL. SIENNA
UL. SOLSKA
UL. DOMINIKAŃSKA
UL. SW. GERTRUDY
Kirche St. Andreas
Kirche St. Peter & Paul
UL. GRODZKA
UL. SENACKA
UL. KANONICZA
PL. WSZYSTKICH ŚWIĘTYCH
UL. BRACKA
UL. GOŁĘBIA
UL. WIŚLANA
UL. FRANCISZKAŃSKA
UL. POSELSKA
Archäologisches Museum
Cricot 2 Theater
Wyspiański-Museum
Erzdiözesenmuseum
UL. STRASZEWSKIEGO
Palais des Erzbischofs
Franziskanerkirche & Kloster
Philharmonie
UL. ZWIERZYNIECKA
UL. ŁOBZOWSKA
UL. GARBARSKA
Karmeliterkirche
UL. PODWALE
UL. SZEWSKA
UL. SW. ANNY
Stiftskirche St. Anna
Collegium Maius
Collegium Novum
UL. KARMELICKA
RAJSKA
SZUJSKIEGO
KOCHANOWSKIEGO
GARNCARSKA
KRUPNICZA
UL. PIŁSUDSKIEGO
AL. KRASIŃSKIEGO
AL. MICKIEWICZA
Museum Narodowe (Nationalmuseum)

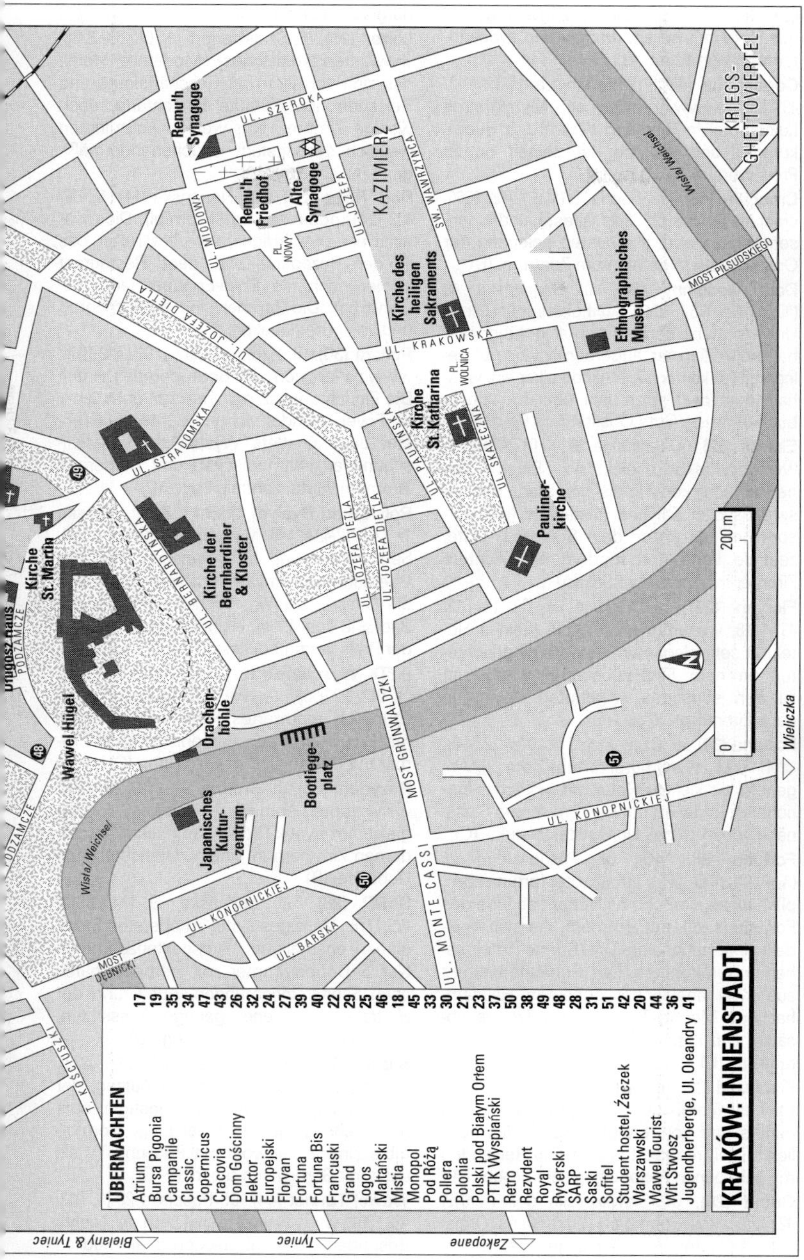

Krakau, Kleinpolen und Tatra
Karte S. 456/457

Classic (34), ul. św. Tomasza 32 (✆ 012/424 0303, www.hotel-classic.pl). Wirklich modernes Hotel mit hellen, orange- und avocadofarbenen Zimmern. (B)

Copernicus (47), ul. Kanonicza 16 (✆ 012/431 1044, www.hotelcom.pl). Mittelgroßes Luxushotel in Richtung Wawel mit Superkomfort und -service. Ist seinen hohen Preis wert. (A)

Cracovia (43), al. Focha 1 (✆ 012/422 8666, cracovia@orbis.pl). Das älteste und unansehnlichste, aber am besten gelegene der Orbis-Hotels. Westlich vom Zentrum. (B)

Dom Gościnny (26), ul. Floriańska 49 (✆ 012/429 1789; DGUJ@if.uj.edu.pl). Diese Universitätsherberge ist gut geführt und hat große Zimmer, außerdem ist sie gut gelegen. Hier kehren viele Akademiker ein, weshalb man das ganze Jahr über im Voraus buchen muss. Gute Qualität fürs Geld. (C)

Elektor (32), ul. Szpitalna 28 (✆ 012/423 2317, www.bci.krakow.pl/elektor). Eines der neuen, schicken Hotels der Stadt mit anspruchsvoller Bar und Restaurant (hier entsprechen die Preise dem Standard). Gute, zentrale Lage und modern eingerichtete Zimmer im Apartment-Stil. (A)

Floryan (27), ul. Floryańska 38 (✆ 012/431 1418, www.floryan.com.pl). Kleines Hotel mit sehr eleganten, modern eingerichteten Zimmern. Eine hübsche Abwechslung zu den sonstigen Angeboten. Preise je nach Zimmergröße. (C–B)

Fortuna (39), ul. Czapskich 5 (✆ 012/422 3143, 📠 411 0806, www.hotel-fortuna.com.pl). Angenehmes kleines Hotel mit einfacher Einrichtung und vernünftigen Preisen. In Flussnähe, westlich des Universitätsbezirks. (C)

Fortuna Bis (40), ul. Piłsudskiego 25 (✆/📠 012/430 1025, info@hotel-fortuna.com.pl). Kleines, vornehmes Nebengebäude des Fortuna (s. o.), mit Zimmern, die sich in jedem internationalen Drei-Sterne-Hotel sehen lassen könnten. Das Gebäude besteht aus zwei aneinander gebauten Häusern, hat jede Menge Treppen und Treppenabsätze. Dazu gehört eine elegante Restaurant-Bar. (C)

Francuski (22), ul. Pijarska 13 (✆ 012/422 5122, francusk@orbis.pl). Alteingesessenes elegantes und komfortables Hotel, das kürzlich stilvoll renoviert wurde. Bei Reisenden mit gehobenen Ansprüchen sehr beliebt. (A)

Grand (29), ul. Sławkowska 5–7 (✆ 012/421 7255, www.grand.pl). Luxuriöses Orbis-Hotel in guter, zentraler Lage. Die Einrichtung ist sehr stilvoll und stammt aus habsburgischen Zeiten. (A)

Logos (25), ul. Szujskiego 5 (✆ 012/632 3333, www.interkom.pl/logos). Modernes Hotel, das sich vor allem an Geschäftsleute und Reisende richtet. Gute Einrichtung, doch wenige Zimmer. Nur wenige Fußminuten westlich der Altstadt. Wochenendermäßigungen. (C)

Pod Różą (33), ul. Floriańska 14 (✆ 012/422 1244, pod-roza@hotel.com.pl). Dies war einst ein ehrwürdiges, stilvolles Hotel, das in der Rezeption und dem Restaurant immer noch die Belle-Epoque-Pracht bewahrt hat. Die Zimmer sind ziemlich groß und von guter Qualität. (B)

Pollera (30), ul. Szpitalna 30 (✆ 012/422 1044, www.pollera.com.pl). Bezauberndes Hotel. Die Einrichtung ist im Jugendstil gehalten – im Foyer befindet sich ein buntes Glasfenster des Künstlers Wyspiański. Eine Mischung aus altmodischen und modernen Zimmern. Gute, zentrale Lage. (C)

Polski Pod Byałym Orłem (23), ul. Pijarska 17 (✆ 012/422 1144, www.podorlem.com.pl). Sehr zentral und ruhig gelegen. Seit der Übernahme in Privatbesitz verbessert sich die Qualität ständig, doch die Zimmer mit Bad sind sehr klein. Nicht so großartig, wie der Preis vermuten lässt. (B)

PTTK Wyspiański (37), ul. Westerplatte 15 (✆ 012/422 9566, www.hotel-wyspianski.pl). Gründlich renoviertes Hotel mit Zimmern mit Bad in warmen Farben. Größere Zimmer mit Balkon sind etwas teurer. (C)

Rezydent (38), ul. Grodzka 9 (✆ 012/269 1408, www.rthotels.com.pl). Neueres Hotel gleich am Rynek Główny, mit schicken modernen Zimmern in einem mittelalterlichen Gebäude. (B)

SARP (28), ul. Floriańska 39 (✆/📠 012/429 1778). Winziges Hotel im obersten Stock eines ehemaligen Architektenzentrums. Nur 5 Doppelzimmer mit gemeinschaftlichen Sanitäreinrichtungen. Auf Grund der zentralen Lage eher geringe Aussichten, hier ein Zimmer zu bekommen. (D)

Saski (31), ul. Sławkowska 3 (✆ 012/421 4222). Jugendstilgebäude (mit altem Aufzug, der noch immer funktioniert) in günstiger, aber nicht sehr ruhiger, zentraler Lage. Komfortable Zimmer, sowohl mit Bad und TV als auch mit Gemeinschftsbad. (E–C)

Wawel Tourist (44), ul. Poselska 22 (✆ 012/422 1301, www.wawel-tourist.com.pl). Nichts Besonderes, zentral gelegen direkt südlich des Rynek. Einfache Zimmer mit Bad und einem merkwürdigen Mix an Möbeln – je nach Raum fühlt man sich mal in die 1960er, mal in die 1860er Jahre versetzt. (D)

Wit Stwosz (36), ul. Mikołajska 28 (✆ 012/429 6026, www.wit-stwosz.hotel.krakow.pl). Helle, komfortable Zimmer, mit etwas billigem Beigeschmack, in einem historischen Gebäude gleich beim Mały Rynek. (C)

• *Um den Wawel-Hügel* **Maltański (46)**, ul. Straszewskiego 14 (✆ 012/431 0010, www.maltanski.com). Erstklassiges Hotel mit der intimen Atmosphäre einer Pension. Die Zimmer sind schön, sowohl modern als auch traditionell möbliert, alle haben TV, Video und Minibar. Bäder meist mit Wanne. (B)

Monopol (45), ul. św. Gertrudy 6 (✆ 012/422 7015). Gutes, preiswertes Hotel, allerdings mit etwas düsteren Korridoren. Zimmer mit Möbeln der 1970er Jahre, einige mit Bad, andere mit Dusche, aber Gemeinschaftstoiletten. (E–D)

Retro (50), ul. Barska 59 (✆ 012/266 0708). Preiswerte Pension auf dem linken Weichselufer, vom Hotel Sofitel die Straße aufwärts. Sie hat Doppelzimmer und einige 3- und 4-Bettzimmer. Guter Blick auf den Wawel. (F)

Royal (49), ul. św. Gertrudy 26–29 (✆ 012/421 3500, www.royal.com.pl). Hübsches, frisch renoviertes ehemaliges Offiziershotel in der Nähe des Wawel-Hügels. Beliebt bei kleineren Touristengruppen. Die Zimmer im eleganten Westflügel sind teurer als die Standardzimmer im Ostflügel. (C–B)

Rycerski (48), pl. na Groblach 22 (✆ 012/422 6082). Einfach eingerichtete Pension am Nordrand des Wawel-Hügels. Unterschiedliche Zimmer, wobei der Preis davon abhängt, ob das Zimmer Dusche, TV u. Ä. hat. Sehr klein, daher im Voraus buchen. (E–C)

Sofitel (51), ul. Konopnickiej 28 (✆ 012/261 9212, krsofitel@orbis.pl). Luxusherberge im westlichen Stil für Geschäftsleute und Touristengruppen auf der Flussseite gegenüber dem Wawel-Hügel. Zimmer nach Osten bieten einen herrlichen Blick auf das Schloss, die nach Westen auf den Hotelparkplatz. (A)

Lesertipp von Barbara Augspurger aus Erbach: Direkt an der Straße zwischen Wawel und Rynek, ul. Grudzka 51, wurde im März 2002 das stilvolle **Hotel Senacki** eröffnet (✆ 012/422 7686, 📠 422 7934, www.senacki.krakow.pl). Es bietet 14 Doppelzimmer und 4 Einzelzimmer, relativ klein, aber jeweils mit Bad, TV, Minibar und Internetzugang. 95 bis 120 €.

• *Kazimierz (s. Karte S. 512/513)* **Alef (3)**, ul. Szeroka 17 (✆ 012/ 421 3870, www.alef.pl). Winziges Hotel mit 5 Zimmern, eingerichtet im Stil der Zeit vor dem II. Weltkrieg, mit Originalmöbeln und Nippes. Restaurant mit häufiger Klezmer-Livemusik. (C)

Eden (4), ul. Ciemna 15 (✆ 012/430 6565, www.hoteleden.pl). Gemütliches Hotel mit vornehmen, geschmackvoll eingerichteten Zimmern und einer feudalen Keller-Kneipe. (B)

Ester (5), ul. Szeroka 20 (✆ 012/429 1188, www.hotel-ester.krakow.pl). Luxuriöses, gehobenes Hotel in einem renovierten Gebäude im Herzen von Kazimierz. Die Zimmer entsprechen dem Preis. Mit gutem koscherem Restaurant. (B)

Franciszek (1), ul. Miodowa 15 (✆ 012/430 6506, www.franciszekhotel.com.pl). Neueres, mittelgroßes Hotel mit hübschen kleinen Zimmern in Pastellfarben, alle mit TV und Wasserkocher. Reelle Preise, Wochenendermäßigungen. (D)

Kazimierz (2), ul. Miodowa 16 (✆ 012/421 6629, www.hk.com.pl). Kürzlich renoviertes Hotel mit intimer Atmosphäre in der Nähe der Tempelsynagoge. Gute, komfortable Zimmer. (C)

• *Vororte* **Demel (3)**, ul. Głowackiego 22 (✆ 012/636 1600, www.demel.com.pl). Modernes Hotel mit allem Drum und Dran, leider recht weit vom Zentrum, ca. 3 km westl. im Bezirk Łobzów. Straßenbahn Nr. 14 ab Bahnhof. (C)

Ibis (10), ul Przy Rondzie 2 (✆ 012/421 8188, ibiskrk@kr.onet.pl). Bietet Komfort und Service, wie man es von einer internationalen Hotelkette erwartet, und das zum richtigen Preis. Wie bei Ibis üblich, gibt es richtige Doppelbetten. Östlich vom Hauptbahnhof, an einem Verkehrskreisel gelegen. (C)

Korona (14), ul. Kalwaryiska 9/15 (✆ 012/656 1780). Preiswerteres, weniger bekanntes Sporthotel. Im Süden des Podgorze Bezirks gelegen. Grenzt an das ehemalige Ghetto, Straßenbahn Nr. 10 ab Bahnhof. Zimmer mit eigenem und Gemeinschaftsbad. (F–E)

Krakowiak (8), ul. Armii Krajowej 9 (✆ 012/637 7304). Lehrerhotel mit vernünftigen Preisen auf der Westseite der Stadt, gleich neben dem wesentlich prominenteren Novotel. Äußerst einfache Zimmer mit Bad, aber hell und sauber. Frühstück nicht eingeschlossen, nebenan ist eine Mensa. Busse Nr. 208 und 228 ab Bahnhof bis Haltestelle Continental. (F)

Krakowianka (16), ul. Żywiecka Boczna 2 (✆ 012/268 1135). Weit südlich vom Zentrum und daher letzte Wahl. In der Nähe gibt es auch Campingmöglichkeiten und Bungalows zu mieten. Mehrere Doppel- und Dreibettzimmer, alle mit gemeinschaftlichen Sanitäreinrichtungen. Straßenbahn Nr. 8 ab pl. Wszystkich Świętych. (F)

Krakus (13), ul. Nowohucka 33 (✆ 012/652 0202, kpusit@kraknet.pl). Kürzlich renoviertes Hotel mit nützlichen Zimmern mit Bad. Weit im Osten der Stadt im Bezirk Plaszów gelegen. Bus Nr. 115 vom Bahnhof fährt in der Nähe vorbei. (F)

Motel Krak, ul. Radzikowskiego 99 (✆ 012/637 2122, 📠 637 2532). Bezüglich der Anfahrt zu diesem weit draußen gelegenen Motel siehe auch "Campingplätze". Die Vorteile dieser Herberge sind ein Schwimmbad und die zu mietenden Bungalows. (D)

Piast (2), ul. Radzikowskiego 109 (✆ 012/637 9708, wimos@kr.onet.pl). Neueres, privat geführtes Hotel mit vielen Zimmern. 5 km nordwestl. der Stadt, hinter dem *Motel Krak*. (B)

Pod Kopcem (6), al. Waszyngtona 1 (✆ 012/427 1355, hotelFM@polished.net). Dieses friedliche Hotel ist in einer der ehemaligen Habsburger Befestigungen untergebracht, die sich um den Kościuszko Hügel herum befinden. Es liegt 3 km westlich vom Zentrum. Der lokale Radiosender RMF-RM direkt nebenan hat das Gebäude kürzlich renovieren lassen, und die gehobenen Preise sind durchaus angemessen. Von den Räumen im obersten Stock hat man einen wunderschönen Ausblick auf die Stadt. Bus Nr. 100 ab pl. Matejki. (B)

Wanda (7), ul. Armii Krajowej 15 (✆ 012/637 1677, wanda@orbis.pl). Modernes Hotel, wie es Geschäftsreisende erwarten, jedoch mit freundlicherer und intimerer Atmosphäre als das benachbarte Novotel. Anfahrt wie Hotel Krakowiak (s. o.). (C)

Wisła (9), ul. Reymonta 22 (✆ 012/615 1535). Ein weiteres Sporthotel in einem schönen Park im westlichen Bezirk Czarna Wieś, in der Nähe des Fußballstadions. Der Bus Nr. 144 (vom Hauptbahnhof) hält ganz in der Nähe. Nur Dreibettzimmer (80 Zł pro Person).

Jugendherbergen, Studentenheime, Campingplätze (s. Karte S. 460/461)

Offizielle **Jugendherbergen** sind zwar mit die preiswertesten Unterkünfte in Krakau, beeinträchtigen aber wegen der Sperrstunden die Freude am Nachtleben der Stadt sehr stark. Eine gute, wenn auch etwas teurere Alternative bieten die **Studentenheime**, die in den Sommermonaten Juli und August für jedermann offen stehen und ansonsten Zimmer vermieten, wenn Platz ist. Die unten genannten Studentenheime sind zuverlässig. Auch andere Universitätsunterkünfte sind in der Hauptsaison für Touristen geöffnet, wechseln jedoch ständig. Man sollte sich beim städtischen Verkehrsamt erkundigen. Es gibt eine gute Auswahl an **Campingplätzen** in den Vororten. Sie sind zwar alle mehrere Kilometer vom Zentrum entfernt, sind aber gut mit öffentlichen Verkehrsmitteln zu erreichen.

• *Jugendherbergen* **Ul. Kościuszki 88 (12)** (✆ 012/422 1951). Hübsche Herberge in einem ehemaligen Kloster mit Blick auf den Fluss, etwa 2 km südwestlich vom Zentrum (Straßenbahn Nr. 2 ab Hauptbahnhof). Ganzjährig geöffnet. Sperrzeit 23 Uhr. Im Schlafsaal ab 25 Zł pro Person.

Ul. Oleandry 4 (41) (✆ 012/633 8822). Diese größte Herberge befindet sich in einem riesigen Betonklotz hinter dem Studentenheim Żaczek. Das ganze Jahr geöffnet, aber im Sommer meistens überfüllt. Sperrstunde 23 Uhr. (8-Bett-Schlafsäle ab 25 Zł pro Person, es gibt jedoch auch 4- und 5-Bettzimmer und sogar einige Zimmer mit Bad (Straßenbahnen Nr. 15 oder 18 vom Hauptbahnhof).

• *Studentenheime* **Bursa Jagiellońska (15)**, ul. Śliska 14 (✆ 012/656 1266, www.bursa.krakow.pl). Sauberes, komfortables Studentenwohnheim auf der Südseite des Flusses und am Westrand des Podgórze Bezirks. Mit Straßenbahn Nr. 10 ab Busbahnhof bis Haltestelle Smolki. (G)

Express (4), ul. Wrocławska 91 (✆/📠 012/633 8862). Sehr beliebte Herberge mit Pension, 2 km nordwestlich des Zentrums, oberhalb der Straße auf einem Hügel, neben der Eisenbahnlinie, nicht auf Anhieb zu finden. Vorausbuchungen sind empfehlenswert, vor allem im Sommer. Bus Nr. 130 ab Bahnhof. Doppelzimmer und Schlafsaalbetten (25 Zł pro Person). (H)

Piast (1), ul. Piastowska 47 (✆ 012/637 4933). Großes, zentral gelegenes Studentenwohnheim der Universität, das besonders bei Sprachstudenten beliebt ist, die sich hier im Sommer aufhalten. Es gibt eine große Anzahl an einfachen Studentenzimmern sowie einige gehobenere Zimmer mit Bad. Eigene Cafeteria. Der einzige Ort in Krakau mit einem Waschsalon mit Selbstbedienung. Straßenbahn Nr. 4 ab Bahnhof bis Haltestelle Wawel, dann noch 10 Minuten zu Fuß die Piastowska hinunter. Zimmer mit Bad und Gemeinschaftsbad. (G–F)

Strawberry Youth Hostel (11), ul. Racławicka 9 (✆ 012/636 1500). Saisonal geöffnetes Studentenwohnheim mit komfortablen 2- und 3-Bettzimmern und Gemeinschaftsküche. Durch die vielen jungen Gäste jedoch relativ laut. Geöffnet Anfang Juli bis Ende August. Straßenbahnen Nr. 4, 12 und 40 ab Bahnhof. (G)

Żaczek (42), al. 3 Maja 5 (✆ 012/633 5477, 📠 633 1914). Geschäftiges Studentenheim der Universität in der Nähe der Jugendherberge: Hier bekommt man im Sommer am einfachsten eine Schlafgelegenheit. Straßenbahn Nr. 15 oder 18 vom Hauptbahnhof. (H–F)

• *Campingplätze* **Krak Camping**, ul. Radzikowskiego 99 (✆ 012/637 2122). In der Nähe des Motel Krak (siehe Hotels), 5 km nordwestlich des Zentrums auf der Straße nach Katowice. Der beliebteste und beste Campingplatz Krakaus mit eigenem Restaurant. Anfahrt mit den Bussen Nr. 118, 173, 208, 218 und 223. Mai–Sept. geöffnet.

Krakowianka (16), ul. Żywiecka Boczna (✆ 012/266 4191). Gehört zum Komplex des Hotels *Krakowianka* und ist günstig an der Straße nach Zakopane, 6 km südlich der Stadt gelegen. Es gibt ein Restaurant, und man kann Bungalows mieten. Straßenbahn Nr. 8 ab pl. Wszystkich Świętych. Mai–Sept.

Ogrodowy, ul Królowej Jadwigi 223 (✆ 012/622 2011, Durchwahl 67). Guter, privat geführter Campingplatz 5 km westlich vom Zentrum auf der Straße zum Balice-Flughafen, in der Nähe der Villa Decjusza. Anfahrt mit den Bussen Nr. B, 102 und 134.

Smok, ul. Kamedulska 18 (✆ 012/ 621 0255). Weiterer privater Campinglatz 4 km westlich der Stadt auf der Straße nach Auschwitz. Busse Nr. 109, 229 und alle Linien, die nach Bielany im Westen fahren, halten ganz in der Nähe. Ganzjährig geöffnet.

Essen und Trinken

Krakaus wachsende Bedeutung als Touristenmagnet hat gleichzeitig zu einem Wachstum der Gastronomie geführt, und fast jede Woche eröffnen neue Restaurants. Allerdings sollte man bedenken, dass auch die Nachfrage groß ist und dass man, vor allem in den besseren Lokalen, rechtzeitig reservieren muss. Auf jeden Fall sollte man sich früh genug aufmachen, denn Krakau ist keine Stadt, die, was das Essengehen betrifft, nachts besonders aktiv ist. Die wachsende Anzahl an ausländischen Touristen hat sich jedoch auf die Trinkgewohnheiten der Stadt ausgewirkt. So wird die typisch mitteleuropäische Café-Kultur und das nachmittägliche gesellschaftliche Leben nun durch die Begeisterung für "trinken und tanzen bis zum Morgen" ergänzt, wie sie in vielen westlichen Städten üblich ist.

Der städtische Lebensrhythmus wird vielmehr durch eine mitteleuropäische Café-Kultur bestimmt, und das gesellschaftliche Leben spielt sich hauptsächlich am Nachmittag und am frühen Abend ab (die wachsende Anzahl an ausländischen Touristen wird sich hierauf jedoch sicher irgendwann auswirken).

Restaurants und Snackbars

Krakaus Auswahl an Restaurants ist seit der Ablösung des Kommunismus in Riesensprüngen gewachsen. Ständig öffnen neue – andere verschwinden dafür wieder –, und das in einem Tempo, dass sogar Einheimische sich nicht mehr recht auskennen. Glücklicherweise haben einige traditionelle **Milchbars** (*bar mleczny* oder *jadłodajnia*, wie sie in Krakau meist genannt werden) überlebt. Hier bekommt man die verlässlichen polnischen Lieblingsspeisen (vor allem *pierogi, barszcz* und *placki*) zu günstigen Preisen. Auch in den trendigen **Restaurants** gibt es überwiegend traditionelle polnische Küche, mit west- und mitteleuropäischen Einschlägen. Die jüdische Vergangenheit hat in besseren Restaurant auf die Speisekarte abgefärbt: Dort finden sich Gerichte wie Karpfen in Gelee und verschiedene

Varianten von *gefillte fisch*. Dies gilt natürlich ganz besonders für die Restaurants im Bezirk Kazimierz, die sich an die am jüdischen Erbe interessierten Touristen richten. Im Gegensatz zu früher bietet sich eine wachsende Anzahl Restaurants mit verschiedenen Küchen der Welt als Alternative an, wenn auch (noch) nicht ganz so viele wie in Warschau.
Preiswerte Restaurants unterscheiden sich oft kaum von den Fastfood-Läden und sind dementsprechend günstig, während sich die Preise der gehobeneren Restaurants auf westeuropäischem Niveau bewegen. Im Infoteil sind die Telefonnummern angegeben, wenn man unbedingt vorher reservieren sollte.

Das größte Wachstum verzeichnen allerdings Fastfood-Restaurants und Snackbars. Im Stadtzentrum werden Sie keine Schwierigkeiten haben, Hamburger oder andere gängige Snacks zu finden. Fastfood-Ketten im westlichen Stil (mit Filialen der großen Firmen wie McDonalds) haben die Altstadt längst erobert. Außerdem gibt es zahlreiche Buden, die Kebab, Pizza und Hot-dogs anbieten, oft bis in die Morgenstunden hinein.

• *Günstige Restaurants* **Akropol**, ul. Grodzka 9. Annehmbarer griechischer Imbiss, mit großen Portionen. Geöffnet bis 13 Uhr.

Bar Grodzki, ul. Grodzka 47. Zuverlässige und preiswerte Milchbar zwischen Rynek und Wawel. Hier gibt es ausgezeichnete *placki* (Kartoffelpfannkuchen) mit Gulasch oder Pilzen. Geöffnet bis 19 Uhr.

Bistro Stop, ul. św. Tomasza 24. Kleine heimelige *jadłodajnia* mit kleiner Auswahl an Standard-Milchbargerichten, dafür mehr Salate. Mo–Fr bis 19 Uhr, Sa bis 16 Uhr. So geschlossen.

Caffeteria Pod Błękitnym Kotem, ul. Poselska 9. Exquisites Café, das die üblichen Milchbar-Speisen serviert, doch in kleineren Portionen. Es gibt auch guten Kaffee. Geöffnet bis 22 Uhr.

Cechowa, ul. Jagiellońska 11. Praktisch, wenn Sie in der Universitätsgegend wohnen. Hier gibt es ausgezeichnete Pfannkuchen und schnelle Bedienung beim Mittagstisch.

Cyklop, ul. Mikołajska 16 (✆ 012/421 6603). Sehr beliebte, gute Pizzeria. Auch Gerichte zum Mitnehmen. Geöffnet bis 22 Uhr.

Dworzanin, ul. Floriańska 19. Im vorderen Raum Grillgerichte und Salat, im hinteren eine traditionelle Milchebar, die superpreiswerte *pierogi* und *bigos* serviert. Geöffnet bis 20 Uhr.

Ekologoczny Bar Wegetariański MOMO, ul. Dietla 49. Einfallsreiche vegetarische Gerichte vom Mittelmeer und aus Fernost, auch gute Salate und gesunde Süßigkeiten. Geöffnet bis 20 Uhr.

Grace Pizzeria, ul. św. Jana 1. Funktional und ohne Atmosphäre, bietet dafür zuverlässige, preiswerte Pizza (auch zum Mitnehmen). Eine weitere Filiale ist in der ul. Sienna 15. Geöffnet bis 22.30 Uhr.

Kramy Dominikański, ul. Stolarska 8/10, hier gibt es gegrillte Schweinekotelettes und Ähnliches. Es ist jedoch v. a. interessant, weil es bis 3 Uhr geöffnet hat!

Kuchcik, Jagiellońska 12. Bodenständige polnische Küche von guter Qualität (die *bigos* und *pierogi* sind besonders gut) in einem angenehmen Teil der Stadt. Mo–Fr bis 18 Uhr geöffnet.

Pod Aniołkami, ul. Szewska 14. Praktische und beliebte Pizzeria gleich beim Rynek. Geöffnet bis 22 Uhr.

Pod Temidą, ul. Grodzka 43. Äußerst traditionelle, funktionale und preiswerte Milchbar, beliebt bei den hier in der Nähe wohnenden Studenten. Geöffnet bis 20 Uhr.

Różowy Słoń, ul. Sienna 1. Snackbar im Café-Stil mit lustigen Comic-Figuren dekoriert. Große Auswahl an süßen, köstlichen Pfannkuchen. Eine weitere Niederlassung in der ul. Szpitalna 38 gegenüber der Oper. Geöffnet bis 21 Uhr.

Svensson, ul. Długa 12. Beliebter schwedischer Imbiss mit skandinavischen Piroggen (kleine, dünne Dinger, ganz anders als die polnischen) und Salaten. Mo–Fr ab 10 Uhr, bis das Essen ausgeht.

U Babci Maliny, ul. Sławkowska. Der Rolls-Royce unter den Milchbars. Im Keller des Gebäudes der Akademie der Wissenschaften (PAN) untergebrachtes, preiswertes Restaurant mit typisch traditionellen polnischen Gerichten und etwas ausgefalleneren wie z. B. Wild oder Ente. Mo–Fr bis 19 Uhr, Sa/So bis 17 Uhr.

U Pani Stasi, ul. Mikołajska 18. Kleiner, privat geführter Schnellimbiss östlich des Rynek, etwas verdeckt von der Straße aus. Alle Gerichte sind selbst hergestellt auch die ausgezeichneten Piroggen. Beliebt bei

Studenten, und es stehen meist lange Schlangen davor. Mo–Fr 12.30 Uhr, bis die Speisen ausgehen.

Vega, ul. św. Gertrudy 7. Gutes vegetarisches Café-Restaurant mit einer ausgezeichneten Auswahl an gesunden, preiswerten Gerichten, dazu vielerlei Salate. Bis 21 Uhr geöffnet. Filialen in der ul. Krupnicza 22 (bis 22 Uhr) und in Kazimierz, ul. Szeroka 3 (bis 23 Uhr).

Zakatek, ul. Grodzka 2. Salat- und Sandwichbar von guter Qualität in günstiger Lage. Etwas versteckt in einem Hof gelegen. Mo–Sa bis 20.30 Uhr, So geschlossen.

• *Mittelklasserestaurants* **Alef**, ul. Szeroka 17 (✆ 012/421 3870). Schickes, gemütliches Café-Restaurant, im Stil eines traditionellen Salons von Kazimierz in der Mitte des 19. Jh. Es bietet eine Mischung aus polnischer und koscherer Küche. Oft Livemusik. Geöffnet bis 22 Uhr.

Ariel, ul. Szeroka 18 (✆ 012/421 7920). Ein alteingesessenes Café-Restaurant im Herzen des Bezirks Kazimierz mit polnisch/jüdischer Speisekarte. Abends meist Livemusik. Geöffnet bis Mitternacht.

Arka Noego, ul. Szeroka 2. Café-Restaurant im Landau/Jordan-Palast, das eindeutig auf Touristen ausgerichtet ist, bietet polnisch/jüdisches Essen. Die Hinterhofterrasse ist im Sommer ideal, um draußen zu sitzen.

Balaton, ul. Grodzka 37. Gutes, aber etwas zu kleines ungarisches Restaurant. Im Sommer muss man oft lange warten. Geöffnet bis 22 Uhr.

Bombay Tandoori, ul. Mikołajska 18. Intimes Restaurant, das sich auf wenige typisch indische Gerichte beschränkt. Ausgezeichnete Qualität und eine gute Auswahl an vegetarischen Speisen. Geöffnet bis 23 Uhr.

Cherubino, ul. św. Tomasza 2. Beliebtes neues Restaurant, von demselben Besitzer geführt wie das Pod Aniolami – hier gibt es eine Mischung aus polnischer und italienischer Küche von verlässlichem Standard. Geöffnet bis 23 Uhr.

Chimera, ul. św. Anny 3, deftige polnische Fleisch- und Geflügelgerichte im Hauptspeisesaal, preiswerte Salate und kleine Gerichte im Keller. Geöffnet bis Mitternacht.

Chłopskie Jadło, ul. św. Agnieszki 1 (✆ 012/421 8520). Dieses Restaurant im Stil eines polnischen Landgasthauses bietet eine gute Auswahl an kalorienreichen traditionellen Spezialitäten, die die hohen Preise wert sind. Die Atmosphäre ist herzlich und locker. Es gibt viele preiswerte Mahlzeiten auf der Speisekarte neben einigen phantastischen polnischen Spezialitäten. Das Restaurant ist bei Touristengruppen beliebt, deshalb sollte man in der Saison vorher reservieren.

CK Dezerterzy, ul. Bracka 6. Nettes Restaurant im Bistro-Stil mit einer Auswahl an polnischen Standards wie *pierogi*, *bigos*, *barszcz* usw., von guter Qualität. Geöffnet bis Mitternacht.

Corleone, ul. Poselska 19. Neues italienisches Restaurant mit guten Nudelgerichten und ausgezeichneten Salaten, in einer angenehmen Lage in einer Seitenstraße. Geöffnet bis Mitternacht.

Da Pietro, Rynek Główny 17. Das beste der neuen italienischen Restaurants in der Stadt in einem der mittelalterlichen Keller unter einem Innenhof in der Nähe des Marktplatzes. Pasta und Salate zu vernünftigen Preisen. Bis Mitternacht geöffnet.

Guliwer, ul. Bracka 6 (✆ 012/430 2466). Rustikal und stilvoll eingerichtetes Bistro mit gehobener französisch inspirierter Küche. Gute Qualität fürs Geld. Bis 23 Uhr geöffnet.

Hawełka, Rynek Główny 34. Großer Speisesaal mit Matejko-Reproduktionen an den Wänden, auf Touristen ausgerichtet. Geboten wird solide polnische Küche zu vernünftigen Preisen, nur Wildgerichte sind teuer. Geöffnet bis 23 Uhr.

Hoang Hai, ul. Stradomska 13. Vietnamesisch-chinesische Gerichte, freundlicher Service. An der Straße vom Wawel Richtung Kazimierz. Geöffnet bis 21.30 Uhr.

Klezmer Hois, ul. Szeroka 6 (✆ 012/411 1245). Gut geführtes polnisch-jüdisches Restaurant mit noch mehr nostalgischer Ausstattung aus dem 19. Jahrhundert, als es für Lokale in Kazimierz unerlässlich zu sein scheint. Geöffnet bis 23 Uhr.

Kurza Stopka, pl. Wszystkich Świętych 9. Geflügelspezialist, der bei Einheimischen schon lange einen guten Ruf hat. Eine weitere Spezialität des Hauses sind z. B. Kartoffelpfannkuchen mit Gulasch. Geöffnet bis 23 Uhr.

Lemon, ul. Floriańska 53. Serbische Grillgerichte in einem Pavillon mit Glasfront, gleich bei der Haupttouristenstraße. Geöffnet bis 23 Uhr.

Na Kazimierzu, ul. Szeroka 39. Hübsches, neues koscheres Café-Restaurant im frisch renovierten Gebäude neben der Synagoge Remu'h. Geöffnet bis 22 Uhr.

Orient Express, ul. Poselska 22 (✆ 012/422 6672). Neues Themen-Restaurant mit Einrichtung im Stil von Agatha Christie. Auf der Speisekarte findet sich ein Querschnitt durch Mitteleuropa, vernünftige Preise. Geöffnet bis 23 Uhr.

Smak Ukraiński, ul. Kanonicza 15. Freundliches Restaurant auf dem Weg zum Wawel. Bietet leckere ukrainische Gerichte zu vernünftigen Preisen. Geöffnet bis 21 Uhr.

Staropolska, ul. Sienna 4. Etwas altmodisches Restaurant gleich beim Rynek mit einem Schwerpunkt auf traditionellen Schweine- und Geflügelgerichten. Nichts Besonderes, aber zuverlässig und nicht teuer. Geöffnet bis 22 Uhr.

Szuflada, ul. Wiślna 5. (✆ 012/423 1334). Restaurant mit modernen europäischen Gerichten zu vernünftigen Preisen, dessen surrealistisches Dekor unter anderem fliegende Zebras zeigt. Im angrenzenden Hinterraum befindet sich eine gute Jazz-Bar. Geöffnet bis 1 Uhr.

Taco Mexicano, ul. Poselska 20. Passables mexikanisches Restaurant in lebhafter Umgebung, gemäßigte Preise. Geöffnet bis 23 Uhr.

Taco Mexicano Casa Susana, Rynek Glówny 19. Eine größere Auswahl an etwas authentischeren mexikanischen Gerichten als der andere Mexikaner der Stadt. Entspannte Atmosphäre, guter Service. Geöffnet bis 23 Uhr.

• *Gehobenere Gastronomie* **A Dong**, ul. Brodzińskiego 3 (✆ 012/656 4872). Hochklassiger Vietnamese, etwas weit draußen in Podgórze. Die Anfahrt lohnt sich jedoch, denn hier gibt es die beste asiatische Küche in der Stadt. Bis 23 Uhr geöffnet.

Copernicus, ul. Kanonicza 16 (✆ 012/431 1044). Feudales Hotel-Restaurant mit einfallsreicher europäisch-polnischer Küche, es hat die größte Auswahl an Wildgerichten in der Stadt – Hase, Fasan und Hirsch stehen normalerweise auf der Speisekarte. Geöffnet bis 23 Uhr.

Cyrano de Bergerac, ul. Sławkowska 26 (✆ 012/411 7288). Schickes neues, gehobeneres französisches Restaurant mit guter Qualität. Da es bei einheimischen Feinschmeckern sehr beliebt ist, bitte vorher reservieren. Geöffnet bis Mitternacht. Sonntag geschlossen.

Elektor, ul. Szpitalna 28 (✆ 012/423 2314). Schickes neues Hotelrestaurant mit einer Mischung aus polnischer und französischer Küche. Es gibt Livekonzerte klassischer Musik. Im Sommer Reservierung empfohlen, bis Mitternacht geöffnet.

Krew i Róża, ul. Grodzka 9 (✆ 012/429 6187). Ausgefallenes Restaurant im Stadtzentrum, von den erfolgreichen Gastronomen *Chłopskie Jadło* geführt. Die phantasievolle Inneneinrichtung im Bosch/Memling-Stil lenkt von den hohen Preisen auf der Karte ab. Der Schwerpunkt liegt auf klassischer polnischer Küche. Versuchen Sie gebratenen Fasan, wenn Sie mal so richtig feiern wollen. Geöffnet bis Mitternacht.

La Fontaine, ul. Sławkowska 1 (✆ 012/431 0955, www.lafontaine.com.pl). Neueres Restaurant mit aufmerksamem Service, einfallsreicher französisch-polnischer Küche. Es hat einen guten Ruf bei Einheimischen wegen seiner lokalen Spezialitäten. Geöffnet bis 23 Uhr.

Osorya, ul. Jagiellońska 5 (✆ 012/292 8020). Das bunte Durcheinander in der Einrichtung schafft eine Atmosphäre, in der sich Gerichte wie Entenbrust oder mit Schinken umwickeltes Roastbeef gut genießen lassen. Geöffnet bis Mitternacht.

Paese, ul. Poselska 24 (✆ 012/421 6273). Geschmackvoll eingerichtetes korsisches Restaurant, beliebt bei der einheimischen Schickeria. Bis Mitternacht geöffnet.

Pod Aniołami, ul. Grodzka 35 (✆ 012/421 3999). Kürzlich eröffnetes Restaurant in einem der mittelalterlichen Keller. Es hat sich bereits einen Ruf als einer der besten Plätze für polnische Spezialitäten erworben. Auf der Speisekarte finden sich Forelle, Lamm, Schwein, Ente und Grillgerichte. Reservierung empfohlen, bis Mitternacht geöffnet.

Pod Gruszka, ul. Szczepańska 1 (✆ 012/422 8896). Solides Restaurant mit guter Auswahl an polnischen Gerichten zu vernünftigen Preisen. In der Stadtmitte im ersten Stock der Krakauer Journalisten Stiftung.

Pod Róża, ul. Floriańska 14. Dieses Hotel-Restaurant mit traditioneller polnischer Küche ist zwar teuer, aber von guter Qualität.

Tetmajerowska, Rynek Główny 34 (✆ 012/422 0631). Schickes polnisches Restaurant mit Einrichtung im Stil der Jahrhundertwende (ausgestattet von dem Künstler Tetmajerowska). Es ist im selben Gebäude wie das *Hawełka* (s. o.). Gutes Essen und noch besserer Service. Im Sommer Reservierung empfohlen. Geöffnet bis 23 Uhr.

Villa Decjusza, ul. 28 Lipca 17a (✆ 012/425 3521, www.willa-decjusza.restauracje.

com). Superschickes und dementsprechend teures Kellerrestaurant, in dem gerne Politiker (aus der Region und von außerhalb) einkehren. Im Keller der kürzlich renovierten *Villa Decjusza* mit relativ kaltem Dekor im Stil der Renaissance. Ziemlich weit außerhalb der Stadt im Wola Justowska Bezirk. Nur mit Reservierung. Geöffnet bis Mitternacht.

Wierzynek, Rynek Główny 15 (✆ 012/422 1035). Krakaus berühmtestes Restaurant gehört zu den besten im ganzen Land. Spezialitäten sind z. B. Bergforelle und das Gericht des Hauses *wierzynek*. Die Qualität schwankt allerdings. Die Preise halten sich mit etwa 60–75 Zł pro Person für ein Hauptgericht mit Getränk noch in einem vernünftigen Rahmen. Reservierung ist nötig, wenn Sie abends einen Tisch drinnen wollen, auf der Außenterrasse können Sie auch so Glück haben, weil dort die Fluktuation größer ist. Bis 23 Uhr geöffnet.

Cafés und Bars

Es gibt mehr und mehr **Cafés** im Stadtzentrum, und im Sommer stellen am Rynek fast alle die unvermeidlichen weißen Plastikstühle und -tische sowie Sonnenschirme mit westlicher Werbung nach draußen. Besonders am Abend kann man sehr schön hier sitzen, die Atmosphäre genießen und den zahlreichen Straßenmusikern zuhören, die bei den Touristen ihre Złoty einsammeln.

In den letzten Jahren sind, besonders in der Stare Miasto/Altstadt, mehr und mehr **Bars** eröffnet worden. Heutzutage kann man sich also aussuchen, wo man am Abend noch einen Drink nimmt. Moderne Bars mit jungem Publikum sind zwar in der Überzahl, es gibt jedoch auch einige alteingesessene Plätze, die schönsten befinden sich in den Innenhöfen rund um den Rynek Główny. Cafés schließen in der Regel um 22–23 Uhr, viele der schalldichten Bars sind bis lange nach Mitternacht geöffnet und immer mehr Nachtklubs sogar bis zum frühen Morgen. (siehe Klubs und Discos).

• *Cafés* **Botanika**, ul. Bracka 9. Die Sandwich-Bar vom Tage wird abends zu einer schicken Café-Bar. Die ausgefallene Einrichtung ist aus Metall. Manchmal spielen Livebands. Geöffnet bis 23 Uhr.

Carmel Coffee, ul. św. Kryża 12. Bequeme Stühle, Belle-Epoque-Einrichtung und guter Kaffee. Göffnet bis Mitternacht.

Esplanada, ul. św. Tomasza 30. Schlichte Einrichtung mit Bücherregalen an den Wänden und einer sehr gewinnenden Auswahl an gutem Kaffee und Feingebäck. Geöffnet bis 22 Uhr.

Europejska, Rynek Główny 36. Schickes modernes Café mit weniger gutem Service. Ein Vorteil ist die Außenterrasse, von der man direkt auf den Platz schaut. Geöffnet bis Mitternacht.

Gołębnik, ul. Gołibia 5. Kleines, angenehmes Teehaus mit Ausstellungen lokaler Künstler.

Graffiti, ul. św. Gertrudy 5. Elegantes Café, das aussieht wie ein Salon aus dem 19. Jahrhundert. Neben dem *Wanda*-Kino, Treffpunkt für Leute um die 30. An den Wänden sind Kino-Plakate. An Sommerwochenenden werden im Garten oft gute Filme gezeigt. Geöffnet bis Mitternacht.

Herbaciarnia No. 1, ul. św. Tomasza 5. Große Auswahl an Teesorten; gutes Frühstück. Bis Mitternacht geöffnet.

Jama Michalika, ul. Floriańska 45. Legendäres und sehr stimmungsvolles altes Café aus dem Jahr 1895 mit angeschlossenem Kabarett und beliebter Młoda Polska-Treffpunkt – ein Besuch lohnt sich schon allein wegen der Einrichtung (siehe auch "Theater und Kabarett").

Loch Camelot, ul. św Tomasza 17. Teures, aber gut gelegenes neues Café. Die Innenausstattung ist aus Holz, im Kellergeschoss gibt es manchmal Konzerte und Kabarettaufführungen. Das Café wird gern von Ausländern besucht. Gutes Frühstücksbuffet, Mittagessen und Süßes (versuchen Sie *szarlotka* – Apfelkuchen). Geöffnet bis Mitternacht.

Noworolski, Rynek Główny 1/3. Traditionelles Café mit wunderbar renoviertem Jugendstil am Marktplatz, das bei den Krakauern seit dem späten 19. Jahrhundert sehr beliebt ist. Hierher kommen ältere Damen, um sich pflichtbewusst durch die feinen Gebäcksorten zu futtern. Geöffnet bis Mitternacht.

Pożegnanie z Afryką, ul. św. Tomasza 21. Besondere Filiale der "Jenseits von Afrika"-Kette, mit vielen verschiedenen Sorten an exzellentem Kaffee. Es ist sehr beliebt, und daher muss man hin und wieder Schlange stehen. Geöffnet bis 22 Uhr.

Redolfi, Rynek Główny 37/39 (an der Ecke zur ul. Sławkowska). Ein gemütlicher Laden mit einer wunderschönen Jugendstil-Einrichtung, auch der Kaffee ist überdurchschnittlich gut. Geöffnet bis 23 Uhr.

U Literatów, ul. Kanonicza 7. Ein Besuch lohnt sich wegen der angenehmen, ruhigen Hinterhofatmosphäre. Es gibt auch kleine Gerichte bis 21 Uhr.

U Zalipianek, ul. Szewska 24. Traditionelle *kawiarna*, herausgeputzt mit volkstümlichen Motiven. Es gibt Tee, Kaffee und Kuchen, beliebt bei Krakaus Damen einer bestimmten Altersgruppe. Schöne Terrasse mit Blick auf den Planty. Geöffnet bis 22 Uhr.

Vis-à-vis, Rynek Główny 29. Einfaches, funktionales Café auf dem Marktplatz, lange Zeit das Stammcafé polnischer Künstler, heute im Stil etwas veraltet. Geöffnet bis 22 Uhr.

• *Bars* **Alchemia**, ul. Estery 5. Dunkle stimmungsvolle Café-Kneipe mit Kerzenbeleuchtung im Herzen von Kazimierz. In den vier ineinander übergehenden Räumen werden Sie unkonventionelle Menschen, modisch gekleidete Künstlertypen und Trinker aus Kazimierz antreffen. Für Hungrige gibt es eine kleine Auswahl an Baguettes.

Black Gallery ul. Mikołajska 24. Kellerbar mit groben Wänden und eigenwilliger Einrichtung. Hier herrscht gute Stimmung, und die Tanzfläche ist immer überfüllt. Ein wohltuender, mit Buschwerk eingefasster Patio nach hinten hinaus.

Bull Pub, ul. Mikołajska 2. Erholsames, wenn auch ziemlich farbloses Touristenlokal mit Bildern von einer Art Fuchsjägern an der Wand. Von allen Pubs im Zentrum Krakaus wird hier am wahrscheinlichsten Mitte der Woche ein Fußballspiel im Fernsehen gezeigt.

Café Numero, Rynek Glówny 6. Kleine, moderne Bar, spärlich erleuchtet, mit erholsamer Jazzmusik und Sitzmöglichkeit im von hohen Mauern umgebenen Hof. Angenehmer Platz, um tagsüber einen Kaffee oder abends einen Schlaftrunk zu sich zu nehmen.

Dom Wina, ul. Pijarska 11. Momentan die einzige richtige Weinbar der Stadt. Es gibt eine gute Auswahl an nicht zu teuren Weinen, die Atmosphäre ist sehr entspannt.

Dym, ul. św. Tomasza 11. Enge Café-Bar mit Trinkraum. Raffiniert armselige Wände und ebenso aussehende Kunden. Jazz-Musik und Außenterrasse.

Klub Kulturalny, ul. Szweska 25. Relaxter Studentenkeller mit vielen gemütlichen Nischen.

Kredens, Rynek 12. Lebhafte Café-Bar mit Sitzmöglichkeiten im Hof und heißem Keller für einen späten Drink und fürs Tanzen zu einem angenehmen Mix aus alten und neuen Popmusikklängen.

Maska, ul. Jagiellońska 5. Café-Bar im Jugendstil im Art Stary-Theater. Ein beliebter Treffpunkt für Schauspieler und auf Künstler machende Einheimische.

Paparazzi, ul. Mikołajska 9. Schicke Kneipe mit großer Auswahl an Cocktails und mit Bildern von berühmten Persönlichkeiten an den Wänden. Modisch gekleidete Möchtegerns bevölkern die Bar.

Pod Jaszczurami, Rynek Glówny 8. Großer Studenten-Pub (die Türsteher weisen Besucher ohne Studentenausweis manchmal ab, denken Sie sich also eine Ausrede aus) mit warmem lachsfarbenem Dekor. An einem Ende gibt es eine Bühne, die oft für Konzerte, Lesungen und DJ-Auftritte genutzt wird.

Pod Jemiołą, ul. Floriańska 20. Winzige Bar mit sehr rustikalem Dekor und dem Ruf, dekadente Akademiker anzuziehen. Mit gefälliger Beatmusik (im Grunde genommen nichts derzeit Aktuelles) und Sitzmöglichkeiten im Hof während des Sommers. Auf Anhieb nicht so leicht zu finden, schauen Sie nach dem Wegweiser zum "Arsenal"-Militär-Shop gleich nebenan.

Pod Papugami Irish Pub, ul. św. Jana 18. Lebhafte Bar in einem Labyrinth von unterirdischen Räumen, angefüllt mit alten Motorrädern und anderen Sammelobjekten.

RE, ul. Mikołajska 5. Kellerbar mit leicht alternativem Einschlag (z. B. werden Sie dort nie Techno hören). Es gibt eine Gartenterrasse und oft Livemusik – das Programm ist außen angeschlagen.

Roentgen, pl. Szczepański 3. Tiefe verrauchte Kneipe und Aufenthaltsort der Alternativszene. Etwas seltsam die Lage im Keller einer Frauenklinik. Hier wird hauptsächlich Acid-Jazz, Schlagzeug-und-Bass sowie andere, nicht im Trend liegende Musik aufgelegt. An Wochenenden DJs.

Shakesbeer, ul. Gołębia 2. Beliebter Pub im Stadtzentrum mit außergewöhnlicher Einrichtung. Sie scheint aus einem Innenarchitektur-Magazin entnommen zu sein. Kultivierter Platz für ein paar Bierchen.

Singer, ul. Estery 20. Bedrückende verrauchte Luft in dieser etwas verblichenen Café-Bar, die sich zu einem Geheimtipp unter Touristen entwickelt hat. Singer-Nähmaschinen dienen als Tische.

Unterhaltung und Nachtleben

Kulturell gesehen ist in Krakau einiges los: Es ist die Heimat einer der besten **Theatergruppen** Europas, besitzt eine traditionsreiche **Kabarettkultur**, und es finden viele **studentische Veranstaltungen** statt. Krakau hat eine Lebendigkeit, die anderen großen polnischen Städten, ja selbst Warschau, fehlt. Das liegt nicht nur daran, dass es eine Universitätsstadt ist, sondern auch an der gemütlichen Atmosphäre der Innenstadt, in der alles dicht nebeneinander liegt.

Auch wenn Sie kein Polnisch sprechen, lohnt sich der Besuch einer der Krakauer Theateraufführungen. Über aktuelle Veranstaltungen können Sie sich in den Stadtmagazinen wie z. B. *Aktivist* oder im Kulturinformationszentrum informieren, wo man auch gleich die Eintrittskarten kaufen kann. Das Zentrum gibt das englischsprachige Monatsmagazin Karnet heraus, in dem alle Veranstaltungen aufgeführt sind (s. "Information"). Die regionale Tageszeitung *Gazeta Wyborcza* ist ebenfalls hilfreich. Man sollte beachten, dass im Sommer viele Veranstaltungen schnell ausverkauft sind. **Rockkonzerte** oder andere "alternative" Veranstaltungen sind teilweise in den Magazinen abgedruckt, ansonsten findet man Informationen auf Plakatwänden und in den Plattenläden.

Über die homosexuelle Szene informiert man sich am besten im Internet unter www.gayeuro.com/krakow. Ausprobieren sollte man einmal das *Hades*, eine Bar mit Nachtklub in der ul. Starowiśla nahe beim Fluss, das Restaurant *Biedna* in der ul. Bracka und das Café *Jama Michalika* (s. "Cafés").

Theater, Kabarett und Kino

Seit Stanisław Wyspiański und seine Freunde Krakau zu Beginn des 20. Jahrhunderts zum Zentrum der Bewegung **Młoda Polska** machten, wurden viele von Polens größten Schauspielern und Regisseuren eng mit dem Namen dieser Stadt verbunden. Bis zu seinem Tod im Jahr 1990 war der Avantgarde-Regisseur **Tadeusz Kantor** die einflussreichste Persönlichkeit in der Theaterszene. Im **Cricot 2 Theater** in der ul. Kanonicza 5 entstanden viele seiner visionären Produktionen. Die Theatergruppe hat sich inzwischen aufgelöst, aber ein Teil des Gebäudes wurde in das *Cricoteka*-Zentrum umgewandelt, wo Leben und Werk des Regisseurs dokumentiert werden (Öffnungszeiten: ✆ 012/422 8332).

Das **Stary Teatr**, das wichtigste Sprechtheater der Stadt, zeigt seine Produktionen zurzeit auf drei verschiedenen Bühnen. Die Hauptbühne befindet sich in der ul. Jagiellońska 1, zwei Studiobühnen sind in ul. Sławkowska 14 und Starowiślna 21 (Kasse für alle drei: ul. Jagiellońska 1; Di–Sa 10–13 Uhr u. 17–19 Uhr; ✆ 012/ 422 4040, www.stary-teatr.krakow.pl). Das Hausensemble legt großen Wert auf den visuellen Aspekt der Vorführung, was die Vorstellungen (hauptsächlich Inszenierungen von polnischen und internationalen Theaterklassikern) besonders zugänglich macht. Das Ensemble hat sich mit Auftritten auf dem Theaterfestival in Edinburgh und bei anderen namhaften Veranstaltungen eine internationale Anhängerschaft erworben.

Von den weiteren, rund fünfzehn Theatern der Stadt ist das größte und bekannteste das **Teatr im J. Słowackiego** auf dem plac św. Ducha (✆ 012/423 1700), das der Pariser Oper nachempfunden ist. Hier werden klassische polnische Stücke, Ballett und hin und wieder auch Opern gezeigt. Man sollte sich auch nach den aktuellen Produktionen des **STU**, al. Krasińskiego 16 (✆ 012/ 422 2744), erkundigen, das sich auf zeitgenössisches Drama spezialisiert hat, und des **Bagatela**, ul. Karmelicka 6 (✆ 012/ 292 7219, www,bagatela.krakow.pl), wo man von Ray Cooney bis Anton Tschechow alles antreffen kann. Das **Groteska**, ul. Skarbowa 2, ist ein Pantomimen- und Puppentheater, das Theaterstücke für Kinder produziert.

Das politische **Kabarett** ist in Krakau eine etablierte Institution. Die satirischen Produktionen nehmen die politischen Zustände durch die Jahrhunderte bis in die Habsburger Zeit unter die Lupe. Damals gründeten Dichter und Schauspieler, die mit der Młoda Polska-Bewegung assoziiert werden, das Kabarett Zielony Baloni (Grüner Ballon), um ein Forum für satirische Sketche, improvisiertes Drama und Gesang zu schaffen. Die Tradition lebte zu kommunistischen Zeiten wieder auf mit der Gründung des Pownica Pod Baranami 1956. Ursprünglich von Studenten geleitet, wurde es das beliebteste, am längsten existierende Kabarett. Das **Pod Baranani**, am Rynek Glówny 27 (✆ 012/423 0732), läuft heute immer noch gut. Seine Hauptrivalen sind das Café **Jama Michalika** in der ul. Floriańska (✆ 012/422 1561) und das **Loch Camelot**, ul. św. Tomasza 17 (✆ 012/421 0123). Letzteres wurde 1992 gegründet, um die Traditionen des ursprünglichen Zielony Baloni wiederzubeleben. In den Touristeninformationen bzw. im Kulturinformationszentrum erhält man die aktuellen Termine – meistens am Wochenende. Die Karten sind immer schnell ausverkauft, wenn Sie nicht vorher reservieren, müssen Sie ein bisschen Glück haben.

Krakaus wichtigste **Kinos** in der Innenstadt, das Apollo, Sztuka und Reduta, befinden sich dicht beieinander an der Ecke der ul. św. Tomasza und ul. św. Jana (Auskunft über das Programm aller drei Kinos erhalten Sie unter ✆ 012/421 4199 und www.ars.pl). Sie zeigen die gegenwärtig aktuellen Filme und ab und zu einmal etwas Künstlerisches. Weiterhin gibt es das Wanda, ul. św. Gertrudy 5 (✆ 012/422 1455), für aktuelle Filme und das Pod Baranami, Rynek 27 (✆ 012/423 0768), für künstlerische Filme. Das Café *Graffiti* (siehe "Cafés") zeigt an Sommerwochenenden Filme im Freien in einem Hof.

Klassische Musik

Klassische Konzerte, finden in der *Filharmonia Szymanowskiego*, ul. Zwierzyniecka 1 (Kassenstunden Mo–Fr 14–19 Uhr, Sa ab 13 Uhr vor Konzerten; ✆ 012/422 9477, www.filharmonia.dnd.com.pl), statt. Sie ist die Heimat der **Krakauer Philharmonie**, eines der höchstangesehenen Orchester Polens. Nachdem ein Feuer im Dezember 1991 die große Konzerthalle und die wertvolle Orgel zerstörte, wurde das Gebäude komplett renoviert und ist nun wieder geöffnet. Hier finden regelmäßig Konzerte von sehr hoher Qualität statt.

Der berühmteste Chor der Stadt, **Capella Cracoviensis**, der seinen Sitz auch in der Filharmonia hat, gibt regelmäßig Konzerte in Kirchen und an anderen Veranstaltungsorten in der Stadt (schauen Sie auf die aktuellen Veranstaltungshinweise). Große Opernproduktionen (nicht immer in polnischer Sprache) gibt es ziemlich regelmäßig im Teatr im J. Słowackiego zu sehen (auch hier findet man die Termine in den Veranstaltungskalendern, oder man ruft bei der Theaterkasse an).

Klubs und Discos

Dass sich im Nachtleben der Stadt etwas tut, merkt man auch an der wachsenden Zahl der Kellerbars rund um den Rynek und in der Stare Miasto. Sie bleiben bis zum frühen Morgen offen und werden von Trink- und Tanzfreudigen besucht. Die meisten dieser Bars locken ein lebenslustiges gemischtes Publikum an, indem sie aktuelle Pop-Hits und Disco-Oldies auflegen. Für Anspruchsvollere gibt es auch einige Bars in der Stadt, die sich darauf spezialisiert haben, je nach Wochentag eine andere Musikrichtung anzubieten. Außerdem gibt es Studentenklubs in der Stadt. Allerdings sind sie oft nicht sehr verlässlich und teilweise auch schwer zu finden. Dennoch lohnt sich ein Besuch.

Wem nach Livemusik zumute ist – **Jazz** hat in Krakau eine lange Tradition und ist in der Regel leichter zu finden als Rock. Man sollte in den Veranstaltungskalendern nachsehen oder nach Postern Ausschau halten.

Harris Piano Jazz Bar, Rynek Główny 28. Gehobenere Jazz-Pianobar im westlichen Stil, sehr beliebt bei den Krakauer Yuppies. Fast jeden Abend Live-Jazz, bis Mitternacht geöffnet, an Wochenenden bis 2 Uhr.

Indigo, ul. Floriańska 26. Gemütlicher Jazz-Themen-Pub in einem Erdgeschoss, mit coolem Sound aus der Anlage oder live. Live-Auftritte sind normalerweise an der Tür angeschlagen. Geöffnet bis 3 Uhr.

Jazz Rock Café, ul. Sławkowska 12. Nicht ein verrauchtes Lokal mit Saxophonklang, wie der Name vermuten lässt, sondern ein Disco-Pub, wo junge Krakauer zu allem tanzen – von Britney Spears bis Boney M.

Kornet, al. Krasińskiego 19. Jazzklub für gesetzteres Publikum in der Nähe des *Cracovia*-Hotels. Regelmäßig Konzerte, mittwochs und freitags spielt die Hausband. Bis 23 Uhr geöffnet.

Miasto Krakoff, ul. Łobzowska 3. Ein Mekka für Klubmitglieder und Anhänger von Live-Auftritten. Für das Programm sollte man nach Postern Ausschau halten.

Music Bar 9, ul. Szewska 9. Zentral gelegene Keller-Disco mit lebenslustigem Publikum, das seinen Spaß hat bei einem Pop-Techno-Mix.

Ortik, ul. Oleandry 1. Klubnächte, ab und zu Jazz-, Rock- oder Kulturabende in dem Rotunda-Kulturzentrum gleich neben dem Studentenheim *Żaczek*. Dient auch als Tagesbar und Internetcafé.

Pasja, ul. Szewska 5. Disco im althergebrachten polnischen Stil, die gern von Jugendlichen besucht wird.

Pewex, ul. św. Tomasza 11A. Eine Kellerbar mit etwas kitschigem Dekor, einer winzigen Tanzfläche und einigen Nebenräumen zum Verschnaufen. Entspannte, freundliche Bar, unterschiedliche Musik von Reggae bis House.

Pod Papugami, ul. Szpitalna 1. Nicht zu verwechseln mit der Bar desselben Namens. Am Wochenende findet hier die traditionelle Standarddisko statt. Lange geöffnet.

Rotunda, ul. Oleandry 1. Großer Studentenklub/Studentenzentrum neben dem *Orlik* (s. oben). Hin und wieder Live-Auftritte, Jazz und Themen-Klubabende.

Stajca Woodstock, ul. Kurniki 3. Keller-Rock-Klub in der Nähe des Busbahnhofs, der die einheimischen Langhaarigen mit klassischer Rock- und Metal-Musik erfreut. Häufig Live-Auftritte von lokalen Bands.

U Muniaka, ul. Floriańska 3. Früher mal ein experimenteller Jazzklub, jetzt hauptsächlich von Touristen frequentiert. Darunter hat auch die Qualität der Vorführungen gelitten. Geöffnet Mittwoch–Sonntag bis Mitternacht.

Uwaga, Mały Rynek 3. Irre dekorierte unterirdische Höhle, wo unkonventionelle Künstlernaturen mit heftigem Tanzbeat beschallt werden.

Festivals, Veranstaltungen und Freizeitaktivitäten

Im Juni finden die meisten Festivals statt, davon hier nur die drei wichtigsten: die *Krakauer Tage* (mit Konzerten, Theaterstükken und anderen Veranstaltungen), die *Volkskunst-Messe* und die *Łajkonik-Prozession*. Die Letztgenannte beruht auf der Geschichte eines Flößers, der die Tataren in die Flucht schlug und sich in den Gewändern des Khans davonmachte. Zur Erinnerung daran führt eine in farbenfrohe Tatarengewänder gekleidete Gestalt eine Prozession an, die von der Salvator-Kirche im westlichen Bezirk Zwierzyniec bis zum Rynek führt. Das Kostüm, dessen Original im Historischen Museum der Stadt ausgestellt ist, wurde von Stanisław Wyspiański entworfen.

Zur Weihnachtszeit findet die traditionelle *szopki-Krippenausstellung* statt. Unüblich ist die Form der Krippen, die sehr oft der Marienkirche nachempfunden sind. Sie werden bis ins kleinste Detail nachgebaut, wobei nur alltägliche Materialien, wie Alufolie, Pappkarton und Holz benutzt werden. Die schönsten Krippen werden prämiert und bis Ende Januar im **Historischen Museum** am Rynek Główny ausgestellt. Einige der besten Krippen aus jedem Jahr werden in einer Dauerausstellung im Obergeschoss des Museums gezeigt. Noch ältere *szopki* kann man im **Volkskundemuseum** bewundern. Die ältesten, aus dem 14. Jahrhundert stammenden Krippen sieht man das ganze Jahr in der St. Andreaskirche.

Eine regelmäßige Veranstaltung sind die die *Orgelkonzerte* in Tyniec (siehe "Vororte") von Juni bis August und dann noch einmal im April in den verschiedenen Kirchen der Stadt. Auch das *Festival grafischer Künste*, das in Jahren mit geraden Zahlen zwischen Mai und September stattfindet, zieht viele Besucher an. Zudem gibt es jedes Jahr ein bescheideneres *Internationales Kurzfilm-Festival* (Mai–Juni).

Wisła Kraków ist einer der ältesten **Fußballvereine** Polens. Achtmal stand er insgesamt an der Tabellenspitze – 1999 und 2001 war er zuletzt polnischer Meister. Der Verein spielt im Wiła-Stadion, ul. Reymonta, im westlichen Bezirk Czarna Wieś (25 Min. zu Fuß vom Rynek; Bus Nr. 144 fährt in der Nähe vorbei). Der erbittertste Rivale, Cracovia, war die erste Fußballmannschaft in Polen (und der Lieblingsverein des Papstes), doch jetzt ist er in der dritten Liga. Sein Stadion liegt hinter dem Hotel Cracovia in der al. Focha.

Wer gern schwimmt, kann dies im **Hallenbad** von Krakaus größtem Wasserzentrum im Park Wodny tun. Es liegt 5 km außerhalb in der ul. Dobrego Pasterza 126 (täglich 7–23 Uhr; ✆ 012/413 7399). Bus Nr. 129 fährt vom Bahnhof dorthin.

Einkaufen

Der neue Reichtum der Stadt zeigt sich auch an den vielen neuen Geschäften. Einkaufsstraßen wie ulica Floriańska unterscheiden sich mit ihren teuren Boutiquen und Markengeschäften kaum mehr von westeuropäischen Straßen. Auf der ulica Szewska gibt es ebenfalls zahlreiche Boutiquen und traditionelle polnische Kleidergeschäfte. Die Öffnungszeiten sind für polnische Maßstäbe ausgefallen: Die meisten Geschäfte (außer den Bäckereien) öffnen erst um 10 oder 11 Uhr und schließen um 19 Uhr. Wenn Sie einen Einkaufsbummel planen, sollten Sie sich daher vorher nach den genauen Öffnungszeiten erkundigen. Galeija Centrum an der Ecke ul. Army und Rynek ist das größte Innenstadt-Kaufhaus.

In Krakau gibt es viele gute **Buchläden**. Bei weiterm der beste ist das riesige **Empik**-Geschäft, Rynek Glówny. Hier finden Sie internationale Magazine, englische Reiseführer und Romane sowie eine gute Auswahl an Landkarten. **Sklep Podróżnika**, ul. Jagiellońska 6, ist ebenfalls gut für Reiseführer und Karten. Englischsprachige Titel findet man außerdem in folgenden Läden: **Akademicka**, ul. św Anny 6, einer der wichtigsten Universitätsbuchläden, **Hetmańska**, Rynek Główny 17, und **Columbus**, ul. Grodzka 60. Wer seltene oder Second-hand-Titel sucht, sollte das **Antykwariat**, ul. św. Tomasza 26, aufsuchen. Schallplatten und CDs kauft man am besten im Empik oder bei **Muzyczna**, Rynek Główny 36. **Desa**, ul. Grodzka 8, ist ein allgemeines Antiquitätengeschäft. **Postery Gallery**, ul. Stolarska 8, hingegen verkauft gute Reproduktionen von historischen Postern.

Tanzvorführung vor den Tuchhallen an den Krakauer Tagen

Wer lieber im polnischen Stil einkaufen möchte, für den empfiehlt sich der **Straßenmarkt im Bezirk Kleparz**, auf dem Rynek Kleparski, fünfzehn Minuten zu Fuß nördlich vom Rynek Główny auf der anderen Seite der ul. Basztowa. Hier wird von polnischen und russischen Händlern eine bunte Mischung an Waren angeboten, von selbst gepflücktem Obst und Gemüse bis zu Büchern, Raubkopien von Musikkassetten, Uniformen der Sowjetarmee und antikem Schnickschnack. Wenn man nördlich entlang der von Geschäften gesäumten ul. Długa wandert, gelangt man zu dem noch größeren Platz **Nowy Kleparz**. Hier befinden sich eine Reihe von **Secondhand- und Billigläden**.

Für **Einkäufe am späten Abend** empfehlen sich die folgenden Geschäfte, von denen die meisten 24 Stunden geöffnet haben: **A & C**, ul. Starowiślna 1; **Delicje**, Rynek Kleparski 5; **Oczko**, ul. Podwale 6.

Sehenswertes

Stare Miasto, die Altstadt im Herzen der Innenstadt, ist von einem Grünstreifen, dem Planty, umgeben. Ausgangspunkt für eine Tour durchs Stadtzentrum ist der Rynek Główny, von dem aus fast alle Sehenswürdigkeiten in einem halbstündigen Fußmarsch zu erreichen sind.

Südlich von hier reicht ein dichtes Straßennetz bis an den Rand des **Wawel**-Hügels mit der Königsresidenz und dahinter bis zum jüdischen Stadtviertel **Kazimierz**. Auf dem anderen Flussufer grenzte während des Krieges das Ghetto an den Rand des Vorortes **Podgórze**. Weiter draußen im Westen wartet der **Kopiec Kościuszki-Berg** mit einem großartigen Waldgebiet auf. Knapp zehn Minuten mit dem Bus vom Stadtzentrum entfernt, und schon schnuppert man Landluft!

Rynek Główny

Der Rynek Główny war im Mittelalter Europas größter Platz: Ein riesiger, weitläufiger Raum mit Kopfsteinpflaster, gesäumt von prachtvollen Bürgerhäusern und himmelwärts strebenden Türmen.

Lange Zeit Marktplatz und Drehscheibe für den Handel in der Stadt, lässt er etwas von der Größe und Erhabenheit Krakaus erahnen. Tagsüber wimmelt der Platz von Menschen und geschäftigem Treiben – er ist jedoch so geräumig, dass man sich nie beengt fühlt. In den Menschenmassen ist es nicht ganz einfach, die Architektur in Ruhe zu betrachten. Wenn man bei Nacht auf den Platz zurückkehrt, kann man seine Ausstrahlung besser genießen und die Vergangenheit wird plötzlich lebendig. Architektonisch hat er sich seit seiner Glanzzeit um die Jahrhundertwende kaum verändert. Hier stehen Zeitzeugen aus vielen Jahrhunderten, wie sie in ganz Mitteleuropa zu finden sind. Der Platz hat seine eigene reiche Geschichte und viele Ereignisse gesehen, z. B. Kościuszkos leidenschaftlichen Aufruf zur Verteidigung der nationalen Unabhängigkeit im Jahr 1794. Die reiche Vergangenheit, die überall präsent wird, macht den Besuch dieses Ortes immer wieder zu einem Erlebnis. Wer einmal seiner Faszination erlegen ist, wird während eines Besuches immer wieder hierher zurückkehren wollen. Bei Tag und Nacht ist es außerdem schön, durch die Passagen und die oft gerade erst restaurierten, italienisch wirkenden Innenhöfe zu schlendern, die vom Platz abzweigen und die inzwischen von vielen neuen Cafés und Restaurants belebt werden.

Heute erscheint der Platz sehr viel größer und offener als in der Vergangenheit. Bis zum letzten Jahrhundert standen hier dicht gedrängt Marktstände, eine Tradition, die die Blumen- und Eisverkäufer und mit ihnen die Stände in der **Sukiennice** lebendig halten. Die mittelalterlichen Tuchhallen sind so gelegen, dass sie den Platz in einen West- und einen Ostabschnitt teilen; die östliche Hälfte wird von der **Marienkirche** beherrscht.

Mittelpunkt des Ostteils ist ein Standbild des Nationaldichters *Adam Mickiewicz*, eine Kopie des Denkmals, das von den Nationalsozialisten zerstört wurde; heute ist es ein beliebter Treffpunkt. Südlich davon liegt die **Kirche St. Adalbert** (Św. Wojciecha) mit ihrer Kupferkuppel, das älteste Gebäude am Platz und die erste in Krakau erbaute Kirche. Der Heilige war ein tschechischer Bischof, der hier um 995 gepredigt haben soll, bevor er in den Norden aufbrach, um die Pruzzen zu bekehren –

Karte S. 456/457

und um von ihnen zum Märtyrer gemacht zu werden. Im Keller – im 18. Jahrhundert wieder aufgebaut – sieht man noch die Fundamente des älteren romanischen Bauwerks aus dem 10. Jahrhundert. Ebenfalls zu besichtigen sind hier die Reste eines noch älteren Holzgebäudes, möglicherweise eines vorchristlichen Tempels, und diverse archäologische Funde.

Viele der **Bürgerhäuser** um den Platz herum sind mit den Namen von Künstlern, Schriftstellern und wohlhabenden einheimischen Familien verknüpft, heute werden sie vorwiegend als Läden, Büros oder Museen genutzt. An der Ostseite des Platzes stehen einige der ältesten Häuser der Stadt überhaupt. Im **Grauen Haus** (Nr. 6, Kamienica Szara), an der Ecke der ul. Sienna, sind z. B. mehrere der ursprünglich gotischen Zimmer zu bestaunen. Zu seinen Bewohnern zählten der erste gewählte König von Polen, Henri de Valois, und *Tadeusz Kościuszko*, dem das Haus während des Aufstandes im Jahr 1794 als Hauptquartier diente. Im **Montelupi-Haus** (Nr. 7, Kamienica Montelupich)) nebenan, das ein großes Renaissanceportal schmückt, wurde während der Regierungszeit von König Zygmunt August das erste Postamt des Landes eingerichtet. Im gotischen **Boner Haus** (Nr. 9, Kamienica Bonerowska) wohnte eine Zeit lang der Krakauer Schriftsteller und Maler *Stanisław Wyspiański*. Im Wierzynek-Palais (Nr. 15) in der Südostecke des Platzes ist das älteste und berühmteste Restaurant der Stadt untergebracht. Es wurde 1364 eröffnet. Zu den illustren Gästen, die hier in den letzten Jahrzehnten diniert haben, zählen die Präsidenten de Gaulle, Mitterrand, Nixon und Bush.

Geht man südlich um den Platz herum, kommt man im Westabschnitt zum **Palais Potocki** (Nr. 20) mit seinem kleinen Innenhof und den Loggias dahinter, einem schönen Beispiel für einen klassischen Krakauer Magnatenbesitz; das **Pałac Pod Baranami/Palais "Zu den Widdern"** (Nr. 27) auf der Westseite ist dagegen ein Patrizierhaus, das im 16. Jahrhundert entstand, als vier angrenzende Bürgerhäuser unter einem Dach vereint wurden. Im 19. Jahrhundert stand es im Mittelpunkt des Gesellschaftslebens, heute dient es als Kulturzentrum. Weiter westlich reihen sich Schaufenster und Restaurants an die alten Bürgerhäuser. Sie enden am **Palais Krzysztofory** (Nr. 35) an der Ecke der ul. Szczepąnska, einem weiteren gut erhaltenen Herrschaftshaus, das wiederum auf die gleiche Weise wie das Pod Baranami entstanden ist und einen schönen Innenhof besitzt. Heute befinden sich hier einige Abteilungen des **Historischen Museums** (Muzeum Historyczne Krakowa). Der erste Stock beherbergt eine große und abwechslungsreiche Sammlung, die sich mit der Geschichte der Stadt beschäftigt. Unter den historischen Ausstellungsgegenständen befinden sich auch immer wieder Gemälde von Künstlern, die mit der Stadt in Verbindung stehen, so gibt es z. B. einige schöne Werke von Witkiewicz und Małczewski. Im obersten Stockwerk befindet sich eine Sammlung von mit Preisen ausgezeichneten *szopki*, farbenfrohen und sehr detaillierten Krippen, die für die jährlich stattfindenden Weihnachtswettbewerbe gebastelt wurden (siehe "Festivals"). Im Winter kann man nicht nur die Arbeiten der Gewinner besichtigen, sondern auch die der Mitstreiter. Schließlich gibt es noch eine große Sammlung an Uhren und anderen Zeitmessern zu sehen.

Öffnungszeiten Di/Mi/Fr 9–15.30 Uhr, Do 11–18 Uhr. Eintritt 4 Zł.

Nur noch der hohe **Turm** gegenüber dem Pod Baranami erinnert an das frühere **Rathaus** aus dem 14. Jahrhundert, das um 1820 von den Behörden im Rahmen eines etwas fehlgeleiteten Sanierungsprogrammes abgerissen wurde. Man sollte den Turm hinaufklettern, um so einen guten Blick über die Stadt zu erhalten. Im obersten Stock finden gelegentlich interessante Ausstellungen einheimischer Künstler statt. In den gotischen Kellergewölben ist gegenwärtig das Teatr Satyry zu Hause, ein beliebtes satirisches Kabarett (siehe "Unterhaltung"). Der Turm wird gerade renoviert und gereinigt, sollte aber bald wieder geöffnet sein.

Öffnungszeiten **Turm** – täglich 9–18 Uhr. Eintritt 4 Zł.

Die Sukiennice/Tuchhallen

Das mittelalterliche Gebäude der **Sukiennice**, der Tuchhallen aus den 1550er Jahren, das in der Renaissance wieder aufgebaut wurde, gilt als eine der herausragendsten Sehenswürdigkeiten Polens: eine riesige Halle, darüber eine Attika im polnischen Renaissancestil, die über und über mit Fratzengesichtern dekoriert ist. Seit Abschluss der Renovierungsarbeiten (die ersten gründlichen seit Jahren) erstrahlt das Gebäude in neuem Glanz. Sein traditioneller Handel hat in einem **überdachten Markt** überlebt, in dem es fast das ganze Jahr über von Besuchern und Straßenverkäufern wimmelt. Drinnen bieten die Stände in dem dunklen Arkadengang in der Mitte allerlei an, von Touristen-Trödel bis zu echten handwerklichen Stücken aus der Gegend von Podhale. Gerne werden bemalte Schachteln in allen Formen und Größen und dicke Strickpullover aus den Bergen gekauft; natürlich sind die Preise sehr hoch. Wer anschließend in den Süden reist, sollte mit dem Kauf warten, bis er zum Markt von Nowy Targ in der Tatra (siehe "In den Süden nach Zakopane") kommt. Die **Kolonnaden** auf beiden Seiten der Hallen wurden im späten 19. Jahrhundert hinzugefügt, um den Rynek zu verschönern und um einen Rahmen für elegante Terrassencafés zu schaffen. Das bekannteste ist das Noworolski an der Ostseite der Sukiennice. Vor dem Ersten Weltkrieg besaß es einige üppig im Jugendstil eingerichtete Salons (Lenin gehörte zu den berühmten Stammgästen), einer davon – mit einem separaten Eingang – war ein Teesalon, der für Frauen reserviert war. 1939 wurde das Café von den Nazis beschlagnahmt und zu einem Club für ausschließlich Deutsche umgewandelt. Doch nach dem Krieg wurde es wieder ein Platz, wo man sich zu Kaffee und Kuchen trifft.

Flohmarkt vor den Tuchhallen

Viele Belle-Epoque-Einrichtungen wurden in den 1990er Jahren renoviert und lohnen einen Besuch, obwohl an Stelle der Einheimischen, die sonst den Nachmittag mit Tee und *sernik* hier verbrachten, nun fast ausschließlich Touristen sitzen.

Die **Kunstgalerie** im oberen Stock der Sukiennice lohnt einen Besuch wegen ihrer Sammlung von Werken polnischer Künstler aus dem 19. Jahrhundert, darunter

Matejko, Malczewski, Gierymski und *Chełmoński.* Von Matejko gibt es hier zwei schwergewichtige politische Werke, die *Ehrung Preußens* und *Kościuszko in Racławice.* Zum Verständnis beider Werke trägt bei, wenn man sich die historischen Zusammenhänge vergegenwärtigt, nämlich die Ehrung der Ritter des Deutschen Ordens im Jahr 1525 (siehe "Malbork") und den Sieg der polnischen Bauernarmee über die Russen im Jahr 1794.

Öffnungszeiten Di/Mi/Fr–So 10–15.30 Uhr, Do 10–18 Uhr. Eintritt 7 Zł, So frei.

Marienkirche und -platz

Die **Marienkirche** (Kościół Mariacki) wurde 1222 erbaut und noch in der Mitte des gleichen Jahrhunderts bei Tatareneinfällen zerstört. Der Bau des Gebäudes in seiner heutigen Form wurde 1355 begonnen und fünfzig Jahre später vollendet. Es gehört zu den schönsten gotischen Bauwerken in Polen. Den höheren Turm, der Ende des 15. Jahrhunderts angefügt wurde, ziert ein besonderes Ensemble aus Turmspitzen, einer Krone und einem Helm.

Der Sage nach erblickte der Wächter von diesem Turm aus die feindlichen Tataren, die sich der Stadt näherten, und griff zu seiner Trompete, um ein Warnzeichen abzugeben; ein Tatarenpfeil durchdrang seine Kehle, sein Warnruf verstummte. Die Sage lebt weiter, denn jede volle Stunde erklingt das traurige *hejnał*-Mariacki Melodie, die genau an dem Punkt abbricht, an dem der Wächter angeblich vom Pfeil getroffen wurde. Der Polnische Rundfunk überträgt das *hejnał*-Turmlied täglich um die Mittagsstunde. Heute noch sind der Warnruf des Trompeters und seine symbolische Bedeutung Gegenstand zahlreicher poetischer Werke polnischer Schriftsteller.

Zunächst erscheint die **Kirche** dem Besucher wie ein höhlenartiges, eher finsteres Gewölbe. Das spärliche Licht im Inneren fällt durch die hohen Fenster an den

Krakaus Marienkirche

Schmalseiten, durch das alte Altarfenster und das gegenüberliegende bunte Glasfenster im Jugendstil, einer Extravaganz des Krakauer Künstlers *Stanisław Wyspiański*. Im Kirchenschiff knien viele Gläubige vor der **Kapelle unser Frau von Częstochowa** aus dem 15. Jh., darin hängt eine Kopie der Schwarzen Madonna. Nach Aussage von Einheimischen ist sie älter als das Original ...

In dem hohen gotischen Hauptschiff, dessen Steingewölbe blaue und goldene Verzierungen aufweist, sieht man an den Wänden genau wie um den Hochaltar Malereien von **Matejko**. Eine Reihe von mit Strebepfeilern gestützten Säulen trennt das Schiff von seinen Seitenschiffen, davor stehen barocke Marmoraltäre. Von den Seitenschiffen wiederum gehen mehrere reich geschmückte Kapellen ab, die im 15. Jahrhundert an die Kirche angebaut wurden. Blickfang im Schiff ist das riesige **Steinkruzifix** über dem Bogen zum Chorraum, das Veit Stoß zugeschrieben wird.

Die meisten Besucher zieht jedoch der majestätische **Hochaltar** am östlichen Ende der Kirche an. Er ist ein Werk des Nürnberger Meisters Veit Stoß (oder Wit Stwosz, wie man ihn in Polen nennt, s. Kasten S. 488), der ihn zwischen 1477 und 1489 schuf. Dieses gewaltige Triptychon aus Lindenholz ist eines der schönsten Beispiele für spätgotische Kunst in Europa. Die Außenseiten des zusammenklappbaren Triptychons stellen Szenen aus dem Leben der Heiligen Familie dar und sind in vergoldeter Polychromie ausgeführt. Mittags (außer an Sonntagen und an dem Gedenktag eines Heiligen) wird der Altar geöffnet, sodass die Innenfelder zu sehen sind, auf deren Reliefs Verkündigung, Geburt, Anbetung der Weisen, Auferstehung, Himmelfahrt und Pfingsten dargestellt sind. Um einen guten Platz zu haben, sollte man wenigstens eine Viertelstunde vor dem Öffnen in der Kirche sein. Diese sechs herrlichen Darstellungen geben den richtigen Rahmen für das Mittelfeld ab – der **Tod Mariens**, bei dem die anmutige Gestalt der Jungfrau in ihrem letzten Schlaf in den Armen der wachsamen Apostel ruht. Wie die meisten Figuren sollen übrigens auch die Apostel, mehrere davon überlebensgroß, Zeitgenossen des Meisters in Krakau darstellen. Auf jeden Fall sind die Personen so meisterhaft und lebensnah gestaltet, dass man das Gefühl hat, sie auf der Straße wieder erkennen zu können. Außerdem sehenswert sind die bunten Glasfenster aus der Gotik, das Tabernakel aus der Renaissance von Giovanni Maria Mosca und das überschwängliches Chorgestühl aus dem Barock.

St. Barbarakirche und Mariacki-Platz

Verlässt man die Kirche durch eine kleine Tür an der Südseite der Kapelle, steht man auf dem **Mariacki-Platz**, einem kleinen Hof. Früher war hier ein alter Kirchenfriedhof, den die Österreicher jedoch im vergangenen Jahrhundert schlossen. Am anderen Ende des Hofes steht die Kirche **St. Barbara** aus dem 15. Jahrhundert (die nur bei Gottesdiensten geöffnet ist), in der u. a. eine spätgotische Pietaskulptur zu sehen ist, die einem anonymen Künstler aus der Stadt, dem "Meister der schönen Madonnen" zugeschrieben wird. Zur Zeit der Teilungen nutzten die Österreicher die Marienkirche, deshalb mussten sich die Einheimischen für ihren eigenen Gottesdienst mit dieser winzigen Kirche begnügen. Der rückwärtige Teil der Kirche blickt auf den stillen **Mały Rynek**, dessen Terrassencafé sich bestens dazu eignet, Ansichtskarten zu schreiben und in aller Ruhe ein Bier zu genießen.

Vom Mały Rynek gelangt man auf der schmalen **ul. Sienna** zurück zum Hauptplatz. Auf der Straße vor dem Haus Nr. 5 stehen häufig Studentengruppen, die politische Bücher und Anstecker verkaufen. Im ersten Stock des Hauses befindet sich der örtliche Ableger des **Klubs katholischer Intellektueller** (KIK), eine Organisation, die aufgeschlossener ist, als sie sich anhört. Der im Anschluss an das politische Tauwetter in der nachstalinistischen Ära um 1950 gegründete Klub war über dreißig Jahre lang eine der wenigen offiziell genehmigten und unabhängigen Organisationen in Polen. Mit seinem über das ganze Land verteilten Netz hat er bei den politischen Ereignissen der letzten Jahre eine bedeutende Rolle gespielt. So wandten sich z. B. einheimische Stahlarbeiter und Bauern Hilfe suchend an das Klubbüro in Krakau, als sie 1980 die ersten Solidarność-Verbände gründeten. Heute sind viele KIK-Mitglieder herausragende Solidarność-Politiker, darunter auch der ehemalige Ministerpräsident Tadeusz Mazowiecki.

Veit Stoß

Der Altar der Marienkirche, unzweifelhaft eines der größten Kunstwerke die jemals in Polen entstanden sind, stammt aus der Werkstatt des Bildhauers Veit Stoß (oder Wit Stwosz, wie ihn die Polen nennen). Wie auch im Falle von Kopernikus war die Frage der Nationalität des Künstlers lange ein Streitpunkt zwischen Polen und Deutschen. Obwohl die frühen Jahre von Stoß' Tätigkeit als Bildhauer nicht ganz klar zu bestimmen sind, scheint es nun unbestreitbar, dass er zwischen 1440 und 1450 in Horb in der Nähe des Schwarzwalds geboren wurde und dass sein Geburtsname tatsächlich **Veit Stoß** war. Er ließ sich dann in Nürnberg nieder, wo sich einige frühe Werke befinden, die nachweislich von ihm stammen. Man nimmt an, dass er im Jahr 1477 auf eine Einladung des königlichen Hofes (die polnische Königin war eine österreichische Prinzessin) nach Krakau kam. Wahrscheinlicher ist jedoch, dass er von deutschen Kaufleuten (damals eine zwar große, aber schwindende Minderheit) in die Stadt geholt wurde. Sie nutzten die Marienkirche als ihre Pfarrkirche und finanzierten durch ihre Kirchensteuer den neuen Altar.

Obwohl dies sein erster größerer Auftrag war, ist der Marienaltar Stoß' Meisterwerk. Hier zeigen sich in triumphierender Weise alle Details der gotischen Skulptur: Die Architektur erzeugt ein dramatisches, effektvolles Spiel von Lichtwechseln; alle Elemente sind optimal gestaltet, von den großen Figuren im Mittelschrein bis zu den winzigen Figürchen und der Dekoration am Außenrand. Der Künstler benutzt auf subtile Weise eine ganze Skala von technischen Spielereien, wie z. B. drei unterschiedliche Relieftiefen und eine Vergoldungstechnik, die je nach Bedeutung der Szenen zunimmt. Der Ausdruck des Gesamtentwurfs basiert auf einer theologischen Komplexität, die auch den völlig ungeschulten Betrachter stark beeindruckt. Obwohl an der Ausführung des Werkes sicher auch Vergolder und Tischler beteiligt waren, scheint es, als sei fast der ganze Altar von Stoß persönlich und wahrscheinlich nur mit der Hilfe eines Assistenten oder Lehrlings, gefertigt worden.

Während der Arbeiten am Altar schuf Stoß auch das Sandsteinrelief *Christus im Garten von Gethsemane*, das heute im Kunstmuseum der Stadt zu finden ist. Das Material Sandstein benutzte er später ebenfalls für das Kruzifix des Marienaltars, was darauf hinweist, dass er mit vielen verschiedenen Materialien arbeiten konnte. Diese vielseitige Begabung wird auch in seinen späteren Werken sichtbar: Das Grab von König Kazimierz dem Jagiellonier in der Wawel-Kathedrale besteht aus Salzburger Marmor, die Grabinschrift für Philippus Buonaccorsi in der Dominikanerkirche ist aus Bronze, während seine beiden anderen wichtigen polnischen Auftragsarbeiten – die bischöflichen Denkmäler in den Kathedralen von Gniezno und Włocławek – beide aus ungarischem Marmor gefertigt sind. Diese Skulpturen machten Stoß in Polen zu einer Berühmtheit und erhoben ihn weit über den Status eines Künstlers, und er versuchte sich als Kaufmann, Architekt und Ingenieur. Die Form des Marienaltars und die Darstellung der Figuren wurden in Polen noch ein halbes Jahrhundert nach ihrer Entstehung vielfach imitiert.

Stoß kehrte 1496 nach Nürnberg zurückkehrte und blieb dort bis zu seinem Tod 1533. Seine Heimkehr muss eine traumatische Erfahrung gewesen sein: In Nürnberg gab es mehr als genug Kunsthandwerker, und Stoß musste sich wie viele seiner Kollegen seinen Lebensunterhalt mit der Produktion von holzgeschnitzten, unbemalten Figuren verdienen. In dem Versuch, seinen früheren teuren Lebenstil weiterzuführen, verstrickte er sich in erfolglose geschäftliche Transaktionen und geriet auf die schiefe Bahn. Er fälschte einen Wechsel, wurde dabei ertappt, auf beiden Wangen gebrandmarkt, und man verbot ihm, die Stadt jemals wieder zu verlassen. Mit der italienischen Renaissance, die in Nürnberg florierte, konnte er sich nie so recht anfreunden, obwohl sich in seinen späteren Werken Anklänge an sie finden. Auch als Nürnberg protestantisch wurde, wollte Stoß seinen alten katholischen Glauben nicht aufgeben. Obwohl er mit seinen Werken nie wieder den Erfolg hatte, wie in seinen Krakauer Jahren, schuf Stoß weiterhin beachtliche und sehr individuelle Skulpturen, insbesondere der *Englische Gruß*, der in der Nürnberger St. Lorenz-Kirche von der Decke schwebt.

Ein Rundgang durch die Stare Miasto

Genau wie der Rynek sind die Straßen in der gesamten Altstadt noch in ihrer mittelalterlichen Struktur erhalten. Ihre Architektur stellt sich dagegen als abwechslungsreiche mitteleuropäische Kombination von Gotik, Renaissance und Barock dar.

Hier blüht der Handel, und die staatlichen Geschäfte wurden inzwischen von Boutiquen, Fastfood-Ketten und anderen Privatläden verdrängt. Im Westen des Rynek geben die Hochschulgebäude und Studentenklubs der **Universität** den Ton an.

Südlich vom Platz aus führt die ul. Grodzka vorbei am pl. Dominikąnski, einem der wichtigsten Plätze der Altstadt, bis zum Wawel-Hügel. Die historischen Gässchen vereinen den schnelleren, neuen Rhythmus, für den die wirtschaftlichen Aktivitäten den Ton angeben, mit der Ruhe und der Pracht von unzähligen alten Kirchen und Bürgerhäusern. Außerdem befindet sich hier eine Reihe von sehenswerten Museen.

Ulica Floriańska

Von den drei Straßen, die vom Rynek in nördliche Richtung fortführen, ist die weit im Osten gelegene **ul. Floriańska** die geschäftigste und interessanteste. Inmitten unzähliger Geschäfte, Cafés und Restaurants fällt der Blick immer wieder auf wunderschöne Überreste von Mittelalter- oder Renaissance-Architektur. So sitzt z. B. in einer Nische der Fassade des Brama Floriańska/Florianstor (Nr. 5, s. u.) eine herrliche Steinfigur der *Madonna mit Kind* aus der Frührenaissance. Im Haus Nr. 14, dem **Pod Różą**, dem ältesten Hotel in Krakau, steht über dem Eingang auf lateinisch: "Möge dieses Haus stehen, bis eine Ameise die Meere austrinkt und eine Schildkröte um die Welt wandert". Scheinbar findet die Inschrift bei den betuchten Gästen, die in das erst kürzlich mit viel Aufsehen neu eröffnete Kasino des Hotels strömen, keine große Beachtung. Unter den berühmten Hotelgästen findet man Namen wie Franz Liszt, Balzac und hin und wieder den eines Zaren.

Weiter oben in der Straße steht man an der Nr. 41 vor dem **Matejko Haus**, in dem der Maler Jan Matejko bis zu seinem Tod im Jahr 1893 lebte. Das feudale, leicht düstere dreistöckige Anwesen stammt aus dem 16. Jahrhundert, solche Häuser erfreuten sich einer besonderen Beliebtheit bei der Krakauer Bourgeoisie der Jahrhundertwende. Heute ist hier ein kleines **Museum** für Matejko untergebracht, in dem Erinnerungsstücke der Familie des Künstlers, seine umfangreiche private Kunstsammlung sowie einige seiner Gemälde und seiner anderen Arbeiten zu sehen sind.

Das Florianstor am Rand der Altstadt

Die Stube im ersten Stock sowie einige andere Räume sind noch weitgehend so eingerichtet wie zu Zeiten der Matejkos, und es gibt noch einige sehr hübsche alte Kamine. Der zweite und der dritte Stock sind Matejkos privater Kunstsammlung vorbehalten, mit einigen Renaissancegemälden und Triptychen. Der Rest der Ausstellung besteht weitgehend aus Matejkos eigenen Werken, unter anderem auch Zeichnungen für die Marienkirche. Es gibt außerdem einige alte Kleidungsstücke und Waffen, die er als Inspiration für seine bekannteren Werke, wie z. B. *Sobieski in Wien*, nutzte. Von dem Museum fühlen sich hauptsächlich eingeschworene Matejko-Fans angezogen, die offensichtlich noch zahlreich vorhanden sind.

Öffnungszeiten Di–Do und Sa, So 10–15.30 Uhr, Fr 10–18 Uhr. Eintritt 5 Zł, So frei.

Weiter im Westen der Straße hat die Fastfood-Kultur in Form eines McDonalds Restaurants in dem Haus Nr. 55 Einzug gehalten. Die einen lieben es, die anderen nicht, Pläne für ein weiteres Restaurant auf dem in Ehren gehaltenen Marktplatz sind allerdings umstritten.

Das **Brama Floriańska** (Florianstor) am Ende der Straße markiert den Rand der Altstadt. Dieser quadratische, massive Bau aus dem 14. Jahrhundert gehört zu einem kleinen Abschnitt der Befestigungen, der erhalten blieb, als die alten Verteidigungsmauern Anfang des 19. Jahrhunderts abgerissen wurden. Die Mauern reichen in östliche Richtung bis zum Pasamoników-(Kurzwaren-)Turm und in westlicher bis zum Stolarska-(Schreiner-)Tor, das das Zeughaus vom noch älteren Cieśli-

(Tischler-)Tor trennt. Die Befestigungen müssen früher einmal sehr eindrucksvoll gewesen sein – die drei Kilometer langen Mauern waren zehn Meter hoch und fast drei Meter dick. Nicht weniger als siebenundvierzig Türme und Bollwerke waren in sie eingelassen. Der am unnahbarsten wirkende Überrest dieser Verteidigungsmauern ist die **Barbakany** gleich hinter dem Florianstor. Diese zwiebelförmige, spitz zulaufende Festung (im Stil einer Zitadelle), die 1498 angebaut wurde, ist deshalb ungewöhnlich, weil man sich hier der zeitgenössischen arabischen Verteidigungsarchitektur bediente. Der überdachte Gang, der die Festung mit den Mauern verbunden hat, ist verschwunden, genau wie der frühere Burggraben. Deshalb steht das Bollwerk heute etwas verloren da.

Krakaus Keller

Eine erwähnenswerte Neuerung der letzten Jahre ist die Öffnung von Krakaus weitläufigem mittelalterlichen Kellersystem für die Öffentlichkeit. Die ersten Steingebäude der Stadt waren meist einfache Konstruktionen mit einem Erdgeschoss, ersten Stock und einem Dachboden, auf Keller verzichtete man, da man sehr tief liegende Fundamente benutzte. Im Laufe der Jahre wurden diese Gebäude umgebaut und in neuere Häuser integriert. Mit der Entstehung von neuen Straßen, die man über das alte Stadtzentrum baute, wurden diese Überbleibsel der alten Gebäude in Keller umgewandelt, die von den ehemaligen Eigentümern nicht mehr genutzt wurden. Das Eigentumsrecht zur Zeit des Kommunismus, das auch auf die Gebäude in der Altstadt angewendet wurde und bestimmte, wem ein Haus gehörte und wie es genutzt wurde, führte schließlich dazu, dass bis in die späten 1980er Jahre nur die Keller von zwei Häusern am Rynek Główny – die Palais Krzysztofory und Pod Baranami – für die Öffentlichkeit zugänglich waren.

Dies hat sich unter der neuen Ordnung geändert, und neue Eigentumsgesetze haben schließlich zur Öffnung vieler Keller der Altstadt geführt. Sie wurden renoviert und in Bars, Restaurants oder Galerien umgewandelt. Krakau hat deshalb auf einen Schlag einen Großteil seines architektonischen Vermächtnisses wieder gefunden. Jeder, der die Stadt heute besichtigt, wird bestätigen, dass die lange Wartezeit sich gelohnt hat: Viele der Keller sind solide Steinkonstruktionen, in denen sich teilweise noch die Originaldekorationen aus dem Mittelalter an den Decken erhalten haben.

Karte S. 456/457

Ulica Szpitalna und Umgebung

Gleich östlich der ul. Floriańska geht die **ul. Szpitalna** ab, eine weitere Hauptstraße, die von Bürgernhäusern gesäumt ist. Im Haus mit der Nr. 24 befindet sich die **orthodoxe Kirche** der Stadt, und zwar im Obergeschoss eines Gebäudes, das einst als Synagoge genutzt wurde. Wie üblich ist die mit Ikonen angefüllte Kirche nur im Rahmen eines Gottesdienstes zu besichtigen (normalerweise samstags um 17 Uhr und sonntags um 10 Uhr). In der Eingangshalle und der Kunstgalerie im Erdgeschoss befinden sich jedoch einige interessante Beispiele orthodox inspirierter sakraler Kunst, darunter auch Werke des zeitgenössischen polnischen Künstlers Jerzy Nowoselski.

Weiter die Straße hinauf, auf der anderen Seite des plac Św. Ducha steht die **Heilig-Kreuz-Kirche** (Kościół św. Kryża). Das großartige Gebäude ist nun auch außerhalb von Gottesdiensten zu besichtigen (tägl. 11–16 Uhr, die Zeiten sind außen angeschlagen). Am beeindruckendsten ist das schön dekorierte gotische Kreuzrippengewölbe, das von einer einzigen palmenähnlichen Säule gestützt wird, ein sehr ungewöhnliches architektonisches Stilelement aus den 1520er Jahren, als die ursprüngliche gotische Kirche aus dem 14. Jh. wieder aufgebaut wurde. Die eleganten Wandgemälde aus dem 15. und 16. Jh., die das Kirchenschiff und den Chorraum schmücken, wurden um die Jahrhundertwende unter anderem von Wyspiański restauriert, der eine tiefe Leidenschaft für das Gebäude hegte. Seiner Ansicht nach war das eine der schönsten gotischen Kirchen der Stadt. Wenn die Kirche verschlossen ist, kann man durch das Eisengitter einen Blick auf das Kreuzrippengewölbe erhaschen – man sollte sich eine vollständige Besichtigung der Kirche jedoch nicht entgehen lassen.

Gleich vor der Kirche befindet sich das **Słowacki Theater**, um 1893 auf den Grundmauern der ehemaligen Heilig-Geist-Kirche erbaut, die man unter lauten Protesten von Matejko und anderen wichtigen Persönlichkeiten der Stadt abreißen ließ. Das Theater wurde der Pariser Oper nachempfunden, reich verziert und nach dem vielgeliebten romantischen Dichter und Stückeschreiber Julius Słowacki benannt. Es wurde schnell zu einem der wichtigsten Theater Krakaus und ist es noch heute (siehe Unterhaltung). Die Innenräume wurden kürzlich renoviert und unterstreichen die Pracht des Theaters, im dem gelegentlich auch große Opernaufführungen stattfinden.

Palais Czartoryski und Muzeum Czartoryskich

Geht man wieder zurück durch das Florianstor, vorbei an den mit Pop-Art versehenen alten Mauern, gelangt man rechts auf die schmale **ul. Pijarska**, dann zur Ecke der ul. Św. Jana und wieder zurück zum Hauptplatz. Unterwegs passiert man rechts die barocke **Kirche der Verklärung Christi**, deren Fassade der Jesuskirche in Rom nachempfunden ist; links befindet sich das Palais Czartoryski, mit der Kirche durch einen Gang verbunden.

Das **Palais Czartoryski**, ein Ableger des Nationalmuseums, beherbergt das **Muzeum Czartoryskich**, die schönste Kunstsammlung in ganz Krakau. Den Grundstein dafür legte Izabella Czartoryska im Familienschloss in Puławy. Die Sammlung wurde im Anschluss an den Aufstand von 1831, in den die Familie tief verwickelt war, nach der Beschlagnahmung des Anwesens in Puławy nach Krakau gebracht. Die Familie hatte eifrig Kunstwerke gesammelt, besonders aus den Pariser Salons des 17. und 18. Jahrhunderts. Das ist noch immer erkennbar, obwohl die Nationalsozialisten viele Werke stahlen, die nie wieder auftauchten, wie z. B. Raphaels berühmtes *Porträt eines jungen Mannes.*

Allein die Sammlung **antiker Kunst** umfasst über tausend Exponate, die in Mesopotamien, Etrurien, Griechenland und Ägypten gefunden wurden. Ein weiterer faszinierender Höhepunkt ist die Sammlung von **Trophäen aus der Schlacht um Wien** (1683) mit kostbaren türkischen Teppichen, Krummsäbeln, Zelten und anderen orientalischen Prachtstücken.

In den **Gemäldegalerien** hängen zahlreiche Kunstwerke, daneben stehen Skulpturen aus dem 13. bis 18. Jahrhundert. Die berühmtesten Gemälde sind Rembrandts träumerische *Landschaft mit dem guten Samariter* und Leonardos *Dame mit Hermelin.* Ein Wortspiel identifiziert die Dame, die den Hermelin hält, als *Cecilia Gallerani*, die Mätresse von Leonardos Schutzherrn *Ludovico il Moro*: Auf Griechisch heißt dieses Tier *galé*, eine Anspielung auf den Namen der Frau, und Ludovicos Spitzname war "Ermelino", was Hermelin bedeutet.

Darüber hinaus enthält die Sammlung, die ganz der Tradition des 19. Jahrhunderts folgend nach Schulen und dekorativen Gruppierungen angeordnet ist, auch zahlreiche Gemälde holländischer Künstler und einige ausgezeichnete Werke früher Meister aus Siena. Wie in allen polnischen Museen sind die Galerien häufig geschlossen, hauptsächlich wegen Personalmangel.

Öffnungszeiten Di–Do, Sa/So 10–15.30 Uhr, Fr 10–18 Uhr; Eintritt 7 Zł, So frei.

Bei einem Spaziergang durch die ul. św. Jana hinunter zum Rynek kommt man an weiteren Residenzen in der Altstadt vorbei, beispielsweise an dem neoklassizistischen **Palais Lubomirski** im Haus Nr. 15 und dem **Kołłątaj-Haus** in der Nr. 20, früher einmal Treffpunkt der kulturellen Elite. Das bescheidene **Szołayski-Haus** am Ostrand des pl. Szczepański beherbergt eine kleine, aber wichtige Abteilung des **Kunstmuseums** (2001 wegen Renovierung geschlossen, Zeitpunkt der Wiedereröffnung ungewiss) von Krakau. Zu den Exponaten gehört eine Sammlung polnischer Gemälde und Skulpturen aus der Gotik und Renaissance, die zum Großteil aus Kirchen der Małopolska-Region stammen. Das bekannteste Ausstellungsstück ist die *Madonna von Krużlowa* aus dem 14. Jahrhundert, eine herrliche gotische Skulptur der Schule der "Schönen Madonna", die auf dem Dachboden einer Dorfkirche aus der Umgebung gefunden wurde. Dieses prächtige Werk zeigt eine verträumte Maria, auf deren Schulter ein fröhlich dreinblickender Christus sitzt. Weitere Stücke sind eine schöne Christusfigur auf einem Esel reitend, aus dem Jahr 1470, die in den Prozessionen am Palmsonntag verwendet wird, viele ausdrucksstarke Altäre aus den augustinischen und dominikanischen Kirchen der Umgebung aus dem späten 15. Jahrhundert und das kraftvolle Sandsteinrelief *Christus im Garten von Gethsemane*, das von Veit Stoß für den Friedhof neben der Marienkirche gefertigt wurde, sowie ein kleines, hölzernes *Kruzifix*, das ebenfalls Veit Stoß zugeschrieben wird. Auch die Werke von Nicholas Haberchrack, einem weniger bekannten Künstler aus der Region, sind beeindruckend, insbesondere *Christus bei der Fußwaschung der Apostel* sowie *Verehrung der Heiligen*. Nachdem man diese ausgezeichneten gotischen Skulpturen zur Genüge genossen hat, ist die Sammlung späterer Werke im Zweiten Stock eher eine Enttäuschung. Die Porträts der Könige Jan Sobieski und Sigismund August werden Besuchern, die die Wawe-Sammlung bereits gesehen haben, bekannt vorkommen. Interessant ist der unverwechselbare ikonenartige, unierte Einfluss, der in vielen Stücken aus der Gegend Małopolskas, so z. B. auch in den Triptychen aus Dębno, zu erkennen ist.

Ebenfalls am Platz stehen zwei Häuser, die um die Jahrhundertwende im sezessionistischen Stil gebaut wurden: Das eine ist das dekorative **Teatr Stary** an der Südseite (siehe auch Unterhaltung). Es ist das bekannteste Theater der Stadt, in dem sogar der Oscar-Gewinner Andrzej Wajda einige seiner herausragenden Produktionen polnischer Dramen inszenierte. Das zweite Haus ist das **Palais der Künste** (Pałac Sztuki) auf der Westseite, ein imposanter Bau mit Reliefs von Małczewski und Büsten von Matejko, Witkiewicz und anderen Künstlern. In diesem mit einem Mosaikfries verzierten Gebäude finden Ausstellungen zeitgenössischer Kunst statt, oft handelt es sich um bedeutende Leihgaben aus dem Ausland. Gleich um die Ecke in der Podwale Dunajewskiego liegt der **Bunkier Sztuki** (Kunstbunker), ein äußerst moderner Betonbau, in dem die wichtigsten Ausstellungen moderner Kunst stattfinden.

Öffnungszeiten **Pałac Sztuki** – täglich 8–20 Uhr. Der Eintrittspreis ist abhängig von der Ausstellung. **Bunkier Sztuki** – Di–So 11–18 Uhr, www.bunkier.com.pl; Eintrittspreis ebenfalls abhängig von der jeweiligen Ausstellung.

Der Universitätsbereich

Auf allen drei Hauptverkehrsstraßen – ul. Szczepańska, ul. Szewska und ul. Św. Anny -, die vom Rynek in westliche Richtung führen, kommt man zur **Universität**. Die meisten Gebäude liegen südlich von der ul. św. Anny. Sie bildeten bis zum Beginn des 15. Jahrhunderts ein vorwiegend jüdisches Wohngebiet. Später kaufte die Universität viele Grundstücke auf, und die Juden zogen in den Bezirk Kazimierz weiter außerhalb um.

Das Collegium Maius

Der gotische **Collegium-Maius-Bau** an der Kreuzung ul. św. Anny/ul. Jagiellońska bildet das historische Kernstück der ganzen Universität. Ihre Gründung durch König Kazimierz III. den Großen im Jahr 1364 stand unter keinem guten Stern, denn knapp sechs Jahre nach dem Tod von Kazimierz geriet sie in Schwierigkeiten, bis sie Anfang des 15. Jahrhunderts von König *Władysław II. Jagiełło* wieder gefördert wurde und die Behörden diese Gebäude zu einem akademischen Zentrum umgestalteten.

Von der ul. Jagiellońska gelangt man von einem Durchgang in einen stillen **Innenhof** mit Arkadengängen, in dessen Mitte ein Marmorbrunnen plätschert. Anfang 1960 wurde er von seinen neugotischen Verzierungen befreit, sodass sein ursprüngliches Aussehen heute annähernd wiederhergestellt ist. Die Abgeschlossenheit und Ruhe in den Kreuzgängen bildet einen angenehmen Gegensatz zum Trubel der Stadt. Gegenwärtig kann man das **Universitätsmuseum**, in das das Collegium umgewandelt wurde, nur mit Führung besichtigen, für die man sich theoretisch vorher anmelden muss (✆ 012/422 0549). Mit etwas Glück kann man sich auch unangemeldet einer Führung anschließen, während der Sommermonate herrscht jedoch immer großer Andrang. Außer den polnischen gibt es auch eine Reihe englischer und französischer Führungen, und es lohnt sich, auf eine dieser Touren zu warten. In dem Geschäft im Arkadengang des Innenhofes gibt es alles, was ein Sammlerherz begehrt: Krüge, Füller, Sweat-Shirts und ähnliche Erinnerungsstücke – alle mit dem Emblem der Jagiellonen-Universität. Der Eingang ist gleich hinter der Kasse im ersten Stock, zu dem eine Treppe im hinteren Innenhof hinaufführt.

Bei der Führung besichtigt man die reich dekorierten Räume im **Erdgeschoss**, in denen noch die alten, ehemals im Unterricht benutzten mathematischen und geografischen Wandtafeln hängen; außerdem gibt es eine beeindruckende Bibliothek mit vielen alten Büchern zu sehen. Im Lehrerzimmer, das den Professoren auch als Speisesaal diente, befinden sich eine reich verzierte Wendeltreppe und ein gotisches Eckfenster mit der Replik einer kleinen Statue von König Kazimierz. In der **Schatzkammer** ist ein Jagiellonen-Globus aus Kupfer das kostbarste Stück. Er wurde 1520 als Herzstück eines Uhrwerks gebaut und enthält die älteste bekannte Darstellung Amerikas – als "neu entdecktes Land" bezeichnet. Von den alten wissenschaftlichen Instrumenten, dazu gehören auch ein sehr alter Längenmesser für die Seefahrt sowie der Prototyp eines Teleskops aus dem Jahr 1480, soll bereits Kopernikus während seiner astronomischen Experimente Gebrauch gemacht haben. Die **Aula**, die große Versammlungshalle, hat eine Renaissancedecke, die von geschnitzten Rosetten und Porträts polnischer Könige, Wohltäter und Professoren geziert wird; über dem Renaissanceportal steht die lateinische Inschrift *Plus Ratio Quam*

Vis – "Mehr Gelehrsamkeit als Kraft". Seltsam ist, dass die mit Schnitzereien verzierte Holztür, die eigentlich auf die Straße führt, niemals geöffnet wird: Um nach draußen zu gelangen, muss man durch die Räume wieder zurückgehen. Wer sich für alte wissenschaftliche Instrumente interessiert, sollte den Führer noch darum bitten, die anderen Laboratorien und Globenräume besichtigen zu dürfen.

Öffnungszeiten Mo–Fr 11–14.20 Uhr, Sa 11–13.20 Uhr, alle 30 Minuten werden Führungen angeboten. Eintritt 7 Zł.

Das übrige Universitätsgelände

Auf dem Gelände gibt noch einige andere alte Gebäude. Die **Stiftskirche St. Anna**, die Universitätskirche, entstand nach einem Entwurf des überall gegenwärtigen Tylman van Gameren. Das monumentale, extravagante Gebäude aus dem Barock wurde auf einem romanischen Kreuzgrundriss erbaut, aus dessen Mitte sich eine hohe Kuppel erhebt. Die Kirche wird weithin als van Gamerens reifstes Werk angesehen. Ein Gegengewicht zu dem klassizistischen Stil bilden die reichen Stuckdekorationen, die von dem italienischen Bildhauer Baldaggare Fonatana angefügt wurden. Das **Collegium Minus** gleich um die Ecke an der ul. Gołębia ist die Kunstfakultät aus dem 15. Jahrhundert, die zweihundert Jahre später neu aufgebaut wurde; hier studierte Jan Matejko, und hier unterrichtete er später. An der Ecke der gleichen Straße steht das übergroße **Collegium Novum**, der neugotische Sitz der Universitätsverwaltung, dessen Inneres dem Collegium Maius nachempfunden ist. Das **Kopernikus-Standbild** vor dem Collegium Novum am Rand des Planty erinnert an den berühmtesten Studenten der Universität – einige einheimische Historiker bezweifeln allerdings, dass Kopernikus tatsächlich in Krakau studiert hat.

Westlich des Universitätsgeländes: das Muzeum Narodowe und das Dom Mehoffera

In einem großen Betonklotz in der al. 3. Maja 1, ein paar Minuten westlich des Univiertels entlang der ul. Piłsudskiego, ist das **Muzeum Narodowe** (Nationalmuseum) untergebracht. Darin ist eine Dauerausstellung von Gemälden und Skulpturen polnischer Künstler aus den Jahren 1890 bis zur Gegenwart zu sehen. Die Bewegung aus der Zeit der Jahrhundertwende, *Młoda Polska,* ist besonders stark vertreten, z. B. mit Wyspiańskis Fenster für die Wawel-Kathedrale sowie Werken anderer großer polnischer Künstler wie Mehoffer, Witkiewicz und Ślewiński. Das Museum zeigt auch immer wieder interessante Sonderausstellungen, einige davon von nationaler Bedeutung. Das aktuelle Programm ist den Veranstaltungskalendern zu entnehmen.

Öffnungszeiten Mo 12–18 Uhr, Di–So 10–18 Uhr. Eintritt 5 Zł.

Eine weitere wichtige Sehenswürdigkeit von Krakau ist das **Dom Mehoffera** (Mehoffer-Haus) in der Krupnicza 26, ein kurzes Stück entfernt vom Muzeum Narodowe. In diesem Haus lebte und arbeitete Wyspiańskis Freund und beruflicher Rivale Jósef Mehoffer. Es ist voller Belle-Epoque-Möbel, Bilder vom alten Krakau und Mehoffers eigenen Kunstwerken. Die Räume, die mit Vorhängen und Tapeten im Jugendstil (die meisten sind von Mehoffer selbst entworfen) ausgestattet sind, werden von Porträts von Zeitgenossen geschmückt. Unter einigen größeren, symbolistischen Werken ist auch eine Allegorie der Unsterblichkeit der Kunst aus farbigem Glas. Dargestellt sind lächelnde Musen, die Feen-gleich über dem blassen Umriss einer sterbenden Jungfrau schweben.

Öffnungszeiten Di, Do–So 10–15.30 Uhr, Mi 10–18 Uhr. Eintritt 5 Zł, So frei.

Karte S. 456/457

Die Dominikanerkirche mit Kloster

Vom Rynek erstreckt sich die Ulica Grodzka über die Straßenbahngleise, die am plac Dominikański die Innenstadt umschließen, nach Süden. Östlich, auf der anderen Seite des Platzes, steht die **Dominikanerkirche mit Kloster**, eine große Backsteinbasilika. Sie wurde auf den Fundamenten einer früheren Kirche errichtet, nachdem diese von den Tataren 1241 zerstört worden war. Das einstige schlichte gotische Backsteingebäude wuchs zu einer der beeindruckendsten Kirchen Krakaus heran. Der Großteil der über die Jahrhunderte angehäuften dekorativen Beiwerke wurde 1850 bei einem Feuer versehrt, das nicht nur die Kirche, sondern auch den umliegenden Stadtteil verwüstete. Auch die Franzikanerkirche (siehe unten) blieb nicht davon verschont. Beide Kirchen strahlen seit der kürzlich durchgeführten Reinigung wieder in neuem Glanz.

Heute herrscht hier eine unverstellte meditative Atmosphäre – wie die meisten polnischen Kirchen dient auch diese nicht als Sehenswürdigkeit, sondern dem Zweck der religiösen Anbetung, und es finden häufig Gottesdienste statt. Im Inneren gibt es jedoch einen Reichtum an architektonischen Details zu bewundern. An das Hauptschiff, das im neugotischen Stile neu dekoriert wurde, grenzen eine Reihe von Kapellen an, von denen viele das Feuer von 1850 in besserem Zustand überlebten als der Rest des Gebäudes. Die älteste, die St. Hyazinthkapelle (Kaplica św. Jakuba), erreicht man über eine Treppe am Ende des Nordschiffes. Sie ist dem Gründer und ersten Abt des Klosters gewidmet. Die Ausstattung der Kapelle orientiert sich an der Sigismundkapelle in der Wawel-Kathedrale, und die Kuppel über dem frei stehenden Grab strotzt nur so von reichem Stuckwerk aus der Hand des Meisters Baldassare Fontana. Bemerkenswert ist eine Reihe von Gemälden von Thomas Dolabella, die das Leben der Heiligen darstellen. Die schöne barocke Familienkapelle der **Myszkowskis** im Südgang stammt von dem Künstler Santi Gucci (siehe Kasten "Die italienische Renaissance in Krakau"). Das überschwänglich verzierte Äußere kontrastiert hier mit dem strengen, mit Marmor ausgeschmückten Inneren und der Kuppel, unter der sich Büsten von Mitgliedern der Familie Myszkowski befinden. Ebenfalls sehenswert ist die Rosenkranzkapelle, die als ein Dankesopfer für Sobieskis Sieg über die Türken in Wien im Jahr 1683 entstand und die ein Abbild der "Jungfrau mit dem Rosenkranz" zeigt, das angeblich Wunder bewirken soll. Im Altarraum findet sich eine schöne Reihe von Grabsteinen, besonders das des frühen Prinzen von Krakau Leszek Czarny (dem Schwarzen) aus dem 13. Jahrhundert, sowie eine beeindruckende bronzene Grabplatte von Filippo Buonaccorsi, einem Künstler der italienischen Renaissance, die nach einem Entwurf von Veit Stoß entstanden ist und in den Nürnberger Vischerwerken hergestellt wurde.

Geht man durch den Torbogen aus der Renaissance unterhalb der Treppen, die zur St. Hyazinthkapelle hinaufführen, gelangt man zu den ruhigen gotischen Kreuzgängen, deren Wände mit Gedenksteinen an die Großen und Guten von Krakau übersät sind. Im Nordflügel führen die Gänge zu einem romanischen Refektorium mit einer Krypta mit Kreuzrippengewölbe. Die Dominikaner standen den Studenten schon immer nah, und 1980 waren diese Kreuzgänge Zeuge eines unabhängigen kulturellen und politischen Aktivismus. Dazu gehörten auch Ausstellungen, die von den Autoritäten nicht gerne gesehen wurden oder verboten waren. Auch heute noch finden studentische Kunstausstellungen in den Kreuzgängen statt.

Die Franziskanerkirche

Auf der Westseite des plac Dominikański befinden sich **Franziskanerkirche und -kloster**, Heimat des mit den Dominikanern rivalisierenden Ordens und Mitstreiter in der Werbung um die Gunst der Gläubigen. Die Mönche des Franziskanerordens kamen 1237 von Prag nach Krakau, und die Kirche entstand etwa 30 Jahre später. Sie ist eine der wichtigsten Kirchen Krakaus und hat einige bedeutende geschichtliche Ereignisse gesehen, z. B. die (Zwangs-)Taufe des heidnischen Großherzogs von Litauen, Prinz Jagiełło, 1385, bevor er den polnischen Thron besteigen durfte. Die etwas düstere Atmosphäre in dem Backsteinbau steht in starkem Kontrast zu der dominikanischen Nachbarkirche. Am beeindruckendsten sind eine Reihe von Jugendstilwandmalereien und Glasfenstern, von Stanisław Wyspiański im Jahr 1900 entworfen, nachdem die Kirche 50 Jahre vorher den Flammen zum Opfer gefallen war. Ein überschwänglicher Ausbruch an geometrischen und Blumenmotiven preist den Naturalismus des Heiligen Franziskus. Er findet seinen Höhepunkt in der wunderschönen Darstellung von Gott dem Schöpfer im bunt bemalten Westfenster. Die Motive der Darstellung scheinen in einem abstrakten und verschwommenen Gewirr von Farben ineinander zufließen. Im Gegensatz dazu bringt die Darstellung des Heiligen Franziskus und der Heiligen Salomea mit Blumenmotiven auf dem Fenster hinter dem Altar eine zurückhaltendere, eher meditative Atmosphäre zum Ausdruck. Die Nordkapelle zeigt eine fließende Aufeinander folge der Stationen des Kreuzwegs von einem weiteren Künstler der Bewegung Młoda Polska, Jacek Mehoffer. Die Südkapelle enthält ein frühes Bild der Gnadenmadonna, einer beliebten Figur der Region, aus dem 15. Jahrhundert. Die gotischen Kreuzgänge, die von der Südseite der Kirche abzweigen, zeigen eine Reihe von Porträts der Bischöfe von Krakau, die von der Mitte des 15. Jahrhunderts (dazu gehört auch das Porträt des Bischofs Piotr Tomicki) bis in die Gegenwart reichen. Die Residenz des Erzbischofs von Krakau, die vor nicht allzu langer Zeit noch von Karol Wojtyła bewohnt wurde, steht auf der gegenüberliegenden Seite der Franziskanerkirche.

Südlich vom Plac Dominikański

Weiter die ul. Grodzka hinunter, gelangt man zum **Kamienica Podelwie** (Haus unter dem Löwen, Nr. 32), über dem ein vergoldeter Löwe aus Stein angebracht ist, das älteste Ornament seiner Art in der Stadt. Biegen Sie rechts in die ul. Poselska ab, dort erinnert am Haus mit der Nummer 12 eine Gedenktafel mit einem Zitat aus seinem Werk an den Schriftsteller Joseph Conrad, der seine Kindheit hier verbrachte.

Durch das Gartentor der ul. Poselska Nr. 3 vorbei an der oberen Ecke der ul. Senacka, gelangt man zum **Archäologischen Museum**. Das Gebäude, in dem es untergebracht ist, hat eine verworrene Geschichte: Einst eine frühe mittelalterliche Festung wurde es später zu einem Palast ausgebaut, dann wurde es ein Kloster und schließlich nutzten es die Habsburger als Gefängnis. Die Sammlung des heutigen Museums besteht aus ägyptischen, griechischen und römischen Objekten sowie aus Fundstücken aus der Umgebung. Unter diesen befindet sich auch eine breite Auswahl an bemalter Keramik aus dem Neolithikum, die zu den besterhaltenen in Europa gehört. Auch wenn Sie sich normalerweise nicht für alte Münzen und Keramik begeistern, sollten Sie unbedingt die berühmte heidnische Figur eines slawischen Gottes, als **Światowit** bekannt, anschauen. Sie ist die einzige, bisher entdeckte Figur einer slawischen Gottheit, aus Stein gehauen und etwa zweieinhalb Meter hoch. Die Figur hat auf jeder Seite ein Gesicht (die, wie man glaubt, für die verschiedenen Winde gedacht sind), und das Gebilde, das die Figur auf dem Kopf trägt, erinnert an einen Zylinder.

Öffnungszeiten **Archäologisches Museum** – Mo–Mi 9–14 Uhr, Do 14–18 Uhr, Fr/So 10–14 Uhr. Eintritt 7 Zł, Do frei.

Bevor man zu der geschäftigen Kreuzung unterhalb des Wawel-Hügels gelangt, kommt man an noch mehreren Kirchen in der ul. Grodzka vorbei. Die streng aussehende **Kirche St. Peter und Paul** steht etwas von der Straße zurückversetzt und hat zwei Kuppeln. Davor befinden sich zwei eindrucksvolle Apostelstatuen. Tatsächlich handelt es sich dabei nur um Kopien der durch die Luftverschmutzung zerfressenen Originale, die jetzt an einem sicheren Ort aufbewahrt werden. Dieses der Jesuskirche in Rom nachempfundene Gotteshaus ist der älteste Barockbau der Stadt. Die Jesuiten erteilten den Auftrag zum Bau, als sie um 1580 nach Krakau kamen, um protestantische Umtriebe zu ersticken. Sehenswert ist die Krypta von Piotr Skarga, zu der man über die Stufen gelangt, die vor dem Altar nach unten führen. Hier liegen aufgestapelt kleine Papierstreifen mit den Gebeten der Frommen. Skarga, ein bekannter Jesuitenpriester und glühender Vertreter der polnischen Gegenreformation, ist mit der Geschichte der Kirche eng verbunden. In den Seitenkapellen befinden sich Stuckarbeiten von Giovanni Falconi, die die Atmosphäre etwas auflockern.

Öffnungszeiten **Krypta** – Mo–Fr 9–17 Uhr. Eintritt 3 Zł.

Direkt gegenüber von der Kirche steht eines von Krakaus umstrittenen Kulturdenkmälern, die **Statue von Skarga**. Sie wurde 2001 aufgestellt, um einen optischen Mittelpunkt auf dem kürzlich gesäuberten Platz zu bieten, der von hier bis zur ul. Kanoniczna reicht. Es ist ein plumpes Werk, das den verehrten Priester eher wie einen Comic-Superhelden aussehen lässt als wie einen geistigen Führer. Die Skulptur passt überhaupt nicht zu dem sie umgebenden schönen Barock und ist daher bei der Krakauer Bevölkerung sehr unbeliebt.

Es folgt die romanische Kirche **St. Andreas**, die später im schon vertrauten polnischen Barockstil dekoriert wurde. Hier verschanzten sich die Einwohner von Krakau 1241 und wehrten die Angriffe plündernder Tataren erfolgreich ab. Die Kirche ist solide genug, um diesen Zweck zu erfüllen. Die Mosaik-Ikone der Heiligen Jungfrau aus dem frühen 13. Jh. stammt aus Konstantinopel. Ihr wird nachgesagt, sie habe den Einwohnern bei der Verteidigung der Kirche beigestanden. Die etwas weiter unterhalb gelegene **Martinskirche**, im 17. Jh. auf romanischen Fundamenten errichtet, ist jetzt im Besitz der kleinen lutherischen Gemeinde in Krakau.

Zum Wawel-Hügel

Polnische Monarchen betraten die Stadt durch das Florianstor, von dort zogen sie traditionell auf der ul. Floriańska weiter bis zum Rynek, dann in südliche Richtung die ul. Grodzka hinunter, die zur alten, von Ungarn durch Krakau verlaufenden Handelsstraße gehörte und bis zum Fuß des **Wawel-Hügels** führt.

Das letzte Stück zum Hügel kann man auch über die **ul. Kanonicza** (von der ul. Grodzka über die ul. Senacka) zurücklegen. Dieses ruhige, verstaubte Hintergässchen mit Kopfsteinpflaster ist sicher eines der stimmungsvollsten der Stadt. Einige der gotischen Anrainerhäuser sind gerade frisch renoviert worden. Ihre Ausstrahlung regt die Phantasie an, und man fühlt sich in längst vergangene Zeiten zurückversetzt.

Außer dem legendären **Cricot 2 Theatre** von Tadeusz Kantor in der Nr. 5 (siehe Theater und Kabarett) befinden sich noch zwei Museen in dieser Straße: Das erste ist das **Wyspiański Museum**, das dem Leben und Werk des herausragenden Schriftstellers und Künstlers gewidmet ist, der lang in Krakau lebte. Im Erdgeschoss wird man in die Lebensgeschichte und die frühen Jahre seiner Tätigkeit eingeweiht (an der Kasse gibt es eine Reihe von englischsprachigen Informationsblättern zur Ausstellung). Über der Treppe hängt eine Fotoreihe aus dem Bezirk Kazimierz, von denen einige um die Jahrhundertwende von Wyspiański selbst aufgenommen wurden. Sie zeigen den Blick in das Ghetto mit den Augen eines Außenstehenden, der zur Oberklasse gehörte. Im zweiten Stock findet sich ein Gemäldesammlung mit Werken von Wyspiański und seinen Zeitgenossen aus der Młoda Polska Bewegung, wie Jacek Malczewski und Włodymir Tetmajer. Andere bemerkenswerte Ausstellungsstücke sind architektonische Modelle, anhand derer Wyspiański seine Modernisierungs- und Vergrößerungpläne für den Gebäudekomplex auf dem Wawel-Hügel ausarbeitete. Er hatte eine polnische Akropolis vor Augen, eine bizarre und unheimliche Vision, die auch den Hintergrund für sein gleichnamiges Theaterstück bildet. Zusätzlich gibt es Zeichnungen, die er in den 1890er Jahren für seine an der Heilig-Kreuz-Kirche durchgeführten Restaurationsarbeiten anfertigte, die damals in einem sehr verfallenen Zustand war. Außerdem sind einige der Buntglasfenster zu sehen, die er für die Dominikanerkirche auf dem plac Dominikański anfertigte. Ein Beweis für Wyspiańskis unendlichen Einfallsreichtum sind die überspannten Möbel, die er für Tadeusz Boy-Żeleński, einen wichtigen Literaten, herstellte – klobige, gezackte Hocker, die aussehen wie Stützen für Filmaufnahmen eines gotischen Epos.

Öffnungszeiten **Wyspiański Museum** – Mi u. Fr–So 10–15.30 Uhr, Do 10–18 Uhr. Eintritt 5 Zł, So frei.

Am unteren Ende der Straße stehen zwei beeindruckende, kürzlich renovierte Patrizierhäuser (Nr. 19/21) aus dem späten 14. Jh., die dem Erzbischof von Krakau gehören. Hier ist das neue **Erzdiözesenmuseum** untergebracht.

Wie im Szołayski-Haus stammt die Vielfalt an sakraler Kunst, die hier ausgestellt wird, aus den Kirchen der Małopolska Region – viele Gegenstände wurden bisher noch nie in einem Museum gezeigt. Außer der Dauerausstellung sind Wechselausstellungen mit weiteren Kirchenleihgaben geplant.

Höhepunkt auf der Galerie im ersten Stock ist die Reihe gotischer Skulpturen: eine *Madonna mit dem Kind* aus dem frühen 15. Jahrhundert im Stil der "Schönen Madonna" aus der Orawa Region, die kraftvolle spätgotische Figur *Das Märtyrertum des Heiligen Stephan* aus der Krakauer Schule zu Beginn des 16. Jahrhunderts und ein ausgezeichnetes Relief der *Anbetung der Heiligen* aus der Mitte des 15. Jahrhunderts, das aus der Marienkirche entnommen wurde. Wie auch bei den Werken von Veit Stoß ist besonders die realistische, menschliche Darstellung der Statuen beeindruckend: Sie haben sanfte, ausdrucksstarke und zeitlose Gesichter.

In der zweiten Halle ist ein Bilderzyklus von Hans Suess von Kulmbach ausgestellt, der die Legende von der Heiligen Katharina von Alexandrien darstellt. Sie wurde 1514 für die Kapelle der Familie Boner in der Marienkirche in Auftrag gegeben. Eine Darstellung der *Verkündigung* von Jakob Mertens aus dem Jahr 1580 und einige ausgewählte Ritualgegenstände vervollständigen die Sammlung auf diesem Stockwerk. Im dritten Stock befinden sich weitere gotische Kunstgegenstände aus der Region, z. B. ein fünfteiliges Gemälde aus dem frühen 16. Jahrhundert, das aus der St. Nikolauskirche in Krakau stammt. Ein ganzer Raum ist Karol Woytyła

Karte S. 456/457

gewidmet, der in seiner Krakauer Zeit noch ein einfacher Priester war. Wie bei allen Ausstellungen in Polen, die den Papst zum Gegenstand haben, finden sich auch hier eine Reihe päpstlicher Memorabilia, von denen viele von dem Mann selbst gestiftet wurden, wie z. B. Kleidungsstücke und sogar ein Paar seiner Schuhe aus der Zeit, bevor er zum Papst ernannt wurde.

Öffnungszeiten **Erzdiözesenmuseum** – Di–Fr 10–16 Uhr, Sa u. So 10–15 Uhr. Eintritt 5 Zł.

In der Hausnr. 20 befindet sich der Ukrainische Buchladen, der einen Blick wert ist: Hier gibt es viele Bücher über orthodoxe und unierte Kirchenkunst. Ganz am Ende der Straße steht das **Długosz-Haus** (Dom Długosza) (Nr. 20) aus dem 15. Jahrhundert. Es trägt den Namen seines früheren Bewohners, des Historikers Jan Długosz. Ursprünglich war es einmal das königliche Badehaus. Der Legende nach entsandte Königin Jadwiga vor ihrer Heirat mit dem litauischen Großherzog Ladisław Jagiełło einen ihrer vertrauten Diener ins Badehaus, der den Herzog bei seinen Waschungen beobachten sollte. Ihr waren Gerüchte zu Ohren gekommen, nach denen die heidnischen Litauer über monströse Genitalien verfügen sollten. Was der Diener der Königin berichtete, ist nicht überliefert – auf jeden Fall hat sie im Anschluss daran den Litauer geehelicht.

Die meisten Besucher gehen von hier aus direkt über die Straße zum Wawel-Hügel hinauf. Wenn Sie den sommerlichen Touristenmassen entkommen wollen, sollten sie den etwas längeren Weg südlich um den Gebäudekomplex herum nehmen. Von hier aus biegt man entweder zur Zufahrtstraße rechts zum Schloss ab, oder man geht weiter auf der ul. Bernardyńska. Beide Wege führen zum Schlosseingang beim **Berhardinertor** (Brama Bernardyńska). Auf dieser Strecke hat man einen schönen Blick zurück auf die Wawel-Kathedrale, und man wird nicht von Souvenirhändlern belästigt. Am Fuß des Wawel entlang der ul. Bernardyńska befindet sich auf dem gleichnamigen Platz die **Bernhardinerkirche**. Die barocke Basilika wurde auf den Fundamenten einer früheren gotischen Kirche errichtet und enthält viele kleine Reichtümer, darunter die Zeichnung des *Todestanzes* im Hauptschiff, beliebt bei den Einheimischen, und in der Seitenkapelle eine schöne Skulptur der Heiligen Anna mit der Madonna und dem Kind, die angeblich aus der Werkstatt von Veit Stoß stammt.

Der Wawel-Hügel

Über fünfhundert Jahre lang wohnten polnische Monarchen auf dem Wawel-Hügel und beherrschten von dort aus das Land. Die Gebäude sind größtenteils noch gut erhalten. Auch nachdem Warschau Hauptstadt geworden war, wurden die polnischen Monarchen weiterhin in der Kathedrale beigesetzt, und nach wie vor werden auf dem Wawel die von der Nation verehrten Dichter und Helden in dem Gebäudekomplex, der einen Querschnitt durch die gesamte polnische Geschichte liefert, feierlich aufgebahrt.

Dies ist einer der Gründe, warum der Wawel ein nie versiegender Quell polnischen Nationalstolzes und Selbstbewusstseins ist. Er ist einer der wenigen Plätze, an denen es mehr polnische als ausländische Besucher gibt. Für die meisten dieser Gruppenreisenden gehört ein Besuch an dieser Wiege der polnischen Geschichte zu ihrer Pflicht als Bürger der Nation. In jüngerer Zeit gab es noch einen weiteren Grund, zum Wawel zu pilgern: Es war der Glaube, dass eine der Mauern im inneren Schlosshof auf einem der Hauptzentren spiritueller Energie der Erde steht. Für

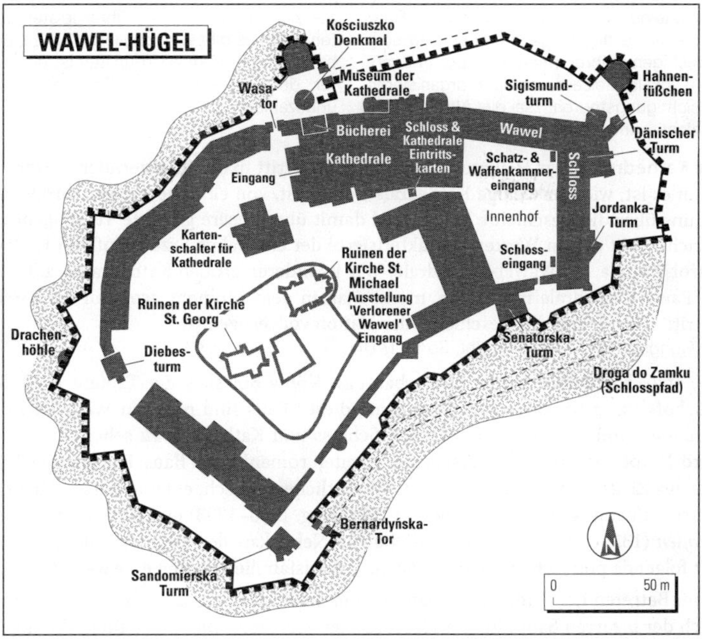

Kultanhänger und Chakrajünger wurde es zur Gewohnheit, hierherzukommen und sich einige Minuten gegen die Mauer zu lehnen, um ihre spirituellen Batterien wieder aufzuladen. 2001 wurde der Zugang durch ein Seil gesperrt. Es hieß, dies diene dem Erhalt der Mauer, doch sicher spielte dabei auch die Abneigung der Kirchenoberen gegenüber dem New-Age-Tourismus eine Rolle.

Am oberen Ende des mit Kopfsteinen gepflasterten Weges, der den Wawel hinaufführt, steht vor dem Waza-Tor ein dramatisches Standbild von *Tadeusz Kościuszko* – eine Kopie des von den Nationalsozialisten zerstörten Originals. Dahinter ist zunächst links die Kathedrale zu sehen, dann folgt das Schloss mit Nebengebäuden und Innenhöfen. Davor liegt ein riesiger offener Platz, früher der Standort der kleinen Ortschaft Wawel. Die Österreicher ließen sie jedoch Anfang des 19. Jahrhunderts abreißen, um Raum für einen Exerzierplatz zu bekommen.

• *Öffnungszeiten* Die Kathedrale und das Schloss haben unterschiedliche Öffnungszeiten, die sich zudem noch hin und wieder ändern. Am besten informiert man sich vorab in den Touristeninformationen, den Veranstaltungsmagazinen oder Zeitungen. Bedenken Sie, dass der Wawel zu allen Jahreszeiten eine viel besuchte Sehenswürdigkeit ist. Wenn Sie im Sommer den größten Andrang vermeiden wollen, müssen Sie lange vor den Öffnungszeiten hierherkommen und sich für ihre Eintrittskarten anstellen. Die Eintrittskarten für die Königsgräber und die Schatzkammer kauft man beim Eingang der Kathedrale, die Karten für das Schloss und die Ausstellungen erhält man an einem Schalter im inneren Schlosshof. Achten Sie in jedem Fall darauf, dass Ihre Eintrittskarte mit einem Stempel versehen wird, auf dem der Zeitraum angegeben ist, in dem Sie die Ausstellung besuchen können. Auf diese Art und Weise will man den

Karte S. 456/457

Besucherstrom regeln und Staus vermeiden. Kleine Gruppen können im PTTK-Büro in der Nähe des Eingangs einen englischsprachigen Führer mieten. Orbis und andere lokale Reiseveranstalter organisieren Besichtigungstouren, die die Altstadt, das Schloss und die Kathedrale mit einschließen. Der Wawel ist der Platz, an dem Sie sich einen eigenen Führer leisten sollten, denn es gibt wirklich viel zu sehen, und bei dem Aufgebot an Touristen ist ein Führer, der sich auf dem Gelände auskennt, unbezahlbar.

▸ **Die Kathedrale**: "Das Heiligtum der Nation ... betritt man mit zitternder Ehrfurcht, denn es ist, wie nur wenige Kathedralen der Welt, von einer gewaltigen Größe, die zu uns über die Geschichte Polens und damit über unsere gesamte Vergangenheit, spricht." Mit diesen Worten charakterisierte der ehemalige Erzbischof von Krakau, Karol Wojtyła, die Wawel-Kathedrale. Wie in anderen großen Kathedralen, z. B. der St. Pauls-Kathedrale in London, merkt man in dem Moment, wo man die Kirche betritt, dass sie mit der Geschichte der Nation vollgesogen ist.

Öffnungszeiten Di–Sa 9–15 Uhr, So 12–17 Uhr.

Die erste Kathedrale wurde hier erbaut, als König Bolesław der Tapfere 1020 den Bischofssitz in Krakau schuf. Fragmente dieses Baus sind noch im Westflügel des Schlosses und im Innenhof zwischen Schloss und Kathedrale zu sehen; die Leonhard-Krypta ist ein Überbleibsel eines zweiten romanischen Baus. Die heutige Basilika aus Ziegel- und Sandstein ist im Wesentlichen gotisch, entstanden zur Zeit der Herrschaft von *Władysław II. Łokietek* (Ellenlang; 1306–1333) und *Kazimierz III. dem Großen* (1333–1370). Eine ganze Reihe von Nebenkapellen zieren sie, denn fast jeder folgende polnische Monarch und viele Adelsfamilien bauten eine weitere dazu.

Beim Betreten der Kathedrale sollte man in einem Gang in der Nähe des Eingangs nach der bizarren Sammlung prähistorischer Knochen Ausschau halten, die angeblich die Überbleibsel des Krakauer Drachens sein sollen (siehe Krakau, Geschichte). In Wirklichkeit handelt es sich jedoch um das Schienbein eines Mammuts, die Rippe eines Wals und den Schädel eines haarigen Rhinozerosses. Die Legende besagt, dass die Kathedrale so lange bestehen wird, wie die Knochen bestehen.

Den freien Blick auf das Kathedralenschiff mit dem gotischen Kreuzrippengewölbe versperrt das **Mausoleum des hl. Bischofs Stanisław**, ein sorgfältig bearbeiteter Silbersarkophag des Schmieds Peter van der Rennen zum Andenken an den Bischof, der 1079 wegen seines Widerstands gegen König Bolesław in Skałka in Kazimierz von diesem ermordet worden sein soll. Die sterblichen Überreste des Bischofs, der 1253 heilig gesprochen wurde, wurden im Jahr nach seinem Tod zum Wawel überführt, und sein Schrein wurde zur Pilgerstätte. Auf der rechten Seite unterhalb des Schreins befindet sich das Grab von König **Ladisław Jagiełło** (Sarkofeg Władystawa Jagiełło), eine schönes Marmorwerk aus der Mitte des 15. Jahrhunderts mit einem fein gearbeiteten Baldachin, der vom Enkel des Königs, Sigismund dem Älteren (Zygmunt I Stary), ein Jahrhundert später hinzugefügt wurde. Dahinter erheben sich der barocke **Hochaltar** und das Chorgestühl. Die meisten Besucher zieht es allerdings gleich zu den ungewöhnlichen Nebenkapellen, die die Kathedrale in ihrer gesamten Länge säumen.

▸ **Die Kapellen**: Außer vier Königen wurden alle fünfundvierzig Monarchen Polens in der Kathedrale beigesetzt. Die Grabmäler und Kapellen oder **Groby Królewskie** kommen einer Führung durch die mitteleuropäische Architektur, Kunst und Bildhauerei der letzten sechshundert Jahre gleich.

Öffnungszeiten Di–Sa 9–15 Uhr, So 12–15 Uhr. Eintritt 6 Zł.

Heiligtum der Nation – die Wawel-Kathedrale

Karte S. 456/457

Gleich rechts am Eingang befindet sich die gotische **Heiligkreuz-Kapelle** (Kaplica Świętokrzyska), das Grabmal von *König Kazimierz IV. Jagiełło* (1447-1492). Die byzantinisch wirkenden Wand- und Deckengemälde in den kühnen Farben wurden von Künstlern aus dem russischen Nowgorod geschaffen, es gibt eine ganze Reihe von solchen Wandgemälden in Polen. Das rote Marmorgrabmal des Königs ist dagegen ein typisch ausdrucksstarkes Werk des schon aus der Marienkirche bekannten Veit Stoß. Zwei geschnitzte gotische Altäre und ein wunderschönes Triptychon der Dreifaltigkeit auf den Seitenfeldern runden das verschwenderische Meisterwerk ab.

Die beiden nächsten Kapellen im Seitenschiff weiter unten sind dem Andenken an Adelsfamilien gewidmet: der Familie *Potocki* (im neoklassischen Stil) und der Familie *Szafraniec* (eine barocke Schöpfung am Fuß des Silberglockenturmes). Im Anschluss daran folgen die majestätische, wenn auch düstere **Waza-Kapelle**, ein barockes Mausoleum für die Königsfamilie aus dem 17. Jahrhundert, die der Sigismund Kapelle (siehe unten) nachempfunden ist. Beschützend wirken die fein ausgearbeiteten Bronzetüren, die die Wappen der Dynastie und der von ihr beherrschten Regionen zeigen. Die glänzende vergoldete Kuppel der **Sigismundkapelle** (Kaplica Zygmuntowska) beherrscht draußen den ganzen Hof. Sie wird wegen der zersetzenden Wirkung der verschmutzten Luft regelmäßig neu überzogen. Diese vom italienischen Architekten *Bartolomeo Berrecci* für *König Zygmunt I. Stary* (den Alten, 1506–1548) geschaffene und 1533 vollendete Kapelle mit ihrer Renaissance-Ausführung und -Ornamentik, den komplizierten bildhauerischen Arbeiten in Sandstein und Marmor und den herrlichen Skulpturen über den Sarkophagen von König Zygmunt I. Stary, Sohn von Zygmunt August und Gemahlin Königin Anna, ist wirklich ein Meisterwerk und weithin als eines der künstlerischen Juwele der damaligen Zeit angesehen. Ebenso fallen sofort die beiden Altäre ins Auge: Der silberne *Altar der Jungfrau* ist das Werk von Meistern aus Nürnberg, die Passionsgemälde stammen von *Georg Pencz*, einem Schüler Dürers. Auf der gegenüberliegenden Seite der Kapelle befindet sich das moderne Grabmal von Königin **Jadwiga**, Gemahlin von König Jagiełło, sie war eine der beliebtesten Monarchinnen des Landes. Tatsächlich sind ihre Überreste ganz in der Nähe bei ihrem Lieblingskruzifix beigesetzt.

In den Kapellen nebenan liegen die sterblichen Überreste einiger ehrwürdiger Bischöfe aus dem 14. Jh. Das gotische **Grabmal von König Kazimierz III. dem Großen** aus rotem ungarischem Marmor gleich rechts vom Hochaltar ist eine würdige Erinnerung an den hoch geschätzten Monarchen – in den Jahren seiner Herrschaft wurde die Kapelle eingeweiht. Die **Marienkapelle** aus dem 14. Jh. gleich hinter dem Altar, mit dem Schloss über einen Gang verbunden, wurde um 1590 von Santi Gucci (siehe Kasten "Italienische Renaissance") umgebaut, um einen passenden Hintergrund für die letzte Ruhestätte von **König Stefan Batory** (1576–1586) aus strengem schwarzem Marmor und Sandstein zu schaffen. Das **Grabmal von König Władysław I. Łokietek** (1306–1333) links vom Altar ist das älteste in der Kathedrale; es wurde kurz nach seinem Tod fertig gestellt. Die Gestalt in Krönungsgewändern ruht auf einem Grabmal aus weißem Sandstein, von ausdrucksvollen trauernden Figuren umgeben.

▸ **Museum der Kathedrale, Turm und Krypten**: Einen der Höhepunkte im Museum der Kathedrale (im Nordosten hinter der Sakristei) stellt eine Sammlung illuminierter Handschriften und einiger Einzelstücke aus der Geschichte von Monarchie und Kirche dar: der Speer des hl. Moritz (ein Geschenk von Kaiser Otto an König Bolesław den Tapferen anlässlich ihres Treffens im Jahre 1000 v. Chr. in Gniezno), eine Miniatur der vier Evangelisten aus dem 8. Jahrhundert und die Krone von König Kazimierz III. dem Großen.

Öffnungszeiten **Museum der Kathedrale** – Di–So 10–15 Uhr. Eintritt 5 Zł.

Die italienische Renaissance in Krakau

Polens langjährige Kontakte zu Italien waren besonders im künstlerischen Bereich fruchtbar. Ein Großteil der bedeutendsten Baudenkmäler des Landes wurde von italienischen Künstlern geschaffen, die von den lukrativen Aufträgen des Königshofs und der Großgrundbesitzer ins Land gelockt wurden. Außerhalb von Italien selbst findet man daher nur in Polen, besonders aber in Krakau, einige der schönsten Architekturbeispiele aus der Renaissance. Obwohl die Architekten in den Grundzügen den klassischen Idealen des Stils treu blieben, wurden die Gebäude dennoch den klimatischen Bedingungen und den polnischen Traditionen angepasst. Dadurch entstand ein unverwechselbarer polnischer Renaissancestil, und nördlich der Alpen findet man keine anderen von der Renaissance beeinflussten Bauwerke, die den Stil so unverfälscht wiedergeben.

Die Renaissance kam als Folge der kurzlebigen Union der jagiellonischen Dynastie mit Ungarn nach Polen. **Franciscus Italus** (gestorben 1516, und später als Francesco della Lora identifiziert) war seit 1480 am ungarischen Hof tätig und wurde nach Krakau beordert, um an dem Wiederaufbau des Königspalastes mitzuwirken, der 1499 bei einem Feuer schwer beschädigt worden war. Er verbrachte den Rest seines Lebens mit Arbeit an diesem Bauwerk, stellte es jedoch nicht fertig. Nach seinem Tod beschloss König Sigismund einen kompletten Umbau des Gebäudes.

Das heutige Erscheinungsbild des Komplexes ist zum Großteil dem Nachfolger von Franciscus Italus, **Bartolomeo Berrecci** (ca.1480–1537), zu verdanken, der wie sein sein Vorgänger aus Florenz stammte. Anscheinend geht das innovative Konzept für den Innenhof auf ihn zurück. Die ersten zwei Stockwerke dieses Hofes mit den Laubengängen erinnern an den gefeierten Palazzo Strozzi in Florenz, der dritte Stock ist jedoch doppelt so hoch wie üblich. Die Säulen mit den kugelförmigen Kapitellen streben, ohne das übliche trennende Gebälk, direkt in das überhängende Holzdach. In seinem zweiten großen Auftragswerk, der Wawel-Kathedrale, zeigt sich ebenfalls der Genius des Meisters Berrecci. Die Grundform entspricht dem italienischen Ideal und ist hier ein Kubus, dessen Inneres von doppelten Wandpfeilern unterteilt wird. Auf diesen sitzt eine Kuppel, die innen eine zylindrische Form besitzt und außen acht Ecken hat, in die acht runde Fenster eingelassen sind. Der Gesamteindruck mit seinen überschwänglichen Dekorationen aus verschiedenen Materialien und fein ausgearbeiteten Außendekorationen, die jeden Winkel der Wände bedecken, unterscheidet sich jedoch völlig von den in Italien gefundenen Bauwerken. Leider gibt es von Berrecci keine weiteren Gebäude von Bedeutung, da er sehr jung einem Mordanschlag zum Opfer fiel – er wurde erstochen.

An den Innendekorationen der Sigismund Kapelle waren noch zahlreich weitere italienische Handwerker beteiligt wie z. B. der herausragende **Giovanni Maria Mosca** (ca.1495–1573), der auf Grund seiner Herkunft aus Padua auch als "Il Padovano" bekannt ist. Die Beauftragung Moscas war ein Glücksgriff, denn er hatte sich bereits in seiner Heimatstadt und in Venedig durch seine Arbeit einen guten Namen geschaffen. Da er vornehmlich ein Bildhauer war, ist es wahrscheinlich, dass er mit den Arbeiten an dem Bildnis von König Sigismund beauftragt wurde. Von ihm stammen auch die beiden Gedenksteine für die Bischöfe in den Chorkapellen im Ostteil. Außerdem arbeitete er an vier königlichen Medaillen, meißelte die Stiftshütte in der Marienkapelle und schuf weitere Grabdenkmäler in Krakau und anderen Orten, insbesondere Tarnowskis Grabmal in der Kathedrale von Tarnów. Sein wichtigstes Werk als Architekt war die Anfügung der Attika und der Brüstung an die mittelalterlichen Sukiennice (Tuchhallen), wodurch ein Renaissance-Eindruck entsteht, der an die Umwandlung der Basilika in Vicenza erinnert, die Palladio nur einige Jahre vorher vorgenommen hatte.

Die übergroßen Masken von Wilden an den Sukiennice stammen von dem Florentiner **Santi Gucci** (ca.1530–1600), der auch einige der Grabmäler in der Sigismund-Kapelle meißelte. Gucci erwarb sich seinen Ruhm als Hofkünstler für Stefan Batory, dem zu Ehren er die Frauenkapelle in der Wawel-Kathedrale in den Bau einer verschwenderischen Chorkapelle integrierte. Es wird angenommen, dass er außerdem verschiedene Landhäuser baute, die zwar dokumentiert sind, von denen aber nicht alle die Zeit überdauert haben. Einer dieser spektakulären Landsitze in Baranów Sandomierski ist jedoch noch intakt. Zum Zeitpunkt von Guccis Tod hatte die italienische Renaissance fast ein Jahrhundert lang Krakaus Architekturstil beherrscht: Obwohl sie in anderen Gegenden Polens noch eine ganze Zeit lang weiterlebte, wurde in Krakau bereits damals der ebenfalls aus Italien stammende Barockstil populär.

Vom **Sigismundturm** aus dem 14. Jh. (Wieża Zygmuntowska, Zugang von der Sakristei) hat man einen weiten Blick über die Stadt. Auch die fünf Glocken aus dem Mittelalter hat man hier direkt vor Augen. Die größte, die sogenannte Zygmuntglocke, die 1520 gegossen wurde, wiegt 8 Tonnen, hat einen Durchmesser von zweieinhalb und einen Umfang von acht Metern. Sie ist für ihren tiefen, volltönenden Klang berühmt, der Einheimischen zufolge Wolken zu vertreiben und die Sonne hervorzulocken vermag. Heutzutage hat sie nicht mehr viele Gelegenheiten, ihr Können unter Beweis zu stellen, denn sie wird nur noch am Ostersonntag, an Heiligabend und am Silvesterabend geläutet.

In der **Krypta** im linken Nebenschiff befinden sich die sterblichen Überreste von zahlreichen polnischen Königen und Königinnen, viele davon in Sarkophargen aus Zinn, darunter auch die von Sigismund und Stefan Batory. Ebenfalls hier beigesetzt sind die Dichter *Adam Mickiewicz* und *Juliusz Słowacki*. Die **Leonhard-Krypta** aus dem frühen 12. Jh., die Teil eines langen, vom Haupteingang zu erreichenden Netzwerks von Gewölben ist, enthält die Grabmäler der Nationalhelden *Fürst Józef Poniatowski* und *Tadeusz Kościuszko*. Auch der berühmte Vorkämpfer für die Unabhängigkeit vor dem Krieg, *Józef Piłsudski*, ruht in einem der Gewölbe. Wenn man sich hier unter die Menge mischt, die für eine Besichtigung ansteht, spürt man die intensive Verbundenheit der Polen mit ihrer Geschichte des Widerstandes und mit dem Kampf der Nation für die Unabhängigkeit. Vom Ausgang der Krypta gelangt man direkt auf den Hof.

▸ **Das Schloss**: Beim Eintritt in den dreitstöckigen Innenhof des Wawel-Schlosses hat man der Eindruck, in einen riesigen italienischen Palazzo einzutreten. Genau diese Wirkung beabsichtigte *Zygmunt I. Stary* (der Alte), als er den florentinischen Architekten Berecci (siehe Kasten "Italienische Renaissance") Anfang des 14. Jh.s mit dem Umbau von König Kazimierz' gotischem Schloss beauftragte. Das Gebäude unterscheidet sich jedoch von seinen italienischen Vorbildern, da der Architekt die spezifischen klimatischen Bedingungen bedachte: Die Fensteröffnungen sind sehr groß, damit so viel Licht wie möglich einfallen kann, und das Dach, das unter Umständen auch starken Schneefällen standhalten muss, ist sehr robust. Mehrere Feuersbrünste und in jüngster Zeit auch die ätzende Wirkung der Krakauer Luft haben ihre Spuren am Schloss hinterlassen, aber noch immer strahlt es palastartige Größe aus.

Nach Verlegung der Hauptstadt nach Warschau begann der Verfall des Gebäudes. Er war beim Einfall der Österreicher, die das Schloss in eine Kaserne umwandelten, schon weit fortgeschritten. Nachdem *Kaiser Franz Joseph* seine Truppen abgezogen hatte, wurde der Wiederaufbau 1880 in Angriff genommen und in den Jahren zwischen den Kriegen fortgesetzt. Seine schlimmsten Jahre erlebte der Wawel im Zweiten Weltkrieg, als der Generalgouverneur Hans Frank das Schloss zu seiner Privatresidenz machte und seine nationalsozialistischen Henker in den königlichen Appartements einquartierte. Zum Glück waren die wertvollsten Gegenstände bei Kriegsbeginn aus dem Schloss entfernt und im Ausland in Sicherheit gebracht worden. Nach jahrelangem Tauziehen wurden sie 1961 aus Kanada auf den Wawel zurückgebracht. Den Grundstock der umfangreichen und gut organsierten Ausstellung bilden zahlreiche Stücke, die von Polen im In- und Ausland aus privater Hand gestiftet wurden, sowie einige der ehemals von den Nationalsozialisten geplünderten Gegenstände, die auf Kunstauktionen wieder entdeckt wurden.

Das Schloss umfasst vier Hauptabschnitte: die Repräsentationsräume (Komnaty Królewskie), den Königlichen Schatz und die Waffenkammer (Skarbiec) sowie die

Ausstellungen Sztuka Wschodu (orientalische Kunst des Wawel) und Wawel Zaginiony (Verlorener Wawel). Denken Sie daran, dass die Eintrittskarten für die Repräsentationsräume und den Schatz nicht für die Ausstellungen gelten, hierzu sind separate Karten nötig. Wer nur wenig Zeit hat, sollte sich auf die Repräsentationsräume beschränken, in denen sich die von den Jagiellonen und der Waza-Dynastie angehäuften Kunstschätze befinden.

▸ **Komnaty Królewskie** (Repräsentationsräume): Prunkstück der Kunstsammlungen im Komnaty Królewskie sind die von König Zygmunt II. August zusammengetragenen herrlichen **Tapisserien aus Flandern**, die über den ersten und zweiten Stock verteilt sind. Die 136 Stücke – nur noch rund ein Drittel der ursprünglichen Sammlung – sind alles, was nach Plünderungen durch zaristische, österreichische und nationalsozialistische Armeen geblieben ist. Darunter fallen drei Serien aus der Brüsseler Werkstatt des "flämischen Raffaels" *Michael Coxie* ins Auge: Die erste und eindrucksvollste ist eine Gruppe von achtzehn riesigen Szenen aus dem Alten Testament, darunter eine Darstellung des Paradieses und eine wunderschön detaillierte Tapisserie, die Noah mit seiner Familie nach der Sintflut zeigt. Die älteste Tapisserie im ganzen Schloss ist die französische *Geschichte des Schwanenritters* aus der Mitte des 15. Jahrhunderts, heute im Schlafgemach von Zygmunt I. dem Alten im ersten Stock.

In der nordwestlichen Ecke des gleichen Stockwerks ist auch ein Überrest der ursprünglichen gotischen Burg bewahrt: ein winziger Wohnpavillon mit zwei Zimmern, das sogenannte **Hahnenfüßchen**. Im Gegensatz zu anderen Bereichen im Schloss ist der Stil der Zimmer im Nordflügel früher Barock – die Folge einer Erneuerung nach einem großen Feuer im Jahr 1595. Unter den Luxusappartements in diesem Bereich besticht vor allem der **Silbersaal**, 1786 von *Domenico Merlini* neu eingerichtet, durch das besonders harmonische Verschmelzen der alten Architektur mit dem Klassizismus.

Die **Repräsentationsräume** im Oberstock zählen zu den schönsten Einrichtungen der ganzen Anlage, besonders die im **Ostflügel**. In diesem Gebäudetrakt sind noch Holzdecken und Wandgemälde im Original erhalten. Ein Blick zur geschnitzten Decke des **Audienzsaales** am Südende des Flügels zeigt, warum er den Spitznamen "Saal der Köpfe" erhalten hat. Er wurde um 1530 von König Zygmunt bei Sebastian Tauerbach aus Breslau und Jan Snycerz in Auftrag gegeben; von den ursprünglich fast zweihundert Köpfen sind knapp dreißig erhalten. Sie allein reichen schon, um nachzuvollziehen, welche Zeitgenossen hier Modell gestanden haben: Sie kamen aus allen Gesellschaftsschichten. Der Wandfries von Hans Dürer, dem Bruder des berühmten Albrecht, stellt *Das Leben des Menschen* dar, die Nacherzählung einer alten griechischen Sage aus dem 16. Jahrhundert. Die herrlichen Tapisserien mit ihren Szenen aus biblischen Geschichten (Garten Eden, Noah, der Turmbau zu Babel) stammen aus der Werkstatt von Coxie.

Am unteren Ende des Korridors liegt der **Tierkreiszeichenraum**, den ein astrologischer Fries schmückt, die geniale Rekonstruktion (um 1920) eines Freskos aus dem 16. Jh., sowie eine weitere Serie von Wandteppichen mit Bibelszenen. In den Türmen an der nordöstlichen Ecke liegen die Privatgemächer der Könige. Die 1602 umgebaute **Kapelle** blickt ins Schlafgemach des Königs; die Wände des **Studierzimmers** mit dem schönen Fußboden und der Stuckdekoration dürfen wohl schon als Galerie en miniature gelten, in der sich die Werke holländischer und flämischer Künstler drängen, darunter eine Skizze von Rubens und ein Gemälde des jüngeren

Breughel. Der **Saal "Unter den Vögeln"**, der seinen Namen den Holzvögeln verdankt, die früher von der Decke herabhingen, führt in den **Adlersaal**, den alten Gerichtshof, in dem ein von Rubens gemaltes Porträt des Fürsten Władysław Waza hängt. Der letzte Raum ist der **Senatorensaal**, wo in den Tagen der ehemaligen Hauptstadt der Senat zusammentrat, auch er mit einer Reihe von Wandteppichen geschmückt, auf denen die Geschichte von Noah dargestellt ist. Eine weitere Kassettendecke und die Minnesängergalerie, auf der auch heute noch ab und zu Konzerte stattfinden, runden das Bild ab.

Öffnungszeiten Di u. Fr 9.30–18 Uhr, Mi, Do u. Sa 9.30–15 Uhr, So 10–15 Uhr. Eintritt 12 Zł, Mi frei.

▸ **Skarbiec** (Schatzkammer und Waffenkammer): Unermüdliche Naturen können anschließend die königliche Schatzkammer und die Waffenkammer im nordöstlichen Teil des Schlosses besichtigen (Eingang im Erdgeschoss). Von den Kronjuwelen sind allerdings nicht sehr viele erhalten, eine Folge der bewegten Vergangenheit Polens, in der es immer wieder zu Plünderungen und Verwüstungen kam. Zur Zeit der Teilungen Polens war der Inhalt der Schatzkammer bereits größtenteils verkauft, um die Mitgift für diverse Hochzeiten aufzubringen und Staatsschulden zu begleichen. Die Preußen richteten dann den letzten großen Schaden an, als sie 1795 die Krönungsinsignien stahlen, die Krone einschmolzen und deren Juwelen verkauften. Der **Kazimierz-Saal** mit dem gotischen Gewölbe enthält die schönsten Stücke einer unsystematischen Sammlung weniger wertvollen königlichen Besitztums, darunter Ringe, Kreuze, die Krönungsschuhe von Zygmunt II. August und seine Grabkrone. Das älteste Exponat ist ein Ring aus dem 5. Jahrhundert mit dem eingravierten Namen MARTINVS, der bei Krakau gefunden wurde.

Prunkstück im angrenzenden **Saal der Königin Jadwiga und des Königs Jagiełło** ist das feierlich ausgestellte *Szczerbiec*, die Kopie eines Schwertes aus dem 13. Jh., mit dem Bołeslaw der Tapfere bei der triumphalen Eroberung von Kiew im Jahr 1018 kämpfte. Seitdem war es ein fester Bestandteil der Krönungszeremonie der polnischen Monarchen. Wie andere wertvolle Stücke der Sammlung wurde auch das Schwert während des Zweiten Weltkriegs zur Sicherheit nach Kanada verschifft. Die beiden anderen Ausstellungsstücke in diesem Raum sind ein zweites Schwert, diesmal jedoch aus dem frühen 16. Jh., das Zygmunt I. dem Alten gehört hatte, und das älteste noch erhaltene Königsbanner. Es war 1533 für die Krönung von *Katharina von Habsburg*, die dritte Gemahlin von *Zygmunt II. August*, angefertigt worden. Im Saal dahinter befindet sich eine Sammlung, die sich mit *Jan Sobieski* befasst. Die bemerkenswertesten Exemplare sind die Embleme der Ritter des Heiliggeist-Ordens, ein Geschenk des Papstes zum Dank für den Sieg über die Türken vor Wien im Jahre 1683. Der nächste Saal mit Tonnengewölbe enthält eine Serie wunderschön gearbeiteter Waffen, Schilde und Helme.

Im letzten Saal schließlich, der **Waffenkammer**, dreht sich alles um den Krieg. Die hier ausgestellten Waffen wurden in der über fünfhundert Jahre langen Geschichte des Kampfes gegen fremde Besatzungsmächte von den Polen erbeutet; darunter befinden sich Kopien von Bannern, die in der Schlacht bei Grunwald beschlagnahmt wurden, eine Furcht erregende Auswahl an doppelgriffigen Schwertern und an Speeren mit seltsamen und ungewöhnlichen Spitzen.

Öffnungszeiten **Skarbiec** – wie Komnaty Królewskie, es gilt dieselbe Eintrittskarte.

▸ **Ausstellungen**: Die Ausstellung **Sztuka Wschodu** (Der Orient im Wawel) im älteren Westflügel des Schlosses befasst sich mit den orientalischen Einflüssen auf die polnische Kultur. Im ersten Stock werden in einer interessanten Abteilung frühe Kontakte mit Armenien, Persien, der Türkei, China und Japan belegt. Doch der Haupteinfluss, wie er in den Exponaten hier zum Ausdruck kommt, scheint die Kriegsbeute aus den Feldzügen gegen die Türken zu sein. Im Mittelpunkt steht eine Sammlung **türkischer Zelte und Waffen**, die nach der Schlacht vor Wien erbeutet wurden, mit einer Büste von Sobieski, wie ein Kaiser von Lorbeer gekränzt. Im zweiten Stock sind türkische und persische Teppiche, Banner und Waffen ausgestellt, durchwegs Kriegsbeute. Der **Paradies-Teppich** aus dem 16. Jahrhundert dürfte sehr schön ins königliche Vestibül gepasst haben.

Die Ausstellung **Wawel Zaginiony** (Verlorener Wawel) unter den alten Küchenräumen im Süden der Kathedrale zeigt die ausgegrabenen Überreste der ältesten Gebäude auf dem Hügel, darunter auch die Fundamente der **Felix und Audactus-Rotunde** aus dem 10. Jahrhundert, der ältesten bekannten Kirche in Polen. Im alten Kutschenhaus sind diverse archäologische Funde aus dem Mittelalter ausgestellt.

Öffnungszeiten **Ausstellungen Sztuka Wschodu und Wawel Zaginiony** – Mo, Mi, Do & Sa 9.30–15 Uhr, Fr 9.30–16 Uhr, So 10–15 Uhr. Eintritt 6 Zł, Mi frei.

▸ **Die Höhle**: Auf der Westseite des Hauptplatzes vor dem Schloss stehen noch die Grundmauern zweier gotischer Kirchen (St. Michael und St. Georg) aus dem 14. Jh. Um 1800 wurden beide Kirchen, ebenso wie die umstehenden Gebäude und der gepflegte Garten, von den Österreichern abgerissen. Hinter den Ruinen hat man von der Terrasse am Westrand des Hügels einen schönen Blick auf den Fluss. Wer noch Kondition hat, sollte die Stufen zur **Drachenhöhle** (Smocza Jama) am Fuß des Hügels hinuntersteigen. Dort hauste der Sage nach einst der legendäre Drache. Im Mittelalter befand sich hier eine Gaststätte, in die die Fischer einkehrten. Heute steht an dieser Stelle ein angriffslustig dreinblickender Bronzedrachen, der Touristen damit amüsierte, dass er alle paar Minuten eine Feuersalve ausspuckte – in letzter Zeit allerdings ist er ausgesprochen ruhig. (Er ist immer noch bei den Schulklassen beliebt, die bei den Horden von Souvenirhändlern ihre Mitbringsel einkaufen.) Von hier aus geht es den Fluss entlang in westlicher Richtung bis zur Dębnicki-Brücke, von der aus man einen schönen Blick auf das Schloss hat. Wer Lust auf einen längeren Spaziergang hat, kann von der Höhle aus noch ungefähr einen Kilometer in südliche Richtung am Ufer entlang bis zur Piłsudski-Brücke und weiter nach Kazimierz laufen.

Öffnungszeiten Mai–Sept. tägl. 10–17 Uhr. Eintritt 3 Zł.

Von der anderen Flussseite sieht man deutlich das neue **Japanische Kulturzentrum Manggha** (Centrum Sztuki i Techniki Japońskiej Manggha), ul. Konopickiej 26, das unter anderem auf eine Initiative des Filmemachers Andrej Wajda zurückgeht und im November 1994 unter großem Pomp eröffnet wurde. Das große, elegante Gebäude wurde von dem Architekten Aratolsozaki, der auch durch die *Los Angeles Art Gallery* und das Olympische Stadion in Barcelona bekannt ist, entworfen. Ausgestellt ist eine umfassende Sammlung japanischer Kunst, darunter viele Holzschnitte, die von Feliks Jasieński (alias Manggha), Polens führendem Japanologen des 19. Jahrhunderts und Kunstsammler, zusammengetragen wurde. Im Untergeschoss gibt es eine große Veranstaltungshalle, in der hauptsächlich Konzerte stattfinden und die sich zu einer der neuen Kulturattraktionen der Stadt entwickelt hat. Das Terrassencafé des Zentrums ist ein beliebter Treffpunkt – von hier aus hat man einen guten Blick auf den Fluss und den Wawel-Hügel.

Öffnungszeiten: **Japanisches Kulturzentrum Manggha** – Di–So 10–18 Uhr. Eintritt 8 Zł.

Krakau, Kleinpolen und Tatra
Karte S. 456/457

Wem nach einer Bootsfahrt zumute ist, der kann mit dem Ausflugsboot, das am Ufer südlich des Drachenplatzes liegt, eine Flussfahrt unternehmen (Mai–September; letzte Fahrt 17.30 Uhr, Dauer: 1 Stunde). Es werden auch Ausflüge nach Bielany angeboten. Neben dem Ausflugsboot liegt ein schwimmendes **Restaurant mit Bar.**

Kazimierz, das Ghetto und Płaszów

"(Die) Juden sind nicht mehr hier. Man kann nur noch versuchen, das Andenken an sie zu bewahren, zu erhalten und sich die Erinnerung an sie einzuprägen – nicht nur an ihren Kampf und Tod (wie in Warschau und Auschwitz), sondern auch die Erinnerung an ihr Leben, die Werte, die ihr Streben begleiteten, ihre Internationalität und ihre einzigartige Kultur. Krakau war einer der Orte, an denen dieses Leben am reichsten, schönsten und vielfältigsten war, und es ist auch einer der Orte, an dem ein besonders großer Teil davon überlebt hat."

Henryk Halkowski, ist einer der Juden aus Krakau, die den Krieg überlebt haben. Der Textauszug stammt aus dem Buch *Auf den Torpfosten Deines Hauses (Upon the Doorposts of Thy House)* von Ruth Ellen Gruber (Wiley).

Im Süden des Wawel-Hügels liegt der Bezirk Kazimierz, ursprünglich eine eigene Stadt, die nach dem gleichnamigen König benannt wurde. Er hatte 1335 ihrer Gründung zugestimmt. Die königlichen Privilegien sorgten für eine rasche Entwicklung. Der Handel der Stadt spielte sich damals auf dem riesigen Marktplatz ab, der fast so groß ist wie der Krakauer Marktplatz.

Entscheidenden Einfluss auf den Charakter von Kazimierz übte der Beschluss von *König Jan I. Olbracht* (1495) aus, die schon damals bedeutende **jüdische Bevölkerung** aus dem Bezirk um die ul. św. Anny nach Kazimierz umzusiedeln.

Zusammen mit Warschau, wo um die gleiche Zeit ein **Ghetto** eingerichtet wurde, stieg Kazimierz zu einem der bedeutendsten Kulturzentren der Juden in Polen auf. Anfangs durften Juden nur im Gebiet um die heutige ul. Szeroka und Miodowa wohnen; erst im 19. Jh. konnten sie sich auch in anderen Teilen von Kazimierz niederlassen. Mittlerweile gab es in ganz Polen Ghettos, aber aus Beschreibungen von Kazimierz in der polnischen Kunst und Literatur geht deutlich hervor, dass die orientalische Atmosphäre hier etwas ganz Besonderes war.

Die Seele des Bezirks starb in den Gaskammern von Auschwitz, aber viele Bauten, darunter die Synagogen, stehen noch heute. Ein Spaziergang durch die Straßen macht die Schwere des Verlusts dieser Kultur bewusst. Jiddische Inschriften über den Hauseingängen, eine alte Apotheke, ein zerstörtes Theater: Solche Einzelheiten führen deutlich vor Augen, was verloren ging.

In den letzten Jahren haben sich wieder Leben und Aktivitäten in Kazimierz entwickelt. Lange vernachlässigte Gebäude wurden endlich mit finanzieller Unterstützung aus der weltweiten jüdischen Gemeinde renoviert. Seit Steven Spielbergs Film über das Leben Oskar Schindlers, *Schindlers Liste,* der zum großen Teil in und um Kazimierz gefilmt wurde, gibt es einen ständigen Besucherstrom, und viele Juden fühlen sich zu diesem einst bedeutenden Zentrum jüdischer Kultur in Europa hingezogen. Das moderne Kazimierz ist eine merkwürdige Mischung aus Vorstadt, Touristenattraktion und Künstler-Innenstadtviertel. Sowohl Hotels und Restaurants, die sich meist ausdrücklich an betuchtere Besucher richten, als auch Cafés und Bars, in denen die schicken jungen Krakauer Stammgäste sind, besiedeln mehr und mehr die alten Mietshäuser von Kazimierz. Das heutige Kazimierz ist ein Platz zum Spaßhaben und zum Nachdenken über Polens jüdisches Erbe.

In Kazimierz befindet sich eine Zweigstelle des Krakauer **Fremdenverkehrsamts**, ul. Jozefa 7 (Mo–Fr 10–16 Uhr). Außerdem sind in regelmäßigen Abständen im ganzen Bezirk Tafeln aufgestellt, auf denen alle touristischen Sehenswürdigkeiten eingetragen sind.

Das Ghetto

Kazimierz ist in zehn Minuten vom Wawel aus zu Fuß zu erreichen (ansonsten mit den Straßenbahnen Nr. 3, 9, 11 oder 13), und zwar entlang der ul. Stradomska und ihrer Verlängerung, der ul. Krakówska, die früher das Ghetto vom Rest der Stadt abtrennte.

Der direkteste Weg in das Ghetto ist über die **ul. Józefa**. Nach dem Besuch von Kaiser Joseph II., den dieser anlässlich seiner Rundreise zu den von Habsburg zur Zeit der ersten Teilung (1772) annektierten polnischen Regionen unternahm, erhielt diese Straße seinen Namen. Wenn man die ul. Józefa in Richtung Ghettomitte wandert, kommt man am Haus Nr. 11 vorbei, der früheren Gemeindeschule der benachbarten Corpus-Christi-Kirche (Bożego Ciała). Die Schüler dieser Schule erpressten von vorbeigehenden Juden, die ins Stadtzentrum wollten, eine Weggebühr. Wenn man hier und in der Umgebung einen Blick in die oft verfallenen Hinterhöfe wirft, die von der Straße abzweigen, kann man noch ein Stück der Atmosphäre erahnen, die im Ghetto geherrscht haben mag. Besonders sehenswert ist der Innenhof, der die Józefa mit der ul. Meiselsa verbindet. Hier filmte Spielberg die Szenen des Films *Schindlers Liste*, in denen die Juden aus dem Ghetto verwiesen werden. Die weiß gekalkten Wände, das Kopfsteinpflaster und die Laubengänge mit den Säulen verleihen dem Ort ein fast mediterranes Aussehen.

Biegen Sie von der ul. Józefa nach links in die ul. Kupa ab. Hier steht die **Isaak Synagoge** (Bożnica Ajzyka; Mo–Fr & So 9–19 Uhr, an jüdischen Feiertagen geschlossen, Eintritt 6 Zł). Sie ist ein eleganter Barockbau, nach einem wohlhabenden jüdischen Kaufmann Isaak Jakubowicz (auf jiddisch: Reb Ajzyk) benannt, der den Bau im Jahr 1630 finanzierte. Das Bauprojekt war schwerer durchzusetzen, als der Kaufmann erwartet hatte: Obwohl Jakubowicz die Erlaubnis dazu direkt von König Władysław IV. erhalten hatte, protestierte der Gemeindepfarrer der Corpus-Christi-Kirche gegen den Bau. Er wandte sich an den Bischof von Krakau und argumentierte, dass die Sakramente, die von den Priestern der Kirche an der Synagoge vorbeigetragen würden, vom jüdischen Gotteshaus "kontaminiert" würden. Der Bischof war zum Glück aufgeklärter als seine kirchlichen Untertanen, und der Bau wurde durchgesetzt. Wie alle Synagogen in Kazimierz, wurde auch die von Ajzyk von den Nazis geplündert und zerstört. Der Rumpf des Gebäudes wurde in den 1950er Jahren teilweise restauriert und in eine Künstleratelier umgewandelt. Die gründliche Renovierung begann in den 1980er Jahren und wurde erst jetzt abgeschlossen. Etwas zurückgesetzt von der Straße und hinter einer Mauer mit einem Tor scheint das bescheidene und schlichte Äußere der Synagoge durch. Eine doppelte Treppe führt zum Eingang hinauf. In dem Gebäude finden sich unter anderem besonders schöne Stuckdekorationen an der Decke, wahrscheinlich aus der Werkstatt von Giovanni Falconi, sowie der rekonstruierte *Aron ha-qodäsh*. Dennoch wirkt das Gebäude insgesamt etwas körperlos, und man empfindet eine Leere – es werden auf jeden Fall noch weitere Spenden benötigt, bevor die Synagoge wieder in altem

Krakau, Kleinpolen und Tatra
Karte S. 456/457

Bernhardinerkirche
UL. STRADOMSKA
UL. KOLETEK
Tempel-Synagoge
Kupa Synagoge
Palais Jordan
UL. MIODOWA
SZEROKA
UL. WARSZAUERA
UL. JAKUBA
Remu'h-Synagoge
Remu'h-Friedhof
Markthalle
PL. NOWY
UL. NOWA
Isaak-Synagoge
Na-Górce-Synagoge
UL. IZAAKA
Hohe Synagoge
UL. MEISELSA
UL. BOŻEGO CIAŁA
Jüdisches Kulturzentrum
UL. JÓZEFA
UL. JOZEFA DIETLA
UL. KRAKOWSKA
Kirche des Heiligen Sakramentes
UL. WĄSKA
UL. ŚW. WAWRZYŃCA
UL. PAULINSKA
Pfarrkirche St. Katharina
UL. AUGUSTIAŃSKA
PL. WOLNICA
Rathaus
KAZIMIERZ
Paulinerkirche mit Kloster
UL. SKAŁECZNA
UL. WĘGLOWA
UL. BONIFRATERSKA
BOHEŃSKA
UL. GAZOWA
UL. PIEKARSKA
UL. MOSTOWA
UL. TRYNITARSKA
UL. SKAWIŃSKA
MOST PIŁSUDSKIEGO
UL. LEGIONÓW
Planty
UL. KALWARJYSKA
ÜBERNACHTEN
Alef 3
Eden 4
Ester 5
Francisek 1
Kazimierz 2

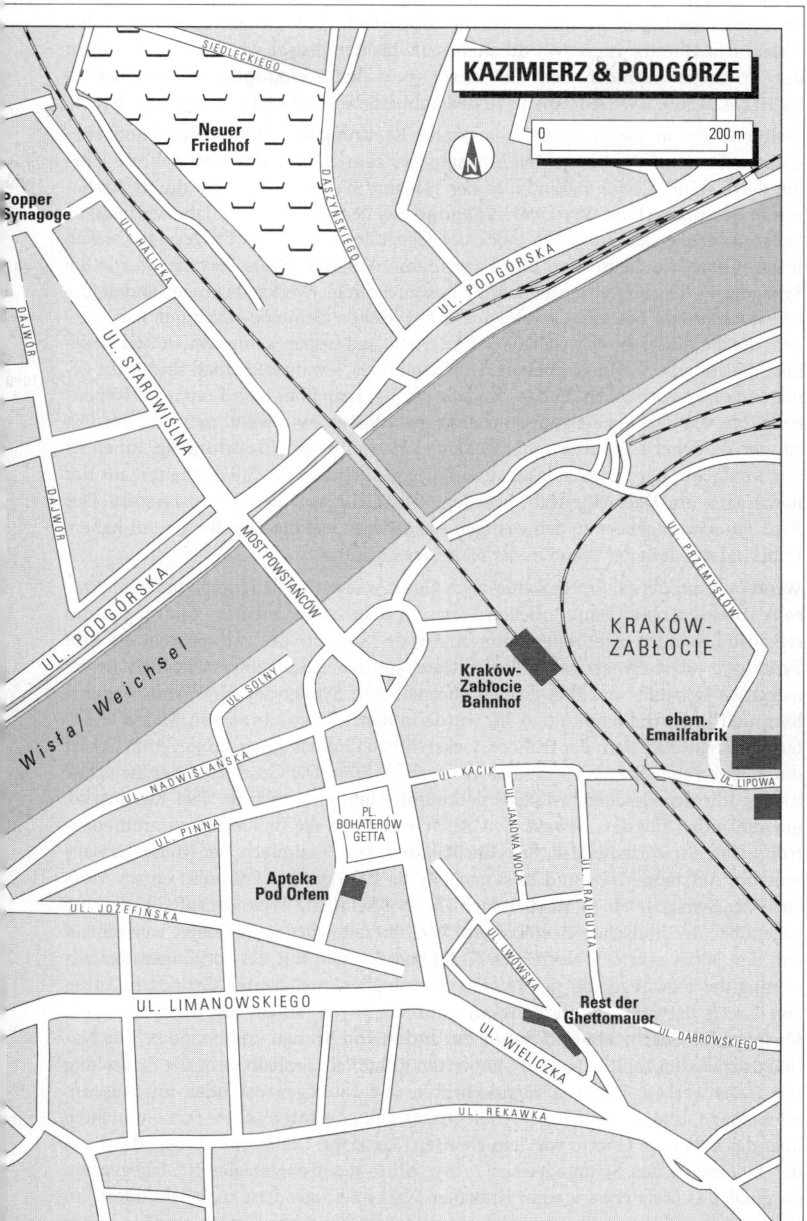
KAZIMIERZ & PODGÓRZE
0
200 m
N
Neuer Friedhof
Popper Synagoge
UL. SIEDLECKIEGO
DASZYŃSKIEGO
UL. HALICKA
UL. PODGÓRSKA
DAJWÓR
UL. STAROWIŚLNA
MOST POWSTAŃCÓW
Wisła/ Weichsel
UL. SOLNY
UL. PRZEMYSŁÓW
KRAKÓW-ZABŁOCIE
Kraków-Zabłocie Bahnhof
ehem. Emailfabrik
UL. LIPOWA
UL. NADWIŚLAŃSKA
UL. KACIK
UL. PINNA
PL. BOHATERÓW GETTA
UL. JANOWA WOLA
UL. TRAUGUTTA
Apteka Pod Orłem
UL. JÓZEFIŃSKA
UL. LWOWSKA
UL. LIMANOWSKIEGO
Rest der Ghettomauer
UL. DĄBROWSKIEGO
UL. WIELICZKA
UL. RĘKAWKA
Plaszów

Glanz erstrahlt. Eine Einnahmequelle für Spenden entsteht durch den Kurzfilm über jüdisches Leben, produziert von der BBC 1993, sowie einigen Szenen über den Abbau des Ghettos im Krieg, die mehrmals täglich gezeigt werden. Direkt neben der Synagoge befindet sich ein neuer jüdischer **Pädagogischer Jugendklub** (✆ 012/429 3657), wo jedermann zu den Sabbath-Feierlichkeiten eingeladen ist.

Weiter auf der ul. Józefa, kommt man zu der Kreuzung mit der ul. Jakuba, dem ehemaligen Standort des bewachten Eingangstors zum Ghetto, das hier mehrere Jahrhunderte stand. Gleich dahinter, in der Hausnr. 38, erhebt sich die durch Strebepfeiler gestützte **Hohe (Wysoka) Synagoge** aus der Mitte des 16. Jahrhunderts, so benannt, da sie sich im ersten Stock des Gebäudes befand. Im Erdgeschoss waren früher Geschäfte, heute sind hier Lagerräume. Von den Nazis zerstört, wurde die Synagoge in den 1960er Jahren in eine Restaurierungs-Werkstatt umgewandelt, die hier noch immer besteht. Obwohl aus der jüdischen Gemeinde Stimmen laut wurden, die die Rückgabe des Gebäudes forderten, sind bisher wenig Aktivitäten zu sehen, die auf Renovierungsarbeiten schließen lassen – wahrscheinlich sind nicht genug Finanzen vorhanden. In das Gebäude gelangt man über eine Treppe im Nebenhaus (Nr. 40). Die Synagoge ist meistens geschlossen, und wenn niemand vor Ort ist, der Besucher hereinlässt, gibt es keine Chance für eine Besichtigung. Innen ist nur wenig von der Originaldekoration übrig geblieben – die Stuckarbeiten aus der Renaissanc am Deckengewölbe wurden vollständig von den Nazis zerstört. Der *Aron ha-qodäsh* gehört zu den wenigen Ausnahmen, die die Zeit überdauert haben. Er befindet sich in der Wand in der Nähe des Eingangs.

Wenn man auf der ul. Józefa weiter nach Osten wandert, gelangt man in die ul. Szeroka (Breite Straße), einen offenen Platz, an dem früher mehrere Synagogen das religiöse Leben im Ghetto bestimmten. Auf der Südseite des Platzes steht die **Alte Synagoge** (Stara Synagoga), Polens ältester jüdischer Sakralbau. Das heutige Renaissance-Gebäude, das den großen europäischen Synagogen in Worms, Regensburg und Prag nachempfunden ist, wurde in den 1570er Jahren von Mateo Gucci fertig gestellt, nachdem der frühere Backsteinbau und das ganze umliegende Gebiet durch eine Feuersbrunst 1557 zerstört worden waren. Die Geschichte der Synagoge ist eng mit der Geschichte Polens verknüpft: Hierher kam z. B. 1794 Kościuszko, um die Juden für den bewaffneten Aufstand gegen die Teilungen zusammenzutrommeln, ein Präzedenzfall, dem der Rabbiner von Kazimierz, Ber Meissels, während der Aufstände 1831 und 1863 nacheiferte. 1931 stattete Präsident Ignacy Mościcki der Synagoge einen Staatsbesuch ab, als öffentliche Freundschaftsbekundung gegenüber der jüdischen Bevölkerung. Wie überall, wurde das Gebiet weitgehend von den Nazis zerstört. Nach dem Krieg begann man mit der sorfältigen Restaurierung der Synagoge, die sich an den ursprünglichen eleganten Grundstrukturen von Guccis Entwurf orientierte. Dann wurde die wieder aufgebaute Synagoge in ein **Museum für Geschichte und Kultur der Juden von Krakau** umgewandelt. Die Nationalsozialisten zerstörten und plünderten gründlich, deshalb sieht die Sammlung von Kunstwerken, Büchern, Handschriften und Ritualgegenständen im Museum etwas mager und zusammengewürfelt aus. Es gibt eine interessante Fotoausstellung über das Leben im Ghetto vor dem Zweiten Weltkrieg. Die *bimah* (Lesepodest) mit der Einfassung aus Schmiedeeisen in der Mitte des Gebetssaales ist dagegen ein Original, das Meisterwerk einer Krakauer Werkstätte aus dem 16. Jahrhundert. Im Rahmen des wieder erwachten Interesses an dem jüdischen Krakau werden in der Synagoge nun auch Wechselausstellungen gezeigt, die die Geschichte und Kultur der polnischen Juden zum Thema haben. Außerdem findet hier jedes Jahr im Sommer das **Jüdische Kulturfestival** statt.

Öffnungszeiten Mi/Do 9–15.30 Uhr, Fr 11–18 Uhr, Sa & So 9–15 Uhr; am ersten Samstag und Sonntag im Monat geschlossen, dafür jedoch jeweils am darauf folgenden Montag und Dienstag von 9–15.30 geöffnet.

Im Osten der ul. Szeroka befand sich in der Nr. 22 früher die **Na Górce Synagoge**, die mit dem Rabbiner Nathan Spira in Verbindung gebracht wird, einem bekannten kabbalistischen Gelehrter aus dem 17. Jahrhundert. Zum Anlass seines dreihundertsten Todestages fand 1933 in Kazimierz eine große Gedenkveranstaltung statt. Dieses Gebäude gehörte zusammen mit den umstehenden Gebäuden zu dem Besitz der Familie Jekeles, einer der wohlhabendsten Kaufmannsdynastien in Kazimierz, die auch die Gründer der Isaak-Synagoge waren (siehe oben). Heute ist darin eine Bank untergebracht – ein Zeichen, dass man wieder in das wirtschaftliche Potenzial des Gebietes vertraut.

Etwas zurückgesetzt vom Platz befindet sich hinter einem bewachten Tor in der Hausnr. 16 die ehemalige **Popper** oder **Storchen-Synagoge**, ein typischer Backsteinbau, der um 1620 von einer weiteren einflussreichen Kaufmannsfamilie erbaut wurde. Heuzutage ist hier ein Kulturzentrum mit unregelmäßigen Öffnungszeiten untergebracht. Alle Spuren der ursprünglichen Funktion des Gebäudes wurden von den Nazis zerstört. Ganz im Norden des Platzes stehen das alte gemeinschaflliche Badehaus und *Mikwe* (Tauchbad), heute ein Café-Restaurant.

Auf der Kreuzung mit der ul. Miodowa am oberen Ende des Platzes steht ein altes Kaufmannshaus, auch bekannt als **Palais Jordan** (Pałac Jordanów). *Jordan*, ein Kulturzentrum mit Buchladen (Mo–Sa 10–18 Uhr, So 10–16 Uhr) wurde von einem Anwohner hier eingerichtet – ein Modellbeispiel dafür, wie man mit Fingerspitzengefühl und Interesse an der Sache die Aufmerksamkeit für das jüdische Kazimierz wiederbeleben kann. Außer einer großen Reihe an Veröffentlichungen über jüdisches Leben in Krakau und Polen im Allgemeinen sowie einem hübschen und lebhaften Café bietet das Zentrum auch Stadtführungen (Gruppen und Einzelpersonen) durch den Bezirk an. Eine Standardtour durch das Ghetto dauert ungefähr 3 Stunden (25 Zł pro Person, mindestens 3 Personen). Man kann auch eine "Schindlers-Liste-Führung" buchen, die natürlich das große Interesse an dem Film vermarktet. Alle Führer sprechen Englisch und sind auf ihrem Wissensgebiet sehr bewandert. Das Tempo der Führung können Sie selbst bestimmen. Man sollte alle Führungen mindestens einen Tag im Voraus buchen (✆ 012/429 1374).

Die winzige **Remu'h-Synagoge** am oberen Ende des Platzes, in der ul. Szeroka 40, ist eine von zwei Synagogen in diesem Stadtviertel, in der noch Gottesdienste stattfinden. Sie wurde 1557 auf einer älteren Holzsynagoge errichtet, von den Nationalsozialisten geplündert und nach dem Krieg restauriert. Die Synagoge ist nach Moses Isserles benannt, der auch als *Rabbi Remu'h* bekannt ist, ein bekannter polnischer Schriftsteller und Philosoph und Sohn des Synagogengründers. Heute erhält die kleine Gemeinde freitags und samstags Verstärkung durch viele jüdische Touristen. Hinter der Synagoge liegt der **Remu'h-Friedhof**, der rund zwanzig Jahre früher angelegt wurde und der bis zum Ende des 18. Jahrhunderts benutzt wurde, als der Neue Friedhof (siehe unten) ihn schließlich ersetzte. Viele Grabsteine, die in den Jahren zwischen den Kriegen verschüttet worden waren, wurden um 1950 wieder freigelegt, der restliche Friedhof wurde während der Besetzung durch die Nazis zerstört. Eines der schönsten Gräber ist das des Rabbi Remu'h, dessen *Stele* großzügige

Pflanzenmotive schmücken. Von den Nationalsozialisten herausgerissene Grabsteine wurden zu einer eindringlichen Klagemauer beim Eingang aufgetürmt.
Öffnungszeiten Mo–Fr & So 9–16 Uhr.

Die Krakauer Juden

Fast sechs Jahrhunderte lang waren die Juden von Krakau eine der bedeutendsten jüdischen Gemeinden in Polen und nahmen in der Geschichte der Stadt eine wichtige Rolle ein. Die ersten Juden ließen sich in Krakau in der zweiten Hälfte des **13. Jahrhunderts** in der ul. Św. Anny nieder, die damals als Żydowska (Jüdische) Straße bekannt war. Im heutigen Universitätsbezirk befanden sich zu der Zeit eine Synagoge, Badehäuser und ein Friedhof innerhalb der Stadtmauern. Im **14. Jahrhundert** umfasste die Gemeinde noch wenig mehr als zweihundert Menschen, doch im **15. Jahrhundert** wuchs sie durch Einwanderung von Juden aus Europa, insbesondere Böhmen, Deutschland, Italien und Spanien, die wegen Verfolgung und Unterdrückung aus ihrer Heimat geflohen waren, sprunghaft an. Viele siedelten sich nun südlich der Stare Miasto in Kazimierz an, errichteten ihre eigenen Ritual-Badehäuser, einen Marktplatz und eine Synagoge (die Vorläuferin der Stara Synagoge, die heute noch steht), und verlagerten so den Mittelpunkt des Gemeindelebens weg von dem traditionellen Gebiet um die ul. św. Anny. Diese Entwicklung fand ihren Abschluss, als 1495 in der Stadt ein Feuer ausbrach, man die Juden dafür verantwortlich machte und aus der Stare Miasto vertrieb. Sie zogen nach Kazimierz. Wirtschaftlich gesehen gab es während der Reformation einen großen Aufschwung, und die jüdischen Goldschmiede, Verleger, Pelzmacher und Metzger hatten daran einen großen Anteil. In kultureller Hinsicht war das **16. Jahrhundert** ein goldenes Zeitalter für die Juden in Krakau, es gabe viele Talmudschulen, und die Bücher, die aus den Druckpressen des Menachim Meisler und anderer kamen, waren weltweit hoch angesehen. Als Zeichen ihrer wachsenden Autorität wurden die Rabbis und Älteren der Krakauer Gemeinde ausgewählt, Małopolska im Rat der Vier Länder (siehe Lublin) zu repräsentieren, als dieser zum ersten Mal 1581 in Lublin zusammentrat. Das Gebiet des Ghettos wurde 1583 ausgeweitet und umspannte um 1603 ein beachtliches Terrain, das es für die nächsten zwei Jahrhunderte beibehielt und das durch einen Zaun und eine Steinmauer entlang der ul. Józefa vom restlichen Kazimierz abgetrennt war. Die wirtschaftliche Blüte der Gemeinde fand durch die schwedische Invasion (auch bekannt als "schwedische Sintflut") Mitte des **17. Jahrhunderts** ein jähes Ende, als die Truppen von Karl V. die Stadt besetzten und systematisch große Teile davon zerstörten. Um 1657 lebten von etwa 4500 Menschen nur noch ein Drittel im Ghetto, viele Juden emigrierten auf der Suche nach besseren Lebensbedingungen in andere Landesteile, vornehmlich nach Warschau. Im **18. Jahrhundert** gipfelte der wirtschaftliche Machtkampf zwischen den jüdischen und bürgerlichen Kaufleuten sowie den Handwerkern in einem Erlass, der die wirtschaftlichen Freiheiten der Juden stark beschnitt und letztendlich dazu führte, dass sie im Jahr 1776 den Befehl erhielten, Kazimierz gänzlich zu verlassen. Aufgrund der Besetzung Krakaus durch die Österreicher im Jahr 1776, kurz vor der Ersten Teilung, kühlten sich die wirtschaftlichen Streitereien vorübergehend ab. Die Österreicher planten,

Krakau als Gesamtheit zu annektieren und den souveränen Rechtsstatus von Kazimierz und allen anderen Bezirke am Stadtrand abzuschaffen.

Im **19. Jahrhundert**, kurz vor der Erlangung des Status als Freie Stadt Krakau (1815–46), wurde ein Erlass zur Auflösung des Ghettos herausgegeben, der besagte, dass die Trennmauern niedergerissen werden sollten. Dadurch sollte die Assimiliation der jüdischen Bevölkerung gefördert werden. Den Juden war es nun gestattet, ihren Wohnsitz in Kazimierz frei zu wählen, und Kaufleuten und Handwerkern wurde eine Sondererlaubnis erteilt, die dieses Recht auf das gesamte Stadtgebiet ausdehnte. Erst 50 Jahre später erhielten die Juden von der österreichisch-ungarischen Regierung das Wahlrecht und kamen schließlich auch in den Genuss der Vorteile der Habsburger Erklärung für die Gleichberechtigung aller dem Kaiserreich unterstehenden Juden.

Das Ende des 19. Jahrhunderts stand ganz im Stern des erbitterten Machtkampfes zwischen rivalisierenden Gruppen in der jüdischen Gemeinde Krakaus. Auf der einen Seite standen die Befürworter der Assimilation, die die fortschreitende Integration der Juden in die Kultur und, in einigen Fällen sogar, in die Religion der katholischen Stadt begrüßten und von denen einige polnische Nationalisten waren. Auf der anderen Seite standen die konservativ orthodoxen Juden, die mit glühendem Eifer versuchten, ihren radikal unterschiedlichen Lebensstil zu bewahren. Wie das übrige Europa wurde auch Krakau gegen Ende des 19. Jahrhunderts von einer Welle des Antisemitismus erfasst. Dies führte dazu, dass die Bestrebungen zur Assimilation der Juden nicht mehr unterstützt wurden. Die Tatsache, dass bei dem wirtschaftlichen Machtkampf zwischen jüdischen und bürgerlichen Kaufleuten die Letzteren meistens den Kürzeren zogen, verschlimmerte diesen Trend noch. Im frühen **20. Jahrhundert** wurden die Juden zudem politisch aktiver, und verschiedene jüdische Parteien, wie die Zionisten, entstanden.

In der Zeit direkt nach dem **Ersten Weltkrieg**, als auch Polen wieder eine unabhängige Nation wurde, nahm die jüdische Bevölkerung in Krakau deutlich zu: Von 45.000 Menschen um 1921 stieg die Anzahl der Juden nur 10 Jahre später auf 57.000 Menschen, und kurz vor dem Einmarsch der deutschen Truppen in Polen lebten 64.000 Juden in der Stadt. Die meisten, aber längst nicht alle Juden Krakaus, lebten im Bezirk Kazimierz. Die vergeistigten und meistens ärmlichen Chassidim bevölkerten die Synagogen, Gebetshäuser und Talmudschulen des Viertels, während die integrierten und wohlhabenderen Juden in andere Bezirke, wie z. B. auch die Altstadt umgezogen waren. In Lebensstil und Erziehung unterschieden sie sich kaum von ihren polnischen bürgerlichen Nachbarn. Diese Zeit ist von einem besonders lebendigen kulturellen Leben in der jüdischen Gemeinde gekennzeichnet, wobei vor allem das Jüdische Theater hervorsticht, das 1926 im Süden von Kazimierz errichtet wurde. Einer der größten Stars des Theaters war die legendäre Ida Kamińska, die heute noch als eine der großen Schauspielerinnen Polens in der Vorkriegszeit gilt. Berichte aus der damaligen Zeit belegen, dass in Kazimierz damals eine einmalige und bemerkenswerte Atmosphäre geherrscht haben muss. Die ärmliche, aber sehr lebendige jüdische Gemeinde, die gemäß den Traditionen ihrer Ahnen lebte, schien nichts von der Bedrohung zu ahnen, die sich außerhalb des Ghettos zusammenbraute.

Karte S. 456/457

Am 6. September **1939** marschierten Einheiten der Wehrmacht auch in Krakau ein, und innerhalb von wenigen Tagen hatte die Sicherheitspolizei angeordnet, dass alle Geschäfte, die in jüdischer Hand waren, mit dem Davidstern kenntlich gemacht werden mussten. Einen Monat später wurde das Generalgouvernement errichtet, mit der Hauptstadt Krakau. Der neue Nazigouverneur Hans Frank traf ein, um die Verwaltungsgeschäfte zu übernehmen. Eine Reihe immer restriktiverer Gesetze begann nun, das jüdische Leben einzuschränken. Ab Ende November 1939 mussten alle Juden blaue und weiße Armbänder tragen, und im Mai 1940 begann Frank, diese Verordnung durchzusetzen, was bis in den Winter hinein andauerte.

Die Situation wurde immer schlimmer. Im März 1941 wurde im Bezirk Podgórze, südlich von Kazimierz auf der anderen Flussseite, ein offizielles Ghetto eingerichtet. Es war durch zwei Meter hohe Mauern abgegrenzt und isoliert. Im selben Jahr setzte sich eine noch rücksichtslosere Behandlung durch: Juden aus der Gegend um Krakau wurden in dem unhygienischen Ghetto zusammengepfercht, und ab Juni 1942 kam es zu Furcht erregenden und blutigen Massendeportationen aus dem Ghetto ins Konzentrationslager nach Bełzec und schließlich auch nach Auschwitz-Birkenau. Folter und Zerstörung führten dann im November 1942 zur Einrichtung eines neuen Arbeitslagers in Płaszów, südlich vom Ghetto.

In einem letzten entschlossenen Schlag, führte eine Großaktion der SS am 14. März 1943 schließlich zur völligen Vernichtung der übrigen Ghettobewohner. Diejenigen, die man nicht kaltblütig in den Straßen erschoss, wurden nach Płaszów verschleppt oder in den Gaskammern von Auschwitz ermordet. So wurden fast siebenhundert Jahre jüdischer Präsenz in Krakau für immer zerstört. Unter der rücksichtslosen Herrschaft des Komandeurs **Amon Goeth** wurde Płaszów in ein mörderisches Arbeitslager umgewandelt, die Insassen, die nicht verhungerten oder durch Krankheit und Erschöpfung starben, wurden willkürlich von Goeth selbst hingerichtet. Goeth wurde später verhaftet, verurteilt und im September 1946 in Krakau hingerichtet. Im Januar 1945, als die sowjetischen Truppen rasch nach Westen vordrangen, wurden viele der noch lebenden Lagerinsassen von der SS nach Auschwitz verschleppt (außer denjenigen, die in Oskar Schindlers Fabrik arbeiteten) und das Lager anschließend in die Luft gesprengt.

Die **Nachkriegsgeschichte** der Krakauer Juden ähnelt im Wesentlichen der von anderen polnischen Städten mit bedeutenden jüdischen Gemeinden. Ende 1945 waren rund 6000 Überlebende in die Stadt zurückgekehrt, ungefähr ein Drittel der ursprünglichen jüdischen Bevölkerung. Die nachfolgenden Auswanderungswellen nach Israel und in die USA wurden durch das Auf und Ab der nationalen und internationalen Politik ausgelöst, die größte Auswanderung fand kurz nach der Tauwetterperiode im Anschluss an den Tod Stalins statt. Der Sechstagekrieg und die inoffiziellen antisemitischen Kampagnen, die von 1968–69 in Polen grassierten, ließen nur eine kleine überalterte und extrem zurückgezogene Gemeinde übrig, die zum großen Teil in Kazimierz lebte. Die Entwicklungen in der Zeit nach der Abschaffung des Kommunismus im Jahr 1989 haben dazu geführt, dass das Interesse an der jüdischen Vergangenheit wiedererwacht ist. Dies zeigt sich auch in dem immer beliebteren jüdischen Festival, das jeden Sommer im Juni/Juli in Kazimierz stattfindet (2003 bereits zum 14. Mal) und natürlich auch in den andauerenden Restaurierungsarbeiten an den architektonischen Prunkstücken in dem Viertel. Die jüdische Gemeinde der Stadt wird wohl nie wieder die kulturelle Blüte erreichen, die sie in den Jahrhunderten vor dem II. Weltkrieg erlebte, doch es werden Anstrengungen unternommen, die jüdische Kultur und die Erinnerung an sie entsprechend zu würdigen.

Um die Ulica Miodowa

Westlich der ul. Szeroka, entlang der ul. Miodowa, steht an der Ecke der ul. Podbrzezie die **Tempel-Synagoge**, eine prachtvolles Bauwerk im Neo-Renaissance-Stil, das 1869 von der hiesigen Gemeinde fortschrittlicher Juden errichtet wurde, mit denen man eine moderne und von Reformen geprägte Theologie in Verbindung bringt. Sie ist die zweite der beiden Synagogen in Kazimierz, die heute noch in Benutzung ist. Das Innere des Baus ist ebenso prachtvoll mit einer großen Eingangshalle, die von der Frauengalerie umspannt ist. Diese wird von verzierten Eisensäulen getragen und ist mit fein ausgearbeiten Wandekorationen sowie überschwänglichem Stuckwerk an der Decke geschmückt. In der Mitte steht die *bimah* und dahinter der weiße Marmoraltar, der vom Mittelteil der Halle durch eine verzierte Schutzwand abgetrennt ist. Erleuchtet wird das ganze Gebäude durch das Licht, das durch die 36 Buntglasfenster fällt, die in den 1970er Jahren restauriert wurden und die man nur vom Inneren der Synagoge aus sehen kann. Sie zeigen geometrische Muster und die charakteristischen Blumen- und Pflanzenmotive. Die Synagoge ist wegen Restaurierungsarbeiten auf unbestimmte Zeit geschlossen, doch zu normalen Arbeitszeiten wird Sie der Hausverwalter gegen einen kleinen Obulus sicher einlassen.

Südöstlich von hier führt die ul. Warszauera hin zur **Kupa Synagoge**, aus den 1640er Jahren, die mit Mitteln der hiesigen Gemeinde gebaut wurde. Sie war die erste Synagoge, die nach dem Zweiten Weltkrieg wieder voll in Betrieb genommen wurde. Auch hier ist eine Besichtigung ohne Voranmeldung schwierig. Wenn der Hausmeister gerade vor Ort ist, kann man sich die renovierten Innenräume ansehen, die nur noch wenig vom ursprünglichen Charakter des Gebäudes behalten haben. An Originalgemälden sind allein die Tierkreiszeichenzeichnungen an der Decke und an den Balken der Galerie erhalten geblieben, hinzu kommt eine Steinplatte aus dem 17. Jahrhundert unterhalb eines der Fenster. Das Äußere des Gebäudes bildet einen deutlichen Gegensatz zu den alten Verteidigungsmauern des Viertels, die man um die Ecke von der ul. Kupa noch erkennen kann.

Westlich auf der ul. Warsauera gelangt man zum belebten plac Nowy, dem früheren **Jüdischen Marktplatz**, der in der Umgangssprache immer noch so genannt wird. In der Mitte befindet sich die alte runde, überdachte Markthalle, deren Aussehen sich kaum verändert hat, seit die Juden sie als Schlachthaus nutzten.

Westlich des Platzes in der ul. Meiselsa Nr. 17 steht das funkelnagelneue **Jüdische Kulturzentrum** (Centrum Kultury Żwydowskiej; Mo–Fr10–18 Uhr, Sa u. So 10–14 Uhr;✆ 012/430 6452), das das neu erwachte Interesse an Kazimierz gut zum Ausdruck bringt. Das hübsche neue Gebäude befindet sich auf dem Gelände eines früheren Gebetshauses und wurde im November 1993 eröffnet. Unter anderem glänzt es mit feudalen Konferenzräumen und mit einer Bibliothek. Das Zentrum wendet sich vor allem an Besucher, wird aber nach anfänglichem Zögern auch mehr und mehr von den Anwohnern genutzt. Hier finden regelmäßig Konferenzen und Ausstellungen statt, und es lohnt sich immer, einen Blick auf das Veranstaltungsprogramm zu werfen. Im Sommer, wenn die Temperaturen in der Stadt ungemütlich werden, kann man sich in die klimatisierte Café-Bar zurückziehen. Das Zentrum lässt keine Zweifel an dem Anliegen der Organisatoren, die sich zum Ziel gesetzt haben, Kazimierz zu einer Begegnungsstätte mit der jüdischen Kultur zu machen. Es ist geplant, ein koscheres Restaurant, Büroräume und ein Hotel hier einzurichten, wodurch das Zentrum zum festen Inventar des Bezirks werden wird.

Durch den Tunnel unterhalb der Eisenbahngleise gelangt man an das Ostende der ul. Miodowa und zum **Neuen Friedhof** (Mo–Fr u. So und an jüdischen Feiertagen 9–18 Uhr, Eingang durch Hausnr. 55), der den Remu'h Friedhof Anfang des 19. Jahrhunderts ablöste. Heute verirren sich nur wenige Besucher hierher. Der Unterschied zwischen den beiden Friedhöfen könnte nicht größer sein. Der stille Ort mit den überwachsenen Wegen und verfallenen, reich verzierten Denkmälern und Grabsteinen ist eines der kraftvollsten Zeugnisse jüdischen Lebens in dem Viertel. Zwischen den Mausoleen der bedeutenden Persönlichkeiten aus der Habsburger Zeit in Kazimierz finden sich auch Gedenksteine, die nach dem Zweiten Weltkrieg von Juden errichtet wurden, deren Familien in den Konzentrationslagern ums Leben kamen. Viele davon sind einfache Tafeln, mit Namen und Daten der ermordeten Familienmitglieder. Rechts vom Eingang steht ein Denkmal für die aus der Region stammenden Opfer des Holocaust.

Westkazimierz

Im Westteil von Kazimierz lebten vor allem Nichtjuden, sodass sich hier zahlreiche Kirchen finden. Trotz nachträglich hinzugefügter barocker Elemente, wie z. B. die fein gemeißelten Chorstühle und eine Kanzel in Form eines Bootes mit Takelwerk, haben sich im Inneren der gotischen **Kirche des Heiligen Sakramentes** (Kościół Bożego Ciała) an der Ecke der ul. Bożego Ciała einige Merkmale aus ihrer Frühzeit erhalten, darunter die Buntglasfenster aus der Zeit um 1420, ruhige Kreuzgänge und eine gepflegte Gartenanlage. Dem Schwedenkönig Karl Gustaf soll die Kirche, als er Krakau Mitte des 17. Jahrhunderts belagerte, als Stützpunkt gedient haben. Die hohe Kirche blickt auf den **Plac Wolnica**, den alten Marktplatz von Kazimierz. Als im 19. Jahrhundert hier die alte Handelsstraße entlangführte, entstanden viele neue Häuser am Rand des Platzes und verkleinerten ihn dadurch. Das **Rathaus** aus dem 14. Jahrhundert, das später durch einen Neubau ersetzt wurde, bildet genau die frühere Mitte des Platzes; sein Südflügel ist ein zu ehrgeizig konzipierter Anbau aus dem 19. Jahrhundert. Heute beherbergt es das größte **Ethnographische Museum** von Polen. Kernstück der Sammlung sind Gegenstände, die polnische Volksbräuche belegen; aber es gibt auch Exponate aus Sibirien, Afrika, Lateinamerika und verschiedenen slawischen Ländern. Ein detaillierter Überblick über das Leben im ländlichen Polen umfasst auch eine interessante Abteilung, die sich mit alten Volksbräuchen befasst und eine eindrucksvolle Sammlung von Trachten, Malereien, Holzschnitzereien, Stoffen und Töpferwaren enthält – bestens geeignet als Einführung in die faszinierende Welt der polnischen Volkskultur.

Öffnungszeiten Mo 10–18 Uhr, Mi–Fr 10–15 Uhr, Sa, So 10–14 Uhr. Eintritt 4 Zł, So frei.

Westlich vom Platz stehen noch zwei weitere Kirchen, die man besichtigen sollte. In der ul. Skałeczna befindet sich die Pfarrkirche **St. Katharina** aus dem 14.

Jahrhundert, ein Geschenk von König Kazimierz für die aus Prag herbeizitierten Augustinermönche. Der große Basilikabau, der von einem weitgestreckten Dach bedeckt wird, ist ein typisches Beispiel für die Krakauer Gotik, und seine Struktur ist gut erhalten; allerdings hat sein nüchternes Inneres vieles ertragen müssen, vom Erdbeben bis zur Zweckentfremdung als Waffenlager durch die Österreicher. Im gotischen Vorraum auf der Südseite der Kirche findet man einige schöne Steinmetzarbeiten, und die angrenzenden Kreuzgänge enthalten einige bemerkenswerte Fragmente der originalen gotischen Wandmalereien. Der weitere Verlauf der Straße führt zur **Paulinerkirche mit Kloster**, die sich auf einer kleinen, als *Skałka* (Fels) bekannten Anhöhe erhebt. Die Tradition verbindet die Kirche mit dem Krakauer Bischof St. Stanisław, den König *Bolesław der Kühne* im Jahr 1079 an diesem Ort angeblich zum Märtyrer gemacht haben soll. Der heilig gesprochene Märtyrer wuchs in dem mittelalterlichen Machtkampf zwischen Kirche und Staat zu einer immer bedeutenderen symbolischen Figur heran. Spätere Könige machten den Bußgang zu dieser Stelle im Anschluss an ihre Krönung zu einem Ritual. Ein Altar für den populären heiligen Stanislaus steht im linken Seitenschiff der umgestalteten Barockkirche, und ganz in der Nähe ist der Block zu sehen, auf dem er angeblich geköpft wurde. Unter der Kirche wurde eine **Krypta** ins Gestein gehauen, die im späten 19. Jahrhundert in ein Mausoleum für bedeutende Künstler, Schriftsteller und Komponisten umgewandelt wurde. Unter anderem sind hier der Krakauer *Stanisław Wyspiański*, der Komponist *Karol Szymanowski* und der mittelalterliche Historiker *Jan Długosz* beigesetzt.

Das Ghetto zur Kriegszeit

Gemäß einem Erlass von Hans Frank im März 1941 wurden alle jüdischen Einwohner von Krakau in ein winziges **Ghetto** auf der anderen Flussseite, im Süden von Kazimierz um den heutigen Plac Bohaterów Getta, eingepfercht. Hohe Mauern riegelten es hermetisch von der Umgebung ab. Wurde jemand beim unerlaubten Verlassen oder Betreten gefasst, wurde er auf der Stelle hingerichtet. Nachdem die Nazis die Bewohner periodisch in die Konzentrationslager deportiert hatten, wurde das Ghetto im März 1943 schließlich liquidiert und damit siebenhundert Jahre jüdischen Lebens in Krakau beendet.

Die Geschichte des Ghettos zur Zeit der Zweiten Weltkriegs fand 1994 durch Spielbergs Film *Schindlers Liste* nach dem preisgekrönten, gleichnamigen Buch von Thomas Keneally weltweite Beachtung. Das Buch schildert das Leben von Oskar Schindler, einem deutschen Unternehmer, der Hunderte von Ghettobewohnern vor dem Tod bewahrte. Auf der Suche nach Authentizität filmte Spielberg einen Großteil der Szenen in dieser Gegend, wobei sogar teilweise die Originalgebäude miteinbezogen wurden, z. B. die alte Emailfabrik. Andere Kulissen wurden nachgebaut, so z. B. das Lager in Płaszów in einem alten Steinbruch im Süden des Bezirks. Der Erfolg von Spielbergs Film hat eine Reihe von Unternehmen ins Leben gerufen, die den Touristenstrom ausnutzen. Wer die Ethik der Ausbeutung des Holocaust für touristische Zwecke anzweifelt, sollte bedenken, dass der Film zweifellos ein begrüßenswertes Interesse an der jüdischen Kultur und Geschichte wachgerufen hat.

Man findet immer noch Spuren der Juden, die einst in diesem ruhigen, inzwischen eher heruntergekommenen Bezirk lebten, und es gibt genug Führer, die dem Besucher beim Aufspüren dieser Erinnerungen behilflich sind. Als deutlichstes Zeichen fällt die **Apteka Pod Orłem** (Apotheke unter den Adlern) in der südöstlichen Ecke

Karte S. 456/457

auf dem Plac Bohaterów Getta auf: Die alte Ghetto-Apotheke ist heute ein Museum, wo mit Fotografien und Schriftstücken das Leben im Kriegsghetto und im Lager Płaszów dokumentiert wird. Dem Betreiber der Apotheke zur Kriegszeit, Dr. Pankiewicz, war es als einzigem polnischen Nichtjuden gestattet, im Ghetto zu leben. Die Ausstellung setzt sich auch mit der heiklen Frage auseinander, wie die Polen den Juden in der Kriegszeit halfen, darunter auch die Rolle von Pankiewicz selbst, der der Ghettobevölkerung zur Seite stand, was Briefe des Yad Vashem Zentrums in Jerusalem belegen. Ebenso dokumentiert die Ausstellung das Leben im Ghetto. Im Haus Nr. 6 an der gegenüberliegenden Seite des Platzes war der Sitz der **Jüdischen Kampfgruppe** (*ŻOB*) untergebracht, die bis zur Auflösung des Ghettos im Einsatz war. Regelmäßig wurden von hier aus Massentransporte in die Vernichtungslager Treblinka und Auschwitz-Birkenau durchgeführt.

Öffnungszeiten **Alte Ghettoapotheke** – Di–Fr 10–16 Uhr, Sa 10–14 Uhr. Eintritt 4 Zł.

Am Ende der ul. Lwowska, die in südöstlicher Richtung des Platzes verläuft, steht noch ein Rest der **Ghettomauer**. Westlich des Platzes in der ul. Węgierska befindet sich die Ruine des ausgebrannten ehemaligen jüdischen Theaters. Einige Meter weiter auf der ul. Józefińska ist um die Ecke das staatliche Münzamt, die frühere **jüdische Bank**.

Am Rand des Viertels steht in der ul. Lipowa (Nr. 4), östlich der Bahngleise die ehemalige **Emaillefabrik** Oskar Schindlers, in der heute Elektroteile hergestellt werden. Mit Erlaubnis des Hausmeisters können Sie sich auf dem Gelände umsehen. Wer den Film gesehen hat, dem wird einiges bekannt vorkommen. Im Eingang zum Gebäude gibt es sogar eine kleine Ausstellung.

Das Konzentrationslager Płaszów

Die Nationalsozialisten beschränkten sich nicht darauf, die Juden im Ghetto zu internieren, sondern verschleppten sie auch ins **Konzentrationslager in Płaszów**, das sie bei einer alten österreichischen Bergfestung einige Kilometer südlich von Kazimierz errichteten. Das Lager auf der öden Bergspitze, das nach dem Krieg dem Erdboden gleichgemacht wurde, ist heute von Feldern und Betonwohnblocks umgeben. Zwar wird der Ort selten in den in Krakau herausgegebenen Reiseführern erwähnt, aber er ist auf dem großen Stadtplan *Kraków: plan miasta* mit zwei "Pomnik Martyrologii"-Symbolen knapp oberhalb der Kreuzung der Straßen Kamieńskiego und Wielicka eingezeichnet.

Um hierher zu gelangen, nimmt man einen der Nahverkehrszüge (Richtung Tarnów) bis zum Bahnhof in Płaszów. Wahlweise kann man auch von Podgórze (20 Min), bis zur ul. Wieliczka hinunterlaufen und die Straße überqueren. Das Leichenhaus, das vor dem Krieg zum jüdischen Friedhof gehörte, stand an der Ecke der ul. Jerozolimska. Wenn man direkt dahinter ins Unterholz vordringt, findet man Überreste des alten Lagertors, das die Nazis bei ihrem Rückzug 1945 in die Luft sprengten, sowie einige Überreste der von den Insassen des Lagers ausgehobenen Steinbrüche. Die von dem Lagerkommandeur Amon Goeth bewohnte Villa steht noch in der ul. Jerozolimska, sie ist heute wieder bewohnt. Von hier sind es nur noch zehn Minuten zu Fuß auf den überwachsenen Wegen bis zur Anhöhe des Hügels und zu dem großen Denkmal, das für die Lageropfer in den 1960er Jahren hier errichtet wurde. Von der Straße aus ist es gut zu sehen. In der Nähe befindet sich eine kleinere Gedenktafel, eingelassen in einen steineren Obelisken, der von der jüdischen Gemeinde der Stadt aufgestellt wurde. Im Gegensatz zu dem großen Monument erinnert die Tafel daran, dass die meisten der im Lager Płaszów umgekommenen Menschen Juden waren.

Wie in allen Konzentrationslagern herrscht hier eine unheimliche Atmosphäre. Zwar gibt es keine Gebäude mehr, doch stochert man ein wenig unter dem Gras auf den Erhebungen herum, stößt man auf Tonscherben oder Metall- und Besteckreste, die an die entsetzliche Vergangenheit erinnern.

Zwierzyniec und Umgebung

Wenn man vom Wawel aus der Flussbiegung nach Westen folgt, kommt man bald in den Bezrik Zwierzyniec, einen der ältesten Vororte der Stadt. Von hier stammen einige Krakauer Traditionen, z. B. die weihnachtliche Krippenherstellung (*szopki*) und die Lajkonik-Zeremonie (siehe Kasten "Feste").

Direkt am Ufer des Flusses steht die **Norbertinerkirche mit Kloster** (Kóściół i Klasztor Norbertanek), ein befestigtes Bauwerk aus dem 13. Jahrhundert, von dessen Original nur das schöne romanische Portal übrig geblieben ist. Die Innenräume der heute von Nonnen benutzten Kirche sind schlicht im klassizistischen Stil ausgestattet. An diesem ruhigen Ort kann man gut der Hektik der Stadt entfliehen. Die Kirche ist nur selten geöffnet, deshalb kommt man am besten zu den Gottesdiensten (etwa um 17 Uhr) hierher. Der jährliche Lajkonik Umzug soll von den hiesigen Nonnen ins Leben gerufen worden sein. Er beginnt direkt vor dem Klosterkomplex.

Von hier aus hügelaufwärts befindet sich die **Erlöserkirche** (Kósció Salvatora), eine der ältesten in der Stadt. Sie wurde auf den Grundmauern eines heidnischen Slawentempels errichtet. Ausgrabungen brachten drei frühe romanische Kirchen zutage, von denen die älteste auf das Jahr 1000 v. Chr. zurückgeht. Weiter bergaufwärts gelangt man nach fünfzehn Minuten an den Rand der **Błonia**, der größten Grünfläche der Stadt. Der einstige Sumpf wurde trockengelegt und für alle möglichen Zwecke genutzt: Im Mittelalter war er ein Fußballfeld, und 1979, 1983 und 1987 hielt Papst Johannes Paul II. hier seine politisch umstrittenen Messen vor jeweils zwei Millionen Menschen.

Die Kościuszko-Anhöhe

Diese dreihundert Meter hohe Anhöhe liegt ca. 3 km westlich der Stadtmitte. Auf ihrer Kuppe befindet sich ein Gedenkhügel, der um 1820 zu Ehren des größten polnischen Revolutionärs und Helden, Tadeusz Kościuszko, aufgeschüttet wurde.

Nachdem Kościuszko im amerikanischen Unabhängigkeitskrieg gekämpft hatte, kehrte er nach Polen zurück, um sich an die Spitze des Aufstands von 1794 zu stellen, der gegen die Teilungen gerichtet war. Für Polen verkörpert er die aufständische Tradition, die von Bauern ebenso wie von Intellektuellen getragen wurde.

Die Anhöhe selbst besteht aus konischen Hügeln, die wahrscheinlich von frühen Anwohnern für heidnische rituelle Bräuche errichtet wurden – ein Krakauer Phänomen. Der älteste geht bis auf das 7. Jh. zurück. Die patriotischen Einwohner von Krakau erhöhten den Berg mit Erde von den verschiedenen Schlachtfeldern, auf denen *Kościuszko* gekämpft hatte – sowohl aus Polen wie auch (angeblich) aus den USA. Die Anhöhe kann man durch ein **Museum** mit Denkwürdigkeiten von Kościuszko betreten, neben dem die winzige neugotische **Kapelle der Seligen Bronisława** steht. Der Aufstieg auf den Hügel ist sehr steil, aber die Aussicht (an klaren

Karte S. 456/457

Der Kościuszko-Gedenkhügel – aufgeschüttet zu Ehren des gleichnamigen polnischen Revolutionärs

Tagen bis in die Tatra hinein) lohnt die Anstrengung. Der Hügel ist seit seinem Bestehen ein beliebter Ausflugspunkt, und hier oben bleibt man selten lang allein. Am Fuß des Berges befindet sich auf der dem Museum gegenüberliegenden Straßenseite eine große Backsteinfestung, die von den österreichischen Herrschern im Jahr 1850 errichtet wurde. Heute ist hier der lokale Radiosender RFM untergebracht – daher auch der Name des Platzes *plac Paul McCartney* direkt davor. Außerdem befinden sich in dem Gebäude ein schickes Hotel und Restaurant, das *Pod Kopcem*. Wenn Ihnen nach einer Erfrischung zumute ist, Sie jedoch nicht Ihr Geld auf diesem teuren Pflaster zurücklassen wollen, empfiehlt sich das Terrassencafé auf den Befestigungsmauern. Es ist bis Sonnenuntergang geöffnet und bietet noch dazu einen wesentlich besseren Ausblick. Weiter unten im Tal kann man Rotwildrudel erkennen – so nahe am Stadtzentrum eine Seltenheit. (Das verseuchte Gras dürfte den Tieren allerdings nicht sehr gut bekommen.)

Öffnungszeiten **Museum** – Di–So 10–16 Uhr. **Hügel**, Mai–Sept. 9 Uhr bis Sonnenuntergang, Okt.–April 10 Uhr bis Sonnenuntergang.

Vom Stadtzentrum aus (Plac Matejki) fährt die Buslinie 100 bis zum Hotel (ca. 30 Minuten). Wer dagegen lieber etwas außerhalb der Stadt spazieren gehen möchte, kann über die **Błonia** schlendern und nach Überqueren mehrerer Straßen auf einem der überwachsenen Pfade den Hang erklimmen, was gute zwei Stunden dauert.

Las Wolski und die Piłsudski Anhöhe

Wer noch mehr Natur erleben will, kann eine Stunde lang in westliche Richtung von der Anhöhe zu dem wunderschönen Wäldchen **Las Wolski** wandern, einem beliebten Ausflugspunkt, an dem sich die Stadtbewohner zum Picknick einfinden. In seiner Mitte gibt es ein Restaurant und einen Zoologischen Garten. Etwa 500 Meter weiter ist im Wald eine zweite Anhöhe aus dem Jahr 1930, die in Anlehnung an die Kościuszko-Anhöhe zum Andenken an das Oberhaupt der Nation zwischen den Kriegen, Józef Piłsudski (1867–1935), errichtet wurde.

In der Nachkriegszeit wurde der Hügel von der kommunistischen Regierung, der dessen politische Vergangenheit nicht passte, bewusst vernachlässigt. Die Gedenktafel aus Granit, die sich auf der Spitze der Anhöhe befand, wurde mit Hilfe eines Panzers entfernt. In den 1980er Jahren wurden Rufe nach einer Wiederherstellung der Anhöhe laut, und 1990 begann man mit den ehrgeizigen Restaurierungsarbeiten – diesmal mit Unterstützung der Regierung. Der Hügel erstrahlt nun wieder in altem Glanz, und auch eine neue Granitgedenktafel wurde aufgestellt. Wie von dem Zwillingshügel im Osten hat man von hier aus einen wunderschönen Blick über die Stadt. Der Bus Nr. 134 fährt vom Stadtzentrum bis zur Anhöhe (40 Min.).

Tadeusz Kościuszko (1746–1817)

Was Adam Mickiewicz für die polnische literarische Tradition der Romantik ist, ist Tadeusz Kościuszko für die heroische militärische Tradition Polens. Der draufgängerische Führer des bewaffneten nationalen Widerstands in der frühen Zeit der Teilungen war auch als radikaler Vertreter der Ideale der Republik der französischen Revolution bekannt. Dies brachte ihm nicht gerade die Wertschätzung anderer Aristrokraten ein, aber sicherte ihm die Herzen und die Zustimmung der unterdrückten polnischen Landbevölkerung. In den USA sind viele Städte und Straßen nach Kościuszko benannt, dort ist er auf Grund seiner wichtigen Rolle im amerikanischen **Unabhängigkeitskrieg** fast ebenso bekannt wie in Polen. Als Dank für seine Dienste wurde er in den Rang eines Ehrenbürgers der USA und eines Brigadegenerals der US Armee erhoben.

Die wichtigsten Fakten von Kościuszkos Lebensgeschichte drehen sich um eine verworrene Reihe von Schlachten, Aufständen, Revolutionen und unglücklichen Liebesaffären. Er war ein herausragender Student und floh 1776 nach Paris, um dem General zu entfliehen, mit dessen Tochter er versucht hatte durchzubrennen. Danach verschlug es ihn nach Amerika, wo er sich den dortigen Unabhängigkeitskämpfern in ihrem Kampf gegen die Briten anschloss. In den nachfolgenden fünf Jahren befand er sich mitten im Krisenherd und war direkt vor Ort, als die britischen Truppen unter General Burgoyne in Saratoga (Oktober 1778) kapitulierten. Auch an der entscheidenen Schlacht der 96 und der lang dauernden Blockade von Charleston (1781) war er beteiligt.

Im Jahr 1784 kehrte er nach Polen zurück, und 1789 wurde ihm ein militärisches Amt verliehen. Zuvor hatte er mehrere Jahre im politischen Abseits verbringen müssen, da es ihm (wiederum) nicht gelang, die Zustimmung eines Generals zu gewinnen, in dessen achtzehnjährige Tochter er sich verliebt hatte. Kościuszko hatte seine Sternstunde im Jahr 1792, als die zaristische Armee in Polen einmarschierte, nachdem man gerade Reformen verabschiedet hatte, die das Land von der russischen Einflussnahme befreien sollten.

Nach der blutigen **Schlacht bei Dubienka** (Juli 1792) wurde Kościuszko von König Stanisław Poniatowski zum General befördert und erhielt von der neu etablierten Revolutionsregierung in Frankreich eine Ehrenbürgerschaft. Aus dem Exil in Sachsen kehrte Kościuszko schon bald auf Anfrage der aufständischen Armee nach Polen zurück. Im März 1794 schwor er auf dem Rynek Główny in Krakau vor einer großen Menschenmenge seinen berühmten **Eid des Nationalaufstands.**

Unmittelbar nach der Amtsübernahme von Kościuszko gab es spektakuläre Erfolge. Die disziplinierte Armee aus vorwiegend mit Sensen ausgerüstenen Bauern errang einen triumphalen Sieg über die russischen Truppen in der **Schlacht bei Racławice** (April 1794). Um weitere freiwillige Rekruten unter den Bauern zu gewinnen, erließ Kościuszko das **Połaniec Manifest** (Mai 1794), das unter anderem die Abschaffung der Leibeigenschaft verlangte. Diese radikale Forderung fand bei seinen Mitstreitern unter den Adligen keine Unterstützung. Auf dem Rückzug nach Warschau hielten die gebeutelten polnischen Truppen fast zwei Monate den Preußen und den Russen stand. Kościuszko führte in zwei kritischen Konfrontationen selbst das Bajonett. Nach dem Aufstand in der Wielkopolska-Region, der die preußischen Truppen vorübergehend zum Rückzug zwang, wurde Kościuszko schließlich von den Russen bei Maciejowice geschlagen und gefangen genommen, was letztendlich das Ende des Aufstandes bedeutete.

In der Gefangenschaft in St. Petersburg wurde er schwer krank und wurde 1796 freigelassen, und er kehrte in die USA zurück. Dort bekam er in Philadelphia einen großartigen Empfang, und seine dauerhafte Freundschaft mit Thomas Jefferson begann. Die letzten Jahrzehnte von Kościuszkos Leben waren von einer Reihe von weiteren Enttäuschungen gekennzeichnet. 1798 reiste er nach Frankreich in der Annahme, dass er in dem Aufstieg begriffenen Napoleon, einen Anwalt für Polens Freiheit finden würde. Als er von Bonaparte jedoch keine Zugeständnisse für Polens Zukunft erringen konnte, weigerte er sich, eine Rolle in Napoleons Plänen zu spielen. Nachdem er sich auf diese Weise geschickt aus der französischen Politik herausgehalten hatte, wandte sich nach Napoleons Sturz im Jahr 1814 ungewöhnlicherweise der russische Kaiser Alexander I. an ihn und bat um seine Unterstützung für das neue Kongresskönigreich unter russischer Herrschaft, das auf dem Wiener Kongress (1815) eingesetzt worden war. Bis zum letzten Atemzug non-konformistischer Vertreter der Republik, stellte er radikale Forderungen auf, die beim Kaiser keine Unterstützung fanden. Verbittert zog sich Kościuszko in die Schweiz zurück, wo er 1817 verstarb. Zwei Jahre später wurden die sterblichen Überreste des legendären Kämpfers nach Krakau gebracht, wo er unter den Monarchen in den Gewölben des Wawel zur Ruhe gelegt wurde. Ein altes polnisches Beerdigungsritual wurde aufs Neue belebt, und die Bewohner der Stadt errichteten ihm zu Ehren den **Gedenkhügel,** den man heute noch besichtigen kann.

Das Konferenzzentrum der Universität

Am Ostrand des Las Wolski, ungefähr 5 km westlich vom Zentrum, gelangt man entlang der ul. Księcia Józefa, die ul. Jodłowa hinauf und dann steil bergan, auf den Hügel nördlich durch den Wald zum Konferenzzentrum der Universität. Das erste Gebäude, das man erkennt, ist eine Art eleganter Palast, in dem der Nazi-Gouverneur Hans Frank seine private Unterkunft einrichten lassen wollte. Auf der Rückseite des Gebäudes befindet sich das Bar-Restaurant *U Ziyada* (✆ 012/421 9830 oder 421 9831), das bei Krakauern besonders im Sommer als Ausflugslokal (zum Essen und Trinken) beliebt ist. Dies ist nicht verwunderlich, denn von der Terrasse hat man eine hervorragende Aussicht auf die ruhige, umliegende ländliche Umgebung. Bei gutem Wetter ist die Sicht nach Süden so ausgezeichnet, dass man sogar die Tatraberge in der Ferne erkennen kann. Man glaubt kaum, dass man sich hier so nah am Stadtzentrum befindet. Falls man nicht mit dem Auto unterwegs ist, muss man ein Taxi hierher nehmen – wenn der Fahrer den Weg nicht kennt, gibt man am besten "Instytut Badań Polonijnych" an. Die Fahrt ist allerdings mit etwa 40 Zł pro Strecke recht teuer.

Bielany

Einige Kilometer weiter im Westen befindet sich der Bezirk Bielany. Hoch oben am Südwestrand des Las Wolski überblickt die monumentale **Kamaldulenserkirche mit Kloster** den Fluss (8–18 Uhr). Ohne eigenes Transportmittel gelangt man mit der Straßenbahn Nr. 2 vom Bahnhof zur Endstation Zwierzyniec und nimmt dort den Bus Nr. 109, 209, 229 oder 239. An der Haltestelle Srebrna Góra steigt man aus und läuft fünfzehn Minuten bergan bis zum Klosterkomplex. Es ist ein beliebtes Ausflugsziel, und man braucht nur den Menschenmassen zu folgen.

Ein Spazierweg zwischen den Mauern führt zum Eingang des Komplexes, von wo man die riesige, etwas verfallene Fassade der Klosterkirche sieht, deren hoher Mittelteil von zwei beeindruckenden, viereckigen Türmen eingerahmt wird. Das geräumige Kircheninnere besteht aus einem hochfliegenden Kreuzgewölbe, dessen Mittelschiff von einer Reihe von reich dekorierten Kapellen gesäumt wird. Die bemerkenswerteste davon ist die **Benediktiner- und St. Romuald-Kapelle** mit einigen überschwänglichen Gemälden aus dem Leben der Heiligen von dem Künstler Tommaso

Der Kamaldulenserorden

Von allen Klosterorden die es in Polen heute noch gibt, reichen nur wenige an die asketische Lebensweise des **Kamaldulenserordens** heran. Der Orden wurde im zweiten Jahrhundert vom **Heiligen Romuald** (ca.950–1027) in Italien gegründet. Die Mönche leben außerordentlich asketisch, jeder in seiner abgeschlossenen Einsiedelei und haben untereinander nur wenig Kontakt. Sie ernähren sich vegatarisch und haben auch nur wenig Kontakt mit der Außenwelt. Davon fühlten sich die damaligen Vertreter der polnischen Gegenreformation angezogen, auf deren Veranlassung der Orden sich in Polen, und besonders in **Bielany**, seit dem Anfang des 17. Jahrhunderts niederließ. Heute sind sie in Polen noch mit zwei voll funktionsfähigen Gemeinden präsent. Unter polnischen Katholiken sind sie für ihr grimmiges Motto "Memento Mori" (Gedenke des Todes) bekannt. Die Einsiedler schlafen nicht, wie es das Gerücht will, in hölzernen Särgen. Allerdings bewahren sie die Totenköpfe ihrer lange verstorbenen Brüder auf, wie die stolz aufgebahrten Skelette in der Bielany-Kypta belegen. Die Anziehungskraft des Ordens scheint jedoch nachzulassen, denn außer den zwei Klöstern in Polen gibt es weltweit nur noch sechs Kamaldulenser-Einsiedeleien, vier in Italien und zwei, seltsamerweise, in Kolumbien.

Karte S. 456/457

Dolabella. Nahe beim Eingang befindet sich das Grab von Mikołaj Wolski, dem Kronmarschall von Polen, der die Kirche im frühen 17. Jahrhundert bauen ließ. Man sagt, das Grab wurde hier angelegt, damit jeder, der die Kirche betritt, darüber laufen muss – ein bewegendes Beispiel für die demütige Haltung der Mitglieder des Kamaldulenserordens.

Die Mönche halten eine strenge Abfolge von Gebeten und Gottesdiensten ein, deshalb kann man sicher sein, dass man ihnen auf der erhöhten, hinter dem Altar versteckten Galerie beim Psalmodieren ihrer gregorianischen Gesänge zuhören kann. Mit dem Mönchsgesang im Hintergrund wird ein Besuch in der Krypta geradezu unheimlich und erzeugt eine Gänsehaut. Die Gebeine der verstorbenen Eremiten, die hier liegen, wurden zunächst versiegelt und dann achtzig Jahre später wieder ausgegraben und ohne Särge ausgestellt. Man sollte beachten, dass das Kloster außer bei der Sonntagsmesse und an religiösen Feiertagen nur für Männer zugänglich ist. Die Touristenmassen, hauptsächlich Polen, scheint dies jedoch nicht zu stören, und im Sommer wandern hier Besucher beiderlei Geschlechts herum. Trotz seiner Nähe zur Stadt strahlt der Klosterkomplex in Bielany eine weltentrückte Atmosphäre aus.

Die Vororte

Wawel-Hügel und Hauptplatz verkörpern im Wesentlichen das alte Krakau. Stahlhütte, Fabrikschlote und rußige Häuserblocks in Nowa Huta, 10 km im Osten der Stadt, stehen dagegen für den kommunistischen Traum der Nachkriegszeit, und jeder Krakauer möchte sie dem Besucher zeigen.

Von der Stadt aus etwa 15 Kilometer mit dem Bus in Richtung Süden, gelangt man zum mittelalterlichen **Salzbergwerk Wieliczka**, wo man einen Blick auf die ältere industrielle Vergangenheit werfen kann. Diesen schönen Ort, der auf der UNESCO-Liste steht, sollte man unbedingt besichtigen. 15 km südwestlich der Stadt wartet **Tyniec** am Fluss mit einer schönen Benediktinerabtei auf, in der im Sommer Orgelkonzerte stattfinden.

Nowa Huta und Mogiła

Der gewaltige Industriekomplex **Nowa Huta**, um 1949 praktisch aus dem Boden gestampft, zählt heute über 200.000 Einwohner. Damit ist dies der weitaus größte Vorort von Krakau. Die riesige Stahlhütte produziert über 50 % des gesamten Stahls in Polen. Nowa Huta war eines der Zentren, von denen in der Zeit der Solidarność-Opposition besonders viel Widerstand gegen die kommunistische Ordnung ausging. Ein Besuch lohnt sich schon deshalb, weil man Einblick in die Arbeiterkultur im Polen der Nachkriegszeit und in die fast unüberwindlichen ökologischen Probleme gewinnt, vor denen Teile des Landes stehen. Hier wird dem Besucher bewusst, dass er sich erst dann ein Bild von der Stadt Krakau machen kann, wenn er außer den historischen Schätzen der Stare Miasto/Altstadt auch die Farbikschlote und heruntergekommenen Wohnsiedlungen von Nowa Huta gesehen hat.

Vom Stadtzentrum dauert die Fahrt mit der Straßenbahn (Nr. 4, 9, 15 oder 22) rund vierzig Minuten bis zum **Plac Centralny**, einem im typisch grauen Monumentalstil des sozialistischen Realismus gehaltenen Platz, dessen Lenin-Standbild 1990 durch eine kleine Nachbildung der Gdańsker Kreuze ersetzt wurde. Von hier gehen endlos lange Straßen mit Wohnblocks in alle Richtungen ab – man kann sich kaum einen größeren Kontrast zum mittelalterlichen Stadtzentrum vorstellen. In östlicher Richtung an der Hauptstraße al. Jana Pawła II liegt die jahrzehntelang als **Lenin-Stahlhütte** bekannte Fabrik. Inzwischen heißt sie **Sendzimir-Hütte** und beschäftigt immer noch über 10.000 Menschen. Unmittelbar nach dem Ende der kommunistischen Ära blickte das Unternehmen aus zweierlei Gründen einer ungewissen Zukunft entgegen: Zum einen spielte es bei der Luftverschmutzung eine bedeutende Rolle, zum andern war es völlig von staatlichen Subventionen abhängig. Nowa Huta ist jedoch als Arbeitgeber so wichtig, dass es politischem Selbstmord gleichkäme, wenn eine polnische Regierung das Werk im Stich lassen würde.

Inzwischen haben Restrukturierungsmaßnahmen und die Bereitstellung ausländischen Kapitals dazu beigetragen, dass Nowa Huta zu den Gewinn bringenden Stahlwerken in Polen zählt – doch weitere Investitionen in neue Maschinen werden nötig sein, um diese Stellung auch in Zukunft zu halten. Auf dem Gebiet der Luftverschmutzung wurde eine deutliche Verminderung des Schadstoffausstoßes durch reduzierte Produktion kombiniert mit der Installation neuer Filter in den größten Schornsteinen erzielt.

Im Einklang mit der religionsfeindlichen Politik der Nachkriegsregierung sah der ursprüngliche Bauplan für Nowa Huta keine Kirchen vor. Aber nach jahrelangen intensiven Bittgängen erhielt die katholische Bevölkerung schließlich in den 1970er Jahren die Genehmigung zum Bau einer Kirche. Das Ergebnis ist die **Arka** (umgangssprachlich für Kościół NMP oder Kirche Unserer Lieben Frau) im Bienczyce-Bezirk im Norden: ein erstaunlicher, einer Arche ähnlicher Betonbau, in den Bergkiesel eingesetzt sind. Bei einem Besuch am Sonntag kann man sie brechend voll mit Stahlarbeitern und ihren Familien in Festtagskleidung erleben, ein Beweis für die ungebrochene Macht, die der Katholizismus auf die polnische Arbeiterklasse ausübt. Um dorthin zu gelangen, nehmen Sie die Straßenbahn Nr. 5 vom Krakauer Bahnhof bis al. Kocmyrzowska und laufen dann die ul. Obrońców Krzyża in nördliche Richtung.

Die zweite Kirche am Ort, die große **Maximilian-Kolbe-Kirche** im Mistrzejowice-Bezirk, wurde 1983 von Papst *Johannes Paul II.* geweiht als Zeichen für die Bedeutung, die die katholische Kirche der Loyalität von Nowa Huta beimisst. Der 1982 selig gesprochene Kolbe war ein Priester, der nach Auschwitz geschickt worden war, weil er Juden versteckt hatte: Im Lager ging er anstelle eines jüdischen Insassen in die Gaskammer. Vom Plac Centralny aus fahren die Straßenbahnen Nr. 1, 16 und 20 zur Kirche.

Ein vollständiger Kontrast zu diesen neuen Bauten ist das **Zisterzienserkloster von Mogiła** etwa zwei Kilometer östlich vom plac Centralny in der al. Jan Pawła II, weit einfernt von der Geschäftigkeit Nowa Hutas. Der Bus Nr. 153 hält direkt in der Nähe. Die Abteikirche wurde 1260 nach einem typischen Bauplan der Zisterzienser erbaut, und die Basilika hat drei Gänge und Kapellen in den Querschiffen. Sie ist eines der besten Beispiele für die frühe gotische Bauweise in der Region und ein ruhiger, meditativer Ort. Das Innere ist mit einer schönen Reihe von Wandgemälden aus der Renaissance bedeckt. Die spätmittelalterliche Papiermühle, die der Orden an den Ufern des nahen Flusses Dłubnia errichtete und die ihre Produkte bis nach Russland exportierte, gibt es heute leider nicht mehr. Auf der anderen Straßenseite steht die Bartholomäuskirche, eine der ältesten Holzkirchen des Landes, mit einem aufwendig geschnitzten Türrahmen aus dem Jahr 1466 und einem Glockenturm aus dem Barock.

Tyniec

Nur ca. 15 km westlich vom Stadtzentrum entfernt liegt dieses Dorf, leicht zu erreichen mit Stadtbus Nr. 112, der vom Rynek Dibnicki, westlich des Wawel auf der anderen Flussseite abfährt. Im Sommer ist die Fahrt mit einem der Ausflugsboote von Krakau aus eine angenehme Alternative.

Die wichtigste Sehenswürdigkeit ist die **Abtei**, eine Gründung aus dem 11. Jahrhundert – der erste Stützpunkt der Benediktiner in Polen. Sie erhebt sich auf einem hohen weißen Kreidefels am Dorfrand und sieht aus der Ferne vom Flussufer recht beeindruckend aus. Die Felder und die traditionellen Holzhäuser, die um das Dorf verstreut liegen, schaffen eine ländliche Atmosphäre. Die ursprünglich romanische Abtei wurde neu aufgebaut, nachdem sie von den Tataren 1240 zerstört worden war; im 15. Jahrhundert wurde sie im gotischen Stil völlig umgestaltet. Damals kamen auch die Verteidigungsmauern hinzu. Das Kircheninnere wurde zu einem späteren Zeitpunkt der schon bekannten barocken Neugestaltung unterzogen, aber es haben sich Reste des gotischen Baus beim Altar und in den angrenzenden (aber meistens nicht zugänglichen) Kreuzgängen erhalten. Von Juni bis August finden in der Kirche eine Reihe erstklassiger **Orgelkonzerte** statt; dann sind auch die Kreuzgänge geöffnet.

Essen Das *Na Piaski*, eine einfache Bar im Dorf, ist die einzige Möglichkeit, hier etwas zu essen zu bekommen.

Wieliczka

Fünfzehn Kilometer südöstlich von Krakau befindet sich das Salzbergwerk **Wieliczka** (Kopalnia Soli "Wieliczka"), das ein Besucher im 18. Jahrhundert als "so bemerkenswert wie die Pyramiden, nur nützlicher" beschrieb. Inzwischen ist es von der UNESCO zum Weltkulturerbe erklärt worden. Schon im 11. Jahrhundert wurden hier Salzvorkommen entdeckt. Seit der Zeit von König Kazimierz standen die Abbaurechte und damit auch die Einkommen unter der strengen Aufsicht der Krone. Mit dem zunehmend intensiveren Abbau entstand im Laufe der Jahrhunderte eine Riesenanlage mit Gruben, Kammern und Tunnels auf insgesamt neun Ebenen, die in eine Tiefe von 327 Metern reichen. Die 300 km an Tunnelgängen erstrecken sich über ein Gebiet von etwa 10 km Ausdehnung. Die Zukunft des Bergwerks wurde im September 1992 ungewiss, als nach mehreren aufeinander folgenden Überflutungen durch einen stillgelegten Durchgang in etwa 175 Metern Tiefe eine große Menge von Salzwasser in den Komplex floss. Auch die Stadt Wieliczka, die sich teilweise direkt über den Minen befindet, kam dabei zu schwerem Schaden: Wände stürzten ein, in den Klostermauern entstanden Risse, und die Eisenbahngleise im Zentrum der Stadt verrutschten und verbogen sich, sodass der Zugverkehr Kraków–Wieliczka eingestellt werden musste. Heute ist die Anlage wieder gesichert, und Salz wird noch in verringertem Umfang abgebaut. In einer Tiefe von 200 Metern befindet sich ein Sanatorium, in dem die gesunde Salinenluft zur Heilung verschiedener Krankheiten dienen soll. Die Minen sind bei polnischen Touristen beliebt, man sollte deshalb im Sommer auf einen großen Touristenansturm gefasst sein.

Private **Minibusse** fahren vom Krakauer Bahnhof direkt zum Salzbergwerk Wieliczka – allerdings hängen die Abfahrtszeiten von der Anzahl der Touristen ab. Ansonsten können Sie einen **Nahverkehrszug** Kraków–Wieliczka nehmen (verkehrt häufig). Man steigt in einiger Entfernung vom Salzbergwerk aus, aber anhand des einsamen Schornsteins und des quietschenden Förderbandes ist es nicht schwer zu finden. Man muss nur den "Muzeum"-Schildern folgen.

▸ **Bergwerksbesichtigung**: Ein rasselnder Aufzug fährt in völliger Dunkelheit in die erste der drei für eine Besichtigung zugänglichen Ebenen in eine Tiefe von 65 Metern hinunter (es kann passieren, dass Sie die ganze Strecke bis nach unten und wieder zurück zu Fuß zurücklegen müssen). Die Kammern und Gänge hier wurden in der Zeit zwischen dem 17. und 19. Jh. in den Berg gehauen. Während alle Arbeitsgänge in den unteren Bereichen voll mechanisiert sind, ziehen in den drei oberen Ebenen noch immer teilweise Pferde die Lasten. In den meisten Kammern der ersten Ebene ist das Salz ganz grün. Eine dieser Kammern, die Kopernikus besichtigt haben soll, ist ihm gewidmet.

Je tiefer man hinuntersteigt, desto faszinierender und eigenartiger werden die Kavernen. Neben unterirdischen Seen und ins Gestein gehauenen Kapellen und Kammern voller unheimlicher Kristallformen gibt es in der zweiten Ebene einen Raum mit aus Salz gehauenen, fröhlich aussehenden Zwergen, die um 1960 von Bergarbeitern geschaffen wurden. Die wichtigste Sehenswürdigkeit, die **Kapelle der seligen Kinga**, wurde im frühen 19. Jahrhundert fertig gestellt. Sie liegt ganz unten in 135 Metern Tiefe: In dieser reich verzierten, fünfzig Meter langen Kapelle wurde alles, einschließlich Stufen, Treppengeländer, Altar und Kerzenhaltern aus Salz gemeißelt. Ihren akustischen Eigenschaften – jedes beim Altar geflüsterte Wort ist in der Galerie zu hören – verdankt es die Kapelle, dass hier Konzerte aufgeführt werden. 1995 wurde sie als Banketthalle genutzt, als der frühere US Präsident Bush hier als Erster, aus Dank für seine Unterstützung bei der Bekämpfung der Luftverschmutzung, in der Stadt bewirtet wurde. In jüngster Zeit wurde an diesem Ort Zbigniew Preisners Filmmusik für Kieślowskis international anerkannte Trilogie **Drei Farben Rot, Weiß, Blau** aufgeführt. Ein **Museum**, ebenfalls auf der untersten Ebene, dokumentiert die Geschichte des Bergwerks, seine geologischen Formationen und den Besuch berühmter Persönlichkeiten wie *Goethe*, *Balzac* und *Kaiser Franz Josef*.

• *Öffnungszeiten* Das Bergwerk ist geöffnet von Mitte April bis Mitte Okt. täglich 7.30–19.30 Uhr, Mitte Okt. bis Mitte April Di–So, 8–16 Uhr. Eintritt 29 Zł. Es kann nur in Gruppen von etwa 30 Personen in Begleitung eines Führers besichtigt werden. Im Sommer gibt es regelmäßig englischsprachige Führungen, im Winter werden Sie eine polnische Führung mitmachen müssen. Doch am Kartenkiosk zur Mine gibt es einen englischsprachigen Reiseführer. Man sollte auf weite Strecken gefasst sein – die Besichtigung dauert zwei Stunden und führt durch fast drei Kilometer Tunnel.

Karte S. 456/457

Małopolska/Kleinpolen

Der Name Małopolska, wörtlich "Kleinpolen", bezieht sich auf ein ansehnliches Landgebiet, größtenteils Hügelland mit bebauten Feldern und stillen Dörfern. Diese uralte Region bildete zusammen mit Wielkopolska/Großpolen den Kern des polnischen Staates im frühen Mittelalter, wenn auch die geografische Abgrenzung, besonders zum benachbarten Schlesien, etwas unklar ist.

Der größte Teil von Małopolska liegt im Norden von Krakau und wird begrenzt von den Świętokrzyskie/Heilig-Kreuz-Bergen im Norden und der breiten Bergkette, die von Częstochowa nach Krakau an der sogenannten Route der Adlerhorste entlang in den Westen reicht.

Nördlich von Krakau im Herzen von Małopolska bieten Städte wie **Pinczów**, **Szydłów** und **Jędrzejów** Einblick in die jüdisch beeinflusste Geschichte der Region. **Kielce** hingegen, ein vorwiegend industrielles Zentrum und Hauptstadt der gleichnamigen Woiwodschaft, eignet sich gut als Ausgangspunkt für Ausflüge in die **Świętokrzyskie-Berge**, die zwar kaum mehr als etwas größere Hügel sind, aber sich hervorragend zum Wandern eignen. Die Ruinen der einstigen großartigen Burg Krzyżtopor in der Nähe von Opatów gehören zu den beeindruckendsten des Landes. **Częstochowa/Tschenstochau**, die einzige andere größere Stadt in der Region, ist berühmt als Standort der Schwarzen Madonna, zu der an großen religiösen Feiertagen und im Sommer regelmäßig Pilger aus dem ganzen Land strömen. Auch Papst Johannes Paul II. stammt aus dieser Gegend, und aus seinem Geburtsort **Wadowice** ist inzwischen so etwas wie ein nationaler Wallfahrtsort geworden; katholische Pilger ziehen von hier aus weiter in westlicher Richtung nach **Kalwaria Zebrzydowska**, einem weiteren Wallfahrtsort.

Westlich von Krakau liegt **Oświęcim**, das Konzentrationslager **Auschwitz-Birkenau**, das mehr oder weniger so bewahrt wurde, wie die Nationalsozialisten es zurückließen.

Oświęcim/Auschwitz und Brzezinka/Birkenau

Siebzig Kilometer westlich von Krakau liegt **Oświęcim**, das unter normalen Umständen nicht mehr als eine gesichtslose Industriestadt wäre – ein Ort, durch den der Besucher fährt, ohne auch nur einen Gedanken an ihn zu verschwenden. Aber die Umstände hier sind alles andere als normal. Trotz der Anstrengungen der Stadtverwaltung, eine neue Identität für die Stadt zu entwickeln und zu fördern, ist sie unauslöschlich mit dem Namen verbunden, den die deutschen Besatzer ihr nach ihrem Einmarsch in Polen im September 1939 gaben: Auschwitz.

Die Idee, hier ein Konzentrationslager zu errichten, wurde einige Monate nach dem Einmarsch von der Breslauer (Wrocław) Abteilung der SS zur Sprache gebracht, Anlass dafür waren unter anderem die überfüllten Gefängnisse in Schlesien. Natürlich war es auch im Sinn der Besatzer, die potenziellen "Störenfriede" in Polen zusammenzutreiben und Massenverhaftungen durchzuführen. Nachdem man sich die Region genauer angeschaut hatte, fiel schließlich die Wahl auf verlassene Baracken der polnischen Armee in Oświęcim an der Grenze zu Schlesien und Małopolska, bis dahin ein unbedeutendes ländliches Städtchen, weit entfernt von größeren Ansiedlungen und gleichzeitig auch sicher vor spähenden Blicken. Wie Himmler später erklärte, wurde Auschwitz aus dem klinisch nüchternen Grund ausgewählt, da es "in Bezug auf Kommunikationswege günstig lag und das Gebiet außerdem ohne viel Aufwand abgeriegelt werden konnte". Im April 1940 wurde mit dem Bau des Lagers begonnen, Rudolf Höss zum Lager-Kommandanten bestimmt, und im Juni kamen die ersten 700 Gefangenen ins Lager. Die meisten waren Juden aus dem benachbarten Tarnów. Mit der wachsenden Anzahl an Insassen wuchs auch das Lager, und man begann mit dem systematischen Umbau in ein Vernichtungslager. Bei der "Endlösung der Judenfrage", der von den Nazis 1941 beschlossenen systematischen Vernichtung der europäischen Juden, worin sich das gesamte Ausmaß der geplanten Zerstörung am besten zeigt, spielte es eine zentrale Rolle. Aus demselben Grund wurde dann ein zweites Lager in Birkenau, einige Kilometer von Auschwitz entfernt, eingerichtet, das eigene Gaskammern, Krematorien und später auch eine eigene Eisenbahnlinie besaß, mit der das Menschenfutter möglichst "effizient" dorthin verschifft werden konnte.

Bereits Ende 1942 wurden Juden aus ganz Europa nach Auschwitz deportiert, viele von ihnen glaubten der Nazipropaganda und nahmen an, sie würden umgesiedelt, um in deutschen Fabriken oder auf Bauernhöfen als Arbeitskräfte eingesetzt zu werden. Dies scheint auch der Grund dafür zu sein, warum so viele von ihnen ihre persönlichen Dinge mit auf die Reise nahmen. Die Realität sah natürlich ganz anders aus. Nach der Reise, die manchmal bis zu zehn Tagen dauerte, in versiegelten Zügen (Fracht- und Viehwaggons) wurden die von der Reise erschöpften Überlebenden direkt auf der Eisenbahnrampe von der SS in zwei Gruppen unterteilt: arbeitsfähig oder nicht arbeitsfähig. Die als nicht arbeitsfähig eingestuften Menschen (laut Höss' Aussage während der Nürnberger Prozesse waren das bis zu 75 % der Neuankömmlinge) wurden unter dem Vorwand, man gewähre ihnen ein Bad, in die als Duschen deklarierten Gaskammern geschickt. Man befahl ihnen die Kleider abzulegen und sie marschierten unter die "Duschen", wo aus den Sprinkleranlagen an der Decke das Gas Zyklon B strömte. Auf diese Weise wurden bis zu 2.000 Menschen auf einmal getötet (das Sterben dauerte 15-20 Minuten), ein Prozess der systematischen Vernichtung der bis zum Kriegsende unaufhörlich andauerte. Die größten Massaker fanden ab 1944 statt, nachdem man in Birkenau einen besonderen Bahnhof eingerichtet hatte, um die zum Tode Verurteilten noch schneller in den Gaskammern und Krematorien "abfertigen" zu können. Um das Ausmaß der Grauenhaftigkeit zu vervollkommnen, wurden die Leichenmassen, bevor sie im Krematorium verbrannt wurden, von den SS-Leuten gefleddert, die ihnen die Goldfüllungen, Schmuck und sogar die Haare abnahmen, die später zu Matratzen u. Ä. verarbeitet wurden. Ihre Kleider wurden weiterverarbeitet zu Stoff für Armeeuniformen, mit ihren Uhren wurden Soldaten für besondere Leistungen ausgezeichnet.

Wie viele Menschen in Auschwitz-Birkenau zwischen dem Bau des Lagers 1940 und seiner Befreiung durch sowjetische Truppen im Januar 1945 umgebracht worden sind, wird wohl nie mehr genau festzustellen sein. Immer wieder haben revisionistische Neonazi-Gruppen versucht, das Ausmaß des Holocaust zu verleugnen. Seriöse Historiker gehen davon aus, dass zwischen 1,5 und 2 Millionen Menschen im Lager ermordet wurden, von denen die Mehrzahl (85-90 Prozent) Juden

Karte S. 456/457

waren; der Rest waren Sinti und Roma, Polen, sowjetische Kriegsgefangene und andere Menschen aus ganz Europa.

Allein der Umfang des Lagers in Auschwitz-Birkenau schockiert. Die meisten Besucher kommen nur in den als Auschwitz bezeichneten Teil, der jedoch lediglich ein Abschnitt des riesigen Komplexes des fürchterlichen Netzwerks von Baracken, umzäunten Gebieten, Fabriken und Vernichtungseinrichtungen war. Erst wenn man auch Birkenau, ungefähr 3 km von Auschwitz, gesehen hat, beginnt man zu verstehen, was für eine gewaltige Todesmaschinerie die Nationalsozialisten hier lenkten.

Konzentrationslager in Polen

Nach dem Einmarsch der Nazis 1939 wurden viele der größten und tödlichsten **Konzentrationslager** der Nazimaschinerie in Polen errichtet. Die Lager, die in diesem Reiseführer genauer beschrieben sind – Auschwitz, Majdanek und Stutthof – sind von Krakau, Lublin und Gdańsk aus relativ einfach zu erreichen. Nicht weniger schreckliche Lager liegen nicht so zugänglich. Nachfolgend sind deshalb einige Informationen über weitere wichtige Lager aufgeführt:

Bełzec, in der Nähe der ukrainischen Grenze, etwa 40 km südöstlich von Zamość, war ursprünglich ein kleines Städtchen auf dem Lande mit einer jüdischen Gemeinde. Bereits im Mai 1940 wurde hier ein Arbeitslager eingerichtet, das von Januar bis Februar 1942 zu einem Vernichtungslager ausgebaut wurde. Das Lager nahm schon bald seinen nüchtern geplanten, tödlichen Betrieb auf, und sechs Gasöfen verbrannten bis zu 4500 Opfer gleichzeitig. 1942 begannen die Nazis mit der Auflösung des Lagers. Bis zur Beendigung dieses Prozesses im Frühjahr 1943, als das ganze Gebiet geräumt und wieder aufgeforstet war, wurden hier wahrscheinlich ungefähr 600.000 Menschen, hauptsächlich Sinti, Roma und Juden aus der Lubliner Region, aber auch aus Lwów (L'viv), Krakau, Deutschland, Österreich, Ungarn, Rumänien und der Tschechoslowakei, ermordet. Das Denkmal an die hier umgekommenen Juden wurde 1960 auf dem ehemaligen Gebiet des Lagers errichtet.

Chełmno Nad Nerem (Kulmhof), dieses erste Vernichtungslager der Nazis in Polen wurde im Dezember 1941 an den Ufern des Flusses Ner, 50 km nordwestlich von Łódź, errichtet und wurde 1945 befreit. Ungefähr 340.000 Menschen wurden hier ermordet, die Mehrheit davon polnische Juden. Neben dem offiziellen Denkmal an die Opfer haben sich noch einige Spuren des Lagers erhalten. Claude Lanzemanns Dokumentation *Shoah* dreht sich hauptsächlich um dieses Lager.

Rogoźnica (Groß-Rosen), auf der Straße zwischen Legnica und Swidnica in Schlesien im August 1940 errichtet, war dies das erste der Arbeits- bzw. Konzentrationslager. Es wurde im März 1945 liquidiert. Ein Denkmal erinnert an die 40.000 Menschen, die hier ums Leben kamen.

Sobibór, 70 Kilometer östlich von Lublin, gleich bei der Grenze zu Weißrussland, wurde dieses Vernichtungslager im März 1942, im Rahmen der immer weiter ausgreifenden Bestrebungen der Nazis zur Durchführung ihrer infamen "Endlösung", errichtet. Die Nazis bauten es im Oktober 1943 ab, nachdem die Insassen unter der Führung eines sowjetisch-jüdischen Lageroffiziers revoltiert hatten und etwa 300 der Insassen fliehen konnten. Zu diesem Zeitpunkt waren jedoch bereits 250.000 Menschen – hauptsächlich

Juden aus Polen, der Ukraine, Holland, Frankreich und Österreich – in den hiesigen Gaskammern umgekommen. Ein Denkmal sowie ein Aschenhügel, der aus den Überresten der verbrannten Leichen errichtet wurde, befinden sich auf dem ehemaligen Lagergelände.

Treblinka. Etwa 100 km nordöstlich von Warschau, am Ostrand von Masowien wurden die beiden Lager (als Treblinka "I" und "II" bekannt) entlang der deutsch-russischen Grenze errichtet, die im Hitler-Stalin-Pakt festgelegt wurde, bevor die Deutschen und die Russen im September 1939 gleichzeitig in Polen einmarschierten. Treblinka wurde von den Nazis Ende 1943 geschlossen. Zu dieser Zeit waren ungefähr 800.000 Menschen – Juden, Roma, Polen und viele andere – hier in den Gaskammern umgekommen. Ein Museum der Erinnerung wurde in den frühen 1960er Jahren errichtet, und ein großes Denkmal erinnert an den Aufstand der Insassen im August 1943.

• *Information/Führungen* Auschwitz-Birkenau ist unsagbar schockierend. Wenn Sie Genaueres über das Lager wissen möchten, finden Sie in dem offiziellen Führer (3 Zł, auch auf Deutsch), Karten, Fotos und grauenhafte Statistiken. Es gibt auch andere Werke, die einzelne Aspekte der Lagergeschichte behandeln. Man kann sich auch einer der Führungen anschließen, die oft von früheren Insassen durchgeführt werden (40 Zł pro Person; wenden Sie sich an den ausgeschilderten Schalter im Eingangsbereich). Es ist wahrscheinlich am besten, wenn man nicht alleine hierher kommt – gegenseitige Unterstützung kann sehr hilfreich sein. Man sollte auch bedenken, dass die beiden Lager lebende Gedenkstätten sind, nicht nur Museen, und dass sie von vielen Besuchern aus Polen und dem Ausland besucht werden, deren Angehörige hier umgekommen sind. Dies erkennt man unter anderem an den vielen Kerzen, Blumen und kleinen Zetteln mit Nachrichten, die an der Hinrichtungsmauer und beim Krematorium zu finden sind. Obwohl das frühere Eintrittsverbot für Kinder unter 13 aufgehoben wurde – sogar Schulklassen besuchen heute Auschwitz – sollte man sich gut überlegen, ob man es für angebracht hält, Kinder einem solch traumatischen Erlebnis auszusetzen.

• *Anfahrt* Von Krakau aus gibt es regelmäßige Bahnverbindungen nach Oświęcim (für eine Besichtigung von Auschwitz-Birkenau), und zwar etwa sechsmal täglich vom Krakauer Hauptbahnhof und zwölf mal täglich vom Bahnhof Płaszów. Die Rückverbindungen fahren leider zu ungewöhnlichen Zeiten, sodass man sich recht früh auf den Weg machen sollte. Auf jeden Fall sollte man vor dem Ausflug den aktuellen Fahrplan studieren. **Busse** fahren eher selten dorthin, sieben davon halten am Hauptbusbahnhof etwa 2 km östlich des Stadtzentrums von Oświęcim. Die Fahrt dauert in beiden Fällen ca. 90 Minuten.

Lesertipp von Susanne Kustermann und Thomas Hug: "Seit kurzem gibt es eine Buslinie, die vom Busbahnhof in Krakau um 9 Uhr und um 11 Uhr direkt zum KZ Auschwitz fährt. Um 16 Uhr fährt der Bus von der Haltestelle gegenüber zurück nach Krakau. Hin- und Rückfahrt pro Pers. 30 Zł."

Die meisten Besucher besichtigen zuerst Auschwitz (die Stätte mit dem großen "Museum") und anschließend das 3 km nordwestlich gelegene Birkenau. Vom Bahnhof in Oświęcim ist es zwanzig Minuten zu Fuß und noch weniger mit dem Bus (es verkehren zahlreiche städtische Busse; Einzelheiten sind am Ausgang des Bahnhofs angeschlagen) bis zum Eingang des Lagers Auschwitz. Zwischen Auschwitz und Birkenau verkehrt stündlich ein Pendelbus (nur April–September, 2 Zł). Man kann auch ein Taxi nehmen oder in 35 Minuten dorthin laufen. Zurück nimmt man den Pendelbus bis Auschwitz, dann den städtischen Bus zum Bahnhof. Zu Fuß sind es von Birkenau bis zum Bahnhof 30 Minuten. Manche Besucher bevorzugen es, den ganzen Weg Bahnhof–Auschwitz–Birkenau–Bahnhof zu Fuß zu gehen, um dabei über die Ungeheuerlichkeit des Gesehenen nachzudenken. Beachten Sie jedoch, dass die ganze Strecke auf Asphalt und ohne jeglichen Schatten zurückgelegt werden muss.

Zurück nach Krakau kommt man mit dem Zug oder Bus. Der Bus fährt direkt gegenüber vom Bahnhof in Oświęcim ab. Die

Karte S. 456/457

Abfahrtzeiten sind unregelmäßig, besonders am Nachmittag, weshalb man am besten gleich bei der Ankunft die Rückfahrtszeiten studiert.

• *Übernachten* Es gibt verschiedene Unterkunftsmöglichkeiten. Das von der Kirche geführte **Centrum Dialogu i Modlitwy** (Zentrum für Dialog und Gebet), ul. św. M. Kolbego 1 (✆ 033/843 1000; G, für Studenten ermäßigt), wird hauptsächlich von Pilgern und Touristengruppen angelaufen. Es liegt in friedlicher Lage etwa 10 Minuten zu Fuß vom Lager Auschwitz. Das **Międzynarodowy Dom Spotkań Młodzieży**, ul. Legionów 11 (✆ 033/843 2107, www.mdsm.pl; G), befindet sich östlich vom Bahnhof (Auschwitz ist zu Fuß zu erreichen) und ist ein internationaler Jugendtreff, der von einer deutschen evangelischen Organisation geführt wird. Die Unterbringung ist gut, es gibt Doppelzimmer, Drei- und Vierbettzimmer. Allerdings ist es oft von Gruppen belegt. An Hotels gibt es u. a. das **Olimpijski**, gegenüber vom Busbahnhof, ul. Chemików 2a (✆ 033/842 3841; F), sowie das **Glob**, ul. Powstańców Śląskich 16 (033/843 3999; F), außerhalb des Bahnhofs und daher sehr laut. Beide Hotels sind recht nüchtern und bieten durchschnittliche Zimmer. Alle diese Unterkünfte haben ihre eigenen Restaurants oder eine Kantine. Im Lager Auschwitz gibt es eine **Cafeteria**, die einfache Gerichte anbietet.

Auschwitz-Birkenau im Polen der Nachkriegszeit

Auschwitz-Birkenau als ein "Museum" zu bezeichnen, ist vom moralischen Standpunkt her schockierend. Genau genommen stimmt die Bezeichnung jedoch, wenn man ein Museum als einen Platz ansieht, wo Gegenstände absichtlich in einer bestimmten Art und Weise angeordnet und ausgestellt werden. Was der heutige Besucher in Auschwitz-Birkenau sieht, spiegelt nicht die Entwicklung des Lagers unter den Nazis wider oder den Zustand des Lagers, wie es die sowjetischen Befreier im Januar 1945 vorfanden. Viele wichtige Teile des Geländes wurden verändert, zerstört oder dem Verfall überlassen. Am ehemaligen Haupteingang, der nicht, wie oft angenommen, der Torbogen mit der berüchtigten Aufschrift "*Arbeit Macht Frei*" ist, befindet sich heute die Parkplatzkasse. Das Besucherzentrum neben dem Parkplatz war ursprünglich die Eingangshalle für die späteren Insassen. Das Krematorium gleich außerhalb des Zaunes, der um das Hauptgelände gespannt ist, ist ein Nachbau des von den Lagerwachen hastig zerstörten Originalbaus, der zusammen mit anderen Einrichtungen abgerissen wurde, bevor sie das Gelände evakuierten. Neonazi-Gruppierungen und revisionistische Historiker haben die Unterschiede zwischen den ursprünglichen Auschwitz-Karten und dem heutigen Aussehen des Lagers dazu benutzt, um ihre widersinnigen Theorien zu stützen, die den Holocaust verleugnen. Dieser Wiederaufbau der ursprünglichen Gebäude bedeutet jedoch vielmehr, dass man von Anfang großen Wert darauf legte, Auschwitz als Zeitzeugnis und als lebendige Erinnerung an die Vergangenheit zu erhalten, wobei die nüchterne Darstellung von objektiven, historischen Fakten erst an zweiter Stelle kam. Viele werden sagen, dies sei zu Recht so geschehen.

Obwohl die Führungen und Reiseführer hauptsächlich auf Auschwitz ausgerichtet sind, war es Birkenau, wo die meisten Menschen (vor allem Juden) ermordet wurden. Manch einer würde sagen, dies sei das Werk der "Museumsplaner" der Nachkriegszeit, denen es um die Darstellung und Erhaltung von Plätzen ging, an denen polnische Bürger leiden mussten, was noch heute dazu führt, dass wesentlich weniger Besucher bis nach Birkenau vordringen. Beschämenderweise spielte noch bis in die späten 1990er Jahre das offiziell gedruckte Informationsmaterial über die Lager die Bedeutung der jüdischen Aspekte des Genozides herunter bzw. versäumte es, verschiedene Ereignisse im Lager zu erwähnen.

Der Hintergrund, warum in den offiziellen Reiseführern und Führungen im kommunistischen Polen die Ermordung der Juden nicht im Vordergrund stand, war eindeutig politischer Natur. Für Polens Nachkriegsregime waren die Schrecken des Zweiten Weltkriegs, wie in vielen anderen osteuropäischen Ländern auch, ein ständiger und zentraler Bezugspunkt. Im Einklang mit der offiziellen sowjetischen Linie deutete man den Krieg als antifaschistischen Kampf, in dem das Gute (Kommunismus und die Sowjetunion, vertreten von der Nachkriegsregierung) schließlich über das Böse (den Faschismus und Nazideutschland) gesiegt hatte.

Diese Interpretation verschaffte den neuen Regimes ein legitimes Instrument. Die Sowjetunion stellte sich so dar, als habe sie mit der Hilfe von loyalen Kommunisten in anderen Ländern Europa von Hitler befreit. Die neu eingesetzte Regierung sah sich in der Tradition dieses antifaschistischen Kampfes und stellte sich als Vertreter des Guten dar. In dieser schematischen Darstellung des Krieges war kein Platz für die antisemitischen Aspekte der Naziideologie: Die Menschen in den Lagern wurden ermordet, weil die Faschisten Schlächter waren und nicht weil die Opfer Juden, Polen oder Roma waren. Daher wurden die Lager zunächst auch als politische Denkmäler an die Opfer des Faschismus eröffnet und weniger in Erinnerung an die Opfer des Holocaust. Der offizielle Erlass, mit dem das Museum 1947 gegründet wurde, fängt diesen ideologischen Hintergrund prägnant ein: "Auf dem Gelände des früheren Nazi-Konzentrationslagers soll auf ewige Zeiten ein Denkmal errichtet werden, das an das Martyrium der polnischen Nation und anderer Nationen erinnert."

Polens demokratische Regierungen haben dagegen eine wesentlich größere Bereitschaft gezeigt als ihre Vorgänger, die besondere antisemitische Dimension des Holocaust stärker zu berücksichtigen. Zusammen mit "überarbeiteten" Zahlen der Toten in Auschwitz und Birkenau weisen die offiziellen Reiseführer nun deutlich darauf hin, dass die große Mehrheit der Opfer Juden waren, und eine neue Beschilderung verweist klar auf den jüdischen Genozid, der hier stattfand.

Die **polnisch-jüdischen Beziehungen** im Hinblick auf Auschwitz-Birkenau wurden in den letzten Jahren vor allem durch die Kontroverse über den **Karmeliterkonvent** beeinflusst, der 1984 in ein Gebäude einzog, das die Nazis zur Lagerung von Zyklon B Gas genutzt hatten und das direkt an die Mauern des Lagers Auschwitz angrenzte. Nach erheblichen Protesten des jüdischen Weltkongresses und anderer zugehöriger Organisationen gegen diesen als Angriff gewerteten, unterstellten Versuch, "den Holocaust für religiöse Zwecke zu taufen und gut zu heißen", griff schließlich 1987 die römisch-katholische Kirchenführung ein und stimmte der Entfernung des Konvents zu. Nachdem die Nonnen sich nicht an die Frist zum Auszug gehalten hatten, erhitzte sich der Streit im Sommer 1989 erneut. Jüdische Aktivisten aus den USA und Israel protestierten vor dem Gebäude im Rampenlicht der internationalen Medien. Anwohner aus der Gegend reagierten aufgebracht (und teilweise sogar mit körperlicher Gewalt) gegen den als

Karte S. 456/457

Einmischung in das Kirchenleben verstandenen Protest. Kardinal Glemp suggerierte in einer Stellungnahme, hier sei eine jüdische Weltverschwörung am Werk, die sich gegen die Kirche richte, eine Bemerkung, die ihm natürlich den öffentlichen Tadel vieler namhafter polnischer katholischer Intellektueller einbrachte. Im Gegenzug könnte man sagen, dass im Lauf der heftig geführten Diskussionen die jüdischen Aktivisten zuwenig Verständnis für die in Polen weit verbreitete Auffassung von Auschwitz als Symbol des Märtyrertums ihrer Nation zeigt, die besonders in Auschwitz und unter den Nazis im Allgemeinen gelitten hatten: Immerhin wurden während der Besatzung durch die Nazis über drei Millionen polnische Bürger getötet.

Insgesamt löste der Streit über den Konvent viel Trauer und Bitterkeit aus, das den langsamen und oft schmerzhaften Prozess der Neuordnung der polnisch-jüdischen Beziehungen unnötig zurückwarf. Als die Nonnen im Sommer 1993 in ein neues Gebäude umzogen, war eine allgemeine Erleichterung spürbar, besonders, da es eine Zeit lang so aussah, als ob ihre andauernde Weigerung, sich zu beugen, die jüdische Teilnahme in den offiziellen Feierlichkeiten zum 50. Jahrestages des Warschauer Ghettoaufstandes gefährden könnte. Der Konvent ist nun in der Nähe des **Zentrums für Information, Dialog und Gebet** untergebracht, das 1992 auf einem Gelände etwa 1 km südwestlich des Lagers errichtet wurde. Das Zentrum möchte ein Platz des Nachdenkens und der Diskussion über die Bedeutung und das Erbe des Holocausts sein, im Besonderen aber ein Platz, an dem sich Anwohner der Gegend und jüdische Besucher des Lagers treffen.

Ein weiterer Vorfall in der Geschichte des Lagers ereignete sich während der Feierlichkeiten anlässlich des 50. Jahrestages der **Befreiung von Auschwitz-Birkenau** im Januar 1995. Wiederum wurde eine Veranstaltung, die eigentlich der gemeinsamen Erinnerung und der Einigkeit dienen sollte, von Auseinandersetzungen überschattet. Erbost über das vermeintliche Versäumnis, dem jüdischen Leiden in Auschwitz den ihm zustehenden Platz in den zweitägigen Feierlichkeiten einzuräumen, organisierten jüdische Teilnehmer ihre eigene, emotionsgeladene Erinnerungsaktion im Lager einen Tag vor der offiziellen Zeremonie. In seiner Rede am nächsten Tag, der die Größen der Weltpolitik und der Religion beiwohnten, wich Präsident Lech Wałęsa, der die unterschwellige, an ihn gerichtete Erwartungshaltung spürte, von seiner vorbereiteten Rede ab, um zum ersten Mal öffentlich auf die Einzigartigkeit und Besonderheit des jüdischen Leidens einzugehen.

1998 kam es praktisch zu einer Wiederholung des Disputes um den Karmeliterkonvent, als katholische Nationalisten um das acht Meter hohe Kreuz unterhalb der Südhälfte des Lagers ein Meer von **Kreuzen** errichteten. Das große Kreuz, das zur Erinnerung an den Besuch des Lagers 1979 durch Karol Wojtyła aufgestellt worden war, wurde von jüdischen Organisationen bisher immer geduldet. Doch das Hinzufügen von etwa hundert kleineren Kreuzen war etwas anderes. Die polnischen Autoritäten bemühten sich zwar um eine Lösung des Streits, indem sie versuchten, die Kreuze durch Enteignung des Landes, auf dem sie standen, entfernen zu lassen, doch dies konnte nicht verhindern, dass – wenn auch nur sporadisch – gelegentlich neue Kreuze dort aufgestellt wurden.

Die letzte Kontoverse bezüglich Auschwitz führte zum Einrichten einer Pufferzone um das Lager, in der alle kommerziellen Tätigkeiten verboten sind, die die Würde der Stätte verletzen könnten. 1999 verfügte die polnische Regierung, dass die Zone einen Radius von hundert Metern um die Grenzen des Lagers haben sollte. Mitglieder der jüdischen Gemeinde aber wiesen darauf hin, dass ein von der UNESCO gefördertes Abkommen aus dem Jahr 1979 eine fünfhundert Meter breite Zone vorgesehen hatte, und begannen eine Kampagne für die Ratifizierung jenes Abkommens. Die Einwohner von **Zasole**, eines Vorortes von Auschwitz mit 10.000 Einwohnern, der direkt an die Stätte grenzt, waren gegen jegliche Art von Pufferzone. Sie sahen in dem Verbot kommerzieller Tätigkeit eine unfaire Belastung ihres Stadtbezirks, der ohnehin unter wirtschaftlicher Stagnation und hoher Arbeitslosigkeit leidet. Das Ganze spitzte sich Anfang 2001 zu, als eine beliebte **Disco**, groteskerweise neben dem Lager in einem Gebäude untergebracht, das die Nazis zur Aufbewahrung von Kleidern und anderem gestohlenem, persönlichem Besitz der Insassen genutzt hatten, von der Landesregierung von Małopolska über die Köpfe des Stadtrats von Zasole hinweg geschlossen wurde. Die Autoritäten von Oświęcim arbeiten derzeit an einem Entwicklungsplan, der die Fünfhundert-Meter-Zone berücksichtigt und gleichzeitig der wirtschaftlichen Entwicklung von Zasole Raum gibt. Es ist vorhersehbar, dass viele in Zasole dies als eine Preisgabe ihrer Interessen betrachten werden. Die schwierigen emotionsgeladenen polnisch-jüdischen Beziehungen werden wohl auch in Zukunft noch in den Schlagzeilen bleiben.

Karte S. 456/457

Oświęcim/Auschwitz

Die meisten Gebäude, Stacheldrähte, Wachtürme und das Eingangstor mit der Aufschrift "Arbeit macht frei" im Konzentrationslager Auschwitz wurden im Museum des Martyriums bewahrt.

Was man hier nicht mehr finden wird, sind die Gedenksteine und Erinnerungstafeln vor dem und um das Camp, die die kommunistische Nachkriegsregierung aufstellen ließ und der Inschriften daran erinnern sollten, dass an diesem offiziell als "Internationales Monument der Opfer des Faschismus" deklarierten Platz 4 Millionen Menschen starben. In einer symbolischen intellektuellen Säuberungsaktion wurden die aufgeblasenen Schätzungen entfernt, und 1990 gab das Internationale Komitee, das mit der Leitung des Geländes beauftragt wurde, die Anweisung, deutlicher auf die zentrale Rolle der Juden in dem in Auschwitz-Birkenau stattgefundenen Genozid hinzuweisen.

Ein Besuch des **Kinos** bildet einen ernüchternden Anfang für eine Besichtigung: Der Film, der hier gezeigt wird, wurde von den sowjetischen Truppen gedreht, die das Lager im Mai 1945 befreiten. Entsetzliche Bilder der Überlebenden und Toten sollten für zukünftige Generationen festhalten, was sich hier abgespielt hatte. Am Anschlagbrett vor dem Kino sind die Zeiten für die Vorführungen in den verschiedenen Sprachen angegeben. Das **Lager** besteht im wesentlichen aus den Gefängnisblocks. Im ersten Teil befinden sich die "Ausstellungsgegenstände", die nach der Befreiung gefunden wurden. Trotz großer Anstrengungen in letzter Minute, die vielen **Lagerhäuser** (insgesamt 35) zu zerstören, in denen die Besitztümer der ermordeten Insassen aufbewahrt wurden, gibt es noch immer Räume voller Bekleidungsstücke und Koffer, Zahnbürsten und Zahnersatz, Brillen, eine Riesensammlung von Schuhen und einen noch größerer Berg von Frauenhaar – insgesamt 70.000 kg! Es ist sehr schwer, das ganze Ausmaß des Gezeigten zu erfassen.

In **Block 11** wurden im Jahr 1941 die ersten Versuche mit dem Gas Zyklon B an sowjetischen Kriegsgefangenen und anderen Insassen durchgeführt. Und zwischen zwei der Blocks steht die heute mit Blumen geschmückte **Todesmauer**, an der Tausende von Gefangenen in Massenhinrichtungen ihr Leben verloren. Wie in den anderen Konzentrationslagern kamen die Opfer in Auschwitz aus ganz Europa – insgesamt waren es mehr als zwanzig Nationalitäten. Viele der Lagerbaracken wurden den einzelnen Ländern als **nationale Gedenkstätte** übergeben. Sie sind die bewegenden Zeugnisse der Gräueltaten der Nazis im besetzten Europa und des Leids der Insassen der verschiedenen Nationen – Polen, Russen, Tschechen, Slowaken, Norweger, Türken, Franzosen, Italiener und andere. Die Ausstellungen haben sich im Laufe der Jahre nicht wesentlich verändert, und die Ausstellungsgegenstände sehen inzwischen verblichen aus. Das trifft insbesondere für die veraltete Gedenkstätte für Jugoslawien zu, die eine in höchstem Maße unangebrachte Verherrlichung von Titos Partisanenbewegung im Krieg, aber nahezu nichts über Auschwitz enthält. Dieser Teil der Ausstellung ist außer für Führungen von Oktober bis April geschlossen.

Eine weitere große Baracke (Nr. 27, das ganze Jahr über geöffnet) trägt die einfache Bezeichnung **"Juden"**. Im Innern gibt es eine lange, labyrinthartige Ausstellung von Fotos, die nicht beschriftet sind, aber für sich selbst sprechen. In dieser Baracke herrscht eine Stimmung stiller Ehrerbietung und Respekt vor den Opfern. Das Grauen wird hier weniger dokumentiert als vielmehr nachempfunden. Im zweiten Stock ist eine Abteilung dem jüdischen Widerstand innerhalb und außerhalb des Lagers gewidmet, der zum Teil mit der polnischen AK (*Armia Krajowa*; Heimatarmee) zusammenarbeitete und zum Teil völlig autonom. Eine einfache, Gedenktafel erinnert an den Israelischen Präsidenten Chaim Herzog, der das Lager im Jahr 1992 besuchte. Aber trotz der Eindringlichkeit dieser Gedenkstätte finden manche es unangemessen, die Juden so einfach mit den anderen Opfer zusammengewürfelt zu sehen, als seien sie nur eine ethnische Gruppe unter vielen gewesen, die unter den Nazis leiden mussten. Obwohl Auschwitz inzwischen in der Öffentlichkeit anders dargestellt wird, ist dies ein Aspekt der jüdischen Dimension des Lagers, den man noch nicht überdacht hat.

Die Gefängnisblocks enden bei den **Gaskammern** und den Verbrennungsöfen, wo die Leichen verbrannt wurden. Um mit dem Philosophen Theodor W. Adorno zu sprechen: "Nach Auschwitz ist kein Gedicht mehr möglich."

Öffnungszeiten täglich; Juni–Aug. 8–19 Uhr, Mai und Sept., 8–18 Uhr, April und Okt. 8–17 Uhr; Jan., Feb. und 16.–31. Dez. 8–15 Uhr; März und Nov. bis 15. Dez. 8–16 Uhr. Eintritt frei.

Brzezinka/Birkenau

Das **Lager von Birkenau** wird seltener besichtigt als Auschwitz, obwohl gerade hier die meisten Gefangenen lebten und ermordet wurden. Auf dem rund 170 ha großen Gelände standen einst über 300 Gebäude, von denen noch rund 60 Holz- und Backsteingebäude übrig geblieben sind. Die anderen wurden entweder niedergebrannt oder bei Kriegsende zerstört. Von den meisten kann man noch die Grundmauern erkennen – und zwar am besten vom Turm über dem Eingangtor, den man besteigen kann und von dem man das Lager gut überblicken kann. Wenn man über das Gelände wandert, sieht man zahllose Reihen von Baracken, abgetrennt durch Stacheldrahtzäune, und hin und wieder einen Wachturm dazwischen. In diesen endlosen Reihen gleichförmiger Baracken lebten Tausende von Menschen (im August 1944 waren es über 100.000) unter menschenunwürdigen Bedingungen. Die meisten lebten hier nicht besonders lange. Die Bestimmung von Birkenau war die Massenvernichtung, vor allem in den riesigen **Gaskammern** im rückwärtigen Teil des Lagers, die von den Nationalsozialisten vor ihrer Flucht im Jahr 1945 zwar beschädigt, aber nicht komplett zerstört wurden. Auf dem Höhepunkt der Massenmorde wurden in dieser kaltblütig geplanten Tötungsmaschinerie an einem einzigen Tag 60.000 Menschen mit Gas getötet und anschließend verbrannt.

Die meisten Opfer trafen in geschlossenen **Zügen** in Viehwaggons ein. Sie wurden direkt von der Eisenbahnrampe in die Gaskammern getrieben. Die Eisenbahnlinie, die Rampe und die Rangiergleise sind noch immer zu sehen – genau so, wie die Nationalsozialisten sie zurückgelassen hatten. In den dunklen, knarrenden Hütten lagen auf den erbärmlichen nackten Schlafstellen sechs oder mehr zitternde Menschen auf jeder Etage zusammengepfercht: Nur ein Gang um die Baracken reicht aus, und schon stehen Schrecken und Erniedrigung an diesem Ort bildhaft vor Augen. Ein Denkmal für die Toten mit Inschriften in zehn Sprachen ragt zwischen den verzerrten Ruinen der Gaskammern und Krematorien auf und starrt über das Lager. Unheimlich ist der Teich hinter dem Monument in der nördlichsten Ecke des Lagers: Hier wurde die menschliche Asche aus den Krematorien entsorgt, und das Wasser hat immer noch eine schmutzig-graue Farbe.

Öffnungszeiten wie Auschwitz/Oświęcim

Kalwaria Zebrzydowska und Wadowice

Im Südwesten von Krakau haben zwei Orte für Polen als Wallfahrtsorte eine große religiöse Bedeutung: Kalwaria Zebrzydowska, dem nur Częstochowa gleichkommt, und Wadowice, der Geburtsort von Karol Wojtyła, heute Papst Johannes Paul II. Zahlreiche Busse fahren die Strecke Krakau–Kalwaria–Wadowice, sodass man beide Orte von Krakau aus leicht an einem Tag besuchen kann.

Kalwaria Zebrzydowska

Am Fuße der Berge, etwa 30 km südwestlich von Krakau, liegt das Städtchen **Kalwaria-Zebrzydowska**, das neben dem Zentrum der Pilgerverehrung hoch oben auf dem Berg eher verblasst. Vom seltsam menschenleeren Rynek gelangt man auf der Straße in Richtung Süden, die hinter der Dorfkirche abgeht, nach einem steilen Anstieg von etwa einem halben Kilometer auf den Berg. Hier befinden sich das Bernhardinerkloster, die Kirche der Jungfrau und eine Via Dolorosa, Anfang des 17. Jahrhunderts von der Familie *Zebrzydowski* auf dem Familienanwesen errichtet, nachdem dort eine Vision von drei Kreuzen erschienen war. Weitere Wunder wurden hier beobachtet, und der erste und bekannteste Kalvarienberg wurde schließlich zu einer der wichtigsten Pilgerstätten des Landes.

Vor dem Bau schickte die Familie Zebrzydowski einen Gesandten nach Jerusalem, der für sie Zeichnungen und Modelle der heiligen Stätten anfertigen sollte. Daher sind viele der zahlreichen **Kapellen** auf den benachbarten Hügeln den Gebäuden der heiligen Stadt nachempfunden. Zu der Via Dolorosa kam um 1630 eine Reihe von Marienschreinen hinzu, unter anderem auch ein "Haus Mariens", die **Kirche**

Karte S. 456/457

Passionsspiel in Kalwaria Zebrzydowska

des Mariengrabes, in der ein Grab der Jungfrau in Form eines großen, überkuppelten Sarkophages untergebracht ist. Außerdem gibt es weitere Kapellen und Gebäude – über ein Gebiet von insgesamt drei Kilometern verstreut. Die **Hauptbasilika** schwelgt in üppigem Barock mit einer versilberten italienischen Figur der Jungfrau über dem Hochaltar. Das wichtigste Objekt der Anbetung ist jedoch das **Gemälde von der Jungfrau mit dem Kind** in der Zebrzydowski Kapelle, das angeblich seit 1640 in regelmäßigen Abständen Tränen vergießt. Der Papst, der etwa 15 km entfernt in Wadowice aufwuchs, besuchte den Schrein regelmäßig. Zwischen den üblichen Snackbars und Andenkenläden auf dem Weg zur Basilika finden sich immer zahlreiche Pilger.

Meist herrscht dichtes Gedränge, doch im August, dem traditionellen Wallfahrtsmonat in Polen, besonders zu **Mariä Himmelfahrt** (15. August), und an Ostern, wenn die Passionsspiele hier am Gründonnerstag und Karfreitag aufgeführt werden, bewegen sich riesige Menschenmengen andächtig um die Kapellen, in denen die Ereignisse der Heiligen Woche leidenschaftlich nachgespielt werden. Die berauschte Stimmung der kollektiven Katharsis, die diese Ereignisse begleitet, erlaubt einen Einblick in das Wesen des polnischen Katholizismus. Auf einen Fremden aus eher nüchternen, nordischen Gegenden wirkt der Realismus (an Kreuze gebundene Gestalten, die Zuschauer als Römer verkleidet) ziemlich befremdend, ja sogar beängstigend: Diese schauerlichen Darstellungen der Kreuzigung sind jedoch ein fester Bestandteil katholischer Feste in vielen ländlichen Gegenden Europas.

• *Übernachten und Essen* Wegen der Nähe zu Krakau bleiben die wenigsten Besucher über Nacht. Daher gibt es nur wenig Unterkünfte. Das **Dom Pielgrzyma**, ul. Bernardyńska 46 (✆ 033/876 5539), ist ein von der Kirche geführtes Hotel mit sehr einfachen Doppelzimmern mit gemeinschaftlichen Sanitäreinrichtungen (I) und einigen Schlafsälen (21 Zł pro Person). Sperrstunde ist 21.30 Uhr. Das **Sporthotel Stadion** (auch *Sportowy* genannt), ul. Mickiewicka 16 (✆ 033/876 6492), wenige Fußminuten vom

Rynek, hat Drei- und Vierbettzimmer für etwa 25 Zł pro Person, alle ohne Dusche.
Für eine Mahlzeit bieten sich das **Żarek**, gleich nördlich vom Rynek, ul. Jagiellońska an, das **Korona**, ul. 11-go Listopada, 10 Minuten zu Fuß östlich vom Rynek, und das **Torino**, eine einfache Café-Bar direkt auf dem Rynek.

Wadowice

Vierzehn Kilometer weiter westlich liegt die Kleinstadt **Wadowice**, die aus der Anonymität hervortrat, als im Oktober 1978 ein Sohn des Ortes, *Karol Wojtyła*, zum Papst gewählt wurde. Praktisch über Nacht verwandelte sich die Stadt in einen Wallfahrtsort, und die Souvenirindustrie ergriff sofort die sich bietende Chance.
Bahnhof und Busbahnhof liegen im Osten der Stadt. Von dort geht man zehn Minuten zu Fuß zum elegant gepflasterten und mit Blumenbeeten geschmückten Marktplatz. Hauptanziehungspunkt ist hier die **Pfarrkirche** mit dem Zwiebelturm, in der Karol Wojtyła 1920 getauft wurde. Die meisten Besucher schreiten zur Kapelle der Jungfrau Maria links vom Eingang, in der sich ein Bild der Jungfrau aus dem 19. Jahrhundert befindet, zu dem Karol Wojtyła als Schuljunge regelmäßig gebetet hat. Hinter der Kirche steht das alte **Rathaus**, in dem ein Museum mit Wechselausstellungen über die Ortsgeschichte untergebracht ist. Ein paar Schritte weiter, in der ul. Kościelna 7, ist das **Geburtshaus** des Papstes. Bis zu seinem 18. Lebensjahr wohnte er dort in einer Zweizimmerwohnung. Sie ist in ein schreinähnliches Museum umgewandelt worden und enthält viele Fotos, die die jungen Jahre des Pontifex veranschaulichen. Es ist viel zu klein für eine Busladung von Touristen – bereiten Sie sich auf Gedränge vor.

• *Öffnungszeiten* **Rathausmuseum** – Mo–Do 9–15 Uhr; Fr 9–16.30 Uhr, Sa 10–14 Uhr, So 11–15 Uhr; Eintritt 2 Zł, **Papstmuseum** – Di–Do 9–13 Uhr und 14–18 Uhr; Eintritt frei.

• *Übernachten* Die besten Unterkünfte sind die Herberge **Dom Pielgrzyma**, Fatimska 90 (✆ 033/873 1200; H), das über Schlafsäle und einfache Doppelzimmer verfügt; und das Hotel **Podhalanin**, ul. Wojske Polskiego 29 (✆ 033/823 3812; G), ein Militär-Erholungsheim im Norden der Stadt an der Straße nach Oswięcim mit akzeptablen Zimmern mit Bad.

Kulinarisch hat Wadowice etwas Besonderes zu bieten: *Kremówka Wadowicka*, eine leckere, wabbelige Scheibe Vanillepudding, die in den Cafés der Stadt verkauft wird. Probieren Sie die Köstlichkeit im **Cukierna Beskidzka** beim Marktplatz, ul. Jagiellońska. Ansonsten gibt es im Restaurant **Piwnica**, ebenfalls in der Jagiellońska gute, preiswerte Schweinefleisch- und Fischgerichte in einem ansprechenden Keller. **Kawiarna Galicja**, ul. Kościelna, gleich neben dem Geburtshaus des Papstes, ist ein erholsamer Platz für einen Drink.

Der Nationalpark Babia Góra und Umgebung

In der Südwestecke von Małopolska liegt das **Babia-Góra-Massiv**, das eine der herausragendsten Gipfelketten der Beskiden bildet. Hier befindet sich der zweitkleinste polnische Nationalpark, der jedoch zu den schönsten schützenswerten Gebieten gehört und sogar auf der Welt-Biosphären-Liste der UNESCO zu finden ist. Bei Polen ist die Gegend sehr beliebt und wird von ihnen zahlreich besucht. Touristen ist der Park bisher so gut wie unbekannt. Charakteristisch für die Gegend sind die klar abgestuften Vegetationszonen. Bis zu einer Höhe von 1.150 m gibt es dichte Wälder, die zunächst vorwiegend aus Birken und Fichten, später aus Fichten und Ebereschen bestehen. Danach kommt ein Bereich mit Zwergkiefern, und in den höchsten Regionen wachsen zwischen den Felsen nur noch Gräser, Moosarten und Flechten. In dem Massiv gibt es Hunderte von Pflanzenarten, 115 verschiedene Vogelarten sowie Luchse, Wölfe und sogar Braunbären.

Westlich des Parkgebietes, an der Grenze zu Schlesien liegt **Żywiec**, das für sein Bier berühmt ist. Hier kann man gut einige Stunden verbringen und die Lage des Ortes in einem breiten Tal am Fuße von drei Bergketten genießen: dem Beskid Mały im Nordosten, dem Beskid Ślaski im Norden und Westen und dem Beskid Żywiecki im Süden.

▸ **Zawoja und Umgebung**: Der Eingang zum Nationalpark befindet sich in **Zawoja**, einer weitläufigen Ansiedlung an den Ufern des Flusses Skamica, etwa 65 km von Krakau entfernt. Die Einwohner behaupten, die Stadt, die sich über 12 km vom einen Ende zum anderen erstreckt, sei die längste in Polen und vielleicht sogar in Europa. Es ist ein naturnaher, vom Tourismus weitgehend verschonter Platz, und im Gegensatz zu anderen polnischen Gebirgsferienorten gibt es hier kein Dorfzentrum mit touristischen Einrichtungen, Cafés und Läden. Im Winter kann man in begrenztem Maße Wintersport betreiben. Am Südwestrand des Dorfes liegen einige Hügel, die sich für Anfänger und anspruchslose mittelmäßige Fahrer eignen. Ansonsten ist Zawoja eine Oase ländlicher Ruhe.

• *Information* Das Fremdenverkehrsbüro (Mo–Fr 9–17 Uhr; www.zawoja.pl) ist in Zawoja-Zentrum, 6 km vor Zawoja-Policzne. Hier kann man Ihnen **Privatzimmer** (I) vermitteln.

• *Anfahrt/Verbindungen* Es gibt keine Zugverbindung, aber von Krakau, Katowice und Bielsko–Biała, sowie Wadowice, 70 km nördlich, verkehren regelmäßig Busse. Die meisten fahren bis Zawoja-Policzne im äußersten Süden des Ferienortes in der Nähe des Nationalparkeingangs.

• *Übernachten/Essen* Die meisten Unterkünfte und Geschäfte liegen in Zawoja-Widły, auf halbem Weg zwischen Zentrum und Policzne. Das **Krokus** (✆ 033/877 5140; G), eine Familienpension, ist vermutlich die beste Wahl. Es gibt saubere Zimmer mit Bad und TV. Das **Zawojanka** (✆ 033/877 5122; H) ganz in der Nähe hat einfachere Zimmer, ist aber oft von Schulgruppen ausgebucht. Sowohl Zawojanka als auch **Diablak** (✆ 033/877 5126), ebenfalls in Widły, bieten Unterkunft in Fünf- und Sechsbett-Schlafräumen ab 15 Zł pro Person. **Camping Rafako** (✆ 033/877 5176) vermietet das ganze Jahr über Bungalows (H).

Es gibt ein paar vereinzelte **Snackbars** in Widły, auch die **Hotels** bieten Essen an. Die beste heimische Küche bietet das **Jadło pod Lipami**, gleich oberhalb der Hauptstraße.

▸ **Wandern im Park**: Am einfachsten erreicht man Babia Góra vom Parkplatz Zawoja-Polanicze aus. Zu Fuß gelangt man über den blau markierten Wanderweg dorthin, der von der Stadt sanft ansteigend durch den Wald bis zur Hütte *Markowye Szczawiny* führt. (✆ 033/877 5105) – hier gibt es warmes Essen und einen Schlafsaal. Wenn die Zeit knapp ist, schlägt man von hier aus den gelb markierten Weg ein, der auf den **Diablak** (1.725 m) führt, den höchsten Berg des Massivs, von dem aus man einen guten Überblick über das Gebiet bekommt. (Auf dieser Strecke gibt es eine Stelle, an der man eine ziemlich steile, befestigte Leiter hinaufklettern muss!) Vom Gipfel aus, der einen Teil der internationalen Grenze zur Slowakei bildet, hat man einen panoramaartigen Blick, bei klarem Wetter kann man sogar die Tatra sehen. Der rot markierte Weg führt über einen problemlosen Abstieg wieder hinunter zum Parkplatz. Wer nicht ganz schwindelfrei ist, sollte auch für den Aufstieg diesen Pfad wählen – von hier aus hat man auch den besten Blick auf den Gipfel. Wer mehr Zeit hat, kann in einem Tagesausflug vom Gipfel des Diablak aus den grün markierten Pfad Richtung Westen einschlagen, dann auf dem roten zur Hütte und von dort auf dem schwarzen Pfad zurück nach Zawoja zurückwandern.

Zubrzyca Górna

Das Dorf **Zubrzyca Górna** liegt etwa 4 Kilometer südlich vom Parkplatz und ist von dort aus auf dem grün markierten Wanderweg zu erreichen. Im Norden des Dorfes liegt der **ethnographische Park**, ein beeindruckendes und gut geführtes Freilichtmuseum der traditionellen Regionalarchitektur.

Öffnungsz. 15. April–15. Sept., Di–So 9–15 Uhr; 16. Sept.–14. April, Di–So 9–14.30 Uhr. Eintritt 2 Zł.

Żywiec

Żywiec liegt 50 km westlich von Zawoja (jedoch nur, wenn man auf der Landstraße fährt – per Luftlinie ist es wesentlich näher) und ist per Zug von allen größeren Städten Polens aus gut zu erreichen. Es ist vor allem wegen seiner **Brauerei** bekannt, die jährlich über 30 Millionen Liter Bier produziert, angeblich soll es das beste des Landes sein. Bis zum Ende der kommunistischen Ära konnte man das Żywiecer Bier eher im Regal eines westeuropäischen oder amerikanischen Supermarkts finden als in Polen selbst, denn der Großteil wurde exportiert, da man die harte Währung nötig brauchte. Mittlerweile ist es aber fast überall im Land zu haben. Heute wird das Lager-Bier in Cafés und Bars in ganz Polen serviert. Wenn Sie das dunklere und stärkere *Porter* finden – man bekommt es seltener –, sollten sie es unbedingt probieren. Abgesehen vom guten Bier lohnt sich auch Żywiec selbst für einen Zwischenstopp auf der Reise. Vom Ufer des Wasserreservoirs am Nordende der Stadt, das oft ausgetrocknet ist, hat man einen guten Blick über die Gebirgsketten.

Das **Schloss** wurde von den Grafen von Oświęcim im 15. Jahrhundert gebaut, der schöne, arkadengesäumte Innenhof stammt aus der Zeit der Renaissance. Im 19. Jahrhundert wurde sie von den Habsburgern restauriert, die auch das weiße **Palais** gegenüber bauen ließen, dessen Renovierung sich schon lange hinzieht. Im Burghof befindet sich das ruhige Café *Zamkowa*. Der riesige **Park** südlich des Schlosses, in dem u. a. ein **chinesisches Teehaus** aus dem 18. Jahrhundert steht, lädt zu einem Spaziergang ein.

Öffnungszeiten **Schloss** – Di–Fr 9–15 Uhr, Sa und So 10–14 Uhr; Eintritt 3 Zł.

Östlich vom Palais befindet sich die **Marienkirche**, an sich ein wenig bemerkenswerter gotischer Bau mit Barockverzierungen, an der jedoch der Renaissanceturm mit Galerie hervorsticht, der in der ganzen Stadt zu sehen ist. Das **Stadtmuseum** ist in einem Barockpalais in der Hauptstraße ul. Kościuszki nördlich der Kirche untergebracht. Etwas weiter ist einer der Türme der Befestigungsanlagen zu sehen. Die **Heiligkreuzkirche**, ein rustikaler Holzbau, befindet sich am Westende der ul. Kościuszki in der ul. Świętokryska.

- *Öffnungszeiten* **Stadtmuseum** – Di–Sa 9–16 Uhr, Sa 10–15 Uhr, So 10–14 Uhr. Eintritt 5 Zł.
- *Information* Das **Touristenbüro** befindet sich auf dem Rynek Nr. 12 (✆ 033/ 861 4310).
- *Anfahrt* **Bahnhof** und **Busbahnhof** liegen auf der dem Stadtzentrum gegenüberliegenden Seite des Flusses Soła, etwa 10 Minuten zu Fuß auf der ul. Marchewskiego.
- *Übernachten/Essen* Hotels in der Stadt sind spärlich gesät. Das **Nad Sołą**, ul. Tetmajera 75 (✆ 033/861 0310; G), ist wohl die beste Wahl. Es ist ein mittelgroßes, auf Geschäftsleute ausgerichtetes Hotel in der Nähe des Flusses, 2 km südlich vom Zentrum, es ist allerdings schwer zu finden. Im Zentrum selbst gibt es lediglich das **Roma**, ul. Kościuszki 12 (✆ 033/861 0443; H), das nur sechs Zimmer hat und oft ausgebucht ist. Die **Jugendherberge** befindet sich gleich neben dem Bahnhof in der ul. Ks. Słonki 4 (✆ 033/ 861 2639). Der **Campingplatz Dębina** ist ganz im Süden der Stadt, ul. Kopernika 4 (✆ 033/ 861 4888), in der Nähe des Bahnhofs Sporysz. Es gibt einige annehmbare Restaurants entlang der Hauptstraße, der ul. Kościuszki. Gut ist das **Ratuszowa**, ul. Mickiewicza 1, am Rand des Marktplatzes – hier bekommt man alles von polnisch bis chinesisch.
- *Festival* Jeden August findet hier ein **Festival** regionaler Folklore statt, bei dem man die farbenfrohen Trachten bewundern kann, insbesondere die der Frauen sind reich mit Spitzen und Stickereien verziert.

Ojców-Tal und Route der Adlerhorste

Im Nordwesten von Krakau liegt als leicht erreichbares Naherholungsgebiet das Ojców-Tal. Hier kann man am Wochenende vom Stadtleben ausspannen.

Diese vom Prądnik tief in den Kalkstein geschnittene Schlucht besitzt ein einzigartiges Mikroklima und eine erstaunlich reiche Vielfalt an Pflanzen und Tieren. Inzwischen steht der **Ojcówski-Nationalpark**, eine der kleinsten aber beschützenswertesten Regionen des Landes, völlig unter Naturschutz. Hier gibt es eine vielseitige, anziehende Landschaft mit schönen Flusstälern, verschlungenen Felsformationen, friedlichen Wäldern und eine reichhaltige Flora auf ca. 19 Quadratkilometern. Das Gebiet ist einfach zugänglich und ideal für eine Tageswanderung. Im September und Oktober zeigt sich hier der polnische Herbst in seinen schönsten Farben. Wer sich für den Park interessiert, sollte sich die Karte *Ocjówski Park Narodowy* (1:22.500) besorgen, die man in Krakau und Ojców überall erhält.

Vom Tal aus gelangt man zu der südlichsten der **Burgen**, die König *Kazimierz III. der Große* errichten ließ, um den Südwesten von Polen – und vor allem die Handelswege – vor den böhmischen Herrschern in Schlesien zu schützen. Diese Festungen an der sogenannten **Route der Adlerhorste** (Szlak Orlich Gniazd) stehen auf dem Bergkamm, der von Ojców aus in westlicher Richtung nach Częstochowa verläuft.

Von Ojców ins Tal

Der Hauptzugang zur Schlucht des Flusses befindet sich in **Ojców**, 25 km von Krakau. Die meisten, aber nicht alle Busse der Strecke Krakau–Olkusz fahren den Ort an. Es ist das einzige Dörfchen innerhalb des Nationalparks und quillt in der Hauptsaison über vor Schulbussen aus der Region. Der reizende Ort, dessen Holzhäuser sich im Talgrund aneinander reihen, wurde Mitte des 19. Jahrhunderts als unauffälliger Erholungsort gegründet, und ist von Mischwald und schroffen Kalkfelsen eingerahmt. Gleich hinter dem Parkplatz mit der Bushaltestelle befindet sich ein kleines **naturhistorisches Museum**, in dem es Mammutstoßzähne, die Kiefer prähistorischer Bären und eine kleine Sammlung an ausgestopften einheimischen Tieren zu sehen gibt. Gleich dahinter befindet sich das PTTK-**Landesmuseum**. Es ist oberhalb der Post und zeigt Dorfansichten aus dem 19. Jahrhundert und Volkstrachten, die für ihre reich bestickten und mit Perlen besetzten Frauenjacken berühmt sind.

Öffnungszeiten **Naturhistorisches Museum** Mitte Mai–Mitte Nov., Di–So 9-16.30 Uhr, Mitte Nov.–Mitte Mai, Di–Fr. 8–15 Uhr. Eintritt 2 Zł. **Landesmuseum** – Mo–Fr 9–15 Uhr. Eintritt 2 Zł.

Im Norden wird das Dorf von einer schönen **Burgruine** beherrscht, die am Südende der **Route der Adlerhorste** (Szlak Orlich Gniazd) liegt. In der Dämmerung, wenn ganze Schwärme von Fledermäusen um die Ruine kreisen, ist der Platz besonders beeindruckend. Von der Burg ist außer zwei Originaltürmen aus dem 14. Jahrhundert, dem Burgtor und den Wänden der Burgkapelle nur noch wenig erhalten. Man hat jedoch einen hervorragenden Blick über das sich windende Tal und den Weg, der durch die Wälder zum Campingplatz und Restaurant Złota Góra führt.

Öffnungszeiten **Burgruine** – April–Okt. Di–So 10–16.45 Uhr, im Hochsommer länger. Eintritt 1,50 Zł.

Von der Burg in Ojców nur wenige hundert Meter weiter im Norden des Tals bietet sich der ungewöhnliche Anblick einer **Holzkirche** (Kaplica na Wodzie), die direkt am Wasser auf Backsteinpfählen steht. Mit dieser eigenartigen Stätte umging man auf schlaue Art einen Zarenerlass aus dem 19. Jahrhundert, der die Errichtung von Sakralbauten auf "festem Boden" untersagte, mit dem man die nationalistisch ausgerichtete katholische Kirche unterdrücken wollte. Heute kann man die Kirche nur zwischen den Gottesdiensten am Sonntag besichtigen.

Läuft man vom Dorf Richtung Süden, kommt man durch eine kleine Schlucht mit seltsamen Felsformationen. Die berühmteste erreicht man nach fünfzehn Minuten, es ist das Krakauer Tor (Brama Krakówska), zwei Felsen, die ein riesiges Tor zu einem Seitental bilden. Kurz zuvor lockt rechts ein schwarz markierter Wanderpfad zur **Jaskinia Łokietka** (Łokietka-Höhle), der Abstecher dauert etwa 30 Minuten. Die Höhle ist die größte einer Reihe von kammerartigen Einbuchtungen in den Klippen außerhalb von Ojców. Hier soll sich gemäß der Überlieferung *König Władysław II. Łokietek* (Däumling oder Ellenlang) nach dem Einfall von *König Wenzel* von Böhmen Anfang des 14. Jahrhunderts versteckt haben und von den treuen Bauern der Umgebung geschützt worden sein.

• Öffnungszeiten **Höhle** – Ende April–Mitte Nov. tägl. von 9.30–16.30 Uhr. Nur mit Führung zu besichtigen. Alleinreisende müssen sich einer Gruppe anschließen. Eintritt 5 Zł.

• Information/Karten Das PTTK-**Informationszentrum** (✆ 012/389 2036, Mo–Fr 9–16 Uhr, nahe dem Parkplatz) hilft bei der Suche nach Unterkünften. Der Souvenirladen im selben Gebäude verkauft Karten. Das Reisebüro von Ojców im Gebäude des PTTK-Museums (✆ 012/ 389 2089) kann ebenfalls Auskunft über Zimmer geben.

• Übernachten/Essen Man kann sich auch selbst im Dorf nach **Privatunterkünften** erkundigen – viele Bewohner vermieten Zimmer. Im Sommer ist allerdings oft alles ausgebucht. Das einzige **Hotel** in der Nähe ist das einfache **Zosia** (✆ 012/389 2008; H) in Złota Góra, etwa 1 km nordwestlich von der Burg bergaufwärts durch den Wald.
Ein Stück hinter dem Zosia gibt es einen **Campingplatz** und das **Restaurant Zajazd**, wo man lecker Forelle speist. Das einfache Bar-Restaurant **Pod Kazimierza** im Ort ist meistens von Tagesausflüglern bevölkert.

Pieskowa Skała

Wenn das Wetter gut ist und Sie gerne eine Spaziergang unternehmen möchten, können Sie von Ojców aus auf dem angenehmen Wanderweg nach **Pieskowa Skała** wandern (mit dem Bus 45 Minuten von Krakau), wo das bekannteste und besterhaltene **Schloss** der Region steht.

Einige Kilometer nördlich von Ojców führt der rot markierte Pfad durch das kleine Dörfchen **Grodzisko**, gleich nördlich von der Hauptstraße. Seine winzige Kapelle aus dem späten 17. Jahrhundert wurde auf den Grundmauern eines Klosters erbaut, das im späten 14. Jahrhundert von König Władysław Łokietek (Ellenlang; 1306–33) unter der Schirmherrschaft seiner heiligen Schwester Salomea errichtet worden war. Figuren des Gründers sowie der Patronin des Klosters schmücken die Wände des Barockbauwerks. Hinter der Kapelle befindet sich seltsamerweise ein aus Stein gemeißelter Elefant, der ein obeliskartiges Objekt auf dem Rücken trägt.

Nach etwa 4 km auf dem Pfad wird der Aufgang zur Burg von einem Kalksteinfelsen angekündigt, der allgemein als **Keule des Herkules** (Maczuga Herkulesa) bekannt ist und der plötzlich direkt vor dem Wanderer aufragt. Dahinter erkennt man bereits das **Schloss** (Hof geöffnet 8–20 Uhr, Eintritt frei). Die ursprüngliche Burg aus dem 14. Jahrhundert wurde 1580 in ein elegantes Renaissanceschloss umgebaut. Es war lange das Eigentum der Familie Szafraniec und wurde mittlerweile umfassend renoviert.

Wie schon im Wawel-Schloss ist auch hier ein graziler Arkadengang im Schlossinnenhof das eindrucksvollste Merkmal – so fotogen, dass er regelmäßig in Reiseprospekten abgebildet ist. Leider hat man selten die Ruhe für eine Besichtigung, denn im Sommer wimmelt es hier von Touristen, was einen schnell erschöpfen kann.

Die Ausstellung im **Schlossmuseum** ist in zwei Hauptabteilungen unterteilt: Die erste befasst sich mit der Geschichte des Gebäudes, die andere verfolgt die Entwicklung der europäischen Kunst vom Mittelalter bis ins 19. Jahrhundert, die sich stark auf die Sammlung im Wawel-Nationalmuseum stützt. Der Raum mit den gotischen Ausstellungsstücken beherbergt einige fein geschnitzte Holzstatuetten von Heiligen, die von unbekannten Künstlern aus der Region stammen, einen Gobelin aus Tournai und einige robuste Truhen aus der Mitte des 14. Jahrhunderts. Im zweiten Stock sind Gegenstände aus dem Barock ausgestellt, z. B. Mobiliar. An den Wänden hängen ausgiebig verzierte flämische und holländische Bildteppiche, von denen der bemerkenswerteste eine Reihe von heroischen Szenen aus dem Leben Alexanders des Großen darstellt. Den Streifzug durch die Geschichte beenden weitere Räume, die Kunst und Einrichtungsgegenstände aus dem Rokoko, dem Klassizismus und besonders dem Biedermeier beherbergen. Den Rundgang beendet man am besten mit einem Besuch im Restaurant, das oben in einem der Befestigungstürme untergebracht ist. Die Bedienungen tragen hier die Trachten aus der Region. Im Sommer stehen Tische auf der Dachterrasse, von wo aus man einen guten Blick über das Tal hat. Mit etwas Glück steht Forelle auf der Speisekarte, die hier ausgezeichnet ist.

Öffnungszeiten Di–So 10–15.30, im Sommer länger geöffnet.

Das Ende der Route der Adlerhorste

Die übrigen Burgen an der **Route der Adlerhorste** (Szlak Orlich Gniazd) sind alle mehr oder weniger verfallen, bieten aber einen dramatischen Anblick. Sie scheinen unmittelbar aus dem Jurafels in die Höhe zu wachsen. Um von hier aus die Route weiterzufahren, braucht man wirklich ein eigenes Fahrzeug: Zwar erreicht man alle Burgen mit dem Bus, aber das bringt lange Wartezeiten und häufige Umwege mit sich; außerdem dürfte man unterwegs kaum eine Übernachtungsmöglichkeit finden. Die beeindruckendsten Burgen sind allerdings relativ leicht zu erreichen. In **Ogrodzieniec**, rund 35 km im Norden von Pieskowa Skała an der Hauptstraße nach **Olkusz** (mit dem Bus von Krakau aus erreichbar) steht die Ruine eines Gebäudes, das zu Zeiten von Kazimierz dem Großen entstand und das in der Renaissance in einen großartigen Palast umgestaltet wurde, der angeblich dem Wawel nacheiferte. Die Schweden zerstörten den Palast allerdings um 1655. In **Zawiercie** hat sich im Wesentlichen die Fassade einer Grenzfestung erhalten.

Am einfachsten erreicht man das Schloss Olsztyn, nur wenige Kilometer südöstlich von der Stadtgrenze von Częstochowa entfernt (zwischen beiden Orten verkehren pro Stunde mehrere Busse, Nr. 58 oder 67; 30 Min.). Eine Abbildung dieses Schlosses, das die umliegende Gegend dominiert, wird im allgemeinen bei der Werbung für die Route in Prospekten und auf Plakaten verwendet. Dies versteht man, wenn man seine Lage in den zerklüfteten Jurafelsen sieht, zu dem man über einen steilen Aufstieg östlich der Stadt gelangt. Mitte des 14. Jahrhunderts von König Kazimierz III. errichtet, wurde die Burg in Olsztyn, wie so viele andere, im Anschluss an die schwedische Invasion um 1650 dem Verfall überlassen. Obwohl sehr beeindrukkend, geben die heutigen Überreste nur einen verschwommenen Eindruck von der damaligen Grandezza. Ungewöhnlicherweise wurde die Burg als zweiteilige Anlage angelegt: Im einen Teil steht ein runder Wachturm direkt auf einem Felsen, im zweiten ein Bergfried; von den Ruinen der beiden hat man einen herrlichen Blick auf die ganze Hochlandregion. Der Effekt wird noch von dem Wind verstärkt, der hier durch die Mauern fegt. Unten im Dorf gibt es einige, auf Touristen ausgerichtete **Restaurants**, wie z. B. das *Piccolo* und das *Pod Zamkiem,* beide in der ul. Zamkowa. Weitere Möglichkeiten bieten sich auf dem Weg zum Schloss und um den Rynek. Die einzige Unterbringungsmöglichkeit ist momentan der im Sommer geöffnete **Campingplatz** an der ul. Zielona, etwa 10 Minuten zu Fuß in südöstlicher Richtung vom Rynek.

Częstochowa/Tschenstochau

Nur wer Częstochowa besucht hat, wird verstehen, welche zentrale Rolle der Katholizismus im heutigen Polen immer noch innehat. Ein Besuch im Bergkloster von Jasna Góra (Heller Berg), einem der meistbesuchten Pilgerzentren der Welt, ist für viele Menschen ein unvergessliches Erlebnis. Hier befindet sich die berühmte Ikone der Schwarzen Madonna, die bereits seit sechs Jahrhunderten die Gläubigen anzieht – in fast jeder polnischen Kirche findet man eine Reproduktion des Werks.

Der besondere Platz, den Jasna Góra und seine Ikone im Herzen der meisten Polen einnehmen, geht auf eine reiche Vergangenheit an Geschichte und Mythologie zurück. Angesichts der Massen von Pilgern, die in hymnenhafte Gesängen ausbrechen, während sie zwischen den Stationen des Kreuzweges hin- und hergehen, oder wenn man die Bauern beobachtet, stumm vor der Ikone im Gebet – ein Ereignis auf das manche ihr ganzes Leben gewartet haben, da kann man nur schwer, kühl und sachlich bleiben. Was einen erstaunt, wenn man die Menschenmenge betrachtet, die vor besonderen Feiertagen besonders anschwillt, ist die große Anzahl an aufgeregten Teenagern, die dem Ereignis mit derselben Erwartungshaltung entgegensehen wie einem Rockkonzert.

Ein wesentlicher Grund dieser Anbetung, die die ganze Nation erfasst zu haben scheint, ist die verwundbare Stellung Polens innerhalb Europas im Laufe der Geschichte: Immer wieder haben Schweden, Russen und Deutsche versucht, Polen als Nation auszulöschen. Jeder dieser traditionellen, nicht-katholischen Feinde hat Jasna Góra belagert, aber keinem gelang es, es zu zerstören. Jeder erfolgreich abgewehrte Versuch wurde der Wunderkraft der Ikone zugeschrieben, und bald sah man in ihrer Existenz sogar den Garanten für die Existenz Polens.

Durch den regelmäßigen Pilgerstrom kann es bei der Suche nach einer Unterkunft zu Problemen kommen. Doch dank der guten **Eisenbahnverbindungen** ist es von Krakau aus leicht als Tagesausflug zu bewältigen. Täglich verkehren auch **Busse** von Katowice, Krakau, Łódź und Warschau.

Geschichte

Die als Jasna Góra bekannte Anhöhe dürfte der gleichen Verteidigungslinie angehört haben wie die Burgen an der Route der Adlerhorste (Szlak Orlich Gniazd). *Władysław II.*, dessen wichtigster Besitz das unabhängige Herzogtum Opole jenseits der Grenze in Schlesien war, bemächtigte sich im **14. Jahrhundert** der Burg. 1382 gründete er hier das Kloster und stiftete einige Jahre später die wundersame

Ikone. Władysław verbrachte seine letzten Lebensjahre als Gefangener in der eigenen Burg, weil er wegen seines Versuches, die Union mit Litauen zu vereiteln, in Ungnade gefallen war. Trotzdem zog das Kloster schon bald Pilger aus zahlreichen Ländern an. Die Herrscher sowohl der Jagiellonen- als auch der Waza-Dynastie unterstellten es ihrem besonderen Schutz, aber erst im **15. Jahrhundert** wurde ein Schrein aus Stein und Ziegeln errichtet.

In der ersten Hälfte des **17. Jahrhunderts**, als Europa von politischen und religiösen Konflikten zerrissen war, wurde um das Kloster als Bollwerk der polnischen Grenze – und des katholischen Glaubens – eine damals hochmoderne Befestigungsanlage gebaut. Ihr Wert erwies sich während der erfolglosen sechswöchigen Belagerung im Jahr 1655 durch die Schweden. Sie konnten das Kloster nicht einnehmen, obwohl sie über die besseren Waffen verfügten und mit fast 4.000 Soldaten den nur 250 Verteidigern haushoch überlegen waren. Das löste überraschend den nationalen Widerstand gegen die Feinde aus, die bis dahin das übrige Land fast kampflos besetzt hatte. Und damit begann die kurze Zeitspanne, in der Polen eine führende europäische Macht war.

Im frühen **18. Jahrhundert** wurde die Schwarze Madonna zur Königin von Polen erhoben. Dabei handelte es sich um einen Versuch des Klerus, den Patriotismus anzufachen und gleichzeitig das politische Vakuum zu füllen, das durch den von den Russen geförderten "stillen Reichstag/Sejm" entstanden war. Durch ihn war die polnische Nation nur noch ein Spielball russischer Machtinteressen geworden. 1770 war Jasna Góra erneut Schauplatz einer heldenhaften Verteidigung, als sich hier das Heer der *Konföderation von Bar* einer größeren russischen Streitmacht widersetzte; die Konföderation hielt Jasna Góra, bis Polen zwei Jahre später offiziell geteilt wurde. Anfangs gehörte Częstochowa zu Preußen, aber nachdem es einige Jahre zu Napoleons Herzogtum Warschau gehört hatte, diente es anschließend über hundert Jahre lang dem Russischen Reich als Grenzbefestigung. Nach dem **Ersten Weltkrieg** wurde der Königstitel der Ikone von dem neuen polnischen Staat erneut bestätigt.

Gegen Ende des **Zweiten Weltkriegs** entschärften sowjetische Soldaten Bomben, die die Nationalsozialisten bei ihrem Rückzug zurückgelassen hatten und die sonst vermutlich das ganze Kloster zerstört hätten. Später dürften sie das bereut haben: Zwar entwickelte sich die Stadt Częstochowa zu einer vorbildlichen kommunistischen Industriestadt, aber Jasna Góra wurde eines der wichtigsten Widerstandszentren gegen die Regierung. Die Kirche erhob die Wallfahrten geschickt zum Prüfstein für Patriotismus und passiven Widerstand. Diese Kampagne erhielt 1978 mit der Wahl von Karol Wojtyła – Erzbischof von Krakau und einer der wichtigsten Förderer dieses Plans – zum **Papst Johannes Paul II.** noch weiteren Aufschwung. Sein Einsatz für die Reliquie sorgte dafür, dass die Medien der ganzen Welt auf die Not Polens aufmerksam wurden. Die Politiker der neuen Generation lassen sich deshalb gerne in Jasna Góra ablichten.

Information/Übernachten

• *Information/Anfahrt* Vom Hauptausgang des ultramodernen **Bahnhofs** gelangen Sie auf einen sauberen Platz, an dessen südlichem Ende der **Busbahnhof** liegt. Das gut ausgestattete und organisierte **Touristeninformationszentrum** der Stadt befindet sich in der al. NMP 65 (Mo–Fr 9–17 Uhr, Sa 9–14 Uhr; ✆ 034/368 2260, www.czestochowa.um.gov.pl).

• *Übernachten* Die praktischsten Hotels liegen in Bahnhofsnähe. Verlassen Sie den Bahnhof durch den Ostausgang, und fol-

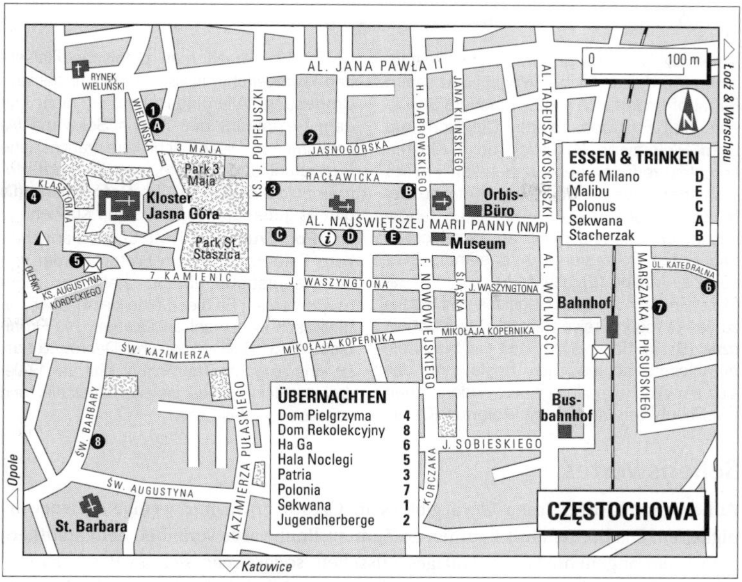

gen Sie dem Wegweiser zur ul. Piłsudskiego, so ersparen Sie sich Umwege. Das **Polonia (7)**, ul. Piłsudskiego 9 (✆ 034/324 6832; F), wurde zwar kürzlich renoviert, ist aber immer noch sehr altmodisch. Ganz in der Nähe befindet sich das **Ha Ga (6)**, ul. Katedralna 9 (✆ 034/324 6173; Zimmer mit Bad und TV, G; Zimmer mit gemeinschaftlichen Sanitäreinrichtungen, H) in einem umgestalteten Wohnblock. Beide sind bei den Pilgern besonders beliebt und (vor allem an den Feiertagen) oft überlaufen. Am Fuß des Jasna Góra befindet sich das **Patria (3)**, ul. J. Popiełuszki 2 (✆ 034/324 7001, patria@orbis.pl; B), ein luxuriöses, aber einfallsloses Orbis-Hotel, in dem viele Touristengruppen aus dem Ausland absteigen. Das **Sekwana (1)**, ul. Wieluńska 24 (✆ 034/324 8954; E), ist ein kleines Hotel in französischer Hand, in guter Lage gleich nördlich des Klosterkomplexes.

Wie zu erwarten, gibt es auch eine große Auswahl an Herbergen, viele sind speziell auf Pilger ausgerichtet und befinden sich in Klosternähe. Denken sie daran, dass hier in der Regel um 22–23 Uhr Sperrstunde ist. Die preiswerteste Herberge ist **Hala Noclegi (5)**, ul. Klasztorna 1 (✆ 034/365 6668, Durchwahl 224; 15 Zł pro Person). Es liegt gleich unterhalb der Südwestecke des Klosters und bietet einfache Zimmer mit Waschbecken. Wenn es voll ist, probiert man es am besten im größeren **Dom Rekolekcyjny (8)**, ul. św. Barbary 43 (✆ 034/324 1177; 20 Zł pro Pers.), das ebenfalls von Nonnen geführt wird und in Fußnähe vom Klosterkomplex in südlicher Richtung liegt. Am beliebtesten jedoch ist die riesige und gut organisierte Herberge **Dom Pielgrzyma (4)**, ul. Wyszyńskiego 1 (✆ 034/324 7011), nördlich des Parkplatzes auf der Westseite des Klosters, wo man in einem Vier-Bett-zimmer für 20 Zł und in einem Doppelzimmer (H) übernachten kann. Von den spartanischen **Jugendherbergen** ist diejenige in der ul. Jasnogórska 84/96 **(2)** (✆ 034/324 3121) am angenehmsten. Der **Campingplatz** *Camping Oleńka*, vermietet auch einige Bungalows (I) und befindet sich in idealer Lage auf der Westseite des Parkplatzes zum Kloster in der ul. Oleńki 10/30 (✆ 034/324 7495). Wenn Sie mit dem Auto unterwegs sind, können Sie ihn nicht verfehlen, denn er ist auf der Zufahrt zur Stadt gut ausgeschildert. Bei der letzten Abbiegung fahren Sie zwischen den Appartementblocks in die ul. Oleńki (schauen Sie sich den Stadtplan an).

Essen & Trinken

In der al. NMP sorgen zahlreiche Restaurants für das leibliche Wohl. Nahe beim Bahnhof finden sich viele einfachere Snackbars und Fastfoodanbieter. Die Herberge **Dom Pielgrzyma (4)** gleich beim Klosterkomplex verfügt über ein ziemlich großes Selbstbedienungs-Café-Restaurant und befriedigt die Bedürfnisse der meisten Tagesausflügler. Die Auswahl an bezahlbaren und guten Restaurants wird ständig besser. Das **Malibu (E)**, al. NMP 55, ist eine Café-Bar, in der man auch Gegrilltes und Steaks zu vernünftigen Preisen erhält. Das **Stacherczak (B)**, ul. Racławicka 3, ist ein beliebtes, bezahlbares chinesisches Restaurant, das sich am Wochenende in einen studentischen Musikklub verwandelt. Im **Polonus (C)**, al. NMP 73/75, erhält man polnische Fleisch- und Fischgerichte in einer etwas förmlichen Umgebung. Allerdings kann es nicht mit dem Restaurant des Hotels **Sekwana (A)** konkurrieren. Dieses schickere französische Restaurant ist das Beste, was die Stadt momentan zu bieten hat. Im **Café Milano (D)** gibt es guten Espresso, Eis und Kuchen.

Das **Pod Gruską**, al. NMP 37, eine annehmbare Café-Bar in einem Hinterhof, der von der Hauptstraße abgeht, zieht vor allem Studenten an. Es bietet eine kleine, aber verführerische Auswahl an Salaten. Das **Prohibicja**, Ecke Racławicka und Dąbrowskiego, ist eine elegante Themenbar (Stil der 1920er Jahre). Hier gibt es vielerlei Cocktails und ausgezeichnetes Essen.

Sehenswertes

Außer dem Kloster Jasna Góra gibt es in Częstochowa nur wenige Sehenswürdigkeiten. Die breiten, mit Bäumen gesäumten Boulevards verleihen dem Stadtkern jedoch ein angenehmes, weitläufiges Aussehen, sodass man sich an Paris erinnert fühlt. Auf dem pl. Biegańskiego gleich bei der al. NMP befindet sich das **Bezirksmuseum** mit einer ansehnlichen archäologischen Abteilung und den üblichen Exponaten zur Regionalgeschichte.

Öffnungszeiten Di, Do, Fr und Sa 8.30–16 Uhr, Mi 10.30–17.30 Uhr, So 10–16 Uhr; Eintritt 3 Zł.

Für Kirchenliebhaber empfiehlt sich ein Besuch der kleinen Barockkirche **St. Barbara** im Süden von Jasna Góra, angeblich der Ort, an dem die Schwarze Madonna aufgeschlitzt wurde (siehe Kasten S. 554). Die **St. Jakobuskirche** gegenüber dem Rathaus auf der NMP ist ein orthodoxes Gebäude aus der Zarenzeit und wurde nach der Erlangung der Unabhängigkeit im Jahr 1918 in ein katholisches Gotteshaus umgewandelt. Die Kathedrale, östlich des Bahnhofs in der ul. Krakowska, ist ein großes und seelenloses Bauwerk im neugotischen Stil, das um die Jahrhundertwende begonnen, aber nie fertig gestellt wurde. Beim Vorstadtbahnhof Raków, mit jeder Straßenbahn in südliche Richtung zu erreichen, liegt ein wichtiges **archäologisches Ausgrabungsgebiet** mit einundzwanzig freigelegten Gräbern der Lausitzer Kultur aus dem 6. und 7. Jh. v. Chr.

Öffnungszeiten Die angegebenen Zeiten, Di–Sa 9–15 Uhr, sind nicht verlässlich.

Jasna Góra/Heller Berg

Die schnurgerade, drei Kilometer lange aleja Najświętszej Marii Panny (abgekürzt NMP) läuft mitten durch Częstochowa und endet am Fuß des **Jasna Góra**. Steigt man die Anhöhe hinauf, gleicht das an den meisten Tagen des Jahres einem Spaziergang in einem öffentlichen Park; aber das Riesenpodium für Messen im Freien lässt auf die Stimmung bei den wichtigsten **Marien-Feiertagen** schließen (3. Mai, 15. August, 26. August, 8. September und 8. Dezember), wenn sich hier bis zu einer Million Pilger einfinden, oft in traditionellen bunten Trachten. Viele kommen zu Fuß: So legen zum Beispiel jedes Jahr Zehntausende von Pilgern die Entfernung zwischen Warschau und Częstochowa in neun Tagen per pedes zurück, um am Mariä-Himmelfahrts-Fest teilzunehmen. In Jasna Góra finden sich zwar weniger von den Souvenirbuden, die normalerweise in europäischen Marien-Wallfahrtsorten kitschige Andenken verhökern, der Komplex hat jedoch wenig Schönes zu bieten: Die Architektur ist überwiegend streng, die Verteidigungsmauern geben der Anhöhe ein festungsgleiches Aussehen. Man betritt die Anlage immer noch durch die vier hintereinander liegenden Tore, von denen jedes für sich ein schier unüberwindliches Hindernis für Angreifer darstellte. Wenn man in dem Gebäudekomplex herumwandert, werden die zwei wichtigsten Elemente der Pilgererfahrung deutlich: Erlösung und Kommerz. An jeder Ecke finden sich Beichtstühle, vor denen die eifrigen Gläubigen Schlange stehen, während an den Toreingängen gleichzeitig zahlreiche Spendenboxen hängen, die verschiedenen Heiligen gewidmet sind. Mit den Einnahmen, die hier erzielt werden, wird das ganze Spektakel bequem finanziert. Für die einfallenden Besuchermassen steht gleich hinter dem Eingang ein Besucherzentrum zur Verfügung, das von Nonnen geführt wird. Hier befindet sich praktischerweise auch ein Geldautomat.

Öffnungszeiten täglich Mai–Sept. 7.30–19 Uhr, Okt.–April 8–17 Uhr.

Mit der Besichtigung beginnt man am besten, indem man auf den 100 m hohen **Turm** steigt, eine Nachbildung seines Vorläufers aus dem 18. Jahrhundert, der in einem der vielen Brände im Kloster zerstört wurde. Ein weiteres Opfer war die **Klosterkirche**, die von einem gotischen Saal in eine Basilika mit gemäßigtem Barock umfrisiert wurde, die Kirchenbänke sind inzwischen entfernt, damit man mehr Pilgern gleichzeitig Platz bieten kann.

Trotzdem fehlen auch hier nicht einige der herausragenden Merkmale: Der wuchtige Hochaltar zu Ehren der Jungfrau und die beiden üppig geschmückten Familienkapellen, die man vom Südschiff her betritt scheinen in einer moderneren Version die königlichen Gegenstücke in der Wawel-Kathedrale in Krakau zu parodieren.

Öffnungszeiten **Turm** – nur Mai–Sept. tägl. 8–16 Uhr.

Die **Kapelle der Gesegneten Jungfrau** (Kaplica Cudownego Obrazu), die eine eigenständige Kirche ist, bildet den Mittelpunkt des Klosters. Sie ist auch der einzige Teil des Komplexes, in dem die ursprünglich gotische Architektur erhalten geblieben ist, allerdings sind die Wände mit so vielen Weihgeschenken, weggeworfenen Krücken und Gehhilfen aus Metall voll gestellt, dass man dies kaum mehr erkennt. Man sollte es sich nicht entgehen lassen, einen Blick auf die **Schwarze Madonna** zu werfen, allerdings muss man es genau abpassen, denn hier löst eine Messe die andere ab.

Die Ikone steht oft hinter einem Schirm verborgen. Wird dieser angehoben oder heruntergelassen, ertönen feierliche Fanfarenklänge, wahrscheinlich soll dies die dramatische Spannung noch vergrößern. Dennoch, auch dann (im Allgemeinen Mo–Fr 6-12 Uhr und 13–21 Uhr, Sa und So 6–13 Uhr und 14–21 Uhr) sieht man von dem Gemälde wenig mehr als die Gesichter und die Hände (das Antlitz der Jungfrau ist ja wie bereits erwähnt sehr verdunkelt), und die Gestalt der Madonna und des Kindes sind meist von juwelenbestickten Roben verdeckt, die gegen die schwarzen Wände umso stärker glitzern. Was immer man über den Wert von Pilgerschaften, die Ehrfurcht vor wundersamen Ereignissen oder die von der Kirche betriebenen Geldfabriken denkt, man kann nicht umhin, von der Verehrung, die diese Ikone im Herzen und in den Köpfen der Polen auslöst, beeindruckt zu sein.

Karte S. 456/457

Die anderen Gebäude des Komplexes ergänzen zwar den Überblick über die Geschichte des Klosters, aber keines davon fasziniert so wie die Kapelle. Nördlich der Kapelle führt eine Monumentaltreppe zum **Rittersaal**, dem wichtigsten Empfangsraum, ausgestattet mit Flaggen und Gemälden, die die Geschichte des Klosters darstellen. Es gibt noch weitere Räume mit reicher barocker Innendekoration, allen voran das **Refektorium**, dessen Gewölbe wirklich eine bauliche Glanzleistung ist, und die **Bibliothek**. Allerdings muss man im Informationsbüro am Haupttor um Besichtigungserlaubnis bitten, weil diese Räume der Öffentlichkeit normalerweise nicht zugänglich sind.

Die Schätze von Jasna Góra werden in drei verschiedenen Häusern aufbewahrt. Die kostbarsten Ritualgegenstände sind in der **Schatzkammer** (Skarbiec) über der Sakristei zu besichtigen, die man von der südöstlichen Ecke des Walls betritt. Da zu den Öffnungszeiten meist großer Andrang herrscht, sollte man sich möglichst frühzeitig einfinden.

Öffnungszeiten **Schatzkammer** – täglich 9–17 Uhr.

Die Schwarze Madonna

Gemäß der Überlieferung wurde das Bildnis der Schwarzen Madonna noch zur ihren Lebzeiten vom heiligen Lukas auf einen Balken aus dem Haus der heiligen Familie in Nazareth gemalt. Die meisten Gläubigen akzeptieren diese Theorie kritiklos, die offizielle Meinung zu dem Thema ist jedoch eher ausweichend. Wissenschaftliche Untersuchungen haben ergeben, dass die Ikone nicht vor dem 6. Jahrhundert entstanden sein kann. Möglicherweise war sie noch fast neu, als sie im Kloster eintraf, vermutlich stammt sie aus Italien. Sie ist ein schönes Beispiel für den hierarchischen byzantinischen Stil, der sich im Laufe der Jahrhunderte weder wesentlich geändert noch weiterentwickelt hat. Das "Schwarz" bezieht sich übrigens auf die für diesen Stil typische starke Schattierung, die mit der Zeit und wegen des Weihrauchs noch weiter nachgedunkelt ist.

Was heute zu sehen ist, ist möglicherweise nur eine Kopie, die nach dem ersten großen "Wunder" des Bildes angefertigt wurde, als das Gemälde im Jahr 1430 gestohlen wurde. Offiziell hat man den Diebstahl zwar Anhängern des tschechischen Reformators Jan Hus angelastet, eher dürften aber politische Gegner von König Władysław II. Jagiełło, der das Kloster beschützte, am Werk gewesen sein. Gemäß der Sage wurde das Bild immer schwerer, sodass die Diebe es nicht weiter tragen konnten. Verzweifelt schlitzten sie das Gesicht der Jungfrau auf, und aus den Wunden floss auf der Stelle Blut. Die Ikone wurde zur Restaurierung nach Krakau gebracht, allerdings kratzte man zur Erinnerung an das Wunder zwei Wunden (die heute noch zu sehen sind) in die linke Wange der Madonna. Skeptiker weisen darauf hin, dass die Ikone während der schwedischen Belagerung, die im allgemeinen als überragendes Beispiel für die Wunderkraft der Schwarzen Madonna angeführt wird, nach Schlesien in Sicherheit gebracht worden war. Dennoch beherrschte sie die Einbildungskraft der Polen so stark, dass ihre Zukunft zur Zeit der Teilungen schmerzlichere Diskussionen auslöste als jedes andere Thema. In neuerer Zeit hat die Verehrung der Ikone durch den Papst die Aufmerksamkeit der Welt erneut auf Polen gelenkt, gleichzeitig wird dadurch der archaischere und nationalistischere Zweig des polnischen Katholizismus mit Brennstoff versorgt.

Am südwestlichen Ende des Klosters befindet sich das **Arsenał**, das die Militärgeschichte der Festung belegt und eine prachtvolle Waffensammlung und etliche Stücke aus türkischer Kriegsbeute enthält, die König Jan Sobieski stiftete. Daneben liegt das **Museum des 600-jährigen Bestehens**, das die Geschichte des Klosters aus religiöser Sicht darstellt. Unter den Exponaten befinden sich die Rückwand der Schwarzen Madonna aus dem 17. Jahrhundert, die die Geschichte der Ikone illustriert, sowie Votivgaben bekannter Polen. Darunter auch der Friedens-Nobelpreis von Lech Wałęsa aus dem Jahr 1983 und der übergroße Füllfederhalter, mit dem er 1980 die wegweisende Gdańsker Vereinbarung unterzeichnete. Schließlich werden in der **Marienhalle** (Sala Maryjna) eine Sammlung von Impressionen der Schwarzen Madonna aus der Werkstatt zeitgenössischer Künstler ebenso wie ähnlich ikonenhafte Darstellungen des Papstes gezeigt.

Öffnungszeiten **Arsenał, Museum und Marienhalle** – tägl. 9–17 Uhr.

Schließlich lohnt sich noch ein Spaziergang auf den Befestigungswällen bis zur Ostseite des Komplexes. Hier werden an den Feiertagen die heiligen Messen zelebriert, denen Tausende von Pilgern von dem Park unterhalb zuhören. Im Frühling und Sommer wird zu diesem Zweck eine riesige Bühne errichtet.

Nördlich von Krakau

Wenn man von Krakau aus nördlich in Richtung Kielce und Warschau fährt, findet man sich bald mitten im Herzen von Małopolska wieder, wo sich zwischen farbenfrohen Feldern verschlafene ländliche Dörfchen finden. **Jędrzejów, Pińczów** und **Szydłów** bieten alle die charakteristische Kombination aus historischen Kuriositäten und zeitgenössischer Anonymität, die für das ländliche Polen so typisch sind. Wenn Sie es nicht eilig haben, sollten Sie ihre Reise nach Norden unterbrechen und hier einen kurzen Abstecher machen. Mit öffentlichen Transportmitteln, vor allem mit dem Bus, gelangt man problemlos überallhin.

Jędrzejów

Vierzig Kilometer nördlich von Krakau befindet sich Jędrzejów, wie viele andere Provinzdörfchen in Małopolska, nicht besonders ansehnlich. Es eignet sich jedoch gut für einen Zwischenstopp auf der Hauptstraße zwischen Krakau und Kielce.

Der Grund, warum vor allem viele Polen hierher kommen, ist das **Sonnenuhr-Museum** (Muzeum Żegarów Słonecznych), ein exzentrisches Anwesen, in dem sich eine der drei Miniatur-Sammlungen der Welt befindet (die anderen beiden sind in Chicago und Oxford) und die ungefähr dreihundert Sonnenuhren enthält. Sie wurden von dem ortsansässigen Enthusiasten Dr. Tadeusz Przypkowski zusammengetragen und schließlich dem Museum überlassen, das man nach seinem Tod im Jahr 1962 in seinem Haus einrichtete.

Dies hört sich vielleicht zunächst nicht besonders spannend an, aber die Sammlung ist durchaus einen Besuch wert. Sonnenuhren jeglicher Form, Größe und Machart wurden hier zusammengetragen, die älteste stammt aus dem frühen 16. Jahrhundert. Zu den Höhepunkten der Sammlung gehören eine Gruppe von hübschen "Taschen"-Sonnenuhren aus Elfenbein aus dem 16. und 17. Jahrhundert, einige asiatische Zeitmesser und ein exzentrisches Stück aus der Mitte des 18. Jahrhunderts, bei dem eine kleine Kanone jeden Tag, pünktlich um ein Uhr, einen Schuss abfeuert. Der restliche Teil des Museums besteht aus ganz verschiedenen Sammelstücken

Karte S. 456/457

Przypkowskis: altes Mobiliar, Bücher, Kunstgegenstände, Uhren, Armbanduhren und alte Flaschen.

Öffnungszeiten **Sonnenuhrmuseum** – Mai–Sept., Di–So 9–16 Uhr, Okt.–April, 9–15 Uhr, nur im Rahmen von Führungen zu besichtigen, die immer um die volle Stunde stattfinden, letzte Führung eine Stunde vor Schließung. Eintritt 5 Zł.

Weiterhin sehenswert in der Stadt ist die beeindruckende **Zisterzienser-Abtei** (Opactwo Cystersów), recht weit westlich des Stadtzentrums in der ul. 11 Listopada. Es ist ein Bau, den die Zisterzienser im frühen 11. Jahrhundert in der Region errichteten. Die mächtige romanische Basilika mit den zwei Türmen wurde im Laufe der Jahrhunderte mehrmals umgebaut. Was man heute sieht, ist das Endprodukt aus dem Spätbarock, und unter der Innendekoration befinden sich einige dekorative Wand- und Altargemälde sowie ausladend mit Schnitzereien verziertes Chorgestühl. Das einzige Element, das noch an die ursprüngliche architektonische Form erinnert, ist das bezeichnende Kreuzrippengewölbe, das von den Zisterziensern entwickelt wurde. Von den ursprünglichen Klostergebäuden hat nur wenig überlebt, unter anderem die gotischen Kreuzgänge, die der hier ansässige Gemeindepfarrer gerne den Besuchern zeigt. Zu den früheren Bewohnern der Abtei gehörte auch der Krakauer Bischof Wincenty Kadłubek (1161–1223), Autor der *Chronica Polonorum*, der ersten niedergeschriebenen Chronik polnischer Geschichte. Seine sterblichen Überreste sind in einem Sarg aus dem Barock verwahrt, der in einer Seitenkapelle des Südflügels der Abtei steht.

• *Anfahrt/Verbindungen* Jędrzejóws Lage an der Hauptstraße von Krakau nach Kielce macht die Anfahrt zu dem Ort relativ problemlos: Es verkehren regelmäßig Busse und Züge nach und von beiden Städten. Der **Busbahnhof** und der **Bahnhof** liegen direkt nebeneinander, etwa 2 km westlich des Marktplatzes an der ul. Przypkowskiego.

• *Übernachten/Essen* Für eine Übernachtung bietet sich nur das **Hotel Zacisze** (✆ 041/386 1825; H), al. Piłsudskiego 4, westlich des Marktplatzes an. Es hat eine beschränkte Anzahl an einfachen Doppel- und Vierbettzimmern, alle mit Gemeinschaftsbädern. Das einzige annehmbare **Restaurant** ist das **Zodiak**, in der ul. Partyzantów 3, gleich südlich vom Rynek.

Pinczów

Etwa 28 km südöstlich von Jędrzejów gelangt man über die ruhigen Landstraßen Małopolskas in das ländliche **Pinczów**, das trotz seiner geschichtlichen Bedeutung heute in Vergessenheit geraten zu sein scheint. Die alten Kalk-Steinbrüche, die man überall um die Stadt herum finden kann, waren einst wichtige Steinlieferanten für den Bau von Kirchen im ganzen Land. Zusammen mit dem benachbarten Raków (siehe Kasten "Die Polnischen Brüder") machte Pinczów in der zweiten Hälfte des 16. Jahrhunderts, zur Zeit der Reformation in Polen, als eines der Hauptzentren protestantischer Agitation Schlagzeilen. Eine Gruppe von kalvinistischen Geistlichen gründete hier eine Akademie sowie eine Druckerei, in der unter anderem 1568 die erste polnische Grammatik gedruckt wurde. Der aufständische Geist der Stadt und ihrer Umgebung lebte gegen Ende des Zweiten Weltkrieges wieder auf, als Partisanen mit großem Erfolg Nazitruppen aus der Gegend vertrieben und die Stadt den Spitzamen "Die Republik von Pinczów" erhielt. Trotz des Widerstands wurde jedoch fast die gesamte hier seit Jahrhunderten ansässige jüdische Bevölkerung vertrieben.

Erinnerungen an die reiche Vergangenheit der Stadt findet man hauptsächlich in der Nähe vom Rynek, dem Platz, auf den alle Hauptstraßen münden. Hier stehen die meisten historischen Gebäude: auf der Westseite des Platzes die Gemeindekirche, mit deren Bau 1430 begonnen wurde und die erst zwei Jahrhunderte später fertig gestellt wurde. Die Außenfassade der Kirche weist noch einige Elemente der ursprünglichen gotischen Anlage auf. Im Inneren findet man die übliche Barockausstattung, unter anderem auch einige reich verzierte Seitenaltäre, geschnitztes Chorgestühl und einen übermächtigen Hauptaltar. Das angrenzende Gebäude, das frühere Paulinerkloster, beherbergt das **Heimatmuseum** mit einer etwas angestaubten Kollektion an historischen Ausstellungsgegenständen und archäologischen Funden aus der Region sowie einigen Gegenständen zur Geschichte der jüdischen Bevölkerung der Stadt.

Öffnungszeiten **Heimatmuseum** – Di 8–15 Uhr, Mi und Do 8–16 Uhr, Fr–So 10-15 Uhr. Eintritt 2 Zł.

Bei einem kurzen Spaziergang von dem Platz aus die ul. Klasztorna hinunter erreicht man die ehemalige **Synagoge**, ein großes würfelförmiges Backsteingebäude aus dem späten 17. Jahrhundert, etwas zurückgesetzt von der Straße. Obwohl sie von den Nazis im Zweiten Weltkrieg geplündert und zerstört wurde, ist das, was von dem Gebäude blieb, auf Grund der inzwischen durchgeführten Restaurationsarbeiten in recht guter Verfassung. Man sucht momentan nach Finanzierungsmöglichkeiten, um hier ein Museum einzurichten. Eine Tafel an einer der Außenwände erinnert an die jüdische Gemeinde der Stadt – immer noch eine zu seltene Geste in Polen. Die Mauer, die die Synagoge von der Straße abtrennt, enthält zusammengestückelte Teile von Grabsteinen aus dem jüdischen Friedhof.

Wem ein kurzer Spaziergang den Hügel hinauf nichts ausmacht, kann sich noch die **Kapelle St. Anna** anschauen. Sie steht deutlich sichtbar auf einem Hügel, der den Rynek überblickt. Die fein gearbeitete Renaissancestruktur stammt wahrscheinlich von Santi Gucci – einem der vielen italienischen Architekten, die es auf Grund des nie versiegenden Quells an Baumaterialien nach Pinczów zog. Sie ist eine der wenigen frei stehenden Kapellen in Polen. Leider ist sie nur selten geöffnet, deshalb muss man sich damit begnügen, den Bau mit den zwei Türmen von außen zu bewundern. Von hier oben hat man einen guten Blick über die Umgebung.

• *Anfahrt/Verbindungen* Der **Busbahnhof** befindet sich ungefähr fünf Minuten zu Fuß vom Rynek in südlicher Richtung in der ul. Partyzantów. Es gibt häufige Verbindungen nach Kielce und (etwas weniger oft) nach - Jędrzejów.

• *Übernachten* **Hotel MOSIR**, ul. Pałęcki 26 (✆ 041/357 2044; I), etwa 10 Minuten zu Fuß südlich vom Rynek, mit einigen Zimmern ohne Dusche – meist Doppel- und Dreibettzimmer. Direkt am See befindet sich ein **Campingplatz** (dieselbe Telefonnummer). Außerdem gibt es eine, nur im Sommer geöffnete, **Jugendherberge** in der ul. Szkolna 2 (✆ 041/357 2844).

• *Essen* Die Auswahl an Gastronomie ist sehr begrenzt – es gibt einige sehr einfache Restaurants am Rynek, so z. B. das verrauchte **Uśmiech**, wo unter anderem *kotlet schabowy* auf dem Speiseplan steht. In der ul. Krótka 3 westlich des Rynek befindet sich eine Alternative, das **Manhattan**.

Szydłów

Auf den ersten Blick macht das 50 km von Jędrzejów entfernt gelegene Szydłów nicht viel her. Das auf einem Hügel inmitten der weitläufigen landwirtschaftlichen Gegend Małopolskas gelegene Dorf ist eher ein ruhiges Pflaster. Dennoch lohnt ein Besuch, denn hier befinden sich die Überreste eines befestigten gotischen Komplexes, den König Kazimierz der Große Mitte des 14. Jahrhunderts errichten ließ.

Die Anfahrtsstraße führt zwar einmal um die ganze Oberstadt herum, der Haupteingang zur Altstadt befindet sich jedoch beim **Krakauer Tor** (Brama Krakowska), einem hoch aufragenden Bauwerk, das von einer Attika aus dem späten 15. Jahrhundert gekrönt wird. Trotz erheblicher Zerstörungen der Stadt im Krieg blieben viele der wichtigen Teile der Befestigungen erhalten, vor allem die Mauern blieben fast unbeschadet. Wenn man zwischen den steinernen Blöcken der Zinnen umherkraxelt, wird klar, dass der unermüdlich Schlösser bauende König Kazimierz ein Mann war, dem Sicherheit über alles ging. Die von ihm angelegten Verteidigungsanlagen brachten Szydłów sicher durch viele Invasionen, die in späteren Jahrhunderten viele benachbarte Städte verwüstet zurückließen. Ein Großteil des Schlosses selbst ist auch noch intakt, so z. B. ein solide aussehender Turm. Hier ist heute das **Stadtmuseum** untergebracht, in dem eine eher unscheinbare Sammlung an Artefakten und geschichtlichen Funden aus der Region ausgestellt ist.

Öffnungszeiten **Stadtmuseum** – Mai–Sept. Di, Do–So 8–15.30 Uhr, Sa und So 10–14 Uhr. Okt.–April Di–So 8–15.30 Uhr. Eintritt 4 Zł.

Im Westen auf der anderen Seite des weiten, offenen Platzes ragt am äußeren Ende des mittelalterlichen Komplexes die **Synagoge** hervor, ein großes Gebäude, das von schweren Mauerstreben gestützt wird. Sie ist eine der ältesten Synagogen im Land und wurde der Legende nach auf Betreiben von Esterka, die angeblich die jüdische Geliebte von König Kazimierz war, gebaut. Momentan ist das Gebäude leer und verschlossen. Man wartet auf finanzielle Mittel, um es zu restaurieren.

Die gotische **Pfarrkirche** nördlich des Rynek wurde von den Nazis 1944 in Brand gesteckt, enthält aber immer noch einige Elemente der ursprünglichen Innendekoration, wie z. B. das Triptychon am Hauptaltar. Der **Allerheiligenkirche** (Wszystkich Świętych), die außerhalb der Stadtmauern gegenüber dem Krakauer Tor steht, erging es wenig besser, obwohl man hier noch Teile der Original-Polychromien aus der Gotik an den Wänden erkennen kann.

• *Anfahrt/Verbindungen* Von der Bushaltestelle auf dem Marktplatz fahren **Busse** nach Kielce und Jędrzejów.

• *Essen* Es gibt kein ausgesprochenes Restaurant im Ort, nur einige Cafés am Marktplatz.

Die Polnischen Brüder (Arianer)

Zur Zeit der Reformation entstanden in Polen zahlreiche Sekten, die sich gegen die Vorherrschaft der katholischen Kirche wandten. Dazu gehörten nicht zuletzt die **Polnischen Brüder**, die auch unter den Namen Arianer, Rakowianer bzw. Sozianer bekannt sind. Sie waren zunächst eine lose Gruppierung ähnlich denkender Radikaler, die sich nach der Gründung einer **Akademie** in **Raków**, einem akademischen Zentrum in der Provinz, etwa 12 km nördlich von Szydłow im Jahr 1570 zu einer homogenen Gruppe zusammenschlossen. Ihr Anführer war der adelige Landbesitzer Michał Sienicki, ein früher Anhänger der Bewegung.

Theologisch gesehen unterschieden sich die Brüder von den Calvinisten und anderen protestantischen Bewegungen in Polen durch die entschiedene Zurückweisung der traditionellen orthodoxen Doktrin der Dreieinigkeit und der Göttlichkeit von Jesus Christus. Eine der Schlüsselfiguren in der Entwicklung der Doktrinen der Brüder war **Faustus Sozzini**, der sich 1579 in Raków niederließ. Sozzini war besonders erfolgreich bei der Verbreitung der arianischen Ansichten unter der polnischen Aristokratie. Die Doktrinen wurden schließlich im **Rakówer Katechismus** dargelegt, der im Jahr 1605 in polnischer Sprache veröffentlicht und anschließend ins Lateinische, Deutsche und schließlich auch ins Englische (1652) übersetzt wurde. Der Katechismus war weit verbreitet, berüchtigt und beliebt zugleich. Oliver Cromwell wies seine Ordnungskräfte sogar an, die gesamte Auflage der ersten englischen Ausgabe zu konfiszieren und zu verbrennen, sobald sie vom Kontinent einträfe.

Die Brüder traten für eine Art **"religiösen Kommunismus"** ein, wie er auch von den Diggern und anderen radikalen Sekten befürwortet wurde, die etwa ein Jahrhundert später in England zur Zeit Cromwells entstanden. Die Struktur der Siedlung in Raków wurde durch einen tief gehenden Pazifismus bestimmt, es gab Arbeitsteilung bei manueller Arbeit, soziale Hierarchien wurden vollständig abgeschafft und man verleugnete die Autorität des Staates. Von ihren einfachen Anfängen entwickelte sich die Akademie in Raków allmählich zu einem international anerkannten Zentrum, das zu Beginn des 17. Jahrhunderts über 1.000 Studenten hatte. Aus der Druckpresse der Akademie kam ein unaufhörlicher Strom an Traktaten und Katechismen. Das Modell der Akademie fand großen Zuspruch und wurde auch in anderen Landesteilen der polnisch-litauischen Republik nachgeahmt, wie z. B im litauischen **Nowogródek**.

Trotz der großen religiösen Toleranz, die in Polen zur Zeit der Reformation (oder wie es auch genannt wurde "dem Land ohne Lagerfeuer") herrschte, glaubten viele, die Arianer seien theologisch und politisch einen Schritt zu weit gegangen. Sie waren die einzige Sekte, die ausdrücklich von den in der **Konföderation von Warschau** (1573) vorgesehenen Regelungen zur religiösen Toleranz ausgeschlossen wurden, und waren ständig der Bedrohung durch Verfolgung ausgesetzt, obwohl es insgesamt wenig nachweisliche Fälle von Verfolgung gab. Letztendlich beschlossen die staatlichen Autoritäten, dem Druck, der von allen Seiten auf sie ausgeübt wurde, nachzugeben. Nach einer Abstimmung im Sejm anlässlich des Gerüchts, die Studenten der Akademie hätten ein Kruzifix, das an einer Straße stand, zerstört, ließ man im Jahr 1618 zunächst die Akademie in Nowogródek schließen und später (1638) das Zentrum in Raków. Ihrer Basis beraubt zogen sich die Brüder aufs Land zurück. Sie fuhren zwar mit der Ausübung ihres Glaubens fort, erlangten aber nie wieder den Einfluss und die Anerkennung von früher.

Obwohl der Arianismus in Polen praktisch nicht mehr als religiöse Kraft vorhanden war, fanden seine Ideen in späteren Jahrhunderten wieder Anklang. Die polnischen Brüder werden häufig als Vorläufer des **Unitarismus** angesehen, der (oft, aber nicht immer ohne den sozialen Egalitarismus) unter den Presbyterianern und anderen non-konformistischen Kirchen in England und den Vereinigten Staaten im 19. Jahrhundert blühte und aus dem sich die moderne **Unitarische Kirche** entwickelte.

Im modernen **Raków** gibt es nur noch wenig, was an die Brüder oder ihre Akademie erinnert, außer zwei weiß gekalkten Häusern mit einer besonderen Architektur, die den Studenten der Akademie als Unterkünfte dienten.

Karte S. 456/457

Nord-Małopolska

Die meisten Besucher nehmen vom nördlichen Teil Małopolskas kaum mehr als einige Blicke aus dem Fenster eines Eilzuges von Warschau nach Krakau mit. Das ist schade, denn die sanften Höhen, die Täler mit der üppigen Vegetation, die in Streifen bebauten Felder und die für die Region typischen, überall verstreuten Dörfer sind geradezu die Verkörperung des ländlichen Polens.

Die wichtigste Stadt ist hier **Kielce**, ungefähr auf halbem Weg zwischen Warschau und Krakau. Für den Besucher besonders interessant sind Wanderungen in den **Góry Świętokrzyskie/Heilig-Kreuz-Bergen**, die aber eigentlich nur Hügel sind. Wer Burgen und Schlösser liebt, sollte sich die großartigen Ruinen in **Krzyżtopor** nicht entgehen lassen. Südlich von Kielce bieten sich die **Raj Höhle**, **Chęciny** und das Freilichtmuseum in **Tokarnia** für schöne Tagesausflüge an. Das Freilichtmuseum mit der Ausstellung über ländliche Architektur ist eines der besten des Landes. Alle drei Orte befinden sich recht nah bei der Stadt, und wenn man früh loszieht, kann man sogar alle drei an einem Tag besuchen.

Fährt man von hier aus auf der Hauptstraße in Richtung Warschau nach Norden, findet man inmitten der malerischen ländlichen Gegend Małopolskas weitere Sehenswürdigkeiten, z. B. die Zisterzienserabtei in **Wąchock** und das alte *shtetl* (Dorf) **Szydłowiec** mit einem der größten jüdischen Friedhöfe des Landes.

Kielce

Die Provinzhauptstadt **Kielce** sieht zunächst so ähnlich aus wie andere nach dem Krieg wieder aufgebaute Städte in Polen. Hier herrscht jedoch eine entspannte, ländliche Atmosphäre. Die Stadt war lange der Sitz der Bischöfe von Krakau, aus deren Zeit auch die meisten architektonischen Sehenswürdigkeiten stammen, aber nur wenig erinnert an ihre einstige Größe. Einen Platz in der Nachkriegsgeschichte bekam die Stadt durch das Pogrom im Juli 1946. Damals wurden über 40 Juden, die den Naziterror überlebt hatten, von hiesigen Bürgern ermordet, aufgestachelt durch das Gerücht, dass die Juden versucht hätten, an einem ihrer Kinder einen Ritualmord durchzuführen. In neuerer Zeit hat die Stadt seit dem Verfall des kommunistischen Regimes einige Fortschritte gemacht, und im Stadtzentrum gibt es viele Geschäfte, Cafés und Restaurants, wenn der Prozess auch wesentlich langsamer vor sich geht als z. B. in Krakau.

Die Sehenswürdigkeiten konzentrieren sich in einem relativ kleinen Gebiet, durch das die Hauptstraße ul. Sienkiewicza läuft. Nördlich der Straße befindet sich der freundliche **Rynek**, der von leicht zerfallenen Bürgerhäusern aus dem 18. und 19. Jahrhundert eingerahmt wird. In der Hausnummer 3/5 ist das **Landesmuseum** untergebracht, mit einer wenig aufregenden Sammlung an archäologischen Funden aus der Region sowie ethnografischen Ausstellungsstücken. Unterhaltsamer sind die Ausstellungen über zeitgenössische polnische Kunst, die übers Jahr hinweg hier gezeigt werden.

Öffnungszeiten Di und Do–So 9–16 Uhr. Eintritt 4 Zł.

Südlich von der Sienkiewicza, auf einem Platz mit Namen Zamkowy, befindet sich die **Kathedrale**, deren ursprünglich romanische Stilelemente bei der späteren Rekonstruktion im Barock leider verloren gingen. Zu den interessantesten Sehenswürdigkeiten in ihren düsteren Innenräumen gehört ein Monument aus rotem Marmor, das einem weiblichen Mitglied der hier ansässigen Zebrzydowski-Familie gewidmet ist und in der Renaissance von Il Padovano (Giovanni Maria Mosca) gefertigt wurde. Weiterhin zu sehen gibt es einen reich verzierten Hochaltar aus dem Barock aus einer der Krakauer Werkstätten sowie einige dekorative Schnitzereien aus dem Rokoko im Chorgestühl.

An allen wichtigen religiösen Feiertagen ist der Platz östlich der Kathedrale voller festlich gekleideter Einheimischer, viele davon in der regionalen Tracht, die an der feierlichen Prozession rund um den Platz teilnehmen.

Westlich der Kathedrale steht der **Palast der Krakauer Bischöfe**, ein beeindruckendes Gebäude aus dem Frühbarock. Er wurde nach einem Plan mit geschlossenen Achsen gebaut, der den Bauplan norditalienischer Villen aus der damaligen Zeit imitiert. Wie auch im Wawel-Schloss wurden hier jedoch Bauelemente hinzugefügt, die auf das nördliche Klima zugeschnitten sind, wie z. B. ein robustes Dach. Der Palast wurde gegen Ende der 1630er Jahre als Residenz für die Bischöfe von Krakau errichtet, unter deren kirchlicher Jurisdiktion die Stadt und ihre Umgebung bis ins späte 18. Jahrhundert hinein standen. Heute ist hier ein **Landesmuseum** untergebracht, das zu den größten Polens zählt.

Labyrinthartige Räume im **Unter-** und **Obergeschoss** werden von einer umfangreichen Sammlung polnischer Kunst gefüllt, vom 17. Jh. bis in die Gegenwart. Wie oft in solchen Museen sind die früheren Werke mehr oder weniger eine bessere Porträtgalerie der polnischen Aristokratie sowie der patriotischen Lieblingshelden wie Kościuszko und Prinz Józef Poniatowski. Die Räume, die sich mit dem 19. und 20. Jh. beschäftigen, enthalten eine bemerkenswerte Kunstsammlung aus der Bewegung Młoda Polska: Werke von Wyspiański, einige der verzerrten traumähnlichen Kompositionen Witkiewiczs und eine unterhaltsame Gruppierung von Selbstporträts des Künstlers Malczewski. Die Sammlung des Museums an Militaria, wie z. B. Schwerter und andere Kriegswaffen aus den Jahrhunderten, gipfelt in dem Raum, der zu Ehren Piłsudskis, des hoch geachteten Oberhauptes der Vorkriegsjahre, einige Jahre nach seinem Tod 1935 errichtet wurde. Seither hat es sich kaum verändert.

Die meisten Räume im **Obergeschoss,** die früheren Wohnräume des Bischofs, sind mit zahlreichen antiken Möbeln ausgestattet sind, einige davon noch mit den Originaldekorationen. Am bemerkenswertesten sind hier die ausgeschmückten hohen Decken mit komplexen Malereien auf den Lärchenbalken und mit fein ausgearbeiteten Friesen, die sich oben zwischen Decke und Wänden entlang ziehen. Im **Großen Speisesaal** findet sich ein besonders schönes großes Fries, das auf zwei Ebenen eine Reihe von Porträts der Krakauer Bischöfe und polnischen Monarchen zeigt. Einige Räume besitzen beeindruckende Deckenmalereien aus der Werkstatt von Tomaso Dolabella, wie auch die **Senatshalle** im Westflügel, mit dem ominösen *Gericht der Polnischen Brüder* oder im angrenzenden Raum eine großartige ausladende Darstellung von Szenen aus dem polnisch-schwedischen und polnisch-moskowitischen Krieg aus dem 17. Jahrhundert.

Öffnungszeiten Mi–So 9–16 Uhr; Mai–Juni und Sept.–Okt. auch dienstags 10–18 Uhr. Eintritt 5 Zł.

Wenn man hinten um das Museum herum in Richtung Süden geht, gelangt man zur ul. Zamkowa und zu einer der wichtigeren Sehenswürdigkeiten von Kielce, dem früheren **Gefängnis** im Haus Nr. 3. Heute befindet sich darin das **Muzeum Pamięci Narodowej** (Museum des Nationalen Gedenkens). Im Zweiten Weltkrieg war es von der Gestapo genutzt worden und anschließend auf die kommunistische Sicherheitspolizei übergegangen. Hier fanden zwischen 1939 und 1956 unzählige Folterungen und Ermordungen statt. Die Zellen wurden weitgehend in ihrem Originalzustand belassen. Beachten Sie die Käfige über den Fenstern, die angebracht waren, damit keinerlei Botschaften oder Sonstiges von draußen zu den Gefangenen gereicht werden konnten, die auf dem Hof Übungen machen durften.

Noch weiter Richtung Süden führt die ul. Kaczmarka zum **Geologischen Reservat Kadzielnia** (Reserwat Geologiczny Kadzielnia), einem früheren Kalksteinbruch, der nun als (allerdings vernachlässigter) Park angelegt ist. Blanke Felsspitzen sind von Gebüsch umgeben – erstaunlich, dass es solch eine Wildnis so dicht bei einem Stadtzentrum gibt. Ganz am Ende des Reservats befindet sich ein Veranstaltungsort für Open-Air-Konzerte, das "Amphitheater", das im Sommer häufig für kulturelle Veranstaltungen genutzt wird.

Erinnerungen an das **Kielce-Pogrom** haben auf internationaler Ebene die polnisch-jüdischen Beziehungen in den Nachkriegsjahren belastet (siehe Kasten). Die Stadt schwieg sich darüber aus, und jahrelang gab es keine offizielle Anerkennung des Ereignisses, wie z. B. in Form eines Denkmals. Dies wurde nun berichtigt – wenn auch auf die Initiative einer privaten jüdischen Stiftung und nicht der Stadtverwaltung hin. Das Haus Nr. 7/8 Planty, in dem sich der Vorfall zutrug, ist nur einen kurzen Fußweg westlich des Platzes, am Rand des Kanals, der die ul. Sienkiewicza durchschneidet. Es trägt eine neue Gedenktafel mit einer Inschrift in polnischer, hebräischer und englischer Sprache "an die 42 Juden, die hier ... während antisemitischer Unruhen ermordet wurden." Eine lobenswerte, ehrliche Beschreibung eines Ereignisses, an das einige Polen eher nicht erinnert werden möchten. Zu den weiteren historischen jüdischen Plätzen gehören die ehemalige Synagoge in der al. IX Wieków Kielc, in der sich heute ein Archiv befindet, und der dem Verfall überlassene **Friedhof** weit draußen in dem im Süden gelegenen Bezirk Pakosz (Bus Nr. 4 fährt in der Nähe vorbei – steigen Sie bei der ul. Pakosz aus). Hier stehen noch ungefähr hundert Grabsteine sowie ein ehrwürdiges Monument an die Opfer des Holocaust aus der Region.

• *Information* Eine sehr freundliche **Touristeninformation** befindet sich im Rathaus am Rynek 1 (Mo–Sa 10–17 Uhr; ✆ 041/367 6436, itkielce@poczta.onet.pl). Man hilft bei der Suche von Unterkünften, gibt Prospekte und Stadtpläne aus und berät über Routen zu den Góry Świętokrzyskie.

• *Anfahrt/Verbindungen* **Bahnhof** und **Busbahnhof** (ein rundes Gebäude, das an eine fliegende Untertasse erinnert, wie sie in den 1950er Jahren in Comic-Heften abgebildet waren) liegen nahe beieinander im Westen der Stadt. Etwa 10 Minuten zu Fuß entlang der ul. Sienkiewicza gelangt man von hier ins Zentrum. Im Bahnhofsgebäude gibt es eine rund um die Uhr geöffnete Gepäckaufbewahrung.

• *Übernachten* Man kann aus einigen wenigen Möglichkeiten auswählen, von denen sich die meisten an Geschäftsreisende richten und stolze Preise haben. Die einzig preiswerte Alternative sind ein paar **Privatzimmer**, die meist etwas außerhalb liegen (H) und die von der Touristeninformation vermittelt werden. Die **Jugendherberge**, ul. Szymanowskiego 5 (✆ 041/342 3735), 1 km östlich des Zentrums ist ganzjährig geöffnet (Bus Nr. 21 vom Bahnhof). Bei der Touristeninformation kann man Ihnen auch sagen, ob und welche Studentenhotels für Touristen geöffnet sind.

Das **Hotel Łysogóry**, ul. Sienkiewicza 78 (✆ 041/366 2511, www.lysogory.com.pl; C), wurde gerade gründlich überholt und hat ein neues Management. Es befindet sich gegenüber vom Bahnhof und ist ein gutes Mittelklassehotel, das auf Geschäftsleute ausgerichtet ist. Das etwas heruntergekommene, aber zentral gelegene **Hotel Bristol**, ul. Sienkiewicza 21 (✆ 041/368 2460; D),

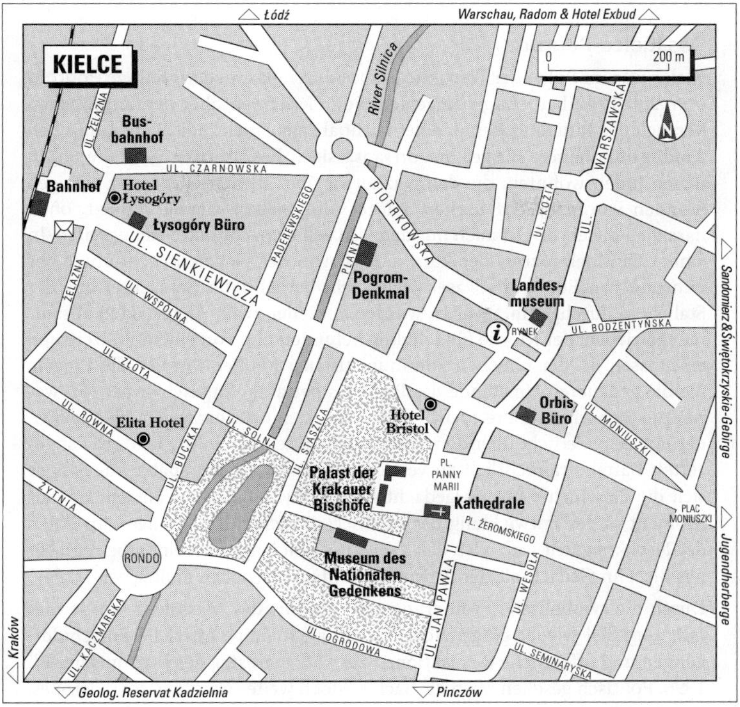

könnte zwar eine Renovierung vertragen, das Restaurant ist jedoch ganz passabel. Das **Elita**, ul. Równa 4a (✆ 041/344 2230, www.jandb.com.pl; D), ist ein kleines, neues, privates Hotel mit gemütlichen, gepflegten Zimmern südlich von Bahnhof und Busbahnhof. Es ist gut zu Fuß zu erreichen. Das **Exbud**, ul. Manifestu Lipcowego 34 (✆ 041/332 6360, www.exbud.com.pl; C), ist ein hervorragendes Hotel, das sich an Geschäftsreisende richtet. Es liegt 2 km nordöstlich des Zentrums an der Straße nach Warschau und bietet jeglichen Komfort.

• _Essen/Trinken_ Die Cafés und Snackbars um den pl. Wolsnośki eigenen sich gut für eine kleine Mahlzeit. Unter den Restaurants ist das **Bartosz**, gleich neben dem Platz in der Bartosza Głowackiego, der beste Ort für eine preiswerte, sättigende polnische Mahlzeit. Es schließt allerdings um 19 Uhr. Für ein Essen in entspannter Atmosphäre bietet sich das beliebte **Winnica**, ul. Winnicka 4, an. Auf der Speisekarte stehen einige gute, traditionelle ukrainische Gerichte, vor allem Suppen (Vorsicht, an Wochenenden gibt es eine "Tanzband"!). Das Restaurant im **Hotel Exbud** gilt als das beste für internationale Speisen, hat ausgezeichneten Service und angemessene Preise. **Asean**, Rynek 14, ist das beste vietnamesische Restaurant vor Ort, dafür ist das **A Dong Quan**, gleich um die Ecke, Duża 5, etwas preiswerter und bei Einheimischen entsprechend beliebt.

Das Café **Pożegnanie z Afryką**, in der ul. Leśna, serviert die guten Kaffeesorten, die das Erkennungsmerkmal der Kette sind. **Pub Studencki Tunel**, ul. Duża 7, ist, wie der Name andeutet, eine lange, niedrige Bar in einem Erdgeschoss, die viel junges Publikum anzieht. Der nahe **Jazz Club**, ul. Duża 9, ist etwas anspruchsvoller und bietet oft Livemusik. Nach 22 Uhr ist er (offiziell zumindest) nur noch für Klubmitglieder geöffnet, und Sie werden um den Einlass zu kämpfen haben.

Krakau, Kleinpolen und Tatra
Karte S. 456/457

Das Kielce-Pogrom

Kielce war im Polen der Nachkriegsjahre durch das niederträchtige **Pogrom vom Juli 1942** berüchtigt. Angefacht von Gerüchten über den angeblichen Versuch des Ritualmordes an einem achtjährigen, nichtjüdischen polnischen Kind, griffen einige Bürger der ortsansässigen Bevölkerung Gebäude an, in denen Juden wohnten, die den Naziterror überlebt hatten. In nur wenigen Stunden wurden 42 Menschen getötet und weitere vierzig verletzt, ohne dass die Polizei vor Ort auch nur den Versuch gemacht hätte einzugreifen. In einem Sammelprozess, der kurz danach von der Geheimpolizei unter der Führung von Edmund Kwasek (selbst ein berüchtigter Schlächter aus der Stalinzeit) durchgeführt wurde, wurden neun der zwölf Angeklagten zusammengetrieben, der Morde für schuldig befunden und von einem Polizeitrupp erschossen. In der üblichen kommunistischen Manier wurden alle Fragen, die die genaueren Umstände des Pogroms betrafen, totgeschwiegen. So waren die Sicherheitskräfte nicht in die Lage, den ortsansässigen Alkoholiker, der mit dem Gerücht über den Missbrauch an seinem Sohn die Morde angezettelt hatte, strafrechtlich zu verfolgen. Der Mann gab später zu, dass er sich die Geschichte nur ausgedacht hatte. Obwohl dies ein entscheidender Moment in der Entwicklung der polnisch-jüdischen Beziehungen im Polen der Nachkriegszeit war, blieb das Kielce-Pogrom lange Zeit ein unbeschriebenes Blatt im Gedächtnis der Anwohner und im offiziellen politischen Dialog.

Durch die symbolische Erinnerungstafel am Ort des Massakers wurde dies nun zum Teil wieder gutgemacht. Es gab auch einige offizielle Entschuldigungen und öffentliche Reueaktionen zum 50. Jahrestag des Pogroms im Juli 1996. Politisch gesehen blieb die Sache jedoch weiter ein Stein des Anstoßes. Der Bericht der nachträglich eingesetzten **offiziellen Untersuchungskommission,** der 1997 nach fünfjähriger Sichtung von Beweismaterial veröffentlicht wurde, ließ letztendlich die Schuldfrage offen. Während Kwasek zugegeben hat, dass die damals für die Morde Hingerichteten willkürlich aus der Menge gepickt worden waren, blieben viele der weiter reichenden Aspekte des Pogroms bis heute unbeantwortet. Dies hat zur Folge, dass die Verschwörungstheorien, die schon lange den Nährboden für die öffentliche Diskussion bilden, weiter gesponnen werden. Die offizielle Linie zu Zeiten der Kommunisten – die man heute gelegentlich noch hört – besagt, dass das Pogrom das Werk der bewaffneten antikommunistischen Opposition war, die um 1946 noch immer in der Region aktiv war. Die antikommunistische Meinung vertritt jedoch die These, dass die polnische kommunistische Partei die Morde anzettelte, um die öffentliche Meinung von dem gefälschten Ergebnis des 1946, nur wenige Tage vor den Morden durchgeführten Referendums abzulenken, was der Partei zur darauf folgenden Machtübernahme verhalf. Wie vorauszusehen weisen eher rechtslastige Organisationen die Schuld den "zionistischen Organisationen" zu, die angeblich das ganze Ereignis eingefädelt haben sollen, um Polen in der Welt zu diskreditieren. Positiv ist, dass die Kommission zumindest eine der abwegigeren Theorien widerlegte, nämlich dass die Ereignisse in Kielce von sowjetischen Sicherheitskräften gesteuert wurden, um die Überlebenden des Holocaust dazu zu bewegen, nach Palästina zu emigrieren. Damals propagierte die offizielle Moskauer Linie eine Befürwortung der Einrichtung eines unabhängigen jüdischen Staates unter sowjetischem Einfluss. Zusätzlich veranlasste die Kommission örtliche Verwaltungsorgane, das Beweismaterial erneut zu sichten, mit dem Ziel, namentlich bekannte **ortsansässige** Verantwortliche der damaligen Zeit wegen grober Fahrlässigkeit und Inkompetenz zu anzuklagen.

Die Raj-Höhle

Zehn Kilometer südlich von Kielce und etwa 1 km westlich auf der Hauptstraße nach Krakau befindet sich die **Raj Höhle** (Jaskinia Raj), eine der unzähligen Untergrundformationen, die im südlichen Polen, vor allem in Zentral- und Nord-Małopolska und in der Tatra, weit verbreitet sind. Die "Paradies-Höhle"(Jaskinia Raj), wie sie allgemein genannt wird, ist erst 1964 entdeckt worden, wurde aber schnell zu einem bevorzugten Ausflugsgebiet der Anwohner aus der Region. Vor allem im Sommer fallen Schulbusse und Tagesausflügler in Scharen hier ein. Wenn Sie der Menschenmenge aus dem Weg gehen wollen, sollten Sie bereits früh hierher kommen. Der **Bus** Nr. 31 von Kielce hält an der Hauptstraße. Von dort aus überquert man den großen Parkplatz und geht weiter entlang auf dem mit Holz ausgelegten Pfad bis zum Eingang der Höhle, wo sich ein Kartenkiosk mit Café und Museum befindet.

Besucher können zwar nur etwa 150 Meter weit in die Höhle vordringen, aber auch das ist bereits ein beeindruckendes Erlebnis. Es geht durch eine Reihe von Kammern, die mit schier unendlichen Anordnungen von Stalagmiten und Stalaktiten sowie anderen Traumgebilden aus Tropfstein angefüllt sind. Man hat nun bewiesen, dass die Höhle vor etwa 50.000 Jahren von Neandertalern bewohnt wurde. Heute überwintern hier Fledermäuse. Wissenschaftliche Untersuchungen bringen immer wieder archäologisch bedeutende Funde zutage, wie z. B. eine Palisade aus Rentiergeweih, die kürzlich entdeckt wurde.

Öffnungszeiten **Höhle** – April–Nov. Di–So 10–17 Uhr, nur mit Führung (wird nur auf Polnisch angeboten). Eintritt 8 Zł.

Einige der Funde werden in dem kleinen Museum am Höhleneingang gezeigt, das an das Kartenkiosk angeschlossen ist. Wenn Sie hier übernachten wollen, bietet sich das einfache **Hotel Zajazd Raj** (✆ 041/346 5127; G) in der Nähe des Parkplatzes an, das auch über ein Restaurant verfügt.

Chęciny

Fünf Kilometer weiter südlich auf der Straße nach Krakau (Endstation von Bus Nr. 31), bietet sich die kleine Stadt **Chęciny** für einen interessanten Ausflug in die Geschichte an. Das verschlafene Provinzstädtchen liegt friedlich am Fuß eines Berges, der die Landschaft überragt, und ist um einen der charakteristischen, offenen Plätze herum angelegt. Die Stadt hat nicht besonders viele Sehenswürdigkeiten, und nur wer die historischen Hintergründe kennt, spürt den schmerzlichen Unterton, der hier den Charme der Kleinstadt durchdringt. Wie viele andere Städte in der Umgebung, war Chęciny mehrere Jahrhunderte lang, ein typisches, polnisches *shtetl*, in dem die Juden fast die Hälfte der Bevölkerung ausmachten. Die Juden sind nicht mehr hier, aber die von ihnen errichteten Gebäude sind geblieben – die

Karte S. 456/457

Synagoge, das Kaufmannshaus, der Friedhof– als stilles Zeugnis ihrer jahrelangen Anwesenheit. Wenn man sich einige der Häuser um den Platz genau anschaut, sieht man jeweils noch die Stelle am Türpfosten, wo sich einst die *mezuzah* (beschriftete Pergamentrolle in einer Kapsel) befand, die die Nazis herausrissen.

Auf der einen Seite des Platzes steht die **Pfarrkirche St. Joseph**, in der vor allem die Orgel sehenswert ist, die um 1680 gebaut wurde und dank ihrer komplizierten mechanischen Originalkonstruktion immer noch funktionsfähig ist. Ein kurzes Stück weiter auf der ul. Długa befindet sich die ehemalige **Synagoge**, ein charakteristisches, solides Backsteingebäude mit einem zweistöckigen Dach aus dem frühen 17. Jahrhundert. Wie in vielen ehemaligen Synagogen ist darin heute eine Kulturzentrum untergebracht. Leider wird wie bei zu vielen anderen ehemaligen jüdischen Gotteshäusern wenig unternommen, um die Grundzüge des Originalgebäudes zu erhalten. Die Hauptgebetshalle wird am Wochenende als Disko genutzt und kommt komplett mit Glitzerbeleuchtung. Außer einigen wenigen dekorativen Gegenständen findet sich hier nur noch der leere Rahmen des *Aron ha-qodäsh.* Seit kurzem weist zumindest ein Schild auf die frühere Funktion des Gebäudes hin.

Wenn Sie sich fit fühlen, können Sie den Hügel hinter dem Platz bis zu der beeindruckenden **Burgruine** am Gipfel empor klettern. Die ursprüngliche Burg wurde um 1310 für König Władysław I. erbaut und drei Jahrhunderte später nach der schweren Zerstörung durch die Schweden, komplett umgebaut. Der strategisch bedeutende Außenposten verfiel jedoch schließlich zur Ruine. Heute erkennt man noch den vieleckig angelegten Bauplan der Außenmauer, das Haupttor und zwei Türme – man kann überall ungehindert herumwandern. Der Aufstieg lohnt sich schon allein wegen des Ausblicks über die umliegende Landschaft und Kielce. An klaren Tagen kann man sogar die Swiętokrzyskie Berge in der Ferne erkennen. Wenn man den Hügel rechts von der Burg hinuntersteigt, gelangt man zum **Jüdischen Friedhof**. Er ist zwar verfallen und überwachsen, man kann jedoch noch eine große Anzahl von Grabsteinen mit Inschriften erkennen.

• *Öffnungszeiten* **Schlossruine** – Di–So 9–18 Uhr. Eintritt 1 Zł.

• *Übernachten/Essen* Wenn Sie übernachten wollen, müssen Sie sich zwischen der sehr einfachen **Jugendherberge** in der ul. Białego Zaglębia 1 (✆ 041/315 1068) und dem **Franciskański Osrodek Rekolekcynjny**, ul. Franciskańska 10 (✆ 041/315 1069, fran@kielce.opoka.org.pl), entscheiden. Letzteres bietet Schlafsäle mit drei und mehr Betten an. Etwas zu essen bekommt man nur in der **Bar** in der ul. Łokietka 26, ein kurzes Stück bergabwärts vom Rynek. Da hier hauptsächlich Einheimische dem Bier und dem Wodka zusprechen, sollte man keine kulinarischen Besonderheiten erwarten.

Das Tokarnia-Freilichtmuseum

Weitere 7 km südlich von Chęciny befindet sich in **Tokarnia** das außergewöhnliche **Museum der Volksarchitektur** oder Freilichtmuseum (*skansen).* Man sieht das Museum von der Straße aus auf dem Hügel, die Beschilderung lässt allerdings eher zu wünschen übrig. Wenn Sie mit dem Bus reisen, sollten Sie den Busfahrer nach dem *skansen* fragen, er lässt Sie dann in der Nähe aussteigen (von Kielce aus kann man die Busse in Richtung Jędrzejow via Chęciny nehmen). Im Sommer öffnet ein einfaches Café in dem Gebäude am Eingang.

Der Hauptzweck des Freilichtmuseums ist, einen Einblick in die ländliche Architektur, Sitten und Gebräuche zu vermitteln, die heute zum Großteil ausgestorben sind. Diese Aufgabe erfüllt das Tokarnia Museum vorbildlich. Es wurde in den

1970er Jahren errichtet, und der Sammlung an Gebäuden werden immer wieder neue hinzugefügt. Es ist eines der größten und besten Museen seiner Art im ganzen Land. Gut angelegt, sind die Gebäude jeweils den verschiedenen Regionen Małopolskas zugeordnet, was einen erklecklichen Überblick über die Bautraditionen vermittelt. Dem Verständnis ist ein Reiseführer zuträglich, der in deutscher, englischer und französischer Sprache erhältlich ist und in dem der traditionelle Zweck jedes Gebäudes näher erläutert wird. Wenn Ihr Polnisch ausreicht, können Sie mit den Frauen aus den Dörfern der Umgebung sprechen, die über alle Details Bescheid wissen und gerne Auskunft geben. Jede von ihnen ist natürlich und zu Recht besonders stolz auf ihr eigenes Gebäude und gemäß dem ländlichen Brauch wird sie versuchen, Sie so lange wie möglich dort festzuhalten. Stellen Sie sich also darauf ein, wenigstens einige Minuten bei jedem Gebäude zu verbringen, wobei Sie immer den entsprechenden Respekt bezeugen sollten.

Die ried- und ziegelgedeckten Gebäude, die hier zu sehen sind, umfassen das volle Spektrum ländlichen Lebens, wobei der Schwerpunkt auf traditionellen Bauernhöfen liegt: Von relativ wohlhabenden Behausungen – je mehr religiöse Bilder, umso reicher die Familie – bis zu den ärmlichsten, in denen die Bauern gerade mal so überleben konnten. Mit großer Sorgfalt und Aufmerksamkeit hat man die Innenräume wieder so hergestellt, wie sie Anfang des Jahrhunderts und in den darauf folgenden Jahren ausgesehen haben mögen. Viele der Häuser enthalten beeindruckende Sammlungen an alten landwirtschaftlichen Geräten aus Holz sowie Küchengeräten. Ebenso finden sich Werkzeuge, wie sie in traditionellen Berufen benutzt wurden, z. B. von Dachdeckern, Brauern, Holzschnitzern, Kerzenmachern und Reitknechten sowie Utensilien für die Herstellung von Kräutermedizin. Zusätzlich gibt es eine wunderschöne alte Windmühle, eine Apotheke sowie ein elegantes Landgut *dwór* von der Art, wie sie von den adeligen, gut situierten *szchlachta*-Familien von der Mitte des 19. Jahrhunderts, d. h. Chopins Generation, bis zum Zweiten Weltkrieg, bewohnt wurden. Der Unterschied zwischen der Größe und dem Wohlstand auf der einen Seite und den einfacheren Unterkünften auf der anderen Seite ist beträchtlich. Die fortschreitende Verarmung und die weit verbreitete Ungleichheit in Polens ländlicher Gesellschaft waren ein entscheidender Faktor für die rasch aufeinander folgenden Auswanderungswellen nach Amerika ab der Mitte des 19. Jahrhunderts bis in die 1930er Jahre hinein.

<u>*Öffnungszeiten*</u> **Freilichtmuseum** – April–Okt., Di–So 10–17 Uhr; Nov.–März, Mo–Fr 9–14 Uhr. Eintritt 6 Zł.

Góry Świętokrzyskie/Heilig-Kreuz-Berge

In dieser flachen Gegend ragen die Góry Świętokrzyskie stärker empor, als es ihre Höhe – höchstens 600 m – zunächst vermuten lässt. Diese von Kielce fast 70 km verlaufende Hügelkette mit ihren langen Kämmen und Tälern und vereinzelten Dörfern ist ein beliebtes, wildes Wandergelände, dessen Kern nun in einen geschützten Nationalpark umgewandelt wurde.

Im Zweiten Weltkrieg war die Gegend eines der bewaffneten Widerstandszentren gegen die Nationalsozialisten: Das Buch "Wann, wenn nicht jetzt?" von *Primo Levi* enthält einen schonungslosen, aber im Wesentlichen wahren Bericht über das Leben im Widerstand; bei ihm heißen die Berge wie in ihrer wörtlichen Übersetzung aus dem Polnischen die Heilig-Kreuz-Berge.

Łysogóry/Kahle Berge

Zwanzig Kilometer östlich von Kielce befinden sich **Łysogóry**, auch "kahle Berge" genannt, die allerdings eher Hügeln als Bergen ähneln. Auf dem 15 km langen Höhenzug liegt ein landschaftlich schönes Waldgebiet, das von gebrochenen Quarzsteinformationen durchzogen und bei Ausflüglern wie Wanderern gleichermaßen beliebt ist. Das gesamte Gebiet des Höhenzugs befindet sich innerhalb des als Nationalpark abgegrenzten Gebietes, so erklärt sich auch der Reichtum an Flora und Fauna, dem man hier auf Schritt und Tritt begegnet.

Als Ziel empfiehlt sich **Święty Krzyż**, eine Stunde mit dem Bus vom Hauptbahnhof in Kielce aus (täglich fünfmal, ab 7 Uhr morgens). Die Fahrt führt am Fuße des Höhenzugs entlang, weiter über eine landschaftlich schöne Straße am Berg bis zum Rand des **Świętokrzyskie-Nationalparks** hinauf und endet auf einem Parkplatz am Fuß des Łysa Góra (595 m). Gleich unterhalb des Parkplatzes liegt das *Jodłowy Dwór Hotel* (✆ 041/302 5028, jodlowy_dwor@pro.onet.pl; G), eine vernünftige Unterkunft mit Zimmern mit Bad und mit eigenem Restaurant, das sich als Ausgangsbasis für Wanderer empfiehlt.

Der Bus fährt zwar durch den Park weiter (er ist als einziges Verkehrsmittel dort erlaubt), aber von hier aus sollte man eher durch den unter Naturschutz stehenden Wald wandern. Er ist die Heimat zahlreicher Vogelarten, darunter einer ganzen Adlerkolonie, und zahlreicher anderer Tiere. Der markierte Pfad in Richtung **Abtei** führt zu einer Lichtung, von der aus man wieder auf die Straße gelangt. Vorbei geht es an einer Fernseh-Sendestation bis zur Abtei (etwa 30 Min.). Sie wurde zu Beginn des 12. Jahrhunderts von italienischen Benediktinermönchen errichtet. Das Aussehen der Gebäude hat sich seither komplett verändert, der romanische Torbogen der Abteikirche ist das einzige Überbleibsel des ursprünglichen Baus. Durch die einsame Lage auf dem Berg hat sich hier jedoch eine altertümliche Atmosphäre erhalten. Die Abtei löste einen älteren heidnischen Tempel ab, dessen Spuren vor einigen Jahren ganz in der Nähe gefunden wurden. Im Jahre 1825 wurde die Abtei nach der Auflösung des Benediktinerordens in ein Gefängnis umfunktioniert, und das blieb sie bis 1945, denn die Nationalsozialisten benutzten die Abtei als Konzentrationslager für sowjetische Kriegsgefangene. Wie fürchterlich die Bedingungen dort gewesen sind, deuten Aufnahmen von Lagerschildern (auf Russisch und Deutsch) im alten Klostergebäude an, auf denen Kannibalismus untersagt wird.

Das **Abteimuseum** beherbergt eine der besten naturgeschichtlichen Sammlungen in ganz Polen, die sämtliche in der Gegend wild vorkommenden Tiere beinhaltet; die Exponate reichen von Schmetterlingen und Schlangen bis zu Hirschen und Elchen. Vom Rand der Abtei hat man einen schönen Blick ins Tal hinunter. Man erkennt auch zerklüftete, abgebrochene Felsen, ein für diesen Bergrücken typisches Überbleibsel aus der Eiszeit.

Öffnungszeiten Mai–Aug. tägl. 10–17 Uhr; April, Sept. und Okt. tägl. 10–16 Uhr, Nov.–März 9–15 Uhr. Eintritt 4 Zł.

Wenn Sie den Pfad in östlicher Richtung den Berg hinunter laufen, erreichen Sie nach etwa 400 Metern einen Weg, der nach links abzweigt und Sie in 5 Minuten zu einem überwucherten sowjetischen Soldatenfriedhof bringt, die letzte Ruhestätte vieler Insassen der Heilig-Kreuz-Abtei. Auf den Hauptpfad zurückgekehrt gelangen Sie nach zwei Kilometern ins Dorf **Nowa Słupia**, in dem es ein **Museum für antike**

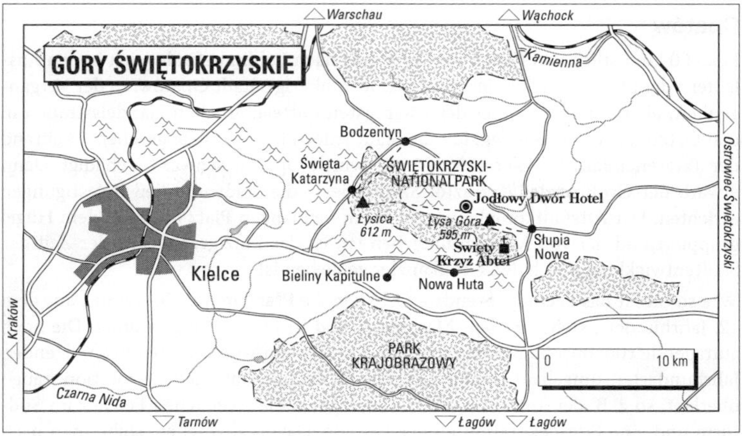

Metallurgie gibt. Es befindet sich an der Stelle eines ehemaligen Eisenerz-Bergwerks, dessen Schmelzöfen bereits im 2. Jh. n. Chr. angelegt wurden. Das beweist unter anderem die beeindruckende Sammlung an primitiven Eisenarbeiten, die hier in den letzten Jahrzehnten ausgegraben wurden. Fast eintausend Jahre lang war dies eine der größten Eisenhütten in ganz Europa.

• Öffnungszeiten Di–So 9–16 Uhr. Eintritt 5 Zł.

• Übernachten Wenn Sie übernachten möchten, haben Sie die Auswahl zwischen einer ganzjährig geöffneten **Jugendherberge** nahe beim Museum, ul. Świętokrzyska 64 (✆ 041/317 7016), und einem **Campingplatz** (Mai–Sept., ✆ 041/ 317 7085). Letzterer vermietet auch Bungalows und hat ein Restaurant.

Der höchste Punkt im Łysogóry ist der Berg mit Namen **Łysica** (611 m) am Westende der Kette. Der Legende nach trafen sich hier früher die Hexen, heute ist es ein guter Aussichtspunkt. Wenn man schon früh den Bus von Kielce nimmt, kann man sich die Museen der Ortes anschauen, bevor man den markierten, 18 km langen Wanderpfad einschlägt. Der Pfad führt zunächst nach Święty Krzyż hinauf und von dort weiter entlang dem Höhenzug bis nach Łysica. Dann geht es weitere 2 km bergabwärts in ein bewaldetes Gebiet. Dabei passiert man Gedenksteine an Widerstandskämpfer, die von den Nazis bis in das Dorf **Śwęta Katarzyna** verfolgt wurden. Von hier aus können Sie noch vor Tagesende mit dem Bus nach Kielce zurückkehren. In Święta Katarzyna selbst befindet sich ein **Kloster**, das seit dem 15. Jahrhundert von zurückgezogenen Benediktinernonnen bewohnt wird. Solange man im Tageslicht kommt, kann man einen Blick in die Kirche werfen.

• Information Im Sommer gibt es einen von der PTTK geführten Informationskiosk auf der Hauptstraße des Dorfes.

• Übernachten/Essen Wer über Nacht bleiben möchte, wendet sich entweder an das **Babą Jagą**, ul. Kielecka 18 (✆ 041/311 2226), ein einfaches Hotel mit Restaurant, Zimmern mit Bad (G) sowie Zimmern mit Gemeinschaftsbad (I), oder an das etwas größere und komfortablere **Jodelka**, ul. Kielecka 3 (✆ 041/311 2111), das ebenfalls über Zimmer mit Bad (H) und Zimmer mit Gemeinschaftsbad (G) verfügt. Weiterhin gibt es eine ganzjährig geöffnete **Jugendherberge** (✆ 041/311 2206).

Opatów

Etwa 60 km östlich von Kielce auf der Straße nach Lublin befindet sich in den Ausläufern der Swiętokrzyskie Berge die kleine, schläfrige Stadt Opatów. In der Vergangenheit, als sie noch an einer der wichtigsten mittelalterlichen Handelsstraßen in den Osten nach Russland lag, hat die Stadt jedoch bessere Tage gesehen. Während der Tatareneinfälle in Polen (1500–1502) wurde Opatów schwer beschädigt. Dann erwarb der Großkanzler Krzysztof Szydłowiecki die Stadt und ließ Befestigungen errichten. Der Altstadtkomplex, der sich um den langen Platz oben auf dem Hügel gruppiert und der von Mauern umgeben ist, ist das Einzige, was aus der Zeit der Stadtentwicklung durch den Großkanzler geblieben ist.

Wie so oft ist das beeindruckendste Gebäude die **Pfarrkirche**. Sie stammt aus dem 12. Jahrhundert, steht auf dem Marktplatz und ist St. Martin gewidmet. Die hoch aufragende romanische Basilika mit den drei Gängen wurde in den nachfolgenden Jahrhunderten umgebaut. Einige Grundzüge der romanischen Dekoration haben überlebt, so z. B. der Torbogen am Haupteingang, die zweifachen Fenster im Südturm und eine Friesdekoration an der Fassade. Davon abgesehen, sollte man nach den **Szydłowiecki-Familiengräbern** Ausschau halten, insbesondere dem von Großkanzler Krzysztof. Wie die anderen aus der Gruppe wurde auch dieses Grab in den 1530er Jahren von zwei italienischen Architekten gestaltet, die am Hof von Wawel tätig waren. Das Grab hat ein kraftvolles Bas-Relief aus Bronze, das die Bürger der Stadt Opatów zeigt, wie sie den Tod des Kanzler betrauern – ein bewegender Tribut an einen Mann, dessen Familienname gegen Ende des Jahrhunderts ausstarb, da die Familie keine männlichen Nachkommen hatte.

Ein Abschnitt des Platzes wird von wabenähnlichen, unterirdischen Tunneln und Kellern durchzogen, die ein Hinweis auf die rege Handelstätigkeit der Vergangenheit sind. Ursprünglich wurden sie für die Lagerung von Waren genutzt, die auf dem hiesigen Markt verkauft wurden. Heute kann man die Keller besichtigen – fragen Sie im *PTTK*-Büro auf dem Platz nach. Das Büro organisiert Führungen, wenn genügend Nachfrage besteht. Wenn man zu Fuß hügelabwärts durch das **Warschauer Tor** (Brama Warszawska) geht und den Fluss Opatówka überquert, gelangt man zur **Bernhardinerkirche**, einem reich verzierten Bau aus dem Spätbarock mit einem fein gearbeiteten Hochaltar. Der Bau ersetzt die Kirche aus dem 15. Jahrhundert, die während der schwedischen Invasionen um 1650 zerstört wurde.

• *Verbindungen* Vom **Busbahnhof** im Stadtzentrum fahren viele Linien ins benachbarte Sandomierz und einige auch nach Kielce.

• *Übernachten/Essen* Die einzigen erwähnenswerten Unterbringungsmöglichkeiten sind die einfache **PTTK-Herberge** in der ul. Obronców Pokoju 16 (✆ 015/868 2778; I) und die im Sommer geöffnete **Jugendherberge** in der ul. Cmielowska 2 (✆ 015/868 2374). Die **Restaurants** um den Marktplatz servieren einfache Mahlzeiten.

Krzyżtopór

Trotz ihres verfallenen Aussehens ist die **Burgruine Krzyżtopór** im benachbarten Dorf Ujazd, etwa 15 km südwestlich von Opatów auf der Straße nach Staszów, eine der spektakulärsten Ruinen in Polen (Busse hierher verkehren von Opatów). Wenn man durch die umliegende Landschaft fährt, ragt die Ruine plötzlich völlig unvermittelt am Horizont auf. Das ganze Ausmaß der Anlage wird dem Besucher jedoch erst deutlich, wenn er den Burgkomplex betritt (Di–So 10–16 Uhr, im Sommer oft längere Öffnungszeiten): eine großartige Ruine, die immer noch einige

Kennzeichen des architektonischen Genies erkennen lässt, das in den Entwurf und die Konstruktion einfloss.

Die Geschichte der Burg ist ein Beispiel aus dem Bilderbuch aristokratischen Größenwahns. Für Unsummen wurde die Burg für Krzysztof Ossoliński, den Gouverneur der Provinz von Sandomierz, von dem italienischen Architekten Lorenzo Muretto erbaut und erst 1644, ein Jahr vor Ossoliński's Tod fertig gestellt. Bereits ein Jahrzehnt später wurde die Burg gründlich von den Schweden geplündert. Von diesem Schlag erholte sie sich nie wieder, obwohl Ossoliński Familie bis in die 1770er Jahre darin wohnte. Im Laufe der Zeit wurden immer wieder Pläne für einen Wiederaufbau der Burg gemacht, die letzte Initiative war der Versuch, den Ort als Touristenattraktion wieder zu beleben.

Der Grundriss der Burg besteht aus sternförmig angeordneten Befestigungen, die um einen großen Innenhof errichtet sind. Darin wiederum, befindet sich ein kleinerer elliptischer Platz. Der ursprüngliche architektonische Entwurf orientierte sich an einem Kalender: Es gab vier Türme, symbolisch für die Jahreszeiten, zwölf Hauptmauern für die Monate, 52 Zimmer für die Wochen, 365 Fenster für die Tage und sogar ein zusätzliches Fenster für Schaltjahre, das in den Zwischenjahren zugemauert blieb. Ossolińskis Leidenschaft für Pferde wurde mit einem Netzwerk an Stallungen Genüge getan, etwa 370 Ställe im Ganzen. Sie befanden sich unterhalb der Burg, und jeder war mit einem Spiegel und marmornen Futtertrögen ausgestattet. Überreste der Stallungen kann man noch heute besichtigen. Der legendäre Speisesaal im achteckigen Eingangsturm existiert heute nicht mehr: Er wurde von einem Aquarium aus Kristall dominiert, das in die Decke eingelassen war.

In die Mauern des Eingangsturms sind direkt vor dem Eingangsportal aus schwarzem Marmor ein großes Kreuz (*krzyż*) und eine Axt (*topór*) eingemeißelt, die eine Anspielung auf den Namen der Burg sind. Das Kreuz war ein Symbol der katholischen Gegenreformation, die Ossoliński befürwortete und die Axt war Teil des Familienwappens. In dem Burgkomplex fühlt man sich bei einem Spaziergang unwiderstehlich von den verfallenen Ecken und Winkeln angezogen. Je länger man bleibt, umso mehr wird die unglaubliche Ausdehnung des Baus bewusst, besonders in den düsteren Ruinen der Keller, die sich schier unendlich hinzuziehen scheinen. Die inneren Mauern ragen hoch auf den Seiten auf, wenn man in die unteren Räume des Gebäudes hinabtaucht. Es ist einfach zu verstehen, warum diese Burg den Stoff für so viele Legenden bildet, wie z. B. die von der Dame und dem Ritter, die hier bei Mondenschein herumwandern sollen. Der Ritter ist angeblich Krzysztof Baldwin, der zweite Herr der Burg, der durch einen Tatarenpfeil ums Leben kam.

Obwohl die Faszination der Burg recht groß ist und ein Besuch oft länger dauert als geplant, fahren die meisten Besucher nach der Besichtigung gleich weiter. Wenn Sie übernachten möchten, bietet das Gebäude direkt vor der Burg eine einfache Unterkunft sowie einfache kleine Gerichte. Außerdem kann man auf dem Burggelände zelten.

Wąchock

Der Hauptanziehungspunkt für einen Besuch von **Wąchock**, etwa 44 km nördlich von Kielce, ist ein Besuch der dortigen **Zisterzienserabtei** (der Weg hierher ist mehr als nur ein Abstecher von der Route Radom–Warschau). Die Abtei ist eines der wichtigsten Zisterzienserzentren in Polen und wird weithin als schönstes und

Krakau, Kleinpolen und Tatra
Karte S. 456/457

besterhaltenes Beispiel für romanische Architektur im ganzen Land angesehen. Das Gebäude wurde von einer Gruppe von burgundischen Mönchen errichtet, die sich hier 1179 auf Einladung von Gedko, dem Bischof von Krakau, niederließen. Der Komplex wurde 1239 fertig gestellt, wahrscheinlich waren italienische Steinmetze am Bau beteiligt, deren Meister, Maestro Simon, seinen Namen in die Kirchenfassade einritzte. Die Mönche der Zisterziensergemeinschaft geben Führungen durch die Abtei, meist allerdings für vorgebuchte Touristengruppen. Man kann sich einer der Gruppen anschließen oder sich zu festgelegten Zeiten auf eigene Faust in der Kirche und in einigen der Hauptkreuzgänge umsehen (Mo–Sa 9–12 Uhr u. 13–17 Uhr, So 14–17 Uhr).

Der Eingang zum Komplex ist die Haupttür der Abtei, wo man sich bei der Rezeption melden muss, nur fünf Minuten zu Fuß vom Marktplatz entfernt. Gleich gegenüber befindet sich ein kleines **Museum**, das der Geschichte des Ortes gewidmet ist. Dazu gehört auch seine Rolle in dem fehlgeschlagenen Aufstand gegen die zaristische Herrschaft 1863, als die Aufständischen die russischen Truppen hier von ihren Lagern in den umliegenden Hügeln bekämpften. Der romanische Originalentwurf des Inneren der basilikaförmigen **Abteikirche**, die von einem hohen Turm gekrönt ist, wird fast völlig von der Masse an blumigem Barockdekor erdrückt. Das Kreuzrippengewölbe, charakteristisch für die Zisterzienserarchitektur, ist jedoch noch gut zu erkennen. Besonders bemerkenswert in den angrenzenden Klostergebäuden sind zwei gut erhaltene Teile der romanischen **Kreuzgänge**, von denen ein Großteil im 16. und 17. Jahrhundert wiederhergestellt wurde. Der **Kapitelsaal** im Ostteil aber stellt alles andere in den Schatten. Das sorgfältig proportionierte Kreuzrippengewölbe ist in neun Teile unterteilt, die von einer Reihe von Bögen unterbrochen sind, die wiederum durch vier Säulen gestützt werden. Die Kapitelle der Säulen sind mit feinen Blumendekorationen verziert, die auch die umliegenden Mauern schmücken. Auf der Südseite der Kreuzgänge befindet sich das **Refektorium** mit weiterem Kreuzrippengewölbe und dekorativen Steinmetzarbeiten. Die Atmosphäre des Ortes vermittelt den beruhigenden Rhythmus des Mönchslebens, wie es hier seit Jahrhunderten praktiziert wird.

- *Verbindungen* Es gibt annehmbare (aber nicht besonders schnelle) Busverbindungen nach und von Kielce, vom Wąchocker Rynek aus.
- *Übernachten/Essen* Momentan gibt es nur die **Jugendherberge** (nur im Sommer geöffnet), in der ul. Kościelna 10. Für eine Mahlzeit stehen einige einfache **Restaurants/Cafés** rund um den Rynek zur Verfügung, keines davon ist besonders empfehlenswert.

Szydłowiec

Szyłowiec liegt etwa 45 Kilometer nördlich von Kielce und ist ein lohnender Zwischenstopp auf dem Weg von und nach Krakau, denn es gibt einige interessante historische Gebäude zu sehen.

Der friedliche, zentral gelegene Rynek bildet den Mittelpunkt der Stadt. Er wird von einem schönen **Rathaus** dominiert, das in den späten 1980er Jahren komplett restauriert wurde. Der robuste Bau aus dem frühen 17. Jahrhundert wird von einem hohen Turm gekrönt. Auf der von Säulen geschmückten Attika befindet sich ein Fries, an dem sich der Einfluss der Krakauer Sukiennice auf den Baustil ablesen lässt. Im Kellergewölbe des Gebäudes gibt es ein angenehmes Café, in dem hin und wieder Konzerte und andere Kulturveranstaltungen stattfinden. An der Südseite des Rynek steht die spätgotische **Pfarrkirche St. Sigismund** mit einem Glockenturm, die im frühen 16. Jahrhundert fertig gestellt wurde und von den üblichen Barocküberbauten verschont blieb. Im weitgehend gut erhaltenen Inneren befinden sich unter anderem ein üppiger **Hochaltar** aus dem frühen 17. Jahrhundert und eine fein geschnitzte **Krönung der Jungfrau** aus dem Jahr 1531. Am beeindruckendsten ist jedoch das spätgotische Polyptichon im Presbyterium, das aus einer der produktiven Krakauer Werkstätten der damaligen Zeit stammt. Das Mittelteil stellt **Mariä Himmelfahrt** dar sowie die 12 um das leere Grab des auferstandenen Christus versammelten Apostel. Unterhalb von ihnen knien Mitglieder der Familie Szydłowiec, der Stadtgründer und finanziellen Patronen der Kirche. Mikołaj Szydłowiecki, königlicher Kanzler bis zu seinem Tod im Jahr 1532, ist in einer schönen Marmorplatte von dem bereits durch die Wawel-Kathedrale bekannten Bartolomeo Berecci verewigt.

Einen halben Kilometer westlich vom Rynek liegt die Burg, kaum mehr als ein verfallener Steinhaufen, der von einem fast ausgetrockneten Graben umgeben wird. Sie wurde für Kanzler Szydłowiecki um 1510 erbaut, ein Jahrhundert später renoviert und, so sieht es zumindest aus, seither dem stetigen Verfall überlassen. Ein Großteil der Burg ist für Besucher geschlossen, und die wichtigsten Sehenswürdigkeiten befinden sich im kopfsteingepflasterten Innenhof. Außerdem gibt es ein **Museum für Folkloreinstrumente/Muzeum Ludowych Instrumentów Muzycznych** (Di–Fr 9–15.30 Uhr, Sa 10–17.30 Uhr; Eingang auf der Südseite des Gebäudes; Eintritt 3 Zł). Hier wird eine sehenswerte Sammlung an Musikinstrumenten gezeigt, die von Fiedeln, Akkordeons, Drehleiern und Dudelsäcken bis zu mehr exotischen Geräten reicht, wie z. B. Pfeifen in Tierform und Trommelinstrumenten aller Größen und Macharten.

Bis zur Liquidation des von den Nazis eingerichteten Ghettos hatte die Stadt eine beachtliche Anzahl an jüdischer Bevölkerung, im Januar 1943 wurden die meisten nach Treblinka verschleppt. An sie erinnern noch verschiedenen Gebäude rund um die ehemalige Synagoge in der ul. Grabarskiej, die heute als Bücherei genutzt wird. In der Nähe befindet sich in der ul. Sowińskiego die ehemalige jüdische Brauerei. Am Stadtrand, in der Nähe der Straße nach Radom, ist am Ende der ul. Wschodnia der Friedhof, auf dem die Erinnerungen am stärksten sind. Er ist einer der größten und beeindruckendsten solcher Ruhestätten in Polen. Bei einem Spaziergang über den überwachsenen, von einer Mauer umgebenen Friedhof entdeckt man zahlreiche Exemplare der aufwendig gearbeiteten symbolischen Motive und Blumenmotive, die für jüdische *matzevot* in Polen und Osteuropa so typisch sind. Insgesamt stehen hier noch über 3.000 Grabsteine, die ältesten stammen aus dem späten 18. Jahrhundert. In der Nähe des Haupttors ist ein Denkmal, das an die 16.000 Juden erinnert, die 1943 aus der Stadt deportiert wurden.

• *Anfahrt/Verbindungen* Der **Busbahnhof** ist nur wenige Fußminuten vom Rynek entfernt, in der Hauptstraße nach Radom. Von hier aus bestehen regelmäßige Verbindungen nach und von Radom und weniger oft nach und von Kielce. Es gibt auch Busse nach Skarżysko–Kamienna, wo man in eine schnellere Verbindung nach Kielce umsteigen kann.

• *Übernachten/Essen* Wenn man nicht wirklich verzweifelt ist, sollte man hier nicht übernachten, es gibt lediglich eine sehr einfache **Jugendherberge** in der ul. Kolejowa 26a (✆ 048/617 1295) und das **Motel Iguś** an der Straße nach Radom, ul. Kościuszki 261 (✆ 048/617 4551; G). Die einzigen nennenswerten Restaurants sind das **Ratuszowa** am Rynek und das **Biesiadia** auf dem Weg zum jüdischen Friedhof, auch sie sind extrem einfach.

Podhale und Tatra

Wenn man einen Polen bittet, die Naturschönheiten seines Landes zu beschreiben, hört man oft die einfache Antwort: "Die Seen, das Meer und die Berge".

Die "Berge" bilden eine fast ununterbrochene Kette, die sich an der südlichen Grenze des Landes entlang zieht, deren großartigste und beliebteste Höhenzüge **die Hohe und die Niedere Tatra** sind, oder *Tatry*, wie sie auf Polnisch heißen. Die polnische Tatra, 80 Kilometer lang mit bis zu 2500 m hohen Gipfeln, ist nur ein verhältnismäßig kleiner Teil des Gebirges, der Hauptteil liegt jenseits der Grenze in der Slowakei. Wie jedoch die rund drei Millionen Touristen jedes Jahr beweisen, gibt es im polnischen Abschnitt viele attraktive Angebote: hohe Gipfel für den passionierten Bergsteiger, ausgezeichnete Wanderpfade, Seilbahnen und andere Annehmlichkeiten für Tagesausflügler und schließlich Skiabfahrten im Winter. Früher war diese Gegend ein Ferienparadies für Bürger der Ostblockländer, doch mittlerweile kommen immer mehr Italiener, Franzosen, Deutsche und Engländer, die einen preiswerten Urlaub im polnischen Gebirge verbringen.

Der **Podhale**, das Vorgebirge der Tatra, das südlich von Nowy Targ beginnt, ist nur dünn besiedelt, hat aber üppige Wiesen, weite Täler und Dörfer mit alten Holzhäusern. Die Einwohner des Podhale, die Goralen (*górale*), sind stolze Bergbauern, die ihre Unabhängigkeit lieben. In ganz Polen kennt man ihre Volksbräuche. Die Gegend wurde im ausgehenden 19. Jahrhundert von polnischen Intellektuellen "entdeckt", und schon bald wurden die Goralen zum Symbol für den Kampf um die Unabhängigkeit. Die Bande, die zwischen Intellektuellen und einheimischen Bauern geknüpft wurden, waren Vorboten der erwarteten nationalen Einheit in der Zeit der Unabhängigkeit. Wie aus anderen ärmeren Regionen Polens wanderten wegen der Armut auf dem Land Tausende von Goralen zwischen 1920 und 1930 in die Vereinigten Staaten aus. Auch heute noch zieht es die Menschen dorthin. Mindestens ein Angehöriger in jedem Haushalt hält sich einige Jahre in Chicago, New York oder anderen amerikanischen Zentren polnischer Auswanderer auf, um dann mit genug Geld für den Unterhalt der Familie und, noch wichtiger, für den Hausbau zurückzukehren.

Wanderwege um den Berg Giewont

Seit dem Untergang des Kommunismus sind die traditionellen Bande zwischen Podhale und dem restlichen Polen durch die Interesselosigkeit der Zentralregierung gegenüber den speziellen Belangen

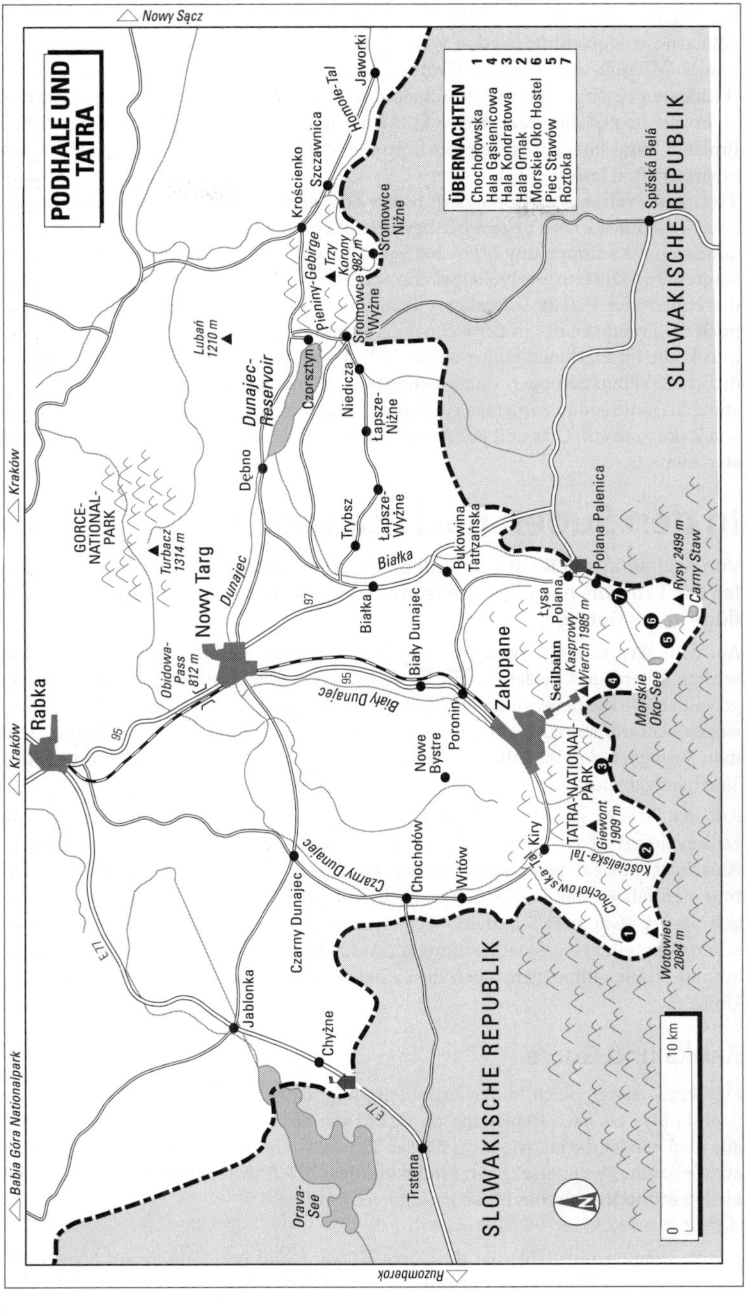

Krakau, Kleinpolen und Tatra
Karte S. 456/457

der Region etwas beeinträchtigt. Die Spannungen traten an die Oberfläche, als Solidarność es ablehnte, bei den Wahlen im Sommer 1989 ein allseits beliebtes führendes Mitglied der Goralen-Gemeinde als Hauptkandidaten aufzustellen, und stattdessen einen treuen Gewerkschafter vorzog. Die neuere Regierung geht wieder mehr auf Regionalinteressen ein, was zum Teil sicher auch mit den finanziellen Profiten zusammenhängt, die sich mit der touristischen Entwicklung der Region erwirtschaften lassen.
Trotz des Zustroms von Urlaubern haben sich die Goralen ihr offenes, gastfreundliches Wesen Besuchern gegenüber bewahrt. Wenn man die ausgetretenen Pfade der Touristenattraktionen um Zakopane verlässt, besteht die Aussicht, in entlegeneren Städten und Dörfern wertvolle Bekanntschaften zu machen. Die Goralen sind auch die Hüter von Polens lebendigen Traditionen der Volksmusik. Hier kennt man noch die Freude an der in der Heimat verwurzelten, mit der Fidel begleiteten Tanzmusik, die im Flachland längst ausgestorben ist. Traditionelle Gruppen spielen bei örtlichen Veranstaltungen und Hochzeiten auf (die gewöhnlich ein wichtiger Bestandteil eines jeden Samstags sind) und treten auch in den Bars und Restaurants von Zakopane auf. CDs und Bänder mit dieser Musik sucht man sich darum am besten hier aus.

In den Süden nach Zakopane

Von Krakau aus in Richtung Süden führt die Hauptstraße durch die Vorläufer der Tatra bis nach Zakopane, dem wichtigsten Ausgangspunkt für Ausflüge in das Gebirge.

Auf dem Weg in die Berge fährt man durch eine schöne hügelige Landschaft mit sanften Tälern und Feldern. Man sieht viele Häuser, die im typischen Podhale-Stil gebaut sind – die neueren haben Zinndächer, die älteren zeichnen sich durch Fachwerksdekorationen aus. Am Straßenrand entdeckt man katholische Schreine, und man begegnet der bäuerlichen Bevölkerung, die oft noch in den traditionellen Trachten gekleidet ist.

Auf der Strecke gibt es im Zuge des wirtschaftlichen Aufschwungs mittlerweile zahlreiche privat geführte Restaurants und Pensionen – Hinweisschilder mit der Aufschrift "noclegi" weisen auf Zimmervermietung hin. Viele Busse und Individualtouristen fahren hier auf dem Weg nach Zakopane nur durch (die gesamte Fahrtzeit dauert etwa zwei Stunden). Wer etwas Zeit hat, sollte unterwegs einen Zwischenstopp einlegen. Eine Warnung an Autofahrer: auf Kühe achten, die plötzlich auf der Straße auftauchen. Auch durch betrunkene Autofahrer passieren hier viele Unfälle.

Rabka und Gorce

Die Straße steigt gleich hinter Krakau an, folgt dem Lauf des Raba von Myślenice nach Lubień bis nach **Rabka,** das ca. 60 km von der Stadt entfernt liegt und von wo aus man bereits die ersten Ausläufer der Tatra erkennt. Der Ort ist eine stille Kleinstadt mit einer wunderschönen **Kirche** aus dem 17. Jh. am Fuß des Berges, in der ein kleines **ethnographisches Museum** untergebracht ist.

Öffnungszeiten Di–So 9–16 Uhr. Eintritt 3 Zł.

Die Bergregion um Rabka ist als **Gorce** bekannt und größtenteils ein Naturpark. Die schöne, zerklüftete Landschaft bietet sich zum Wandern an, die Pfade sind deutlich beschildert und je nach Schwierigkeitsgrad in verschiedenen Farben markiert. Sie sind eine noch nicht so überlaufene und einfachere Alternative zur anspruchsvollen Tatra. Wanderwege führen zu verschiedenen Herbergen auf die Bergspitzen hinauf: zum Luboń Wielki (1.022 m), dem Maciejowa (815 m), dem Gronik (1.027 m) und dem – höchsten und schönsten – Turbacz (1.310 m), zu dem man nach einer Wanderung von gut sechs Stunden in östlicher Richtung von der Stadt gelangt. Bevor man aufbricht, sollte man sich die Karte *Beskid Makowski (Beskid Średni* 1:75.000, vor Ort zu kaufen) besorgen.

• *Übernachten* Unterkunft findet man z. B. im Hotel **Anna**, ul. Nowy Świat 27 (✆ 018/ 267 7477; F), mit bequemen Zimmern mit Fernseher und Dusche. Die Pension **Hanusia**, ul. Bystra 18 (✆ 018/ 267 7547; G), liegt etwa 1 km vom Bahnhof entfernt.

Nowy Targ

Von Rabka führt die Straße weiter über den Obidowa-Pass (812 m), dann wieder hinunter in eine Ebene, durch die der Czarny Dunajec fließt, und schließlich erreicht sie die Hauptstadt des Podhale, Nowy Targ ("Neuer Markt").

Diese älteste Stadt der Region wurde im 13. Jahrhundert gegründet. Die Hauptattraktion dieser einfachen, unscheinbaren Stadt – der Heimat vieler polnischer Amerikaner – ist, wie der Name schon sagt, ein **Markt**, der jeden Donnerstag (und zunehmend auch am Wochenende) auf einem unbefestigten Platz östlich vom Zentrum stattfindet. Früher war dies ein authentisches Ereignis, bei dem die Bauern der Umgebung mit von Pferden gezogenen Karren schon in den frühen Morgenstunden die Straßen säumten. Auf dem Markt wurde reger Viehhandel betrieben und es gab Stände voller einheimischer Erzeugnisse und Handwerksartikel. Seit kurzem hat sich der Charakter des Marktes durch den Handel mit westlichen

Der Lenin-Pfad

Nowy Targ ist der Ausgangspunkt des inoffiziellen Lenin-Pfades: Im alten Gefängnis hinter der südöstlichen Ecke des Marktplatzes wurde Lenin unter dem Verdacht der Spionage 1914 kurze Zeit gefangen gehalten. Der Führer der Bolschewiken hatte über ein Jahr in der Gegend gelebt, und zwar in einem Zimmer im Dorf Biały Dunajec, nördlich von Zakopane. Dieser Aufenthaltsort bot mehrere Vorteile für Lenin: Zum einen war er nahe genug an der Grenze des Zarenreichs, um Kontakt mit seinen politischen Freunden zu halten, zum anderen gab ihm der Ruf des Ortes als Kurort der Intellektuellen die Sicherheit, nicht die unwillkommene Aufmerksamkeit der Einheimischen auf sich zu ziehen. Er trank seinen Kaffee und las seine Zeitung in Zakopanes Stammlokal der guten Gesellschaft, dem *Café Trzaski* – das heute leider nicht mehr existiert. Nach seinem kurzen Aufenthalt im Gefängnis siedelte er in die Schweiz um. 1917 kehrte er nach Russland zurück, um die Revolution anzuführen.

1947 wurde im Dorf Poronin, zwischen Biały Dunajec und Zakopane gelegen, ein Lenin-Museum eröffnet, das jedoch 1990 wieder geschlossen wurde. Die meisten Ausstellungsstücke siedelten in das Museum des sozialistischen Realismus im Palast Kozłowka um. Das Haus in Biały Dunajec, in dem Lenin lebte, steht auch heute noch, doch die Besitzer vermeiden es, dies publik zu machen, damit es kein Touristenziel wird.

Krakau, Kleinpolen und Tatra
Karte S. 456/457

Konsumgütern verändert, und er hat einen Großteil seiner ursprünglichen Atmosphäre verloren, allerdings gibt es noch immer die Volkstümliches zu kaufen, man muss nur etwas länger danach suchen. Für die meisten Besucher dürften die dicken Pullover, typisch für diese Region, am interessantesten unter den angebotenen Waren sein. Hier sind die Preise niedriger und die Qualität ist meist besser als in Krakau oder Zakopane. Es empfiehlt sich, um den Preis (besonders bei Wollsachen und Handarbeiten) zu feilschen. Wenn man die unverfälschte Atmosphäre des Marktes erleben will, sollte man sich früh einfinden. Schon gegen 10 Uhr vormittags sind alle Geschäfte getätigt, und die Bauern ziehen sich in die Wirtshäuser am Ort zurück, um gut zu essen und vor allem zu trinken.

Es gibt allerdings keinen Grund, nach dem Marktbesuch noch länger in Nowy Targ zu verweilen, denn ganz in der Nähe locken die Berge.

Zakopane

Südlich von Nowy Targ folgt die Straße noch weitere 20 km dem Lauf des Biały Dunajec, bevor sie den Stadtrand von Zakopane erreicht, einem bedeutenden Erholungsort in den Bergen, in dem es während des Sommers von Wanderern und im Winter von Skifahrern wimmelt.

Der Ort wurde bereits um das Jahr 1870 bei den Polen zu einem beliebten Kurort, als Ärzte ihre tuberkulösen Patienten aus der Stadt in die reine Bergluft von Zakopane schickten. Innerhalb weniger Jahre veränderte sich dieses damals unzugängliche Bergdorf, in dem nur Schafzucht betrieben wurde, völlig. Dem Beispiel der Ärzte folgten Krakauer Künstler und Intellektuelle und gründeten hier in den letzten Jahrzehnten der österreichisch-ungarischen Monarchie eine modische Kolonie. Von da an war Zakopane ein beliebtes Ferienzentrum, und in den 1920er und 1930er Jahren sowie in der Nachkriegszeit wuchs die Stadt immer mehr, bis sie zu einem der wichtigsten Urlaubsorte wurde. Durch den wachsenden Zustrom an Urlaubern aus dem Ausland, die von den Bergen (und den für Westbürger niedrigen Preisen) angezogen werden, herrscht in Zakopane nun die gleiche hohle und überentwickelte Atmosphäre wie in anderen europäischen Orten wo Touristennepp betrieben wird. Man sollte die Stadt zwar gesehen haben – schon wegen der wundervollen Lage und dem einfachen Zugang zu den Berggipfeln. Die traditionelle Goralen-Architektur eines Großteils der Stadt ist jedoch inzwischen in der Überzahl an kommerziellen Bauentwicklungen untergetaucht.

Die Hauptstraße, **ul. Krupówki**, ist eine belebte Fußgängerzone, in der sich Restaurants, Cafés, Andenkenläden und seit neuestem auch Imbissbuden, Feinkostläden und Billardsalons im westlichen Stil aneinanderreihen. Am Hügel mündet die Straße in die ul. Zamoyskiego, die vorbei an schicken, aus Holz gebauten Vorortvillen aus der Jahrhundertwende aus der Stadt hinausführt. In der anderen Richtung folgt sie einem tosenden Bach bis zur **Gubałówka-Höhe**. Das **Tatra-Museum** liegt ungefähr in der Mitte der ul. Krupówki und zeigt Fauna, Ethnographie und Geschichte der Region. Unter anderem werden in einer eigenen Abteilung die Kriegserlebnisse der Goralen dargestellt, die von den Nationalsozialisten wegen ihrer Beteiligung am polnischen Widerstand und der Kontakte mit alliierten Nachrichtendiensten über die Berge hinweg grausam verfolgt wurden. Das Museum ist *T. Chałubiński* gewidmet, dem Arzt, der Zakopane um 1870 "entdeckte".

Öffnungszeiten **Tatra-Museum** – Di–So 9–15.30 Uhr. Eintritt 3 Zł.

Karol Szymanowski

Karol Szymanowski (1882–1937) ist neben Chopin Polens größter Komponist. Sein unverwechselbarer Musikstil ist eine exotische und opulente Mischung aus orientalischen Klängen und regionaler Volksmusik. Er strebte danach, ein nationales Sprachrohr zu finden, aber schreckte vor Provinzialismus zurück. "Die Musik der polnischen Nation sollte nicht der erstarrte Geist einer Polonaise oder einer Mazurka sein ... Unsere Musik sollte in ihren polnischen Charakteristika den Geist unserer Nation widerspiegeln, aber nicht an dem Versuch scheitern, einen universellen Standard zu erreichen."

In den 1920er Jahren verbrachte Szymanowski viel Zeit in **Zakopane** und wurde ein wichtiges Mitglied der Gruppe von Intellektuellen, die sich für die Folklore der Tatras begeisterten (darunter auch der Künstler und Theaterschriftsteller Witkacy) und die sich selbst als "den Rettungsdienst der Tatra-Kultur" bezeichneten. Zu Szymanowskis Werken, die eine direkte Beeinflussung durch die Musik der Tatra zeigen, gehören der Liederzyklus *Sęopiewnie* (1921), *Mazurkas* für Klavier (1924-5) und allen voran das Ballett *Harnasie* (1931), in dem Banditen die Hauptrolle spielen und in dem eine spektakuläre Volkshochzeit stattfindet. Einige der Melodien sind Originalmelodien der Goralen, die er mit einem Orchester vertont hat.

Neben zwei Violinkonzerten und der Symphonie *Lieder der Nacht,* gehört **Stabat Mater** (1926) zu Szymanowskis größten Werken. Es orientiert sich an den Traditionen alter polnischer Kirchenmusik und ist ein beeindruckendes Choralwerk von reinem Stil und strenger Schönheit. Nach vielen Jahren der Krankheit starb Szymanowski 1937 an Tuberkulose. Er erhielt ein ruhmreiches Staatsbegräbnis, bei dem die Obrochta Familie, eine der führenden Goralen-Musikgruppen, an seinem Grab in der Skałka Kirche in Krakau spielte.

Am nördlichen Ende der Krupówki führt die ul. Kościeliska in ein Viertel mit willkürlich verteilten traditionellen Gebäuden, deren Höhepunkt die **St. Klement-Kirche** ist (Kościół św. Klimenta). Das Innere wird geprägt durch die niedrige Decke und enthält einige Beispiele heimischer Volkskunst, nämlich religiöse Glasmalerei, in diesem Fall den Kreuzweg. Draußen auf dem Friedhof sind die Gräber vieler bekannter Schriftsteller und Künstler der Stadt zu sehen, darunter auch das Grab von *Stanisław Witkiewicz* (1851–1915). Er propagierte den typischen "Zakopane-Stil" in der Architektur, der den traditionellen Holzbauformen nachempfunden ist. Seine Häuser – alle mit Spitzdächern und vorspringenden Dachfenstern – wurden in der Zeit vor dem Ersten Weltkrieg fast komplett von Leuten aus der Mittelschicht aufgekauft, die verrückt nach solch rustikalem Ambiente waren. Das Witkiewicz-Denkmal auf dem Friedhof ist eine typische Mischung aus wohl überlegtem Entwurf und Holzhandwerk: ein glatter Totempfahl mit einer Nische, in der die Holzfigur eines nachdenklichen Christus mit dem Kinn in den Händen steht – eine typisch volkstümliche Darstellung des Heilands. Eine Gedenktafel neben dem Grab von Witkiewiczs Mutter erinnert an seinen ebenso berühmten Sohn *Witkacey* (siehe Kasten "Witkacy"). Neben diesen Berühmtheiten befinden sich auch die Gräber alteingesessener Goralen-Familien, darunter solcher Berühmtheiten wie der Skifahrerin *Helena Marusarzówna*, die von den Nationalsozialisten wegen ihrer Tätigkeit für die Widerstandsbewegung hingerichtet wurde.

Unmittelbar hinter der Kirche erhebt sich die **Willa Koliba**, das erste architektonische Experiment von Witkiewicz und heute ein Museum: **Muzeum Stylu Zakopańskiego** (Museum des Zakopane-Stils). Im Erdgeschoss ist zunächst die Volkskunst ausgestellt, von der sich Witkiewicz hat inspirieren lassen. Anschließend sind die Möbel zu sehen, die er entworfen hat – stämmige Stühle mit verschnörkelten Verzierungen, eine bezaubernde Mischung aus Jugendstil und volkstümlichen Formen. Es gibt auch ein maßstabgerechtes Modell von Witkiewiczs größtem architektonischen Werk, der Willa Pod Jodłami, einem außerordentlich ausgeklügelten und verschlungenen Holzhaus, das an eine skandinavische Holzkirche erinnert, die man in ein Landhaus umgewandelt hat. Erfreuen Sie sich an dem Modell, wenn Sie das Museum besuchen, denn an das echte Haus kommt man nicht nahe genug heran (s. u.). Schließlich gibt es noch eine phantastische Sammlung von Witkacys oft verwirrenden Pastellporträts, einschließlich einer Menge von verzerrten, eckigen Darstellungen von Menschen – meist Frauen –, die in seinem Kreis eine herausragende Rolle spielten.

Öffnungszeiten Mi–Sa 9–17 Uhr, So 9–15 Uhr. Eintritt 4 Zł.

Geht man Richtung Krupówki zurück und wendet sich nach Süden in die ul. Kasprusic, so gelangt man bald zur **Willa Atma**, einer Villa im traditionellen Stil, in der lange der Komponist *Karol Szymanowski* lebte. Heute befindet sich hier das Museum des Musikers.

Öffnungszeiten Di–So 10–16 Uhr.

Östlich der Hauptstraße, in der Nähe von Bahnhof und Busbahnhof, befindet sich in einem Holzgebäude, ul. Jagiellonsńska 18 b – einer Seitenstraße –, die **Galerie Hasior**. Sie zeigt die Werke von *Władysław Hasior* (1928–1999), einem polnischen Künstler, der zu den wichtigsten der Nachkriegszeit gehörte. Er errichtete Installationen aus Müll und konstruierte pseudo-religiöse Banner aus Metallteilen. Hasior war damit typisch für viele polnische Künstler der 1960er und 1970er Jahre, die skurrile und oft subversive Skulpturen entwickelten, die nichts mit dem ideologischen Diktat der Partei zu tun hatten.

Öffnungszeiten Mi–Sa 11–18 Uhr, So 9–15 Uhr.

Am südöstlichen Stadtrand von Zakopane befinden sich einige der bekanntesten Werke von Witkiewicz. Im Vorort **Bystre**, 2 km vom Stadtzentrum, ist es die **Willa Pod Jodłami**, die nun in Privatbesitz und unzugänglich ist. Besser fährt man noch 1,5 km weiter zur **Holzkapelle** von Jaszczurówka (Busse von Brzeziny fahren hier stündlich vorbei), einem märchenhaften Bauwerk mit volkstümlicher Verzierung. Das Goralen-Kunsthandwerk, von dem sich Witkiewicz inspirieren ließ, wird nirgends so deutlich wie in den Holzkirchen und -kapellen, die man um die Stadt herum sieht. Eine davon ist auf jeden Fall einen Besuch wert: die **Zuflucht unserer Frau von Fatima** (Sanktuarium Matki Bożej Fatimskiej) in Swibówki, etwa eine halbe Stunde zu Fuß westlich vom Zentrum entlang der ul. Kościelska. Hinter der Kirche befindet sich zudem eine bemerkenswerte Kapelle.

Information/Parken/Verbindungen

• *Information* Das **Touristenbüro** ul. Kościuszki 17, befindet sich in einem Holz-Chalet nur wenige Schritte westlich von Bahnhof und Busbahnhof (tägl. geöffnet; Juli–Aug. und Dez.–April 8–20 Uhr, das restliche Jahr 9–17 Uhr; ✆ 018/201 2211).Es ist sehr hilfreich für Auskünfte über die gesamte Region. Hier bekommt man Informationen für einen Aufenthalt in Zakopane und Exkursionen in die Tatra sowie Karten und Reiseführer. Ansonsten informieren Sie sich über www.zakopane.pl. Wenn Sie eine richtige Bergtour planen, wenden Sie sich an das **Nationalparkbüro** der Tatra (Tatrzański Park Narodowy), Chałubińskiego 44 (tägl. 8–16 Uhr; ✆ 018/206 3799, kozica@tpn.zakopane.pl). Hier erhalten sie gute Informationen von Fachleuten.

• *Parken* Einen Parkplatz zu finden kann zum Problem werden, denn das Stadtzentrum ist ziemlich überfüllt. Es gibt zwei Parkplätze in der al. 3 Maja, gleich östlich der ul. Krupówki. Außerdem haben die unten erwähnten Hotels und Pensionen Parkplätze.

• *Anfahrt/Verbindungen* **Busbahnhof** und **Bahnhof** erreicht man in etwa zehn Minuten zu Fuß auf der Hauptstraße ul. Krupówki in östlicher Richtung. Einige Busse halten zum Ein- und Aussteigen in der ul. Kościuszki bei den Bahnhöfen.

Zakopane und die Tatra, auch im Winter eine reizvolle Landschaft

Adressen

• *American Express* c/o **Orbis**, ul. Krupówki 22 (Mo–Fr 8–18 Uhr, Sa 8–12 Uhr).

• *Apotheken* ul. Krupówki 37 & 39; ul. Witkiewicza 3.

• *Banken* **PKO Bank**, ul. Gimnazjalna 1 (Mo–Fr 10.15–14.30 Uhr); **Pekao**, ul. Gimnazjalna 1; beide akzeptieren Reiseschecks. Außerdem gibt es viele Geldautomaten in der Stadt.

• *Gepäckaufbewahrung* Am Busbahnhof (8–19 Uhr) und am Bahnhof (rund um die Uhr, zur Mittagszeit irgendwann geschlossen).

• *Krankenhaus* ul. Kamieniec 10 (✆ 018/206 2021).

• *Polizei* Die Polizeistation befindet sich in der ul. Jagiellońska 12.

• *Post* Die Hauptost ist in der ul. Krupówki.

• *Taxi* ✆ 018/2087 oder ✆ 9621.

Übernachten (siehe Karte S. 583)

Zakopane bietet eine immer größere Auswahl an Unterkünften. Dennoch empfiehlt es sich für einen Besuch im Hochsommer oder während der Skisaison, weit im Voraus zu buchen. Insbesondere während der zweiwöchigen Schulferien *ferie* (normalerweise letzte Januarwoche und erste Februarwoche) ist hier alles ausgebucht.

Privatzimmer (H) und **Pensionen** (F) werden über das Touristenbüro und einige private Reisebüros der Stadt vermittelt. Am hilfreichsten sind das **Kozica**, 200 m westlich des Busbahnhofs auf der Kościuszki; das **PTTK**, Krupówki 12 (✆ 018/201 2429); **Redykołka**, Kościeliska 1 (✆ 018/201 3253, www.tatratours.pl), und **Tatra Club**, Krupówki 36 (✆ 018/201 2931). Die einfache **Jugendherberge (3)** der Stadt, unterhalb des Busbahnhofs, ist das ganze Jahr geöffnet und befindet sich in der ul. Nowotarska 45 (✆ 018/206 6203). Sie hat einige Doppelzimmer mit Bad (G), Doppelzimmer mit gemeinschaftlichen Sanitäreinrichtungen (H) und Schlafsäle (ab 25 Zł pro Person). Es gibt zwei **Campingplätze**: *Camping Pod Krokwią* **(16)** (✆ 018/201 2256), ul. Żeromskiego, gegenüber dem Fuß der Sprungschanze im Osten der Stadt, und *Za Strugiem*, in der ul. Za Strugiem 39 (✆ 018/201 4566), etwa eine halbe Stunde zu Fuß vom Stadtzentrum in westliche Richtung.

Die Preise für die nachstehend aufgeführten Hotels können in der Hochsaison stark schwanken.

Antałówka (12), ul. Wierchowa 3 (✆ 018/201 3271, antalowka@polskietatry.pl). Größeres Betonhotel mit nützlichen Zimmern mit Bad, in idealer Lage ein wenig oberhalb von Busbahnhof und Stadtzentrum, gut zu Fuß zu erreichen. Herrlicher Blick auf Stadt und Berge. (E)

Api 2 (1), Kamieniec 13a (✆ 018/206 2931, www.api.zakopane.top.pl). Gemütliche Pension nördlich der Bahnhöfe. Bietet kleinere Zimmer mit Bad und TV und ein gutes Frühstück. (F)

Chałubiński (4), ul. Chramcówki 15 (✆ 018/206 8061, www.chalubinski.ceti.com.pl). Ein großes Gebäude gleich nördlich der Bahnhöfe mit zwei Bereichen. Es gibt einen Hotelteil mit komfortablen Zimmern mit eigenem Bad und einen altmodischen Erholungsheim- Teil, der alles vom Doppel- bis zum Fünf-Bettzimmer mit Gemeinschaftsbädern bietet. (H–F)

Daglezja (14), ul. Piłsudskiego 14 (✆ 018/201 4041, www.daglezja.com.pl). Gut ausgestattetes, mittelgroßes und ziemlich modernes, feines Hotel mit Sauna und Solarium. (C)

Dom Turysty (8), ul. Zaruskiego 5 (✆ 018/206 3281, www.domturysty.zakopane.p). Preiswertes, zentral gelegenes Hotel in schöner Lage mit sicherem Parkplatz. In der Saison viele Studenten. Zimmer mit eigenem Bad sowie mit gemeinschaftlichen Sanitäreinrichtungen, auch einige Schlafsäle (30 Zł pro Person). (G–F)

Gazda (9), al. Zaruskiego 2 (✆ 018/201 5011). Zentral gelegenes Hotel, Zimmer von annehmbarer Qualität, Einrichtungen für Behinderte und einem vernünftigen Restaurant. (E)

Giewont (10), Kościuszki 1 (✆ 018/201 2011, www.giewont.net.pl). Ein Orbishotel direkt im Zentrum. Außerhalb der Hochsaison gibt es hier oft freie Zimmer. (E)

Halny (7), ul. Sienkiewicza 6a (✆ 018/201 2041, halny@regle.zakopane.pl). Einfaches Erholungsheim aus der sozialistischen Ära in der Nähe der Bahnhöfe und des Zentrums, mit schlichten Zimmern mit Bad. (G)

Helios (5), ul. Stołeczna 2a (✆ 018/201 3808, www.polhotels.com)). Funktionale Zimmer mit Bad und TV in einem Betonblock, mit Einrichtungen für Behinderte. (D)

Kasprowy (2), Polana Szymaszkowa (✆ 018/201 4011, kasprowy@orbis.pl). Luxushotel der Orbiskette im Westen der Stadt mit Blick auf die Berge. Hat Swimmingpool und Tennisplätze. (C)

Litwor (11), ul. Krupówki 40 (✆ 018/261 7190, www.litwor.pl). Modernes, ziemlich elegantes Hotel auf der Hauptstraße mit guter Ausstattung und einem niedlichen Pool. (C)

Panorama (13), ul. Wierchowa 6 (✆ 018/201 5081). Mittelgroßer Nachbar aus Beton vom Antałówka mit einfachen Zimmern mit Bad und guter Aussicht. (E)

Sabala (6), ul. Krupówki 11 (✆ 018/20 5092, www.sabala.zakopane.pl). Ultramodernes Hotel, das sich in Zakopanes erstem Hotel, dem Staszeczkówka aus dem Jahr 1894, befindet. Schöne Zimmer mit Holzmöbeln und TV. (C)

Start (15), ul. Piłsudskiego 22 (✆ 018/206 1394; www.start.zakopane.pl). Einfaches, aber zuverlässiges und preiswertes Hotel in einem Betongebäude. Zimmer mit Bad, einige Drei- und Vierbettzimmer. (G)

Unser Leser Dr. Detlef Weinich empfiehlt das **Hotel Bialy Potok**, ul. Jagiellonska 18, direkt am Rande des Nationalparks (tolles Panorama). Es bietet z.B. großzügige 3-Bett-Appartments mit Bad, großem Balkon mit Liegestühlen zum Preis von 235 Zł, Sauna- und Solarium-Nutzung inkl.

Essen & Trinken

Essen ist kein Problem in Zakopane. Für einen Imbiss finden sich viele Cafés, Fastfood-Ketten und *zapiekanki* (Straßenverkäufer), besonders entlang der ul. Krupówki. **Restaurants** gibt es ebenfalls zur Genüge, viele davon auf der Hauptstraße, die lokale Spezialitäten in nachempfundener rustikaler Umgebung bieten – oft mit folkloristischer Livemusik. Eine Spezialität der Region, die Sie unbedingt probieren sollten, sind die kleinen runden **Käse aus Schafsmilch**, die in der ganzen Stadt verkauft werden: Probieren Sie zunächst nur eine kleine Portion, denn sie sind nicht nach jedermanns Geschmack. Es gibt mehr und mehr **Bars und Nachtleben** im Stadtzentrum, obwohl einige der Etablissements eher anrüchig sind. Außerhalb der Saison schließen die Klubs normalerweise schon um 22 Uhr.

• *Restaurants* **Bąnkowo Zohylina Niżna (I)**, ul. Piłsudskiego 6. Restaurant im volkstümlichen Stil in einem Holzhaus. Es bietet herzhafte polnische Küche.

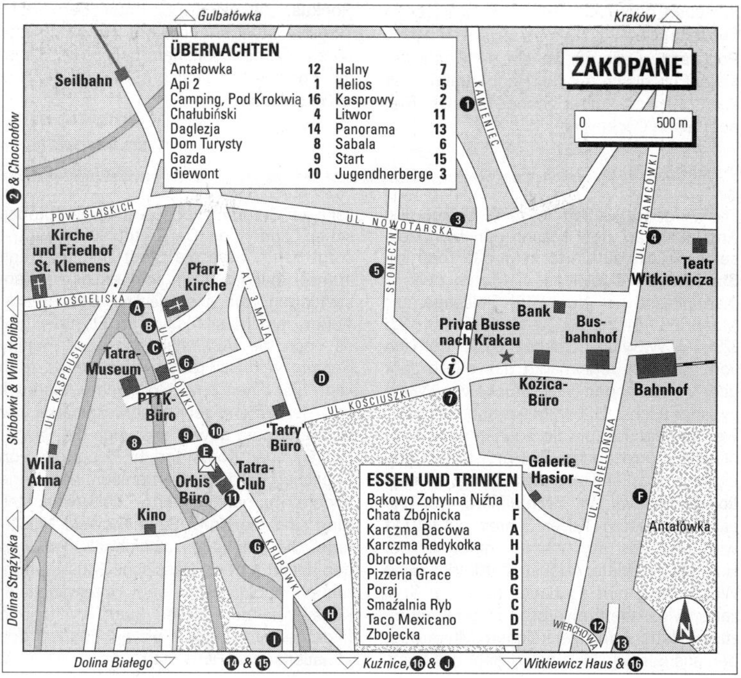

Chata Zbójnicka (F) (Räuberhütte), ul. Jagiellońska. Dieses Restaurant ist wie eine Schmugglerhöhle in den Bergen eingerichtet, mit traditionellen Goralen-Gerichten bis Mitternacht. Das für die Region typische *baranina* (Lammbraten) ist einen Versuch wert.

Karczma Bacówka (A), ul. Krupówki 61. Polnische Standardgerichte in einem touristischen, mit Kiefernholz eingerichteten Restaurant. Gut für einen *bigos* oder eine geruhsame Mahlzeit.

Karczma Redykołka (H), an der Ecke der ul. Krupówki und Kościeliska. Ein traditionelles Gasthaus für Touristen, in dem die Kellnerinnen die lokale Tracht tragen und einige Goralen-Spezialitäten servieren.

Obrochtówka (J), ul. Kraszewskiego 10a. Das beste der traditionellen Restaurants mit vernünftigen Preisen. Die *placki* (Kartoffelpfannkuchen) sind ganz ausgezeichnet. Donnerstagsabends gibt es Folkloremusik.

Pizzeria Grace (B), ul. Krupówki 2. Pizzeria im Fastfood-Stil.

Poraj (G), ul. Krupówki 50. Eines der vielen Gasthäuser der üblichen Art auf der Hauptstraße mit guten polnischen Gerichten.

Smażalnia Ryb (C), ul. Krupówki 8. Einfache Fischbraterei mit Sitzmöglichkeit im Freien neben einem plätschernden Bach.

Taco Mexicano (D), ul. Kościuski 9a. Zufriedenstellende, wenn auch etwas farblose mexikanische Gerichte in mehreren recht gemütlichen Räumen.

Zbojecka (E), ul. Krupówki 30. Kellerbar-Restaurant auf der Hauptstraße mit breiten Holzbänken, gepolstert mit Schafsfellen. Es gibt gegrilltes Fleisch und volkstümliche Livemusik (oder laute Popmusik aus der Anlage).

• *Cafés und Bars* In der Hauptstraße und in deren Nähe gibt es jede Menge Kneipen. Durstige Touristen kehren dort weniger wegen der Atmosphäre, als vielmehr wegen der zentralen Lage ein.

Anemon, Krupówki 38, ein entspannender und gemütlicher Pub, der nicht versucht, irgendeinen internationalen Stil nachzuahmen. Ein hübscher Platz, um einen Abend zu beginnen.

Café Sanacja, versteckt an einem kleinen Platz gleich bei der Krupówki gelegen. Es zieht mit seiner intimen Atmosphäre und seinem nostalgischen Dekor im Stil der Zeit zwischen den Weltkriegen ein gelassenes Publikum an.

Paparazzi, Galicy 8, ist ein sehr schicker Keller-Pub gleich bei der Hauptstraße. Hier kehrt man zu später Stunde auf ein Bier oder einen Cocktail ein.

Rockus, Zaruskiego 5, unter dem Dom Turysty, ist eine Disco-Bar mit Rock-Pop-Musik, die bei Teenagern beliebt ist. Sie ist mit Porträts von Rockgrößen und – Franz Kafka dekoriert.

Unterhaltung

Das Angebot variiert je nach Saison. Im Andenken an den Mann, der hier viele seiner Stücke aufführte, zeigt das **Teatr im. Stanisława Witkiewicza**, ul. Chramcówki 15 (Kartenkasse in der PTTK-Reiseagentur; Mo–Fr 10–16 Uhr, Sa 10–14 Uhr; ✆ 018/206 3281, www.witkacy.zakopane.pl), nördlich vom Bahnhof regelmäßig das ganze Jahr über Vorstellungen (viele Stücke von Witkacy, aber auch z. B. von Miller und Camus) – wenden Sie sich an die Touristenbüros für nähere Informationen. Das größte Kulturereignis ist das jährlich stattfindende **Internationale Festival der Bergfolklore**, das hier seit den späten 1960er Jahren aufgeführt wird und das nun immer mitten in der Hochsaison Mitte August stattfindet. Eine Woche lang gibt es dann zahlreiche Konzerte, Musikwettbewerbe und Straßenumzüge. Neben den zahlreichen Musikgruppen aus der Goralen-Region zieht das Festival auch Bergmusiker aus anderen europäischen Ländern an. Der Zeitpunkt im August sorgt dafür, dass die Stadt zu dieser Zeit immer überlaufen ist, und es gibt Veranstaltungen für fast jeden Geschmack. Außer dem Musikfestival im Sommer gibt es noch die Veranstaltungen der Pieniny Region weiter im Osten (siehe dort). Man kann hier einen unvergleichlichen Eindruck von der lebendigen Ausdrucksstärke der Goralen-Chöre gewinnen, wenn die Sänger in prächtigen Kostümen ihr Repertoire von fröhlichen Bergmelodien präsentieren. Eine andere bemerkenswerte Kulturveranstaltung sind die **Karol Szymanowski Musiktage**, die hier jeden Juli abgehalten werden. Dann gibt es klassische Musikaufführungen polnischer und internationaler Künstler in der ganzen Stadt. Weitherhin findet jedes Jahr im März ein **Festival des künstlerischen Films** statt.

Witkacy

Stanisław Ignacy Witkiewicz (1885–1939) – besser bekannt als **Witkacy** – ist der berühmteste unter den Malern, Schriftstellern und anderen Künstlern, die mit Zakopane assoziiert werden. Er wurde in Warschau als Sohn von **Stanisław Witkiewicz** geboren, dem herausragenden Maler und Kunstkritiker, der den sogenannten **"Zakopane-Stil"** der primitiven Holzarchitektur erfand. Einen Großteil seines jungen Lebens verbrachte Witkacy in der künstlerisch fruchtbaren Atmosphäre des Zakopane der Jahrhundertwende. Nachdem er Zakopane auf Grund des Selbstmordes seiner Verlobten im Jahr 1914 verlassen hatte, schloss sich Witkacy einer Expedition nach Neuguinea und Australien an, die von einem Freund der Familie, dem gefeierten Anthropologen Bronisław Malinowski geführt wurde. Er kehrte in ein Europa zurück, das kurz vor dem Krieg stand. Durch den Ausbruch des Ersten Weltkriegs wurde Witkacy, der einen russischen Pass hatte, dazu gezwungen, nach St. Petersburg zu reisen, um sich dort einem Training als Infanterieoffizier zu unterziehen. Witkacys Aufenthalt in Russland erwies sich später als einflussreich auf seine künstlerische Entwicklung. Er experimentierte dort mit halluzinogenen Drogen und begann ein Studium der Philosophie – beides beeinflusste seine Arbeit und seine Kunst.

Witkacy überstand den Krieg wohl körperlich, aber nicht geistig unversehrt. Er ließ sich 1918 wiederum in Zakopane nieder. Von da ab entwickelte sich sein sprühendes, künstlerisches Talent in verschiedene Richtungen, insbesondere auf dem Gebiet der Kunst, Philosophie und dem Schreiben von Dramen und Romanen. Während der nachfolgenden 15 Jahre produzierte Witkacy über zwanzig **Bühnenstücke**, von denen viele in Zakopane von seiner eigenen Theatertruppe uraufgeführt wurden. Diese Truppe wurde 1925 gegründet, und einige Produktionen wurden sogar vor dem epischen Hintergrund des Morskie Oko-Sees in Szene gesetzt. Witkacy war ein Vertreter der avantgardistischen Dramentheorie, die die Tugenden der "reinen Form" über den Inhalt zelebrierte. Er schrieb bizarre Dramen, die ans Surrealistische grenzen und die mit Sex sowie Mord und Totschlag gespickt sind. Die polnische Öffentlichkeit der 20er Jahre zeigte Witkacy die kalte Schulter. Sein dramatisches Werk wurde in den 1950er wieder entdeckt, aber zunächst für einige Zeit von den kommunistischen Autoritäten verboten. Seitdem gehört es zu den beliebtesten in ganz Polen.

Seinen vielseitigen künstlerischen Tätigkeiten ging Witkacy in seinem berühmten **Studio** in Zakopane nach, wo er Hunderte von Porträts, darunter viele Auftragsarbeiten, von seinen Freunden und Bekannten aus der damaligen Künstlerszene anfertigte. Witkacy experimentierte ausgiebig mit Drogen und machte es sich zur Gewohnheit, auf den Leinwänden seiner Malereien zu notieren, mit welcher Droge er gerade experimentiert hatte, als der das Bild malte. Insbesondere seine Selbstporträts enthüllen eine gestörte, rastlose ästhetische Feinfühligkeit. Witkacys **Romane** – die nach allgemeiner Ansicht so gut wie nicht übersetzbar sind – sind ebenfalls phantastische, bedrückende Ausflüge in die ungezähmten Tiefen des Unterbewusstseins des Dichters. Ein anschauliches Beispiel dafür ist der futuristische Roman *Nienasycenie* ("Unersättlichkeit", 1930), die epische Darstellung eines Kampfes, in dem das von dem Diktator Kocmołuchowicz ("Der Schlampige") regierte Polen sich gegen kommunistische Horden aus China zur Wehr setzt, die wild entschlossen sind, Europa vom Osten aus zu erobern.

In gewissem Sinn, wurden die schlimmsten Albträume Witkacys zur Realität. Nach der Invasion Polens durch die Nazis im Jahr 1939 floh der Künstler nach Osten. Doch auch die Sowjets rückten nach dem berüchtigten Molotow-Ribbentrop Pakt in einer Art Zangenbewegung nach Polen vor. Als der am Boden zerstörte Witkacy davon erfuhr, nahm er sich das Leben. Diese legendäre Tat reihte ihn im Gedächtnis der Nation unter die ehrwürdigen Patrioten und großen Künstler ein.

Zakopane/Umgebung

Wem Wanderungen in der Tatra selbst zu anstrengend sind, der hat die Möglichkeit, in der Umgebung von Zakopane im Vorgebirge und in den Tälern herrliche Spaziergänge zu machen. Für eine bessere Orientierung empfiehlt sich die Karte *Tatry i Podhale* im Maßstab 1:75.000.

Gubałówka-Höhe

Von der **Gubałówka-Höhe** (1.120 m) westlich der Stadt (auf der ul. Krupówki zur Stadt hinaus) hat man eine wunderbare Aussicht auf die Tatra. Das ist allgemein bekannt, wie man schnell feststellen wird, wenn man sich in die lange Schlange zur

Seilbahn von Zakopane einreiht. (Juli u. Aug. 7–21 Uhr, Sept.–Juni 8–17 Uhr; Rückfahrkarte 14 Zł). Der Aufstieg zu Fuß ist möglich, aber mühsam (1 Std.). Vom Gipfel sieht man an einem klaren Tag, wie sich die hohen Gipfel im Süden in scharfen Umrissen vor dem klaren blauen Berghimmel abzeichnen.

Die meisten Besucher genießen die Aussicht eine Weile, sehen sich in den Andenkenläden um, und machen sich dann wieder an den Abstieg; dabei ist der lange, bewaldete Höhenkamm der Ausgangspunkt für einige hervorragende **Wanderungen**, die durch eine für den Podhale typische Landschaft führen.

Sportmöglichkeiten in Zakopane

Bei den Polen ist Zakopane seit seiner Einrichtung zum Wintersportort sehr beliebt, und seine Skihänge werden begeistert genutzt. Die Goralen erfreuen sich des Wintersportes jedoch schon wesentlich länger. Normalerweise dauert die Wintersaison von Dezember bis März, obwohl die Schneefälle in den letzten Jahren sehr unvorhersehbar geworden sind. Die Schwierigkeitsgrade und die Qualität der Abfahrtshänge der Gegend variieren deutlich. Im Einklang mit den internationalen Standards sind sie in schwarze, rote, blaue und grüne Strecken unterteilt, die Langlaufstrecken sind orange gekennzeichnet. Viele der ansonsten gesperrten Gebiete des Nationalparks sind für Skifahrer zur Zeit der Schneesaison zugänglich. Sie sollten jedoch darauf achten, die Lawinengebiete (*lawina*), die auf den Karten eingezeichnet und durch Schilder markiert sind, zu umgehen und sich genau über die Bedingungen zu informieren, bevor sie die markierten Routen verlassen.

Die beliebtesten Abfahrtsstrecken sind in **Nosal** und **Kasprowy Wierch**, da es dort Skilifte gibt. Vom Dörfchen Kuźnice aus (wenige Busminuten vom Zentrum von Zakopane entfernt) kann man mit der alten Gondelbahn (über 60 Jahre alt, aber immer noch verlässlich) bis zum Gipfel des Kasprowy Wierch (1967 m) gelangen und von dort die Abfahrt bis zum Dorf machen (5–7 km, je nach Strecke). Sie können auch in eines der umliegenden Täler wie Goryczkowa oder Gasienicowa abfahren. Von dort gelangen Sie mit dem Lift wieder auf den Gipfel. Gondelfahrscheine kann man in Zakopane im Voraus kaufen, sie kosten 20 Zł. Der Nosal-Abhang ist kurz und steil (650 m mit 233 m Höhenunterschied), während man in Gubałówka, auf der anderen Seite der Stadt, einen sanfteren Abhang findet, der mit einer Seilbahn zu erreichen ist. Dieser zeigt außerdem nach Süden, sodass man (auch im Winter) Liegestühle mieten und sich sonnen kann. Es wird auch Skiunterricht angeboten – die Skilehrer in der Skischule in Nosal sprechen Englisch und berechnen 50–60 Zł pro Stunde. Für gemietete Skier zahlt man ungefähr 35 Zł pro Tag.

Mountainbike-Fahren ist zu einem äußerst beliebten Sommersport geworden, und Horden von enthusiastischen jungen Radfahrern strömen auf die Hänge. Nachdem die Verwaltung des Nationalparks zunächst von diesem Trend begeistert war, ist sie aufgewacht und hat die Gefahren erkannt, die sich durch unreguliertes Radfahren auf den Hängen für die Umwelt ergeben. Daher gibt es nun fünf ausgewiesene **Rad-Routen** im Parkgebiet: rund um Morskie Oko; hinauf zum Hala Gàsienicowa nach Kałatówki; durch die Kościeliska und Chocołowska-Täler; hinauf zum Droga pod Reglami. Außerdem gibt es eine Reihe von Radwegen in den Gipfeln nördlich von Zakopane – insgesamt rund 650 km. **Mountainbikes** kann man an verschiedenen Stellen in der Stadt mieten, so z. B. bei *Bzyck*, ul. Krupówki 37 (✆ 018/201 4707), *Rent a Bike*, ul. Sienkiewicza 37 (✆ 018/206 4266) und auf dem Campingplatz *Pod Krokwią*. Die Miete für ein Fahrrad kostet etwa 50 Zł pro Tag.

Paragliding ist ebenfalls sehr beliebt. Es ist nur außerhalb des Nationalparks erlaubt, z. B. auf dem Nosal-Abhang, sowie in Gubałówka und Wałowa Góra. Wenn Sie diesen Sport noch nie ausprobiert haben, können Sie sich an eine der Paragliding-Schulen der Stadt wenden, die auch allesamt die dazugehörige Ausrüstung vermieten: *Air Sport*, ul. Strążyska 13 (✆ 018/201 3311, www.air-sport.zakopane.pl).

Schließlich gibt es noch eine **Schlittenbahn** (*rynna*) auf dem Gubałówka-Abhang. Bei Fahrten die 750 m lange Bahn hinunter erreicht man Geschwindigkeiten von bis zu 40 km/h. Der Spaß kostet etwa 30 Zł pro Abfahrt.

Vom Seilbahnterminal oben führt der Pfad vorbei am Erfrischungskiosk in westliche Richtung. Der kleine Pfad gabelt sich jedoch schon bald. Hier sollte man dem Kamm in südlicher Richtung folgen, dann steigt man allmählich ins Czarny-Dunajec-Tal hinab (schwarze Route), bis man das Dorf **Witów** erreicht hat – eine Wanderung von rund zwei Stunden. Der Bus zurück nach Zakopane braucht knapp fünfzehn Minuten. Biegt man dagegen bei der Gabelung in Richtung Norden ab, kommt man nach einer vierstündigen Wanderung nach **Chochołów**, einem Dorf mit schönen Holzhäusern und einer hübschen Kirche. Zwei Wegstrecken führen dorthin: Entweder man nimmt die Piste (die bald in die Straße übergeht) zum Dorf **Dzianisz**, oder die Langlaufstrecke, die auf der **Karte** *Tatry i Podhale* als *Szlak im. Powstania Chochołowskiego* markiert ist.

In östlicher Richtung von der Seilbahn führt der Hauptpfad nach **Poronin**, einem ehemals schläfrigen Dorf, das nun durch einen Wildwuchs von Ferienvillen verunstaltet ist.

Ein steiler markierter Pfad östlich des Dorfes führt auf den Hügelkamm, von dem aus sich immer wieder prachtvolle Ausblicke eröffnen. Geht man von hier in Richtung Osten weiter, erreicht man **Bukowina Tatrzańska**, ein etwas größeres Dorf, von dem aus man mit dem Bus zurück nach Zakopane kommt (etwa 15 Min.). Falls Sie übernachten wollen, es gibt die übliche Auswahl an **Pensionen** der Kategorien G–F.

Dolina Białego und Dolina Strążyska

Gemütlich wandert es sich an einem langen Nachmittag von Zakopane aus durch die Täler Dolina Białego und Dolina Strążyska. Unternehmungslustige können beide Täler an einem Tag ohne größere Anstrengung schaffen.

Von Zakopane aus in südlicher Richtung auf der Straße nach Strążyska erreicht man in rund einer Stunde das **Dolina Strążyska-Tal**. Am Ende des Tales (3 Std.) kann man die **Hala Strążyska** erklimmen, eine wunderschöne, hoch gelegene Bergwiese (1303 m). Am **Siklawica-Wasserfall**, einem Wasserlauf, der aus der Richtung von Giewont hinunterströmt, lässt es sich unterwegs angenehm ausruhen. Der Ausblick von hier ist ebenfalls wunderschön: Der Giewont-Gipfel (1694 m) ragt im Süden auf, und im Norden bietet sich ein schöner Rundblick über Zakopane und die umgebende Landschaft. Folgt man der Bergwiese in östlicher Richtung, kommt man zum Gipfel des **Dolina Białego**. Von dort aus steigt man zurück in das tiefe, von Wasserläufen zerschnittene Tal, eines der schönsten und sanftesten der ganzen Region, und geht bis an die Peripherie von Zakopane weiter (insgesamt 6-7 Std.).

Dolina Chochołowska und Dolina Kościeliska

Zwei der schönsten Täler in der Gegend sind Dolina Chochołowska und Dolina Kościeliska. Zu beiden Tälern gibt es Busverbindung von Zakopane in Richtung Westen, sodass man einen angenehmen und angefüllten Tagesausflug unternehmen kann. Wer möchte, kann beide Wanderungen kombinieren und unterwegs in der *Chochołowska*-Herberge (siehe unten) oder in einer der Berg- bzw. Schafshirtenhütten am Weg übernachten. Einige der Hütten sind auf der Karte eingezeichnet. Die Pension *Hajduk* (✆ 018/207 0075; I) in Kiry ist eine ausgezeichnete Übernachtungsmöglichkeit.

Dolina Chochołowska, das längste Tal der Region, folgt einem Wasserlauf, der sich zwischen den Höhen seinen Weg gebahnt hat. Von Zakopane aus nimmt man den Bus nach Polana Huciska, etwa zwei Kilometer ins Tal hinein. Vom Parkplatz am oberen Ende des Tales geht man eine gute Stunde bis zur Polana Chochołowska-Herberge, die wunderschön gelegen ist mit Blick auf die hohe West-Tatra und die slowakische Grenze. Hier fand 1983 ein geheimes Treffen des Papstes mit Lech Wałęsa statt, eine Gedenktafel erinnert daran. Die steilen Pfade an der Ostflanke führen zu Kämmen, die das Tal von Dolina Kościeliska trennen. Derjenige, der gleich hinter dem Parkplatz startet, verbindet die beiden Täler miteinander, sodass man einen Rundgang machen kann.

Das Strążyska-Tal bei Zakopane

Dolina Kościeliska ist ein klassisch schöner Flecken, der immer wieder auf Ansichtskarten der Region zu sehen ist. Man erreicht ihn mit dem Bus bis zum Weiler **Kiry**, und von dort geht es weiter auf der Piste durch das steinige Tal. Für ca. 50 Zł kann man sich auf einem Pferdekarren durch den ersten Talabschnitt bis zu dem als "Polana Pisana" bekannten Punkt fahren lassen, danach geht es nur noch zu Fuß weiter. Typisch für Kościeliska sind die **Höhlen** im Kalksteinfels, nach der Überlieferung einst Behausungen von Räubern und Banditen. Biegt man von Polana Pisana zur Linken ab, mit *jaskinie* (Höhlen) markiert, kann man einige besichtigen, darunter auch die **Jaskinia Mroźna**, deren Wände in ewiges Eis gehüllt sind.

Hinter Polana Pisana besteht das schmale Obertal aus Felsen, sprudelnden Quellen und Bächen, Höhlen und viel Grün, bis man schließlich die *Hala-Ornak-Herberge* mit Restaurant erreicht, in der viele Wanderer übernachten. Tageswanderer kehren ins Tal zurück und nehmen von dort den Bus nach Zakopane. Wer noch weiterwandern will, hält sich an die zwei markierten Pfade hinter der Herberge: Auf dem östlichen Weg kommt man schon bald zum **Smreczyński Staw** (1.226 m), einem winzigen Bergsee mitten im Wald; die westliche Route verläuft über einen hohen Kamm hinweg nach Dolina Chochołowska – eine anstrengende Strecke, nur für erprobte Wanderer.

Hohe und Niedere Tatra

Die Polen sind begeisterte Bergsteiger mit einem ganzen Netz von Bergsteigerclubs; alle fangen in der Hohen und Niederen Tatra an, und hier trainieren auch die mit den großen Namen. Die Gipfel sind im Durchschnitt zwischen 2.000 und 2.500 m hoch, aber diese wenig beeindruckenden Zahlen untertreiben eindeutig den Schwierigkeitsgrad der Berge.

Die Tatra ist ein Gebirge mit Gipfeln, die fast das ganze Jahr über schneebedeckt sind, auf denen man im Dezember und Januar gut Ski laufen kann. Nicht umsonst ist dieses Gebirge so beliebt: Beim Aufstieg wandert man auf von Findlingen übersäten Pfaden an Wäldern und Wasserläufen vorbei bis hinauf zu den Kämmen, auf denen großartige, windgepeitschte Gipfel unter einer strahlenden Gebirgssonne in den Himmel ragen. Hier gibt es eine reiche Flora und Fauna: Das ganze Gebiet, in dem seltene Tiere wie Luchs, Goldadler und Braunbär zu Hause sind, wurde um 1950 zum Nationalpark erklärt. Wenn man Glück hat, kann man einige dieser Tiere erspähen.

Da sich immer mehr Wanderer, Bergsteiger und Skifahrer in den Bergen tummeln und natürlich auch Schäden verursachen, verlangt die Parkleitung nun eine kleine Eintrittsgebühr, um etwas Geld in die Umweltschutzkasse zu bekommen. Sie muss an den Kartenkiosken am Eingang zum Park entrichtet werden. Gruppen von mehr als 10 Personen müssen von einem offiziellen Führer begleitet werden, was im Parkbüro in Zakopane (siehe dort) arrangiert wird. Dies gilt nicht für vorangemeldete Reisegruppen.

Zwischen der umweltbewussten Parkleitung und der regionalen Fremdenverkehrslobby gibt es immer wieder Meinungsverschiedenheiten bezüglich der Skifahrer. Die Parkleitung weigert sich bislang hartnäckig, neue Skilifte innerhalb des Parks zu installieren, um die reichhaltige Flora der Hänge zu schonen.

Zwar sind die Gipfel und Kammaufstiege nur etwas für erfahrene Bergsteiger, aber die anderen Gebiete kann man auf markierten Pfaden erwandern, die oft auch das Gipfelerlebnis vermitteln. Trotz der verhältnismäßig geringen Anzahl von Skiliften und sonstigen technischen Hilfsmitteln gibt es auch für Skifahrer einige hervorragende Pisten, wie z. B. Trockenhänge, die von den Gipfeln **Kasprowy Wierch** und dem steilen **Nosal** herabführen.

Die Tschechoslowaken, die Angst davor hatten, dass ihre Bürger von der "polnischen Krankheit" (d. h. Solidarność) angesteckt würden, schlossen 1980 diesen Teil der Grenze für die folgenden zehn Jahre hermetisch ab. In den zehn Jahren danach kam es immer wieder vor, dass Wanderer uniformierten Polizisten begegneten, die die Bergpässe bewachten. Inzwischen hat sich das alles gelockert, die neueste Ausgabe der Karte *Tatry i Podhale* zeigt deutlich alle Wanderpfade über die Grenze hinweg.

Allerdings ist die Polizei noch immer anwesend, und eine Anzahl an offiziellen Grenzübergängen bleiben weiterhin mysteriöserweise für ausländische Touristen geschlossen. Wo der Übergang erlaubt ist, brauchen viele Ausländer meist nur einen Stempel im Pass. Dank des neuen politischen Klimas ist es zum ersten Mal seit dem Krieg wieder möglich geworden, die ganze Tatra zu erwandern.

Wandern in der Tatra

Man sollte bedenken, dass die Tatra ein alpines Gebirge ist und dass das Wandern hier einige Vorbereitungen erfordert bzw. man einige Regeln beachten sollte. Die wichtigste Regel ist, sich an die markierten Wanderpfade zu halten und immer eine gute **Karte** bei sich zu tragen. Am besten besorgt man sich die *Tatrzański Park Narodowy – Der Tatra Nationalpark (1:30.000)*, auf der alle Wege detailliert mit Farbcode eingezeichnet sind. Hierauf finden Sie alles, was Sie brauchen, sogar die geschätzten Wanderzeiten zwischen den einzelnen Punkten. Alternativ bietet sich der **Reiseführer** *Polskie Tatry* an, der die Wanderwege genauer beschreibt. Alles genannte Wandermaterial finden Sie in Zakopane. Ein Buch, das Sie sich vielleicht schon vor der Reise besorgen sollten, ist der Reiseführer *Die Hohe Tatra – The High Tatras* (Cicerone Press). Er wurde von einem Engländer und einer Slowakin geschrieben und enthält Wanderungen für begeisterte Bergwanderer. Denken Sie an Folgendes: Verlassen Sie nicht die Baumgrenze (bei etwa 2.000 Metern), wenn die Sicht nicht gut ist. Wenn Wolken aufziehen, sollten Sie sofort den Abstieg beginnen.

Eine Übernachtung in einer der PTTK-geführten **Berghütten**, die über das Gebirge verstreut sind, ist eine besondere Erfahrung. Alle sieben Hütten sind deutlich auf der Karte *Der Tatra Nationalpark* eingezeichnet (für aktuelle Informationen wie Öffnungszeiten wenden Sie sich an das Nationalparkbüro in Zakopane). Im Sommer sind die Hütten mit Studenten aus dem ganzen Land überfüllt, hier kann man sich hervorragend (vorzugsweise mit einer Flasche Wodka) unter die Menge mischen. Da die Studenten sich die Betten meist nicht leisten können, schlafen Sie auf dem Boden. Wenn die Herberge überfüllt ist, müssen Sie sich eventuell dazugesellen. Das **Essen** ist einfach, aber für Polen recht teuer, und die meisten bringen ihre eigene Verpflegung mit. Auch wenn Sie in den Bergen nicht unbedingt schweres Gepäck mit sich herumtragen wollen, sollten Sie einige Grundnahrungsmittel und Wasser mit sich führen. **Camping** ist im Nationalpark nicht erlaubt. **Bergsteigen** ist nur mit einem speziellen Erlaubnisschein möglich – fragen Sie bei der Parkverwaltung nach näheren Informationen. Wer mehr als nur einen kurzen Spaziergang anvisiert, sollte auf jeden Fall mit **passendem Schuhwerk und passender Kleidung** ausgerüstet sein. Außerdem empfiehlt sich die Mitnahme einer Trillerpfeife – sechs Pfeiftöne pro Minute signalisieren einen Hilferuf.

Das **Wetter** ist hier sehr unbeständig und man sollte sich nicht ohne Regenkleidung und feste Stiefel auf dem Weg machen: Im Sommer gibt es den meisten Niederschlag, manchmal auch Gewitter und sogar Hagel – und Schneeschauer. Sogar an einem warmen Sommertag in den Tälern kann die Temperatur auf den Gipfeln unter dem Gefrierpunkt liegen. Brechen Sie **früh** auf (das Wetter ist morgens meistens besser), und hinterlassen Sie bei jemandem eine Nachricht, wohin Sie gegangen sind. Der **Wetterdienst** ist erreichbar unter ✆ 018/206 3019. Die Nummer der **Bergwacht** ist ✆ 018/206 3444, erwarten Sie jedoch nicht, dass man am anderen Ende Ihre Sprache spricht.

Auch mit dem Fahrrad lässt sich die Tatra gut erkunden

Beachten Sie außerdem die Verhaltensregeln des Nationalparks: Lassen Sie keinen Müll zurück, halten Sie sich an die markierten Pfade, pflücken Sie keine Blumen, und stören Sie nicht die hier wild lebenden Tiere.

▸ **Wanderrouten:** Am einfachsten kommt man mit der Seilbahn auf die Gipfel hinauf. Von Zakopane ist es eine drei Kilometer lange Wanderung oder eine Busfahrt in südliche Richtung durch Dolina Bystrej bis zum Weiler **Kuźnice**, wo die Seilbahn abfährt. Im Sommer sind die Plätze schon früh ausverkauft, sodass man sich unbedingt im Voraus eine Karte im Orbis-Büro zurücklegen lassen sollte, es sei denn, man ist bereit, sich noch vor 8 Uhr morgens anzustellen. Da auf der Rückfahrt diejenigen bevorzugt werden, die bereits eine Karte haben, sollte man gleich eine Hin- und Rückfahrkarte kaufen. Man muss jedoch beachten, dass man mit einer Rückfahrkarte nur zwei Stunden auf dem Gipfel hat. Dies genügt, wenn man nur nach Kasprowy Wierch hinauf will, aber nicht, wenn man von dort weiterwandern möchte. Am Sonntagvormittag ist noch am wenigsten los, weil dann die meisten Polen in der Kirche sind.

Zeiten Juli, August 7.30–20 Uhr, Sept.–Juni 8–17 Uhr, 28 Zł hin und zurück.

Die Seilbahn endet nahe beim Gipfel des **Kasprowy Wierch** (1985 m), auf dem verwitterte Schilder auf die Grenze zur Slowakei aufmerksam machen. Von hier aus steigen viele Tagesausflügler über die Hala Gąsienicowa einfach wieder nach Kuźnice hinunter (2 Stunden). Ebenfalls beliebt ist der Aufstieg zu Fuß und dann die Abfahrt mit der Seilbahn (2,5 Stunden). Beträchtlich länger ist eine Wanderung in westliche Richtung zum Gipfelkreuz des **Giewont** (1.894 m), dem "Schlafenden Ritter", der Zakopane überblickt (Dauer etwa 2 Stunden). Wenn es gerade geregnet hat, ist besondere Vorsicht geboten, denn die Pfade hier können ziemlich glitschig werden und sind teilweise recht ausgetreten. Das letzte Stück des Aufstiegs verläuft über steinigen Untergrund, und es sind Sicherungsseile angebracht, die beim

Hinaufkraxeln behilflich sind. Vom Gipfel aus, auf dem ein schmales Kreuz steht, kann der Ausblick an einem schönen Tag atemberaubend sein. Auf dem Rückweg nach Kuźnice hinunter geht man durch die Dolina Kondratowa und an der *Hala-Kondratowa*-Herberge vorbei (bis zur Herberge sind es etwa 40 Min.), und dann ist es noch eine Stunde bis zum Dorf. Dieser Weg hinunter ist verhältnismäßig problemlos, und die ganze Tour ist auch an einem Tag zu schaffen, wenn man früh genug aufbricht.

Von Kasprowy Wierch in östlicher Richtung wird der Weg beschwerlicher. Vom **Świnica** (2.300 m), 1,5 Stunden lang und anstrengend, gehen erfahrene Wanderer weiter auf dem **Orla Perć**, dem Adlerpfad, einem herausfordernden, nach allen Seiten hin offenen Kamm, von dem der Ausblick überwältigend ist. Übernachten kann man in der Pięciu-Stawów-Herberge auf der gleichnamigen Hochebene (4 Stunden). Von der Herberge führt ein Wanderweg über Dolina Roztoki zurück nach unten bis **Łysa Polana**, einem Grenzposten zur Slowakei im Tal (2 Stunden), und von dort fährt ein Bus zurück nach Zakopane. Stattdessen kann man auch etwas weiter in östlicher Richtung bis zum **Morskie-Oko-See** (1.399 m; 1,5 Stunden) wandern. Dieser große Gletschersee, den atemberaubende, steile Felsen und Hochgebirgswälder umgeben, gilt als eine der großen Sehenswürdigkeiten in der Tatra und eines der beliebtesten Tagesausflugsziele für Touristen, die in Zakopane abgestiegen sind. Die meisten beginnen die Tour nicht zu Fuß, sondern mit dem Auto oder dem Bus und folgen dabei der Straße, die sich erst östlich, dann südlich von Zakopane hinauf windet. Man erreichen zunächst Poronin, bevor es dann ins Vorgebirge hinaufgeht. Die Anfahrt ist zum Teil spektakulär, denn die Straße verläuft auf einem Gebirgskamm, dessen Wald sich gelegentlich teilt und einen herrlichen Ausblick auf die Tatra freigibt. Danach geht es zum Grenzort łysa Polana hinunter, und nach ein paar Kilometern ist das Ziel erreicht, der große Parkplatz **Polana Palenica** mit seinen vielen Essensständen. Ein leicht erkennbarer Pfad führt zum Eingangshäuschen des Nationalparks (Eintritt 2 Zł) und steigt dann langsam die etwa 9 km nach Morskie Oko hinauf (1 Std. 45 Min.). Wer sich den Aufstieg nicht zutraut, kann einen Pferdewagen nehmen (25 Zł pro Person).

Die *Morskie-Oko-Herberge* am Seeufer ist eine gute Ausgangsbasis für einen Aufstieg zum **Rysy** (2.499 m), dem höchsten Gipfel der polnischen Tatra. Näher an der gleichen, rot markierten Strecke liegt der **Czarny Staw** (1580 m), ein See, der noch eisiger wirkt als der Morskie Oko.

Östlich Richtung Pieniny-Gebirge

In östlicher Richtung werden Hohe und Niedere Tatra von einer Folge flacherer Gebirgszüge abgelöst (den *beskidy*, wie sie auf Polnisch heißen), die entlang der slowakischen Grenze verlaufen.

Hier sind die Wanderwege zwar nicht so anspruchsvoll wie in der Tatra, bieten aber dennoch hervorragende Möglichkeiten. Zu den Einheimischen zählen *Goralen* und eine seit langem hier ansässige slowakische Minderheit. Als Höhepunkte der Region gelten das **Pieniny-Gebirge** direkt an der slowakischen Grenze und die tiefe **Dunajec-Schlucht**, durch die man mit einem Floß fahren kann.
In diesem wenig bekannten Gebiet gibt es Transportprobleme, sobald man sich von **Szczawnica** entfernt, einem Kurort, der sich als Ausgangspunkt für Ausflüge ins Pieniny-Gebirge bestens eignet.

Die Region von Spisz

Die Straße in östlicher Richtung von Nowy Targ nach Szczawnica gehört zu den schönsten in ganz Polen. Sie folgt dem breiten Tal des Dunajec durch die Region von **Spisz**, ein entlegenes Gebiet, in dem die Dörfer für ihre Holzhäuser, Kirchen und ihre Volkskunst bekannt sind. Die Region wurde 1920 durch Polen von dem neu gegründeten Tschechoslowakischen Staat annektiert, nachdem sie jahrhundertelang Teil der halbautonomen Provinz Spis (slowakisch)/Spisz (polnisch)/Zips (deutsch) war, die zum ungarischen Königreich gehörte. Hier ist die alte Aura eines ländlich ruhigen, zurückgezogenen Flecken erhalten geblieben und die slowakische Minderheit der Region zeugt noch von der geschichtlichen Bedeutung des Grenzlandes. Auf dieser Strecke verkehren vier oder fünf Busse täglich.

▶ **Dębno**, 14 km von Nowy Targ entfernt, wartet mit einer der bekanntesten **Holzkirchen** im ganzen Land auf. Der Bau aus Lärchenholz mit dem steilen Schindeldach wurde ohne Nägel zusammengefügt, ist von einem charmanten geflochtenen Zaun umgeben und erinnert im Profil an eine Schnecke. Im Inneren sind Wände und Decke von oben bis unten mit überschwänglicher, hervorragend erhaltener Polychromie und mit **Holzschnitzereien** bedeckt, beides aus dem 15. Jh. Die Themen sind eine Mischung aus nationalen, religiösen und folkloristischen Motiven, daneben gibt es einige schöne Jagdszenen und eigenartig islamisch wirkende geometrische Muster. In der Mitte des Gebäudes sind Fragmente des ursprünglichen Lettners (Schranke zwischen Chor und Kirchenschiff) mit einem baumähnlichen Kreuz erhalten. Auf dem Triptychon des Altars aus dem 15 Jh. ist eine ungewöhnlich kämpferisch wirkende heilige Katharina zu sehen. Außerdem gibt es eine fein geschnitzte Statuette des Heiligen Nikolaus, ein mittelalterliches Tabernakel aus Holz sowie einige Banner, die angeblich Jan Sobieski auf seinem Rückweg von der siegreichen Schlacht gegen die Türken bei Wien 1683 hier zurückließ. Die Kirche ist tagsüber normalerweise geöffnet. Sollte dies nicht der Fall sein, kann man sich nach dem Priester erkundigen, der gegenüber wohnt und wahrscheinlich aufschließen wird. Für eine Übernachtung bietet sich die **Jugendherberge** im Dorf an (Juli–August geöffnet).

Gleich im Osten von Dębno liegt der **Dunajec-Speicher**, das umstrittene Projekt eines Wasserkraftwerks, das von Umweltvertretern heftig bekämpft wurde, bevor das Tal – und damit auch einige seiner Dörfer – 1997 geflutet wurde. Der Damm schützte noch im selben Jahr viele Siedlungen am unteren Flusslauf vor Überschwemmungen, sodass seine Unbeliebtheit bei der Bevölkerung abnahm. Eine kleinere Straße zweigt ab und folgt dem südlichen Flussufer bis Niedzica (s. u.), der meiste Verkehr bleibt jedoch an der Nordseite. Hier erreicht man nach 12 km das kleine Dorf **Czorsztyn**. Es liegt 2 km abseits der Hauptverkehrsstraße und wird von einer denkwürdigen, wenn auch stark zerstörten Burgruine überragt. Von oben hat man einen weiten Blick über das Tal hinweg bis zur Burg von Niedzica und zum Ende der Dunajec-Schlucht.

Niedzica und entlang der slowakischen Grenze nach Westen

Niedzica liegt gleich auf der anderen Seite der Schlucht gegenüber von Czorsztyn, aber mit dem Auto gelangt man nur auf einem Umweg über Dębro dorthin oder indem man nach Südosten in Richtung Sromowce fährt. Mit dem Bus ist der Ort von Nowy Targ aus zu erreichen.

Das Dorf liegt an einem strategischen Punkt des Dunajec, denn hier mündet ein etwas größerer Nebenfluss aus der Slowakei. Die **Burg** hoch über dem Tal wurde im 14. Jahrhundert als Grenzfestung zur ungarischen Grenze erbaut, um die Kontrolle über dieses Tal und das Grenzgebiet zu sichern. Anfang des 17. Jahrhunderts wurde sie im heutigen Renaissancestil umgebaut. Inzwischen ist sie vom geplanten Wasserkraftwerk bedroht, das nach Ansicht einiger Experten ihre Felsfundamente aushöhlen wird. Heute ist das **Schlossmuseum** darin untergebracht mit Ausstellungen über die Geschichte der Festung und einer guten Sammlung über heimisches Volkshandwerk. Eine sehr phantasievolle Volkssage verknüpft die Burg mit den Inkas. Hier soll die Gemahlin des letzten Nachfahren der Inkaherrscher im ausgehenden 18. Jahrhundert gelebt und ein Geheimdokument hinterlassen haben, in dem angegeben ist, wo der sagenhafte Inkaschatz im Titicacasee in Peru versteckt liegt. Dieses Dokument wurde angeblich 1946 gefunden.

• *Öffnungszeiten* **Museum** – Di–So 9–17 Uhr. Eintritt 4 Zł.

• *Übernachten* **Hotel Pieniny**, ul. Kanada 38 (✆ 018/262 9383, pieniny@zzw-niedzica.com.pl). Zimmer mit Bad (G) und mit gemeinschaftlichen Sanitäreinrichtungen (H). **Pensjonat Chata Spiska**, Pod Sosnami (✆ 018/262 9403, niedzica@ns.onet.pl; E), eine gemütliche Pension mit volkstümlicher Inneneinrichtung.

▶ **Westlich von Niedzica** schlängelt sich eine wenig befahrene Nebenstraße durch das Herz von Spisz nach Nowy Targ und Zakopane. Bis weit ins 18. Jahrhundert hinein waren die meisten Dörfer der Gegend fast völlig von der Außenwelt abgeschnitten. Erst 1931 wurde hier die Leibeigenschaft aufgehoben. Noch immer fühlt man sich in eine andere Zeit versetzt, besonders in Dörfern wie **Trybsz** und **Łapsze** mit ihrer slowakischen Bevölkerung. Wer die Gelegenheit dazu hat, sollte an einem Sonntagmorgen hierher kommen, denn dann kann man die Musik der ausgezeichneten Chöre aus der Gegend hören. In beiden Dörfern sind die Kirchen sehenswert: Die Kirche in Trybsz ist ein Holzbau, dessen Innenräume mit einer Reihe von schönen Fresken aus der Mitte des 17. Jahrhunderts ausgekleidet sind, die biblische Themen sowie die Szenen aus dem Leben der Heiligen in einem farbenfrohen Relief darstellen.

Das Pieniny-Gebirge

Das Pieniny-Gebirge, eine kurze Kette von Kalksteingipfeln aus dem Jura über der atemberaubenden Dunajec-Schlucht, bietet die Möglichkeit zu herrlichen Bergwanderungen und die Aussicht, ohne besondere Mühe einen Tausender zu erklimmen.

Zerklüftete Felsen, die hier und dort zutage treten, sind von üppigem Grün bedeckt. In dem vorwiegend feuchten Klima des Gebirges ist eine reiche, vielfältige Pflanzenwelt zu finden. Genau wie die Tatra ist auch das Pieniny-Gebirge offiziell ein Nationalpark, den ein ganzes Netz überwachter Pfade erschließt. Die ausführliche **Karte** *Pieniński Park Narodowy* (1:22.500) ist hier sehr nützlich und in den meisten Fremdenverkehrsbüros und Buchläden erhältlich.

Die wichtigste Bergkette, eine 10 km lange Strecke zwischen Czorsztyn und Szczawnica, ist gleichzeitig das Hauptwandergebiet. Dabei werden vor allem die Gipfel des **Trzy Korony** (Drei Kronen; 982 m) angesteuert. Der wichtigste südliche Zugang zum Park ist Sromowce-Kąty (auch Ausgangspunkt für Rafting-Touren, s. u.), 10 km östlich von Krośnica, den man fünfmal am Tag von Nowy Targ mit dem Bus erreichen kann. Dort gibt es eine **Touristeninformation** und einen **Ein-**

trittskartenschalter (2 Zł) für den Nationalpark. Die meisten Wanderer allerdings beginnen die Erkundung des Pieniny in Krościenko, das auf der Verbindung Nowy Targ–Szczawnica liegt und öfter angefahren wird.

▸ **Krościenko**: Eine staubige, wenig aufregende Stadt, eine Stunde mit dem Bus von Nowy Targ entfernt. Niemand käme auf die Idee, dort auszusteigen, wäre hier nicht der wichtigste Ausgangspunkt für Wanderungen zu den Trzy Korony (s. u.).

Von der Bushaltestelle mitten im Ort folgt man den Markierungen – und im Sommer den Rucksäcken der Wanderer – in Richtung Süden auf der gelben Route. Schon bald steigt der Weg durch den von vielen Wiesen und Lichtungen unterbrochenen Bergwald an. Nach etwa 2 Stunden erreicht man über einige mit einer Kette gesicherte Stufen den **Okrąglica**, den höchsten Gipfel der **Trzy Korony**. An einem klaren Tag hat man von hier einen phantastischen Ausblick über das ganze Gebiet: die Hohe Tatra im Westen, die Hänge der Slowakei im Süden und die Dunajec-Schlucht tief unten.

Viele Wanderer kehren auf demselben Weg zurück, doch es gibt zwei überlegenswerte Alternativen. Die eine ist eine zwei- bis dreistündige Wanderung zurück nach Szczawnica. Zunächst geht es bis Bajków Groń (679 m) auf demselben Weg zurück, d. h. etwa drei Viertel des Weges bergabwärts, dann folgt man dem blauen Pfad über die Berge in den Süden nach Sokolica und zum Fluss hinunter. Von dort kann man mit dem Boot zur Herberge *Orlica* übersetzen. Die zweite Möglichkeit besteht darin, die Wanderung mit der Dunajec-Schlucht zu verbinden. Dazu steigt man den Berg südwestlich nach Sromowce Kąty ab (3 Std.), einem der Ausgangspunkte für Floßfahrten (s. u.).

• *Übernachten* Das **PTTK-Büro** im Zentrum von Krościenko, ul. Jagiellońska 65 (✆ 018/262 3059) vermittelt Privatzimmer (H). Außerdem gibt es das Ferienheim **Hanka** in derselben Straße, Nr. 55 (✆ 018/262 5528; H). Doch das nur 4 km entfernte Szczawnica bietet bessere Übernachtungsmöglichkeiten.

Die Dunajec-Schlucht

Unterhalb der Gipfel des Pieniny-Gebirges schlängelt und windet sich eilig der Dunajec zwischen Kalksteinhängen und zerklüfteten Felsen hindurch. Der Fluss zieht Kanufahrer an, die furchtlos durch die oft starken Stromschnellen schießen; weniger Waghalsige genießen eine angenehmere Version dieses Erlebnisses in einer zwei- bis dreistündigen Floßfahrt.

Bereits seit 1830 fahren Touristen hier mit dem Floß entlang, eine Tradition, die von der früheren Art des Holztransportes stammt, als man das Holz den Fluss hinunter bis zu den Mühlen und Häfen treiben ließ. Was immer die Reiseführer auch versprechen, dies ist keine Wildwasserfahrt. Die Fahrt ist angenehm und einer der großen Vorteile ist, dass man ausreichend Gelegenheit hat, sich die landschaftlich schöne Szenerie mit den Wäldern, Feldern und zerklüfteten Kalksteinfelsen anzuschauen.

Die Fahrten werden veranstaltet von Polskie Stowarzyszenie Flisaków Pienińskich (Vereinigung der Pieniny-Flößer, ✆ 018/ 262 9721, www.flisacy.com.pl).

Ausgangspunkt für diesen Ausflug ist **Kąty**, einige hundert Meter östlich von **Sromowce Wyzne**; von Szczawnica und Nowy Targ verkehren regelmäßig Busse nach Kąty.

Die Flöße selbst sind stabile Baumstamm-Konstruktionen, jeweils fünf Pontons werden mit einem Seil zusammengehalten, auf die bis zu zehn Mitfahrer und zwei

Floßfahrt durch die Dunajec-Schlucht

Flößer in ihrer traditionellen Pieniny-Tracht passen. Wie weiter im Osten bildet auch hier der Fluss die Grenze zur Slowakei und an einigen Stellen blicken slowakische Dörfer über den Fluss hinweg auf ihr polnisches Gegenüber, während sich die Flößer und Kanufahrer an ihre Seite des Flusses halten.

Nach einigen scharfen Kurven und spektakulären Klippen legen die Flöße in Szczawnica an. Von dort aus fahren von der Haltestelle nahe dem Anlegesteg bis 16 Uhr Busse nach Kąty zurück.

Wenn das Wetter und der Wasserstand mitspielen, beginnt die Floßsaison Anfang Mai und endet Ende Oktober, mit Fahrtzeiten von 8 Uhr morgens bis 17 Uhr nachmittags von Mai bis August, bis 16 Uhr im September und bis 14 Uhr im Oktober. In der Saison legen die Flöße ab, sobald genügend Passagiere vorhanden sind. Wenn man früh kommt, muss man nicht Schlange stehen. Die Flöße fahren nach Szczawnica am Ostende der Schlucht, von wo ein Bus Sie auf Wunsch nach Kąty zurückbringt. Alleine Reisende sollten mit etwa 40 Zł pro Person rechnen. Bedenken Sie, dass in den Reisebüros von Zakopane Ausflüge angeboten werden, die einen Halt bei der Burg von Niedzica einschließen. Solche Ausflüge kosten 70–150 Zł, je nachdem, ob es auch etwas zu essen gibt.

Szczawnica und Umgebung

Am Rande des glitzernden Flusses Dunajec unterhalb der Gipfel des Pieniny liegt **Szczawnica**, ein äußerst malerisches Beispiel für die kleinen Kurorte, die in den tiefen Tälern östlich der Tatra verstreut sind. Einst wurde es regelmäßig vom Nobelpreisträger und Schriftsteller Henry Sienkiewicz besucht, und auch heute zieht es die meisten Besucher an. Den Sommer über wimmelt es hier von Erholungssuchenden: Kanufahrer, die durch die Schlucht fahren, Wanderer, die die Berge erwandern, und Arbeiter, die sich in den Sanatorien erholen.

Von Nowy Targ (40 km) und auf einem etwas umständlicheren Weg von Zakopane (50 km) fahren Busse nach Szczawnica; sie halten im Stadtzentrum beim Fluss. Von dort ist es nicht weit bis zu dem belebten Marktplatz sowie zu den ruhigeren Kureinrichtungen der **Oberstadt**. Das alkalische Quellwasser von Szczawnica tranken zu Zeiten der Kommunisten vorwiegend Bergleute und Stahlarbeiter, heute sind es kurende Touristen aus Polen und dem Ausland; auch wer nicht auf Kur ist, kann von dem Wasser probieren und seine Heilkraft testen. Wenn man etwas Glück hat, findet gerade eines der Goralen-Volksfeste statt, ansonsten ist nur wenig los.

Die meisten ausländischen Besucher kommen nach Szczawnica, um von dort aus das Pieniny-Gebirge und die Dunajec-Schlucht zu erforschen.

Mit dem **Sessellift** (Juli–Aug. und Dez.–April) kann man von unterhalb der Hauptstraße aus auf den Ostausläufer der Pieniny-Gebirges hinauf fahren. Vom 722 m hohen Góra Palenica genießt man eine prächtige Aussicht über das Tal. Im Winter gibt es hier eine kleine Abfahrtsstrecke und Snowboardverleih, aber nichts, was einen echten Wintersportler vom Hocker reißt.

An der Bergstation des Sesselliftes beginnt der **Fuß- und Fahrradweg** der Dunajec-Schlucht. Er verläuft in westlicher Richtung am Südufer des Flusses entlang, wechselt nach 3 km in die Slowakei über (die Grenze ist für Fußgänger und Radfahrer bis 20 Uhr im Sommer und 17 Uhr im Winter geöffnet). Er führt dann noch weitere 9 km am Ufer entlang bis nach Cerveny Klástor, dem slowakischen Ausgangspunkt für Floßfahrten.

Sie sollten dem Weg mindestens 2 km folgen, d. h. bis zum Westende von Szczawnica. Von dort hat man einen herrlichen Blick auf die steilen Klippen am Ostende der Dunajec-Schlucht, wo in regelmäßigen Abständen auf dem Wasser hüpfende Flöße auftauchen.

• *Information* Das **PTTK-Büro**, ul. Główna 1 (Mo–Fr 8–15 Uhr; ✆ 018/262 2332), dient derzeit als Touristeninformation. Hier kann man Karten kaufen und Privatzimmer (I) buchen.

• *Übernachten* **Privatzimmer** bucht man über das PTTK-Büro, oder man hält Ausschau nach den Schildern *nogleci*.

Hotels gibt es in allen Formen und Größen. Im oberen Teil des Kurortes befindet sich das **Górnik**, Zdrojowa 4 (018/262 2411, www.sanatoriumgornik.com.pl), ein Arbeitererholungsheim mit Zimmern mit Bad (E) und mit Gemeinschaftsbad (H). Das **Hamernik**, ul. Kowalczyk 3b (✆ 018/262 1301; G), ist eine Pension im Chalet-Stil.

Praktisch für den unteren Teil der Stadt ist das kürzlich erneuerte **Hotel Pod Kolejką**, gleich bei der Sesselliftstation, Główna 7 (✆ 018/262 2724; F). Eher spartanisch ist die Herberge der PTTK, das **Orlica**, ul. Pienińska 12 (✆ 018/262 2248), gleich am Rand der Schlucht, 1 km südlich der Floßanlegestelle. **Camping** ist möglich beim Orlica und in **Pole Namiotowe** (wörtlich "Zeltplatz"), Pienińska 6.

• *Essen* Das Restaurant **Halka** auf der Hauptstraße, ul. Glówna 2, ist eine preiswerte Quelle für polnisches Essen – ansonsten gibt es jede Menge Snackbars entlang der Touristenstraße.

▶ **Dolina Homole**: 8 km östlich von Szczawnica liegt dieses stille Tal mit Waldlichtungen und Wasserläufen. Von hier kann man in knapp zwei Stunden auf die Anhöhen der Umgebung hinaufwandern. Dort befindet sich auch ein PTTK-**Campingplatz.**

Von Szczawnica fahren Busse bis zum Dorf **Jaworki**, bei dem die Wanderung beginnt. Es ist gleichzeitig ein interessantes Beispiel für die ethnischen und religiösen Verquickungen, wie sie für das östliche Bergland typisch sind. Die **Kirche** aus dem späten 18. Jahrhundert, ist ein höhlenartiger Bau mit einem reich verzierten Balkon. Auf den ersten Blick sieht sie aus wie ein katholisches Gotteshaus, aber ein zweiter Blick auf die Ikonostase hinter dem Altar belehrt den Besucher eines Besseren. Zwar ist das Gebäude heute römisch-katholisch, ursprünglich war es jedoch eine unierte *cerkiew* der westlichsten Lemkensiedlung Polens. Heute gibt es am Ort nur noch wenige Lemkenfamilien. Ist die Kirche geschlossen, bittet man einfach im Haus nebenan um den Schlüssel.

Essen Ein einfaches **Restaurant mit Bar** (Mo geschlossen) im Dorf bietet ausgezeichnete Fischgerichte und Okocim-Bier an.

Die Musikfeste der Pieniny-Goralen

Wie im Podhale wohnen auch in der Pieniny-Region **Goralen**, die im Laufe des Jahrhunderts in großer Zahl in die Vereinigten Staaten ausgewandert sind; es ist nicht ungewöhnlich, in den Dörfern einen breiten Chicagoer Akzent zu hören. Außenseiter können die Sippen im Podhale und im Pieniny-Gebirge anhand ihrer Tracht unterscheiden – anstelle von rot, braun und schwarz wie in Westpodhale – sind die Jacken der Pieniny-Bewohner blauviolett. Wie ihre Podhale Nachbarn putzen sich die Goralen der Pieniny sonntags und zu regionalen Ereignissen wie Hochzeiten, Festtagen o. Ä. in ihrer traditionellen Kleidung heraus. Die Tracht der Männer besteht aus engen Wollhosen, die mit bunten Stickereistreifen (*parzenice*) verziert sind. Sie tragen einen breiten ledernen Kummerbund um die Taille, verzierte Jacken und Westen sowie einen federgeschmückten Hut. Die Frauen tragen dünne, wollene Blusen, dicke Faltenröcke, geschmückt mit Blumen, und farbenfrohe Kopftücher. Die Männer tragen außerdem robuste geprägte Lederschuhe (*kierpce*), wie man sie auch in den Andenkenläden findet. Außer durch ihre Trachten unterscheiden sich die Volksgruppen durch beträchtliche Unterschiede im Dialekt, und selbst wer Polnisch spricht, kann einem Pieniński in vollem Schwung nur mühsam folgen.

Die **Musik** ist der zugänglichste Teil ihrer Kultur. Im Sommer trifft man immer wieder auf Chöre, die in Veranstaltungen unter freiem Himmel in Szczawnica oder Krościenko auftreten. Zwar sind Harmonien und Gesangsstil in beiden Goralen-Regionen ähnlich, aber die Pieniński verwenden mehr Instrumente – vor allem Geigen und einen dröhnenden Bass –, sodass die Musik deutlich der Musik in den ländlichen Regionen in der Slowakei und in Ungarn ähnelt. Die Besucher dieser traditionellen Vergnügen sind meist Polen. Allein schon der Stimmung wegen sollte man einmal mitmachen.

Reiseinformationen

Züge

• Innerpolnische Zugverbindungen **Częstochowa** nach: Katowice (stündlich; 1–2 Std.); Kielce (10 x tägl.; 2 Std.); Krakau (1 x tägl.; 2–3 Std.); Łódź (8 x tägl.; 2–3 Std.); Warschau (8 x tägl.; 3–4 Std.).

Kielce nach: Częstochowa (10 x tägl.; 2 Std.);Katowice (4 x tägl.; 4 Std.); Krakau (5 x tägl.; 2–3 Std.); Łódź (1 x tägl.; 4 Std.); Lublin (4 x tägl.; 5–6 Std.); Warschau (12 x tägl.; 3–4 Std.).

Krakau nach: Białystok (1 x tägl.; 10 Std.); Bydgoszcz (3 x tägl.; 7–9 Std.); Częstochowa (8 x tägl.; 2–4 Std.); Gdańsk (3 x tägl.; 5–11 Std.); Katowice (15 x tägl.; 1,5–2 Std.); Kielce (11 x tägl.; 2–3 Std.); Krynica (8 x tägl.; 5–6 Std.); Lublin (3 x tägl.; 5–7 Std.); Nowy Sącz (9 x tägl.; 3–4 Std.; ein Expressdienst); Poznań (6 x tägl.; 7–8 Std.); Przemyśl (10 x tägl.; 3–5 Std.; ein Expressdienst); Rzeszów (10 x tägl.; 2–3 Std.); Szczecin (5 x tägl.; 12–14 Std.); Tarnów (10 x tägl.; 2 Std.); Warschau (15 x tägl.; 2,5–6 Std.; Expressdienste stündlich von 6.15–00.15 Uhr, alle zwei Stunden von 2.15–18.15 Uhr); Wrocław (12 x tägl.; 4–6 Std.); Zakopane (10 x tägl.; 2–5 Std.; ein Expressdienst).

Zakopane nach: Częstochowa (3 x tägl.; 7–8 Std.; Schlafwagen); Gdańsk (1 x tägl.; 12 Std.; Schlafwagen); Katowice (2 bis 4 x tägl.; 4–6 Std.); Krakau (15 x tägl.; 3–5 Std.); Warschau (2 x tägl.; 5–12 Std.).

• *Internationale Zugverbindungen* **Krakau** nach: Berlin (2 x tägl.; 9 Std.); Bratislava (1 x tägl.; 8 Std.); Bukarest (1 x tägl.; 25 Std.); Budapest (1 x tägl.; 11 Std.); Kiew (1 x tägl.; 22 Std.); Odessa (1 x tägl.; 26 Std.); Prag (1 x tägl.; 8,5 Std.) und Wien (2 x tägl.; 7 Std.).

Busse

• *Innerpolnische Busverbindungen* **Kielce** nach: Krakau (7 x tägl.; 2,5 Std.); Łódź (7 x tägl.; 3 Std.); Sandomierz (3 x tägl.; 2 Std.); Warschau (4 x tägl.; 4 Std.).

Krakau nach: Cieszyn (7 x tägl.; 3 Std.); Kalwaria Zebrzydowska (alle 30 Min.; 40 Min.); Kielce (7 x tägl.; 2,5 Std.); Nowy Targ (12 x tägl.; 1–2 Std.); Ojców (Mo–Fr 8 x tägl.; Sa und So 6 x tägl.; 45 Min.), Oświęcim (9 x tägl.; 1,5 Std.); Sandomierz (2 x tägl.; 4–5 Std.); Tarnów (15 x tägl.; 1–1,5 Std.); Wadowice (alle 30 Min.; 1 Std. 20 Min.); Zakopane (12 x tägl.; 2,5–3 Std.); Zamość (2 x tägl.; 6–8 Std.).

Nowy Targ nach: Niedzica (5 x tägl.; 40 Min.); Sromowce Kąty (5 x tägl.; 1 Std.); Szczawnica (10 x tägl.; 1 Std.).

Szczawnica nach: Jawórki (Mo–Fr 10 x tägl., Sa und So 7 x tägl.; 20 Min.).

Wadowice nach: Bielsko-Biała (stündlich; 1 Std. 15 Min.), Kalwaria Zebrzydowska (alle 30 Min.; 40 Min.); Krakau (alle 30 Min.; 1 Std. 20 Min.); Zawoja (2 x tägl.; 1 Std. 20 Min.).

Zakopane nach: Bielsko-Biała (3 x tägl.; 2,5–4 Std.); Katowice (2 x tägl.; 4 Std.); Krakau (12 x tägl.; 2,5–3 Std.); Lublin (1 x tägl.; 8 Std.); Nowy Sącz (3 x tägl.; 1–2 Std.); Nowy Targ (alle 30 Minuten; 40 Min.); Polana Palenica (Juli–Aug. 20 x tägl.; Juni und Sept. 12 x tägl., Okt.–Mai 6 x tägl.; 45 Min.); Reszów (1 x tägl.; 3–4 Std.); Szczawnica (5 x tägl.; 1 Std. 20 Min.); Warschau (1 x tägl.; 8–9 Std.).

• *Internationale Busverbindungen* Berlin (1 x tägl.; 12 Std.); Budapest (2 x pro Woche; 10 Std.); London (1 x tägl.; 28 Std.); Rom (1 x tägl.; 25 Std.); Wien (1 x tägl.; 10 Std.).

Romantische polnische Natur

Flüge

• *Innerpolnische Flüge* **Krakau** nach: Gdańsk (1 x tägl.; 2 Std.); Warschau (1 bis 3 x tägl.; 1 Std.).

• *Internationale Flüge* **Krakau** nach: Amsterdam (1 x tägl.; 3 Std. 20 Min.); Berlin (1 x tägl.; 1 Std. 30 Min; Frankfurt/Main (1 x tägl.; 2 Std.); London (1 x tägl.; 3.5 Std.); New York (4 x pro Woche; 14 Std.); Paris (4 x pro Woche; 3 Std. 20 Min.); Rom (3 x pro Woche; 3 Std. 10 Min.); Wien (1 x tägl.; 1 Std. 20 Min.) und Zürich (1 x tägl. 2 Std.).

Śląsk/Schlesien

In Polen heißt sie Śląsk, in der Tschechischen Republik Slezko und in Deutschland Schlesien. Alle drei Länder haben eine Vergangenheit mit dieser oft umstrittenen Provinz. Bis auf einige Gebiete im Westen ging sie 1945 vollständig an Polen, als Ausgleich für die Ostgebiete, die sich die UdSSR 1939 einverleibt und nie zurückgegeben hat.

Schlesien hat zwei Gesichter: Einerseits gibt es hier die bezauberndste Landschaft von ganz Polen, vor allem wegen der in weiten Teilen mit Tannen bewachsenen Berge und der welligen Hügellandschaft, wie man sie an der Grenze der Provinz zur Tschechischen Republik findet. Andererseits hat Schlesien bekanntlich sehr unter der schlecht geplanten industriellen Entwicklung gelitten: Das Tiefland ist übersät mit öden, grauen Städten, am schlimmsten ist das riesige Ballungsgebiet um **Katowice/Kattowitz** im Südosten. Wer Schlesien besucht, beginnt am besten in der Provinzhauptstadt **Wrocław/Breslau**, einer attraktiven, kosmopolitschen Stadt mit modernem Geschäftsleben und einer sehenswerten mittelalterlichen Stare Miasto/ Altstadt. Die Umgebung besteht vor allem aus ebenem, landwirtschaftlich genutztem Land, ist also wenig aufregend, und so macht man sich von der Hauptstadt aus am besten schnurstracks auf in die Berge nach Süden und Westen. Dort, im Sudetengebirge, liegen einige der populärsten Erholungsgebiete des Landes. Am leichtesten von Wrocław aus zu erreichen ist der **Karkonosze Nationalpark** mit dem regionalen Zentrum **Jelenia Góra**, dem Ausgangspunkt für die Ski- und Wandergebiete **Karpacz** und **Szklarska Poręba**. Etwas weiter östlich bietet das entlegene Bergmassiv der **Kłodzko Region** einige der besten Wandermöglichkeiten in ganz Polen sowie zahlreiche Ferienorte, in denen man kuren oder Wintersport betreiben kann, z. B. **Kudowa-Zdroj, Lądek-Zdrój** und **Międzygórze**. Im äußersten Südosten von Schlesien (normalerweise über Katowice erreichbar) liegen die **Beskiden** mit dem aufstrebenden Wintersportort **Szczyrk** und dem Kur- und Erholungsort **Ustroń** mit seinen futuristisch anmutenden Hotels.

Wenn man in den Bergen herumreist, kommt man durch alte Residenzstädte wie **Legnica, Świdnica, Brzeg, Opole** und **Cieszyn**. Vor allem Letztere hat sich immer noch den Charme der Kleinstadt erhalten, während einige andere keinen Bezug mehr zu ihrer Vergangenheit zu haben scheinen. Man trifft in diesen Städten auf viele sehenswerte Monumente der Vergangenheit. Etwas weniger leicht erreichbar sind die mittelalterlichen Befestigungen in **Paczków** (südlich von Wracłow), das Barockkloster in **Legnickie Pole** sowie das herausragende **Krzeszów** (beide im Westen der Provinz).

Geschichte

Neben Wielkopolska/Großpolen und Małopolska/Kleinpolen hat Schlesien in den Anfängen der polnischen Nation eine entscheidende Rolle gespielt. Nach dem Zusammenbruch der Monarchie übernahm der Herzog von Schlesien, ein Abkömmling der Piastendynastie, gelegentlich die Rolle eines ungekrönten Königs von Polen. Diese Regelung wurde allerdings nach den Tatareneinfällen im 13. Jahrhundert hinfällig, als das Herzogtum in **Niederschlesien** (der nordwestlichliche Teil der Provinz) und **Oberschlesien** (der südöstliche Teil der Provinz) aufgeteilt wurde. Da die aufeinander folgenden Herzöge ihr Gebiet immer wieder unter ihren Söhnen aufteilten, zersplitterte Schlesien in achtzehn Fürstentümer. Als Folge davon bildeten sich zahlreiche winzige, auch heute noch erkennbare Hauptstädte, jede einzelne mit ihren eigenen Kirchen und anderen religiösen Institutionen sowie einigen überlebenden Burgen und Palästen.

Wandern im Sudetengebirge

Als eine Herrscherlinie nach der anderen ausstarb, wurde das Land stückweise **Böhmen** einverleibt, das schließlich die gesamte Provinz übernahm, als der letzte Nachkomme der Piastendynastie 1675 gestorben war. Zu diesem Zeitpunkt gehörte Böhmen bereits zur österreichischen **Habsburger Monarchie**. 1740 griff *Friedrich der Große* von Preußen Österreich unter dem Vorwand an, einer seiner Vorfahren sei einst im Besitz eines der schlesischen Fürstentümer gewesen. Nach ständig wechselnden Besitzverhältnissen verleibte sich **Preußen** schließlich 1763 die Provinz bis auf die Südregion ein. 1871 wurde sie unter *Bismarck* ein Teil Deutschlands.

1921 wurde das oberschlesische Industriegebiet dem kurz zuvor wieder instand gesetzten polnischen Staat zugesprochen (im Abstimmungsergebnis eines Volksentscheids hatten sich eigentlich 60 % der Bevölkerung für eine Zugehörigkeit zu Deutschland entschieden). 1945 entschieden sich 860.000 Schlesier, wohl um Repressalien aus dem Weg zu gehen, für die polnische und gegen die deutsche Staatsangehörigkeit. Die aus den polnischen Ostgebieten vertriebenen Polen wurden jetzt in den Gebieten angesiedelt, die die Deutschen räumen mussten. Zwar ist das Nachkriegsschlesien inzwischen stark polnisch geprägt, trotzdem sprechen die Menschen oft zwei Sprachen, und der Lokalpatriotismus ist bei einigen sehr ausgeprägt. Erst die deutsche Ostpolitik unter Willy Brandt hat mit Abschluss der Ostverträge jegliche deutsche Ansprüche auf Schlesien ausgeschlossen. Nach der Wiedervereinigung der beiden deutschen Staaten wurden in dem Vertrag von 1990 die Grenzen erneut bestätigt. Das Thema wird jedoch wahrscheinlich erst dann völlig vom Tisch verschwinden, wenn sich der Lebensstandard auf beiden Seiten der Grenzen dauerhaft angeglichen hat.

Schlesien
Karte S. 602/603

Alle Unterbringungsmöglichkeiten in diesem Buch wurden einer der folgenden Preiskategorien zugeordnet. Für nähere Informationen siehe S. 36

I	unter 60 Zł	F	120–160 Zł	C	300–400 Zł
H	60–90 Zł	E	160–220 Zł	B	400–600 Zł
G	90–120 Zł	D	220–300 Zł	A	über 600 Zł

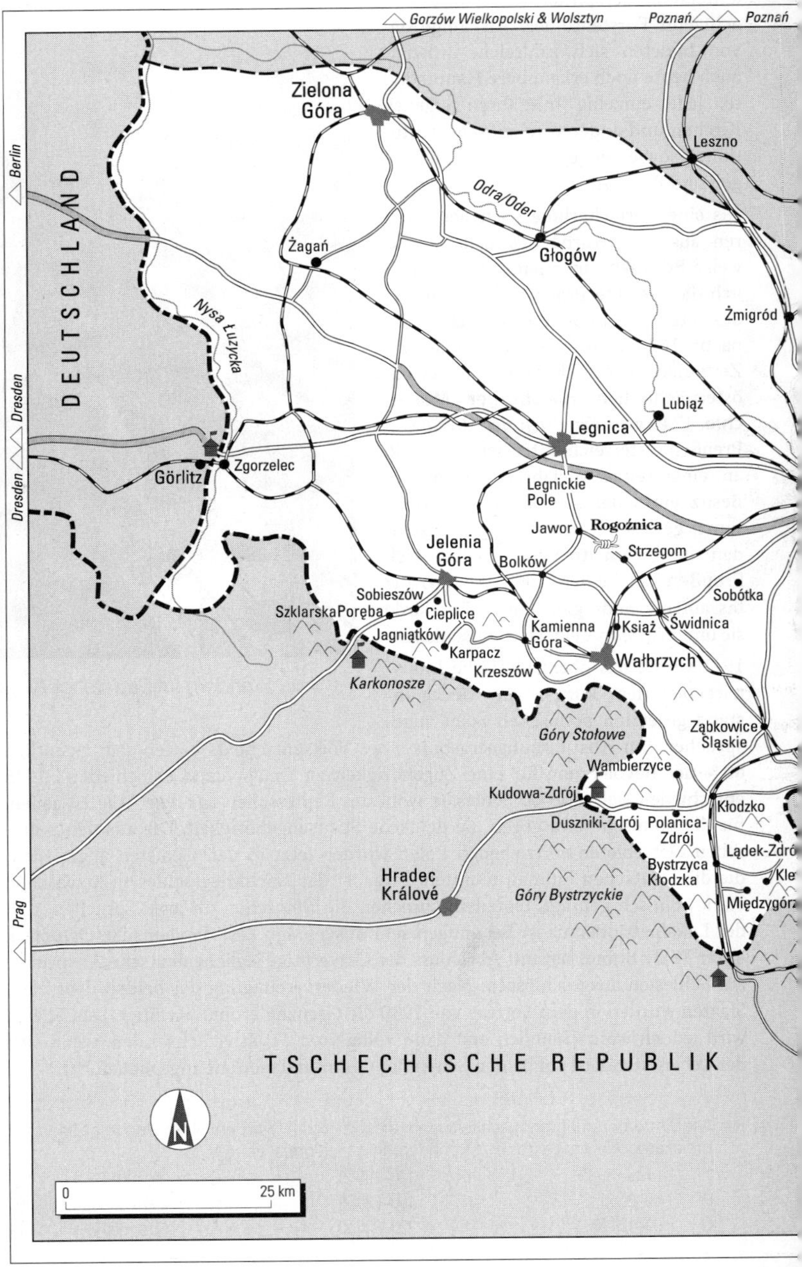
Gorzów Wielkopolski & Wolsztyn
Poznań
Poznań
Berlin
Dresden
Dresden
Prag
DEUTSCHLAND
Zielona Góra
Leszno
Odra/Oder
Żagań
Głogów
Żmigród
Nysa Łużycka
Lubiąż
Legnica
Zgorzelec
Görlitz
Legnickie Pole
Jawor
Rogoźnica
Strzegom
Jelenia Góra
Bolków
Sobieszów
Sobótka
Szklarska Poręba
Cieplice
Kamienna Góra
Książ
Świdnica
Jagniątków
Karpacz
Wałbrzych
Krzeszów
Karkonosze
Ząbkowice Śląskie
Góry Stołowe
Wambierzyce
Kudowa-Zdrój
Kłodzko
Duszniki-Zdrój
Polanica-Zdrój
Bystrzyca Kłodzka
Hradec Králové
Góry Bystrzyckie
TSCHECHISCHE REPUBLIK
N
0
25 km

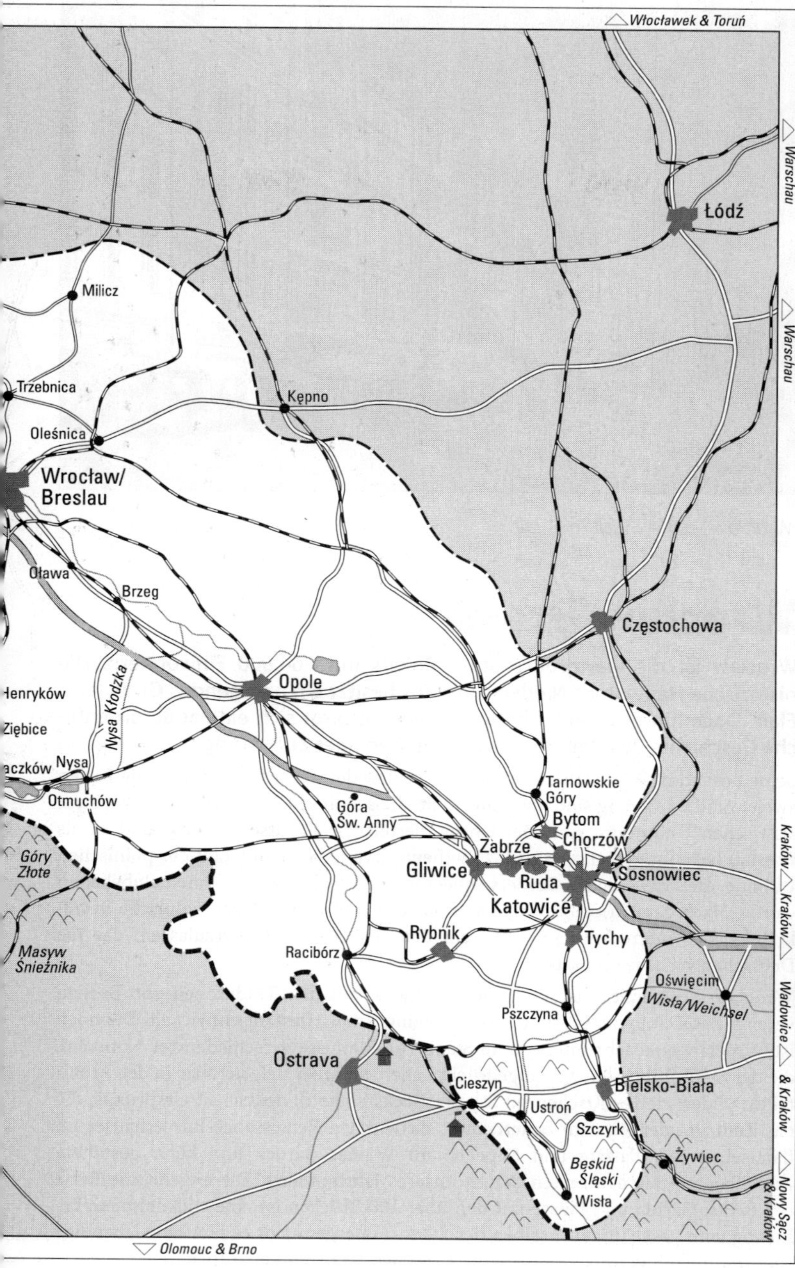

Schlesien
Karte S. 602/603

Wrocław – eine Stadt mit Flair

Wrocław/Breslau

Wrocław ist die viertgrößte Stadt Polens mit 664.000 Einwohnern. Die historische Hauptstadt Niederschlesiens besitzt ein anregendes Großstadt-Flair. Doch hinter einer lebhaften Kulisse verbirgt sich eine außerordentliche Geschichte des Neubeginns nach fast völliger Zerstörung.

Seine besondere Atmosphäre verdankt Wrocław der Tatsache, dass hier die Seelen zweier Städte lebendig sind. Die eine Stadt, die schon seit langem existiert, ist zwar slawischen Ursprungs, war aber jahrhundertelang in deutscher Hand und ist als **Breslau** bekannt; die andere ist **Lwów** (heute L'viv), die Hauptstadt der polnischen Ukraine, die 1939 von den Sowjets annektiert und nach 1945 von ihnen einbehalten wurde. Nach dem Krieg bestärkte man die aus Lwów vertriebene polnische Bevölkerung, sich stattdessen im stark entvölkerten Breslau niederzulassen, das die Deutschen verlassen mussten.

Wrocław, das somit Charakterzüge von Lwów mit den Traditionen von Breslau vereint, hat sich in der Nachkriegszeit zu einer Industriestadt entwickelt. Dennoch ist Wrocław eine sehr interessante Stadt. Die Einflüsse verschiedenster Nationen, die der Stadt ihren Stempel aufgedrückt haben, spiegeln sich sichtbar in der Architektur wider: riesige Kirchen im Stil der Backsteingotik deutschen Ursprungs, die das Zentrum der Altstadt beherrschen, dazwischen Renaissance-Bürgerhäuser im flämischen Stil, Paläste und Kapellen im Wiener Barock und kühn gestaltete Zweckbauten aus den ersten Jahren unseres Jahrhunderts. Die angenehme Ruhe der Parks, Gärten und Flüsse mit den über 100 Brücken ist eine willkommene Erholung vom geschäftigen Treiben der Stadt. Außerdem gibt es hier eine lebendige Kulturszene mit einer Theatertradition, die sich Weltruhm erworben hat.

Geschichte

Der Ursprung von Wrocław ist unbekannt. Möglicherweise gab es hier schon zu römischer Zeit eine Kolonie. Erster dokumentarischer Beleg ist eine Aufzeichnung aus dem 9. Jahrhundert über eine slawische Marktstadt namens Wortizlawa, die auf einer großen Insel lag, die man über die Sandbänke in der Oder leicht erreichen konnte.

Später wurde der Ort zu Ehren des Bistums, das Bolesław I. der Tapfere hier im Jahr 1000 gründete, als Ostrów Tumski (Dominsel) bekannt. Deutsche Absichten auf Wortizlawa wurden erstmals 1109 erkennbar. Allerdings konnte das Heer von *Kaiser Heinrich V.* von *Bolesław III. Schiefmund* geschlagen werden. Das Schlachtfeld ist seither als **Psie Pole** (Hundefeld) bekannt, heute einer der fünf Verwaltungsbezirke der Stadt; den Namen erhielt es angeblich, weil die Deutschen so überstürzt flüchteten, dass sie nicht einmal ihre Toten begruben und die Leichen den Hunden überließen.

Für die Deutschen war dies jedoch nur ein vorübergehender Rückschlag. Als nach dem Tod von *Bolesław III. Schiefmund* im Jahr 1138 das Herzogtum Niederschlesien entstand, wurden schon wenig später deutsche Siedler dazu ermutigt, am Südufer des Flusses eine neue Stadt zu bauen. Diese wurde beim Tatareneinfall von 1241 zerstört, bald darauf jedoch im gleichen Muster wiederaufgebaut, das sich bis heute erhalten hat. 1259 stieg die nun allgemein als **Breslau** bekannte Stadt zur Hauptstadt eines unabhängigen Herzogtums auf. Sie wurde Mitglied der Hanse, und ihre Bischöfe erhielten den Titel eines Fürsten des heiligen Römischen Reiches Deutscher Nation; in dieser Eigenschaft regierten sie das Gebiet rund um die Neiße.

Das Herzogtum existierte nur bis 1335, dann wurde Breslau von den böhmischen Königen annektiert, die genug Schlagkraft besaßen, um die Versuche von *Kazimierz III. dem Großen* abzuwehren, es Polen wieder einzuverleiben. In zwei Jahrhunderten böhmischer Herrschaft lebte die aus Deutschen, Polen und Tschechen bestehende Bevölkerung harmonisch zusammen. Zu dieser Zeit entstanden in der Stadt gewaltige Backsteinkirchen, die nach der Reformation die protestantische Kirche erhielt. Sie hatte hier Wurzeln schlagen können, obwohl die böhmische Krone 1526 den streng katholischen **österreichischen Habsburgern** zugefallen war. Für seine Toleranz zahlte Breslau im Dreißigjährigen Krieg einen hohen Preis: Damals wurde seine Wirtschaft ruiniert, und es verlor die Hälfte der Bevölkerung.

Zur Zeit der österreichischen Herrschaft wurde Breslau immer stärker germanisiert. Beschleunigt wurde dieser Prozess, als die Stadt 1763 schließlich unter *Friedrich dem Großen* ein Teil **Preußens** wurde. Bald stieg Breslau – nach Berlin – zur wichtigsten Stadt in Preußen auf. Während der Napoleonischen Kriege, als die Franzosen Breslau zweimal besetzten und kurz darauf wieder vertrieben wurden, kam die Stadt in den Ruf, eine der treuesten Stützen des Staates zu sein. Im 19. Jahrhundert entwickelte sich Breslau dank der industriellen Revolution zu einer der größten Städte der deutschen Nation.

Nach dem Ersten Weltkrieg protestierte die **polnische Gemeinde** Breslaus in Streiks wiederholt gegen ihren Ausschluss vom Volksentscheid, der im übrigen Schlesien durchgeführt wurde, um Polens Grenzen festzulegen. Da sie nur 20.000 Mitglieder zählte und somit zahlenmäßig im Verhältnis von 1 : 30 unterlegen war, hatte ihr Aufbegehren wenig Aussicht auf Erfolg. Ebenso wenig hat die polnische

Karte S. 602/603

Führung Breslau in ihre Überlegungen einbezogen, als sie sich nach einer möglichen "Beute" auf Kosten des geschlagenen nationalsozialistischen Deutschlands umsah. Schließlich fiel ihnen Breslau quasi in den Schoß. Die deutsche Armee zog sich von der Ostfront zurück und verschanzte sich in Breslau, wobei sie die gesamte Stadt in eine Festung verwandelte. Vier Monate lang konnte sich die Wehrmacht gegen die Rote Armee behaupten, der sie sich am 6. Mai 1945 schließlich ergeben musste, einen Tag vor der bedingungslosen Kapitulation. Aber in den Straßenkämpfen waren 70 % der Stadt zerstört worden, drei Viertel der Zivilbevölkerung war in den Westen geflohen.

Als die Großstadt Breslau unter Umbenennung in Wrocław nach dem Zweiten Weltkrieg wieder an Polen zurückfiel, war Deutschland darüber mehr schockiert als über seine sonstigen zahlreichen Gebietsverluste. Der zweite Wandel der Stadt ging sehr viel rascher vonstatten als sieben Jahrhunderte zuvor: In den folgenden Jahren wurde ein Großteil der verbliebenen Deutschen in den Westen abgeschoben, stattdessen wurden die Einwohner von Lwów mitsamt ihrem Kulturerbe in Wrocław angesiedelt.

Für den Wiederaufbau der Stadt stellte die Regierung verhältnismäßig geringe finanzielle Mittel zur Verfügung, sodass sie jahrzehntelang in Trümmern lag. Trotzdem entstand im Laufe der Zeit eine durch und durch polnische Stadt, deren Erneuerung um 1980 abgeschlossen war, als die Bevölkerung die Vorkriegs-Einwohnerzahl von 625.000 überschritten hatte. 1997 erlitten die Ufergebiete großen Schaden, als große Teile Südwestpolens und der Tschechischen Republik vom verheerenden Hochwasser der Oder bedroht waren. Heute allerdings sieht man davon so gut wie nichts mehr, da die betroffenen Gebiete sofort befestigt worden waren.

Information

• *Information* Das **Touristeninformationsbüro**, Rynek 14 (Mo–Fr 9–17 Uhr, Sa 10–14 Uhr; ✆ 071/344 3111) hat Karten und Prospekte und gibt Auskunft über Übernachtungsmöglicheiten. Der Reiseführer *Wrocław in Your Pocket* (6 Zł; www.inyourpocket.com), erhältlich an Kiosken und in Buchläden, wird zwar nicht so oft überarbeitet wie seine Brüder in Warschau und Krakau, ist aber ein unerlässlicher Führer für die Restaurant- und Bar-Szene der Stadt und enthält die üblichen praktischen Tipps. Wenn Ihr Polnisch ausreicht, können Sie auch andere Veranstaltungskalender nutzen, wie z. B. das monatlich erscheinende *Informator Wrocławski*, das man an Zeitungsständen kaufen kann. Ansonsten können Sie sich informieren unter www.wroclaw.pl, www.wroclaw.com und www.um.wroc.pl.

Anfahrt/Verbindungen

Der **Hauptbahnhof** Wrocław Główny, eine maurische Imitation, ist eine Sehenswürdigkeit für sich. Er überblickt den breiten Boulevard ul. Józefa Piłsudskiego und liegt etwa 15 Fußminuten südlich vom Zentrum. Der **Busbahnhof** (Dworzec PKS) befindet sich in der ul. Sucha hinter dem Bahnhof. Etwa stündlich fährt der Bus Nr. 406 vom Busbahnhof zum **Flughafen** im Vorort Strachowice, etwa 10 km westlich vom Zentrum.

Das **Straßenbahnnetz** bedeckt fast das ganze wieder aufgebaute Stadtgebiet von Wrocław. Die Bahn Nr. 0 fährt rings um das Stadtzentrum und empfiehlt sich für eine erste Stadtrundfahrt zum Kennenlernen. Es gibt zwei historische Straßenbahnen, die als *Jaś i Małgosia* (Hänsel und Gretel) bekannt sind und die in den Sommermonaten fahren. Fahrkarten für Straßenbahn und Bus kosten 1,80 Zł pro Fahrt, für Expressbusse 2,50 Zł, für Nachtbusse 3,60 Zł. Die Fahrkarten kann man an allen Kiosken und Geschäften kaufen, die das Zeichen MPK (örtlicher Verkehrsverein) tragen.

Adressen

- *Apotheke* Apteka, Wita Stwosza 3, rund um die Uhr geöffnet.
- *Autovermietung* Avis, ul. Piłsudskiego 46 (✆ 071/372 3567, www.avis.pl; Joka, Hotel Europejski, Piłsudskiego 88 (071/781 8188, www.joka.com.pl).
- *Bücher und Karten* Empik, nördlich des Rynek hat die beste Auswahl an fremdsprachigen Zeitschriften, Karten und englischen Taschenbüchern. Księgarna Podróżnika, Wita Stwosza 19–20, ist auf Karten spezialisiert und hat alles auf Lager, was man eventuell brauchen könnte.
- *Fluggesellschaften* LOT, ul. Piłsudskiego 36.
- *Gepäckaufbewahrung* am Busbahnhof (täglich 8–22 Uhr).
- *Internetzugang* Adan, ul. Ruska 40/41 (tägl. 9–23 Uhr); W Sercu Miasta, Przejście Żelaźnicze 8, Rynek (tägl. 10–24 Uhr). Rechnen Sie mit 6 Zł pro Stunde.
- *Post* außerhalb des Bahnhofs, ul. Piłsudskiego 12 (Mo–Fr 8–20 Uhr).
- *Reisebüros* Orbis, Rynek 29, verkauft Bus-, Zug- und Flugtickets und vermittelt Mietwagen. PTTK, Rynek Ratusz 11/12, informiert über Wanderungen.
- *Taxis* Zentrale Taxistände befinden sich gegenüber vom Hotel Monopol und ul. Wita Stwosza vor der Kirche św. Marii Magdaleny

Übernachten (siehe Karte S. 610/611)

In Wrocław gibt es **Unterbringungsmöglichkeiten** für jeden Geschmack und jedes Portemonnaie. Die Preise der zentral gelegenen Hotels entsprechen in zunehmendem Maße westlichem Niveau und zwingen weniger Zahlungskräftige in die Vororte oder in die beiden Herbergen der Stadt. Es gibt keine ausgesprochene Hauptsaison, und die meisten der Hotels für Geschäftsreisende gewähren beachtliche Wochenendermäßigungen. Fragen Sie bereits am Telefon danach. Meiden Sie die Hotels mit (angeblich) drei Sternen in Bahnhofsnähe, z. B. das *Europejski* und das *Polonia*. Dort verlangt man unverhältnismäßig hohe Preise für miserable Unterkünfte aus der kommunistischen Zeit.

- *Rund um den Bahnhof* **Holiday Inn (16)**, ul. Piłsudskiego 49/57 (✆ 071/787 0000, www.holiday-inn.pl/wroclaw). Das Top-Hotel für Geschäftsreisende. Bietet den Standard an Komfort und Service, den man zu dem Preis erwartet. Beträchtliche Wochenendermäßigungen. (A)

Piast (18), ul. Piłsudskiego 98 (✆ 071/343 0033). Hotel in guter Lage gegenüber vom Bahnhof, aber die Zimmer sind abgewohnt und muffig. Rechnen Sie mit Lärm von der nahen Hauptstraße und durch andere Gäste. Akzeptabel, wenn man nur kurz bleibt. Doppelzimmer mit Gemeinschaftsbad und eigenem Bad. (G–F).

Podróżnik (20), ul. Sucha 1–11 (✆ 071/373 2845). Einfaches Hotel ohne jeden Schnickschnack über der Fahrkartenhalle des Busbahnhofs. Es bietet recht kleine, saubere Zimmer mit Bad. (F)

Savoy (15), pl. Kośiuszki 19 (✆ 071/340 3219). Genau zwischen Bahnhof und Stare Miasto gelegenes Hotel, das auf Grund der günstigen Preise immer schnell ausgebucht ist. Rufen Sie vorher an. Es gibt einfache Zimmer mit Bad. (F)

Wrocław (19), ul. Powstańców Śląskich 7 (✆ 071/372 4466; hwroclaw@orbis.pl), das gehobenste Orbishotel der Stadt, vom Bahnhof einen kurzen Fußweg in südwestlicher Richtung. Die Zimmer sind von internationalem Standard und ausgestattet mit Klimaanlage, Minibar und Satellitenfernsehempfang. Außerdem gibt es einen Swimming-Pool im Haus. (C)

- *Altstadtzentrum* **Art (4)**, ul. Kiełbaśnicza 20 (✆ 071/378 7100, www.arthotel.wroc.pl). Stilvolles und komfortables Innenstadthotel, die Zimmer mit Bad haben Satellitenfernsehempfang und eine Minibar. (B)

Dwór Polski (6), ul. Kiełbaśnicza 2 (✆ 071/372 3415, dworpol@wr.onet.pl). Ein kleines und stilvolles Hotel mit ausgezeichnetem Service und zwanzig gut ausgestatteten, leicht altmodischen Dopppelzimmern und Suiten. (C)

Exbud (5), ul. Kiełbaśnicza 24–25 (✆ 071/341 0916, www.exbud-hotel.wroc.pl). Helle, gut eingerichtete Zimmer in einem modernen Gebäude direkt beim Marktplatz. (B)

Maria Magdalena (8), ul. św. Marii Magdaleny 2 (✆ 071/341 0898, www.hotel-mm.com.pl). Funkelnagelneues Nobelhotel, nur einen Steinwurf vom Rynek, bietet alles, was das Herz begehrt. (B)

Schlesien
Karte S. 602/603

Mercure-Panorama (9), pl. Dominikański 1 (✆ 071/323 2700, panorama@orbis.pl). Auffälliges Glas-und-Stahl-Hotel mit vier Sternen, östlich des Stare-Miasto-Zentrums gelegen. Es bietet den Standard eines Hotels für Geschäftsreisende. (B)

Mirles (11), ul. Kazimierza Wielkiego 45 (✆ 071/341 0873). Eines der wenigen preiswerten Hotels in der Innenstadt, im obersten Stock eines Gebäudes, das aussieht wie ein Bürohaus aus dem 19. Jahrhundert. Es gibt modernisierte Zwei- und Dreibettzimmer sowie Zimmer mit gemeinschaftlichen Sanitäreinrichtungen. Unbedingt im Voraus buchen. (G)

Monopol (12), ul. Modrzejewskiej 2 (✆ 071/343 7041, monopol@orbis.pl). Das preiswerteste Orbishotel in der Stadt. Ein gut erhaltener schöner Bau aus der Zeit der Jahrhundertwende mit einer wunderbaren Atmosphäre von vergangenem Ruhm. Die Zimmer haben knarrende Parkettböden, sind mit auf alt getrimmten Möbeln ausgestattet – Satellitenfernsehen. Es gibt Zimmer mit eigenem Bad und mit Gemeinschaftsbad. (F–C)

Saigon (7), ul. Wita Stwosza 22/23 (✆ 071/344 2881). Qualitätshotel in der Mitte der Altstadt über dem gleichnamigen vietnamesischen Restaurant. Die Zimmer sind einfach, haben Dusche, Telefon und TV. (D)

Tumski (1), Wyspa Słodowa 10 (✆ 071/322 6099, www.hotel-tumski.com.pl). Neues Hotel gleich nördlich des Stadtzentrums, in ruhiger Uferlage auf Wyspa Piasek. Tadellose Zimmer mit Dusche und TV. (D)

Załek (3), pl. Uniwersytecki 15 (✆ 071/341 0046, www.hotel.uni.wroc.pl). Reizendes, von der Universität betriebenes Hotel mit intimer Atmosphäre. Die Zimmer mit Bad, TV und Minibar sind auffällig bunt tapeziert und mit Kiefernmöbeln eingerichtet.

• *Außerhalb des Zentrums* **Mars (13)**, ul. Żelazna 46 (✆ 071/365 2000). Renoviertes Hochhaus 2 km südwestlich des Zentrums mit spärlich möblierten, aber blitzsauberen Zimmern. Ein Bad mit WC wird jeweils von 2 Zimmern gemeinsam benutzt. Straßenbahn Nr. 5 gegenüber vom Bahnhof bis Haltestelle Pereca. (G)

Śląsk (14), ul. Oporowska 62 (✆ 071/365 2002). Sporthotel in einem Park etwa 3 km südwestlich vom Hauptbahnhof, wird angefahren von den Straßenbahnen Nr. 4, 5 und 20. Zimmer mit Dusche und Fernseher sowie mit Gemeinschaftsbädern. (G)

• *Herbergen und Campingplätze* Die am zentralsten gelegene **Jugendherberge (17)** ist nur wenige Minuten zu Fuß nördlich vom Hauptbahnhof entfernt in der ul. Hugona Kołłataja 20 (✆ 071/343 8856). In dieser eher charakterlosen Herberge gibt es gemischte 6-Bettzimmer und Schlafräume für zwanzig Personen. Die Duschen und Toiletten sind sauber. Pro Bett zahlt man 30 Zł, von 22–5 Uhr ist die Herberge geschlossen, mit Sperrstunde ab 22 Uhr. Vorzuziehen ist die neue **HI-Herberge (2)** in einem Flügel des Hotels *Tumski* (s. o.; ✆ 071/322 6099, www.hotel-tumski.com.pl), die zwar beengte, aber moderne Schlafsäle für 35 Zł pro Person bietet.

Der **Campingplatz (10)** auf der Ostseite der Stadt in der Nähe des Olympischen Stadions, al. Ignacego Paderewskiego 35 (Mai–Sept.; ✆ 071/348 4651), vermietet auch Bungalows (H) – zu erreichen mit Straßenbahn Nr. 17 vom Hauptbahnhof.

Essen & Trinken (siehe Karte S. 610/611)

Von den zahlreichen **Restaurants** in Wrocław befinden sich die meisten im Altstadtzentrum. Sie haben im Schnitt bis 22 oder 23 Uhr geöffnet (Ausnahmen sind angegeben sowie Telefonnummern bei den Restaurants, bei denen vorherige Reservierung empfehlenswert ist). Auch die Auswahl an **Bars und Nachtleben** wächst ständig: Insbesondere in der ul. Tadeusza Kościuszki und rund um den Rynek ist im Sommer bis weit nach Mitternacht noch einiges los. Im Studentenviertel am Ende der ul. Kuźnicza wird meistens bis in die frühen Morgenstunden gefeiert. Alle nachfolgend angegebenen Adressen, die den Zusatz "Rynek-Ratusz" tragen, befinden sich direkt am Marktplatz, während diejenigen mit der Bezeichnung "Rynek" am äußeren Rand des Marktplatzes liegen.

• *Restaurants* **Academia (C)**, ul. Kuźniczka 65/66. Bar-Restaurant mit betont moderner Inneneinrichtung. Es gibt Brasserie-Gerichte wie Käsekuchen und Salate.

China Town (G), Rynek 7. Helles, heiteres und beliebtes chinesisches Restaurant in der Passage "Pod Błikitnym Słońcem" mit akzeptablen Preisen.

Dwór Polski Karczma Piastów (F), ul. Kiełbaśnicza 6/7. Der Eingang zu diesem gutbürgerlichen Restaurant, mit traditioneller polnischer Küche zu vernünftigen Preisen befindet sich in der ersten Straße westlich vom Rynek.

Gospoda Wrocławska (J), Sukiennice 6. Gute traditionelle Küche in einem auf alt gemachten Interieur mit Holzbalken. Die Preise liegen über dem Durchschnitt, der Service ist sehr aufmerksam.

La Scala (L), Rynek 38. Nicht zu teures italienisches Restaurant am Platz in der Altstadt. Bis Mitternacht geöffnet.

Lwów (D), Rynek 4. Ukrainisch-polnische Speisekarte mit herzhaften Hauptgerichten auf Fleischbasis und einer reichen Auswahl an Pfannkuchen als Dessert. Gemütlicher Speiseraum im oberen Stockwerk, im Sommer Außenterrasse.

Pizzeria Mozarella (O), ul Świdnicka 26. Vernünftige Pizzeria in der Hauptstraße der der Innenstadt. Es gibt auch gute Nudelgerichte, Lasagne und Salate.

Pronto Pizza (A), pl. Uniwersytecki 7. Kleines, schlichtes Lokal gegenüber der Uni. Es bietet armen Studenten schnelle und preiswerte Pizza und außerdem Nudelgerichte.

Saigon (N), ul. Wita Stwosza 22/23. Vietnamesische Gerichte, abgestimmt auf europäischen Geschmack, im gleichnamigen Hotel. Das kitschige Dekor ist mal etwas anderes.

Spiż (I), Rynek-Ratusz 2. Restaurant mit Edelkneipe, in der sich Polens erste Brauereikneipe befindet. Hier werden ein starkes Dunkelbier, ein leichtes Pils und ein würziges Weizenbier direkt auf dem Gelände gebraut. Es gibt sogar Biersuppe!

Żak (E), Rynek-Ratusz 9. Etwas höherpreisiges Restaurant mit einer guten Auswahl an gegrilltem Fleisch und Fondues. Es gibt eine hübsche Außenterrasse. Eignet sich auch gut für einen Drink.

• *Cafés und Snackbars* **Miś (B)**, ul. Kuźnicza 48. Kneipe im Milchbar-Stil, immer gerammelt voll mit Studenten. Mo–Fr bis 18 Uhr, Sa bis 17 Uhr, So geschlossen.

Soul Café (H), pl. Solny 4. Entspannendes, teures Café mit köstlichen Canapés und leckeren Kuchen. Geöffnet bis 22 Uhr.

Tutti Frutti (P), pl. Kościuszki 1/4. Großes Innenstadtcafé mit Sommerterrasse. Es gibt Eis, Kuchen, Pfannkuchen und guten Kaffee. Hier bekommt man auch ein Frühstück mit Schinken und Eiern sowie herzhaftes polnisches Mittagessen. Geöffnet bis 22 Uhr.

Vega (K), Rynek-Ratusz 27a. Gutes und preiswertes vegetarisches Restaurant mit vielen Pflanzen im Innern. Gleich rechts neben der berühmten Fassade des Rathauses. Geöffnet Mo–Fr bis 19 Uhr, am Wochenende bis 17 Uhr.

Witek (M), Wita Stwosza 41. Winziges Café mit ebenso winziger Imbiss-Speisekarte. Doch man steht außen Schlange wegen der Käse-und Pilz-Sandwiches. Geöffnet Mo–Fr bis 19 Uhr, Sa bis 18 Uhr, So geschlossen.

• *Bars und Pubs* **Golden Corner,** Ruska 1–2 (Eingang um die Ecke in der Kiełbasńiczej). Lebhafter Pub in einem langen Keller, der in mehrere kleine Bereiche unterteilt ist. Etwas für Teenager und Anfang-Zwanziger, die gern zu Chart Hits tanzen.

Gumowa Róża, ul. Wita Stwosza 32. Ein gemütliches Labyrinth von Räumen im Kellergeschoss der Galerie Awangarda (Eintritt von einem Gässchen dahinter). Richtet sich an unbeschwerte, auf Künstler machende Kunden.

John Bull, pl. Solny 6/7. Ziemliche getreue Imitation eines englischen Pub. Da er genug schöne Einheimische anzieht, wird er sicher nicht zu einer billigen Touristenfalle.

Kalogródek, ul. Kuśnicza 29b. Ein bei Studenten der nahen Uni seit langem beliebter Biergarten. Tische und Bänke stehen auf verschiedenen Terrassen, sodass man auf einen kleinen Platz hinunterblickt.

Liverpool, Świdnicka 37. Dunkel, geräumig und mit Neonlicht. Es gibt Themenabende mit DJs und gelegentlich Livemusik.

Pod Kalamburem, ul. Kuźnicza 29a. Eine Bar, die sich zwischen dem Rynek und dem Universitätsviertel befindet. Mit schöner Jugendstileinrichtung und einigen "tödlichen" Cocktails.

Pod Papugami, Sukiennice 9a. Grelle Bar, eingerichtet in einer Mischung aus Industrie- und Gothikstil. Beliebt bei hedonistischen Yuppies. An manchen Abenden Livemusik und Tanz.

Ragtime, pl. Solny 17. Teure Café-Bar, voll mit Jazz-Memorabilien. Mehrmals in der Woche gibt es Livejazz. Außerdem ein guter – wenn auch teurer – Platz zum Essen.

Rura, Łazienna 4 (www.rura.wroc.pl). Musikklub, oben eine lange Bar zum Saufen und Plaudern, unten ein Keller mit Tischen und einer Bühne, auf der oft Blues- oder Jazzbands auftreten.

Uni-Café, pl. Uniwersytecki 11. Beliebter Studententreff im Schatten der großartigen Fassade der Universität.

Karte S. 602/603

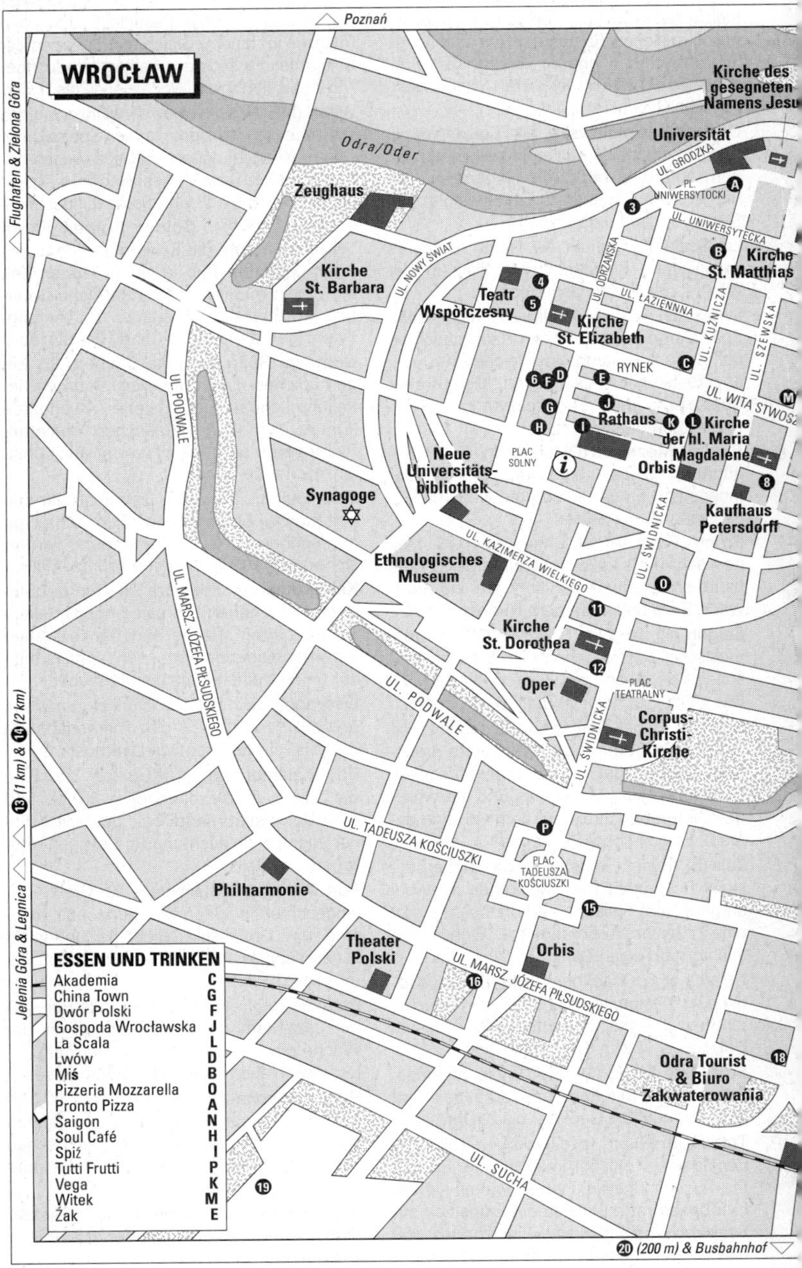
Poznań
Flughafen & Zielona Góra
Jelenia Góra & Legnica
13 (1 km) & 14 (2 km)
20 (200 m) & Busbahnhof
WROCŁAW
Odra/Oder
Zeughaus
Kirche St. Barbara
Universität
Kirche des gesegneten Namens Jesu
UL. GRODZKA
PL. UNIWERSYTECKI
UL. UNIWERSYTECKA
Kirche St. Matthias
UL. NOWY ŚWIAT
Teatr Współczesny
Kirche St. Elizabeth
UL. ODRZAŃSKA
UL. ŁAZIENNA
UL. KUŹNICZA
UL. SZEWSKA
RYNEK
UL. WITA STWOSZ
Rathaus
Kirche der hl. Maria Magdalene
Orbis
Kaufhaus Petersdorff
UL. PODWALE
Neue Universitäts-bibliothek
PLAC SOLNY
Synagoge
UL. KAZIMIERZA WIELKIEGO
UL. ŚWIDNICKA
Ethnologisches Museum
Kirche St. Dorothea
UL. MARSZ. JÓZEFA PIŁSUDSKIEGO
Oper
PLAC TEATRALNY
Corpus-Christi-Kirche
UL. PODWALE
UL. ŚWIDNICKA
UL. TADEUSZA KOŚCIUSZKI
PLAC TADEUSZA KOŚCIUSZKI
Philharmonie
Theater Polski
Orbis
UL. MARSZ. JÓZEFA PIŁSUDSKIEGO
Odra Tourist & Biuro Zakwaterowania
UL. SUCHA
ESSEN UND TRINKEN
Akademia C
China Town G
Dwór Polski F
Gospoda Wrocławska J
La Scala L
Lwów D
Miś B
Pizzeria Mozzarella O
Pronto Pizza A
Saigon N
Soul Café H
Spiż I
Tutti Frutti P
Vega K
Witek M
Żak E

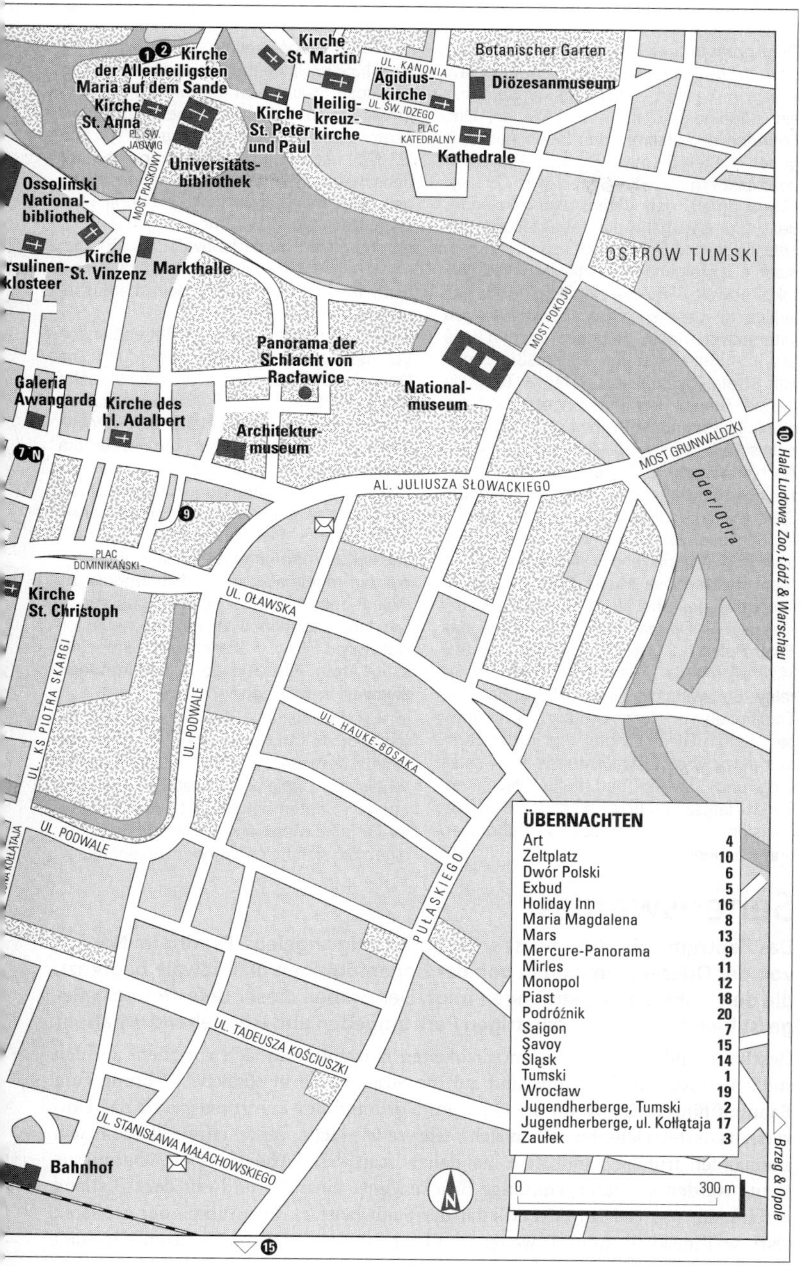

Kirche der Allerheiligsten Maria auf dem Sande
Kirche St. Martin
UL. KANONIA
Botanischer Garten
Ägidius-kirche
Diözesanmuseum
UL. ŚW. IDZEGO
Kirche St. Anna
PL. ŚW. JADWIG
Kirche St. Peter und Paul
Heilig-kreuz-kirche
PLAC KATEDRALNY
Kathedrale
Universitäts-bibliothek
MOST PIASKOWY
Ossolinski National-bibliothek
Kirche St. Vinzenz
rsulinen-klosteer
Markthalle
OSTRÓW TUMSKI
MOST POKOJU
Panorama der Schlacht von Racławice
National-museum
Galeria Awangarda
Kirche des hl. Adalbert
Architektur-museum
MOST GRUNWALDZKI
Oder/Odra
AL. JULIUSZA SŁOWACKIEGO
PLAC DOMINIKAŃSKI
UL. OŁAWSKA
Kirche St. Christoph
UL. KS PIOTRA SKARGI
UL. PODWALE
UL. HAUKE-BOSAKA
UL. PODWALE
PUŁASKIEGO
UL. TADEUSZA KOŚCIUSZKI
UL. STANISŁAWA MAŁACHOWSKIEGO
Bahnhof
10, Hala Ludowa, Zoo, Łódź & Warschau
Brzeg & Opole
15
0
300 m
ÜBERNACHTEN
Art 4
Zeltplatz 10
Dwór Polski 6
Exbud 5
Holiday Inn 16
Maria Magdalena 8
Mars 13
Mercure-Panorama 9
Mirles 11
Monopol 12
Piast 18
Podróżnik 20
Saigon 7
Savoy 15
Śląsk 14
Tumski 1
Wrocław 19
Jugendherberge, Tumski 2
Jugendherberge, ul. Kołłątaja 17
Zaułek 3

Unterhaltung und Nachtleben

Die Anzahl und Vielfalt der **Nachtklubs** hat sich in den letzten Jahren in Wrocław enorm verbessert – allerdings herrscht hier ein ständiges Kommen und Gehen. Das Fremdenverkehrsamt kann Ihnen Auskunft geben. Halten Sie nach Postern Ausschau, oder blättern Sie die Seiten von *Co Jest Grane* durch, den Veranstaltungskalender der Freitagsausgabe der Tageszeitung *Gazeta Wyborcza*. Derzeit gibt es in der Innenstadt u. a. folgende Nachtklubs: **Pięc Nutek**, Podwale 37/38, ein ziemlich kleiner Kellerklub für ganz spezielle Musikrichtungen (alternativer Rock, Reggae, Drum'n'Bass usw.). Außerdem treten regelmäßig Bands auf. **Strefa Radia Kolor**, pl. Nowy Targ, ein riesiger Bunker, der eher "angesagte" Tanzmusik bietet und wo halbwegs erfolgreiche polnische Rock-/Pop-Musiker auftreten. Auch im **Wagon**, im früheren Bahnhof Dworzec Świebodzki am westlichen Rand der Stare Miasto, gibt es immer wieder Livemusik. Schauen Sie sich außerdem nach alternativen Rock-Gruppen und DJ-Abenden mit Themen im **Madness Music Club** um, 300 m südöstlich des Busbahnhofs, ul. Hubska 6.

Klassisches Drama bietet in Wrocław das **Teatr Polski**, ul. Gabrieli Zapolskiej 3 (✆ 071/ 343 8789) mit der Zweigstelle **Teatr Kameralny**, ul. Świdnicka 28 (✆ 071/344 6201). Die Traditionen von Jerzy Grotowskis berühmtem Studio-Theater leben fort in der Form des Jerzy Grotowski Zentrums für Gestaltung und Theater- und Kultur-Forschung, Rynek-Ratusz (✆ 071/ 343 4267). Dort organisiert man Workshops, Aufführungen und gelegentlich auch Konzerte.

Im **Teatr Współczesny**, ul. Rzeżnicza 12 (✆ 071/358 8922), erlebt man zeitgenössische polnische Stücke sowie internationale Aufführungen in polnischer Übersetzung. Im **Teatr Lalek**, ul. Braniborska 59 (✆ 071/ 373 5695), ist ein gefeiertes **Puppentheater** beheimatet: Für die Wochenendvorstellungen sollte man bereits lange im Voraus buchen, denn sie sind immer ausgebucht. Es gibt mehrere **Theaterfestivals** pro Jahr, darunter eines für Monologe im Januar und eines für zeitgenössisches polnisches Theater im Mai und Juni.

Eine ähnlich große Auswahl gibt es bei den Veranstaltungen von klassischer Musik. Die **Opera Dolnośląska** (Unterschlesische Oper), ul. Świdnicka 35 (Kartenverkauf ul. Mazowiecka 17; ✆ 071/372 4357, www.opera.ies.com.pl), sowie die **Operetka Wrocławska**, ul. Piłsudskiego 72 (✆ 071/343 5652), zeigen Aufführungen von hoher Qualität. Dennoch bekommt man Eintrittskarten relativ einfach (selten mehr als 30 Zł). Orchesterkonzerte und Gesangsaufführungen werden regelmäßig in der **Filharmonia**, ul. Piłsudskiego 19 (✆ 071/ 343 8528), geboten.

Die **Innenstadtkinos** zeigen die neuesten Hollywood-Filme. Künstlerische Filme gibt es im **Atom**, Piłsudskiego 74, und im **Warszwawa**, Piłsudskiego 64.

In Wrocław finden jedes Jahr mehrere **internationale Musikfestivals** statt: das anerkannte *Jazz an der Oder* im Mai und das *Wratislavia Cantans* für Oratorien und Kantaten im September. Es gibt auch ein Festival für frühe Musik Anfang Dezember. Erkundigen Sie sich beim Fremdenverkehrsbüro.

Sehenswertes

Das Zentrum von Wrocław ist schachbrettartig angelegt. Es wird im Norden von der Oder und im Süden von der bogenförmigen ul. Podwale begrenzt, die den früheren Befestigungen folgt. Der Graben dieser Befestigungsanlage ist heute von einem schattigen Park umgeben und weitgehend erhalten.

Geschäfte und Unterhaltungsmöglichkeiten konzentrieren sich vor allem auf den südlichen Teil des Zentrums und auf die Straßen, die in südliche Richtung zum Bahnhof führen. Gleich an die Oder am Nordrand des Zentrums grenzt das Universitätsviertel. Dahinter reihen sich mehrere friedliche, verkehrsfreie kleine Inseln aneinander, frühere Sandbänke auf denen man das flache Flussbett überquerte. Heute werden sie durch anmutige Brücken untereinander und mit dem Festland verbunden, was viel zur Attraktivität der Stadt beiträgt. Der Südteil der größeren Ostrów Tumski (Dominsel) weiter im Osten ist das geistliche Zentrum der Stadt mit einem halben Dutzend Kirchen und einer ganz eigenen Atmosphäre. Weiter im

Norden schließt sich ein Gebiet mit Wohnhäusern aus dem 19. Jahrhundert an. Die schönste Parkanlage der Stadt liegt hinter der Ostseite der Insel.

Der Rynek

Den Kern der schachbrettartigen Anlage der Altstadt/Stare Miasto bildet der großzügige Rynek. In dessen Mitte steht der wunderschöne **Rathausbau**, der von den ebenso großartigen Fassaden der früheren Stadthäuser eingerahmt wird. Heute dient der Platz nicht mehr dem Handel. Stattdessen dreht sich alles um Tourismus und Freizeit: Rund um den Platz befinden sich Museen, Restaurants, Straßen-Cafés, Buchhandlungen und, vielsagenderweise, seit neuestem auch Antiquitätenläden.

Zur Gruppe der modernen Gebäude hinter dem angrenzenden Neuen Rathaus zählt auch das von *Jerzy Grotowski* gegründete **Experimentiertheater**. Zwanzig Jahre lang war es ein weltberühmtes Zentrum für experimentelles Theater. Es wurde aufgelöst, als Grotowski 1982 nach Italien auswanderte. Stattdessen widmet sich hier jetzt ein Forschungsinstitut Grotowskis Werk. Eine Ausstellung über das ursprüngliche Theater gibt es im linken Teil des Gebäudes. Fragen Sie im Büro nach, das sich im linken Durchgang befindet. In dem winzigen Studiotheater im zweiten Stock des Gebäudes finden immer noch Gastvorführungen experimenteller Theatergruppen statt. Einzelheiten kann man dem Anschlag vor dem Theater entnehmen.

Von den Bürgerhäusern, die den Rynek säumen, sind die auf der Süd- und Westseite die farbenfrohsten und interessantesten. Unter den im selbstbewussten Stil der flämischen Renaissance gestalteten Gebäuden sticht die Nr. 2, das **Greifenhaus** (Pod Gryfami), besonders hervor. Haus Nr. 5 mit einer Fassade im zurückhaltenden manieristischen Stil kennt man als den **Wasa-Hof** (Dwór Wazów) zu Ehren *König Zygmunt Wazas*, der während der Geheimverhandlungen über seine Heirat mit *Anna von Habsburg* hier übernachtete. Die Keller des Hauses beherbergen heute das Restaurant Dwór Polski.

Nebenan im Haus Nr. 6, **Zur Goldenen Sonne** (Pod Złotym Słońcem), hinter dessen Barockfassade sich eine ganze Flucht von Renaissanceräumen verbirgt, ist das **Museum für die Kunst der Medaillenherstellung** untergebracht. Im Souvenirladen kann man Erzeugnisse dieses Handwerks erstehen.

Öffnungszeiten Di–Sa 11–17 Uhr, So 10–18 Uhr; Eintritt 4 Zł.

Das letzte interessante Haus der Reihe, die Nr. 8, ist wieder im Barockstil gehalten, allerdings finden sich auch noch Teile des ursprünglichen Hauses aus dem 13. Jahrhundert. Es ist als das Haus **Zu den sieben Kurfürsten** (Pod Siedmioma Elektorami) bekannt, eine Anspielung auf die sieben Größen, die den Heiligen Römischen Kaiser Leopold I. wählten. Genaue Darstellungen von ihnen finden sich auf der Fassade. Ein schwarzer Habsburger Adler kauert drohend über dem Eingangsportal des Gebäudes.

Das Rathaus: Das herrliche Rathaus, seit 700 Jahren das Wahrzeichen der Stadt, war ursprünglich ein bescheidener einstöckiger, nach der Tatareninvasion errichteter Bau, der im Laufe der Zeit immer wieder erweitert wurde. Im 15. Jahrhundert, als sich die Stadt auf dem Gipfel ihres Wohlstands befand, kam der Südteil dazu, und die ganze Anlage wurde in einem aufwendigen spätgotischen Stil umgestaltet, den man heute noch bewundern kann. Einige der schönsten und ehrwürdigsten Bauten von Wrocław zeichnen sich dadurch aus, dass Stilelemente aus verschiedenen Ländern verwendet wurden. Dies spiegelt auch den Status der Stadt als ein damals bedeutsames Handelszentrum Europas wider.

Schlesien Karte S. 602/603

Blick auf die Ostfassade des Rathauses, des Wahrzeichens der Stadt

Zunächst bleibt der Blick an der **Ostfassade** hängen, die auf jeder Broschüre von Wrocław abgebildet ist. Sie zeigt unter anderem eine astromonische Uhr aus dem Jahr 1580 und einen kunstvoll verzierten Mittelgiebel mit verschlungenen Terrakotta-Mustern und herrlichen Spitztürmchen. Dagegen nimmt sich die Westfassade (der Haupteingang) verhältnismäßig einfach aus, nur der achteckige gotische Ratsturm mit der sich verjüngenden Renaissance-Laterne sticht heraus. Geradezu atemberaubend wirken die Steinmetzarbeiten der **Südfassade**, zwischen denen riesige Renaissance-Fenster eingelassen sind, die von türmchenartigen Dächern bekrönt werden. Auf ganzer Länge finden sich Filigranfriese mit Tieren und Blattwerk sowie Bildnisse von Heiligen und Rittern, meist aus dem 19. Jahrhundert, und darüber die Darstellung eines alten Weibes und eines Bauerntölpels.

Das Rathaus, das dank der angrenzenden Büros aus dem 19. Jahrhundert seiner Pflichten als Stadtverwaltung enthoben wurde, dient heute als **Stadtmuseum** (Muzeum Miejskie) mit einer weitgehend unveränderten Innenausstattung, die schon alleine eine Besucherattraktion ist. Wenn Sie sich für die genaue Chronologie der Gebäudeteile interessieren, sollten Sie einen Blick auf den farbig abgesetzten Plan gleich auf der rechten Seite innerhalb des Eingangs werfen.

Öffnungszeiten Di–Sa 11–17 Uhr, So 10–18 Uhr, Eintritt 5 Zł; www.muzeum.miejskie.wroclaw.pl.

Den Mittelpunkt des Rathauses, das um 1270 datiert wird, bildet die **Bürgerhalle** im Erdgeschoss mit den zwei Gängen. Um dorthin zu gelangen, geht man an der niedlichen Skulptur eines Dudelsack spielenden Bären vorbei – die Darstellung einer Sage aus dem 17. Jahrhundert. In der Halle fanden nicht nur wichtige öffentliche Versammlungen und Empfänge statt, sie wurde 450 Jahre lang wochentags auch als Markthalle genutzt. Kurz vor Ende des 13. Jahrhunderts kam die **Vogtstube** im Ostteil hinzu, die dem Beamten, der die Stadt im Namen des Herzogs regierte, als Büro und Gerichtsstube diente. Im Laufe der Jahrhunderte erhielt sie ein extravagantes Sterngewölbe und zwei Portale im klassizistischen und Renaissancestil, die zu einem kleinen Raum führen, in dem sich ein riesiger Keramikofen befindet und dessen Wände mit Porträts früherer Bürgermeister und anderer ehrwürdiger Persönlichkeiten geschmückt sind.

Eine eher geschmacklose Marmortreppe aus dem 19. Jahrhundert, über der eine sehr aufschlussreiche Landkarte aus dem 15. Jahrhundert von der Inselstadt "Breslau" hängt, führt nach oben in den prachtvollen, dreischiffigen **Rittersaal**, wo heute oft Wechselausstellungen stattfinden. Auf den Schlusssteinen des Kreuzrippengewölbes befinden sich einige sehr interessante Charakterstudien von Bürgern aller Gesellschaftsschichten. An den Wänden stehen schwere Eichenschränke und Truhen aus den verschiedenen Jahrhunderten in dem ansonsten leeren Saal. Noch üppiger verziert ist der Mittelerker, der dem sonst gotischen Saal einen Hauch von Renaissance verleiht.

Am entlegenen Ende des Saals zieren Bilder haariger, wilder Gestalten zwei Steintore (die normalerweise geschlossen sind). Das linke Portal führt in das **Prinzenzimmer**, ein klassisches Beispiel für die Gotik des 14. Jahrhunderts, denn sein Kreuzrippengewölbe wird von einer einzigen Mittelsäule gestützt. Ursprünglich war der Raum als Kapelle gebaut worden. Seinen Namen verdankt er der Tatsache, dass darin später die Herrscher der schlesischen Fürstentümer zusammentrafen. Heute werden hier die Kleinodien der Stadt aufbewahrt, religöse und andere Silberwaren. Von hier aus gelangt man zu dem warmen, holzgetäfelten **Ratsherrensaal** und der angrenzenden Schatzkammer, in der alte Münzen und schwere Stempel für die Münzherstellung zu sehen sind.

Westlich vom Rynek

An die südwestliche Ecke des Rynek schließt sich der bedeutend kleinere Plac Solny an. Erst kürzlich wurde seine alte Funktion wiederbelebt und erneut ein Markt ins Leben gerufen. Das Salz, von dem der Platz seinen Namen hat, wird heute jedoch durch Blumen ersetzt.

Die meisten Gebäude um den Platz sind nichts Besonderes, sie stammen fast alle aus dem frühen 19. Jahrhundert. Prunkstück ist die neoklassizistische **Alte Börse**, die den größten Teil der Südseite des Platzes einnimmt.

Gleich an der nordwestlichen Ecke des Rynek stehen zwei eigenartige Barockhäuser, die sogenannten **Jaś i Małgosia** (Hänsel und Gretel), die durch einen Torweg miteinander verbunden sind, der in den Hof der **Elisabethen-Kirche** (św. Elżbiety) führt. Diese Kirche, ein Beispiel dafür, dass Backstein ein durchaus abwechslungsreiches Material sein kann, gilt als die beeindruckendste in Wrocław. Seit Mitte des 15. Jahrhunderts ist ihr stattlicher, neunzig Meter hoher **Turm**, an dem insgesamt 150 Jahre gebaut wurde, das Wahrzeichen der Stadt. Ursprünglich befand sich darauf noch eine 36 m hohe bleiverkleidete gotische Turmspitze, aber diese übereifrige Konstruktion wurde bereits ein Jahr nach der Fertigstellung von einem Sturm umgeweht und danach nie wieder aufgebaut. Die Kirche blieb auch weiterhin vom Unglück verfolgt, ein Hagelsturm zerstörte sie im Jahr 1529, und 1976 brannte sie unter mysteriösen Umständen aus. Die Restaurierungsarbeiten wurden nun endlich fertig gestellt, und das luftige, helle Innere des Gebäudes lohnt einen Blick.

Westlich schließt sich gegenüber der inneren Ringstraße ein Block alter **Bürgerhäuser** an, der sich als Einziger der Stadt erhalten hat. Auf der anderen Straßenseite

Karte S. 602/603

und die ul. Antoniego Cieszyńskiego hinunter liegt das **Zeughaus** (Nr. 9). Dieses Gebäude aus dem 16. Jahrhundert wurde etwa zweihundert Jahre später von den Preußen beträchtlich umgestaltet. Es beherbergt heute sowohl das **Militärmuseum** (Muzeum Miltariów) mit einer phantastischen Ausstellung an mittelalterlichen Schwertern und Spießen sowie Uniformen verschiedener Epochen, als auch das **Archäologische Museum** (Muzeum Archeologiczne). Dieses bietet eine unauffällige, aber gut präsentierte Sammlung mittelalterlicher Funde und ein maßstabgerechtes Modell von Ostrów Tumski, wie es im 12. Jahrhundert aussah.

Öffnungszeiten **Militärmuseum** und **Archäologisches Museum** – jeweils Di–Sa 11–17 Uhr, So 10–18 Uhr. Eintritt jeweils 5 Zł.

Direkt südlich davon, in der ul. św. Mikołaja, steht die gotische Kirche **St. Barbara**, die den Vertriebenen russisch-orthodoxen Glaubens aus Lwów zur Verfügung gestellt wurde. Samstagabends und sonntagmorgens kann man einem über zweistündigen Gottesdienst beiwohnen, der von wunderschönem Gesang begleitet wird. Sonst ist nur die Kapelle geöffnet, die man vom Friedhof aus (an der Nordseite der Kirche) betritt.

Zwei Straßen weiter südlich steht die Kirche **St. Antonius** (św. Antoniego), ein schlichter Barockbau, und unmittelbar östlich davon liegt das labyrinthartige frühere **jüdische Viertel** (dzielnica żydowska), dessen Einwohner im Dritten Reich entweder flohen oder aus ihren Wohnungen vertrieben wurden, um nie wieder zurückzukehren. Anscheinend waren sich die Behörden nach dem Krieg nicht ganz sicher, wie sie mit diesem Erbe aus deutscher Vergangenheit umgehen sollten: Ein erst kürzlich veröffentlichter polnischer Reiseführer über Wrocław erwähnt weder die Existenz dieses Stadtviertels noch die Verbindung der Stadt mit der Ukraine. Auf halben Weg die ul. Włodkowica hinunter auf der rechten Straßenseite befindet sich auf einem winzigen Platz die neoklassizistische **Synagoge**, die gerade renoviert wird.

Ein weiteres Erinnerungsstück an das jüdische Erbe ist der **Jüdische Friedhof** südlich des Bahnhofs in der ul. Ślęża 113, zu erreichen mit den Straßenbahnen Nr. 9 und 19. Obwohl er inzwischen als bedeutende historische Stätte anerkannt ist, ist er nur am Wochenende zugänglich.

Südlich vom Rynek

Unmittelbar östlich schließt sich an das jüdische Viertel ein Stadtteil an, der ganz offensichtlich dem strengen klassizistischen Stil der preußischen Hauptstadt Berlin abgeschaut wurde.

Tatsächlich ist der neoklassizistische Palast an der Nordseite der ul. Kazimierza Wielkiego, heute die **Neue Universitätsbibliothek**, das Werk von *Carl Gotthard Langhans*, dem Schöpfer des Brandenburger Tores. Ebenso wirkte Langhans an der Entstehung des monumentalen **Königspalastes** auf der gegenüberliegenden Straßenseite mit. Im mittleren Teil ist heute das **Ethnografische Museum** untergebracht, in dem man eine große Sammlung von Puppen in traditionellen Trachten aus aller Welt bewundern kann. Ein Besuch hier empfiehlt sich besonders, wenn man mit Kindern unterwegs ist.

Öffnungszeiten **Ethnografisches Museum** – Di–So 10–16 Uhr; Eintritt 4 Zł, Sa frei.

Das königliche Flair dieses Stadtviertels spiegelt sich – wenn auch in leicht abgewandelter Form – in der hoch aufragenden gotischen Kirche **St. Dorothea** (św. Doroty) wider, die auch unter dem Namen "Versöhnungskirche" bekannt ist. Sie wurde 1351 von *Karl IV.*, König von Böhmen, dem späteren Kaiser des Heiligen Römischen Reiches, zum Dank für den Abschluss seiner Verhandlungen mit *Kazimierz III.* dem Großen gebaut. Er sicherte dadurch Böhmens Herrschaft über Schlesien und Böhmen, verzichtete im Gegenzug auf seinen Anspruch auf Polen. Im Gegensatz zu den meisten anderen Backsteinkirchen in Wrocław, blieb diese auch nach der Reformation in katholischer Hand und wurde Teil eines Franziskanerklosters. Ihr Innenraum erhielt einen neuen Anstrich, und überall stellte man riesige Barockaltäre auf. So unterscheidet sie sich ziemlich stark von den anderen Kirchen in der Umgebung, die noch alle Merkmale einer vierhundert Jahre lang vorherrschenden protestantischen Nüchternheit aufweisen.

Hinter der Kirche St. Dorothea steht die **Opera Dolnośląnska** (Unterschlesische Oper), von *Carl Ferdinand Langhans* in treuer Fortführung des neoklassizistischen Stils seines Vaters erbaut. Gegenüber der Oper ist ein weiteres Beispiel für die Gotik des 14. Jahrhundert zu bewundern, die **Corpus-Christi-Kirche** (Kościół Bożego Ciała), die sich durch das fein gearbeitete Mauerwerk des Portals an der Fassade und am Giebel sowie durch aufwendig gestaltete Kreuzgewölbe im Inneren auszeichnet.

Östlich vom Rynek

Kehrt man auf die ul. Kazimierza Wielkiego zurück und hält sich dann in östliche Richtung, erreicht man die Kirche St. Christoph, mit gotischen und Renaissance-Merkmalen, die heute von der kleinen verbliebenen Minderheit deutschsprechender Protestanten genutzt wird.

Dahinter erstreckt sich der weitläufige **Plac Dominikiański**, der bis 1945 von vielen Häusern umgeben war. In den Straßenkämpfen gegen Kriegsende wurden diese jedoch so stark beschädigt, dass alle abgerissen werden mussten. Aufgewogen wird dies z. T. durch den weiten Blick auf die Altstadt, den man seither von hier aus genießen kann. Zwischen dem Platz und dem Rynek an der Ecke der ul. Oławska und ul. Szewska steht ein Klassiker der Architektur des 20. Jahrhundert, das ehemalige **Kaufhaus Petersdorff**. Es wurde von *Erich Mendelssohn* gebaut und wird seit seiner Fertigstellung 1927 als Kaufhaus genutzt. Es ist das einzige der zahlreichen von diesem großen deutschen expressionistischen Architekten gebauten Warenhäuser, das von Modernisierungsmaßnahmen verschont blieb. Der Bau aus Beton und Glas verlässt sich bei seiner Wirkung auf das Zwischenspiel zwischen den deutlichen Horizontalen der Straßenfassade und dem dramatisch hervorstechenden Zylinder an der Straßenecke.

Die doppelturmige **Kirche der hl. Maria Magdalena** aus dem 14. Jh., einen Block nördlich, ist ein weiteres Beispiel für die schier unerschöpfliche Vielfalt der Backsteinkirchen in Wrocław. Der ungewöhnliche Strebebogen verleiht ihr beinahe ein französisches Aussehen. Wie die Elisabethenkirche krönten auch diese Kirche ursprünglich schlanke Türmchen, sie wurden jedoch abgetragen und durch barocke Kuppeln ersetzt, damit ihnen das Schicksal des Elisabethen-Turms erspart blieb. Die Außenseite zieren unzählige Grabtafeln und Grabinschriften aus dem 15. bis 18. Jh. Am auffälligsten ist das romanische Sandsteinportal aus dem 12. Jahrhundert an der Südseite. Dieses Meisterwerk romanischer Steinmetzkunst aus dem Jahre 1180 (das Tympanon wurde in die sichere Obhut des Nationalmuseums gebracht) stammt aus der zerstörten Abtei Ołbin im Norden der Stadt, die 1546 aufgelöst wurde, um die Befestigungen der Stadt zu stärken. Weiterhin bemerkenswert ist die Kirche als der Ort, an dem der erste protestantische Gottesdienst in Wrocław gehalten wurde, und zwar im Jahr 1523 während der ersten Tage der Reformation.

Schlesien
Karte S. 602/603

Geht man in östlicher Richtung entlang der ul. Wita Stwosza weiter, gelangt man zur **Galeria Awangarda** in der Hausnr. 32. Dies ist Wrocławs führende Galerie für zeitgenössische Kunst und Ort für hochkarätige polnische und internationale Kunstausstellungen. Das Gebäude selbst verdient bereits Aufmerksamkeit, da in dem modernen Pavillon aus Stahl und Glas die Überreste der neoklassizistischen Fassade eines ausgebombten Stadthauses aus dem 19. Jahrhundert integriert sind. Dahinter öffnet sich die ul. Wita Stwosza auf den plac Dominikański. An dessen Nordende steht das **Dominikanerkloster** mit der **Kirche des hl. Adalbert** (św. Wojciecha) aus dem 13. Jahrhundert, die durch einen fein gearbeiteten Backsteingiebel und mehrere üppig verzierte gotische und barocke Kapellen besonders reizvoll wirkt.

Öffnungszeiten **Galeria Awangarda** – Di–Do 11–19 Uhr, Fr 12–20 Uhr, Sa und So 12–18 Uhr. Eintrittspreise variieren.

Einige Blocks weiter östlich erhebt sich, allein stehend und gewaltig, das ehemalige **Bernhardinerkloster**; der Park dahinter bietet einen schönen Blick auf die an einen Heuschober erinnernde Klosterkirche. Die Bauarbeiten am Kloster, dem letzten wichtigen Beispiel für einen Bau der Backsteingotik in Wrocław, begannen in der Mitte des 15. Jahrhunderts und wurden erst wenige Jahre vor der Reformation abgeschlossen. Das Kloster wurde dann aufgelöst, die Kirche als protestantische Pfarrkirche benutzt. Die im Krieg schwer beschädigte Kirche und ihre Kreuzgänge hat man seither mit viel Mühe rekonstruiert. Heute beherbergt sie das **Architekturmuseum**, eine Bezeichnung, die leicht irreführt. Tatsächlich enthält es faszinierende dokumentarische Belege, Skulpturenfragmente und alte Fotoaufnahmen der zahlreichen historischen Gebäude der Stadt, die im Krieg zerstört wurden.

Öffnungszeiten Di–So 10–16 Uhr.

Das Racławice-Panorama

Wrocławs beliebteste Sehenswürdigkeit, das **Panorama der Schlacht von Racławice**, kann man in einer speziell dafür gebauten Rotunde, die wie ein riesiger, zu Beton gewordener geflochtener Korb aussieht und die sich im Park beim Bernhardinerkloster befindet, bestaunen. Dieses 120 Meter lange und 15 Meter hohe Riesengemälde wurde 1894 in Auftrag gegeben, um die Niederlage der russischen Armee gegen die Volksmiliz unter dem Befehl von Tadeusz Kościuszko zu dokumentieren. Das Dorf Racławice liegt zwischen Krakau und Kielce. Doch nach dieser gewonnenen Schlacht triumphierte Polen zu früh, denn die dritte und letzte Teilung, bei der das Land völlig von der Landkarte verschwand, erfolgte schon ein Jahr später. Trotzdem ist es für polnische Patrioten selbst heute, hundert Jahre später, das Paradebeispiel für Nationalstolz und Selbstaufopferung, dem eine eigene Gedenkstätte gebührt.

Panoramamalerei galt einige Jahrzehnte lang in Europa und Nordamerika als Sensation; als das Kino erfunden wurde, fand sie ein jähes Ende. Die meisten erhaltenen Werke haben keinen hohen künstlerischen Wert. Das Racławice-Panorama bildet jedoch eine Ausnahme, vor allem durch die Mitwirkung von *Wojciech Kossak*, einem der besten Maler, die Polen je hervorgebracht hat.

Die Geschichte des Gemäldes spiegelt in bemerkenswerter Weise das Schicksal Polens wider. Die Bemühungen polnischer Amerikaner, das Gemälde zu erwerben und in die USA zu bringen, scheiterten. Stattdessen wurde es öffentlich in Lwów ausgestellt, das damals zu Österreich gehörte, der einzigen Teilungsmacht, die solche nationalistische Propaganda tolerierte. Dort blieb das Gemälde bis 1944, als eine Bombe es beträchtlich beschädigte. Obwohl geplant war, es nach Wrocław – der Stadt, die das kulturelle Erbe Lwóws antreten sollte – zu bringen, landete es zunächst einmal in einer Lagerhalle; offiziell, weil weder die für eine Restauration nötigen Spezialisten vorhanden waren noch das Geld, um ein entsprechendes Gerüst aufzustellen. Tatsächlich hielt es die polnische Führung für unklug zu zeigen, wie Polen in der Vergangenheit Russland vernichtend geschlagen hatte.

Dies alles änderte sich 1980. Innerhalb von fünf Jahren war das Gemälde ausgezeichnet restauriert und in einem funkelnagelneuen Gebäude ausgestellt. Viel Sorgfalt wurde darauf verwendet, mit Erde, Steinen und Gebüsch einen möglichst authentischen Vordergrund zu schaffen, sodass das Ganze sehr plastisch wirkt.

Heute ist das Gemälde einer der Touristenmagneten Polens, wie eine Ikone, die in ihrem Beliebtheitsgrad nur an die Schwarze Madonna in Jasna Góra heranreicht. Enorme Besuchermengen strömen hierher, und auch Schulklassen sind regelmäßig auf Ausflügen anzutreffen. Jede halbe Stunde wird eine neue Besuchergruppe hineingelassen, nachdem man vorher mit Kopfhörern ausgestattet wurde, über die man einen Kommentar und Geräuscheffekte hören kann. Im unteren Raum kann man sich dann noch das Modell des Schlachtfeldes in aller Ruhe ansehen

Öffnungszeiten Mai–Sept. täglich 9–17 Uhr; Okt.–April Di–So 10.30–15.30 Uhr. Eintritt 16 Zł.

Das Nationalmuseum

Am gegenüberliegenden Ende des Parks steht das im Renaissancestil erbaute, monumentale **Nationalmuseum** mit Sammlungen aus Wrocław und Lwów. Eine der wichtigsten Sammlungen, die mit **mittelalterlichen Steinskulpturen**, befindet sich im Erdgeschoss. Hier kann man auch die feine Steinmetzarbeit *Der Tod Mariens* bestaunen, die ursprünglich den Tympanon über dem Portal der Kirche der hl. Maria Magdalena bildete. Der zweite Höhepunkt ist das *Grab Heinrichs des Gerechten* aus dem frühen 14. Jahrhundert, eines der ältesten Grabdenkmäler, die das später so beliebte Motiv einer weinenden Trauergemeinde benutzen.

Im ersten Stock ist ein Flügel der eindrucksvollen Ausstellung farbenprächtiger **Holzskulpturen** aus Schlesien gewidmet. Die augenfälligsten Exponate sind die Kolossalstandbilder von Heiligen aus der Kirche der hl. Maria Magdalena aus dem späten 14. Jahrhundert, ihre raue Kraft entschädigt für die wenig subtile Ausführung. Sehr reizvoll sind die vielen Statuen der "schönen Madonna", lange Zeit ein Lieblingsthema der mitteleuropäischen Bildhauerei: Ein besonders schönes Beispiel ist das Anfang des 15. Jahrhunderts für die Kathedrale geschaffene Werk.

Der gegenüberliegende Flügel mit **ausländischer Malerei** enthält nur wenige sehenswerte Beispiele. Dazu gehört Cranachs *Eva,* früher Teil einer Szene, in der sie Adam in Versuchung führt. Das Gemälde wurde jedoch im 17. Jahrhundert auseinandergeschnitten und übermalt. Man hat daraus zwei Bilder, Porträts eines Bürgerpaares, gemacht. *Die Taufe Christi* ist ein schönes Beispiel für die Kunst von Bartholomäus Spranger, dem führenden Vertreter des erotischen Stils, der sich am Kaiserhof in Prag um die Wende des 17. Jahrhunderts großer Beliebtheit erfreute.

Eines der besten Gemälde in der umfassenden Sammlung **polnischer Malerei** im obersten Stock ist der erstaunlich ins Detail gehende *Einzug von Kanzler Jerzy Ossoliński in Rom im Jahr 1633* von Bernardo Bellotto. Der Künstler ist vor allem für seine dokumentarischen Aufzeichnungen des Warschaus des 18. Jahrhunderts bekannt. Die zweite Attraktion ist der unvollendete *Schwur von König Jan Kazimierz*

Waza von Matejko. Das Gemälde zeigt den Monarchen in der Kathedrale von Lwów, wo er sich verpflichtet, nach dem Krieg gegen die einfallenden Schweden das Los der Bauern zu verbessern. Auch die Werke *Napoleon auf dem Pferd* von Piotr Michałowski, das *Vaterland-Triptychon* von Jacek Malczewski und einige Berglandschaften von Wojciech Gerson sollte man sich nicht entgehen lassen. Eine Reihe von Galerien sind **moderner Kunst** und **zeitgenössischem Handwerk** gewidmet, die für Werke, die unter der kommunistischen Herrschaft entstanden, überraschend gewagt sind. Władisław Hasior ist mit einer Gruppe seiner oft leichten, aber auch verstörenden Installationen aus den späten sechziger Jahren vertreten. Außerdem gibt es eine beeindruckende Menge überlebensgroße männliche Figuren, die aussehen wie die Terrakotta-Armee eines chinesischen Kaisers. Sie stammen von Magdalena Abakanowicz, Polens bekanntester lebender Bildhauerin.

Öffnungszeiten Di, Mi, Fr–So 10–16 Uhr, Do 9–16 Uhr. Eintritt 6 Zł, Do frei.

Der Universitätsbereich

Wrocławs akademisches Viertel erreicht man in nur wenigen Minuten vom Rynek aus über die ul. Kuźnicza. Viel malerischer ist es jedoch, vom Nationalmuseum aus am Südufer der Oder entlangzuspazieren, von wo aus man immer wieder einen herrlichen Blick auf das gegenüberliegende Kirchenviertel hat.

Die **Markthalle** (Hala Targowa) mit Blick auf die Piaskowskibrücke, entstand Anfang des 20. Jahrhunderts, eine Fertigbauversion der Backsteinkirche aus dem Jahr 1908 aus Beton. In der Halle häufen sich an den meisten Tagen unwiderstehliche Leckerbissen neben zahlreichen anderen Gütern. Hier beginnt das dreieckige Universitätsviertel mit zahllosen historischen Gebäuden. Im Süden wird es durch die ul. Uniwersytecka und entlang der Oder durch die schöne ul. Grodzka begrenzt.

An der Nordseite der ul. Uniwersytecka reihen sich drei Sakralbauten; als erstes die **Kirche St. Vinzenz** (św. Wincentengo), von *Heinrich dem Frommen* kurz vor seinem Tod in der Schlacht von Legnica/Liegnitz als Franziskanerkloster gegründet. Diese Kirche, die zu den großartigsten in Wrocław zählt, wurde im Krieg schwer beschädigt und 1991 wieder aufgebaut. Im Inneren befinden sich einige Altarstücke des berühmten schlesischen Künstlers Michael Willmann, die wieder auf ihren ursprünglichen Glanz zurückgebracht wurden. Die barocken Klostergebäude, die die Oder überblicken, gehören heute zur Universität. Heinrich der Fromme gründete auch das **Ursulinenkloster**. Es diente den Piasten, die die Stadt regierten, als sie ein unabhängiges Herzogtum war, als Grabstätte.

Als drittes folgt die Kirche **St. Matthias** (Św. Macieja) aus dem 14. Jh. mit Grab und Grabporträt des berühmtesten Dichters der Stadt, des Mystikers *Johann Scheffler*. Der im 17. Jahrhundert lebende Schriftsteller ist bekannter unter dem Pseudonym *Angelus Silesius* ("der Schlesische Engel"), den er nach seiner Bekehrung zum katholischen Glauben annahm. Südlich der Kirche steht der Renaissance-Palast der Piasten von Opole/Oppeln, und auf der ul. Szewska gegenüber befindet sich die Barockresidenz ihrer Cousins aus Brzeg-Legnica/Brieg-Liegnitz; beide Bauten werden heute von der Universität genutzt.

Hinter der Kirche St. Matthias erhebt sich einer der beeindruckendsten Bauten Wrocławs: die von einer Kuppel überdachte **Ossoliński-Nationalbibliothek**. Dieses ursprünglich als Krankenhaus dienende Gebäude entstand im letzten Viertel des 17. Jahrhunderts nach Plänen des burgundischen Architekten Jean Baptiste Matthey. Die Bibliothekssammlung ist ein Erbe der aus Lwów stammenden *Familie Ossoliński*. Unter den vielen wertvollen Manuskripten befindet sich das Original der polnischen Heldensage des *Pan Tadeusz* von Mickiewicz. Dieses Original kann man jedoch nur bei Sonderausstellungen sehen, meistens bleibt es unter Verschluss.

Der längliche pl. Uniwersytecki wird an der Südseite von einem stattlichen Palais aus dem 18. Jahrhundert begrenzt, dem **Dom Steffensa**, heute ebenfalls im Besitz der Universität. Direkt gegenüber davon steht einer der vielen Sakralbauten der Stadt, die zur Zeit der Reformation in den von den Habsburgern regierten Gebieten so hastig errichtet wurden. Die **Kirche des gesegneten Namens Jesu,** wurde Ende des 17. Jahrhundert im jesuitischen Stil erbaut und trägt einige deutliche Merkmale des österreichischen Baustils. Besonders eindrucksvoll ist das riesige allegorische Deckengemälde, ein Werk des damals bedeutendsten österreichischen Freskenmalers Johann Michael Rottmayer.

An die Kirche schließt sich die 171 Meter lange Fassade des Collegium Maximum der **Universität** an, von Kaiser Leopold I. im Jahr 1702 gegründet. Der Balkon über dem breiten Eingangsportal wird von Standbildern verziert, die verschiedene akademische Disziplinen und dazugehörige Attribute symbolisieren. Weitere Statuen finden sich weit oben auf dem kleinen anmutigen Turm.

Eine mit Fresken geschmückte Treppe führt zur **Aula Leopoldina** hinauf. Dieser einzige erhaltene historische Raum des Monumentalbaus ist einer der großartigsten nichtsakralen Säle des Barock. Architektur, Malerei, Bildhauerei und Ornamentik verschmelzen hier vollendet zu einer Einheit. Beherrscht wird das Ganze von einem Podium mit einem Standbild des Gründers, bewaffnet, mit Juwelen geschmückt und von einem Lorbeerkranz gekrönt. Das riesige illusionistische Deckengemälde von Christoph Handke über der Galerie und dem Auditorium versinnbildlicht das *Ideal der göttlichen und weltlichen Weisheit*. Die Darstellung über dem Podium zeigt, wie die Universität der Obhut Christi und der Jungfrau Maria anvertraut wird. Zwischen den Fenstern schmücken ovale, prunkvoll gerahmte Porträts maßgeblicher Gründer der Universität die Wände. Die Fensterlaibungen werden von sehr lebendig wirkenden Darstellungen großer Gelehrter aus dem klassischen Altertum und dem Mittelalter geziert.

Öffnungszeiten täglich 10–15.30 Uhr. Eintritt 3 Zł.

Wyspa Piasek und Ostrów Tumski

Von der Markthalle führt die Piaskowskibrücke zur Sandbank Wyspa Piasek. In der Mitte der Insel drängen sich historische Gebäude.

Als Erstes erreicht man rechter Hand die **Universitätsbibliothek** in einem Augustiner-Kloster, das den Nationalsozialisten als Militärzentrale diente. Daneben steht die **Kirche der Allerheiligsten Maria auf dem Sande** (Kościół NMP na Piasku), ein Hallenbau, der von außen recht trist wirkt, innen jedoch majestätische Gewölbe aufweist. Die Schiffe haben ein asymmetrisches dreiteilige Rippenmuster und bilden das für diese Region typische Piastengewölbe. Im Südschiff befindet sich ein romanisches Tympanon, das ursprünglich zur älteren Kirche gehörte, mit der Widmungsinschrift der Spenderin, Maria Włast. Auf der anderen Straßenseite steht die Barockkirche der **heiligen Anna**, die heute von der ukrainisch-orthodoxen (unierten) Gemeinde aus Lwów benutzt wird. Am unteren Ende der kleinen Insel stehen zwei alte **Mühlen**, bekannt als *Maria i Feliks*.

Ostrów Tumski

Die beiden eleganten, kleinen bemalten Brücken, Most Młyński und Most Tumski, verbinden die Insel Piasek mit Ostrów Tumski (Dominsel). Wer inzwischen noch nicht genug mittelalterliche Kirchen gesehen hat, kann gleich fünf auf einmal besichtigen, angefangen bei der **Kirche St. Peter und Paul** (św. Piotra i Pawła) aus dem 15. Jahrhundert, gleich wenn man von der Most Tumski hinuntergeht, hinter der sich die sechseckige **Kirche St. Martin** erhebt, die zweihundert Jahre älter ist.

Sehr viel eindrucksvoller als diese beiden ist die gebieterische **Heiligkreuzkirche St. Bartholomäus,** die durch den massiven Bau mit riesigen Strebepfeilern und dem Paar ungleicher Türme wie ein großes befestigtes Kloster aus der schlesischen Gotik aussieht. Tatsächlich sind es zwei Kirchen, eine über der anderen. Die untere, ursprünglich dem hl. Bartholomäus geweiht, ist zwar geräumiger und ausgedehnter als eine gewöhnliche Krypta, erreicht aber nicht die luftige Höhe ihres Gegenstücks darüber. Die Anlage schuf Herzog Heinrich der Gerechte im Jahr 1288 als sein Grabmal. Inzwischen wurde sein Grab ins Nationalmuseum verlegt. Auf dem Platz vor der Kirche steht das reich verzierte barocke **Denkmal des hl. Johannes von Nepomuk**; sein Leben ist auf den Basreliefs der Säule dargestellt.

Die ul. Katedralna führt an mehreren Barockpalais vorbei (zwischen denen geschäftig Priester, Mönche und Nonnen hin- und herhuschen) zur **Kathedrale Johannes der Täufer** mit den schlanken Zwillingstürmen. Ein Wandgemälde auf der rechten Seite der Straße zeigt das Wappen des Papstes und wurde anlässlich des Besuches von Papst Johannes Paul II. im Jahr 1997 angefertigt. Die 1272 fertig gestellte Kathedrale wurde 1945 schwer beschädigt, inzwischen ist sie aber wieder vollständig so restauriert, wie sie im 13. Jh. ausgesehen haben dürfte. Sie war Polens erste Kathedrale im gotischen Baustil. Sehenswert ist das aufwendige **Portal**, obgleich die Skulpturen, außer zwei eleganten Reliefs, größtenteils Nachbildungen aus dem 19. Jahrhundert sind. Die drei Kapellen hinter dem Hochaltar lohnen die Besichtigung trotz ihrer feuchten, finsteren Innenräume. An der Südseite befindet sich die **Elisabethkapelle** (kaplica św. Elżbiety), die in den letzten zwanzig Jahren des 17. Jahrhunderts entstanden ist. Ihre Architektur, Fresken und Skulpturen, die eine harmonische Einheit bilden, sind das Werk italienischer Anhänger von Bernini. Als Nächstes folgt die gotische **Marienkapelle** mit der meisterhaften Renaissance-Grabtafel des Bischofs Johannes Roth, ein Werk von *Peter Vischer* aus Nürnberg. Als Letztes schließt sich die **Corpus-Christi-Kapelle** an, ein geschmackvoll verziertes Barockjuwel mit perfekten Proportionen, das der Wiener Hofarchitekt *Fischer von Erlach* im Jahr 1716 in Angriff nahm.

Gegenüber der Nordseite der Kathedrale befindet sich die winzige **Ägidiuskirche** (św. Idziego), die als Einzige der Stadt nicht von den Tataren zerstört wurde und daher noch das schön angelegte Backsteinmauerwerk erkennen lässt. Weiter unten in der ul. Kanonia Nr. 12 liegt das **Diözesanmuseum** mit einer umfangreichen, aber bunt zusammengewürfelten Sammlung von Sakralgegenständen. Eine angenehme Abwechslung von dieser "geballten Ladung" Kultur bietet der **Botanische Garten** an der ul. Sienkiewiecza 6, der zu Beginn des 19. Jahrhunderts in dem früheren Flussbett der Oder im Rahmen eines Verschönerungsprogramms der Stadt entstand.

Öffnungszeiten **Diözesanmuseum** – Di–So 9–15 Uhr; Eintritt 2 Zł. **Botanischer Garten** – Mo–Fr 8–17 Uhr.

In östliche Richtung stößt die ul. Szczytnicka auf die Verlängerung der Allee des pl. Grunwaldzki, der 1945 eine dubiose Berühmtheit erlangte. Damals wurde das Ge-

Fünf mittelalterliche Kirchen befinden sich auf der Dominsel Ostrów Tumski

lände planiert, und führende Nationalsozialisten benutzen es als Startbahn für ihre Flugzeuge, mit denen sie nach ihrer Niederlage flohen. Am Südende steht die berühmteste Brücke von Wrocław, die 1910 erbaute **Most Grunwaldzki**.

Im Osten von Ostrów Tumski

Der schönste Grünstreifen in ganz Wrocław ist der **Park Szczytnicki** im Osten von Ostrów Tumski an den Straßenbahnlinien Nr. 1, 2, 4, 10 und 12. Seine Attraktion ist **Hala Ludowa**, ein riesiger Saal, der 1913 für die Feiern anlässlich des hundertsten Jahrestages der Befreiung Wrocławs von Napoelon gebaut wurde. In diesem, von dem innovativen Stadtarchitekten Max Berg geschaffenen Bau verbindet sich preußische Stabilität mit dem Einschlag moderner Ideen: Die frei tragende Kuppel mit einem Durchmesser von 130 Metern gilt selbst heute als eine gewagte Ingenieursleistung. Der Saal wird für Messen, Sportveranstaltungen und gelegentlich auch für Ausstellungen genutzt. In der Umgebung der Hala Ludowa stehen einige auffällige, mit Kolonnaden versehene Pavillons: Sie wurden ein paar Jahre früher von Bergs Lehrer Hans Poelzig errichtet, durch den die Stadt zu einem Zentrum des *Deutschen Werkbunds* wurde.

Im gleichen Park befindet sich das Werk eines noch bekannteren Architekten: Der schachtelförmige **Kindergarten**, von dem sich jetzt der weiße Anstrich löst, ist das einzige Gebäude, das Le Corbusier in Osteuropa geschaffen hat. Zusammen mit der überdimensionalen Stahlnadel neben der Halle ist der Kindergarten eine Hinterlassenschaft der Ausstellung über die wiedergewonnen Gebiete, die hier 1948 stattfand. Andere Attraktionen im Park sind ein Amphitheater, ein japanischer Garten mit Pagode, ein künstlicher See und hunderte von verschiedenen Baum- und Straucharten, darunter über sechshundert Jahre alte Eichen. Am sehenswertesten ist eine Holzkirche aus dem 16. Jh., die ursprünglich aus Kędzierzyn in Oberschlesien

Schlesien
Karte S. 602/603

stammt. Auf der Straße gegenüber liegt der **Zoo**, der mit seiner Vielfalt an wild lebenden Tieren der größte in ganz Polen ist.

Öffnungszeiten im Sommer 9–18 Uhr, im Winter 9–17 Uhr. Eintritt 8 Zł.

Unterschlesien

Der sich nordwestlich an Wrocław anschließende Streifen Schlesiens, Unterschlesien, ist kaum von touristischem Interesse. Wer für diese Provinz Polens nur wenig Zeit zur Verfügung hat, tut gut daran, möglichst rasch die Berge im Süden und Osten anzusteuern.

Trotz einiger verstreut liegender Städte mit etwas Industrie ist Unterschlesien ein vorwiegend ländliches Gebiet, durch das die Oder und ihre Nebenflüsse fließen. Hier wird intensiv Landwirtschaft betrieben. Der Boden gilt als eine der ertragreichsten Anbauflächen des Landes. Die Landschaft bietet nicht viel Abwechslung: Am attraktivsten ist die Gegend um das einsame Gebirgsmassiv im Südwesten bzw. das Gebiet mit dichten Wäldern im Nordwesten.

Ślęża und Sobótka/Zopten

Die flache Ebene im Süden wird ungefähr 30 km hinter Wrocław durch unvermittelt aufragende Felsformationen mit zwei Gipfeln unterbrochen, von denen der höhere der Ślęża (718 m) ist.

Dieser Gipfel, der als einer der rätselhaftesten Orte in Polen gilt, war in keltischer Zeit heidnische Kultstätte. Später ließ sich hier der Slawenstamm nieder, nach dem sowohl der Berg als auch Schlesien benannt wurden.

Zum Ślęża gelangt man normalerweise von **Sobótka/Zobten** aus, das an der Eisenbahnlinie liegt, oder mit dem Bus auf den Strecken nach Świdnica/Schweidnitz. Zwischen Busbahnhof und Bahnhof steht eine gotische Pfarrkirche, vor der eine der eigenartigen alten Skulpturen der Gegend zu sehen ist. Sie besteht aus zwei unterschiedlich großen Steinen, von denen der eine quer auf dem anderen liegt, und trägt den Spitznamen *Der Pilz*. Am Felshang des Ślęża klebt die Skulptur einer großen Frau mit einem Fisch, und auf dem Gipfel ist ein Löwe in den Fels gehauen. Die Bedeutung dieser Felsskulpturen ist unbekannt. Einige dürften vermutlich aus der Zeit stammen, als die Bevölkerung hier bereits zum Christentum bekehrt worden war, aber dennoch heidnische Riten erhalten geblieben waren. Es ist nahezu unmöglich, sich in abgeschiedener Stille ihrer geheimnisvollen Atmosphäre hinzugeben, denn sie sind ein beliebtes Ausflugsziel, und oft werden Busse mit Horden von Schulkindern hier ausgeladen.

Über den Berg führen fünf verschiedene **Wanderpfade**, einige davon ziemlich steinig, deshalb ist festes Schuhwerk unbedingt erforderlich. Die meisten Besucher wählen den direkten, etwa einstündigen Aufstieg von Sobótka auf den Gipfel des Ślęża auf dem mit gelben Zeichen markierten Pfad. Der Gipfel wird durch einige recht hässliche Gebäude, unter anderem den obligatorischen Fernsehturm, verunstaltet. Die neugotische Kapelle ist ein armseliger Ersatz für die Burg und das Augustinerkloster, die einst hier standen. Dafür wird man mit einem herrlichen Panoramablick entschädigt, an klaren Tagen kann man sogar bis zu den Höhenzügen Karkonosze und Kłodzko im Süden und Westen blicken.

• _Übernachten/Essen_ Für eine Übernachtung bietet sich in Sobótka das Hotel **Pod Misiem**, ul. Mickiewicza 7/9 (✆ 071/316 2035; H), an. Es verfügt über einige Doppelzimmer, doch vorwiegend über 3-Bettzimmer im Schlafsaal-Stil (30 Zł pro Person). In Ślęża selbst gibt es die Herberge **Na ślęży**, (✆ 071/344 4752), die gewöhnlich von Gruppen belegt ist. In Sulistrowice, 2 km südlich, befindet sich ein **Campingplatz** (✆ 071/316 2151), wo auch Holzhütten vermietet werden (I). Das Hotel Pod Misiem verfügt über ein gutes **Restaurant**, und auf dem Marktplatz von Sobótka findet man einige **Snackbars**.

Trzebnica/Trebnitz

Dieser Ort, 24 km nördlich von Wrocław, blickt auf eine lange Geschichte zurück.

Seine Entstehung verdankt er dem Freibrief von *Herzog Heinrich I.* dem Bärtigen aus dem Jahr 1250, der ihn zu einem der ältesten dokumentierten Orte in Schlesien machte. Durch seine Heirat mit der deutschen *Prinzessin Hedwig* (auf polnisch Jadwiga, die später heilig gesprochen wurde) setzte sich in Schlesien die deutsche Kultur durch, die sich auch in den folgenden Jahrhunderten behauptete.

Das Ehepaar errichtete 1202 in der Stadt ein **Zisterzienserkloster** (opactwo Cystersek), das einzige bemerkenswerte Gebäude. Es wurde in dem von den Zisterziensern bevorzugten einfachen Stil erbaut – in Form und Denken noch romanisch, aber bereits mit gotischem Spitzbogen und Gewölberippen. Später wurde es weiter umgebaut, und so zeigt sich heute besonders die Basilika St. Jadwiga in einem vorwiegend barocken Gewand. Vom ursprünglichen Gebäude ist das Portal erhalten, das bei Ausgrabungsarbeiten gefunden und halb versteckt hinter der Vorhalle wieder aufgebaut wurde. Seine Skulpturen, die König David zeigen, der Bathseba und einer Dienerin auf der Harfe vorspielt, gehören zu den am detailliertesten ausgearbeiteten europäischen Steinmetzarbeiten des 13. Jahrhunderts. Auch der Nordeingang ist in der ursprünglichen Form erhalten, allerdings ist er weniger fein gearbeitet.

Im Inneren der Kirche befindet sich ein überschwänglicher Barockaltar. Zur Rechten des Chors erstrahlt der Altar der **Kapelle der Heiligen Hedwig** in Gold und Silber, neben dem der Hauptaltar fast verblasst. Die Prinzessin, die sich als Witwe ins Kloster zurückzog, wurde im Jahr 1267, knapp vierundzwanzig Jahre nach ihrem Tod, heilig gesprochen; kurz darauf entstand diese Kapelle zu ihrem Gedenken. 1680 wurde der schlichte Grabstein aus Marmor und Alabaster in ein großartiges Grabmal integriert, dessen Innenseiten mit Statuetten von Heiligen ausgeschmückt sind, während Jadwiga ein Modell der Basilika umgreift. Das gleichzeitig für ihren Gatten im Chor errichtete Denkmal ist weniger augenfällig. Seinen Eingang bewachen Standbilder der hl. Hedwig und ihrer noch berühmteren Nichte, der hl. Elisabeth (św. Elżbieta) von Ungarn.

• *Übernachten/Essen* Falls Sie tatsächlich in Trzebnica übernachten wollen, empfiehlt sich das **Hotel Pod Płatanami**, ul. Kilińskiego 2 (✆ 071/312 0980; H). Das Restaurant **Ratuszowa**, Rynek 4, ist gut und zental gelegen.

Schlesien Karte S. 602/603

Lubiąż

Etwa 51 km westlich von Wrocław liegt am Nordufer der Oder das ruhige Dörfchen Lubiąż (regelmäßige tägliche Busverbindungen). Es ist auf der Straße von Wrocław nach Zielona Góra ausgeschildert und wird von einer Zisterzienserabtei beherrscht, die als eine der größten und beeindruckendsten Klosterbauten in Mitteleuropa gilt.

Die Abtei wurde in der ersten Hälfte des 12. Jahrhunderts von Benedektinern gegründet und eine Generation später von den Zisterziensern übernommen. Obwohl der Bau auf Grundmauern aus dem Mittelalter ruht, die etwa die Form einer begradigten Zahl Sechs haben, überwiegen bei dem Gebäude die barocken Stilmerkmale. Nach dem verheerenden Dreißigjährigen Krieg erlebte die Klostergemeinschaft eine wirtschaftliche und kulturelle Blüte und war in der Lage, ein neues, palastartiges Hauptgebäude mit über 300 Sälen und Zimmern zu erbauen.

Schlesiens wohl berühmtester Maler *Michael Willmann* lebte hier über vier Jahrzehnte lang und führte zahlreiche Aufträge für die Kirchenhäuser der Region aus, er wurde in der Krypta des Kloster begraben. Doch der Wohlstand war nur von kurzer Dauer: 1740, als Schlesien unter die kompromisslose preußische Herrschaft Friedrichs des Großen kam, begann der Niedergang, der sich bis zur Säkularisierung im Jahre 1810 fortsetzte. Seitdem wurde der Komplex als Irrenanstalt, zur Pferdezucht, als Munitionsfabrik, Arbeitslager und Lagerhaus genutzt und verfiel immer mehr. Nach dem Niedergang des Kommunismus wurde die Lubiaż Stiftung gegründet, die nun versucht, mit Hilfe ausländischen Kapitals den Bau zu renovieren.

Momentan jedenfalls zieht der Komplex, der zweifellos eines der wichtigsten Touristenziele Polens sein könnte, nur wenige Besucher an. Da die Restaurierung der Innenräume seit langem andauert, lohnt sich ein Besuch vor allem wegen eines Blicks auf die riesigen Außenmauern: Ein Gebäude, das in jeder Hauptstadt glänzen würde, steht hier verloren in der schlesischen Landschaft. Zu der 223 Meter langen Fassade gelangt man durch eines der Torhäuser. Die schlichte Dekoration des beeindruckenden Gebäudes wird nur von den Zwillingstürmen der Kirche unterbrochen, und zwar an der Stelle, wo die Rundung der Zahl sechs sich schließt.

Die prunkvolle Innenaustattung (momentan nicht zugänglich) wurde während des Zweiten Weltkrieges leider größtenteils entfernt – heute sind von Willmanns umfassenden Dekorationsarbeiten nur noch ein paar kleine Fresken in der Kuppel erhalten, die Szenen aus dem Leben der Heiligen Benedikt und Bernhard darstellen. Nur Teile der Klosterreste können besichtigt werden, doch vermutlich können Sie einige wunderschön restaurierte Räume im Barockstil sehen, einschließlich des Vorzeigestücks der Anlage, des Rittersaals.

Öffnungszeiten Di–So – Juli–Aug. 9–17 Uhr, Sept.–Juni 10–15 Uhr. Eintritt 5 Zł.

Legnica/Liegnitz

8000 Kilometer von ihrem Heimatland, der Mongolei, gewannen die Tatarenhorden, die auf ihrem Weg alles in Schutt und Asche gelegt hatten, am 4. April 1241, 60 km westlich von Wrocław, eine gewaltige Schlacht gegen ein Heer aus Polen und Schlesiern, deren Befehlshaber, Herzog Heinrich der Fromme, dabei ums Leben kam.

Die darauf folgende Aufteilung Schlesiens in drei Herzogtümer unter Heinrichs Nachfahren leitete den Prozess der Auflösung ein, von dem sich das Land nie so recht erholte. Eine der neuen Hauptstädte war **Legnica**, eine befestigte Stadt, nur wenige Kilometer vom Schlachtfeld entfernt, und eine der wenigen, die von der Zerstörung verschont blieb. Legnica diente den Herzögen als Residenzstadt, bis 1675 der Letzte der Piasten starb; damals war es schon von Brzeg/Brieg als Herrschersitz abgelöst worden.

Der Ort wurde zwar oft von Feuersbrünsten heimgesucht und auch im Zweiten Weltkrieg stark beschädigt, trotzdem hat er sich seine Rolle als eine der wichtigsten Städte Schlesiens bewahrt. Heute ist Legnica ein geschäftiges Regionalzentrum mit

110.000 Einwohnern und den verschiedenartigsten Bauwerken, die von seiner bewegten Geschichte zeugen. Die interessantesten Relikte sind ein Schloss und drei Kirchen, die sich alle im Stadtzentrum befinden, in dem die Zerstörungen aus dem Krieg, wie in so vielen Städten, Baulücken und unschöne Betonarchitektur zurückgelassen haben.

- *Anfahrt/Verbindungen* Der Bahnhof liegt nordöstlich des Altstadtzentrums, der Busbahnhof ist gleich gegenüber.
- *Übernachten/Essen/Unterhaltung* Zu den wenigen empfehlenswerten **Hotels** in Legnica gehört das **Cuprum**, Skarbowa 2 (✆/℻ 076/851 2280; D), gleich bei der Burg mit komfortablen Zimmern mit Bad und Fernseher. Das **Narol**, Gliwicka 1 (✆ 076/862 6927; I), bei den Bahnhöfen, ist preiswerter, aber auch etwas unansehnlicher.

Es gibt einige preiswerte **Restaurants** in der Stadt: Das beliebte **Adria**, Rynek 9, serviert indische sowie polnische Spezialitäten; das **Tivoli**, südwestlich vom Rynek in der ul. Złotoryjska 31, bietet gute polnische Küche und eine annehmbare vegetarische Auswahl, schließt aber bereits um 21 Uhr.

Es gibt zahlreiche **Bars** im Zentrum. Der **Sunlight Music Club**, ul. Orła Białego 3, hat einen etwas anrüchigen Charme und hat am Wochenende lange geöffnet.

Sehenswertes

Wenn man mit dem Zug oder dem Bus ankommt, sollte man seinen Rundgang am Bahnhof bzw. am gegenüberliegenden Busbahnhof gegen den Uhrzeigersinn beginnen. Auf dieser Tour kann man die wichtigsten Sehenswürdigkeiten anschauen. Folgt man der ul. Dworcowa nach rechts (zwischen den Bahnhöfen) gelangt man zum weitläufigen pl. Zamkowy mit dem **Brama Głogowska/Glogauer Tor** aus dem frühen 15. Jahrhundert. Es gehört zu einem von nur zwei erhaltenen Abschnitten der Stadtmauer, die hier noch stehen, dahinter erhebt sich das gewaltige **Schloss**.

Dieses ist ein Mischmasch aus verschiedenen Baustilen und beherbergt heute Verwaltungsbüros. Außer der Kapelle sind keine nennenswerten Innenräume für eine Besichtigung zugänglich. Sehenswert ist vor allem das **Eingangsstor** in Form eines Triumphbogens, das einzige Überbleibsel des ehemaligen Renaissancepalastes. Von der früheren Verteidigungsanlage, die seit langem durch die romantische Nachbildung einer Burg nach einem Entwurf des großen Berliner Architekten *Karl-Friedrich Schinkel* ersetzt ist, stehen nur noch zwei komplett restaurierte Türme. Der höhere davon ist achteckig, der niedrigere ist zylinderförmig und wird von einem Balkon umfasst, der mit Zinnen geschmückt ist, auf denen sich wiederum ein achteckiges Türmchen befindet.

Geht man die ul. Nowa hinunter, hat man einen herrlichen Blick auf den gesamten Schlosskomplex. Dann kommt man in die ul. Partyzantów, die das gut erhaltene barocke Stadtviertel in der Mitte durchschneidet. Zur Rechten sieht man den Jesuitenkomplex und die lange Fassade der **Kirche des hl. Johannes** (św. Jana) sowie das Kollegium. In der engen Gasse erscheinen die Bauten umso gewaltiger. An der Ostseite der Kirche sticht der Chorraum hervor, Überreste des Franziskanerklosters aus dem 13. Jh. Durch seine Lage und Backsteingotik wirkt er fehl am Platz. Der Chorraum blieb erhalten, weil er den Piasten als Mausoleum diente: Hier stehen mehrere Sarkophage. Die Barockfresken stellen die Geschichte Polens und Schlesiens unter der Piastendynastie dar.

Ein weiteres schönes Barockpalais, die **Rycerska Akademie,** findet man gleich in der Straße dahinter, in der ul. Chojnowska. Hier steht außerdem der **Chojnów-Turm** (Ende des 14. Jh.s) sowie ein weiterer kleiner Teil der Stadtmauer aus dem Mittelalter.

Schlesien Karte S. 602/603

Die ul. Chojnowska führt auch zum länglich angelegten **Rynek**, der durch die vielen funktionellen, modernen Wohnhäuser leider einen Großteil seines ursprünglichen Charmes eingebüßt hat. Nur zwei Reihen mit historischen Häusern, die im mittleren Teil des Platzes Wand an Wand stehen, lassen noch den ursprünglichen Charakter des Rynek erahnen: Acht mit Arkaden versehene Renaissancehäuser, alle mit heiteren Farben und einige mit Reliefverzierungen. Von diesen Bürgerhäusern mit Spitzdächern weisen zwei Dekorationen auf, die in der Sgrafittotechnik ausgeführt sind. Bemerkenswert ist vor allem das Haus mit dem zylinderförmigen Erkerfenster.

Am Ende dieses Blocks steht das **Alte Rathaus**, ein Bau im gemäßigten Barock, dahinter das **Theater**, das in der ersten Hälfte des 19. Jahrhunderts entstand und dessen Stil entfernt an einen florentinischen Palazzo erinnert. Dort steht auch der schöne Neptunbrunnen aus dem 18. Jahrhundert.

An der Ecke des Platzes erhebt sich unverkennbar die große Backsteinkirche **St. Peter und Paul** mit ihren beiden Türmen, deren neugotische Fassade gut zu den arkadengesäumten Bauten aus der Jahrhundertwende passt, die ihr direkt gegenüber liegen. Zwei hübsche Portale aus dem 14. Jahrhundert sind noch erhalten: Das Portal im Norden, mit einem Tympanon, auf dem Standbilder der beiden Schirmherren der Kirche das Gemälde *Die Anbetung der Weisen* flankieren, stellt den hervorstehenden Torgang an der Fassade mit der *Madonna mit Kind* sogar in den Schatten. Zu der größtenteils ursprünglichen Inneneinrichtung zählen ein Taufbecken aus dem späten 13. Jahrhundert mit Basreliefs aus Bronze, eine aufwendige Renaissancekanzel und ein theatralisch wirkender barocker Hochaltar.

Die ul. Piotra i Pawła führt zurück zum Bahnhof, vorbei am pl. Mariacki mit der im Stil der Backsteingotik gestalteten **Kirche Unserer Frau**, deren schlichtes Äußeres eher an ein Militärgebäude als an einen Sakralbau erinnert. Hier trifft sich die noch verbliebene protestantische Gemeinde, die bis 1945 die Mehrheit stellte.

Legnickie Pole/Wahlstatt

Das Dorf Legnieckie Pole, 11 km südöstlich von Legnica, liegt direkt auf dem großen Schlachtfeld. Anlässlich des 750. Jahrestages der Schlacht, im Jahr 1991, wurde es umfassend restauriert.

An der Stelle, an der man den Leichnam Heinrichs des Frommen fand, wurde eine Kirche erbaut (der Überlieferung nach konnte seine Mutter, die spätere Heilige Hedwig von Trzebnica, den kopflosen Leichnam ihres Sohnes nur anhand seines Fußes identifizieren, der sechs Zehen hatte). Dann wurde die Steinkapelle, die dem Komplex gegenüberliegt, ein Benediktinerkloster, und schließlich diente sie vier Jahrhunderte lang der protestantischen Gemeinde als Pfarrkirche. Heute beherbergt die Kirche das **Museum der Schlacht von Liegnitz**, in dem unter anderem Diagramme, Schaubilder der Schlacht sowie eine Kopie von Heinrichs Grab zu sehen sind (das Orginal befindet sich im Nationalmuseum in Wrocław). Außerhalb des Museums stehen einige große Holzschnitzereien, die anlässlich des 750. Jahrestages in Auftrag gegeben worden waren, darunter auch Darstellungen eines gewieften Tataren-Bogenschützen und des abgetrennten Kopfs Heinrichs.

Öffnungszeiten Mi–So 11–17 Uhr. Eintritt 4 Zł, Mi frei.

Die während der Reformation vertriebenen Benediktiner kehrten im frühen 18. Jahrhundert nach Legnickie Pole zurück und errichteten die große Kirche St. Hedwig direkt gegenüber dem Museum. Sie ist das Werk von *Kilian Ignaz Dientzen-*

hofer, der auch für einen großen Teil der großartigen Barockarchitektur in Prag verantwortlich zeichnet. Der für ihn typische Gebrauch verschiedener geometrischer Formen und das Spiel konkaver mit konvexen Flächen wird hier besonders deutlich. Das Kircheninnere (normalerweise nur zu Gottesdiensten geöffnet; wenden Sie sich ans Museum, damit man aufschließt), ein ovales Schiff mit einer verlängerten Apsis, ist ungewöhnlich hell – eine Wirkung, die durch die weißen Wände und riesige Fenster erreicht wurde. Eine perfekte Ergänzung zur Architektur sind die großartigen **Gewölbefresken** des Bayern *Cosmas Damian Asam*. Über der Orgelgalerie sollte man nach der Szene Ausschau halten, in der die Tataren Heinrichs Kopf auf einem Pfahl hochhalten, um ihren Sieg zu feiern, während Mutter und Gemahlin des Herzogs an seinem Leichnam trauern.

Nachdem das Kloster 1810 zum zweiten Mal aufgelöst wurde, dienten die **Klosterbauten** verschiedenen Zwecken (gegenwärtig als Heim für mittellose Frauen). Fast hundert Jahre lang befand sich hier eine preußische Militärakademie; ihr berühmtester Absolvent war Paul von Hindenburg, der deutsche Befehlshaber im Ersten Weltkrieg und von 1925 bis zu seinem Tod 1934 Reichspräsident.

• *Übernachten/Essen* In Legnickie Pole gibt es ein sehr preiswertes **Motel** in der ul. Kossak-Szczuckiej 7 (✆ 076/858 2094), Zimmer mit eigenem Bad (G), mit Gemeinschaftsbad (H). Dem Hotel angeschlossen ist ein **Restaurant**. Am Dorfrand befindet sich ein **Campingplatz**, der Einzige in der Gegend von Legnica (geöffnet Juni–Sept.; ✆ 076/858 2397) mit Chalets (4 Pers.) für 70 Zł.

Zielona Góra/Grünberg

Im Nordwesten Unterschlesiens, an der Bahnlinie Wrocław–Berlin, liegt die 100.000 Einwohner zählende Stadt Zielona Góra. Sie wurde im Zweiten Weltkrieg kaum beschädigt und besitzt daher eine Mischung an Gebäuden unterschiedlichster Stilrichtungen in der Innenstadt, einzigartig für Polen.

Hier ist auf engstem Raum eine architektonische Vielfalt vereint, wie sie um die Jahrhundertwende in Deutschland üblich war: solide wilhelminische Bauten stehen einträchtig neben experimentellen Jugendstilhäusern. Daneben gibt es auch einige ältere Wahrzeichen, z. B. zwei Türme, die von Bollwerken aus dem 15. Jahrhundert erhalten sind, die gotische Kirche der hl. Hedwig und das häufig umgebaute Rathaus aus der Zeit der Renaissance mitten auf dem Rynek. Am eindrucksvollsten ist die große **Kirche unserer Frau von Częstochowa** aus dem 18. Jahrhundert, ein gutes Beispiel für die schlesische Vorliebe für Sakralbauten im Fachwerkstil. Im benachbarten **Regionalmuseum**, al. Niedpodległości 15, erhält man einen Überblick über den Weinbau in der Region.

• *Öffnungszeiten* **Regionalmuseum** – Mi–Fr 11–17 Uhr, Sa 10–15 Uhr, So 10–16 Uhr. Eintritt 4 Zł.

• *Information* Das PTTK-Büro, gleich nördlich vom Rynek, ul. Kupiecka 17 (Mo–Fr 7.30–15.30 Uhr; ✆ 068/325 5491), dient derzeit als **Fremdenverkehrsbüro**, hat jedoch wenig Info-Material.

• *Anfahrt/Verbindungen* Bahnhof und Busbahnhof liegen nebeneinander am Nordwestrand des Zentrums, 15 Minuten zu Fuß vom Rynek entfernt.

• *Übernachten/Essen* Orbis hat offensichtlich eine hohe Meinung von Zielona Góra, denn die Kette führt hier ein teures Hotel: das **Polan**, einige Häuserblocks von den Bahnhöfen entfernt in der ul. Staszica 9a (✆ 068/327 0091; polan@orbis.pl; B). Es gibt auch eine Auswahl an weniger teuren Unterkünften, wie z. B. das **Śródmiejski** gleich im Stadtzentrum, ul. Żeromskiego 23 (✆ 068/325 4471; G–E, je nachdem, ob mit neuen Möbeln und TV oder ohne); und das **Pod Lwem**, ul. Dworcowa 14 (✆ 068/324 1055; G), nahe bei den Bahnhöfen. Die **Jugendherberge** in der ul. Wyspiańskiego 58, südöstlich vom Bahnhof (✆ 068/327 0840), ist das ganze Jahr geöffnet und hat auch Zeltplätze zur

Schlesien Karte S. 602/603

Verfügung. Um dorthin zu gelangen, geht man vom Bahnhof aus nach links und läuft unter der Straßenunterführung hindurch, danach rechts den Hügel hinauf, am Polan vorbei, und biegt dann bei der Ampel links in die ul. Wyspiańskiego ab – etwa zwanzig Minuten zu Fuß.

Zielona Góra hat eine große Auswahl an internationalen Restaurants. Das **Indyska**, Stary Rynek, bietet indisch-thailändische Küche. Im **To Tu**, pl. Pocztowy 17, gleich südlich des Rynek, gibt es alles von italienisch bis chinesisch. Wer eine Auswahl an europäischen Gerichten wünscht, geht ins **Figaro**, al. Wojska Polskiego 114a, etwas westlich vom Rynek. Gutes polnisches Essen gibt es im **Nieboska Komedia**, al. Niepodległośi 3/5, nordöstlich des Rynek.

Żagań/Sagan

Die alte Herzogsstadt Żagań liegt ungefähr 50 km südwestlich von Zielona Góra und ist von dort mit dem Zug und dem Bus leicht zu erreichen.

Während des Zweiten Weltkriegs wurde Żagań weitgehend zerstört und erlangte internationale Berühmtheit als Standort des berüchtigten deutschen Kriegsgefangenenlagers Stalag 17. Einen auf Tatsachen basierenden Ausbruch aus dem Lager illustriert der Film *Gesprengte Ketten*.

Die teilweise restaurierte Innenstadt lässt ihre glanzvolle Vergangenheit nur noch erahnen: Das Herzogtum wurde einst *Albrecht von Wallenstein* verliehen, dem großen Feldherrn der kaiserlichen Truppen im Dreißigjährigen Krieg. Der Astronom *Johannes Kepler* verbrachte seine letzten zwei Lebensjahre hier als Gast Wallensteins, und später wohnte der berühmte französische Romancier *Stendhal* in dem Städtchen.

Wenn man den Rundgang im Westen des kleinen, kompakten Stadtzentrums beginnt, sieht man zuerst die schönste der historischen Kirchen der Stadt, die **Kirche St. Maria**, die einst Teil eines Augustinerklosters war. Der gotische Bau mit dem Hochgiebel war ursprünglich eine Hallenkirche aus dem 14. Jahrhundert; das Innere, in dem ein schöner Renaissance-Altar zu sehen ist, wurde im Barock total umgebaut. Weiter östlich kommt man zum ersten der beiden großen Marktplätze, dem **Alten Rynek**, an dem einige Bürgerhäuser aus dem 16. und 17. Jahrhundert sowie das gotische Rathaus stehen, dessen Loggia im florentinischen Stil aus dem 19. Jahrhundert stammt. Dahinter liegt der größer **Neue Rynek**, an dessen Nordseite sich die Jesuitenkirche befindet. In einem Park südlich davon steht der **Palast**, dessen Bau in der Renaissance im Auftrag Wallensteins begonnen, aber erst später im 17. Jahrhundert im italienischen Barockstil vollendet wurde. Im Zweiten Weltkrieg wurden die schmuckvollen Innenräume zerstört. Heute dient der Palast als Kulturzentrum.

Im Vorort Stary Żagań befand sich in der ul. Lotników Alianckich das Kriegsgefangenenlager Stalag 17. Heute ist darin ein **Märtyrermuseum** untergebracht. Ungefähr 200.000 Kriegsgefangene aus aller Welt, vor allem Offiziere, wurden hier gefangen gehalten. Ein Denkmal erinnert an die umgekommenen Insassen. In einem Raum sind Betten der Gefangenen ausgestellt, Haare, Brillen, Kleider und Dokumente. Fotos und ein Modell illustrieren, wie es im Lager ausgesehen hat.

• *Öffnungszeiten* **Märtyrermuseum**, täglich 10–17 Uhr. Um Spenden wird gebeten.

• *Übernachten/Essen* Das beste Hotel in Żagań ist das **Młynówka**, ul. Żelazna 2a (✆ 068/377 3074; G), ein schwarz-weißer Bau im Park hinter dem Palast. Alternativen sind das etwas gehobenere **Nadbrodzański**, gleich auf der anderen Flussseite am pl. Kilińskiego 1 (✆ 068/377 3447; F), sowie das einfache und etwas düstere **Dom Turysty** (✆ 068/377 3467; G) im Hof des pl. Klasztorny, der an die kolossalen Mauern der St. Marien-Kirche angrenzt. Die **Jugendherberge** in der ul. X-lecia 19 (✆ 068/377 3235) hat einfache Schlafräume und einen sonnigen Aufenthaltsraum.

Die besten Restaurants der Stadt sind das **Nadbrodzański** sowie das **Kepler** am Rynek 27. Das **Tropik** auf der gegenüberliegenden Seite des Platzes am Rynek 8/9 bietet ebenfalls gute Qualität.

• *Festival* Jeden Mai ist der Kristallsaal des Palastes Schauplatz des größten Festivals der Region, den polnischen Tanzwettbewerb.

Jelenia Góra/Hirschberg

Die Stadt liegt rund 110 km südwestlich von Wrocław und ist das Tor zu einem der beliebtesten Urlaubs- und Erholungsgebiete Polens, dem Karkonosze-Nationalpark.

Der rustikale Name "Hirschberg" symbolisiert ländliche Einfachheit und ist etwas verfehlt für eine Stadt, die schon seit fünfhundert Jahren ein Zentrum polnischer Manufakturen ist. Jelenia Góra, 1108 von *König Bolesław III. Schiefmund* als Festung gegründet, stieg im Mittelalter zu einem wichtigen Zentrum für die Glas- und Eisenmanufaktur auf. Im 17. Jahrhundert bildete die Produktion von erstklassigen Textilien den Eckpfeiler seiner Wirtschaft. Angesichts dieser soliden Grundlagen überrascht es kaum, dass die Stadt, nachdem sie zu Preußen kam, Vorreiterin der industriellen Revolution in Deutschland wurde.

• *Information* Es gibt das hilfreiche **Fremdenverkehrsbüro**, ul. 1 Maja 42 (Mo–Fr 9–18 Uhr, Sa 10–14 Uhr; ✆ 075/ 767 6925, www.sudety.it.pl), das Hotelzimmer in der Stadt selbst und im Kurort Cieplice, einem Vorort, vermittelt.

• *Anfahrt/Verbindungen* Der **Hauptbahnhof** befindet sich etwa fünfzehn Minuten zu Fuß vom Zentrum entfernt, am Ostende der ul. 1 Maja.

Hinweis von unserem Leser Philipp Seehofer: "Die Eisenbahnlinien von Jelenia Góra nach Karpacz und von Kowary nach Kamienna Góra sind eingestellt."

Vor dem Bahnhof fahren nur Nahverkehrsbusse und einige Busse in die Nachbarstädte ab. Der **Busbahnhof** für Verbindungen in andere polnische Großstädte befindet sich am anderen Ende der Stadt in der ul. Obrońców Pokoju. Es verkehren jede Menge Busse in die nahen Bergurlaubsorte Karpacz und Szklarska Poręba.

• *Übernachten* **Hotel Europa**, ul. 1 Maja 16 (✆ 075/764 7231), hat Zimmer mit eigenem Bad (E) und mit Gemeinschaftsbad (G). Es ist sehr zentral gelegen, aber etwas muffig.

Jelonek, ul. 1 Maja 5 (✆ 075/764 6541; E), ist ein kleines, komfortables Hotel in einem barocken Stadthaus (unten drin ist *Pizza Hut*).

Baron, ul. Grodzka 4 (✆ 075/752 5391; E), ist ebenfalls klein, aber etwas vornehmer. Es hat todschicke helle Zimmer in einem historischen Gebäude direkt beim großen Rynek.

Jelenia Góra, ul. Sudecka 63 (✆ 075/ 764 6481, jgora@orbis.pl; C), etwa 2 km südlich der Stadt an der Straße nach Kowary und Karpacz. Ein Orbis-Hotel mit 180-Betten. Man sollte dorthin nur ausweichen, wenn das *Baron* ausgebucht ist.

Park, die Straße abwärts von Jelenia Góra, ul. Sudecka 42 (✆ 075/752 6942; H), hat saubere Zimmer mit Bad. Außerdem gibt es hier ganzjährig geöffnete **Campingmöglichkeiten**. In der ul. Bartka Zwyciizcy 10 (✆ 075/752 5746) ist eine ganzjährig geöffnete **Jugendherberge**.

• *Essen* Von den Snackbars entlang der Hauptstraße serviert die **Spaghetteria al Dente**, ul. 1 Maja 33, genießbare Nudel- und Reisgerichte für wenig Geld. Um den Marktplatz herum gibt es zahlreiche Cafés und Restaurants, bei den meisten kann man im Freien sitzen. Das Essen ist vernünftig und preiswert. Das **Smok**, Hausnr. 15, bietet eine begrenzte, aber leckere Auswahl an chinesischen Gerichten. **Pokusa**, Hausnr. 12, ist spezialisiert auf herzhafte schlesische Rind- und Schweinefleischgerichte. Am besten ist wahrscheinlich das **Kurna Chata**, Hausnr. 22. Hier bekommt man heimische Küche in gemütlicher Umgebung unter Arkaden serviert.

• *Kultur* Das kulturelle Leben konzentriert sich um das **Cyprian Norwid Theater**, al. Wojska Polskiego 38 (✆ 075/764 7273; Kartenverkauf Di–Fr 15–18 Uhr und 1 Std. vor Vorstellungsbeginn), dessen Hauptspielsaison im Herbst ist. Wenn Sie an klassischer Musik interessiert sind, probieren Sie die **Filharmonia Dolnośląska**, Pilsudskiego 60 (✆ 075/ 752 6095). In Jelenia Góra finden im Juli **Orgelkonzerte** und **Kammermusik** statt sowie Mitte August ein **Straßentheaterfestival**. Außerdem gibt es vier Kinos in der Stadt, **Lot**, Pocztowa 11 (✆ 075/767 6370), ist das beste.

Schlesien
Karte S. 602/603

Sehenswertes

Die Industrie in Jelenia Góra ist zum Glück nie über die Peripherie der Stadt hinausgewachsen, wodurch das verkehrsfreie historische Zentrum bemerkenswert gut erhalten geblieben ist.

Sogar in einem Land, das für seine schönen Plätze berühmt ist, ragt der **Plac Ratuszowy** heraus. Er ist zwar kein Museumsstück und auch nicht das Handelszentrum der Stadt, aber genau das macht einen Großteil seiner Anziehungskraft aus: Restaurants und Cafés beleben den Platz, und die mehrstöckigen Bürgerhäuser wurden in Wohnungen unterteilt. Die Architektur reicht im Stil von Spätrenaissance über Barock bis zum Klassizismus, trotzdem stellen die Häuser mit den in Pastellfarben getünchten Fassaden und den bis auf die Straße reichenden Laubengängen eine ungewöhnliche, in sich geschlossene Einheit dar. Das große **Rathaus** nimmt wie gewöhnlich die Mitte des Platzes ein. Die nackte Steinkonstruktion aus der Mitte des 18. Jahrhunderts bildet einen gelungenen Kontrast zu den farbenfrohen Häusern.

Im Nordosten des pl. Ratuszowy ragt der schlanke Glockenturm der gotischen **Pfarrkirche** in die Höhe. Inschriften, die an berühmte Familien der Stadt erinnern, zieren die Außenwände, im Inneren drängt sich dicht an dicht die Ausstattung im Renaissance- und Barockstil. Ein weiterer auffälliger Turm steht gleich im Osten, dort, wo die Hauptverkehrsstraße ul. Marii Konopnickiej in die ul. 1 Maja übergeht. Ursprünglich gehörte er zu den Befestigungen aus dem 16. Jh., etwa zweihundert Jahre später wurde er als Glockenturm von der **Kirche St. Anna** in Dienst genommen. Außer ihm ist von der Stadtmauer nur noch der Turm gleich bei der ul. Jasna übrig geblieben, die die westliche Verlängerung des pl. Ratuszowy darstellt.

Geht man auf der ul. 1 Maja weiter, erreicht man nach einigen Minuten die Barockkapelle **Unserer Jungfrau**; meist ist sie verschlossen, aber am Sonntagmorgen kann man weithin den Gesang der russisch-orthodoxen Gemeinde hören. Am Ende der Straße steht auf einem von Mauern umschlossenen, parkähnlichen Friedhof eine weitere Barockkirche aus dem frühen 18. Jahrhundert, die **Heilig-Kreuz-Kirche**, ein Werk des Baumeisters *Martin Frantz* aus Legnica/Liegnitz, der sich die Katharinenkirche in Stockholm zum Vorbild genommen hatte. Außen sieht sie recht nüchtern aus, aber das Innere mit der Doppelgalerie ist reich mit *Trompe-l'oeil*-Fresken ausgemalt.

Die ul. Jana Matejki führt von der geschäftigen ul. Bankowa, die im Süden an der Altstadt vorbeiläuft, zum **Bezirksmuseum** (Nr. 28) am anderen Ende, das direkt unterhalb der bewaldeten Kościuszki-Höhe steht. Außer zeitgenössischen Ausstellungen beansprucht die Darstellung der Geschichte des Glases vom Altertum bis zur Neuzeit den meisten Platz, wobei der Schwerpunkt natürlich auf den hier hergestellten Stücken liegt. Das Museum beherbergt auch eine besonders eindrucksvolle Abteilung über das 20. Jahrhundert.

Öffnungszeiten Di, Do, Fr 9–15.30 Uhr, Mi, Sa, So 9–16.30 Uhr. Eintritt 3 Zł, Mi frei.

In der ul. Chałubińskiego 23 befindet sich ein **Museum** über den Karkonosze Nationalpark, sehr hilfreich wenn Sie einen Besuch im Nationalpark planen. Hier erhalten Sie Informationen über die gebotenen Sehenswürdigkeiten und wie man sich dort am besten orientiert. Die Ausstellung von alten Postkarten dokumentiert auf etwas nostalgische Weise, wie beliebt die Gegend als Erholungszentrum im Wilhelminischen Deutschland war.

Öffnungszeiten Di–So 10–16 Uhr. Eintritt 2 Zł.

Wahrzeichen von Jelenia Góra – der Turm des Rathauses

Die beste **Aussicht** in der Stadt hat man, wenn man vom pl. Ratuszowy in westlicher Richtung der ul. Jasna folgt, dann die ul. Podwale überquert und schließlich der ul. Obrońców Pokoju folgend durch ein Waldstück geht und eine Brücke überquert. Mehrere Wege führen auf einen Berg hinauf, auf dessen Gipfel ein ständig geöffneter Aussichtsturm steht. Von dort oben kann man einen schönen Ausblick auf Jelenia Góra und seine Umgebung genießen.

Cieplice Śląskie-Zdrój/Bad Warmbrunn

Die Stadtgrenzen von Jelenia Góra wurden erweitert und damit eine Reihe von Orten im Süden der Stadt eingemeindet, darunter auch das alte, 8 km entfernte Kurbad Cieplice Śląskie-Zdrój.

Zwar besitzt Cieplice mehrere moderne Sanatorien und Betonwohnblocks in den Vororten, ansonsten herrscht jedoch die Stimmung aus einem Zeitalter vor, in dem man es weniger eilig hatte. Deutlich spürbar wird dies bei einem der regelmäßigen Konzerte mit Wiener Musik in dem entzückenden klassizistischen Theater des Kurortes.

Die breite Hauptstraße wird eigenartigerweise als Platz, Plac Piastowski, bezeichnet. Das wichtigste Gebäude ist hier das große **Palais Schaffgotsch** aus dem 18.

Karte S. 602/603

Jahrhundert, das den Namen der deutschen Adelsfamilie trägt, der früher einmal ein großer Teil der Stadt gehörte. Daneben gibt es auch zwei barocke **Pfarrkirchen**; die katholische steht nahe beim Westende der Straße und ist im Allgemeinen geöffnet; ihr protestantisches Gegenstück östlich vom Palais ist außer am Sonntagmorgen dagegen immer geschlossen.

Ein Spaziergang in südlicher Richtung durch den Park Norweski, der sich auf der Südseite des Flusses Podgórna an den Kurpark anschließt, bringt Sie zu dem kleinen **Ornithologischen Museum** (Muzeum Przyrodnicze)im sogenannten Nordischen Pavillon. In dem Holzbau, der Anfang des 20. Jahrhunderts errichtet wurde, findet man Schaukästen mit Schmetterlingen sowie die Spezialität des Museums, zahlreiche ausgestopfte Vögel.

• *Öffnungszeiten* **Ornithologischen Museum,** Di–Fr 9–15 Uhr, Sa, So 9–16 Uhr. Eintritt 3 Zł, So frei.

• *Information* Das **Fremdenverkehrsbüro**, pl. Piastowski 36 (Mo–Fr 9–17 Uhr, Sa 10–14 Uhr; ✆ 075/755 8844, www.sudety.it.pl), vermittelt Privatzimmer (I) in der Stadt und Hotels.

• *Anfahrt/Verbindungen* Der Nahverkehrsbus Nr. 9 fährt durch den Ort. Die Busse Nr. 7, 8 und 15 halten am westlichen Stadtrand, die Busse Nr. 4, 13 und 14 am östlichen. In Cieplice gabelt sich die Straße in die Richtungen Karpacz und Szklarska Poręba. Die Busse zu beiden Orten fahren Cieplice an.

• *Übernachten/Essen* Am zentralsten gelegen ist das **Cieplice Hotel**, ul. Cervi 11 (✆ 075/755 1041; F). Hier gibt es alte, schäbige sowie renovierte Zimmer gleich beim Kurpark. Die **Pension Venus**, ganz in der Nähe, in der ul. Cervi 19 (✆ 075/ 755 7880; H), ist etwas ansprechender.

Wesentlich billiger ist der **Campingplatz Rataja,** ul. Rataja 9 (✆ 075/755 2566). Er liegt nahe beim Bahnhof Orle, etwa 4 km südwestlich der Stadt auf der Strecke der Buslinien Nr. 7 und Nr. 15.

In den Hallen neben dem Kurtheater ist ein gutes **Café** mit einem kalten Buffet. Abends gibt es hier Tanz. Eine **Milchbar** befindet sich am westlichen Ende des pl. Piastowski. Das **Restaurant** pl. Piastowski 26 serviert traditionelle polnische Gerichte, und das **Mafioso** gleich nebenan ist eine Pizzeria.

Sobieszów/Hermsdorf

Der kleine Ort liegt einige Kilometer weiter im Süden und wird von den Buslinien Nr. 7, 9 und 15 angefahren. Auch hier stehen zwei barocke **Pfarrkirchen**, beide an der Hauptstraße ul. Cieplicka: Die protestantische Kirche ist angemessen schlicht, die katholische dagegen überschwänglich verziert. Etwas abgelegener an der südwestlichen Peripherie befindet sich das **Regionalmuseum**, das sich mit lokaler Geologie, Flora und Fauna befasst.

Öffnungszeiten Di–So 9–16 Uhr. Eintritt 2 Zł.

Von dort aus führen mehrere rot und schwarz markierte Wege hinauf zur **Burg Chojnik**, die sich in ihrer vollen Pracht auf dem gleichnamigen bewaldeten Hügelrücken ausbreitet. Sie ist von der Stadt weiter entfernt, als es zunächst scheint, etwa eine Stunde zu Fuß. In dieser in der Mitte des 14. Jahrhunderts erbauten Burg soll der Sage nach eine Männer hassende, wunderschöne Prinzessin gewohnt haben, die von ihren Freiern verlangte, eine gefährliche Schlucht zu überqueren, um sie ehelichen zu dürfen. Viele kamen bei dem Versuch um; als es einem Verehrer schließlich gelang, zog es die Prinzessin vor, selbst in die Schlucht zu springen, anstatt ihn zu heiraten.

• *Öffnungszeiten* **Burg Chojnik**, Di–So 9–16 Uhr. Eintritt 3,50 Zł.

• *Übernachten/Essen* In der Burg befinden sich ein **Restaurant** und ein **Touristenhotel** (✆ 075/755 3535; F), mit Schlafsaalbetten ab 20 Zł pro Person. Hier sollte jedoch nur übernachten, wer in der Abgeschiedenheit etwas Ruhe sucht.

Karkonosze-Gebirge/Riesengebirge

Das Karkonosze-Gebirge/Riesengebirge ist der höchste und bekannteste Teil des Sudetengebirges, das sich von der kleineren Beskidenkette 300 km in nordwestliche Richtung erstreckt und die natürliche Grenze zwischen Schlesien und Böhmen bildet.

Das für sein raues Klima bekannte Karkonosze-Gebirge, das überwiegend aus Granitfels besteht, hat die höchsten Gipfel auf der polnischen Seite; seine unteren Hänge sind dicht mit Tannen, Buchen, Birken und Kiefern bewachsen, die aber alle von dem in Mitteleuropa verbreiteten sauren Regen betroffen sind. Auf einer Höhe von rund 1.100 m geht die Vegetation in zwergwüchsige Bergkiefern und andere Hochgebirgspflanzen sowie einige für die Region exotische Exemplare über.

Dieser unberechenbare, nebelverhangene, vorwiegend als **Wandergebiet** bekannte Gebirgszug regte die Phantasie der deutschen Romantiker an, und der bekannte Maler Caspar David Friedrich hat ihn eindringlich auf seinen Gemälden festgehalten. Die Region ist auf Grund ihrer Verbindung zu Deutschland in der Vergangenheit heute ein beliebtes Reiseziel für Deutsche – den polnischen Tourismusbehörden ist das recht.

Außerhalb des Nationalparks liegen zwei lang gestreckte Urlaubsorte, Szklarska Poręba/Schreiberhau und Karpacz/Krummhübel, die durch den Tourismus in den letzten Jahren beträchtlich angewachsen sind. Heute bilden sie vorzüglich ausgestattete Ausgangsbasen für Wanderungen im Sommer und Skitouren im Winter. Da das ganze Gebiet verhältnismäßig kompakt ist – die Gesamtlänge des Karkonosze-Gebirges beträgt nur knapp 37 km – und das öffentliche Verkehrsnetz gut (wenn auch teilweise etwas umständlich) ausgebaut ist, reicht für eine Erkundung ein einzelner Stützpunkt aus. Die oberen Regionen des Karkonosze wurden zum **Nationalpark** erklärt (Eintritt 3 Zł pro Tag), aber wie üblich ist diese Bezeichnung keine Garantie dafür, dass man auch überall Einblick in die Naturschönheiten erhält. Wer nicht ausgiebig wandern oder mit dem Rad die Waldwege erkunden möchte, kann mit dem Sessellift einen Tagesausflug zu den Gipfeln machen.

Eine Karte des Parks, Maßstab 1:30.000, ein Muss für alle Wanderer, ist an Kiosken und in Reisebüros erhältlich. Darauf sind alle Wege und Aussichtspunkte eingezeichnet. Wie alle Bergregionen ist auch diese Bergkette für das wechselhafte Wetter berüchtigt. Nehmen Sie selbst an einem sonnigen Sommertag genügend warme Kleidung mit. An über dreihundert Tagen im Jahr hängt der **Nebel** über den Gipfeln, halten Sie sich deshalb immer an die markierten Pfade. Leider verhüllt der Nebel oft die Aussicht.

Karte S. 602/603

Szklarska Poręba/Schreiberhau

Der kleine Ort liegt 18 km von Jelenia Góra, gleich westlich einer der internationalen Hauptstraßen, die bis in die Tschechische Republik führen. Gleichgültig, welche Anreiseart man wählt, die letzten Kilometer der Busstrecke sollte man von Piechowice aus, wo es einen Bahnhof gibt, zu Fuß zurücklegen.

Zwar gehört dieser Teil der Gegend noch nicht zum Nationalpark, aber hier sieht man eine schöne Landschaft. Die Straße verläuft nah an der Kamienna, einem der

Hauptflüsse, die im Gebirge entspringen. In den Fluss münden auf dieser kurzen Strecke gleich mehrere Bäche. Die schönsten Ausblicke hat man vom immer wieder unterbrochenen Fußgängerweg an der Straße aus; die Aussicht von den Wanderpfaden wird dagegen oft von Bäume verstellt. Um den Kamieńczyka Wasserfall des Szklarka kurz vor seiner Mündung in die Kamienna zu sehen, der in einer wunderschönen Schlucht liegt, ist ein Umweg nötig. Der Punkt, an dem man abbiegen muss, ist allerdings nicht zu verfehlen, da er von Souvenirständen gesäumt ist.

Die Kamienna teilt Szklarska Poręba in zwei Teile; die wichtigeren Straßen befinden sich alle im Tal, die restliche Stadt reicht an jeder Seite bis hoch in die Berge hinauf. Man sollte einmal dem Wasserlauf durch den gesamten bebauten Teil des Erholungsortes nachgehen, denn schon bald folgt eine weitere äußerst malerische Strecke, auf der einige atemberaubende Felsformationen, Krucze Skały genannt, über das Südufer ragen.

Von der geschäftigen Stadt gelangt man am schnellsten und einfachsten per Sessellift auf den Berg. Er fährt in zwei Etappen, und von der Endhaltestelle ist es nur noch ein kurzer Fußweg zum Gipfel Szrenica (1.362 m). Die Talstation liegt am Südrand der Stadt: Von der Bushaltestelle geht man zuerst die ul. 1 Maja entlang, dann biegt man rechts in die ul. Turystyczna ein und folgt erst den grünen, dann den schwarzen Markierungen bis zum Ende. Von der Bergstation kann man nun bergabwärts wandern oder wahlweise etwas mehr Energie aufwenden und dem Grat nach Osten bis zum Gipfel des Snieżka folgen und danach in den Urlaubsort Karpacz direkt unterhalb absteigen. Die letztere Möglichkeit nimmt einen ganzen Tag in Anspruch.

Am Nordende der Stadt erinnert das **Hauptmann-Haus**, ul. Listopada 23 (Dom Hauptmana) an den deutschen Schriftsteller und Dramatiker *Gerhart Hauptmann*, einen von vielen Künstlern und Schriftstellern, die ihre Ferien Ende des 19. Jahrhunderts in Szklarska verbrachten. Hier verfasste er den Großteil seines Meisterwerkes *Die Weber*, ein Drama über das Leben im industriellen Schlesien. 1912 gewann er den Nobelpreis für Literatur. Fotos und Manuskripte dokumentieren den Lebensweg des Autors. Außerdem findet man hier eine Sammlung von Stücken der Glashütte Huta Julia, die wichtigste Produktionsstätte für Bleikristall in der Region.

• *Öffnungszeiten* **Hauptmann-Haus**, Di, Do, Fr 9–15.30 Uhr, Mi, Sa, So 9–16.30 Uhr. Eintritt frei.

• *Information* Wie zu erwarten, gibt es in Szklarska Poriba eine große Auswahl an Unterbringungsmöglichkeiten. Online-Information erhalten Sie unter www.szklarskaporeba.pl. Das **Fremdenverkehrsamt** in der ul. Jedności Narodowej 3, Mo–Fr 9–18 Uhr, Sa & So 9–19 Uhr (✆ 075/717 2494, it@szklarskaporeba.pl) führt eine Liste von über 30 Pensionen (C–G) mit Unterbringungen von guter Qualität und teilweise sogar Halbpension. Dort kann man auch einen Bergführer mieten, der beim Aufstieg in die nebligen Berge behilflich ist.

• *Übernachten* Zu den guten Hotels zählt das **Eden**, ul. Okrzei 13 (✆ 075/717 2181; G), ein großes, modernes Gebäude gleich südlich des Zentrums. Es hat Zimmer mit Bad und TV. In der Nähe ist das **Scots**, ul. Kilińskiego 11a (✆ 075/717 3737; F), ein rustikales Hotel mit gemütlichen Zimmern mit Bad über einem Pub. Das **Carmen**, ul. Broniewskiego 8, in der Nähe des Szrenice-Lifts (✆ 075/717 2558, molcarmen@go2.pl; F), ist eine ziemlich große Pension mit gut ausgestatteten Zimmern mit Bad. Sauna, Gymnastik und Hallenbad findet man im **Hotel Bornit**, einem 4-Sterne-Hotel, ul. Mikkiewicza 21 (✆ 075/753 9503, www.bornit.hotel.pl; D). Es ist ein Klotz mit Glasfront, der westlich des Ortes auf einem Hügel thront, mit Blick auf die Innenstadt.

Die **Jugendherberge** liegt weit draußen im Nordosten vom Zentrum in der ul. Piastowska 1 (✆ 075/717 2141), nicht gerade der beste Ausgangspunkt für Wanderungen, allerdings ist sie das ganze Jahr geöffnet. Ein sehr zentral gelegener **Campingplatz** ist

Pod Mostem, Gimnazijalna 5 (✆ 075/717 3062), gleich westlich des Busbahnhofs. Ein weiterer Platz, **Południowy Stok**, liegt in der ul. Batalionów Chłopskich 12 (✆ 075/717 2129), am nordwestlichen Ortsrand. Er ist ebenfalls ganzjährig geöffnet. Hier werden auch Chalets für vier Personen vermietet, etwa 80 Zł.

• Essen Es gibt eine Reihe preiswerter Imbissbuden bei der Talstation des Sessellifts. Auf der Ulica Jedności Narodowej befinden sich die meisten Restaurants. Das **Diavolo**, Hausnr. 26, hat sich auf Pizza, *pierogi* und Pfannkuchen spezialisiert, während man im **Fantazija**, Hausnr. 14, deftige Fleisch- und Fischgerichte bekommt. In seinem Café-Bereich bietet es guten Kaffee und ausgezeichnetes Eis an. Wer traditionelles polnisches Essen wünscht, sollte ins **Krysztal**, ul. 1 Maja 19, gehen. Dort kann man anschließend noch tanzen.

Karpacz/Krummhübel

Karpacz liegt 15 km südlich von Jelenia Góra und ist von dort mit etwa zwanzig Bussen pro Tag erreichbar. Die Ortschaft ist noch weitläufiger als Szklarska Poręba, denn mit nur einigen tausend Einwohnern nimmt sie eine noch größere Fläche ein. Das Zentrum ist ohne Charakter, doch die Vielzahl der leicht zugänglichen Wanderrouten machen Karpacz zu Schlesiens vielseitigstem Ferienort in den Bergen.

Ein Großteil des Ortes konzentriert sich um die kurvige ul. 3 Maja (wird später zur ul. Karkonoska), die sich etwa 5 km den Hügel aufwärts erstreckt. Die meisten touristischen Einrichtungen befinden sich in Karpacz Dolny (Unter-Karpacz), am unteren östlichen Ende des Ferienortes. Doch auch in Karpacz Górny (Ober-Karpacz), talaufwärts nach Westen, gibt es eine Reihe Hotels und Pensionen. Zwischen den Ortsteilen liegt der Verkehrskreisel Biały Jar (so genannt nach dem Hotel, das sich dort befindet), Ausgangspunkt der meisten Wanderwege.

Im oberen Teil von Karpacz Górny und von der Hauptstraße aus gut zu sehen steht das berühmteste, oder besser, das eigentümlichste Gebäude im ganzen Karkonosze-Gebirge: die **Wang-Kapelle** (in gebührendem Abstand von Souvenirläden und Imbissbuden umgeben). Diese romanische Holzkirche aus dem 12. Jahrhundert, die einige herrliche, fein gearbeitete Schnitzereien an Portalen und Kapitellen aufweist, ist außen mit winzigen Holzziegeln bedeckt, die ihr ein schuppenartiges, reptilhaftes Aussehen verleihen. Sie stand fast sechshundert Jahre lang in einem Dorf in Südnorwegen, war jedoch um 1840 so verfallen, dass die Gemeindemitglieder einen Käufer für sie suchten. Nachdem es ihnen nicht gelungen war, einen Norweger zum Kauf zu bewegen, verkauften sie die Kirche an den damals sehr begeisterten Denkmalpfleger König *Friedrich Wilhelm IV.* von Preußen. Er ließ die Kirche abbauen und an diesen entlegenen Ort bringen, an dem sie im Lauf von mehr als zwei Jahren sorgfältig wieder zusammengesetzt wurde. Nur der Steinturm, der zu Beginn dieses Jahrhunderts hinzukam, gehört nicht zum Original und sieht dementsprechend fehl am Platz aus. Aus Achtung vor Friedrich Wilhelms Wunsch finden in der Kapelle am Sonntagmorgen immer noch protestantische Gottesdienste und jeden zweiten Sonntag im Sommer Orgelkonzerte statt.

Öffnungszeiten Mo–Sa 9–18 Uhr, So 11.30–18 Uhr. Eintritt 3,5 Zł.

In Karpacz Dolny befindet sich zudem ein kleines **Museum für Sport und Fremdenverkehr** in einer Berghütte in der ul. Kopernika 2. Dort ausgestellt sind unter anderem altertümliche Bobschlitten und Steigeisen. Im oberen Stockwerk gibt es ein hübsches Zimmer voller Spitzen, geschnitztem Mobiliar und traditionellen

Karte S. 602/603

Trachten sowie mit einem Modell des Schlosses Chojnik. Unterhalb des Museums erstreckt sich das Tal der Dolna, das einen herrlichen Blick über den Nationalpark gewährt.

• *Öffnungszeiten* **Museum für Sport und Fremdenverkehr** – Di, Mi, Fr–So 9–16 Uhr, Do 11–18 Uhr. Eintritt 3 Zł.

• *Anfahrt/Verbindungen* Für die meisten Busse aus Jelenia Góra ist Biały Jar die Endhaltestelle (zwischendurch gibt es entlang der ul. 3 Maja zahlreiche Haltestellen), einige fahren bis Karpacz Górny weiter. Wenn man bedenkt, dass es von einem Ende des Ferienortes bis zum andern zu Fuß etwa eine Stunde dauert, dann kann man die Busse gut als Shuttlebusse benutzen, sobald man eine Unterkunft hat.

• *Übernachten* Informationen über **Privatzimmer** (H) und **Pensionen** (H–F) vermittelt das Fremdenverkehrsbüro in der ul Konstytucji 3 Maja 25a (Mo–Fr 8.30–16.30 Uhr; ✆ 075/761 9453, www.karpacz.pl) in Karpacz Dolny. Es gibt ein gut ausgestattetes Orbis-**Hotel** in Karpacz Dolny, das moderne **Skalny**, ul. Obrońców Pokoju 3, mit 300 Betten (✆ 075/752 7000, skalny@orbis.pl; D). Allerdings besitzt es weniger Atmosphäre als die kleineren, intimeren Hotels der gehobenen Preisklasse der Stadt, z. B. das **Klub Holandia**, mitten zwischen Karpacz Dolny und Biały Jar, ul. 3 Maja 67 (✆ 075/761 0982; D). Oder das **Rezydencja**, in Karpacz Dolny, ul. Parkowa 6 (✆ 075/761 8020; D), dessen zurückhaltende Eleganz es zur gemütlichsten Unterkunft der Stadt macht. Preiswerter ist das **Kolorowa**, ul. Konstytucji 3 Maja 58 (✆ 075/761 9503; E), in Dolny. Es ist eine große Pension an der Hauptdurchgangsstraße mit deutschen Stammgästen und einem guten Restaurant. Das **Bacówki**, gleich gegenüber vom Skalny, ul. Obrońców Pokoju 6 (✆ 075/761 9764; G), besteht im Grunde genommen aus einer Gruppe netter Holzhütten, wobei sich immer zwei oder drei Räume ein Bad teilen.

• *Essen* Karpacz besitzt eine große Auswahl an Restaurants, in denen man nach einem anstrengenden Wandertag wieder Kräfte tanken kann. Besonders viele gibt es in der ul. Konstytucij 3 Maja westlich des Fremdenverkehrsbüros. **Rubenzal**, ul. Konstytucij 3 Maja 51, ist eine kleine Hütte, die preiswerte *pierogi*, *bigos* und andere polnische Mahlzeiten bietet. Die **Pizzeria Verdi**, auf der anderen Straßenseite, hat eine gute Auswahl Pizzas in eleganter Umgebung. Im **Karczma Śląska**, abseits der Hauptstraße in der Rybacka 1, kann man preiswert gegrillte Schweinefleischgerichte essen. Das Hotelrestaurant **Kolorowa** bietet ähnliche Fleischgerichte, die Auswahl ist jedoch größer, und die Preise sind etwas höher. **Country Grill**, ul. Obrońców Pokoju 6a, ist im Stil einer Ranch gebaut und gleich neben dem **Bacówki**, wo Sie in einem großen hölzernen Stall traditionelles polnisches Essen bekommen und ein paar Bierchen trinken können.

Wanderungen von Karpacz/Krummhübel aus

Bevor man sich hier auf eine Wanderung begibt, sollte man sich ein Exemplar der preiswerten Karte *Karpacz i Okolice* (Maßstab 1:30.000) besorgen, wenn man nicht schon die bereits früher erwähnte Karte des Nationalparks gekauft hat. Sie ist in den Touristeninformationen erhältlich und enthält auch einen Stadtplan.

An den Buden neben der Wang-Kapelle und beim Biały-Jar-Verkehrskreisel werden Eintrittskarten für den Nationalpark (3 Zł) verkauft. Biały Jar ist der beliebtere Eingang, teilweise auch weil man von dort die untere Station des Sessellifts (8–17 Uhr) erreichen kann. Der Lift fährt zum Kopa (1.375 m) hinauf, der nur 20 Minuten vom höchsten Punkt der Karkonosz-Gebirgskette, dem **Śnieżka**, entfernt ist. Ein kleiner Umweg vom Sessellift in Richtung Westen bringt Sie zu dem oberen der beiden **Wasserfälle** der Łomnica, die hoch oben im Gebirge entspringt und durch ganz Karpacz fließt. Dabei bildet sie die Nordgrenze der Stadt und legt den Verlauf der ul. Konstytucji 3 Maja fest, die größtenteils parallel zu ihr verläuft. Der zweite Wasserfall unterhalb vom Hotel Biały Jar am rotmarkierten Pfad ist weniger idyllisch, denn er wurde für einen Dammbau begradigt.

Beliebtes Ziel einer Wanderung ist die eindrucksvolle **Śnieżka/Schneekoppe**, mit 1.602 m der höchste Gipfel des Gebirges, der mindestens die Hälfte des Jahres schneebedeckt ist. Er liegt südlich von Karpacz und ist auf dem **schwarz markierten** Pfad in ungefähr drei Stunden vom Hotel

Biały Jar aus zu erreichen, rund 40 Minuten dauert es, wenn man den Weg von der Endstation des Sesselliftes auf dem Kopa zurücklegt.

Vom Sessellift geht es durch den **Kocioł Łomniczki**, zu dessen üppiger Vegetation Karpatenbirken, Enzian, Nelken, Alpenrosen und Eisenhut zählen. An den Hängen der Śnieżka gedeihen dagegen nur Moose, Bärlapp und Flechten. Zum Gipfel verläuft dann entweder der steile, steinige "Zickzackweg" (rote Markierung), der direkt zum Ziel führt, oder der leichtere "Jubiläumsweg" (blaue Markierung), der an der Nord- bzw. Ostseite zum Gipfel hinaufführt. Oben steht eine moderne Wetterstation mit einer Imbissstube, in der man günstig warme Mahlzeiten bekommt; auch in den Hütten auf dem Kopa und der Pod Śnieżką und an der Kreuzung der beiden Wege sind Erfrischungen erhältlich.

Der **rot markierte Weg** führt ebenfalls zum Gipfel. Vom Hotel Biały Jar folgt man der Menschenmenge bis zur Sesselliftstation. Dort zweigt der Weg kurz vor dem *Orlinek* Hotel auf einen wilden Pfad ab, der ca. 40 Minuten stetig ansteigt, bis er den gelb markierten Pfad kreuzt. Hier steht auch eine Schutzhütte. Oberhalb der Baumgrenze verläuft der Pfad weiter in einem steilen Zickzackkurs, bis man etwa weitere 40 Minuten später auf die Pod Śnieżka Schutzhütte stößt. Dann folgt man der schwarzen Markierung bergabwärts und gelangt in etwa 15 Minuten zur Kopa-Sesselliftstation. Von dort aus kann man auf dem Zickzackpfad in etwa 20 Minuten einen Abstecher zum Gipfel der Śnieżka machen. An einem klaren Tag reicht die Sicht von der Śnieżka bis zu 80 km weit ins Land und umfasst nicht nur Gebiete des Sudetengebirges in Polen und der Tschechischen Republik, sondern auch das Lausitzer-Gebirge auf der deutschen Seite.

Besonders sehenswert ist der Abschnitt des rot markierten Pfades gleich im Westen der Śnieżka, der oberhalb von zwei **Gletscherseen**, dem Mały Staw und dem Wielki Staw, verläuft. Will man nicht bis Szklarska Poręba/Schreiberhau weiterwandern, kann man den Rückweg auf dem schwarz markierten Pfad beginnen und dann zum blau gekennzeichneten überwechseln, der bei Karpacz Górny endet. Schöner ist es jedoch, den rot markierten Pfad noch etwas weiter zu laufen und auf dem gelb markierten Pfad, der dann in blauen Pfad übergeht, abzusteigen: Hier kommt man an den malerischsten **Felsformationen** des Riesengebirges, den Słonecznik- und den Pielgrzymy-Felsen, vorbei und gelangt dann nach Karpacz Górny.

Wem die oben beschriebenen Routen zu anstrengend erscheinen, der kann eine leichtere Alternative wählen und von Karpacz Górny aus auf dem blau markierten Pfad bis zur Samotnia-Hütte am Ufer des Mały Staw laufen. Die Laufzeit beträgt hin und zurück etwa 3 Stunden.

Vom Riesengebirge in die Region Kłodzko/Glatz

Zwischen dem Karkonosze-Gebirge und dem zweitwichtigsten Erholungsgebiet Schlesiens, dem Kłodzko-Tal im Südosten, liegen mehrere Städte mit einer beachtlichen Vergangenheit.

Die meisten haben eine Verbindung zu dem ehemaligen Herzogtum von Świdnica/Schweidnitz, das zwar nur zwischen 1290 und 1392 existierte, aber auf die schlesische Kultur einen nachhaltigen Einfluss ausgeübt hat. Mit Ausnahme der Stadt Wałbrzych, einem schrecklichen Beispiel von Polens industrieller Entwicklung nach dem Zweiten Weltkrieg, ist dies eine wunderschöne ländliche Ecke von Schlesien, mit weitem landwirtschaftlich genutztem Hügelland, das von großen Waldstücken umrandet ist. Wałbrzych ist ein wichtiger Transportknotenpunkt auf der Bahnlinie Wrocław–Jelenia Góra, doch wer auf der Straße kommt, kann den Ort umfahren, indem er den Straßen nach Świdnica etwas weiter nördlich folgt.

Schlesien
Karte S. 602/603

Krzeszów/Grüssau

Das Dorf Krzeszów liegt im Schatten einer gewaltigen Abtei, die aus historischer und architektonischer Sicht als eines der bedeutsamsten Bauwerke in ganz Schlesien gilt. Sie liegt etwa 46 km südöstlich von Jelenia Góra, etwas südlich der Hauptverbindung nach Świdnica, aber Sie sollten unbedingt den lohnenden Abstecher machen. Wer auf öffentliche Transportmittel angewiesen ist, nimmt einen Bus von Jelenia Góra zur wenig schönen Textilstadt Kamienna Góra und steigt dort um.

Die Abtei wurde 1242 auf Veranlassung von *Anna*, der Witwe von Heinrich dem Frommen, von Benediktinern gegründet. Sie blieben allerdings nur knapp fünfzig Jahre, dann kaufte Annas Enkel *Bolko I. von Schweidnitz* das Land zurück. Er übergab es den Zisterziensern und machte die Kirche zur Begräbnisstätte seiner Familie. Der Umstand, dass die Abtei sowohl von den Hussiten als auch im Dreißigjährigen Krieg zerstört wurde, tat ihrem wirtschaftlichen Erfolg keinen Abbruch, schließlich befanden sich fast 300 Quadratkilometer Land in ihrem Besitz, darunter zwei Städte und vierzig Dörfer. Diese wirtschaftliche Grundlage finanzierte den völligen Wiederaufbau im Stil des Barock. Aber schon kurz darauf setzte wegen der Säkularisierung der Ländereien in den Schlesischen Kriegen der unaufhaltsame Niedergang der Abtei ein.

Über hundert Jahre lang lagen die Gebäude verlassen, aber im Jahr 1919 wurden sie von Benediktinermönchen aus Prag in Besitz genommen, denen sich nach dem Zweiten Weltkrieg auch eine Gruppe von Nonnen anschloss. Die Restaurierungsarbeiten sind nun weitgehend abgeschlossen, und beide Kirchen sind wieder in außergewöhnlich gutem Zustand. Zu der beeindruckenden Wirkung der prächtigen Kirchen trägt auch die Tatsache bei, dass sie in dem winzigen schlesischen Dörfchen umso mehr hervorstechen.

Die beiden Kirchen unterscheiden sich stark in Größe und Eindruck. Die kleinere, relativ einfache der beiden entstand um 1690 für die Pfarrgemeinde. Sie ersetzte die mittelalterliche Kirche und wurde nach dem heiligen Joseph benannt, ganz im Sinne des gegenreformatorischen Kults um den Gemahl der Jungfrau Maria, mit dem das Bild einer intakten Familie unterstrichen werden sollte. Die Innenräume wirken durch den blau gemaserten Marmor und die hohen Fenster sehr hell, der frisch renovierte Altar erstrahlt prächtig im typischen Barockstil. Der prachtvolle **Freskenzyklus**, auf dem Joseph kaum älter als seine Frau ist und ähnlich wie sie in den Himmel aufgenommen wird, ist die künstlerische Umsetzung dieser kurzlebigen Verehrung. Der mit kühnen Pinselstrichen und in warmen Farben ausgeführte Zyklus ist das Meisterwerk von *Michael Willmann,* einem Ostpreußen, der zum katholischen Glauben übertrat und bis an sein Lebensende Sakralbauten in Schlesien ausschmückte. An der Decke führt Willmann das Thema "Familie" mit mehreren biblischen Stammbäumen fort.

Der Bau am **Marienmünster**, in prachtvollem Barock, begann 1728 und war schon in knapp sieben Jahren abgeschlossen – daher das einheitliche Bild, dessen Wirkung in der Kombination von Monumentalem mit reicher Dekoration liegt. Am beeindruckendsten ist zweifellos die Fassade: Zwischen den beiden Kuppeltürmen befinden sich Statuen von verschiedenen religiösen Persönlichkeiten, die den Gesetzen der Schwerkraft zu trotzen scheinen. Drei Altarstücke im Querschiff stammen von Willmann, das bemerkenswerteste Werk ist jedoch eine byzantinische Ikone, die sich seit dem 14. Jh. in Krzeszów befindet.

Das Deckengemälde im Schiff zeigt Szenen aus dem Leben der Jungfrau und stellt eine Art ein Gegengewicht zu den Fresken in der Pfarrkiche dar; im südlichen Querschiff sind Hussiten beim Foltern von Mönchen zu sehen.

Von hier aus geht es auch ins **Piastenmausoleum** hinter dem Hochaltar. Wenn Besuchergruppen da sind (im Sommer ziemlich oft), ist es geöffnet, sonst muss man einen Mönch oder eine Nonne darum bitten. Im Mittelpunkt der Kapelle steht das großartige Monument von *Bernhard von Schweidnitz* in farbigem Marmor zwischen den bescheideneren gotischen Sarkophagen von Bolko I. bzw. II. Die Geschichte der Abtei ist in den Fresken an den beiden Kuppeln festgehalten.

• *Übernachten* Für eine idyllische Übernachtung bietet sich die Pension **Betlejem** (✆ 075/742 2324, I–H) an, die etwa 2 km südlich der Stadt ausgeschildert ist: Das *drzewnianka* (Holzchalet) mitten im Wald möchte man gar nicht mehr verlassen. Daran grenzt der weniger bekannte **Pawilion na Wodzie** (Wasserpavillon) an, ein früheres Sommerhaus der Krzeszówer Bischöfe. Die Besitzer des Hauses geben gegen eine kleine Gebühr eine Führung. Weniger errinnerungswürdige Nächte kann man in einer der zwei Pensionen in Kamienna Góra verbringen: Das **Pan Tadeusz**, ul. Legnicka 2e (✆ 075/744 5227; H), ist wenig mehr als ein umgebauter Neubau, der in der Nähe der Ampeln auf der Bolkówer Straße stadtauswärts ausgeschildert ist. Ein wenig freundlicher ist die zentral gelegene Pension **Krokus** in der ul. Parkowa 16 (✆ 075/744 3514; F).

Auf dem Parkplatz gegenüber vom Eingang zur Abtei befindet sich eine **Snackbar**.

Bolków/Bolkenhain

Schon der Name des Ortes, 35 km östlich von Jelenia Góra, erinnert an seine Gründung durch den ersten Herzog von Schweidnitz, Bolko I.

Zwar ist von der **Burg** heute nicht mehr viel übrig, trotzdem beeindrucken sogar noch die Ruinen, die herrisch über der kleinen Stadt aufragen. Die Festung wurde im Laufe der Jahre zu einem Renaissancepalast umgebaut, später wurde sie von den Mönchen von Krzeszów verwaltet, und nach der napoleonischen Säkularisation wurde sie völlig aufgegeben. Die Gebäude wurden für ein kleines Museum über die Geschichte der Stadt teilweise restauriert, und man kann auf den Turm steigen, um einen weiten Blick über das Land zu genießen. Gleich unterhalb befindet sich der als Wunschbrunnen genutzte alte Brunnen, in dem sich heute wertlose alte Złoty-Scheine häufen.

Öffnungszeiten Di–Fr 9–15 Uhr, Sa 8–15 Uhr, So 9–16 Uhr. Eintritt 2 Zł.

Unten in der Stadt sind die Sehenswürdigkeiten rarer, wenn auch die bunt bemalte gotische Pfarrkirche und der abfallende Rynek einen gewissen Charme ausstrahlen.

• *Übernachten/Essen* Es gibt zwei Hotels in der Stadt, das **Bolków**, ul. Sienkiewicza 17 (✆ 075/741 3341), mit gut ausgestatteten Zimmern mit Bad (F) und einfacheren Räumen mit gemeinschaftlichen Sanitäreinrichtungen (H) sowie das kleine und einfachere **Panorama**, ul. Mickiewicza 6 (✆ 075/741 3444; H).

Das **Bolków** hat ein ausgezeichnetes Restaurant, und rund um den Rynek befinden sich zahlreiche Cafés.

Jawor/Jauer

20 km nördlich von Bolków, auf der Hauptverbindungsstraße nach Legnica, liegt die Stadt Jawor, früher Hauptstadt eines unabhängigen schlesischen Herzogtums.

Auf dem arkadengesäumten, kleinen **Rynek** sind noch einige farbenfrohe Patrizierhäuser aus der Renaissance und dem Barock erhalten. Ebenfalls auf dem Marktplatz

Schlesien Karte S. 602/603

erhebt sich das Ende des 19. Jahrhunderts im neuen Renaissancestil erbaute **Rathaus** mit dem gotischen Rathausturm aus dem 14. Jahrhundert. In der **St. Martinskirche** lassen sich in der Inneneinrichtung der Halle spätgotische Einflüsse erkennen, außerdem sind das Chorgestühl aus der Renaissance und ein barocker Hochaltar erhalten geblieben. Hinter der Kirche führt eine Öffnung in der mit Inschriften übersäten Backsteinmauer zu noch älteren, etwas verwahrlosteren Ruinen.

Vom Marktplatz aus gelangt man auf der ul. Grundwalska in nordwestlicher Richtung zum pl. Wolności. Am anderen Ende des Platzes führt ein Tor zu dem aus historischer Sicht gesehen interessantesten, wenn auch nicht gerade ansehnlichsten Bauwerk der Stadt, der **Friedenskirche** (Kościół Pokoju). Der Bau verdankt seinen Namen dem Westfälischen Frieden, der 1648 den Dreißigjährigen Krieg und seine religiösen Konflikte und dynastischen Machtkämpfe beendete. Der Name könnte sich jedoch genauso gut auf die stille Lage der Kirche außerhalb der alten Stadtmauer beziehen. Sie ist eine von drei Kirchen (von denen zwei noch erhalten sind), die die schlesische protestantische Minderheit bauen durfte, nachdem sich die Feindlichkeiten beruhigt hatten. Sowohl das Baumaterial (nur Holz und Lehm, keine Steine oder Backsteine), als auch die Lage außerhalb des Stadtzentrums wurden von den Gesetzen des Habsburgers Kaisers vorgeschrieben. Die nach Plänen des Ingenieurs Albrecht von Säbisch gebaute Kirche wurde so geschickt angelegt, dass sie auf relativ kleinem Raum einer riesigen Gemeinde Platz bieten kann. Noch deutlicher ist diese raffinierte Bauweise in der Friedenskirche in Świdnica (siehe unten) zu sehen. Zum Essen empfiehlt sich das Restaurant **Ratuszowa**, Rynek 5.

Strzegom/Striegau

Östlich von Bolków führt die Hauptstraße nach Świdnica durch hügelige Landschaft. Nach etwa 10 km zweigt eine Straße nach Strzegom ab, das etwa 10 km weiter im Norden liegt. Es wird von einigen als älteste Stadt Schlesiens angesehen, und gehört vielleicht sogar zu den ältesten in ganz Polen. Da die hiesigen Steinbrüche jedoch seit langem ein wichtiges Zentrum für die Granitgewinnung sind, ist Strzegom vor allem als Industriestadt bekannt, und es haben sich nur wenige Anzeichen für seine historische Bedeutung erhalten.
Schon von weitem fällt die große, gotische **St. Peter und Paul Basilika** ins Auge, die mit Material aus den hiesigen Steinbrüchen erbaut wurde. Die Tympanons sind jedoch aus leichter zu verarbeitendem Sandstein: Sie zeigen eine Darstellung des *Jüngsten Gerichts* (mit etwas ausufernden apokalyptischen Reitern) und über dem Südportal die *Aufgebahrte Jungfrau.*

Książ/Fürstenstein

Südöstlich von Jelenia Góra in **Książ** befindet sich ein sehr gut erhaltenes Schloss und gleichzeitig eine der größten erhöht gelegenen Befestigungen Schlesiens. Man erreicht sie, wenn man von der Hauptverbindung Jelenia Góra–Świdnica in dem Dorf Świebodzice, etwa 20 km von Bolków entfernt, nach Süden abzweigt. Mit öffentlichen Verkehrsmitteln fährt man am besten bis Świdnica. Von dort verkehrt der Minibus Nr. 31 (nach Wałbrzych) ab dem Bahnhof bis zu einem Punkt, von wo das Schloss in 10 Minuten zu Fuß zu erreichen ist. Wer mit dem Zug ankommt, nimmt den Bus nach Wałbrzych und dann den Stadtbus Nr. 8. Dieser liefert einen genau am Fuß des Zielortes ab (Zamek Książ).

Das majestätische Schloss wurde auf einem Felsvorsprung erbaut, der an drei Seiten von den Schluchten des Flusses Pełcznica umgeben ist. Obwohl sich in dem Gebäude verschiedene Baustile vermischen, angefangen von der frühen Romanik der Festung von *Herzog Bolko I.* aus dem 13. Jahrhundert bis zu den romantischen Erweiterungen aus dem 20. Jahrhundert sticht der Bau aus der Landschaft hervor, die in Schlesien von den Verwüstungen des Krieges und von Industrieanlagen gezeichnet ist. Während des Zweiten Weltkrieges hatte man versucht, hier einen bombensicheren Bunker für Hitler einzurichten, später wurde das Gebäude von der Sowjetarmee besetzt. Was die Deutschen nicht zerstört hatten, wurde hinterher von den Anwohnern der Region fortgetragen, bis sich schließlich die Regionalverwaltung bereit erklärte, den Bau zu sanieren. Die Innenräume des Schlosses mit den 400 Zimmern sind momentan in einem "stabilen" Zustand und werden für die unterschiedlichsten Zwecke genutzt: Einige dienen als Bar oder Restaurant, andere als Kunstgalerie, Hotelräume oder einfach als Touristenattraktion. Dieses unstimmige Konzept hat zumindest zur Folge, dass man ungehindert durch die verlassenen Korridore wandern kann, in die sich – wahrscheinlich auf Grund der widersprüchlichen Beschilderung – nur selten ein Besucher verirrt. Für die 25-minütige Führung auf den **Hauptturm** muss man eine Gebühr bezahlen (sie lohnt sich auf jeden Fall). Er wurde über dem ehemaligen Kern von Bolkos Zitadelle erbaut, und beim Aufstieg über die sich nach oben hin verjüngende Treppe fühlt man sich wie auf einer Zeitreise durch die Vergangheit von Ksiaż. Unterwegs weist der Führer auf gotische Stilelemente und "Wandbemalungen" hin, die von den Bewohnern des Turmes im Krieg und von Sowjetsoldaten in die Wände geritzt wurden. Wenn Sie oben angelangt nach Luft schöpfen, können Sie dabei den Ausblick über die ziegelgedeckten Dächer und den Wald auf den umliegenden Hügeln genießen. Der Führer deutet auf die in der Ferne aufragenden Anhöhen hin, von denen vor über fünzig Jahren Raketengeschosse abgefeuert wurden.

In den unteren Räumen gibt es eine Ausstellung von Glaskunst sowie die üblichen historischen Artefakte zu sehen. Zu den schönsten Innenräumen zählt der **Maximilianssaal**, in herrschaftlichem Barock mit geschnitzten Kaminsimsen, vergoldeten Kerzenleuchtern, einem Fresko des Berges Parnassus und Paneelen aus vielfarbigem Marmor. Auf jeder Seite des Saals befinden sich Salons, in denen sich die farbige Ausschmückung fortsetzt.

Im Untergeschoss ist ein preiswertes **Restaurant** und gegenüber davon ein authentischer, enger Bierkeller mit einer schönen Außenterrasse. Diese westliche Seite der Burg ist dicht mit Efeu bewachsen, obwohl sie noch nicht mal ein Jahrhundert alt ist. Sie überblickt den kleinen, französischen Ziergarten und den Eingang zu einem ehemaligem Bunker, vermutlich von Hitler. Die Anlage enthält jedoch kaum mehr als einige schwach beleuchtete Betonflure, die nirgendwohin führen. In einem der außerhalb liegenden Gebäude, gleich neben dem Eingang, befindet sich das preiswerte und ungewöhnliche **Hotel** Książ (✆ 074/843 2798). Es besitzt renovierte Zimmer mit Bad (E) und Zimmer mit gemeinschaftlichen Sanitäreinrichtungen.

Öffnungszeiten Mai–Sept. Di–Fr 10–17 Uhr, Sa und So 10–18 Uhr; April und Okt. 10–15 Uhr; Nov.–März Di–So 10–15 Uhr. Eintritt 7 Zł.

Schlesien Karte S. 602/603

Świdnica/Schweidnitz

Świdnica, 16 km nördöstlich von Wałbrzych, war mehrere Jahrhunderte lang die bedeutendste Stadt Schlesiens. Wenn man mit dem Auto darauf, zufährt, sieht man zwar zunächst nur die üblichen Fabrikschlote, doch da die Stadt im Zweiten Weltkrieg weitgehend verschont blieb, hat sich noch etwas von der Grandezza der früheren fürstlichen Hauptstadt erhalten. Heute ist Świdnica eine ansehnliche schlesische Stadt mit einem merklichen Selbstbewusstsein.

Zwar war Świdnicas Ruhm als unabhängige Stadt – kurz nach ihrer Gründung im 12. Jh. – nur von geringer Dauer, dennoch blühte der Ort auch unter böhmischer Herrschaft. Er war nicht nur ein bedeutendes Handelszentrum, sondern stand auch ganz oben als eines der renommiertesten Brauereizentren Europas. Sein bekannter *Schwarzer Schöps* war das Hauptgetränk für Wrocławs bekanntestes Gasthaus und wurde bis nach Italien und Russland exportiert.

Wenige Gehminuten östlich vom Eisenbahn- und Busbahnhof liegt der lebendige **Rynek**, vorwiegend im Barockstil. Der Kern vieler Häuser ist jedoch oft sehr viel älter. Zwei besonders bemerkenswerte Fassaden sind die von Haus Nr. 7, das sogenannte **Goldene Kreuz**, und von Nr. 8, **Der vergoldete Mann**. Auf der Platzmitte stehen zwei schöne Brunnen und das hübsche **Rathaus** aus dem frühen 18. Jahrhundert, dessen Turm und eine elegante Kammer mit Sterngewölbe noch eine Erinnerung an den gotischen Vorgänger sind.

Gleich hinter der südwestlichen Ecke des Rynek verläuft die Hauptstraße, die ul. Długa, in sanften Kurven die Anhöhe hinunter. Von hier blickt man vorbei an barocken Bürgerhäusern zum majestätischen **Glockenturm** (mit seinen 103 Metern der zweithöchste in ganz Polen) der gotischen Pfarrkirche **St. Stanislaus und Wenzel** (Kościół św. Stanisława i Wacława). An dem Turm, dem eigentlich ein zweiter folgen sollte, wurde so lange gebaut, dass er erst 1613, lange nach der Reformation, fertig gestellt wurde. Wenn man die Fassade betrachtet, wird das Fehlen des zweiten Turms deutlich: Das Gebäude wirkt unsymmetrisch, und die rechte Seite erscheint durch das fehlende Bauelement unvollständig. Vor der Fassade in ihrer jetzigen Form, die von einem erhabenen spätgotischen Relief der heiligen Anna und der Jungfrau mit dem Kind geschmückt wird, steht das beeindruckende Barockstandbild des heiligen Johannes Nepomuk. An den Portalen aus dem frühen 15. Jahrhundert nehmen die beiden Kirchenpatrone unter der Apostelgruppe um die Madonna herum eine herausragende Stellung ein. Beachtenswert ist auch das Relief auf der rechten Seite, das einen Mann zeigt, der als Bestrafung für ein Kapitalverbrechen (das dem Betrachter verborgen bleibt) von einer Brücke geworfen wird.

Nach dem Dreißigjährigen Krieg wurde die Kirche den Jesuiten übergeben, die die Umgestaltung des Inneren im Barockstil ausführten. Dabei respektierten sie die ursprüngliche Architektur, die sie verschönerten, um eine reichere Oberflächenwirkung zu erlangen. Ein wuchtiger Hochaltar mit Standbildern der bevorzugten Heiligen des Ordens beherrscht den Ostteil. Den Blickpunkt im Westteil stellt die Orgel mit ihren Schnitzereien des himmlischen Chores dar, die Wände wurden mit gewaltigen gegenreformatorischen Altarbildern verschönert, einige davon sind das Werk von Willmann.

Die **Friedenskirche** (Kościół Pokoju), in einem stillen, von Mauern umschlossenen Hof 10 km nördlich des Stadtzentrums gelegen, wurde um 1650 für die vertriebene protestantische Gemeinde von St. Stanislaus und Wenzel erbaut. Für den Bau galten die gleichen Bestimmungen wie für die Kirche in Jawor, auch die Pläne stammen vom selben Ingenieur. Die Świdnicaer Kirche ist zwar die kleinere, dafür aber die gelungenere der beiden. Sie gilt als die schönste Fachwerkkirche der Welt. Auf den ersten Blick wirkt es, als spiegele sich die einfache ländliche Umgebung mit dem schattigen Friedhof in der Architektur wider, jedoch handelt es sich hier um einen sehr ausgefeilten Entwurf. Dank der Doppelemporen in ihrem Inneren bietet sie 3.500 Gläubigen Platz, von jedem ist der Pfarrer gut zu hören und meist auch zu sehen. Als Schlesien im 18. Jahrhundert unter preußische Herrschaft kam, nahm die protestantische Gemeinde an Größe und Einfluss zu, und das Aussehen der Kirche wurde von Grund auf verändert. An der Westseite fügte man eine überkuppelte Vorhalle hinzu, die aus bis dahin unerlaubten Baumaterialien hergestellt wurde. An der Ostseite wurde ein Taufsaal angefügt, und an den beiden Längsseiten kamen malerische Kapellen und Portale hinzu. Die Kapellen mit den roten Türen waren die Eingänge zu den privaten Kammern der wichtigen Stadtbürger, deren Grabdenkmäler an der Außenwand heute langsam zerfallen. Das Innere wurde mit einer Kanzel, einem Taufstein, Altaraufsätzen und zwei Orgeln (einer kleinen und einer großen) verschönert.

• *Information* Das **Fremdenverkehrsbüro** gleich beim Rynek in der ul. Wewnętrzna 2 (Mo–Fr 9–17 Uhr, Sa 8–16 Uhr; ✆ 074/852 0290, swidnicainftur@poczta.onet.pl) kann Ihnen Unterkünfte vermitteln.

• *Übernachten/Essen* Es gibt das schicke, komfortable **Hotel Park**, ul. Pionerów 20 (✆ 074/853 7098; D), nur wenige Gehminuten südlich von Bahnhof und Busbahnhof. Das **Piast**, gleich westlich vom Rynek, ul. Kotlarska 11 (✆ 074/852 3076; E), bietet gemütliche, aber etwas schäbige Zimmer mit Bad. Preiswerter ist das Hotel **Sportowy**, 1 km vom Zentrum entfernt, ul. Śląska 31 (✆ 074/852 2532), das über Zimmer mit eigenem Bad (G) und Zimmer mit Gemeinschaftsbad (H) verfügt.

Für eine Mahlzeit bietet sich die namenlose Milchbar am Rynek 18 an. Hier bekommt man tagsüber gutes, preiswertes polnisches Essen. Das **Royal Prinz** am pl. Grunwaldzki 11, gleich beim Bahnhof, bietet ähnlich preiswerte polnische und außerdem italienische und chinesische Gerichte. Das **Stylowa**, einige Blocks nordwestlich vom Rynek, ul. ks. Bolka 14, serviert Gerichte mit ungarischem Einschlag. Die Restaurants der Hotels **Park** und **Piast** eignen sich für ein Essen mit allen Schikanen. Wenn Sie nur etwas trinken wollen, sind die besten Kneipen das **Highlander**, Ecke pl Grundwaldzki und ul. Wałbrzyska, und das **Czerwony Gryf**, schräg gegenüber vom Bahnhof in der al. Niepodległości.

Die Region von Kłodzko/Ziema Kłodzka

Von Wrocław aus in Richtung Süden liegt ein ländliches Gebiet mit bewaldeten Hügeln, sanften Tälern und Heilquellen, was in dem von Schwerindustrie gezeichneten Tiefland Schlesiens eine wahrhaft erholsame Erscheinung ist.

Diese Region, die nach ihrer größten Stadt den Namen **Kłodzko/Glatz** trägt, ist auf drei Seiten von der Tschechischen Republik umgeben, zu der das Sudetengebirge eine natürliche Grenze bildet. Die fünf Kurorte (durch die Beifügung *Zdrój* zu erkennen) sind bei weniger betuchten Schlesiern, die den industriellen Vorstädten entfliehen möchten, als Urlaubsziele beliebt und sind teilweise nicht so anziehend, wie die Namen versprechen. Die Tage vor dem Krieg, wo es unter der kultivierten Gesellschaft modern war, sich "einer Wasserkur" zu unterziehen, sind zwar längst vergangen, und die Kurorte versuchen, sich auf die Anforderungen des modernen Tourismus umzustellen, aber dennoch hat sich in der Stadt ein Hauch des alten Glanzes bewahrt. Wenn Sie auf dem Weg in die Tschechische Republik sind, sollten Sie einmal einen Abstecher in die eine oder andere Kurstadt wagen und das dortige Sprudelwasser probieren.

Auf den Anhöhen oberhalb dieser Kurorte gibt es einige gute **Wanderstrecken**, die an teilweise bizarren Felslandschaften vorbeiführen. Ein Netz markierter Pfade

Schlesien
Karte S. 602/603

überzieht die ganze Region, die aus mehreren Gebirgsketten besteht. Die besten Wege finden sich im südöstlichen Teil des Gebietes, im **Masyw-Śnieżnika**-Gebirge. Dieses Gebiet ist von der ausbeuterischen Tourismusentwicklung bisher weitgehend verschont geblieben und bietet sich an, wenn man ein paar ruhige Tage im Gebirge verbringen will. Die rot-gelbe **Karte** 1:90.000 *Ziemia Kłodzka (Ziema = Gebiet)*, die man in örtlichen Buchläden bekommt, gehört zur Grundausstattung für eine Wanderung.

In der Kłodzko-Region gibt es zahlreiche **Unterbringungsmöglichkeiten**. Im Hochsommer füllen sich allerdings die größeren Ferienorte schnell mit Jugendlichen an, die auf der Suche nach Unterhaltung sind. In den zahlreichen **Pensionen**, kann man jedoch sehr gut und sehr preiswert übernachten. Wer herumreisen will, benutzt am besten die Busse, die sogar die kleinsten Ortschaften anfahren, oder fährt per Anhalter. Es gibt zwar zahlreiche romantische Bahnlinien durch die Täler, die Bahnhöfe sind jedoch meist weit von den Stadtzentren entfernt.

Kłodzko/Glatz

Die tausend Jahre alte Stadt Kłodzko/Glatz erstreckt sich unterhalb einer standfesten preußischen Festung und besaß früher eine herausragende strategische Bedeutung.

In der Kłodzkoer Altstadt/Stare Miasto hat sich bis heute etwas von dem Charme des mittelalterlichen Ursprungs erhalten – in Schlesien eine Seltenheit –, und schon allein deshalb lohnt sich ein Besuch. Bis zum 18. Jahrhundert, als die Preußen einzogen, gehörte Kłodzko, das auf der wichtigsten Handelsstraße zwischen Böhmen und Polen gelegen war, im Laufe seiner Geschichte zu verschiedenen Nationen. Einst gehörte die Stadt dem Vater von Adalbert, dem tschechischen Heiligen, der auf die frühe Entwicklung der polnischen Nation starken Einfluss ausübte (siehe Gniezno, Geschichte).

Kłodzkos Busbahnhof ist der wichtigste Verkehrsknotenpunkt der ganzen Region. Er verbindet die Siedlungen dieses Gebietes mit Świdnica im Nordwesten und Paczków und Nysa im Osten. Die Auswahl an Hotels ist nicht besonders groß, und so sucht man sich besser etwas in einem der Kurorte, z. B. Kudowa Zdrój, wenn man in diesem Teil Schlesiens verweilen möchte.

Wenn man am Bahnhof oder Busbahnhof ankommt, die sich nebeneinander im Stadtzentrum befinden, beginnt man einen Rundgang in der schönen Altstadt am besten, indem man die alte Brücke aus Eisenstahlträgern neben dem auffallenden *Hotel Astoria* überquert, von wo aus man auf die ul. Grottgera gelangt. An deren Ende findet sich die **gotische Brücke**, ein Überbleibsel der mittelalterlichen Stadtbefestigungen. Im Barock wurden hier verschiedene Heiligenstatuen aufgestellt, die noch heute, trotz jahrhundertelanger Verwitterung des Materials, bittend gen Himmel blicken.

Am gegenüberliegenden Ufer erheben sich eindrucksvolle Bürgerhäuser aus dem 19. Jahrhundert über dem Fluss. Daran vorbei geht es den abschüssigen Rynek hinauf (auch als plac Bolesława Chrobrego bekannt), den mehrere schöne alte Häuser aus verschiedenen Epochen säumen. In der Mitte stehen das eher unscheinbare Rathaus sowie ein Barockbrunnen, der auf die Befestigungsmauern blickt. Im 18. Jahrhundert wurden diese Mauern auf dem Felsvorsprung von den Preußen stark erweitert und zu einer untersetzten Festung umgebaut. Ihren Ruf der Unbezwingbarkeit verlor sie jedoch, als sie von den Armeen Napoleons 1807 eingenommen wurde. Wie andere historische Bauten, die unter den modischen Launen ihrer verschiedenen Eigentümer litten, ist auch die Festung heute zu einem Auffanglager unterschiedlichster Objekte von alten Feuerwehrwagen bis zu modernen Glaswaren geworden. Überdies kann man in einem der Innenhöfe einen Abseilkurs absolvieren.

Öffnungszeiten **Burgmuseum** – Di–So 9–18 Uhr. Eintritt 5 Zł.

Die meisten Besucher kommen wegen der **unterirdischen Gänge**, die von Kriegsgefangenen während der Zeit der Preußen ausgegraben wurden. Einige Gänge sind so niedrig, dass man im Halbdunkel auf den Knien hindurchkriechen muss, während der Führer seinen Sermon herunterrattert.

Im letzten Krieg wurde die Festung als Kriegsgefangenenlager genutzt, und in einem der vielen Gänge steht ein Denkmal in Erinnerung an die vielen tausend Gefangenen, die hier umgekommen sind. In der Nähe der obersten Terrasse befindet sich in einem kleinen Zimmer eine Skulptur zum Gedenken an die Kriegstoten, bei deren Betrachtung einem wirklich ein kalter Schauer über den Rücken läuft.

Ganz in der Nähe ist der Aussichtspunkt, von dem man über die Dächer der Stadt bis in die dahinter liegenden Berge schauen kann.

Beim Eingang zur Festung ist der nördliche Zugang zu einem weiteren **unterirdischen Durchgang**. Durch diesen Tunnel von 600 Metern Länge kann man an einem heißen Sommertag in kühler Frische bis zur Altstadt wandern. Unterwegs sind zahlreiche Folterinstrumente ausgestellt, darunter auch Miniaturen von französischen Guillotinen und noch barbarischeren preußischen Hinrichtungsapparaturen.

Öffnungszeiten **Tunnel** – Führungen tägl. 9–18 Uhr. Eintritt 5 Zł.

Am Ende gelangt man auf einen kleinen Platz, auf dem eine Kirche steht, die man sich unbedingt anschauen sollte – sie hat eine der schönsten barocken Innendekorationen in ganz Polen. Die Kłodzkoer **Pfarrkirche unserer Frau** ist immer angefüllt mit Bewunderern von Kirchenarchitektur. Außen haben sich die gotischen Grundmauern erstaunlich gut erhalten, das Innere strotzt jedoch nur so von zweieinhalb Jahrhunderten barocker Verzierungskunst, und man weiß gar nicht, wo man zuerst hinschauen soll. Es gibt kaum ein Fleckchen, das nicht von Ausschmückungen bedeckt ist, sei es in Gold, Marmor oder Farbe: Vor manchem bricht man in andächtiges Staunen aus, anderes wieder verursacht eher Kopfschmerzen. Man sollte unbedingt nach dem Grab des Gründers der Kirche, Bischof Ernst von Pordolice aus dem 14. Jahrhundert, Ausschau halten. Es überlebte auf wundersame Weise die Entweihungen durch die Hussiten vor fünfhundert Jahren.

Von dem Platz aus in Richtung Westen geht man entlang der ul. Łukasiewicza bis zur Hausnummer 4, dem **Kłodzkoer Regionalmuseum.** Außer gelegentlichen Konzerten in der angrenzenden Halle bietet das Museum eine Ausstellung von Uhren aus über vierhundert Jahren im oberen Stockwerk. Die Sammlung stammt zum Großteil aus den Werkstätten der Uhrenfabriken Świedbodzia und Srebrna Góra, und es gibt die unterschiedlichsten Gegenstände zu sehen, von altertümlichen astronomischen Geräten bis zu irritierenden Kuckucksuhren und Küchenuhren mit Porzellanfassungen. In einem angrenzenden, kleinen dunklen Raum befindet sich ein Spiegelfußboden, in dem sich die Uhren spiegeln, die dort die Decke bedecken.

Öffnungszeiten Di–Fr 10–15.30 Uhr, Sa/So 11–16 Uhr. Eintritt 2 Zł, So frei.

Schlesien
Karte S. 602/603

• *Information* Das ausgezeichnete **Fremdenverkehrsbüro**, am südwestlichen Ende des Rathauses, pl. Chrobrego 1 (Mo–Fr 9–18 Uhr, Sa 10–14 Uhr; ✆ 074/865 8970, www.ziemiaklodzka.it.pl und www.powiat.klodzko.pl) vermittelt Unterkünfte in der ganzen Region. Im **PTTK-Büro**, Wita Stwosza 1 (Mo–Do 8–16 Uhr, Fr 8–18 Uhr, Sa 9–13 Uhr: ✆ 074/ 867 3740) kauft man am besten Wanderkarten.

Blick auf die Altstadt von Kłodzko

• *Anfahrt/Verbindungen* Der **Bahnhof Kłodzko Miasto** liegt gleich neben dem **Busbahnhof.** Beide sind nur wenige Fußminuten vom Zentrum entfernt. Hier fahren v. a. viele Züge in Richtung Süden sowie in die beiden Kurstädte im Osten und Westen. Der **Hauptbahnhof** Kłodzko Główny befindet sich etwa 2 km in nördlicher Richrtung. Es gibt Züge in Richtung Norden, nach Wrocław oder Jelenia Góra.

• *Übernachten* Das **Hotel Astoria** am pl. Jedności (✆ 074/867 3035; G) befindet sich gleich gegenüber von Bahnhof und Busbahnhof. Die großen Zimmer mit Bad sind allerdings etwas schmuddelig. Das **Marhaba**, ul. Daszyńskiego 16 (✆ 074/ 865 9933, snieznik@netgate.com.pl; G), etwa 5 Minuten zu Fuß westlich vom Busbahnhof, gleich über die neue Brücke und dann rechts, bietet etwas kleinere, aber hübschere Zimmer. Es gibt eine **Jugendherberge** 1 km nördlich vom Zentrum in der ul. Nadrzeczna 5 (✆ 074/ 867 2524), wo man für weniger als 20 Zł pro Person übernachten kann.

• *Essen* Das internationale und tunesische Restaurant des **Marhaba** ist einen Versuch wert. Ansonsten bieten sich jede Menge Möglichkeiten zum Essen und Trinken rund um den Marktplatz an. Das **Romana**, östlich des Rathauses, serviert gute Pizza sowie leckere Pfannkuchen und Eis. Man kann auch draußen sitzen mit Blick auf den Brunnen. **U Ratusza**, auf der anderen Seite des Rathauses, pl. Chrobrego 3, eignet sich für ein Essen mit allen Schikanen.

Wambierzyce/Albendorf

Wenn man von Kłodzko auf der Hauptstraße in Richtung Prag nach Westen fährt, passiert man eine Reihe von **Kurstädten**. Die erste Kurstadt, **Polanica-Zdrój**, kann man getrost ungesehen hinter sich lassen. Am Ortsausgang biegt jedoch die Straße zu dem etwa 9 km entfernten Dörfchen **Wambierzyce** ab (von Polanica-Zdrój oder Kłodzko verkehren Busse dorthin).

Diese winzige ländliche Siedlung steht ganz im Schatten der riesigen barocken **Basilika**, zu der vom Marktplatz aus eine ausladende Treppe hinaufführt. Der Ort wurde zum Wallfahrtsort, nachdem im Jahr 1218 ein blinder Mann, der die Statue der in einen Limonenbaum eingebetteten Jungfrau Maria angebetet hatte, sein Augenlicht wiedergewann. In den folgenden Jahrhunderten kamen immer mehr Pilger, und durch die Spenden der Besucher wurde der Schrein immer größer. Die beeindruckende monumentale Fassade der Basilika ist das einzige Überbleibsel des dritten Schreins, der hier gegen Ende des 17. Jahrhunderts errichtet wurde. Der Hauptteil des Gebäudes stürzte kurz nach seiner Fertigstellung ein und wurde in der heute noch sichtbaren Form wieder aufgebaut. Um die Basilika führt ein breit angelegter Rundweg, der mit zahlreichen Kapellen und Grotten gesäumt ist, die die verschiedenen Stationen des Kreuzweges darstellen. In dem achteckigen kleinen und eher unscheinbaren Schiff der Basilika hängen Altargemälde von Michael Willmann. Die Kanzel ist jedoch überschwänglich verziert. Ein Fresko an der Decke stellt die Umrisse eines Engels dar, der als geisterhafte Erscheinung hinter einem Hügel erscheint und den Bewohnern der Region den Entwurf für die Basilika überreicht. Die ovale Kanzel hat eine Kuppel, die die fünfzehn Rosenkranzmysterien zeigt. Ein Silbertabernakel aus Venedig, an dessen Seite zahlreiche Votivgaben eingeschlossen sind, trägt das Gnadenbild.

Über die Stadt verteilt finden sich nahezu hundert **Schreine**, die weitere Szenen aus dem Passionszyklus darstellen. Sie leiten den Betrachter zu dem Kalvarienhügel, einer bewaldeten Erhebung gegenüber von der Basilika. Zahlreiche, wiederum mit Schreinen gesäumte Stufen führen hinauf. Etwa auf halber Höhe sieht man auf der linken Seite den **Szopka** (Di–So 10–13 Uhr u. 14–16 Uhr), einen großen mechanischen Apparat aus dem frühen 19. Jahrhundert, der biblische und alltägliche Szenen darstellt, die wie kleine Miniaturtheaterbühnen aufgebaut sind.

Übernachten/Essen Es gibt ein komfortables Hotel, das **Wambierzyce**, beim Marktplatz, pl. NMP 1 (✆ 074/ 871 9186, www.hotel-wambierzyce.com.pl; F), dem ein vernünftiges Restaurant angeschlossen ist.

Duszniki-Zdrój/Bad Reinerz

Weiter auf der Hauptstraße Richtung Prag, 10 Kilometer westlich von Polanica-Zdrój, liegt der wesentlich ältere Kurort Duszniki-Zdrój. Hier ist etwas mehr los als in dem neueren Ort Polanica.

Die Stadt ist weithin bekannt für das **Chopin Musikfestival**, das hier jedes Jahr in den ersten Augustwochen stattfindet. Der Anlass für dieses Festival sind die Konzerte, die 1826 der damals 16-jährige Komponist Frédéric Chopin während eines Kuraufenthaltes gab. Das Festival trägt ebenso wie das ungewöhnliche Industriemuseum (siehe unten) zum Charme der Kurstadt bei.

Duszniki wird von der Hauptstraße von Wrocław nach Prag durchteilt: Der Bahnhof liegt nördlich der Straße, die Altstadt/Stare Miasto sowie die Kuranlagen sind auf der Südseite. Beim Rathaus und bei den Bürgerhäusern um den **Rynek** (an einem befindet sich eine Tafel zur Erinnerung an Chopins Aufenthalt) vermischen sich Renaissance- und Barockstil.

Wenn man den Marktplatz in östlicher Richtung entlang der ulica Kłodzka verlässt, gelangt man zur Pfarrkirche **St. Peter und Paul**, außen ein eher nüchternes Beispiel für den Barock zu Beginn des 18.Jh.s, im Inneren sind jedoch zwei außergwöhnlich reich verzierte **Kanzeln**. Eine davon hat die Form eines Wals, wobei der Rachen des Tieres geöffnet ist und so als Plattform für den Prediger dient – eine eher komische Anspielung auf die Geschichte von Jonas und dem Wal, die man öfter in polnischen Kirchen dargestellt findet.

Am Ende derselben Straße liegt das **Museum der Papierindustrie** (Muzeum Papiernictwa) in einer großen Papiermühle aus dem frühen 17. Jahrhundert. Sie ist nicht nur das sehenswerteste Bauwerk der Stadt, sondern gilt auch als einer der wertvollsten

Schlesien Karte S. 602/603

Industriebauten in ganz Polen: Schönes Fachwerk, ein geschwungenes Mansardendach, überkuppelte Türmchen am Eingang und ein grober Giebel bilden zusammen ein augenfälliges Beispiel barocker Architektur.

Öffnungszeiten **Museum der Papierindustrie** – Di–Fr 9–17 Uhr, Sa/So 9–15 Uhr. Eintritt 6 Zł.

Der Kurpark befindet sich am Südwestende des Rynek. Lange Spazierwege unter schattenspendenden Bäumen führen nach etwa 1 km zu einem Ensemble von Gebäuden aus dem 19. Jahrhundert, darunter auch das **Palais Chopin** (Dworek Chopina). Es ist ein zierlicher neoklassizistischer Pavillon, in dem im Sommer Konzerte stattfinden, u. a. auch Veranstaltungen des Chopin-Festivals.

• *Anfahrt/Übernachten* Der **Bahnhof** liegt nördlich der Straße Wrocław–Prag. Im Ort geht es nicht so lebhaft zu wie in Kudowa Zdrój, etwas unterhalb, doch wenn Sie hier übernachten wollen, kann Ihnen das **Fremdenverkehrsbüro**, Rynek 9 (Mo–Fr 8–17 Uhr, Sa 8–14 Uhr; ✆ 074/866 9413), **Privatzimmer** (I) und **Pensionen** (G) vermitteln. Es gibt eine Reihe einfacher Erholungsheime aus der sozialistischen Ära, z. B. das preiswerte und freundliche **Polonez**, ul. Zdrojowa 38 (✆ 074/866 9226; G). Von den neueren Hotels bietet das **Fryderyk**, ul. Wojska Polskiego 10 (✆ 074/866 0488, www.fryderyk.com.pl; E), sehr schicke Zimmer mit Bad in einem attraktiven Belle-Epoque-Gebäude.

Westlich nach Kudowa-Zdrój und Góry Stołowe

Wenn man Duszniki verlässt und auf die tschechische Grenze zufährt, gelangt man in das Dörfchen **Sczytna**. In der hiesigen Glasfabrik wird das berühmte schlesische Kristall hergestellt. Zunächst fällt das neugotische Schloss ins Auge, das sich auf dem nahen Gipfel des **Szczytnik** (589 m), südlich der Stadt erhebt. Es ist allerdings ein Kinderheim und nicht für Besucher zugänglich. Eine kurvenreiche Straße führt hinauf. Von oben hat man einen guten Blick über das Tal.

Kudowa-Zdrój/Bad Kudowa liegt am Fuß der Góry Stołowe und Wzgórza Lewińskie, 16 km westlich von Duszniki und einige Kilometer vor einer Hauptstraße, die in die Tschechische Republik führt. Die heilenden Quellen der Stadt wurden um 1580 entdeckt, und zwei Jahrhunderte später wurde das erste Kurgebäude errichtet, das den heutigen Kurort ins Leben rief.

In Kudowa fühlt man sich mehr als in anderen Kurorten in der Region Kłodzko an eine längst vergangene Zeit erinnert, als die reichen und berühmten Persönlichkeiten aus der ganzen Welt hier Erholung suchten. Auch heute noch floriert die Stadt, wenn auch auf eine etwas nüchternere Art und Weise. Sie ist weiterhin einer der beliebtesten Kurorte von Polen, doch erfreulicherweise kaum kommerzialisiert. Auf Grund einer guten Auswahl an Unterkünften und der Nähe zu Góra Stołowe ist Kudowa Zdrój ein guter Standort in der Ziemia Kłodza.

Geräumige Villen aus dem 19. Jahrhundert in schönen Parkanlagen verleihen Kudowa ein aristokratisches Flair, obwohl es außer dem **Kurpark** eigentlich kein anderes Zentrum hat. Das riesige, überkuppelte **Pijalnina**-Pumpenhaus beherbergt den ehrwürdigen Marmorbrunnen, aus dem die heißen und kalten Quellen sprudeln. An den umliegenden Ständen kann man die nostalgischen, pfeifenähnlichen *kóbki* erstehen, kleine flache Becher mit einem Schnabelausguss, aus denen man das wirklich erfrischende, leicht süßliche Sprudelwasser trinken kann.

Gleich neben dem Pumpenraum befindet sich eine Konzerthalle, in der jeden Juli ein Stanisław-Moniuszko-Musikfestival stattfindet. Moniuszko war ein Zeitgenosse Chopins, der wie sein Kollege die nationalen Elemente in der Musik favorisierte. Seine Musik konnte sich jedoch wirklich nie im Ausland durchsetzen.

Der weitläufige Kurpark mit über dreihundert verschiedenen Baum- und Straucharten lädt zu einem Spaziergang ein.

• *Anfahrt/Information* **Busse** bringen Sie zur ul. 1 Maja am nordöstlichen Ende des Stadtzentrums. Von dort ist man in wenigen Minuten beim zentral gelegenen **Touristeninformationsbüro**, ul. Zdrojowa 42 (Mo–Fr 9–17 Uhr, Sa 10–14 Uhr; ✆074/866 1387, www.kudowa.pl). Das Büro hat eine Liste mit **Privatzimmern** (H) und **Pensionen** (G).

• *Übernachten* Viele Erholungsheime in Kudowa Zdrój werden von FWP (einem Ferienveranstalter für Arbeiter, der noch aus dem alten Regime stammt) betrieben. Die zentrale Rezeption befindet sich im Hotel **Bajka**, ul. Zdrojowa 36 (✆ 074/866 1261). Hier wird man Ihnen in einem der Heime ein einfaches Zimmer ab 25ł pro Person vermitteln. Gute Hotels mit funktionalen Zimmern mit Bad sind z. B. das **Kosmos**, ul. Mariana Buczka 8a (✆ 074/866 1511; G), und das **Gwarek**, ul. Słowackiego 10 (✆ 074/866 1890; H). Allerdings findet man in den Pensionen oberhalb der Busstation mehr Gemütlichkeit und Atmosphäre. So bietet beispielsweise das **Kaprys**, Sikorskiego 2 (✆ 074/866 1663; H), eine mittelgroße Pension, einfache Doppelzimmer mit Bad sowie Drei- und Vier-Bettzimmer. Das **Renia**, Sikorskiego 4 (✆ 074/866 1867; G), hat vier Zimmer und die angenehme Atmosphäre einer Frühstückspension. **Scaliano**, Sikorskiego 6 (✆ 074/866 1867; F), ist ein ziemlich großes Hotel in Familienbesitz mit sauberen Zimmern mit Bad und TV. Das Sporthotel **OSiR**, ul. Łakowa 12 (✆ 074/866 1708; H), befindet sich in einer schmutzigen Gegend 1 km westlich der Stadt in der Nähe der Straße nach Prag. Angeschlossen sind eine Herberge (20 Zł pro Person) und ein **Campingplatz**.

• *Essen* Das Restaurant mit dem meisten Charakter ist das rustikale **W Starym Młynie**, 1 km westlich der Stadt entlang der ul. nad Potokiem. Hier können Sie polnische Fleischgerichte essen. Ähnliche Mahlzeiten kann man in den zentral gelegenen Restaurants **Kosmiczna**, ul. Zdrojowa 41, und **Piekełko**, ul. Moniuszki 2, versuchen. Beide bieten Essen und Tanz in Begleitung von leichter Musik. Das **Amfora**, ul. 1 Maja 11, nahe der Bushaltestelle, serviert Ähnliches, jedoch ohne Musik. Im **Café Domek**, Zdrojowa 34, kann man gute Pizza und Eis auf einer großen Terrasse im Freien genießen, es ist auch ein schöner Ort, um etwas zu trinken. Kneipen, die abends geöffnet sind, findet man beim Pumpenhaus. Das **Raj** wird von älteren Herrschaften bevorzugt, die zu Evergreens unter einer verspiegelten Kugel tanzen. Gleich nebenan das **Palma** ist ein elegantes Café mit entsprechender Kundschaft.

Ins Góry Stołowe/Heuscheuer-Gebirge

Das Góry Stołowe (Tafelgebirge) übersteigt kaum eine Höhe von 900 m und ist oben fast so flach ist, wie der Name schon andeutet. Es ist zwar nicht der verlockendste Gebirgszug in der Region von Kłodzko, hat aber einige schöne Felsformationen zu bieten, die man bei einem Tagesausflug von Kudowa aus erwandern kann.

Von Kudowa führt der grün markierte Pfad in den Norden zum etwa eine halbe Stunde entfernt liegenden Weiler **Czermna**, in dem die schauerliche **Totenkopfkapelle** den heilsamen Effekt der Kudower Heilquelle fast wieder zunichte macht: Wände und Decke sind geschmückt mit Schädeln und Knochen der Toten aus verschiedenen Kriegen und Opfern von Epidemien. In den letzten Jahrzehnten des 18. Jahrhunderts hatte der damalige Pfarrer der Kirche mit seinem treuen Totengräber die Knochensammlung zusammengetragen. Die sterblichen Überreste der beiden befinden sich in einer Glasvitrine beim Altar. Tausende von weiteren Totenköpfen sind in der Krypta aufgestapelt. Solche Knochenlager kommen in Mitteleuropa relativ häufig vor, sie gründen sich auf den Glauben, dass die Chancen auf ein angenehmes Leben nach dem Tod sich erhöhen, wenn die eigenen Knochen an einer heiligen Stätte aufbewahrt werden.

Öffnungszeiten **Totenkopfkapelle** – tägl. 10–13 Uhr u. 14–17 Uhr.

Von hier führt der Weg in nordöstliche Richtung zu der ersten von mehreren phantastischen Felsformationen, den **Błędne Skały** (Findlinge), wo sich der Weg durch schmale Spalten zwischen riesigen Felsen schlängelt. Dann geht es über **Pasterka** nach Karłów, von wo aus fast siebenhundert Stufen zum **Szczeliniec Wielki** führen, dem mit 919 m höchsten Punkt des Gebirges. Hier hat die Erosion unregelmäßige Formen aus dem Fels gemeißelt, die man mit Namen wie "das Kamel", "der Elefant" und "die Henne" bedacht hat. Auf dem Gipfel, wo sich auch ein Café befindet, muss man einen kleinen Eintrittspreis entrichten, dann folgt man dem Pfad hinunter in einen tiefen Felsspalt, an einem Aussichtspunkt vorbei und auf einer anderen Route wieder zurück.

Von Błidne Skały führt der rot markierte Weg direkt nach Karłów. Ostwärts geht es auf einer Strecke von etwa 5 km zur größten und am weitesten verstreuten Felsgruppe des Gebietes, den **Skalne Grzyby** (Versteinerte Pilze), deren bizarre Formen ebenfalls das Ergebnis der Erosion sind.

Wenn Sie Szczeliniec Wielki oder Skalne Grzyby in Angriff nehmen wollen, ohne von Kudowa aus alles zu Fuß zu laufen, können Sie einen Bus bis Karlów nehmen (Mai–Sept. 5 x tägl.) und von dort aus starten.

Mitten auf dem Marktplatz, dem pl. Wolności, prangt das **Rathaus** aus dem 19. Jahrhundert neben einen Renaissanceturm.

Südlich of Kłodzko: Międzygórze und Masyw Śnieżnika

Am Südostende der Kłodzko-Region befindet sich das faszinierende **Masyw Śnieżnika**. Die schönsten Ansichten dieser Landschaft, die im Gegenteil zur etwas überlaufenen Karkonosze-Region im Westen angenehm menschenleer ist, kann man bei einer Tageswanderung genießen. Der Hauptausgangspunkt ist der charmante Gebirgsferienort **Międzygórze** ("In den Bergen"), etwa 30 km südöstlich von Kłodzko, und wird von zahlreichen Bussen angefahren.

Auf halbem Weg durch das Tal im Süden von Kłodzko liegt rund 15 km entfernt **Bystrzyca Kłodzka/Habelschwerdt**, dessen verfallener mittelalterlicher Kern an die antiken Städte des Mittelmeers erinnert. Dieser Eindruck ist besonders stark, wenn man den Fluss überquert, denn von dort hat man einen wunderschönen Blick auf die in mehreren Ebenen angelegte Stadt. An einem sonnigen Tag erinnert sie eher an einen Ort in Südfrankreich als in Polen. Schnell wird man allerdings enttäuscht, denn ein kurzer Gang durch Bystrzycas schmuddelige Straßen wird Sie überzeugen, dass es ein Fehler war, die Reise hier zu unterbrechen. Auch wenn man Sie in der freundlichen **Touristeninformation**, ul. Rycerskiej 20 (Mo–Fr 8.30–18.30 Uhr, Sa 10–15 Uhr, So 10–14 Uhr), eines Besseren zu belehren versucht, fahren Sie lieber weiter Richtung Süden nach Międzygórze.

Międzygórze, am oberen Ende eines bewaldeten Tales östlich von Bystrzyca gelegen, gehört zu den ruhigeren und angenehmeren Ecken der Kłodzko-Region und ist einen mehrtägigen Aufenthalt wert, wenn Sie die ländliche Ruhe genießen und wandern wollen. Typisch für das Dorf sind die *drzewnianki* (Holzvillen), die Anfang des 19. Jahrhunderts als Erholungsheime gebaut wurden. Diese etwas wackligen Dinger mit geschnitzten Balkons, neo-gothischen Türmchen und knarrenden Fußböden dienen heute als Ferienunterkünfte.

Das Dorf ist um eine Kreuzung herum gebaut, und so findet man sich leicht zurecht. Fünf Gehminuten westlich der Kreuzung führen Stufen vom Hotel Nad Wodospadem zu einem 27 m hohen **Wasserfall**, der von dichtem Wald umgeben ist.

Am anderen Ende führen Pfade zum **Ogród Bajek** (Phantasiegarten) hinauf, Laufzeit etwa 20 Minuten. Der Garten liegt auf einer Bergkuppe und wurde vor dem Zweiten Weltkrieg von dem ortsansässigen Izydor Friesten, einem Förster, angelegt. In den 1990er Jahren wurde er von der PTTK wieder hergerichtet. Es ist ein hübscher Platz, bestehend aus Hütten, die aus Wurzeln, Zweigen und Tannenzapfen gemacht sind und jeweils von Zwergen und Tiernachbildungen "bewohnt" werden.

• *Übernachten* Übernachtungsmöglichkeiten in einer der **drzewnianki** (I) werden vom **FWP**, ul. Sanatoryjna 2 (tägl. 8–18 Uhr, ✆ 074/813 5109), oberhalb der Kreuzung, vermittelt. Ansonsten gibt es das **Hotel Nad Wodospadem** (✆ 074/813 5120; H) am westlichen Ende des Dorfes mit altmodischen Zimmern mit Bad. Es wird in den Schatten gestellt von dem modernen, avocadofarbenen Zimmern der zentral gelegenen **Pensjonat Millennium**, ul. Wojska Polskiego 9 (✆ 074/813 5287, www.millennium.maxi.pl; G). Das **Wilczy Dol** gleich oberhalb der Kreuzung (✆ 074/813 5286, www.wilczy.dol.maxi.pl) bietet Schlafsaalbetten ab 15 Zł pro Person.

• *Essen:* Sowohl das Millennium als auch das Nad Wodospadem haben ein gutes Restaurant. Wunderbar entspannend ist das Café des Wilczy Dol mit seinem Graffiti-Dekor. Es gibt leckere Snacks und alternative Musik – im Sommer finden manchmal Veranstaltungen im Freien statt.

Wandern im Masyw Śnieżnika/Glatzer Schneegebirge

Mitten in Międzygórze befindet sich ein Straßenschild mit vielen kleinen Hinweisschildern auf die verschiedenen Wanderwege in der Region. Besonders zu empfehlen ist der **rot markierte Wanderweg**, der etwa 3 Stunden recht steil bergaufwärts durch die bewaldeten Anhöhen führt, bis man zur Berghütte *Na Śnieżniku* (✆ 074/813 5130) gelangt, einer einsamen PTTK Herberge mit Schlafsälen und einfacher preiswerter Verköstigung. Von hier aus geht es weniger steil auf den flachen Gipfel des **Śnieżnik** (1.425 m), den höchsten Punkt in der Kłodzko-Region, an dem direkt die tschechische Grenze verläuft.

Die Rückkehr nach Międzygórze ist auf mehreren Routen möglich, die beste ist jedoch der gelbe Pfad in Richtung **Kletno**, auf dem man nach rund 1 Stunde zur **Bärenhöhle/Jaskinia Niedźwiedzia** gelangt. Diese 1966 bei Arbeiten in einem Steinbruch entdeckte Höhle verdankt ihren Namen den Bärenknochen, die hier gefunden wurden. In der Höhle, die voller faszinierender Formationen von Stalagmiten und Stalagtiten ist, hausen heute nur noch Fledermäuse.

Man kann die Höhle lediglich innerhalb einer Führung besichtigen, wobei die Gruppen jeweils auf 15 Personen begrenzt sind. Etwa 600 Meter der Höhlengänge sind zugänglich, und eine Besichtigung dauert 40 Minuten. Von Międzygórze kann man auch auf direktem Weg unterhalb der Berge in etwa 2 Stunden hinauf zu den Höhlen gelangen.

Öffnungszeiten tägl. außer Mo u. Do – Mai–Aug. 9–16.40 Uhr; Feb.–April u. Sept.–Nov. 10–16.40 Uhr.

Etwa einen Kilometer von der Höhle entfernt befindet sich das Dorf **Kletno**. Hier gibt es einige Snackbars sowie eine Busverbindung nach Kłodzko über Stronie Ślaskie und Ladek Zdrój. Im *Zentrum für Ökologie und ökologischen Tourismus* in Kletno Górne 17 (✆ 074/814 1388) gibt es eine Herberge. Eine weitere befindet sich etwa 3 km straßeabwärts unter der Adresse Kletno 8 (✆ 074/814 1358).

Lądek-Zdrój/Bad Landeck und Umgebung

Im Osten des Ortes windet sich die Straße bergaufwärts durch eine landschaftlich schöne Gegend zurück nach Bystrzyca Kłodzka. Über die bewaldeten Hügel gelangt

Schlesien Karte S. 602/603

man schließlich oberhalb der Baumgrenze auf einen **Pass**. Dort sollte man sich kurz Zeit nehmen, um den phantastischen Ausblick auf die umliegende Landschaft zu genießen. Auf der anderen Seite geht es bergabwärts ins Tal, wo sich in der Nähe des Dörfchens Sienna eine einsame lutherische Kapelle befindet. Die Straße führt weiter in das freundliche Städtchen **Stronie Śląskie** (Endstation der Bahnverbindung von Kłodzko) mit der *Sudety* Glasfabrik.

Acht Kilometer weiter nördlich liegt der Kurort **Lądek-Zdrój**. Gemäß der Überlieferung waren die Heilkräfte des Wassers hier schon im 13. Jahrhundert bekannt, als die Badeeinrichtungen angeblich von den Tataren zerstört wurden. Auf jeden Fall werden die Quellen bereits seit dem späten 15. Jahrhundert genutzt und zogen später sogar bekannte Kurgäste wie Goethe und Turgenjew an. Die Stadt, die sich entlang dem Fluss Biała Ladecka erstreckt, hat sich im Gegensatz zu vielen der beliebten westlichen Kurorte einen nostalgischen Charme erhalten.

Im Mittelpunkt der pompösen klassizistischen **Kurbauten** im Osten der Stadt, steht das Hauptsanatorium, ein stattlicher, mit einer Kuppel bekrönter Bau, der den vergangenen Glanz erahnen lässt. Hier findet man auch noch die eine oder andere Villa aus der damaligen Zeit. Im älteren Teil der Stadt, etwa einen Kilometer weiter westlich, ist eine Steinbrücke aus der Mitte des 16. Jahrhunderts zu sehen, die mit religiösen Statuen geschmückt ist. Am weitläufigen **Rynek** stehen einige Häuser mit barocken Fassaden, die alle auf den achteckigen Turm des Rathauses blicken.

• *Information* Ein **PTTK-Büro** fungiert als Touristeninformation. Es befindet sich nahe beim Kurviertel in der ul. Kościuszki 36 (Mo–Fr 8–15 Uhr; ✆ 074/814 6255).

• *Übernachten* Das FWP-Büro, ul. Paderewskiego 5 (✆ 074/814 6272), vermittelt Zimmer in einem der Erholungsheime für 35 Zł pro Person. Das **Hotel Lido**, Kościuszki 23a (✆ 074/814 7165; F), hat vernünftige Zimmer mit Bad und TV. Es gibt eine **Jugendherberge** (✆ 074/ 814 6645) im Vorort Stójków, etwa 3 km südlich der Stadt. Allerdings muss man zu Fuß laufen, wenn man kein eigenes Fahrzeug hat.

• *Essen* Die Restaurants **Lido** und **Polska Chata**, ul. Kościuszki 5, bieten einfache, traditionelle polnische Küche.

Im Osten der Stadt bieten die **Góry Złote/Goldene Berge** einige attraktive Wandermöglichkeiten.

Der blau gekennzeichnete Pfad führt in südöstliche Richtung bergaufwärts. Nach etwa einer Stunde erreicht man die mittelalterliche Burg auf dem **Karpień** (776 m). Unterwegs passiert man eine Reihe vom Wetter zerklüfteter Felsformationen, die für die Region so typisch sind.

Von Ladek aus in Richtung Norden schlängelt sich die Straße weiter durch die Wälder. Hier begegnet man vielen Lastwagen, die Schutt und Geröll aus den Steinbrüchen zu den verarbeiteten Betrieben befördern. Die Straße endet bald darauf sehr plötzlich in der Stadt **Złoty Stok**. Dahinter beginnt eine schier endlose Ebene gleichförmiger Landschaft, die sich bis zur Ostsee hinaufzieht.

Von Paczków nach Nysa

Verlässt man die Region Kłodzko in Richtung Osten, kommt man direkt auf die durchgehend flache Oberschlesische Platte, die bis zu den Beskiden reicht. Die Strecke führt durch mehrere kleine befestigte Städte, deren Geschichte größtenteils eng mit der Geschichte der Bischöfe von Breslau/Wrocław verknüpft war, die hier von 1195 bis 1810 ihre Fürstentümer regierten, bis die Preußen diese auflösten.

Wie in vielen Teilen Südschlesiens ist die Landschaft hier bezaubernd: hügeliges Ackerland, unterbrochen von Wäldern und ohne große industrielle Entwicklung. Nach Nysa hin wird das Land flacher. Dort wird auf den meisten Feldern Raps angebaut, sodass sie im Frühsommer in herrlichem Gelb leuchten.

Mit den Bussen der Route Kłodzko–Paczków–Nysa kommt man am besten herum und kann das Gebiet leicht bei einem Tagesausflug erkunden. In Richtung Norden verkehren Busse nach Wrocław und Opole. Es gibt auch Zugverbindungen von Kłodzko nach Katowice, doch sind diese selten und die Züge langsam.

Paczków/Patschkau

Im Gegensatz zu seinen Nachbarorten sind in dieser stillen, kleinen Marktstadt, 30 km im Osten von Kłodzko gelegen, die Befestigungen aus dem Mittelalter fast völlig erhalten – von daher auch seine Bezeichnung "das polnische Carcassonne".

Tatsächlich ist Paczków kaum mit dieser französischen Stadt zu vergleichen. Aber der Ort hat den Vorteil, im 19. Jahrhundert nicht der romantisch verklärten Restaurierungswut anheim gefallen zu sein, und blieb bisher auch vom Massentourismus verschont.

Heute ist aus den **Festungswällen** aus der Mitte des 14. Jahrhunderts eine schattige Promenade geworden, die um die Stare Miasto/Altstadt herumführt; ihre Wirkung wird durch die später entstandenen Gebäude, die sie umgeben, ein wenig gemindert. Trotzdem verwundert es, dass die Stadt so stark wachsen konnte, ohne dass die Wälle zerstört wurden. Immerhin sind von ihren 24 Türmen 19 erhalten, ebenso wie der Großteil der 1350 Meter langen Mauer, in die drei Torvorwerke eingesetzt sind: das quadratische Wrocławer/Breslauer Tor aus dem Jahr 1462 sowie die zylindrischen Ząbkowice/Falkensteiner und Kłodzko/ Glatzer Tore, die um 1550 datieren.

Der Bereich innerhalb der Mauern liegt an einem sanften Hang und umfasst kaum mehr als eine Handvoll Straßen, in deren Mittelpunkt der weitläufige **Rynek** liegt. Das **Rathaus** steht, genau wie in anderen Städten, fast in seiner Mitte. Im letzten Jahrhundert wurde es so gründlich umgebaut, dass nur noch der Glockenturm seines Renaissance-Vorgängers erhalten ist.

Gleich hinter dem Rynek erhebt sich der unansehnliche Backsteinbau der **St. Johanneskirche**, die einst zum stark befestigten Teil der Verteidigungsanlagen der Stadt gehörte. Mit dem zentralen, mit Zinnen aufgemotzten Turm sieht er eher aus wie eine venezianische Festung als wie eine Pfarrkirche in Mittelschlesien. Im Inneren fällt die kastenartige Geometrie des Baus ganz besonders auf, denn der Chorraum ist genauso lang wie das Hauptschiff.

• *Übernachten* In Paczków gibt es zwei Hotels. Das **Korona**, ul. Wojska Polskiego 31 (✆ 077/431 6177; H), liegt außerhalb der Stadtbefestigung auf einer Straße, die vom Rynek nach Südosten abzweigt. 1 km südlich der Stadt auf der Straße nach Nysa ist das **Energopol 7**, ul. Chrobrego 2 (✆ 077/431 6298; H), ein früheres Arbeitererholungsheim. Es ist zwar unansehnlich, aber der freundliche Service und die gute Qualität fürs Geld machen dies wieder wett. Es gibt auch einen **Campingplatz** ganz in der Nähe, ul. Jagiellońska 6 (✆ 077/431 6813).

• *Essen* Wer Hunger hat, findet in den Cafés rund um den Rynek einfache Imbisse. **Monika**, ul. Sienkiewicza, ist eine preiswerte, gute Pizzeria mit Sitzmöglichkeiten im Freien im Schatten der Befestigungsmauern.

Schlesien Karte S. 602/603

Otmuchów/Ottmachau

Otmuchów, 14 km östlich von Paczków, war die ursprüngliche Hauptstadt des bischöflichen Fürstentums.

Das Stadtzentrum wird von der **Burg** beherrscht (heute ein Hotel), eigentlich ein romanischer Bau aus dem 12. Jahrhundert, der die weitläufigen Befestigungsanlagen hütete, die jedoch fast völlig verschwunden sind. Die Burg wurde im 16. Jahrhundert zu einem Palast umgebaut und 1820 an *Wilhelm von Humboldt* verkauft, der die Berliner Universität gründete und dem das preußische Bildungssystem viel verdankte. Hier lebte der Gelehrte, nachdem er wegen seiner liberalen Ideen vorzeitig in den Ruhestand versetzt worden war. Der Burgturm ist im Sommer manchmal für Touristen geöffnet, die Zeiten sind jedoch nicht festgelegt. Der Aufstieg zur Burg lohnt sich dennoch, und sei es nur, um im gepflegten Garten des Burghotels umherzuflanieren.

Auf dem Rynek steht das **Rathaus** im Renaissancestil, das an einer Ecke von einer schön gearbeiteten, doppelgesichtigen Sonnenuhr geschmückt ist. Der Platz steigt an bis zu einem gut gepflegten Blumengarten und der **Pfarrkirche**, einem sehr mitteleuropäisch wirkenden Barockbau mit der üblichen, von zwei Türmen geschmückten Fassade. Er wurde erst kürzlich mit Hilfe von deutschen Spenden perfekt renoviert (seit dem Fall des Kommunismus keine Seltenheit in den ehemalig deutschen Gebieten). Das geräumige Innere ist reich mit Stuckarbeiten italienischer Handwerker und mit großen Altargemälden verziert, einige davon sind das Werk von *Michael Willmann.*

• *Übernachten/Essen* Das Hotel **Zamek** in der Burg (✆ 077/431 4691, www.zamek.otmuchow.pl; E) hat recht gemütliche Zimmer, die mit Möbeln unterschiedlicher Stilrichtungen ausgestattet sind. Einige Einzelzimmer haben Gemeinschaftsbäder.

Für eine Mahlzeit in Otmuchów bietet sich das Café-Restaurant **Herbowa** in der Burg an. Hier serviert man klassische polnische Gerichte in einer förmlichen Umgebung mit gestärkten Tischdecken. Das **Merkury** gegenüber dem Rathaus, ul. Zamkowa 2, hat eine große Auswahl an preiswerten Pizzen und Salaten.

Nysa/Neiße

Der Name der Stadt Nysa, 12 km östlich von Otmuchów, ist synonym mit dem Markennamen der dort hergestellten Lastwagen, die von hier nach ganz Osteuropa ausgeführt werden.

Allerdings ist die Industrie eine verhältnismäßig neue Erscheinung in dieser Stadt, die sich trotz der Zerstörung im Jahr 1945 Andenken an die Zeit bewahrt hat, als sie sich mit dem phantasievollen Namen "das schlesische Rom" schmückte, eine Anspielung auf die vielen Kirchen und ihren Ruf als Zentrum katholischer Bildung. Nysa geriet zunächst ins Blickfeld, als sich die Bischöfe wegen der in Breslau erfolgreichen Reformation eine Zuflucht außerhalb der Stadt suchten; damals bauten sie Neiße, die Hauptstadt des Bistums, für die folgenden Jahrhunderte zu ihrem Machtstützpunkt aus. Mit seinen vereinzelten Baudenkmälern in einem Meer von Nachkriegsbeton ist Nysa eher für einen kurzen Bummel als für einen längeren Aufenthalt geeignet.

Laufen Sie von Eisenbahn- und Busbahnhof rechts am Park entlang, dann links in die ul. Kolejowa, die geradeaus zur Stadtmitte führt. Unterwegs passiert man das **Wrocławer/Breslauer Tor** aus dem 14. Jahrhundert, das seit dem Abbau der Festungswälle etwas verlassen dasteht – ein ungewöhnlich anmutiges Beispiel militärischer Architektur, mit Abflussrinnen, die von schmiedeeisernen Drachenköpfen geschmückt sind. Es erinnert an die führende Rolle von Nysa als Grenzfestung: Zum ersten Mal wurde der Ort im 12. Jh. von *Bolesław III. Schiefmund* im Kampf gegen seinen von Böhmen unterstützten Bruder Zbigniew befestigt.

Der riesige **Rynek** von Nysa zeigt sich in einer traurigen Verfassung, denn im Krieg wurde sein Rathaus zerstört, und nur vier der alten Häuser blieben übrig. Man hat versucht, den Platz mit Blumenbeeten und Bänken zu verschönern, auf denen sich die Müßiggänger und Alten der Stadt ausruhen. Besonders anziehend ist die lustige **Stadtwaage** aus dem 17. Jahrhundert, die aussieht, als habe sie sich aus den Niederlanden hierher verirrt.

Gleich an der nordöstlichen Seite des Rynek steht die gewaltige **Kathedrale St. Jakobus** (św. Jakuba), die die exilierten Bischöfe lange als ihre Kathedrale benutzten. Sie entstand um 1420 innerhalb von nur sechs Jahren und wurde im Zweiten Weltkrieg weitgehend zerstört. Sie ist ein schönes Beispiel für eine Hallenkirche, bei der Haupt- und Seitenschiffe gleich hoch sind – eine in Deutschland bevorzugte Bauweise, in Polen ist sie dagegen selten. Betritt man die Kirche durch das anmutige Doppelportal, beeindruckt vor allem die Schlichtheit des luftigen, dreißig Meter hohen Innenraumes. Das Gewicht des Gewölbes ist so schwer, dass viele der zu schlank wirkenden achteckigen Backsteinsäulen sich sichtbar unter der Last beugen. Eine abgeschlossene Einheit bilden nur die Kapellen: Schmiedeeiserne Gitter versperren sie, ihr Inneres ist reich verziert mit Grabtafeln und Gedenksteinen für die ortsansässigen Bischöfe und Honoratioren. Der frei stehende steinerne **Glockenturm** der Kirche wurde nach fünzigjähriger Bauzeit nicht fertig gestellt, im Krieg beträchtlich zerstört und seither dem Verfall überlassen.

Südlich von der Kirche St. Jakobus liegt das gut erhaltene, wenn auch verlassen wirkende, barocke Bischofsviertel. Der **Bischofspalast** in der ul. Jarosławska Nr. 11 ist heute ein **Stadtmuseum** mit einer gut zusammengestellten Ausstellung zur Geschichte von Nysa. Unter anderem werden in großen Vitrinen Gravierungen aus dem 16. bis 18. Jahrhundert gezeigt, Bilder von Nysas Zerstörung nach dem Krieg, ein von Kugeln zerfetzter Wetterhahn aus dem Jahr 1574 sowie Fragmente von nicht mehr zu reparierenden Gebäuden. Außerdem gibt es ein Modell der Stadt, wie sie vor dreihundert Jahren aussah sowie verschiedene weltliche und kirchliche Schätze. Besonders wertvoll ist das wuchtige, geschnitzte Barockmobiliar mit Einlegearbeiten, darunter auch einige große Kleiderschränke, die man nur mittels eines Krans bewegen könnte und über die man getrost sagen kann: "So etwas wird heute nicht mehr hergestellt."

Öffnungszeiten Di 9–17 Uhr, Mi–Fr 9–15 Uhr, Sa u. So 10–15 Uhr. Eintritt 3 Zł, Sa frei.

Gleich westlich liegen die Gebäude der Jesuiten am pl. Solny, die an die weiß getünchte Kirche Unserer Frau (Kościół NMP) stoßen. Diese ist recht einfach, ihre Strenge mildern erst kürzlich entdeckte Deckengemälde und ein wunderschöner Silbertabernakel auf dem Hochaltar. Gleich daneben befindet sich das berühmte Jesuitenkollegium **Carolinum**, dessen berühmteste Zöglinge die polnischen Könige *Michał Korybut Wiśniowiecki* und *Jan III. Sobieski* waren.

Im Süden des Rynek erinnert nur noch das **Kloster der Hospitaliter des Heiligen Grabes** (Klasztor Bożogrobców) an "das schlesische Rom". Dieser Orden kam Ende des 12. Jahrhunderts aus dem Heiligen Land nach Nysa, aber der Riesenkomplex, der jetzt zu sehen ist, stammt aus dem frühen 18. Jahrhundert. Heute ist hier ein Seminar untergebracht. Man muss am Eingang in der ul. Św. Pawła um Erlaubnis

Schlesien
Karte S. 602/603

für die Besichtigung der **Barockkirche St. Peter und Paul**, in der parallel verlaufenden ul. Bracka, bitten. Im Hof schaut das etwas unheimliche *Auge der Vorsehung* auf den Besucher herab. In den strahlenden Innenräumen wird man jedoch mit dem Anblick von vergoldeten Kapitellen, einem vielfarbigen Marmoraltar (einem der schönsten weit und breit) sowie einer Reproduktion des Heiligen Grabes in Jerusalem belohnt. Sie enthält außerdem einen Zyklus theatralischer Fresken der Brüder Christoph Thomas und Felix Anton Scheffler.

Läuft man vom Rynek in Richtung Norden entlang der ul. Krzywoustego, gelangt man zum **Brama Ziębicka** (Ziębicka-Tor), einem Backsteinturm, der mitten in einem Verkehrskreisel steht. Für ein paar Złoty kann man die 150 Stufen hinaufsteigen.

• *Anfahrt/Übernachten* **Bahnhof** und **Busbahnhof** befinden sich im Osten der Stadt. In Nysa gibt es nur ein zentral gelegenes Hotel, das **Piast** gleich beim Ziębicka Tor, ul. Krzywoustego 14 (✆ 077/433 4084, hotelpiast@poczta.onet.pl; E). Es besitzt gemütliche Zimmer mit Bad und eine Einrichtung aus den 1980er Jahren. Ansonsten sind da noch das **Navigator**, ul. Wyspiańskiego 11 (✆ 077/433 4170; E), eine freundliche, etwas teurere Frühstückspension 300 m westlich vom Rynek, und das **Garnizonowy**, ul. Kościuszki 4 (✆ 077/433 1035), auf der anderen Seite des Flusses nördlich des Zentrums, mit spartanischen Doppelzimmern (I) und Zimmern mit Dusche (H).

• *Essen* Die besten Restaurants sind das **Capri**, eine sehr schicke Pizzeria am Rynek 35, und das **Kama** ganz in der Nähe, Rynek 32–35, mit traditioneller polnischer Küche sowie einigen guten vegetarischen Gerichten. Die polnische Küche im **Hotel Piast** ist ebenfalls annehmbar, es hat außerdem bis Mitternacht geöffnet.

Brzeg/Brieg

Der alte Herzogssitz Brzeg, zwischen Wrocław und Opole gelegen, ist eine nette, leicht überschaubare Marktstadt mit mehreren eindrucksvollen Bauwerken, für die man durchaus seine Fahrt für einige Stunden unterbrechen sollte.

Brzeg war ursprünglich ein Fischerdorf am Ufer (*brzeg*) der Oder. Seit dem frühen 13. Jahrhundert gibt es hier eine Burg, die einem Zweig der Piastendynastie gehörte. 1311, als Schlesien weiter unterteilt wurde, stieg der Ort zur Regionalhauptstadt auf und löste Legnica als Residenz des Herzoghofes ab. Die Piasten blieben bis 1675, dann starb diese Familie aus, die als Dynastie in der gesamten aufgezeichneten Geschichte Polens eine herausragende Rolle spielte.

• *Information* **Bahnhof** und **Busbahnhof** befinden sich nur wenige Gehminuten südlich vom Stadtzentrum.

• *Übernachten/Essen* Die Unterkünfte sind ziemlich dürftig. Das **Hotel Piast**, in der Nähe des Bahnhofs, auf dem Weg ins Stadtzentrum, in der ul. Piastowska 14 (✆ 077/416 2027; E) gelegen, ist die einzig zuverlässige Möglichkeit.

Das schickste Restaurant der Stadt ist das **Ratuszowa** im Ratskeller, wo man gutes Essen zu vernünftigen Preisen erhält.

• *Festivals* Ende Mai werden in Brzeg das Schloss, das Rathaus und die Kirchen für ein vier Tage dauerndes internationales Festival klassischer Musik genutzt.

Neben dem Schloss befindet sich die hervorragend restaurierte jesuitische **Heiligkreuzkirche**, die auf den Beginn des 18. Jahrhunderts zurückgeht. Außen wirkt sie ziemlich nüchtern, aber der Innenraum ist mit Rokokodekorationen übersät, und ein illusionistischer Altar ersetzt die übliche epische Konstruktion. Unmittelbar beim Schloss steht das **Piasten-Gymnasium**, das rund dreißig Jahre später entstand. Es hatte sogar noch stärker unter den Wirren der Zeit zu leiden und beherbergt heute eine Polizeiakademie.

In der Stadtmitte befindet sich das **Rathaus**, das der gleichen Architekturschule wie das Schloss entstammt; auch dieser Bau beruht auf der Umgestaltung eines älteren Gebäudes, von dem noch der hohe Glockenturm erhalten ist. Das Rathaus besteht aus zwei langen parallelen Gebäuden, von denen jedes in einem Turm mit barocker Zwiebelspitze endet, die durch die dreigiebelige Fassade miteinander verbunden werden (dies hört sich dramatischer an, als es letztendlich aussieht).

Weiter in Richtung Busbahnhof und Bahnhof liegt der Marktplatz, dessen Mittelpunkt die gotische **Kirche St. Nikolaus** (św. Mikołaja) aus dem 14. Jahrhundert bildet. Ihre Zwillingstürme wurden im letzten Jahrhundert wieder aufgebaut und durch eine ungewöhnliche bogenartige Brücke miteinander verbunden. Innen ist die Kirche erstaunlich geräumig und präsentiert stolz eine große Anzahl von fein gemeißelten Gedenktafeln bekannter Familien. Links vom Altar befindet sich ein aus Holz geschnitztes **Triptychon** mit geheimnisvollen, mittelalterlichen Interpretationen verschiedener biblischer Ereignisse. Auf der gegenüberliegenden Seite ist eine raffinierte Darstellung der Matka Boska Częstochowska, die im Vergleich zu dem etwas blasiert dreinblickenden Original in Częstochowa eine entschiedene Verbesserung darstellt.

Der historische Kern von Brzeg liegt nur wenige Minuten vom Stadtzentrum entfernt, nordwestlich in der Nähe des Flusses. Vom geräumigen Schlosshof aus betrachtet sieht das **Schloss,** das die Einheimischen liebevoll den "schlesischen Wawel" (nach dem berühmten Schloss in Krakau) nennen, fast unscheinbar aus: Es erscheint überwiegend im Renaissancestil, während die Kirche St. Hedwig einen gotischen Chorraum (und Piastenmausoleum) besitzt. Die späteren, eher misslungenen Anbauten haben allesamt die einheitliche Erscheinung des Gebäudes verunstaltet. 1741 wurde der Palast von den Truppen Friedrichs des Großen stark beschädigt und sank in den hundertfünfzig Jahren danach bis zu einem Zeughaus herab. Erst seit dem letzten Jahrzehnt wurde in einigen Teilen der Anlage etwas vom ehemaligen Glanz wiederhergestellt, der vor allem in den Innenräumen sichtbar ist, wo sich der Renaissance-Stil erhalten hat. Das gegen 1530 von italienischen Steinmetzen erbaute Brzeg diente einer ganzen Reihe von Palästen in Polen, Böhmen, Norddeutschland und Schweden als Vorbild.

Der verschwenderisch reich verzierte **Torbogen**, nach Dürers Holzschnitt eines Triumphbogens zu Ehren von Kaiser Maximilian entstanden, ist wahrscheinlich das schönste der Bauelemente aus der Renaissance. Oben schmücken ihn unverhüllt glorifizierende Skulpturen von *Herzog Georg II.* und seiner Gemahlin, *Barbara von Brandenburg.* Neben diesen Figuren stehen Ritterpaare mit Wappen von Brzeg, Legnica und den jagiellonischen Monarchen Polens – was angesichts der Tatsache, dass Schlesien in den vorangegangenen dreihundert Jahren nicht zu Polen gehörte, Ausdruck steter Treue ist. Zwei Ebenen von Büsten über den Fenstern stellen den Stammbaum des Herzogs dar: Den Anfang bildet in der oberen linken Ecke eine eher majestätische Interpretation des bäuerlichen Piasten. Auf der linken Seite erhebt sich der Lwówer Turm, ein Überbleibsel der mittelalterlichen Burg zusammen mit einem Teil ihrer Befestigungen.

In gewisser Hinsicht ähnelt der dreistöckige **Hof** dem wesentlich größeren Wawel-Schloss in Krakau, vor allem durch die luftigen Arkadengänge. Allerdings verleiht ihm die geschnitzte Dekoration einen ganz anderen Charakter; am bescheideneren Innentor setzt sich das Wappenmotiv fort. Medaillons im antiken Stil zieren die Seiten der Arkaden.

Karte S. 602/603

Die Säle im zweiten Stock wurden in ein **Museum der schlesischen Piasten** umfunktioniert, in dem häufig Ausstellungen mit Exponaten aus dem Nationalmuseum von Wrocław stattfinden.

- *Öffnungszeiten* **Museum der schlesischen Piasten,** Di, Do–Sa 10–16 Uhr, Mi 10–18 Uhr. Eintritt 4 Zł.
- *Anfahrt* Bahnhof und Busbahnhof sind beide nur wenige Minuten vom Zentrum entfernt.
- *Übernachten/Essen* Die Übernachtungsmöglichkeiten in Brzeg sind eher schlecht. Die einzige verlässliche Variante ist das **Piast Hotel** in der Nähe vom Bahnhof, ul. Piatowska 14 (✆ 077/416 2027; E). Es bietet Doppelzimmer mit eigenem Bad oder mit Gemeinschaftsbad. Im Rathauskeller findet man das **Restaurant Ratuszowa** mit guter Küche der mittleren Preisklasse.
- *Festival* Ende Mai gibt es ein viertägiges Klassikfestival mit Konzerten im Schloss, im Rathaus und den Kirchen des Ortes.

Opole/Oppeln

Bei einem Aufenthalt in Schlesien kommt man früher oder später auch nach Opole. Die Stadt liegt mitten im Herzen der Provinz, etwa auf halbem Weg der Bahnstrecke von Wrocław und Katowice und nur einen Katzensprung entfernt von Nysa, der Kłodzko Region und Częstochowa, was sie zu einem idealen Ausgangspunkt macht. Zwar wurde die Stadt im Laufe ihrer Geschichte von zahlreichen Feuersbrünsten heimgesucht, trotzdem zeigen sich Altes und Neues im Zentrum sehr ausgewogen; das Ganze ist von einem grünen Ring umgeben, während die Industrieanlagen an die Peripherie verbannt wurden.

Einer der großen Vorteile von Opole ist seine Lage am Ufer der Oder. Der Fluss teilt sich hier und bildet eine Insel, die **Wyspa Pasieka**, auf der im 9. Jh. ein Slawenstamm, die Opolanen wohnten. *Bolesław der Tapfere* befestigte die Insel, aber später wurde Opole vom Mutterland abgetrennt. Im Jahre 1202 wurde sie die Hauptstadt eines Piastenfürstentums, bis die Linie 1532 ausstarb.

Auf die Stadt mit dem umliegenden fruchtbaren Ackerland hatte der polnische Staat nach dem Ersten Weltkrieg verständlicherweise ein begehrliches Auge geworfen, aber bei einem Volksentscheid im Jahr 1921 stimmten die Bürger Oppelns dafür, bei Deutschland zu bleiben. In der Folge wurde es die Hauptstadt der deutschen Provinz Oberschlesien.
Im Gegensatz zu den meisten anderen Orten, die nach dem Zweiten Weltkrieg an Polen abgetreten wurden, verblieb in der Gegend von Opole eine beträchtliche deutsche Minderheit.

Information/Verbindungen

- *Information/Verbindungen* Der **Hauptbahnhof** und der **Busbahnhof** von Opole befinden sich am Südende der Stadt in der Nähe des Stadtzentrums. Vom Wyspa Pasieka sind es nur wenige Minuten entlang der ul. Wojciecha Korfantego. In dieser Stadt ist alles bestens ausgeschildert, und man erfährt nicht nur die Namen der Straßen, sondern auch welche Hotels und Sehenswürdigkeiten an den Straßen liegen. Das **Fremdenverkehrsamt**, ul. Krakowska 15 (Mo–Fr 9–17 Uhr; ✆ 077/451 1987, promocja@um.opole.pl), klärt über Unterkunftsmöglichkeiten auf – preiswerte Unterkünfte sind allerdings rar.

Übernachten

Zu den preiswerten Hotels zählt das kleine und freundliche Hotel **Zacisze**, gleich östlich vom historischen Viertel in der ul. Grundwaldzka 28 (✆ 077/454 2304; F). Es bietet Zimmer mit eigenem Bad und Gemeinschaftsbad. Das kürzlich renovierte **Festi-**

val, 1 km nördlich des Rynek in der ul. Oleska 86 (✆ 077/455 6017, hotelfestival@com.pl; D), erreicht schon fast den Standard von Hotels für Geschäftsreisende. Noch eleganter sind die folgenden Hotels: das **Weneda**, östlich von Bahnhof und Busbahnhof, ul. 1 Maja 77 (✆ 077/453 6513, www.hotel-weneda.opole.pl; D); das zur Orbis-Kette zählende, renovierte **Hotel Opole**, ul. Krakowska 59 (✆ 077/451 8100, opole@orbis.pl; D), unweit des Bahnhofs; und das **Piast**, ul. Piastowska 1 (✆ 077/ 454 9710; C), mit einer schönen Terrasse mit Blick auf den Fluss. Die **Jugendherberge** befindet sich hinter dem Hauptbahnhof, ul. Struga 16 (Juli/Aug; ✆ 077/454 3352). Der nächstgelegene **Campingplatz** liegt 5 km nordöstlich der Stadt, an der Straße nach Kluczbork in der Nähe des Badestrandes am See Turowa – alle Busse nach Kluczbork halten in der Nähe.

Essen & Trinken

Opole verfügt über einige ausgezeichnete **Restaurants**. Verlässliche polnische Küche erhält man in dem dunklen, aber heimeligen **Skorpion**, ul. Książąt Opolskich 6; das **U Mnicha**, Ozimska 10, serviert heimische und nahöstliche Grillgerichte in einem urigen Keller mit Hightechausrüstung. In der ul. Reymonta 14 gibt es die preiswerte **Express Pizzeria**. Die ausgezeichnete Crêperie **Grabówska** befindet sich am Flussufer, ul. Mozarta 2, und serviert die besten Pfannkuchen von ganz Schlesien.

Nachtleben/Veranstaltungen

• *Nachtleben* Im Sommer ist der Rynek sehr belebt, und man trinkt hier bis in die frühen Morgenstunden: Das **Maska** am Rynek 4 ist eine ausgezeichnete, belebte Kneipe im Pubstil, in der man auch gut essen kann. Außerdem gibt es das **Highlander**, ul. Szpitalna 3, wo man Darts spielen und die nachgemachten Schottenröcke der Kellner bewundern kann. Der **Pub pod Smokiem** ist ein angenehmer Platz für einen Sommerabend, am oberen Ende der Wyspa Pasieska in der ul. Ostrowek.

• *Veranstaltungen* In Opole gibt es ein gutes kulturelles Angebot. Die Stadt hat zwei **Kinos**, das Odra in der ul. Ozimska 4 und das Kraków in der ul. Katowicka 69. Das größte **Theater** ist das J. Kochanowski am pl. Teatralny 12, weiterhin gibt es ein **Puppentheater** am pl. Kopernika 1.

Sehenswertes

Der Mittelpunkt von Opole hat sich schon seit langem von der Insel Pasieka auf das rechte Oderufer verlagert, auf dem das Stadtzentrum im Schachbrettmuster angelegt ist. Trotzdem empfiehlt es sich, schon allein chronologisch gesehen, einen Erkundungsgang auf der Insel zu beginnen.

Wenn man vom Hauptbahnhof aus in Richtung Norden geht, sollte man nach der zweiten der vier Brücken über den Flussarm Ausschau halten, denn diese Brücke ist eines von mehreren Bauwerken in Opole, die um 1910 im sezessionistischen Stil errichtet wurden. Diese Stahlkonstruktion, deren Bogen dem einer Brücke in einem japanischen Garten ähnelt, wurde so preisgünstig hergestellt, dass sie als **Groschenbrücke** bekannt wurde. Sie trägt das außergewöhnliche Stadtwappen mit einem halben Adler und einem halben Kreuz: Die Piasten am Ort gestatteten, das traditionelle Familienwappen auf einer Seite durch das Heilige Kreuz zu ersetzen, von dem die Stadt eine Reliquie erworben hatte. Wenn Sie in der Mitte der Brücke angelangt sind, sollten Sie den Blick einmal umherschweifen lassen. Die Trauerweiden an den Ufern verleihen dem Platz ein ländliches Aussehen, und es wirkt, als sei man gar nicht mehr in einer Stadt.

Der **Piastenburg** aus dem Mittelalter wurde von den Stadtplanern nicht Genüge getan: Der runde Turm, ihr einziges Überbleibsel, verbirgt sich heute hinter funktionellen Verwaltungsgebäuden aus den 30er Jahren, die man über die Ruinen

Schlesien Karte S. 602/603

baute. Im Sommer kann man den Turm besteigen und den Blick über die Stadt genießen. Das Gelände wurde in einen Park mit einem großen künstlichen See mit Wasserfontänen und mit einem Freilichttheater umgestaltet, in dem jedes Jahr im Juni ein **polnisches Liederfestival** stattfindet – Polens wichtigstes Forum der Pop-Industrie. Weiter in nördlicher Richtung auf der ul. Piastowska hat man einen schönen Blick auf die Stare Miasto/Altstadt am anderen Ufer, wo eine malerische Gruppe von Häusern den Blick einfängt.

Das Stadtzentrum

Auf der ul. Zamkowa wieder zurück über die Oder kommt man bald zur **Franziskanerkirche**, einem häufig umgestalteten gotischen Gotteshaus, das vor allem wegen der reich ausgeschmückten Kapelle St. Anna an der Südseite des Schiffes aus dem Jahr 1309 bemerkenswert ist. Sie wurde von den Piasten am Ort als **Begräbnisstätte** geschaffen. Im grazilen Sterngewölbe sind Wappen- und Blumenmotive zu sehen, die Schlusssteine schmückt der Familienadler. Die beiden prachtvollen Doppelgräber wurden gegen 1380 von einem Angehörigen der bekannten Familie Parler geschaffen. Zwar lebte Herzog Bolko III. noch, als seine Gemahlin starb, aber sein Bildnis wurde mit ihr ins Grab gelegt. Gleichzeitig gab er ein etwas verspätetes Denkmal zur Erinnerung an seine beiden Vorfahren in Auftrag, die den gleichen Vornamen trugen. Das Retabel (Altaraufsatz) ist hundert Jahre jünger. Es zeigt Bolko I., der der heiligen Anna ein Modell des Klosters darbietet, während Ladislaus II. ihr ein Modell der großen Kirche von Jasna Góra in Częstochowa überreicht.

Klingelt man am Tor des **Franziskanerklosters** gleich um die Ecke am pl. Wolności 2 um 14 Uhr, wird man von einem Mönch, in einem etwa 45-minütigen Rundgang durch die **Katakomben** geführt. Dort befinden sich einige schmucklose Särge anderer Angehöriger der Dynastie, außerdem gibt es mehrere Fresken aus dem 14. Jahrhundert, darunter eine zwar schon verblichene, aber dramatisch ausdrucksvolle *Kreuzigung.*

Gleich hinter dem Franziskanerkloster beginnt der belebte **Rynek**, dessen freundliche Bürgerhäuser im Zweiten Weltkrieg stark beschädigt, inzwischen aber restauriert wurden. Das **Rathaus** steht bereits seit dem Jahr 1308 auf dem Platz. Der fein gearbeitete Turm, den man heute sieht, eine Nachbildung des Palazzo Vecchio in Florenz, wurde in den 1930er Jahren, nachdem er eingestürzt war, originalgetreu nachgebildet. Im ehemaligen Jesuitenkolleg in der ul. św. Wojciecha 13 gleich beim Rynek ist das **Regionalmuseum** (Muzeum Śląska Opolskiego) untergebracht, dessen Stärke die archäologische Abteilung ist. Sie enthält Exponate von der Vorgeschichte bis zum frühen Mittelalter. Ebenfalls sehenswert sind einige alte kolorierte Fotografien, die zeigen, wie die Burg Anfang des 20. Jahrhunderts für Verwaltungsbauten Platz machen musste, und außerdem den verfallenen Turm des Rathauses sowie einen erschütternden Schnappschuss von der brennenden Synagoge aus der *Kristallnacht* von 1938.

Neben dem Museum führt eine steile Treppe auf eine Anhöhe hinauf, auf der der *heilige Adalbert,* Bischof von Prag, zu dessen Diözese Opole gehörte, zu predigen pflegte. Die **Kirche Unserer Frau**, die jetzt an dieser Stelle steht, war ursprünglich gotisch, das lässt sich angesichts der neu-romanischen Fassade und der barocken Innendekoration allerdings kaum noch ahnen. Dahinter befinden sich der Turm der Festung aus dem 14. und Überreste der Stadtmauer aus dem 16. Jahrhundert.

Öffnungszeiten **Regionalmuseum** – Di–Fri 9–15.30 Uhr, Sa 10–15 Uhr, So 12–17 Uhr. Eintritt 3 Zł.

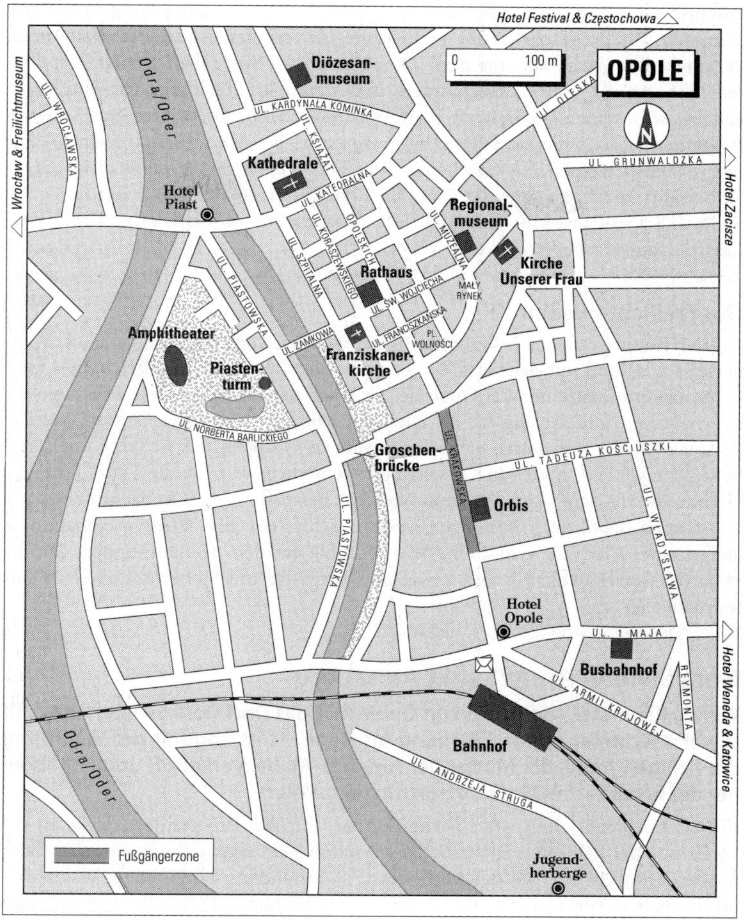

Schlesien
Karte S. 602/603

Das Kathedralenviertel

Vom Rynek aus führt die ul. Książąt Opolskich zur **St. Jakobus-Kathedrale**, in der sich Gotik aus dem 14. Jahrhundert und deren Nachahmung aus dem 19. Jahrhundert mit den üblichen Barockausschweifungen vermischen. Der hohe gotische Bau wurde erst vor etwa zwanzig Jahren in den Stand einer Kathedrale erhoben und ist vor allem wegen der wundertätigen, mit Juwelen verzierten Ikone rechts vom Hauptaltar, der sogenannten **Madonna von Opole**, berühmt. Über ihr tollt fröhlich eine Schar von Cherubinen herum.

Das **Diözesanmuseum** liegt in einem modernen Häuserblock am Anfang der ul. Kardynała Kominka. Auf dieses 1987 dank privater Initiativen eröffnete erste nichtstaatliche Museum im Nachkriegspolen waren die Bürger sehr stolz, denn seine Ausstellungstechniken beschämten die staatlichen Sammlungen. Ein Informationsblatt beschreibt die Exponate, die sämtlich aus Kirchen in der Umgebung von Opole stammen. Im Erdgeschoss gibt es mehrere hervorragende gotische Skulpturen, darunter eine *Madonna auf dem Thron* im Parler-Stil. Oben nimmt ein Reliquienschrein aus dem 14. Jahrhundert, in dem Opoles Stück vom Heiligen Kreuz gehütet wird, einen besonderen Platz ein. Außerdem gibt es hier eine liebliche *Jungfrau mit Kind*, die Fra Filippo Lippi zugeschrieben wird. In dem kleinen Zimmer nebenan werden die Geschenke zum Schmücken der *Madonna von Opole* aufbewahrt, unter den Spendern sind hochrangige Persönlichkeiten von König Jan Sobieski bis zu Papst Johannes Paul II. Darüber hinaus wird eine originelle Sammlung zeitgenössischer Sakralkunst gezeigt.

Öffnungszeiten Di, Do 10–12 Uhr und 14–17 Uhr. Eintritt 3 Zł.

Das Freilichtmuseum

An der Hauptstraße nach Wrocław, 8 km westlich vom Stadtzentrum (ul. Wrocławska 174) und mit dem Bus Nr. 5 zu erreichen, liegt ein ausgezeichnetes **Freilichtmuseum** (Muzeum Wsi Opolskiej, wörtlich das "Museum des Ortes Opole"). Hier wurden rund sechzig für die ländliche Holzarchitektur der Gegend typische Beispiele wieder aufgebaut, viele davon sind in Gruppen wie in ihrer ursprünglichen Umgebung angeordnet. Besonders bemerkenswert ist die Holzkirche aus Gręboszów aus dem Jahre 1613, ein typisches Beispiel für eine Andachtsstätte, wie es sie auch heute noch in einigen Dörfern Schlesiens gibt. Weitere Höhepunkte stellen eine Windmühle und eine Wassermühle aus dem 18. Jahrhundert dar, die noch voll funktionstüchtig sind, sowie ein Obstgarten mit Bienenstöcken, ebenfalls im rustikalen Stil.

Öffnungszeiten Di–So 10–18 Uhr. Eintritt 5 Zł.

Góra Świętej Anny/Sankt Annaberg

Vierzig Kilometer südöstlich von Opole fällt das Dorf Góra Świętej Anny auf seiner 410 Meter hohen Erhebung ins Auge. Es ist eng mit der Verehrung der heiligen Anna, der Mutter der Jungfrau Maria, verknüpft und gilt als einer der beliebtesten Wallfahrtsorte in ganz Polen.

Am 26. Juli jeden Jahres ist es Schauplatz farbenfroher Prozessionen. Zwar ist die Verehrung der heiligen Anna in Schlesien schon seit langem überliefert, aber Góra Świętej Anny gilt erst seit der Mitte des 17. Jahrhunderts als wichtiger Wallfahrtsort. Damals wurde anstelle der bescheidenen gotischen Votivkapelle ein **Franziskanerkloster** erbaut. Genau wie bei Częstochowa hängt seine Beliebtheit eng mit dem polnischen Nationalbewusstsein zusammen, das vor allem dadurch angefacht wurde, dass man seine Mönche insgesamt dreimal aus dem Kloster ausgewiesen hat (auf Grund der Politik Napoleons, Bismarcks und Hitlers). Im Mai 1921 war das Dorf nach dem Volksentscheid, der Oberschlesien in deutscher Hand beließ, fünf Tage Schauplatz erbitterter Kämpfe. Bittere Gefühle sind lange geblieben: 1945, als die Mönche zurückgekehrt waren, wurden Messen in deutscher Sprache verboten – als Vergeltung für frühere Verbote polnischer Gottesdienste. Erst 1989 wurde diese Bestimmung wieder abgeschafft.

Die in einem gemäßigten Barockstil gehaltene Kirche beherbergt den Anlass für die Wallfahrt: ein winziges Gnadenbild der *heiligen Anna mit Jungfrau und Kind* hoch über dem Hauptaltar. Diese unauffällige, gotische und sehr volkstümliche Schnitzerei ist im Allgemeinen in prachtvolle Kleider gehüllt. Unterhalb der Klostergebäude liegt der **Kalvarienberg** aus dem 18. Jahrhundert, eine kunstvolle Prozessionsstraße mit 33 Kapellen und Reliquien, die die Leidensgeschichte darstellen. 1912 kam als Mittelpunkt eine große, weniger geschmackvolle **Lourdes-Grotte** hinzu.

An normalen Tagen ist der Ort eher leblos, ganz anders als das pausenlos geschäftige Jasna Góra. Dann lohnt sich der Umweg hierher kaum, es sei denn man ist dem Auto unterwegs.

• *Anfahrt/Verbindungen* Mit öffentlichen Verkehrsmitteln dauert die Anfahrt hierher sehr lang und ist kompliziert. Am besten nimmt man den Zug von Opole bis in den unansehnlichen Industrievorort Zdzieszowice und legt die letzten 6 km zu Fuß oder per Bus zurück.

• *Einkaufen* Am Marktplatz gleich unterhalb der Kirche gibt es einen kleinen Laden.

• *Übernachten* Die teure, aber sehr saubere **Pension Anna** befindet sich ein bisschen entfernt von der Hauptstraße in der ul. Leśnicka 7 (✆ 077/461 5412; H). Außerdem gibt es eine **Jugendherberge**, ul. Szkolna 1 (✆ 077/461 5473), sowie das Hotel und Rasthaus **Pod Górą Chelmska** (✆ 077/461 5484; G), etwa einen halben Kilometer südöstlich der Stadt in einer Kurve, ul. Leśnicka 26a.

Das Ballungsgebiet von Katowice

Der Südosten Schlesiens besteht aus einem Ballungsgebiet von rund einem Dutzend Städten, das etwa 65 km südöstlich von Opole beginnt und den Namen GOP (Górnośląski Okręg Przemysłowy/Oberschlesischer Industriebezirk) trägt. Mit seinen zwei Millionen Einwohnern ist es der am dichtesten besiedelte Landesteil. Katowice, die größte Stadt, hat 400.000 Einwohner und ist ein wichtiger Eisenbahnknotenpunkt für Verbindungen nach Kraków, Częstochowa und Bielsko-Biała..

Die reichen Mineralvorkommen in der Region – etwa ein Zehntel der bekannten Kohlevorkommen der Erde befindet sich hier – wurden schon seit dem Mittelalter in großem Umfang abgebaut. Erst im 19. Jh. wuchsen während der industriellen Revolution die Städte merklich an. Noch im Jahr 1800 lebten in Katowice nur 500 Seelen. Fünfzig Jahre später betrug seine Bevölkerung knapp 4.000 Menschen, bis dann Oberschlesien zusammen mit dem Ruhrgebiet zum "Kraftwerk" des preußischen Staates aufstieg.

Da sich die Bevölkerung fast zu gleichen Teilen aus Deutschen und Polen zusammensetzte, war das Schicksal des Gebietes nach dem Ersten Weltkrieg heftig umstritten (siehe Kasten).

Während der kommunistischen Herrschaft hatte das Ballungsgebiet auf Grund der ideologischen Rolle, die der Schwerindustrie zukam, weiterhin große Bedeutung. Die Arbeiter hier genossen besondere Privilegien. Die Bergarbeiterlöhne betrugen beispielsweise dreimal so viel wie das nationale Durchschnittseinkommen.

Auf Grund der vielen Fabriken in der Stadtlandschaft des GOP und der starken Umweltverschmutzung durch die Schwerindustrie wird das Gebiet von Touristen nicht unbedingt angefahren. Viele der weniger profitablen Fabriken schlossen in den 1990er Jahren, was zwar die Umweltprobleme milderte, dafür aber die Arbeitslosenquote erhöhte. Doch die hohe Einwohnerzahl von Katowice und ein ausgezeichnetes Kommunikationssystem ziehen vermehrt Investoren aus dem Ausland an. Die Reisenden, die hier Halt machen, werden jedenfalls eine geschäftige Großstadt mit der unvermeidlichen Aura das postindustriellen Niedergangs vorfinden.

Katowice besitzt zwar ein Symphonieorchester, doch der größte Beitrag des GOP zur modernen polnischen Kultur waren vermutlich die **Fußballteams** – z. B. GKS

Schlesien
Karte S. 602/603

Katowice, Ruch Chorow und Gornik Zabrze, die immer sehr erfolgreich waren. Die polnische Nationalmannschaft spielt oft in der Stadt. Englische Fußballfans werden nicht gern daran erinnert, dass England 1973 in Katowice 0:2 geschlagen wurde, was den Abstieg als Fußballmannschaft besiegelte (und die Karriere des World-Cup-Gewinners Bobby Moore beendete). Die Polen aber genossen etwa zehn Jahre lang internationalen Erfolg.

Auseinandersetzungen um Oberschlesien 1918–22

Nachdem Ersten Weltkrieg wurde durch internationale Kräfte der erste halbwegs erfolgreiche Versuch unternommen, für die Auseinandersetzungen zwischen Polen und Deutschland über die Zugehörigkeit von Oberschlesien, ein unterschwellig gärendes Problem, durch Verhandlungen anstatt durch militärische Auseinandersetzungen eine dauerhafte Lösung zu finden.

Nach Deutschlands Kriegsniederlage hatten die Alliierten zunächst geplant, ganz Oberschlesien an das neu gebildete Polen zu übergeben, das ansonsten ein ärmliches, hauptsächlich von der Landwirtschaft gekennzeichnetes Land ohne industrielle Basis gewesen wäre. Damalige Vertreter Polens betonten ihren historisch begründeten Anspruch auf das Gebiet und führten dabei vor allem demographische Aspekte an, die allerdings nie genau festgelegt werden konnten. Frankreich unterstützte damals diese Ansprüche mit Nachdruck, da es Deutschland so weit wie möglich schwächen wollte und im Osten gerne einen starken Partner gehabt hätte. Die Briten waren damit weniger einverstanden, da sie im Hinblick auf die Ausgeglichenheit der Machtverhältnisse in Europa eine Gefahr in den französischen Hegemoniebestrebungen sahen. Sie tendierten mehr und mehr dazu, die deutsche Seite in dem Streit um Zugehörigkeiten zu unterstützen. Sie glaubten, Europa sei besser beraten, die Industrieanlagen in den Händen der Menschen zu belassen, die sie aufgebaut hatten, anstatt sie einem Land zu übergeben, das keinerlei Wirtschaftserfahrung besaß: Premierminister Lloyd George verstieg sich sogar zur Behauptung, eine Übergabe Oberschlesiens an Polen sei, als ob man "Perlen vor die Säue" werfe.

Während die Alliierten die Entscheidung auf die lange Bank schoben, waren die Polen wegen der ungeklärten Lage immer frustrierter. 1919 sowie 1920 kam es zu Aufständen. Schließlich entschlossen sich die Alliierten im März 1921, sich durch einen Volksentscheid über die allgemeine Stimmungslage Klarheit zu verschaffen. Die Deutschen gewannen die Abstimmung mit 707.000 Stimmen gegenüber 479.000 auf der polnischen Seite. Die Aussage des Ergebnisses wurde jedoch abgeschwächt durch die Tatsache, dass eine große Anzahl an Abstimmungsberechtigten (etwa 182.000) ehemalige in Schlesien ansässige Bürger waren, die inzwischen in anderen Teilen Deutschlands lebten und dennoch an der Wahl teilnahmen. Die meisten Stimmen für die Zugehörigkeit zu Deutschland wurden in den Industriezentren abgegeben, die besonders nahe an der polnischen Grenze lagen. Die Möglichkeit einer einfachen Teilung der Region erschien daher sinnlos, insbesondere da man davon ausging, dass die Teilung eines Ballungsraumes ohnehin nicht zufrieden stellend durchgeführt werden konnte.

Im Mai 1921 führte ein dritter Aufstand zur Besetzung der Region durch die polnische Armee. Auf der Suche nach einer schnellen Lösung übertrugen die

Alliierten nun die Frage an den **Völkerbund**, das neu eingesetzte Organ zur Erhaltung des Weltfriedens. Die neutralen Beobachter, die mit der Lösung der Frage beauftragt wurden, entschieden, dass eine Teilung die einzig gerechte Lösung sein könne, und benutzten die Ergebnisse der Volksabstimmung als Basis für die Zuteilung der jeweiligen Gebiete. Auf Grund der **Genfer Konvention zu Oberschlesien** aus dem Jahr 1922, die 606 Artikel umfasste, fielen den Deutschen zwei Drittel des Landes und drei Fünftel der Bevölkerung zu. Die internationale Grenze verlief jedoch direkt durch das Ballungsgebiet, eine salomonisch anmutende Lösung, die die Polen mit der großen Mehrheit der Bergwerke und Schmelzöfen zurückließ. Dieses radikale und vorher unerprobte Experiment beließ die Region in ihrer wirtschaftlichen Einheit, in der die Beförderung von Waren, Rohstoffen und Arbeitskräften sowie die Verfügbarkeit von öffentlichen Diensten und die Rechte der Individuen garantiert wurden, die nun unter einer anderen Flagge lebten.

Die Regelung blieb fünfzehn Jahre lang in Kraft, obwohl sie während der gesamten Zeit von Unkenrufen begleitet wurde. Die Polen zeigten sich durchaus in der Lage, die einst deutschen Industriebetriebe zu leiten, und das Vorhandensein einer internationalen Grenze wirkte sich nicht negativ auf die Produktivität des Ballungsraums aus. Zugegebenermaßen gab es eine ständige Flut von Beschwerden, hauptsächlich von Deutschen, die immer wieder vergaßen, dass man ihnen ein beträchtliches Stück Land überlassen hatte, das sie unter Umständen auch hätten verlieren können. Dennoch nahm diese Unzufriedenheit nie feste Form an, und die demokratische Regierung bestand nicht auf einer Rückgabe der Gebiete. Wäre Hitler nicht an die Macht gekommen, hätte die kühne Lösung des Völkerbundes vielleicht dauerhaft Bestand gehabt.

Katowice hat äußerst wenig Sehenswürdigkeiten zu bieten, doch wer etwas Zeit mitbringt, sollte das **Muzeum Śląskie** (Museum Schlesiens; Di–Fr 10–17 Uhr, Sa u. So 13–16 Uhr; eintritt 3 Zł) besuchen. Es liegt gleich nördlich vom Rynek und beherbergt eine gute Sammlung polnischer Kunst. Von dort aus kann man dann das attraktivste Gebäude der Stadt nicht verfehlen, die futuristische Sporthalle, **Spodek** (fliegende Untertasse) genannt. Das dunkle Gebäude mit einem Kuppeldach beherrscht die Straßenkreuzung Richtung Norden. Rock-Fans aus ganz Polen strömen zu Großveranstaltungen hierher – und in den letzten Jahren sind viele bekannte Größen aus dem Westen aufgetreten.

Schlesien
Karte S. 602/603

• *Übernachten/Essen* Sollten Sie in der Stadt übernachten wollen, so bieten sich nahe beim Bahnhof drei preiswerte **Hotels** an. Wenige Gehminuten in Richtung Westen befindet sich das **Centralny**, ul. Dworcowa 9 (✆ 032/253 9041; F), und ein paar Minuten weiter das **Śląski**, ul. Mariacka 15 (✆ 032/253 7011; F). Gleich hinter dem Bahnhof ist das **Polonia**, ul. Kochanowskiego 3 (✆ 032/251 2850; F). Das **Silesia**, ul. Piotra Skargi 2 (✆ 032/596 211; C) ist das beste Hotel für Geschäftsleute in der Innenstadt. Die ganzjährig geöffnete **Jugendherberge**, ul. Sokolska 26 (✆ 032/596 487), erreicht man in 15 Minuten vom Bahnhof. **Camping** mag in Verbindung mit Katowice paradox klingen, doch Hartgesottene finden einen Platz südwestlich des Stadtzentrums an einem See in der ul. Murckowska 6 (Mitte Mai bis Ende Sept.; ✆ 032/255 5388), erreichbar mit Bus Nr. 4.

In den zwei Fußgängerzonen in der Nähe des Bahnhofs gibt es eine Reihe guter Restaurants. In der ul. Stawowa und ul. Wawelka

z. B. zahlreiche Pizzerias und Imbiss-Verkäufer. **Bodega**, Stawowa 10, bietet eine Auswahl an europäischer Küche in gemütlicher Atmosphäre bei Kerzenlicht. Das **Café Gaudi**, Wawelska 2, serviert Kuchen und Eis in überladenen Räumen, die von dem Architekten aus Barcelona inspiriert sind.

Tarnowskie Góry/Tarnowitz

Aus touristischer Sicht ist Tarnowskie Góry nördlich von Katowice die einzige sehenswerte Stadt. Sie liegt etwa 20 km außerhalb am äußersten nördlichen Zipfel des Ballungsgebietes.

Tarnowskie Góry kann auf eine ehrwürdige Geschichte zurückblicken: Bereits im 13. Jahrhundert wurden Silber- und Bleivorkommen entdeckt, und im 16. Jahrhundert verliehen die Herzöge von Oppeln dem Ort sowohl Stadtrecht als auch Abbaurechte. Eine Vorstellung von ihrem im Boden verborgenen Reichtum gibt ein Dokument aus dem Jahr 1632, das 20.000 Stellen anführt, an denen Mineralien abgebaut werden konnten. Der Hauptgrund für einen Stadtbesuch ist die Besichtigung zweier historischer Bergwerke. Diese reichen zwar nicht an das Salzbergwerk von Wieliczka an, die Wanderungen durch den Untergrund sind aber in jedem Fall unterhaltsam. Beide Anlagen sind zu Fuß zu erreichen, ein paar Kilometer im Süden bzw. Westen des Stadtzentrums. Eine preiswerte Karte, die im PTTK-Büro erhältlich ist (siehe unten), hilft bei der Orientierung, allerdings haben sich einige Straßennamen inzwischen geändert.

Die Bergwerksanlagen

Das erste der beiden Bergwerke, das **Kopalnia Staszica**, ul. Szęść Boże 52 (Staszica-Bergwerk und Bergwerksmuseum), ist zwar lehrreicher, aber nicht so spannend. Um hierher zu gelangen, verlässt man die Stadt auf der Hauptstraße in Richtung Gliwice, überquert die Ampeln und biegt in die zweite Straße links, die ul. Jedności Robotniczej, ein. Das Bergwerk befindet sich dann ein kleines Stück weiter auf der linken Seite (etwa eine halbe Stunde zu Fuß).

Bereits im Mittelalter wurden in dem Bergwerk Silber, Blei und Kupfer abgebaut. In dem kleinen Museum ist die alte Ausrüstung zu sehen. Modelle, die zeigen, wie das Bergwerk funktionierte und wie der Wasserspiegel reguliert wurde. Der Höhepunkt der Besichtigung ist eine Bootsfahrt auf den gefluteten Abflusstunnels, die man je nach Bedarf ausgrub – Dutzende von Kilometern solcher Durchgänge führen unter dem Bergwerk hindurch.

Öffnungszeiten **Staszica Bergwerksmuseum**: Mo–Fr 8–14 Uhr, Sa u. So 9–15 Uhr. Eintritt 11 Zł, plus 22 Zł für einen Führer.

Eine große Wandkarte erklärt den Zusammenhang zwischen dem Bergwerk und dem **Sztolnia Czarnego Pstrąga** (Schwarzer Forellenschacht; Mo–Fr 8–Dämmerung, Sa u. So 11–15 Uhr; an Wochenenden unbedingt reservieren! ✆ 032/285 2981; Eintritt 8 Zł, Führer 16 Zł), der 3 km vom Westen der Stadt entfernt liegt. Der Name stammt von den Fischen, die sich immer wieder von den Flüssen, mit denen die Abflusstunnel in Verbindung stehen, in die Schächte verirren.

Wenn man vom Stadtzentrum kommt, läuft man in westlicher Richtung entlang der ul. Kard. S. Wyszyńskiego am Park vorbei, überquert die Ampeln und geht dann bergabwärts. Vor der evangelischen Kirche sieht man die Beschilderung auf der linken Seite. Falls Sie mit dem Auto unterwegs sind, parken Sie es am besten am Waldrand und laufen zu dem näheren der beiden Eingänge, "Szyb Sylvester", hinunter. An einer Anschlagtafel stehen die Zeiten für die halbstündlichen Führungen, die bis zum anderen Eingang, "Szyb Ewa" (etwa 600 Meter weiter im Wald), führen. Einmal im Bergwerk, steigt man in einen vertikalen Schacht ab und begibt sich dann auf eine etwas unheimliche Fahrt per Boot, entlang der früheren Abzugskanäle.

Das Beste an der Tour ist die perfekte optische Illusion, die einen vom Einstieg in das stählerne Kanu begleitet. Sobald die Boote sich in Gang setzten, spielt der Führer seine Routine durch, ohne zwischendurch Luft zu holen. Dabei zieht er bis zu acht Boote mit seinen Armen an den Wänden entlang. Wenn man durch die in den Fels gehauenen "Tore" gleitet, erzählt er die jeweils dazugehörigen Legenden. An einer Stelle wird z. B. Frauen, die bald einen Ehemann finden wollen, empfohlen, an die Wand zu klopfen.

• *Anfahrt/Information* Man erreicht Tarnowskie Góry von Katowice in etwa 1 Std. mit dem **Zug**. Vom Bahnhof sind es nur wenige Minuten zu Fuß zum Rynek. Die beste Information bietet das **Büro der SMZT** (Stowarzyszenie Miłośników Ziemi Tarnogorskiej, Freunde der Region Tarnowskie Góry); Mo–Fr 7.30–15.30 Uhr (✆ 032/285 4996), auf dem Weg zum Bergwerksmuseum, ul. Gliwicka 2. Auch das **PTTK-Büro** in der ul. Górnicza 7, Mo–Fr 8–16 Uhr (✆ 032/285 4891), gleich südlich vom Rynek, ist recht nützlich.

• *Übernachten/Essen* Die Unterbringungsmöglichkeiten beschränken sich im Wesentlichen auf das **Olimpijski-Hotel**, ul. Korczaka 23 (✆ 032/285 4524; G), und das **Mirage**, ul. Gliwicka 126 (✆ 032/285 8323; E) etwas außerhalb.

Es gibt ein annehmbares Restaurant, das **Pod Sztolnią** in der ul. Janasa.

Südlich von Katowice

Wer von Katowice auf dem Weg in die schlesischen **Beskiden** ist, sollte in dem charmanten Städtchen **Pszczyna** einen Zwischenstopp einlegen, um das Schlossmuseum zu besichtigen. Es liegt gleich südlich von der Zwillingsstadt **Bielsko-Biała**. Obwohl die Bergregion die Größe der benachbarten Tatra vermissen lässt, gibt es für Reisende auf dem Weg in die Tschechische Republik hier einiges zu sehen, wie z. B. die durch die Grenze zweigeteilte Stadt **Cieszyn** (von Katowice fährt direkt ein Bus dorthin). Von Katowice gibt es regelmäßige Bus- und Bahnverbindungen nach Bielsko-Biała. Von dort aus sind auch die in den Beskiden gelegenen Kurstädte **Szczyrk** und Cieszyn leicht zu erreichen.

Pszczyna/Pless

Etwa 40 km (mit dem Zug ca. 40 Minuten) von Katowice entfernt, befindet sich das kleine Städtchen **Pszczyna**, meilenweit von der Industrieverschmutzung des Ballungsraumes entfernt. Wenn Nysa als das "schlesische Rom" und Paczców als das "polnische Carcassonne" bezeichnet wird, dann könnte man das **Schloss** in Pszczyna, das sich gleich beim Marktplatz befindet, durchaus als das "schlesische Versailles" bezeichnen.

Seit dem 12. Jh. stand hier eine Jagdhütte der Piasten, die erst im gotischen, dann im Renaissancestil erweitert wurde, bis das Schloss nach einem Feuer schließlich sein weitgehend barockes Aussehen erhielt. Andere Bauelemente kamen im 19. Jahrhundert hinzu. 1946 wurde es als Museum eröffnet, und es enthält viele von Polens wertvollsten, historischen Kunstschätzen. Viele davon wurden nach den Kriegszerstörungen aus schlesischen Herrenhäusern geborgen. Man ist noch dabei, die Räume nach und nach bis ins kleinste Detail auf ihren Zustand im 18. Jahrhundert zu restaurieren.

Zunächst muss man die obligatorischen Filzpantoffeln anlegen, mit denen man dann durch die Räume gleitet. Die Ausstellung beginnt im Erdgeschoss, wo sich eine Auswahl an Jagdtrophäen befindet, unter anderem auch ein Wildschwein, das aus der Wand herauszuspringen scheint, und ein etwas sanftmütiger wirkender europäischer Wisent (fragen Sie im Fremdenverkehrsamt nach dem **Wisentreservat** – *reserwat zubrów* – im nahe gelegenen Jankowice; die Wisentzüchtung wurde von Herzog Jan Henryk von Hochberg XI. um 1865 in der Gegend eingeführt, und heute leben 50 Wisente in dem 800 Hektar großen Reservat). Im nächsten Raum sind fein säuberlich europäische und orientalische Waffen ausgestellt.

Die Werke unbekannter deutscher und flämischer Meister kann man im erst kürzlich fertig gestellten **Großen Saal** besichtigen, der außerdem mit schönem Mobiliar im Barock- und Regency-Stil sowie einer hervorragend vergoldeten Stuckdecke ausgestattet ist. Die **große Treppe**, die zu den Wohnräumen des Schlosses hinaufführt, trägt ihren Namen zu Recht. Sie wird von einer steinernen Balustrade gesäumt, und man geht an einem grünen, gewundenen Gefäß vorbei, das bei festlichen Anlässen mit Wein gefüllt wurde. Weiterhin gibt es Wandteppiche mit Stuckrändern und Marmorskulpturen. Prinzessin Daisy von Pless, eine englische Lady aus der Cornwallis-West Familie, ehelichte hier 1891 Prinz Hans Heinrich XV., Trauzeuge war der Prinz von Wales, der spätere König Edward VII. Ihre Privatgemächer wurden liebevoll erhalten und restauriert, sie beinhalten einige schöne Porträts der sehr beliebten Prinzessin. Wem das Bizarre liegt, der wird sich an der "englischen Toilette" im Badezimmer der Prinzessin Daisy erfreuen, an der schlangenförmige Handstützen aus grünem Marmor angebracht sind.

Wenn man die Gemächer des Prinzen und die Bibliothek durchschritten hat, erreicht man den Höhepunkt der Ausstellung, den beeindruckenden **Spiegelsaal**. An beiden Enden der Halle sind riesige Spiegel mit vergoldeten Messingrahmen angebracht, wodurch der Saal wesentlich größer wirkt. Die Decke ist bemalt mit einem aufgewühlten Himmel, von dem Kristalllüster herunterhängen, welche den grandiosen Eindruck noch verstärken. Überschwänglich verzierte Balkons blicken vom zweiten Stock auf den Saal hinunter. Wandgemälde stellen die vier Jahreszeiten dar, und zwischen die vergoldeten Stuckdekorationen wurden noch die Tierkreiszeichen eingefügt. Mehrere Reihen antiker Stühle füllen den Saal, in dem jeden Monat Kammermusikaufführungen stattfinden. Man sollte unbedingt auch von den Balkons einen Blick hinunterwerfen.

Unter den angrenzenden Räumen befinden sich ein Speisesaal im Jugendstil, eine Spiegelgalerie und ein charmanter Billardraum. Schließlich gibt es noch das **Jagdzimmer** mit Rippengewölbe, das auf die mittelalterlichen Ursprünge des Schlosses hinweist. Hier hängen einige Geweihe.

Öffnungszeiten Di u. Sa 10–15 Uhr, Mi–Fr 9–15 Uhr, So 10–16 Uhr. Eintritt 7 Zł.

Der schmucke **Marktplatz** vor dem Schloss stammt aus dem späten 18. Jh. und ist mit schönen Bürgerhäusern gesäumt. Die weiße, protestantische Barockkirche ist im Innenraum sehr einfach und hell. Die ul. Parkowa, etwa einen Häuserblock nördlich von der ul. Dworcowa, der Straße die das Stadtzentrum mit dem Bahnhof verbindet, ist eher eine Parkallee als eine Straße. Sie führt zu einem kleinen **Freilichtmuseum**, in dem Bauernhäuser aus der Region, Kutschen sowie ein Schlitten und ein alter Leichenwagen zu sehen sind.

- *Öffnungszeiten* **Freilichrmuseum**, Mi–So 10–15 Uhr. Eintritt 4 Zł.
- *Information* Der PTTK führt ein hilfreiches Büro am Rynek, iHausnr. 3 (Mo–Fr 9–16 Uhr).
- *Anfahrt/Verbindungen* **Bahnhof** und **Busbahnhof** befinden sich etwa einen Kilometer östlich des Rynek.

• *Übernachten* Das **Hotel Retro**, ul. Warowna 31 (✆ 032/210 2245; retro@ka.onet.pl; F), ist von ausgezeichneter Qualität. Die Doppelzimmer mit Bad haben alle Telefon, Satellitenfernsehen und eine Minibar, außerdem gibt es eine Sauna und ein Solarium. Preiswertere Betten bietet die **Herberge** des PTTK, ul. Bogedania 16 (✆ 032/210 3833; G), das die übliche Mischung aus Zimmern mit eigenem Bad und Gemeinschaftsbad hat.

• *Essen* Am belebten Rynek befinden sich zahlreiche Snackbars und Imbisse, außerdem gibt es Cafés und Bars in der Fußgängerzone ul. Piastowska, die nordöstlich vom Rynek abzweigt. Empfehlenswert: die **Pizzeria Primavera** in der Piastowska 14, das **Restaurant Kasztelanska** gleich um die Ecke, in der ul. Bendarska, oder das **Michalika**, in Dworcowa 11.

Bielsko-Biała

25 km südlich von Pszczyna, am Fuße der schlesischen Beskiden, liegt Bielsko-Biała. Wie der Name schon verrät, waren dies früher zwei Städte, die erst 1951 zusammengelegt wurden.

Die beiden Stadtteile, die durch den Fluss Biała getrennt werden und lange Zeit zu verschiedenen Ländern gehörten, bilden nun eine Einheit: Bielsko gehörte zum Herzogtum Cieszyn, das später ein Teil Böhmens wurde, und Biała gehörte zum Herzogtum Oświęcim, das im 15. Jahrhundert an die polnische Krone fiel.

Beide Städte erlebten Ende des 19. Jahrhunderts dank ihrer hochwertigen Textilprodukte eine Blütezeit. Das heutige Stadtbild ist von den selbstbewussten Gebäuden dieser Periode geprägt. Bielsko auf dem westlichen Ufer macht einen ziemlich heruntergekommenen Eindruck. Biała, im Osten gelegen, hat sich zwar in den letzten Jahren gut entwickelt, ist aber nicht unbedingt einer von Polens schönsten Orten. Man nimmt also besser einen Bus und macht sich auf den Weg nach Cieszyn oder Szczyrk.

▸ **Das Zentrum von Bielsko**: Wenn man am Bahnhof oder Busbahnhof ankommt, läuft man die ul. 3 Maja, einen breiten Boulevard, entlang, der mit den für die Stadt so typischen Wohnhäusern aus der Zeit der Jahrhundertwende gesäumt ist, und erreicht nach 15 Minuten das Zentrum. Die Straße endet am geschäftigen pl. Bolesława Chrobrego, oberhalb des Platzes liegen die halb verlassenen Straßen und Gässchen, die typisch für Bielskos Altstadtkern sind. Ein paar Straßenblocks südlich des kleinen Rynek an der ul. Schodowa steht die ungewöhnliche **St. Nikolauskirche** (Katedra św. Mikołaja). Sie wurde Anfang dieses Jahrhunderts gebaut. Der hohe, von zwei kleineren Türmen flankierte Glockenturm erinnert ein wenig an eine Vision der italienischen Renaissance, gesehen mit den Augen Eschers. Er ist das auffälligste Wahrzeichen der Stadt. Das Innere ist nicht so beeindruckend, es gibt jedoch einige schöne Buntglasfenster im sezessionistischen Stil.

Nördlich vom Rynek ist es etwas ruhiger, und man sieht immer wieder Bürgerhäuser aus der Zeit der Jahrhundertwende, deren Fenstersimse mit Blumenkästen geschmückt sind. Am plac Luthra steht das einzige **Martin-Luther-Denkmal** des Landes, was auf den strengen Protestantismus in dieser Region hinweist. Dahinter erhebt sich eine typisch evangelische Kirche aus dem Jahr 1782 mit dem traditionell hellen, aber spartanischen Inneren und einem Altar, der so unscheinbar ist, dass man ihn kaum wahrnimmt.

▸ **Das Zentrum von Biała**: Das Zentrum von Biała liegt nur ein paar Gehminuten östlich vom pl. Bolesława Chrobrego und ist mit seinen belebten Straßen, die von Cafés und glänzenden Schaufenstern gesäumt sind, das genaue Gegenteil von Bielsko.

Schlesien Karte S. 602/603

Gleich nördlich des milchkaffeefarbenen, im Neorenaissancestil gebauten **Rathauses**, befindet sich der pl. Wojska Polskiego, ein freundlicher, breiter Platz, an dessen Nordostecke die zwei besterhaltenen sezessionistischen Häuser der Stadt stehen. Das **Froschhaus** (Pod Żabami) ist eine ehemalige Weinstube, die ihren Namen den lustigen Schnitzereien aus dem 18. Jahrhundert verdankt, die man um die Ecke herum erkennen kann: Über dem Toreingang ruhen sich zwei sehr selbstzufriedene Frösche aus, die Pfeife rauchen und Mandoline spielen, während zwei Käfer an der Wand entlang krabbeln.

Ganz im Südosten des Stadtgebietes befindet sich das eingemeindete Dorf **Mikuszowice** (zu erreichen mit Bus Nr. 24) mit der **St. Barbarakirche**. Diese Holzkirche wurde Ende des 17. Jahrhunderts errichtet und ist eine der schönsten Beispiele volkstümlicher Baukunst der Region. Von außen sieht die Kirche mit dem schindelgedeckten Spitzdach und den Zwiebeltürmen sehr hübsch aus. Sie ist auffallend geometrisch angelegt, hat ein quadratisches Kirchenschiff mit Turm sowie eine sechseckige Kanzel. Das Innere wurde nach und nach mit naiven Wandmalereien geschmückt, die Szenen aus dem Leben der heiligen Barbara darstellen. Außerdem gibt es im linken Seitenschiff eine schöne Schnitzerei von der Madonna mit dem Kind aus dem 15. Jahrhundert.

• *Verbindungen* Bahnhof und Busbahnhof befinden sich im nördlichen Teil von Bielsko.

• *Übernachten* Es gibt zahlreiche Unterkunftsmöglichkeiten in der Stadt. Da ist zunächst das erstklassige **Park Hotel Vienna**, ul. Bystrzańka 48 (✆ 033/812 0500, www.vienna.pl; B), im Norden der Stadt Richtung Szczyrk. Näher beim Zentrum befindet sich das **Hotel Prezydent**, ul. 3 Maja 12 (✆ 033/822 7211, prezydent@pol.pl; C). Die gut ausgestatteten Zimmer sind allerdings etwas schäbig. Zu den preiswerteren Hotels gehören das **Olimp**, ul. Rychlińskiego 19 (✆ 033/814 7509; F), und das **PTTK Dom Turysty**, ul. Krasińskiego 38 (✆ 033/812 3019), gleich oberhalb der Bahnhöfe. Es verfügt über ein paar Doppelzimmer (H) und Schlafsäle (ab 25 Zł pro Person). Die **Jugendherberge** befindet sich in der ul. Komorowicka 25 (✆ 033/816 7466).

• *Essen/Trinken* Die Stadt ist nicht gerade arm an Verköstigungsmöglichkeiten. Die **Bar Orientalny**, im Erdgeschoss des Froschhauses, bietet preiswerte, zuverlässige chinesische Küche. **Pizzeria Margerita**, ul. Cechowa 8, hat die beste Auswahl an Pizzas. Gute, traditionelle polnische Küche gibt es im **Restaurant Patria**, ul. Wzgórze 19, das am Wochenende bis nach Mitternacht geöffnet hat. **Kawiarna Papuga**, ul. Frycza Modczewskiego 8, eignet sich gut, um etwas zu trinken.

• *Unterhaltung* Es lohnt sich auch einen Blick auf den Spielplan des Theaters **Banialuka**, ul. Mickiewicza 20 (✆ 033/815 0915), zu werfen. Es ist das nationale **Puppentheater**, und im Mai von Jahren mit geraden Zahlen findet hier ein internationales **Puppenfestival** statt.

Szczyrk und die Beskid śląski/Schlesischen Beskiden

Gleich im Süden von Bielsko-Biała liegt der kleine schlesische Teil der Beskiden. Die Hänge sind fast bis zu den Gipfeln mit Fichten bewachsen, wie in Mitteleuropa oft zu sehen.

Für Polen ist die Region ein beliebtes Feriengebiet, und von Bielsko-Biała gibt es zahlreiche Busverbindungen in den Hauptferienort **Szczyrk**, etwa 15 km in südwestlicher Richtung, wo sich auch zahlreiche Unterkünfte finden.

Im Winter gibt es hier immer Schnee, und die steilen Abhänge ermöglichen einige der anspruchsvollsten Abfahrten für Skifahrer. Die Strecken werden besser eingestuft als die Tatra-Abfahrten, obwohl sie weniger abwechslungsreich sind. Im Sommer sind zwischen den Berghütten auf den Hängen zahlreiche Wanderer auf den meist weniger anstrengenden Wanderwegen unterwegs. Man sieht in dieser Region viele Holzkirchen, Einheimische in traditionellen Trachten und vereinzelte Burgen. Wenn Sie zu Fuß oder mit dem Mountainbike in die Berge unterwegs sind, sollten Sie sich die vor Ort erhältliche Karte *Beskid Śląski i Żywiecki* (1:75.000) besorgen.

Läuft man vom Busbahnhof 15 Minuten Richtung Süden, gelangt man zu einer **Drahtseilbahn** (Wyciąg; ganzjährig in Betrieb; 8.30–17.30 Uhr, Hin- und Rückfahrkarte 16 Zł.), die auf den **Skrzyczne** (1.245 m), den höchsten Gipfel des Gebirgszugs, hinauffährt. Im Sommer sieht man hier viele mit Eimern bewaffnete Heidelbeerpflücker, die die Hänge systematisch abgrasen und dann die Ernte auf beiden Seiten der Stadt am Straßenrand verkaufen. Vom Gipfel blickt man auf den gegenüberliegenden 1.117 m hohen Klinczok und sieht im Tal die Umgebung des Ballungsgebietes Bielsko-Biała. Hier oben gibt es auch eine Berghütte und ein Restaurant.

Wer genügend Kondition hat, kann von Szczyrk aus zu Fuß auf dem blau oder grün markierten Pfad den Gipfel erklimmen, Dauer etwa zwei Stunden. Der grüne Pfad führt weiter in südliche Richtung zum **Barania Góra** (1.220 m), an dessen Hang die Weichsel entspringt. Der längste Fluss Polens nimmt von hier aus seinen 1.090 km langen gewundenen Weg durch Kraków, Warschau und Toruń, um schließlich im Osten von Gdańsk in die Ostsee zu münden.

• *Information* Informationen erhält man über die polnischsprachige Internetseite www.szczyrk.com.pl.

• *Verbindungen* Szczyrk ist ein lang gestrecktes, sich weit ausdehnendes Dorf mit einem Busbahnhof, der etwa in der Mitte der einzigen Straße liegt. Dort sollte man aussteigen, sonst landet man einige Kilometer weiter an der Endhaltestelle, dem südlichsten Punkt des Dorfes.

• *Übernachten* Unterkünfte sind in Szczyrk einfach zu finden. Das Beskidy-Reisebüro, ul. Myśliwska 4 (☏ 033/817 8878), südlich vom Busbahnhof, kann **Privatzimmer** (I) und **Pensionen** (G) vermitteln und verkauft außerdem Wanderkarten. Das zentral gelegene **PTTK Dom Turysty**, ul. Górska 7 (☏ 033/817 8578, turysta@szczyrk.com.pl), verfügt über Doppelzimmer (H) und Schlafsaalbetten ab 20 Zł pro Person. **Pensjonat Koliba**, gleich beim Sessellift, ul. Skośna 17 (☏ 033/817 9930; F), bietet einfache Zimmer mit Bad, TV und Frühstück, die ihren Preis wert sind. Das **Hotel Beskidek**, ul. Górska 7A (☏ 033/ 817 8411, www.szczyrk.com.pl/beskidek; F), ist etwas eleganter. Noch besser ist das **Klimczok**, 3 km westlich des Zentrums in der Poziomkowa 20 (☏ 033/828 1400, www.klimczok.pl; B), ein ausgezeichnetes Wintersporthotel mit Restaurant, Pub, Schwimmbad und Disco. Der **Skalite Campingplatz**, ul. Kempingowa 2 (☏ 033/817 8760), ist von der Straße aus leicht zu sehen, wenn man aus Richtung Bielsko-Biała kommt.

• *Essen/Trinken* Auf der Hauptstraße reihen sich viele Snackbars aneinander, und es gibt einige gute Restaurants, die sich auf die sättigende polnische Küche spezialisiert haben, wie z. B. das **Maxim** in der ul. Beskidzka 87 und das elegante **Senator** in der ul. Myśliwska 8. Der **Green Pub**, zwischen Zentrum und Sessellift gelegen, serviert gute Pizza und Spaghetti und bietet sich an, um etwas zu trinken. Im **Hacjenda Pub**, gegenüber vom Busbahnhof, treten manchmal Rock-/Pop-Bands auf.

Schlesien Karte S. 602/603

Wisła und Umgebung

Vom Barania Góra aus gibt es verschiedene Wege hinunter nach Wisła, einem bescheidenen Erholungsort, der von Urlaubern aus dem Ballungsgebiet Katowice bevorzugt wird, die sich einen Aufenthalt in Szczyrk nicht leisten können. Man kann den Ort mit dem Bus von Cieszyn oder von Szczyrk aus erreichen. Die zweite Route ist spektakulär und führt in zahlreichen Windungen über die Gebirgspässe und durch die Täler.

Wisła, ein lang gestrecktes, schmales Dorf, das sich entlang der Hauptstraße das Tal hinaufzieht, ist überraschend unattraktiv: ein Erholungsort mit Betonbauten aus der sozialistischen Ära, mit billigen, schlechten Unterkünften. In jüngster Zeit ist Wisła dadurch zu Ruhm gekommen, dass es der Heimatort von Adam Małyz ist, dem Skispringer, der 2001 ganz oben in der Weltrangliste stand und so zum Volkshelden wurde. In den Geschäften von Wisła gibt es jede Menge von Małyz-Souvenirs. Ein weiterer Grund, noch im Dorf zu verweilen, ist das **Muzeum Beskidzkie** (Beskiden-Museum) nahe beim Marktplatz. Hier sind landwirtschaftliche Geräte, Trachten sowie Dudelsäcke aus Ziegenleder ausgestellt, die von den heimischen Schäfern benutzt wurden. Im Museumsrestaurant, dem Wisłańska Strzecha, kann man gut essen.

Öffnungszeiten **Museum** – Di, Do u. Fr 9–15 Uhr, Mi 9–17 Uhr, Sa u. So 10–14 Uhr. Eintritt 3 Zł.

Von Wisła aus führt die schönste Wanderung in südwestliche Richtung auf dem gelb markierten Pfad zum **Stożek** (978 m), einem schönen Aussichtspunkt an der Grenze zur Tschechischen Republik. Ganz in der Nähe des Gipfels gibt es ein hüttenähnliches Hotel, das *Schronisko na Stożku.*

Ustroń and Brenna

Zehn Kilometer flussabwärts von Wisła und ebenfalls von Cieszyn erreichbar, liegt der Kurort **Ustroń**. Auf den ersten Blick sieht er futuristisch aus, denn eine Reihe von pyramidenförmigen Hotels mit Glasfronten ragen aus dem bewaldeten Abhang auf der Ostseite der Stadt heraus. Folgt man der staubigen Straße ins Zentrum, wird alles schnell prosaisch: Es gibt die übliche Schar wenig einladender Cafés und billiger Läden. Im Park östlich der Hauptstraße befindet sich das **Muzeum Hutnictwa i Kuźnictwa** (Hüttenkundemuseum), in dem alte Dampfhammer und verschiedene mit Wasser angetriebene Apparate stumme Zeugen sind von Ustrońs Vergangenheit als Eisen verarbeitendem Zentrum.

Wanderer zieht es nach Ustroń wegen der Nähe zum östlich gelegenen **Równica** (884 m), einem der beliebtesten Gipfel der Beskiden. Ein rot markierter Pfad führt hinauf, man kann jedoch auch eine Autofahrt aushandeln, bei der es über die abenteuerliche Bergstraße hinaufgeht. Eine zweite schöne Wanderung führt auf dem blau markierten Pfad von Ustroń in südwestlicher Richtung auf den **Czantoria** (995 m), der ebenfalls an der tschechischen Grenze liegt.

• *Information* Das Fremdenverkehrsbüro (Mo–Fr 8–16 Uhr, Sa 9–13 Uhr; ✆ 033/854 2653) befindet sich gleich neben dem Busbahnhof am Rynek 2. Dort vermittelt man Ihnen Privatzimmer im Stadtzentrum oder schickt Sie zu den pyramidenförmigen Hotels (G), die aus der Nähe weniger "glänzend" sind als von fern.

• *Übernachten* Eines der besten Hotels ist das **Narcyz**, ul. Zdrojowa 9 (✆ 033/ 854 3595, www.narcyz.com.pl; F), das Zimmer mit Bad und TV bietet und Mountainbikes verleiht. Etwas protziger ist das neue **Hotel Ustroń**, ul. Hutnicza 7 (✆ 033/854 2205, ustron@animus.pl; D), nahe beim Museum, zu dem auch ein recht nobles **Restaurant** gehört. Preiswerteres Essen, vor allem ausgezeichneten Fisch, gibt es in der Grillhütte an der Straße zum Busbahnhof.

Östlich vom Równica, am Ufer des Flusses Brennica, liegt **Brenna**, der abgelegenste Ferienort der Beskiden. Der Fluss wurde hier auf mehreren Ebenen begradigt und bietet gute Bademöglichkeiten. Im Freilichttheater des Dorfes finden an Sommerwochenenden regionale Gesangs- und Tanzveranstaltungen statt.

• *Übernachten* Es gibt zahlreiche **Pensionen,** z. B. die einfache Pension **Hawana**, ul. Jatny 34 (✆ 033/853 6729, hawana@bb.onet.pl; H), oder **Malwa**, ul. Jatny 11 (✆ 033/853 6493, www.malwa.pl; F), eine geräumige Unterkunft mit schönen Zimmern mit Bad.

Cieszyn/Teschen

Cieszyn, das sich 35 km westlich von Bielsko-Biała auf beiden Seiten der tschechischen Grenze erstreckt, wurde im Krieg weitgehend von Zerstörung verschont. Es ist eine der attraktivsten Städte der Gegend und auf jeden Fall einen Abstecher wert, wenn man sich auf dem Weg in die tschechische Republik befindet.

Wenn die Häuser im alten Stadtkern, die vor fast zwölf Jahrhunderten erbaut wurden, heute auch etwas vergilbt wirken, so strahlt das Ganze doch einen gewissen Charme aus. Nach dem Zerfall der Habsburger Monarchie nach dem Ersten Weltkrieg beanspruchten sowohl die Tschechoslowakei als auch Polen den Ort für sich. Schließlich wurde auf der Botschafterkonferenz im Jahr 1920 beschlossen, den Fluss Olza als Grenze einzusetzen: Der östliche Teil der Stadt wurde polnisch, die gegenüberliegende Seite (auch als Cesky Tesín bekannt) tschechisch. Obwohl die unterschiedlichsten Nationalitäten über das gesamte Stadtgebiet verteilt lebten, wurde kein Versuch unternommen, das Nationalitätenproblem zu regeln. Bis vor kurzem konnten die Minderheiten nur mit einem besonderen Pass ihre Heimat auf der jeweiligen anderen Seite besuchen. Nur an Allerheiligen wurde die Grenze geöffnet. Heute findet über die Brücke im Stadtzentrum ein reger Grenzverkehr statt.

Auf der höchsten Erhebung des **Rynek,** im Mittelpunkt der Stadt, steht das Rathaus aus dem 18. Jahrhundert. Nahe der südwestlichen Ecke des Platzes erhebt sich die gotische Kirche **St. Maria Magdalena** mit einer Grabstätte der Piastenherzöge, die hier 1290 ein unabhängiges Fürstentum gründeten.

Die von beeindruckenden Herrenhäusern gesäumte Hauptstraße ul. Głiboka führt vom Rynek zum Fluss hinab. Geht man die ul. Sejmowa links hinunter und biegt dann an der ersten Kreuzung rechts ein, steht man auf der ul. Trzech Braci (Straße der drei Brüder) mit dem **Brunnen**, der schon in der Sage über die Gründung der Stadt erwähnt wird. Im Jahr 810 trafen die drei Söhne des polnischen Königs *Leszko III.* an diesem Brunnen zusammen, nachdem sie lange durch das Land gewandert waren. So sehr freuten sie sich über ihr Wiedersehen, dass sie hier eine Stadt mit dem Namen "Ich bin glücklich" (*cieszym się*) gründeten.
Vom Ende der ul. Głiboka aus sind es nur ein paar Schritte entlang der ul. Zamkowa zur **Most Przyjaźni**, dem Grenzübergang in den tschechischen Teil der Stadt, obwohl die meisten Autofahrer das Viadukt im Norden benutzen, da es dort schneller geht und man dann das Stadtzentrum umfahren kann. Fußgänger kehren über den Grenzübergang an der **Most Wolności**, etwa 700 Meter flussaufwärts, wieder zurück.

Westlich der ul. Zamkowa ist eine Anhöhe, die von einem gotischen **Turm** aus dem 14. Jahrhundert bekrönt wird. Er ist der einzige Überrest des ehemaligen Piastenpalastes. Von seiner Spitze aus hat man einen herrlichen Blick auf beide Stadtteile mit den dahinter liegenden Beskiden.
Öffnungszeiten täglich April–Okt. 9.30–17 Uhr, Nov.–März 9.30–15 Uhr.

Daneben steht eines der ältesten noch erhaltenen Gebäude Schlesiens, die **St. Nikolaus-Kapelle**, eine wunderschöne romanische Rotunde aus dem 11. Jahrhundert, davor sind noch Spuren eines damaligen Brunnens erhalten. Ebenfalls auf der Anhöhe sind ein neoklassizistisches **Jagdschloss** und unter den Bäumen eine "zerfallene" romantische "Ruine" zu bewundern.

Schlesien
Karte S. 602/603

Wenn man weiterschlendert gelangt man zur evangelischen **Jesuskirche** mit einem barocken Turm, die sich auf der Anhöhe gleich östlich vom Stadtzentrum erhebt. Das eher nüchterne Innere wird nur von Statuen der vier Evangelisten am Altar aufgelockert.

• *Information* Am Rynek 1 befindet sich das gut organisierte **Fremdenverkehrsbüro** (Miejskie Centrum Informacji; Mo 10–18 Uhr, Di–Sa 8–18 Uhr; ✆ 033/852 3050, www.um.cieszyn.pl), das Auskunft über alles in der Stadt geben kann. Das **PTTK-Büro** befindet sich in der ul. Głiboka 56 (Mo u. Do 8–17 Uhr, Di, Mi u. Fr. 8–15 Uhr, Sa 8–12 Uhr) und verkauft eine Reihe guter Karten.

• *Anfahrt/Verbindungen* **Busbahnhof und Bahnhof** von Cieszyn liegen zentral, etwa zehn Minuten zu Fuß vom Rynek.

Ein romanischer Rundbau in Cieszyn

• *Übernachten* Eine einfache Unterkunft ohne besondere Ausstattung bietet das seelenlose, aber bewohnbare **Gambit**, ul. Bucewicza 18 (✆ 033/852 0651, www.hotelgambit.com.pl; Zimmer mit Bad G, mit Gemeinschaftsbad I). Ein wenig hübscher ist das **Akademicus**, Paderewskiego 6 (✆ 033/852 1100; G), wo alle Zimmer über ein eigenes Bad verfügen. Auf noch etwas höherem Niveau liegen das **Gościniec pod Kurantem**, ul. Srebrna 7 (✆ 033/851 8522; F), ein gemütliches Gästehaus in einer Gasse in der Nähe des Rynek, und das Orbis-Hotel **Halny**, das vor allem auf Geschäftsleute ausgerichtet ist. Es liegt 2 km vom Zentrum entfernt in der ul. Motelowa 21 (✆ 033/852 9451, mcieszyn@orbis.pl; D).

• *Essen/Trinken* Um den Marktplatz herum gibt es jede Menge Lokale. **Bar Żak**, Rynek 20, serviert preiswerte Pizzen und Gerichte à la Milchbar. **Gospoda Pod Dobrą**, Rynek 15, bietet eine reichere Auswahl an deftigen polnischen Gerichten. **Starówka**, ul. Mennicza 20, unterhalb des Rynek, ist gemütlicher, etwas teurer und besitzt einen hübschen Garten. Es gibt lecker zubereitetes Fleisch und Fisch.

Von den **Cafés** serviert das **Pod Arkadami**, Rynek 4, das beste Eis. Das **Herbaciarna Mak**, Głeboka 31, ist ein gemütlicher Ort, wo man Teespezialitäten und Kuchen genießen kann. Süße, köstliche Crêpes probiert man in der **Bar Premiera**, ul. Aleksandra Fredry 2. Die Themen-Kneipe (keltisch) **Highlander** empfiehlt sich, wenn man abends etwas trinken gehen möchte. Sie befindet sich beim Rynek, ul. Zielona. Im **Club Piwnica**, unter dem Restaurant Targowa, Stry Targ 1, bietet gelegentlich Live-Jazz.

Reiseinformationen

Züge

• *Innerpolnische Zugverbindungen* **Cieszyn** nach: Bielsko-Biała (8 x tägl.; 1 Std.).

Jelenia Góra nach Bydgoszcz (1 x tägl.; 8 Std.; Liegewagen); Częstochowa (2 x tägl.; 6 Std.); Gdańsk (1 x tägl.; 10 Std.; Liegewagen); Kalisz (4 x tägl.; 5–6,5 Std.); Katowice (3 x tägl.; 7 Std.); Kielce (1 x tägl.; 8 Std.; Liegewagen); Kłodzko (4 x tägl.; 2 Std.); Kraków (2 x tägl.; 9–10 Std.; Liegewagen); Leszno (3 x tägl.; 4–5 Std.); Łodż (4 x tägl.; 6,5–9 Std.); Lublin (1 x tägl.; 11,5 Std.; Liegewagen); Opole (4 x tägl.; 4–4,5 Std.); Poznań (4 x tägl.; 5–6,5 Std.); Szczecin (1 x tägl.; 9 Std.; Liegewagen); Wałbrzych (23 x tägl.;

1 Std.); Warschau (4 x tägl.; 8,5–9,5 Std.); Wrocław (18 x tägl.; 2–2,5 Std.); Zielona Góra (2 x tägl.; 4,5–5,5 Std.).

Katowice nach Białystok (2 x tägl.; 6–8 Std.; Liegewagen); Bielsko-Biała (alle 30 Min.; 1,5–2,5 Std.); Bydgoszcz (4 x tägl.; 5–7 Std.; Liegewagen); Częstochowa (26 x tägl.; 1,5–2 Std.); Gdańsk (6 x tägl.; 6,5–9 Std.; Liegewagen); Jelenia Góra (3 x tägl.; 7 Std.); Kielce (11 x tägl.; 2,5–3,5 Std.); Kołobrzeg (1 x tägl.; 10,5–11,5 Std.; Liegewagen); Kraków (36 x tägl.; 1,5–2 Std.); Legnica (7 x tägl.; 4–7 Std.); Leszno (7 x tägl.; 4,5–5 Std.); Łódź (8 x tägl.; 3,5–5 Std.); Lublin (5 x tägl.; 6–7 Std.); Olsztyn (2 x tägl.; 8,5–11 Std.); Opole (23 x tägl.; 2 Std.); Poznań (15 x tägl.; 5–7 Std.); Przemyśl (7 x tägl.; 5,5 Std.); Pszczyna (alle 30 Min.; 1–1,5 Std.); Rzeszów (8 x tägl.; 4–5 Std.); Słupsk (1 x tägl.; 13 Std.; Liegewagen); Szczecin (5 x tägl.; 9–10 Std.); Świnoujście (3 x tägl.; 10 Std.–11,5 Std.); Wałbrzych (3 x tägl.; 6 Std.); Warschau (17 x tägl.; 3,5–5 Std.); Wrocław (21 x tägl.; 2–3 Std.); Zakopane (3 x tägl.; 5–7 Std.; Liegewagen); Zamość (2 x tägl.; 8–10 Std.); Zielona Góra (4 x tägl.; 5–6 Std.).

Wrocław nach: Białystok (2 x tägl.; 10,5–13 Std.; Liegewagen); Bydgoszcz (6 x tägl.; 4–5 Std.); Częstochowa (6 x tägl.; 3–4 Std.); Gdańsk (7 x tägl.; 6–7,5 Std.; Liegewagen); Jelenia Góra (12 x tägl.; 2–2,5 Std.); Kalisz (3 x tägl.; 2–2,5 Std.); Katowice (21 x tägl.; 2–3 Std.); Kielce (3 x tägl.; 5–6,5 Std.); Kłodzko (7 x tägl.; 2,5 Std.); Kołobrzeg (2 x tägl.; 8–10 Std.); Kraków (17 x tägl.; 4–6 Std.); Legnica (22 x tägl.; 1 Std.); Leszno (27 x tägl.; 1–1,5 Std.); Łódź (14 x tägl.; 4–6 Std.); Lublin (3 x tägl.; 8,5–9,5 Std.; Liegewagen); Olsztyn (2 x tägl.; 7,5–10 Std.; Liegewagen); Opole (42 x tägl.; 1–1,5 Std.); Poznań (26 x tägl.; 2 Std.); Przemyśl (5 x tägl.; 8,5 Std.; Liegewagen); Rzeszów (6 x tägl.; 7 Std.; Liegewagen); Słupsk (2 x tägl.; 9–10 Std.); Szczecin (11 x tägl.; 6–7,5 Std.; Liegewagen); Świnoujście (3 x tägl.; 7–8 Std.); Wałbrzych (20 x tägl.; 1,5 Std.); Warschau (16 x tägl.; 6–7 Std.; Liegewagen); Zakopane (1 x tägl.; 8,5 Std.; Liegewagen); Zielona Góra (10 x tägl; 2–3 Std.).

• *Internationale Zugverbindungen* **Katowice** nach: Berlin (1 x tägl.; 8 Std.); Prag (3 x tägl.; 4,5 Std.); Wien (1 x tägl.; 9 Std.).

Wrocław nach: Berlin (1 x tägl.; 6 Std.); Budapest (1 x tägl.; 1 Std.); Dresden (4 x tägl.; 5 Std.); Prag (3 x tägl.; 6,5 Std.).

Busse

Bielsko-Biała nach: Cieszyn (20 x tägl.; 1 Std.); Kraków (16 x tägl.; 3 Std.); Szczyrk (alle 30 Min.; 40 Min.); Wisła (3 x tägl.; 1 Std. 10 Min.); Zakopane (3 x tägl.; 3,5 Std.); Żywiec (stündlich; 40 Min.).

Brzeg nach: Nysa (2 x tägl.; 2 Std.).

Cieszyn nach: Bielsko-Biała (20 x tägl.; 1 Std.); Brenna (stündlich; 1 Std.); Katowice (10 x tägl.; 2,5 Std.); Kraków (6 x tägl.; 4 Std.); Ustroń (alle 30 Min.; 30 Min.); Wisła (alle 30 Min.; 45 Min.).

Jelenia Góra nach: Bolków (8 x tägl.; 50 Min.); Kamienna Góra (8 x tägl.; 55 Min.); Karpacz-Biała Jar (alle 30 Min.; 40 Min.); Kłodzko (2 x tägl.; 3 Std. 20 Min.); Legnica (12 x tägl.; 2 Std.); Świdnica (6 x tägl.; 1 Std. 50 Min.); Szklarska Poręba (stündlich; 45 Min.).

Katowice nach: Bielsko-Biała (12 x tägl.; 1 Std. 45 Min.); Cieszyn (10 x tägl.; 2,5 Std.); Kłodzko 1 x tägl.; 5 Std.).

Kłodzko nach: Kudowa-Zdrój (stündlich; 1 Std. 10 Min.); Lądek-Zdrój (stündlich; 50 Min.); Katowice (1 x tägl.; 5 Std.); Międzygórze (6 x tägl.; 1 Std. 10 Min.); Nysa (7 x tägl.; 1 Std. 20 Min.); Opole (3 x tägl.; 3 Std. 40 Min.); Paczków (12 x tägl.; 40 Min.); Świdnica (6 x tägl.; 1 Std. 50 Min.).

Kudowa-Zdrój nach: Karłów (Mai–Sept. 5 x tägl.; 20 Min.); Katowice (1 x tägl.; 6 Std.); Kłodzko (stündlich; 1 Std. 10 Min.).

Opole nach: Kłodzko (3 x tägl.; 3 Std. 40 Min.); Nysa (12 x tägl.; 2 Std. 20 Min.).

Wrocław nach: Karpacz (2 x tägl.; 4 Std.); Kudowa-Zdrój (5 x tägl.; 3,5 Std.); Legnica (stündlich; 1,5 Std.); Nysa (10 x tägl.; 2 Std. 45 Min.); Świdnica (6 x tägl.; 1,5 Std.); Trzebnica (stündlich; 50 Min.).

Schlesien Karte S. 602/603

Blick auf das Rathaus und die Burg der Pommerschen Prinzen in Szcecin

Wielkopolska/Großpolen und Pomorze/Pommern

Die beiden Regionen im Nordwesten des Landes machen flächenmäßig den Großteil des modernen Polens aus. In geografischer Hinsicht ist es ein ziemlich einheitliches Gebiet, das hauptsächlich aus flachem Ackerland besteht, im Norden und Westen aber befinden sich dichte Waldgürtel. In Bezug auf Mentalität und Geschichte gibt es zwischen beiden Provinzen allerdings beträchtliche Unterschiede. Wielkopolska war das Kernland der ursprünglichen polnischen Nation und blieb über Jahrhunderte trotz langer Perioden deutscher Herrschaft unverkennbar polnisch. Pommern dagegen wurde stark von den Preußen geprägt, die seit Beginn des 18. Jahrhunderts das Gebiet beherrschten. Die Provinz wurde erst nach 1945 an Polen angeschlossen, und einige Gebiete Vorpommerns (westlich von Świnoujście/Swinemünde) sind bei Deutschland geblieben. Die Nähe zu Deutschland beeinflusst beide Gebiete stark, vor allem seitdem 1990 die Restriktionen aus der kommunistischen Ära an den Grenzen weggefallen sind und der grenzüberschreitende Verkehr und Handel massiv zugenommen haben. Die Auswirkung deutscher Investitionen zeigt sich am deutlichsten in **Poznań**, einem aufstrebenden Handelszentrum, das gleichzeitig die Stadt Westpolens ist, die die meisten Touristen anzieht.

Wielkopolskas Provinzhauptstadt **Poznań/Posen** ist eine attraktive, pulsierende Stadt. Sie wurde in Polen vor allem wegen der Aufstände im Jahr 1956 berühmt, der ersten großen Revolte gegen den Kommunismus. Sie hat einerseits eine Menge Sehenswürdigkeiten zu bieten und ist andererseits ein guter Ausgangspunkt, um die Wälder des **Wielkopolska Nationalparks** gleich südlich zu erkunden, ein Stück unkultivierter Wildnis in diesem von Ackerland geprägten Landesteil. Östlich von

Poznań liegt **Gniezno/Gnesen**, die alte Hauptstadt der ersten Piastenmonarchen und noch immer das kirchliche Zentrum Polens mit zahlreichen Priesterseminaren. In der Nähe von Gniezno gibt es einige historische Stätten, vor allem das rekonstruierte Dorf **Biskupin**, Polens älteste noch erhaltene Siedlung aus der Eisenzeit. Sehenswert ist außerdem das Museum der ersten Piasten am **Lednica-See**.

Wichtigster touristischer Anziehungspunkt in **Pommern** sind die **Badeorte** an der Ostsee, die mit ihren langen, wenig überlaufenen weißen Sandstränden im Sommer zahlreiche Polen anlocken. Da die pommersche Küste ziemlich weit im Norden liegt, ist die Feriensaison recht kurz, doch im Juli und August fallen hier Horden von Touristen ein, um die Sonne zu genießen. Da schießen dann die Fisch-und-Pommes-Stände und die Bierzelte wie Pilze aus dem Boden und befriedigen die gastronomischen Grundbedürfnisse. Im Frühling und Frühherbst geht es dagegen relativ ruhig zu. Zu diesen Zeiten lohnt sich ein Besuch, vor allem wenn man lieber Strandspaziergänge machen als Sonnenbaden möchte. Attraktion in Ostpommern ist das Fischerdorf **Łeba**, am Zugang zu den berühmten Sanddünen des **Słowiński Nationalparks**. In der Nähe gibt es zudem noch jede Menge andere schöne Siedlungen zu erkunden. Im Westen bietet die Insel **Wolin** weitere Sandstrände sowie das Wisentreservat im bewaldeten **Woliński Nationalpark**. Das Binnenland Pommerns ist durchsetzt mit grauen, eher deprimierenden Städten, die zwar wichtige Transportknotenpunkte sind, ansonsten aber wenig zu bieten haben. Ein paar architektonische Höhepunkte gibt es jedoch: **Stargard Szczeciński** besitzt einige für das Baltikum typische und hier besonders schöne, gotische Ziegelbauten, und **Kamień Pomorski** ist ein alter Ort am Haff mit einer herrlichen Kathedrale.

Die großen Industriestädte Polens in diesem Landesteil – **Szczecin** im Westen und **Bydgoszcz** im Osten – werden nie zu den touristischen Hauptattraktionen Polens zählen, sollten aber trotzdem nicht ganz vernachlässigt werden: Beide haben eine bezaubernde Vitalität und eine reiche Auswahl an kultureller Unterhaltung. Zwischen Szczecin und Bydgoszcz erstreckt sich die **Pommersche Seenplatte**, die zwar weniger bekannt ist als ihr Gegenstück in Masuren, aber trotzdem mit ihren einfachen Ferienorten am Wasserufer Wanderern und Radfahrern zahlreiche Erholungsmöglichkeiten bietet.

Alle Unterbringungsmöglichkeiten in diesem Buch wurden einer der folgenden Preiskategorien zugeordnet. Für nähere Informationen siehe S. 36.

I	unter 60 Zł	F	120–160 Zł	C	300–400 Zł
H	60–90 Zł	E	160–220 Zł	B	400–600 Zł
G	90–120 Zł	D	220–300 Zł	A	über 600 Zł

Wielkopolska/Großpolen

Die wunderschöne, sanfte Hügellandschaft von Wielkopolska bietet zwar keine großen Gegensätze, der Name "Großpolen" weist jedoch auf eine vielfältige Geschichte und Bevölkerung hin. Dieses Gebiet war bereits in prähistorischer Zeit besiedelt, hier stand die Wiege der polnischen Nation.

Der Name der Provinz, wie auch der des Landes, leitet sich von einem Slawenstamm, den **Polanen**, ab, deren Herrschergeschlecht, die **Piasten**, das Land fünfhundert Jahre lang regierte. Ihr zunächst kleiner Staat erstarkte unter *Mieszko I.* in

Karte S. 680/681

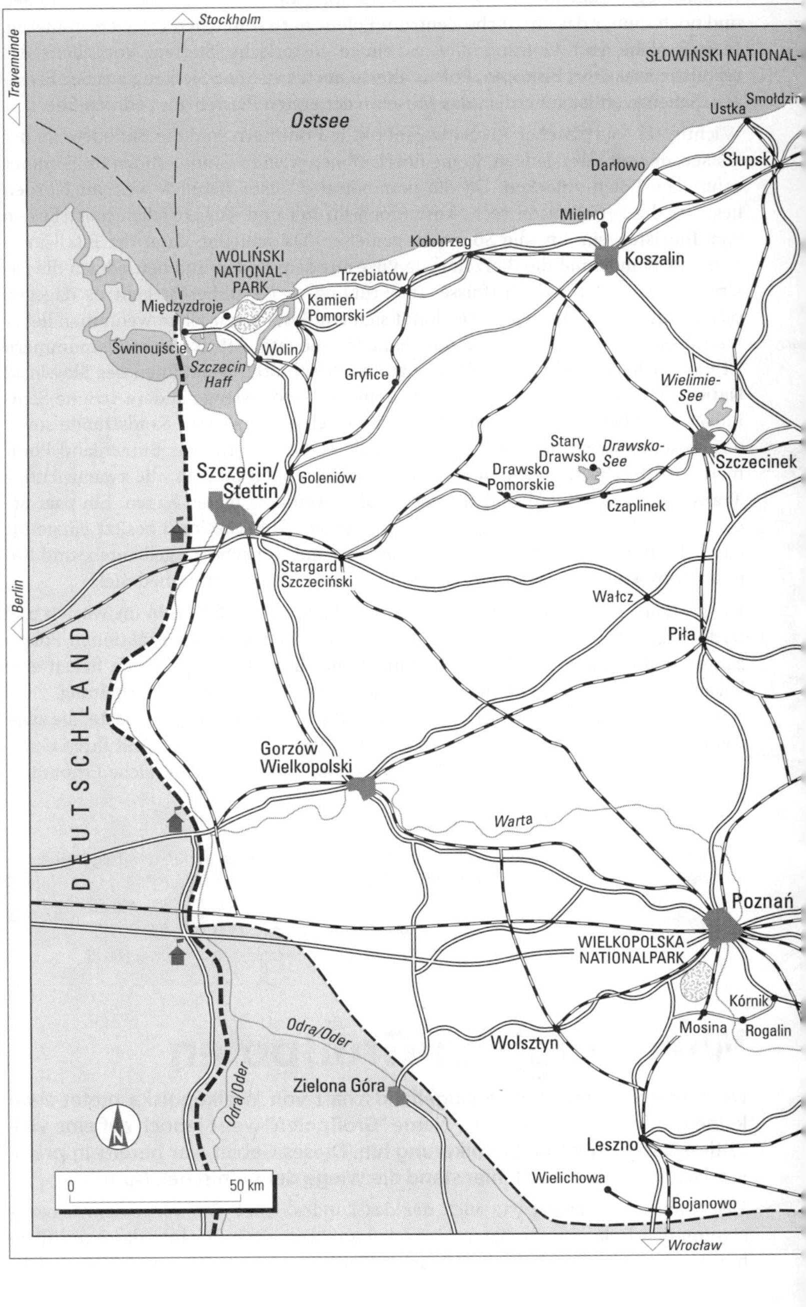

Stockholm
Travemünde
SŁOWIŃSKI NATIONAL-
Ostsee
Smołdzin
Ustka
Słupsk
Darłowo
Mielno
Kołobrzeg
Koszalin
WOLIŃSKI NATIONAL-PARK
Trzebiatów
Międzyzdroje
Kamień Pomorski
Świnoujście
Wolin
Szczecin Haff
Gryfice
Wielimie-See
Stary Drawsko
Drawsko-See
Szczecinek
Drawsko Pomorskie
Czaplinek
Szczecin/ Stettin
Goleniów
Stargard Szczeciński
Berlin
Wałcz
Piła
DEUTSCHLAND
Gorzów Wielkopolski
Warta
Poznań
WIELKOPOLSKA NATIONALPARK
Kórnik
Mosina
Rogalin
Odra/Oder
Wolsztyn
Odra/Oder
Zielona Góra
Leszno
0
50 km
Wielichowa
Bojanowo
Wrocław

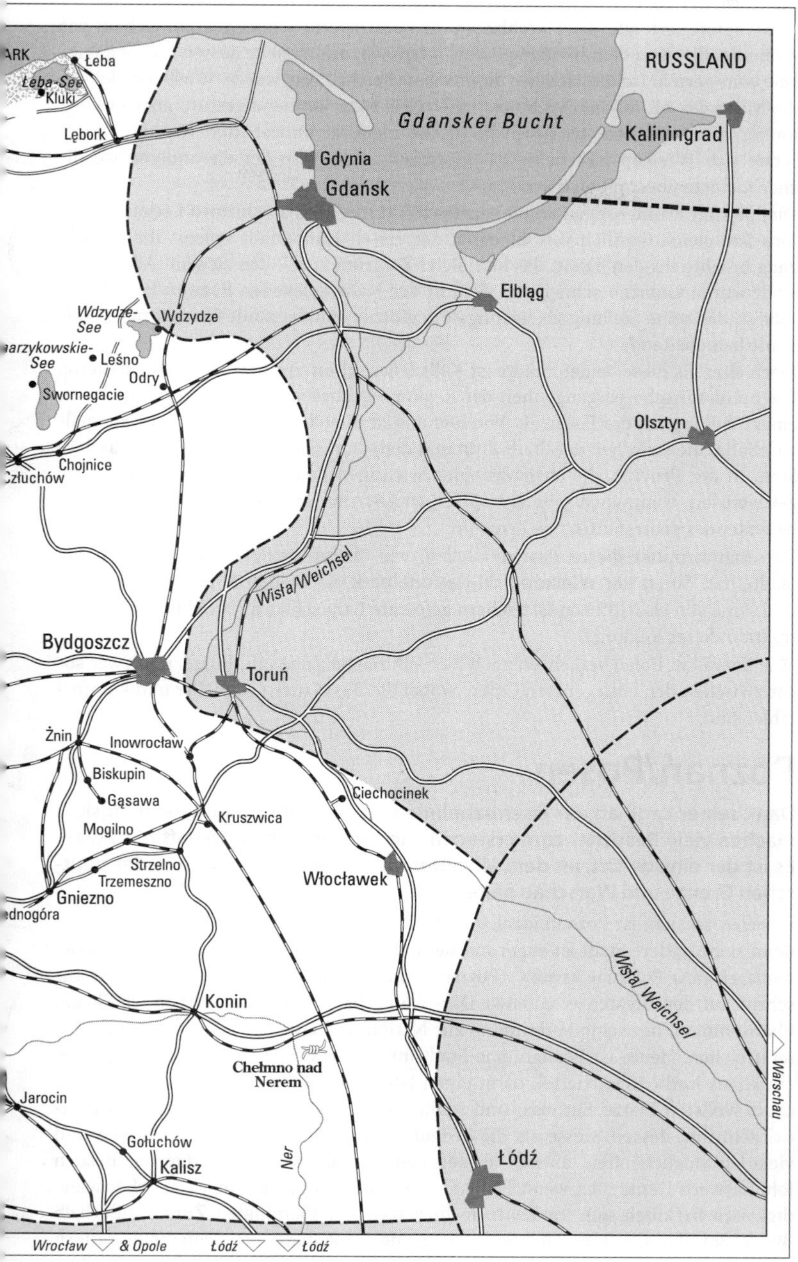
RUSSLAND
Gdansker Bucht
Kaliningrad
Łeba
Łeba-See
Kluki
Lębork
Gdynia
Gdańsk
Elbląg
Wdzydze-
See
Wdzydze
Leśno
Odry
Swornegacie
Chojnice
Człuchów
Olsztyn
Wisła/Weichsel
Bydgoszcz
Toruń
Żnin
Inowrocław
Biskupin
Gąsawa
Kruszwica
Mogilno
Ciechocinek
Strzelno
Trzemeszno
Gniezno
Włocławek
Wisła/Weichsel
Konin
Chełmno nad
Nerem
Warschau
Jarocin
Gołuchów
Kalisz
Ner
Łódź
Wrocław & Opole
Łódź
Łódź

der Mitte des 10. Jh.s zunehmend, aber erst unter seinem Sohn *Bolesław I. Chrobry* (der Tapfere) erfolgte der Durchbruch. Er kontrollierte schließlich ein Gebiet, das größenmäßig etwa dem heutigen Polen entsprach, und erzielte dessen Unabhängigkeit vom germanischen Heiligen Römischen Reich. Zwar wurde Wielkopolska um die Mitte des 11. Jh. auf den Status einer Grenzprovinz herabgestuft, aber es blieb immer eines der Gebiete, deren polnische Identität unbestritten war. So widersetzte sich Wielkopolska heftig der Germanisierung, von der die anderen westlichen Gebiete überrollt wurden.

Die meisten Erinnerungen an die Piastenzeit findet man am **Jezioro Lednica/ Lednica-See** gleich westlich von **Gniezno**, der ersten Hauptstadt Polens. Ihr Niedergang brachte ihr den Trost, das kirchliche Zentrum von Polen zu sein. Als Hauptstadt wurde Gniezno schnell von dem in der Nähe gelegenen **Poznań/Posen** verdrängt, das seine Stellung als wichtigste regionale Handelsstadt übernahm und bis heute beibehalten hat.

Noch älter als diese beiden Städte ist **Kalisz**, das schon in römischer Zeit existierte. Die prähistorische Vergangenheit der Region wird besonders in **Biskupin** deutlich, einer Siedlung aus der Eisenzeit. Von hier aus ist es nicht mehr weit bis zur Schmalspurbahn, die zwischen der Stadt **Żnin** und dem Dorf Gasawa verkehrt. Eine andere Stadt in der Provinz, die ebenfalls einen wichtigen Beitrag zur polnischen Kultur geleistet hat, wenn auch sehr viel später, ist **Leszno/ Lissa**. Früher galt der Ort als bedeutendes protestantisches Zentrum.

Den Schwerpunkt dieser Provinz stellen, wie überall in Polen, jedoch nicht die Städte dar. So ist der **Wielkopolski-Nationalpark** ein absoluter Touristen-Magnet und seine von eiszeitlichen Gletschern geformte Landschaft die wohl typischste Attraktion dieser Region.

Wie überall in Polen verkehren auch hier zahlreiche Züge und Busse, und zwar sogar zwischen den entlegensten Orten, wobei die Busse meist schneller und komfortabler sind.

Poznań/Posen

Dank seiner Lage an der Eisenbahnlinie von Paris über Berlin nach Moskau machen viele Besucher zum ersten Mal in Poznań Bekanntschaft mit Polen. Es ist der einzige Ort, an dem alle internationalen Züge zwischen der deutschen Grenze und Warschau halten.

In vieler Hinsicht ist Poznań ideal, um von Polen einen ersten Eindruck zu erhalten, denn keine andere Stadt ist enger mit der polnischen Nationalität verbunden. "Posnania elegans Poloniae civitas" (Poznań, eine schöne Stadt in Polen) – diese Inschrift auf der ältesten erhaltenen Darstellung hat Poznań inzwischen als Slogan übernommen, um seine Verbindung zur Nation im Laufe der Jahrhunderte zu unterstreichen. Heute ist Poznań eine Stadt mit vielen Gesichtern: Einerseits gibt es ein stilles Kathedralenviertel, dann einen beliebten Treffpunkt um einen der eindrucksvollsten Plätze Europas, und schließlich ist Poznań ein dynamisches Handelszentrum, dessen Messe als die bedeutendste in Polen gilt. Gute Museen und vielerlei Möglichkeiten, abends auszugehen, machen einen mehrtägigen Besuch lohnenswert. Denn auch wenn Poznań eine Großstadt ist, die meisten Sehenswürdigkeiten befinden sich im Zentrum in der verkehrsberuhigten Zone. Außerhalb dieses Stadtkerns ist es aber eine lärmende Großstadt: Straßenbahnen rattern durch die Gegend und Räder rumpeln über das Kopfsteinpflaster. Poznań ist zudem

Poznań – moderne Handelsmetropole mit historischem Stadtkern

ein guter Ausgangspunkt, um weitere Sehenswürdigkeiten der Region zu erkunden, denn es verkehren Nahverkehrszüge zum Wielkopolska Nationalpark, nach Gniezno und sogar noch weiter.

Geschichte

Im 9. Jh. erbauten die Polanen auf einer strategisch wichtigen Insel in der Warthe eine Burg. Im Jahr 968 erkor Mieszko I. den Ort zu einem der zwei Zentren seines Herzogtums und zum Sitz seines ersten Bischofs. Die sich hier entwickelnde Ansiedlung erhielt den Namen Ostrów Tumski/Dominsel, den sie bis heute behalten hat.

Zwar stand Poznań anfangs im Schatten von Gniezno, aber es erlebte auch keinen Niedergang, als der Hof Mitte des 13. Jahrhunderts nach Kraków verlegt wurde. Im Gegenteil, Poznań stieg zur unangefochtenen Hauptstadt von Wielkopolska und zu Polens wichtigstem Bollwerk an der Westgrenze auf. Zu diesem Zeitpunkt verlagerte sich das Wirtschaftsleben auf das Westufer des Flusses, wo die Stadt in dem bereits bekannten Schachbrettmuster um den Marktplatz herum angelegt wurde. Diese Anlage hat sich bis heute erhalten. Poznańs Wohlstand profitierte enorm von dem Niedergang des Deutschen Ordens und der Hanse und entwickelte sich zu einem wichtigen Knotenpunkt der größten europäischen Handelsstraßen. Gleichzeitig erlangte es eine führende Stellung als Bildungszentrum.

Der Abstieg begann wie im übrigen Polen im 17. und 18. Jahrhundert mit den verheerenden Schwedischen Kriegen. Eine Erholung setzte zur Zeit der Teilungen ein, als aus Poznań das preußische Posen wurde und am Wohlstand der industriellen Revolution teilnahm. Gleichzeitig festigte sich sein Ruf als Sammelplatz der polnischen Nationalisten, die sich Bismarcks Germanisierungspolitik widersetzten und in der Unabhängigkeitsbewegung eine aktive Rolle spielten. Ein Aufstand im Dezember 1918 vertrieb schließlich die deutschen Besatzer, Poznań wurde Teil des neu belebten polnischen Staates.

Karte S. 680/681

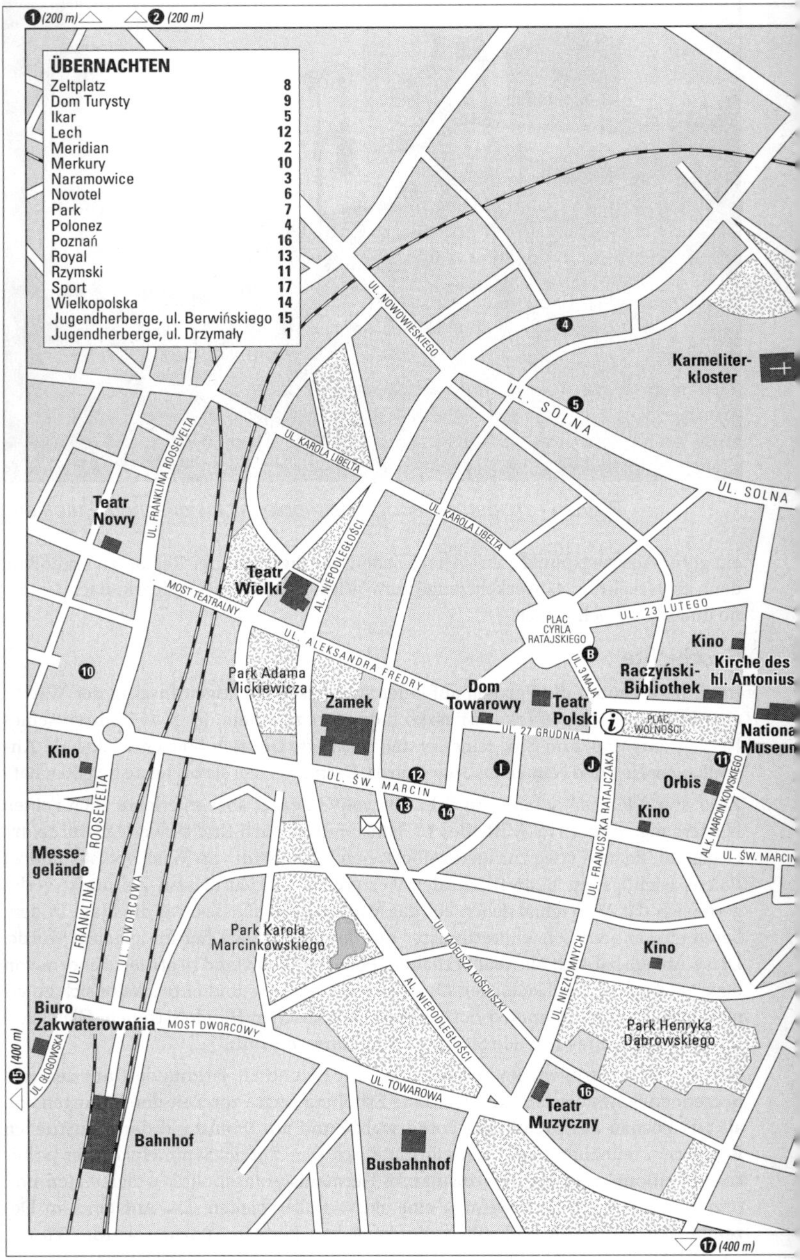
ÜBERNACHTEN
Zeltplatz 8
Dom Turysty 9
Ikar 5
Lech 12
Meridian 2
Merkury 10
Naramowice 3
Novotel 6
Park 7
Polonez 4
Poznań 16
Royal 13
Rzymski 11
Sport 17
Wielkopolska 14
Jugendherberge, ul. Berwińskiego 15
Jugendherberge, ul. Drzymały 1
(200 m)
(200 m)
(400 m)
(400 m)
UL. NOWOWIESKIEGO
UL. SOLNA
UL. SOLNA
Karmeliter-kloster
UL. KAROLA LIBELTA
UL. KAROLA LIBELTA
UL. FRANKLINA ROOSEVELTA
Teatr Nowy
AL. NIEPODLEGŁOŚCI
Teatr Wielki
MOST TEATRALNY
UL. ALEKSANDRA FREDRY
PLAC CYRLA RATAJSKIEGO
UL. 23 LUTEGO
UL. 3 MAJA
Kino
Kirche des hl. Antonius
Raczyński-Bibliothek
Park Adama Mickiewicza
Zamek
Dom Towarowy
Teatr Polski
PLAC WOLNOŚCI
UL. 27 GRUDNIA
National Museum
Kino
Orbis
UL. ŚW. MARCIN
UL. ŚW. MARCIN
AL. K. MARCINKOWSKIEGO
Kino
UL. FRANCISZKA RATAJCZAKA
Messe-gelände
UL. FRANKLINA ROOSEVELTA
UL. DWORCOWA
Park Karola Marcinkowskiego
UL. TADEUSZA KOŚCIUSZKI
UL. NIEZŁOMNYCH
Kino
AL. NIEPODLEGŁOŚCI
Biuro Zakwaterowania
MOST DWORCOWY
Park Henryka Dąbrowskiego
UL. GŁOGOWSKA
UL. TOWAROWA
Teatr Muzyczny
Bahnhof
Busbahnhof

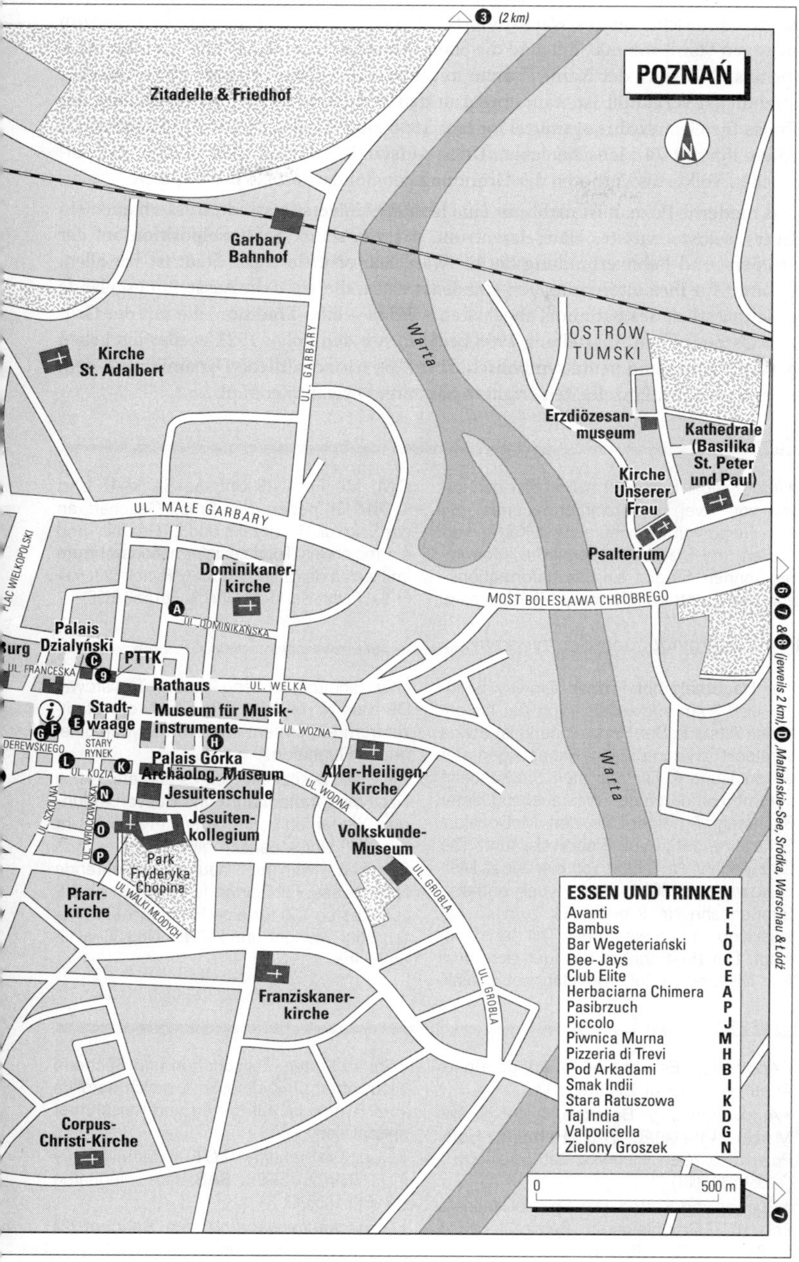

3 (2 km)
POZNAŃ
Zitadelle & Friedhof
Garbary Bahnhof
Kirche St. Adalbert
UL. GARBARY
Warta
OSTRÓW TUMSKI
Erzdiözesan-museum
Kathedrale (Basilika St. Peter und Paul)
Kirche Unserer Frau
Psalterium
UL. MAŁE GARBARY
PLAC WIELKOPOLSKI
Dominikaner-kirche
UL. DOMINIKAŃSKA
MOST BOLESŁAWA CHROBREGO
6, 7 & 8 (jeweils 2 km), D, Maltańskie-See, Śródka, Warschau & Łódź
Palais Działyński
Burg
UL. FRANCESKA
PTTK
Rathaus
UL. WIELKA
Stadt-waage
Museum für Musik-instrumente
UL. WOZNA
STARY RYNEK
Palais Górka
Archäolog. Museum
UL. KOZIA
Jesuitenschule
Aller-Heiligen-Kirche
UL. WODNA
UL. SZKOLNA
UL. WROCŁAWSKA
Jesuiten-kollegium
Park Fryderyka Chopina
Pfarr-kirche
UL. WALKI MŁODYCH
Volkskunde-Museum
UL. GROBLA
Franziskaner-kirche
Corpus-Christi-Kirche
ESSEN UND TRINKEN
Avanti F
Bambus L
Bar Wegeteriański O
Bee-Jays C
Club Elite E
Herbaciarna Chimera A
Pasibrzuch P
Piccolo J
Piwnica Murna M
Pizzeria di Trevi H
Pod Arkadami B
Smak Indii I
Stara Ratuszowa K
Taj India D
Valpolicella G
Zielony Groszek N
0 500 m
7

Auf Poznańs schnelle Ausweitung in der Zeit zwischen den beiden Weltkriegen folgte ein beschleunigtes Wachstum. Die Einwohnerzahl verdoppelte sich bis zum heutigen Stand von 600.000, und die Stadt dehnte sich auf das rechte Ufer der Warthe aus. Wie stark der Name Poznań mit dem Kampf gegen fremde Hegemoniebestrebungen verknüpft ist, kam erneut in den Aufständen wegen der Erhöhung der Preise für Grundnahrungsmittel im Jahr 1956 zum Ausdruck. Die Bevölkerung bezahlte ihn mit 74 Menschenleben. Diese Aufstände gelten im Bewusstsein des polnischen Volkes als Vorboten der Gründung von Solidarność 24 Jahre später.

Das moderne Poznań ist nicht nur eine lebhafte Universitätsstadt, sondern auch ein lautes, selbstbewusstes Handelszentrum, das von seiner Schlüsselposition auf der Straßen- und Bahnverbindung Berlin–Warschau profitiert. Die Stadt ist vor allem bekannt für ihre internationalen Handelsmessen, die auf dem Ausstellungsgelände gleich westlich des Bahnhofs abgehalten werden – eine Tradition, die mit der Großen Ostdeutschen Ausstellung 1908 begann, von den Polen 1921 wieder ins Leben gerufen wurde und heute symbolisch ist für die wirtschaftliche Dynamik nach dem Kommunismus. Einzelheiten erfahren Sie unter www.mtp.com.pl.

Information

• *Information* Besucher haben hier den Luxus von zwei Touristeninformationen, die eine Reihe von Broschüren und Karten verkaufen und Sie über Unterkünfte informieren können. Es gibt ein **Stadtinformationszentrum** (Centrum Informacji Miejskiej bzw. CIM; Mo–Fr 10–19 Uhr, Sa–So 10–17 Uhr; ✆ 061/9431) neben dem Empik-Geschäft, an der Ecke ul. Ratajczaka und 27 Grudnia, und ein regionales **Touristeninformationszentrum** im Herzen der Stadt am Stary Rynek 59 (Mo–Fr 9–17 Uhr, Sa 10–14 Uhr; ✆ 061/852 6156).

Anfahrt/Verbindungen/Stadtverkehr

Der **Hauptbahnhof** Poznań Główny befindet sich 2 km südwestlich von der historischen Altstadt. Der Haupteingang ist etwas versteckt zwischen den Bahnsteigen der Gleise 1 und 4. Zur nächsten Straßenbahn kommt man durch den Westausgang hinter Bahnsteig 7 (folgen Sie den McDonalds-Schildern), der zur ul. Głogowska führt. Die Straßenbahn Nr. 5 fährt von hier zur al. Marcinkowskiego, 300 m vom Rynek entfernt. Straßenbahn Nr. 8 bringt Sie zum pl. Rataijskiego, in den westlichen Teil der Innenstadt. Der **Busbahnhof** befindet sich etwa fünf Minuten zu Fuß vom Bahnhof in östlicher Richtung entlang der ul. Towarowa. Der Bus Nr. 59 fährt zum 7 km vom Stadtzentrum entfernten, im Vorort Ławica gelegenen **Flughafen**.

Die Stadt besitzt ein dichtes und effizientes Netz von **Straßenbahn-** und **Busverbindungen**. Sie fahren von morgens etwa 5.30 Uhr bis 22.45 Uhr – danach gibt es auf einigen Strecken weniger häufig verkehrende Nachtbusse. Fahrkarten (an Kiosken erhältlich) kosten 1 Zł für eine Fahrt von 10 Minuten oder weniger und 2 Zł für eine 30-minütige Fahrt.

Adressen

• *Apotheken* Es gibt eine 24 Std. geöffnete Apotheke in der ul. 23 Lutego 13.

• *Autovermietung* **Borexpo**, in der ul. św. Marcin 24 (✆ 061/851 5123); **Hertz**, im Hotel Poznań, pl. Gen. Henryka Dąbrowskiego 1 (✆ 061/833 2081).

• *Bücher und Karten* Das Empik-Geschäft, Ecke ul. 27 Grudnia und ul. Ratajczaka (Mo–Sa 9–22 Uhr, So 9–16 Uhr) hat die beste Auswahl an Karten, Zeitschriften und Büchern. Globtrotter, ul. Żydowska 1, gleich nördlich vom Rynek, ist auf Karten und Reiseführer spezialisiert.

• *Fluggesellschaften* **LOT**, in der ul. Pekary 6 (✆ 061/858 5500), **SAS**, am Flughafen (✆ 061/847 5036).

• *Gepäckaufbewahrung* am **Bahnhof** (24 Std.) und am **Busbahnhof** (8–22 Uhr).

• *Internetzugang* Internet Club, ul. Garncarska 10; Klik, Jaskołcza.

• *Krankenhaus* in der ul. Chełmońskiego 20 (✆ 061/866 0066).

• *Post* Die Hauptpost befindet sich in der ul. Kościuszki 77 (Mo–Fr 7–21 Uhr, Sa 8–19 Uhr, So 10–19 Uhr). Eine Filiale befindet sich am Bahnhof, Westausgang, in der ul. Głogowska 17 und ist 24 Std. geöffnet.

• *Reisebüro* Orbis, ul. Marcinkowskiego 21 (✆ 061/853 2052), verkauft internationale Bus-, Bahn- und Flugtickets.

• *Taxis* ✆ 919 oder 9622.

Übernachten (siehe Karte S. 684/685)

In Poznań gibt es eine Reihe von Unterkünften, doch sind die **Hotels** in der Regel zu teuer für das, was sie bieten. Außerdem schnellen die Preise zusätzlich um 50 % oder mehr in die Höhe, wenn Messen stattfinden – und das tun sie in regelmäßigen Abständen das ganze Jahr über, außer im Juli und August. Die genannten Preise beziehen sich auf Nicht-Messezeiten. An preiswerten Hotelunterkünften mangelt es, und so müssen Reisende mit knapper Kasse auf die **Jugendherbergen** oder auf **Privatzimmer** (H) ausweichen. Man kann diese im 24 Stunden geöffneten *Globtour* in der Haupthalle des Bahnhofs buchen (Privatzimmer bis 22 Uhr) oder beim *Biuro Zakwaterowania* (Unterbringungsbüro; Mo–Fr 9–18 Uhr, Sa 9–14 Uhr; ✆ 061/866 3560), vom Westausgang des Bahnhofs über die Straße, in der Głogowska 16.

• *Hotels im Zentrum* **Dom Turysty (9)**, am Stary Rynek 91, Eingang in der Wroniecka (✆ 061/852 8893, www.domturysty-hotel.com.pl). Das vom PTTK geführte Hotel befindet sich in einem Palast aus dem 18. Jh. direkt am Marktplatz. Es ist das einzige Hotel, das die Preise zu Messezeiten nicht erhöht. Die recht kleinen Zimmer sind im Stil der 1970er Jahre eingerichtet und durchwegs sauber und komfortabel. Es gibt einfache Drei- und Vierbettzimmer im Herbergsstil, doch die meisten sind Doppelzimmer mit eigenem Bad oder mit Gemeinschaftsbad. (F–E)

Ikar (5), ul. Kościuszki 118 (✆ 061/857 6705, www.hotelikar.com.pl). Ein etwas seelenloses Gebäude, die Zimmer sind komfortabel und haben Satellitenfernsehen sowie einen Kühlschrank. (D)

Lech (12), ul. św. Marcin 74 (✆ 061/853 0151, www.hotel-lech.poznan.pl). Eines von zwei der lang etablierten "Drei-Sterne"-Hotels im Zentrum, das die Sterne aber nicht verdient. Die Zimmer sind mit der Standardeinrichtung aus der sozialistischen Ära in Brauntönen gehalten, die Zimmer mit eigenem Bad sind renoviert. Das Hotel bietet auch ein Apartment für 2 Personen mit einem Spiegel über dem Bett, falls Sie so was brauchen. (E)

Poznań (16), pl. Gen. Andersa 1 (✆ 061/858 7000, hpoznan@orbis.pl). Dieses Hochhaus, etwa 1 km südlich vom Stadtzentrum, aber noch in Laufnähe, ist das Aushängeschild der Betonflotte von Orbis. Wahnsinnspreise zu Messezeiten, doch zu anderen Zeiten hohe Wochenendermäßigungen.

Royal (13), ul św. Marcin 71 (✆ 061/858 2300, www.hotel-royal.com.pl). Ein charaktervolles, kürzlich renoviertes Hotel mit viel schrulligem Charme. Es befindet sich in einem ruhigen Hof ganz in der Nähe der Hauptstraße. Die Zimmer haben alle ein eigenes Bad, sind klein und gemütlich in warmen Farbtönen. Viele Doppelzimmer sind L-förmig, sodass man die beiden Einzelbetten nicht nebeneinander stellen kann. Wenn Sie ein Doppelbett möchten, müssen Sie danach fragen. (D)

Rzymski (11), al. Karola Marcinkowskiego 22 (✆ 061/852 8121). Aufgemotztes Hotel mit gutem Restaurant, nur einige Gehminuten vom Stary Rynek entfernt. Einfallslose, aber vernünftige Zimmer mit Dusche und TV. (E)

Wielkopolska (14), ul. św. Marcin 67 (✆ 061/852 7631). Gute Lage, direkt gegenüber vom *Lech* und ebenso altmodisch. Mit schweren Möbeln eingerichtet, aber sauber und komfortabel. Zimmer mit eigener Dusche und WC und mit Gemeinschaftsbad. (E–D)

• *Außerhalb des Zentrums* **Meridian (2)**, ul. Litewska 22 (✆ 061/847 1564). Teures Privathotel in ruhiger Lage an einem See im Park Sołacki, 2 km nordwestlich vom Zentrum. Zimmer mit Bad und Minibar. Am Wochenende gibt es manchmal Angebote mit 50 % Ermäßigung, wenn es nicht ausgebucht ist. Straßenbahn Nr. 11 fährt in der Nähe vorbei. (C)

Merkury (10), ul. Franklina Roosevelta 20 (✆ 061/855 8000, merkury@orbis.pl). Das preiswerteste Orbishotel, in der Nähe des Bahnhofs und des Messegeländes. (C)

Naramowice (3), ul. Naramowicka 150 (✆ 061/822 7443). Gutes Zweisternehotel 3 km nördlich vom Rynek, zu erreichen mit dem Bus 51. Es bietet einfache Zimmer mit Bad. (E)

Novotel (6), ul. Warszawska 64/66 (✆ 061/877 0011, npoznan@orbis.pl). Schickes Orbis-Motel bei einem Park, etwa 2 km vom Stadtzentrum, auf der Hauptstraße E 30 nach Warschau gelegen. Zu Fuß erreicht man rasch das nördliche Ufer des Maltańskie-Sees. (B)

Park (7), ul. Majakowskiego 77 (✆ 061/879 4081, www.hotel-park.com.pl). Hotel in deutscher Hand am Südufer des Maltańskie-Sees, 2 km östlich vom Stadtzentrum. Zimmer- und Restaurantpreise sind ähnlich wie bei den rivalisierenden Orbishotels, aber die Qualität ist wesentlich besser. Für Zimmer mit Seeblick zahlt man mehr. Wochenendermäßigung. (A)

Polonez (4), al. Niepodległości 36 (✆ 061/864 7100, polonez@orbis.pl). Ein weiteres Orbishotel im Norden der Stadt. Wie alle anderen seiner Sorte ein hässlicher, teurer Betonkasten. Durch die Boutiquen und Dienstleistungsgeschäfte im Untergeschoss wirkt es teilweise eher wie ein Einkaufzentrum. (C)

Sport Hotel (17), ul. Chwiałkowskiego 34 (✆ 061/833 0591, www.posir.poznan.pl). 20 Minuten zu Fuß südlich vom Zentrum gelegen. Früher ein preiswertes Hotel, 2001 jedoch vollkommen erneuert. Das Management hat sich für modernen minimalistischen Stil statt protziger Eleganz entschieden, das Ergebnis kann sich sehen lassen. Alle Zimmer haben Bad und TV, an Wochenenden gibt es 20 % Ermäßigung. Nehmen Sie Straßenbahn Nr. 6 oder 12 ab Most Dworcowy (2 Haltestellen) oder ab Busbahnhof (1 Haltestelle) bis ul. Królowej Jadwigi, laufen Sie dann 5 Min. in südliche Richtung am heruntergekommenen Stadion vorbei. (E)

• *Herbergen und Campingplätze* Die praktischste **Herberge (15)** befindet sich etwa 5 Minuten zu Fuß vom Bahnhof in westlicher Richtung, in der ul. Berwińskiego 2/3 (6–10 Uhr und 17–22 Uhr; ✆ 061/866 4040), zu erreichen mit den Straßenbahnen Nr. 3, 5, 8 und 11. Wie viele polnische Jugendherbergen befindet sie sich in einem hässlichen Gebäude aus dem 19. Jh. Sie ist spartanisch, aber sauber und bietet Vierbettzimmer für 20 Zł pro Person. Etwas komfortabler ist die **Herberge (1)** 2,5 km nördlich des Bahnhofs, Drzymały 3 (6–10 Uhr und 17–22 Uhr; ✆ 061/848 5836; Straßenbahn Nr. 11 bis Haltestelle Nad Wierzbakiem). Hier gibt es ein paar Doppelzimmer (H) und Schlafsaalbetten für 25 Zł.

Wie in jeder Universitätsstadt gibt es auch hier Unterkünfte in **Studentenwohnheimen** während der Sommerferien (etwa Juli–Aug.). Eines der Informationszentren (s. Information) kann Ihnen sagen, welches Wohnheim gerade geöffnet ist.

Der nächstgelegene **Campingplatz (8)** ist der **Malta** (✆ 061/876 6203, camping@malta.poznan.pl), etwa 2 km östlich vom Zentrum am Nordostende des gleichnamigen Sees. Allerdings sind die luxuriösen Bungalows für zwei oder vier Personen, alle mit Satellitenfernsehen (D), teurer als so manches Hotelzimmer in der Innenstadt. Die Straßenbahn Nr. 8 fährt vom Hauptbahnhof die Warszawska entlang. Steigen Sie aus, nachdem Sie am Novotel (rechts) vorbei sind. Von dort sind es noch 600 m.

Essen & Trinken (siehe Karte S. 684/685)

Es gibt ein ständig wachsende Anzahl an Restaurants, Cafés und Bars in dieser sich schnell verändernden Stadt. Doch viele Neueröffnungen sind nach wenigen Monaten schon aus der Mode. Die meisten Lokalitäten, um etwas zu essen oder zu trinken, befinden sich um den Rynek oder in den benachbarten Gassen wie Wrocławska, Wodna und Woźna, und selten müssen Sie sich aus den zu Fuß erreichbaren Grenzen das Innenstadtkerns hinausbewegen, um abends auszugehen. Restaurants sind normalerweise bis 23 oder 24 Uhr geöffnet, Bars haben flexiblere Öffnungszeiten. An Wochenenden sind sie bis 2 oder 3 Uhr offen, unter der Woche schließen sie früher, wenn nicht genügend Gäste kommen. Sie sollten auch wissen, dass es in Poznań zahlreiche Brauereien gibt, deren **Biere**, *Ratusz* und (insbesondere) *Lech*, von sehr guter Qualität sind, auch wenn die Etiketten dies nicht erahnen lassen.

• *Cafés und Snackbars* **Avanti (F)**, Stary Rynek 76. Beliebtes Spaghettihaus und Snackbar, die schon lange gute Qualität in steriler Umgebung bietet. Es gibt auch Pommes und Salate. Geöffnet bis 23 Uhr.

Bar wegeteriański (O), ul. Wrocławski 21. Gutes, preiswertes vegetarisches Essen in einem unterirdischen Tagescafé, nur einen Steinwurf vom Rynek entfernt, allerdings an Wochentagen ab 18 Uhr geschlossen, an Samstagen bereits ab 14 Uhr, Sonntag Ruhetag.

Herbaciarna Chimera (A), ul. Dominikańska 7. Schöner Teeladen mit Café, der eine große Auswahl an Bieren und ein paar leckere Snacks – z. B. gebackener Camembert – und Salate anbietet. Geöffnet bis 24 Uhr.

Pasibrzuch (P), ul. Wrocławska 23. Preiswertes Essen in minimalistischer Umgebung. Geöffnet bis 22 Uhr.

Piccolo (J), ul. Ratajczaka 37 u. ul. Rynkowa 1. Sättigende, preiswerte Spaghettiportionen und eine Salatbar. Nicht unbedingt ein Pasta-Spezialist, aber mehr als reelle Preise. Geöffnet bis 21 Uhr.

Pod Arkadami (B), pl. C. Ratajskiego 10. Große Portionen nahrhafter polnischer Küche einer einfachen Milchbar, leider Mo–Fr bereits ab 20 Uhr, Sa u. So ab 17 Uhr geschlossen.

Zielony Groszek (N), ul. Paderewskiego 11. Winziges Café, beim Rynek gerade um die Ecke. Es bietet Sandwichs und eine kleine Auswahl an polnischen Gerichten. Es eignet sich gut, um einen Teller voll *pierogi* zu essen, bevor man sich auf Kneipentour begibt. Geöffnet bis 22 Uhr.

• *Restaurants* **Bambus (L)**, Stary Rynek 64/5. Zentral gelegenes chinesisches Restaurant, mit sehr förmlichem Service. Gutes Essen, aber nicht preiswert.

Bee-Jays (C), Stary Rynek 87. Auffälliges modernes Restaurant in Gewölberäumen am Rynek. Unerschöpfliche Auswahl an Rippchen, Tex-Mex sowie einige indische Gerichte. Im Sommer mit großer Außenterrasse.

Club Elite (E), Stary Rynek 2. Kellerrestaurant mit freundlicher Bedienung und schmackhaften polnischen Gerichten.

Estella, ul. Garbary 41. Besseres italienisches Restaurant, bis Mitternacht geöffnet.

Piwnica Murna (M), ul. Murna 3. Hübscher Keller mit Kerzenbeleuchtung gleich beim Stary Rynek. An manchen Abenden gibt es Livejazz und -blues. Eine gute Auswahl an Grillgerichten und Salaten, auch gut, um etwas zu trinken.

Pizzeria di Trevi (H), ul. Wodna 7. Gleich beim Stary Rynek gelegenes angenehmes Restaurant, mit einfachen, preiswerten Pizzen.

Pod Koziolkami, Rynek 92. Schickes Grillrestaurant, das große Portionen Steaks oder anderes Fleisch serviert. Dazu eine gute Auswahl an Salaten.

Smak Indii (I), ul. Kantaka 3. Zentrales indisches Restaurant mit breitem Angebot zu moderaten Preisen. Auch vegetarische Gerichte.

Stara Ratuszowa (K), Stary Rynek 55. Teures Restaurant mit deftiger polnischer Küche, es scheint, als zahle man eher für die Atmosphäre (Stilmöbel und schwere Vorhänge) als für das Essen. Rechnen Sie mit etwa 20 Euro für drei Gänge. Bis 1 Uhr geöffnet.

Taj India (D), am östlichen Ufer des Maltańskie Sees, ul. Wiankowa 3. Indische Küche von guter Qualität, bis Mitternacht geöffnet.

Valpolicella (G), ul. Wrocławska 7. Gemütliches, intimes Restaurant mit gutem italienischen Essen, zu dem man am besten einen guten Wein trinkt. Ausgezeichnete Scampi.

• *Bars und Pubs* **Blue Note**, ul. św. Marcin 80/82, Eingang seitlich von der Kościuszki, www.bluenote.info.poznan.pl. Jazzklub unter dem Zamek-Kulturzentrum mit zwei Sitzreihen. Häufig Livemusik (Rock und Jazz) und Klubnächte, bei denen man für das Gedeck zahlen muss.

Chelsea London Pub, ul. Wodna 5. Kleinere Kneipe gleich östlich vom Rynek mit gemütlicher Wohnzimmeratmosphäre.

Harry's Pub, Stary Rynek. Lebhafte Bar im Zentrum mit einem Mix aus Spaß-Pub und volkstümlicher Holzeinrichtung. Recht gutes Essen, im Stil Steaks-mit-Pommes.

O'Morgan's Pub, ul. Wielka 7. Kellerbar unter irischer Leitung, voll mit Holzbänken und -tischen. Keine besondere Ausstattung, doch zieht sie ein junges, relaxtes Publikum an, das Spaß haben will. Gelegentlich Livemusik und Tanz.

Pod Aniołem, ul. Wrocławska 8. Elegante Café-Bar mit Komfort in einem alten Gebäude mit Atmosphäre. Schön, um abends etwas trinken zu gehen.

Pod Zielonym Abażurem, ul. św. Marcin 28. Entspannte Café-Bar in einem Hof gleich bei der Straße, mit einem bunten Durcheinander von Blumenkübeln und einfachen Kunstgegenständen. Man fühlt sich, als wäre man zu einem Drink in der Wohnung eines schrulligen Freundes.

W Starym Kinie, ul. Nowowiejskiego 8. Dämmrige, komfortable und entspannte Bar mit einer mäßig unkonventionellen Kundschaft und beruhigender Soul-/Jazz-/Reggaemusik aus den Lautsprechern.

Za Kulisami, ul. Wodna 24. Café und Buchladen, nicht weit vom Stary Rynek, mit niedlichen Holztischen neben den Bücherregalen. Auch gut geeignet, wenn man tagsüber etwas trinken oder abends einen drauf machen will.

Karte S. 680/681

Unterhaltung & Kultur

In Poznań gibt es ein breites, anspruchsvolles Kulturprogramm. Eintrittskarten für Veranstaltungen sind meistens zu haben, wobei die Preise, sogar für die besten Plätze selten höher sind als ca. 25 Zł. Ein Veranstaltungskalender ist in dem monatlich erscheinenden Heftchen *iks* abgedruckt. Es hat auch eine Beilage in englischer Sprache und ist an allen Zeitungsständen und vom Stadtinformationszentrum erhältlich. Noch aktueller – jedoch auf Polnisch – sind die Informationen in der Beilage *Co jest grane* der Freitagsausgabe der Tageszeitung *Gazeta Wyborcza*. Darin werden alle Kino-, Konzert- und Klubveranstaltungen aufgeführt.

Das *Teatr Polski*, ul. 27 Grudnia 8/10 (Theaterkasse Di–Sa 10–19 Uhr, So 16–19 Uhr; ✆ 061/852 5627), zeigt klassisches **Drama.** Das *Teatr Nowy*, ul. Dąbrowskiego 5 (Theaterkasse Di–Sa 13–19 Uhr, So 16–19 Uhr; ✆ 061/848 4885), ist auf **modernes Theater** spezialisiert. **Opernaufführungen** finden im *Teatr Wielki*, ul. Aleksandra Fredry 9 (Theaterkasse Mo–Sa 13–19 Uhr, So 16–19 Uhr; ✆ 061/852 8291), statt. Das *Polski Teatr Tańca*, ul. Kozia 4 (Theaterkasse Di–So 13–18 Uhr; ✆ 061/852 4241), ist die Heimat des **Ballett** Poznański und bietet ein anwechslungsreiches Tanzprogramm. **Orchesterkonzerte** gibt es in der *Filharmonia Poznańska* in der ul. św. Marcin 81 (Theaterkasse tägl. 13–18 Uhr; ✆ 061/853 6935). **Kammermusik** findet regelmäßig in der Akademia Muzycztna, ul. św. Marcin 87, statt (✆ 061/856 8900). **Musicals** werden im *Teatr Muzyczny* in der ul. Niezłomnych 1a (Theaterkasse Di–Fr 10–19 Uhr, Sa u. So 2 Std. vor der Vorstellung; ✆ 061/852 3267) aufgeführt, und **Puppentheater** gibt es im *Teatr Animacji* im Zamek-Kulturzentrum, ul. św. Marcin 80/82 (Theaterkasse Di–So 10–12 Uhr u. 14–17 Uhr; ✆ 061/853 6964).

Es gibt etwa zwölf **Kinos** in der Stadt, die meisten davon zeigen die neuesten Hollywoodfilme mit polnischen Untertiteln – auf diese Weise kann man den Film genießen und gleichzeitig ein paar polnische Ausdrücke lernen. Am zentralsten gelegen sind das *Apollo*, ul. Ratajczaka 18; das *Gwiazda* in der al. Marcinkowskiego; das *Pałacowe*, ul. św. Marcin 80/82, und das *Muza*, ul. św Marcin 30. Das praktischste der neuen Multiplex-Kinos ist das Multikino gleich südlich des Zentrums in der ul. Królowej Jadwigi 51.

Viele von Poznańs Bars haben DJs und Tanz am Wochenende. Außerdem gibt es immer mehr **Nachtlubs** – halten Sie Ausschau nach Postern auf den Straßen, oder studieren Sie die Freitagsausgabe der *Gazeta Wyborcza*. Im Zentrum bieten sowohl der Klub *Best*, ul. św. Marcin, als auch *Galaxy*, Stary Rynek 87/88, nüchternen Techno und Hits der letzten Jahrzehnte. Im *Klub Mo*, 500 m nördlich vom Rynek, ul. Bóźnicza 5, kommen Anspruchsvollere bei Tanzmusik, Reggae und Rock auf ihre Kosten. Der Studentenklub *Cicibór*, 2 km nördlich des Zentrums, ul. Piątkowska 80a, konzentriert sich auf Hits und Oldies. *Eskulap*, 1 km westlich des Rondo Kaponera in der Przybyszewskiego 39, bietet an verschiedenen Abenden unterschiedliche Musikstile (Hip-Hop, Drum'n' Bass u. a.).

Als Tradition ist der St. Johannis-Jahrmarkt (Jarmark Świętojański) erwähnenswert, eine **Kunsthandwerksmesse**, die schon lange besteht. In den Tagen vor St. Johannis, (21. Juni) ist dann der Stary Rynek voller Buden. Typisch für den St. Martinstag (11. Nov.) ist der massenweise Verzehr von *rogale świętomarcińskie*, einem Gebäck, das einem Croissant ähnelt und in Bäckereien und Lebensmittelläden der Stadt gekauft werden kann.

Lech Poznań, einst der Star in der ersten **Fußball**-Liga und nun in der zweiten Liga abstiegsgefährdet, spielt im Lech-Stadion, ul. Bułgarska 5/7, westlich des Zentrums (Straßenbahn 13 ab Rondo Kaponera).

Sehenswertes

Der Stary Rynek

Siebenhundert Jahre lang stand der vornehme Stary Rynek (Alter Markt) im Mittelpunkt allen Lebens von Poznań. Heute hat er dagegen seine Bedeutung als Zentrum der politischen und wirtschaftlichen Macht verloren. Die wichtigsten öffentlichen Gebäude stehen, wie überall in Polen, in seiner Mitte. Zwar wurde er im letzten Krieg stark beschädigt, danach schenkten ihm jedoch die Restauratoren manchmal

Der Marktplatz in Poznań – anziehendes Zentrum der Altstadt

eine etwas übertriebene Aufmerksamkeit. Dies werden allerdings nur strenge Puristen bedauern, denn dieses Altstadtzentrum gehört nach seiner Verjüngung zu einem der anziehendsten von ganz Polen. Hier wird wieder einmal deutlich, welch wichtige Funktion ein Marktplatz für eine Stadt ausüben kann. Er ist gesäumt mit unterschiedlichen charaktervollen Fassaden – einige in gedämpften Grau- oder Brauntönen, andere in hellen Pastellfarben – und sieht im Frühling und Sommer am schönsten aus, wenn die Straßencafés und Bierbars sich draußen auf dem Kopfsteinpflaster unter einem Wald von bunten Sonnenschirmen breit machen.

Vor dem Rathaus beherrscht ein schöner **Rokoko-Brunnen** die Szene. Er steht neben einer Kopie des **Prangers** – dort, wo dieser früher tatsächlich einmal stand. Weiter südlich sind die **Krämerhäuschen**, in denen einst die Markthändler wohnten, die ihre Waren meist in den Laubengängen feilboten. Die Häuser, die heute zu sehen sind, variieren jeweils einige Zentimeter in der Höhe zu ihrem Nachbarn. Sie stammen aus dem 16. Jahrhundert und gehören damit zu den ältesten Gebäuden auf dem Platz.

Hinter einem Brunnen mit der Darstellung einer Wasser tragenden Jungfrau steht die **Waga Miejska** (Stadtwaage), einst das wichtigste öffentliche Gebäude in diesem großen Handelszentrum. Heute ist das Original, das ebenfalls das Werk von Quadro war, durch einen Nachbau ersetzt. Gleich um die Ecke entdeckt man die strenge klassizistische **Hauptwache** (Odwach). Sie wurde um 1780 zur "Verteidigung und Auszeichnung" der Stadt erbaut. Heute befindet sich darin das Museum des Unabhängigkeitskampfes, das sich mit den polnischen Unabhängigkeitsbestrebungen im Laufe der Jahre beschäftigt. Zwischen dem Museum und den Krämerhäuschen stehen zwei hässliche Gebäude, die die Einheitlichkeit des Platzes durchbrechen – ein Erbe aus kommunistischen Zeiten, dessen man sich schnellsten entledigen sollte.

Öffnungszeiten Mo–Sa 10–16 Uhr, So 10–15 Uhr.

Karte S. 680/681

In einem dieser Gebäude ist das **Wielkopolska Waffenmuseum** untergebracht mit einer mäßig interessanten Waffenausstellung aus der Provinz seit dem Mittelalter, aber mit einigen interessanten Informationen über Aufstände gegen die verschiedenen Besatzungsmächte. Im anderen befindet sich die **Galerie Arsenal**, der wichtigste Veranstaltungsort für Wechselausstellungen zeitgenössischer Kunst.

Öffnungszeiten **Waffenmuseum** – Di 12–18 Uhr, Mi, Fr, Sa 9–16 Uhr, So 10–15 Uhr. Eintritt 5 Zł. **Arsenal** – Di–Sa 11–18 Uhr, So 10–15 Uhr. Eintrittspreise variieren je nach Ausstellung.

Hinter den Barockfassaden vieler **Giebelhäuser**, die den Stary Rynek säumen – heute größtenteils Geschäfte, Restaurants, Cafés oder Antiquitätenläden – verbirgt sich oft eine Innenausstattung aus dem Mittelalter oder der Renaissance. Besonders schön sind die Häuser an der Ostseite. Dort ist in der Nr. 45 das **Museum für Musikinstrumente** untergebracht, die einzige Sammlung dieser Art in Polen. Es enthält Instrumente aus der ganzen Welt, Erinnerungsstücke von Chopin und eine überwältigende Sammlung von Geigen. Die Geigen erinnern daran, dass hier alle fünf Jahre der "Internationale Geigenwettbewerb von Wieniawski " stattfindet, der eines der bedeutendsten Ereignisse für angehende Virtuosen ist (der nächste 2006).

Öffnungszeiten **Museum** – Di, Sa 11–17 Uhr, Mi und Fr 10–16 Uhr, So 10–15 Uhr. Eintritt 5,50 Zł.

Die Westseite des Platzes ist fast ebenso eindrucksvoll, vor allem wegen des wuchtigen grün-weißen **Palais Działyński** (Nr. 78). Es war im 19. Jahrhundert ein wichtiges Zentrum, in dem um die polnische Kultur gerungen wurde. Die Häuser auf dieser Seite gehörten prominenten Poznańer Bürgern. Giovanni Battista Quadro lebte in der Nr. 84, deren Fassade Darstellungen aus seinem Leben verschönern. Das Haus Nr. 71 gehörte Jan Chróściejewski, der um 1600 zweimal Bürgermeister der Stadt war. Er war auch der Verfasser des ersten Buches über Kinderkrankheiten. Im Inneren des Hauses ist heute das **Henryk-Sienkiewicz-Literaturmuseum** untergebracht. *Henryk Sienkiewicz* (1846–1916), der Autor von *Quo Vadis?*, bekam 1905 den Nobelpreis für Literatur verliehen (siehe Kasten, S. 694). Obwohl seine Verbindung zu Poznań ziemlich flüchtig war, ist dies das wichtigste Museum, das seinem Leben und seinen Werken gewidmet ist. Es geht vor allem auf den Einsatz des Sienkiewicz-Enthusiasten Ignacy Moś zurück. Im Museum ist in Wort und Bild das Leben des Autors dargestellt, dazu werden Erstausgaben seiner Werke in unzähligen Sprachen gezeigt.

Öffnungszeiten **Literaturmuseum** –Mo–Fr 10–17 Uhr. Eintritt 3 Zł.

Das **Rathaus** beherrscht den Platz in jeder Hinsicht. Ursprünglich war es ein zweistöckiger Bau im Stil der Backsteingotik, der um 1550 von Giovanni Battista Quadro aus Lugano umfassend umgebaut wurde. Die Fassade mit der krönenden Attika macht einen fast maurischen Eindruck. Die östliche Fassade mit ihren Arkaden ist die lebhafteste des Gebäudes. Die hellgrünen Pilaster rahmen einen Fries polnischer Monarchen ein, neben denen sich Porträts von Staatsmännern und Dichtern aus dem antiken Griechenland und Rom finden – ein propagandistischer Versuch, Polens Herrscher als Hüter klassischer Weisheit darzustellen. Jeden Tag zur Mittagszeit erscheinen zwei Böcke auf der Plattform der Uhr und stoßen zwölf mal mit den Köpfen zusammen. Damit wird die bekannteste Sage der Stadt gewürdigt, in der von zwei Böcken die Rede ist, deren Hörner sich auf den Stufen des Rathauses ineinander verfingen, womit sie auf ein Feuer aufmerksam machten, das dort gerade ausgebrochen war. Auf diese Weise retteten sie die Stadt vor einer weiteren (möglicherweise schlimmen) Feuersbrunst. Zum Dank wurden die Böcke im Stadtwappen und in diesem Zeitmesser verewigt. An den anderen Seiten des

Gebäudes stehen die Worte polnischer Gelehrter aus der Renaissance, die die Restauratoren nach dem Zweiten Weltkrieg um Auszüge aus der kommunistischen Verfassung erweiterten.

Poznańs Rathaus – die "Perle der polnischen Renaissance"

Im Innern des Rathauses befindet sich heute das **Historische Museum von Poznań**. Es hält zwar nicht ganz, was sein Name verspricht, aber der Besuch lohnt allein, um das Gebäudeinnere zu besichtigen. Ein Überbleibsel aus der Gotik sind die **Kellerräume** mit den Gewölben, die im 16. Jh. als Gefängnis dienten. Heute befinden sich hier die ältesten Exponate, insbesondere Fundstücke von Ausgrabungen auf der Dominsel und der Pranger aus dem Mittelalter. Prunkstück ist jedoch der **Große Saal** im Renaissancestil im ersten Stock, aus dem Jahr 1555. An der Kassettendecke, die sich mit Lünetten (Stichkappen) auf zwei Pfeiler stützt, befinden sich polychrome Basreliefs, die die Tugenden Mut, Tapferkeit und Vaterlandsliebe anhand von Szenen aus dem Leben von Samson, König David und Herkules verkörpern. Im Südteil bei der Treppe sind astrologische und tierische Figuren zu sehen, darunter auch ein recht faszinierendes Rhinozeros. Die Marmorbüsten römischer Regenten an den Wänden erinnern dagegen an die gewichtige Tradition der städtischen Herrschaft. Im oberen Stockwerk sind weitere Schätze der Region ausgestellt sowie Porträts und alte Postkarten. Außerdem finden Wechselausstellungen statt, die oft im Zusammenhang mit der Geschichte der Region stehen.

Öffnungszeiten Mo, Di 10–16 Uhr, Mi–Fr 12–18 Uhr, Sa 9–16 Uhr, So 10–15 Uhr. Eintritt 5,50 Zł.

Westlich vom Stary Rynek

Gleich im Westen des Stary Rynek erheben sich auf einer Anhöhe noch die Reste des inneren Mauerrings aus dem Mittelalter. Dieser Teil schützte insbesondere die einstige Zamek Przemysława, Burg und Sitz der Herrscher von Wielkopolska. Im Laufe der Jahrhunderte wurde sie immer wieder umgebaut, 1945 fast völlig zerstört, aber inzwischen wieder teilweise restauriert. Heute beherbergt sie das **Kunstgewerbemuseum** (Muzeum Sztuk Użytkowych). Die bedeutende Sammlung umfasst Exponate vom Mittelalter bis heute. Im gotischen Kellergewölbe finden Wechselausstellungen zeitgenössischer polnischer Kunst statt.

Öffnungszeiten Di, Mi, Fr & Sa 10–16 Uhr, So 10–15 Uhr. Eintritt 5,50 Zł.

Unterhalb der Anhöhe steht die barocke **Kirche des hl. Antonius**, deren Innendekoration das Werk der Franziskaniser Brüder *Adam* und *Antonin Swach* ist, der eine war Maler, der andere Bildhauer und Stuckateur. Vor allem die üppig ausgestattete Kapelle der hl. Jungfrau links vom Hauptaltar fällt ins Auge. Ein kleines Bild

Karte S. 680/681

des Heiligen ist in einen dunklen Holzrahmen eingelassen, der mit kühnen geometrischen Mustern in Gold und Silber versehen ist. Engelchen bevölkern rosa und goldene Himmel in der Kuppel darüber. Das verzierte Chorgestühl beim Hochaltar scheint auf besiegten Drachen zu ruhen.

Von hier ist es nur ein kurzer Weg um die Ecke bis zum großzügigen, länglichen **Plac Wolności**. Früher einmal trug er den Namen Napoleons, später den von Kaiser Wilhelm, und erst nach dem Wielkopolskaer Aufstand im Jahr 1918 erhielt er seinen heutigen Namen: Platz der Freiheit. Hier befindet sich eine weitere Keimzelle im Kampf um die polnische Kultur, die **Raczyński-Bibliothek**, die im frühen 19. Jahrhundert gegründet wurde, um die polnische Sprache und Literatur zu fördern. Sie dient auch heute noch als Bücherei. Aus architektonischer Sicht ist sie eines der herausragendsten Bauwerke der Stadt; sie wurde um 1820 im nüchternen neoklassizistischen Stil errichtet. Die eleganten korinthischen Säulen ihrer Südfassade mit der Kolonnade beherrschen gelassen den Platz.

Henryk Sienkiewicz (1846–1916)

Außerhalb Polens gründet sich die Bekanntheit von Henryk Sienkiewicz vor allem auf seinen Roman *Quo Vadis?*, ein episches Werk über frühes Christentum in den dekadenten Tagen des Römisches Reiches, für das er 1905 den **Nobelpreis für Literatur** erhielt. Das Buch wurde später in Hollywood verfilmt. Der große Erfolg dieses Werkes führte jedoch dazu, dass nach dem Tod des Autors sein übriges, umfangreiches Werk von der internationalen Kunstwelt völlig vernachlässigt wurde. Selbst in der schlechtesten Übersetzung wird jedoch noch die Qualität seines Werkes deutlich, die ihn in als Autor in die vorderste Front nationaler und internationaler Bedeutung rücken sollte.

Henryk Sienkiewicz wurde in der Region der Podlasie in eine Familie von niedrigem Adel mit tatarischen Ursprüngen geboren. Er begann seine Laufbahn als **Journalist** und schrieb Kurzgeschichten. Der Höhepunkt dieser Tätigkeit war eine Reise in die Vereinigten Staaten in den Jahren 1876–77, wo er in einer, nur kurzfristig existierenden, landwirtschaftlichen polnischen Kommune in Kalifornien arbeitete. Hier schrieb er *Briefe aus Amerika* (ein lebhaftes Tagebuch, mit Betrachtungen zu weitreichenden Themen, von Erlebnissen in New York City bis zur amerikanischen Politik gegenüber den Indianern) sowie die Burleske *Kohlezeichnungen*, eine Satire auf das ländliche Leben in dem von den Russen beherrschten Polen. Nach seiner Heimkehr berief er sich bei seinen *Amerikanischen Geschichten* auf seine Auslandserfahrungen, zu denen auch die Erzählung *Der Leuchtturmwärter* gehört, die sehr oft in literarischen Anthologien dieses Genres auftaucht. Darauf folgte die verzweifelte Novelle *Bartek der Eroberer*, das beste einer Reihe von Werken, die in der Region Poznań spielen. Es war einfacher für ihn, seine nationalistischen Ideen in einer Erzählung über die Region zu veröffentlichen, die unter preußischer Kontrolle war, als über die von den Russen beherrschten Gebiete, in denen eine schärfere Zensur praktiziert wurde.

Danach änderte Sienkiewicz seinen Kurs und wandte sich der Wiederbelebung der als überholt geltenden Form des **historischen Epos** zu. Seine umfangreiche Trilogie *Mit Feuer und Schwert, Die Sintflut* und *Feuer in der Steppe* spielt vor dem Hintergrund der heroischen Kriege Polens im 17. Jahrhundert gegen die Kosaken, Schweden und Türken. In bemerkenswerter Weise hält sich der Autor hier an eine Struktur, in der dieselben Charaktere weiterverfolgt werden, deren Sprachgebrauch geschickt an die jeweilige Klassenzugehörigkeit und kulturelle Herkunft angepasst wird. Im Aufbau der Handlungsstruktur des Romans gibt es zahlreiche Exkurse über die Entwicklung der Stammbäume der beteiligten Familien und Romanzen werden eingeflochten. Die historische Wirklichkeit fiel jedoch Sienkiewiczs katholischer, nationalistischer, ritterlicher und anti-intellektueller Weltanschauung zum Opfer. *Quo Vadis?*, das auf die Trilogie folgte, ist sein einziger Roman, der nicht in Polen spielt. Er wird allerdings oft als Fabel auf die Unterdrückung des Landes während der Teilungen bezeichnet, was durch die Tatsache bestärkt wird, dass zwei der Hauptfiguren des Buches Lygier sind, Einwohner des Gebietes, das später zum Kernland Polens wurde. Ironischerweise ist dieses Buch eines von Sienkiewiczs weniger starken Werken, denn seine Erzählkunst, Fähigkeit zur Beschreibung und Charakterdarstellung werden stark durch schwülstige Sentimentalität überlagert. In seinem letzten Epos *Die Ritter des Deutschen Ordens,* hielt er sich wesentlich stärker an die historischen Hintergründe und stellt Polens Schicksal in klarer und wahrheitsnaher Form dar.

Sienkiewicz schrieb auch einige Novellen, die in neuerer Zeit spielen, wie z. B. *Ohne Dogma* und *Die Familie Połaniecki.* Diese Bücher garantierten ihm einen Kultstatus in nationalistischen Kreisen. Seine politische Betätigung wurde nach der Jahrhundertwende und nachdem er durch sein Buch *Quo Vadis?* international bekannt geworden war immer wichtiger für ihn. Bei Ausbruch des Ersten Weltkrieges wanderte Sienkiewicz zusammen mit dem Pianisten Ignacius Jan Paderewski in die Schweiz aus. Dort rief er ein Nationales Polnisches Komitee ins Leben, das schließlich von den westlichen Alliierten als provisorische Regierung anerkannt wurde. Aufgrund seines frühen Todes spielte er jedoch niemals die direkte politische Rolle, die ihm vielleicht zugestanden hätte, nachdem Polen nach Kriegsende wieder auferstand.

Sienkiewicz war zwar schon ein immer wichtiger Bestandteil des Unterrichts an polnischen Schulen. Doch in den letzten Jahren hat es so etwas wie ein Comeback gegeben, da die polnische Filmindustrie sein Werk in einen Kinoschlager (und damit in eine Goldmine) verwandelte. Der Veteran Jerzy Hoffman, der in den sechziger und siebziger Jahren schon anerkennenswerte Adaptionen von *Die Sintflut* und *Feuer in der Steppe* verfilmt hatte, brachte das Ganze ins Rollen. 1990 brachte er eine verschwenderische Breitwandversion von *Mit Feuer und Schwert* heraus. Es war damals der teuerste Film Polens, der auch bald zum erfolgreichsten wurde: Er lockte unglaubliche 7 Millionen zahlende Zuschauer an. Im Ausland machte der Film keinen großen Eindruck. Doch falls Sie Interesse haben, so können Sie sich Video- und DVD-Versionen in den Medienläden polnischer Großstädte besorgen (mit englischen Untertiteln). Ein Kinofilm von Sienkiewiczs *In Wüste und Wildnis*, eine Abenteuergeschichte für Kinder, die in Afrika spielt, wurde einer der großen Kassenschlager des Jahres 2001 (mit Nebenprodukten wie Soundtrack-Album und Bilderbuch). Derzeit entsteht eine neue polnische Version von *Quo vadis* (ein Riesenprojekt, dessen Budget bereits das von *Mit Feuer und Schwert* übersteigt). Es sieht so aus, als ob Sienkiewicz uns erhalten bleibt.

Karte S. 680/681

Das Nationalmuseum

Gleich gegenüber von der Raczyński-Bibliothek sieht man die dunkelgraue Fassade des Nationalmuseums, das seinen Namen nicht zu Recht trägt. Zur Zeit ist es eine Gemäldegalerie mit einer der wichtigsten Ausstellungen alter Meister in Polen. Die italienische Abteilung beginnt mit gotischen Altarbildern von Künstlern wie Bernardo Daddi und Lorenzo Monaco. Es folgen Werke aus der Renaissance, wie Bellinis *Madonna mit Kind und Stifter* und Bassanos *Venus in Vulkans Schmiede.*

Die kleine, aber exquisite spanische Abteilung der Galerie beherbergt als Prunkstück Zurbaráns *Madonna mit dem Rosenkranz.* Dieses Meisterwerk der Gegenreformation stammt aus einem Zyklus für das Kartäuserkloster in Jerez und weist lebensnahe Porträts der Schweigemönche auf. Vom gleichen Künstler stammt auch der *Christus an der Säule,* ein eindringliches Bild, das am Ende seiner Laufbahn entstand. Außerdem gibt es noch zwei beachtenswerte Werke seines Zeitgenossen Ribera. In der gut bestückten Sammlung aus den Niederlanden bilden eine *Madonna mit Kind,* die Massys zugeschrieben wird, und die königliche *Anbetung der Weisen* von Joos van Cleve die Höhepunkte.

Die polnischen Gemälde enttäuschen dagegen ein wenig. Jedoch empfiehlt es sich, den Saal mit Werken des vielseitigen *Jacek Malczewski,* den historischen Szenen von *Jan Matejko,* den Landschaften von *Wojciech Gerson* und den gedämpften Porträts von *Olga Boznańska* aufzusuchen. Außerdem zu sehen ist eine einmalige polnische Kunstform: Porträts von Adeligen, auf eine Metallfolie gemalt, die auf den Sarg der Verstorbenen geklebt wurden. Man sollte auch versuchen herauszufinden, was gerade im neuen Nordflügel zu sehen ist, dem Ort für hochkarätige Wanderausstellungen.

Öffnungszeiten Di 10–18 Uhr, Mi, Fr 9–17 Uhr, Do 10–16 Uhr, Sa 10–19 Uhr, So 10–16 Uhr. Eintritt 7 Zł.

Hinter dem Plac Wolności

Bummelt man in den geschäftigen Verkehrs- und Einkaufsstraßen herum, die sich westlich vom Plac Wolności gabeln, kommt man kurz darauf zum **Teatr Polski** in der ul. 27 Grudnia. Diese um 1870 nur mit Spenden errichtete kulturelle Einrichtung datiert ebenfalls aus der Zeit der Teilungen: Der mühselige Kampf spiegelt sich in der Inschrift an der Fassade wider. An der verkehrsreichen Kreuzung am Ende der Straße steht das berühmteste Nachkriegsgebäude der Stadt, das Kaufhaus **Dom Tomarowy,** das Mitte der 50er Jahre gebaut wurde. Es ist ein beeindruckender zehnstöckiger Zylinder, der um einen hohlen Kern herum angelegt wurde, durch den eine Wendeltreppe hinaufführt.

Eine Ahnung, wie eigenartig gespalten das Leben damals war, vermitteln die großen Bauten in den Straßen dahinter. Sie zeugen vom Selbstbewusstsein der Deutschen im ersten Jahrzehnt dieses Jahrhunderts. Viele dieser kulturellen Einrichtungen und Verwaltungsbüros wurden nur wenige Jahre nach ihrer Erstellung von einer Institution mit ganz anderen Zielen übernommen: von der neuen **Universität von Poznań**. Der eindrucksvollste Bau dieser Gruppe, das bombastische neuromanische **Kaiserhaus**, erlebte einen noch dramatischeren Rollenwechsel. In diesem Bau, der eine Nachahmung des von den Stauferkaisern im mittelalterlichen Deutschland bevorzugten Stils ist, sollte der Kaiser wohnen, wann immer er in die Stadt kam. Das Gebäude wurde umbenannt in **Zamek** und ist heute ein lebhaftes Kulturzentrum, in dem alles mögliche stattfindet, inklusive Rockkonzerte im Hof auf der Rückseite.

Im Park dahinter erinnern zwei gewaltige, mit schwerem Seil zusammengebundene Kreuze an die Opfer der Poznańer Aufstände im Jahr 1956. Die Aufstände und ihre brutale Unterdrückung durch die Sicherheitskräfte erschütterten die polnische Gesellschaft und beschleunigten die Machtübernahme des reformgesinnten Kommunisten Władisąs Gomułka. Die Lektion, dass Arbeiterproteste zu einem Regierungssturz und -wechsel führen konnten, hatte ihre Auswirkung auch auf spätere Generationen. Sie half, die Gründung von Solidarność 1980 voranzutreiben. Während dieser außerordentlichen Periode von Macht und Einfluss der Solidarność im kommunistischen Polen – bevor im Dezember 1981 das Kriegsrecht verhängt wurde –, wurde das **Denkmal** im Juni 1981, am 25. Jahrestag der Aufstände, enthüllt.

Im Süden und Osten des Stary Rynek

Kehrt man zum Stary Rynek zurück und geht dann auf der ul. Wodna weiter, kommt man kurz darauf zum **Palais Górka** (Nr. 27), von dem noch der verschlungene Renaissance-Portikus und der nüchterne Innenhof erhalten sind. Heute beherbergt das Palais das **Archäologische Museum**. Die Exponate sind aus ästhetischer Sicht zwar nicht außergewöhnlich, aber ein Besuch ist dennoch empfehlenswert. Sie dokumentieren die Geschichte der Region seit der Zeit, als Nomaden und Jäger zwischen 15.000 und 9.000 v. Chr. hier die Gegend durchstreiften, bis zur frühen Feudalgesellschaft im 7. Jh. und geben einen Überblick über die neusten Ergebnisse archäologischer Forschung in der Region.

Öffnungszeiten Di–Fr 10–16 Uhr, Sa 10–18 Uhr, So 10–15 Uhr. Eintritt 3 Zł.

In der ul. Świętosławska befindet sich ein Komplex ehemaliger jesuitischer (lachsfarbener) Bauten, die zu den schönsten Beispielen für Barockarchitektur in der Stadt gehören. Die Straße wird von der Fassade der **Pfarrkirche** (Kościół Farny św. Marii Magdaleny) begrenzt, die knapp vierzig Jahre vor der Ausweisung der Jesuiten im Jahr 1773 fertig gestellt wurde. Im sehr stimmungsvollen Kircheninneren kann man farbige Säulen mit vergoldeten Kapitellen, Monumentalskulpturen, große Altarbilder, die von gewundenen Säulen eingerahmt werden, und reiche Stuckarbeit nach römischer Art bestaunen. Über dem Hochaltar hängt ein Gemälde, das einen sagenhaften Zwischenfall aus dem Leben des hl. Stanisław darstellt. Er war noch Bischof, als ihn König Bolesław II. der Freigiebige beschuldigte, seinen Ländereien ein Dorf einverleibt zu haben, ohne es zu bezahlen. Zum Beweis seiner Unschuld rief der Heilige den schon verstorbenen früheren Besitzer des Landes ins Leben zurück, damit er als sein Zeuge aussage. Sie gehört zu den Kirchen des Landes, die man unbedingt gesehen haben sollte. Hier kann man Orgelkonzerten lauschen, die normalerweise am Sonntag um die Mittagszeit stattfinden – in der Kirche sind die genauen Zeiten angeschlagen.

Auf der anderen Straßenseite befindet sich die **Jesuitenschule**, heute eine der berühmtesten Ballettakademien Polens. Man sollte unbedingt versuchen, einen Blick in den kleinen Innenhof zu werfen, er ist ein wahres architektonisches Juwel. Östlich der Kirche ist der vordere Teil des **Jesuitenkollegiums** zu sehen, gegenwärtig Sitz des Volksrates. Zwar sind die Jesuiten inzwischen nach Poznań zurückgekehrt, aber sie erhielten nicht die von ihnen errichteten Bauwerke zurück. Stattdessen besitzen sie heute das älteste Bauwerk am linken Ufer, die **Dominikanerkirche** nordöstlich vom Stary Rynek. Trotz einer barocken Neugestaltung weist diese noch ursprüngliche romanische und gotische Merkmale auf, z. B. eine Rosenkranzkapelle mit Sterngewölbe.

Karte S. 680/681

Die Kirche aus der Zeit des Spätbarock, die **Aller-Heiligen-Kirche** (Kościol Wszystkich Świętych) fast ganz im Osten des Stary Rynek, ist geradezu ein Musterbeispiel für eine lutherische Kirche mit ihrer zentralen Anlage und der allgemeinen Schlichtheit. Zwar ist sie tadellos erhalten und somit ein außergewöhnliches Zeitdokument, aber die Abwanderung fast aller Protestanten in diesem Jahrhundert bedeutet, dass hier heute katholische Gottesdienste abgehalten werden. Beleg dafür ist der typische Hochaltar.

In der angrenzenden ul. Grobla 25 befand sich die Freimaurerloge, heute ist darin das **Volkskundemuseum** mit einigen interessanten Schnitzereien, Keramik und Musikinstrumenten untergebracht. Noch weiter südlich liegt die Barockkirche des **Franziskanerklosters** mit ihren Zwillingstürmen. Das Kloster wurde von den Mönchen inzwischen hervorragend restauriert, nachdem es nach dem Krieg als Warenlager genutzt worden war. 1473 wurde es erbaut und zweihundert Jahre später von den Schweden zerstört. Fotografien im Vestibül zeigen die Kirche vor, während und nach dem Krieg, als die Franziskaner ihre meisterhafte Restaurierung abgeschlossen hatten. Was man heute noch sieht, ist das gleißende Innere, weiß und golden dekoriert, mit ockerfarbenen Schattierungen und Rokokoelementen.

Öffnungszeiten **Volkskundemuseum** – Di, Mi, Fr und Sa 10–16 Uhr, So 10–15 Uhr. Eintritt 5,50 Zł.

Im Norden des Stary Rynek

Am einfachsten gelangt man in die nördlichen Stadtviertel vom Plac Wielkopolski aus, einem großen Platz, auf dem heute ein Markt abgehalten wird. Von hier führt die ul. Działowa an zwei Kirchen vorbei, die sich auf einer Bergkuppe gegenüberstehen. Die Kirche zur Rechten ist die gotische **Kirche St. Adalbert** (św. Wojciecha), an der vor allem ein hölzerner Glockenturm auffällt, den man vor der Backsteinfassade stehen ließ. Gegenüber erhebt sich die vollständiger wirkende, hübsche Barockfassade des Karmeliterklosters. Weiter oben auf dem Berg liegt der exklusivste Friedhof von Poznań. Er ist jenen Personen vorbehalten, von denen man meint, dass sie zum Leben in Wielkopolska einen wertvollen Beitrag geleistet haben. Darüber hinaus ist er ein Denkmal für die Verteidiger der Stadt im Jahr 1939.

Dahinter windet sich die al. Niepodległości hinauf zur gewaltigen früheren **Zitadelle**. Diese preußische Festung wurde nach dem Krieg dem Erdboden gleichgemacht, um Platz für einen Erinnerungspark für die rund 6.000 Russen und Polen zu schaffen, die ihr Leben während der einmonatigen Belagerung verloren. Die meisten sind hier auf diesen großen parkähnlichen Friedhöfen an der Südseite des Hügels begraben, während sich in südöstlicher Richtung die Gräber alliierter Soldaten befinden.

Ostrów Tumski und das rechte Ufer

Vom linken Ufer führt Most Bolesława Chrobrego (die Große Brücke) zur heiligen **Ostrów Tumski** (Dominsel) hinüber, einer Welt, die scheinbar meilenweit vom Getriebe der Stadt entfernt ist. Nur ein kleiner Teil der Insel ist bebaut, und die gesamte Bevölkerung besteht aus einer Handvoll Priester und Mönche. Da es keine Pfarrkinder gibt, werden auch keine Abendmessen gehalten. Deshalb gleicht die Insel nach 17 Uhr einer Geisterstadt.

Verbindungen Die Straßenbahnen Nr. 1, 4 und 8 fahren über die Brücke.

Als Erstes erblickt man das spätgotische **Psalterium**, das sich durch einen aufwändigen Stufengiebel auszeichnet. Es entstand Anfang des 16. Jh.s als Wohnsitz für den Kathedralenchor. Gleich dahinter steht ein älterer Backsteinbau, die **Kirche Unserer Frau** (Kościół Panny Mariacki). Diese etwas unfertige und nicht ebenmäßige kleine Kirche erhielt nach dem Krieg einige umstrittene Glasfenster und Wandgemälde. Nur wenige Gehminuten nördlich der Kathedrale befindet sich das **Museum der Erzdiözese** in der ul. ks. Ignacego Posadzego 2, mit Skulpturen, anderen Schätzen und einigen fein gearbeiteten Stücken der Kirchenkunst, die eigentlich einen besseren Standort verdient hätten.

Öffnungszeiten **Museum** – Mo–Sa 9–15 Uhr. Eintritt 3 Zł.

Die Kathedrale

Die Straßen der Insel werden von stattlichen Häusern aus dem 18. Jahrhundert gesäumt, die alle mehr oder weniger im Schatten der **Basilika St. Peter und Paul** stehen, einer von Polens meistverehrten Kathedralen. Im Laufe der Jahrhunderte war die Backsteinfassade immer mehr unter barocken und klassizistischen Veränderungen verschwunden. Als im Krieg jedoch viele dieser Bauelemente zerstört wurden, beschloss man, die gotischen Ursprünge wieder hervorzuheben. Da es für die östlichen Kapellen aber keine zeitgenössischen Dokumente gab, verzichtete man hier auf originalgetreue Rekonstruktion. Die Barockhelme an den beiden Fassadentürmen und die drei Laternen um die Arkaden, die dem Ganzen einen orientalischen Hauch verleihen, sind ebenfalls Rekonstruktionen. Der Blick auf diesen Teil des Gebäudes ist zwar sehr imposant, aber auch irreführend.

Die Innenräume der Basilika sind beeindruckend. Allerdings sind sie nicht so herausragend, wie es sich für eine Kirche ihrer nationalen Bedeutung gebühren würde. Im unterirdischen **Gruftgewölbe**, dessen Eingang unter dem Nordturm liegt, wurden umfassende Ausgrabungen durchgeführt. Dabei kamen die 1000 Jahre alten Grundmauern der präromanischen und romanischen Kathedralen zum Vorschein, die vorher an dieser Stelle standen. Anhand zweier Modelle wird gezeigt, wie sie wahrscheinlich ausgesehen haben. Außerdem gibt es noch Teile der Sarkophage der ersten beiden polnischen Könige Mieszko I. und Bolesław I. des Tapferen zu sehen, die allerdings durch Gitter geschützt sind, als wären sie die Kronjuwelen. Heute ruhen die Überreste der beiden in der **Goldenen Kapelle** hinter dem Altar. Diese üppige Schöpfung, die auf wunderbare Weise unversehrt den Krieg überstanden hat, kündet von sehr unterschiedlichem, z. T. zweifelhaftem Geschmack aus der Zeit um 1830. Sie ist das genaue Gegenteil zur einfachen Architektur um sie herum. Ihre Dekoration ist das Ergebnis einer kuriosen Zusammenarbeit zwischen Mosaikkünstlern aus Venedig (das Bodenmuster und die Kopie von

Die Kathedrale auf der Ostrów Tumski

Tizians *Himmelfahrt* sind ihr Werk) und einem Maler und Bildhauer aus Berlin, der ein Vertreter einer ganz anderen Stilrichtung war, nämlich des Neoklassizismus. Das ungeübte Auge wird jedoch kaum einen Stilbruch erkennen können.

Unter den vielen anderen **Grabmälern**, die den besonderen Reiz der Kathedrale ausmachen, ist das von Bischof *Benedykt Izdbieński* gleich links von der Goldenen Kapelle am bemerkenswertesten. Es ist das Werk von Jan Michałowicz, dem einzigen einheimischen Künstler der Renaissance, der den vielen Italienern, die sich damals in Polen niederließen, ebenbürtig war. Die zweite bemerkenswerte Grabstätte ist die der Familie Górka in der Kapelle des heiligen Sakramentes am Nordende des Schiffes. Sie wurde nur wenige Jahre später von einem der umherziehenden Handwerker und Künstler, Hieronimo Canavesi, geschaffen. Ebenfalls sollte man nach weiteren Kunstwerken wie dem geschnitzten und vergoldeten schlesischen Hochaltartriptychon aus der Spätgotik, dem Chorgestühl aus der gleichen Zeit und Fragmenten von Fresken aus dem 16. Jahrhundert, besonders nach dem Apostelzyklus auf der Südseite des Ganges, Ausschau halten.

Śródka

Hinter der Most Mieszka I. (Brücke von Mieszko I.) liegt der Vorort **Śródka** auf dem rechten Flussufer. Dies ist der zweitälteste Bezirk der Stadt, dessen Name sich vom polnischen Wort für Mittwoch (*środa*) herleitet, denn im Mittelalter war das der Markttag. Zwar gibt es hier keine großen kunstgeschichtlichen Sehenswürdigkeiten, trotzdem liegt noch etwas von der Stimmung des alten Marktfleckens in der Luft. Gleich dahinter gibt es einen weiteren eigenständigen Ort, die sogenannte **Komandoria**, so benannt nach dem Befehlshaber des Johanniterordens, der ihn gegen Ende des 12. Jahrhunderts gründete. Die spätromanische **Kirche St. Johannes** dieser Gemeinde ist samt ihrer gotischen und barocken Anbauten erhalten geblieben. Sie ragt nun eindrucksvoll und einsam am Ende des Buskreisels Rondo Śródka empor.

Direkt südöstlich von hier führen Wege hinunter zum westlichen Ende des Sees **Jezioro Maltańskie**, dem beliebtesten Erholungsgebiet der Städter im Sommer. Der über 2 km lange See wurde angelegt, um Ruderregatten abzuhalten, und ist von Fußwegen umgeben. Hierher kommen die Einwohner von Poznań, um spazieren zu gehen, zu radeln, zu skaten und ihre Kinderwagen vor sich her zu schieben. Die meisten zieht es zum Ostende des Sees, wo es ein paar grasbewachsene Strände gibt, die mit Bademolen aus Beton ausgestattet sind sowie mit Kinderspielplätzen, einem Sommer-Trockenskihang und einer All-Wetter-Schlittenbahn. Es gibt eine Reihe von Ständen, die Bier, Würste und Eis verkaufen, und so lässt sich an diesem lebhaften, abwechslungsreichen Platz gut ein Wochenendnachmittag verbringen. Gleich hinter dem Ostufer befindet sich ein bewaldeter Park mit vielen Wanderwegen. In nur wenigen Minuten gelangt man dort zu dem großen und weitläufigen **Nowe Zoo** (Neuer Zoo), der sich etwa 1,5 km nach Osten ausdehnt. Eine speziell für Kinder eingerichtete **Schmalspurbahn** fährt vom Rondo Śriódka zum Zoo am Nordufer des Sees entlang.

Öffnungszeiten **Nowe Zoo** – täglich von 9–19 Uhr. Eintritt 6 Zł. **Schmalspurbahn** – stündlich 10–18 Uhr, nur von Mai bis Sept. Fahrpreis 5 Zł.

Umgebung von Poznań

Es ist einfach, dem Großstadtgewühl von Poznań zu entfliehen, denn die Vororte gehen bald in friedliche Dörfer über, die in eine seenreiche Landschaft eingebettet sind. In einem Umkreis von nur 25 Kilometern liegen einige der landschaftlich schönsten Gegenden von Wielkopolska und zwei der berühmtesten Schlösser bzw. Burgen Polens, die man beide an einem Tag besuchen kann, wenn man mit dem Auto unterwegs ist. Wenn man auf öffentliche Verkehrsmittel angewiesen ist, sollte man sich für jeden Ausflug einen ganzen Tag Zeit nehmen.

Kórnik

In dem an einem See gelegenen Kórnik, 22 km südöstlich von Poznań auf der Hauptstraße nach Katowice, steht eines der schönsten Schlösser von Wielkopolska.

Kórnik selbst besticht durch seine ländliche Stimmung. Es besteht aus kaum mehr als einer endlos langen Straße, der ul. Poznańska, an der einige Restaurants und Snackbars liegen. Diese Straße führt zu einem Marktplatz, den die **Pfarrkirche** aus rotem Backstein beherrscht. Sie beherbergt die Gräber der Familie Górka, der ersten Besitzer des Dorfes.

Im 14. Jahrhundert errichtete die Familie Górka ihr Schloss am äußersten Südende des Dorfes. Ein Teil des ursprünglichen Baus hat sich erhalten, genau wie der mittelalterliche Grundriss mit Burggraben. Im 19. Jahrhundert wurde das Schloss jedoch unter italienischen und deutschen Architekten, u. a. *Karl Friedrich Schinkel*, der sich mit den klassizistischen öffentlichen Gebäuden in Berlin einen Namen gemacht hat, im Stil der Neugotik verändert. Allerdings wurden die Entwürfe beträchtlich verändert, und für die endgültige Form des Palais ist sein Besitzer, *Tytus Działyński*, verantwortlich. Sein Interesse war es, sowohl seine Sammlung von Waffen und Rüstungen, Büchern und Kunstgegenständen zur Schau zu stellen als auch eine luxuriöse Bleibe für sich selbst zu schaffen.

Im Gegensatz zu der etwas affektierten Großartigkeit der äußeren Erscheinung, mit den Ziertürmen, die nicht zur Verteidigung, sondern nur als Dekor dienen, sowie

Das Schloss von Kórnik

Großpolen und Pommern
Karte S. 680/681

den maurischen Befestigungen (am offensichtlichsten an der Südseite, gegenüber dem Eingang), sind die Innenräume sehr viel persönlicher gestaltet. Im Erdgeschoss befinden sich augenfällige, dekorative Parkettböden mit Mobiliar im Regency Stil. Der Salon hat eine wunderschöne, vergoldete Decke und ein riesiges, mit Schnitzereien verziertes Holzportal, auf dem auch das Wappen der Działyńskis zu erkennen ist. Kein Geringerer als Chopin ließ seine Finger über die Tasten des großen Pianos gleiten, das hier ganz in der Nähe steht. Der geräumige **Schwarze Saal** mit seinem filigranen weißen Netzgewölbe bereitet den Besucher schon auf die maurischen Ausschmückungen im ersten Stock vor. Der **Speisesaal** gleich nebenan ist wiederum ganz im europäischen Stil des Mittelalters ausgeschmückt und hat eine Decke mit versenkten Kastenpanelen, die Boten fast aller Adelsfamilien in Polen aus dem 15. Jahrhundert darstellen. Im ersten Stock befindet sich der äußerst theatralische **Maurische Saal**, der der Alhambra in Granada nachempfunden ist. Hier stellte Działyński seine Sammlung antiker polnischer Rüstungen und Waffen aus, darunter auch ein beeindruckender mit Federn geschmückter Anzug, der einst von einem Husaren getragen wurde, sowie eine Kanone, die die viel sagende Aufschrift *ultima ratio regis* (der letzte Ausweg eines Königs) trägt.

Öffnungszeiten März–Nov. Di–So 9–17.30 Uhr. Eintritt 8 Zł.

Um sich das Schloss außen von allen Seiten anzusehen, muss man das **Arboretum** aufsuchen. Ursprünglich war es ein französischer Garten, der aus einer Laune heraus in einen englischen Garten umgewandelt wurde. Hier wachsen über 2.000 Baum- und Straucharten aus allen Gebieten der Welt, wie z. B. China, Korea und Amerika. Von hier hat man einen Blick auf die Südfassade mit ihren gotischen und maurischen Elementen. Ein Spaziergang am Seeufer ist äußerst angenehm, besonders am Westufer, von dem aus man eine gute Fernsicht hat.

- *Öffnungszeiten* **Arboretum**, Mai–Okt. täglich 9–17.00 Uhr. Eintritt 3 Zł.
- *Anfahrt/Verbindungen* Von Poznańs Busbahnhof gibt es regelmäßige Verbindungen nach Kórnik. Den Zug benutzt man besser nicht, denn der Bahnhof liegt 4 km vom Ort entfernt.

Rogalin

Wer mit dem Auto unterwegs ist, kann einen Besuch in Kórnik mühelos mit dem des Palais im Weiler Rogalin, 10 km in Richtung Westen an der Straße nach Mosina, verbinden. Von Poznań aus fahren nur drei Busse am Tag hierher, daher sollte man sich vorher genau über die Abfahrtszeiten informieren.

Das **Palais** war der Sitz der berühmten adeligen Poznaner Familie Raczyński und ist einer der schönsten Landsitze Polens. Das wahrhaft palastartige Gebäude bildet eine Achse mit den sorgfältig angeordneten umliegenden Gebäuden und Gärten. In der Anlage verschmelzen früher Barock und Klassizismus geschmackvoll ineinander, wobei die klassizistischen Elemente überwiegen. Der strahlende Mittelteil des Gebäudes bleibt weiterhin wegen Renovierungsarbeiten geschlossen. In der Zwischenzeit kann man jedoch die zwei bereits restaurierten, **halbrunden Flügelbauten** besichtigen, in denen sich interessantes Mobiliar befindet, wie z. B. ein hübscher Leierschrank sowie einige Gemälde illustrer Mitglieder der Raczyńska Familie. Darunter sind auch eine finstere Darstellung von dem in der Kapelle beerdigten Roger (siehe unten) und ein wesentlich hübscheres Bild von Anna Raczyński. Am sehenswertesten ist die Gemäldegalerie (Galeria obrazów), die von der Südseite abzweigt. Sie beherbergt eine gut angelegte Sammlung von polnischen und deutschen

Werken aus dem 19. Jahrhundert. Jacek Malczewski hielt sich oft in Rogalin auf, und seine Werke findet man hier genauso wie die von Jan Matejko, dessen Epos Die Jungfrau von Orléans eine ganze Wand einnimmt.

Vor dem Schlosshof erstreckt sich ein langer Vorplatz, an dessen Seiten sich die Ställe und das **Kutschenhaus** befinden. Das Letztere ist voller alter Kutschen, die einst den Besitzern dieses Anwesens als Fortbewegungsmittel dienten. Hier kann man auch das letzte "Pferdetaxi" Poznańs bewundern. Ein kurzer Gang zum Tor hinaus führt zur **Kapelle**, die gleichzeitig als Gemeindekirche und als Mausoleum der Familie *Raczyński* dient. Diese friedlich an der Straße gelegene Grabstätte in rosafarbenem Sandstein ist eine verkleinerte Kopie eines der am besten erhaltenen Bauwerke aus dem klassischen Altertum, nämlich der *Maison Carrée* in Nîmes.

Öffnungszeiten: Di–Sa 10–16 Uhr, So 10–18 Uhr. Eintritt 8 Zł, Do frei.

Hinter dem Hauptpalais liegt ein abgeschlossener und wild wuchernder französischer Garten. Eindrucksvoller ist der **englische Garten** gleich dahinter. Er wurde dort angelegt, wo früher der Urwald wuchs. Bemerkenswert in diesem Park sind seine **Eichen**, von denen die drei ältesten mit einem Zaun geschützt sind. Diese Bäume sind als die "Rogalin-Eichen" bekannt und gehören zu den berühmtesten Naturwundern Polens. Sie sind mindestens tausend Jahre alt – und damit praktisch so alt wie die polnische Nation selbst. Nach dem Zweiten Weltkrieg erhielten sie die Namen Lech, Czech und Rus, nach den drei sagenhaften Brüdern, die die polnische, tschechische bzw. russische Nation gründeten; die größte Eiche ist die als "Rus" bezeichnete.

• *Übernachten/Essen* An der Straße gegenüber vom Palais-Eingang gibt es ein **Restaurant** und eine Bar sowie ein schikkes **Hotel** (✆ 061/813 8030; D) auf dem Palastgelände. Wesentlich preiswerter ist allerdings die **Jugendherberge**, ul. Poznańska 3 (✆ 061/813 8038), mit Betten in Schlafräumen für 15 Zł pro Person.

Wielkopolski-Nationalpark

Die einzige unter Naturschutz stehende Landschaft der Provinz, der Wielkopolski-Nationalpark, nimmt eine Fläche von mehreren 100 Quadratkilometern im Süden von Poznań ein. Er blieb von der Zivilisation weitgehend unberührt und ist ein beliebtes Ausflugsziel für die Menschen aus der Hauptstadt der Region.

Das Gebiet entstand in jüngerer geologischer Zeit nach der Eiszeit und ist geprägt von flachen Moränen, sanften Bergkämmen und Seen. Etwa die Hälfte des Parks wird von Wald bedeckt, und zwar vorwiegend von Kiefern und Birken.

Von Poznań aus gelangt man recht einfach zum Park. Es verkehren etwa 14 Züge täglich (die langsamen *osobowy* von Poznań nach Leszno oder Wrocław), die an den Siedlungen Puszczykowo, Puszczykówko und Mosina am Ostrand des Parks vorbeifahren. Von dort aus erreicht man auf Wanderwegen den Park selbst.

Der Westrand des Parks wird von der Bahnlinie Poznań–Wrocław bedient. Manche der 5 täglichen Züge werden noch immer von alten Dampfloks aus dem Depot in Wolsztyn (siehe dort) gezogen. Sie halten in dem Städtchen Stęszew, wo ein Wanderweg beginnt. Für einen Tagesausflug empfiehlt sich die Anfahrt zum Ostrand des Parks, eine Wanderung quer durch den Park und die Rückkehr von Stęszew nach Poznań – oder umgekehrt.

Etwa 15 Kilometer südlich von Poznań liegen die Zwillingsdörfer **Puszczykowo** und **Puszczykówko** am linken Ufer der sich durch die Landschaft schlängelnden

Warthe. Beide sind Ausgangspunkte für Wanderungen in den nördlichen Teil des Parks. Puszczykówko ist etwas attraktiver, denn hier gibt es das **Muzeum Arkadego Fiedlera** (Arkady-Fiedler-Museum). Es befindet sich östlich vom Bahnhof genau gegenüber vom früheren Haus des bekannten polnischen Reiseschriftstellers. Fiedlers erste Buch war ein Bericht über eine Floßfahrt auf dem Fluss Dniester im Jahr 1926. Nach dem Krieg gab er Bücher über seine Erlebnisse in Afrika, Südamerika und im Orient heraus und wurde zu einem der bekanntesten Reiseschriftsteller im Ostblock. Das Museum enthält allerlei persönliche Andenken, die er von seinen Auslandsaufenthalten mitbrachte. Im wunderschönen Garten gibt es eine Reihe von Repliken von Azteken-, Olmeken- und anderen Skulpturen – allen voran ein hochmütig dreinblickender Kopf von der Osterinsel.

Zwei Kilometer südlich von Puszczykówko liegt **Mosina**, eine kleine, langweilige Stadt, die jedoch der beste Ausgangspunkt für Wanderungen im Ostteil des Parks ist (siehe "Wanderungen im Park").

• *Übernachten/Essen* In **Mosina** gibt es ein vernünftiges **Hotel** mit Restaurant, das **Morena**, ul. Konopnickiej 1 (✆ 061/813 2746; H–G), westlich des Stadtzentrums an der Straße nach Stęszew. Das Hotel verfügt über Zimmer mit gemeinschaftlichen Sanitäreinrichtungen.

Auf der anderen Seite des Parks, 13 km westlich von Mosina, liegt das ebenfalls recht unscheinbare **Stęszew**, ein weiterer möglicher Stützpunkt, wenn man sich etwas länger in der Gegend aufhalten möchte. Hier befindet sich in der ul. Kościańska 89 das **Motel 2000** (✆ 061/813 4400; F), das zwar sauber und bequem ist, aber wenig Atmosphäre hat. Der **Campingplatz** (✆ 061/813 4061) liegt am Ufer des Lipno-Sees gleich im Nordosten an der ul. Chobrego 81. Es gibt einige **Cafés** am Rynek, ansonsten isst man am besten im **Restaurant** des **Motel 2000**.

Lesertipp von Jürgen Peter Esders aus Berlin: **Hotel Inter**, Dymaczewo (✆ 061/819 1172, Fax 819 1192). "Das ganz frisch renovierte Hotel liegt direkt am Dymaczewskie-See auf halber Strecke zwischen Mosina und Streszew. Es hat 1-, 2- bzw. 3-Bettzimmer mit Dusche/WC, Telefon, Sat-TV und Minibar. Im See vor dem Haus kann man baden, am Wochenende ist der Strand aber auch von Ausflüglern aus Posen besucht. Während der Woche hat man den See aber für sich. Übernachtung im Einzelzimmer 110 Zł."

Wanderungen im Park

Beim Erforschen des Parks bleibt man am besten auf einem der drei offiziellen **Wanderpfade**, die im Allgemeinen gut markiert und nicht übermäßig anstrengend sind. Um den Park in seiner vollen Größe zu durchstreifen, bräuchte man für jede Strecke mehrere Stunden, aber man kann problemlos von einem Weg auf den anderen überwechseln – vor allem, wenn man nur wenig Zeit hat.

Von **Mosina** aus kommt man schnell in die schönstes Teile des Parks. Man verlässt die Stadt in Richtung Stęszew, biegt beim Hotel Morena rechts ab und zweigt dann oben auf dem Hügel nach links ab (Wegmarkierungen weisen den richtigen Weg – rot für Radfahrer, blau für Wanderer) und gelangt zu einem Parkplatz mit Picknickplatz. Von hier hat man einen (ansonsten seltenen) Blick auf den Park. Der Pfad führt nun hinab zu dem kleinen, herzförmigen Kociółek-See, der mit Bäumen umstanden ist. Wenn Sie den Park bis Stęszew durchwandern wollen, folgen Sie am besten der blauen Markierung. Sie führt nördlich um den See und dann durch den Wald bis zum Südende des Góreckie-Sees weiter. Anschließend steigt der Pfad durch einen dichten Wald nach oben, bis er schließlich auf offenem Gelände zum Łódzkie-See gelangt. An seinem äußersten Zipfel – abseits des Pfades, aber noch an der Hauptstraße – liegt der Weiler **Łódź** mit einer Holzkirche aus dem 17. Jahrhundert. Anschließend führt die Strecke am Nordufer des Witobelskie-Sees nach Stęszew.

Der **rot markierte Pfad** führt am Südende des Kociółek-Sees vorbei, beschreibt dann eine Schleife den Berg hinauf und trifft auf den kleinen Skrzynka-See, bevor er den blau

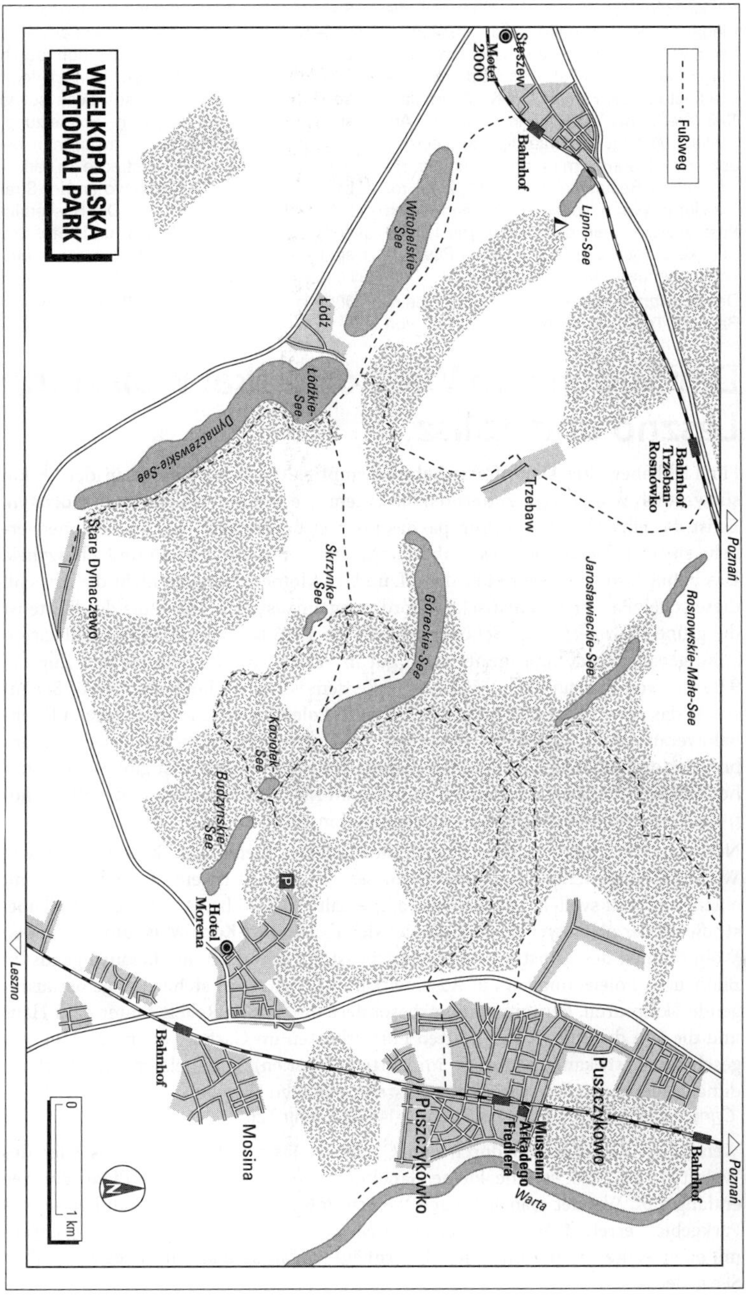
WIELKOPOLSKA NATIONAL PARK
Fußweg
Stęszew
Motel 2000
Bahnhof
Lipno-See
Witobelskie-See
Łódź
Łódźkie-See
Dymaczewskie-See
Stare Dymaczewo
Bahnhof Trzebaw-Rosnówko
Trzebaw
Poznań
Rosnowskie-Małe-See
Jarosławieckie-See
Skrzynka-See
Góreckie-See
Kociołek-See
Budzyńskie-See
P
Hotel Morena
Leszno
Bahnhof
Mosina
Puszczykowo
Museum Arkadego Fiedlera
Puszczykówko
Warta
Bahnhof
Poznań
0
1 km
N

markierten Weg kreuzt. Er stößt auf die Biegung des sichelförmigen Góreckie-Sees, von wo aus eine kleine Insel mit einer Burgruine zu sehen ist. Das ist die ehemalige Festung der Familie Działyński, im Jahr 1863 Treffpunkt polnischer Rebellen. Anschließend folgt der Pfad dem Seeufer bis **Jeziory**, wiederum mit einem Parkplatz sowie einem Restaurant und Café. Zwei rot markierte Wege verlaufen getrennt nach Puszczykówko, ein dritter folgt der langen Strecke in Richtung Norden nach Puszczykowo über den Jarosławieckie-See.

Der **schwarz markierte Pfad** beginnt beim Bahnhof **Trzebaw-Rosnówko** (nördlich von Stęszew, ebenfalls auf der Verbindung Poznań–Wolszty), dann geht es über Felder bis zum Weiler **Trzebaw** und von dort durch den Wald zum Łódzkie-See. Danach folgt der Pfad dem Ostufer dieses Sees sowie seiner bedeutend längeren Fortsetzung, dem Dymaczewskie-See – zusammen bilden sie die längste Wasserstrecke im Park –, bevor er in **Stare Dymaczewo** an der Straße Mosina–Stęszew endet. Die Busverbindungen zwischen Mosina und Stęszew sind so extrem schlecht, dass man vermutlich Zeit spart, wenn man zu Fuß auf einem anderen Weg durch den Park zurückläuft.

Der Süden von Wielkopolska: Wolsztyn, Leszno und Kalisz

Für Liebhaber alter **Dampfeisenbahnen** empfiehlt sich ein Besuch in der 75 km südwestlich von Poznań entfernten, an einem See gelegenen Kleinstadt **Wolsztyn**. Es ist das einzige Depot in Europa, das noch Dampflokomotiven im Personenverkehr einsetzt. Derzeit gibt es Verbindungen nach Poznań, Leszno und Zbaszynek. Das Bahnpersonal ist sehr stolz darauf, und im Moment hat man nicht die Absicht, diese scheinbar anachronistische Beförderung einzustellen. Der Stolz der Flotte ist die grüne *Piękna Helena* (Schöne Helena), die 1936 für die polnische Staatseisenbahn gebaut wurde und immer noch gut in Schuss ist. Oft zieht sie den Zug um 9.05 Uhr von Poznań nach Wolsztyn. Außerdem ist sie ein hochgeschätztes Schaustück, das regelmäßig durch Europa rollt und Polen bei vielen nostalgischen Eisenbahnveranstaltungen vertritt. Wolsztyn wird gern von deutschen Eisenbahnfans besucht, und zusätzlich zu dem fahrplanmäßigen täglichen Dienst gibt es am Bahnhof von Wolszty jeweils am ersten Samstag im Mai eine Parade der Dampflokomotiven. Dann sind Sonderzüge aus Poznań im Einsatz.

Nördlich von Bahnhof und Busbahnhof gelegen bietet das Stadtzentrum von Wolsztyn einige schöne Gebäude. Besonders interessant ist eine Barockkirche mit einem eindrucksvollen, mit Fresken ausgemalten Gewölbe. Am Ende der Hauptstraße, in der ul. 5 Stycznia 34, befindet sich das **Robert-Koch-Museum**, das in den Wohnräumen des Künstlers untergebracht ist. Er gehört zu den herausragendsten Bildhauern Polens und kam in Auschwitz ums Leben. Dort stehen einige herausragende Skulpturen, berühmt sind insbesondere die großen Reliefs hinter dem Haus und die von der Klassik inspirierten Porträtbüsten im Garten (wenn das Museum geschlossen ist, kann man diese im Garten erspähen). Die meisten sind Nachbildungen seiner von den Nationalsozialisten zerstörten Werke.

Öffnungszeiten Di–Fr 9–16 Uhr, Sa/So 10–14 Uhr. Eintritt 2 Zł.

Wenn man das Museum durch den Garten verlässt, gelangt man ans Ufer des Wolsztyn-Sees, wo es eine kleine Sandbucht und abgeschiedene Pfade am See entlang gibt. Wendet man sich nach Westen und folgt dem Pfad durch bewaldetes Parkgebiet, erreicht man nach etwa 15 Minuten das **Freilichtmuseum** (skansen) mit einer Reihe von traditionellen Bauernhäusern. Sie sind alle mit Reet vom nahen See gedeckt.

• *Verbindungen/Übernachten/Essen* **Bahnhof** und **Busbahnhof** liegen im Süden des Stadtzentrums. Die preiswerteste Unterkunft ist das **OSiR-Sporthotel** (✆ 068/384 3663; G) gegenüber dem Freilichtmuseum, ein zweckmäßiges Gebäude mit einfachen Zimmern mit Waschbecken (I) sowie einigen Zimmern mit Bad (H). Etwas teurer ist das **Kaukaska** in der ul. Poniatskowskiego 19 (✆ 068/ 347 2852; F). Es bietet schöne moderne Zimmer mit Bad und TV. Neben dem Hotel OsiR gibt es einen **Campingplatz**.

In den Freiluft-**Cafés** am Strand hat man im Sommer die Möglichkeit, eine Kleinigkeit zu essen oder etwas zu trinken. Ansonsten empfiehlt sich das **Restaurant** des Kaukaska.

Leszno/Lissa

Das Städtchen Leszno, etwa 40 km südöstlich von Wolsztyn, liegt auf der Straßen- und Zugverbindung Poznań–Wrocław und wird von dem Zug mit Dampflokomotive angefahren. Heute ist es ein verschlafener Marktort, fast nichts deutet mehr auf die schillernde Rolle hin, die der Ort in der polnischen Vergangenheit einmal gespielt hat.

Seine gesamte frühe Geschichte ist eng mit einer der bemerkenswertesten Dynastien des Landes verknüpft, nämlich der der Familie Leszczyński, die Leszno im späten 14. Jahrhundert gründete. Der letzte männliche Nachkomme dieser Linie, *Stanisław Leszczyński*, setzte den verhassten *August den Starken* aus Sachsen ab und wurde 1704 an dessen Stelle König von Polen. Allerdings stürzte ihn schon sechs Jahre später der gleiche Rivale. 1733 bestieg er noch einmal für kurze Zeit den Thron. Im französischen Exil hatte er sehr viel mehr Glück, denn er verheiratete seine Tochter mit *Ludwig XV.* und wurde selbst Herzog von Lothringen. Während dieser Zeit erwarb er sich als großer Mäzen einen Ruf.

Anfahrt/Verbindungen/Information

Bahnhof und **Busbahnhof** liegen westlich der ul. Słowiańska, der Hauptstraße, die nach Norden zum Rynek führt. Wenn Sie Lesznos Zentrum durchforstet haben, machen sie sich besser wieder davon – auch wenn Ihnen das **Fremdenverkehrsamt**, ul. Słowiańska 24 (Mo–Fr 9–17 Uhr, Sa 9–15 Uhr; ✆ 065/529 8191), Ihnen gerne eine der begrenzten Unterkünfte zuweist. Informationen erhalten Sie auch über www.leszno.pl.

Übernachten/Essen

• *Übernachten* Das **Hotel Centralny**, ul. Słowiańska 30 (✆ 065/520 2217; E), liegt sehr günstig, hat einfache Zimmer mit Bad, ist aber etwas zu teuer. Noch teurer ist das **Akwawit**, ul. św Jozefa 5 (✆ 065/529 3781, www.akwavit.com.pl; B), am Ende der Überführung. Man kann es von Bahnhof und Busbahnhof aus auf der Westseite der Stadt erkennen. Es strahlt elegante Modernität aus und besitzt gleich nebenan ein Abenteuer-Schwimmbad.

• *Essen* Das Restaurant **Vienawa** nördlich vom Rynek bietet hübsch angerichtete polnische Mahlzeiten zu vernünftigen Preisen. Dazu gehört ein gemütlicher Pub.

Sehenswertes

Der kopfsteingepflasterte hübsche Rynek ist von Gebäuden umgeben, bei denen der klassizistische Baustil vorherrscht. Hin und wieder sind auch Barockfassaden zu erkennen, die die Schwedischen Kriege überlebt haben, die Leszno arg zusetzten. Wie wirkungsvoll die Verwendung von Farben in der Architektur sein kann (der prominenteste Vertreter war der Italiener *Pompeo Ferrari*), zeigt sich beispielhaft am **Rathaus**, das kürzlich in roten und lachsfarbenen Tönen restauriert wurde.

Großpolen und Pommern
Karte S. 680/681

Südlich des Rynek erhebt sich mit den Zwillingstürmen die große Kirche **St. Nikolaus** (św. Mikołaja) mit ihrer eher nüchternen Fassade. Ihr Inneres wartet dagegen mit einigen guten Beispielen von Rokokodekor auf, der dem blumigen Stil des Spätbarock den Todesstoß versetzte. Auf beiden Seiten des Altars stehen riesige, scheinbar unbemalte Monumente für die Familie Leszczyński. Einen faszinierenden Kontrast zu dieser reichen Fülle bieten die klaren, nüchternen Linien der **Heilig-Kreuz-Kirche** (św. Krzyżia), nur wenige Minuten zu Fuß in südwestlicher Richtung auf dem pl. Metziga. Die Kirche ist umgeben von dekorativen Überresten langsam verfallender Bildnisse, die in die Außenwände eingelassen sind. Eine Sammlung kleiner Obelisken aus dem späten 18. Jahrhundert erinnert ebenfalls an die verstorbenen Mitglieder der berühmten Leesznoer Familien. Im Vestibül hält ein lebensgroßer Engel eine riesige Muschel in der Hand, ein ungewöhnliches Gefäß für Weihwasser. Auf dem pl. Metziga, überschattet von einer riesigen Eiche, ist auch das regionale **Museum** (Muzeum Okręgowe) mit einer bunten Sammlung lokaler Exponate, unter anderem einige Särge mit gemeißelten Reliefs der Verstorbenen und einem Raum, der *Comenius*, einem der Böhmischen Brüder gewidmet ist (siehe Kasten).

Öffnungszeiten: Di 12–17 Uhr, Mi–Fr 9–14 Uhr, Sa/So 10–14 Uhr.

Die Böhmischen Brüder

Genau wie zahlreiche andere polnische Adlige schloss sich auch die Familie Leszczyński begeistert der Reformation an, obwohl später Stanisław genau wie August der Starke zum katholischen Glauben übertreten musste, damit er seinen Anspruch auf die Krone geltend machen konnte. In der ersten Hälfte des 17. Jahrhunderts nahm Leszno die Böhmischen Brüder auf, eine tschechische Reformbewegung, die wegen der Verfolgung im Dreißigjährigen Krieg aus ihrer Heimat hatte fliehen müssen. Die von ihnen in Leszno gegründete Akademie entwickelte sich dank des glänzenden Jan Amos Komeński, der unter dem Namen *Comenius* bekannter ist, zu einem der großen Zentren der Wissenschaft. Er verfasste das erste illustrierte Textbuch und wurde von England, Schweden, Ungarn und Holland eingeladen, dort seine erziehungswissenschaftlichen Theorien in die Praxis umzusetzen. Sogar von dem Protestantenhasser Kardinal Richelieu wurde er nach Frankreich eingeladen, und die Harvard Universität bot ihm das Amt des Rektors an. Zwar mussten Comenius und seine Kollegen wegen der Schwedischen Kriege um 1650 Leszno verlassen. Doch die Stadt blieb noch bis ins letzte Jahrhundert hinein ein bedeutendes pädagogisches Zentrum. Die Böhmischen Brüder bildeten später die Mährische Kirche, die auch heute – besonders in den USA – einen Einfluss ausübt, den ihre Größe gar nicht vermuten lässt.

Einige Straßen weiter in östlicher Richtung gleich hinter der ul. Bolesława Chrobrego steht die **Johanneskirche** aus Backstein. Ästhetisch macht sie nicht so viel her, sie ist vor allem sehenswert, weil hier die Böhmischen Brüder ihre Gottesdienste abhielten.

Kalisz

Am äußersten südöstlichen Zipfel von Wielkopolska, auf halber Strecke zwischen Poznań und Łódź, liegt die Industriestadt Kalisz. Sie gilt fast unbestritten als Polens älteste durch Aufzeichnungen belegte Stadt, denn schon im 1. Jh. wird sie von Gaius Plinius als Calisia erwähnt, und bereits im 2. Jahrhundert wird sie als Handelsort an der "Bernsteinstraße" zwischen Ostsee und Adria beschrieben.

Obwohl sie seit dieser frühen Zeit ständig bewohnt war, hat sie sich nie zu einer wirklichen Metropole entwickelt. Kalisz ist um einen attraktiven Rynek gebaut und besitzt viele hübsche Gassen mit Kopfsteinpflaster. Die Stadt eignet sich für einen kurzen Halt, wenn man sowieso durchfährt oder auf dem Weg zum **Schloss Gołuchów** ist.

Vom Bahnhof und Busbahnhof nimmt man am besten einen Bus ins 3 km entfernte Zentrum (siehe "Anfahrt"). Wenn man die ul. Górnośląska und die ul. Śródmiejska entlangfährt, passiert man zwei neumodische Kirchen, die eindeutig dem Zeitalter der Raumfahrt-Technik entstammen. Beide ragen auf den parallel verlaufenden Alleen in den Himmel – zeitgenössische Symbole für die Schlüsselrolle der katholischen Kirche im modernen Polen. Vor der Brücke in die Altstadt, links in der ul. Kościuszki Nr. 12, befindet sich das **Museum** von Kalisz. Es zeigt römische und neolithische Artefakte, die hier in der Gegend ausgegraben wurden und die man sonst nur selten in Polen findet.

Öffnungszeiten Di, Do, Sa/So 10–14.30 Uhr, Mi und Fr 12–18 Uhr.

Im Mittelpunkt von Kaliszs hübschem, aber wenig eindrucksvollen Rynek steht das große klassizistische **Rathaus**. An der ul. Kanonicka am nordwestlichen Ende des Platzes befindet sich die **Kirche St. Nikolaus** (św. Mikołaja) im Stil der Backsteingotik, die einen gründlichen neogotischen Umbau erlebte, allerdings nicht nur zu ihrem Nachteil. Im Inneren ist das Altarbild *Die Kreuzabnahme*, das aus der Werkstatt von Rubens in Antwerpen stammt, das Glanzstück. An der südöstlichen Ecke des Rynek liegt die **Franziskanerkirche**, ein älteres und einfacheres Beispiel für die Backsteingotik, die jedoch über eine üppige barocke Innendekoration verfügt. Leider ist sie meistens geschlossen.

Von hier ist es nicht mehr weit zur ul. Kolegialna, die die Altstadt im Osten begrenzt. Sie wird von der langen Fassade des **Jesuitenkollegiums** beherrscht, einem strengen klassizistischen Bau mit einem fein gemeißelten Renaissanceportal. Zu besichtigen ist lediglich die Kirche. Sie ist im gleichen schlichten Barockstil wie die wichtigste Kirche der Jesuiten, die Jesuskirche in Rom, erbaut. Gleich hinter dem Kollegium befindet sich neben dem erhaltenen Teil der Stadtbefestigungen die **Stiftskirche** mit einem einzigen Turm. Sie ist ein abenteuerlicheres Exemplar im Spätbarock aus dem 18. Jahrhundert, auch Stilelemente der gotischen Vorgängerin sind noch zu erkennen.

Im Inneren wimmelt es nur so von Kunstwerken, unter denen ein schlesisches Polyptychon von etwa 1500 das bemerkenswerteste ist. Aber leider ist meistens nur die Vorhalle geöffnet.

Nach einem 10-minütigen Spaziergang über den Fluss Prozna, südwestlich vom Zentrum, gelangt man zum **Muzeum Ziemi Kaliskiej** (Museum der Region Kalisz),

Karte S. 680/681

ul. Kościuszki 12, wo vor Ort ausgegrabene römische und neolithische Artefakte ausgestellt sind, die man sonst kaum in Polen findet.

• *Öffnungszeiten* **Muzeum Ziemi Kaliskiej**, Di, Do, Sa u. So 10–14.30 Uhr, Mi u. Fr 12–17 Uhr. Eintritt 3 Zł.

• *Information* Eine hilfreiche **Touristeninformation** befindet sich in der ul. Gabarska 2 (Mo–Fr 10–17 Uhr, Sa 10–14 Uhr; ✆ 062/757 3267).

• *Anfahrt/Verbindungen* **Bahnhof** und **Busbahnhof** befinden sich etwa 3 km von Zentrum entfernt am südwestlichen Ende der Stadt. Ins Zentrum gelangt man mit den Bussen Nr. 2, 11, 12, 15, 18 und 19 von der Haltestelle außerhalb des Busbahnhofs. Alle fahren bis zum pl. św. Jozefa, östlich des großen Rynek.

• *Übernachten* Man kann zwischen mehreren Hotels wählen. Das **U Bogdana**, ul. Legionów 15–17 (✆ 062/753 0823; H), hat einfache Zimmer mit Gemeinschaftsbädern in einem Wohnblock etwa 100 m nördlich von Bahnhof und Busbahnhof. Etwas exklusiver ist das **Calisa**, 500 m südwestlich des Rynek in der ul. Nowy Świat 1–3 (✆ 062/767 9100; D). Es bietet schöne Zimmer mit Bad und TV sowie hohe Wochenendermäßigungen. Das von Orbis betriebene **Prosna**, ul. Górnośląska 53/55 (✆ 062/768 9100, prosna@orbis.pl; D), bietet zufrieden stellenden Standard-Komfort für Geschäftsreisende.

• *Essen/Trinken* Rund um den Rynek gibt es genug Möglichkeiten, etwas zu trinken und zu essen. **Kawarnia Italia**, im Osten des Platzes, bietet die besten Kuchen und Eiscremes. **Nem Nan Khong** in der Piskorzewska, westlich vom Rynek, serviert preiswerte, gut schmeckende thailändische Imbisse. Das **Piwnica Ratuszowa**, Rynek 20, in Bahnhofsnähe, bietet deftige polnische Küche.

Gołuchów

Gołuchów liegt 20 km von Kalisz an der Hauptstraße nach Poznań und besitzt daher beste Busverbindungen. Der Ort selbst, ist recht unscheinbar, aber sein Schloss ist einer der sehenswertesten Bauten in der ganzen Region um Kalisz.

Anfangs war es eine kleine Burg, die sich *Rafał Leszczyński*, ein Spross der gleichnamigen Familie aus Leszno, im Jahr 1560 zu seinem Schutz erbauen ließ. Schon zu Beginn des folgenden Jahrhunderts erfolgte der völlige Umbau unter seinem Sohn Wacław, damit diese Schlossresidenz eines Mannes würdig werde, der zum königlichen Kanzler aufgestiegen war. Während der folgenden Jahrhunderte verfiel der Bau. 1853 wurde das Schloss von *Tytus Działyński*, dem Besitzer von Kórnik, als Geschenk für seinen Sohn Jan gekauft. Er war mit Izabella verheiratet, der Tochter *Adam Czartoryskis*. Während Izabellas Gatte wegen seiner Beteiligung am Aufstand im Jahr 1863 im Exil schmorte, war sie damit beschäftigt, das Schloss wieder in seiner vollen Pracht herzustellen. Hier eröffnete sie schließlich eines der ersten Museen Polens. Statt zur italienischen Form des Originals zurückzukehren, entschloss sie sich für einen französischen Stil. Mit seinen steilen Dächern, vorspringenden Schornsteinen, spitzen Türmen und dem anmutigen, von Laubengängen gesäumten Hof sieht das Schloss aus, als sei es direkt aus dem Loire-Tal hierher versetzt worden.

Die kleinen Abteilungen sind voller Gemälde und Kunstgegenstände. Höhepunkt der Ausstellung sind einige herrliche antike Vasen – Teile einer Sammlung, die heute das Warschauer Nationalmuseum besitzt. Nach dem Rundgang mit Führer kann man die beiden Räume unter der Treppe besichtigen, in der wechselnde Ausstellungen von Graphiken aus der Schlosssammlung ausgestellt werden.

Öffnungszeiten **Rundgänge** durch die Abteilungen finden statt Di–So 10–16 Uhr, letzter Einlass um 15.15 –Uhr. Eintritt 5 Zł.

Das Schloss von Gołuchów – ein Muss für kunstbegeisterte Besucher

In dem um den Palast herum angelegten Park gibt es ein **Café** und ein eher uninteressantes **Forstmuseum**. Ganz in der Nähe befindet sich Izabellas Grabkapelle im neubarocken Stil. Am Rand des Parks wird eine Wisent-Farm geführt.

• *Öffnungszeiten* **Forstmuseum** – Di–So 10–15 Uhr. Eintritt 2,50 Zł.

• *Übernachten/Essen* Wer hier übernachten möchte, kann dies im Hotel **Dom Pracy Twórcej**, ul. Borowskiego 2 (✆ 062/ 761 7111; G). Es bietet einfache, aber ausreichende Zimmer mit Bad. Außerdem gibt es einen von der Hauptstraße aus gut ausgeschilderten **Campingplatz** (✆ 062/ 761 8281). Es ist nur ein einziges Restaurant im Dorf vorhanden, das jedoch zufrieden stellende Mahlzeiten serviert.

Gniezno/Gnesen

Obwohl sich Poznań, Kruszwica und Lednica darum streiten, gilt Gniezno, 50 km östlich von Poznań, gemeinhin als die erste Hauptstadt Polens. Ein Titel, der auf einem Gespinst von Sagen und niedergeschriebenen Fakten aus den ersten Jahren der Nation beruht.

Heute herrscht in Polens Kirchenhauptstadt die gemächliche Atmosphäre einer charmanten Kleinstadt, doch gleichzeitig bietet sie so viele historische Sehenswürdigkeiten, dass sich ein mehrtägiger Aufenthalt auf jeden Fall lohnt. Gniezno ist außerdem ein guter Ausgangspunkt, um die sogenannte **Piastenroute** (Szlak Piastowski) zu besuchen, eine Touristenstraße zwischen Poznań und Inowrocław, die mit zahlreichen Erinnerungen an die Piastendynastie aufwarten kann. Hauptattraktion ist dabei die mittelalterliche archäologische Stätte am **Lednica-See** (hier gibt es auch ein ethnographisches Museum), die man mit dem Bus in wenigen Minuten von der Stadt aus erreichen kann.

Großpolen und Pommern
Karte S. 680/681

Geschichte

Lech, der sagenhafte Gründer Polens, fand in Gniezno angeblich das Nest (gniazdo) eines weißen Adlers. An dieser Stelle gründete er eine Stadt und erhob den Adler zum Wahrzeichen seines Volkes – eine Rolle, die er bis heute innehat.

Historische Tatsache ist, dass *Mieszko I.* im späten 10. Jahrhundert hier einen Hof unterhielt und sich im Jahr 1000 einige für die Landesgeschichte wesentliche Ereignisse abspielten. Katalysator all dessen war ironischerweise ein Tscheche, **św. Wojciech,** (der *hl. Adalbert*), der erste Bischof von Prag. Unfähig, den politischen Anforderungen seines Amtes gerecht zu werden, zog er sich in ein Kloster zurück. Später wandte er sich unter dem Druck von Rom der Missionsarbeit zu. Im Jahr 997 brach er von Gniezno auf, um die Pruzzen zu bekehren, den wilden Volksstamm an der Ostsee an Polens Ostgrenze, was ihm schnell den Märtyrertod bescherte. Um den Leichnam zurückzuerhalten, musste der Sohn von Mieszko I., *Bolesław I. der Tapfere,* Wojciechs Gewicht in Gold aufwiegen – eine sehr kluge Investition, wie sich schon kurz danach erwies. Auf Veranlassung des Papstes kam Kaiser Otto III. zu einer Wallfahrt nach Gniezno. Er brachte Reliquien mit, die die Heiligkeit der Stätte steigern sollten. Nachdem er mit großem Pomp begrüßt worden war, setzte er Bolesław seine eigene Krone auf. Damit bestätigte er Polen als unabhängiges Königreich, das souverän neben dem Heiligen Römischen Reich stand. Außerdem wurde Gniezno der Sitz des ersten Erzbischofs von Polen. Wojciechs Bruder Radim wurde dieses Amt als Erstem übertragen.

Schon bald erfolgte Gnieznos Ablösung als Hauptstadt durch die Stadt Krakau. Obwohl Gniezno im Mittelalter ein gewisses Wachstum erlebte und die Stadt stets der offizielle **Sitz des Primas von Polen** war, ist sie nie sehr groß geworden. Zur Zeit der Wahlkönige hatte der Inhaber dieses Amtes während jedes Interregnums die Stellung eines Staatsoberhauptes inne.

Auch heute noch ist der Primas von Polen einer der angesehensten Amtsträger. Das Erzbistum Gniezno wurde allerdings mit dem Bistum Warschau zusammengelegt, und seitdem hielt sich der Primas überwiegend in Warschau auf. Wegen der Spannungen, die dadurch entstanden, verlor Gniezno 1992 seine historische Rolle als Sitz des Primas. Stattdessen wurde dort ein hauptamtlicher Bischof eingesetzt. Doch nach dem Ende der Amtszeit des heutigen Primas Kardinal Glemp wird die Stadt offiziell und endgültig wieder zum Sitz des neuen Primas werden.

- *Verbindungen* **Bahnhof** und **Busbahnhof** liegen nebeneinander ungefähr 500 m südlich des Zentrums. Man läuft die ul. Lecha entlang bis zur ul. Bolesława Chrobrego und gelangt zum Rynek.
- *Übernachten:* Das preiswerteste Hotel ist das **Orzeł** gleich neben einer Motorradrennstrecke, ul. Wrzesinska 25 (✆ 061/426 4925; H–G). Es bietet einfache, aber günstige Zimmer in einem ungepflegten Teil der Stadt, etwa 20 Min. zu Fuß vom Zentrum. Etwas teurer, aber auch besser ist das freundliche und charmante **Pietrak** mitten in der Fußgängerzone, ul. Chrobrego 3 (✆061/426 1497; E). Es hat komfortable Zimmer mit Bad, Sat-TV und Minibar sowie ein großes Frühstücksbuffet. Falls das Pietrak ausgebucht ist, versuchen Sie das **Hotel Lech**, das nordöstlich des Zentrums in der ul. Jolenty 5 (✆ 061/426 2385, 📠 426 1294; E) gelegen ist und zu Fuß in 15 Minuten erreicht werden kann. Es ist ein nichts sagender Bau der 1970er Jahre mit schlichten Zimmern mit Bad. Gäste können das nahe Schwimmbad und das Fitnesscenter benutzen. Schicker ist das **Gewert**, ein Stück weiter in derselben Richtung, ul. Paczkowskiego 2 (✆ 061/428 2375; E). Es ist mit den Bussen Nr. 9 und 17 von Dworcowa nach Budowlanych zu erreichen und bietet schöne, helle Zimmer mit Bad und TV. Allerdings befindet es sich in einer Gegend mit heruntergekommenen Hochhäusern.

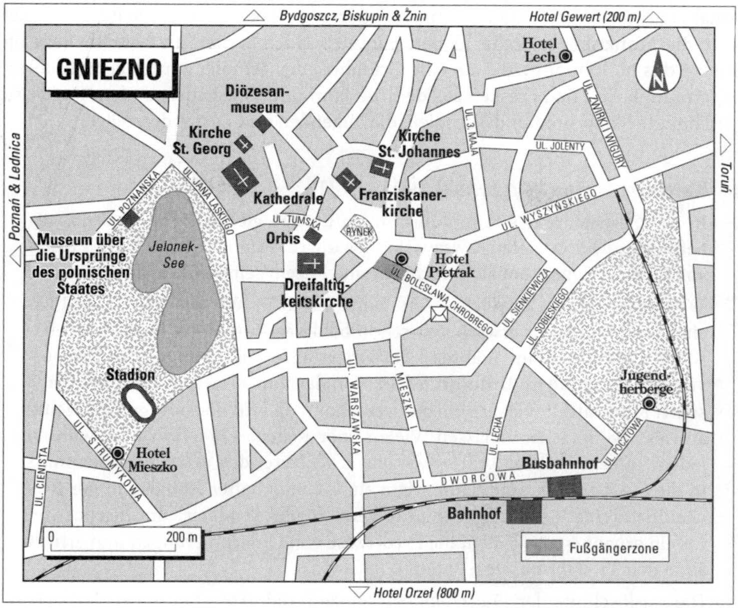

Schließlich gibt es noch die **Jugendherberge** in der Nähe der Bahnhöfe, ul. Pocztowa 11 (im Obergeschoss; ✆ 061/426 2780), sie ist ein durch und durch gastfreundlicher Platz.

• *Essen/Trinken* Es gibt eine ganze Reihe netter Restaurants mit Außenterrassen im Stadtzentrum in der Fußgängerzone der ul. Bolesława Chrobrego. Zum **Pietrak**-Hotel gehören eine preiswerte, schnelle und freundliche Grillbar im Erdgeschoss und ein förmliches Restaurant mit internationaler Speisekarte im Keller. Die **Pizzeria Verona**, Chrobrego 1 ist zuverlässig und preiswert und eignet sich für eine schnelle Mahlzeit. Das **Złoty Smok**, nur wenig Schritte vom Rynek entfernt, bietet gute chinesische Küche zu günstigen Preisen in einfacher Umgebung.

Wer etwas trinken möchte, hat im Sommer am Rynek mehrere Bars im Freien zur Auswahl. Von den Bars im Zentrum ist **Pub**, gegenüber vom Hotel Pietrak, die komfortabelste. **Music Pub Wieża**, ul. Żwirki i Wigury 29, in einem alten Wasserturm jenseits des Hotels Lech, verfügt über eine Außenterrasse und bietet gelegentlich Livemusik. Poster in der Stadt weisen darauf hin – es lohnt sich!

Wenn Sie Ihren E-Mail-Eingang prüfen wollen, können Sie dies im **Internet Pub** auf der Podgórna tun.

Sehenswertes

Auf den ersten Blick wird deutlich, wie nahe in Gniezno alles zusammen liegt. Vom Eisenbahn- bzw. Busbahnhof sind es nur wenige Minuten zu Fuß die ul. Lecha geradeaus entlang bis zur ul. Bolesława Chrobrego. Sie ist das ruhigere Ende der Hauptdurchgangsstraße, an der einige restaurierte pastellfarbene Gebäude stehen. Nach 10 Minuten gelangt man in die Fußgängerzone dieser Straße, die in den ruhigen, kopfsteingepflasterten Rynek übergeht.

Drei gotische Kirchen laden zu einer lohnenswerten Besichtigung ein. Direkt hinter der Südseite des Rynek erhebt sich die **Dreifaltigkeitskirche** (św. Trójcy), die nach einem Feuer z. T. im Barockstil wieder aufgebaut wurde; daneben stehen die einzigen erhaltenen Reste der Stadtmauern. Auf der gegenüberliegenden Seite des Rynek ragt die **Franziskanerkirche** in den Himmel. Noch weiter im Norden liegt die **Kirche des hl. Johannes**, die auf eine Gründung der Templer zurück geht. In ihrem Altarraum haben sich Fresken aus dem 14. Jahrhundert erhalten, zudem besitzt sie geschnitzte Skulpturen und Konsolen, die Tugenden und Laster darstellen.

Kardinal Stefan Wyszyński 1901–1981

In der Geschichte des Kommunismus in Europa gibt es keine zweite Laufbahn wie die von Stefan Wyszyński, der die traditionelle Macht des Primas von Polen einsetzte, um als Sprachrohr und Regent seines Volkes aufzutreten.

Wyszyńskis erstes geistliches Amt befand sich in Włocławek, wo er 1924 eingesetzt wurde. Er erwarb sich schon bald den Ruf, in der Sozialarbeit besonders aktiv zu sein. Während der Kriegsjahre schloss er sich der **Widerstandsbewegung im Untergrund** an. Von der Einweisung in eines der deutschen Konzentrationslager blieb er verschont, da sein Bischof ihn rechtzeitig anwies, die Stadt zu verlassen. Viele seiner Kollegen in Włocławek wurden jedoch interniert. 1945 kehrte Wyszyński als Leiter des Włocławek Seminars in die Stadt zurück, und dann folgte ein kometenhafter Aufstieg in der Kirchenhierarchie. Bereits im darauf folgenden Jahr wurde er zum Bischof von Lublin ernannt, er wurde in die Erzdiözese von Gniezno erhoben und erhielt 1948 den Titel **Primas von Polen.**

Die Auslöschung der jüdischen, orthodoxen und protestantischen Minderheiten in Polen als Folge des Krieges und seiner Folgen bedeutete, dass die Bevölkerung zu **fast 98 Prozent aus bekennenden Katholiken bestand** und nicht wie vor dem Krieg 75 Prozent. Gleichzeitig wurde die institutionelle Religion vom kommunistischen Atheismus bedroht. Das Dekret des Vatikans von 1949, das besagte, allen kommunistischen Funktionären und Sympathisanten sollten die Sakramente verweigert werden, spitzte die Lage noch zu. Dies führte insbesondere in Polen, wo die neue Verwaltung in ländlichen Regionen auf praktizierende Katholiken angewiesen war, zu Spannungen. Wyszyński erzielte im darauf folgenden Jahr ein **Kompromissabkommen** mit der Regierung, wonach kirchliche und staatliche Angelegenheiten klar getrennt bleiben sollten.

Doch die vorteilhafte Beziehung zwischen Kirche und Staat hielt nicht lange an: Eine Welle **stalinistischer Repressionen** in den Jahren 1952–53 führte zur Abschaffung des Religionsunterrichts in Schulen. Dies war ein Angriff auf die meisten der karitativen Dienste und hatte die Schikanierung und Verhaftung von tausenden von Priestern zur Folge. Die Auseinandersetzungen erreichten Ihren Höhepunkt, als der Bischof von Kielce auf Grund von Spionage zu 12 Jahren Haft verurteilt wurde. Wyszyński protestierte, wurde ebenfalls **verhaftet** und in das Kloster Komańcza in den entlegenen Bergen der Beskiden verbannt. Die Festnahme eines Mannes, der weithin als Heiliger betrachtete wurde, führte dazu, dass der Großteil des Volkes sich immer weiter von dem Regime entfernte. Wyszyński wurde zum symbolischen Führer der Aufstände, die sich im Jahr 1956 zur Krise ausweiteten.

Noch vor Ablauf des Jahres wurde Wyszyński im Rahmen einer Amnestie entlassen – die auch Gomułka wieder ins Amt einsetzte. Dadurch entging

Polen einer sowjetischen Invasion, die sich sicher nicht hätte vermeiden lassen, wenn ein politischer Zusammenbruch erfolgt wäre. Die Kommunisten sahen sich schließlich gezwungen, den **besonderen Status** der katholischen Kirche in der polnischen Gesellschaft anzuerkennen. Auch später waren sie nie in der Lage, diese Bedeutung zu unterdrücken. Im Jahr 1957 erhielt Wyszyński die Erlaubnis, nach Rom zu reisen, um den Kardinalshut in Empfang zu nehmen, der ihm fünf Jahre zuvor verliehen worden war. Unter seiner Führung – die aus theologischer Sicht extrem konservativ war – erhielt Polen das Ansehen als **die inbrünstigste katholische Nation der Welt**, und die Wallfahrt nach Jasna Góra (siehe Częstochowa) wurde zum Hauptmerkmal des Nationalbewusstseins. Wyszyńskis Predigten, die von vielen Kanzeln im Land gehalten wurden, wurden immer furchtloser und waren für offene Bemerkungen, wie z. B. seinen gefeierten Ausspruch "Polnische Bürger sind Sklaven in ihrem eigenen Land", bekannt.

Wyszyński erlebte den Verfall des kommunistischen Regimes, gegen das er so unerbittlich gekämpft hatte, zwar nicht mehr. Seine letzten Lebensjahre waren jedoch von Erfolg gekennzeichnet. Seine Mühen, durch die er den Status Polens innerhalb der katholischen Glaubensgemeinschaft begründet hatte, wurden im Jahr 1978 belohnt: Seine rechte Hand, Karol Wojtyła – den die Kommunisten einst als formbareren zukünftigen Primas bevorzugt hätten – übersprang die Hierarchie, um erster polnischer Papst zu werden. Schließlich war die Regierung gezwungen, sich Wyszyński zu beugen, der zur Zeit der Krise des Kommunismus als Machtfigur und Vermittler im Herzen der Solidarność-Bewegung stand. Als Wyszyński starb, erhielt er ein **Staatsbegräbnis**, das im Nachkriegseuropa dem der siegreichen Kriegshelden Churchill und de Gaulle gleichkam. Das ganze Land stand still, als ihm sogar seine kommunistischen Gegner den letzten Respekt bezeugten.

Die Kathedrale

Nordwestlich des Rynek, an der ul. Tumska, liegt das Bischofsviertel von Gniezno. Es wird passenderweise von der Kathedrale überragt, in deren Vorhof ein Standbild von Bolesław dem Tapferen steht. Sie erinnert stark an die Poznańer Kathedrale, denn ihre strenge Backsteingotik stammt aus dem 14. Jh. Sie wurde später im Barock durch einen Ring von Steinkapellen und zwei zusätzlichen Kirchtürmen an der Fassade aufgelockert. Wenn man die Kathedrale durch das Westportal betritt und dem Gang gegen den Uhrzeigersinn folgt, kommt man an einer Reihe reich verzierter Kapellen vorbei, in denen viele von Polens Kirchenführern bestattet sind. Die meisten Kapellen sind allerdings nur durch verschlossene Gitter zu sehen. Hinter dem Hochaltar befindet sich der silberne Schrein des św. Wojciech (St. Adalbert) mit einem Bild des Märtyrers, wie er sich auf seinen Sarkophag zurücklehnt. Der Schrein stammt aus der Werkstatt des Gdańsker Künstlers Peter van Rennen. Er ist von Figuren umgeben, die die unterschiedlichen Gesellschaftsstände darstellen, und weist außerdem Darstellungen der wichtigsten Ereignisse im Leben des św. Wojciech auf. Der Schrein ist von einem riesigen und erst kürzlich neu vergoldeten Rahmen umgeben, der auf beiden Seiten von Torbögen aus schwarzem und weißem Marmor flankiert wird.

Karte S. 680/681

Ansonsten sind in der Kathedrale weitere Monumente von berühmten religiösen und anderen Persönlichkeiten zu sehen. Ins Auge fällt vor allem das für den Primas von Polen **Stefan Wyszyński** errichtete Monument im Nordflügel (siehe Kasten S. 714).

Gleich hinter dem Grab des Primas befindet sich eine weitere Tür. Sie führt in die **Schatzkammer** (skarby), in der einige der ältesten Handschriften Polens aufbewahrt werden. Die schönste ist der *Goldene Kodex* aus dem 11. Jahrhundert. Er wurde für Gniezno in Reichenau am Bodensee gefertigt, das damals das innovativste Zentrum für Buchillustrationen in Europa war. Ein weit einfacheres Exemplar des Evangeliums, das etwa zwei Jahrhunderte jünger ist, weist Anmerkungen irischer Missionare auf. Dies gab Anlass zu der Theorie, dass es irische Missionare gewesen sein sollen, die die polnischen Stämme bekehrten. Der Raum ist zwar für die Öffentlichkeit nicht zugänglich, manchmal werden jedoch einige angeleuchtete Manuskripte am Informationskiosk auf der gegenüberliegenden Seite des Kirchenschiffs ausgestellt.

Öffnungszeiten **Schatzkammer** – Di–So 9–16 Uhr. Eintritt 10 Zł.

In der Nähe befindet sich der Eingang zur kürzlich restaurierten **Krypta**, der letzten Ruhestätte der ehemaligen Primasse. Sie weist einige romanische Fundamente auf und Stilelemente, die noch älter sind. Weitere wertvolle Schätze werden im **Diözesanmuseum** nördlich der Kathedrale in der ul. Kolegiaty 2 aufbewahrt. Das herausragendste Exponat ist hier ein Kelch, der dem św. Wojciech gehört haben soll.

Öffnungszeiten **Diözesanmuseum** – tägl. 10–16 Uhr. Eintritt 5 Zł.

Besonders hervorstechend in der Kathedrale sind die zwei prachtvollen **Bronzetüren** am Eingang zum Südschiff. Leider werden sie meist unter Verschluss aufbewahrt. Im *Museum über die Ursprünge des polnischen Staates* (siehe unten) sind jedoch Nachbildungen ausgestellt.

Die Türen wurden etwa 1175 in der Kirche aufgehängt und haben sicher auch den Künstler van Rennen beeinflusst. Sie gehören zu den schönsten Werken der dekorativen romanischen Kunst und sind in Polen in ihrer Art einmalig. Auf achtzehn Feldern ist Wojciechs Leben von der Wiege bis über das Grab hinaus dargestellt. Die Szenen beginnen bei der rechten Tür aufwärts und gehen dann auf der linken Tür abwärts, das Ganze wird von einem schmückenden Rahmen umgeben. Abgesehen vom künstlerischen Wert sind die Türen auch als dokumentarischer Beleg bemerkenswert: Sogar die Gesichter der "räuberischen" Pruzzen beruhen auf exakter Beobachtung. Bis für die Türen eine effektive Möglichkeit der Beleuchtung gefunden ist, wird man diese Details nur schwer ausmachen können, hier hilft allerdings die farbige Broschüre (siehe unten). Hat man den Eingang durchschritten, erblickt man das schöne **Portal** auf der anderen Seite. Die geschnitzten Tiermotive und die hervorstehenden Maskenköpfe verleihen dem Tympanon *Christus in seiner Herrlichkeit* eine sehr eigenwillige Note. Am Souvenirkiosk im Südschiff kann man die dreisprachige Hochglanzbroschüre über die Kathedrale kaufen. Sie ist allerdings nicht sehr ausführlich.

Der Jelonek-Seee

Westlich von der Kathedrale liegt der **Jelonek-See**, ein friedlicher Ort mit einem wunderschönen Blick auf die Stadt. Das große moderne Gebäude am anderen Ufer erreicht man einfacher über die Hauptstraße. Es beherbergt ein Institut und das **Museum über die Ursprünge des polnischen Staates** Muzeum Początków

Państwa Polskiego). Im Erdgeschoss enthält es einige wenig aufregende archäologische Funde aus verschiedenen Orten in Wielkopolska, im Obergeschoss finden wechselnde Kunstausstellungen statt. Lohnender ist die audio-visuelle Vorführung im Untergeschoss, die sich mit der Entwicklung des mittelalterlichen Lebens in Wielkopolska und der Bedeutung der Piastendynastie auseinander setzt.

Öffnungszeiten **Museum** – Di–So 10–17 Uhr. Eintritt 6 Zł.

Umgebung von Gniezno

Der Lednica-See

Einer der lohnenswertesten Ausflüge in diesem Teil Polens führt zum schmalen **Lednica-See**. Er liegt 18 km westlich von Gniezno und ist leicht mit dem jedem Bus zu erreichen, der nach Poznań oder Pobiediska fährt. Im 10. Jahrhundert befand sich hier eine Hofresidenz, die ebenso wichtig war wie die in Gniezno. Heute gibt es am See eine wichtige archäologische Stätte und außerdem das größte Freilichtmuseum (*skansen*) Polens. Die Bushaltestelle ist gleich bei der Zufahrtsstraße zum Museum (achten Sie auf das Hinweisschild *Wielkopolski Park Etnograficzny*), westlich der Abzweigung nach Dziekanowice. Wenn man von Poznań kommt, ist es die zweite Straße links nach den drei Windmühlen.

Von der Straße erreicht man nach zehn Minuten Fußmarsch den **Wielkopolski Park Etnograficzny** (Volkskundepark), ein Freilichtmuseum das aus rund fünfzig traditionellen ländlichen Gebäuden aus den letzten 250 Jahren, darunter drei Windmühlen, besteht, einer barocken Friedhofskapelle mit ihrer gesamten Einrichtung und mehreren Bauernhöfen. Die schönsten Gebäude gehörten einmal Wielkopolska-Holländern – Immigranten aus den Niederlanden, die man wegen ihrer hervorragenden Kenntnisse über Bewässerungstechniken ermutigte, sich hier im 17. und 18. Jahrhundert anzusiedeln. Sie errichteten solide, nach Wohlstand aussehende Bauernhäuser mit roten Ziegeldächern – im Gegensatz zu den Polen, die Reetdächer bevorzugten. Die Holländer assimilierten sich vor langer Zeit mit den Polnisch und Deutsch sprechenden Gemeinden der Region.

Öffnungszeiten **Volkskundepark** – Mitte bis Ende April und Juli– Okt. Di–Sa 9–17 Uhr, So 10–17 Uhr; Mai–Juni Di–Sa 9–18 Uhr, So 10–18 Uhr; Nov. Di–Sa 9–15 Uhr, So 10–15 Uhr. Eintritt 7 Zł.

Gehen Sie vom Freilichtmuseum Richtung Norden durch das Dorf Dziekanowice und biegen Sie bei der Kreuzung nach links ab, dann erreichen Sie eine weitere touristische Einrichtung, das sogenannte **Muzeum Pierwszych Piastów na Lednicy** (Museum der ersten Piasten in Lednica). Gleich hinter dem Dorf finden Sie die Kasse des Museums und eine kleine Ausstellungshalle mit Repliken von Waffen und Rüstungen aus dem 10. Jahrhundert. Nach weiteren 10 Minuten erreicht man das eindrucksvolle Holztor – in dessen Obergeschoss sich eine Imbissstube befindet –, den Eingang zum Herzen der Stätte. In einem anderen Ausstellungsraum befinden sich handwerkliche Erzeugnisse, z. B. Kämme, die aus Tierknochen geschnitzt sind, und Silberschalen, die vermutlich den frühen Piasten als Geschirr dienten. Wenn Sie das alles besichtigt haben, nehmen Sie am besten die an einer Kette geführte Fähre und setzen nach **Ostrów Lednicki** über, der größten der drei Inseln im Lednica-See. Hier soll einmal Mieszko I. Hof gehalten haben.

Öffnungszeiten **Museum** – Mai–Juni 9–18 Uhr; Mitte April bis Ende April u. Juli–Okt. 9–17 Uhr; Mitte Februar bis Mitte April u. Nov. 9–15 Uhr; Dez.–Jan. geschlossen. Eintritt 8 Zł.

Fahrtzeiten **Fähre** tägl. 9–17 Uhr, alle 30 Minuten.

Karte S. 680/681

Ostrów Lednicki: Dieser merkwürdige Ort, der schon seit 600 Jahren unbewohnt ist, war früher einmal ein Königssitz, der in seiner Bedeutung Poznań und Gniezno gleichkam. Bolesław I. der Tapfere wurde hier geboren, und vermutlich fand hier auch seine Krönung durch *Kaiser Otto III.* statt, also nicht in Gniezno selbst. Im 9. Jahrhundert war es wohl zuerst ein befestigter Ort, der ein Drittel der Insel einnahm und der mit dem Festland durch eine Mole verbunden war. Im folgenden Jahrhundert wurde ein bescheidener **Palast** zusammen mit einer Kirche erbaut, die freigelegten Überreste sind nur ein schwacher Abglanz seiner früheren Pracht. Die noch vorhandenen Treppen lassen darauf schließen, dass er mindestens zwei Stockwerke hoch war. Am Landungssteg vermittelt ein Modell der früheren Siedlung, umgeben von noch existierenden Überresten der Befestigungen, auf denen die polnische Flagge weht, eine Idee davon, wie es hier einmal ausgesehen haben mag. Die Anlage wurde von dem tschechischen Fürsten Brzetysław im Jahr 1038 zerstört. Die Kirche wurde schon kurz darauf wieder aufgebaut, doch zerfiel sie später allmählich, wie die Stadt selbst. In den Jahrhunderten danach diente die Insel als Friedhof. Erst der Fremdenverkehr hat sie wieder aus ihrem Schlaf gerissen.

Żnin und Biskupin

40 km nördlich von Gniezno an der Straße nach Bydgoszcz (mit stündlich verkehrenden Bussen erreichbar) liegt die kleine Stadt **Żnin**. Das Interessanteste an diesem unscheinbaren Städtchen ist die **Schmalspurbahn**, deren Gleise sich von hier aus 12 km weit durch die Weiden und entlang den Seeufern südlich der Stadt bis ins Dörfchen Gąsawa schlängeln, an **Biskupin** vorbei, dem rekonstruierten Dorf aus der Eisenzeit. Zwischen Żnin und Biskupin liegt als weitere Attraktion das kleine Eisenbahnmuseum in dem Dorf **Wenecja**. Die Schmalspurbahn ist auf die Beförderung von Touristen beschränkt und ermöglicht es, auf angenehme Weise im Sommer nach Wenecja und Biskupin zu gelangen. Ansonsten kann man beide Orte kombiniert mit Bus und zu Fuß erreichen und dennoch vor Einbruch der Dunkelheit nach Gniezno zurückkehren.

Żnin

Żnin ist keine touristische Stadt, und so macht man sich besser auf den Weg nach Biskupin. Bahnhof, Busbahnhof und der Bahnhof der Schmalspurbahn liegen alle im Nordosten der Stadt und sind nur jeweils 100 m voneinander entfernt. Es empfiehlt sich, zunächst den Fahrplan der Schmalspurbahn zu studieren. Gibt es an diesem Tag keine geeignete Verbindung, nimmt man am besten den Bus nach Gąsawa, von wo aus Biskupin in 30 Minuten zu Fuß zu erreichen ist.

Falls Sie in Żnin Zeit totschlagen müssen, gehen Sie einen Block von Bahnhof und Busbahnhof Richtung Süden zur ul. 700-leica, die etwas verschlungen zum sauberen, bescheidenen Rynek führt. Am Ende des Platzes steht ein achteckiger Backsteinturm, das Einzige was von dem Rathaus aus dem 15. Jahrhundert übrig geblieben ist. Das Innere wurde in ein Heimatmuseum umgestaltet und beherbergt eine wenig interessante Sammlung mit Kunsthandwerk und allerlei Krimskrams. Unmittelbar dahinter ist der **Czaple-See**, dessen grasbewachsene Ufer zu einem schönen Spaziergang einladen.

• *Öffnungszeiten* **Heimatmuseum** – Di–Fr 9–16 Uhr, Sa 9–15 Uhr, So 10–15 Uhr. Eintritt 3 Zł.

• *Übernachten* Es gibt einige brauchbare Unterbringungsmöglichkeiten. Das Hotel

Basztowy, ul. 700-lecia 1 (☏ 052/302 0006, www.hotel-basztowy.com.pl; E), nahe beim Rynek, ist am komfortabelsten und sehr zentral gelegen. Das Hotel **Martina**, 2 km nördlich des Zentrums in der ul. Mickiewicza 37 (☏ 052/302 8733; F), hat einen eigenen Parkplatz, eine Sauna und winzige Zimmer. Die Herberge der PTTK, das **Dom Turysty**, gleich beim See in der ul. Szkolna 16 (☏ 052/302 0113; I), bietet spärlich eingerichtete Räume mit Gemeinschaftsbad.

• Essen Das Restaurant des Hotels **Basztowy** serviert solide polnische Küche. Im **Vito**, an der Ecke Lewandowskiego und ul. 700-lecia, bekommt man kleine Mahlzeiten und gutes Eis. Es eignet sich auch, wenn man nur etwas trinken möchte.

Die Schmalspurbahn

Die Schmalspurbahn zwischen Żnin und Gąsawa fährt seit mehr als hundert Jahren, doch schon lange ist sie als öffentliches Transportmittel nicht mehr von Bedeutung. Heute ist sie fast ausschließlich eine Touristenattraktion. Der Zug besitzt eine voll funktionsfähige Dampflokomotive, die allerdings nur an bestimmten Wochenenden im Sommer fährt. Ansonsten wird sie durch weniger schöne Diesellokomotiven ersetzt. Von Mitte Juni bis September gibt es täglich fünf Züge auf der Strecke Żnin–Gąsawa, von Mai bis Mitte Juni und von Oktober bis Mitte November sind es zwei bis drei täglich. Es finden oft Sonderfahrten für Gruppen statt, bei denen Individualtouristen mitfahren können, wenn es freie Plätze gibt – man sollte sich also immer am Bahnhof erkundigen. Die Fahrt nach Biskupin dauert etwa 50 Minuten, wobei der Zug meist im Schritttempo fährt, doch sie ist auf jeden Fall lohnenswert – schon der schönen Landschaft wegen: wellige Hügel, durchsetzt mit silbrig-blauen Seen.

Der Zug rattert lärmend an Wiesen und Feldern vorbei. Die zweite Station ist **Wenecja**, das etwa auf halber Strecke liegt. Der Name dieses Weilers ist das polnische Wort für Venedig. Er wird mit etwas Phantasie durch die Tatsache gerechtfertigt, dass der Ort fast völlig von Wasser umgeben ist, denn er liegt zwischen zwei Seen. Rechts vom Bahnhof sind die Überreste der **Burg** von Mikołaj Nałęz aus dem 14. Jahrhundert zu sehen, einer berüchtigten Gestalt, die besser als "der Teufel von Wenecja" bekannt war. Nur der untere Teil der Mauern ist erhalten. Auf der anderen Seite der Gleise befindet sich das **Freilichtmuseum für Schmalspurbahnen** (Muzeum Kolei Wąskotorowej), das eine Sammlung der kleinen Lokomotiven und unterschiedlichen Waggons besitzt, die einst hier in Betrieb waren.

Von Wenecja aus fährt der Zug weiter entlang am Ufer des Biskupin-Sees und hält wenige Minuten später gleich vor dem Eingang zur Siedlung. Falls man den Zug verpasst, kann man von Wenecja in 30 Minuten zu Fuß nach Biskupin laufen.

Öffnungszeiten **Freilichtmuseum** – April–Okt. tägl. 9–18 Uhr, Nov.–März tägl. 10–14 Uhr. Eintritt 4 Zł.

Biskupin

Das interessante Dorf Biskupin aus der frühen Eisenzeit, 30 Kilometer im Norden von Gniezno gelegen, ist eine der bedeutendsten archäologischen Stätten Europas. 1933 entdeckte ein Lehrer im Ried am Seeufer einige Holzpfähle, die Spuren menschlicher Bearbeitung aufwiesen. Ein Jahr darauf begannen die Ausgrabungsarbeiten, und Experten aus Warschau fanden bald heraus, dass die Anlage wahrscheinlich eine ehemalige Befestigung der Lausitzer Kultur war, die ungefähr um 550 vor Chr. gegründet wurde und während eines Stammeskrieges etwa 150 Jahre später zerstört wurde. Die Ausgrabung der Siedlung warf neues Licht auf das Stammesleben der Zeit, und viele ungeklärte Fragen erschienen plötzlich lösbar.

Karte S. 680/681

Die Ausgrabungsstätte

Nach Abschluss der Ausgrabungen beschloss man, die Palisade und einen Teil des Dorfes zu rekonstruieren, um so auch dem Laien einen Eindruck vom damaligen Leben zu geben. Der Preis für dieses Konzepts offenbart sich gleich am Eingang zum **Archäologischen Park**: Souvenir- und Imbissbuden reihen sich am Rand des Parkplatzes auf der anderen Seite der Gleise aneinander.

Vom Eingang aus geht man am besten gleich an einem rekonstruierten Bauernhaus vorbei zum **Museums**, das eine gute Einführung in die ganze Stätte bietet. Im Innern enthält es die verschiedensten, hier ausgegrabenen Gegenstände – Gerätschaften, Waffen, Haushaltsgegenstände, Schmuck, Verzierungen und Sakralobjekte, von denen einige etwa zehntausend Jahre alt sein sollen. Alle sind sehr gut beleuchtet und betitelt. Die Archäologen, die die Belege zusammensetzten, konnten das Bild einer Gesellschaft nachzeichnen, in der die Jagd größtenteils von Ackerbau und Viehzucht abgelöst worden war. Diese frühe Kultur verfügte über erstaunlich weite Handelswege: Das Eisen kam anscheinend aus Transsilvanien, und eine faszinierende Gruppe von Exponaten stammt aus noch entfernteren Gegenden; der exotischste Fund sind einige ägyptische Perlen. Bemerkenswert ist die Geschicklichkeit der Baumeister des Stammes, die an der Anlage des gesamten Dorfes zu erkennen ist. Hinter den Museumsgebäuden liegt ein Gehege für Tarpane. Das sind die kleinen Arbeitspferde, die sich seit der Zeit dieser Siedlung kaum verändert haben.

Eingang zur archäologischen Stätte

Vom Bauernhaus sind es nur einige Minuten zu Fuß rechts den Pfad hinunter zu den rekonstruierten Bauten. Im Vordergrund gibt es mehrere freigelegte Fundamente verschiedener Gebäude, einige noch aus dem 13. Jahrhundert. Weitaus interessanter sind die Nachbildungen der Häuser aus der Eisenzeit. Zwar wurde nur ein Ausschnitt von jedem Haus nachgebaut und auch nicht genau an seinem ehemaligen Platz, aber es bedarf nur wenig Phantasie, um sich auszumalen, wie das Ganze einmal ausgesehen haben muss.

Die **Palisade** ist besonders genial: Ursprünglich bestand sie aus 35.000 Pfählen, die reihenweise in Neunergruppen in einem Winkel von 45° tief in den Grund des Sees getrieben wurden. Sie wirkte als Wellenbrecher und erste Befestigungslinie. Gleich dahinter kam eine kreisrunde **Mauer** aus Eichenstämmen, beschützt von einem hohen Wachturm: Seine Rekonstruktion beruht allerdings vorwiegend auf Spekulationen. Innerhalb der Mauern gab es eine Ringstraße und elf symmetrisch angelegte Straßen, die wiederum aus Baumstämmen bestanden und mit Erde, Sand und Ton verfugt waren.

Die **Häuser** waren terrassenförmig von Osten nach Westen angeordnet, um die Sonne optimal zu nutzen. In jedem Haus dürfte eine Großfamilie gelebt haben, sodass die Bevölkerung des Ortes rund 1.000 Seelen zählte. Wie anhand des zur Besichtigung freigegebenen Musters zu erkennen ist, bestand jedes Haus aus zwei Kammern: Schweine und Rinder, der wichtigste Privatbesitz, wurden in der Vorkammer gehalten, das Hauptzimmer, in dem die Familie in einem Bett schlief, war mit einem Speicher ausgestattet, in dem Nahrungsmittel und Brennstoff aufbewahrt wurden.

Öffnungszeiten **Archäologischer Park** – tägl. Mitte April bis Sept. 8–19 Uhr, im Okt. 8–18 Uhr, abhängig vom Wetter.

Die *Diabeł Wenecki* Schifffahrtsgesellschaft bietet eine halbstündige Fahrt auf dem See an (Di–Sa 9–17 Uhr, So 9–16 Uhr). So kann man vom Wasser aus einen Überblick über die Siedlung bekommen.

Eine unbeabsichtigte Parodie auf das Dorf aus der Eisenzeit ist die große Ansammlung von **Snackbar**-Holzhütten, die sich um den Parkplatz und am Eingang niedergelassen haben. Hier gibt es alles – von Schweinekotelett bis Pfannkuchen. Wer den letzten **Zug** verpasst hat, kann einen der **Busse** Żnin–Gąsawa nehmen, die am Eingang der Ausgrabungsstätte vorbeifahren. Am einfachsten aber ist es vermutlich, die 30 Minuten bis Gąsawa zu Fuß zurückzulegen und von dort einen Linienbus der Strecke Gniezno–Bydgoszcz zu nehmen.

Die Piastenroute: Von Trzemeszno nach Inowrocław

Wer Gniezno, Lednica und Biskupin gesehen hat, für den ist der Rest vom östlichen Wielkopolska eher enttäuschend Hier gibt es nur eine Reihe von anspruchslosen, halb industrialisierten Städten, die nicht unbedingt als attraktiv bezeichnet werden können. Allerdings befindet sich ein architektonisches Kleinod in der Region und eine Menge Erinnerungen an die Piastendynastie – genug, um eine Route festzulegen, wenn man Zeit hat. Mit touristischen Einrichtungen oder städtischem Nervenkitzel sollte man hier nicht rechnen. Am besten wählt man Gniezno als Ausgangspunkt für Erkundungen aus. Wer auf öffentliche Verkehrsmittel angewiesen ist, sollte bedenken, dass Trzemeszno, Strzelno und Inowrocław mit dem Zug und Bus von Gniezno aus leicht erreichbar sind. Gerade für Strzelno und Kruszwica ist Inowrocław der ideale Ausgangspunkt.

▸ **Trzemeszo/Tremessen**: 16 Kilometer im Osten von Gniezno schlängelt sich die Piastenroute durch Trzemeszno, eine lang gezogene kleine Ortschaft am See, die gemäß der Überlieferung vom św. Wojciech (heiligen Adalbert) gegründet wurde. Sie ist mit dem Bus und auch dem Zug zu erreichen – im letzten Fall muss man schon ein ziemliches Stück Weg durch die Felder bis zum Ort zurücklegen.

Die alte Kirche, die der św. Wojciech (hl. Adalbert) gegründet haben soll, wurde von einem romanischen Bau abgelöst, von dem Teile in die barocke **Basilika** eingegliedert wurden, die heute die Stadt beherrscht. Betrachtet man die Basilika von außen, nimmt man eine freundlich aussehende Rotunde wahr. Innen erlebt man eine wahre Offenbarung an Licht und Farbe. Wenn Sie barockes Kircheninterieur schätzen, sollten Sie diese Kirche unbedingt in Ihre Reise einbauen. Hier sehen Sie

Großpolen und Pommern
Karte S. 680/681

einmalige Malereien in der Kuppel und im Querschiff, die, wie nur selten, die Aufmerksamkeit vom Altar in der Mitte ablenken, unter dem ein Bildnis des św. Wojciech ruht. Die Fresken an der Decke zeigen drei wichtige Szenen aus dem Leben und Sterben des Heiligen: seine brutale Ermordung durch die pruzzischen Heiden, die Wiederbeschaffung seiner Gebeine durch ihre Aufwiegung in Gold (die Darstellung Wojciechs beschränkt sich hier auf verschiedene Körperteile auf einer Waage) und schließlich seine Beerdigung in der Basilika.

• *Übernachten/Essen* Gleich gegenüber von der Kirche befindet sich das zentral gelegene, aber heruntergekommen **Hotel Czeremcha** (✆ 052/315 4386; H) am pl. Kilińskiego 9. Dazu gehört auch ein **Restaurant**. Das Restaurant **Pałuchanka** am pl. Kilińskiego ist ebenfalls annehmbar.

▸ **Strzelno/Strelno**: Weitere Kunstschätze an der Piastenroute (Szlak Piastowski) befinden sich in dem verschlafenen Ort Strzelno. Sowohl der Eisenbahn- als auch der Busbahnhof liegen am Südwestrand des Ortes. Geht man von dort geradeaus und biegt in die ul. Ducha links ein, so erreicht man am Ende dieser Straße den wenig ansehnlichen Marktplatz. Folgt man der Straße nach rechts, gelangt man zu zwei außerordentlichen, romanischen Gebäuden. Das Kloster der **heiligen Dreifaltigkeit** ist ein typisch polnisches Sammelsurium von Stilen: gotische Backsteingiebel und eine monumentale Barockfassade wachsen aus einem würdigen romanischen Rahmen des ausgehenden 12. Jh.s hervor. Nach dem Krieg wurden einige der später hinzugekommenen Schichten an den Innenwänden entfernt, sodass die praktisch perfekt erhaltenen ursprünglichen **Säulen** im Schiff freigelegt wurden. Zwei davon, die mit figürlichen Darstellungen verziert sind, weisen eine feine Zeichnung auf, wie man sie sonst kaum bei Skulpturen dieser Zeit findet. Die dritte Säule ist recht einfach. Eine vierte, schlankere Säule schließlich, die genauso wunderbar gestaltet ist, bildet die einzige Stütze des etwas vernachlässigten Gewölbes in der Kapelle der **hl. Barbara,** rechts vom Altar, über dem eine riesige Krone schwebt.

Neben der Klosterkirche steht die etwas ältere kleine Kapelle des **hl. Prokop** aus rotem Sandstein. Im Gegensatz zur Kirche ist die Rotunde in ihrer ursprünglichen Form erhalten, ihr halbrunder Turm wird von den vorspringenden Apsiden vollendet aufgewogen. Im Allgemeinen ist diese Kirche geschlossen. Bittet man in der Dreifaltigkeitskirche oder in einem der Gebäude daneben um die Erlaubnis, darf man sie vermutlich besichtigen. Übrigens sind diese Kirchen nicht die ältesten frühen Andachtsstätten an diesem Ort; der große schwarze Block davor soll zu heidnischen Riten gedient haben.

• *Übernachten* Es gibt ein kleines **Hotel**, das **Dom Wycieczkowy**, in der ul. Daszyńskiego 1 (✆ 052/318 9237; H–G), mit einer Auswahl an nützlichen Zimmern mit Bad und spartanischen Zimmern mit Gemeinschaftsbad. Das schlichte **Restaurant Piastowska**, ul. św. Ducha 34, serviert einfache polnische Küche zu niedrigen Preisen.

Kruszwica/Kruschwitz

Die Piastenroute (Szlak Piastowski) nähert sich danach **Kruszwica**, einer 16 Kilometer im Nordosten von Strzelno gelegenen Stadt, die von Gertreidesilos und unansehnlichen Fabriken umgeben ist. Kruszwica, an der Spitze des bleistiftdünnen, größten westpolnischen Sees, des **Gopło-Sees**, gelegen, gilt in der polnischen Überlieferung als die Wiege der Piastendynastie.

Vom Busbahnhof aus geht man geradeaus weiter auf die Hauptstraße, ul. Niepodległości, und gelangt so zu einem weitläufigen, aber wenig interessanten Rynek, von dem eine Brücke über den See führt.

Die schattige, von Bäumen bewachsene Halbinsel gleich südlich von hier ist bei Touristen besonders beliebt. Hier befinden sich auch einige Imbissstände. Ein achteckiger Backsteinturm, bekannt als **Mäuseturm** (Mysia Wieża), überragt den Platz. Dies war angeblich der Ort, an dem die Nager ihr Festmahl hatten (siehe Kasten). Ironischerweise war er Teil einer Burg, die der letzte Nachkomme der Piastendynastie, Kazimierz der Große, bauen ließ. Während der Sommersaison kann man von oben den gesamten Gopło-See überblicken. Auf dem See kann man auf einem Schiff genannt *Rusałka* eine einstündige Rundfahrt unternehmen.

Das andere historisch sehenswerte Gebäude in Kruszwica ist die **Kollegiatskirche** aus dem 12. Jahrhundert, die am Ostufer des Sees liegt. Wenn man von der Stadt kommt, biegt man hinter der Brücke in die erste Straße links ab und folgt ihr etwa einen Kilometer. Die grimmige Granitbasilika mit den drei Apsen wurde fast vollständig ihrer späteren Anfügungen beraubt, nur der gotische Backsteinturm ist geblieben. Sie ist ein gutes Beispiel dafür, wie eine frühe christliche Kirche ausgesehen haben mag. Angeblich steht sie genau an dem Platz, an dem während des Wunders die Hütte von Piast stand. Sie diente in den ersten fünfzig Jahren ihrer Existenz als Kathedrale, bevor sie von der Kathedrale in Włocławek abgelöst wurde.

• *Anfahrt/Verbindungen* Der **Busbahnhof** liegt am Nordwestrand der Stadt.

• *Übernachten/Essen* Für eine Übernachtung bietet sich das **Hotel Sportowy Gopło**, ul. Poznańska 17 (✆ 052/351 5233; H), an. Es hat ordentliche Doppelzimmer mit Bad und einige preiswertere 3- und 4-Bettzimmer.

Das einzige erwähnenswerte **Restaurant** hat den passenden Namen **Piastowska** und liegt in der ul. Niepodległości. Es bietet eine ansprechende Auswahl an polnischer und ukrainischer Küche.

Die Sage von der Gründung der Piastendynastie

Der Sage nach wurden Lechs Nachfahren als Herrscher von der bösen Familie Popiel vertrieben. Um die Frage der Thronfolge eindeutig zu klären, tötete der letzte König Popiel seine gesamte männliche Verwandtschaft außer den eigenen Kindern. Anschließend ließ er sich in einer Burg in Kruszwica nieder, von wo aus er das Volk unter einer Schreckensherrschaft tyrannisierte. Eines Tages kamen die Heiligen Johannes und Paulus als arme Reisende verkleidet zu ihm, aber der König versagte ihnen die Gastfreundschaft. So mussten sie sich mit der Bleibe zufrieden geben, die ihnen ein Bauer namens Piast bot. Sie tauften ihn und seine Familie und prophezeiten ihm, er werde der erste in einer langen Reihe von Monarchen sein. Dann verschwanden sie. Kurz darauf erhoben sich die Polen gegen ihren verhassten Regenten. Er flüchtete in seinen Burgturm, wo ihn schließlich die Ratten und Mäuse auffraßen. Danach wählten die Menschen einstimmig den würdigen Bauern Piast zu seinem Nachfolger.

Inowrocław/Hohensalza

Die Piastenroute (Szlak Piastowski) endet 15 km nördlich von Kruszwica in dem Städtchen **Inowrocław**, einer Kurstadt aus dem 19. Jahrhundert, die leider nicht von der Industrialisierung und der Umweltverschmutzung des 20. Jahrhunderts

Karte S. 680/681

verschont blieb. Die einstige Beliebtheit der Stadt als Kurstadt spiegelt sich in den Prunkbauten wider, die die Hauptverkehrsachse ul. Królowej Jadwigi säumen und die sich heute, nach jahrzehntelanger Vernachlässigung, frisch renoviert präsentieren. Im Herzen der Altstadt, gleich südlich vom Rynek entlang der ul. Paderewskiego und dann nach rechts befindet sich die **Pfarrkirche St. Nikolaus** (Św. Mikołaja), ein gotischer Bau mit Beiwerk aus der Renaissance und dem Barock. Im Inneren der Kirche gehen die Kreuzrippen in Wandgemälde über, die wichtige Ereignisse aus der Bibel darstellen – angefangen bei Adam und der verschämt blickenden Eva, die gerade aus dem Garten Eden verstoßen wird.

Das wichtigste Bauwerk der Stadt ist die romanische **Himmelfahrtskirche**, die zeitgleich mit den Basiliken in Strzelno und Kruszwica entstand. Sie hat durch die Umgestaltung gegen Ende des letzten Jahrhunderts, als ein romantischer Turm angefügt wurde, viel von ihrem ursprünglichen Charme verloren. Das Innere wurde ähnlich der St. Johanneskirche in Włocławek ansprechend angestrichen. Die Kirche liegt sehr schön in einem Park gleich östlich vom großen Kreisverkehr zwischen dem Einkaufsviertel und den Bahnhöfen. Von den Bahnhöfen aus läuft man etwa zehn bis fünfzehn Minuten nach Norden.

- *Verbindungen* Von Inowrocław gibt es viele **Zugverbindungen** nach Toruń und Bydgoszcz.
- *Übernachten/Essen* Die Industriestadt Inowrocław lädt nicht unbedingt zu einer Übernachtung ein. Wenn Sie hier festsitzen, gibt es jedoch einige Unterbringungsmöglichkeiten: Das **Hotel Bast**, ul. Krolowej Jadwigi 35 (✆ 052/357 2024; D), hat teure (zu teure) Doppelzimmer mit Gemeinschaftsbad (E) und ein paar schäbige Zimmer mit eigenem Bad (C). Betten in Schlafräumen bietet die **OSiR-Herberge**, 1 km westlich des Zentrums, ul. Wierzbińskiego 9 (✆ 052/357 6730).

Für ein gutes Essen empfiehlt sich das **Restaurant** des Hotels Bast.

Was haben Sie entdeckt?

Bitte schreiben Sie uns, wenn Sie Kritik, Verbesserungen oder Empfehlungen haben. Was war Ihr Lieblingsrestaurant, in welchem Hotel haben Sie sich wohlgefühlt, welchen Campingplatz würden Sie wieder besuchen?

Michael Müller Verlag
– Stichwort Polen –
Gerberei 19
91054 Erlangen
E-Mail: mmv@michael-mueller-verlag.de

Strandleben an der Pommerschen Küste

Pomorze/Pommern

Die lange Sandküste ist die Attraktion von Pommern. Einige Tage hier oben an der Ostsee zu verbringen, ist die angenehmste Entspannung, die Polen zu bieten hat. Ebenso schön, aber weniger bekannt, ist das Binnenland mit seinen Wäldern und Seen, mit seinen preußischen Bauerndörfern und der völligen Abwesenheit von Schwerindustrie. Hier lohnen sich Fahrradausflüge.

Um **Bydgoszcz/Bromberg**, ein großes Industriezentrum mit einem kleinen historischen Altstadtkern, macht man am besten einen Bogen, es sei denn, man möchte die Verkehrsverbindungen zu den Seen im Norden nutzen. Der beste Ausgangspunkt und Verkehrsknotenpunkt im Seengebiet ist **Szeczinek**, am Ufer des Wielimie-Sees. Das schönste Wassergebiet ist vermutlich der **Drawsko-See**, an dessen Ufer die Orte **Czaplinek/Tempelburg** und **Stary Drawsko** liegen. Insgesamt stehen zahlreiche Urlaubsorte zur Auswahl, die für jeden Geschmack etwas bieten: **Łeba/Leba** verbindet die Atmosphäre eines Fischerdorfs mit schönen Stränden und dem **Słowiński-Nationalpark**; bescheidene Urlaubsorte wie **Ustka/Stolpmünde**, **Darłówko/Rügenwalde** und **Mielno/Mühlen** haben sich etwas von ihrem Charme des 19. Jahrhunderts bewahrt. Weiter westlich findet man eine Vielzahl schöner Strände in der Gegend von **Kołobrzeg/Kolberg** und auf den Inseln **Wolin** und **Uznam**. Abseits der Küste bieten eine Reihe von Städten, von **Kamień Pomorski/Cammin** bis **Stargard Szczeciński**, ein paar architektonische Sehenswürdigkeiten. Alle diese Orte sind vom Hafen **Szczecin/Stettin** aus zu erreichen, der größten Stadt und historischen Hauptstadt Pommerns, die heute ein geschäftiges Zentrum ist.

Pommern ist durch **öffentliche Verkehrsmittel** gut erschlossen. Passable Eisenbahnverbindungen gibt es parallel zur Küste von Gdańsk nach Szczecin mit

Karte S. 680/681

Querverbindungen zu den Urlaubsorten und Bussen für Ausflüge aufs Land. Wenn man von Nordosten kommt, bietet Gdynia die besten Busverbindungen.

Geschichte

In frühester Zeit war die südliche Ostseeküste von Kelten bewohnt, die später von verschiedenen Germanenstämmen verdrängt wurden. Gegen Ende des 5. Jahrhunderts wurden diese jedoch ihrerseits von einem Slawenstamm, den Pomoranen, vertrieben. Reste ihrer Siedlungen hat man auf der Insel Wolin im Westen der Region gefunden.

Die Gebiete der Pomoranen wurden später vom Piastenkönig *Mieszko I.* erobert, der im Jahr 979 Szczecin einnahm – ein Feldzug, den die Polen stets anführen, um ihren Anspruch auf dieses heiß umstrittene Gebiet zu untermauern. Danach wird die geschichtliche Entwicklung zunehmend unübersichtlicher. Während des ganzen Mittelalters war Pommern ein im Wesentlichen unabhängiges Herzogtum. Beherrscht wurde es von einer einheimischen Slawendynastie, die im Allgemeinen als die **Fürsten von Pommern** (auch: Greifendynastie) bekannt ist. Allerdings waren die Fürsten dem polnischen Monarchen zur Treue verpflichtet. Hinterpommern wurde 1308 vom Deutschen Orden erobert und in der Folge als Königspreußen bekannt. Dieser Teil der Region ging gemäß den Bedingungen des Vertrags von Toruń (siehe Malbork) aus dem Jahr 1466 wieder an Polen zurück.

Die gemischte Bevölkerungsstruktur beeinflusste in starkem Maße die Beziehungen der Region zu ihren Nachbarn. Auf dem Land lebte zwar eine slawische Mehrheit, aber die starke Kolonisierung der Städte durch die Deutschen änderte das Kräftegleichgewicht zugunsten der Mark Brandenburg. Mit der Ausrichtung nach Westen bildeten die Herzöge von Pommern im Jahr 1521 endgültig eine Allianz mit dem Heiligen Römischen Reich. Durch das Vordringen der Reformation wurden die Bande Pommerns zum katholischen Polen, das sich ohnehin mehr um seine östlichen als um seine westlichen Grenzgebiete kümmerte, noch brüchiger. 1532 spaltete sich die Greifendynastie in zwei Linien. Ihr Herrschaftsgebiet wurde entlang einer Grenze westlich der Oder in zwei Herzogtümer aufgeteilt: Das größere Gebiet im Osten hieß von nun an Hinterpommern, das kleinere Gebiet im Westen Vorpommern. Hinterpommern erlebte nach dieser Aufteilung eine wechselvolle Geschichte.

Um den Besitz der Region wurde im Dreißigjährigen Krieg heftig gekämpft. Die Schweden besetzten sehr schnell Hinterpommern und einen Teil des Küstengebiets von Vorpommern. Im Westfälischen Frieden von 1648 wurde Vorpommern mit Szczecin/Stettin offiziell Schweden zugesprochen. Als die Schweden um 1720 das Land verließen, wurden Vor- und Hinterpommern von den Preußen zu einer Verwaltungsprovinz zusammengefasst. Während der Teilungen konnten sie die Provinz durch die Annexion von Königspreußen mit ihren weiter östlich gelegenen Gebieten vereinen. Erst durch den Vertrag von Versailles 1919, als ein Streifen am Ostrand Pommerns, der z. T. zum sogenannten "Polnischen Korridor" gehörte, Polen zugesprochen wurde, war der uneingeschränkten Herrschaft Preußens ein Ende gesetzt. 1945 wurde fast das ganze Gebiet des ehemaligen Herzogtums Hinterpommern Polen zugesprochen als Entschädigung für die an die Sowjetunion verlorenen Ostgebiete. Bereits in den letzten Monaten des Krieges begann der Auszug der deutschen Bevölkerung aus der Region. Als Pommern schließlich Polen zugesprochen wurde, kamen nun statt der Deutschen polnische Siedler aus den verlorenen polnischen Ostgebieten in die Region.

Bydgoszcz/Bromberg

Die Provinzhauptstadt Bydgoszcz ist heute ein ausgedehntes Industriezentrum. Sie entstand um eine befestigte mittelalterliche Siedlung, die strategisch günstig am Fluss Brda/Brahe, kurz vor seinem Zusammenfluss mit der Weichsel lag.

Als Ende des 18. Jahrhunderts ein Kanal gebaut wurde, der die Weichsel mit der Oder verband, wurde das damals preußische Bromberg ein Zentrum der Binnenschifffahrt. Im Gegensatz zum größten Teil der Region im Norden war Bydgoszcz schon seit 1920 polnisch, als Preußen das Gebiet abtreten musste.

Im Zweiten Weltkrieg hatte die Stadt ganz besonders stark unter den Nationalsozialisten zu leiden, die hier Massenhinrichtungen durchführten. Gegen Ende des Kriegs waren über 50.000 Menschen, ein Viertel der Bevölkerung, auf dem Marktplatz ermordet worden; ein Großteil der Überlebenden wurde in Arbeits- und Konzentrationslager deportiert.

Trotz der unvermeidlichen Anzeichen von Verfall in den Vorstädten aus der kommunistischen Ära hat das moderne Bydgoszcz die Atmosphäre einer dynamischen, selbstbewussten Stadt. Zur historischen Stadt Toruń im Osten gibt es gute öffentliche Verkehrsverbindungen. Außerdem bietet Bydgoszcz die Möglichkeit, mit Bussen Szczecinek und die nordwestlich gelegene Pommersche Seenplatte zu erreichen.

Wie überall bildet der **Stary Rynek** den Mittelpunkt des mittelalterlichen Stadtzentrums. Er liegt am Südufer der Brda und ist ein recht anspruchsloser Platz, an dem es jedoch einige barocke und neoklassizistische Häuser gibt, die neuerdings pastellgrün und -rosa gestrichen sind. Ein großes Denkmal für die Opfer der Nationalsozialisten überragt das riesige **Jesuitenkolleg**, das die Westseite des Platzes abschließt und auch an der ul. Jezuicka eine schöne Fassade zeigt. Der Bau wurde Ende des 17. Jahrhunderts begonnen. Das Kolleg war lange Zeit die führende Schule der Stadt. Heute sind darin städtische Büros untergebracht.

In einer abgelegenen Ecke gleich nördlich von hier befindet sich die **Pfarrkirche** (Kościół Farny) aus dem 15. Jahrhundert. Vor kurzem wurde ihr der Status einer Kathedrale verliehen, doch sie ist bescheidener als manch eine Dorfkirche. Ihre Fassade wird von einem schönen gotischen Giebel geschmückt, der Innenraum ist vorwiegend barock gestaltet. Die *Jungfrau mit einer Rose* über dem Hochaltar stammt aus dem 16. Jahrhundert. Von der Kirche aus hat man einen Blick auf **Wyspa Mlynska**, eine kleine Insel in der Brda, dort, wo sie sich in mehrere kleine Kanäle teilt. Die langsam fließenden Wasserwege werden von kleinen Brücken überspannt, von alten Fachwerk-Getreidespeichern und von roten Backstein-Lagerhäusern überragt, und so wird das Gebiet als "Bydgoszczer Venedig" bezeichnet. In einem der Lagerhäuser im Norden der Insel befindet sich das **Stadtmuseum**. Es zeigt die Geschichte der Stadt und Archivmaterial zu Naziverbrechen. Einige Blocks südlich des Rynek befindet sich die ul. Długa, die Haupteinkaufsstraße, die kürzlich mit neuem Kopfsteinpfalster versehen wurde und wo man schmiedeeiserne Laternen im Viktorianischen Stil aufgestellt hat – ein gelungener Versuch, in der Innenstadt ein bisschen den Glanz der Belle-Epoque zu wahren.

Öffnungszeiten **Museum** – Di, Mi 9–17 Uhr, Do–Sa 10–16 Uhr, So 10–14 Uhr. Eintritt 4 Zł.

Am Nordufer gelangt man zur ehemaligen **Klosterkirche der Klarissinnen** (Kościół Klarysek), einer seltsamen Mischung aus Spätgotik und Renaissance. In den

Großpolen und Pommern
Karte S. 680/681

Klostergebäuden ist heute das **Bezirksmuseum** untergebracht, in dem hauptsächlich Werke des Bydgoszczer Künstlers *Leon Wyczółkowski* ausgestellt sind.

Öffnungszeiten **Museum** – Di–Fr 10–16 Uhr, Sa–So 12–16 Uhr. Eintritt 3 Zł.

Geht man zunächst in nördlicher, dann in östlicher gelangt man zur Hauptdurchgangsstraße, der ul. **Gdańska**, die von beeindruckenden Bürogebäuden aus dem 19. Jahrhundert gesäumt wird. Viele wurden in den letzten Jahren komplett renoviert. Läuft man nun in Richtung Bahnhof, kommt man zur **Dworcowa**, einer schmalen, kopfsteingepflasterten Straße, die sich seit Mitte der 1990er Jahre kaum verändert zu haben scheint. Hier gibt es einige (leider nicht restaurierte) Jugendstil-Fassaden (Nr. 45, 47 und 49).

Weiter östlich befindet sich eine historische Kuriosität, die den kurzen Umweg lohnt. Die **Basilika St. Vincent de Paul** ist eine große, kreisförmige Ziegelsteinkirche, die dem Pantheon in Rom nachempfunden wurde und 12.000 Gläubigen Platz bietet. Sie wurde gebaut, als die Stadt vom protestantischen Preußen zum katholischen Polen wechselte. In den kleinen katholischen Kirchen war an den hohen Feiertagen einfach nicht genug Platz für alle Gläubigen. Wenn man durch den von Backsteinsäulen gesäumten Portikus in die Basilika hineingeht, wird man zunächst von dem riesigen Raum unter der Kuppel abgelenkt. Nach einer Weile wird deutlich, dass ein Mittelpunkt fehlt und dass das runde Design sich besser für ein Stadion eignet als für eine Kirche. Für eine Besichtigung der Basilika spricht ihre ausgefallene Sammlung von Beichtstühlen aus Kiefer, die an den Jugendstil erinnern.

In der Nähe des Bahnhofs, ul. Zygmunta Augusta 7, gibt es ein **Eisenbahnmuseum**, das allerdings mit Biskupin nicht mithalten kann.

• *Öffnungszeiten* **Eisenbahnmuseum,** Di–Fr 12–17 Uhr, Sa 10–14 Uhr. Eintritt 3 Zł.

• *Information* Es gibt eine **Touristeninformation** gleich gegenüber vom Bahnhof (Mo–Fr 9–17 Uhr; ✆ 052/ 345 4785) in der ul. Zygmunta Augusta 10, online-Informationen über www.bydgoszcz.com.

• *Anfahrt/Verbindungen* Der **Bahnhof** befindet sich im Nordwesten des Stadtzentrums. Man läuft entweder die ul. Dworcowa direkt geradeaus und gelangt dann zur Gdańska, oder man nimmt die Straßenbahnen Nr. 1, 2, 4 oder 8. Anschließend muss man nur noch den Fluss überqueren, um zum Stary Rynek zu gelangen. Der **Busbahnhof** liegt 1 km östlich des Zentrums entlang der Jagiellońska.

• *Übernachten* Je weiter man sich vom Bahnhof entfernt, umso teurer werden die Unterkünfte. Das **Asystenta**, ul. Dworcowa 79 (✆ 052/322 0631; G), hat spartanische Zimmer mit Bädern auf dem Flur. Das **Centralny**, ganz in der Nähe in der ul. Dworcowa 85 (✆ 052/322 8876; E), ist etwas besser, aber zu teuer für das, was es bietet. Im Betonblock **Brda**, ul. Dworcowa 94 (✆ 052/ 322 4061, www.hotelbrda.com.pl; D), gibt es nützliche Zimmer mit Bad und TV und große Wochenendermäßigungen. Das **Hotel Ratuszowy**, ul. Długa 37 (✆ 052/ 322 8861, www.hotelratuszowy.com.pl: D), im Herzen der Stadt, gleich beim Rynek, ist zwar eng, aber komfortabel und phantastisch gelegen. Das von Orbis geführte **Pod Orłem**, ul. Gdańska 14 (✆ 052/583 0530, podorlem@ orbis.pl; B), wurde renoviert und zeigt sich nun wieder in seiner ursprünglichen Eleganz des *Fin de Siècle*. Im Gegensatz dazu strahlt das neue **City Hotel**, ul. 3 Maja 6 (✆ 052/325 2500, www.cityhotel.bydgoszcz.pl; B), minimalistische Arroganz aus. Die **Jugendherberge** befindet sich nur wenige Minuten zu Fuß vom Bahnhof in der ul. Józefa Sowińskiego 5 (✆ 052/322 7570).

• *Essen/Trinken* Es gibt eine recht große Auswahl an Restaurants. Das **Baalbek**, ul. Magdzińskiego 3, gleich beim Rynek, serviert preiswerte, leckere Schaschlik und Souvlaki zum Mitnehmen. Die **Pizzeria Capri**, ebenfalls beim Rynek, in der Niedzwiedzowa 9, bietet Pizzen in komfortabler Umgebung. Im **Piwnica Ratuszowa**, Jezuitska 16, können Sie sich mit Unmengen an Fleisch-lastigen polnischen Mahlzeiten verwöhnen lassen. Wohlschmeckende indische Gerichte zu vernünftigen Preisen bekommt man im **Sogo Indyjska**, ul. Dworcowa 50. Wenn Sie groß ausgehen wollen, sollten Sie das **Chopin**, ul. 3 Maja 6, ansteuern, das eine hervorragende Auswahl an internationaler Küche bietet und auch vegetarische Gerichte auf der Karte hat. Sie müssen mit ungefähr 110 Zł für ein Dreigänge-Menü ohne Getränke rechnen.

Wer etwas **trinken** möchte, findet in der Nähe des Rynek Möglichkeiten für den Tag und den Abend. Vom **Café Reggiano Emilia** am Rynek kann man alles beobachten und dabei ausgezeichnete Eiscreme genießen. Zu den gemütlichen Bars im Pub-Stil zählen das **Amsterdam**, das **Mefisto** und die **Tuba Bar**, alle in der Nähe des Rynek. Im Sommer verwandelt sich das Deck eines grünen Schiffes, das bei der Brücke im Zentrum liegt, in einen großen Biergarten.

An **Nachtklubs** gibt es das **Hysteria**, Dworcowa 13. Hier trifft man sich freitags zu Techno. Ein ganz anderes Publikum trifft man im **Mózg** an, Gdańska 10 (Eingang in der Parkowa), einem Café-mit-Musik-Klub. Es ist der wichtigste Veranstaltungsort für Jazz und Rock in diesem Teil Polens.

Der **Remiza Internet Pub**, Dworcowa 83, hält, was der Name verspricht: Sie können im Internet surfen und gleichzeitig ein paar Bierchen genießen. Geöffnet von 15 Uhr bis zum letzten Gast).

• *Unterhaltung* Für anspruchsvolle Abendunterhaltung sorgt die **Filharmonia Pomorska**, gleich östlich der ul. Gdańska in der ul. Karola Libelta 16 (Theaterkasse tägl. 12–18 Uhr), sie ist der Hauptveranstaltungsort für musikalische Vorstellungen. Außer regelmäßig stattfindenden Konzerten wird jedes Jahr im September auch ein zweiwöchiges Festival klassischer Musik veranstaltet. Das **Stadttheater** *Teatr Polski*, al. Mikkiewicza 2 (Theaterkasse Di–So 15–19 Uhr; ✆ 052/321 1238, www.psi.com.pl/TP), befindet sich in der Nähe der Philharmonie. Die **Opera Nova** in der ul. Gdańska 20 (Theaterkasse Mo–Do 15–18.30 Uhr, So 9–11 Uhr, www.opera.bydgoszcz.pl) zeigt Opernvorstellungen.

Die Pommersche Seenplatte

Die Pommersche Seenplatte/Pojezierze Drawskie mit dem Kurort Szczecinek/Neustettin liegt im Nordwesten von Bydgoszcz.

Die sanfte Hügellandschaft, die die ehemaligen Gletscher hier hinterlassen haben, ist durchsetzt mit Kiefern- und Birkenwäldern. Stille Alleen verbinden die kleinen Marktflecken, die zwischen den über tausend Seen liegen. Vor etwa zwanzig Jahren gab es in der Gegend viele Arbeitererholungsheime. In den frühen 1990er Jahren ließ der Tourismus allerdings stark nach und erfährt erst jetzt wieder eine bescheidene Wiederbelebung. Er ist bei weitem nicht so entwickelt wie in der Masurischen Seenplatte im Osten Polens, und es gibt wenig touristische Einrichtungen. Die für die touristisch erschlossene Küste und die Masurische Seenplatte typischen Fisch-und-Fritten-Stände sowei Bierhütten fehlen hier vollkommen. Hier herrscht stattdessen eine erholsame ländlich-gelassene Atmosphäre.

Viele Polen, die hierher kommen, lassen sich gern in den Ferienorten an den Seen nieder, wo es die meisten Unterbringungsmöglichkeiten gibt. Inzwischen werden auch zahlreiche Freizeitaktivitäten angeboten, wie Reiten, Segeln und Wandern, die sich zu Touristenmagneten entwickeln. Die sanften Hügel, ruhigen Dörfchen und die Abwesenheit von starkem Verkehr empfehlen diese Region für angenehme **Fahrradausflüge**. Doch selbst manche Mountainbike-Fahrer werden einige der sandigen Waldwege ziemlich schwierig finden.

Die besten Busverbindungen in dieses Gebiet gibt es von Bydgoszcz und Szczezin aus. Züge der Strecke Poznań–Kołobrzeg halten in Szczecinek.

Es gibt zwei gute Karten, mit denen die gesamte Region abgedeckt ist: die grüne *PPWK* im Maßstab 1:300.000 "*Kaszuby, Kujawy, Wielkopolka*" Blatt Nr. 2, die von Poznań bis Gdańsk reicht, und Blatt Nr. 1 "*Pomorze, Wieklopolska*" im gleichen Maßstab, die das Gebiet östlich von Szczecin und der deutschen Grenze zeigt. Erhältich sind die Karten in größeren Buchländen und Empik-Geschäften.

Karte S. 680/681

Chojnice/Konitz und die östliche Seenplatte

Etwa 50 Kilometer nördlich von Bydgoszcz liegt **Chojnice** in der Nähe des Charzykowskie-Sees. Dieser kleine bescheidene Ort mit einem staubigen, offenen Dorfplatz bildet den Rahmen für das größte Ereignis der Umgebung, den Wochenmarkt. An den Markttagen sind sämtliche Straßen voll mit Händlern. Architektonisch erinnert hier noch einiges an die Vergangenheit als letzte Festung des Deutschen Ordens in Polen. Chojnice besitzt auch den zweifelhaften Ruhm, die erste Stadt zu sein, die von den Nazis am 1. September 1939 angegriffen wurde. Das beeindruckendste Gebäude ist das alte **Rathaus**, dessen steiler Giebel den Rynek überblickt. Ebenso haben einige Teile der **Stadtmauern** den Ansturm der Jahrhunderte überlebt. Das fünfstöckige **Człuchów-Tor** (Brama Człuchowoska) an der Westseite des Rynek beherbergt ein Museum, in dem eine wenig aufregende Sammlung von historischen Gegenständen ausgestellt ist.

- *Öffnungszeiten* **Museum** – Di–Sa 11–16 Uhr. Eintritt 2 Zł.
- *Verbindungen* **Bahnhof** und **Busbahnhof** liegen gleich nebeneinander, etwa 1 km südöstlich vom Dorfplatz. Es verkehren Busse zum attraktiven Charzykowskie-See.

Der Charzykowskie-See

Nur wenige Kilometer entfernt, nördlich von Chojnice, erstreckt sich eine fast 60 Kilometer lange Kette von Seen und Wasserläufen bis zum Rand der Kaschubei. Die entspannte ländliche Atmosphäre springt auf den Besucher über, und man sollte sich für die Erkundung des Gebietes ruhig ein paar Tage Zeit nehmen. Ausgerüstet mit einem Zelt und dem nötigen Maß an Umsicht, kann man fast überall umsonst zelten (dabei sollte man jedoch die nötigen Vorsichtsmaßnahmen zur Vermeidung von Waldbränden beachten). Natürlich gibt es auf der Strecke auch mehrere kleine Hotels.

Der beste Ausgangspunkt für eine Erkundungstour ist der **Charzykowskie-See**, an dessen Südufer das Dorf **Charzykowy** liegt. Von Chojnice sind es mit dem Bus nur 5 Kilometer bis hierher. Es gibt zwei Hotels, eines davon ist das *Pod Żaglami* in der ul. Długa 71A (✆ 052/398 8135; G), mit eigenem Café und Restaurant. Außerdem gibt es einen Campingplatz am See. Wenn man von hier durch den gut riechenden Kiefern- und Birkenwald nach Norden fährt, führt die Straße plötzlich über eine Landenge, die den Charzykowskie-See von dem Karsińskie-See trennt. An dessen Nordende befindet sich der freundliche Ferienort **Swornegacie**. Im 12. Jh. stand hier ein Augustiner- und später ein Zisterzienserkloster. Heute ist der Ort hauptsächlich auf Wassersport ausgerichtet – in der Nähe der Brücke kann man für 30 Zł pro Stunde Treetboote, Kanus, und Kajaks mieten.

- *Übernachten/Essen* Gegenüber der erst wenige Jahre alten, neo-barocken Kirche befindet sich das **Restaurant** *Wagant*. Oben am Hügel bietet die **Ferienanlage** *JÓSK* eine kleine Pension (F) und Ferienwohnungen (H) (✆ 052/398 1337) sowie eine Bootsvermietung an.

Von Swornegacie führen viele Wege bis in das 20 km nordöstlich gelegene Dörfchen **Leśno** mit seiner Kirche aus dem 17. Jh., an deren Außenfassade einige bescheidene Barockelemente zu erkennen sind. Es ist die älteste Holzkirche der Region mit Ziegeldach. In der Nähe des Dorfes gibt es eine archäologische Ausgrabungsstätte, deren Exponate von der Eisenzeit bis ins 4. Jahrhundert vor Christus reichen, darunter auch ein Steinkreis, der dem in Odry sehr ähnlich ist (siehe unten).

Mehr als tausend dieser kleinen Seen hat die Pommersche Seenplatte zu bieten

Odry und Umgebung

Gleich am Stadtrand des Dörfchens **Odry**, etwa 20 Kilometer nordöstlich von Chojnice (zu erreichen mit einem der unregelmäßig verkehrenden Busse von Koszalin oder Chojnice), verbirgt sich in einem waldreichen Naturschutzgebiet eine gut erhaltene megalithische Kultstätte. Diese Anordnung von unregelmäßigen **Steinkreisen** und überwachsenen Grabhügeln ist ungefähr halb so groß wie ein Fußballfeld. Sie wurde auf das erste oder zweite Jahrhundert vor Christus datiert, allerdings existieren wenig Angaben über ihre Ursprünge. Die Lichtung mit der Stätte ist nicht einfach zu finden, was ihren Reiz und ihre Anziehungskraft jedoch noch steigert. Bevor man vom Dorf aufbricht, sollte man sich nach den *Kręgi Kamienne* erkundigen.

Von Odry gibt es Straßen (jedoch keine öffentlichen Verkehrsmittel) zum nordwestlich gelegenen Wdzydze Kiszewskie (s. S. 244) und zu den Kaschubischen Seen.

Die westliche Seenplatte: Szczecinek und Czaplinek

Eines der beliebtesten Ausflugsziele in der Seenplatte ist **Szczecinek/Neustettin**, das in dem besser besuchten, westlichen Teil des Gebietes liegt. Es ist ein modernes, fast zu funktionelles Urlaubszentrum auf der Straße von Koszalin/Köslin nach Poznań, am **Jezioro Wielimie/Vilmsee**. Einige Herrenhäuser erinnern noch an die frühere Bedeutung des Ortes. Im Zentrum befindet sich ein sauberer moderner Rynek, der von einem schlossartigen Rathaus aus roten Backstein überragt wird. In der Nähe des Platzes befindet sich das **Stadtmuseum**. Es besticht eher durch seine Lage in den drei Stockwerken eines hohen, schmalen Turms als durch seine Ausstellungsstücke – meist Gefäß- und Waffenfragmente aus dem frühen Mittelalter, als es in dem Gebiet slawische Siedlungen gab. Hinter dem Museum erstrecken sich gepflegte Gärten am See antlang. Es gibt auch einen städtischen Sandstrand etwa 1 km im Südosten sowie eine schattige Uferpromenade nach Nordwesten.

• *Öffnungszeiten* **Museum** – Mi–So 10–16 Uhr. Eintritt 1 Zł.

• *Information/Verbindungen* Die **Touristeninformation**, gleich hinter dem Rynek am pl. Wolności 18 (Mo–Fr 7–15 Uhr; ✆ 094/374 9100), vermittelt **Privatzimmer** und **Pensionen** (H). Szczecineks **Busbahnhof** liegt 400 m nordwestlich des Rynek, der **Bahnhof** etwa 2 km südöstlich. Mit Bussen gelangt man ins Zentrum.

• *Übernachten/Essen* Das meiste fürs Geld bietet das **Hotel Pojezierze**, ul. Wyszyńskiego 69a (✆ 094/374 3341; F). Es ist ein großes Gebäude aus den 1970er Jahren und bietet nüchterne, aber freundliche Zimmer mit Bad und TV. Etwas komfortabler ist das **Resiedence**, Lelewela 12 (✆ 094/372 3370, ✆ 372 3393; D), groß, modern und etwa 1 km nördlich des Zentrums am See gelegen. Es hat einfache, geschmackvoll eingerichtete Zimmer. Das stilvollste Hotel, das **Żółty Dom**, Ordona 11 (✆ 094/372 3482, ✆ 372 3481; D), befindet sich in einer renovierten Villa am Seeufer, gleich westlich des Zentrums. Die Zimmer sind wirklich nobel. In der ul. Armii Krajowej 29 gibt es eine **Jugendherberge** (✆ 094/374 3505) und einen **Campingplatz** in der ul. Kościuszki (✆ 094/374 4399).

Schnelle, preiswerte Mahlzeiten gibt es in der unkomplizierten, engen **Pizzeria Primavera** in einem Hof hinter dem Rynek, pl. Wolnisci 18. Das etwas komfortablere **U Kwaka**, Wyszyńskiego 13, serviert Kebab und anderes gegrilltes Fleisch in einem Pub-ähnlichen Lokal. Etwas deftigere Gerichte bietet das **Grand Café** am Rynek an, insbesondere Schweinefleisch- und Hühnchengerichte mit Pommes. Im **Jolka**, einem hübschen Pavillon am Seeufer, am Ende der Ordona, etwa 1km vom Zentrum, kann man gut frischen Fisch essen. Im geräumigen **Europa** am Rynek geht es von allen Bars am fröhlichsten zu.

Czaplinek und der Drawsko-See

40 Kilometer westlich von Szczecinek liegt der **Jezioro Drawsko** (Großer Lübbesee). Das ruhige, tiefe und klare Gewässer gehört mit einer Länge von rund 10 Kilometern zu den größten pommerschen Seen. Im Sommer sieht man häufig Gruppen polnischer Touristen, die in ihren Kanus auf dem See umherrudern. Man kann ihnen nacheifern und beim Bootsverleih in Czaplinek, der wichtigsten Stadt der Region von Drwasko, ein Kanu mieten. Zudem lässt es sich hier ganz hervorragend wandern, denn vom See aus gibt es kilometerlange Pfade, die in alle Himmelsrichtungen durch die Wälder führen.

Oberhalb des südlichen Ufers des Drawsko-Sees liegt **Czaplinek/Tempelburg**, eine frühe Slawenfestung, die später von den Rittern des Deutschen Ordens den brandenburgischen Gebieten einverleibt wurde. Über dem Ort hängt ein verschlafener Zauber. Der Tourismus hat das ruhige Leben hier noch nicht beeinträchtigt. Von Marktplatz, wo die Busse Szczecin–Szczecinek halten, führen die Straßen hinaub zur einzig wahren Attraktion der Stadt, dem Seeufer. Es ist ruhig dort, Bäume spenden Schatten, und man kann Kanus und Boote mieten. Ein Pfad führt am See entlang nach Norden zum städtischen Strand (etwa 1.500 m vom Zentrum) und dann weiter an einigen Badestellen vorbei, die zu den Campingplätzen am nördlichen Stadtrand gehören. Je weiter man nach Norden geht, umso wilder wird das Waldgebiet. Wenn die dichten Bäume die Sicht einmal frei geben, gibt es herrliche Ausblicke auf den See. Kurz vor Stary Drawsko erreicht der Pfad die Hauptstraße.

• *Verbindungen* **Busse** verkehren regelmäßig nach Szczecin und Szczecinek und sind die beste Möglichkeit, die Stadt zu erreichen und zu verlassen. Der **Bahnhof** befindet sich etwa 3 km südlich der Stadt und wird nur sporadisch von Bussen bedient.

• *Übernachten/Essen* Für eine Übernachtung bieten sich das **Hotel Pomorski**, ul. Jagiellońska 11 (✆ 094/375 5444; F), an, ein moderner Block mit nützlichen Zimmern mit Bad, sowie das schicke und insgesamt bessere **Elektor** am Rynek 4 (✆ 094/375 5086, www.bci.pl/elektor; D). Es gibt auch einen schönen **Campingplatz** am See, 1 km nördlich der Stadt, ul. Drahimska 79/81 (✆ 094/375 5168), mit eigenem kleinen Strand und einer Bootsanlegestelle.

Stary Drawsko

6 Kilometer nördlich von Czaplinek liegt, überragt von den Ruinen einer Burg aus dem 14. Jahrhundert, **Stary Drawsko**. Das friedliche Dorf befindet sich auf einer Landzunge zwischen dem Drawsko-See im Westen und dem Żerdno-See im Osten. Doch es ist sehr schwierig ans Ufer der Seen zu gelangen, da diese in privater Hand sind. Es sei denn, Sie entscheiden sich, in der Ferienanlage **Kleofas** (✆ 094/375 8877; F) zu übernachten. Hier kann man Hütten mit Dusche und TV mieten, und es gibt einen eigenen Strand mit Bootsverleih. Ein weitere Übernachtungsmöglichkeit ist die freundliche Pension **Chata Toniego** (✆ 094/375 8879; F) im nahen Weiler Nowe Drawsko, 3 km westlich gelegen.

Łeba und Umgebung

Von allen polnischen Badeorten an der See ist **Łeba/Leba** der berühmteste. Das anziehende alte Fischerdörfchen an der Mündung des gleichnamigen Flusses bietet Kilometer über Kilometer unwiderstehlichen Sandstrand mit dahinterliegenden Dünen. Es ist klein genug, um die Atmosphäre eines Dorfes auszustrahlen, wird aber im Sommer von so vielen Urlaubern besucht, dass hier richtig etwas los ist. Die größeren **Dünen** (wydym), gleich westlich des Ortes im **Słowiński-Nationalpartk**, gehören zu Polens faszinierendsten Naturschönheiten und locken Horden von Besuchern an. Wer den Mengen entfliehen möchte, findet unverdorbene Kiefernwälder und silbrige Sandstrände ganz in der Nähe.

Das Dorf selbst liegt etwa einen Kilometer vom Meer entfernt. Wegen der Wanderdünen musste es im späten 16. Jahrhundert ins Landesinnere verlegt werden. Heute bedecken Dünen und Strände den alten Standort. Busse und Züge halten zwei Blocks westlich der ul. Kościuszki, die mitten durch das Dorf führt. Die Straße wird auch heute noch von einigen einstöckigen Fischerhäusern aus Ziegelstein gesäumt, wie sie für diese Region typisch sind. Etwas weiter nördlich überbrückt die ul. Kościuszki einen Arm der **Łeba**, wo Fischkutter und Ausflugsboote anlegen, biegt dann nach Osten und heißt nun Nadmorska. Diese Strandpromenade führt zu den großen Hotels und Campingplätzen. Im Sommer ist hier einiges geboten: Dann sind zahlreiche Besucher zu den langen Sandstränden unterwegs, die als die saubersten an der ganzen Ostseeküste gelten. Nicht nur Polen haben im Laufe der Jahre diese schöne Gegend genossen: Wenn man durch den Park wandert, der den Hauptzugang zu den Stränden von der Nadmorska aus bildet, passiert man das ehemalige Sommerhaus des nationalsozialistischen Propaganda-Chefs Josef Goebbels.

Auch westlich des Ortes gibt es einen Strand. Man folgt der ul. Turystyczna von Bahnhof und Busbahnhof aus und läuft an einem neuen Yachthafen und der Abzweigung nach Rąbka vorbei. So kommt man zu einigen am Strand gelegenen Campingplätzen. Hinter dem PTTK Campingplatz führt ein Pfad in den Wald zu den kärglichen Ruinen der St. Nikolauskirche. Sie sind der einzige Hinweis auf den ursprünglichen Standort des Dorfes.

• *Information* Im Internet kann man sich unter www.leba.pl informieren. In der ul. 11 Listopada, nahe bei Bahnhof und Busbahnhof, befindet sich das Biuro Promocji Miasta Łeby, die örtliche **Touristeninformation** (im Sommer: Mo–Fr 9–16 Uhr, Sa u. So 10–13 Uhr; im Winter Sa u. So geschlossen; ✆ 059/866 2565). Hier ist man bei der Suche nach **Privatzimmern** (H) und **Pensionen** (G–H) behilflich. Zwei weitere Büros vermitteln Unterkünfte zu ähnlichen Preisen, **Przymorze**, gegenüber vom Bahnhof, Dworcowa 1 (✆ 059/866 1360, przymorze@poczta.onet.pl), und **Centrum turysticzne Łeba** (✆ 059/866 2277), ein paar Block östlich in der Kościuszki 64. Falls die Büros geschlossen sind, halten Sie in der Nadmorska und den umliegenden Straßen Ausschau nach "*pokoje*"-Schildern, die auf freie Zimmer hinweisen.

• *Übernachten* Unter den günstig gelegenen **Pensionen** bietet das **Pod Krokodylem**, ul. Turystyczna 7 (✆ 059/ 866 2105; G), gleich bei Bahnhof und Busbahnhof an der Straße nach Rąbka, einfache Zimmer. Die ziemlich große Pension **Anna**, ul. Dworcowa (✆ 059/866 1371; F), gleich beim Bahnhof, hat Zimmer mit Balkon und einen hübschen Vorgarten. Das **Hotel Kowelin**, nahe der Hauptstraße in der Nad Ujściem 6 (✆ 059/866 1440 oder 866 1466; G), bietet ziemlich kleine Zimmer mit Bad und TV, die meisten mit Balkon. Der Betonkomplex **Wodnik**, Nadmorska 10 (✆ 059/866 1366, www.maxmedia.pl/wodnik; E), liegt unweit vom Strand und besteht aus mehreren Pavillons. Alle Zimme haben TV und Telefon. Wenn Sie etwas mehr ausgeben möchten, wählen Sie das charmante **Hotel Neptun**, ul. Sosnowa 1 (✆ 059/866 1432 oder 866 2331, www.infocity.com.pl/neptun; C), eine hundert Jahre alte Villa mit einem falschen Türmchen. Sie war nach dem 2. Weltkrieg in ein fabrikeigenes Erholungsheim umfunktioniert worden und verlor dabei viel von ihrem Belle-Epoque-Glanz. In den 1990er Jahren wurde sie renoviert. Nun ist sie ein nobles Hotel, direkt am Strand, von Kiefern umgeben und besitzt einen eigenen Swimmingpool. Für Camper, die hier im Sommer zahlreich vorhanden sind, gibt es mehrere **Campingplätze** entlang der ul. Turystyczna und der ul. Nadmorska, alle in Strandnähe. Einige vermieten auch Bungalows. Die besten sind **Ambre**, in der Nadmorska (✆ 059/866 2472), ein großer, gut organisierter und von Birken beschatteter Platz; und der PTTK-Platz am Ende der Turysticzna, gleich am Strand.

• *Essen* Es gibt Unmengen von **Snackbars**, die frischen, gebratenen Fisch verkaufen (*smarzona ryba*). Zu den besten zählt die **Tawerna Rybacka Konopa**, nahe der Hauptstraße in der Wybreże. Es ist ein großer Schuppen mit Holztischen, in dem ausgezeichneter Heilbutt neben Lachs und Forellen angeboten wird. Die **Pizzeria** in der Wojska Polskiego gegenüber dem Rybak-Kino ist zwar klein, hat aber eine große Auswahl an Pizzen und eine kleine Außenterrasse. Im eleganteren **BD**, Kościuszki 35, gibt es eine große Auswahl an Fleisch- und Fischgerichten in angenehmer Umgebung. Außerdem kann man hier frühstücken. Das Restaurant des Hotels **Neptun** serviert internationale und polnische Küche in formeller, steifer Atmosphäre. Gebäck und Kuchen zum Mitnehmen findet man in den ausgezeichneten Bäckereien in der Kościuszki 25 und 46.

Trinken kann man an allen Fischständen. **Viking Bar**, nahe der Brücke am Anfang der Straße nach Rąbka, wird gern von Warschauern besucht. Das **Café Mozart** am westlichen Ende der Wojska Polskiego, hat eine einfache Disco im oberen Stockwerk, wo man ebenfalls etwas trinken kann.

Der Słowiński-Nationalpark

Westlich von Łeba liegen die Seen und Sanddünen des Słowiński-Nationalparks, die zu den eigenartigsten, aber sicher faszinierendsten Naturschönheiten Polens zählen. Immerhin ist das Naturschutzgebiet so bedeutend, dass es in die UNESCO-Liste der schützenswerten Biosphären und Naturlandschaften aufgenommen wurde.

Der Park erhielt seinen Namen von den **Slowinzen**, einer kleinen Gruppe slawischer Abstammung, die sich genau wie ihre Nachbarn, die Kaschuben, trotz jahrhundertelanger Germanisierung ihre Individualität bewahrt haben.

Das ganze Gebiet ist ein Paradies für Ornithologen, denn im Park leben mehr als 250 Vogelarten. Ein Teil davon sind allerdings Zugvögel, die hier ihre Reise in den

Süden unterbrechen. Die 600 Seen, die sich rund 30 Kilometer an der landschaftlich schönen Küste entlang ziehen, locken vor allem Angler an. Die Gletscherseen, die in das Flusssystem integriert sind, eignen sich zum Kanufahren. Beide Aktivitäten sind hier sehr beliebt.

Immer wieder sterben Bäume durch die Wanderdünen ab

Geomorphologisch ist die Region sehr ungewöhnlich: Die flachen Lagunen, die die Mitte des Parks bedecken, formten einst einen Golf, der durch Sandablagerungen langsam vom Meer abgetrennt wurde. Zwischen ihnen entwickelte sich vor etwa 2000 Jahren ein kleiner Streifen Land, dessen dichte Bewaldung mit Eichen und Birken durch Abbholzung und Abgrasung langsam gerodet wurde. Der Wald verschwand unter den Dünen, die den 30 Kilometer langen Streifen überlagerten. Auf diese Weise von den wenigen urspünglichen Einwohnern den Elementen überlassen, stellte das große Gebiet beweglichen Sandes während des Zweiten Weltkriegs ein ideales Übungsgelände für die Einheiten des Afrika-Korps dar. Sie bereiteten sich hier auf die Härten der nordafrikanischen Kampagne des Feldmarschalls Rommel vor. Gegen Ende des Krieges wurde die Landzunge westlich von Łeba in ein Raketenforschungszentrum umgewandelt: Die hier getesteten Flugkörper waren enge Verwandte der gefürchteten V1- und V2-Raketen, die London bombardierten.

Der Osteingang zum Park liegt bei **Rąbka**, einem kleinen Ferienort am Ufer des Łębsko-Sees, 20 Minuten zu Fuß von Łeba entfernt. Man läuft die ul. Turystyczna aus dem Ort heraus und biegt nach etwa 1 km nach links ab. Man kann auch ein Boot oder einen Touristenzug nehmen, die in Wirklichkeit Elektrobusse sind. Sie fahren während der Saison von der Brücke über den Fluss Łeba in der Turystyczna ab. Rąbka besteht im Großen und Ganzen nur aus einer Reihe von Häusern und einigen Snackbars in Seenähe. Ein dichter Schilfgürtel macht den Zugang zum See schwierig, bietet Vögeln aber idealen Unterschlupf. Die wichtigsten Brutstätten sind als Schutzgebiete ausgewiesen.

Die Pfade zu den Dünen beginnen am Westrand von Rąbka. Hier erhält man an einem Kiosk die Eintrittskarten zum Park sowie Landkarten (Eintritt 2 Zł, geöffnet 8 Uhr bis zur Dämmerung). Wer wenig Zeit hat, kann statt zu laufen eine Pferdekutsche nehmen (20 Zł pro Person), den Touristenzug (3 Zł) oder eines der Golffahrzeuge (10 Zł), die am Parkeingang warten. In der Hochsaison gibt es einige Boote vom Anlegesteg in Rąbka. Am beliebtesten aber ist der Ausflug mit einem Leihrad (4–6 Zł pro Stunde). Man folgt dabei einer engen Schotterstraße, die vom deutschen Militär im 2. Weltkrieg angelegt wurde und als Raketenversuchsbasis diente. Am Straßenrand gibt es einige kegelförmig überdachte Betonbunker.

Karte S. 680/681

Drei Kilometer westlich von Rąbka befindet sich eine kleine Lichtung, die unter dem Namen **Vyrzutnia** (Abschussrampe) bekannt ist, denn hier unternahm das deutsche Militär 1943–1945 Raketenversuche. Ein **Museum** in einem der Beobachtungsbunker zeigt Fotos von Łeba vor dem Krieg und Diagramme von Raketen, die von Hitlers Wissenschaftlern entwickelt wurden. Die Erste war die gedrungene fünfeinhalb Meter lange *Rheintochter*, die jedoch von dem größeren *Rheinboten* übertroffen wurde, einem schlanken 11-Meter-Gerät, das den heutigen Raketen sehr ähnlich war. Trotz der über 80 Versuche wurde der Rheinbote nie eingesetzt. Stattdessen entschieden sich die Deutschen für die V2-Raketen, die von einem anderen Team in Peenemünde, Ostdeutschland, entwickelt worden waren. Außerhalb der Bunker ist eine Raketenabschussbasis – ein Betonschacht, über dem oben Schienen verlaufen – zu sehen. Hier hinauf wurde die Startrampe gehievt. Ein paar verrostete Teile der Rheintochter liegen im Sand herum, außerdem eine sowjetische Rakete aus den 1950er Jahren, die man von irgendwo hierherbrachte und die fast die gleiche Konstruktion aufweist wie der Rheinbote – ein klarer Beweis dafür, wie die Supermächte des Kalten Krieges nach 1945 die Technologie der Nazis nachahmten.

Öffnungszeiten **Museum** – April–Okt. Tägl. 9–17 Uhr. Eintritt 5 Zł.

Die Dünen: Wer mit dem Boot oder Touristenzug ankommt, muss in Vyrzutnia aussteigen und zu Fuß zu den Dünen laufen. Man folgt einem Pfad nach Westen durch dichten Wald und gelangt nach 2 km zum Fuß des **Biała Góra** (weißer Berg), der ersten und mit 40 m höchsten Düne, die sich etwa 5 km nach Westen ausbreitet.

Schon ein kurzer Abstecher vermittelt einen bleibenden Eindruck von dieser Naturschönheit. Von der Sonne gebleicht und vom Wind getrieben wandern die Dünen pro Jahr über 10 Meter weit; zurück bleiben kahle Baumstümpfe, die unterwegs überall zu sehen sind. Mitten in der Dünenlandschaft kommt man sich verlassen wie in der Wüste vor. Der Sand kräuselt sich im Wind, und es entsteht der beunruhigende Eindruck, der Boden würde einem unter den Füßen "wegfließen", während sich die Formen der Dünen ständig verändern.

Überquert man die Dünen Richtung Norden, erreicht man in wenigen Minuten die Küste. Man kann den Strand entlang (8 km) nach Łeba zurückmarschieren, wenn

Die Fauna des Naturparks

Die Vögel im Park werden drei Hauptgruppen zugeordnet: Es gibt nistende, wandernde und überwinternde Arten. Zu den Nistvögeln zählen der seltene Weißschwanzadler, der Kranich, der Uhu sowie der Schwarze Storch. Auch den weißen Storch tirfft man hier häufig an – auf einem Telegrafenmasten entdeckt man hin und wieder ein Storchennest. Zur Wanderzeit im Spätherbst sind große Scharen von Wildgänsen zu sehen, die über die Seen fliegen, und im Winter entdeckt man Enten und verwandte Arten aus Nordeuropa, die an der wärmeren Südküste der Ostsee eine Zuflucht finden. Darunter finden sich z. B. die Große Trauerente, der Gänsesäger, der Alk und der Singschwan.

Es gibt hier auch eine große Vielfalt an Säugetieren: Am Seeufer sind Hirsche und Wildschweine, Elche, Waschbären und in den umliegenden Wäldern Dachse heimisch. Rote Eichhörnchen sind in den Bäumen am Łeba-See ein gewohnter Anblick, und Füchse durchsuchen nachts die Abfalltonnen des Dorfes.

man nicht auf demselben Weg zurückkehren will. Wer die Herausforderung liebt, kann in der entgegengesetzten Richtung am Strand entlang laufen und dann ins Landesinnere nach Smołdzino, 12 km südwestlich. Allerdings gibt es von dort keinen Bus zurück nach Łeba.

Kluki und Smołdzino

20 Kilometer südwestlich von Łebo, am südlichen Ende des Łeba-Sees liegt das kleine slowinzische Dorf **Kluki**. Es ist per Bus ab Słupsk und per Boot ab Łeba in den Sommermonaten erreichbar. Kluki ist ganz von Wald umgeben und besitzt ein Freilichtmuseum (skansen) mit Fachwerkarchitektur. Gebäude wie im Museum können Sie auch heute noch in den verschiedenen Dörfern der Region bewohnt sehen, jedoch sind sie ziemlich baufällig.

Öffnungszeiten Mitte Mai–Sept. Di–So 9–16 Uhr, Okt.–Mitte Mai Di–So 9–15 Uhr.

Weitere 10 km westlich von Kluki liegt Smołdzino. Hier befindet sich das **Museum für Naturgeschichte** (Muzeum Przyrodnicze Słowińskiego Parku Narodowego) mit einer umfangreichen Sammlung aus der Pflanzen- und Tierwelt des Parks. Im Büro der Parkverwaltung kann man sich ausführlich über das Gebiet informieren und auch Tipps erhalten, welches die besten Stellen am See sind, um Vögel zu beobachten. Gleich westlich des Dorfes befindet sich der 115 m hohe Rowokół-Hügel, von dessen Aussichtsturm man einen Blick über das ganze Parkgebiet genießt. Es gibt im Ort eine Jugendherberge, die nur im Sommer geöffnet ist (ohne Telefon), und ein paar Privatzimmer. Da es kein Touristenbüro gibt, muss man nach "pokoje"-Schildern Ausschau halten.

Öffnungszeiten **Museum** – tägl. 9–17 Uhr. Eintritt 4 Zł.

Die mittelpommersche Küste

Westlich von Łeba liegt eine Reihe von Seebädern, angefangen von recht entspannten Orten wie **Ustka**, **Darłowo** und **Mielno** bis hin zum großen **Kołobrzeg**, einem Hauptort des polnischen Massentourismus. Ein wenig mehr im Binnenland liegen die Verwaltungszentren **Słups** und **Koszalin** – wichtige Transportknotenpunkte, die man auf der Straße zur Küste passiert, die jedoch an und für sich kaum einen Halt wert sind.

Słupsk/Stolp

Wenn man von Łeba in Richtung Westen auf der Straße weiterfährt, die im Hinterland parallel zur Küste verläuft, gelangt man nach 40 km nach Słupsk, dem ersten größeren Ort inmitten grüner Felder.

Die frühe slawische Ansiedlung Słupsk wurde fast während ihrer gesamten Geschichte von den pommerschen Herzögen und den brandenburgischen Markgrafen regiert. Die wenigen Sehenswürdigkeiten der Stadt kann man in ein oder zwei Stunden besichtigen. Am Ufer des Flusses Słupia am Südostrand des Zentrums befindet sich das **Muzeum Pomorza Środkowego** (Museum Mittelpommerns) in einem Renaissance-Schloss in der Zamkowa. Neben einer volkskundlichen Abteilung besitzt es eine große Sammlung moderner polnischer Kunst, insbesondere eine Serie der verzerrten Karrikaturen und Selbstporträts von Stanisław Ignacy Witkiewicz, dem Anvantgardisten und Drehbuchautor, der kurz nach Beginn des Zweiten Weltkriegs Selbstmord beging.

Öffnungszeiten Juli–Aug. tägl. 10–17 Uhr, Sept.–Juni Mi–So 10–16 Uhr. Eintritt 4 Zł.

Karte S. 680/681

Słupsk – gute Ausgangsbasis für Ausflüge in den Słowiński-Nationalpark

Auch die alte **Schlossmühle** sollte man sich ansehen, denn sie ist eine der ältesten ihrer Art in Polen. Es sind dort ebenfalls zahlreiche volkskundliche Gegenstände ausgestellt (Öffnungszeiten wie Museum). In der rekonstruierten gotischen **Dominikanerkirche** finden sich ein schönes Altarbild aus der Renaissance und die Ruhestätten der letzten Herzöge von Pommern.

- *Information* Es gibt eine hilfreiche **Touristeninformation** in der ul. Wojska Polskiego 16 (Mo–Fr 9–17 Uhr; ✆ 059/ 842 0791).
- *Anfahrt/Verbindungen* Der **Busbahnhof** liegt in Słupsk genau gegenüber vom **Bahnhof**, am westlichen Ende der ul. Wojska Polskiego, dem 1 km langen Boulevard, der ins Zentrum führt. Es gibt Verbindungen nach Darłowo. Die Busse nach Ustka starten in der al. Wojska Polskiego gleich um die Ecke.
- *Übernachten* Als Unterkunft bietet sich z. B. das **Hotel PTTK** an, ul. Szarych Szeregów 1 (✆ 059/842 2902; H–G), vom Zentrum aus auf der anderen Seite des Flusses. Das **Zamkowy**, in der Nähe des Schlosses, ul. Dominikańska 9 (✆ 059/842 5294; F), hat elegantere Zimmer mit Bad und TV.
- *Essen* Am besten isst man im **Pod Kluką**, ul. Kaszubska 22, östlich des PTTK-Hotels. Es bietet solide polnische Küche zu vernünftigen Preisen.

Ustka/Stolpmünde

Das Städtchen **Ustka**, 20 km nordwestlich von Słupsk gelegen (und mit dem Bus oder Zug zu erreichen), war früher einmal Mitglied des Hansebundes. Seit über hundert Jahren ist es ein beliebter Urlaubsort. Es ist eine recht moderne Stadt mit zahlreichen Schiffswerften an der Mündung des Flusses Słupia. Das Fehlen architektonischer Besonderheiten wird weitgehend durch die Strände wettgemacht. Sie gehören zu den schönsten an der Ostsee und erstrecken sich in Richtung Westen bis zum Słowiński-Nationalpark.

Vom Hafen aus führt eine Uferpromenade Richtung Osten zum größten Badestrand der Stadt. Hier gibt es einen gepflegten Park und die übliche Ansammlung von bescheidenen Cafés und Eisbuden. Es lohnt sich, auf der Promenade weiterzugehen zu den wilderen Teilen der Küste mit ihren Dünen und Wald dahinter. Hinter der Promenade befinden sich einige Fachwerkvillen aus dem 19. Jahrhundert, die einzigen Erinnerungen an eine Zeit, als Ustka – damals Stolpmünde – ein bevorzugter Badeort der preußischen Elite war.

• *Information/Verbindungen* Das Fremdenverkehrsbüro in der Marynarki Polskiej 87 (Juli–Aug. tägl. 8–19 Uhr, Sept.–Juni Mo–Fr 8–16 Uhr; 059/814 7170) vermittelt **Privatzimmer** und **Pensionen**. Wer spät ankommt, sollte am Ostende des Ortes in Nähe der ul. Rybacka nach *noclegi*-Schildern suchen.

Der **Busbahnhof** liegt gleich bei der Hauptstraße, Marynarki Polsliej, der **Bahnhof** einen Block weiter östlich in der u. Dworcowa. Folgt man der Marynarski Polskiej nordwärts, erreicht man den **Hafen**.

• *Übernachten/Essen* Es gibt eine ständig wachsende Zahl an modernen, mittelgroßen Hotels. Empfehlenwert ist das **Rejs**, Marynarki Polskiej 51 (✆ 059/814 7850; E), in einem nachgemachten Fachwerkhaus, wie sie früher typisch für die Region waren. Es hat schöne, schicke Zimmer mit Bad. Das **Dajana**, an der Uferpromenade, Chopina 9 (✆ 059/814 4865; C; 50 % Ermäßigung außerhalb der Saison), bietet Zimmer in Pastellfarben mit Kiefernholzmöbeln.

Gebrater Fisch ist an den Pavillons der Uferpromenade erhältlich. Den besten gibt es beim **Korsarz**, am westlichen Ende, einem gewinnend geschmacklosen Platz mit Haien, die von der Decke herabhängen. Etwas teurer ist es bei **Sedme Niebo**, das zum Hotel Rejs gehört, einem klassischen Restaurant mit spärlichem Licht und förmlichem Service. Die beste einer Reihe von Pizzerias entlang der Marynarki Polskiej ist die **Tawerna Kapitańska** (auch **Bar Italia**). Hier gibt es Pizza und vernünftige Nudelgerichte in schlichter Umgebung.

Darłowo/Rügenwalde und Umgebung

Anziehender als Ustka ist Darłowo/Rügenwalde. Es liegt 40 km westlich, etwas weiter im Landesinneren an der Wieprza/Wipper. Es ist mit einigen Bussen täglich von Ustka und häufigeren Bussen von Słupsk aus erreichbar. Nördlich der Stadt liegen die beliebten Strände des Vorortes Darłówko/Rügenwaldermünde, während Darłowo selbst einen schönen, historischen Altstadtkern besitzt.

Den **Rynek** beherrschen ein anmutig rekonstruiertes Rathaus mit einem bezaubernden Renaissanceportal und ein wunderschön gestalteter Brunnen. An einer Seite des Platzes steht die hübsche gotische **Pfarrkirche St. Marien** aus Backstein, deren Innenräume in zurückhaltendem Barock ausgestattet sind. Die hölzerne Kanzel aus dem 18. Jahrhundert ist mit Szenen des letzten Gerichts dekoriert. Unter dem Turm befinden sich die Grabstätten einiger Könige, unter anderem auch die des berüchtigten Königs Eryk VII. (1397–1459), ein hier geborener Adliger, der später den Thron von Dänemark, Schweden und Norwegen erklomm und Philippina, die Tochter Heinrichs V. von England heiratete. Als er sie später leid war, verbannte er sie ins Kloster. 1439 wurde er abgesetzt, kehrte nach Darłowo zurück und verbrachte seine letzten Lebensjahre hier als Herzog von Słupsk. Dabei lebte er von Piraterie auf der Ostsee. Neben der Pfarrkirche wurde ein Friedhof mit alten deutsch-pommerschen Grabsteinen angelegt. Außerdem wurde ein Gedenkstein aufgestellt, der an die wechselvolle Geschichte Pommerns erinnert und auf eine "neue, nachwachsende Generation" verweist.

Südlich des Rynek befindet sich das gut erhaltene Schloss der Herzöge von Pommern aus dem 14. Jahrhundert, in dem ein interessantes **Regionalmuseum**

Großpolen und Pommern
Karte S. 680/681

untergebracht ist. Es zeigt Exponate hiesiger Volkskunst und Möbel des Schlosses, vor allem die reich verzierte Lindenholzkanzel aus dem 17. Jahrhundert, die einst die Schlosskapelle schmückte.

Öffnungszeiten **Regionalmuseum** – Mitte Juni–Ende Aug. Mo–Fr 10–17.30 Uhr, Sa u. So 10–15.30 Uhr, Sept.–Mitte Juni tägl. 10–13.30 Uhr. Eintritt 6 Zł.

Etwa 400 m nordöstlich des Rynek an der ul. Ojca Damiana Tyneckiego befindet sich die außergewöhnliche, weiß gekalkte **Kapelle St. Gertrud.** Es ist ein zwölfseitiges Gebäude aus dem 17. Jahrhundert, das von einem spitz zulaufenden Dach (sieht aus wie ein umgekehrtes Eiscreme-Tütchen) gekrönt wird, welches mit schmalen Holzziegeln gedeckt ist. Im Inneren schmücken Bilder von Schuhen und Stiefeln frommer Handelsleute die Wände, da die heilige Gertrud u. a. die Schutzherrin der Schuster war.

3 Kilomter westlich von Darłowo (erreichbar mit Shuttlebussen vom Busbahnhof) liegt **Darłówko,** ein grüner Urlaubsort mit niedrigen Häusern, an der Mündung der Wieprza/Wipper. Die Fluss ist voller Fischerboote und wird von einer Fußgänger-**Zugbrücke** überspannt. Der pilzförmige Kontrollturm sieht aus, als sei er einem Sciencefiction-Film aus den 1960er Jahren entsprungen, und gilt als große Attraktion. Es gibt die üblichen Strände mit Wald im Hintergrund, insgesamt ein erholsamer Ort für ein paar Tage am Meer.

Motorisierte Besucher, die nicht in Eile sind, sollten sich einen Abstecher über die Nebenstraßen westlich von Darłowo gönnen. Die Strecke führt durch eine schöne Landschaft mit Feldern, Wäldern und stillen, alten pommerschen Dörfern. Die unverwüstlichen deutschen Bauernhäuser aus Fachwerk halten sich immer noch aufrecht, genau wie die ebenso alten Backsteinkirchen. Ein typisches und schönes Beispiel dafür findet sich in **Iwięcino,** einem winzigen Dorf auf halbem Weg zwischen Darłowo und Koszalin. Die Kirche aus dem 14. Jahrhundert besitzt eine dezent bemalte Holzdecke, Kirchenbänke aus dem 16. Jahrhundert, ein filigranes Altarbild aus der Renaissance und eine prachtvolle spätbarocke Orgel.

• *Information* Das örtliche **Informationsbüro** ist im Schloss (s. o., gleiche Öffnungszeiten) untergebracht; ✆ 094/314 3051). Man ist bei der Suche von Privatzimmern und Pensionen in Darłowo und Darłówko behilflich.

• *Anfahrt/Verbindungen* Darłowos **Busbahnhof** liegt westlich des Zentrums. Zum Rynek läuft man die ul. Bogusława X-ego hinunter und überquert den Fluss.

• *Übernachten* Zu den Unterkunftsmöglichkeiten in Darłowo gehört z. B. das **Hotel Irena** zwischen Busbahnhof und Rynek, ul. Wojska Polskiego 64 (✆ 094/314 3692; F). Das **Hotel nad Wieprźa**, gleich westlich des Zentrums, ul. Traugutta 6 (✆ 094/314 3637; F), ist wie das Irena ein Mittelklassehotel mit vernünftigen Zimmern mit Bad. In Darłówko ist die Auswahl etwas größer. Eine einfache, aber gemütliche **Pension** ist z. B. das **Albatros**, ul. Wilków Morskich 2 (✆ 094/314 3220; G). Unter den **Hotels** bietet das **Nord**, ul. Plazowa 4 (✆ 094/314 4351; F), komfortable Zimmer mit Bad. Etwas feudaler ist das **Klub Plaza**, ul. Słowiańska 3 (✆ 094/314 3120; E), dessen Zimmer TV besitzen. Es gibt einen **Campingplatz** auf halbem Weg zwischen Darłowo und Darłówko, ul. Conrada 20 (✆ 094/314 2872).

• *Essen* Am Rynek von Darłowo gibt es eine einzige, recht einfache **Pizzeria**, ansonsten wenige **Restaurants**. In Darłówko verkaufen zahlreiche **Imbissstände** in der Saison die üblichen Sachen: Eis, Fisch und Bier.

Koszalin/Köslin

Die geschäftige Provinzhauptstadt **Koszalin,** 25 km westlich von Darłowo gelegen, wird sogar von touristischen Hochglanzbroschüren als etwas farbloser Ort bezeichnet. Wie so viele Städte in dieser Gegend wurde die Altstadt 1945 stark beschädigt, und beim Wiederaufbau kam es vor allem auf Zweckmäßigkeit an. Koszalin liegt 10

Kilometer vom Meer entfernt und ist alles andere als ein Urlaubsort. Doch auf dem Weg zu den Stränden von Mielno, Unieście und Kołobrzeg landet man in der Regel am dortigen Bahnhof oder Busbahnhof.

Es gibt die üblichen, dünn gesäten Sehenswürdigkeiten, falls Sie Zeit totschlagen müssen. Der moderne, gepflasterte Rynek weist eines der merkwürdigsten Beispiele polnischer Architektur aus den 1960er Jahren auf: ein orangefarbenes und blaues Rathaus. Es war damals der Inbegriff kühler Modernität.

Gleich südlich vom Rynek steht die **Marienkathedrale**, ein imposanter gotischer Bau, in dem u. a. ein großes Kruzifix aus dem 14. Jahrhundert und gotische Statuen zu sehen sind. Sie stammen von dem ursprünglichen Hauptaltar und wurden in das Chorgestühl, die Kanzel und die Orgelempore eingegliedert. In der **Wassermühle** aus dem 19. Jahrhundert, die gegenüber der Stadtmauer an der Ecke der ul. Młyńska steht, ist das **Regionalmuseum** (Nr. 38) untergebracht. Der interessanteste Teil ist das wieder aufgebaute Bauernhaus im Museumshof, das so typisch für die pommersche Küstenregion ist.

• *Öffnungszeiten* **Regionalmuseum** – Di–So 10–16 Uhr. Eintritt 5 Zł.

• *Information/Anfahrt* Die **Touristeninformation** in der ul. Dworcowa 10 (Mo–Fr 8–17 Uhr; ✆ 094/342 7399) gibt Auskunft über die benachbarten Urlaubsorte. **Bahnhof** und **Busbahnhof** liegen 10 Gehminuten westlich vom Rynek.

• *Übernachten/Essen* Sehr empfehlenswert ist das **Turystyczny** gleich östlich vom Rynek, ul. Głowackiego 7 (✆ 094/342 3004; H), mit einfachen Zimmern und Gemeinschaftsbädern. Das wesentlich feudalere **Arka**, zwischen den Bahnhöfen und dem Rynek, ul. Zwycięstwa 20 (✆ 094/342 7911; C), ist bei westlichen Geschäftsleuten sehr beliebt.

Zum Essen bietet sich das **Maredo** an, Zwycięstwa 13. Hier gibt es polnische Gerichte in einer netten Fastfood-Atmosphäre. In der **Bar-Pizzeria** am nordöstlichen Ende des Rynek bekommt man unverfälschte, leckere Pizzas.

Mielno und Unieście

Vom Bahnhof Koszalin fährt etwa alle 30 Minuten der Bus Nr. 1 zum ungefähr 12 km nordwestlich gelegenen **Mielno/Großmöllen**, einer zerstreuten Siedlung an der Küste, die sich bis **Unieście/Nest** im Osten erstreckt. Es ist die Endstation fast aller Busse. Während Mielno früher der wichtigste Hafen für Koszalin war, ist es heute ein eher ruhiger gelassener Küstenurlaubsort. Ein großer Binnen-Salzwassersee garantiert jedoch an allen Sommerwochenenden den Ansturm vieler Bootsbesitzer.

Am besten steigt man am westlichen Ortseingang aus dem Bus. Von dort führt die ul. 1 Maja zu einer Strandpromenade, auf die ein paar Ferienvillen im Belle-Époque-Stil hinabblicken, darunter auch einige attraktive, aber ziemlich wackelige Fachwerkhäuser. In etwa einer Stunde erreicht man von hier zu Fuß Unieście, einen vergleichsweise verschlafenen, dörflichen Ort. Hölzerne Fischerboote sind dort auf den Strand, der von Dünen begrenzt ist, hinaufgezogen. Je weiter man Richtung Osten läuft, umso ursprünglicher (und einsamer) wird es. Wenn Sie Unieście hinter sich gelassen haben, sind es 10 Kilometer bis zur nächsten Siedlung.

• *Information* Die Touristeninformation (Mo–Fr 9–17 Uhr; ✆ 094/318 9955) gleich bei der Bushaltestelle, hält eine Liste von Privatzimmern (I) und Pensionen (H) in beiden Orten bereit.

• *Übernachten/Essen* Von den **Hotels** ist das **Eden** in idealer Nähe zum ruhigen Ende des Strandes gelegen. Es ist ein Gebäude in unpassend alpinem Stil am Ortsende von Unieście in der Morska 20 (✆ 094/318 9735; I) mit spärlich möblierten, aber angenehmen Zimmern mit Gemeinschaftsbad. Mitten zwischen Mielno und Unieście befindet sich das recht kleine **Czarny Staw**, ul. Chrobrego 11 (✆ 094/ 318 9835; H), mit einfachen Zimmern mit Bad, die ihren Preis wert sind. Am andern Ende der Skala ist das moderne **Willa Milenium**, im Zentrum von Mielno, ul. 1 Maja 10 (✆ 094/318 9674; D), ein Bau im Fachwerkstil der nahen Villen. Es bietet alles, was das Herz begehrt. Der **Campingplatz Bulaj** befindet sich auf einem Wiesengelände am Westende von Unieście an dem See.

Wer gern Fisch isst – oder auch nur was zu trinken wünscht, geht am besten ins **Café Flayn**, einem hellen Pavillon voller Pflanzen und mit je einer Terrasse an der Vorder- und an der Rückseite. Es liegt dort, wo die ul. 1 Maja das Meer erreicht.

Kołobrzeg/Kolberg

Kołobrzeg, Polens größtes Ferienzentrum an der Ostsee, Seebad und Kurbad in einem, lockt jährlich über eine Million Besucher an. Es liegt rund 40 Kilometer in westlicher Richtung von Koszalin und ist per Bus oder Zug erreichbar.

Allerdings ist Kołobrzeg auch der am meisten verstädterte Urlaubsort: Die Hotels sehen aus, als seien sie innerhalb des Wohnbauprojektes einer Großstadt entstanden, und die Reihe der grauen Sanatorien entlang der Seepromenade vermittelt alles andere als Riviera-Atmosphäre. Der Tourismus ist hier durchorganisiert und regelrecht industrialisiert. Gemütliche, pensionsähnliche Unterkünfte, wie man sie in kleineren Küstenorten findet, fehlen vollkommen. Die Attraktionen der Stadt sind der Strand, der so gut wie überall in diesem Gebiet ist, und die ganzjährig geöffneten touristischen Einrichtungen (z. B. Geschäfte, Restaurants und Bars), die oft in den etwas verschlafeneren pommerschen Nachbarorten nicht vorhanden sind.

Vieles in der Innenstadt ist modern. Hier gibt es Fußgängerstraßen und -plätze, die von hellen, zum Teil im Stil der alten hanseatischen Häuser gebauten Apartment- und Büroblocks gesäumt sind. Beherrscht allerdings wird das Stadtbild von der **Kollegiatskirche St. Marien**, die ursprünglich als einfache gotische Hallenkirche gebaut worden war. Im 15. Jahrhundert wurde sie jedoch mit sternförmigen Kreuzgängen ausgebaut, die ihr einen Eindruck von Tiefe und Geräumigkeit verleihen. Besonders beeindruckend ist die Fassade, deren beide Türme mit Hilfe von Backsteinen zu einem einzigen massiven Turm zusammengefasst wurden. Von der Inneneinrichtung ging das meiste im Krieg verloren, einige wertvolle Stücke sind jedoch noch erhalten, so z. B mehrere gotische Triptychen und ein bronzenes Taufbecken aus dem 14. Jahrhundert.

Nördlich der Kirche steht das zweite wichtige Bauwerk der Stadt, das **Rathaus**. Die romantisch verschnörkelte Konstruktion, die noch einige Elemente des Vorgängers aus dem 15. Jahrhundert trägt, wurde nach Plänen des großen Berliner Architekten Karl Friedrich Schinkel gebaut.

Die Touristen kommen jedoch vor allem wegen des Badevergnügens. Während des ganzen Sommers sieht man polnische Touristen, die sich hier in der Sonne aalen. Am Strand reihen sich auf 1,6 Kilometer Liegestühle, Strandkörbe, Sonnenschirme und Ruderbootsvermietungen aneinander. Bei einem Bummel entlang der Strandpromenade und des Piers nach Westen gibt es genug Abwechslung. Jenseits des Piers stehen ein hoher Leuchtturm aus Backstein (geöffnet täglich 9–19 Uhr; 2 Zł), von dem man einen guten Ausblick auf die Umgebung hat, und ein Steindenkmal. Dieses erinnert an "Polens Vereinigung mit dem Meer", ein symbolisches Ereignis, das 1945 stattfand. Als sich die Deutschen im März von Kołobrzeg zurückgezogen hatten, versammelte sich eine Gruppe von polnischen Patrioten und warf einen Ehering ins Meer. So besiegelten sie die Wiedervermählung mit einem Küstenstreifen, der lange in deutscher Hand gewesen war.

• *Information/Verbindungen* Die besten Informationen bietet das **PTTK-Büro** (Mo–Fr 7.30–15.30 Uhr, Juli–Aug., außerdem Sa u. So 8–12 Uhr; ✆ 094/352 3287), das in den Überresten einer mittelalterlichen Stadtbefestigung untergebracht ist, dem Pulverturm (Baszta Prolowa), ul. Dubois 20. Hier gibt es Karten, und man kann **Privatzimmer** (I) buchen.

Bahnhof und **Busbahnhof** liegen nebeneinander in der ul. Kolejowa. Zum Stadtzentrum sind es 10 Minuten in Richtung Süden entlang der ul. Dworcowa, der Strand liegt in gleicher Entfernung in Richtung Norden.

• *Übernachten* Das **Relaks**, ul. Kościuszki 24 (✆ 094/352 7735; F), ist eine von einer Reihe angenehmer **Pensionen**. Es liegt nahe dem Ostende des Strandes, bietet Zimmer mit Bad und Balkon und einen hübschen Garten mit Kinderschaukel. Das **Medyk**, ul. Szpitalna 7 (✆ 094/352 3450; G), ein Hochhaus-**Hotel**, wird gern von Kurgästen aufgesucht und bietet vernünftigen Standard. Es liegt ein Stück vom Meer entfernt am Südende der Innenstadt. Im Gegensatz dazu hat das **Bałtyk**, ul. Bałtycka 17/18 (✆ 094/352 8040; F), eine herrliche Lage am Strand. Das **Hotel New Skanpol**, ul. Dworcowa 10 (✆ 094/352 8211; D), nahe beim Bahnhof, ist das beste Hotel der Innenstadt. Der **Campingplatz Baltic** ul. IV Dywizji Wojska Polskiego 1 (✆ 094/352 4569), liegt 1.500 m östlich von Bahnhof und Busbahnhof neben einem Park, 10 Minuten zu Fuß vom Meer entfernt.

• *Essen* Es gibt am Meer entlang eine Reihe von Lokalen, die Fisch und Pommes bieten. Manche, allen voran das **U Jana**, ul. Morska 6, sehen recht schick aus und befinden sich in eleganten Spiegelglaspavillons. Wer beim Essen gern gemütlich sitzt, sollte das **Karczma Monte Christo**, Morska 7c in Meeresnähe aufsuchen. Es ist im rustikalen Stil mit Holzbänken ausgestattet und bietet köstliche Grillspezialitäten – Steaks, Koteletts und Fisch. In der modernen Innenstadt serviert die **Tawerna u Jensa**, ul. Gierczak 26, traditionelle polnische Küche und zudem Wildgerichte in einem recht eleganten unterirdischen Speisesaal. Im Sommer kann man allerdings auch draußen sitzen. Preiswerte, schmackhafte Pizzen gibt es bei **Bella Italia**, ul. Gierczak 27.

An **Kneipen** hat Kołobrzeg einiges zu bieten. Die Hotel-**Cafés** entlang der Küste sind für alle interessant, die gern "richtig" zu Evergreens tanzen. Ansonsten geht man besser ins moderne Zentrum. Das **Café Mariacka**, Mariacka 16a, ist sowohl Tagescafé als auch Kneipe und besitzt einen gemütlichen Innenraum. Gleich um die Ecke, in der Giełdowa 8a, ist das **Zezem**, eine freundliche Kellerbar mit einer begrenzten Auswahl an mexikanischen Snacks. **Fiddlers Green**, Dubois 16, ist ein schöner, etwas teurerer kleiner Pub mit irischem Fassbier. Zu empfehlen sind außerdem **Taverna**, ul. Tarnopolska 1c, **Saxofon**, ul. Mariacka 9, und **Pod Papugami** ("Papageienhaus") in der ul. Girczak 44.

Trzebiatów, Gryfice und Gleniów

Von Kołobrzeg aus kann man entweder mit dem Bus die Küstenstrecke in westliche Richtung entlangfahren, oder auf die bequeme Art, mit dem Zug in den Südwesten, Richtung Szczecin. Die Küstenstrecke ist zwar attraktiver, aber auf der anderen Strecke liegen die drei Städte **Trzebiatów**, **Gryfice** und **Goleniów**, die einst dem **Hanseatischen Bund** angehörten. An ihren früheren Wohlstand in besseren Tagen erinnern noch die Kirchen und Stadtmauern, alle drei Städte wirken allerdings etwas vernachlässigt.

Trzebiatów/Treptow

Trzebiatów, mit Abstand die attraktivste der drei Städte, liegt am Fluss Rega knapp 30 Kilometer von Kołobrzeg entfernt. Die einst wohlhabende Handelsstadt ist heute ein verschlafenes Provinznest mit ausgesprochen ländlicher Atmosphäre. Während der Reformation vor 400 Jahren spielte Trzebiatów jedoch eine wichtige Rolle: Johannes Bugenhagen, fast 20 Jahre lang Rektor der städtischen Lateinschule, wurde einer von Luthers engsten Mitarbeitern. 1534 kehrte er nach Trzebiatów zurück und brachte die pommerische Versammlung dazu, die hier eine außerordentliche Sitzung abhielt, die lutherische Lehre in der ganzen Provinz einzuführen.

Das Stadtbild von Trzebiatów wird vom imposanten Turm der **Marienkirche** beherrscht, einer der schönsten gotischen Kirchen der Region. Im Turm hängen zwei historische Glocken: Eine heißt Gabriel und stammt aus dem 14. Jahrhundert, die andere heißt Maria und stammt aus dem 16. Jahrhundert. Im Inneren des Bauwerks fallen vor allem die klaren architektonischen Linien und die wenig überladene Erscheinung auf. Wie auch die deutschen Bildnisse an den Wänden sind dies Merkmale dafür, dass die Kirche vier Jahrhunderte lang in protestantischer Hand war.

Nahe der Kirche liegt der **Rynek**, in dessen Mitte das erst kürzlich renovierte barocke **Rathaus** steht. Neben den vielen neueren Gebäuden gibt es dort auch noch ein oder zwei gotische Häuser. Gleich südlich vom Platz befindet sich die verlassene gotische **Heilig-Geist-Kapelle**, in der die Versammlung beschloss, die Reformation in Pommern einzuführen. Am Ende der Straße sieht man die Rundfestung **Kaszana** und die Stadtmauer, von der noch ein beachtliches Stück erhalten ist. Ein Großteil der Befestigungsanlage stammt aus dem 15. Jahrhundert, als Trzebiatów mit Gryfice in heftigem Streit über die Schifffahrtsrechte auf dem Fluss Rega lag.

Wenn man vom Zentrum aus nach Osten Richtung Bahnhof läuft, überquert man die **Steinerne Brücke** aus dem Jahr 1905 – ein von der Sezession beeinflusstes Bauwerk, das mit freundlich dreinblickenden Fischen geschmückt ist.

• *Anfahrt/Verbindungen* **Bahnhof** und **Busbahnhof** liegen außerhalb des wieder aufgebauten Teils der Stadt, etwa zehn Minuten zu Fuß in östlicher Richtung.

• *Essen* Das einzige empfehlenswerte **Restaurant** ist das einfache **Ratuszowa** im ersten Stock des Rathauses auf dem Rynek, das jedoch bereits um 19 Uhr schließt.

Gryfice

20 Kilometer flussaufwärts liegt Gryfice, ein größerer Ort, der gleich viel städtischer wirkt. Er wurde während des Krieges nicht zerstört. Aber kurz nachdem Gryfice 1945 von der Roten Armee eingenommen worden war, stand es in Flammen. Später wurde hier ein Straflager eingerichtet, in dem auch viele Zivilisten gefangen gehalten wurden.

Die gotische **Marienkirche** ist ein schönes Exemplar des baltischen Baustils, besonders bemerkenswert sind der allein stehende stabile Westturm und die fein ausgearbeiteten Portale, von denen allerdings viele in der Zwischenzeit zugemauert wurden. Zu der schönen Barockausstattung im Inneren gehören die Kanzel und der Hochaltar. Noch erhaltene Teile der **Stadtmauer**, die im Osten Richtung Rega liegen, sind das Steintor, das Hohe Tor und der Pulverturm.

Goleniów

Die größte und lebendigste der drei Städte ist **Goleniów**, 55 Kilometer südwestlich von Gryfice. Sie liegt an einem wichtigen Eisenbahnknotenpunkt, an dem die Bahnlinie Kołobrzeg/Szczecin auf die Linien nach Kamień Pomorski und Świnoujście trifft. Die Stadt liegt mitten in der **Puszca Goleniowska**, einem riesigen Waldgebiet, das sich fast bis nach Wolin erstreckt.

Die größte Kirche von Goleniów, **St. Katharina**, verdankt ihre imposante Erscheinung vor allem den Rekonstruktionsarbeiten im letzten Jahrhundert, als auch der Turm angefügt wurde. Heute beugen sich ihre Backsteinsäulen sichtbar unter der Last. In der Nähe befinden sich Teile der **Stadtmauer**, von der einige Türme und Tore erhalten sind. Prunkstück ist das **Wolin-Tor**, ein kunstvoll ausgearbeitetes Gebäude, das heute ein Kulturzentrum beheimatet. Ebenfalls einen Blick wert ist ein Fachwerkbau aus dem 18. Jahrhundert am Ufer des Flusses Ina – ein ehemaliger **Kornspeicher.**

Kamień Pomorski/Cammin

Rund 60 Kilometer westlich von Kołobrzeg entfernt liegt die ruhige Kleinstadt Kamień Pomorski. Man sollte dieses idyllisch an der Camminer Bucht gelegene Fleckchen schon allein wegen seiner schönen Kathedrale unbedingt besuchen.

Die Geschichte der Stadt beginnt im 9. Jahrhundert mit dem Bau eines Hafens an der Dziwna/Nemitz. Der Fluss verbindet das riesige **Zalew Szczeciński/ Stettiner Haff** mit der kleinen **Camminer Bucht**. Am Ende des 12. Jahrhundert hatte Kamień bereits solche Bedeutung erlangt, dass es Sitz des Bistums Westpommern wurde, eine Stellung, die es fast 400 Jahre innehatte. Im Dreißigjährigen Krieg bemächtigten sich die Schweden der Stadt. Gegen Ende des 17. Jahrhunderts hatten die brandenburgischen Regenten sie erobert, und erst nach dem Zweiten Weltkrieg kam sie unter polnische Herrschaft. Trotz der enormen Schäden hat Kamień Pomorski den Krieg besser als die meisten anderen Städte der Gegend überstanden. Betonklötze füllen heute die gewaltigen Lücken zwischen den Bürgerhäusern. Aber es stehen noch genug Gebäude aus den vergangenen Jahrhunderten, die eine Vorstellung über das ursprüngliche Aussehen des Ortes vermitteln.

• *Anfahrt/Verbindungen* Wenn man sich mit dem eigenen Fahrzeug ausschließlich an die Hauptstrecken hält, verpasst man diese Stadt leicht, denn sie liegt nicht direkt an der Küstenstraße nach Świnoujście. Mit öffentlichen Verkehrsmitteln ist die Anfahrt einfach. Es gibt gute **Busverbindungen** mit Kołobrzeg, Miądzyzdroje, Świnoujście und Szczecin, alle Busse halten in Kamień. Die Sehenswürdigkeiten der Stadt kann man von Bahnhof und Busbahnhof in 10 Minuten zu Fuß erreichen.

• *Übernachten* Das Zentrum von Kamień hat zwei außergewöhnlich gemütliche **Hotels** von mittlerer Größe, beide bieten Zimmer mit Bad und TV. Das **Pod Muzami**, an der Ecke des Marktplatzes, ul. Gryfitów 1 (✆ 091/382 2240; F), ist ein Fachwerkgebäude mit heller, moderner Innenausstattung. Das **Staromiejski Nad Zalewem** nebenan, ul. Rybacka 3 (✆ 091/382 2644; F), ist eleganter und auffälliger. An der Bucht, al. Wyzwolenia 2, gibt es einen **Campingplatz** (✆ 091/382 0076).

• *Essen* Beim Meer gibt es die üblichen Snackbars und Fischstände. Wer eine gehaltvollere Mahlzeit wünscht, sollte die **Restaurants** der Hotels **Pod Muzami** am Rynek oder **Ratuszowa** am Rathaus aufsuchen.

Sehenswertes

Alle Sehenswürdigkeiten von Kamień liegen um den **Rynek,** von dessen Nordende man die Bucht überblickt. In seiner Mitte steht das sorgfältig rekonstruierte **Rathaus** aus dem 15. Jahrhundert. Die Backsteinbögen enden an beiden Seiten in kurvenartigen geschwungenen, barocken Stufengiebeln – eine seltene Kombination. Von den Mauern, die einst die Altstadt umschlossen, haben sich einige Abschnitte erhalten. Eindrucksvoll ist das in gotischem Stil erbaute **Brama Wolińska** (Wolliner Tor) westlich des Platzes, das von Wohnblocks umgeben ist.

An der Ostseite des Rynek erhebt sich die **Kathedrale**, die im Erdgeschoss noch ihre romanischen Stilmerkmale aufweist, jedoch ansonsten von dem üblichen Backsteinwerk der Gotik bestimmt wird. Die Arbeiten an der Backsteinbasilika begannen um 1170 nach Gründung des Bistums Kamień. In den folgenden Jahrhunderten kamen zahlreiche Anbauten dazu. Innen umgeben den Besucher majestätische gotische Gewölbebögen. Der Chorraum ist älter und mit einer fließenden Dekoration aus dem frühen 13. Jahrhundert ausgestattet. Weitere bewunderswerte Malereien aus den Anfängen dieser Stilrichtung verbergen sich in den Winkeln

Karte S. 680/681

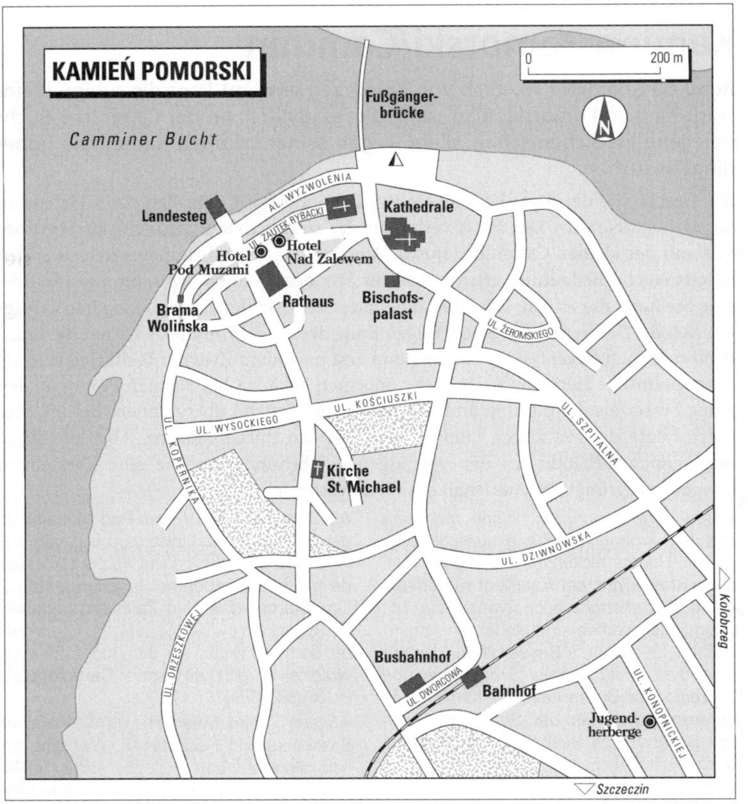

rund um den Chorraum, darunter ein strenger *Christus als Pantokrator* und eine schön gestaltete *Kreuzigung*, die um 1940 entdeckt wurde. Ein Blickfang ist vor allem das herrliche Triptychon aus dem 15. Jahrhundert. Es ist das bemerkenswerteste Kunstwerk der Kathedrale aus der Gotik. Weitere Schätze dieser Art befinden sich im **Sakristeimuseum**. Eine *Marienkrönung* in der Mitte wird von Darstellungen aus dem Leben der Heiligen umgeben. Häufig handelt es sich dabei um Darstellungen des Wirkens von *Johannes Chrysostomus*, dem der Bau auch geweiht ist. Rechts vom Altar führt ein zweites schön gearbeitetes romanisches Portal in die Sakristei.

Berühmt wurde die Kathedrale jedoch vor allem wegen ihrer imposanten **Barockorgel** im hinteren Teil des Gebäudes mit ihren vielen Silberpfeifen und der reichen Verzierung, die eine Prozession vergoldeter Heiliger krönt. Auf dem Weg durch das Schiff zum Standort der Orgel trifft man auf ein Porträt ihres Schöpfers. Es ist ein einheimischer Bischof namens *Bogusław de Croy i Archot,* der aus einem von Cherubinen umgebenen Rahmen herunterschaut. Im Juli findet in der Kathedrale ein internationales **Festival für Orgel- und Kammermusik** statt; die Konzerte werden jeweils freitags gegeben – nähere Informationen erhält man beim *Biuro Katedralny* gleich gegenüber. Das Gebäudeensemble wird vervollständigt durch den **Bi-**

schofspalast auf der anderen Seite des pl. Katedralny, ein stattliches gotisches Bauwerk mit einem fein gearbeiteten Balkon.

Unterhalb der Kathedrale befindet sich das von Gras bewachsene Ufer der Lagune. Es gibt hier keinen wirklichen Strand, doch es ist ein sehr erholsames Plätzchen. Eine Fußgängerbrücke führt zum mit Schilf gesäumten anderen Ufer hinüber.

Die Insel Wolin/Wollin

Wolin ist die erste der beiden großen Inseln, die das Stettiner Haff von der Pommerschen Bucht trennen. Sie liegt so nah am Festland, dass sie manchmal fälschlicherweise als Halbinsel bezeichnet wird.

Wolin ist 35 Kilometer lang und zwischen 8 und 20 Kilometer breit. Die Insel bietet eine überaus abwechslungsreiche Landschaft: Sanddünen, Seen, Wälder, Wiesen und Moore. Die wunderschöne Küste zieht seit dem letzten Jahrhundert Scharen von Urlaubern an. In Zukunft wird sicher massiv in den Fremdenverkehr investiert, doch momentan ist die Insel noch relativ unberührt. Ein ziemlich großer Teil der Insel steht als Nationalpark unter Naturschutz und man muss sich Zeit nehmen, um das Gebiet zu erwandern und es wirklich voll zu genießen.

• *Anfahrt/Verbindungen* Zwei Straßen führen über den Fluss Dziwna – und zwar eine in der Nähe der Mündung bei **Dzwinów**, etwa 12 km von Kamień, entfernt, die andere bei der Stadt **Wolin** an der Südspitze der Insel. Hier führt auch die **Bahnlinie** hinüber, die zwischen Szczecin und der Grenzstadt Świnoujście am Westende von Wolin verkehrt. Von Kamień aus gelangen Sie auf einer dieser beiden Straßen, die gleichzeitig die einzigen größeren Straßen sind, auf die Insel. Im Seebad **Międzyzdroje** laufen die beiden Straßen zusammen, bevor sie nach Świnoujście, einem lebhaften Hafen, Kurort und Seebad, weiterführen.

Die Stadt Wolin

Die Kleinstadt Wolin (am Südzipfel der Insel) steht auf den Fundamenten einer alten slawischen Ansiedlung. Frühen Chroniken zufolge ließ sich hier im 8. Jahrhundert ein Slawenvolk, der Stamm der Wollinen, nieder. Sie schufen einen damals wichtigen Ostseehafen und trieben regen Handel mit den Wikingern. Bis zum Beginn des 12. Jh.s existierte an diesem Ort ein Tempel für den Gott Trzygłów und für Światowid, eine dreiköpfige slawische Gottheit. Er wurde vermutlich erst von Christen zerstört, als sie die Festung eroberten.

Die heidnische Vergangenheit der Stadt wirkt noch immer in den nachgebildeten totemähnlichen Holzfiguren nach, die in Ufernähe stehen und slawische Gottheiten darstellen. Die Ruine der mittelalterlichen Kirche des hl. Nikolaus gleich hinter dem Marktplatz ist dagegen ein Relikt aus der christlichen Vergangenheit. Bei kürzlich durchgeführten Ausgrabungen wurden weitere Stücke aus der Siedlung der Wollinen freigelegt. Die Funde sind im **Heimatmuseum** an der Hauptstraße zu besichtigen. Die Straßenbrücke, die Wolin mit dem Festland verbindet, bietet eine gute Gelegenheit, den engen Dziwna-Kanal zu betrachten, der an ruhigen Tagen voller kleiner Fischerboote ist.

• *Öffnungszeiten* **Heimatmuseum** – Di–So 9–16 Uhr. Eintritt 2 Zł.

• *Anfahrt/Übernachten* **Busse** der Strecke Śinoujśje–Szczecin halten an der Hauptstraße. Der **Bahnhof** befindet sich ein Stückchen weiter östlich. Wolin ist nicht der beste Ausgangspunkt zum Nationalpark, daher gibt es eigentlich keinen Grund, hier zu übernachten. An der Hauptstraße befindet sich ein **Hotel**, das **Wineta** (✆ 091/326 1884; G), wo Sie sicher ein Zimmer finden

Großpolen und Pommern
Karte S. 680/681

Międzyzdroje

Der beste Stützpunkt auf der Insel ist der Ferienort Międzyzdroje: Von hier aus gelangt man schnell an einen wunderschönen Strand und zu den schönsten Wanderwegen des Nationalparks. Vor dem Krieg war der Ort bei besser gestellten deutschen Urlaubern sehr beliebt, nachdem er an Polen zurückging, ging es wirtschaftlich zunächst bergab. Heute ist er jedoch eines der geschäftigsten Ferienzentren an der westlichen Ostseeküste. Neue Hotels schießen in Meeresnähe wie Pilze aus dem Boden, und die Zahl deutscher und skandinavischer Besucher nimmt ständig zu. Das Stadtzentrum ist ruhig und ohne großartige Veränderungen. Die Straßen sind gesäumt von Sanatorien und Ferienheimen der Gewerkschaften. Und auch wenn man es sich kaum vorstellen kann: In Międzydroje verbrachten polnische TV- und Filmstars traditionell ihren Urlaub. Ein Quäntchen Showbusiness gibt es hier auch immer noch in Form des **Festiwal Gwiazd** (Star-Festival) Anfang Juli. Dann tauchen eine Menge nicht allzu bekannter Berühmtheiten mit ihrer Entourage auf, wohnen öffentlichen Filmvorführungen und Konzerten bei und hängen hier herum.

Das Stadtzentrum liegt 1 Kilometer vom Meer entfernt um den **plac Neptuna**. Es ist ein moderner, verkehrsberuhigter Platz mit vielen Cafés, der an Einkaufsstraßen-ähnliche Plätze in Ferienorten am Mittelmeer erinnert. Gleich südlich findet man die Hauptdurchgangsstraße, ul. Niepodległości, an der sich das **Muzeum Przyrodnice Wolińskie o Parku Narodowego** (Museum des Nationalparks) befindet. Es informiert über Flora und Fauna der Insel und lohnt einen Besuch, bevor man sich in den Nationalpark selbst begibt.

Öffnungszeiten Di–So 9–17 Uhr. Eintritt 2 Zł.

Läuft man vom plac Neptuna aus 10 Minuten Richtung Norden, gelangt man zur ul. Bohaterów Warszawy, der 4 Kilometer langen Strandpromenade. Im Mittelpunkt steht hier der **Pier** aus dem 19. Jahrhundert. Der Eingang ist von zwei beeindruckenden Pavillons mit Kuppeldach flankiert – heute wird dort Eiscreme verkauft. Die ersten etwa hundert Meter des Piers sind überdacht und bilden eine Art Arkade, in der sich Cafés befinden und Boutiquen, die Badesachen verkaufen.

Das Wisentreservat: Wolins dicht bewaldeter Nationalpark (s. u.) beginnt gleich am Rande von Międzyzdroje. Hauptattraktion ist hier das europäische Wisent-Reservat, das zu Fuß in zwanzig Minuten vom Stadtzentrum aus zu erreichen ist. Gehen Sie vom PTTK-Büro die ul. Niepodległości aufwärts, folgen Sie dabei der Beschilderung. Nach etwa fünf Minuten erreichen Sie das Eingangstor zum Nationalpark. Danach führt ein Pfad durch dichten Wald in das eigentliche Reservat. Dieses war vor ein paar Jahrzehnten geschaffen worden, um die Tiere wieder in dem Gebiet anzusiedeln, in dem sie seit dem 14. Jahrhundert nicht mehr gesehen worden waren. Ein Aufzuchtprogramm wurde gestartet, indem man Wisente aus dem wesentlichen größeren Reservat in Białowieża (Ostpolen) holte. Man kann die Tiere aus einiger Entfernung beobachten. Darüber hinaus ist das Reservat die Heimat von Rotwild, Adlern und einigen munteren Wildschweinen, die man dabei beobachten kann, wie sie sich im Schlamm suhlen und dabei mit der Schnauze zucken.

- *Öffnungszeiten* **Wisentreservat**, Di–So 10–18 Uhr. Eintritt 5 Zł.
- *Information* Das **PTTK-Büro** an der Kreuzung Niepodległości und Kolejowa (Mo–Fr 7–17 Uhr, Sa 9–13 Uhr; ✆ 091/328 0462), verkauft Karten und informiert über Wege zum Park. Außerdem vermittelt es **Privatzimmer** (I), doch da kann man sich auch selbst umsehen – am besten startet man in den Straßen hinter der Strandpromenade.

• *Anfahrt/Verbindungen* Der **Bahnhof** liegt am südöstlichen Stadtrand, nur 5 Minuten vom Zentrum aus bergauf. **Busse** halten näher beim Zentrum, an der ul. Niepodległości.

• *Übernachten* PTTK hat ein **Hotel** über dem Büro (✆ 091/328 0382; H), das saubere, einfache Zimmer mit Gemeinschaftsbad bietet. Etwas besser ausgestattet ist der Anbau, der auch näher am Strand liegt, ul. Dąbrówski 11 (091/ 328 0929; F), der über Zimmer mit Bad verfügt. Das **Marina**, Gryfa Pomorskiego 1 (✆ 091/328 0449 oder 328 2382, www.miedzyzdroje.to.jest.to/marina; E), ist ein hübsches neues Gebäude an der Hauptstraße, es bietet kleine, sehr gemütliche Zimmer mit Bad und TV. Ähnlichen Komfort findet man im **Perła**, Pomorska 7 (✆ 091/328 1303; E), einer funkelnagelneuen Pension gleich bei der Strandpromenade, etwas östlich vom Pier. Die Preise des **Aurora**, Bohaterow Warszawy 17 (✆ 091/ 328 1248, www.miedzyzdroje.to.jest.to/aurora; D), sind gerechtfertigt durch die Lage am Pier. Das **Slavia**, ul. Promenada Gwiazd 34 (✆ 091/328 0098; D), hat Balkons mit Meeresblick. Wenn Sie nicht auf Komfort verzichten wollen, empfiehlt sich das **Hotel Amber Baltic**, ul. Bohaterów Warszawy 26a (✆ 091/ 328 0800, www.hotel-amber-baltic.pl; B). Hier zahlt man internationale Preise, bekommt allerdings einiges geboten, wie Golf, Bowling, Tennis, Surfen und ein Freibad. Der beste **Campingplatz** ist der **Gromada**, ul. Bohaterów Warszawy 1 (✆ 091/ 328 0779), im Westen der Strandpromenade.

• *Essen* Im **Café Cukierna Marczello**, pl. Neptuna 3, gibt es das beste Feingebäck und den besten Kuchen der Stadt, dazu guten Kaffee. Wer etwas Deftigeres wünscht, dem sei das **Restaurant Carmen** gleich gegenüber empfohlen. Es serviert typisch polnische Gerichte mit Fleisch und Kartoffeln. An der Seepromenade gibt es einige Buden, die Fisch und Pommes verkaufen, sowie einen preiswerten Chinesen, das **Ti Li** am Pier, Bohaterow Warszawy 16.

Die meisten **Kneipen** sind Café-Bars am Pier (wo man gewöhnlich auch Pizza und andere Kleinigkeiten essen kann). Sie sind an Sommerwochenenden gut besucht. Das beste Lokal das ganze Jahr über ist **Roza Wiatrow**, plac Neptuna 7, ein schöner, gemütlicher Pub, der mit Bildern über die Seefahrt und Modellschiffen dekoriert ist.

Der Woliński-Nationalpark

Der Woliński-Nationalpark ist ein großes, schönes Waldgebiet mit Eichen und Buchen, das sich bis zu den mit Kiefern bewachsenen Sanddünen hinzieht. Hier leben über 200 Vogelarten, u. a. auch Seeadler, daneben Rot- und Damwild, Wildschweine, Dachse, Füchse und Eichhörnchen. Es würde mehrere Tage dauern, wollte man alles Sehenswerte entdecken. Ein gutes Teilstück kann man besichtigen, ohne sich zu weit von Międzyzdroje zu entfernen. Ansonsten nimmt man den Zug in die Stadt Wolin oder den Bus in Richtung Kamień oder Kołobrzeg und steigt an einer beliebigen Haltestelle aus: Überall trifft man auf die farbig gekennzeichneten Wanderwege. Ein gute Hilfe ist die Karte *Zalew Szczeciński,* Maßstab 1:75.000, auf der sämtliche Wanderwege klar eingezeichnet sind. Man bekommt sie an allen Kiosken und in Buchläden in Pommern.

Wanderwege im Nationalpark

Der **rot markierte** Pfad östlich von Międzyzdroje führt durch die schönste Landschaft des Parks. Er verläuft eine Zeit lang direkt am Strand, und bald kommt man zu riesigen, baumbewachsenen, z. T. bis zu 95 Meter hohen Dünen. Es sind die höchsten Dünen an der Ostsee. An den abgelegenen Strandabschnitten kann man, weit weg von den Menschenmassen, in Ruhe sonnenbaden oder schwimmen. Nach ein paar Kilometern geht es hinauf in den Wald. Man kommt zu einem **gelb markierten** Pfad, der am winzigen Gardno-See entlang zum Dorf **Wisełka** führt. Das Dorf bietet eine besondere Attraktion: seinen gleichnamigen Süßwassersee und darunter den Ostseestrand. Im Dorf selbst gibt es ein Restaurant, Imbissstuben, eine hervorragende Eisdiele und ein paar Geschäfte. Der Pfad führt weiter in östliche Richtung durch Wälder und an mehreren kleinen Seen vorbei bis nach **Kołczewo**. Dieses Dorf liegt ebenfalls an einem See und bietet neben Wisełka die einzige Möglichkeit entlang der gesamten Route, Erfrischungen zu kaufen. Von Wisełka und Kołczewo aus fahren Busse zurück nach Międzyzdroje.

Karte S. 680/681

Der **grün markierte Pfad** beginnt in Międzyzdroje und führt am **Wisentreservat** vorbei (s. S. 748) Weiter geht es durch den Wald zu ein paar Gletscherseen beim Dorf **Warnowo** (auch mit dem Zug zu erreichen), wo sich ein Reservat für wilde Schwäne befindet. Der Pfad führt weiter an fünf Seen vorbei und endet in Kołczewo. Wer noch Energie hat, kann auf dem oben beschriebenen Pfad zurück nach Międzyzdroje laufen.

Vom Bahnhof Międzyzdroje aus führt der **blau markierte** Pfad in südliche Richtung durch Wälder zum Nordufer des Stettiner Haffs. Weiter geht es in östliche Richtung über die Mokrzyckie Góry bis zur Stadt Wolin.

Der westliche Abschnitt des roten Pfades verläuft ein paar Kilometer an der Küste entlang, führt am Ende der Insel hinunter zum Wicko Wielkie-See und dann nach Świnoujście.

Świnoujście/Swinemünde

Von Wolin aus gelangt man übers Wasser zum östlichen Zipfel der Insel Usedom/Uznam und damit nach Świnoujście, einem Fischereihafen, Schifffahrtszentrum und Seebad.

Dank des internationalen Fährverkehrs nach Schweden und Dänemark ist es einer der beliebtesten Einreiseorte nach Polen. Es liegt auch nur 3 Kilometer von der Grenze mit Deutschland entfernt (der Großteil der Insel Usedom gehört zu Deutschland). Für Fußgänger und Radfahrer gibt es einen Übergang, nicht aber für Autofahrer. Die Stadt bietet keine Sehenswürdigkeiten, und so macht man sich am besten gleich auf den Weg zu dem wunderschönen weißen Sandstrand. Er befindet sich etwa zwanzig Minuten nördlich des großen Kurparks. An der Küste können Sie sich einreihen in den endlosen Strom der Spaziergänger, die der verkehrsberuhigten ul. Żeromskiego von Osten nach Westen am Meer entlang folgen, vorbei an Blumenbeeten und staatlichen Strandvillen.

• *Information* Die Touristinformation gleich westlich von der Anlegestelle der Fähre, pl. Słowiański 15 (Mo–Fr 9–17 Uhr, ✆ 091/ 322 4999; cit@fornet.com.pl), vermittelt Privatzimmer (H) und Pensionen (G).

• *Anfahrt* Der internationale **Fährhafen** sowie der **Bahnhof** und der **Busbahnhof** befinden sich am Ostufer der Świna-Mündung, die Usedom von Wolin trennt, also auf der Insel Wolin. Alle halbe Stunde verkehrt eine Autofähre zur Stadtmitte (frei für Fußgänger), die auf dem Westufer liegt.

• *Verbindungen* Im Sommer gibt es regelmäßige **Zug-** und **Busverbindungen** nach Szczecin, außerdem verkehrt im Sommer dreimal täglich ein **Tragflügelboot** über die Bucht nach Szczecin. Täglich gibt es **Fähren** nach Ystad, Malmö und Kopenhagen und Passagierfähren (für Tagesausflügler gedacht) zu den deutschen Urlaubsorten Ahlbeck, Bansin und Heringsdorf.

• *Übernachten* Das preiswerteste **Hotel**, das **Dom Rybaka,** überblickt von der Wybrzeże Władysława IV 22 den Hafen (✆ 091/ 321 2943 H) und bietet einfache Zimmer mit Gemeinschaftsbad. Näher am Meer gibt es eine noch größere Auswahl: **Hutnik**,Żeromskiego 15 (✆ 091/321 5411; G), hat einfache Zimmer mit Bad in einem Gebäude am Strand, ganz im Stil der Jahrhundertwende. Etwas moderner ist das **Filla**, Żeromskiego 16 (✆ 091/321 2619), ein erschwingliches Apartment-Hotel mit gemütlichen Quartieren mit Küchenzeile (F). Das **Atol**, gleich hinter der Strandpromenade, ul. Orkana 3 (✆ 091/321 3010, www.hotel-atol.com.pl; C), gehört zu den besseren neuen Hotels der Stadt. Es bietet pastellfarbene Zimmer mit Bad, eine Sauna und eine Gästeliste, in der uralte Berühmtheiten wie Boney M und Smokie genannt sind.

Die **Jugendherberge** befindet sich in der Gdyńska 26 (✆ 091/327 0613) etwa 1 km südwestlich der Touristinformation und somit eine halbe Stunde vom Meer entfernt, doch sie besitzt einige Doppelzimmer (I) und auch Schlafsäle; der **Campingplatz Relax** ist günstiger gelegen, ul. Słowackiego 1 (✆ 091/321 3912) zwischen dem Kurpark und dem Strand, und verfügt über einige Bungalows (H).

• *Essen/Trinken* Sie machen keinen Fehler, wenn Sie das **Gryf** ansteuern, einen riesigen mit Bänken gefüllten Hof an der Strandpromenade, wo man köstlichen gegrillten Fisch serviert. Die **Pizzeria Muszla**, etwa 200 m weiter östlich, ist etwas eleganter und bietet gute Nudelgerichte. Das Restaurant des Hotels **Polaris**, Sowackiego 33, ist nobler und förmlich. Hier kann man klassische Fisch- und Fleischgerichte zu erschwinglichen Preisen genießen.

Als Kneipe bietet das **Jazz Café Casablanca**, pl. Słowiański, bei der Touristeninformation etwas mehr Stil als die Freiluftkneipen an der Seepromenade. Das **Nachtleben** besteht aus Tanzabenden in den Hotels und im Sommer aus Discos mit wilder Musik an der Promenade.

Szczecin/Stettin

Szczecin, die größte Stadt im nordwestlichen Polen mit 400.000 Einwohnern, breitet sich um das Ufer der Oder mit einem Wirrwarr von Brücken, Kränen und Docks aus. Die Stadt hat eine lange Geschichte der Seefahrt und des Schiffsbaus aufzuweisen.

Es ist eine rauhe, alltägliche Stadt, die dem durchreisenden Besucher wenig Schönes zu bieten hat. Doch es ist auch eine schnelllebige, sich rasch ändernde Stadt, die ein breites Kulturprogramm hat und außerdem über eine beeindruckende Menge an Lokalen verfügt. Szczecin ist zudem ein wichtiger Verkehrsknotenpunkt: Der westliche Teil von Polens Küste wird von hier aus mit regelmäßigen Bus- und Zugverbindungen ebenso bedient wie das pommersche Seenland im Osten.

Die hier im 8. Jahrhundert errichtete slawische Festung wurde im Jahr 967 vom ersten Piastenfürsten *Mieszko I.* eingenommen – ein Punkt, auf den in der polnischen Geschichte stets nachdrücklich hingewiesen wird. Seit dem frühen 12. Jahrhundert war Szczecin Residenz einer Linie der Piastenfürsten, der Herrscher von Westpommern. Es gab jedoch schon eine große Zahl deutscher Siedler, als die Stadt in der Mitte des 13. Jahrhundert der Hanse beitrat. Das nächste Schlüsselereignis war die Einnahme des Hafens durch die Schweden im Jahr 1630, die ihn fast einhundert Jahre lang behielten. 1720 verkauften die Schweden ihn an Preußen, dem er bis 1945 angehörte. Unter preußischer Herrschaft wurde die Stadt zum Vorposten an der neu gezogenen Westgrenze. Da die Staatsgrenze zum Westen sozusagen vor den Stadttoren verläuft und Berlin, dessen Hafen Szczecin früher war, über die Autobahn nur eine knappe Stunde entfernt ist, erinnert noch vieles an die Deutschen.

Im Krieg wurde der alte Stadtkern fast völlig zerstört. Doch haben ihm die Restauratoren nie die gleiche Aufmerksamkeit geschenkt wie anderen polnischen Städten. Es gibt weder einen Rynek noch eine Fußgängerzone. Einzig überlebt haben die sternförmig aufeinander zulaufenden Straßen in der Stadtmitte. Trotz der Größe der Stadt ist die Zahl der Sehenswürdigkeiten überschaubar. Man kann sie bei einem gemütlichen Bummel an einem Tag bewundern.

Information/Anfahrt/Verbindungen

• *Information* Das städtische **Fremdenverkehrsamt** befindet sich in einem Pavillon, al. Niepodległości 1 (Mo–Fr 9–17 Uhr; ✆ 091/434 0440), informiert über Unterkünfte und verkauft Stadtpläne.

• *Anfahrt/Verbindungen* **Hauptbahnhof** und **Busbahnhof** liegen nahe am Wasser. Von dort aus sind es 15 Minuten zu Fuß (schneller geht es mit der Straßenbahn) in Richtung Norden bergan bis zum Stadtzentrum. Eine **Gepäckaufbewahrung** befindet sich in der Fußgängerunterführung unter dem Schalterraum des Bahnhofs (tägl. 6 Uhr bis Mitternacht). Nähere Informationen über **Bus- und Straßenbahnverbindungen** erhält man auf dem Szczeciner **Stadtplan**, der beim Fremdenverkehrsamt und in Buchhandlungen erhältlich ist. Fahrscheine

Karte S. 680/681

für Bus und Straßenbahn kauft man an Kiosken. Sie kosten 1,50 Zł für 20 Minuten Fahrzeit bzw. 2,50 Zł für 1 Stunde.

Der Szczeciner **Flughafen** – hauptsächlich nationale Flüge, aber auch einige internationale Flüge – befindet sich eigentlich in Goleniów (✆ 091/182 864), 45 km nördlich der Stadt. Vom **LOT-Büro**, ul. Wyzwolenia 17, gibt es einen Shuttle-Bus dorthin.

Adressen

- *Apotheke* Eine Apteka, ul. Więckowskiego 12, nördlich des pl. Wycęstwa, hat rund um die Uhr geöffnet.
- *Bücher und Zeitungen* Fremdsprachliche Zeitungen gibt es im Empik-Geschäft, Ecke al. Wojska Polskiego und pl. Zwycięstwa.
- *Fähren* Polska Żegluga Baltycka, ul. Wyszynskiego 26 (✆ 091/488 0945, www.pol-ferries.com), und Unity Line, pl. Rodła 8 (✆ 091/359 5654, www.unityline.pl), verkaufen Fahrkarten für Überfahrten von Świnoujście nach Dänemark und Schweden.
- *Fluggesellschaft* **LOT**, ul. Wyzwolenia 17 (✆ 091/433 5058).
- *Gepäckaufbewahrung* am Hauptbahnhof.
- *Internetzugang* **Portal**, ul. Kaszubska 52, südlich vom pl. Wycięstwa, Eingang im Hof vom Hintereingang aus (tägl. 10 Uhr bis Mitternacht).
- *Kinos* **Colosseum**, ul. 5 Lipca; **Delfin**, ul. Piłudskiego 40/42; **Kosmos**, al. Wojska Polskiego 8.
- *Krankenhaus* **Pomorski Akademii Medycznej**, al. Unii Lubelskiej 1. Straßenbahnen Nr. 1 und 9.
- *Post* Die Hauptpost befindet sich ul. Bogurodzicy 1 (Mo–Fr 8–20 Uhr, Sa 9–14 Uhr).
- *Reisebüros* **Orbis**, pl. Zwycięstwa 1 (✆ 091/434 4425), verkauft internationale Flug- und Bustickets. **Interglobus**, am Bahnhof (✆ 091/485 0422), handelt mit Busfahrscheinen nach Deutschland, England und zu anderen europäischen Bestimmungsorten.

Übernachten

Es gibt zahlreiche Übernachtungsmöglichkeiten in der Stadt, von internationalen Luxushotels bis zu einigen billigen Absteigen der nachkommunistischen Ära. Sogar im Hochsommer wird man wenig Probleme haben, ein Bett für die Nacht zu finden. Der Preis schließt das Frühstück mit ein, es sei denn, es wird hier ausdrücklich ausgeschlossen.

Almatur, ul. Bohaterów Warszawy 83 (✆ 091/484 4355), gibt Auskunft darüber, welche **Studentenhotels** in Szczecin gerade geöffnet haben.

- *Hotels* **Arkona (11)**, ul. Panieńska 10 (✆ 091/488 0261, arkona@orbis.pl). Überteuerter Betonpalast von Orbis, in guter Lage gleich hinter dem alten Rathaus unterhalb des Schlosses. (D)

Dom Marynarza (2) ("Seefahrerhaus"), ul. Malczewskiego 10/12 (✆ 091/424 0001). Gut ausgestattetes Mittelklassehotel nördlich des Park Żeromskiego, ca. 2 km vom Zentrum. (C)

Elka-Sen (10), ul. 3 Maja 1A (✆ 091/433 5604). Schönes kleines Hotel in einem früheren Krankenhauskeller, praktisch zu Bahnhof und Zentrum gelegen. Recht kleine Zimmer, doch mit Dusche und nett möbliert. Vorausbuchung möglich. (F)

Gryf (5), al. Wojska Polskiego 49 (✆ 091/433 4566). Ein trostloses Innenstadthotel an der lebhaften Durchgangsstraße mit schmuddeligen Zimmern mit Gemeinschaftsbad und hellen, modernen Zimmern mit Bad und TV. Kein Frühstück. (G–E)

Neptun (3), ul. Matejki 18 (✆ 091/488 3883, neptun@orbis.pl). Luxuriöses Orbishotel am Park Żeromskiego. (C)

Park (6), ul. Plantowa 1 (✆ 094/488 1524). Neueres Hotel mit modernen Zimmern mit Bad, in hübschen Pastellfarben und mit recht großen Badezimmern. Es besitzt eine intimere Atmosphäre als die anderen Geschäftshotels. Außerdem ist die Lage mitten im Park Żeromskiego ein großer Pluspunkt. (C)

Piast (8), pl. Zywcięstwa 3 (✆ 091/433 6662). Nicht renoviertes Hotel in der Innenstadt. Düstere Zimmer mit billiger Einrichtung, für eine Nacht okay. Zimmer mit eigenem Bad und Gemeinschaftsbad. Kein Frühstück. (G)

Pomorski (7), pl. Brama Portowa 4 (✆ 091/433 6151). Sehr zentral, doch spärlich möblierte, ungepflegte Zimmer. Reicht gerade so aus für einen kurzen Aufenthalt. Zimmer mit Bad und Gemeinschaftsbad. Kein Frühstück. (H–G)

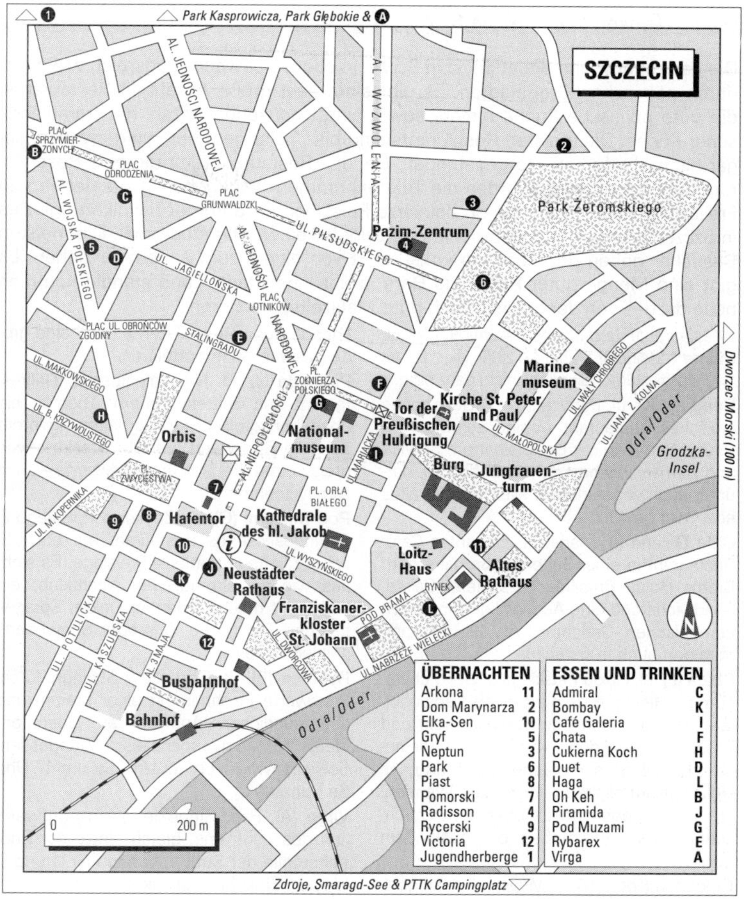

Radisson (4), pl. Rodła 10 (✆ 091/359 5595). Glitzerndes, zweckmäßiges Luxushotel mit eigenem Kasino, Nachtklub, Fitnesszentrum und Swimmingpool sowie anderem Zubehör, das Geschäftsreisende von einem Hotel dieser Klasse erwarten. (A)

Rycerski (9), ul. Potulicka 1/3 (✆ 091/445 2413). Schönes, komplett renoviertes Hotel im Herzen der Stadt, mit geschmackvollen Zimmern mit Bad und TV. (D)

Victoria (12), pl. Batorego 2 (✆ 091/434 3855). Komfortables Mittelklassehotel in einem renovierten Gebäude aus dem 19. Jahrhundert, nahe bei Bahnhof und Busbahnhof gelegen. (D)

• *Herbergen und Campingplätze* **Ul. Monte Cassino 19a (1)** (✆ 091/422 4761). Komfortable und freundliche Herberge im Nordwesten des Zentrums, hinter dem Südende ul. M. Kopernika. Günstig für Ausflüge in die Parks von Szczecin gelegen. Straßenbahn Nr. 3 zum pl. Rodla, dann Nr. 1 zur Haltestelle Piotra Skargi.

PTTK-Camping, ul. Przestrzenna 23 (✆ 091/460 1165). In Dąbie, 3 km östlich der Stadt – nehmen Sie die Regionalbahn zum Bahnhof Szczecin-Dąbie, dann die Busse Nr. 56, 62 oder 79. Geöffnet von Mai–September; Zeltplätze und Bungalows (H).

Essen & Trinken (siehe Karte S. 753)

Die gastronomische Situation ist in Szczecin ebenso abwechslungsreich wie in anderen polnischen Großstädten. Es gibt eine recht große Anzahl an Restaurants, die gute polnische Küche bieten, sowie eine wachsende Anzahl mit fremdländischer Küche. Die meisten Restaurants sind bis 23 Uhr geöffnet, einige wenige sogar bis in die frühen Morgenstunden. Bei den Restaurants, für die eine Reservierung empfohlen wird, wurden die Telefonnummern angegeben. Trotz der Flut an Freiluftbierständen, die die al. Żołnierza Polskiego im Sommer bevölkern, gibt es in Szczecin keinen ausgesprochenen Bezirk für einen Abendbummel. Die meisten Besucher gehen gezielt in ein Lokal, statt von einem zum andern zu ziehen. Es gibt eine Menge guter **Pubs** und **Bars** in der Innenstadt – und ständig kommen neue dazu –, von denen viele auch gute Mahlzeiten servieren.

• *Restaurants und Cafés* **Admirał (C)**, ul. Monte Cassino 37 (✆ 091/434 2815). Hier gibt es Fischspezialitäten, allerdings nicht ganz billig.

Bombay (K), ul. Partyzantów 1. Gehobenes indisches Restaurant wenige Schritte vom Brama Portowa, mit beispielhaftem Service und ziemlich authentischen Gerichten, darunter auch vegetarische, allerdings ist alles eher mild gewürzt.

Café Galeria (I), Mariacka. Elegantes Café-Restaurant in einer Seitenstraße nahe dem Brama Hołdu Pruskiego. Es bietet Salate, Sandwichs und eine Auswahl an modernen europäischen Gerichten. Ab 10 Uhr kann man dort auch frühstücken.

Chata (F), pl. Hołdu Pruskiego 8, www.chata.com.pl. Hier gibt es die besten traditionellen Gerichte, auch Ente, Wildschwein und Fasan neben den üblichen Schweinefleischmahlzeiten. Einfache Einrichtung aus Holz, volkstümliche Bilder an den Wänden. Die Preise liegen etwas über dem Durchschnitt. Verdientermaßen bei Ausländern beliebt.

Cukiernia Koch (H), ul. Wojska Polskiego 4. Phantastischer Ort, um bei einer Tasse Kaffee zu entspannen oder um Feingebäck oder Kuchen zu genießen. Es gibt noch eine Filiale in der Wyzwolenia 14.

Duet (D), ul. Bogusława 1/2. Entspannendes Café mit großer Auswahl an Teesorten, Kuchen und Eiscremes.

Haga (L), ul. Sienna 10. Eine Art Pfannkuchen-Restaurant direkt gegenüber vom alten Rathaus, bietet ausgezeichnetes Essen. Das extrem helle und moderne Interieur macht es zu einem nüchternen Restaurant für ein ausgedehntes Abendessen.

Oh Keh (B), ul. Piastow 1. Es ist nicht einfach zu entscheiden, ob es sich um ein Restaurant oder um eine Bar handelt, die Essen anbietet. Eine kleine, aber ausreichende Auswahl an Tex-Mex und eine große Auswahl an Importbieren.

Piramida (J), ul. Niepodległości 2. Grillrestaurant mit mittelöstlichem Thema: ein überlebensgroßer Fries von alten Ägyptern ziert die Rückwand. Es gibt Steaks sowie preiswertere Kebabs und *shawarma* – auch zum Mitnehmen.

Pod Muzami (G), pl. Żołnierza Polskiego 2. Alteingesessenes Restaurant mit europäischer Küche in mittlerer Preislage. Es sieht aus wie ein altmodischer Nachtklub: ein Keller mit mauvefarbenem Dekor, Spiegelball und Tanzfläche. DJs oder Showbands spielen Oldies.

Rybarex (E), ul. Obrońców Stalingradu 5a. Preiswerte Fischbar mit einer breiten und abenteuerlichen Auswahl an Gerichten: ideal für ein schnelles Mittagessen. Schließt Mo–Fr um 19 Uhr, Sa um 17 Uhr, So Ruhetag.

Virga (A), Park Głębokie. 5 km nordwestlich des Zentrums, gleich hinter der Endhaltestelle der Straßenbahnen Nr. 1 und 9. Ideale Einkehrmöglichkeit nach einem Nachmittagsspaziergang im Wald des Głębokie-Parks. Solide, nicht allzu teure Kalb- und Schweinefleischmahlzeiten in gemütlicher Umgebung.

• *Bars* **Brama Jazz Café**, pl. Hołdu Pruskiego 1. Schicke Bar in einem Gewölbe direkt im Tor, dient oft als Kunstgalerie. Gute Auswahl an Baguettes und Salaten. Häufig gibt es Livejazz. Im Sommer kann man draußen sitzen.

Café Prawda, Wielka Odrzańska 20. Coole Bar für coole Menschen am Flussufer, gleich hinter dem alten Rathaus. Minimalistische Einrichtung, im Hintergrund Techno, im Keller eine Bar, wo DJs am Wochende auflegen.

Christopher Columbus, Wały Chrobrego. Geschwungener Holz- und Glaspavillon auf

Die Chrobry-Uferpromenade

einer belaubten Promenade mit schöner Aussicht auf den Fluss. Viele Möglichkeiten zum Draußensitzen. Herrlich für einen Sommernachmittag.

Hormon, Ecke pl. Odrodzenia und al. Piłsudskiego (www.hormon.szczecin.art.pl). Weiträumiger Backsteinkeller, Alter des Publikums: Teenager und Zwanzig-plus. Am Wochenende sorgen DJs oder Livebands für Unterhaltung, dann ist der Eintritt frei.

Irish Pub Dublin, ul. Kaszubska 57. Der ideale Platz für einen entspannenden Drink, gleich nördlich vom Brama Portowa. Dunkle Einrichtung, minimale Beleuchtung und unaufdringliche Musik. Die Speisekarte bietet herzhafte Fleischgerichte und eine gute Auswahl an Salaten.

Nautilus Pub, ul. Jana z Kolna 7. Lebhafter Pub am Flussufer mit vielen Sitzmöglichkeiten im Freien, gleich neben dem Marinemuseum. Türkise Farbgebung und merkwürdige Bootsteile, die von der Decke herabhängen, sollen Atmosphäre schaffen. Große Speisekarte.

Piano, al. Piłsudskiego 28. Komfortable Grotte mit grober Holzeinrichtung und Seilen, man kommt sich vor wie unter Deck auf einem Segelschiff.

Rocker Club, ul. Partyzantów 2. Große Kellerbar im Pub-Stil, einen Block südlich des Brama Portowa. Rockmusik vom Band oder live mit einer bekannteren örtlichen Band. An Veranstaltungsabenden wird Eintritt verlangt.

Nachtleben

In Sachen **Veranstaltungen** ist das **Rzeczywistość**, al. Wojska Polskiego 20, der Hauptort für angesagte Techno-Events. Das **Kubuś**, nördlich des Zentrums, ul. Chopina 55a, (Busse Nr. 51 und 78), ist ein rauher, aber freundlicher Studentenklub mit unbefangener Popmusik. Ein weiterer typischer Studentenklub ist das **Trans**, al. Powstańców Wielkopolskich 20. Hier ist das Programm breiter, es gibt DJ-Events und Livebands. Livemusik gibt es außerdem im **Słowianin**, einem von der Stadt unterstützten Kulturzentrum nahe dem Busbahnhof, ul. Korzeniowskiego. Hier finden alle möglichen alternativen Veranstaltungen statt – Sie erkennen es an den psychedelischen Porträts der Beatles und anderer Idole, die als Graffiti die Außenwände schmücken.

Die **Filharmonia Szczecińska**, pl. Armii Krajowey 1 (✆ 091/422 0589), bietet ein reguläres Programm an **klassischen Konzerten**. **Opern** und **Operetten** stehen im **Opernhaus** in der

Großpolen und Pommern
Karte S. 680/681

ul. Korsarzy 34 (✆ 091/480 0340) auf dem Programm. Das **Stadttheater** ist das *Teatr Polski*, ul. Swarożyca 3 (✆ 091/433 0090). Das *Teatr Wspólczesny*, Waly Chrobrego 3 (✆ 091/434 2451) bietet eine größere Auswahl im Bereich modernes polnisches Drama. **Puppentheater** zeigt das *Teatr Lalek Pieciuga*, ul. Kaszubska 9 (✆ 091/434 1002). Viele Mulitplexkinos finden sich am Südende der al. Wojska Polskiego.

Die Freitagsausgabe der Zeitung *Gazeta Wyborcza* enthält einen ausführlichen Veranstaltungskalender. Jedes Jahr im Juni finden hier die **Tage des Meeres** statt, dann gibt es Yachtrennen, Paraden und Vorführungen von Seemannschören. Im Juli steht ein **Festival** zeitgenössischer Malerei und im November ein **Festival** orthodoxer Kirchenmusik auf dem Programm.

Sehenswertes

Die mittelalterliche Altstadt/Stare Miasto, an einem Hügel am linken Oderufer gelegen, wurde im Zweiten Weltkrieg stark bombardiert. Die Restaurierungsarbeiten an den schönsten Gebäuden sind erst in den 80er Jahren abgeschlossen worden; die von den Bomben gerissenen Lücken zwischen den Häusern ließ man unbebaut oder schloss sie mit langweiligen modernen Bauten. Bei einem Rundgang stellt man fest, dass es hier sehr wenige Geschäfte gibt und auch nur wenige Menschen auf den Straßen. Das Geschäftsleben wurde in einen Teil der Stadt verlegt, der den Krieg besser überstanden hatte. Die Neustadt wurde Ende des 19. Jh.s nach Pariser Vorbild angelegt: Vom pl. Grunwaldzki, der das ehemalige Stadtzentrum ersetzt, zweigen breite Boulevards sternförmig ab.

Geschäftszentrum

Geht man vom Bahnhof die ul. Dworcowa zur Anhöhe hinauf, stößt man bald auf stattliche preußische Herrenhäuser, die um die Jahrhundertwende errichtet wurden. Im neugotischen **Neustädter Rathaus** ist heute die Küstenverwaltung untergebracht. Gegenüber führen Stufen hinauf zur ehemaligen **Sparkasse**, einem verspielten Jugendstilgebäude, dessen schlanker Turm und dekorative Fassade einen Hauch von orientalischer Gotik verbreiten.

Am oberen Ende der ul. Dworcowa gelangt man auf einen verkehrsreichen Platz, der nach dem **Hafentor** (Brama Portowa) benannt ist. Es ist kein richtiges Tor, vielmehr sind es zwei reich verzierte Barockgiebel, die durch eine lange Halle verbunden sind. Das Bauwerk wurde von den Preußen anlässlich des Erwerbs der Stadt im Jahr 1725 errichtet. Westlich vom Tor liegt der größte und belebteste Platz der Stadt, der **Plac Zwycięstwa**, und direkt davor beginnt die **al. Niepodległości**, die Hauptverkehrsachse. An ihrer Westseite stehen zwei weitere große, öffentliche Bauten aus preußischen Zeiten: die **Hauptpost**, die heute noch als solche genutzt wird, und das **Verwaltungsgebäude des Bezirks Pommern**, in dem – wohl etwas deplatziert – die Sparkasse untergebracht ist.

Kathedrale und Umgebung

Geht man vom Hafentor (Brama Portowa) in östlicher Richtung auf den Fluss zu, führt die ulica Kardynała Wyszyńskiego zur **Kathedrale des hl. Jakob** (św. Jakuba). Der große, mächtige Bau im Stil der Backsteingotik wurde 1945 stark zerstört, und danach übereifrig restauriert (es gibt sogar einige Fensterrahmen aus Beton). Das Gebäude wurde erst im Jahr 1982 fertig gestellt und ein Jahr danach sogar zum Bischofssitz erhoben. Der älteste Teil der Kirche geht auf das 14. Jh. zurück und wurde von Hinrich Brunsberg, einem herausragenden Spezialisten für Backsteinbauten in der Ostseeregion, erbaut. Der Entwurf der Halle besticht durch seine

Schlichtheit. Mitte des 15. Jh.s ersetzte ein neuer, einzelner Turm die beiden Zwillingstürme. Der vor dem Krieg 120 m hohe Turm ist heute nur noch halb so hoch, denn er wurde ohne den Aufsatz wieder aufgebaut. Außerdem bekam er eine fünfeinhalb Tonnen schwere Glocke, die außen in einen Rahmen eingesetzt wurde. Ebenfalls außen an der Kirche befindet sich ein Gedenkstein an Carl Loewe, einen großen Komponisten des 19. Jahrhundert. Er war mehrere Jahrzehnte lang der Organist und musikalische Leiter der Kirche. Heute sieht das Profil der Kirche eher einfach aus, den besten Blick auf das Bauwerk hat man, wenn man von der ul. Kardynała Wyszyńskiego vom Fluss aus darauf zuläuft. Hinter der Kathedrale befindet sich ein hübsches gotisches Pfarrhaus.

Die gotische Kathedrale des hl. Jakob

Am pl. Orła Białego, dem Platz nördlich der Kathedrale, erhebt sich der barocke **Pod Globusem-Palast**. Er wurde als Sitz für den preußischen Verwalter der Provinz Pommern gebaut und beherbergt heute die medizinische Fakultät. Gegenüber steht, von einem Weidenbaum verdeckt, ein sehenswerter **Brunnen** aus dem 18. Jahrhundert, auf dem der namengebende Adler (*biały orzeł*) über einige Satyrn blickt, die unbewegt Wasser in eine riesige muschelförmige Schale speien. Nur ein paar Schritte davon entfernt, unter Bäumen versteckt, stößt man auf eine weitere barocke Spielerei: eine Statue der Göttin Flora.

Altstadt

Wenn man die ul. Kardynała Wyszyńskiego Richtung Oder läuft, kommt man zum ältesten Gebäude der Stadt, dem **Franziskanerkloster St. Johann** (Św. Jana), von dem einige Teile aus dem 13. Jh. stammen. Bei näherer Betrachtung wird deutlich, dass auch mittelalterliche Baumeister sich manchmal verrechneten: Der Altarraum hat die Form eines unregelmäßigen Zehnecks, aber ein siebenteiliges Gewölbe. Das spätere Kirchenschiff grenzt in einem schrägen Winkel daran an. Das aus der Symmetrie gerückte Gewölbe versucht vergeblich, die Erker mit den Fenstern in den Gängen zu verbinden. Alles in allem ein seltenes Beispiel für ein Gebäude, das nie richtig restauriert wurde, aber dennoch die Zeiten überdauert hat. Innen sieht man, wie die Säulen drohen, unter der Last zusammenzubrechen: Sie werden von Stahlseilen zusammengehalten.

Unmittelbar östlich liegt der Stary Rynek, wo hässliche Betonblöcke und leere Wohnblocks unmittelbar neben einigen rekonstruierten Bürgerhäusern stehen, die in Blau und Orange leuchten. Das schönste Haus am Rynek aber ist das **Alte Rathaus**. Es wurde sorgfältig nach dem Original aus dem 14. Jahrhundert rekonstruiert,

Karte S. 680/681

ein Gebäude, das wahrscheinlich auf Hinrich Brunsberg zurückgeht, während des Krieges aber völlig zerstört wurde. Die Restaurateure haben versucht, dem Gebäude das ursprüngliche Aussehen zu verleihen. Der schöne Barockgiebel wurde aber erhalten. Heute beherbergt der Bau ein kleines **Heimatmuseum**.

Öffnungszeiten Mi, Fr 9–15.30 Uhr, Di, Do, Sa u. So 10–17 Uhr. Eintritt 4 Zł.

Das turmartige **Loitz-Haus**, weiter oben an der Ecke ul. Kurkowa, Wohnhaus einer wohlhabenden einheimischen Bankiers- und Händlerfamilie, stammt aus dem 16. Jahrhundert. An derselben Straße stehen noch zwei weitere Gebäude aus dem Mittelalter: eine **Scheune** und das städtische **Waaghaus**. Von den mittelalterlichen Befestigungsanlagen ist nur der **Jungfrauenturm** übrig geblieben, der heute zwischen der Burg und einem Netzwerk aus Unterführungen steht, die den Verkehr der Stadt über den Fluss regeln.

Burganlage Zamek Książąt Pomorskich

Inzwischen haben Sie wahrscheinlich schon die Burg der pommerschen Prinzen (Zamek Książąt Pomorskich) erspäht, die von einem Hügel auf den Fluss hinabblickt. Die Anlage thront auf dem Gipfel der Anhöhe über dem Flusstal. In der Mitte des 14. Jahrhunderts wurden auf den Resten einer befestigten slawischen Siedlung Gebäude aus Stein errichtet; sie sind die ältesten Teile der heutigen Burg. Die Anlage wurde im ausgehenden 16. Jahrhundert im Renaissancestil erweitert und um 1720 noch einmal umgebaut. Abgesehen davon, dass die Burg Fürsten und Herzögen als Residenz diente, hat man sie auch als Brauerei, Bürogebäude, Kaserne und Flakstellung missbraucht. Der letztgenannten Zweckentfremdung verdankt sie ihre totale Zerstörung bei einem Luftangriff im Jahr 1944. Der Wiederaufbau war erst um 1980 abgeschlossen. Seither dient die Burg als Museum und Kulturzentrum. Das **Museum** wurde in verschiedenen Trakten untergebracht. Es zeigt einige restaurierte Sarkophage sowie Fotografien von der Burg vor der Restauration.

Öffnungszeiten Juli–Aug.Di–So 10–18 Uhr, Sept.–Juni 10–16 Uhr. Eintritt 6 Zł.

Die Kapelle aus dem 14. Jahrhundert im Erdgeschoss des Nordflügels dient heute als Konzertsaal. Am Ostflügel wurde einiges von der Außendekoration nachgearbeitet, es gibt mehrere "falsche" Betonfenster und eine ins Auge fallende Uhr. Der Großteil dieses Gebäudeteils wird von einem Kino sowie anderen Kultureinrichtungen eingenommen. Wenn man im Sommer hierherkommt, hat man unter Umständen Glück und kann einem Freiluftkonzert im Burghof beiwohnen.

Nach einer Stippvisite im Burgcafé, einem beliebten Treffpunkt, sollte man auf den **Glockenturm** (wieża) steigen, um einen Blick auf Stadt, Hafen und Umgebung zu werfen. Es fällt direkt auf, dass hier keine Fabrikschlote stehen; stattdessen bestimmen Kirchtürme und die Kräne der Docks das Bild.

Öffnungszeiten wie Museum. Eintritt 2 Zł.

Nördlich der Burg

Gleich im Westen der Burg liegt die ul. Farna, in der sich früher der Sitz des Kommandanten befand. In dem Gebäude wurde 1729 Prinzessin Sophie von Anhalt-Zerbst geboren, Tochter einer deutschen Adelsfamilie, die als Zarin **Katharina die Große** von Russland Geschichte machen sollte.

Einige Blocks weiter westlich verläuft die ul. Staromłyńska, an deren Ecke sich ein eleganter Barockpalais erhebt. Früher tagte darin das pommerische Parlament, heute beherbergt es eine Abteilung des **Nationalmuseums/Muzeum Narodowe**

(Nr. 27). Im Erdgeschoss befinden sich unter anderem Werke von Waliczewski, Zofia Stryjenska und dem introvertierten Denker Jacek Malczewski. Im Obergeschoss gibt es eine Sammlung von Gemälden einheimischer Künstler, deren zentrales Thema das Meer ist. Auch das feine Mobiliar aus dem Barock ist sehenswert.

Ältere Kunstwerke werden im Gebäude auf der anderen Straßenseite gezeigt. Im Erdgeschoss gibt es eine beeindruckende Ausstellung mittelalterlicher **Plastiken** aus Pommern. Darunter befinden sich Säulen aus dem 13. Jahrhundert mit fein gemeißelten Kapitellen aus dem Kloster Kołbacz sowie einige ausdrucksvolle, geschnitzte und bemalte Triptychen aus der Mitte des 15. Jahrhunderts aus Pommern. Im Obergeschoss finden sich in den Abteilungen vor allem polnische Maler und hin und wieder auch Werke deutscher Meister.

Öffnungszeiten Di und Do 10–17 Uhr, Mi und Fr 9–15.30 Uhr, Sa/So 10–16 Uhr. Eintritt 10 Zł.

Jenseits des großen pl. Żołnierza Polskiego befindet sich noch ein Denkmal deutschen Ursprungs: das barocke **Tor der preußischen Huldigung**, dessen gemeißelte Bögen an das Hafentor erinnern. Im Inneren werden Wechselausstellungen mit Werken zeitgenössischer Maler und Fotografen gezeigt. Östlich des Platzes kommt man zur bezaubernden gotischen **Kirche St. Peter und Paul**. Sie steht auf den Fundamenten eines Anfang des 12. Jahrhunderts von polnischen Missionaren erbauten Gotteshauses. Unter der reichen originalen Ornamentik fallen vor allem die Gedenktafeln aus dem 17. Jahrhundert auf, deren Inschriften an die deutsche Vergangenheit der Stadt erinnern, sowie das ungewöhnliche Holzgewölbe.

Nördlich der Kirche führt die ul. Małopolska zum Prachtboulevard **Wały Chrobrego**, einer belaubten Promenade, die einen weiten Blick auf die Oder und die Industrievororte am entfernten Ufer bietet. Die Promenade war als Schaustück von Szczecins deutschen Meisterarchitekten vor dem I. Weltkrieg konzipiert worden und ist von einer beeindruckenden Reihe berühmter öffentlicher Gebäude gesäumt. Im größten, vor dem eine großartige Treppe zu einer Uferterrasse hinunterführt, befindet sich das **Marinemuseum/Muzeum Morskie**, das sich mit der Geschichte der Seefahrt befasst. Der Schwerpunkt liegt auf der Seefahrtsgeschichte der Slawen und Kelten. Es gibt Zeichnungen aus der Steinzeit, der Eisen- und der Bronzezeit. Große Karten mit Pfeilen weisen auf vergangene Völkerwanderungen hin. Im Obergeschoss ist eine Galerie Objekten aus der klassischen Antike gewidmet. Unerwartet und sehr beeindruckend ist die ethnographische Ausstellung mit Dias eines Dogondorfes in Mali. Im angrenzenden Raum stehen einige unheimliche westafrikanische Statuen, Fetische und geschnitzte Masken. Im nächsten Stock wiederholt sich das Ganze mit einer papuanischen Siedlung, der buddhistische Tempel wird allerdings mit etwas weniger Verve dargestellt.

Öffnungszeiten Di, Do, Sa, So 10–17 Uhr, Mi, Fr 9–15.30 Uhr. Eintritt 6 Zł.

Einen Block nördlich liegt der **Park Żeromskiego**, die einzige größere Grünanlage im Stadtzentrum. Auf der Westseite des Parks, am pl. Rodła, steht seit neuestem das **Pazim-Zentrum**, eine Reihe von Gebäuden aus blauem Glas und Stahl, in denen sich ein Hotel (das *Radisson*), ein Einkaufszentrum und ein Geschäftszentrum befinden. Dadurch erhält dieser Teil Szczecins einen unwirklichen Aspekt, als hätte man ein Stück modernes Chicago ins Europa des 19. Jahrhunderts transportiert.

Der Hafen

Szczecin besitzt einen der größten Häfen an der Ostsee und eine hochentwickelte Schiffsindustrie. Erst nach einer **Bootsfahrt** um den Hafen entdeckt man den

Der Stettiner Hafen ist einer der größten Häfen an der Ostsee

eigentlichen Charakter der Stadt. Die einstündigen Ausflüge beginnen bei der Anlegestelle **Dworzec Morski** nordöstlich der Wały Chrobrego (✆ 091/ 433 2818). Hier kann man sich auch über die Boots- und Tragflächenbootsfahrten über das weite Stettiner Haff nach Świnoujście erkundigen.

Die Vororte

Wer an einem lauen Sommerabend dem dicht bebauten, verkehrsreichen Stadtzentrum entfliehen will, findet in der Umgebung von Szczecin erstaunlich viele Grünanlagen. Gleich nördlich des Zentrums liegt der **Kasprowicza-Park**, der mit den Straßenbahnen Nr. 1 und 9 zu erreichen ist oder indem man die al. Jedności Narodowej von Zentrum aus hinaufläuft. Nach ein paar hübschen Blumenbeeten erreicht man den riesigen dreifachen Adler, ein Denkmal zum 40. Jahrestag des Ausbruchs des II. Weltkrieges. Es soll die drei Generationen von Polen symbolisieren, die dabei ihr Leben verloren. Geht man weiter nordwestlich durch den Park, gelangt man zum **Dendrologischen Garten** am Ostufer des schmalen Rusałka-Sees mit über 200 verschiedenen, z. T. exotischen Baum- und Gehölzarten, wie zum Beispiel kalifornischen Mammutbäumen. Jenseits des Sees führen von Bäumen gesäumte Wege zum **Głębokie Park**, in dessen Mitte ein lang gezogener See gleichen Namens liegt. Es ist ein ziemlich verwildertes, sich selbst überlassenes Gebiet, bestens geeignet für Waldspaziergänge. Man erreicht den Park auch mit den Straßenbahnlinien Nr. 1 und 9, bis Endstation Głębokie.

Der größte Park der Stadt liegt im Osten, im Vorort Zdroje, und ist entweder mit dem Nahverkehrszug oder mit Bussen zu erreichen. Hier gibt es Wanderwege, ein paar Restaurants und den künstlichen **Smaragd-See** (Jezioro Szmaragdowe), in dem man auch schwimmen kann.

Stargard Szczeciński/Stargard

Rund 35 Kilometer südöstlich von Szczecin, auf der Straße nach Bydgoszcz, liegt das Industriezentrum Stargard Szczeciński. Als die Schweden im 17. Jahrhundert Szczecin besetzt hielten, wurde die Stadt vorübergehend zur Hauptstadt von Pommern erklärt.

Stargard Szczeciński liegt am Fluss Ina, einem Nebenfluss der Oder, und verdankt seine Entwicklung der strategischen Lage an der Handelsstraße zur Küste. Die Stadt wurde 1945 fast völlig zerstört, doch drei der wichtigsten Gebäude des mittelalterlichen Zentrums blieben unversehrt. Sie lohnen auf jeden Fall eine Besichtigung. Doch nach einem kurzen Besuch des Rynek wird Sie Stargards moderne Betoninnenstadt wohl kaum noch von der Weiterreise abhalten.

Vom Bahnhof und vom dahinter gelegenen Busbahnhof aus führt die ul. Kardynała Wyszyńskiego nach wenigen Minuten in die Altstadt. Diese ist von einer **Stadtmauer** aus dem 15. Jahrhundert umgeben, die bis zu vier Meter dick war. Große Abschnitte sind noch erhalten, u. a. auch fünf Türme und vier Tore. Der schattige **Chrobrego-Park** wurde an ihrer Westseite angelegt. Hier befindet sich der Teil der Stadtbefestigungen, der am längsten überlebt hat. Von hier aus führt die ul. Chrobrego hinunter zum Fluss Ina, wo zur Linken der imposanteste Teil der Befestigungsanlage, das **Mühlentor** (Brama Młyńska), steht. Die zwei riesigen befestigten Türme der überdachten Brücke boten früher passierenden Booten Schutz.

Der **Rynek** im Südosten der Altstadt, zu Fuß etwa fünf Minuten vom Mühlentor, ist von mehreren schön rekonstruierten Bürgerhäusern gesäumt. An der Ecke steht das renovierte **Rathaus,** ein einfacher Renaissancebau mit einem wunderschön geschwungenen Giebel, mit Maßwerkschmuck aus Terrakotta. Daneben befindet sich das **Wachhaus**, dessen offene Arkaden und Loggia eher an das Mittelmeer als die Ostsee erinnern. Hier und im Waaghaus nebenan ist das **Heimatmuseum** untergebracht.

Öffnungszeiten Di–Sa 10–16 Uhr. Eintritt 4 Zł, So frei.

Noch schöner ist die gotische **Kirche Unserer Frau** neben dem Rathaus. Sie ist eines der originellsten und dekorativsten Beispiele der Backsteingotik im ganzen Ostseeraum. Wahrscheinlich wurde sie um 1400 in Auftrag gegeben und von Hinrich Brunsberg erbaut. Die beiden Türme sind mit grüner und weißer Keramik versehen und schon von weitem sichtbar: Der südliche hat einen verschnörkelten Giebel und ist von luxuriösem Elfenbein eingerahmt und wirkt dadurch wie ein großer Turmbau. Der nördliche Turm ist eine wirklich bravouröse Konstruktion: Vier kaminähnliche Spitztrüme ragen davon auf, in deren Mitte ein Achteck von einer zweistöckigen Kupferlaterne gekrönt wird. Als Kontrast in kleinem Maßstab ist das Ostende der hervorstehenden achteckigen Kapelle, die der heiligen Jungfrau

Karte S. 680/681

gewidmet ist, von dekorativem Backsteinwerk gekennzeichnet. Der Innenraum wurde im 19. Jahrhundert in beeindruckender Weise neu ausgemalt und enthält einen aus früherer Zeit stammenden Altar, der sehr auffällig gestaltet ist.

• *Verbindungen* Es gibt unzählige **Züge** und **Busse** nach Szczecin, sodass man hier nicht übernachten muss.

• *Übernachten* Als zentral gelegene **Hotels** bieten sich das einfache **Staromiejski** an, das nüchterne Zimmer mit Gemeinschaftsbad in einem umgebauten Apartmenthaus nahe dem Mühlentor bietet, ul. Spichrzowa 2 (✆ 092/577 2223; G), sowie das **Hotel PTTK**, ul. Kuśnierzy 5 (✆ 092/578 3191), das Zimmer mit Bad hat (F) und Zimmer mit Gemeinschaftsbad (H).

• *Essen* Das **Ratuszowa** im Einkaufszentrum am Rynek, serviert gute, traditionelle polnische Küche in schlichter Umgebung.

Reiseinformationen

Züge

• *Innerpolnische Zugverbindungen* **Bydgoszcz** nach: Częstochowa (5 x tägl.; 5 Std.); Gdańsk (stündlich; 2 Std.); Kołobrzeg (8 x tägl.; 4,5 Std.); Krakau (3 x tägl.; 7–8 Std.); Łódź Kaliska (11 x tägl.; 3–4 Std.); Poznań (11 x tägl.; 2–4 Std.); Szczecin (2 bis 3 x tägl.; 4–6 Std.); Toruń (stündlich; 40 Min); Warschau (6 x tägl.; 4–5 Std.).

Gniezno nach: Bydgoszcz (10 x tägl.; 50 Min.); Gdynia (8 x tägl.); Inowroclaw (20 x tägl.; 55 Min.); Mogilno (20 x tägl.; 30 Min.); Poznań (20 x tägl.; 45 Min.–1 Std. 5 Min.); Toruń (6 x tägl.; 1,5–2 Std.); Wroclaw (6 x tägl.).

Kalisz nach: Białystok (1 x tägl.; 8 Std.); Jelenia Góra (4 x tägl.; 5–6,5 Std.); Legnica (5 x tägl.; 4–5 Std.); Leszno (3 x tägl.; 2 Std. 50 Min.); Lublin (3 x tägl.; 7 Std.); Łódź (halbstündlich; 1,5–2 Std.); Poznań (6 x tägl.; 3 Std.); Szczecin (2 x tägl.; 6 Std.); Warschau (11 x tägl.; 3–4,5 Std.); Wrocław (14 x tägl.; 2–3,5 Std.); Zielona Góra (3 x tägl.; 4–5 Std.).

Kamień Pomorski nach: Szczecin (3 x tägl.; 2,5 Std.).

Kołobrzeg nach: Bydgoszcz (6 x tägl.; 5 Std.); Gdańsk (3 x tägl.; 4–5 Std.); Gryfice (5 x tägl.; 1 Std. 20 Min.); Koszalin (9 x tägl.; 1 Std.); Poznań (4 x tägl.; 5–6 Std.); Szczecin (1 x tägl.; 4–5 Std.); Trzebiatow (5 x tägl.; 40 Min.); Warschau (3 x tägl.; 8–10 Std.).

Leszno nach: Bydgoszcz (5 x tägl.; 3,5–4,5 Std.); Kalisz (3 x tägl.; 2 Std. 50 Min.); Łódź (3 x tägl.; 4 Std.); Poznań (halbstündlich; 40 Min.–1 Std. 10 Min.); Wrocław (26 x tägl.; 1,5–2 Std.).

Lębork nach: Łeba (2 x tägl.; 35 Min.).

Międzyzdroje nach: Szczecin (20 x tägl.; 1 Std. 40 Min.–2 Std.): Świnoujście (20 x tägl.; 20–30 Min.).

Poznań nach: Białystok (1 x tägl.; 10,5 Std.; Liegewagen); Bydgoszcz (12 x tägl.; 2–2,5 Std.); Częstochowa (8 x tägl.; 4 Std.); Gdańsk (8 x tägl.; 4 Std.); Gniezno (stündlich; 55 Min.); Inowrocław (12 x tägl.; 1 Std. 50 Min.); Jelenia Góra (5 x tägl.; 5–6 Std.); Kalisz (6 x tägl.; 3 Std.); Katowice (15 x tägl.; 5–6 Std.); Kołobrzeg (5 x tägl.; 5 Std.); Krakau (8 x tägl.; 6 Std. 35 Min.); Leszno (halbstündlich; 1–1,5 Std.); Łódź (7 x tägl.; 4–5 Std.); Olsztyn (4 x tägl.; 4,5–6 Std.); Opole (9 x tägl.; 3,5–4,5 Std.); Przemyśl (3 x tägl.; 11–13 Std.; Liegewagen); Rzeszów (3 x tägl.; 10–11 Std.; Liegewagen); Słupsk (5 x tägl.; 5–6 Std.); Szczecin (18 x tägl.; 3–4 Std.); Świnoujście (7 x tägl.; 4–5 Std.); Toruń (8 x tägl.; 2,5–3 Std.); Warschau (20 x tägl.; 4–5 Std.); Wrocław (26 x tägl.; 2–3,5 Std.); Zakopane (2 x tägl.; 11–13 Std.; Liegewagen); Zielona Góra (6 x tägl.; 2,5–3 Std.).

Słupsk nach: Gdańsk (12 x tägl.; 2–3 Std.); Kołobrzeg (Juli–Aug. 6 x tägl., das übrige Jahr 2 x tägl.; 2–2,5 Std.); Koszalin (stündlich; 1 Std.); Szczecin (9 x tägl.; 3–4 Std.); Ustka (8 x tägl.; 25 Min.).

Świnoujście nach: Krakau (2 x tägl.; 12–13 Std.; Liegewagen); Poznań (7 x tägl.; 4–5 Std.); Szczecin (18 x tägl.; 2–2,5 Std.); Warschau (3 x tägl.; 8–10 Std.; Liegewagen).

Szczecin nach: Bydgoszcz (2 x tägl.; 4–5 Std.); Gdańsk (5 x tägl.; 5–6 Std.); Kamień Pomorski (3 x tägl.; 2,5 Std.); Kołobrzeg (1 x tägl.; 3–4 Std.); Krakau (5 x tägl.; 10–11 Std.); Łódź (3 x tägl.; 6–7 Std.); Poznań (12 x tägl.; 3–4 Std.); Słupsk (9 x tägl.; 3–4 Std.); Świnoujście (20 x tägl.; 2–2,5 Std.); Warschau (5 x tägl.; 5–8 Std.; Liegewagen).

Szczecinek nach: Chojnice (6 x tägl.); Czaplinek (8 x tägl.; 1 Std.); Kołobrzeg (6 x tägl.; 2–2,5 Std.); Poznań (6 x tägl.; 4 Std.).

• *Internationale Zugverbindungen* **Poznań** nach: Berlin (6 x tägl.; 4,5 Std.).

Szczecin nach: Berlin (1 x tägl.; 3,5 Std.).

Nützliche Busverbindungen

Bydgoszcz nach: Chełmno (12 x tägl.; 1 Std.);, Chojnice (8 x tägl.; 2 Std.); Gniezno (8 x tägl.; 2 Std. 20 Min.); Szczecinek (5 x tägl.; 2 Std. 50 Min.); Toruń (stündlich; 50 Min.); Żnin (8 x tägl.; 1 Std. 15 Min.).

Darłowo nach: Kołobrzeg (3 x tägl.; 2 Std.); Koszalin (10 x tägl.; 1 Std. 5 Min.); Słupsk (7 x tägl.; 1 Std. 15 Min.); Ustka (2 x tägl.; 1 Std.).

Gdynia nach: Łeba (Juli–Aug. 4 x tägl.; Sept.–Juni 1 x tägl.; 1 Std. 50 Min.); Międzyzdroje (2 x tägl.; 7 Std.).

Gniezno nach: Bydgoszcz (8 x tägl.; 2 Std. 20 Min.); Gąsawa (8 x tägl.; 50 Min.); Mogilno (6 x tägl.; 50 Min.); Trzemeszno (8 x tägl.; 30 Min.); Żnin (8 x tägl.; 1 Std. 5 Min.).

Kamień Pomorski nach: Kołóbrzeg (7 x tägl.; 1 Std. 45 Min.); Międzyzdroje (Juli–Aug. 12 x tägl., Sept.–Juni 9 x tägl.;1 Std.); Stargard Szczeciuński (2 x tägl.; 3 Std.); Szczecin (6 x tägl.; 2,5 Std.); Świnoujście (Juli–Aug. 12 x tägl., Sept.–Juni 9 x tägl.; 1 Std. 20 Min.); Wolin (12 x tägl.; 40 Min.).

Kołobrzeg nach: Darłowo (10 x tägl.; 2 Std.); Kamień Pomorski (7 x tägl.; 1 Std. 45 Min.); Koszalin (20 x tägl.; 50 Min.); Poznań (3 x tägl.; 6 Std.); Trzebiatow (24 x tägl; 45–55 Min.).

Koszalin nach: Darłowo (10 x tägl.; 1 Std. 5 Min.); Kołobrzeg (20 x tägl.; 50 Min.); Mielno (alle halbe Stunde; 20 Min.); Szczecinek (10 x tägl.; 2 Std. 10 Min.); Unieście (alle halbe Stunde; 25 Min.).

Łeba nach: Gdynia (Juli–Aug. 4 x tägl., Sept.–Juni 1 x tägl.;1 Std. 50 Min.–2,5 Std.); Łebork (12 x tägl.; 30 Min.); Rowy (Juli–Aug. 2 x tägl.; 1 Std.); Słupsk (6 x tägl.; 1 Std. 50 Min.); Ustka (Juli–Aug. tägl.; 1 Std. 15 Min.).

Międzyzdroje nach: Gdańsk (1 x tägl.; 7 Std. 40 Min.); Gdynia (2 x tägl.; 7 Std.); Kamień Pomorski (Juli–Aug. 20 x tägl.; Sept.–Juni 12 x tägl.; 20 Min.).

Poznań nach:Gołuchow (8 x tägl.; 2,5 Std.); Kalisz (8 x tägl.; 3 Std.).

Słupsk nach: Darłowo (7 x tägl.; 1 Std. 15 Min.–2 Std.); Łeba (6 x tägl.; 1 Std. 50 Min.); Koszalin (12 x tägl.);Kołóbrzeg (4 x tägl.); Ustka (halbstündlich; 30 Min.).

Świnoujście nach: Międzyzdroje (Juli–Aug. 20 x tägl.; Sept.–Juni 12 x tägl.; 20 Min.); Szczecin (3 x tägl.; 2 Std. 35 Min.).

Szczecin nach: Czaplinek (3 x tägl.; 2 Std. 45 Min.); Międrzyzdroje (3 x tägl.; 2 Std. 15 Min.); Stargard Szczeciński (stündlich; 50 Min.); Świnoujście (3 x tägl.; 2 Std. 35 Min.); Szczecinek (Mo–Fr 3 x tägl., Sa 2 x tägl., So 1 x tägl.; 40–50 Min.).

Szczecinek nach: Bydgoszcz (5 x tägl.; 2 Std. 50 Min.); Chojnice (2 x tägl.; 2 Std.); Czaplinek 12 x tägl.; 50 Min.–1 Std.); Koszalin (10 x tägl.; 2 Std. 10 Min.); Szczecin (3 x tägl.; 3 Std. 35 Min.).

Ustka nach: Darłowo (2 x tägl.; 1 Std.); Koszalin (2 x tägl.; 2 Std. 5 Min.); Łeba (Juli–Aug. 2 x tägl.); Słupsk (halbstündlich–alle Stunde; 30 Min.).

Żnin nach: Bydgoszcz (8 x tägl.; 1 Std. 15 Min.); Gąsawa (halbstündlich; 20 Min.); Gniezno (8 x tägl.; 1 Std. 5 Min.); Inowrocław (8 x tägl.; 30 Min.).

Internationale Fähren

Świnoujście nach: Ahlbeck (Juni–Sept.; 8 x tägl.; 15 Min.); Bansin (Juni–Sept.; 3 x tägl.; 25 Min.); Kopenhagen (5 x wöchentl.; 9 Std.); Hertingsdorf (Juni–Sept. 3 x tägl.; 20 Min.); Malmö (1 x tägl.; 10 Std.); Ystad (1 x tägl.; 9 Std.).

Etwas Polnisch

Polnisch ist eine sehr schwer zu erlernende Sprache. Trotzdem sollte man sich einige Grundbegriffe aneignen, denn schon wenige Worte sind oft auch sehr hilfreich. Das gilt vor allem dann, wenn man sich in entlegeneren Orten aufhält; allerdings trifft man oft auf Menschen, die über Deutschkenntnisse verfügen.

- **Aussprache**: Zwar schüchtert Polnisch mit seinen Anhäufungen von Konsonanten auf den ersten Blick ein, aber im Grunde wird es - wenn man einige Regeln beachtet - genauso ausgesprochen, wie man es schreibt.
- **Betonung**: Sie liegt meist auf der vorletzten Silbe, z. B.: Warsz**a**wa, m**a**tka.

Vokale

ą: nasaliertes **o** wie im französischen "mon"
ę: nasaliertes **e** wie im französischen "fin"
ó: u
ie: i + e, je
eu: e + u
ei: e + i
y: dumpfes i
c: tz
ck: **tz** + **k**; Mazowiecki = "Masowietzki"
ł: entspricht etwa dem englischen **w** in "where"
ń, **ni**: weiches **n** wie frz. "champagne"
s: immer stimmlos
z: stimmhaftes **s** wie in "Hase"
sp, **st**: s + p und s + t wie beim norddeutschen "spitzen Stein"
cz: tsch; der dazugehörige weiche Zischlaut: **ć** oder **ci**, wie "tj" ausgesprochen
sz: sch; der entsprechende weiche Zischlaut: **ś** oder **si**, wie "sj" ausgesprochen
ż, **rz**: wie j in "journal"
ź, **zi**: weicher Zischlaut, gesprochen wie **zj** als ein Laut

Grundwörter

tak	ja	**tamten/tamta/tamto**	jener, jene, jenes
nie	nein/nicht	**wielkie, duże**	groß
proszę	bitte	**małe**	klein
proszę bardzo	stärker als proszę	**więcej**	mehr
dziękuję; dziekuję bardzo	Danke; vielen Dank	**mniej**	weniger
gdzie	wo	**mało**	ein wenig
kiedy	wann	**dużo**	viel
dlaczego	warum	**tanie**	billig
ile	wieviel	**drogie**	teuer
tu; tam	hier; dort	**dobre**	gut
teraz	jetzt	**złe/niedobre**	schlecht/nicht gut
później	später	**gorące**	heiß
otwarty	geöffnet	**zimne**	kalt
zamknięty	geschlossen	**z**	mit
wcześniej	früher	**bez**	ohne
dosyć	genug	**w**	in
tam	dort drüben	**dla**	für
ten/ta/to	dieser, diese, -s		

Einfache Sätze

Dzień dobry	Guten Tag
Dobry wieczór	Guten Abend
Dobranoc	Gute Nacht
Cześć!	Tschüss! Hallo!
Do widzenia	Auf Wiedersehen
Dobrze!	Gut!
Przepraszam	Entschuldigung
Rozumiem	Ich verstehe.
Nie rozumiem	Ich verstehe nicht.
Proszę Pana/Pani	Bitte, mein Herr/ meine Dame (bei einer Frage)
Jak się masz?	Wie geht's? (ungezwungen)
Jak się Pan/Pani ma?	(Wie geht's? (formell)
Czy Pan/Pani mówi po angielsku?	Sprechen Sie Englisch?
Czy Pan/Pani mówi po niemiecku?	Sprechen Sie Deutsch?
Nie wiem	Ich weiß nicht.
powoli	langsam
Nie mówię dobrze po polsku	Ich spreche nicht gut Polnisch.
Mieszkam w	Ich wohne in
dzisiaj	heute
jutro	morgen
pojutrze	übermorgen
wczoraj	gestern
rano	morgens
po południu	nachmittags
wieczorem	abends
Gdzie jest?	Wo ist?
Co to znaczy po Polsku?	Wie heißt das auf polnisch?
Chwileczkę!	Einen Augenblick bitte!
Jak dojechać do?	Wie komme ich nach?
Jestem tu na urlopie	Ich bin hier auf Urlaub.
Jestem Niemcem/ Niemką	Ich bin Deutscher/ Deutsche
Która godzina?	Wie spät ist es?
Jak daleko jest do?	Wie weit ist es bis?

Unterkunft

hotel	Hotel
noclegi	Unterkunft
Czy jest gdzieś tutaj hotel?	Gibt es ein Hotel in der Nähe?
Czy Pan/Pani ma pokój?	Haben Sie ein Zimmer?
pojedynczy pokój	Einzelzimmer
podwójny pokój	Doppelzimmer
na jedną noc	für eine Nacht
dwie noce	zwei Nächte
trzy noce	drei Nächte
tydzień	eine Woche
dwa tygodnie	zwei Wochen
Ile kosztuje?	Wie viel kostet es?
To drogo.	Das ist teuer.
To za drogo.	Das ist zu teuer.
Czy to obejmuje śniadanie?	Ist das Frühstück inbegriffen?
Czy nie ma czegoś tańszego?	Haben sie etwas Billigeres?
Czy mogę zobaczyć pokój?	Kann ich das Zimmer sehen?
Dobrze, wezmę.	Gut, ich nehme es.
Mam rezerwację.	Ich habe eine Vorbestellung.
Czy możemy tu rozbić namioty?	Können wir hier zelten?
Czy jest gdzieś tutaj camping?	Gibt es in der Nähe einen Campingplatz?
namiot	Zelt

pokój z łazienką	mit Bad	**schronisko**	Hütte
z prysznicem	mit Dusche	**schronisko młodzieżowe**	Jugendherberge
z balkonem	mit Balkon	**Proszę o jadłospis!**	Die Speisekarte bitte!
z ciepłą wodą	warmes Wasser	**Proszę o rachunek!**	Die Rechnung bitte!
z bieżącą wodą	fließend Wasser		

Unterwegs

auto/samochód	PKW	**taksówka**	Taxi
samolot	Flugzeug	**autostop**	Autostopp
rower	Fahrrad	**piechotą pieszo**	zu Fuß
autobus	Omnibus	**Proszę bilet do**	Bitte eine Karte nach
prom	Fähre	**bilet powrotny**	Rückfahrt
pociąg	Eisenbahn, Zug	**w jedną stronę**	einfach
dworzec, stacja	Bahnhof	**Proszę o miejscówkę.**	Ich möchte einen Platz reservieren.
Dworzec autobusowy	Busbahnhof	**Czy muszę się przesiadać?**	Muss ich umsteigen?
Kiedy odjeżdża pociąg do Warszawy?	Wann fährt der Zug nach Warschau ab?	**Ile kilometrów jest?**	Wie viele Kilometer sind es?
Z jakiego peronu odejdzie pociąg?	Von welchem Gleis fährt der Zug ab?	**Ile czasu trwa podróż?**	Wie lange dauert die Fahrt?
Jakim autobusem do?	Welcher Bus fährt nach?	**Gdzie jest droga do?**	Wo ist die Straße nach?
Następny przystanek, proszę!	Die nächste Haltestelle, bitte!		

Schilder

Wejście; wyjście	Eingang; Ausgang	**Peron**	Gleis
Wstęp wzbroniony	kein Zutritt	**Kasa**	Kasse
Toaleta	WC	**przystanek**	Haltestelle
Dla panów; męski	Männer	**Granica międzynarodowa**	Staatsgrenze
Dla pań; damski	Frauen; Damen	**Rzeczpospolita Polska**	Republik Polen
zajęte	besetzt	**Uwaga; baczność**	Vorsicht, aufpassen
wolne	frei	**Uwaga; niebezpieczeństwo**	Gefahr

Przyjazd; odjazd	Ankunft; Abfahrt (Bus, Zug)	**Policja**	(früher: milicja) Polizei
Przylot; odlot	Ankunft; Abflug (Flugzeuge)	**Informacja**	Auskunft
Remont	geschlossen wegen Renovierung/ Inventur	**Nie palić; palenie wzbronione**	rauchen verboten
Ciągnąć; pchać	ziehen; drücken	**Nie dotykać**	nicht berühren
nieczynne	nicht in Betrieb; geschlossen (Kartenschalter u. ä.)		

Auto

samochód, auto	PKW, Wagen	**benzyna**	Benzin
na lewo	nach links	**Stacja benzynowa**	Tankstelle
na prawo	nach rechts	**olej/oliwa**	Öl
prosto	geradeaus	**woda**	Wasser
parking	Parkplatz	**naprawa**	Reparatur
objazd	Umleitung	**wypadek**	Unfall
koniec	Ende (e. Zeichens)	**awaria**	Panne
Zakaz wyprzedzania	nicht überholen	**ograniczenie prędkości**	Geschwindigkeitsb eschränkung

Wochentage, Monatsnamen und Ähnliches

poniedziałek	Montag	**sierpień**	August
wtorek	Dienstag	**wrzesień**	September
środa	Mittwoch	**październik**	Oktober
czwartek	Donnerstag	**listopad**	November
piątek	Freitag	**grudzień**	Dezember
sobota	Samstag	**środa, pierwszy**	Mittwoch, der 1.
niedziela	Sonntag	**drugi kwiecień**	2. April
styczeń	Januar	**trzeci kwiecień**	3. April
luty	Februar	**wiosna**	Frühling
marzec	März	**lato**	Sommer
kwiecień	April	**jesień**	Herbst
maj	Mai	**zima**	Winter
czerwiec	Juni	**wakacje**	Ferien, Urlaub
lipiec	Juli	**święto**	öffentl. Feiertag

Zahlen

jeden	1
dwa	2
trzy	3
cztery	4
pięć	5
sześć	6
siedem	7
osiem	8
dziewięć	9
dziesięć	10
jedenaście	11
dwanaście	12
trzynaście	13
czternaście	14
piętnaście	15
szesnaście	16
siedemnaście	17
osiemnaście	18
dziewiętnaście	19
dwadzieścia	20
trzydzieści	30
czterdzieści	40
pięćdziesiąt	50
sześćdziesiąt	60
siedemdziesiąt	70
osiemdziesiąt	80
dziewięćdziesiąt	90
sto	100
dwieście	200
trzysta	300
czterysta	400
pięćset	500
sześćset	600
siedemset	700
osiemset	800
dziewięćset	900
tysiąc	1 000
milion	1 000 000
dwadzieścia pięć	25
sześćset dziewięćdziesiąt cztery	694

Speiselexikon

Allgemeines

śniadanie	Frühstück	**bułka**	Brötchen
obiad	Mittagessen	**masło**	Butter
kolacja	Abendessen	**kanapka**	belegtes Brot
nóż	Messer	**mleko**	Milch
widelec	Gabel	**jajko**	Ei
łyżka	Löffel	**mięso**	Fleisch
talerz	Teller	**jarzyny/warzywa**	Gemüse
filiżanka	Tasse	**owoce**	Obst
szklanka	Glas	**surówka, sałata**	Salat
przekąska/ zakąska	Vorspeise	**cukier**	Zucker
jadłospis	Speisekarte	**sól**	Salz
zupa	Suppe	**pieprz**	Pfeffer
główne danie	Hauptgericht	**ocet**	Essig
deser	Nachspeise	**olej**	Öl
drób	Geflügel	**chrzan**	Meerrettich
potrawy jarskie	vegetarische Gerichte	**ryż**	Reis
dodatki	Extras/Beilagen	**makaron**	Nudeln
ryba	Fisch	**frytki**	Pommes frites
chleb	Brot	**śmietana**	Sahne

Suppen, Fisch, Geflügel

barszcz czerwony	Rote-Bete-Suppe	**(zupa) cebulowa**	Zwiebelsuppe
z pasztecikami	mit Pastetchen	**(zupa) jarzynowa**	Gemüsesuppe
barszcz ukraiński	weißer Borschtsch	**kluski**	Klöße
bulion/rosół	Bouillon	**śledź**	Hering
żurek	Saure-Sahne-Suppe	**pstrąg**	Forelle
krupnik	Gerstensuppe	**łosoś**	Lachs
chłodnik	kalte Saure-Sahne-Gemüse-Suppe	**karp**	Karpfen
kartoflanka	Kartoffelsuppe	**węgorz**	Aal
kapuśniak	Kohlsuppe	**makrela**	Makrele
(zupa) owocowa	kalte Obstsuppe	**sardynka**	Sardine
(zupa) pomidorowa	Tomatensuppe	**kurczak**	Hühnchen
(zupa) ogórkowa	Gurkensuppe	**kaczka**	Ente
(zupa) grzybowa	Pilzsuppe	**indyk**	Truthahn
(zupa) fasolowa	Bohnensuppe	**gęś**	Gans
(zupa) grochowa	Erbsensuppe	**bażant**	Fasan

Fleisch

Dzik	Wildschwein	**befsztyk**	Steak
Sarnina	Rotwild	**kiełbaski**	Würstchen
wątróbka z cebulą	Leber mit Zwiebel	**bakon, boczek**	Speck
Golonka	Schweinshaxe	**salami**	Salami
wieprzowina	Schwein	**baranina**	Hammel/Schaf
kotlet schabowy	Schweinskotelett	**cielęcina**	Kalb
wołowina	Rind	**kiełbasa**	Wurst

Gemüse

marchewka	Mohrrüben	**ćwikła/buraczki**	Rote Bete
kapusta	Kohl	**kalafior**	Blumenkohl
ziemniaki	Kartoffeln	**papryka**	Paprika
cebula	Zwiebel	**kapusta kiszona**	Sauerkraut
czosnek	Knoblauch	**szpinak**	Spinat
grzyby	Pilze	**ogórki kiszone**	Essiggurke
pomidor	Tomate	**szparagi**	Spargel
ogórek	Gurke	**fasola**	Bohnen

Obst, Käse, Nüsse

banan	Banane	**borówki**	Preiselbeeren
śliwka	Pflaume	**pomarańcz**	Apfelsine
ananas	Ananas	**czarne porzeczki**	schwarze Johannisbeeren
jabłko	Apfel	**czereśnie**	Kirschen
kompot	Kompott	**bryndza**	Schafskäse
cytryna	Zitrone	**oscypek**	geräucherter Ziegenkäse
morela	Aprikose	**twaróg**	Hüttenkäse
truskawki	Erdbeeren	**(ser) myśliwski**	Räucherkäse
maliny	Himbeeren	**(ser) tylzycki**	Cheddarkäse
winogrona	Weintrauben	**orzechy laskowe**	Haselnüsse
gruszka	Birne	**orzechy włoskie**	Walnüsse
jagody	Heidelbeeren	**migdały**	Mandeln

Kuchen und Nachspeisen

tort	Torte	**sernik**	Käsekuchen
ciastko	Kuchen	**makowiec**	Mohnkuchen
czekolada	Schokolade	**pączki**	Berliner/Krapfen
lody	Eis	**ciasto drożdżowe**	Hefekuchen
galaretka	Gelee	**ciasto z owocami**	Kuchen mit Obst
mazurek	Mürbekuchen		

Zubereitung

mielone	Gehacktes	**grylowane/z rusztu**	gegrillt
pieczeń	Braten	**nadziewane**	gefüllt
sznycel	Schnitzel	**marynowane**	eingelegt
szaszłyk	Schaschlik	**surowe**	roh
kotlet	Kotelett	**gotowane**	gekocht
antrykot/wołowy	Entrecôte	**słodkie**	süß
świeże	frisch	**smacznego!**	Guten Appetit!
kwaśne	sauer		

Getränke

herbata	Tee	**wino**	Wein
kawa	Kaffee	**koniak**	Cognac/Branntwein
woda	Wasser	**sok**	Saft
woda mineralna	Mineralwasser	**sok pomarańczowy**	Orangensaft
mleko	Milch	**gorąca czekolada**	Trinkschokolade
koktajl mleczny	Milchshake	**sok pomidorowy**	Tomatensaft
napój	Getränk	**miód pitny**	Honigwein
spirytus	Spirituosen	**wino wytrawne**	trockener Wein
wódka	Wodka	**wino słodkie**	lieblicher Wein
piwo	Bier	**na zdrowie!**	Prost!

Verlagsprogramm

Unsere Reisehandbücher im Überblick

Deutschland
- Allgäu
- Altmühltal
- Berlin & Umgebung
- Bodensee
- Franken
- Fränkische Schweiz
- Mainfranken
- *MM-City* Berlin
- Nürnberg, Fürth, Erlangen
- Oberbayerische Seen
- Ostseeküste – von Lübeck bis Kiel
- Schwäbische Alb

Niederlande
- *MM-City* Amsterdam
- Niederlande
- Nordholland – Küste, IJsselmeer, Amsterdam

Nord(west)europa
- England
- Südengland
- *MM-City* London
- Schottland
- Irland
- Island
- Norwegen
- Südnorwegen
- Südschweden

Osteuropa
- Baltische Länder
- Polen
- *MM-City* Prag
- Westböhmen & Bäderdreieck
- Ungarn

Balkan
- Mittel- und Süddalmatien
- Kroatische Inseln & Küste
- Nordkroatien – Kvarner Bucht
- Slowenien & Istrien

Griechenland
- Amorgos & Kleine Ostkykladen
- Athen & Attika
- Chalkidiki
- Griechenland
- Griechische Inseln
- Karpathos
- Korfu & Ionische Inseln
- Kos
- Kreta
- Kreta – der Osten
- Kreta – der Westen
- Kreta Infokarte
- Kykladen
- Lesbos
- Naxos
- Nord- u. Mittelgriechenland
- Paros/Antiparos
- Peloponnes
- Rhodos
- Samos
- Samos, Chios, Lesbos, Ikaria
- Santorini
- Skiathos, Skopelos, Alonnisos, Skyros – Nördl. Sporaden
- Thassos, Samothraki
- Zakynthos

Türkei
- *MM-City* Istanbul
- Türkei – Mittelmeerküste
- Türkei – Südküste
- Türkei – Westküste
- Türkische Riviera – Kappadokien

Frankreich
- Bretagne
- Côte d'Azur
- Elsass
- Haute-Provence
- Korsika
- Languedoc-Roussillon
- *MM-City* Paris
- Provence & Côte d'Azur
- Provence Infokarte
- Südfrankreich
- Südwestfrankreich

Italien
- Apulien
- Chianti – Florenz, Siena
- Dolomiten – Südtirol Ost
- Elba
- Gardasee
- Golf von Neapel
- Italien
- Italienische Riviera & Cinque Terre
- Kalabrien & Basilikata
- Liparische Inseln
- Marken
- Oberitalien
- Oberitalienische Seen
- *MM-City* Rom
- Rom/Latium
- Sardinien
- Sizilien
- Südtoscana
- Toscana
- Toscana Infokarte
- Umbrien
- *MM-City* Venedig
- Venetien & Friaul

Nordafrika u. Vorderer Orient
- Sinai & Rotes Meer
- Tunesien

Spanien
- Andalusien
- Costa Brava
- Costa de la Luz
- Ibiza
- Katalonien
- Madrid & Umgebung
- Mallorca
- Mallorca Infokarte
- Nordspanien
- Spanien

Kanarische Inseln
- Gomera
- Gran Canaria
- *MM-Touring* Gran Canaria
- Lanzarote
- La Palma
- *MM-Touring* La Palma
- Teneriffa
- *MM-Touring* Teneriffa

Portugal
- Algarve
- Azoren
- Madeira
- *MM-City* Lissabon
- Lissabon & Umgebung
- Portugal

Lateinamerika
- Dominikanische Republik
- Ecuador

Österreich
- *MM-City* Wien

Schweiz
- Tessin

Malta
- Malta, Gozo, Comino

Zypern
- Zypern

Aktuelle Informationen zu allen Reiseführern finden Sie im Internet unter www.michael-mueller-verlag.de

Gerne schicken wir Ihnen auch das aktuelle Verlagsprogramm zu.

Michael Müller Verlag GmbH, Gerberei 19, 91054 Erlangen, Tel. 0 91 31 / 81 28 08-0; Fax 0 91 31 / 20 75 41; E-Mail: mmv@michael-mueller-verlag.de

Wir möchten Sie gern kennen lernen ...

... um unsere Reisehandbücher noch besser auf Ihre Bedürfnisse abstimmen zu können. Deshalb auf dieser Doppelseite ein kurzer Fragebogen zu Ihrer letzten Reise mit einem unserer Handbücher.

Als Belohnung winken ...

... natürlich Reisehandbücher. Jeweils zum Jahresende verlost der Michael Müller Verlag unter allen Einsendern des Fragebogens 50-mal je ein Reisehandbuch Ihrer Wahl aus unserem Programm.
(Der Rechtsweg ist ausgeschlossen)

Es bleibt natürlich alles unter uns ...

... Selbstverständlich garantieren wir absoluten Datenschutz und geben keine Adressen weiter. Versprochen!
Vielen Dank für ihre Mitarbeit und ... viel Glück!

Fragebogen

Ihre Reise

1) Mit welchem unserer Bücher waren Sie unterwegs? ....
   Und wann (Monat/Jahr)? ....
2) Mit wie vielen Personen reisten Sie? Bitte kreuzen Sie an: ....
   ☐ allein ☐ zu zweit ☐ drei Personen oder mehr ....
   Mit Kindern? ☐ Nein ☐ Ja (Alter? ...... Jahre)
4) Wie lange dauerte Ihre Reise?
   ☐ bis 1 Woche ☐ bis 2 Wochen ☐ bis 3 Wochen ☐ über 3 Wochen
5) Hatten Sie Unterkunft und Anreise als Kombination bereits vorgebucht?
   ☐ Ja ☐ Nein
6) Welche/s Verkehrsmittel benutzten Sie zur Anreise? (Mehrfachnennungen möglich)
   ☐ Bahn ☐ Bus ☐ Flug ☐ Auto/Motorrad ☐ Fähre
   ☐ Sonstiges, nämlich
7) Mit welchem(n) Verkehrsmittel(n) waren Sie im Zielgebiet überwiegend unterwegs (Mehrfachnennungen möglich)?
   ☐ Bahn ☐ Bus ☐ eigenes Auto/Motorrad ☐ Mietfahrzeug ☐ Fähre
   ☐ anderes Verkehrsmittel, nämlich ....
   ☐ gar nicht, blieb an einem Ort
8) Wo übernachteten Sie vorwiegend?
   ☐ Gehobene Hotels ☐ Mittelklassehotels ☐ Landestypische Pensionen
   ☐ Privatzimmer ☐ Camping ☐ andere Unterkunft, nämlich ....
9) War es Ihre einzige Urlaubsreise in diesem Jahr?
   ☐ Ja ☐ Nein, ich verreise öfter mal für 1 Woche oder mehr, nämlich pro Jahr:
   ☐ 2x ☐ 3x ☐ 4x oder mehr;
   und dann meist ins: ☐ Inland ☐ Ausland

Ihr Reisehandbuch vom Michael Müller Verlag

1) Sind Sie das erste Mal mit einem unserer Reisehandbücher unterwegs gewesen?
 ....
 ☐ Ja ☐ Nein, vorher schon (Titel): ....
2) Wie lernten Sie unseren Verlag kennen?
 ☐ Empfehlung vom Buchhändler ☐ Empfehlung von Bekannten
 ☐ Habe das Buch zufällig im Buchhändlerregal entdeckt
 ☐ Über eine Anzeige in .... ☐ anders, nämlich ....
3) Insgesamt gesehen, waren Sie mit diesem Reisehandbuch
 ☐ nicht zufrieden ☐ zufrieden
4) Wir würden gerne wissen, wo wir in unseren Reisehandbüchern etwas verbessern können. Bitte geben sie deshalb den einzelnen Komponenten dieses Buches "Schulnoten" von 1 bis 6 und begründen Sie bitte Ihre Benotung.

	Note	**Grund**
Prakt. Informationen vor der Reise		
Geschichte		
Landeskundliches		
Orte und Regionen		
Sehenswürdigkeiten		
Prakt. Informationen unterwegs		

5) Was hat Ihnen an diesem Reisehandbuch besonders gefallen?
 ☐ Nichts Spezielles ☐ Doch, und zwar ....
6) Und was hat Sie am meisten gestört?
 ☐ Nichts Spezielles ☐ Doch, und zwar ....
7) Worüber hätten Sie gern mehr erfahren?
 ☐ Über ....
 ☐ Alle Informationen waren ausreichend
8) Unser Verlagsprogramm finden Sie auf den nächsten Seiten. Welche(s) Ziel(e) innerhalb Europas und des Mittelmeerraumes fehlt bzw. fehlen Ihnen in diesem Programm?
 ☐ Kein Ziel ☐ Doch, nämlich ....
9) Welches Reisehandbuch aus unserem Programm möchten Sie gewinnen?
 ....

Nun würden wir Ihnen gerne noch einige Fragen zu Ihren persönlichen Daten stellen (Datenschutz ist selbstverständlich gewährleistet)

Alter: .... Jahre

Familienstand: ☐ ledig ☐ verheiratet ☐ Kinder

Schulabschluss: ☐ Hauptschule ☐ Realschule ☐ Abitur
 ☐ Studium ☐ Beruf: ....

Fragebogen ausschneiden und an unsere Verlagsanschrift schicken (siehe unten). Bitte vergessen Sie nicht, für die Gewinnbenachrichtigung Ihren Namen und Adresse zu notieren.

Name: ....

Straße: ....

PLZ/Ort: ....

Michael Müller Verlag GmbH, Gerberei 19, 91054 Erlangen, Fax: 09131/207541

Vielen Dank thank you merci efcharistó gracias grazie tesekkür dekuji köszönöm

Sach- und Personenindex

Geographischer Index